漆永祥 王元周 王丹 ◎主编

上册

U0463081

"使行錄"果亞歷史文化研究

北京大学出版社
PEKING UNIVERSITY PRESS

圖書在版編目（CIP）數據

"使行録"與東亞歷史文化研究：上下册 / 漆永祥，
王元周，王丹主編. -- 北京：北京大學出版社，2025.
5. -- ISBN 978-7-301-35760-6

Ⅰ. K310.7-53

中國國家版本館CIP數據核字第2024S868T8號

書　　　名	"使行録"與東亞歷史文化研究
	"SHIXINGLU" YU DONGYA LISHI WENHUA YANJIU
著作責任者	漆永祥　王元周　王　丹　主編
責任編輯	吳冰妮
標準書號	ISBN 978-7-301-35760-6
出版發行	北京大學出版社
地　　　址	北京市海淀區成府路205號　100871
網　　　址	http://www.pup.cn　新浪微博：@北京大學出版社
電子郵箱	編輯部 dj@pup.cn　總編室 zpup@pup.cn
電　　　話	郵購部 010-62752015　發行部 010-62750672　編輯部 010-62756449
印　刷　者	天津和萱印刷有限公司
經　銷　者	新華書店
	720毫米×1020毫米　16開本　53.5印張　4彩插　900千字
	2025年5月第1版　2025年5月第1次印刷
定　　　價	220.00元（上下册）

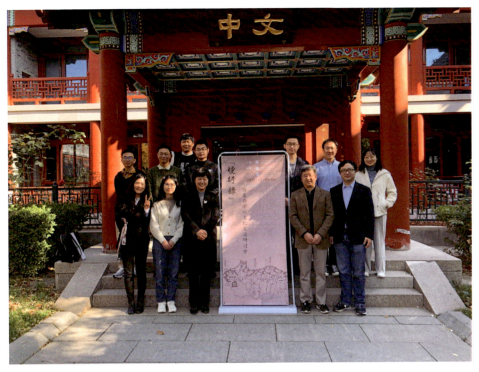

圖 1   "使行録"與東亞學術文化交流研討會部分會議代表合影

圖 2   "使行録"與東亞學術文化交流研討會會務組工作照

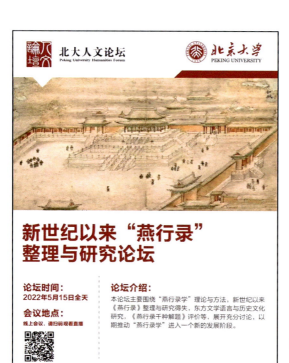

圖 3　新世紀以來"燕行録"
　　　整理與研究論壇（海報）

圖 4　"使行録"與東亞學術
　　　文化交流研討會（海報）

圖 5　北京大學中文系系主任杜曉勤教授致詞

圖 6　北京大學外國語學院院長陳明教授致詞

圖 7　北京大學外國語學院副院長王丹教授主持會議

圖 8　北京大學外國語學院、東方文學
研究中心主任王邦維教授做主題發言

圖 9　南京大學文學院、域外漢籍研究所
所長張伯偉教授做主題發言

圖 10　韓國東國大學校中文系
朴永煥教授做主題發言

圖 11　越南河內國家大學陳仁宗院
丁克順教授做主題發言

圖 12　原內蒙古師範大學圖書館邱瑞中教授做主題發言

圖 13　會議代表騰訊視頻截圖一

圖 14　會議代表騰訊視頻截圖二

圖 15 北京大學歷史
系王元周教授
會議總結發言

圖 16 北京大學中文
系漆永祥教授
致閉幕詞

圖 17 漆永祥《燕行錄千種解題》 　　　圖 18 《北大朝鮮半島研究》書影
（全 3 冊）書影

2 2022年5月25日 ■本版编辑：魏 琦 ■美编：成一村 ■电话：010-67078075 资 讯

“燕行录学”持续升温 学界开展深度研讨

本报讯（记者 王洪波）公元12世纪初至19世纪末，朝鲜半岛高丽、朝鲜王朝持续派团出使中国，使团成员往往将其在华见闻著录成书，这些著作被称为“燕行录”。因其巨大的体量、丰富的史料和独特的视角，燕行录文献日益成为学界研究热点，相关成果不断涌现，2021年由北京大学漆永祥教授撰著、北京大学出版社出版的《燕行录千种解题》（以下简称“《解题》”）就是其中备受关注的一种。5月15日，由北京大学朝鲜半岛研究中心、北京大学中国古典学平台、北京大学东方文学研究中心、北京大学人文学部联合主办的“新世纪以来‘燕行录’整理与研究论坛”线上举行，与会专家学者围绕《解题》一书和燕行录研究展开研讨。

《解题》一百五十万字，共收录七百七十二名作者、一千一百六十八种书目（篇卷），正编八十卷为燕行录文献，附编五卷为相关文献，是迄今为止燕行录著录和研究的一部集大成之作。“1915年中华书局出版《中华大字典》时，被称为‘后学津梁’，我认为，《解题》堪称‘燕行录学’之津梁。”内蒙古师范大学图书馆邱瑞中研究员说。北京大学中国语言文学系刘勇强教授高度评价漆永祥教授在常人望而却步的情况下，迎难而上的“学术逆行”的自觉。南开大学历史学院孙卫国教授认为《解题》具有重大学术价值，具有“来源多元、收罗广泛”“纠谬补阙、考辨精详”“重点突出、评论允当”“诗文评骘、恰切公允”四个特色。复旦大学古籍所陈正宏教授认为《解题》颇具版本意识，第一次系统著录了现存燕行录的版本。北京师范大学历史学院毛瑞方教授回顾了中国古籍解题目录的发展历程，认为《解题》是一部继承中国目录学优良传统并兼具创新性的佳作。

对于燕行录的学术价值，与会学者给予充分认可。北京大学外国语学院王邦维教授指出，“从周边看中国”是很有价值的视角，燕行录为此提供了重要文献支撑。北京大学中文系潘建国教授认为：“从燕行录中，我们可以看到中朝文人生活的实况，诸如文人交往中谈论什么文学问题，他们的酬唱题咏、序跋评点等等，对于文学研究，都非常有价值。”一种名为“得利雅噼”的西洋药膏引起了北京大学外国语学院陈明教授的注意：朝鲜使者李器之在《一庵燕记》中记述，他在北京期间从西洋人处获得了西洋膏药的实物和用法，追寻“得利雅噼”的流传痕迹，可以一窥清初全球文化交流的状况。

与会学者认为，伴随着燕行录的价值日益受到学界重视，一门可称之为“燕行录学”的专门学问已确立其地位并持续升温。会上，学者们就“燕行录学”的理论、方法、发展前景等做了讨论。大家认为燕行录对于中国史、朝鲜史、中朝关系史、文化交流史、东亚汉文学等方面研究均有重要推动作用。山东大学教授牛林杰展示了将数字人文方法应用于燕行录研究的收获；北京大学外国语学院副教授琴知雅从图像学视角对十四幅“燕行图”作了解读；北京大学外国语学院副教授文丽华阐释了燕行录中的中国女性形象及其内涵……

漆永祥教授对专家的批评表示感谢，“虽然尽了最大努力，但本书依然存在诸多不足，尤其是在地图和路线图、版本的研究以及索引等方面”，他表示再版时将增补内容，纠正错讹。他认为这次论坛带来了多元视角，促进了信息交流、观点碰撞，必将对“燕行录学”的发展起到促进作用。

会议最后，北京大学外国语学院王丹教授称，在今年八月，北大中文系、外国语学院与历史系等院系将继续联合举办“使行录与东亚文化交流学术研讨会”，期待学界专家学者就“使行录”文献的整理与研究发表宏论

圖 19 “新世紀以來‘燕行録’整理與研究論壇”報道
（《中華讀書報》2022 年 5 月 25 日）

60余位学者参加“使行录”与东亚学术文化交流研讨会

本报讯 由北京大学中文系主办，北京大学历史学系、北京大学外国语学院协办的“使行录”与东亚学术文化交流研讨会近日举行，来自两岸三地及日本、韩国、越南、美国、加拿大、新加坡等国40余所高校和研究机构的60余位专家学者，围绕“使行录学”的理论与方法、“使行录”与东亚学术文化交流、“使行录”与东亚诸国关系史、“使行录”语言学相关问题、“使行录”翻译等主题做了交流研讨。

中国自古以来就与周边国家保持长期的友好往来与密切交流，历史上各国往来的使者留下了大量的出使纪行文献资料。新世纪以来，这一类文献以巨大的体量、丰富的内容、独特的视角吸引了多国学者的关注，围绕其展开的研究已成为新的学术增长点，取得了丰硕成果。这一领域已渐次形成一个学术共同体，已有研究成果亟待得到总结，相关理论和方法问题亟需深入探讨，这次研讨会正是在这一背景下举行的。

10位学者的主题发言涉及“使行录学”的问题意识、研究方法、发展愿景等宏观角度，也有从具体文献出发进行考证分析的个案研究。在分组讨论中，学者们就中朝文化交流、专书考证辨析、燕行路线考查、日本越南使行纪录研究等多个具体问题发言。

北京大学外国语学院教授王邦维认为，目前“使行录”研究中，大家较为关注韩国、日本、越南等国家，对历史上与中国交往密切的印度、波斯等关注不够，有待加强。南京大学文学院教授张伯伟说，从文献来看，目前有关“使行录”的文献整理已成规模，以《〈燕行录〉千种解题》为代表的系统性考辨著作也相继问世；从历史来看，当下“使行录”研究需要思考和借鉴“长时段”的史学立场；从比较来看，“使行录”研究可以将各类文献进行不同层次的比较，得到新见。因此，张伯伟提出当下应以历史的眼光、比较的研究、多元的观念作为“使行录”研究的“新三术”。

圖 20 “‘使行録’與東亞學術文化交流研討會”報道
（《中華讀書報》2022 年 11 月 30 日）

本版编辑：周地车　美术编辑：王溅玉　责任校对：吴国琴　电话：010-85685722　E-mail:dhhuasscp@cass.org.cn

东亚文明互鉴下的"燕行录"研究

——对话北京大学中文系教授漆永祥

◇本报记者　班晓悦

■受访者/供图

七百年纪行包罗万象

十余种著书考镜源流

燕行录研究大有可为

中国与世界互联互通

欢迎订阅　中國社會科學報　网址:http://www.cssn.cn

邮发代号:1-287　国外发行代号:D3983　国内统一连续出版物号 CN 11-0274

本报地址:北京朝阳区光华路 15 号院 1 号楼 11-12 层　邮编:100026

印刷:新华社印务有限责任公司

圖 21　漆永祥教授會議結束後接受《中國社會科學報》"對話"欄目專訪（2022 年 12 月 15 日）

前　　言

　　2022 年 11 月 5—6 日，由北京大學中國語言文學系主辦，北京大學歷史學系、外國語學院協辦的"'使行録'與東亞學術文化交流研討會"順利召開。時值"新冠"疫情肆虐期間，故只好通過"騰訊會議"應用程序在線上舉行。在一天半的時間裏，會議開得既歡快舒暢，又高效緊湊，無論大會主題發言，還是分組討論，都氣氛濃烈，精彩紛呈，確實是一場學術盛宴，是一次成功的會議與充滿希望的會議，並爲未來的"使行録"研究，定下了基調，指明了方向，起到了很好的導引與示範作用。

　　本次會議的緣起，是此前召開的一次小會。2022 年 5 月 15 日，以北大中文系漆永祥教授《燕行録千種解題》的出版爲契機，由北京大學人文學部與北大朝鮮半島研究中心、北大中國古典學平臺、北大東方文學研究中心聯合主辦的"新世紀以來'燕行録'整理與研究論壇"，以綫上會議的方式順利舉行，來自校內韓國語、中文、歷史、圖書與出版系統的近 30 位專家參加了論壇。論壇主要圍繞"燕行録學"研究理論與方法、二十一世紀以來《燕行録》整理與研究得失、東方語言文學與歷史文化以及《燕行録千種解題》評價等問題，展開了積極的交流與討論。

　　這次論壇雖是綫上小型會議，但與會專家卓見迭出，討論熱烈，興味濃盛，而意猶未盡，希望能够接着舉辦以"燕行録"爲主題的大型國際會議。會議結束後，經漆永祥、王元周、王丹協商，向各自院系報批後，遂向北京大學社會科學部申請會議經費，並得到鼎力支持。最後決定於本年底召開"'使行録'與東亞學術文化交流研討會"。因時緊事亟，當時即擬定會議通知，在全球範圍内廣發"英雄帖"，遍請各路神仙莅臨燕園，共襄盛舉。在籌辦會議的過程中，一切均按照綫下會議程式準備，但由於疫情反復，最終仍以綫上會議的方式舉辦，讓籌備會議的師生忐忑不安而倍感失落。但讓我們没有預料到的是，會議開得異常順利而熱烈，我們深切地感受到了學術界對"使行録"研究的熱切關注與極大興趣，在聆聽與會專家的高見與拜讀會議論文的過程中，也受到了諸多的啓發。如果簡單梳理總結一下，我們覺得此次會議有五個方面的特色：

其一，這是一次真正意義上的國際學術會議。會議雲集了來自中國大陸和港臺地區，以及日本、韓國、越南、美國、加拿大、新加坡等國家 40 餘所高校和研究院所的 51 位專家學者，他們從事的專業和研究方向，涉及中國與韓國、日本、越南諸國的文學、歷史、哲學、思想與語言等方面，會議論文有中文、韓文、日文與英文等語種，呈現出跨地域、跨文化、多學科的交叉性與國際性特點。

其二，是國内外"使行録"研究最新成果的一次重要展示。參加本次會議的專家學者，基本上聚集了目前國内外"使行録"研究的各方代表，共提交了 50 篇學術論文，圍繞"使行録學"理論與方法研究、使行録與東亞學術文化交流研究、使行録與東亞諸國關係史研究、使行録語言學相關問題與翻譯研究等主題展開討論。具體來説，有中、朝士人的友好交流，有專書考證與辨析，有書籍流通之路的交流與探討，有燕行綫路的考察，有詩文詞語的考訂，有經學、考據學與文學現象的分析與宗教方面的討論，有日本、越南使行相關文獻的研究等，皆質量上乘，内容豐富，創獲甚豐，新見迭出。

其三，爲將來的"使行録"研究指明了方向。如大會主題發言的北大外國語學院王邦維教授以卞之琳《斷章》爲喻，將各國交往比喻成"橋上人"與"樓上人"，他提出古代中國的對外往來，不僅僅是"從周邊看中國"，即局限於東亞或東南亞的範圍内，而是擴展至阿拉伯、俄羅斯與歐洲；不僅有陸上"絲綢之路"，也有海上船舶往來，實際可以從全球範圍内來看。王先生談的是全球範圍内一種橫向的關聯度。而南京大學文學院張伯偉教授，則從胡適"三術"談到今日人文學的"新三術"，即歷史的眼光、比較的研究和多元的觀念，就"使行録"研究而言，更應該用長時段觀察的方法，這是一種縱向歷史維度的考察與研究。兩位先生一橫一縱之説，開闊了我們的眼界，也爲"使行録"研究指明了方向。

其四，"使行録（燕行録）學"蔚然獨立並走向成熟，建立"使行録研究學會"學術團體的條件已經具備。2005 年，原内蒙古大學邱瑞中教授曾在《燕行録學引論》一文中，"呼籲更多的人將燕行録當成研究的對象，逐漸形成一門顯學，即‘燕行録學’”。2006 年，韓國崇實大學曹圭益教授等選編《“燕行録”研究叢書》時，也曾提出過構建“燕行録學”的倡議。2019 年漆永祥發表《“燕行録學”芻議》一文，就“燕行録學”的界定、分期、整理、輯佚、翻譯與數據庫建設等，提出了一系列看法，並稱國内建構“燕行録學”的條件已經成熟，應設立相應的研究學會，以指導與協調“燕行録”相關問題的研究。2021 年，漆永祥《燕行録千種解題》出版後，南開大學歷史學院孫衛國教授在《中華讀書報》發表題爲《燕行録研究的集大成者》的書評，稱該書的問世，“標志着燕行録研究進入一個新階段，也標志着‘燕行録學’的成熟”。此次“使行録”相關會議，可以稱得上是一個劃時代的標志，國内有條件的學術機構與大德高賢，應該乘勢而爲，申報成立“使行録研究學會”，並起到良好的組織協調、學術研究、培養人才與引領服務的積極作用。

其五，中國大陸學術界已成爲“使行録”研究的主力軍。進入二十一世紀以來，中國大陸學術界在大規模整理、重編與點校出版古代朝鮮、越南與琉球等國的“使行録”文獻方面，成績突出，獨領風騷；而“使行録”研究方面的學者也呈現出老、中、青相結合的態勢，前輩引領，中堅厚實，後輩跟進，生機蓬勃。論著如葛兆光等《從周邊看中國》、邱瑞中《燕行録研究》、徐東日《朝鮮朝使臣眼中的中國形象》、陳尚勝主編《儒家文明與中韓傳統關係》、孫衛國《大明旗號與小中華意識》、楊雨蕾《燕行與中朝文化關係》、王元周《小中華意識的嬗變：近代中韓關係的思想史研究》與漆永祥《燕行録千種解題》等，相繼而出，又有一大批碩、博士學位論文，均以“使行録”爲題目進行研究。在資料整理、論著與論文發表、人才隊伍建設諸方面，中國大陸都已經走在前面，成爲“使行録”研究的主力軍與引領者。

由此，結合二十餘年的“使行録”研究與本次會議的成果，可以説“使行録”及相關研究，已經進入一個嶄新的階段。瞭解當下，展望未來，我們認爲有以下幾個方面既值得期許，又需要高度警惕。

一是需要更大規模地整理與開放相關研究資料。資料是學術研究的基礎，没有豐富的資料，則研究無從談起。從百年前日據時期朝鮮整理燕行相關文獻，到中國南通刊印朴趾源《熱河日記》，是燕行録研究的發端。百年後的今日，在林基中、夫馬進編纂的《燕行録全集》《續集》與《燕行録全集日本所藏編》出版後，才真正做到了資料廣布，搜尋便宜，所以他們真的是燕行録研究的奠基者。進入二十一世紀以來，中國大陸在邱瑞中、葛兆光、張伯偉等主持下，“使行録”相關資料不斷整理出版，給研究者帶來了極大的便利。但一方面新發現以及尚未發現的史料尚多，需要整理與輯佚；另一方面由於"燕行録"史料的前後抄襲與大量重複，尚需要更爲細緻的整理。我們提倡編纂《燕行録資料類編》，將已發現的相關資料，按年代早晚以類編纂，這樣就會明顯地發現抄襲之先後次序，並從中辨析真偽，也才能實現前述張伯偉教授所稱"用長時段觀察的方法"來更好地運用這些資料。漆永祥教授目前正在主持編纂的《燕行録北京史料類編》，就是這樣的一種嘗試。

二是需要由"從周邊看中國"走向"從全球看中國"與"從中國看全球"。無論是物貨流通，還是文化交流，中國自古以來即與世界各地往來不斷，正如前述王邦維教授所講，我們不僅要研究世界各國與各民族之間"橋上人"與"樓上人"雙方的互動與交往，還要從中總結經驗教訓，以古鑒今。在多元化並衝突不斷的世界上，究竟是互相學習與欣賞，還是互相排斥與殺戮，要在歷史的鏡子裏照映到現實，並爲現實服務。

三是"使行録"及相關研究，一定要有開放與包容的心態，相互往來，加強交流，持續發力，久久爲功。本次會議爲首次專門討論"使行録"及相關問題的盛會，我們熱盼有國內外高校與科研機構，願意承辦第二次、第三次，並一直辦下去；不僅在中國，也希望在韓、日、越與其他國家輪流舉辦，形成一種良好的交流氛圍，以便團結協作，資源共享，互通有無，培養新人，引導後進，並不斷推出新的學術研究成果。

四是要高度警惕"使行録"研究中的不良現象。由於"使行録"文獻的性質是古代周邊國家前往中國出使的紀行録，是在他國"事大"與中國"字小"的歷史背景下發生的歷史事實。那麼，如果過分強調中國作爲宗主國的歷史地位與強弱關係，勢必會引起當代周邊國家的高度敏感甚至反感。同時，在研究過程中，也要警惕過度從當今政治生態與文化環境下的各國立場出發，自說自話，南轅北轍。要在"同情的理解"基礎上進行研究，才是正確的心態與方法。對中國學者來説，要警惕過度相信"使行録"文獻，不加甄別與考證，就當成信史，反過來對明清中國文獻提出質疑，以彼爲是，以此爲非，這種苗頭已經非常明顯了。但往往是本想達到"他山之石，可以攻玉"的效果，結果却跌入了"他山之坑"而不能自拔，過猶不及，值得反思。

總之，"使行録"研究已經成爲新的熱門學科與學術增長點，有着廣闊的發展前景和旺盛的生命力，我們對此充滿信心，也充滿期待！

本論文集共收與會專家 52 名作者所提交的 50 篇論文，現經兩年時間的修改與完善，在各位專家的大力扶護下，我們終於將會議論文集編輯出版，在此向各位表達我們衷心的感謝！有關本次會議當時紀錄的詳細《紀要》，也附在全書後，供大家回憶與參考。我們對各位的大作，進行了簡單的歸類，在同一類論文中，以討論的人與事的時代先後爲序排次；在引文與注釋諸方面，做了統一格式的工作；論文具體内容，則依文責自負的原則，未作更動；每篇論文的校樣，也請作者進行了最後的修訂。由於部分論文正在投稿或待刊狀態，所以有些專家的大作或撤換，或未收錄，我們均表示理解。各家論文又涉及諸多學科的知識，由於我們水準有限，可能尚有不少錯訛，未能一一校正，請各位專家與讀者原諒！

　　本次會議在籌備與舉辦過程中，前後得到北京大學黨委宣傳部、社科部與中文系、歷史系、外國語學院領導的大力支持。會議籌備、服務與宣傳過程中，北大宣傳部王鈺琳、中文系博士生張億、周昕暉、葉天成、薛林浩、王安然，碩士生曾程，外國語學院碩士生周桂榕等，花費了大量的時間和精力。北京大學出版社學科副總編輯馬辛民、責任編輯吳冰妮，爲本書的出版付出了大量的心力。在此向以上各位領導、同仁和同學表示誠摯的謝忱！

目　　録

上　　册

下　册

怎樣研究《燕行録》

邱瑞中

我們應該怎樣研究《燕行録》呢？從實踐説起，我們需要這麽兩類人：一類是已經有研究能力，有一定研究成果，他們把主要精力放到《燕行録》研究這裏。用他們在學術上的能力和成就，轉到《燕行録》研究來，早一點兒出成績，早一點兒出經驗，早一點兒帶動着大家向前發展。這一批人是非常重要的，没有他們放棄自己研究的方向，徹底轉到《燕行録》來，集中力量把自己的能力放到《燕行録》的研究中，並且指導年輕人，指導後進，大家一塊兒作爲團隊研究《燕行録》，没有這些人的犧牲，《燕行録》研究起步就緩慢，就不能早日取得成就。這種犧牲是非常必要的，他可能在原來的路上繼續研究，會取得巨大成就，但是需要他們儘快進入《燕行録》工作，一方面用自己的研究成果啓發大家，另一方面指導後進，這點更重要，建立起研究團隊，作爲核心，去完成集體項目。

所以我説這些人要作出犧牲，漆永祥老師、孫衛國老師都是這樣的人。張伯偉老師早已經在這個領域工作了，他們這些人確實作出了犧牲，這才能推進《燕行録》的研究。我們還需要一大批比他們年輕的專家進來，我們這個隊伍需要領軍人物。

另一批人，就是從本科畢業，有基礎了，把《燕行録》確定爲自己一生奮鬥的方向，在碩士、博士學習階段，就開始研究《燕行録》。跟着老師學習，早日進入研究前沿，早日參與研究工作。要誠心誠意地作助手，不要急於自己成就，要做好基礎工作，做好助手工作。這是第二批爲《燕行録》研究作出犧牲的人。他們犧牲在哪兒呢？他們長期做助手，長期做基礎工作。兩個

【作者簡介】邱瑞中，原内蒙古師範大學圖書館教授。

方面的基礎：在你的老師、導師的團隊中，你做基礎工作。摘錄資料，查找資料，核對資料，抓緊時間閱讀資料，大量做筆記，積累你的能力，積累你的知識，積累你在攻讀《燕行録》中獲得的知識結構和知識量。這種積累是要厚積的，厚積很可能會影響你論文的産生，影響你在高一層次的研究中儘快地展現自己。在你自己奮鬥的時間段上，或者自己設計的奮鬥的歷程中，你可能走得慢了一些，獲得的名譽晚一些，你可能因爲做了大量的輔助工作而失去名譽。更可能在我覺得你扎實地打好基礎的階段中，別人走到了你的前頭。評職稱你會晚三年或者五年。我們需要這樣一些厚積薄發的年輕人，我們不是要這些年輕人一輩子去做嫁衣，一輩子去完成別人的事情，我們希望這批年輕人充分積累自己的能力，最後在他拿出東西來的時候，是扎扎實實的，是卓有成效的，是舉世矚目的。

不是所有的人都能厚積薄發，只有少數人。年輕人理想都很高，很遠大。我們也一樣，我自己也有過着急的階段，我理解這種心情。但是看到我們的老師，在爲他們的老師的學術事業而獻身的時候，我們應該考慮：自己是不是也能像他們一樣作犧牲呢？甘做人梯而把別人送到更高處呢？請不要曲解我的意思，我希望先做好助手，協助老師研究，厚積薄發，出手更高。

我這些話可能是矛盾的，我也説不清這個道理，但是我覺得在《燕行録》研究的隊伍中，需要大量這樣陪練的人，需要大量的像我的老師劉乃和先生那樣爲陳垣的事業，放棄自己成名成家的機會的人。劉乃和從講師到副教授，走了28年，這是她給我講的。《燕行録》研究需要這兩方面的有犧牲精神的人，有了他們，《燕行録》研究才能突飛猛進。就像段晴教授在佛學領域，在古代西域語言研究領域中做出的重大貢獻。我們需要這樣的人，我們不需要大衆化的專家學者。

我是希望我們這個隊伍能够有大量的像葛兆光先生和張伯偉老師、孫衛國老師、漆永祥老師這樣一批人，出現在《燕行録》研究隊伍中。（還有陳正宏老師，他搞越南文獻。）大量地做出能够站得住脚的學術成就，我也更希望在這個隊伍中出現大量的剛剛步入學術研究隊伍的有犧牲精神的青年學子，他們才是最有希望的！

杭州有個洛地先生，早年就讀上海音樂學院，是賀緑汀的學生，後來被打成右派，失去工作，長期拉排子車，幹苦力20多年。他没有放棄研究，用音樂知識研究元曲，尤其是套曲。他在北京師範大學古籍所給"元代文學高級研討班"講過課，用信天遊和樂曲《東方紅》的關係，講套曲的主旋律及其變化。洛地先生説："你們現在比我們難，又要評職稱，又要上課題，還要買房子。"我當時不理解他這個話，後來我品出味兒來了，形勢有時候逼迫我們不能下決心專心致志地把一件事情做下去。但世上沒有一帆風順的路程，祇要我們認真努力地做下去，終究會取得成功的。

"橋上人"與"樓上人"：我們怎麼互相書寫?

王邦維

　　漆永祥老師要我來發言，我其實有點爲難。半年前，5 月 15 號，在北大開過一個有關"燕行録"的會，那次漆老師要我發言，我發言了。這次還講，講什麼呢?

　　首先當然是表示祝賀，祝賀會議的召開。疫情期間，開這個會，一波數折，最後不得不以綫上的形式召開，不容易啊!

　　對於"燕行録"和"使行録"一類文獻，我没有做過具體的研究，提不出什麼意見，即使是膚淺的意見。不過，因爲自己的專業，對於歷史上中國和外國互相交流相關的文獻，我一直很注意，有一些想法，也想到一些問題。下面就談我的想法和相關的問題。

　　我先念一首詩，然後提一個問題，再講兩個故事。

　　我念的這首詩，大家也許不生疏，那就是卞之琳很有名的《斷章》。詩很短，就兩個長句，分爲四行。很美，意蘊深邃，空靈，還很有哲理：

> 你站在橋上看風景，
> 看風景人在樓上看你。
>
> 明月裝飾了你的窗子，
> 你裝飾了别人的夢。

　　這首詩上次的會上我就想到了，怎麼會跟我們的會議主題扯上關係? 我最後解釋。

【作者簡介】王邦維，北京大學東方文學研究中心、外國語學院教授。

提一個問題，什麼問題呢？那就是，我覺得我們目前對域外與中國相關的文獻的研究，還有一些空白點，缺點兒什麼。

北大中文系 1977 級有一位學生，葛兆光。我們是老朋友，葛兆光先生在中文系念本科的時候，我念研究生。葛兆光先生後來在復旦大學做教授，是著名的學者，學術成果很多。21 世紀初或者稍晚一點，葛先生組織了一個項目，討論“燕行錄”，也討論日本古代僧人到中國所做的記錄，例如圓仁的《入唐求法巡禮記》、圓珍的《行歷抄》。還討論越南的記錄。這個項目的成果很多。後來中華書局出了三本書。一本是《從周邊看中國》（2009），一本是《宅茲中國：重建有關“中國”的歷史論述》（2011），還有一本是《想象異域：讀李朝朝鮮漢文燕行文獻札記》（2014）等。三本書都與此相關。其中兩本，葛兆光先生送過給我。書很好，葛先生有很多高見。

但說到“從周邊看中國”，我覺得這中間多少有點遺憾。什麼遺憾呢？就是我有一次跟葛先生開玩笑說，你說的周邊，不完整呢，只能算半邊，而且還是小的半邊。

我們看今天中國的地圖，東邊是日本和朝鮮，南邊是越南，很短的一段。北邊呢？西邊呢？作爲周邊的一部分，西邊北邊其實有更長的邊界綫。當然，歷史上東邊和南邊與中國的關係，與西邊、北邊和中國的關係很不一樣。這中間的差異可以談的太多，這裏不細談。

那麼北邊和西邊有沒有可以值得我們注意的東西呢？答案是：有。這是我下面要談的。這方面我講兩個故事，也就是舉兩個例子。

第一個故事與印度有關。

唐代的玄奘，到印度去求法，回來後寫了一部很了不起的書，書名叫《大唐西域記》，講他一路經過的，也包括聽聞到的，一共一百三十多個國家各個方面的情況。其中卷四的一個地方講，在印度，有一個叫作“至那僕地”的國家。玄奘到了這個國家，他在那裏發現：

第一，這個國家的名字與中國有關。“至那”的意思就是中國，“至那僕地”梵文是 Cīnabhukti，意思是“中國封地”，玄奘的翻譯是“漢封”。

第二，玄奘還說：

> 此境已往，洎諸印度，土無梨桃，質子所植，因謂桃曰“至那你（唐言漢持來）”，梨曰“至那羅闍弗呾邏（唐言漢王子）”。故此國人深敬東土，更相指告語：“是我先王本國人也。”

"至那你"還原成梵語，是 cīnanī，詞的前一部分 cīna，"至那"，就是中國，後一部分 nī，音譯"你"，意思是"持來""拿來"，合起來意思就是"從中國拿來的"。"至那羅闍弗咀邏"一名，還原成梵語，則是 cīnarājaputra。前一部分仍然是 cīna；後一部分中的 rāja，音譯爲"羅闍"，意譯爲"王"；最後一部分的 putra，音譯"弗咀邏"，意思是"兒子"，整個詞合起來的意思是"中國王子"。玄奘的翻譯是"漢王子"。

玄奘還講，這個國家的人因此對中國特別地敬重。他們見到玄奘，就指着玄奘説："這是我們以前的王子的國家來的人啊！"

但是歷史上真有從中國來的王子，在"至那僕地國"作"質子"，也就是國與國之間的人質，並且真的把桃和梨帶到了印度嗎？

這故事講的事，是不是真的呢？我的意見，其中一部分應該是真的，作爲一個傳説，不完全是無中生有，它有一定的歷史背景和歷史依據。這位"質子"，不一定是來自古代中國的中心地區，但有可能來自與中國有更密切聯繫的"西域"地區。

無論如何，玄奘不會憑空編出這樣的一個故事。相關的一些問題真值得我們做進一步的研究。

古代的"至那僕地國"，大致在今天印度的旁遮普邦境內。

玄奘的書《大唐西域記》，一定程度上反映了當時中國人對西方世界的認識。如果從印度人方面看，不就是中國人寫的"使行録"嗎？同樣的著作，中國歷史上還有好些，例如東晉時代的《法顯傳》，唐代的《南海寄歸内法傳》和《慧超往五天竺國傳》。最後一種書是古代新羅人，就是今天的韓國的求法僧寫的。其他在古代還有好多，大多散佚了，需要今天做輯佚、考訂、整理的工作。今天參加會議的，很多是做古籍整理的，我希望大家也關心這類文獻。

跟上面講的故事類似，這類書中的很多地方，也記載了外國人，包括印度人怎麼看中國。例子很多，不舉了。

印度方面有没有他們的"使行録"呢？也有的，但要晚一千年，那就是晚清時代的印度人，英國來華軍隊中的印度士兵，在廣州和香港作貿易的印度商人、旅行者。更晚一點的，國共内戰時期，甚至到過"蘇區"，寫過記載"蘇區"的書。

第二個故事有關波斯，也就是今天的伊朗。

古代波斯有一部很有名的書，稱作《史集》（Jami' al-tawarikh），作者是古代伊朗的一位學者、歷史學家，也是當時統治伊朗的蒙古四大汗國之一的伊兒汗國的丞相，名字叫拉施特（Rashid-al-Din Hamadani），但這本書實際上是集體著作。書寫成於公元 1300 至 1311 年之間，部頭很大，內容以當時的蒙古史爲重點，同時也全面覆蓋了那個時代亞歐地區主要民族和主要國家的歷史，可以說是第一部世界通史，內容非常豐富。只是在中國知道的人不是很多。

《史集》是極大部頭的著作，由多部書合成，其中一部稱作《中國史》。

近代以前，中國以外的國家，很少有人在書中講到中國的歷史，更沒有人寫過專門講中國歷史的書，但《史集》的《中國史》是個例外。編成時間是 1304 年，也就是元大德八年。

《史集·中國史》開首的部分，介紹中國整個的地理概況，其中講到中國的西南地區，漢譯文是：

> 在乞台的西南方還有一個地區，名叫大理（Dāy Līu），蒙古人稱之爲哈喇章（Qarājānk），忻都人稱之爲犍陀羅（Kandhar），義爲〔大國〕，在我們這裏叫做罕答合兒（Qandahār）。

乞台是蒙古人對女真人建立的金國的稱呼。Dāy Līu 就是今天雲南的大理，這沒有問題。忻都人就是印度人，這也沒有問題。這裏的問題只在於，拉施特的書中，爲什麼要說印度人把大理稱作犍陀羅（Kandhar）。犍陀羅在古代印度的西北部，這個名字怎麼會跟中國的大理聯繫在一起呢？另外，罕答合兒（Qandahār）就是今天阿富汗的坎大哈。波斯人爲什麼又會把大理說成是印度的犍陀羅，再說成是在阿富汗的坎大哈呢？這個問題是不是也值得研究？背後其實是有原因的。

拉施特的書，講中國史，從盤古開始，一直講到遼、金和南宋，列舉出 36 個王朝、267 個帝王的世系，了不起。讓人詫異的還有，書中還有 80 多幅、100 多位中國歷代帝王的畫像。從形象看，應該是從中國古代的書中描繪下來的。什麼書呢？我們至今不知道。

這不算是“使行錄”，是波斯人的專著。但我們還是應該關心，這些說法，這其中所有的信息，包括中國帝王的圖像，是從哪裏來的呢？

中國西邊的國家，其實也不是沒有“使行錄”一類的著作。《馬可波羅遊記》就是一種，但類似而且更早的還有阿拉伯作者的《中國印度聞見記》，還有亞美尼亞作者的《海屯行紀》，還有與馬可波羅同時，也是意大利人寫的《鄂多立克東遊錄》，波斯人寫的《沙哈魯遣使中國記》，荷蘭人寫的《東印度航海記》。

例子不少，不舉了。

图片9：E本（德黑兰抄本），fol.581；第二十七朝　　　图片10：E本（德黑兰抄本），fol.591；第三十六朝

圖一　《史集·中國史》中國帝王的圖像

　　由此展開，我以爲我們可以做的工作還有很多。

　　天下的事就是這樣：不僅我們看人家，也要看人家怎麼看我們。我在上面一開始時，念了卞之琳的一首詩，詩中的"橋上人"和"樓上人"互相對望。我想，就像詩中講的一樣，我們既可以是"橋上人"，也可以是"樓上人"。這個世界上，一千多年來，大家都在互相看，互相"書寫"。用卞之琳的詩句講，彼此還互相"裝飾"。明月一輪，風景各異。歷史是不是這樣的呢？

　　這些題目，如果深入下去，就不僅僅是域外的漢文文獻了，還包括各種外文的文獻，梵語、波斯語、蒙古語、印地語、孟加拉語、拉丁語，當然還包括英語、德語、意大利語、法語、荷蘭語等現代語言。今天來的朋友，有中文學科的，有歷史學科的，也有外語學科的，相信各個學科的朋友在這方面應該也都能夠互相借鑒，同時作出各自的貢獻。

從胡適"三術"談"使行録"研究

張伯偉

今天在這裏講話，很類似唐代臨濟禪師所言："山僧今日事不獲已，曲順人情，方登此座。"（《臨濟録·上堂》）所以這個題目也就採用了禪宗説法的一種套路——"本地風光"，我先做一點解釋。100 年前也就是 1923 年，胡適在《國立北京大學國學季刊》的《發刊宣言》中，將當時中國人文學最急需的"三術"概括爲"歷史的眼光、系統的整理、比較的研究"。至於"使行録"，這是漆永祥教授讚賞並主張的名稱，其意即"使者紀行之録"（《燕行録千種解題·自敘》）。學術界目前使用的流行名稱，無論是韓國學者、日本學者還是中國學者，都習慣用"燕行録"，我是不太贊成的。我主張用"行紀"一語，與"使行録"的意涵大致相當，在這裏也求同存異。借用"三術"和"使行録"之名，我想要向永祥教授卓越的研究成果致敬，向北京大學偉大的學術傳統致敬。

胡適"三術"的次序有其自身的用意，最終落實到"研究"，但不是孤立的、静止的研究，而是"比較的"研究。研究需要文獻基礎，不能是零散的、薄弱的，而是堅實的、廣博的，故整理工作必須是"系統的"。要做到"系統"，就少不了歷史眼光，有縱向的演變，也有橫向的聯繫。可以説，"歷史的眼光"是貫穿於文獻整理和比較研究工作的共同的要求，所以列在首位。百年來的中國人文學術，求其成績最大者而言，就是"系統的整理"。這一成績的取得，與學術工作中普遍擁有的重視文獻的意識是分不開的。今天我們對胡適"三術"的理解，當然要隨着學術的進步和問題意識的改變，從而作出新的，至少是具體的理解和闡釋。就"使行録"的研究而言，可以據此提煉出三個關鍵詞：

【作者簡介】張伯偉，南京大學文學院教授。

文獻、歷史、比較。

　　首先是文獻。與後面兩者相比，文獻方面的成績屬於最爲突出者。經過韓國、日本和中國學者的先後投入，有關"使行録"的文獻收集、整理已經取得了很大的成績，雖然還有進一步拾遺補闕的餘地，但已經形成了基本的文獻規模，無論是朝鮮半島與中國之間的"朝天""燕行"文獻，還是越南與中國之間的"北使"文獻；無論是中國和琉球之間的行紀文獻，還是朝鮮時代與江户日本之間的"通信使"文獻，都得到了大量刊佈。除了影印者外，還有一些是經過現代標點的整理本，儘管其水準良莠不齊，但總是提供了一份可資學術界參考的文獻，並且爲後出轉精的整理工作提供了基礎。值得重視的是，學術界對於使行録文獻的時代、作者、真僞、存佚等研究工作也取得了可喜的成績。以高麗、朝鮮時代爲例，在 21 世紀第一個十年中，以中國學者左江教授的《〈燕行録全集〉考訂》和漆永祥教授的《〈燕行録全集〉考誤》爲嚆矢，已經對上述問題展開了有規模的、精密的考證。這項工作以漆永祥教授在 2021 年出版的《燕行録千種解題》爲標志，將相關問題的考辨提升並擴展到一個嶄新的高度和廣度，堪稱"辨章學術，考鏡源流"的"系統的"工作。我們期待後續有學者能够對越南的"北使"文獻或朝鮮時代的"通信使"文獻做出類似的工作。迄今爲止，前者有復旦大學文史研究院以及陳益源教授、劉玉珺教授的若干成果，後者有日本學者高橋昌彦的《朝鮮通信使唱和集目録稿》較爲完備，尤其是收録在 2010 年松原孝俊編《全球化時代的朝鮮通信使研究》一書中的文本(可惜京都大學人文科學研究所網站上的《朝鮮通信使關係資料目録》因故停止)，但上述工作用胡適提出的"系統的"標準衡量還有一些距離。相信假以時日，使行録文獻考辨工作會以一個更加全面均衡的樣貌呈現出來。

　　第二個關鍵詞是歷史。所謂"歷史的眼光"可以理解爲具備從歷史出發去觀察事物的能力，但"從歷史出發"在實際的學術活動中，常常變成從一時的歷史觀念出發。在胡適的時代，其主流歷史觀念就是德國的以語文學爲基礎的"蘭克史學"，其史學品格主要是考證。這一典範隨着美國史學界對蘭克的誤解，他甚至"被當作是一種本質上是實證主義路綫的思想始祖"(格奧爾格·伊格爾斯《美國與德國歷史思想中的蘭克形象》)，中國現代留德、留美的學人深受其影響。傅斯年在《歷史語言研究所工作之旨趣》中説："近代的歷史學只是史料學。"其基礎是"語文學"(philology)，也就是時人心目中的考據學。歷史語言研究所的英文表達是 "The Institute of History and

Philology",不難看出語文學的重要地位。今天歐美的歷史學早已不是百年前的狀況,但中國的人文學研究,卻在很大程度上還停留在或者説回復到百年前,把文獻考據當作學術研究的最高殿堂,並美其名曰"歷史"的研究。考據以外的研究,往往將自己的眼光局限在某一部或某幾部書上,採取的是"短時段"充其量是"中時段"的研究策略。撇開研究者討巧或懶惰的因素——不願或不能廣泛系統地閱讀文獻不談,從史學立場來討論,這與20世紀80年代以來歐美的"新文化史"也有一定的關聯。最近三十來年間,在歐美史學界最爲風光的要數"新文化史"研究,學者們紛紛拋棄年鑒派史學宏大叙事的方式,認爲歷史的本質不在"樹幹",甚至不在"枝條",而在"樹葉",這往往導致歷史研究的"碎片化"(參見弗朗索瓦·多斯《碎片化的歷史學——從〈年鑒〉到"新史學"》),而"碎片化"的研究必然是"短時段"的。若干年前,我曾提倡運用"長時段"的方法研究使行文獻(參見《名稱·文獻·方法——關於"燕行録"研究的若干問題》,載《南國學術》2015年第1期),現在,我還是堅持這樣的看法,並且願意再次强調。"長時段"(longue durée)一詞,明眼人知道它是來自法國費爾南·布羅代爾(Fernand Braudel)的史學概念,與此相聯繫的還有"中時段"和"短時段"。布羅代爾指出:"傳統歷史學關心的是短時段、個人和事件,長久以來,我們已經習慣了它的那種急匆匆的、戲劇性的、短促的叙述節奏。"這裏的"傳統"一詞,完全不同於漢語語境中帶有的權威、合理的意味,而是一個貶義詞。因此,布羅代爾史學中最重要的概念就是"長時段"。所謂"長時段",大致是從一個世紀到幾個世紀,其最大的長處在於,可能較準確地發現一個緩慢的、層積的歷史結構的"斷裂點","是相互矛盾的壓力所造成的它們或快或慢的損壞"(《論歷史》)。在朝鮮時代使行録的研究中,有些不失爲優秀的論著將目光凝聚在十七世紀中葉,準確地説,是從代表明清鼎革的崇禎十七年,也就是順治元年(1644)前後的一段時間。在中國歷史上,明清易代不只是一般意義上的政權更迭,也是少數民族政權取代漢族政權的更迭。所以,不僅在政治上有許多變化,而且在風俗上(比如服裝、剃髮、婚葬等)也與明朝有顯著區別。對於朝鮮半島的君臣上下而言,明朝對於他們有"再造之恩",在其心目中,也一直視明朝爲"天朝",因而那時的使行記録一般都冠以"朝天録""朝天日記"等名,彼時自稱的"小中華",是相對於"大中華"而言的。其心理狀態如果不説是崇拜,也應該説是謙遜的。但在明清鼎革之後,情形就發生了變化。首先是由"朝天"改稱爲"燕行",這一方面代表了朝鮮士大夫對清朝"含忍而又事之"（洪敬謨《燕槎匯苑總叙》）的無奈，另一方面也代表了他們對清朝的鄙視，認爲這個政權屬"夷"因而也不配"天朝"之稱。其次是心理狀態的變化，此時的"小中華"面對的是"腥膻氈裘"的"胡夷"，"華夷"的身份至此發生了轉變，朝鮮人進入中國，猶如從文明之地進入蠻夷之邦，總是自覺地帶着與生俱來的驕傲和自豪，特別是擁有"三使"（正使、副使、書狀官）身份的人。也許正是有鑒於此，一些學者就得出了"明朝後無中國"或曰"十七世紀以後無中國"的結論（參見葛兆光《想象異域——讀李朝朝鮮漢文燕行文獻札記》），把以中國爲核心的漢文化圈的崩壞追溯到四百年前。這個結論可以得到部分文獻的支撐是顯而易見的，如果用"短時段"或"中時段"的方法去考察，在某種程度上也可以説是證據確鑿。然而，"短時段是所有時段中最變化莫測、最具欺騙性的"，在布羅代爾的忠告面前，我們實在應該對依據個別人物、事件或某個階段的現象而導致的結論保持必要的警惕。一旦我們採取"長時段"，我曾經嘗試用從十七世紀到二十世紀初三百年的歷史眼光，分別考察了"衣冠服飾""華夷變態"和"中州人物"三個不同問題，每個問題都是一幅歷史圖景的長卷，而通過三幅長卷的疊加，竟然發現在"斷裂點"上的驚人相似，即十九世紀中葉，就會得出完全不同的另外的結論。2014年，喬•古爾迪（Jo Guldi）和大衛•阿米蒂奇（David Armitage）合著的《歷史學宣言》公開發佈，這部充滿激情和挑戰的著作（某些地方模仿了《共產黨宣言》的筆法）立刻引起歐美史學界的轟動。其核心觀念就是呼喚"長時段"史學的回歸。因爲"在二十世紀的最後二十五年間，短期主義成了學術追求的時尚"，所以本書的開篇即云："一個幽靈，短期主義的幽靈，正困擾着我們這個時代。"而在全書之末，作者呼籲道："全世界歷史學家，聯合起來！你們會贏得一個世界，現在還爲時不晚。"雖然作爲一種歷史技藝的概念，"長時段"在六十年前由布羅代爾提出，但回歸後的"長時段"是一種"新的長時段"，"在概念上可能源自過去，但其指歸卻是朝向未來的"。這樣的史學立場值得我們思考和借鑒，尤其是在使行錄的研究中。

最後一個關鍵詞是比較。將比較的視野從小到大列舉起來，首先，是一書之間的比較。李田秀《農隱遺稿》中收入了其《入瀋記》，這是將他自己的《西遊記》草稿與其仲兄李晚秀的《萬泉錄》草稿合而爲一之著。在乾隆四十八年（正祖七年，1783），他們與瀋陽士人張裕昆筆談，有三段涉及時事的内容，李田秀是用正常方式記錄，而李晚秀則是用謎語或隱語的方式記錄。在《入瀋記》中同時將兩種稿子的文字錄出，並作了這樣的提示："《萬泉錄》

草本，凡係秘諱之事皆作謎語，故今悉改録，而附書原段以資覽者之一粲，後倣此。"因爲有正常文字在案，我們能够明白其意，用隱語記録的對話，有的能推測其理路，比如以"黄黑"代指滿漢，以"銀子"代指蒙古，用"蔘"（人參）"桂"（肉桂）代指吴三桂。但有的則無法理解，比如以下這段："書問曰：'根晨不立，豆曉何也？'書答曰：'黄篋弄字，元棠知之，龍强俱類。'"即便根據正常記録的文字，我們能够明白所談内容，是有關丁丑年（崇禎十一年，仁祖十五年，1637）朝鮮和清人和談之事，但這樣的謎語如何對應謎底的内容，至少對於我來說，也仍然是一個不解之謎。這裏也提出來向各位請教。其次，是同一系列中的不同書之間的比較。拿朝鮮時代的燕行録爲例，以書而言，有時代之别、作者之别；以作者而言，有身份之别、地位之别、立場之别。所以，即使觀察的是同一個對象，往往導致着眼點不同、觀感不同、評價不同。用法國比較文學的"形象學"理論來説："比較文學意義上的形象，並非現實的複製品（或相似物）；它是按照注視者文化中的模式、程式而重組、重寫的，這些模式和程式均先存於形象。"（巴柔《形象》）我這裏使用的材料出自孟華教授主編翻譯的《比較文學形象學》，請允許我再次借助"本地風光"向北大學者表示感謝。所謂比較，總是以異同爲主，但異同只是現象，重要的是追究造成這一現象的原因，以及這種現象藴含的意義。所以，我們不僅需要閲讀文獻，更需要擁有理論和方法的自覺。讀過文獻並不等於讀懂文獻，對於藴含了思想意義和歷史意義的文獻來説，尤其是這樣。第三，不同系列的書之間的比較。比如以"燕行録"與通信使文獻相比較，將東方的使行録與歐洲的中國行紀文獻相比較，那就能够引發無數有趣的話題，並且往往能够在貌似無關的領域中，發現其間隱蔽的、内在的聯繫。限於時間，我就不進一步展開了。

漢文化圈内的使行録文獻，就其淵源來説，出自中國周朝的行人之書，從文獻性質來説，屬於外交文獻。朝鮮時代較早彙編此類文獻的書有《同文匯考》，日本明治以下彙編此類文獻的有《通航一覽》和《古事類苑·外交部》等，也都歸在外交文獻。今天閲讀此類文獻，其中流露的立場觀點未必完全符合我們固有的認知，而不同國家和地區的學者研討這些文獻，即便面對同樣的現象，由於文化立場的不同，也可能有種種别出心裁的不同解釋。我認爲，用簡單化的好同惡異，甚至黨同伐異的方式對待，並不是一個好辦法。胡適百年前提出的"今日吾國急需之三術"，在今天看來，文獻方面"系統的整理"取得的成績最大，認同度也最高，可以從"急需"中移除，而代之以"多元的觀念"。所以，我想説的今日人文學的"新三術"，就是歷史的眼光、比較的研究和多元的觀念。在全球化時代人類不同文明的交往日益頻繁的今天（即便有出於政治、經濟、軍事乃至疫情因素的干擾），秉持多元，欣賞差異，顯得尤爲重要。以一本 *Educated：A Memoir*（《你當像鳥飛往你的山》）榮登《紐約時報》暢銷書榜的女作家塔拉•韋斯特弗（Tara Westover），是個 1986 年出生的年輕人，她在接受《福布斯雜志》的訪談時説了一段話："教育意味着獲得不同的視角，理解不同的人、經歷和歷史……教育不應該使你的偏見變得更頑固。如果人們受過教育，他們應該變得不那麼確定，而不是更確定。他們應該多聽，少説，對差異滿懷激情，熱愛那些不同於他們的想法。"這雖然不是針對我們的使行錄研究而言，但這樣的觀念，在我們的研究工作中，是需要得到同情、理解並貫徹始終的。

"燕行録學"芻議

漆永祥

【摘　要】"燕行録學"即研究"燕行録"及相關問題的學問。"燕行録"是朝鮮半島在高麗、朝鮮王朝時期出使中國的使臣所撰寫的紀行録,而不是一般意義上往來中國的聞見録。"燕行録"不僅有廣義、狹義之分,還有共名與單名之別。在對"燕行録"稱名與概念,創作與編纂的歷史分期,整理、輯佚、翻譯與數據庫建設,文獻重複與鈔襲,史料價值與真偽以及"燕行録"研究中應持有的態度與方法等問題進行深入地梳理、考辨與論述之後,我們可以發現,國内建構"燕行録學"的條件已經成熟,所以應設立相應的研究學會,以指導與協調"燕行録"的研究。這一點對於我國的"燕行録"及相關問題的研究顯得十分必要與迫切。

【關鍵詞】燕行録　燕行録學　燕行使　整理與研究　治學方法

一、建構"燕行録學"的條件已經成熟

當歷史跨入二十一世紀之後,隨着原韓國東國大學林基中教授編纂的《燕行録全集》100册的面世,"燕行録"的整理與研究得到了極大地推進,經過十餘年的持續升温,時至今日達到一個繁榮興盛的大好局面。我們可以謹慎而樂觀地倡議:建立"燕行録學"的條件已經成熟,而且有其迫切性與必要性。

在此,我們先簡單地回顧一下"燕行録"整理與研究的歷史。在 1930 年

【作者簡介】漆永祥,北京大學中國語言文學系教授。

代的日據時期,韓國《青丘學叢》第 1 號出版了《朝鮮事大紀行目録》,共著録燕行文獻 57 種,並整理出版了蘇世讓《陽谷赴京日記》等。1935 年,當時的京城帝國大學法文學部整理的《奎章閣叢書》中,即有《昭顯世子瀋陽狀啓》。此後遲至 1962 年,韓國成均館大學大東文化研究院出版了《燕行録選集》,共收録"燕行録"30 種(2008 年出版《補遺》20 種)。1976 年,韓國民族文化促進會出版了韓語翻譯本《國譯燕行録選集》。而 2001 年,由東國大學林基中教授編纂的《燕行録全集》100 册 357 種鉌行,則成爲"燕行録"研究史上劃時代的標志。同年,林基中與日本京都大學夫馬進教授合編《燕行録全集日本所藏編》3 册 33 種出版。此後,林教授又於 2008 年出版了《燕行録續集》50 册 170 種(含《日本所藏編》),《全編》與《續編》共收録約 527 種。此後又編成 PDF 電子版《燕行録叢刊》,共收録 455 種(後又有續補,總計約 560 種)。可以説在"燕行録"整理與研究方面,以林基中教授爲代表的韓國學術界此前一直走在前列。

中國學者對"燕行録"文獻的關注,也幾乎與韓國本土同時。二十世紀三十年代,金毓黻教授主編的《遼海叢書》即收有柳得恭《灤陽録》與《燕臺再游録》。此前的 1916 年,朴趾源《燕岩集》,在中國南通以鉛活字重刊。1978 年,臺北珪庭出版社出版了《中韓關係史料輯要》,第二卷收録有明代《朝天録》4 册 36 種。2011 年,復旦大學文史研究院和韓國成均館大學東亞學術院合作編纂《韓國漢文燕行文獻選編》30 册 33 種。在 2010—2016 年間,由弘華文主編的《燕行録全編》第 1—4 輯共 46 册,由廣西師範大學出版社出版。據稱這套書出齊後,共包括 500 多位作者,700 餘部專著,概括公元 13—20 世紀初總 700 年的中韓交流史。而南京大學域外漢籍研究所在張伯偉教授主持下,也正在進行部分"燕行録"的點校整理,至於收録多少種"燕行録",因成果尚未出版,具體數量目前還不清楚。

在"燕行録"的研究方面,韓國 1934 年由金臺俊在《朝鮮漢文學史》中對朴趾源《熱河日記》曾做過簡單的論述與評價。此後在六十年代,如金聖七《燕行小考——朝中交涉史一瞥》、全海宗《清代韓中關係綜考》等相繼發表。2006 年,由韓國崇實大學曹圭益教授等選編的《"燕行録"研究叢書》共收録 10 册 130 餘篇論文,分爲文學、歷史、政治、經濟、外交、思想、意識、服飾、建築、繪畫、地理等類,可以認爲是韓國學術界"燕行録"研究成果的集體展示。近十餘年來,更是新作不斷涌現,呈蓬勃發展的態勢。

1967 年，臺灣學者張存武教授發表《介紹一部中韓關係新史料——〈燕行録選集〉》，爲海峽兩岸研究 "燕行録" 之始。而大陸由於受中韓斷交的影響，直到 1997 年，才由中國人民大學清史研究所王政堯教授發表《〈燕行録〉初探》一文，對 "燕行録" 進行評介。但在進入新世紀初的頭幾年，中國大陸學術界對 "燕行録" 仍不了解。2005 年，在韓國從事研究工作的内蒙古大學邱瑞中教授焦慮地指出，當時銷往中國的《燕行録全集》還不足十部，而接觸的中國明清史研究專家，多是 "利用" 燕行録，而不是專門研究。因此，"在中國和韓國，通讀燕行録，從中發掘出中國歷史、文化、政治問題的專家尚未形成"。①

但隨着中韓兩國學術界交流的不斷深入和《燕行録全集》向中國的傳入，中國學術界掀起了 "燕行録" 研究的熱潮。這主要表現在以下四個方面：其一，在二十世紀九十年代中韓建交後，陸續成立了北京大學、復旦大學、南京大學、浙江大學、山東大學、延邊大學等校的韓國學研究中心，同時如北京大學古文獻研究所、南京大學域外漢籍研究所等，都聚集了一批人才，並出版不定期刊物，成爲穩定的 "燕行録" 及相關學術研究機構；其二，一批研究者如葛振家、王政堯、李岩、邱瑞中、葛兆光、張伯偉、陳尚勝、王勇、徐東日、劉順利、劉爲、祁慶富、王元周、孫衛國、楊雨蕾、左江等，老中青相結合，在 "燕行録" 研究方面成績突出，出版了一批高質量的專著與發表一系列研究論文，産生了積極的影響；其三，如前所述，在 "燕行録" 的再度整理方面，中國大陸學術界後來居上，成爲主力；其四，涌現出了一大批以 "燕行録" 爲研究課題的本科、碩士、博士學位論文，相應地出現了一批同題的國家社科基金與教育部人文社科類研究項目，中青年學者成爲研究前沿的新興力量。

總體來看，目前 "燕行録" 的整理與研究，無論是文獻整理的力度，還是出版專著與發表論文的數量，中國大陸學術界已成爲 "燕行録" 研究的主力軍。

但隨着 "燕行録" 研究人員的不斷增加，探討問題的不斷深入，在諸如 "燕行録" 稱謂的爭論與歧義，"燕行録" 的整理、輯佚與翻譯，"燕行録" 史料的真僞與考辨，以及 "燕行録" 與燕行使研究中的孤立、片面與絶對化等方面，

---

① 邱瑞中：《燕行録研究》下編《燕行録學引論》，桂林：廣西師範大學出版社，2010 年，第237 頁。

都出現了不少問題，可以説是魚龍混雜，亂象叢生，"燕行録"的研究到了一個關鍵的十字路口，亟需必要的指導與協調。

邱瑞中教授曾在 2005 年時就"呼吁更多的人將燕行録當成研究的對象，逐漸形成一門顯學，即'燕行録學'"。並且認爲"燕行録學應該成爲二十一世紀世界歷史學的新標志。在這個世紀，世界歷史學界還會出現一些巨大成就，燕行録學應該能夠佔有一席之地"。① 韓國學術界在編纂《"燕行録"研究叢書》時，也曾提出過構建"燕行録學"的倡議。

筆者於 2007—2009 年間，受韓國高麗大學之聘，任該校中語中文科全職教授兩年。在韓國工作期間，接觸到"燕行録"文獻並開始通讀《燕行録全集》與《韓國文集叢刊》等有關史籍，陸續撰寫了《〈燕行録全集〉考誤》《燕行使筆下的神丹"清心丸"》等系列論文，同時采訪韓國有關學者，並深入到韓國各地進行與"燕行録"相關的實地調研。回國至今，繼續在做《燕行録千種解題》《從觀禮朝聖到行蠻貊之邦——朝鮮燕行使與〈燕行録〉研究》《〈燕行録〉北京史料類編》等課題的研究工作，也發表了一些論文。雖然成果不多，但仍在矻矻孜孜地讀書撰文，也密切關注着"燕行録"研究的成果與動態。

在韓國期間，筆者曾數次拜訪《燕行録全集》編纂者林基中教授，並探討"燕行録"研究的問題與前景，以及建構"燕行録學"與成立相關研究機構的可能性。在高麗大學工作期間，也常和崔容澈教授宴談，崔教授也希望能夠成立類似"東亞燕行録研究學會（或中心）"的學術機構，並希望設在中國，最好是在北京大學，希望筆者來牽頭組織與協調。筆者認爲自己學疏才淺，既不通韓語，"燕行録"研究成果也不突出，而且更無人員，亦無經費，所以表示對此事並不感興趣。此後的 2012 年，寧俠、李嶺、曹永年等在爲邱瑞中《燕行録研究》一書撰寫的書評《爲"燕行録學"的構建吶喊》一文中，再度呼吁建構"燕行録學"。② 此前的 2007 年，復旦大學文史研究院在上海主辦"從周邊看中國"國際學術討論會，葛兆光教授提出在觀念上重新認知歷史中國和文化中國，在文獻上激活相當多的過去不曾重視的日本、韓國、越南有關中國的資料，在方法上刺激多種語言工具的使用和學術視野的擴展，並發表一系列研究論

---

① 邱瑞中：《燕行録研究》下編《燕行録學引論》，桂林：廣西師範大學出版社，2010 年，第 235—237 頁。

② 寧俠、李嶺、曹永年：《爲"燕行録學"的構建吶喊》，《中國圖書評論》2012 年第 10 期，第 107—110 頁。

文。而南京大學域外漢籍研究所在張伯偉教授帶領下，也發表了一系列的研究成果，就"燕行録"研究的文獻、内容與方法等問題，進行了梳理與討論。[①]在理論探索與研究方法等方面，他們起着開路先鋒並引導來學的重要作用。這些耐久而高質量的研究成果，爲創設"燕行録學"並建立相關研究機構與團體，打下了堅實的基礎。

因此，筆者認爲"燕行録"研究在今天，已經打下了理論基礎，儲備了豐富的資料，培養了充足的人才，出現了豐碩的成果，並且有課題與經費等方面的保證，建構"燕行録學"與設立相應的研究學會，聚集同仁，協同研究，擴大影響，做出突破創新性的新成果，已然具備了成熟的條件，並且顯得十分迫切與必要。

二、"燕行録""燕行録學"的稱謂、概念及研究對象

（一）"燕行録"稱謂與概念問題

衆所周知，"燕行録"大量出現在朝鮮半島的高麗、朝鮮王朝時期，基本上與中國明、清兩代相始終（有少量金、元時期的作品）。朝鮮半島在明代出使的使行文獻當時多稱爲"朝天録"，清朝出使的多稱"燕行録"，而近現代以來也隨之通稱爲"燕行録"。

臺灣學者張存武教授統稱"燕行録"爲"華行録"。近年來張伯偉教授主張，此類文獻應該通稱爲"中國行紀"，因爲"由'朝天'轉變爲'燕行'，絶不僅僅是指代一個地理方位，而是充滿了政治意味和文化立場的特殊名稱。從學術研究的角度言，使用這些帶有强烈政治色彩的稱謂，無論是'朝天'還是'燕行'，都是不合適的"。張教授進而指出：

> 我提倡使用"中國行紀"來概括此類文獻，理由有三：第一，
> 這是一個較爲中性、客觀的用語，適合於在學術討論中加以運用。

---

① 詳參葛兆光：《重建關於"中國"的歷史論述》，香港中文大學《二十一世紀》（總第 90 期），2005 年 8 月；又《攬鏡自鑒——關於朝鮮、日本文獻中的近世中國史料及其他》，載復旦大學文史研究院編：《從周邊看中國》，北京：中華書局，2009 年，第 472—483 頁。又參張伯偉：《名稱·文獻·方法——關於"燕行録"研究的若干問題》，載鄭光等編：《燕行使與通信使》，首爾：博文社，2014 年，第 485—503 頁；又載《南國學術》，2015 年第 1 期；復見於張伯偉編：《"燕行録"研究論集》，南京：鳳凰出版社，2016 年，第 3—28 頁。

第二，也是更爲重要的理由，即追根溯源，此類文獻之祖就是以"行紀"命名的。第三，"行紀"是現代學術研究中使用的共名。①

此説固然有理，但筆者認爲稱"燕行録"爲"中國行紀"，也並未解決其中涉及的所有的稱謂問題。因爲，"燕行録"的名稱，可以分爲四種情況：以奉使録爲主的"燕行録"，總括各類行紀的"燕行録"，共名之"燕行録"與單名之"燕行録"。

什麽是"燕行録"？"燕行録"收録應該限定在什麽範圍内？這是一個必須要先釐清的問題。筆者曾在《〈燕行録全集〉考誤》一文中，將"燕行録"分爲廣義與狹義兩類：

> 《燕行録》，竊以爲就廣義而言，凡履迹及中國之朝鮮人所著書，皆可謂之"燕行録"也；若就狹義言之，則專以朝鮮國王遣往中國之使臣或隨從所著之書，方可謂之"燕行録"耳。筆者以爲，《燕行録全集》所收，當以狹義之"燕行録"爲收録原則，即凡非燕行使團中諸人所作者，皆不可謂之"燕行録"。否則，若崔致遠《桂苑筆耕集》等書中，凡涉中國之詩文，皆謂之"燕行録"，則泛濫而無涯涘矣。②

爲什麽要如此説？首先我們來看看"燕行録"三字當如何解釋？"燕行録"如果要再翻譯成現代漢語，而且硬摳直譯的話，那只能是"行往北京（燕京）的紀録"，或者"往來北京的紀録"；如果寬泛意譯的話，就是"往來中國的紀録"。但這兩種翻譯或理解，實際都是不準確，都被"燕行録"三個漢字的字面義所蒙蔽了。

如果我們將"燕行録"與中國士大夫所撰同類書籍做對比，就會發現此類書最客觀中性的稱名應該是"奉使録"或"使行録"。自先秦時期《周官》"小行人"之職，即有"輶軒使者"乘車往各地採俗觀風，返朝後書奏報上的制度。到宋、遼、金時期，諸國相争，使車頻繁，此類撰著較前繁盛。如北宋路振《乘軺録》、王曾《行程録》、劉敞《使北詩》、陳襄《神宗皇帝即位使遼語録》，

---

① 張伯偉：《名稱·文獻·方法——關於"燕行録"研究的若干問題》，《"燕行録"研究論集》，第 8 頁。

② 漆永祥：《〈燕行録全集〉考誤》，韓國高麗大學中國學研究所編：《中國學論叢》（第 24 輯），首爾：高麗大學中國學研究所，2008 年，第 234—235 頁。

南宋陶悦《使北録》、趙良嗣《燕雲奉使録》、洪皓《松漠紀聞》、樓鑰《北行日録》、范成大《攬轡録》等，以及使臣回國後向朝廷所上《語録》及其他聞見録等。

宋元以降，中國遣往朝鮮的使臣所撰有宋代徐兢《宣和奉使高麗圖經》，明代有倪謙《奉使朝鮮倡和集》與《朝鮮紀事》、張寧《奉使録》、董越《朝鮮賦》與《朝鮮雜志》、龔用卿《使朝鮮録》、朱之藩《奉使朝鮮稿》、姜曰廣《輶軒紀事》，清代阿克敦《東游集》與《奉使圖》，柏葰《奉使朝鮮驛程日記》、魁齡《東使紀事詩略》、馬建忠《東行三録》、崇禮《奉使朝鮮日記》等。

如果像"燕行録"代指朝鮮半島近 700 年間使臣所撰之書，用一個書名來概括的話，那麼中國使臣的著作，可以用《奉使録》或《使朝鮮録》來代稱。① 而朝鮮使臣所撰《燕行録》，與中國使臣一來一往，一西一東，而書名含義並没有不同，由此也可以比照推斷，"燕行録"之"行"，與"奉使録"之"使"，字異而義同，皆爲"使行""出使"之義。所以"燕行録"實際即"奉使録""使行録"或"使燕録"，而不是一般意義上泛指的"往來北京的紀録"。在朝鮮末期所編的《同文彙考補編》中，所收歷年出使清朝的使行與官員名單，恰恰就稱之爲"使行録"②，也充分證明了筆者的觀點。

因此，筆者認爲，"燕行録"就是朝鮮半島在高麗、朝鮮王朝時期出使中國的使臣所撰寫的紀行録，而不是一般意義上往來中國的聞見録。一部書是否算是"燕行録"，必須具備兩個充分必要條件：一是作者必須是由國王派遣的正式使臣，或是使團中的某個成員，或者是負有某種特殊使命的官員；二是作者必須到過中國（或者到過兩國邊境的中國境内）。如果要再增添一個附加條件，那就是撰著者雖然没有到過中國，但其書必須是有關朝鮮半島出使成員的紀行録，否則就不能算作"燕行録"。

"燕行録"不僅有廣義、狹義之分，還有共名與單名之别。現存千餘種"燕行録"各自書名（或篇卷名）的來源與取名情況，是比較複雜的。這些文獻如果從其版本流傳的角度來説，可以分爲單行本與非單行本。單行本即該書從一開始就是以單獨書籍的面目出現，如金昌業《老稼齋燕行録》、崔德中《燕

---

① 以上數種書，皆收入殷夢霞、于浩選編：《使朝鮮録》（上下），北京：北京圖書館出版社，2003 年。該書就統稱所收諸種書爲"使朝鮮録"。

② 朝鮮朝承文院編：《同文彙考補編》卷 7，首爾國史編纂委員會整理《同文彙考》本，果川：韓進印刷公社，1978 年，第 2 册，第 1700 頁；又見林基中編：《燕行録全集》，第 27 册，首爾：東國大學校出版部，2001 年。

行録》、李器之《一庵燕記》等；非單行本就是從各家别集或其他書中輯出者，如徐居正《北征録》、柳夢寅《朝天録》、李晚秀《輶車集》等；還有一種情況就是既有單行本，又有别集本，如朴趾源《熱河日記》、柳得恭《遼野車中雜咏》等。一般而言，單行本内容量大，或爲一卷，或爲多卷，書名也相對固定；而依附於别集的則内容量小，或一卷以上，或爲一卷，但大多數不足一卷，僅有詩數首或者數十首，其篇卷名，則或有或無，視具體情況而定，並無一定之規。

正因爲如此，諸家"燕行録"的書名來源，大致就有四種情況：一是其書撰成之時就已有名稱，如洪良浩《燕雲紀行》、申緯《奏請行卷》、李肇源《黄梁吟卷》等；二是編入作者别集時的篇卷名，或者是作者自取，或者是整理者所加，如李安訥《朝天録》一卷、李景奭《西出録》二卷、申晸《燕行録》一卷等；三是《燕行録全集》的編纂者林基中教授在輯録時所取名稱，如金中清《朝天詩》、鄭太和《陽坡朝天日録》、洪命夏《癸巳燕行録》等；四是筆者所輯爲《燕行録全集》《燕行録續集》未收者，如李穡《使行録》、申叔舟《遼東問韻録》、俞泓《朝天詩》等。

從現存"燕行録"名稱看，整理者所取占到一半以上。如果原書有書名或篇卷名，那麼輯録者應該最大限度地尊從原名，若原無篇卷名則可以根據情況爲其取名以爲區别。在《燕行録全集》中，有些使行録原本有篇卷名，但輯録者却另爲取名，如上引金中清之書，《燕行録全集》輯録時取名爲《朝天詩》，實際金氏詩集自有其名。其自跋曰：

> 斯作也，何以謂《燕程感發》也？余非從事吟咏者也，於詩自知非所長，而或遇事物之來，有所動於中，不能無藹然之情，於是乎情以言形，而其言之工不工，有不暇顧焉者，余之習亦痼矣。今余往來燕都，遠之爲數千里，久之爲夏秋冬，山川崖谷、州府亭院之形勝，鳥獸草木人物之奇怪，風雨霜露之變態，喜怒、窘窮、憂悲、愉佚、怨恨、思慕、芬華、酣醉、無聊、不平，嬰乎外而動於内者，不知其幾千萬幻，而情之所感，言不得不發，隨感隨發，欲已而未已，不耻蕪拙，成輒題之，凡若干篇。……是用謄諸册子，名以是名，以爲私弄。噫！不曰"稿"而曰"感發"，其拙可知矣。①

----

① 金中清：《朝天詩》末識語，《燕行録全集》，第 11 册，第 384—385 頁。

此跋作於金氏在玉河館時，且其詩《坡州道中口占》目録與卷中正文詩題下注亦皆稱“此下《燕程感發》”，①則知其稿原名《燕程感發》，編纂者不察，而冠以《朝天詩》，則非金氏原意原名可知矣。

又如，《燕行録全集》第十九册所收鄭太和《陽坡朝天日録》，實爲其《飲冰録》，此爲鄭氏於仁祖二十七年（順治六年，1649）出使時所作。入清後朝鮮使臣所撰紀行録，或書明崇禎年號，或僅用干支紀年，但堅執不用清帝年號，以示其忠明而厭清。故其書之名，或曰“燕行”、或曰“飲冰”、或曰“西行”、或曰“含忍”等，絶不再用“朝天”之詞，故此稿若題“朝天日録”，則又大乖作者原意可知。

《燕行録全集》與《燕行録續集》所收諸家“燕行録”，這種隨意題名的情況，尚有不少；再加上因錯訛而張冠李戴者，亦不在少數。後人於前人之書，不能輕改書名，或隨手題寫，當思其委曲隱深之意。因此，“燕行録”之共名與單名，尚有進一步考證探討與糾謬補缺的必要，做到既名副其實，又不厚誣古人，方爲妥當合理的做法。

因此，筆者以爲就今日學術界的情形而言，將這些使臣所撰寫的紀行文字稱爲“燕行録”，未嘗不可。筆者的理由是：其一，此千餘種紀行録，有廣義、狹義、共名、單名之分，既相互重叠，又各自有别，而無論是原作者所取書卷名，還是後世整理者所取名，以“燕行録”爲最多，本着書從原名、尊重事實的原則，不宜更革書卷名；其二，就文獻追根溯源而言，固然多稱“行紀”，但稱“紀行”者亦復不少，宋元以來稱“行程録”“奉使録”“使行録”“使燕録”者更多，故改爲“行紀”既不足以代表此類文獻的祖名，也不完全代表現代學術研究中使用的共名；其三，相較“朝天録”“觀光録”與“飲冰録”“含忍録”“看羊録”之類的稱名，稱爲“燕行録”相對中性而客觀，是可以接受的；其四，“燕行録”帶有强烈的政治意味與色彩，正是其有别於其他“行紀”或“紀行”的主要特徵，既無需諱言，更不必避忌，如果改換成純粹客觀的稱謂，反而失却本色，會帶來諸多的不便。

（二）“燕行録學”及其研究對象

前已論及，“燕行録”就是朝鮮半島在高麗、朝鮮王朝時期出使中國的使臣所撰寫的紀行録，其時代縱跨自十三世紀初的高麗王朝後期與幾乎整個朝

---

① 金中清：《朝天詩》末識語，《燕行録全集》，第 11 册，第 325 頁。

鮮王朝時期前後近 700 年的歷史。"燕行録"體裁諸體皆備,包括詩歌、日記、遊記、札記、别曲、奏疏、咨文、别單、狀啓、聞見事件、路程記與地圖等;其内容涵蓋政治、經濟、軍事、文學、歷史、文化、教育、戲曲、旅遊、宗教、文物、建築、繪畫、地理、交通、民俗、服飾、飲食等,資料豐富,包羅萬象,是研究中韓兩國古代交往史與東北亞歷史的重要文獻。

"燕行録學"簡單地説就是研究"燕行録"及相關問題的學問。其内容應包括"燕行録"的稱謂,研究理論與方法,創作歷史與分期,整理、輯佚與翻譯,體裁與内容,史料價值與真僞,"燕行録"與《皇華集》《漂海録》等非燕行録的關係,燕行使個人與使團,"燕行録"資料數據庫建設以及"燕行録"與東北亞歷史的相關研究等,應該都是"燕行録"研究所關注的對象。

現今所見最早流存於世的"燕行録",是高麗高宗二年(金宣宗貞祐三年,即 1215)陳澕出使金朝時所撰的詩歌,見其《梅湖遺稿》中,筆者輯爲《使金録》,其實僅存有兩首詩而已;最晚的是朝鮮高宗三十一年(光緒二十年,即 1894)六月發往北京的進賀兼謝恩行使團成員金東浩所撰《甲午燕行録》。在長達近 700 年的時間裏,截止目前共有 741 位作者所撰寫的 1122 種"燕行録"流布於世,可以説是歷時久長,持續不絶,作者衆多,著述繁富,的確是書籍史上絶無而僅有的特殊現象。

三、"燕行録"創作與編纂的歷史分期

前已述之,在長達近 700 年的時間裏,共有 741 位作者所撰寫的 1122 種"燕行録"流布於世。今按其創作編纂的年代,大略分爲初創期、發展期、成型期、成熟期、鼎盛期與衰微期六個階段。

(一)"燕行録"初創期

這一階段的時間爲高麗高宗二年至恭讓王三年(金宣宗貞祐三年至明洪武二十四年,即 1215—1391 年),在政治上高麗政局動盪,與元朝及後來滅元繼起的明朝關係不穩,甚至一度惡化。使臣王事鞅掌,奔波於路,但流傳下來的"燕行録"相對較少,共有 14 種,無單行本,多附高麗諸家文集而行,其作品大多數爲詩歌,如陳澕《使金録》、金坵《北征録》、李承休《賓王録》、李齊賢《清游稿》、李穀《奉使録》、鄭誧《上國游稿》、李穡《使行録》、金九容《奉使録》與《流雲南》、鄭夢周《赴南詩》、鄭傳道《奉使録》、李

崇仁《奉使録》、權近《奉使録》、趙浚《朝天詩》等。

（二）"燕行録"發展期

這一階段的時限爲朝鮮太祖元年至明宗二十二年（明洪武二十五年至隆慶元年，即1392—1567年）。在這一時期，隨着朝鮮與明朝關係的趨向穩定，家國平和，百姓安居，雙方正常往來，使節不斷。除了詩歌之外，後世"燕行録"的主要體裁日記與札記等皆已出現，共有43種。代表作有李簽《觀光録》、張子忠《判書公朝天日記》、成三問《朝天詩》、申叔舟《朝天詩》、金守温《朝天詩》、魚世謙《己卯朝天詩》、徐居正《北征録》、成俔《觀光録》、崔叔精《朝天詩》、洪貴達《朝天録》、申從濩《觀光行録》、李荇《朝天録》、金安國《燕行録》、蘇世讓《赴京日記》、蘇巡《葆真堂燕行日記》、崔演《朝天詩》、鄭士龍《朝天録》、尹根壽《朱陸異同》、柳中郢《燕京行録》等。

（三）"燕行録"成型期

這一時期是從宣祖元年至光海君十四年（隆慶二年至天啓二年，即1568—1622年），其特點是圍繞"壬辰倭亂"與光海君王位的正當與否等，朝鮮遣往明朝的使臣急如星火，絡繹於道；後期由於滿州在東北的崛起，遼東路塞，海路朝天綫路再開。"燕行録"數量激增，共有129種，卷帙增加，內容龐雜，體裁較前更爲豐富。代表作有許篈《荷谷先生朝天記》、趙憲《朝天日記》與《東還封事》、金誠一《朝天日記》、裵三益《朝天録》、李睟光《庚寅朝天録》、鄭崑壽《赴京日録》、崔岦《四行文録》、申欽《甲午朝天録》與《甲午朝天路程》、申忠一《建州聞見録》、黄汝一《銀槎日録》、李民宬《壬寅朝天録》、李廷龜《甲辰朝天録》、申欽《奏請使朝天日記》、李尚毅《辛亥朝天録》、許筠《乙丙朝天録》、李民宬《西行録》、李廷龜《庚申朝天録》、吳翻《己未朝天録》、安璥《駕海朝天録》、吳允謙《海槎朝天日記》等。

（四）"燕行録"成熟期

這一階段是從仁祖元年至景宗四年（明天啓三年至清雍正二年，即1623—1724年），爲明末至清初時期，隨着明朝的覆亡與清朝的興起，朝鮮被迫向清朝稱臣納貢。燕行使臣創作了大量前往瀋陽、北京的紀行録，共305種，數量龐大，諸體皆備，且基本定型，以金昌業《老稼齋燕行日記》

等爲典型，標志着"燕行録"成熟期的到來。其他的作品有李民宬《朝天録》、李德泂《朝天録》、洪翼漢《花浦先生朝天航海録》、李忔《雪汀先生朝天日記》、未詳《昭顯世子瀋陽狀啓》、申濡《瀋館録》、麟坪大君李㴭《燕途紀行》、姜栢年《燕京録》、金錫胄《擣椒録》、崔錫鼎《椒餘録》、柳命天《燕行別曲》、朴權《西征別曲》、姜鋧《看羊録》、李頤命《燕行雜識》、李器之《一庵燕記》、李宜顯《庚子燕行雜識》、李健命《寒圃齋使行日記》、權以鎮《燕行日記》等。

（五）"燕行録"鼎盛期

這一階段是從英祖元年至正祖二十四年（雍正三年至嘉慶五年，即1725—1800年），是清王朝的全盛期，也是朝鮮王朝平穩安定的時期。以李德懋、朴趾源、柳得恭、朴齊家、洪良浩、徐浩修、趙秀三等人爲代表，將"燕行録"的創作推向了鼎盛，共有235種。代表作有姜浩溥《桑蓬録》、金在魯《燕行録》、俞彦述《燕行詩》、黃梓《庚午燕行録》、俞拓基《瀋行録》、李基敬《飲冰行程歷》、李商鳳《北轅録》、蔡濟恭《含忍録》、李德懋《入燕記》、朴趾源《熱河日記》、洪良浩《燕雲紀行》、朴齊家《戊戌燕行詩》、姜世晃《燕京編》、金照《觀海録》、趙秀三《燕行紀程》、徐浩修《熱河紀游》、柳得恭《熱河紀行詩》、白景炫《燕行録》、李在學《燕行日記》等。

（六）"燕行録"衰微期

這一時期是從純祖元年至高宗三十一年（嘉慶六年至光緒二十年，即1801—1894年），此時清朝與朝鮮王朝同時走向衰微，隨着西方堅船利炮的侵入與國門洞開，以及中日"甲午戰争"的中國落敗，朝鮮獨立，旋爲日本吞併，燕行使從此輟絶。在"燕行録"的創作方面，共有348種，雖然數量最多，但無論從體裁内容，還是質量水平方面，皆無法超越前輩，也同期走向衰微。代表作有李晚秀《輶車集》、李海應《薊山紀程》、金正喜《燕行詩》、李鼎受《游燕録》、李肇源《黃粱吟》、朴思浩《燕薊紀程》、韓弼教《隨槎録》、金景善《燕轅直指》、李尚迪《丙丁燕行詩》、趙鳳夏《燕薊紀略》、李有駿《夢遊録》、徐慶淳《夢經堂日史》、柳厚祚《柳萬筆談》、洪純學《燕行歌》、柳寅睦《北行歌》、鄭健朝《北楂談草》、姜瑋《北游日記》、金允植《天津談草》、魚允中《西征録》、李承五《燕槎日録》等。

而"燕行録"的整理與研究，我們也可以簡單分爲三個時期：二十世紀三十年代爲初始期，六十至九十年代爲發展期，進入新世紀以來二十餘年爲全面爆發期。

四、"燕行録"的整理、輯佚與翻譯中存在的問題

就"燕行録"的整理而言，《燕行録全集》《燕行録續集》與《燕行録全編》等大型叢書的出版，給學術界帶來了極大的便利，但也產生了諸多的問題，亟待研究與解決。主要存在的問題，體現在以下幾個方面：

（一）版本信息不明，研究者無從考查

《燕行録全集》與《續集》所收書籍，全都没有註明出自何種版本、藏於何地。研究者想進一步覈究，却苦於無綫索可追尋。從古籍整理的角度講，這是《全集》最大的問題之一。其中凡是輯自"燕行録"作者文集者，如裴三益《朝天録》，出自裴氏《臨淵齋先生文集》卷三至卷四；鄭崑壽《赴京日録》，出自鄭氏《栢谷先生集》卷三等。這些書籍讀者可根據影印書頁的行款版式與書題等，按圖索驥，以尋覓其版本來源。另一種情况則是原書藏於館閣或私家，如孤行於世的稿本、鈔本等，人所罕見，如鄭澈《文清公燕行日記》、李廷馨《朝天録》、權悏《石塘公燕行録》、金中清《赴京別章》、許筠《乙丙朝天録》等。此類書籍，無從考查其版本來源，給研究者帶來極大的不便與困惑。

（二）重收、誤收與漏收等方面的諸多問題

由於《全集》所收書籍衆多，又編纂時日有限，不能一一細考，故關於作者姓名、出使年代、原書書名等的考訂以及"燕行録"的重收與誤收等方面，都存在着不同程度的問題。有作者姓名誤甲爲乙者，有作者姓名原題"未詳"而實可考知者，有原具作者姓名而實爲"未詳"者，有原署書名有誤當從其本來書名者，有原書非"燕行録"而誤收者，有非燕行詩文而羨入者，有原書前已收録而後又重收者，有燕行使出使年代失考者，有全書頁碼重複、錯排、倒置與脱漏者，有其他失誤者，等等。這方面此前已有林基中、夫馬進等學者做了不少的工作，而集中考辨糾誤者則有左江《〈燕行録全集〉考訂》與筆者《〈燕行録全集〉考誤》。此方面應做的工作尚多，需要同仁

繼續努力。

（三）貪大求全，多收濫收

"燕行録"各類叢書的編輯，愈往後來，所收愈多，但却導致貪大求全，以至濫收。例如，《燕行録全編》第一輯所收釋義天《大宋求法録》、申賢《華海師廷對録》、釋普愚《太古遊學録》、釋懶翁《大元訪師録》等，多爲佛家求法而入中土，此類若均以"燕行録"而收録，將會導致泛濫漫衍而不可收拾。

（四）編纂疏忽，内容錯訛

《燕行録全集》重收、誤收等情況，非常嚴重，考慮到是初次整理，又僅有林基中教授一人勉力而爲，我們完全可以理解。古籍整理，應該是"前修未密，後出轉精"，才能在版本選擇與校勘質量等方面不斷提高，給讀者提供更好的文獻資料。例如《燕行録全編》的整理編纂，應該相較《燕行録全集》在輯佚成果與編校質量方面更上層樓，但實際情況却未必如此。我們在此僅舉兩例，可以看出編校者的疏忽與隨意。例如，高麗高宗二年（1215），陳澕出使金朝，《燕行録全編》第一輯第一册收有陳澕《燕行詩》（筆者輯爲《使金録》），共録《奉使入金》《游五臺山時公因王事往關東作》與《使金通州九日》三首，且言"陳澕曾以書狀官奉使入金朝，此行經過五臺山，當在金都南遷以後，即金宣宗二年，南宋寧宗嘉定七年，蒙古成吉思汗九年，高麗高宗元年"。[①]這裏的"金宣宗二年"，年代指示不明，容易混淆。宣宗有貞祐（共五年）、興定（共六年）、元光（共二年），皆至二年，此當爲貞祐二年（1214）。"金都南遷"指貞祐二年三月，蒙古與金朝和議成，金宣宗南遷至汴京（今河南開封）事。《全編》輯録者考隸陳澕出使年代，乃據其游五臺山詩，故稱"此行經過五臺山"。然此説大謬不然，陳氏詩中之"五臺山"，非中國山西之五臺山，乃高麗江陵之五臺山。陳澕出使返國後，曾因王事赴關東，游江陵五臺並詩以記之。故《全編》所收陳澕《游五臺山時公因王事往關東作》，乃因山名相同而誤收。且使臣出使期間，王事鞅掌，所負重大，行程緊迫，歸途爲亟。五臺山偏在遠途，使臣何暇何膽，紆道攀山，遊覽名刹，而問仙求佛耶！

又如，《燕行録全編》第一輯第三册收有成石璘《金陵詩》（實際成氏未

---

① 陳澕：《燕行詩》，弘華文主編：《燕行録全編》（第1輯），桂林：廣西師範大學出版社，2010年，第1册，第391—393頁。

有出使記録），但其影印僅有一頁的原稿，却與第一册陳澕書頁册完全相同，是陳氏《梅湖遺稿》中的兩頁縮印，不知是筆者所見《全編》版本偶誤，還是本來就印錯了。如此粗疏的編校質量，令人頗爲感慨。他如《全編》的人物小傳與内容介紹文字中，成石璘，號獨谷，其著述爲《獨谷集》。而《全編》用"谷"作繁體字"穀"，不知"谷"與"穀"，簡、繁體字中字義完全不同。繁簡字使用的這種混亂情況，《全編》中觸目皆是。

（五）今後整理編纂的方向——"燕行録"相關分類資料集

"燕行録"數量繁多，歷時久長，一地古迹，多人咏歌，一起事件，衆家有評，誰先誰後，誰是誰非，需要縱向做探根溯源的追踪，也需要横向排比考校的調查。有鑒於此，"燕行録"將來後續的整理編纂工作，不應該再是大型同類文獻的重叠與堆集，而應該是按類型輯録文獻的類編。只有按類編列材料，才能清晰地做到縱向探究與横向對比的工作，並從中排查出先後次序與對錯是非來。

例如，筆者目前正在進行的《"燕行録"北京史料類編》就是這樣的整理工作。我們以明清北京所轄行政區劃爲範圍，對《燕行録全集》與《續集》中所有相關北京的文獻，按照人物、軍政、建築、風景（含文物古迹）、禮儀、食貨、風俗、交通、文教典籍、文化學術、民族宗教、中外關係、其他等分爲 13 大類。每類之下又細分小類，如"人物"類又分爲皇室、官員、士子、百姓、藝人、韃子、其他等 7 類，"食貨"類又分爲農田水利、錢法賦税（含典當、票號、銀行等）、倉儲、商業石礦、各類資源（含木、石、柴、炭、煤、茶、酒等）、軍民工匠（雜役）、灾賑（含旱灾、水灾、火灾、蝗灾、地震、瘟疫、救濟等）、市肆、動植、其他等 10 類，"文教典籍"類又分國子監、學校（府學、州學、縣學、義學、社學、書院）、科舉（文舉、武舉、制科）、醫學（醫院）、學堂（含新式學校）、樂學、修書（實録、國史、起居注、聖訓、玉牒、明史、古今圖書集成、四庫全書、群經疏解、文學藝術、其他書籍）、典藏（藏書樓、圖書館）、其他等 9 類。《類編》完成以後，相信會給研究"燕行録"與北京文史的同行提供極大的便利。

筆者認爲，此類將"燕行録"以時代爲序、按類編纂史料的工作，是未來整理編纂的新動向，方興未艾，而且爲學術界所亟需。

（六）關於"燕行録"的輯佚問題

"燕行録"的收集與輯佚，《增補燕行録叢刊》收録最全，共有約560種。儘管如此，仍有大量的遺漏與缺收。筆者從2007年開始，從《韓國文集叢刊》《韓國文集叢書》等書及零散韓國古籍中，着意輯佚《燕行録全集》未收的"燕行録"，共輯得165種。當時《燕行録續集》尚未公開發行，後來得到林基中教授所贈《燕行録續集》目録，經過核檢，筆者所輯與《續集》重複者有28家，剔除之後仍有137種。另外增入《同文彙考補編》所收374種"別單""聞見事件"與"手本"等，截止目前總共得到1122種"燕行録"。

但筆者所輯範圍，尚未包括《朝鮮王朝實録》《邊備司謄録》與《承政院日記》等文獻，這些文獻中存有大量的《狀啓》與《聞見事件》等。另外，在中國明清士大夫別集中，也收録了部分與朝鮮使臣往來的詩歌、札記與書信等，這些文獻都有輯佚的必要性。筆者預估如果再行輯佚的話，仍能輯得數十種到上百種，甚至更多。

（七）關於"燕行録"的翻譯問題

"燕行録"的翻譯，主要指韓國學術界所做的"國譯"工作，即將原來的漢文本翻譯成今日通行的韓文本，韓國民族文化推進會（今韓國古典翻譯院）主持的《國譯燕行録選集》（1976—1982），先後出版10冊。另外，單冊"燕行録"的翻譯，時有面世。但此類翻譯，因爲譯者對古漢語的理解能力與識讀漢字草書、行書等的能力不足，所以導致在具體翻譯中造成錯認漢字、句子破句與翻譯詩文的錯訛，而且問題相當嚴重。筆者曾有文章做專門的研究，有興趣者可以參看。與此同時，尚有約30種諺文本"燕行録"，也應該有諺文翻譯爲漢語的必要性，目前所見僅有洪純學《燕行歌》等的部分翻譯，此項工作尚基本屬於空白階段。

（八）關於"燕行録"資料數據庫的建設與索引編纂

"燕行録"資料數據庫的建設，以林基中教授爲主的韓國學術界已經做出了突出的成績，《燕行録全集》《增補燕行録叢刊》《韓國文集叢刊》《朝鮮王朝實録》《承政院日記》等，或爲原文的PDF版，或爲可檢索的漢語文字版，雖然版本選擇、文字識讀與標點斷句等，都問題多多，但的確給研究者帶來了極大的便利。在中國方面，"北京書同文數字化技術有限公司"以《燕行録全集》爲數據庫資料來源，運用 OCR 技術，建立了"韓使燕行録數據庫"。采用分册顯示，支持文字搜尋、複製等功能，有文字和原文圖像兩種閲覽方式，既可以看到文本，也可以對照原文，使用起來十分便利。

今後努力的方向，應該是將目前所發現的千餘種"燕行録"全部整理點校並進行數據庫建設，實現能够全方位檢索的功能。同時，有關"燕行録"研究的專著與論文，應該先進行諸如《"燕行録"研究論著索引》之類工具書的編纂，並在此基礎上編纂研究專著與論文的數據庫，與原始史料相配合，給研究者提供更多的方便。

五、"燕行録"文獻的重複與鈔襲問題——以燕行使咏"十三山"詩爲例

燕行使臣在絶大部分時間裏，都是自鴨緑江西渡後，沿着遼東半島向北京行進。其沿途所見四季景色，山水文物，多半相同，而每至一地，他們都興起吟咏，感慨抒懷。但這些海量的詩作中，真正句新意奇，獨領風騷的佳作，並不多見，而詩意寡淡，語意重沓，前後相襲，陳陳相因的詩作，却充斥卷中，味同嚼蠟。在此，我們僅以燕行使路過或夜宿海州十三山站時，所創作的有關"十三山"的詩歌爲例以明之。

十三山明代屬廣寧右屯衛，洪武二十六年（1393）正月，置十三山堡，後設驛站，隸遼東都指揮使司。今屬遼寧凌海市石山鎮，因鎮内有十三座花崗岩山峰而得名，後誤傳爲"石山"，轄區内驛馬坊村即當時的驛站所在地。

明清兩代，燕行使沿陸路往北京，必經十三山，且爲入宿驛站，他們留下了不少咏十三山的詩作，但其詩無論起興取譬，還是涵咏意境，大都不會超過以下兩類：其一，以巫山十二峰爲喻，或者稱剩餘一峰，或者稱多出一峰；其二，倘經過之日期恰好爲某月十三、或出使十三年後再來等，凡有數字相偕者則以之入詩。例如，與巫山十二峰相對"剩一峰"類型詩句：

流年驚閏月，神女剩奇峰。[1]

---

[1] 李穡：《牧隱詩藁》卷 4《十三山》，民族文化推進會：《韓國文集叢刊》，首爾：景仁文化社／民族文化推進會，1988—2005 年，第 3 册，第 557 頁。

山到蒼梧才數九，峰排巫峽不成三。①
神鰲戴立疑三島，巫峽飛來剩一峰。②
天工削出玉芙蓉，比却巫山剩一峰。③
行人指點爭相語，移却巫山剩一峰。④
綿絡楚疑添四岫，飛來巫峽剩餘巒。⑤
移將巫峽何峰剩，分得天臺幾點剛。⑥
巫峽形符胡剩數，醫閭勢敵可相參。⑦
河圖比却除雙數，巫峽較來剩一鬖。⑧
試數峰多少，巫山剩一峰。⑨

再欣賞"多一峰"類型詩句。如：

若把巫山比，空多一片峰。⑩
十二巫山又一峰。參差削立玉芙蓉。⑪
巫陽添一嶂，薊北控三邊。⑫
巫間何似楚巫山，螺髻多於十二巒。⑬
河連遼水三叉合，峰似巫山一髻多。⑭

① 申用漑：《二樂亭集》卷 4《次望十三山韻》,《韓國文集叢刊》, 第 17 册, 第 51 頁。
② 高敬命：《霽峰集》卷 4《道中望十三山》,《韓國文集叢刊》, 第 42 册, 第 98 頁。
③ 鄭弘翼：《燕行録・十三山》,《燕行録全集》, 第 15 册, 第 108 頁。
④ 申晸：《燕行録・十三山》,《燕行録全集》, 第 22 册, 第 449 頁。
⑤ 金錫胄：《息庵先生遺稿》卷 6《擣椒録上・間陽途中望十三山》,《韓國文集叢刊》, 第 145 册, 第 203 頁。
⑥ 吳道一：《西坡集》卷 3《燕槎録・望十三山》,《韓國文集叢刊》, 第 152 册, 第 51 頁。
⑦ 李宜顯：《陶谷集》卷 2《十三山次副使韻》,《韓國文集叢刊》, 第 180 册, 第 350 頁。
⑧ 姜銧：《看羊録・十三山偶吟》,《燕行録全集》, 第 30 册, 第 25 頁。
⑨ 申厚載：《葵亭集》卷 1《十三山》, 韓國古典翻譯院：《韓國文集叢刊續》, 首爾：民族文化推進會 / 韓國古典翻譯院, 2005—2012 年, 第 42 册, 第 274 頁。
⑩ 李承召：《三灘集》卷 8《十三山》,《韓國文集叢刊》, 第 11 册, 第 451 頁。
⑪ 李廷馨：《知退堂集》卷 3《過十三山》,《韓國文集叢刊》, 第 58 册, 第 32 頁。
⑫ 崔睍：《訒齋先生文集》卷 1《登十三山贈儒生》,《韓國文集叢刊》, 第 67 册, 第 169 頁。
⑬ 黄㦂傑：《漫浪集》卷 1《十三山》三首之三,《韓國文集叢刊》, 第 103 册, 第 382 頁。
⑭ 李景奭：《燕行録・望十三山》,《燕行録全集》, 第 18 册, 第 119 頁。

蓬萊一腳添娟妙，神女休誇十二鬟。①
知是老仙差手算，算來巫峽一峰添。②
若道遼陽有神女，一峰何事等閒添。③
山如巫峽峰加一，地過醫閭里又千。④
峰如巫峽還添一，地接燕都路恰千。⑤
莫是巫山嫌少一，故教添作十三山。⑥
疑是楚臺添一朵，夢中雲雨有誰攀。⑦
肩立參差玉女鬟，巫山添得一峰山。⑧

再看以日時數字堆砌入詩句者。如：

好在當時三五月，今宵又復十分圓（七月十五日宿此驛，歸來
又九月十五日）。⑨
十年三過十三山，危鬢空凋道路間。⑩
五月十三日，行到十三山。⑪
三十年前三十歲，十三日抵十三山。⑫
十三初到十三山，翠壁層岩手可攀。⑬
十三日到十三山，此去何時幹事還。⑭

---

① 姜栢年：《燕京録·到十三山偶吟》，《燕行録全集》，第 19 冊，第 439 頁。

② 南龍翼：《壺谷集》卷 12《十三山》，《韓國文集叢刊》，第 131 冊，第 266 頁。

③ 李瑞雨：《松坡集》卷 3《途中望十三山次南雲卿（龍翼）韻》，《韓國文集叢刊》，第 41 冊，
第 49 頁。

④ 金壽恒：《文谷集》卷 1《十三山》，《韓國文集叢刊》，第 133 冊，第 21 頁。

⑤ 李健命：《寒圃齋集》卷 1《宿十三山》，《韓國文集叢刊》，第 177 冊，第 347 頁。

⑥ 趙文命：《鶴巖集》第 2 冊《十三山》，《燕行録全集》，第 192 冊，第 445 頁。

⑦ 洪良浩：《燕雲紀行·十三山》，《燕行録全集》，第 41 冊，第 253 頁。

⑧ 李基憲：《燕行詩軸·次正使十三山韻》，《燕行録全集》，第 64 冊，第 402 頁。

⑨ 徐居正：《四佳詩集》卷 70《十三山驛》，《韓國文集叢刊》，第 10 冊，第 321 頁。

⑩ 韓應寅：《百拙齋遺稿》卷 1《十三山城外》，《韓國文集叢刊》，第 60 冊，第 493 頁。

⑪ 裵三益：《朝天録·十三山》其一，《燕行録全集》，第 3 冊，第 524 頁。

⑫ 李健命：《寒圃齋使行日記·十三山戲題一律示副使書狀》，林基中編：《燕行録續集》，首爾：
尚書院，2008 年，第 112 冊，第 187—188 頁。

⑬ 姜銀：《看羊録·十三山偶吟》，《燕行録全集》，第 30 冊，第 25 頁。

⑭ 趙泰采：《二憂堂集》卷 1《寄回還謝恩副使權臺有道》，《韓國文集叢刊》，第 176 冊，第 10 頁。

前後臈天經此地，十三日又十三山。①

六十年來三世迹，十三日輒十三山。②

六十年來三世迹，十三日到十三山。③

夜宿晨征大野間，十三日到十三山。④

在上列使臣之前的朝鮮半島作家咏十三山，今可考最早者爲高麗朝陳澕、李允甫。二人同夜直禁林，時有曾出使金朝的書狀官某言，廣寧有十三山，題咏頗多，皆淺近未能破的。請兩君賦之：

陳即援筆云：“巫山十二但聞名，驛路偷閒午枕凉。剩骨一峰雲雨惱，傍人應笑夢魂長。”李云：“六七山抽碧玉簪，葱籠佳氣射朝驂。從今嵩岳嘉名減，只數奇峰二十三。”又云：“少年蠟展好登山，踏盡衡巫岱華間。五老八公游未遍，不知藏此此中慳。”⑤

從上文列舉的燕行使所咏“十三山”的詩作可以看出，他們創作了大量的詩作，却不能超越前輩，脱出藩籬。甚至可以説比興無奇，詩意平淡，前後相襲，敷衍湊合。只要將前後使臣寫同一山川同一古迹的詩作做一比較，就會發現這種情況比比皆是。他們也自覺無趣，感慨“恨無謝朓驚人句，快寫平生芥蒂胸”⑥，這倒真不是謙遜而是實情了。

“燕行錄”千餘種，鈔撮堆砌、前後相襲的垷象非常嚴重，這種鈔襲行爲並不複雜，可以分爲兩類：一類是對朝鮮書籍如《高麗史》《通文館志》《同文彙考》等書的鈔録，以及對中國書籍如《大明一統志》《肇域志》《日知録》《日下舊聞考》《帝京景物略》《清會典》《清文獻通考》《國朝詩別裁集》《四庫全書簡明目録》等書與沿路各處方志如《通州志》等的鈔録；一類是“燕行録”中名著的鈔襲，如金昌業《老稼齋燕行録》、洪大容《湛軒燕記》、徐浩修《熱河紀游》、金景善《燕軒直指》等，實際這些書也大量抄撮他人之書，後人對

① 趙觀彬：《悔軒集》卷7《先子燕行詩有十三日到十三日之句今行亦十三日也書此志感》，《韓國文集叢刊》，第221册，第283頁。

② 趙斗淳：《心庵遺稿》卷3《十三山敬次二憂先祖韻》其一、其二，《韓國文集叢刊》，第307册，第79頁。

③ 趙榮順：《退軒集》卷3《王考忠翼公……遂感次其韻》，《韓國文集叢刊續》，第89册，第296頁。

④ 李肇源：《黄粱吟》中《關外雜咏》之二十二，《燕行録全集》，第61册，第294頁。

⑤ 陳澕：《梅湖遺稿·咏廣寧府十三山》，《韓國文集叢刊》，第2册，第277頁。

⑥ 高敬命：《霽峰集》卷4《道中望十三山》，《韓國文集叢刊》，第42册，第98頁。

他們書籍的鈔録就形成了兩重甚至三重以上的鈔襲現象。鈔襲的方式也可以分爲兩種：一種是對原書原文大段的直接鈔録，有的說明出處，有的不說明出處；一種是對原文的改寫，有增有删，這種情況更爲普遍。

關於諸家"燕行録"前後相襲的現象，林基中、夫馬進、張伯偉等均有關注與研究，筆者在十餘年的翻檢過程中，也發現問題相當嚴重。如金中清《朝天録》一書，多襲自蘇光震《朝天日録》。李宜顯《燕行雜識》中條目，若論渡江至北京之沙塵，溺器使用習俗等，多抄自金昌業《老稼齋燕行録》中。金學民《薊程散稿（考）》，實爲李海應《薊山紀程》的翻版，金書當是 1855 年以後的朝鮮文人遊戲之作。[1] 又如朴永元《燕行日録》三卷，夫馬進以爲"本書屬於一部記述單調的日記，幾乎感覺不到著者的真實心情"[2]。又如洪敬謨《燕雲遊史》有鈔襲李商鳳《北轅録》的部分，夫馬進以爲其對東嶽廟的記載"與李商鳳書中的長篇記述幾乎完全相同"[3]。又鄭德和《燕槎日録》三卷，夫馬進以爲是鈔襲自佚名《隨槎日録》。鄭德和燕行時爲户曹參判，年已六十六歲，且自作詩稱"白髮元非求富貴"，以如此高官高齡，"因何剽竊，實不能明也"[4]。

又據張伯偉考證，舊題徐有素纂《燕行録》16 卷，作者應爲同行伴倘李永敬。是書抄自中國史籍如《大清會典》《清文獻通考》《宸垣識略》《廣輿記》《四庫全書簡明目録》等，以及朝鮮南龍翼《聞見別録》、姜沆《看羊録》、申維翰《海槎東游録》《海游聞見雜録》等。[5] 此《燕行録》16 卷具有非常典型的代表性，即全書是在原來簡本日記的基礎上不斷增潤，歷時久長，導致作者有誤、成書時間有誤、書籍內容存在大量間接與直接的鈔襲，愈增愈多，愈多愈失，如果以爲可靠史料而加以徵引，就不可能得出信實的結論。

還有一種特別有意思的鈔襲現象，就是燕行使本人在後次使行中，所作詩文大量鈔録與改編自己前次使行時所作的詩文。如洪柱元曾四度出使清朝，

---

① 劉順利：《中國與朝韓五千年交流年曆》，北京：學苑出版社，2011 年，第 538 頁。

② 夫馬進著，伍躍譯：《朝鮮燕行使與朝鮮通信使——使節視野中的中國·日本》，上海：上海古籍出版社，2010 年，第 251—252 頁。

③ 同上書，第 252 頁。

④ 夫馬進：《日本現存朝鮮燕行録解題》，日本京都大學文學部研究紀要（第 42 號），2003 年，第 206 頁。

⑤ 張伯偉：《名稱·文獻·方法——關於"燕行録"研究的若干問題》，《"燕行録"研究論集》，第 17—22 頁。

其詩謂"十五年間四此行，菁華凋盡鬢霜明"者①，即紀其實也。

今觀洪氏詩作，其前後所作，語意重複，句多類似。若《臘月二十五日入玉河館》《入北京》《到北京》三詩，分別爲前後三次出使時作，皆爲五律，而幾爲一首詩，唯首句及末二句略有更動而已。其三詩分別曰：

> 長程六十日，今日入朝陽。已識非吾土，還如返故鄉。歸期亦可卜，客意一何忙。古館重門掩，寥寥對短墻。②
>
> 長程幾千里，今日入朝陽。亦識非吾地，還如返故鄉。歸期從可卜，客意一何忙。記得前宵夢，分明侍北堂。③
>
> 離京五十日，今始入朝陽。亦識非吾土，還如返故鄉。歸期從可卜，客意一何忙。造次須忠信，艱辛屢備嘗。④

宋時烈謂柱元詩"聲韻瀏浣，而絶無珂馬春陌之氣象，句語瞻蔚，而時有郊寒島瘦底意思"⑤。今觀其詩，前後鈔撮，鮮有新意。時烈之語，顯係諛佞之辭矣。

六、"燕行録"文獻史料的真偽問題
——以任權《燕行日記》與權橃《朝天録》爲例

在如此衆多的"燕行録"中，除了内容重複、相互鈔襲之外，還有顛倒是非而僞造事實的情況出現，試以任權《燕行日記》與權橃《朝天録》爲例以明之。

中宗三十四年（嘉靖十八年，1539）閏七月二十七日，朝鮮遣漢城府判尹權橃爲陳奏使、禮曹參議任權爲冬至使，而司諫院獻納尹世忱爲兼兩起使行之書狀官，同日拜表離發。此行權氏所陳奏之事，仍爲朝鮮王室宗系改正事。朝鮮爲宗系改正事，前後屢有陳奏。今次權橃復又來陳奏辨誣，嘉靖帝勑曰：

---

① 洪柱元：《無何堂遺稿》第七册《坡山館記懷》，《韓國文集叢刊續》，第 30 册，第 542 頁。

② 洪柱元：《無何堂遺稿》第七册《臘月二十五日入玉河館》，《韓國文集叢刊續》，第 30 册，第 533 頁。

③ 洪柱元：《無何堂遺稿》第七册《入北京》，《韓國文集叢刊續》，第 30 册，第 535 頁。

④ 洪柱元：《無何堂遺稿》第七册《到北京》，《韓國文集叢刊續》，第 30 册，第 536 頁。

⑤ 洪柱元：《無何堂遺稿》宋時烈《無何堂文集序》，《韓國文集叢刊續》，第 30 册，第 303 頁。

爾國數以宗系明非李仁任之後來奏，我成祖及武宗朝，俱有明旨，朕亦具悉矣。但我高皇帝祖訓，萬世不刊，他日續纂，宜詳録爾辭。爾恪共藩職，朕方嘉爾忠孝，可無遺慮也。其欽承之。①

權橃返國後，因功"加資，田地並四十結，外居奴婢並五口"②。其書狀官尹世忱、通事李應星亦因功而加資，並賞田結。但權氏《朝天録》十一月二十一日之日記末注曰：

《海東名臣録》任公權事中有曰：己亥，以冬至使赴京，與宗系奏請使偕行。中路下書曰："卿等使事雖殊，宜相諧委，若一人有故，可代行。"及到京，奏請使病不出，公獨詣禮部，辨明敷陳，言意誠欵，乃蒙允俞，使還行賞，竟不及公，公略無片言出於口，初若不與知者，人以此益多公，而嗤彼之不讓云。按先生日記中，備載當日事首末，先生入京後，未嘗一日有病，親詣禮部者三，遣通事者六，乃得准請敕旨。及竣事還歸之日，先生適以足疾，不參於上馬宴，任公與奏請書狀官跪階上，令奏請上通事，致謝意於尚書而已。此一欵外，別不見任公致力處，而録中爽實如此，殊不可曉。況使事既殊，賞典自有所歸，而及至行賞，先生猶且懇辭，詳見於《行狀》及碑銘，則所謂"嗤彼之不讓"者，尤不足多辨矣。茲並録之，使覽者有所考焉。③

此可知權、任兩起使行歸國後，關於宗系辨誣中的功績，在當時就有爭議。今考任權《燕行日記》所記，在途多簡略，但在京記宗系辨誣事，則所動所言，極爲詳盡。其可怪者，任氏書中所記，與權橃《朝天録》幾如出一人之手！

案兩家日記俱在，今可按而考，以明其情及前後鈔襲之迹。蓋任氏之書先成，而權氏後人抄撮剪裁者。何者？其一，奏請使權橃自沿路至北京，奄於病痛，幾成廢人。八月二十二日，兩起使臣至平壤，"奏請使因酒不平"，直至二十八日，皆因病不出。④九月十二日至十九日在海州，"奏請使氣不平"。翌日，"不能乘馬，使通事崔世瀛買車於西馹館"。⑤及抵玉河館後，自十月

① 權橃：《朝天録》，《燕行録全集》，第 2 册，第 324 頁。
② 《中宗實録》卷 92，中宗三十五年（嘉靖十九年，1540）二月初九日壬申條。
③ 權橃：《朝天録》，《燕行録全集》，第 2 册，第 314—315 頁。
④ 任權：《燕行日記》，《燕行録續集》，第 101 册，第 370 頁。
⑤ 權橃：《朝天録》，《燕行録全集》，第 2 册，第 372 頁。

二十八日起，奏請使便"因病不出"，凡私訪朝士之家，若龔用卿、華察、薛廷寵等，或往禮部奏請一應諸事，皆任權與通事李應星同往。如十月二十八日，權氏記稱"遣李應星將賫來物件送於龔明使，適不在家，又往薛明使家"①。任氏記曰"奏請使因病不出，吾與李應星將賫來物件送於龔明使，適不在家，又往薛明使家"②。又如權氏記稱十一月六日"凌晨詣闕，以下馬宴往會同館，千秋使以上馬宴亦往"，七日"與千秋使、冬至使率一行人詣闕謝恩後還館"③。任氏記稱"奏請使病不出。凌晨，我獨詣闕下，以下馬宴往會同館。千秋使以上馬宴亦來"。七日，"吾與千秋使率一行詣闕謝恩後還館，奏請使病不出"④。據此，則自抵館至十一月二十一日上馬宴期間，百凡諸事，皆委之任權與李應星。唯自臘月四日至十六日期間，任權因嘔逆症不出，權氏行之，其時使事已成矣。權氏記中，於平壤及沿途病痛之事，記載大同於任氏。而於在玉河館期間萎頓不起之事，則百般隱瞞，其記中或模糊其詞，或儼然自往，其實皆任、李二氏代行也。

其二，初，兩起使行八月三日在"金岩驛道上，見進賀使李芑之通事先來，去書狀官柳公權六月十七日死於北京，元繼蔡七月二十四日死於通州地"⑤。八月十日在平壤（任氏誤記爲十一日），權氏錄中記"灾傷御史吏曹正郎任虎臣自中和到，同舟而行"⑥。而任氏《日記》載"灾傷視察救恤御史長任虎臣自中和來到，而自上有下書曰：'卿等使事雖殊，宜相諧委，一人有故，可以代行云。'"⑦蓋柳公權死訊已達於朝廷，中宗懼權氏年老多病，爲防不測，故有如此下書。又十一月八日，權氏記"千秋使率一行詣闕辭朝，以尚書不坐，是日不得發"⑧。此下再無文字。而任氏於此下記曰："還館設酌，三使飲酒相話。奏請使曰：'冬至使任務已畢，只受欽賞，事當即發，而吾之老病如是不健，情難分離。且有殿下下書"一人有故，可以代行"之教，故因我久滯

① 權撥：《朝天錄》，《燕行錄全集》，第 2 冊，第 362 頁。
② 任權：《燕行日記》，《燕行錄續集》，第 101 冊，第 387 頁。
③ 權撥：《朝天錄》，《燕行錄全集》，第 2 冊，第 369—370 頁。
④ 任權：《燕行日記》，《燕行錄續集》，第 101 冊，第 392—393 頁。
⑤ 同上書，第 365 頁。
⑥ 權撥：《朝天錄》，《燕行錄全集》，第 2 冊，第 333 頁。
⑦ 任權：《燕行日記》，《燕行錄續集》，第 101 冊，第 367 頁。
⑧ 權撥：《朝天錄》，《燕行錄全集》，第 2 冊，第 371 頁。

寓館，見甚憫然。'"①此可知權氏有意漏載國王"一人有故，可以代行"之諭；而任氏詳載之，即便膽大包天，諒其也絶不敢捏造教諭，干冒欺君罔上之罪以蒙殆世人也。

其三，今考權、任兩家之書，一路記行全同，詳則皆詳，略則皆略。記中所記諸事相迭相合，兩起使行沿路同行，所接所遇皆同，尚可有説；而每日記載文字，亦幾全同，則殊爲不可解之事。或偶有詳略，間有錯訛。如十一月"十七日晴，免朝"。十八、十九日皆如之，權氏之録如此，而任氏所記亦同。權氏載"二十日，缺。使書狀往觀天壇"②。而任氏記"吾與書狀官及一行，往見天壇"③。下詳記天壇所見，而權氏亦如之。則兩家所記，必有一人先成，後者爲抄撮前者而成矣。

其四，權橃在館期間，所呈狀啓，於翌年正月初五日抵漢京，《中宗實録》載權氏《狀啓》曰：

> 臣等到北京，使李應星語主客司郎中曰……。翌日，遣李應星於冀天使家曰……。是日薛天使，亦來主事廳，求見臣等。令李應星將宗系事，如前語之。答曰："見禮部堂上，當爲懇説。"是日，遣應星於華天使家，又告宗系事。答曰"已詳知之矣。當言於禮部尚書"云。上馬宴之日，令應星告曰：……。尚書答曰：……。仍言於應星曰："吾當速處。"十四日，遣李應星於冀天使家告辭……。④

案權氏此啓文中，皆言"遣李應星"，而未言"偕李應星"等語，則知其確實病體難支，故一委之任、李二氏，只不過在《狀啓》中未提任氏而已。

其五，任、權二氏書中，皆言"千秋使"，則爲同年七月八日，中宗"遣參判尹思翼如京師，賀千秋"⑤。千秋行先發，故任、權兩起抵館時，千秋使一行仍在館中，故任、尹二氏相偕入闕。且尹思翼於是年歲末返國，《中宗實録》記一行回自京師，上引見。思翼謂"冀天使來見玉河館，……言於禮部郎中許硈曰：'朝鮮使臣，得病欲速出，且房舍亦必污陋，須潔淨修掃以處之可也。'"⑥

---

① 任權：《燕行日記》，《燕行録續集》，第101册，第394頁。
② 權橃：《朝天録》，《燕行録全集》，第2册，第376頁。
③ 任權：《燕行日記》，《燕行録續集》，第101册，第398頁。
④ 《中宗實録》卷92，中宗三十五年（嘉靖十九年，1540）一月初五日戊戌條。
⑤ 《中宗實録》卷91，中宗三十四年（嘉靖十八年，1539）七月初八日癸卯條。
⑥ 《中宗實録》卷92，中宗三十四年（嘉靖十八年，1539）十二月三十日癸巳條。

案此處龔用卿謂"朝鮮使臣,得病欲速出"。此得病使臣,必陳奏使權橃無疑,且龔氏如此叮囑,而許硡也果真來探望並命人打掃館舍,由此即可知權氏不僅有病,且病體嚴重,這也側面證明任權並未說謊,而是權氏所言不實矣。

又權、任二氏返國謁闕,奏請使權橃、書狀官尹世忱、通事李應星皆加資賞田,而一不及任權。故《海東名臣錄》載任氏之言,以記其實情,而權氏後裔,又書論辨之。考任氏於《日記》末亦曰賞賜"竟不及我焉。奏請使長我九歲,而年老多病,事多代行,然於朝無片言出於口,若勒不與知者,而見蘇貳相世讓略言之"[①]。蓋任氏不平,告之蘇世讓,故其後司憲府啓查權橃此行,與冬至使任權偕行,見《中宗實錄》及權氏《日記》。權氏因陳奏得賞,俱見上條。《中宗實錄》載,當時憲府啓:"今此宗系改正事,專由聖上事大以誠,而命依賞南袞之例。南袞則呈文禮部,往復奏請,非權橃只賫表文之比。施賞裯迭,至於加資,南袞所無之事,以及譯官之賤,非所以賞有功也。物情駭怪,極爲未便,請改成命。"[②] 則當時已有物議,然中宗不聽諫,仍賞如故矣。

綜上所考,權、任二書,內容多同,蓋權氏之書,爲自任氏書抄撮而成。"燕行錄"千餘家,前後鈔襲不一,然如權、任二氏之雷同者,蓋亦鮮矣;而如權氏之改篡日記,顛倒事實者,蓋絕無而僅有。且此前使行諸家,未有此習,而惡例之開,濫觴於此(或權書抄成稍晚,亦未可知);又使行爭功,矛盾牴牾,亦始於此行。故考讀"燕行錄"者,不可僅以一家之說,據爲定論,必前後比勘,上下求索,方知彼先此後,彼確此誤,此真彼假,或彼此皆假,可不慎歟!

七、"燕行錄"研究中的態度與方法問題

如前所論,目前存世的千餘種"燕行錄",固然是研究古代朝鮮半島與中國交往史最直接的第一手資料,但又是真僞參半而疑信皆存的高風險資料。如何辨別真僞,去僞存真,則需要研究者持正確的態度與方法。筆者現在此提一些建議,其實多是老生常談,新意無多。

(一)高度重視與考辨文獻資料的真僞性

在歷史研究中,面對縱跨千年、插架森森的文獻資料,考校真僞、判

---

① 任權:《燕行日記》,《燕行錄續集》,第101冊,第409頁。
② 《中宗實錄》卷92,中宗三十五年(嘉靖十九年,1540)二月初九日壬申條。

定是非是學術研究中最起碼也最基礎的工作，而"燕行錄"研究中尤當重視這一點，因爲這千餘種資料中真僞混雜、前後相襲的情況，非常嚴重，遠較常見的史料爲多。如上舉任權《燕行日記》與權橃《朝天錄》，如果不是比勘研究的話，就很難發現究竟誰記錄的事實，誰篡改了事實，如果相信權橃《朝天錄》所記爲真實的史料，是會混淆是非，顛倒黑白，得出與史實相反的結論。

（二）尋源究委，弄清脈絡

目前"燕行錄"研究的專著論文，日漸增多，但研究者往往只着眼於針對某位燕行使、某部"燕行錄"或者某個問題做孤立的個案研究。發現某一觀點與認識，就往往以爲是濫觴於所研究的對象，而事實上這種觀點與認識前代燕行使早已提出，甚至不止一人有如此言論與行爲。因此，在這種情況下，就必須做追根溯源的工作，調查清楚此語此論最早是何人所言，後來者究竟是重複鈔錄此説，還是有所發揮，甚至是誤會誤解。由於"燕行錄"文獻前後重複、相互鈔襲的情況非常之多，如本文前舉歌咏"十三山"的詩歌，如果研究燕行使文學作品的學者，隨意拈出一首詩，評價賞析，以爲作者將"十三山"與"巫山十二峰"相繫聯，與"十三日"相偕，以爲是奇思妙想，有創新性，而不調查此種比附前人早已有之，其研究結論難免會陷於空虛化，而毫無參考意義。

（三）縱橫交錯，比觀照應

"燕行錄"所涉及的歷史，縱跨近 700 年；而在同一時期，又有中、韓、日及其他國家與地區的橫向聯繫與交往。這就要求研究者必須在資料運用上有縱橫交錯、比觀照應的方法。目前"燕行錄"的研究，看起來熱鬧非凡，專著論文不斷涌現，但有突破性的成果並不多見，就是因爲研究者多做孤立的個案研究，只見樹葉，不見森林，就某位燕行使、某個事件做判斷與評價，但實際某一問題與某種現象的發生與變化，是前有因而後有果的，片斷、局部與盲人摸象般的研究，是一種碎片化的研究，不僅得不出正確的結論，反而會造成更糟糕的惡果。正如張伯偉教授所説，我們會走出一個深坑，然後又栽入另一個深坑中。張伯偉教授説過：

　　就各國的行紀文獻而言，無論是朝鮮半島的朝天使、燕行使、通信使行紀，還是日本僧人的巡禮、參拜行紀，或是越南文臣的北使行紀，其中所提供的記錄是新鮮而生動的。這一方面可以讓讀者真切接觸到一幕幕歷史場景，但也有引導研究者墜入某個無關宏旨的片段的危險。因此，研究者更加需要漢文化圈的整體視野。在這樣一個框架中，研究任何一個具體問題，便可能形成如唐代船子和尚《撥棹歌》中所説的，是"一波才動萬波隨"的狀態，我們需要這樣的綜合研究。①

因此，在研究過程中，要有縱深考察與横向對比的觀念與方法，既考察一件事情的來龍去脈，又研究其在同時期所起的作用與效果；既研究單本的"燕行錄"，還要多方考察諸家"燕行錄"，並參考當時與後世其他史料，參稽比對，互相考證，才能得到客觀而平實的結論。

（四）"異域的眼光"有障翳，本土的觀察是本根

中國學術界的歷史研究，向來被詬病像封建帝王一樣，"以自我爲中心"而"以中國解釋中國"，既不參檢周邊的史料，也不管顧周邊的感受，即便提所謂"東亞"或者"東北亞"，也仍是以中國爲中心。近百年以來，卻又被"西方中心論"或"西方優越論"，用"以西方來透視中國"的研究方式所逼迫，人云亦云，壓得喘不過氣來。同時，對研究中國思想史、學術史與明清史的學者來説，傳統紙上史料已經開發到山窮水盡的程度，而韓國、越南等國使臣出使中國的紀行錄文獻，提供了大量可供參稽的寶貴史料，所謂"他山之石，可以攻玉"，給研究者以新喜與希望。"燕行錄"文獻確實是一個五彩斑斕的富礦，研究者入其礦山，左採右得，收穫甚豐。但在目前"燕行錄"的研究中，存在着任意夸大其史料價值與重要性的現象。通過本文的論述即可明白，在如此龐雜紛亂的資料中，有很大一部分是靠不住的，甚至是僞造、鈔襲、錯誤的，如果不加鑒別地信以爲真，引據論證，就會把樓臺建立在沙灘之上，一旦證明所用資料不足採信，則樓臺坍塌是必然的現象。

學術界近些年來通過"異域的眼光"反過來觀察明清時期的中國社會，這無疑是具有創新性的研究理念。但這些"異域的眼光"，除了從史料采擇、真僞辨别、觀察與判斷的可靠性諸方面，都存在着極大的問題外，更爲嚴重

---

① 張伯偉：《名稱・文獻・方法——關於"燕行錄"研究的若干問題》，《"燕行錄"研究論集》，第 25 頁。

的是受意識形態的阻礙，他們所記所言與事實往往是相反的。尤其是入清以後前往北京的使臣，表面在皇宫跪拜興起，持節如儀，但骨子裏銜恨懷憤，悲切莫名。在他們筆下，清廷是蠻夷的世界，腥膻羯臭，山河異色，文明不再，政治昏暗，皇帝荒淫，官員貪黷，百姓流離，他們對從皇帝到平民的咒罵與污衊，到了無以復加的程度，朝鮮君臣巴望着"胡無百年之運"的古語早日變成現實。因此，在其筆下就不可能有客觀的叙述和史實的記録，如果將他們的紀行文字，當成真正的史實，就不可能得出正確的結論。

因此，我們必須明白"異域的眼光"有翳障，是帶着有色眼鏡來觀察與記録他們所聞所見的事物，要仔細分析考辨，弄清事實後，才可放心使用這些史料。如果不加考證與分析地過信"燕行録"包括日本、越南等國人所撰紀行録，反而放棄了大量中國史料的運用與引證，從一隅轉向另一隅，最終將歷史研究引向偏離軌道、走向歧途與虚化的世界，筆者以爲這並不是危言聳聽。歷代史籍浩如烟海，本土的觀察與記載，仍必須占據主導與核心的地位，否則會失去本根。本根既失，則萬事瓦裂。本土文獻與異域文獻相結合，古今相較，縱橫互勘，以我爲主，兼採他説，才是正確的方法。

淺談從 16 世紀末至 19 世紀初朝鮮紀行文學中韓中士人的歷史文化觀

——以魯認《錦溪日記》與崔斗燦《江海乘槎録》爲中心

［韓］朴永焕

【摘　要】本文通過對 16 世紀末魯認《錦溪日記》與 19 世紀初崔斗燦《江海乘槎録》等具有紀行文學色彩的遊記的分析，對朝鮮和明清士人的歷史文化觀進行了考察，並分析了從朝鮮中期到後期約 200 多年間，朝鮮文人具有的小中華思想發生了怎樣的變化。《錦溪日記》中提到的小中華思想從時間上來看處於明清更迭之前，即 17 世紀朝鮮性理學代表人物宋時烈以前的階段，因此可通過遊記瞭解"壬辰倭亂"前後時期朝鮮士人的小中華思想的内涵。通過 19 世紀初崔斗燦《江海乘槎録》可以瞭解宋時烈之後的朝鮮後期士人的中國觀和歷史觀、小中華思想觀，由此能考察 16 世紀末至 19 世紀初朝鮮中後期士人的歷史觀的遷移與小中華思想變化，具有比較深刻的歷史文化意義。另外，魯認《錦溪日記》是唯一的朝鮮士人寫中國福建省的紀行，對瞭解該地區士人的朝鮮觀及學術思想具有寶貴的參考價值。崔斗燦《江海乘槎録》與 15 世紀崔溥《錦南漂海録》在内容上互補，可以讓我們更好地瞭解在相距 300 年的兩個歷史階段中，朝鮮士人"中國觀"的發展趨勢與明清士人"朝鮮觀"發生的變化。

【關鍵詞】《錦溪日記》　《江海乘槎録》　歷史文化觀　小中華　16 世紀末　19 世紀初

【作者簡介】朴永焕，韓國東國大學校中文系教授。

一、序論

　　魯認（1566—1622），字公識，朝鮮明宗二十一年（1566）生於全羅南道羅州市荷衣里。早年在李珥的弟子南塘金光運的門下求學。宣祖十五年，年僅 17 歲考中進士。"壬辰倭亂"爆發，在光州牧使權慄手下任募義使，曾立過戰功。1597 年 8 月，魯認在"丁酉再亂"期間在南原被俘，被押送到了日本。在薩摩州島津義弘的手下度過了 18 個月的俘虜生活，後來在僞裝成中國商人的福建省派遣官員林震虩等人的幫助下，於 1599 年三月二十八日成功逃至中國福建省廈門。魯認先後途經漳州、泉州、興化到福州，共居住了三個月左右的時間，等待明朝朝廷准予回國。他將從逃離日本到中國福建生活的過程，以日記的形式記錄了下來，是爲《錦溪日記》。日記講述了他從 1599 年二月二十二日至六月二十七日的四個月的生活。

　　崔斗燦（1779—1821），字應七，號江海散人。1817 年五月，應上任濟州大靜縣縣監的岳父金仁澤的召喚，離開故鄉前往濟州島。1818 年四月八日回鄉途中遇到風浪，在海上漂流約 19 天，四月二十六日漂流到浙江省寧波府定海縣觀音寺。上岸後，他立即動手將漂流期間所經歷的事情寫成了《江海乘槎錄》。該遊記成爲他在中國與江南士人們進行交流的重要工具，他利用點滴的閒暇時間與中國士人吟詩作畫，不斷記錄下彼此交流的内容對遊記進行補充。因此這本書記錄了他從四月八日至八月二十九日，5 個月裏的所見所聞，其中包括從海上漂流過程到在中國的各種經歷、回國的路綫、與中國士人吟詩作畫的内容等。

　　進入現代社會之後，朝鮮士人的小中華意識成爲韓國學界討論的焦點話題。從 20 世紀初期開始，小中華意識被視爲朝鮮王朝滅亡的根源，以民族主義歷史學家爲代表的學者對中華主義世界觀進行了尖銳的批評。對此，以崔完洙、鄭玉子、金文植、禹慶燮等爲代表的學者提出了"朝鮮中華主義"的新觀點。其中禹慶燮曾以 17 世紀末"朝鮮中華主義"創始人宋時烈爲中心，探討了由"朝鮮中華主義"開始到逐漸建構"文化華夷論"的政治思想過程，[①]對於 17 至 18 世紀"丙子胡亂"和明清交替後的"朝鮮中華主義"，禹慶燮認爲這是朝鮮後期儒學家們樹立自我認同感的過程，賦予其積極的意義。

---

① 　우경섭.《조선 중화주의 성립과 동아시아》. 유니스토리. 2013, 22 쪽.

　　本文暫且不談對"朝鮮中華主義"是擁護還是批判，而是觀察"壬辰倭亂"後16世紀末到19世紀中葉歷經明清易代的兩百餘年間，生活在東北亞的韓中兩國士人的歷史文化觀的發展趨勢。通過對16世紀末魯認的《錦溪日記》和19世紀初崔斗燦的《江海乘槎録》等紀行性質的見聞記録進行比較分析，瞭解兩國文人對彼此的認識以及兩國文人的學術思想和歷史文化觀，爲緩解現代韓中兩國之間文化衝突提供綫索。

二、"箕子東來説"的文化歷史觀

　　據司馬遷《史記》記載，周武王册封箕子爲朝鮮王，箕子將中國的禮樂制度帶到朝鮮半島北部並成爲國王。[①] 但目前否認"箕子·朝鮮"存在的觀點在韓國歷史學界占支配地位，認爲主張"箕子朝鮮"是以部分中國歷史學界爲中心的一種中華意識的表現。

　　但是16世紀朝鮮士大夫和明朝士人們對"箕子·朝鮮"的存在或"箕子東來説"普遍認可。這種"箕子朝鮮"主張成爲"華夷世界觀"及"慕華思想"的重要根據，産生了相當大的影響。事實上對箕子的尊崇始於三國時期[②]，"壬辰倭亂後，崇拜箕子的現象更加突出，國家屢次修繕和擴建箕子陵，遣官致祭、子孫顯揚、保護遺跡、建立書院等"[③]。學術界普遍認爲，朝鮮時期對箕子的崇拜，在15世紀後期隨着士林派的出現與掌權得到了廣泛的宣揚。

　　然而到了16世紀，魯認和朝鮮士大夫們將"箕子朝鮮"視爲既定事實並加以强調，顯然是爲了突出其連結朝鮮文明和中華文明的同源性。因此，通過以往研究可以發現，16世紀以來隨着道學思想的紮根，宣揚箕子思想和精神的運動開始盛行。其中最具代表性的是尹斗壽（1533—1601）的《箕子志》與以此爲基礎加以補充和梳理的《箕子實記》（一卷，1580）。李珥没有把箕子視爲將中國文化移植到朝鮮的教化君主的形象，而是升華爲可與孔孟程朱相提並論的"東方聖賢"，重新刻畫了箕子並使其成爲王道理念的支柱。特別

---

　　① 司馬遷《史記·宋微子世家》"於是武王乃封箕子於朝鮮而不臣也。"（北京: 中華書局，1982年，第5册，第1620頁）

　　② 《新唐書》卷220《東夷列傳》:"（高麗）俗多淫祠，祀靈星及日、箕子、可汗等神。"（北京: 中華書局，1975年，第20册，第6168頁）

　　③ 최영성 . 한국유학통사 . 심산출판사 . 2006 년 . 214 쪽 .

是强調了箕子在"洪範九疇"中提及"彝倫"。^① 也就是説，將箕子推崇爲東方王道政治的唯一實踐者。因此也有人主張，這擺脱了過去將箕子視爲慕華象徵的局限，從思想和學術上進一步提升了意識。^②

因此，宣揚箕子思想對朝鮮文人來説，與弘揚"小中華思想"有着密不可分的關係。李珥將箕子推崇爲"王道政治"的實現者，他的弟子魯認一定程度上也繼承了這種主張。^③ 從《錦溪日記》來看，魯認在與福建文人的對話中，不僅提到了箕子的教化，還提到了箕子的禮治和政績，甚至還提及"洪範"和"八條"，反復强調小中華。反復强調這種基於"箕子東來説"的華夷世界觀，是爲了説明朝鮮不是"夷"，而是屬於"華"。

四月十一日早餐過後，魯認等人首次進入福州軍門拜見大司馬。此後，呼坐營找到魯認，向他詢問朝鮮禮儀和風俗方面的問題，魯認對此做了詳細的回答。^④ 這一天談到的兩點内容可以整理如下：第一，當時呼坐營等中國士大夫對朝鮮風俗和冠婚喪祭非常關注。福建省是朱子之鄉，從中可以發現其對《朱子家禮》持相當敬仰的態度。第二，魯認認爲朝鮮的風俗和教化都依據箕子的"八政之教"，而朝鮮的禮儀和冠婚喪祭都遵循《朱子家禮》。從中可以看出他把"箕子東來説"視爲朝鮮文明之起源的歷史觀，以及把性理學實踐倫理《朱子家禮》放在核心地位，體現了 16 世紀以士林派爲中心的典型的朝鮮士大夫思想。五月二十五日，魯認參加了兩賢祠書院舉辦的講會。講會結束後，徐即登將魯認介紹給行人司行人李汝珪，並稱讚他擅長寫詩，李汝珪則説魯認擅長寫詩是因爲受到了箕子的恩德。由此可見，在當時福建地區的士人之間，朝鮮文明以"箕子東來説"爲中心的歷史文化觀根深蒂固。^⑤

魯認將"箕子東來説"視爲朝鮮文明之起源的歷史觀，在大約 200 年以

---

① 최영성 . 한국유학통사 . 심산출판사 . 2006 년 . 214—215 쪽 .

② 한영우 . 조선전기사학사연구 . 서울대학교출판부 . 1982. 270 쪽 . 앞의 책 , 215 쪽 재인용 .

③ 노인은 14 세에 栗谷의 문인인 南塘 金光運에게 학문을 배웠다 . 『금계일기』. 나주목향토문화연구회 . 1999 년 . 180 쪽 .

④ 《錦溪日記》四月十一日：呼坐營以厚使招我，我買二人轎進去其衙，則將軍下堂迎來，以禮相接。三茶後，即命酒酬酢。傍有衙客三人，書示曰："願聞貴國風教婚喪之禮也。"答曰："我國凡風教，一依箕聖八政之教。而冠婚喪制，則只遵朱晦庵《家禮》。"左右嘆之，更加敬待。

⑤ 《錦溪日記》五月二十五日：宗師曰："他之文與詩極妙！"李行人曰："那邊國風好喜詩，秀才之子做秀才，武弁之子戴武弁，蔭官之子做蔭官，宰列之子做宰列，諫臣之子爲臺。"一自箕聖之東，文獻之風有素矣。

後的 19 世紀崔斗燦的《江海乘槎錄》也得到了體現。我們不妨看一下崔斗燦寫於五月四日的記錄，杭州的吳申浦代表縣主宴請崔斗燦一行，問及朝鮮風俗，表現出濃厚的興趣。崔斗燦指出："山川，則南北約計四千餘里，東西一千五百里，風俗則小邦，僻處海隅，有東夷之稱，而箕師東來八條，是明君子則知誠正之方，小人則識忠敬之道。日用三綱，常行五倫。"主張朝鮮文明從箕子和"八條之教"的教化開始。五月二十九日，孫傳曾作詩贈與崔斗燦，從中可見中國人也持以同樣的觀點。"化澤罩敷箕子城，九疇演易著文明。"六月六日，中國士人們看完崔斗燦的《江海乘槎錄》，作詩吟誦，其中李世海的詩也蘊含着同樣的觀點："當時箕子主朝鮮，設範陳疇事宛然。何幸遺風今得見，與君恰似有前緣。"

由此可見，從 16 世紀末到 19 世紀，無論朝鮮或明朝士人都持"箕子東來説"朝鮮文明歷史觀。談及"箕子""禮教""政績""洪範""八條"，是爲了從基於"箕子東來説"的"華夷世界觀"出發，主張朝鮮不是"夷"，而是文明國"華"。即朝鮮士人擁有基於"箕子東來説"和"洪範九疇"的歷史文化觀，中國士人們也認可魯認和崔斗燦的觀點。

三、小中華思想與其內涵的變化

（一）作爲同源文明的小中華

魯認在福建布政司徐即登的安排下，自五月十二日至七月十六日，在兩賢祠書院生活了兩個月。因此他獲得了與當時福建的秀才討論關於兩國學問和文化的各種問題的機會。例如，除了比較兩國的科舉制度、社會及學術思想，[①] 社會制度以外，明朝士子們對朝鮮的風俗和民俗表現出相當濃厚的興趣。五月十三日在兩賢祠書院禮堂參拜之後，很多明朝士子就朝鮮的風俗和教化問題向魯認請求賜教。

通過五月十三日的日記可以瞭解到 16 世紀末的福建省士人對朝鮮的看法。對於魯認主張朝鮮的風俗和教化完全遵循箕子的八政，婚禮和喪禮等日常生活的禮儀遵循朱熹的《朱子家禮》，有個秀才根據《大明一統志》對其進

① 朴永焕：《魯認〈錦溪日記〉裏記載的閩文化——以學術思想、書院文化以及科舉制度爲中心》，《中國語文學》第 61 輯，韓國嶺南中國語文學會，2012 年，第 207—228 頁。

行了正面的反駁。① 可見福建地區的文人們未能理解當時朝鮮追求的以朱子學
爲中心的學術思想和以《朱子家禮》爲主的冠婚喪祭，而是根據瓦葬、甕器葬、
水葬、信奉佛教、喜歡巫術等記錄，批判朝鮮時代葬禮及社會風俗落後。

《大明一統志》的記錄止於高麗和朝鮮王朝初期，"户外脱履，常坐地上，
白晝市井男女携手並行，善淫使酒"，描述的是性理學的價值觀和規範尚未深
入扎根的高麗王朝自由的市井氣息。針對明朝秀才的主張，魯認認爲他的主
張是錯誤的，進行了强烈的反駁。

> 覽畢答示曰："此所謂'盡信書不如無書'。此《一統志》，則
> 因太古之古史泛修，外國之筆也。我國雖曰番邦，檀君與堯並立，
> 而與中國肩比内附，故武王特封箕聖，衣冠文物，禮樂法度，一遵
> 華制，而吾道東者久矣。秦屬遼東，漢封郡縣，自晉時各分疆域，
> 自爲聲教。然恭修職分，事大以誠，與諸夏無異……三綱五倫，禮
> 儀廉恥，可軼於三代之上，故得稱'小中華'之名素矣。"②

這裏所説的太古古史應指包括高麗時代在内的朝鮮以前的歷史，也就是
説，《大明一統志》的記錄不是朝鮮王朝的歷史，魯認在這裏强調了幾個重要
的歷史觀念。

首先，通過"内附""隸屬於遼東郡""封爲郡縣（設立漢四郡）"等，提
到了朝鮮半島早期隸屬於中國的歷史。重要論點如下：第一，將檀君置於與
堯相同的地位，雖然朝鮮是藩邦，但在歷史上與中國並駕齊驅，同樣擁有悠
久的歷史；第二，衣冠、文物、禮樂、法度由中國傳入，是根據"箕子東來説"，
强調朝鮮文明和中國文明的同源性；第三，認爲從三國時代開始，魏晉南北
朝時期以後，朝鮮和中國各自劃分疆域，自行實踐了聲威教化。作爲獨立的
自主國家，保持着自己的地位。作爲士大夫與中國相互和解，稱"與諸夏無
異"，並强調朝鮮與明朝文明的同源性和同等性。朝鮮必不可免地成爲小中華
的主要原因是"三綱五常和禮義廉恥可比三代"，强調在文明的始源和水準上

---

① 《錦溪日記》五月十三日：俄而，諸會講堂參謁，鄙亦參謁，則諸秀才因坐堂中，書示曰："願
聞貴國風教及婚喪祭等禮。"我示之曰："風教只依箕聖八政之教，而婚喪一遵朱晦庵《家禮》。"有
一秀才，微笑入房中，持來《大明一統志》，搜展《四夷風土記》中《朝鮮記》，使我視之，我即詳視之，
記曰："朝鮮人父母死則墼葬、水葬、瓦葬，而崇佛喜巫。户外脱履，常坐地上。白晝市井男女携手並行，
善淫使酒。"

② 《錦溪日記》五月十三日。

朝鮮和中國是相同的。這種將檀君與堯置於相同的地位，認爲朝鮮文物和禮樂制度與中華相同之説，是在强調朝鮮是與中華没有區别的文明國家。他解釋説，强調朝鮮是小中華的原因不單純是因爲"慕華思想"和"欽華思想"，而是因爲朝鮮歷史的悠久性以及與中國在文明上具有同源性。

事實上比這更重要的是以"三綱五常和禮義廉恥"强調朝鮮是小中華。這種觀點徹底繼承了宋代以來東亞的思想傳統，即華夷論的特徵。宋代春秋學代表胡安國對華夷的劃分作了如下解釋：

> 中國之所以爲中國，以禮義也。一失則爲夷狄，再失則爲禽獸，人類滅矣。①
>
> 人之所以異於禽獸，中國之所以貴於夷狄，以其有父子之親，君臣之義耳。②

胡安國華夷論的核心即是否存在"禮義"，朝鮮文人的精神支柱朱子也提出了類似的主張：

> 魏晋之士變爲曠蕩，尚浮虚而無禮法。禮法既亡，與夷狄無異。③
>
> 夷狄雖有君，而無禮無義，故不如諸夏之亡。夫非禮無以爲國，有國而無禮，則亡爲愈。若諸夏而無禮，則又夷狄之不如也。④

"若諸夏而無禮，則又夷狄之不如也"的理論是指是否存在"禮法"和"禮義"是分辨華夷的核心因素。因此魯認爲了證明朝鮮是小中華，列舉了朝鮮的禮儀、禮法、文明、歷史等方面的具體示例進行了補充説明。例如"大槩我國文獻，則文武科外，又别舉孝廉科，故家序黨塾國學，弦誦洋洋，達於四境。凡子生八歲，先教孝經心經，然後次學四書六經，皆以明經科爲業矣"⑤。除了科舉制度的核心文科和武科以外，朝鮮非常重視孝廉教育。因此，

---

① （宋）胡安國著，錢偉彊點校：《春秋胡氏傳》卷十二，《僖公中》二十三年十一月，杭州：浙江古籍出版社，2010年，第182頁。

② （宋）胡安國著，錢偉彊點校：《春秋胡氏傳》卷二十三，《襄公下》三十年十月，第384頁。

③ （宋）朱熹撰：《論孟精義》卷一下，朱傑人、嚴佐之、劉永翔主編：《朱子全書（修訂本）》，上海：上海古籍出版社，合肥：安徽教育出版社，2010年，第7册，第94頁。

④ （宋）朱熹撰：《論孟精義》卷二上，朱傑人、嚴佐之、劉永翔主編：《朱子全書（修訂本）》，第7册，第104頁。

⑤ 《錦溪日記》五月十三日。

他強調徹底實施與孝誠和心誠相關的禮義教育，與中華文化並無差別。

在貫徹"孝"的教育環境基礎之上，"況三年之喪，無貴賤一也。雖奴賤之人，父母之喪，非獨不用酒肉，至於居廬哭泣，啜粥三年，柴毀自盡者亦有之"①。他指出朝鮮不論身份貴賤，父母喪事必須舉行三年喪禮，再次強調朝鮮是重視"禮義"和"禮法"的國家。

綜上所述，朝鮮之所以能夠獲得"小中華"稱號，關鍵在於對孝的教育、科舉制度、三綱五常、禮義廉恥、重視教育的儒教和性理學價值等方面與中國沒有區別。這就是 16 世紀末朝鮮表現出小中華自豪感的原因，也是小中華思想的重要核心。與單純的欽華思想不同的是，他反復強調朝鮮文明和歷史與中華同等的自豪感，這種對朱子學的自豪感進一步影響了 17 世紀對朱子學狂熱的宋時烈的思想，發展成爲朱子學正統性傳承到朝鮮的中華意識。

有趣的是，魯認對他強調的朝鮮無疑是小中華的兩個原因——朝鮮文明的兩個核心，即依據"箕子的教化"和《朱子家禮》進行性理學的禮儀和規範作出説明時，福建士人們雖然同意朝鮮文明的起源與"箕子的教化"有關，但對《朱子家禮》沒有特別提及。②雖然福建省是朱子的寓居之地，學術也遵循朱子學，③但《朱子家禮》的禮規主要在長江以南地區得以扎根，由此可以推測在中國，《朱子家禮》在冠婚喪祭方面，不像在朝鮮那樣占據權威地位。因此，與魯認交往的明朝士人們在談到朝鮮文物時，幾乎未提及《朱子家禮》。雖然有可能是因爲對朝鮮學術狀況的理解不足，但也可能與明朝民間流行陽明學有關。

五月十六日，與當時被稱爲福建地區道學（朱子學）宗師的布政使徐即登的對話中，魯認也提到朝鮮文明是接受了"箕子東來"的恩德④。當天，魯認以箕子的政治功績爲中心，詳細説明了箕子對朝鮮的影響⑤。在這裏，比起箕子東來的事實，魯認更強調體現統治天下的王道政治的主要因素——洪範和八政，同時強調箕子的政治功績，即傳授五倫和喪禮的禮治和井田法。這一切都證明了朝鮮與中國文明的同等性和同源性，即"與諸夏無異"，因此朝

---

① 《錦溪日記》五月十三日。

② 《錦溪日記》五月十三日。

③ 《錦溪日記》五月十日："晴。早去軍門，以待各衙諸相之會。進呈做文，則布政以下，皆見而嘆之。右布政徐即登（此相，乃見羅先生李材門人）而當代第一道學。"

④ 《錦溪日記》五月十六日。

⑤ 《錦溪日記》五月十六日。

鮮自然是小中華的主張。①

（二）中華文明唯一的繼承者——小中華

根據 16 世紀末魯認的記錄，朝鮮必然是小中華的原因是基於"箕子東來説"的朝鮮文明和明朝文明的同源性和同等性，以及以《朱子家禮》爲依據的喪葬禮等禮法制度"與諸夏無異"的觀念。但到了 17 世紀，宋時烈提出了新的主張，雖然宋時烈被評價爲十足的親明事大主義者，但他對明朝整個政治制度持强烈批判的態度，對明朝學者的禮學也以與朱子的本意背道而馳爲由加以苛評。②對 17 世紀明朝的觀念尚如此，對 19 世紀滿族統治的清朝，朝鮮士人的中國觀無疑會發生相當大的變化。

19 世紀初崔斗燦的《江海乘槎録》如實地反映了朝鮮士人對清朝觀點的變化。在《江海乘槎録》朝鮮士人們與清朝士人的問答中，或間接或直接地表達了朝鮮是中華文明的唯一繼承者的觀點，其中最具有代表性的例子是五月三日的記錄。崔斗燦一行中的金以振與來訪的漢族士人朱佩蘭進行一問一答式交流時，直言不諱地問對方對明朝滅亡的感受，兩人因此發生了不愉快。

五月三日士人朱佩蘭來訪，余問曰："公無乃子朱子之後耶？"朱曰："否，我乃明太祖之後也。"金以振曰："公得無黍離之感耶？"朱大不悦，取金以振筆談紙，扯裂之，金亦慚而退，而朱私謂余曰："彼誠妄人。"仍贈詩曰……③

金以振引用《詩經》中的《王風•黍離》，挑釁地問清朝統治下的士人，看到滅亡的明朝宗廟社稷成爲廢墟埋在雜草之下是否有感受，這裏的提問不是只針對一個王朝的更替，而是指以朱子學爲中心的傳統禮樂制度的滅亡。言外之意即如果中國失去了禮，將會連夷狄都不如。④也就是金以振以朱熹觀

---

① 在這種"箕子東來説"崇拜背後，也有一種觀點認爲，用箕子東來説的文化優越感，恢復被倭亂和胡亂摧殘的國家尊嚴，是一種自尊心理的表現。최영성．『한국유학통사』（중）．심산출판사．2006. 215—216 쪽．

② 우경섭．《조선 중화주의 성립과 동아시아》．유니스토리．2013, 33 쪽．

③ 崔斗燦:《江海乘槎録》，林基中編:《燕行録全集》，首爾：東國大學校出版部，2001年，第68冊，第446頁。

④ （宋）朱熹撰:《論孟精義》卷二上，朱傑人、嚴佐之、劉永翔主編:《朱子全書（修訂本）》，第7冊，第104頁。

點的名義單刀直入地問清朝士人對中華文化消失的感受。我們可以推測金以振提及朱熹的原因與此有關，對此朱佩蘭非常不悅，撕掉了他們正在筆談的紙。

因此，從《江海乘槎録》來看，很多地方都在隱示清朝禮樂制度的缺失和朝鮮是繼承明代的唯一中華。如前文所述，五月四日杭州的吳申浦問及朝鮮風俗時，文中稱"（朝鮮）是明君子則知誠正之方，小人則識忠敬之道。日用三綱，常行五倫"。即朝鮮君子們施君子之理，小人則行忠和敬，強調朝鮮是個"君君臣臣父父子子"的正名法道，是一個禮法之國。六月六日，一位士人問崔斗燦："貴國王，姓名誰？開國幾年？以征伐得之歟？以禪受得之歟？"對此，崔斗燦答道："國姓李，諱非臣子所敢言，歷年未至成周者四百年，麗季政亂，天與人歸。三代以來，得國之未有如我聖祖者也，亦東方之堯舜也。"

《江海乘槎録》主張自夏商周以來，沒有像朝鮮一樣正確實施禮儀和禮法的國家，高度稱讚朝鮮國王可與東方的堯舜相提並論。與此相反，文中多次強調清朝禮法瓦解崩潰。從九月十六日的記録來看，崔斗燦一行越過北京前往朝鮮的途中目睹到清朝皇帝的巡行，從隊伍排成百里長龍、大車連續兩日不絕，讚歎中國之大和富裕。[①] 但是象徵禮樂文化的"車服之制，無上下之別，君乎牧乎？宋明舊制，掃地盡矣"。

用一句話概括，可稱爲儒教核心的身份等級制度崩潰，批評孔子強調的"正名"未能施行。

崔斗燦的這種意識在《江海乘槎録》文末對江南的記録中得到了體現，他在《室廬説》中寫道："我東廬之制，有上下之分，有公私之限，而中國則不然，雖士庶之微，市井之賤，苟財有餘則棟宇也，牆垣也，極其宏傑，牆高數仞，而皆是熟石也。"並在《衣服説》也寫道："我東衣服之制，自卿大夫至士庶人，等級分明，非但衣件色目之異，雖綢緞布帛之屬，隨其精粗，視其地位，隨分服著。而華人則不然，僧徒之微，水火夫之賤，皆衣錦履繡，遍身綺羅，無有貴賤之分。"

崔斗燦在體驗江南的房屋制度和服裝制度後，強調朝鮮和清朝文化的差異。朝鮮根據禮樂制度，對身份等級的上下區分和公私的區分非常嚴格和明確。

---

① "是日，天子先驅過去。已時，官人報乘輿已發向二道境子矣。登高視之，驍騎校執弓矢，挾道而馳者，橫亘百餘里，皆紅兜綠袍，別爲三條而去。中央是黃道，而兩旁皆是扈從也。又有六車，首尾相接，過兩日不絕。純用白馬，亦詩所謂比物而禮所謂行春秋之意也。可見中國之大，四海之富，而但車服之制，無上下之別，君乎牧乎？漢唐威儀掃地都盡矣。"（《江海乘槎録》9 月 16 日，林基中編：《燕行録全集》，第 68 册，第 529—530 頁）

但清朝在房屋、馬車、衣服等方面，不分身份等級，失去了秩序。基於這一點，崔斗燦指出朝鮮是中華文明的唯一繼承者小中華，強調了朝鮮文化的自尊意識。六月六日，江南文人們看到崔斗燦頭上戴的宕巾，包括孫顯元在內的多個文人輪流試戴，很是高興。但當時只有余鍔一人沒有戴，只是静静地看着。然後話題自然而然地轉移到了帽子上，談起了象徵清朝的紅帽子。有趣的是，崔斗燦看到頭戴明朝遺物宕巾的是朝鮮人自己，但戴着胡人紅帽的是清朝士人，對此説了帶有挑釁性的話。他引用南朝宋劉義慶《世説新語・言語》中的"新亭對泣"，大膽地提到了對明朝滅亡的悲憤和感觸。對此大吃一驚的孫顯元説這是時忌之言，藏到袖子裏。這一場面的叙述，真實地展現了崔斗燦對清朝文化的態度。

四、結論

《錦溪日記》寫的是被日本俘虜的魯認逃往中國，之後回國的行程中的所見所聞。崔斗燦的《江海乘槎録》是從濟州島返回本土的途中遇到暴風雨開始漂流途中寫下的記録，二者成書過程稍有不同，但都具有紀行的性質，這一點非常相似。這種紀行文學記録與具有特定目標的使行記録不同，比較自由，以客觀而開放的視角觀察目標地區。本文以《錦溪日記》和《江海乘槎録》現有的研究爲基礎，從宏觀角度觀察在約爲 220 年的時間長河中，朝鮮士人中國觀的變化趨勢，同時分析朝鮮士人對明清交替期的不同認識、明朝士人對朝鮮的認識、清朝士人對朝鮮複雜多樣的認識。

通過 16 世紀末的《錦溪日記》，可以看到將"箕子東來説"視爲朝鮮文明起源的歷史觀，以及將性理學倫理《朱子家禮》放在核心地位的典型的 16 世紀以士林派爲中心的朝鮮士大夫思想。在 19 世紀初的《江海乘槎録》中，朝鮮士人普遍認爲朝鮮文明的起源是"箕子東來説"。之所以提及箕子的禮治和政績，有時甚至提到"洪範九疇"，是爲了主張朝鮮不是"夷"，而是文明國家小中華。通過《錦溪日記》和《江海乘槎録》，還可以看出從 16 世紀末到 19 世紀，明清士人們也認爲朝鮮文明源於"箕子東來説"。

同時，魯認在他的《錦溪日記》中體現出了鮮明的文化觀，即朝鮮是小中華。其理據是朝鮮的三綱五常和禮義廉恥可與夏商周三代比翼，檀君可與堯相提並論，朝鮮文物和禮樂制度與中華的一致性，再加上"箕子東來説"強調了朝鮮與明朝文明的同源性和同等性。朝鮮必然是小中華的核心原因是"與諸夏無異”。到了 17 世紀的宋時烈時，這種觀念出現了變化。狂熱信奉朱子學的宋時烈對明朝的陽明學及清朝政治制度、思想和文化，也以與朱子的本意相背而馳爲由給予批判，如同《周禮》傳播到魯國一樣，朱子學的正統性傳播到朝鮮後發展成了朝鮮的中華觀。

到了 19 世紀初的崔斗燦，小中華的概念演變爲與魯認時期完全不同的概念。崔斗燦體驗江南的房屋制度和服裝制度後，強調朝鮮和清朝文化的差異。朝鮮根據禮樂制度，對身份等級的上下區分和公私區分非常嚴格和明確。但清朝在房屋、馬車、衣服等方面身份等級的上下區分不復存在，處於混亂狀態。由此，崔斗燦想要指出朝鮮就是中華文明的唯一繼承者小中華，強調了朝鮮的文化自尊意識，同時批判了身份等級消失的清朝服飾文化和房屋文化的無秩序性。這就是以朱子強調的 “禮法既亡與夷狄無異” 的認識爲基礎，批判了清朝上下等級混亂，由此想要證實朝鮮是中華的嫡統。可見，在瞬息萬變的 19 世紀世界風雲變幻中，朝鮮士大夫埋頭於以朱子學爲基礎的儒家思想中，無法擺脫儒家世界觀和價值觀，過分強調以維持上下等級秩序爲最大目標。

域外儒家理想主義者筆下的"非理想"中國

——16世紀朝鮮文人許篈《朝天記》中的明王朝形象

韓　梅

【摘　要】朝鮮文人許篈1574年出使明朝時創作的《朝天記》是一部特色鮮明的"燕行録"，它描寫明朝"邪説盛行"，紀綱廢弛，"韃子"襲擾造成社會動蕩，塑造出偏負面的明朝形象。這種形象既來源於明朝現實，也與作者許篈等16世紀後半期士林派文人的思想意識、政治訴求、歷史記憶及實際體驗有着密切關係。他們懷有强烈的衛道意識，視朱子學爲唯一正統思想，排斥陽明學等其他思想流派；他們對吏治腐敗深惡痛絶，主張整頓官場綱紀；有關歷史記憶和個人體驗使他們對明王朝的實力有所懷疑，對北方少數民族勢力抱有高度警惕。簡言之，許篈將儒家思想作爲認識世界的基本範式，在《朝天記》中依據儒家理想社會——"三代之治"書寫了偏負面的明朝形象，本質上是對中國文化的高度認同。

【關鍵詞】許篈　《朝天記》　明朝形象　三代之治　士林派

比較文學形象學認爲，形象是"對一個文化現實的描述，通過這種描述，制造了（或贊同、宣傳）這個形象的個人或群體，顯示或表達出他們樂於置身其間的那個社會的、文化的、意識形態的、虚構的空間"。① 因此，我們可以通過考察文學中的異國形象，探索該異國形象書寫者的形象，從而加深對其的理解。

【作者簡介】韓梅，北京外國語大學亞洲學院教授。

① 孟華主編：《比較文學形象學》，北京：北京大學出版社，2001年，第156頁。

　　朝鮮朝文人留下的眾多訪華見聞錄——《朝天録》和《燕行録》對中國進行了各種各樣的描述，書寫了各種中國形象，利用形象學理論對其進行研究，既可以了解作品中的中國形象特點，把握作者的對華態度與認識，也可以更爲深入地理解朝鮮朝文人的政治、思想、文化傾向、處境及訴求，因而值得嘗試。而且迄今爲止，形象學已經成爲《燕行録》研究的重要方法之一。

　　《朝天記》，又稱《荷谷先生朝天記》，是朝鮮文人所著訪明見聞錄中一部較爲有名的作品，是許篈 1574 年作爲聖節使書狀官出使明朝時所作。筆者曾從使行旅程與省察、明朝文化多樣性及違和感、朱子學與陽明學論爭等對明體驗以及再認識、紀行文學特點、作家的主體性等方面進行了考察，論述了該作品的内容特點及文學價值，並從兩國文化相異性角度説明了文中對明朝學術思想進行負面描寫的原因，① 但兩國文化的差異一直存在，爲何在該作品中得以集中體現？ 金東珍聚焦於許篈《朝天記》中所記錄的訪明期間思想論爭，認爲許篈是爲了提高在東人黨中的地位而大力批判陽明學，② 但是許篈出使明朝是 1574 年，當時士林派尚未分裂爲東、西兩黨；崔真京强調許篈《朝天記》中的批判精神，③ 李浩胤認爲作品中表明許篈對明朝是否爲中華產生懷疑，④ 但二人皆未對其批判、懷疑的理由做出充分説明；朴明淑認爲許篈《朝天記》將朝鮮與明王朝在禮文化的範疇放在同等地位進行了比較，⑤ 但僅從禮文化角度難以解釋清楚該作品對明朝各方面的描寫，且未能説明許篈將兩國置於同等地位看待的深層邏輯。

　　在眾多《朝天録》《燕行録》中，許篈的《朝天記》具有一定特色，對於明朝思想、政治、軍事進行了大量詳細的描寫，表現出鮮明的態度，但已有研究多關注作品中對明朝思想文化的描寫，並分別從政治目的、批判意識、對明視角變化等方面闡釋了原因，具有一定的説服力，對人有所啓發，不過總體而言對文中有關明朝描寫的梳理仍不夠全面，對原因的解釋仍不夠深入。因此，本文擬采用比較文學形象學的理論，梳理作品中所描寫的明朝思想、

　　① 韓梅：《許篈〈朝天記〉研究》，成均館大學碩士學位論文，1999 年；韓梅：《許篈〈朝天記〉的文學特點》，《第三屆韓國傳統文化國際學術討論會論文集》，濟南：山東大學出版社，1999 年。

　　② 金東珍：《許篈的大明使行與陽明學排斥》，《文化史學》2004 年第 21 期，第 825—853 頁。

　　③ 崔真京：《許篈的〈朝天記〉研究》，東國大學碩士學位論文，2012 年。

　　④ Lee Ho-yun：《〈荷谷先生朝天記〉的中國認識》，《亞細亞研究》2016 年第 3 期，第 62—82 頁。

　　⑤ 朴明淑：《以華夷論的觀點看許篈〈朝天記〉的特點》，《國語國文學》2017 年第 180 期，第 257—279 頁。

政治、安全形勢等方面的特點，並利用過"社會集體形象物""意識形態""烏托邦"等概念探討其原因，加深對16世紀後半期朝鮮文人對明認識、思想、政治理念及訴求以及當時朝鮮政治、社會與文化的認識。

一、作者許篈及《朝天記》的創作

《朝天記》是朝鮮朝文人許篈1574年作爲聖節使書狀官訪明時所作的見聞錄。1574年聖節使正使是朴希立，許篈爲書狀官，趙憲爲質正官。一行人於1574年五月十一日從漢城出發，在北京停留三十多天後，九月七日啓程回國，十一月三日回到漢城，行程四千多里，歷時近六個月。在訪明期間，許篈積極與明朝官員、文人、百姓進行交流，多方搜集明朝各方面信息，對所關注的內容作了詳細的描寫，表達了自己的看法，從而塑造出明朝在思想文化、政治生態、安全局勢等多個方面的特點。

許篈（1551—1588）字美叔，號荷谷，出身於陽川許氏，其父許曄曾任同知中樞府事、大司成等職，是性理學大家徐敬德和李滉的弟子，1568年曾經作爲進賀使出使中國。許篈本人是優秀的詩人、堅定的性理學者。他自幼聰穎，師從性理學名家柳希春。1572年文科及第，第二年獲得賜暇讀書的機會，可見其才華得到了國王的認可。1574年，許篈任禮曹佐郎，自請出訪明朝，1575年回國後便轉任更爲重要的職位——吏曹佐郎，1577年任校理，1583年任昌原府使。1575年士林派分裂爲東人、西人兩黨後，其父許曄成爲東人領袖，許篈及其弟許筠成爲東人骨幹。1584年，許篈因彈劾西人領袖李珥遭流放。雖然第二年獲釋，他卻對政治徹底失望，拒絕回歸政壇，在各地周遊期間病故。[1]

許篈的文學才能得到普遍認可。1582年，他作爲遠接使李珥的從事官接待頒賀詔使黃洪憲、王敬民，"二使俱服其文章"。黃洪憲贊其文采不凡，"使此子生於中華，玉署金馬，當讓一頭"。[2]柳成龍評價他"年甫弱冠，已能盡讀天下書，以文學詞章有聲於朝著"。[3]但是，許篈並不滿足於作文學之士，

---

① 許筠：《荷谷先生年譜》，《荷谷集》，《韓國文集叢刊》，第58冊，首爾：景仁文化社，1990年，第485頁。

② 許筠：《荷谷先生年譜》，《荷谷集》，《韓國文集叢刊》，第58冊，第485頁。

③ 柳成龍：《許荷谷篈朝天記序》，《西厓先生文集》第17卷，《西厓集》，《韓國文集叢刊》，第52冊，第328頁。

在經學研習方面下了很大功夫。在訪明之前，他特意前去拜訪李珥討論經學，在明期間，他甚至在夢中向李滉"請問太極圖説疑義"①。胞弟許筠稱"其於經學，深得蘊奧，識見超邁，有非俗儒可到。世之惟以詞人目公者，亦淺淺乎知公也"②，可見他深知兄長的心願。

毋庸置疑，許篈堅定的性理學理念和造詣、士林派重要一員的身份、剛直坦率的個性、出色的文才對《朝天記》的創作産生了影響。

二、"邪説横流"與斥邪衛道意識

中國是儒學的發源地，長期以來是將儒學奉爲國學的朝鮮朝文人向往的文明聖地。但是，許篈《朝天記》中卻以"邪説横流"描述明朝思想界狀況③，明確表現出否定的態度，開啓了朝鮮朝文人大力批判明朝文化的先例，尤爲值得注目。

許篈在《朝天記》中所言的"邪説"主要指陽明學思想，作品通過記錄多次與明朝文人爭論的前後經過，對明朝陽明學等多種思想文化並存的狀況進行了批判。由於過往研究對此已有詳細探討，在此僅以描寫最爲細致的第一次論爭爲例。

許篈在途中前往遼東的正學書院，與書院的四個生員展開了討論，其中賀盛時、賀盛壽兄弟是遼東自在州知州賀國定之子，吕沖和是與朱熹、張栻並稱"東南三賢"的南宋著名理學家吕祖謙的後裔，都可算是名門之後。許篈率先提起陽明學，並明確表示否定——"近日王守仁之邪説盛行，孔孟程朱之道鬱而不明云。豈道之將亡而然耶？"明朝儒生對此不以爲然，開始便指明王陽明已經從祀文廟，④接着表達了對王陽明的尊崇。許篈的觀點是，一是王陽明提出了與朱熹不同的觀點，"掇拾陸氏之餘，公肆謗訕，更定大學章句"，離經叛道；二是"守仁之學，本出於釋"；三是認爲王陽明平息朱宸濠之亂的功業不過"仗皇靈而能勝耳"。⑤雙方"往復甚苦，彼終不服"。⑥與明朝文人

---

① 許篈：《荷谷先生朝天記》中，《荷谷集》，《韓國文集叢刊》，第 58 册，第 429 頁。
② 許筠：《荷谷先生年譜》，《荷谷集》，《韓國文集叢刊》，第 58 册，第 485 頁。
③ 許篈：《荷谷先生朝天記》上，《荷谷集》，《韓國文集叢刊》，第 58 册，第 409 頁。
④ 這應是訛傳，1574 年王陽明尚未從祀文廟。
⑤ 許篈：《荷谷先生朝天記》中，《荷谷集》，《韓國文集叢刊》，第 58 册，第 424 頁。
⑥ 許篈：《荷谷先生朝天記》上，《荷谷集》，《韓國文集叢刊》，第 58 册，第 409 頁。

的第一次交流便令許篈對明朝的思想文化產生了負面認識，他感歎“今之天下不復知有朱子矣! 邪説横流，禽獸逼人，彝倫將至於滅絶，國家將至於淪亡”①。在他的筆下，明王朝朱子學消亡，“邪説”盛行，終將導致明王朝的滅亡，表達出其對性理學的維護、對陽明學的批判以及對明王朝未來的憂慮。

許篈《朝天記》中明朝“邪説横流”的文化形象，源於書寫者——許篈等朝鮮朝文人相關的記憶與體驗及其引發的强烈衛道意識。

雖然同在儒家文化的影響之下，但16世紀後半期明與朝鮮兩國的文化存在很大差異。16世紀初，王陽明在貴州龍場悟道，創立陽明學，之後其影響迅速擴大，形成陽明學派，很快便與位居正統的朱子學並駕齊驅。而朝鮮半島自高麗末年從元朝引進朱子學後，便將其奉爲儒學正統，16世紀後半期，朱子學更是上升爲朝鮮王朝唯一的主流意識形態。兩國文化的差異還體現在中國文化多樣性與朝鮮半島文化相對單一性方面。由於幅員遼闊、人口衆多，各地自然環境及生産、生活形態各不相同，中國大陸形成了多種文化與思想，儒家文化内部也衍生出不同的思想流派，如宋代理學與心學並峙，明朝中後期陽明學與朱子學並立。對此，中國人多認爲“道固互相發明，並行而不悖”②。而朝鮮半島地理空間和人文空間相對狹小，在同一時期，通常由一種思想或文化占據壟斷地位。如新羅、高麗時期，佛教作爲國教受到自上至下的尊崇，儒學只是保障國家運轉的行政工具，直至高麗末年，才涌現出安珦、鄭夢周、權近、鄭道傳等第一批真正的儒學者。因此，在朝鮮半島上雖然曾出現過多種思想文化，但它們通常交替出現，而在同一時期，主要意識形態通常只有一種，多種思想並存的情況較少出現。因此中國文化的多樣性讓朝鮮文人不易理解和接受。

儘管如此，此前訪華的朝鮮文人卻鮮有許篈《朝天記》中鮮明的負面描述及表態，因此，還需結合16世紀中後期朝鮮朝具體的社會文化語境作出更爲透徹的解釋。

16世紀是性理學在朝鮮半島迅猛發展的時代，也是性理學信奉者——士林派與勳舊派、佛教復興勢力激烈鬥爭的時期，對此，許篈所屬的士林派文人具有慘痛的記憶。在與勳舊派的争鬥中，士林派經歷了戊午（1498）、甲子（1504）、己卯（1519）三次士禍，趙光祖爲首的多人遇害。16世紀中期，

---

① 許篈:《荷谷先生朝天記》上，《荷谷集》，《韓國文集叢刊》，第58册，第409頁。

② 《明神宗實録》卷一五五，萬曆十二年十一月十八日，《明實録》，臺北:“中研院”歷史語言研究所，1962年，第103册，第2868頁。

僧人普雨得到實權人物文定王后（1501—1565）支持，大力推動佛教復興，1550 年恢復禪、教兩宗，1551 年朝廷對數百座寺廟予以認可，數千人剃度爲僧，並在科舉中開設僧科，爲僧人入朝從政開闢了道路，佛教呈中興之勢。直到 1565 年文定王后去世，朝野上下紛紛上疏排佛，普雨被殺，佛教復興運動才以失敗告終。但佛教一度强勁的復蘇勢頭令儒學者心有餘悸，深感必須提高警惕，居安思危。

另一方面，這一時期性理學的長足發展使文人們逐漸獲得文化上的自信。進入 16 世紀，在官方的大力扶持下，朝鮮的性理學逐步得到普及，研究也進一步深化。1516 年，朝鮮刊行《朱子語類》，1543 年，李滉遵王命主持刊行《朱子大全》95 册，爲性理學普及創造了條件。這一時期涌現出李滉（1501—1570）、李珥（1536—1584）、成渾（1535—1598）、曹植（1501—1572）等一批被後世奉爲“聖賢”的性理學大家。他們通過長期的學習和鑽研，加深了對性理學的理解，培養了大量後學。後學們以李滉、曹植的學説爲核心形成嶺南學派，以李珥、成溪的學説爲核心形成畿湖學派，通過相互批評、論爭，不斷完善、深化性理學思想。[①] 這意味着，這一時期，朝鮮學術界開始逐步實現性理學的本土化。

在同一時期，陽明學在明朝迅速崛起，吸引了衆多追隨者，使剛剛擺脱佛教威脅的朝鮮性理學者格外警覺。1518 年，王陽明的《傳習録》刊行，朝鮮文人很快接觸到這本書。金世弼（1473—1533）率先提到陽明學，認爲“陽明老子治心學，出入三家晚有聞。道脈千年傳孔孟，一毫差爽亦嫌云”，“紫陽人去斯文喪，誰把危微考舊聞。學蹈象山多病處，要君評話復云云”。[②] 他認爲陽明心學脱離了孔孟之道，表明了批判的態度，但語氣比較平和。1558 年《陽明集》傳入朝鮮，[③] 遭到性理學者批判。李滉撰寫《傳習録論辯》等文，駁斥陽明學，將其斥爲“異端”，掀起斥陽明學風潮。當時正是佛教復興運動風起雲湧之時，可見該運動給性理學者造成了巨大的危機感。

在這股大潮中，一些年輕氣盛的朝鮮文人借出訪之際開始表達對陽明學的批評，試圖阻止陽明學的發展。例如，1566 年尹根壽（1537—1616）作爲

---

① 金容憲：《朝鮮前期士林派性理學的展開及特點》，《國學研究》第 19 期，2011 年 12 月，第 35—79 頁。

② 金世弼：《又和訥齋》，《十清先生集》第 2 卷，《韓國文集叢刊》，第 18 册，第 221 頁。

③ 金太年：《16 世紀朝鮮性理學者的陽明學批判研究》，《韓國思想史學》第 19 期，首爾：韓國思想史學會，第 155 頁。

書狀官訪明，與明朝學者陸光祖就朱子學和陽明學進行争論。1569年，許篈的好友柳成龍（1542—1607）作爲書狀官訪明，對主張王陽明、陳白沙乃道學之宗的數百名太學生表示"白沙見道未精，陽明之學專出於禪"，李滉稱讚其"能發此正論，點檢其迷，誠不易得也"，[①]激勵更多文人參與對陽明學的貶斥。在這一背景下許篈自動請行，並提前做了准備，說明其此行主要目的旨在説服明朝文人放棄陽明學，回歸"正道"。

實際上，《朝天記》中記録，訪明期間許篈接觸的明朝文人中也不乏王之符、葉本等朱子學信奉者，但是在本國社會文化潮流影響下，懷着强烈衛道意識的許篈爲了斥"異端"，集中刻畫了明朝"邪説横流"的"危急"局面。

綜上所述，許篈大力排斥陽明學的動機之一是16世紀後半期朝鮮性理學者"衛道"即對性理學統治地位的大力維護。從另一個角度來説，隨着性理學地位在朝鮮朝占據壟斷地位，16世紀初期的朝鮮文人開始對明朝多種文化並存的現象有所不滿，這在蘇世讓等人的相關作品中露出端倪。到了16世紀後半期，性理學的長足發展讓朝鮮朝文人具有了較高的文化自信，許篈就曾對明朝文人宣稱，"雖以我國偏小之壤，而亦得與於斯文之盛也"。[②]因此，在衛道的責任感和文化自信的雙重作用下，許篈代表士林派文人明確表達了對明朝多元思想文化並存的批判。

綜上所述，在16世紀後半期，曾遭受"異端"打擊卻最終建立起文化自信的朝鮮性理學者普遍將陽明學視爲"異端"，掀起衛道風潮。在其裹挾下，堅定的性理學者許篈懷着斥邪扶正的雄心訪明，卻意外遭受挫折，加劇了其危機感，促使他在《朝天記》中將明朝的思想界描述成了凶險至極的形象。

三、"綱紀倫理多不正當"與整肅紀綱訴求

除了備受關注的思想文化之外，許篈還在《朝天記》中濃墨重彩地描述了明朝官場的生態，其主要特點可以用"綱紀倫理多不正當"[③]來概括。

《朝天記》中描寫一些官員貪婪無度、不擇手段斂財的不法行爲。代表人物是遼東都司掌印大人陳言。遼東都司全稱爲遼東都指揮使司，是明朝在遼東地區設立的軍政機構，其轄區與朝鮮接壤，朝鮮使臣入境後行程都在這

---

① 李埈：《西厓柳先生行狀》，《蒼石先生文集》第17卷，《韓國文集叢刊》，第64册，第536頁。
② 許篈：《荷谷先生朝天記》中，《荷谷集》，《韓國文集叢刊》，第58册，第444頁。
③ 許篈：《荷谷先生朝天記》，《荷谷集》，《韓國文集叢刊》，第58册，第463頁。

一地區，沿途的住宿、飲食、交通、護衛等皆需遼東都司協助。因此，朝鮮使團逐漸成爲當地貪官敲詐勒索的對象。作爲貪官中的“佼佼者”，陳言“貪墨自恣”，爲朝鮮君臣熟知。《朝天記》中細致描寫了陳言花樣百出的索賄行爲。他做了一份追加索要的物品清單，聲色俱厲地要求使團照單饋贈。[①]《朝天記》中還記錄其他很多官員也“生財有道”。如廣寧出身的官員“以財雄於鄉曲，恣爲姦利。每散其私銀貸於人，及期則督徵苛刻，甚至脫其房室土田”[②]，揭露官員利用高利貸巧取豪奪。

《朝天記》中還描寫了官員不守王法、假公濟私的現象，主要人物是驕縱兒子的“李總兵”[③]。李總兵之子手下强行驅趕已經入住的朝鮮使臣空出房間，[④]此人“只一廩膳生員也，乃微乎微者”，“其發軍護送者幾三百餘人，威儀極盛。有一老人指之曰，彼甚麼大官，而乃如是驚天動地耶？”許篈評價爲“廢王法逞私情之態甚矣”。[⑤]通過描寫李總兵之子出行的弊端，許篈揭露了明朝官員徇私枉法、驕縱親屬的現象，從另一個側面反映出明朝官員紀綱的紊亂。

通過對上述兩類官員的描述，可以看出，許篈在《朝天記》中着重描寫了明朝官員肆意斂財、假公濟私的腐敗行爲，書寫了“紀綱之廢墜如斯”[⑥]的明朝政壇負面形象。

這種形象特點部分源於明朝中後期政壇現實，也源於許篈等朝鮮朝文人的政治理念與訴求。

官員貪腐確爲明朝中後期一大弊端，從《明實錄》相關記錄粗略可知，明朝前期在明太祖的嚴厲打擊下，吏治尚可，但從中期開始，官吏行賄受賄現象激增，僅記錄在史料中的此類事件就達百餘件，到了明神宗萬曆年間，貪腐現象更加普遍。其中自然有監管不嚴、綱紀不立的原因，但也與官吏俸

---

① 許篈：《荷谷先生朝天記》上，《荷谷集》，《韓國文集叢刊》，第 58 册，第 409 頁。

② 許篈：《荷谷先生朝天記》上，《荷谷集》，《韓國文集叢刊》，第 58 册，第 463 頁。

③ 許篈的《朝天記》中未言明“李總兵”爲何人。《明穆宗實錄》記載，隆慶四年（1572 年）十月六日，李成梁被任命爲遼東總兵，《明神宗實錄》記載直到萬曆三十六年（1608 年）李成梁才解任回京。許篈訪明的 1574 年“李總兵”應該是李成梁。李成梁有李如松、李如柏、李如梅等七個兒子，後來都成爲明軍將領，長子李如松在 16 世紀末的壬辰戰爭初期率軍入朝，抗擊日軍，接連奪回了平壤、開城、漢城，幫助朝鮮王朝收復大半國土，扭轉了戰局，爲戰爭的勝利發揮了重要作用。

④ 許篈：《荷谷先生朝天記》上，《荷谷集》，《韓國文集叢刊》，第 58 册，第 409 頁。

⑤ 許篈：《荷谷先生朝天記》上，《荷谷集》，《韓國文集叢刊》，第 58 册，第 429 頁。

⑥ 許篈：《荷谷先生朝天記》中，《荷谷集》，《韓國文集叢刊》，第 58 册，第 429 頁。

禄微薄有一定關係。清官海瑞作縣令時，清廉自守，家境貧寒，平時只能粗茶淡飯，唯有爲母作壽時，才能"市肉二斤"，[①] 説明當時官員僅憑俸禄難以維持較爲體面的生活。另一方面，"李總兵"爲其子派重兵護送，不乏對兒子寵溺驕縱的成分，但也可能是考慮到當時遼東的治安狀況。《朝天記》中曾記述，"今月初七日，廣寧李總兵之子率軍百人，夜過此衛。達（同"韃"）子三十餘騎伏於道傍溝子中，搶其前驅以去。失馬四匹，一人被殺"。[②] 這説明，即便重兵護衛，"李總兵之子"仍有可能遇襲。但是許篈集中描寫了明朝官員的貪腐現象，並未探究此類行爲背後的原因。實際上，《朝天記》中也描寫了一些清正愛民、知書達理的正面官員，但是由於文中對貪腐官員的描寫尤爲翔實、生動，給讀者留下了更爲深刻的印象，使人感覺他們是明朝官員的主流。通過對負面官員濃墨重彩的描摹，許篈評價明朝"紀綱之廢墜如斯"，[③] 強調整肅官場風氣的必要性，這同樣是 16 世紀後半期朝鮮政壇的一個熱門話題，體現出許篈等朝鮮文人希望整肅官員紀綱的政治訴求。

"紀綱"一詞本指網罟的綱繩，後引申爲綱領、法度。自古以來，儒學者認爲"亂其紀綱，乃滅而亡"，[④] 認爲紀綱不振會招致國家滅亡。因此，紀綱成爲儒學者評判一個政權政治狀況的重要依據。隨着儒家文化傳入朝鮮半島，這一觀念自然也被朝鮮朝文人所接受。不僅如此，從制度上來説，朝鮮朝政治秩序的維繫也需要依靠紀綱——官員遵守"修己治人"的原則，道德上嚴格自律，[⑤] 因此嚴肅綱紀是朝鮮朝重要的政治話題和實踐課題。

儘管對紀綱的強調貫穿王朝存續的全過程，但其格外受到重視的時期有兩個：一是在趙光祖帶領新興士林派推行改革的 16 世紀初期，一是 1568 年宣祖即位後士林派掌握政權的 16 世紀後半期。這兩個時期的共同之處在於都是士林派剛剛上臺，對勳舊派留下的政壇現實極爲不滿，認爲其根源在於貪腐，急切希望整肅紀綱，施行新政，實現政治理想。

許篈撰寫《朝天記》的時間是 1574 年，就在士林派第二次執政時期。1568 年宣祖登基之後，士林派開始主管政務，官員的紀綱立刻成爲他們關注

---

① 《明史》卷二百二十六列傳第一百十四《海瑞傳》，中華書局，1974 年，第 19 册，第 5927 頁。

② 許篈：《荷谷先生朝天記》下，《荷谷集》，《韓國文集叢刊》，第 58 册，第 463 頁。

③ 許篈：《荷谷先生朝天記》中，《荷谷集》，《韓國文集叢刊》，第 58 册，第 429 頁。

④ 《史記》卷四十《楚世家十》，中華書局，1959 年，第 5 册，第 1689 頁。

⑤ 崔柄德：《栗谷李珥對"紀綱"的認識與政治改革》，《大韓政治學會報》2013 年第 21 期，第 155 頁。

的焦點。在野學者曹植上疏，稱"紀綱不立者數世矣！非振之以不測之威，無以聚百散糜粥之勢，非潤之以大霖之雨，無以澤七年枯旱之草"，敦促朝廷整頓紀綱。宣祖以"予雖不敏，亦當留念"作答，①表示認同。朝廷高官兼士林領袖之一李珥也多次諫言，指出"當今民生困瘁，風俗薄惡，紀綱陵夷，士習不正"，"若此因循，日益頹敗，則國之爲國，未可知也"，對當時的民間風俗、官員紀綱、士人習氣均作了批判，代表在朝的士林派呼籲改革。②在其所列的三者之中，紀綱是核心，也是朝廷可以有效整肅的首要部分。由此可見，當時的朝鮮文人一致認爲，整肅綱紀是實現理想政治的主要手段。許篈自己"爲臺憲，爲御史，務舉頹綱，所至無不肅若者"③，説明他不僅贊同這一觀點，而且將其付諸了實踐。

　　秉承重視紀綱的政治理念，許篈審視明朝政壇，精細描摹了那些貪財、徇私的官吏，描繪了明朝官場的貪腐之風，以此強調重整紀綱的必要性。

四、"胡騎出没，深可畏"與"韃子"相關記憶與體驗

　　在傳統的《朝天録》《燕行録》中，中國基本上以强國、盛世的形象出現，詳情可見權近、成俔等人的相關作品。但在許篈的《朝天記》中，通過記録旅途見聞，揭示出遼東乃至河北、北京等地屢遭"韃子"侵擾的慘狀，使明王朝的形象一落千丈，淪爲了贏弱、動蕩的國家。

　　朝鮮使臣一行途中，發現遼東沙河驛"城中里閭荒落"，聽説是1566年"韃子"圍城，燒殺劫掠，三日而去，而明軍來救不及。路過者"見焚蕩之餘煙焰未息，流血盈路。韃子所殺嬰兒無算，或斬頭，或斫腰，溢於海子云"。④這些記録始於親眼所見，後轉爲對目擊者話語的引用，説明面對"韃子"的襲擊，明朝軍隊已難以保護百姓的生命和生活。

　　《朝天記》還轉述了"庚戌之變"的經過。"八月初旬，韃子二十萬騎自冷口入塞。掠三河縣通州等處。十四日，到皇城下。圍東北隅抄殺城外居民者，不可以數計，二十三日乃去。"⑤"庚戌之變"是1550年蒙古土默特部首領俺

① 《朝鮮宣祖實録》卷2，宣祖元年五月二十六日乙亥條，太白山史庫本，第1冊，第15頁。

② 李珥：《經筵日記》，《栗谷先生全書》第28卷，《韓國文集叢刊》，第45冊，第113頁。

③ 許筠：《荷谷先生年譜》，《荷谷集》，《韓國文集叢刊》，第58冊，第485頁。

④ 許篈：《荷谷先生朝天記》中，《荷谷集》，《韓國文集叢刊》，第58冊，第429頁。

⑤ 許篈：《荷谷先生朝天記》中，《荷谷集》，《韓國文集叢刊》，第58冊，第429頁。

答汗率軍發動的一次對北京的進攻。據明朝史料記載，八月十九日蒙古軍隊攻打到北京近郊，在通州河東、西山、沙河等處肆意焚掠，前鋒還一度攻至安定門北教場，"畿甸大震"，八日後得到明朝通貢的允諾才退去。① 許篈《朝天記》中引用了朝鮮使團人員當時的見聞——"回程時，自哈達門至三河縣夏店之間空無人煙，積屍如迭，慘不忍見"②，顯示明朝大批百姓遭到屠戮。《朝天記》也記錄了作者一行人在途中數次聽到"韃子聲息""勢極可憂"，③ 通過親身體驗描寫出"韃子"侵擾下明朝社會的動蕩不安。

如上所述，許篈的《朝天記》通過耳聞目睹寫出了明王朝在"韃子"威脅下的嚴峻安全形勢，揭露了"韃子"侵擾對百姓的生命和生活、對京城以及使臣安全造成嚴重威脅，描寫出明朝戰亂不斷、百姓朝不保夕、政權遭遇挑戰的動蕩局面，打破了此前同類作品中塑造的明朝強國、盛世形象。

《朝天記》中描述的事件出自作者的耳聞目睹，是作者個人直接體驗與間接體驗的產物，而且與史料記載一致，基本為史實的再現，作者的主觀意識似乎並不明顯。但需注意的是明朝重大危機之一——"庚戌之變"距許篈訪明已過二十餘年，它出現在《朝天記》中，是作者主動提起。④ 這意味着，動蕩的明王朝是他直接認識、書寫明王朝的"前理解"。其實，1449 年的土木堡之變就曾打破朝鮮民族心目中明朝強國、盛世的印象，許篈並未將其付諸筆端，但相關歷史事實必然在其集體記憶中留下了印記，1550 年的"庚戌之變"進一步加深了這一印象，使朝鮮文人對明王朝的實力不得不有所懷疑。特別是許篈認為明朝思想墮落、紀綱頹廢，國家必然將走向滅亡，自然會更傾向於描寫明朝衰敗、動蕩的形象。

除此之外，《朝天記》對明朝安全形勢的負面描寫也來源於朝鮮朝對麻煩製造者——"韃子"動向的直接體驗。"韃子"亦稱"虜"，是生活在明朝北部地區的蒙古勢力。朝鮮使臣出使，經過遼東，比較了解當地的局勢，對"韃子"的危害有着深刻的認識。1566 年，聖節使朴啓賢匯報聞見之事，稱"南倭北虜，勢甚猖獗"⑤。不僅如此，朝鮮民族自身也飽受蒙古襲擾之苦，"北虜"與"南倭"並列高麗末年兩大禍患。直到 16 世紀後半期，李珥《貢路册》

① 《明世宗實錄》卷三六四，《明實錄》，第 85 册，第 6494 頁。
② 許篈：《荷谷先生朝天記》中，《荷谷集》，《韓國文集叢刊》，第 58 册，第 429 頁。
③ 許篈：《荷谷先生朝天記》下，《荷谷集》，《韓國文集叢刊》，第 58 册，第 463 頁。
④ 許篈：《荷谷先生朝天記》中，《荷谷集》，《韓國文集叢刊》，第 58 册，第 429 頁。
⑤ 《朝鮮明宗實錄》卷 33，明宗二十一年十月十三日庚午條，太白山史庫本，第 20 册，第 57 頁。

中仍寫"北路饑餓，赤地之餘，獷虜闌入，多陷城守。在在踝屍，無有寧熄"①。可見關於"韃虜"，朝鮮民族有着慘痛的集體記憶和長期的負面體驗。

不僅如此，如《朝天記》中所記錄，許篈訪明途中也多次聽到"韃子"來襲的消息，生命安全實際遭受威脅，可能進一步加劇作者的緊張和恐懼，從而導致相關描述的增加。

總之，對明王朝動蕩不安的描寫既是作者許篈在訪明過程中的個人體驗，也來自於朝鮮使節的集體體驗與認識，而且更來自於對明王朝動蕩之源——"韃子"的歷史記憶與體驗。

五、結語："三代之治"參照下的"非理想"中國

綜上所述，許篈《朝天記》針對明王朝的思想潮流、官場風氣以及安全局勢進行了大量具體的描寫。在作品中，許篈將陽明學與朱子學並存稱爲"邪説橫流"，生動描寫官員的負面形象，直指明朝紀綱廢弛，多次記叙"韃子"襲擾造成的動蕩，揭示明朝實力的衰弱和局勢的動蕩。總地來説，許篈《朝天記》中明朝的文化、政治、安全形象偏於負面，接近比較文學形象學理論中意識形態的描述。

文學中所塑造的這些形象是"將群體基本的價值觀投射在他者身上"②。我們看到，在《朝天記》中，許篈完全根據儒學價值觀描述、評價明王朝。

如前文所述，16 世紀後半期朝鮮文學中出現這種作品，很大程度上是朝鮮朝思想文化及政治語境所決定。在那個時期，相對現實、合理的性理學經過多次"士禍"以及佛教復興運動等的洗禮，最終艱難上升爲朝鮮朝的主流意識形態，而且難以容許其他"異端"思想與其並存。而且，隨着長期研習，朝鮮性理學者對儒學有了更爲深入的了解，建立起一定的學術自信，逐漸開始以相對平等的目光審視明王朝。此外，甫登政壇、理想主義濃厚的士林派文人熱切希望通過積極的改革，建立儒家理想社會。作爲士林派中的重要成員之一，許篈依據所屬群體的價值觀——儒家思想來觀察、描述明王朝，更具體來説，這一標準是先賢在儒家文化文本中建構的理想社會。它便是由孔子最先提出後不斷被改造、完善的"大同"或"三代之治""三王之治""治世"，等等。

---

① 李珥：《貢路策》，《栗谷先生全書》《拾遺卷》之四，《韓國文集叢刊》，第 45 册，第 536 頁。

② 孟華：《比較文學形象學》，第 35 頁。

《禮記》中將大同社會作爲最高理想加以描繪，該描述被李珥全文引用。

> 大道之行也，天下爲公，選賢與能，講信修睦。故人不獨親其親，不獨子其子，使老有所終，壯有所用，幼有所長，矜、寡、孤、獨、廢疾者皆有所養，男有分，女有歸。貨惡其棄於地也，不必藏於己；力惡其不出於身也，不必爲己。是故謀閉而不興，盜竊亂賊而不作，故外戶而不閉，是謂大同。①

先秦時代的"大同"是以道德爲基礎、公衆利益優先的社會，要求官員賢能、清廉、無私，百姓生活得到保障，社會和平安寧，與許篈《朝天記》中描寫的明王朝恰好形成對比。後代儒家學者提出"三代之治"的概念，將只存在於想象中的"大同"具體化爲堯、舜、禹創造的"三代之治"。

理想社會的理念隨着儒學傳入朝鮮半島，新羅文人崔致遠（857—？）曾寫下"克興上古之風，永致大同之化"②，表現出對上古大同社會的向往。14世紀末，以性理學爲建國理念的朝鮮王朝建立後曾以"唐虞三代致治之道，可得聞歟？"作爲科舉考試殿試的題目，③意味着"三代之治"是其自建國之初就孜孜以求的目標。15世紀上半期，朝鮮王朝的兩位英主太宗（1400—1418年在位）和世宗（1418—1450年在位）在位時期，部分志得意滿的勳舊派文人稱頌當時的朝鮮王朝"和氣流行，民安耕鑿，皥皥如在春風之中，治效直與大化同運。堯舜之治亦不過此"④，認爲朝鮮王朝已經達到了儒家最高理想——"堯舜之治"。但是，性理學思想更爲徹底的士林派文人對理想社會有着更高的標準。15世紀性理學家尹祥（1373—1455）並不認爲已經實現"三代之治"，而是多次勉勵國王，"伏惟殿下誠以敬爲本，則上以繼前聖之道統，下以致當世之隆平，而唐虞三代之治，不難致也"⑤。1503年被擁戴爲王的中宗對實現堯舜治世表現出强烈的願望。在1507年的文科殿試中，他出的題目是"予以否德，嗣祖宗艱大之業，宵衣旰食，勵精圖治。唯不克善終是懼，

---

① 李珥：《爲政功效章第十》，《栗谷先生全書》第25卷，《聖學輯要》，《韓國文集叢刊》，第45冊，第59頁。

② 崔致遠：《求化修大雲寺疏》，《桂苑筆耕集》第16卷，《韓國文集叢刊》，第1冊，第97頁。

③ 卞季良：《殿試對策並題，存心出治之道立法定制之宜》，《春亭先生文集》第8卷，《韓國文集叢刊》，第8冊，第107頁。

④ 權近：《尚州風詠樓記》，《陽村先生文集》第14卷，《韓國文集叢刊》，第7冊，第158頁。

⑤ 尹祥：《殿策》，《別洞先生集》第2卷，《韓國文集叢刊》，第8冊，第281—283頁。

何以則不蹈太宗、明皇之失，而比隆於三代歟？"①中宗的願望與追求"至治"的性理學者趙光祖（1482—1519）一拍即合，在中宗的支持下，趙光祖領導士林派1515年開始推行一系列改革措施，"期回三代之治"。②可見"三代之治"是朝鮮君臣的共同願望和努力的目標。雖然趙光祖過於激進的改革以失敗而告終，但是其對儒家理想社會的追求卻日益深入人心。

1552年第14代國王宣祖（1552—1608）登基，爲士林派最終掌權提供了有力的支持。宣祖是中宗庶子德興君的第三子，因明宗喪子而成爲王位繼承人。他年少時便跟隨士林名儒韓胤明、鄭芝衍等人學習性理學，與士林派有着很深的淵源。宣祖登基後，很多隱居的性理學者重返朝廷任職，勳舊派逐漸走向没落。就這樣，16世紀後半期，士林派在與勳舊派的較量中取得最終勝利，獲得了建設實現儒家理想社會的機會。

士林派對此前勳舊派造成的本國現實極爲不滿，李珥指出："若不奮然振作，以新一代之規矩，而徒欲循常守舊，則安能祛積弊，而大有爲哉？"③勸國王大刀闊斧地進行革新。另一位大儒李彥迪撰寫《進修八規》，提出"立紀綱，正朝廷，闢四門，廣視聽，任賢才，布衆職，明聖道，正人心，崇教化，變風俗，二帝三王之治，不踰於此矣"④。這説明，16世紀中後期，隨着政治地位的提高，士林派文人推行改革建設儒家理想社會的願望極爲熱切。作爲士林派的主要一員，許葑自然也持有同樣的思想意識和政治訴求。

許葑在《朝天記》中曾數次表現出對"三代之治"的向往，同時表明對當時社會的批判。聽到禮曹將舉行祈雨儀式，他説："此特文具之末耳。曷若君人者惕厲警動，有如桑林之六責。則仁愛之天，必有可回之理。而今則不然。噫！畏天命而悲人窮者，安得見於叔季之世乎？"⑤許葑用"桑林之六責"的典故贊美商湯的自省，認爲是他的聖德感動了上天，同時慨歎治道日降，自己所處的末世並無商湯那樣的聖君出現。由此可見，許葑推崇的是夏商周的"三代之治"。

在停留平壤期間，看到"箕子所都處"的"井田"，他慨歎："余思三代

---

① 權橃：《善始善終策，殿試》，《沖齋先生文集》第1卷，《韓國文集叢刊》，第19册，第352頁。

② 金在魯：《陰崖先生集序》，《陰崖集》，《韓國文集叢刊》，第21册，第69頁。

③ 《宣祖實錄》卷3，宣祖二年八月十六日丁巳條，太白山史庫本，第2册，第38頁。

④ 李彥迪：《進修八規》，《晦齋先生集》第8卷，《韓國文集叢刊》，第24册，432頁。

⑤ 許葑：《荷谷先生朝天記》上，《荷谷集》，《韓國文集叢刊》，第58册，第399頁。

經界之均，念末世賦役之重，爲之悵然。噫！其孰能正之哉？"①他從箕子時期的井田聯想到夏商周三代均田地、輕賦稅的制度，批判自己所處的時代是賦稅、徭役沉重的末世，再次表達了對上古治世的向往和對當下的不滿。在明朝訪問期間，文廟門口兩側陳列的十枚據稱爲周宣王時期遺物的石鼓讓許篈感慨萬千，"摩挲歎息，宛然若目睹岐山大蒐之盛禮，不勝有千古無窮之感"②，也證明許篈對三代理想政治的無限向往。

綜上所述，許篈《朝天記》中在思想文化、官場風氣、安全局勢等方面塑造了偏負面的明朝形象，成爲朝鮮使臣訪明見聞録——《朝天録》系列作品中極具特色的一部。這些明朝的負面形象一方面來源於明朝現實本身，但很大程度上深受 16 世紀後半期朝鮮社會思想、政治語境的影響。

簡言之，許篈將儒家思想作爲認識世界的基本範式，在《朝天記》中依據儒家理想社會——"三代之治"書寫了偏負面的明朝形象，本質上是對中國文化的高度認同。

---

① 許篈：《荷谷先生朝天記》上，《荷谷集》，《韓國文集叢刊》，第 58 册，第 399 頁。
② 許篈：《荷谷先生朝天記》中，《荷谷集》，《韓國文集叢刊》，第 58 册，第 458 頁。

宗藩關係、賂銀問題與"辛壬士禍"

王元周

【摘　要】"辛壬士禍"是朝鮮黨爭史上的一大士類慘變。"辛壬士禍"前後，也是朝鮮與清朝使節往來十分頻繁的時期，康熙五十九年（1720）請求清朝承認景宗承襲王位的告訃請諡請承襲使行和康熙六十年奏請冊封延礽君爲王世弟的奏請使行對朝鮮政局演變尤其重要，所以兩次使行都携帶了大量白銀，準備用於賄賂清朝官員，賂銀問題成爲朝鮮朝廷內部爭議的焦點之一，也是少論攻擊掌權的老論大臣的重要口實。賂銀問題的產生固然是清朝禮部官員以權謀私的結果，但是大規模賄賂也只有在朝鮮有特殊請求時才發生，所以賂銀問題也從一個側面反映了宗藩關係的性質及意義。

【關鍵詞】"辛壬士禍"　賂銀問題　宗藩關係　燕行　燕行錄

　　朝鮮朝歷史上的"辛壬士禍"，指的是朝鮮景宗元年辛丑（1721）到景宗二年壬寅（1722），因老論和少論之間的激烈黨爭而引起的士類慘變，以景宗二年三月二十七日睦虎龍告變引起的針對老論勢力的大冤獄爲其巔峰。但是，老少黨爭的激化有一個比較長的累積過程，至少應從肅宗四十二年（1716）的"丙申處分"或次年的"丁酉獨對"算起。在長達五六年的激烈黨爭過程中，少論勢力頻繁彈劾掌權的老論大臣，所提出的問題，有些與朝鮮同清朝之間的使節往來有關，賂銀就是其中的問題之一。賂銀問題不僅與"辛壬士禍"有關，也部分反映了當時朝鮮對清事大關係的本質和意義。所以，本文根據

【作者簡介】王元周，北京大學歷史學系教授。

【基金項目】北京大學"海上絲綢之路及沿綫國家歷史研究"項目成果。

《一菴燕記》《寒圃齋使行日記》和《景宗實錄》等資料，對當時燕行中賂銀的規模和使用情況進行考察，並進而分析賂銀問題與敕使接待過程中的密贈問題的聯繫。

一、1720 年告訃使行與 1721 年奏請使行的賂銀規模

明清時期，朝鮮使行人員在與中國官吏交往過程中往往需要贈送一些禮物，中國官吏也常有索賄行爲，但禮部官員以朝鮮奏請事項相要脅，强迫朝鮮使行大規模行賄的事情還很少發生。在清朝前期，當朝鮮奏請册封孝宗、顯宗時，仍能順利達成。從朝鮮人的觀察來看，轉折發生在康熙十三年（1674）。當時朝鮮國王顯宗薨逝，肅宗即位，而依例派遣到北京的謝恩兼告訃使受到清朝禮部官員的刁難，迫不得已用大量白銀來打通關節。①從此形成慣例，只要朝鮮方面有所奏請，禮部官員幾乎都要吹毛求疵，藉故勒索，朝鮮使行用於賄賂的銀兩也越來越多。康熙三十五年（1696），朝鮮遣使請求册立世子時，也遇到困難，雖以重金賄賂有關官員②，使事依然未成，三使臣回國後受到懲罰。次年，朝鮮再次遣使奏請，才終於獲得成功。

到康熙五十九年（1720）肅宗薨逝，景宗即位時，朝鮮依例又要向清朝派遣告訃使。告訃使，依例兼有告訃、請諡、請承襲等多重使命。請承襲即請清朝承認新王襲爵，並遣敕使册封新王及妃。這次還有一個特殊情況，即景宗在即位前已有兩次婚姻，先娶沈浩之女爲妻，肅宗四十四年（1718）沈氏去世後，繼娶魚有龜之女爲妻，所以這次告訃使不僅請求册封魚氏爲妃，還請求同時追封原配沈氏爲妃。考慮到這次使事的複雜性，時任判中樞府事的老論大臣李頤命被任命爲告訃正使後，即要求朝廷撥給 2 萬兩官銀作爲賂銀。李頤命在第二次上劄推辭撰寫肅宗墓誌銘的任務時，順便提到"清人索賂日滋，少〔稍〕有所請，則必生事端，如甲寅之抉摘文字、丁丑之援引會典，可見其伎倆矣"，因此請求"依丁丑使行所給之例"，撥給官銀，並約定在規定限度之內可以自由支配，用作賂銀。③

① 《同文彙考》二，補編卷一，使臣別單一，《甲寅告訃奏請兼謝恩行書狀官宋昌聞見事件》，首爾：國史編纂委員會，1978 年，第 1581 頁。

② 《同文彙考》二，補編卷三，使臣別單三，《丙子奏請兼冬至使書狀官金弘禎聞見事件》，第 1615 頁。

③ 李頤命：《疏齋集》卷八，疏劄，《辭志文撰進劄（再劄）》。

這裏所説的"丁丑使行",指的就是康熙三十六年（1697）朝鮮奏請册封世子。這次奏請使行帶了 8 萬兩官銀,規定其中 2 萬兩可作爲賂銀使用,其餘 6 萬兩用於貿易,本錢事後要償還給官府,所得利潤部分用作賂銀。①所以,李頤命援引這次使行爲例,希望朝廷也能撥給 2 萬兩官銀作爲賂銀。但是,這時期從日本流入朝鮮的白銀減少,導致庫存官銀數量下降,所以朝廷只同意撥給 1 萬兩。這年七月初六日,景宗與議政府大臣、備邊司堂上官商議此事時,領議政金昌集也認同李頤命所提的理由,説"近歲使行之入去彼中也,雖别無執頤之端,而必爲生梗索賂乃已,其習日以益滋,其外常給者,亦每行輒加,歲用幾至四五千兩矣",而這次告訃使行肩負着請承襲和請謚等重大使命,"彼輩或不無操縱之患,其在備不虞之道,所當優數持入"。但是,近來每次使行皆從各軍門借貸白銀,而不能按期償還,導致餘銀不多,所以不可能像"丁丑使行"那樣撥給 8 萬兩之多,只能撥給 1 萬兩官銀作爲賂銀。②

李頤命擔心區區 1 萬兩不够用,因此又請求依據"丁丑使行"之例,在限額 1 萬兩賂銀之外再貸給官銀四五萬兩用於貿易,以便可以用部分所得利潤補貼使行之需。七月初八日,景宗引見李頤命,李頤命直接向景宗提出此項要求,説:"即今所劃給萬兩,比了丁丑已減其半,若或盡用,則日後有難繼之弊。而至於員役公貨,至八萬兩之多。今則員役皆空手而去,如前所劃給者不足,則無他取用之處,實爲可慮。已劃給萬兩,可用則用之,不然則還爲持來,此外雖不及丁丑之數,加給四五萬兩,事勢之不可已也。"③景宗也認可李頤命的想法,最後朝廷同意貸給官銀 5 萬兩,所以這次告訃使行共動用官銀 6 萬兩。④

不僅這次的告訃使行帶了較多白銀,景宗元年（1721）朝鮮請求册封王世弟的奏請使行也帶了大量白銀。景宗元年十月初二日,景宗在進修堂引見請對的奏請正使、左議政李健命,李健命强調這次奏請使行事關重大,從肅宗年間奏請册立世子的情況來看,遇到阻力的可能性很大,再加上禮部侍郎羅瞻因出使朝鮮時對朝鮮贈送禮物的數量不滿,難免會從中作梗,所以也希

---

① 《承政院日記》524 册（脱草本 28 册）,景宗即位年七月初六日辛未。還有記載説此行携帶白銀總量達 12 萬兩,參見《承政院日記》534 册（脱草本 28 册）,景宗元年十月二日己未。

② 《承政院日記》524 册（脱草本 28 册）,景宗即位年七月六日辛未。

③ 《承政院日記》524 册（脱草本 28 册）,景宗即位年七月八日癸酉。

④ 《景宗實錄》卷二,景宗即位年十二月二十八日庚申。

望參照"丁丑使行"先例,以 2 萬兩爲賂銀,另外貸給 5 萬兩用於貿易。[①]因此,此次奏請使行總共携帶官銀 7 萬兩,賂銀限定在 2 萬兩以内。即使這樣,李健命仍擔心不够用,所以在這年十月二十五日,又與副使尹陽來請對,向景宗請求説:"行中所請,得七萬兩銀,限二萬取用行賂,既已稟旨,而羅瞻索賂,必將無厭,事或不順,則請于二萬兩外,觀勢加用。"[②]景宗也同意了。

"丁丑使行"雖然帶去了 8 萬兩甚或 12 萬兩白銀,其中 2 萬兩可以用作賂銀,但並没有大規模賄賂清朝官吏。當朝鮮使臣得知禮部仍援引《大明會典》中的有關規定,奏請駁回朝鮮的請求時,他們要到禮部呈文申辯,但會同四譯館提督舒圖不讓他們出館,而且也拒絶代轉呈文。三使臣計無所出,於是就在玉河館中門席稿而坐,"以示矜悶之狀"。[③]這樣静坐了兩天之後,六月三十日康熙皇帝終於根據閣老伊桑阿的建議,下特旨准請。[④]康熙五十九年的朝鮮告訃使行也不願輕易開啓賄賂之端。正使李頤命和以子弟軍官隨行的其子李器之都對賄賂清朝禮部官員持謹慎態度。剛到北京時,他們也送給禮部通官等人一些銀兩和禮物。李頤命甚至在其《燕行雜識》中抱怨説,因清朝禮部通官等的"種種需索及饕取,行中斂銀已不貲"[⑤]。但是,他們很快發現這些人幫助不大,也就不願意再送財物給他們了。李頤命和李器之始終强調此行使命皆是例行公事,不應當行賄。他們更擔心"一開此路,凡有事於禮部,必皆用賂,此亦難繼之道"。[⑥]直到清朝禮部官員索賄的意圖已非常明顯之後,才勉强答應給會同四譯館提督尚崇坦白銀 1000 兩,由他交給禮部官員。[⑦]此外,後來爲了能早日啓程回國,又答應給白銀 200 兩。[⑧]對於這 1200 兩,最後是用方物中的 20 捆白綿紙沖抵的。按照慣例,告訃使行方物免貢,此次告訃使行所帶方物中共有 40 捆白綿紙,每捆 100 刀,從朝鮮户曹領出時每捆作價白

① 《景宗實録》卷五,景宗元年十月初二日己未。

② 《景宗實録》卷五,景宗元年十月二十五日壬午。

③ 權喜學:《燕行日録》,林基中編:《燕行録續集》,首爾:尚書院,2008 年,第 109 册,第 103 頁。

④ 權喜學:《燕行日録》,林基中編:《燕行録續集》,第 109 册,第 104—105 頁。

⑤ 李頤命:《燕行雜識》,林基中編:《燕行録全集》,首爾:東國大學校出版部,2001 年,第 34 册,第 114 頁。

⑥ 李器之:《一菴燕記》,林基中編:《燕行録續集》,第 111 册,第 368 頁。

⑦ 李器之:《一菴燕記》,林基中編:《燕行録續集》,第 111 册,第 392 頁。

⑧ 李器之:《一菴燕記》,林基中編:《燕行録續集》,第 111 册,第 464—465、480 頁。

銀40兩，而在北京可賣80兩。以其中20捆作價1200兩交給譯官鄭泰賢，由鄭泰賢負責將1200兩白銀交給尚崇坦。剩下的20捆白綿紙，又拿出來2捆分別送給5位禮部尚書和侍郎。①從譯官們需要通過出售剩下的18捆白綿紙來向禮曹償還40捆白綿紙的本錢1600兩來看，這次使行行賄並沒有動用可以不用償還的2萬兩賂銀限額。

與這次告訃使行相比，康熙六十年（1721）到北京的朝鮮奏請兼冬至使行確實使用了大量賂銀。十二月二十八日抵達北京之後，即送給禮部右侍郎羅瞻人參5斤，還有壯紙、扇子等禮物。②在北京期間，除了例行的禮物贈送以及給提供消息的清朝官吏的謝禮外，大的賄賂行動主要有三次。第一次是答應給羅瞻白銀5000兩。羅瞻在得知朝鮮此次使行有奏請冊封王世弟的任務後，主動表示"此事若下禮部，則吾當擔當准請，汝等勿憂也"③，但是也以需要經費打通內閣的關係爲由，索要賂銀。一開始羅瞻索要2萬兩，朝鮮譯官李碩材沒有透露這次使行有2萬兩賂銀限額，反而説這次使行沒有帶可以用於行賄的銀子，如果需要活動經費，只能從使行貿易所得中抽出一些，但無論如何也拿不出2萬兩。④於是羅瞻主動將數額降到5000兩，李健命等人就答應了。⑤

當朝鮮的奏本交給禮部議奏之後，羅瞻再次向譯官李碩材提出，禮部尚書、侍郎等官員人數衆多，需要比較多的銀子來周旋，具體數量讓他與會同四驛館提督奚德慎商議。而奚德慎"所索賂物之數極濫"，加上序班也來勒索，讓李健命感到"諸胡壑欲難充，極悶極悶"。⑥李健命甚至懷疑這一切都是羅瞻與奚德慎相互勾結，暗中操縱的結果，目的就是要向朝鮮使行勒索賂銀。當時清朝禮部內部分成兩派，一派主張准奏，一派主張駁回。在這關鍵時期，羅瞻再次提醒李碩材，提督奚德慎所索要的賂銀確有不可不用之處，勸朝鮮使行不要因小失大。在這種情況下，經過朝鮮譯官與奚德慎反復討價還價，

① 李器之：《一菴燕記》，林基中編：《燕行錄續集》，第111冊，第436—437頁。禮部尚書、左右侍郎滿漢各1人，本來共有6人，而1人以撥糧前往口外去了。

② 《承政院日記》534冊（脱草本28冊），景宗元年十月二日己未；李健命：《寒圃齋使行日記》，林基中編：《燕行錄續集》，第112冊，第198頁。

③ 李健命：《寒圃齋使行日記》，林基中編：《燕行錄續集》，第112冊，第277頁。

④ 李健命：《寒圃齋使行日記》，林基中編：《燕行錄續集》，第112冊，第220頁。

⑤ 李健命：《寒圃齋使行日記》，林基中編：《燕行錄續集》，第112冊，第221頁。

⑥ 李健命：《寒圃齋使行日記》，林基中編：《燕行錄續集》，第112冊，第234頁。

李健命等人最後答應事成之後給奚德慎天銀 5000 兩（合丁銀 6000 兩）。而奚德慎説這只是給禮部尚書、侍郎們的部分，還應該再給他個人一些好處，所以李健命等人又答應事成之後再給奚德慎個人天銀 500 兩。[①]

儘管已經答應給羅瞻和奚德慎 1 萬多兩賂銀，但是羅瞻和奚德慎的活動不但沒有取得正面效果，反而產生了負面影響。禮部滿尚書賴都本來主張批准朝鮮的請求，但是當聽説這次朝鮮使行帶來數萬兩銀子周旋此事之後，反而因擔心別人懷疑他收了朝鮮使行的賄賂而改變態度，主張駁回朝鮮的請求。[②]由於禮部最終在奏本中主張駁回朝鮮的請求，宣告了奚德慎的活動失敗，朝鮮使行答應給他的 5000 兩賂銀也就可以不給了。

在禮部上奏之後，按照慣例皇帝在做出決定時往往還會參考內閣學士的意見，所以這時羅瞻又主動表示他可以去活動內閣學士馬齊等人，讓馬齊等人建議皇帝下特旨允准朝鮮的請求，所以又要求朝鮮使行同意將答應給奚德慎的 5000 兩賂銀轉交給他，作爲他在內閣活動的經費。[③]雖然李健命等人已經從侍衛常明那裏得知馬齊爲人清廉，不需要用銀子去收買，羅瞻顯然是藉故勒索，但是李健命等人也不敢得罪羅瞻。他們擔心，如果拒絕了羅瞻的要求，"則或慮未售籠絡之計，反生沮害之謀"。即使羅瞻不壞事，也擔心禮部日後生梗，不得已答應了。[④]所以，李健命在其《寒圃齋使行日記》中評論説："一自事機乖謬之後，頓無聲息，今忽有此言，必是探得馬閣老之意在於准許，又生白地網利之計，人之無厭，胡至於斯？極可痛惡。然亦可不拒，塞生釁端，故與副使、書狀相議，漫應以送。"[⑤]

除了羅瞻答應去活動閣老馬齊外，朝鮮使行還請常明幫忙。常明祖上是朝鮮人，與歷次朝鮮使行多有聯繫。[⑥]常明的同族金震弼也是這次使行的灣上軍官。一到北京，李健命就讓譯官金是瑜帶着禮物陪同金震弼去拜訪了常明，以拉近與常明的關係。常明隨即來訪，並表示願意幫助李健命等完成使命。常明認爲康熙皇帝曲恤朝鮮，必定會允准朝鮮冊封王世弟的請求。[⑦]當禮部決

---

① 李健命：《寒圃齋使行日記》，林基中編：《燕行録續集》，第 112 冊，第 239 頁。

② 李健命：《寒圃齋使行日記》，林基中編：《燕行録續集》，第 112 冊，第 247—249 頁。

③ 李健命：《寒圃齋使行日記》，林基中編：《燕行録續集》，第 112 冊，第 278 頁。

④ 李健命：《寒圃齋使行日記》，林基中編：《燕行録續集》，第 112 冊，第 278 頁。

⑤ 李健命：《寒圃齋使行日記》，林基中編：《燕行録續集》，第 112 冊，第 254—255 頁。

⑥ 有關常明的生平及其與朝鮮人的聯繫，可參見徐凱、陳昱良：《清代金氏常明史事考述》，北京大學韓國學研究中心編：《韓國學論文集》第 15 輯，瀋陽：遼寧民族出版社，2007 年，第 16—24 頁。

⑦ 李健命：《寒圃齋使行日記》，林基中編：《燕行録續集》，第 112 冊，第 215—217 頁。

定駁回朝鮮的請求之後，李健命等即請常明出面幫助斡旋。常明向李健命等人表示，他與馬齊關係密切，等此事到了內閣，他自有辦法幫助斡旋。不過，常明也說，雖然馬齊清廉，還有其他閣老和皇帝近臣需要去活動，他也不能空手周旋此事。李健命等人雖然無法判斷常明所言之虛實，"而切迫之中，猶不無萬一僥倖之心，許以四千之數，二匹之馬"。[①]二月二十五日，常明又來見朝鮮使臣，說前日答應給他的 4000 兩銀子不夠用，要求再加 1000 兩，李健命等人也答應了。[②]

二月二十四日康熙皇帝以特旨批准朝鮮的請求。此後，朝鮮使行即按照事先約定，向羅瞻支付白銀 1 萬兩，向常明支付白銀 5000 兩。加上其他公事往來開支和給提供消息的中國官吏的賞錢，共支出 16500 兩。朝廷批准使用的 2 萬兩賂銀限額，還剩下 3500 兩，使臣決定按照"丁丑使行"時的做法，分別貸給員譯，限一年內將本錢歸還給戶曹。[③]

二、賂銀的性質與少論的借題發揮

"懷柔遠人"仍是明清時期中國發展對外關係的基本方針，外來使節作爲皇帝的客人，自然會受到厚待。但是，在實際執行過程中，也會產生一些陋規。根據李器之《一菴燕記》的記載，每次朝鮮使行譯官都要給清朝通官朴得仁白銀 240 兩。此事起源於幾十年前，當時因皇太子有病，向朝鮮使行求取人參，於是朝鮮使行將人參 3 斤通過通官朴哥轉呈皇太子。因不敢向皇太子要錢，這次等於白送。如果僅此一次，似亦無妨，可是卻從此形成了慣例。此後每次朝鮮使行到了北京，都給朴哥 3 斤人參，稱爲"皇太子人參"。至於朴哥是否轉交給了皇太子，朝鮮使行也不曾過問，即使在皇太子被廢之後也沒有停止，後來又把 3 斤人參折爲白銀 240 兩。朴哥死後，朴哥的侄子朴得仁繼任通官，朝鮮使行又把這 240 兩白銀交給朴得仁。朝鮮譯官之所以願意這樣做，並非出於對皇太子的尊敬，亦非出於朴哥、朴得仁叔侄的脅迫，而是因爲朴氏家族多擔任方物庫庫直，所以譯官願意交結朴家，以便交納方物時受其關照，能順利過關。[④]

---

① 李健命：《寒圃齋使行日記》，林基中編：《燕行錄續集》，第 112 冊，第 258 頁。
② 李健命：《寒圃齋使行日記》，林基中編：《燕行錄續集》，第 112 冊，第 261—262 頁。
③ 李健命：《寒圃齋使行日記》，林基中編：《燕行錄續集》，第 112 冊，第 280—281 頁。
④ 李器之：《一菴燕記》，林基中編：《燕行錄續集》，第 111 冊，第 463 頁。

　　從"皇太子人參"一事可以看出，一種陋規一旦產生，往往因雙方的需求而相沿成例，很難廢除。康熙五十七年（1718）的朝鮮冬至使行在北京逗留時日比預期多出了十餘日，於是正使俞集一責備譯官，甚至棍杖相加，譯官迫不得已以白銀 250 兩賄賂禮部官員，於是禮部官員也"因而為例，每有事，禮部比前多求索"。[1]康熙五十九年告訃使行在北京逗留的時間也比較長，副使李肇和書狀官朴聖輅也讓譯官以白銀 200 兩賄賂禮部官員，希望禮部儘快上奏頒賞文書，結果毫無效果。李器之以為，尋常冬至使行尚且給 250 兩，而這次使行負有奏請封王之重大使命，只給了 200 兩，自然不能滿足禮部官員的貪欲，所以不願意幫忙。[2]使行譯官懷疑此事或許與羅瞻有關。十一月十四日確定羅瞻為封王副敕之後，頒賞文書隨即入奏，所以揣測"蓋羅詹圖為敕使，我國使行發行，則當即出敕使，是以故滯文書，以容渠周旋圖囑，得為敕使而後始奏頒賞文書"[3]。雖然我們無法反駁朝鮮譯官們的猜測，但是僅從李器之《一菴燕記》逐日記載的內容也可以看出，禮部遲遲未入奏頒賞文書，也是因為受到一些臨時事務的衝擊。如十一月初十日和十一日，六部官員皆要去暢春園，所以未能入奏。[4]

　　而且，清朝禮部官員接待朝鮮使行過程中的陋規或惡習，並非全因朝鮮使行而起，有的也是因琉球、安南等國使行先這樣做之後，禮部官員進而希望朝鮮使行也能如此。禮部官員利用藩屬國請封等大事脅迫使行行賄，也許就是從琉球、安南等國使行開始的。李頤命在其《燕行雜識》中說，因為安南、琉球如有請封之事，多賄賂禮部官員，導致禮部官員以為琉球、安南等小國尚且如此，朝鮮應該給得更多，因此對朝鮮使行百般勒索，而李頤命堅持認為，"琉球雖有賂幣於封典，我國於應行之典不可開行賂之端也"。[5]

　　李頤命的態度雖然如此，但是在出使前還是不得不做好需要大規模行賄的準備，援引"丁丑使行"先例，向朝廷提出準備大量賂銀的請求。在黨爭背景下，此舉也為少論攻擊掌權的老論大臣提供了口實。景宗即位年（1720）七月十五日，景宗在挹和堂與大臣、備局堂上商議告訃使李頤命請求撥給官銀之事時，左副承旨宋成明就表示反對。他說："前後使行，常慮彼中生事，

①　李器之：《一菴燕記》，林基中編：《燕行錄續集》，第 111 冊，第 464—465 頁。
②　李器之：《一菴燕記》，林基中編：《燕行錄續集》，第 111 冊，第 464 頁。
③　李器之：《一菴燕記》，林基中編：《燕行錄續集》，第 111 冊，第 478 頁。
④　李器之：《一菴燕記》，林基中編：《燕行錄續集》，第 111 冊，第 453、465 頁。
⑤　李頤命：《燕行雜識》，林基中編：《燕行錄全集》，第 34 冊，第 114—115 頁。

因有齎去銀貨之事，而至於今番使行，元〔原〕無他慮，則無大段用貨之處，勿許宜矣。”兵曹判書李晚成更認爲是朝鮮譯官爲多貸官銀而誇張清朝禮部官員的勒索行爲。他説：“各軍門及兵、户曹艱辛所聚之物，自十餘年前每于使行時，輒許貸去。朝家或不欲多許，則譯舌輩利其私用，必以彼中生事之意，多般恐動，期於多數貸去。及其回還之後，抵死不報，公家累萬銀貨，便作渠輩之物，誠極寒心。”①

宋成明還對李頤命援引“丁丑使行”爲先例大爲不滿。他説：“丁丑年事雖如此，今番使行何可比同于丁丑年耶？頃日大臣劄子中丁丑之援引會典之説，以臣觀之，可謂太不襯着矣。使行既無生梗之慮，則公家四五萬銀貨，豈可公然出給乎？臣意則決不當許貸矣。”②這年（1720）十一月，同副承旨李真儉上疏論時事，也對李頤命援引“丁丑使行”先例大肆抨擊。李真儉强調，當時清朝禮部官員根據《大明會典》的規定拒絶朝鮮的請求，乃朝鮮君臣之恥辱，“至今爲東方臣子者，莫不憤惋”，景宗即位毫無可疑之處，“而大臣乃敢逆探彼人未萌之心，敢忍援引於今日，以爲恐動之計者，此何心也？”③

雖然朝鮮方面認爲康熙三十五年和三十六年清朝禮部先後兩次根據《大明會典》的有關規定來駁回朝鮮册封世子的請求無理無據，但是從禮部官員的立場來看，也許並非純係吹毛求疵，藉故勒索。肅宗因寵信禧嬪張氏，在其剛誕下子嗣後即定爲元子，並奏請册封爲世子，在朝鮮國内也引起爭議，清朝禮部根據《大明會典》有關規定駁回朝鮮的請求，也自有其道理，畢竟朝鮮方面也只能以外國與内服不同，過去已有先例來辯解。④至於康熙六十年的朝鮮奏請册封王世弟在禮部受阻，也是因爲這是兩國宗藩關係史上少有的特例。景宗即位未久，且青春正盛，雖暫無子嗣，是否有馬上册封王世弟的需要，自然也是清朝禮部需要考慮的問題。

朝鮮之所以急於建儲，是由於景宗自幼患有“奇疾”。⑤但是，國王的健康狀況不僅是國家機密，也關乎國家尊嚴，所以朝鮮方面對此諱莫如深。在

---

① 《承政院日記》524册（脱草本28册），景宗即位年七月十五日庚辰。

② 《承政院日記》524册（脱草本28册），景宗即位年七月十五日庚辰。

③ 《景宗實録》卷二，景宗即位年十二月二十八日庚申。

④ 《肅宗實録》卷三十，肅宗二十三年三月十一日壬戌。

⑤ 有關景宗的病症狀況，參見김동율，김남일，차웅석，경희대학교 한의과대학 의사학교실，「『承政院日記』醫案을 통해 살펴본 景宗의 奇疾에 대한 이해”，『한국의사학회지』제26권1호，41—53쪽．

朝鮮内部，景宗病情也與黨爭結合起來，老論和少論在對景宗病情的認識上相互對立。景宗元年（1721）八月二十日正言李廷熽上疏提議建儲，結果得到朝中重臣的支持，景宗也只好同意，根據肅宗繼妃金氏的意見，册立景宗的異母弟延礽君李昑爲王世弟。接着，九月初十日，執義趙聖復又上疏建議讓王世弟參與政事，景宗隨即下備忘記，以"近日症勢，尤爲沉痼，酬應亦難，政事多滯"爲由，讓世弟代理聽政，"大小國事，並令世弟裁斷"。① 此事引起朝局動盪，於是景宗收回成命，重用少論而罷黜老論。

在這一背景下，清朝是否同意册封延礽君爲王世弟，對鞏固王世弟的地位以及老論的生存至關重要。要想清朝同意册封延礽君爲王世弟，則需要在給清朝的奏本中説明景宗的病情，但是這種事情又不便多言。所以，清朝接到奏本後，康熙皇帝即讓内閣學士會同禮部尚書、侍郎，進一步向朝鮮使臣問明景宗的病情和延礽君的情況。然而，朝鮮使臣也不便在奏本上的表述之外隨意言及國王病情，所以也只是説："國王自少多病，氣甚痿弱，積年醫治，廣試求嗣之藥，而前後兩妃，左右媵屬，一未有胎孕，此可見嗣續之絶望實狀。"② 我們很難把握當時清朝對朝鮮國王健康狀況和國内黨爭情況有多少瞭解。雖然朝鮮朝初期有定宗册立其弟李芳遠爲世子的先例，但這還是明初的事情，已經過去了三百多年。在情況特殊，且信息有限的情況下，禮部建議駁回，而皇帝以特旨准請，也許是一種比較合適的處理方式。

然而，儘管朝鮮方面不願詳細説明景宗的病情，但是畢竟要説景宗"氣甚痿弱"，不可能有子嗣，已足以爲少論攻擊掌權的老論大臣提供口實。景宗二年（1722）六月十九日，司諫院彈劾李健命等三使臣時説："膺專對之任者，據理陳奏，期於准請，事理當然，而向者咨文撰述之人，敢以'痿弱'二字，肆然加之於聖躬，及其與彼人問答之際，復申痿疾之説，且以'左右媵屬'等語，白地妝撰，厚誣君父，此豈爲人臣子所敢萌心而發口者哉？"③ 因此主張嚴懲李健命等人辱國誣上之罪。直到英祖即位後，副司直李明彦在攻擊老論大臣時，仍指責李健命等人不該將景宗"有倦勤之疾等語肆然説出"。④

"辛壬士禍"中金昌集、李頤命、李健命和趙泰采等老論四大臣被賜死，主要由於擁護册立延礽君爲王世弟，以及一度同意由王世弟代理聽政，然而

① 《景宗實錄》卷五，景宗元年十月初十日丁卯。
② 李健命：《寒圃齋使行日記》，林基中編：《燕行錄續集》，第112册，第226頁。
③ 《景宗實錄》卷八，景宗二年六月十九日壬申。
④ 《承政院日記》578册（脱草本31册），英祖即位年十一月初十日庚戌。

能够拿到臺面上說的罪名之一，就是所謂"痿字事"，即在給清朝的奏本中說景宗"氣甚痿弱"。所以英祖元年（1725）三月初一日右議政鄭澔上劄爲老論四大臣申冤時解釋說："夫痿字，豈有別樣深意者乎？手足之不仁者，亦謂之痿痺，則此一字，何足爲貶誣先王之歸乎？其必以帝奕比之者，渠輩反不免誣上之罪矣。"①而且，這一罪名也是最爲敏感，最難以辯明的。同年四月初八日李觀命在爲其兄李健命鳴冤時也說，"蓋凶徒之構殺臣弟者，不過數二事"，其他罪名皆已辯明，"而'痿弱'、'兩腰'之說，姑不及辨白"，所以他不得不略陳己見。②

　　雖然少論只是藉口奏本中和李健命等人回答清朝大臣的詢問時有"氣甚痿弱""左右腰屬"等用語來羅織罪名，也反映了宗藩關係下朝鮮君臣對清朝的警戒和疏離心理。但是，另一方面，也說明清朝的册封對王權的穩定和承繼又至關重要。景宗二年三月二十六日清朝同意册封延礽君爲王世弟的消息傳回漢陽，對穩定王世弟的地位起到很大作用，因此《景宗實錄》評論說："翻局以後，東宮所處，極其艱阨，識者凜然寒心，及准請報至，人心賴安。"③也正是在消息傳回的第二天，三月二十七日，少論唆使睦虎龍告變，誣告老論謀逆，試圖將老論勢力一網打盡。

三、弔祭敕使的推波助瀾

　　當朝鮮告訃使李頤命等人到北京後，康熙皇帝考慮到肅宗"歷爵年久，且襲封以來奉藩至爲敬謹"，所以決定先遣大臣前往弔祭，然後再派遣敕使前往朝鮮册封新王。專門派出弔祭敕使，雖然是對朝鮮肅宗的特別恩典，但是朝鮮因爲要多接待一次敕使，花費自然不菲，所以朝鮮並不希望清朝這樣做。清朝大通官金士傑也曾就此事與朝鮮告訃使行聯繫，向李器之提出："今番敕行當分爲二，弔敕先出，封王敕次第出去，朝鮮供一敕之費，不下十萬，今若得三萬，則吾可通於閣老，合二敕爲一。"④雖然李器之答應回去後向使臣彙報，很顯然朝鮮告訃使沒有答應金士傑的要求。

　　這次派往朝鮮的弔祭敕使爲內閣學士、禮部侍郎額和納和頭等侍衛宜都

---

① 《承政院日記》588 册（脫草本 32 册），英祖元年三月初一日己亥。
② 李觀命：《屏山集》卷五，疏札，《蒙宥還鄉後辭知敦寧疏》。
③ 《景宗實錄》卷六，景宗二年三月二十六日辛亥。
④ 李器之：《一菴燕記》，林基中編：《燕行錄續集》，第 111 册，第 312 頁。

額真德禄。他們於康熙五十九年十月二十八日從北京啓程前往朝鮮。當他們進入朝鮮境內，走到安州的時候，通過朝鮮譯官張文翼轉告朝鮮朝廷派來的遠接使俞命雄等人，敕使離開北京時，康熙皇帝有旨，要他們直接到肅宗陵前舉行祭奠之禮，因此希望到弘濟院後，在弘濟院住一宿，以便第二天前往肅宗陵墓，並要求朝鮮國王率百官陪同前往，以示稱謝皇恩之意。朝鮮方面不希望弔祭敕使這樣做，遠接使俞命雄和平安道監司權憘讓譯官好言勸阻，而額和納等人以有皇旨爲由，固執己見。①

對於弔祭敕使的陵前弔祭要求，朝鮮方面認爲這不過是弔祭敕使藉故勒索而已，讓譯官反復勸阻，並在必要時派遣大臣前往勸阻。本來領議政金昌集認爲如果實在無法勸阻，同意敕使前往肅宗陵墓亦無妨，只要事先將陵前刻有崇禎年號的碑石等遮擋起來即可，只是景宗國王無論如何不能陪同前往。②但是，如果敕使到陵前舉行了弔祭之禮，則似乎沒有必要再到魂殿舉行相同的祭禮，那麼景宗接見敕使的環節就不好安排。而且，如果沒有了主客吊慰之禮，那麼敕使留館期間景宗也不便無端往見。所以，左議政李健命和戶曹判書閔鎮遠認爲還是要極力阻止敕使前往肅宗陵墓，景宗接受了這一主張，堅決不同意敕使前往陵前弔祭。③於是，朝鮮派遣大臣前往勸阻。

十一月二十五日，額和納一行抵達弘濟院後，領議政金昌集和禮曹判書李觀命前往拜謁，向額和納等人說明陵前設祭不合乎朝鮮禮儀。在朝鮮，下葬返虞後更重視魂殿，所以敕使只到魂殿弔祭即可。而額和納等強調中國更重視陵墓，所以皇帝有此特別恩典，讓他們親自到陵前設祭。如果他們不這樣做，未免有違抗皇命之嫌。如果朝鮮方面堅決反對，就請朝鮮方面由大臣寫一個說明，交他們帶回，以便可以向皇帝交差。金昌集願意寫一個這樣的說明，所以陵前弔祭問題就這樣解決了。④

但是，在朝鮮方面圍繞陵前弔祭問題與敕使反復交涉之際，其實還有另外一個難以應對的問題，那就是敕使宣稱奉有皇旨，不僅要見世子，即景宗，還要見其他宗室子侄。⑤對於此事，掌權的老論大臣金昌集等人最初並沒有給予高度重視。雖然一開始就打算拒絕敕使見其他宗室子侄的要求，並沒有就

---

① 《景宗實錄》卷二，景宗即位年十一月二十日癸未。
② 《景宗實錄》卷二，景宗即位年十一月二十日癸未。
③ 《景宗實錄》卷二，景宗即位年十一月二十二日乙酉。
④ 《景宗實錄》卷二，景宗即位年十一月二十五日戊子。
⑤ 《景宗實錄》卷二，景宗即位年十一月二十二日乙酉。

此事與敕使反復爭執。而因遭彈劾而退居城外，不問朝政的少論大臣、右議政趙泰耉卻更重視這一問題。十一月二十六日趙泰耉上札説："山陵拜奠，爭之不得，則猶可勉從。至於此事，決不可聽許。伏願另飭廟堂，與儐接諸臣，使之據例嚴防焉。其所防之不患無辭也。"① 景宗答應將此事交給議政府商議應對辦法。

趙泰耉更重視弔祭敕使邀見王弟及其他宗室子侄一事，可能擔心清朝插手朝鮮的王位繼承人選問題。景宗當年被册立爲元子時即引起了"己巳士禍"，所以景宗的地位一直與黨爭有關。肅宗晚年，因世子爲張禧嬪所生，且身體有病，也產生了更換世子的想法。肅宗四十三年（1717），老論大臣李頤命與肅宗的秘密談話，即"丁酉獨對"，也涉及這一問題。② 所以，老論與景宗的關係微妙，而少論則以景宗的擁護者自居。本來除了世子李昀外，肅宗還有兩個兒子，即延礽君和延齡君李昍，而且肅宗更喜歡延齡君，但延齡君不幸于肅宗四十五年（1719）十月病逝，這樣老論只能傾全力支持延礽君。所以，弔祭敕使要見王弟，自然會牽動少論的敏感神經。

面對趙泰耉的指責，領議政金昌集的解釋是，朝鮮朝廷没有答應弔祭敕使這一要求的想法，只是覺得使行尚在路上，如果通過文書或派人往返爭執，很難説清楚。而且，在金昌集看來，應付這一要求的方法也很簡單，一方面可以用原無前例來據理力爭，另一方面也可以用"即今宗室皆是疏遠之親，只有王弟一人，病勢甚重，不能出入，今日設奠，亦無强病來參之勢"之類的話來加以搪塞。李健命也同意這樣做，認爲如果敕使到魂殿弔祭時問到延礽君爲何未參加弔祭，即以延礽君因病未能參祭爲答即可，如果敕使堅持讓延礽君參祭，屆時再據理力爭。③

額和納等人進入漢城之後，也多次提出這一要求，朝鮮譯官們就按照金昌集、李健命等大臣商定的辦法，"以國王姑無儲嗣，王弟二人，而一則昨年無子身死，一則疾病沉篤，不得運動，亦姑無子，宗室則元（原）無近屬之親等語詳細言及"④。十一月二十七日，額和納等人到魂殿行弔祭之禮。禮畢，額和納等人再次提出要見王弟及宗室子侄，承旨李正臣便據理力爭，始終没

① 《景宗實録》卷二，景宗即位年十一月二十六日己丑。

② 鄭會善，"景宗朝 辛壬士禍의 發生 原因에 대한 再檢討"，全北大學校 大學院 史學科 文學碩士 學位論文，1986 년 2 월 22 일，15 쪽．

③ 《景宗實録》卷二，景宗即位年十一月二十七日庚寅。

④ 《景宗實録》卷二，景宗即位年十一月二十八日辛卯。

有答應敕使的要求。①

次日，敕使再次提出這一要求，甚至"王弟雖病，必欲相見"，並問及王弟爲哪位妃嬪所生，娶某氏爲妻等情況，朝鮮方面也拒絕了。因這一天景宗要在便殿接見弔祭敕使，額和納等人要求王弟和其他宗親也要一同出席，陪侍於御座之後，朝鮮"譯官等以爲此是事大以後所無之事，決不可奉行"，加以拒絕。額和納等人則提出，如果朝鮮方面堅持拒絕，則非由領議政經國王同意後出具不能奉行的書面説明方可。②當時領議政金昌集正準備去南別宮謁見敕使，接到譯官的報告後當即向景宗奏明："敕使必欲持我國文字者，似爲歸奏之計，不可不依其言書給，故文字構出書入，而王弟某嬪出娶某氏，亦依其言書示爲宜。"在得到景宗的認可後，金昌集去見敕使。在見到敕使額和納等人後，額和納等又提出景宗到南別宮向敕使行問候之禮時，王弟須一同參加。金昌集又以王弟病勢甚重，不能出入來搪塞。雙方爭執良久，額和納等人即提出："貴國如欲不施，須以王弟病重曲折，書出小紙而贈我，則吾當歸奏，而王弟某氏出、娶某氏，亦請書給。"於是金昌集應敕使的要求寫下了如下内容："僉大人請見國王弟子侄，似因皇旨中均諭之盛恩，而國王時無嗣續，先王有王子二人，一則前冬身死，一則身病方重，不得出入，宗室則先王與先祖王，皆無兄弟，故無强近族屬。時存王子，先王嬪崔氏出，妻故郡守徐宗悌之女。"金昌集寫好後，把紙條交給額和納等人，額和納等人又説内容太涉支繁，讓金昌集加以删節。③額和納等人還通過直接與金昌集筆談，詢問了延礽君的年紀、生母、娶妻和有無子嗣等情況。筆談結束後，額和納等人將筆談内容以滿文，金昌集以訓民正音謄録下來。金昌集謄録的内容如下："朝鮮國世子，今年三十三歲，時無子女。世子弟，今年二十七歲，娶郡守徐宗悌女，其母崔氏，時無子女。"金昌集回去覆命時，將謄録下來的内容交給景宗，景宗看後又交給史官，讓史官記入史草。④十一月二十九日，景宗到南別宮向敕使行問候禮，接着敕使請行茶禮，其間額和納等人又直接向景宗説："先王諸子幾人？俺等欲與邀見，均諭此意而去。"景宗讓通事傳話説："王子只有一人，病不能出入。"敕使仍説："此非我心，乃皇帝旨意。不得奉行，

---

① 《景宗實録》卷二，景宗即位年十一月二十七日庚寅。

② 《景宗實録》卷二，景宗即位年十一月二十八日辛卯。

③ 《景宗實録》卷二，景宗即位年十一月二十八日辛卯。

④ 《景宗實録》卷二，景宗即位年十一月二十八日辛卯。

則當以此歸奏，仔細書給宜矣。”①

　　所以，弔祭敕使邀見王弟問題，也以領議政金昌集出具王弟因病不能出見的書面説明，並以筆談方式説明王弟個人情況而應付過去了。這種應對方法，也遭到少論的抨擊。十二月初二日，趙泰耈再次上劄指責朝鮮朝廷將延礽君個人情況提供給敕使的做法很不恰當。對於朝鮮朝廷來説，之所以不能斷然拒絶，只能以王弟有病爲藉口來搪塞，就是因爲額和納等人宣稱奉有皇旨。但是，趙泰耈指出皇旨中只有“這表章傳于朝鮮國王妻、子侄均諭”十四字，並未提及“弟、宗室”，更没有提到王子某嬪出、娶某氏之事，所以朝鮮朝廷完全有理由斷然拒絶。②但是，趙泰耈對皇旨的解釋也頗爲牽强，因爲皇旨中提到的“朝鮮國王”仍然指的是肅宗，而景宗尚未經過清朝册封，所以仍以世子看待。那麽，皇旨中提到的肅宗子侄，自然包括景宗和延礽君。當然，對於敕使詢問的延礽君個人情況，皇旨中確實没有明確交代，但額和納等人口頭上宣稱奉有皇旨，金昌集等人也不敢斷然否認。對此，禮曹參判朴泰恒也認爲朝廷態度過於軟弱。他説：“客使稱以皇旨，説與於任譯者，雖未詳知，其心所在，極其非常。此乃國朝以來所無之事，則豈可徒以口傳之言，終至聽信乎？”不過，朴泰恒認爲主要責任在於譯官，因譯官一開始不敢嚴詞拒絶，致使額和納等人得寸進尺，所以主張必須先懲護行首譯，“然後客使之意可回，朝廷之體可尊也”，可是景宗並没有採納他的建議。③

　　不管怎樣，在朝鮮確實有不少人認爲金昌集等人的應對之舉有損國體，《景宗實録》也有這樣的評論：“胡差自稱别遣大臣，輕侮嫚弄，無所不至，自中途倡言要見王弟、諸宗，驚惑國人，而昌集等聽之尋常，不以爲意。及趙泰耈劄論後，始爲防塞之議。且胡差問上春秋幾何，嗣續有無，王弟某嬪出，娶某氏，仍要書給，其爲不遜，又莫大焉。彼雖口稱皇旨，而敕書既無此言，我若以皇旨中所無語，非使臣所當問，據理嚴塞，則彼必理屈意沮。而昌集不此之爲，從其言唯謹，不稟上旨，擅自書給。昌集身爲首相，貽辱國家，取侮彼人至此，論以《春秋》之法，其罪可勝誅哉？”並進而將敕使的這一要求與李頤命的告訃使行聯繫起來，説：“一自丁酉獨對以後，李頤命之党陰懷疑貳。及先王大漸時，頤命至請指示可生之道，其意誠叵測。而且或言頤命爲使价時，多齎銀貨，行賂彼國。此雖出於疑阻過慮，而此際胡差假託皇旨，

①　《景宗實録》卷二，景宗即位年十一月二十九日壬辰。

②　《景宗實録》卷二，景宗即位年十二月初二日甲午。

③　《景宗實録》卷二，景宗即位年十二月初二日甲午。

倡説無前之事，人心之驚疑惑，烏得免乎？昌集輩不思嚴辭峻斥，健命則至請講定節目舉行，是誠何心？其亦無忌憚甚矣！"①

由此可見，當時朝鮮國内甚至有人指責告訃使李頤命等人在北京用大量賂銀勾結清朝官員，讓額和納等人假託皇旨，邀見王弟及其他宗親，這顯然是對李頤命的極大冤枉。額和納等人這樣做雖與李頤命等人無關，但是他們提出如此要求，應該對朝鮮王室的情況有所瞭解，想借此勒索禮物。從這種角度來説，他們也確實部分達到了目的。十一月二十八日，領議政金昌集即提議贈送給這次弔祭敕使的禮物可以比慣例多一些。②十二月初三日，額和納等人也向朝鮮方面提出類似要求。議政府經過商議，同意給兩位敕使各增加白銀 500 兩。可是額和納等人還嫌少，對傳話的譯官説："今番兩件事，皆有皇旨，而曲從異國之請，今則吾輩之功歸虛矣。國王既賜款待，又有贐物，心甚不安。餞筵時，欲親還贈單不受。"聽到額和納等人如此説，議政府又在請示景宗後，同意再多給一些銀子。③

額和納和德禄兩位敕使所得密贈數量，隨行大通官金士傑對朝鮮譯官洪聖疇説的情況是，"朝鮮無事，善待敕使，雜物皆作銀，上副敕皆得三千兩，渠亦多得，甚有喜色"④。而金士傑於密贈 3000 兩之外又多得 3000 兩，所得相當於以前的三倍。另一位通官金三哥之所得雖然只相當於金士傑的三分之一，也比以前多一倍。⑤

儘管如此，額和納等人對密贈數量仍不滿意。十二月初四日額和納等人離開漢城時，景宗以偶感風寒，難以出門為由，没有出城行郊送禮，額和納等人非常不高興，"多出不順之語"，而朝鮮官員無辭以對，史官因此感歎"廟堂之無人，識者竊歎"。⑥而且，經過高陽時，額和納等人没有按照朝鮮方面的安排，在高陽留宿一夜，而是不顧伴送使俞命雄的勸阻，直接去肅宗陵前祭奠。⑦雖然此前也有弔祭敕使在回程途中前往仁祖長陵祭奠的先例，額和納等人這樣做仍讓朝鮮感到為難。而且，額和納等人能够準確掌握肅宗陵的陵

① 《景宗實録》卷二，景宗即位年十一月二十八日辛卯。
② 《景宗實録》卷二，景宗即位年十一月二十八日辛卯。
③ 《景宗實録》卷二，景宗即位年十二月初三日乙未。
④ 李器之：《一菴燕記》，林基中編：《燕行録續集》，第 112 册，第 134 頁。
⑤ 李器之：《一菴燕記》，林基中編：《燕行録續集》，第 112 册，第 136 頁。
⑥ 《景宗實録》卷二，景宗即位年十二月初四日丙申。
⑦ 肅宗陵即明陵，位於今韓國高陽市神道邑龍頭里。

號和位置，也説明他們對朝鮮國内情況有所瞭解。司憲府掌令朴弼正認爲這定是朝鮮譯官或沿途官府所屬通事洩露出去的，建議朝廷查出首惡分子，加以嚴懲。①

在額和納等人離開漢城之後，他們邀見王弟和打聽王弟情況所産生的政治影響繼續發酵。十二月初五日，領議政金昌集和左議政李健命聯名上劄，對趙泰耉先後兩次上劄所提批評加以辯解，説明陵前祭奠、邀見王弟姪，以及寫明王弟生母和娶妻等情況，雖然皇旨中没有明確説明，但是敕使反復以此爲辭，朝鮮方面也不便單方面斷定爲矯命。對與陵前祭奠，已經以不合禮儀爲由加以拒絶，邀見王弟姪一事也以王弟有病搪塞過去了。至於敕使詢問王弟個人情況，"而比諸請見之事，不但無甚關重，而自山陵事以來，節節相争，智力已竭"，迫不得已才答應了敕使的要求，"而今乃不諒事情之如何，只因末後枝葉，並與其所已彌縫之本事而囫圇説出，莫曉其所以也"。②

然而趙泰耉不接受金昌集、李健命的辯解，於十二月十一日再次上疏指責金昌集不該將延礽君的情況寫給弔祭敕使，十二月十三日金昌集和李健命也再次上疏辯解。此事並引起一些在野儒生的上疏抗議。湖西儒生李夢寅等人持斧伏闕上疏攻擊老論大臣，認爲金昌集將延礽君個人情況"書給胡差，大貽君父之辱"③。這些儒生闖入宮門，被兵曹派近仗軍卒阻止，軍卒打開疏函，撕毁疏本，將儒生逐出，並逮捕了李夢寅等三人。此次儒生闖宮事件發生後，十二月十六日，領議政金昌集上疏請辭，不再過問朝政。告訃使李頤命回到漢陽後，也因遭李真儉疏斥，在郊外待罪，朝中只有左議政李健命一人勉强支撐局面。

在派遣弔祭敕使之後，清朝接着又派散秩大臣、頭等侍衛查克壇和禮部右侍郎羅瞻爲敕使前往朝鮮致祭、頒謚和册封。這次是封王敕使，對朝鮮來説更加重要，所以對朝鮮的勒索也更嚴重，"貪黷無厭，求索比前倍多"。④副敕羅瞻因在禮部任職，掌管清朝與朝鮮往來文書，更是恐嚇勒索，肆無忌憚，不僅"每請踰牆潛給賂物"⑤，甚至將房間裏擺設的物件也打包帶走了。⑥

① 《景宗實録》卷二，景宗即位年十二月初六日戊戌。
② 《景宗實録》卷二，景宗即位年十二月初五日丁酉。
③ 《景宗實録》卷二，景宗即位年十二月十六日戊申。
④ 《景宗實録》卷三，景宗元年二月十四日乙巳。
⑤ 《景宗實録》卷三，景宗元年二月十七日戊申。
⑥ 《承政院日記》721 册（脱草本 39 册），英祖七年四月二十五日丁巳。

到景宗二年五月敕使阿克敦和佛倫到朝鮮册封王世弟時，掌權的老論大臣也同樣給了很多例外密贈，除例贈及其他禮物外，"户曹密贈銀合五千一百兩"。[①]由此可見，弔祭敕使額和納等人在朝鮮政壇引起風波，不在於其勒索密贈的行爲本身，而在於其藉以勒索的理由高度敏感。

<h1 style="text-align:center">結　論</h1>

"辛壬士禍"本是朝鮮國内老論和少論黨争的結果，但是同清朝與朝鮮的宗藩關係也有千絲萬縷的聯繫。到 18 世紀，朝鮮派往清朝的朝貢使行往往需要花費四五千兩白銀來賄賂清朝官員，遇有奏請册封新王和世子等重要事務時，賂銀規模更大。康熙五十九年的告訃使行和次年的奏請使行都準備了上萬兩的賂銀，告訃使行没有大規模使用，而奏請使行則這樣做了。使行携帶大量官銀，並可以動用上萬兩白銀賄賂清朝官員，在黨争背景下引起朝鮮内部争議，少論借此攻擊掌權的老論大臣。賂銀問題，以及其他與朝鮮對清事大有關的問題，使"辛壬士禍"前後朝鮮政局與宗藩關係緊密相關。因此，賂銀問題也從一個側面反映了宗藩關係的性質和意義。對於這種宗藩關係，或認爲是形式上的禮儀關係，或認爲是實質性的從屬關係。但是從景宗朝兩國之間的使節往來來看，宗藩關係既不是單純的禮儀關係，也很難説是絶對的從屬關係。賂銀的存在，既可以説是宗藩使節往來中的一種弊端，而朝鮮方面不得不這樣做，也説明宗藩關係具有一定的强制性。從朝鮮的立場來看，賂銀問題的産生主要緣於清朝官員的貪婪，但是從清朝禮部官員對朝鮮奏請事項的具體態度來看，也不都是吹毛求疵，藉故勒索，有時也自有其一番道理。而且，當遇到特殊情況時，禮部建議駁回朝鮮的請求，而皇帝最後以特旨恩准，也是處理宗藩之間特殊事務的一種比較合理的方式，體現了宗藩關係既具有强制性，又具有一定的靈活性。

---

① 《景宗實録》卷八，景宗二年六月初四日丁巳。

禮物、白銀與體制：對清中葉赴朝敕使收受饋贈的初步考察

王元崇

【摘　要】清代中國的敕使赴朝鮮國出差之時，沿襲明朝舊例，收受朝方禮物，包括實物和銀兩。北京朝廷一開始是默認此種規矩的，但在乾隆朝和嘉慶朝則本着厚往薄來以及撫藩字小的原則，嚴令敕使不許收受饋贈，然而此種政策對朝鮮王廷和敕使雙方都造成了極大的困擾。隨着時代的變遷，此種政策也流爲具文，收受饋贈之事依然延續了下去，給朝鮮方面造成了很多財政壓力。本文通過考察雙方在乾嘉道年間的相關的饋贈案例，揭示宗藩體系在東亞人情關係社會秩序內運作之時所呈現出來的實際狀態，以期呈現這一雙邊體制運行中的複雜性。

【關鍵詞】清代中國　朝鮮　宗藩關係　白銀　支敕

清代滿洲政權自從 1637 年與朝鮮王國建立宗藩關係以來，一直到 1895 年中日《馬關條約》正式終結此種關係爲止，延續了 258 年。在這兩個半多世紀之中，雙方通過使團保持常態交流，特別是朝鮮方面，因爲朝貢和領取皇曆的關係，需要每年都派遣使團到清朝皇都（1637 到 1643 年至盛京，即明之瀋陽；1644 年以後到北京），使團種類也多達接近 30 個。清廷方面派遣的前往朝鮮的欽使團，無論是使團種類、派遣頻率還是單個使團的人員數額，都無法跟朝鮮的相比，在清前期尚且有查勘使團等，但在康熙中葉以後基本上以冊封、告訃等禮儀使團爲主。學界已經對此有了詳細的研

【作者簡介】王元崇，美國特拉華大學歷史系副教授。

究，特別是在各種朝鮮燕行録基礎上的對朝鮮赴清使團的研究尤其詳細，此不贅述。[①] 在這個領域之内，迄今學界尚未加以充分重視的一個方面，是朝鮮國方面對清朝赴朝敕使團成員的各種饋贈，此種饋贈本來係沿襲前明舊例，是中韓社會中的人情世故的一種表現，逐漸也成爲一種不成文的習慣做法，然而在清代時期卻因爲朝鮮國内白銀匱乏而引發了各種危機。本文即從此點着手，對清代中葉赴朝敕使收受饋贈所引發的危機，進行一個初步的考察，揭示宗藩體系在東亞人情關係社會秩序内運作之時所呈現出來的實際狀態及其複雜性。

一、盛世潛流：朝鮮饋贈清朝敕使的情況

清時朝鮮王國奔赴北京的朝貢使團，因爲自進入鳳凰城以來，一路需要跟不同的中國官吏和陪同人員打交道，往往携帶一定數額的公用銀兩，用於賄賂清方人員，以促成其請，係典型的人情銀兩，即賄銀。因爲賄銀數額和用途，也會引發朝鮮國内不同派系之間的政治鬥争。[②] 中國敕使赴朝鮮出差，自明代以來也有收受禮物的傳統，至清代亦然。自晚明以降，其中之大宗便是白銀。早在 1637 年 2 月份朝鮮仁祖國王出南漢山城投降清軍之時所議定的十款内中，第五款内就規定曰："其聖節、正朝、冬至、中宫千秋、太子千秋及有慶吊等事，俱須獻禮，命大臣及内官，奉表以來。其所進表箋程式，及朕降詔敕，或有事遣使傳諭，爾與使臣相見，或爾陪臣謁見及迎送饋使之禮，毋違明朝舊例。"可見"迎送饋使之禮"，當時已是盡人皆知之事，連清政權

---

① 有關朝鮮赴清使行的記録，參見韓國國史編纂委員會編：《同文彙考》（首爾：國史編纂委員會，1978 年影印本），第 2 册，第 1700—1744 頁；《清選考》（首爾：探求堂，1972 年影印版），中册，第 404—502 頁；張存武：《清韓宗藩貿易（1637—1894）》（臺北："中央研究院"近代史研究所，1978 年），第 18—19 頁；劉爲：《清代中朝使者往來研究》（哈爾濱：黑龍江教育出版社，2002 年），第 154—251 頁；Hae-Jong Chun, "Sino-Korean Tributary Relations in the Ch'ing Period," in John K. Fairbank, ed., *The Chinese World Order: Traditional China's Foreign Relations* (Cambridge, MA: Harvard University Press, 1968), pp. 92—94; Yuanchong Wang, "Civilizing the Great Qing: Manchu-Korean Relations and the Reconstruction of the Chinese Empire, 1644—1761," *Late Imperial China* 38. 1 (2017): 113—154. 有關從崇德至光緒七年的清朝使團的總體情況，參見《同文彙考》，第 2 册，第 1749—1771 頁；Yuanchong Wang, *Remaking the Chinese Empire: Manchu-Korean Relations*, 1616—1911 (Ithaca, NY: Cornell University Press, 2018), pp. 60—62.

② 參見王元周：《宗藩關係、賂銀問題與"辛壬士禍"》，載本書第 71—88 頁。

的人都耳熟能詳，而且之前清方使臣赴朝也有收受禮物之事，所以清方做此要求也不過是因循歷來之陋規。雖係陋規，在中朝的儒家原則維繫的人情社會之內，則是一種實際交往中的禮，不予或者堅辭不受，皆是有悖人情之舉，所以從這個角度上看，饋贈與收受禮物之事當予以適當的考察，不應忽略甚至棄之不理。

按照清代北京禮部的則例規定，赴朝敕使在離開漢城（首爾）回北京之時，可以接受朝鮮國王的正式饋贈，是所謂“正禮”，包括：正使，銀500兩，綿綢200匹，布200匹，苧布60匹，豹皮10張，大紙50卷，小紙100卷，獺皮30張，青黍皮15張，花席20張，鹿皮7張，順刀2口，小刀10把，被褥1副，靴、襪各1雙，鞍馬1匹，閑馬1匹；副使，銀400兩，餘與正使同；一等人役，銀100兩，綿綢40匹，布100匹，小紙80卷，被褥1副；二等人役，銀60兩，綿綢26匹，布80匹，小紙80卷，被褥1副；三等人役，銀40兩，綿綢20匹，布50匹，小紙60卷，被褥1副。[①]這種正禮名色，並不是很多，頗能體現禮尚往來與懷柔外藩之意，若按此執行的話，朝鮮也不會有財政上的壓力。然而，事實上遠非如此。不論何種目的的敕使，一旦駕臨朝鮮，對朝鮮這個外藩屬國而言，都是頭等大事，對敕使和通官等人的饋贈名目層出不窮，銀兩與物產的種類和數額都遠遠在正禮名色與額度之上，成爲朝鮮疲於應對的一大財政負擔。

朝鮮有特別的“支敕”節目，即迎送接待敕使，除了漢城之外，還包括敕使往來必然經過的三道一都，即平安道、黃海道、開城府和京畿道（朝鮮設八道四都，開城府即是四都之一，另外三都係廣州府、水原府與江華府），其中平安道（關西）和黃海道（海西）這兩西，背負的支敕壓力尤爲巨大。上述三道一都以及漢城朝廷，對正副敕使和通官都有大量的饋贈，名目包括元禮單、例贈、別贈、贐行、都求請、別求請等六大類，實際上多係陋規，其中又尤以敕使和通官接受朝鮮之直接饋贈的銀兩即“贐行”爲甚，數額也遠非北京禮部規範的正禮範圍內的幾十兩到四五百兩銀子，而是動輒七八百兩和一二千兩。因爲敕使並非年年都有，所以開城府和兩西通常的策略是“置敕需錢，放債取殖以用”，而京畿道則“會減於常平廳”。[②]相對於實物禮品而言，銀兩是最讓朝鮮感到困難的地方，因此這裏必須首先闡明跟迎接敕使有關的朝鮮銀兩及其成色，才能了解爲何朝鮮支敕銀兩對該國而言是一個很大的財

---

① 《明清史料》甲編第7本，臺北：維新書局，1972年再版，第697頁。

② 《萬機要覽·財用篇五·支敕》，首爾：景仁文化社，1972年影印，第691頁。

政負擔，爲何朝鮮官員會説"大抵國力緣此大紬矣"[1]。

朝鮮本國金、銀、銅礦産都非常缺乏，高麗時代曾經用鐵錢，或者直接取用元朝寶鈔（至元寶鈔、中統寶鈔），自壬辰戰争期間開始考慮用銅錢，但一直没有推行，直到孝宗年間（1649—1659）用銅錢才開始流行開來。朝鮮建國之初禁用銀貨，譯官赴華携銀貨回國者甚至罪至於死，但到壬辰戰争期間，明朝頒發的軍糧軍餉等皆以銀計，銀子作爲通貨才開始在朝鮮通行。以此觀之，朝鮮之采用銀貨流通，深受明朝在同一時期張居正主持開始在全國推行的"一條鞭法"的直接影響，以壬辰戰争和宗藩關係爲機緣和紐帶，進入了明朝銀本位體系。朝鮮一度在全國 68 個邑設有銀店采銀，然而不久之後"銀脈涸敝，收税不一，存罷無常"。[2]鄰國日本則銀礦豐富，因此朝鮮最重要的補足銀兩缺口的方法便是通過與日本主要是對馬藩的"歲遣船"貿易，大量吸入日本銀，即所謂"倭銀"。朝鮮銅礦貧乏，所以亦從日本輸入鑄錢所用之銅。

朝鮮本國的銀色分爲五等，最高成數（品數）爲十成，係無鉛純銀，"雖屢煉更無劣縮"，稱爲"天銀"或"手巾銀"；其下爲九成，包含銀九分和鉛一分；然後是八成，銀八分和鉛二分；再次爲七成，銀七分、鉛三分；最下爲六成，銀六分、鉛四分。朝鮮從日本吸納的倭銀，是七成銀，稱爲"丁銀"。丁銀或倭銀，根據形狀不同又稱爲"碁子銀"（形狀像碁子）和"介西銀"（形狀如犬舌；"犬舌"一語在朝鮮語中的發音與"介西"相類，故有此名），主要是通過在釜山一代的東萊府同日本方面的頻繁貿易而大量地流入本國，所謂"丁銀之來者極多，公私所需皆以此爲用，各衙門亦多貿置"。朝鮮規定"使行、敕行，禁用礦銀"，也就是説赴華朝貢使團携帶去中國的銀兩和赴朝中國敕使團在朝鮮期間朝鮮所贈予的銀兩，都不用本國礦銀，而是用日本丁銀。這一規定直接促成了朝鮮大批丁銀通過對華貿易源源不斷地流入中國，例如1712 年的朝貢使團携帶了 20 萬兩銀子，而 1777 年的携帶了 93,000 兩銀子。18 世紀朝鮮赴華使團，每年平均帶往中國的銀子高達 50 萬兩到 60 萬兩左右，這一連接了日本、朝鮮和中國的跨國貿易的形式，非常有力地彌補了同樣銀礦不豐的中國的需求。[3]就此而言，中國的赴朝敕使使團與朝鮮的赴華貢使使

---

[1] 《萬機要覽·財用篇五·支敕》，第 691 頁。

[2] 《萬機要覽·財用編四·金銀銅鉛》，第 474—475 頁。

[3] 《萬機要覽·財用編四·金銀銅鉛》，第 476—477 頁。有關中朝間銀兩流動，可參見 Kwon Naehyun, "Chosŏn Korea's Trade with Qing China and the Circulation of Silver," *Acta Koreana* 18.1（2015）：163—85.

團一樣，都充當了白銀發生國際流動的重要媒介。對清代中國而言，特別是18 世紀的中國，其銀本位能夠持續穩定地推行，也與 1600 年代以後歐洲東印度公司赴廣州貿易並輸入來自歐洲和美洲大陸的大宗銀兩，有着莫大的關係。諸多白銀匯集於中國，反過來大大促進了中國與其他國家的國際貿易。

朝鮮户曹所用的銀兩，分天銀、地銀、玄銀、黄銀四種，顯係據《千字文》序之，其中天銀用於御用即國王所用器皿，地銀用於支敕禮單，玄銀和黄銀用於其他開支。[①] 用於支敕的地銀究竟是七成還是八成，從中朝兩國的記載來看，不同時期是有所變化的。例如，雍正元年（1723），在鳳凰城的清方負責運輸朝鮮使團貨物包裹（即"包子"）的把頭胡嘉珮等對前來審案的北京官員説："我們拉的包子，定數每包一百一十斤爲率，應給我們紋銀八兩，伊等給我們成色銀十兩，扣計紋銀只有七兩八錢。"[②] 照胡嘉珮的説法，朝鮮所給的"成色銀十兩"當係丁銀 10 兩，就相當於朝鮮天銀 8 兩，值當時中國紋銀 7.8 兩。由此，也可見朝鮮天銀與中國紋銀比值基本相通。這種中朝之間的銀色比值，應該在 18 世紀都是可以成立的，至少與實踐之中的兑換相差不大。嘉慶四年（朝鮮正祖二十三年，1799），朝鮮備邊司説丁銀以八星爲準、天銀以十星爲準，丁銀 10 兩就等於天銀 8 兩。[③] 照此説法，丁銀是八成銀。但是，幾年以後的 1808 年開始編纂《萬機要覽·財用篇》的户曹判書徐榮輔等人，則明白地寫道"丁銀是七成，即倭銀"。由此看來，丁銀和地銀的銀色相當，都是在七、八成徘徊，不同時期比價有所波動。丁銀之入朝及其使用，又直接受日本的貿易政策和日朝貿易的走向的巨大影響，徐榮輔等人就描述其所處的十九世紀初的情況説："近歲以來，倭國自長崎島直通商舶之後，丁銀不復來於我國，而各衙門尚有餘儲，故每當敕行，户曹啓稟請得，用於支敕、贈給物種折銀，而礦銀參用，不可復禁矣。"[④] 由此可知，支敕所用銀兩，日漸摻雜而不能禁也。

朝鮮贈給中國敕使銀兩的習慣由來已久，自明朝即是如此，而且例有增多，例如敕使入京後第三天有密贈，稱爲"密贐"，後改稱"贐行"；通官也有密贈，後改稱"賞給"，均係名目不一的贈銀。到康雍乾時代，朝鮮贈送正副使通常是每人 1,000 兩銀子，然後通官根據大通官、次通官的等次，各贈 900 兩

① 《萬機要覽·財用編四·金銀銅鉛》，第 477 頁。

② 《同文彙考》原編卷 39《齎幣二》，第 1 册，第 745 頁。

③ 《朝鮮正祖實録》，太白山史庫本，韓國國史編纂委員會在綫資料庫 http://sillok.history.go.kr/main/main.do，正祖二十三年三月丙戌（廿八）條，第 51 卷，第 51 册，第 35 頁乙面。

④ 《萬機要覽·財用編四·金銀銅鉛》，第 477 頁。

到 300 兩銀子不等，有時候卻也厚待大通官，給的贈銀甚至比敕使要多。例如，雍正七年（1729），國王和大臣討論給敕使的"密贈"銀兩，最後上、副敕使各銀 1,000 兩，一大通官金福祿敦 1,100 兩，二大通官車八格 800 兩，次通官吳玉柱和孫積福各 300 兩，這六人所獲得的贈銀累計 5,300 兩。[①] 早在雍正二年（1724），朝鮮戶曹判書趙泰億就上奏國王說，以前每次敕行，都給通官饋贈，或少或多，"今番出來通官朴得仁，上年頒詔時出來時地銀九百兩，楊七十八地銀七百兩，孫、吳兩次通官上年登極敕時地銀各三百兩"，建議本年亦依前例贈給，得到了國王的允准。可見，朴得仁 900 兩、楊七十八 700 兩、孫姓次通官 300 兩、吳姓次通官 300 兩，總計贈給這四名通官地銀 2,200 兩，和雍正元年一樣，僅這兩年，通官們就從朝鮮國王處得到了 4,400 兩地銀。朝鮮方面已經感到了支付敕行所存在的財政困難，趙泰億提到"此敕之外又有後敕"，此係"曹儲已竭，新捧未到之日"，"今後敕又爲狃至，而經費蕩竭也矣"。[②] 然而，朝鮮君臣也不想開罪任何敕使，幾乎每次敕使之行都大相贈送。雍正九年（1731，朝鮮英祖七年）四月，清朝正使馬哈達和副使傅德赴朝鮮賜祭大妃，朝鮮備邊司官員對國王李昑匯報說："上敕爲人廉簡，於無所求，只索小梳數十個曰：'欲以歸遺兒孫。'副敕則需索無厭，凡物所需，皆願以銀代之矣。"國王聞後笑曰："雍正亦愛銀，此輩何足言也？"國王也允許備邊司官員用"人參二斤、白綿紙數百卷，密贈副敕，以悅其心"。[③] 當時給副使傅德的 300 卷白綿紙也折成了銀兩相贈，結果敕使團因收受的贈銀和禮物太多，"大小卜物達夜結裹，尚多有未裹作駄者"，導致離發不得不延遲一些。[④] 在這個案例中，副使傅德趁機索銀，朝鮮君臣無可奈何地滿足之，更讓人驚訝的或許還是國王李昑對雍正帝"愛銀"之看法以及對副敕的輕蔑，大有挖苦中朝有其君必有其臣之意味，而此種國王毫無顧忌地評論中國皇帝的故事，亦是爲高高在上的宗藩政治話語所遮蓋的日常生活的一個淋漓盡致的表現，個中恩怨，頗可玩味。

朝鮮在中國乾隆朝的時候，支敕銀兩壓力日增。乾隆六十年（朝鮮正祖十九年）十一月六日（1795 年 12 月 16 日）朝鮮右議政蔡濟恭對國王啓言："我

---

① 《敕使日記》，韓國首爾大學奎章閣藏本，膠片編號 73–101–5，第 4 冊，雍正七年五月二十二日條，第 32 頁甲面。

② 《敕使日記》第 3 冊，雍正二年二月十五日條，第 39 頁乙面。

③ 《朝鮮英祖實錄》，英祖七年四月丁巳（廿五）條，第 29 卷，第 22 冊，第 23 頁甲面。

④ 《敕使日記》第 5 冊，雍正九年四月二十七日條，第 25 頁甲面。

國迎敕時，諸般所需，以丁銀用下，今則便成規例。而近年以來，丁銀幾乎絕種。敕行非久壓境，內而度支，外而營府，皆以是爲憂，不知爲計。而臣意，則銀之所用，惟品數高低是計，豈可以色目判其用不用乎？國中所產，無論天銀、地銀，若限以八星爲贈遺，則敕行決不以此非丁銀名色，有所點退。如是區處，似合便順。故日前招致訓譯之稍解事者，以是言及，則渠輩亦不敢不以奉以周旋爲言矣。從今往後，敕行所用銀子，並用土產銀，永爲定式施行爲便。"國王同意了蔡濟恭的建議。① 從此以後朝鮮贈送敕使之時，原本用丁銀之處開始普遍使用地銀代之。

二、概不收受：嘉慶四年張承勳與恒傑遇到的困境

對於敕使出差朝鮮時候因爲收受贈銀和禮物而給朝鮮帶來財政負擔一事，清朝皇帝並非不知道，而且自乾隆皇帝開始，一直對出差敕使耳提面命，讓其少收禮物，同時卻也沒有令其徹底不收，因此態度比較模糊，官員們也難以拿捏尺度。雍正十三年十二月二十四日（1736 年 2 月 5 日），乾隆皇帝（雍正皇帝已於當年八月底駕崩，乾隆皇帝登基）諭禮部道："朝鮮國感戴我朝之恩，虔修職貢，其爲恭敬。凡大臣官員差往彼國者，向有饋送儀物舊例，朕以厚往薄來爲念，若令使臣照例收受，恐該國王不免繁費，若概不收受，又恐該國王以使臣遠涉，缺饋贐之禮，有歉於心，着從此次詔使始，凡饋送白金、儀物等項，悉照舊裁減一半，永著爲令。該部即行文該國王遵行。"按照乾隆帝的意見，正禮減半，則正使只能收受 250 兩銀子、副使只能收 200 兩，等等。即便如此，乾隆帝仍舊不放心，於五個月以後的乾隆元年五月二十五日（1736 年 7 月 3 日），又追發一條上諭："嗣後凡有使臣回京之日，路經奉天及山海關等處，着奉天將軍及山海關監督盤查行禮，倘有於正禮外多帶儀物者，即行參奏。若代爲隱匿，將來發覺之日，一並議處。"乾隆帝同時再度提醒出差朝鮮的敕使，將朝鮮國王饋贈的銀兩和物件等都"裁減一半"，"至陋規，所有都請、別請等項，悉行禁止，不得私與一件，既干令功，復負朕懷遠之恩"。② 乾隆皇帝用心雖好，但敕使遠在千里之外，是否能夠主動裁減一半，甚至即便裁減一半常規贈禮後是否繼續多取其餘的贈賄，都不是他本人可以掌握的；而至於回程時候令奉天將軍和山海關監督查

① 《朝鮮正祖實錄》，正祖十九年十一月癸丑（初六）條，第 43 卷，第 43 冊，第 52 頁乙面。
② 《明清史料》甲編第 7 本，第 695 頁。

驗敕使行禮一節，更屬難行，因爲敕使均是内廷或北京官場之人，奉天將軍和山海關監督又何必去開罪他們而影響仕途，所以乾隆皇帝也對"代爲隱匿"一層頗爲警覺，然而他也無從控制。從上文已經談及的朝鮮方面的記録來看，乾隆皇帝的上諭只是一紙空文，出差朝鮮的官員和朝鮮國王方面都没有遵循，密贈繼續進行，而乾隆皇帝再也没有仔細追究此事。以此觀之，雍正十三年和乾隆元年的兩份上諭，更像是新帝登基之後爲了籠絡外藩屬國而做的一種姿態。

乾隆五十年（1785）從北京回國的謝恩正使朴明源和副使尹承烈呈遞給國王的别單中，也揭示了乾隆皇帝自己對待敕使收受賄銀一事已經不加干涉。朴明源一行本身是感謝清朝册封王世子的，到北京之後特意携帶大量的禮物，登門拜訪感謝了之前赴漢城册封王世子的上使内大臣西明以及副使翰林院侍讀學士阿肅，並且通過西明和阿肅以及册封當時的通官、兩位敕使的管家等，得知了西明與阿肅回還北京之後對乾隆帝加以匯報的大體情況，而朝鮮使臣返國以後對國王提交的"别單"，恰恰是類似的中國情報匯纂。根據朴明源和尹承烈偵聽的消息，西明與阿肅返回北京覲見乾隆帝的時候，帝問二人收受賄儀的情況，西明説："給銀一千兩。"阿肅回答比較具體："國王以皇上屢次加恩，此次優待臣等，凡飲食供應，不比尋常。晨夕遣官饋送内饌外，其所送賄儀，係遵旨送一半五百兩。又加密賄儀五百兩。至其土儀，綢、布、皮張、各種紙札、筆墨、扇子、煙竹、花席等物，亦比尋常較多。更遣中使，送銀器等物。通計約值銀二千兩。又於初八日，在郊外宴别席上，密送臣二人各銀二百兩。"① 換言之，西明和阿肅每人都收受了至少 1，200 兩銀子，遠遠超過乾隆元年前後乾隆皇帝所規範的數額，然而乾隆皇帝聽後並没有任何表示，更没有申飭西明和阿肅二人。

在如何收受饋贈一事上，嘉慶四年赴朝的張承勳和恒傑一行，提供了一個使臣難以把握收受尺度的案例。嘉慶四年正月初四日（1799 年 2 月 8 日）太上皇乾隆皇帝駕崩，嘉慶皇帝派遣漢軍副都統散秩大臣張承勳爲正使、禮部右侍郎滿洲内閣學士恒傑爲副使，帶領六品通官倭克精額、太平保，七品通官倭昇額，以及八品通官繼文和保德，前往朝鮮頒發乾隆皇帝遺誥。在張承勳和恒傑臨行之前面見嘉慶帝的時候，嘉慶帝面諭二人，因本次出使是頒發遺誥，"非如常時之敕封國王及世子可比"，國王若有饋贈禮儀，一概不許

---

① 《朝鮮正祖實録》，正祖九年二月甲午（十四）條，第 19 卷，第 19 册，第 18 頁乙面。

收受，以示皇帝“體恤藩封之意”。① 嘉慶皇帝本人當時並不知道當年乾隆皇帝有上諭，令使臣收受一半禮物，而不是概不收受。禮部在致朝鮮國王的咨文中，特意錄上了雍正十三年十二月二十四日和乾隆元年五月二十五日的責令將饋贈裁減一半的上諭。② 張承勳和恒傑抵達漢城之後，只能秉承嘉慶帝的旨意，對國王贈送的禮物“堅決不受”，這就與該國王再度看到的乾隆皇帝只收受一半的諭旨相矛盾，“國王復再三懇收，並將原奉高宗純皇帝准收正禮諭旨呈出閱看”，張承勳和恒傑依然不受，“轉令差人將禮物賫隨渡鴨綠江，而於抵江岸時，乃囑令原使賫回”。待張承勳和恒傑回到北京向嘉慶帝復命並匯報了不受儀物之後，他們不僅沒有受到皇帝的贊許，反而招致了皇帝的批評。嘉慶帝在四月初十日（1799 年 5 月 14 日）發布了一道上諭，批評張承勳和恒傑：

> 所辦殊屬拘泥，不曉事體。伊等充使時，朕未知高宗純皇帝曾經降有諭旨，是以令其勿受體物。今既據該國王再四懇陳，則伊二人自可酌量收受，以申其恭順之意，於到京後，據實陳明，方屬合理。否則，一面收受，一面將原奉高宗純皇帝諭旨恭錄，賫呈朕覽，亦未爲不可。抑或竟不收受，亦尚屬正辦。豈有徒令彼國差人賫隨到江，復又卻回，轉致彼國遠道携隨，煩勞該國驛站，種種錯誤？現已令軍機王大臣傳到張承勳、恒傑，面同該國差來正、副使臣，將伊二人，傳旨申飭，並着將張承勳、恒傑交部議處，其拘泥錯誤緣由，諭知該國王。所有該國賫隨禮物之人，與伊並無不合，該國王無庸加之責罰。嗣後該國遇有喜慶事件，遣使到彼，該國王仍可遵照高宗純皇帝諭旨辦理，以示懷柔而申忱悃。③

張承勳和恒傑原本是照嘉慶帝的意思辦事，概不收受朝鮮贈禮，但其差人將禮物運到鴨綠江邊的做法還是遭到了嘉慶帝的嚴厲批評，乃至於讓軍機王大臣當着朝鮮貢使的面，傳旨申飭張承勳和恒傑，且將二人“交部議處”，可謂讓張承勳和恒傑二人在朝鮮使臣面前顏面掃地。嘉慶帝不滿的地方不在於他們二人是否收受禮物，甚至並不反對他們收受禮物，他批評二人的地方在於國王差人將禮物運到邊境而二人又不收受的做法，屬於“不曉事

---

① 《明清史料》甲編第 7 本，第 695—696 頁。
② 《朝鮮正祖實錄》，正祖二十三年四月庚寅（初二）條，第 51 卷，第 51 册，第 39 頁甲面。
③ 《明清史料》甲編第 7 本，第 696 頁。

體"者。

對張承勳和恒傑受到皇帝批評一事,朝鮮國王和備邊司等中樞機構的官員也從禮部的咨文中同步知曉了前後經過,但朝鮮方面並沒有將運到鴨綠江邊的贈禮運回漢城,顯然是不想得罪清方敕使。這批禮物中,包括贈送給倭克精額等張承勳使團的五位通官的禮物。朝鮮同年派到北京的時憲書齎咨官李光稷,將這批禮物中致通官的贈物,"裝作商貨樣,雜載灣卜車中,輪致燕京館內",即將這些禮物打扮爲商貨,夾雜在義州商貨包裹之中,一同運到了京城。抵京以後,李光稷讓倭克精額等通官派人打扮爲要同朝鮮人做商貨買賣的樣子,悄悄帶走。至於送給張承勳和恒傑的禮物,因爲嘉慶帝的上諭,李光稷並未敢直接混運到北京。當時正好也有朝鮮的進賀兼謝恩使行一行抵達北京,於是李光稷就以這個使團的差備譯官李邦華之名,寫了一份小信札,藏在袖子內,前往張承勳宅投遞,張氏使家人問李氏:"來見何事?"李氏回答:"大人不受小邦土儀,擱在邊上,故現有差備官小札,帶來稟請。"所謂"擱在邊上",指擱置鴨綠江邊的義州而言。張承勳最後並沒有接見李光稷,遣家人告訴李氏禮物不必送來。李光稷也用同樣的方法到了恒傑府上,見到了恒傑,但是恒傑站着對李氏説:"李堂手札見之,此物既有皇諭,不必送來,還納國王,則也是皇上恩典。"恒傑也"不敢留坐"李光稷,李氏遂速速離去。[1] 次日,遭受過皇帝批評的張承勳將李光稷的署李邦華之名的私信呈給了嘉慶帝,嘉慶帝閱後評論説:

> 今張承勳將李邦華原書進呈朕閲,書内所叙情形,其前次齎送土儀物件,似尚在江邊守候,殊屬非是。李光[邦]華此信,或係未經呈明該國王,竟自携帶來京,而天朝法令森嚴,人臣從無外交之事,斷不敢將屬國陪臣書信匿不奏聞,亦無將已卻之土儀又復私相授受之理。該國王應將李邦華、李光稷各加嚴飭,並約束陪臣,嗣後不得帶呈私書。至所留土物,即遵前諭收回,不必再瀆。俟該國過有喜慶事件,遣使到彼,該國王仍可遵照高宗純皇帝諭旨辦理,以盡事大之禮也。[2]

李光稷在回到漢城後,以手本向備邊司匯報與張承勳和恒傑接觸的情形説:

---

① 《朝鮮正祖實錄》,正祖二十三年十一月庚午(十六)條,第52卷,第52册,第45頁甲面。

② 《明清史料》甲編第7本,第696頁。

"大抵察渠氣色，則見朝鮮人登門，驚惶失色，舉措蒼黃［倉皇］。以此觀之，兩敕物件，若爲持來，實是進退維谷、處置無路矣。"[①] 可見張承勳和恒傑已形同驚弓之鳥，生怕與朝鮮人交際再生事端，被皇帝進一步責罰。最後，朝鮮方面只能放棄將禮物帶給張承勳和恒傑。清朝諸多赴朝鮮的敕使中，除了 1890 年最後一次乘坐北洋海軍的艦船前往朝鮮的敕使被光緒皇帝當面明文禁止收受禮物以體恤朝鮮，並在駐朝各國面前樹立中國使臣的廉潔形象之外，張承勳和恒傑大約是另外一對沒有收受任何饋贈禮物的敕使。

然而，即便是張承勳一行，五位通官依舊私下收到了朝鮮費盡心機運到北京的贈禮。從這裏我們也可以看到，中朝兩國都是人情社會，通官們私下收受禮物之事，顯然並非沒有人知道，但卻沒有人出面檢舉，而且嚴格來說，自乾隆帝以來的諭旨都是針對正副使的，並沒有限制通官收受儀物，也是在實際層面給通官留下了繼續受禮的口子，而現實恰恰是通官群體才是收受朝鮮大宗銀兩和禮物的主體。從這個角度上說，限制正副使接受饋贈，一開始就是偏離了核心問題。從私人的角度而言，赴朝接受贈禮和贈銀，乃是通官群體發家致富的一大捷徑。前往外藩出差的正副使，自康熙中期以後，通常畢生只公幹一次，像康雍時期的阿克敦四次出使朝鮮是極個別的現象。因有種種禮制掣肘，大部分的正副敕使並不敢大肆收受額外的贈銀贈物，以防回國後被參劾。相比於正副敕使，通官們是需要經常赴朝鮮的，可謂鐵打的通官、流水的敕使，而且他們官銜低微，在北京官場上並不惹人注意，因此通官成了敕行獲益最大的群體。通官們所收受的贈銀數額和實物禮物都很多，遠在正副使之上，這與朝鮮方面依賴通官與敕使傳話交流或者打通關節大有關係，與通官個人性格也很有關係。例如，雍正九年（1731）敕使團的三大通官金福祿敦，原本並不在密贈之列，但朝鮮方面認爲金福祿敦之前曾經以大通官累次赴朝，而"三通官雖無密贈之例，而這廝甚狡猾，亦不可不給矣"。最後決定正副使各銀子 1,000 兩，大通官 900 兩，次通官 800 兩，金福祿敦雖然是三通官，但"似不可與大通官有等差矣"，所以金福祿敦亦獲得了 900 兩銀子。[②] 像下文所涉及的嘉慶五年的一大通官倭克精額，本身又是朝鮮後裔（其祖上義州），所以朝鮮方面對通官們格外關照。這些通官官在六、七、八品，其年俸不

---

① 《朝鮮正祖實錄》，正祖二十三年十一月庚午（十六）條，第 52 卷，第 52 册，第 45 頁甲面。
② 《敕使日記》第 5 册，雍正九年四年二十三日條，第 20 頁甲面。

過 60 到 40 兩白銀，而倭克精額（官六品，年俸 60 兩）出差一趟朝鮮，便可以受贈大約 3,772 兩朝鮮天銀，幾乎相當於其年俸的 63 倍，這尚且不算其獲贈的大量實物禮物，則出差朝鮮的個中油水之大，是不言而喻的。歷史上連續出差朝鮮的通官有很多，例如上文提到的金福祿敦在雍正七年作為大通官出使的時候僅在漢城就獲得過 1,100 兩贈銀，乾隆中期出差朝鮮的徐宗孟亦是如此，因此通官致富者所在多有，這也是為何乾隆中期徐氏家族能在鳳凰城把持朝鮮使團來往北京的貨包運輸的一個背後的隱性因素。當然，同樣的現象是，朝鮮朝貢使團的通官年年赴華者更是不絕如縷，因使行致富者同樣所在多有。清朝後來真正在減少朝鮮饋贈儀物方面實現了懷柔外藩的，是道光皇帝於道光二十五年裁減赴朝通官人數的命令，在此之前，通官群體一直是接受饋贈的主體。

所謂物極必反，經過嘉慶四年張承勳與恒傑因未收朝鮮饋贈而遭皇帝申飭後，嗣後赴朝公幹的官員，在收受朝方饋贈之上，變得名正言順，且少有顧忌。嘉慶四年的案例可謂起了很大的反作用，緊隨其後的嘉慶五年（朝鮮正祖二十四年，1800）的兩個赴朝敕使團，就提供了非常直接和典型的例子，是對嘉慶四年張承勳使團的逆轉，也將嘉慶帝和乾隆帝的正禮裁減一半的上諭置若罔聞。有關朝鮮對敕使團的贈送情形究竟到何種地步，嘉慶五年的這兩個使團也正好提供了兩個非常具體的案例與視角，足以窺見此種贈送陋規之情形和對朝鮮地方與中央造成的財政壓力，並且可以看到通官群體在其中所占的比例。

三、名正言順：嘉慶五年兩個赴朝敕使團的收受情形

嘉慶四年十一月，清廷派出赴朝頒發乾隆配祀天地詔的敕使團一行，這一頒詔使團是以散秩大臣田國榮為正使、內閣學士英和為副使，携帶六品通官倭克精額、太平保，七品通官雙林、倭昇額，以及無品級通事寧保等五名通官，於嘉慶四年十二月從北京出發，嘉慶五年正月十五日渡過鴨綠江進入義州，正月二十六日入漢城，二十九日離開漢城，因此朝鮮方面是嘉慶五年正月接待的敕使團。嘉慶五年六月，朝鮮國王李祘（即正祖）薨逝，朝鮮遣使北京告訃，嘉慶帝派遣散秩大臣明俊為正使，內閣學士納清保為副使，携六品通官倭克精額、太平保，七品通官雙林，八品通官常山，無品級通事吉爾通阿等五名通官，赴朝鮮賜祭李祘，並封世子李玜為新國王（即朝鮮純祖）。

在道光朝裁減通官數量之前，赴朝通官通常都是五人，朝鮮方面按其品秩高下，稱呼最重要的六品通官爲"一大通官"，第二重要的六品通官爲"二大通官"，七品通官爲"三大通官"，八品通官爲"一次通官"，無品級通事爲"二次通官"。明俊一行則是同年十一月二十四日入漢城，二十七日離開漢城北返，所以嘉慶五年一年之內，朝鮮有兩次敕使之行，也就要密贈兩回。對於密贈田國榮使團的情況，朝鮮方面留下了詳細的記錄，從中可以窺見這一密贈陋規對朝鮮所造成的巨大財政壓力，而到了明俊使團的時候，朝鮮又原樣密贈了一遍銀兩和禮物。這些密贈，又主要由敕行經過的平安道、黃海道、京畿道三道的監營（即各道的行政長官觀察使的公署所在，觀察使又稱"監司"）及其下屬的各邑和各驛站，以及開城府，分別承擔，有時候各道的軍事長官兵馬節度使（簡稱"兵使"，其公署稱"兵營"）亦參與其中。下表列出了朝鮮密贈田國榮使團的具體銀兩和物件，很多都折銀計算，即直接給銀（表一）。

表一　嘉慶五年正月朝鮮平安道、黃海道、京畿道和開城府支敕密贈列表

支敕機構		密贈情形	實銀合計（不計實物）
平安道	監營	贈一大通官：天銀 1,356 兩；各色細棉 4 匹、白細木 1 匹、生細木 1 匹、五盒 2 部、鬆髮 1 束、鷹鈴 6 個、鳥鈴 6 個、彩花席 1 立，以上本色持去（所謂"本色持去"即通官收取了這些物品本身，沒有折銀）。贈二大通官：天銀 1,356 兩；各色細棉 4 匹、白細木 1 匹、生細木 1 匹、五盒 1 部、鬆髮 1 束、鷹鈴 6 個、鳥鈴 6 個、彩花席 1 立，以上本色持去。贈三大通官：天銀 1,336 兩；各色細棉 4 匹、白細木 1 匹、生細木 1 匹、五盒 1 部、鬆髮 1 束、鷹鈴 6 個、鳥鈴 6 個、彩花席 1 立，以上本色持去。贈一次通官：天銀 856 兩；各色細棉 3 匹、白細木 1 匹、生細木 1 匹、五盒 1 部、鬆髮 1 束、鷹鈴 6 個、鳥鈴 6 個、彩花席 1 立，以上本色持去。贈二次通官：天銀 856 兩；各色細棉 3 匹、白細木 1 匹、生細木 1 匹、五盒 1 部、鬆髮 1 束、鷹鈴 6 個、鳥鈴 6 個、彩花席 1 立，以上本色持去。贈上、副敕三等 14 名（當指跟役而言），合天銀 40 兩。	天銀 5,800 兩

續　表

支敷機構		密贈情形	實銀合計（不計實物）	
黄海道	監營與各邑	監營贈上敕：三等面情丁銀 92.92 兩； 監營贈副敕：三等面情丁銀 69.72 兩； 監營贈一大通官：各種價丁銀 466.4 兩。各邑贈各種價丁銀 632.015 兩，別贈丁銀 42.5 兩，添稱丁銀 23.05 兩，三等面情丁銀 11.62 兩，合丁銀 1175.585 兩。 監營贈二大通官與三大通官各自：各種價丁銀 466.4 兩。各邑贈各種價丁銀 630.175 兩，添稱丁銀 23.01 兩，別贈丁銀 42.5 兩，三等面情丁銀 11.62 兩，合丁銀 1173.705 兩。兩通官相加，合 2347.41 兩。 監營贈一次通官：各種價丁銀 29.8 兩。各邑贈各種價丁銀 613.11 兩，別贈丁銀 52.91 兩，添稱丁銀 14.135 兩，三等面情丁銀 11.62 兩，合丁銀 721.575 兩。 監營贈二次通官：各種價丁銀 29.8 兩。各邑贈各種價丁銀 608.3 兩，別贈丁銀 52.91 兩，添稱丁銀 14.052 兩，三等面情丁銀 11.62 兩，合丁銀 716.682 兩。	丁銀 5,123.932 兩	丁銀 6,343.83 兩，以天銀相代贈給
	兵營	贈一大通官、二大通官、三大通官各：各種價丁銀 365.1 兩，別贈丁銀 20 兩，添稱丁銀 7.702 兩，合丁銀 392.802 兩，三人總合計 1,178.406 兩。 贈一次通官、二次通官各：各種價丁銀 10.75 兩，別贈丁銀 9.59 兩，添稱丁銀 0.406 兩，合丁銀 20.746 兩，二人總計丁銀 41.492 兩。	丁銀 1,219.898 兩	
開城府	/	贈一大通官：各樣物種折價合丁銀 374.77，天銀 400 兩，各樣器皿合鐵重 120.45 斤。 贈二大通官：各樣物種折價合丁銀 374.77，天銀 400 兩，各樣器皿合鐵重 120.45 斤。 贈三大通官：各樣物種折價合丁銀 374.77，天銀 400 兩，各樣器皿合鐵重 120.477 斤。 贈一次通官：各樣物種折價合丁銀 135.47，天銀 100 兩，各樣器皿合鐵重 79.75 斤。 贈二次通官：各樣物種折價合丁銀 135.47，天銀 100 兩，各樣器皿合鐵重 79.75 斤。 贈上敕三等 8 名：各樣禮物折價合丁銀 13.28 兩。 贈副使三等 6 名：各樣禮物折價合丁銀 50.86 兩。 贈二大通官三等 1 名：各樣物種折價合丁銀 50.86 兩。 贈三大通官三等 1 名：各樣物種折價合丁銀 50.86 兩。 贈一次通官三等 1 名：各樣物種折價合丁銀 49.96 兩。 贈二次通官三等 1 名：各樣物種折價合丁銀 49.96 兩。	天銀 1,400 兩；丁銀 1,678.92 兩（代地銀 1,678.92 兩）；鑰鑄鐵 520.45 斤	

續　表

支敕機構	密贈情形	實銀合計（不計實物）	
京畿道 監營	贈一大通官、二大通官、別大通官：各天銀 40 兩；銀煙竹 1 個、槻枝三 30 匣、白木 3 匹。 贈一次通官、二次通官：各天銀 20 兩；槻枝三 20 匣、白木 2 匹。	天銀160 兩	天銀686 兩
京畿道 各邑	贈大通官、二大通官、別大通官：各銀煙竹 8 個，代銀 12 兩；槻枝三 400 匣，代銀 8 兩。 贈一次通官、二次通官：各錫煙竹 8 個，代銀 4 錢，槻枝三 400 匣，代銀 8 兩。 贈頭目 19 名：各錫煙竹 8 個，代銀 4 錢，槻枝三 320 匣，代銀 6 兩 4 錢。	天銀206 兩	
京畿道 各驛	贈給一大通官、二大通官、別大通官：各天銀 70 兩。 贈一次通官、二次通官：各天銀 55 兩。	天銀320 兩	
小計	／　　　　　　　／	天銀 14,229.83 兩 丁銀 1,678.92 兩 （代以地銀 1,678.92兩）	

資料來源：《敕使日記》第 13 冊，嘉慶五年十一月十九日條，第 42—45 頁。

　　根據上述列表可知，平安道、黃海道、京畿道和開城府四個敕使經過的行政區域支付了 14,229.83 兩天銀和 1,678.92 兩地銀，如果地銀以丁銀對天銀的比值來計算（1 兩丁銀 =0.7 兩天銀），則 1,678.92 兩地銀就相當於 1,175.24兩天銀，則上述行政單元總計支付了 15,405.07 兩天銀，也就相當於 15,405.07兩中國銀。到同年十一月明俊使團之時，根據朝方記錄，京畿道監營、各邑和各驛總計贈給正副敕使和五名通官等人天銀 726 兩；開城府所出各樣物件折銀 3,282.86 兩（包括地銀 1,882.86 兩和天銀 1,400 兩）和鑪鑄器重 641 斤11 兩 5 錢；黃海道監營和各邑所給物種折銀 5,899.121 兩，黃海道兵營所贈雜件折銀 1,808.74 兩，兩項合計 7,707.861 兩，當均係地銀，按照正月接待田國榮使團的先例，當以 7,707.861 兩天銀代給；平安道監營贈給 6,618 兩，當係天銀。① 則明俊使團從上述四個行政地區所受贈的銀兩總數是 18,334.721 兩天

---

①　《敕使日記》第 13 冊，嘉慶五年十一月二十九日、十二月初一日、十二月初四日、十二月十二日條，第 71 頁甲面—88 頁甲面。

銀，即同等數額的中國銀。明俊一行比田國榮一行多出了 2,300 餘兩的主要原因，在於明俊使行是賜祭故朝鮮國王和冊封新國王，所以禮待從優。據此可知，嘉慶五年正月的田國榮使團和十一月的明俊使團，總計還是收到了約 33,740 兩天銀。

上述尚且沒有計算敕使團抵達漢城之後的例贈和密贈。根據朝鮮對贈送明俊使團的記載可知，禮單即"元禮單"是按照之前的事例贈給的，正副敕使各贈給如下物品："紅綿綢五匹，綠綿綢五匹，藍綿綢五匹，白綿綢五匹，白苧布五匹，白木棉十匹，豹皮一令，鹿皮一張，青黍皮五張，霜花紙十卷，白棉紙三十卷，彩花席三張，黃毛筆十五枝，油煤墨十五個，浮椒二斗，楎枝三一百匣，螺鈿煙竹三個。"此外還有贈給正副敕使每個人的都求請禮物，包括："倭牛皮五張，青黍皮三十張，倭菱花十軸，《東醫寶鑒》三秩，四幅袱三件，黃筆五十柄，真墨五同，別油扇三十五柄，色扇三十柄，油苦五番，有紋月乃陸部，鬆髮一冊，螺鈿煙竹五十個，大匣草四十匣，藥參一斤，牛黃一部，九味清三十丸，清心元三十丸，中軋柿十五貼，大文魚五尾，大全鰒五貼，四幅袱二件，甘藿二十斤，四幅袱一件。"[1]此外，戶曹、平安道和黃海道還要贈給正副敕使以及五名通官所謂別求請之禮物，具體情況是："上敕，陞床二坐，滿花方席次五張，以上戶曹備給；各色綿綢五匹，平安道備給。副敕，長銅細花煙袋三十個，細花煙杆三十個，貢鐙一副，小屏風一坐，木梳十個，篦子十個，清心元五百五十丸，紙煙包二十個，真豪筆一百柄，大厚墨三十錠，大鏡面箋四十張，大色箋四十張，小色箋十卷，各色牌箋五軸，各色僧頭扇三十把，以上戶曹備給；各色綿綢三匹，黃海道備給；平壤煙五十包，鐵枕四個，以上平安道備給。一大通官，屏風三坐，斜笠三部。二大通官，屏風三坐，斜笠二部。三大通官，屏風三坐，斜笠二部。一次通官屏風二坐，斜笠一部。二次通官屏風二坐，斜笠一部，以上戶曹備給。"[2]除了上述實物之外，正使和副使各自獲得贐行地銀 1,000 兩，另外一大通官和二大通官各自獲贈地銀 800 兩，三大通官獲贈地銀 600 兩，一次通官和二次通官獲贈地銀 300 兩，這些都是"贐行"之屬，正副敕使和五名通官總計獲贈地銀 4,800 兩，相當於天銀 3,360 兩。我們有理由相信這一贈送額度也是田國榮使團所獲得的，因此兩個使團於同一年在漢城即獲贈了朝鮮地銀 9,600 兩，相當於天銀

① 《敕使日記》第 13 冊，嘉慶五年十一月二十五日條，第 66 頁甲面。
② 《敕使日記》第 13 冊，嘉慶五年十一月二十八日條，第 69 乙面—70 頁甲面。

6,720 兩。再加上上述平安道、黃海道、京畿道和開城府的贈給，這兩個使團在朝鮮總計收到了大約 40,460 兩天銀，平均每個使團收到了 20,230 兩天銀，這還不算其他沒有折銀而"本色持去"的禮物。因時代不同和兩國銀價波動，上述數值並不是絕對的，但與現實的誤差也不會很大，應能反映當時的情景。據乾隆五十三年（1788）成書的《海西支敕定例》中的記載，朝鮮朝廷將迎接一個敕使團的包括各種物品折價和人員腳價在內的銀兩花銷上限規範在27,534 兩，總體上限定在 2 萬兩上下，皆係其天銀數額，嘉慶五年的敕使團符合這一支出範圍。朝鮮的支敕饋贈，顯然遠遠超出北京禮部的敕行可以接受的"正禮"範圍。

四、國庫虧空：朝鮮的支敕壓力與東亞白銀圈的波動

相比於黃海道、京畿道和開城府，平安道（關西）是支敕壓力最大的一個行政機構，因爲該道除了上述的贈銀之外，還要負責在鳳凰城柵門和義州城之間的敕使團的迎送，並且囊括平壤在內，是敕行經過地面距離最長的一個道，財政壓力極大，此外種種對清交際的開銷，亦均由該道負責。[1] 根據《關西支敕定例》，該道對敕使團成員的"贈賜"包括諸多禮物和銀兩，有關銀兩的具體情形是：第一，監營（觀察使署），贈上敕丁銀 509 兩，副敕丁銀 509 兩，一大通官正銀 2,176 兩，二大通官正銀 1,956 兩，三大通官正銀 1,556 兩，一次通官正銀 956 兩，二次通官正銀 956 兩。第二，兵營（兵馬節度使署），贈一大通官和二大通官各純銀三巨里（三巨里係朝鮮語馬鞍或肚帶的裝飾物之意）2 件、純銀鐙子 4 部。第三，義州府，贈大通官三員各正銀 50 兩，總計150 兩；贈次通官二員，各正銀 10 兩，共 20 兩。第四，大同驛贈大通官三員，各正銀 55 兩，共 156 兩；贈次通官二員，各正銀 33 兩，共 66 兩。第五，魚川驛，贈大通官三員，各正銀 43 兩，共 129 兩；贈次通官二員，各正銀 22 兩，共 44 兩。其餘各種實物，均有各營、邑、驛籌措備辦，雖有定例參考，難免多寡無常。[2] 所謂"正銀"，即天銀，則按上述支敕贈賜比例，平安道贈正副

---

① 有關平安道在清朝之間的重要作用，參見 Kwon Naehyun，"Chosŏn–Qing Relations and the Society of P'yŏngan Province during the Late Chosŏn Period，" in Sun Joo Kim ed.，*The Northern Region of Korea：History，Identity，and Culture*（Seattle：University of Washington Press，2010），pp.37—61.

② 韓國首爾大學奎章閣韓國學研究院圖書館藏：《關西支敕定例（全）》，圖書番號 17197，第 63—69 頁。

敕使丁銀1,018兩,折合814.4兩天銀;贈給五位通官的總計正銀8,165兩。《關西支敕定例》內的平安道贈送額度,要高出上述嘉慶五年贈送田國榮和明俊使團大約2,000兩,唯現存之《關西支敕定例》筆寫本並不確定出於何時,或係出自18世紀中期。

　　關西之南的海西即黃海道,支敕壓力也很大。根據乾隆五十三年(1788)為了釐定支敕標準而編成的《海西支敕定例》,黃海道贈賑中除了綢布、紙張等實物之外的銀兩數目包括:第一,監營,贈上敕丁銀649.51兩,副敕丁銀624.52兩,一大通官丁銀1,479.111兩,二大通官丁銀1,479.111兩,別大通官丁銀1,479.111兩,一次通官丁銀1,186.443兩,二次通官丁銀1,186.443兩。第二,兵營,贈上敕丁銀375兩,副敕丁銀375兩,一大通官天銀573.273兩,二大通官天銀573.273兩,別大通官天銀574.33兩,一次通官天銀17兩,二次通官天銀17兩。第三,金郊驛和麒麟驛,贈一大通官天銀61兩,二大通官天銀61兩,別大通官天銀22兩,一次通官天銀35兩,二次通官天銀38兩。[①]僅這些項目合計,兩名敕使和五名通官一共受贈丁銀8,834.249兩,天銀1,971.876兩,此筆丁銀可折合6,183.974兩天銀,則總計約合8,155.85兩天銀。這種支敕贈賑數量與平安道的數額極為接近,可知黃海道的支敕定例是按照平安道的標準釐定的(這也可以說明《關西支敕定例》成書早在《海西支敕定例》之前)。

　　朝鮮支敕財政壓力之重是非常明顯的,《海西支敕定例》的修成恰恰是要穩定並降低黃海道支敕費用,根據當時兩西暗行御史李崑秀的別單匯報,平安道和黃海道的支敕銀兩弊端重重:"敕庫為弊,兩西同然。海西之豐川,應留錢為一千七百四十兩,而時在只是三百餘兩;關西之定州,應留錢為二千兩,而時在只是一百九十兩。"[②]除了管理漫不經心和借貸叢生之外,當時日本銀的流入大大降低也是造成支敕銀兩不足的一大原因。通過朝鮮對明俊敕使團的贈送記錄可以看出,到1800年的時候朝鮮用來支敕的丁銀,即從日本對馬島方面輸入的倭銀,已幾乎絕跡,黃海道不得不以天銀6,343.83兩來替代同額丁銀,開城府也不得不以地銀1,678.92代替同額丁銀,都是明證,即便是漢城戶曹也是以地銀而非丁銀相贈。這一丁銀窘迫的情形,就是上文提到的戶曹判書徐榮輔等人在同期編纂《萬機要覽·財用編》的時候說的情況:"近

---

① 韓國首爾大學奎章閣韓國學研究院圖書館藏:《海西支敕定例》,圖書番號16041,第110頁甲面—112頁甲面。

② 《海西支敕定例》,第2頁甲面。

歲以來，倭國自長崎島直通商舶之後，丁銀不復來於我國，而各衙門尚有餘儲，故每當敕行，戶曹啓稟請得，用於支敕、贈給物種折銀，而礦銀參用，不可復禁矣。"①所謂"礦銀參用"，主要指以朝鮮自身所産的天銀和地銀混合使用，而在以前普遍使用丁銀。徐榮輔之所以憂心忡忡，也是因爲在 1800 年前後的幾年之間朝鮮支敕支出十分頻繁。自 1776 年朝鮮英祖病逝到 1832 年王世孫冊封的 57 年之間，朝鮮先後接待了 11 次敕行，平均五年一次，特別是自 1799 年到 1803 年，時逢乾隆皇帝駕崩以及朝鮮正祖薨逝，傳訃、吊祭與冊封使行幾乎每年一次，造成朝鮮方面連續支出（參見表二）。

表二　朝鮮自 1776 年到 1832 年之間在漢城的支敕支出

序號	年限	敕行目的	銀（兩）	錢（兩）	總折錢（兩）（銀 1 兩＝錢 3 兩）
1	1776 年，丙申乾隆四十一年朝鮮英祖五十二年	吊祭國王（英祖）	6,750	69,875	90,125（原書爲 88,007）
2	1777 年，丁酉乾隆四十二年朝鮮正祖元年	皇太后傳訃（孝聖憲皇后鈕祜祿氏）	6,200	64,073	82,673（原書爲 82,567）
3	1784 年，甲辰乾隆四十九年朝鮮正祖八年	王世子（文孝世子）冊封	7,540	69,684	92,304（原書爲 98,642）
4	1786 年，丙午乾隆五十一年朝鮮正祖十年	吊祭王世子（文孝世子）	7,248	39,650	61,394
5	1799 年，己未嘉慶四年朝鮮正祖二十三年	太上皇（乾隆皇帝）傳訃	7,367	59,390	81,491
6	1800 年，庚申嘉慶五年朝鮮正祖二十四年	乾隆皇帝配天敕	5,920	33,862	51,622

① 《萬機要覽·財用編四·金銀銅鉛》，第 477。

續　表

序號	年限	敕行目的	銀（兩）	錢（兩）	總折錢（兩）（銀 1 兩 = 錢 3 兩）
7	1800 年，庚申 嘉慶五年 朝鮮正祖二十四年	吊祭國王（正祖）兼册封國王（純祖）	6,184	36,110	54,662（原書爲 54,663）
8	1801 年，辛酉 嘉慶六年 朝鮮純祖元年	册封皇后（孝和睿皇后鈕祜禄氏）敕	5,601	34,832	51,635
9	1803 年，癸亥 嘉慶八年 朝鮮純祖三年	册封王妃（純元王妃金氏）	7,101	40,840	62,143
10	1805 年，乙丑 嘉慶十年 朝鮮純祖五年	吊祭貞純王后（金氏）	6,041	40,847	58,970（原書爲 68,970）
11	1832 年，壬辰 道光十二年 朝鮮純祖三十二年	册封王世孫（憲宗）（原書誤爲"王世子"）	7,876	43,898	67,526
小計			73,828	533,061	754,545

資料來源:《萬機要覽·財用編五·支敕》，第 694—695 頁。

　　自道光十二年册封世孫使行之後，道光一朝接下去還有八個赴朝的敕使團：道光十三年（1833，癸巳）皇后（孝穆成皇后鈕祜禄氏）傳訃敕行、道光十五年（1835，乙未）賜祭國王（純祖）與册封新國王（憲宗）敕行、道光十七年（1837，丁酉）册封王妃（孝顯王妃）敕行、道光二十年（1840，庚子）皇后（孝全成皇后鈕祜禄氏）傳訃敕行、道光二十四年（1844，甲辰）賜祭孝顯王妃敕行、道光二十五年（1845，乙巳）册封王妃（孝定王妃）敕行、道光二十九年（1849，己酉）賜祭國王（憲宗）與册封新國王（哲宗）、道光三十年（1850，庚戌）頒道光皇帝遺詔與咸豐皇帝登極詔敕行，其中道光十五年册立皇后（孝全成皇后）詔與加皇太后（孝和睿皇太后）尊號詔，由朝鮮年貢使齎回（此爲"順付"），同年十二月皇太后（孝和睿皇太后）六旬加尊號詔，順付朝鮮謝恩使齎回，否則僅在道光十五年一年之內就要派遣三個敕使團，清廷顯然是爲了減少朝鮮的接待任務，將後兩個頒詔均順付朝鮮使臣齎回本國。上述敕使團在漢城期間，朝鮮的支敕花費恐怕與 1832 年之前的幾次不相上下，所費銀錢都折合爲錢的話總額也應該在六七十萬兩。這些使團在所經過的平安道、黃海道和京畿道的地面上，自然也收受不少的銀兩和禮物，地方支敕壓力也是不言而喻的。雖然道光帝也模仿嘉慶帝和乾隆帝的做法，諭令敕使將朝鮮所給的饋贈裁減一半，但終成具文，毫無鉗制之功。

五、結語

學界既往的有關清代中朝宗藩關係的考察中，對朝鮮饋贈欽使一事着墨較少，本節的考察試圖彌補此種不足，考察這種饋贈情形對雙邊關係在日常生活中的運作所產生的影響，以及這種饋贈作爲宗藩關係的一個附生的產物在中朝人情社會內是如何表現出來的。饋贈欽使這個角度，也可以讓我們更全面地了解中朝宗藩關係。另外，通過對饋贈欽使的考察，我們也可以看到 18 世紀中後期日本停止對朝輸出白銀以後，朝鮮在支敕方面所面對的白銀不足的巨大壓力，揭示了日朝貿易對朝中關係的潛在深刻影響。需要說明的是，因爲銀兩和禮物饋贈都牽涉很多現實中的人情關係，所以存留下來的紙面記錄是很有限的，而且即便是這些記錄，究竟是在多大程度上反映了真實情況，也是我們需要存疑的。正如本文所展示的那樣，目前我們依據的主要資料，是朝鮮方面的實錄、《敕使日記》以及《萬機要覽·財用編》，相對於實錄和《萬機要覽》而言，《敕使日記》內的記錄或許更爲真實可信。這些歷史記錄中也存在一個普遍的問題，就是無從呈現各級官員特別是地方上的官員是否有藉機斂財、中飽私囊之事，如果說這些官員都是盡職盡責地將銀兩和禮物饋贈給清方來人，自己不留一絲一毫，那也距離現實恐怕太遠了。另一方面，接受禮物銀兩饋贈的清方敕使團的人員，特別是正副使和禮部通官，在收受朝鮮饋贈的銀兩禮物等方面，都沒有留下過詳細記錄。像花沙納等人留下的一些赴朝記載，有簡單的購買小帽子贈給朝鮮人的記錄，但是他們在朝鮮期間究竟收受了多少銀兩和多少禮物，則並無記錄。這些方面都給我們現在的考察帶來了非常實際的困難，而且是很難克服的。幸運的是，我們仍舊可以從朝鮮現存的歷史記錄中觀察到，赴朝敕使給朝鮮內部造成了較大的財政壓力，特別是在 18 世紀後半期和 19 世紀初期，可謂是宗藩體制運行內部所存在的問題的一種直接的表現。

正如清代本國的京官外放外省一樣，赴朝欽使能够在朝鮮賺取一筆銀兩和獲得很多禮物的事情，也不是秘密，而北京朝廷主政之人對於官場世故和人情饋贈，並非不了解，所以對朝鮮國在支敕中的巨大的財政壓力，自然也不是一無所知。到了光緒十六年即 1890 年，清廷在派遣賜祭朝鮮大王大妃趙氏的欽使的時候，光緒皇帝特別要求作爲正使的户部左侍郎續昌和作爲副使的户部右侍郎崇禮，一概不許收受銀兩和禮物饋贈，以樹立廉潔的形象。兩位欽使也在從天津乘坐北洋水師的輪船東渡仁川之前，轉告國王説已經面奉皇帝諭旨："汝等到該國後，應行一切禮儀，均應恪遵舊章，不得稍有簡略。至該國王如饋送汝等禮物，暨通官等銀兩、物件，均不准收受，以示體恤屬藩至意。"① 兩位欽使回到北京後，聯銜具折一份上奏光緒帝，匯報説 "此行舉行典禮，威儀嚴肅，各國洋人已共見共聞，咸曉然於該國之服事天朝，彼亦無從諱飾。"② 兩位欽使也匯報説，朝鮮以迎接招待欽使爲名，對百姓橫加攤派，"托詞敕需，徒歸中飽"，"國王饋送銀兩一節易滋流弊"，於是建議："諭飭該國王，嗣後奉使大臣，初例定土儀准其致送外，所有致送銀兩，概行禁革。……向來奉使該國，治備行裝賞需一切所費，實屬繁多。嗣後奉使大臣力有未逮，必致因陋就簡，殊於體制有礙。合無仰懇天恩，嗣後奉使朝鮮大臣，由總理衙門於出使經費項下酌撥銀兩，作爲治裝賞犒之需，俾資津貼。"③1891 年 1 月 20 日（光緒十六年十二月十一日），北京禮部在兩使的奏折基礎上又起草一新奏折，會同總理衙門一道，將這個改革的建議上奏光緒皇帝。總理衙門同意兩使所論，"嗣後詔使前往朝鮮，擬每員津貼銀二千兩，由出使經費項下支用，以免賠累"。在這一原則下，此次陪同出使的六品通官豫和和七品通官恒需，因爲 "當差勤慎"，每人獲得賞銀 400 兩。考慮到通官作爲譯員比較辛苦，總理衙門建議此後欽使團的通官每人給予銀 500 兩，一並由出使經費項下撥發。④ 同日，光緒帝批准了這一建議，並知照北洋大臣、盛京將軍、

---

① 崇禮：《奉使朝鮮日記》，北京大學歷史學系資料室藏光緒十九年刻本，第 15—16 頁。

② 《奉使朝鮮日記》，第 54 頁。

③ 《奉使朝鮮日記》，第 57 頁。

④ 《奉使朝鮮日記》，第 55—60 頁。

盛京禮部以及朝鮮國王遵照。[①]這一改革的意義是極大的，等於是將禮部負責的二百餘年的欽使體系部分融合進了總理衙門主管的駐外使臣體系，可以大大減低朝鮮的支敕負擔。然而這一改革還沒有來得及實行，四年後中朝宗藩關係就因甲午之戰而結束了，朝鮮支敕的歷史也永遠畫上了句號。

① 《奉使朝鮮日記》，第 60 頁。有關此次敕使出行的具體情況，可參見岡本隆司：《〈奉使朝鮮日記〉之研究——兼論〈使韓紀略〉及其政治背景》，《近代中國、東亞與世界》，北京：社會科學文獻出版社，2008 年，上卷，第 15—28 頁；Kirk W. Larsen, Tradition, Treaties, and Trade: Qing Imperialism and Chosŏn Korea, 1850—1910, Cambridge, Mass.: Harvard University Asia Center, 2008, pp. 189—191; Joshua van Lieu, "The Politics of Condolence: Contested Representation of Tribute in Late Nineteenth-Century Chosŏn-Qing Relations," Journal of Korean Studies 14, no. 1 (2009): 83—116；尤淑君：《從趙太妃之薨論清政府對朝鮮的名分控制》，《清史研究》2014 年第 4 期，第 39—49 頁；森萬佑子：《朝鮮外交的近代：從宗屬關係到大韓帝國》，名古屋：名古屋大學出版社，2017 年，第 116—138 頁；王元崇：《禮儀，體制與主權：1890 年清朝赴朝鮮賜祭使行研究》，《中國邊疆學》第 8 輯（北京：社會科學文獻出版社，2017 年），第 97—131 頁。

喧嘩躁動：朝鮮王朝後期"小中華"思想的權力焦慮與話語争論

黄修志

【摘　要】朝鮮王朝後期的"小中華"思想，集中反映了明清易代後朝鮮半島對中華文明的態度觀念和對東亞秩序變遷、國内統治危機的因應策略，經歷了曲折的話語演變。作爲朝鮮王朝的政治文化和身份認同，"小中華"思想有着複雜的静態構成；作爲王權合法性的邏輯裝置，"小中華"思想因内外時局變化而充滿動態運作；作爲改革自强的話語武器和輿論符號，"小中華"思想又在不同政治集團或儒學群體中顯現不同争論。朝鮮後期"小中華"思想突出對清朝的憤恨，最本質的是君臣大義，最直接的是丙子國恥，最長遠的是華夷之辨，最核心的是王權危機。其中，王權危機是朝鮮後期"小中華"思想演變經緯中的軸心問題。

【關鍵詞】朝鮮王朝後期　"小中華"思想　王權合法性

作爲一個生命力頑强的政權，朝鮮王朝並未隨着日本和後金（清）發動的四次戰争而崩潰，也未在明清易代的東亞變局下易姓，反而支撐着殘軀進入二十世紀，直到被日本吞併。這意味着朝鮮後期面對明亡清興，不僅在對外關係層面延續了實利主義的保國生存之道，也在内部權力及思想統治層面實現了有效運作和協調。目前國内外學界對朝鮮後期"小中華"思想多有争

【作者簡介】黄修志，魯東大學人文學院教授。

【基金項目】國家社科基金項目"朝鮮王朝'三十年危機'與東亞秩序轉型研究（1598—1627）"（21CSS018）和山東省泰山學者工程專項經費資助項目（tsqn201812095）的階段性成果。

鳴與深論，^①卻忽略了兩個問題：一是 "小中華" 作爲一種 "神聖事物" 或話語符號，是如何在朝鮮後期的不同階段中被改造、刻畫、雕琢出來以克服怎樣的内外危機？二是 "小中華" 作爲一種思想與權力的結合品，是怎樣在複雜的權力網絡中被推到文本之上，其背後又有着怎樣的爭論？

在筆者看來，朝鮮 "小中華" 思想有一個長時段的發展脈絡，它奠基於高麗前期，抬頭於高麗晚期，完善於朝鮮前期，轉型於朝鮮後期。學界多從華夷之辨的視角解釋朝鮮後期 "小中華" 思想，但若我們理解了這一長時段的發展脈絡和演變經緯，就會明確朝鮮後期 "小中華" 思想仍是在以往基礎上根據新的内外形勢而進行的調適。一方面，朝鮮後期受 "小中華" 思想的影響，很長一段時間對清朝心懷憤恨或芥蒂，原因是多方面的，最本質的是君臣大義，最直接的是丙子國恥，最長遠的是華夷之辨，最核心的是王權危機。另一方面，朝鮮後期 "小中華" 思想成爲一個充斥着衝突與張力的 "場域"，不僅在不同階段存在不同形態，也在同一階段面臨衆聲喧嘩的爭論，就連紙上的話語表述也鐫刻着貌合神離的痕跡。

就像正祖時期兩位大臣討論清朝和朝鮮的政治言論差異，映照出朝鮮複雜的權力之網産生的 "喧嘩躁動"。李鎮衡問："蓋中國，天下之都會，人物

① 這方面的研究成果衆多，兹僅舉一些代表性專著。陳尚勝等：《朝鮮王朝（1392—1910）對華觀的演變：〈朝天録〉和〈燕行録〉初探》，濟南：山東人民出版社，1999 年。孫衛國：《大明旗號與小中華意識：朝鮮王朝尊周思明問題研究（1637—1800）》，北京：商務印書館，2007 年。[韓]河宇鳳著，[日]小幡倫裕譯：《朝鮮王朝時代の世界観と日本認識》，東京：明石書店，2008 年。[韓]許泰玖：《조선후기 중화론과 역사인식》，首爾：Acanet，2009 年。[日]夫馬進著，伍躍譯：《朝鮮燕行使與朝鮮通信使：使節視野中的中國‧日本》，上海：上海古籍出版社，2010 年。楊雨蕾：《燕行與中朝文化關係》，上海：上海辭書出版社，2011 年。徐東日：《朝鮮朝使臣眼中的中國形象——以〈燕行録〉〈朝天録〉爲中心》，北京：中華書局，2010 年。[韓]禹景燮：《조선중화주의의 성립과 동아시아》，首爾：문예원，2013 年。王元周：《小中華意識的嬗變：近代中韓關係的思想史研究》，北京：民族出版社，2013 年。葛兆光：《想象異域：讀李朝朝鮮漢文燕行文獻札記》，北京：中華書局，2014 年。[韓]裴祐晟：《조선과 중화：조선이 꿈꾸고 상상한 세계와 문명》，首爾：枕石出版社，2014 年。吳政緯：《眷眷明朝：朝鮮士人的中國論述與文化心態（1600—1800）》，臺北：秀威資訊，2015 年。孫衛國：《從 "尊明" 到 "奉清"：朝鮮王朝對清意識的嬗變（1627—1910）》，臺北：臺大出版中心，2018 年。[韓]金永植：《중국과 조선, 그리고 중화：조선 후기 중국 인식의 전개와 중화 사상의 굴절》，首爾：Acanet，2018 年。[韓]許泰玖：《丙子胡亂與禮，以及中華》，首爾：昭明出版，2019 年。吳政緯：《從漢城到燕京：朝鮮使者眼中的東亞世界（1592—1780）》，上海：上海人民出版社，2020 年。桂濤：《17—18 世紀朝鮮士人眼中的清朝》，北京：中國社會科學出版社，2020 年。

之府庫，而雖朝聘會同，無喧嘩之聲。我國則無論大小事，全以喧聒爲事，此何故也？"李家焕答："東方，自古素無紀綱，因成風俗，喧嘩躁動，久而不變矣。"①

一、易代之際朝鮮對明倫理的緊張與對清名分的確立

在朝鮮"小中華"的政治倫理中，君臣大義最爲重要，無論是朱子學高舉的春秋大義、尊周大義還是傳統的以小事大、華夷之辨，本質上都是君臣大義在不同層面的反映。朝鮮强調君臣大義，不僅在儀式上宣示朝鮮王權來源於明朝的册封，朝鮮國王以王爵、藩國、諸侯身份加入明朝的宗法秩序，轉化成尊周思想，也在觀念上内化到朝鮮的性理學及政治文化、統治思想中，成爲理論基點，以維護内部政治秩序的穩定。壬辰戰爭中，明軍付出巨大代價驅逐日軍，再造藩邦，更令這一君臣大義超越了血盟情誼，凝結成感恩明朝意識。但在明朝滅亡前，朝鮮就已深深覺察到君臣大義面臨着嚴峻的現實考驗。

光海君對後金努爾哈赤採取羈縻政策，引起朝鮮内部的反對，朝鮮糾結於選擇"大義"還是"大勢"，備邊司認爲：

> 然而天下事，有大義焉，有大勢焉。所謂大義，綱常所繫；所謂大勢，强弱之形。我國之於此賊，以義則父母之讎也，以勢則豺虎之暴也。豺虎雖暴，人子豈忍棄父母乎？此所以滿庭群議，寧以國斃，不忍負大義。②

仁祖三年，兵曹判書徐渻提醒仁祖做好後金圍困北京的思想準備："我國之於天朝，有君臣、父子之恩義。若非皇恩，壬辰之恢復，未可期也。今奴賊猾夏，若或迫近皇城，則未知國家何以報答？"仁祖和備邊司認爲大義所在，況有再造之恩，必當赴援，配合毛文龍一起勤王。③

崇禎二年（1629），"己巳之變"，皇太極率軍從喜峰口突破長城，突襲北京，明軍各路兵馬馳援，最終後金退軍，袁崇焕被淩遲處死。仁祖聽聞此情報後，未發一將一卒前去勤王助戰，大臣圍繞君臣父子名分及諸侯藩王之責爭論不

---

① 《朝鮮正祖實録》卷五，正祖二年二月乙巳。
② 《光海君日記》（重修本）卷五五，光海君十三年二月癸丑。
③ 《朝鮮仁祖實録》卷一〇，仁祖三年十月庚寅。

已。李貴在經筵上認爲："我國之於天朝，其義則君臣，其恩則父子也……而以君臣、父子大義言之，若聞君父被兵之報，則豈可諉以彼虜虛誇之言而不爲之動心乎？今日我國，縮手傍觀，寂無勤王之舉。日後天朝若有問罪之舉，則其將何辭以對？縱天朝憐我而不責，其於君臣分義何哉？"已爲禮曹判書的徐渻上札認爲"王室有難，諸侯奔救，古今之通義"，副護軍申誡立上疏也認爲："父母在難，其忍坐視而不爲之救乎？"①雖然朝鮮最終未能派軍勤王，但迫於倫理壓力，"我國之於天朝，義君臣而情父子也"，只能在赴京進慰使團的方物中裝載兵器，象徵性地"一以爲臨陣助戰之用，一以示不忘讎敵之意"。②這既説明了君臣大義對朝鮮"小中華"思想及政治文化的深刻影響，又揭示了君臣大義在面對現實强敵時的無奈無力。

1636 年，皇太極準備稱帝，派遣英俄爾岱、馬福塔及部分蒙古人出使朝鮮商議勸進之事，洪翼漢以君臣大義痛斥後金，代表了朝鮮的主流輿論，他上疏稱"臣墮地之初，只聞有大明天子耳"，"我國素以禮義聞天下，稱之以'小中華'，而列聖相承，事大一心，恪且勤矣。今乃服事胡虜，偷安僅存，縱延晷刻，其於祖宗何，其於天下何，其於後世何？"他主張"戮其使而取其書、函其首，奏聞於皇朝"，太學生也請求"斬虜使、焚虜書，以明大義"，大司諫鄭蘊認爲與朝鮮相比，蒙古"初叛中國，是父母之賊子也"。③在朝鮮輿論氛圍中，英俄爾岱發怒離開，大臣認爲"虜使發怒而去，我國終必被兵，當講備禦之道"，於是仁祖號召全國八道"誓死同仇""各效策略""自願從征"。④在滿、漢、蒙古代表的勸進下，皇太極正式稱帝，改國號爲"清"。此年冬天，他御駕親征，發動丙子之役，一路摧枯拉朽，勢如破竹，將朝鮮君臣圍困在寒冷的南漢山城中。面對生存還是死亡的抉擇問題，⑤群臣展開各種爭論。領議政金瑬認爲生存比名分更重要："當此急急之時，他事不暇，臣則只以奉聖上脫重圍爲急，蓋國家存，然後名分可議也，國亡則將何以議名分乎？"崔鳴吉認同"皇明是我父子之國"，但勸説仁祖："人君與匹夫不同，苟可以圖存，

① 《朝鮮仁祖實録》卷二二，仁祖八年二月癸丑、仁祖八年二月己卯、仁祖八年三月辛卯。

② 《朝鮮仁祖實録》卷二二，仁祖八年三月丙午。

③ 《朝鮮仁祖實録》卷三二，仁祖十四年二月丙申、庚子、己亥。

④ 《朝鮮仁祖實録》卷三二，仁祖十四年二月甲辰、仁祖十四年三月丙午。

⑤ 黄修志：《朝鮮王朝的"哈姆雷特時刻"及對華觀念的"冰山性"》，《復旦學報（社會科學版）》2020 年第 3 期。

無所不用其極。"①面對崔鳴吉撰寫的國書，吏曹參判鄭蘊上札認爲"今若稱臣，則君臣之分已定矣。君臣之分已定，則將惟其命是從"，痛斥崔鳴吉的"賣國之罪"："嗚呼！我國之於中朝，非如麗季之於金、元，父子之恩，其可忘乎；君臣之義，其可背乎？"②

在大義與大勢、亡國與保國的天人交戰中，仁祖最終接受崔鳴吉等人的稱臣保國主張，出城投降，向皇太極行三跪九叩之禮，這一儀式標志着朝鮮不得不從形式上放棄與明朝維持了二百多年的君臣父子名分，並與清朝由丁卯之役約定的兄弟鄰國關係變成了君臣父子關係。皇太極對仁祖説："爾若悔過自新，不忘恩德，委身歸命，子孫世守信義，則當去明國之年號，絶明國之交往，獻納明國所與之誥命册印。"③其實高麗奉明爲正朔時，在領到明朝"册命及璽書"的同時，也將元朝的册封金印獻給明朝，皇太極也命令朝鮮歸還明朝册封朝鮮的誥命和印信，來證明朝鮮的權力從此來自清朝而非明朝，但朝鮮試圖以各種藉口拒絶，④鄭蘊認爲雖然"稱臣出降，君臣之分已定矣"，但"可争則争之可也"。⑤三田渡歸降時，皇太極在典禮上將仁祖安排在諸王之上，他認爲"朝鮮王雖迫於兵勢來歸，亦一國之王也"，"命近前，坐於左側，東坐西向，其次左側，則和碩親王、多羅郡王、多羅貝勒等"，⑥這體現了清朝一開始就基本依樣畫葫蘆般像明朝一樣將朝鮮國王納入自己的宗法秩序和藩王體系中，在禮制上給予其親王世子的地位，昭示清朝與朝鮮結成新的君臣父子關係。隨後，清朝命朝鮮在三田渡樹立大清皇帝功德碑，作爲宗藩關係的實物表徵，⑦該碑既贊頌皇太極保全朝鮮宗室的恩德，又表達了對清朝結成君臣名分的忠心。

可以説，丙子之恥標志着朝鮮精神世界和政治倫理的天崩地裂，成爲朝鮮後期政治生活中的一大陰影，對"小中華"思想的轉型產生了直接影響。

---

① 《承政院日記》仁祖第 55 册，仁祖十五年一月三日；《朝鮮仁祖實録》卷三四，仁祖十五年一月癸卯、丙辰。

② 《朝鮮仁祖實録》卷三四，仁祖十五年一月己未。

③ 《清太宗實録》卷三三，崇德二年正月戊辰。

④ ［韓］許泰玖：《丙子胡亂與禮，以及中華》，第 235—236 頁。

⑤ 《朝鮮仁祖實録》卷三四，仁祖十五年一月庚午。

⑥ 《清太宗實録》卷三三，崇德二年正月庚午。

⑦ 王元崇：《入關前清政權對朝交涉及其正統觀念的形塑》，《中國歷史研究院集刊》2021 年第 2 輯，北京：社會科學文獻出版社，2022 年。

從根本上説，朝鮮並非全然因爲華夷之辨而恥於稱臣 "犬羊之輩"，畢竟傳統的事大主義尚可以消解這一困境，而是基於君臣大義而自毀禮義甘心淪爲無君無父、不忠不孝之邦。這不僅使朝鮮王權喪失了政治合法性的明朝源頭，還使朝鮮王權在道德倫理上喪失了臣民信任，引發統治危機。"明朝的追究和報復是次要因素，朝鮮君臣所在乎的是放棄大明義理意味着倫理道德的沉淪，這將導致歷史的評價及天下人民的譴責。"[1]

因此，丙子之役後出現兩種王權合法性危機：一是以斥和派金尚憲爲代表的大批士人辭官歸隱，崔鳴吉報告 "今之朝士，相繼請暇，而不肯來仕，或有以此爲高致者"，憲府報告 "經變之後，國綱不嚴，有識之人，亦多任意出去"；[2]二是朝鮮謀逆叛亂事件愈演愈烈，如貞明公主詛咒事件、李挺海事件、沈器遠事件、姜嬪詛咒事件、安益信事件等，堪稱朝鮮史上謀逆最密集的時期。受丙子之役、士林疏離、國內謀逆的多重折磨，仁祖始終處於驚魂未定之中，缺乏安全感，在昭顯世子暴斃後，他又賜死世子嬪及世子的三位子嗣，最後在焦慮擔憂中去世，留下孝宗重新面對清朝這一巨大存在。

二、"復仇雪恥" 虛像與宋時烈對 "小中華" 的改造

"復仇雪恥" 這一話語是在朝鮮後期逐漸演變生成的。最初顯現的是 "雪恥復仇" 觀念，後經宋時烈的提倡，又強調 "復仇" 之義，而後又根據春秋大義和君臣名分演變成 "復仇雪恥"，並刺激催生了 "北伐" 觀念。但 "復仇雪恥" 從未得以踐行，只是王權伸張和士林改革的一種話語。在 "胡無百年之運" 觀念遭遇現實的挫敗後，"復仇雪恥" 轉爲沉寂，讓位於 "道統在東"，強化了 "周禮在魯" 或 "魯存周禮" 的觀念。

丙子之役後，面對強敵壓迫與王權危機，與清朝結爲君臣名分的朝鮮將保國圖存視爲第一要事，雖然臣下有雪恥之心，但遭到仁祖王權集團的彈壓，在大臣建議下，仁祖下教於承政院曰：

> 今後文書中，俾勿用 "薪膽" 二字。[3]

仁祖一朝尚無大張旗鼓地宣揚 "雪恥" 觀念，但在暗地裏積壓着類似情

---

① ［韓］許泰玖：《丙子胡亂與禮，以及中華》，第 359 頁。
② 《朝鮮仁祖實錄》卷三四，仁祖十五年四月癸酉、丁丑。
③ 《朝鮮仁祖實錄》卷三四，仁祖十五年四月己丑。

緒。孝宗成爲世子後就有雪恥之心，在與宫僚經筵中討論漢文帝、漢武帝孰勝，他獨以爲漢武帝"不忘平城之憂，武帝勝"。①但"仁祖反正"後，孝宗面臨激烈的黨争形勢，若反思這一複雜的黨争情境，我們就可明確孝宗的"復仇雪恥"是在激烈的黨派鬥争和强烈的王權危機中催生出來的，且經過了宋時烈的理論改造，充分説明"復仇雪恥"只是一種話語武器，註定不可能踐行，而北伐在一定程度上也是孝宗爲了凝聚人心、轉移國内矛盾及鞏固都城軍備力量以加强王權的一種政治策略，但若清朝得知這些異常舉動，就會刺破"北伐"虚像。親清派金自點倒臺後，洛黨成員向清朝密報孝宗動向，又恰逢孝宗以防禦日本爲由請求清朝准許朝鮮擴軍備戰，引起清朝的疑怒，導致了"六使詰責事件"，對孝宗及義理派造成很大壓力，預示了北伐註定只是一場空夢。

朝鮮後期將尊周攘夷歸功於宋時烈："先正臣宋時烈際遇孝廟，終蹈慘禍，而尊周攘夷，即時烈之功也。"②其實，尊周大義在朝鮮前期的"小中華"思想中就已具備，需要我們深入到宋時烈的歷史邏輯、儒學邏輯和政治邏輯中考察。

首先，在歷史邏輯上，宋時烈更認同宋朝而非明朝，認爲朝鮮繼承的是南宋朱子以來的道統。從十六世紀開始，隨着朝鮮性理學的成熟及士林政治的登場，"小中華"思想已然成熟完善，即朝鮮已將中華視爲一種普遍文明，内化到自己的觀察評價中。禹景燮指出，我們需要區分觀念的"中華"與歷史實體的"中華"，朝鮮知識分子心目中的"中華"是超越血統和王朝的文化真理。③許泰玖指出，朝鮮心目中存在兩個"大明"，一個是作爲特定王朝的大明，一個是作爲普遍文明即中華文化象徵的"大明"。④宋時烈强調高麗鄭夢周開啓了朝鮮繼承朱子道統的歷程，而明儒則日益分裂荒唐。⑤不僅如此，他也嚴厲批評明朝的制度，認爲皇帝權力過大，明朝官僚作用與言論活動萎縮，宦官受到重用等。他認爲丙子之役後的朝鮮恰如南宋，自然更堅定了他對朱

---

① 《朝鮮孝宗實録》附録《孝宗大王志文》。

② 《朝鮮英祖實録》卷五一，英祖十六年二月丙申。

③ ［韓］禹景燮:《조선중화주의의 성립과 동아시아》，第33—34頁。

④ ［韓］許泰玖:《丙子胡亂與禮，以及中華》，第358頁。

⑤ ［朝］宋時烈:《宋子大全》卷一五四《圃隱鄭先生神道碑銘並序》，《影印標點韓國文集叢刊》，首爾:景仁文化社/民族文化推進會，1988—2005年，第113册，第307—308頁。按，注釋中文集等作品多爲朝鮮王朝時期作者所撰，不再一一標明國籍，下文不再説明。

子的 "原教旨主義" 式的信念，極力推崇朱子，"微朱子，吾其被髮左衽矣"①，甚至將朱子視爲千秋知己，即以朝鮮朱子自喻，"知我者，其惟朱子乎？罪我者，其惟朱子乎？" 按照這個邏輯，宋時烈認爲只有朝鮮繼承了宋朝的朱子道統，"竊聞中州人皆宗陸學，而我東獨宗朱子之學，可謂周禮在魯矣"②，尤其是明亡後，"惟我東方僻在一隅，故獨能爲冠帶之國，可謂周禮在魯矣"③。宋浚吉也抱有類似觀點，他對顯宗說，"明儒多尊尚陸學，故言論每欲壓倒朱子，我國則本來扶植程、朱正脈"，"中朝學問，不如我朝之盛"。④ 由此觀之，宋時烈等人所指的 "周禮在魯" 其實主要表達朝鮮繼承了朱子道統，"中華" 也是以朱子學爲標準的文明價值，而非真的繼承了中國王朝的正統。

其次，在儒學邏輯上，宋時烈在雪恥基礎上強調復仇，表面上注重尊周大義和春秋大義，其實質仍是堅守以君臣大義爲中心的政治倫理。朝鮮最初對清朝 "只有雪恥之義，而無復仇之道"，宋時烈認爲：

> 自我國言之，只有丙丁之恥，而元無可復之讎……然雪恥之事爲主，而復讎亦在其中……則復讎之義，爲主而重也。⑤

而且，在他看來，爲大明復仇的理論出發點應是春秋大義："以爲春秋大義，夷狄而不得入於中國，禽獸而不得倫於人類，爲第一義。爲明復讎，爲第二義。"⑥ 而春秋大義的根本是什麼呢？宋時烈認爲 "孔子之作《春秋》也，大義數十而尊周最大"⑦，無論是攘夷還是尊周，根本還是君臣大義和綱常倫理。朝鮮當時流行一種觀點，既然與清朝確立了新的君臣名分，就不必理會明朝滅亡和丙子之恥，"我已屈身於彼，名分已定，則弘光之弑，先朝之恥，有不可顧"。宋時烈予以堅決反駁，認爲這種言論若流行開來，朝鮮將淪爲禽獸之邦。⑧

---

① 宋時烈：《宋子大全》卷五《己丑封事》，《影印標點韓國文集叢刊》，第 108 冊，第 192 頁。

② 宋時烈：《宋子大全》卷一三一《雜錄》，《影印標點韓國文集叢刊》，第 112 冊，第 439 頁。

③ 宋時烈：《宋子大全》卷一三八《皇輿考實序》，《影印標點韓國文集叢刊》，第 112 冊，第 551 頁。

④ 《朝鮮顯宗實錄》卷一三，顯宗六年六月乙丑。

⑤ 崔慎：《鶴庵集》卷二《華陽聞見錄》，《影印標點韓國文集叢刊》，第 151 冊，233 頁。

⑥ 宋時烈：《宋子大全》附錄卷一九《尹鳳九　江上語錄》，《影印標點韓國文集叢刊》，第 115 冊，第 590 頁。

⑦ 宋時烈：《宋子大全》卷二七《上安隱峰》，《影印標點韓國文集叢刊》，第 109 冊，第 12 頁。

⑧ 宋時烈：《宋子大全》卷五《己丑封事》，《影印標點韓國文集叢刊》，第 108 冊，第 199—201 頁。

　　最後，在政治邏輯上，宋時烈强調復仇雪恥、周禮在魯的真正訴求是激勵國王尊重士林，振作改革，而非貿然北伐。宋時烈在《己丑封事》中提出"修政事以攘夷狄"，將改革放在攘夷之上，他認爲清朝當然是君父之仇，但並不主張貿然北伐，否則只會自取其禍，因此他建議孝宗"蓄憾積怨，忍痛含冤"，韜光養晦，待十年二十年後"視吾力之强弱，觀彼勢之盛衰"，[①]同時他勸告孝宗以正心爲主，以身作則，自然"國勢自强矣"。當時朝鮮"國勢不振，民生困悴，將至於危亡"，宋浚吉也提出"欲外攘，則先内修；欲治兵，則先養民"。[②]二宋都想通過"正君心"來重振社會綱紀，闡明儒教義理，實施仁政，通過"養民""養兵"來進行北伐，仍是繼承了李珥的思想。宋時烈反復激勵國王的"復仇雪恥""春秋大義""尊周大義""周禮在魯"等話，只是描繪了一個理想化、烏托邦式的"小中華"，以此來鼓舞國王和士林：既然朝鮮要報仇雪恥，就必須振作自强，既然朝鮮乃中華道統繼承者，就更要以中華的標準來改革朝鮮。

　　由此觀之，朝鮮"小中華"思想在宋時烈的改造下，逐漸將復仇雪恥、尊周大義、春秋大義結合起來，在歷史邏輯上表達的是繼承朱子道統，在儒學邏輯上表達的是君臣倫理，在政治邏輯上表達的是改革自强，實質上仍是延續了朝鮮十六世紀以來的士大夫政治主張，貫穿着士林階層對限制王權、伸張士權的政治主體意識，只不過根據現實危機的需要換了一種政治表達方式。這就説明，孝宗的"北伐"和宋時烈的"北伐"看似君臣相契，但實際上貌合神離、同床異夢，孝宗期待借助"北伐"旗號破解黨争亂局，伸張王權，而宋時烈等士大夫則希冀借助"北伐"來激勵朝鮮改革自强，鞏固士林主體地位。所謂"復仇雪恥"，既是一種從未實踐過的觀念，也是深陷於政治鬥争中的一個口號，宋時烈最終被賜死説明當時鬥争之慘烈。所謂"周禮在魯"並不代表主政的士林真的相信朝鮮繼承了中華正統，更多的是通過這種理想和信念來激勵君王和改革政治，更何況宋時烈堅決反擊的另一種與之相反的流行觀點，更反證了宋時烈的主張並未得到全體認同，尤其是相敵對的少論派人物譏斥尊周之義："我國既已服事清國，而假託尊周之義，爲皇明復讎云者，無異改嫁之女爲舊夫復讎也，其誰信之？"[③]

①　宋時烈：《宋子大全》卷五《己丑封事》，《影印標點韓國文集叢刊》，第 108 册，第 201 頁。

②　《朝鮮孝宗實録》卷二〇，孝宗九年二月丁亥。

③　宋時烈《宋子大全》附録卷一九《記述雜録》，《影印標點韓國文集叢刊》，第 115 册，第 578 頁。

三、十八世紀朝鮮"小中華"的儀式化與争論

十七世紀末，清朝並未像孝宗推測的那樣衰落下去，反而愈發强盛，朝鮮逐漸從"恢復中華"轉向"繼承中華"。在十八世紀後期英正時代，"繼承中華"意識得到强化，朝鮮編纂了大量史書以論證之。[①] 但所謂"繼承中華"並非真的成爲中華，更多的是把中華作爲一種文明價值，繼承了"禮義"和"道統"。於是，從十八世紀開始，朝鮮在思想和政治上就出現了頗爲吊詭的一幕：一邊是積極與清朝展開各種政治、經濟、文化的交流往來，維護兩國之間的宗藩關係，一邊卻是在國内開展各種"尊周思明"的活動。

1674 年，三藩之亂期間，尹鑴以"布衣"身份上奏顯宗，重提丙子之恥，建議朝鮮趁機北伐，[②] 對此，顯宗"留中"不發。次年，剛即位的肅宗召見尹鑴，尹鑴圍繞北伐與大臣展開討論，而肅宗"但端拱以聽"，朝鮮最終按兵不動，朝鮮史臣譏諷這番君臣討論不切實際且裝模作樣。[③] 其實，自肅宗朝開始，朝鮮的復仇雪恥觀念已大大淡化。1704 年（康熙四十三年），正值明亡六十周年，肅宗"寒心"慨歎：

> 今年紀愈久，世道愈下，復讎雪恥，固非朝夕所可期，而至於疏章間慷慨之言，亦未有聞，已至於寖遠寖忘之域，予嘗慨然。今逢周甲，一倍感愴矣。[④]

領議政申琓以"人情久則易忘"回應道："非但世無慷慨之人，並與大義都忘之矣。不獨我國如此，中國亦然。"肅宗徵求"使之不忘之道"，左議政李畬認爲復仇雪恥也要看"時勢之難易，何可自畫"，事大本就是自强保國之道，何況以眼下朝鮮國勢而論，別説復仇了，"雖欲自保，亦恐未易"。於是，肅宗開始有了爲崇禎帝建廟的動議，也就是建造大報壇的來歷，但李畬認爲這更不切實際，"不惟拘於形勢，儀章、品式，實多難處之端"。[⑤] 隨後，肅

---

① ［韓］許泰玖：《조선후기 중화론과 역사인식》，第 113—133、194—214 頁。

② 《朝鮮肅宗實録》卷二，肅宗元年一月己巳。

③ 《朝鮮肅宗實録》卷二，肅宗元年一月庚午。

④ 《朝鮮肅宗實録》卷三九，肅宗三十年一月庚戌。

⑤ 《朝鮮肅宗實録》卷三九，肅宗三十年一月庚戌。

宗修建大報壇的想法遭遇空前的阻力，[①] 不僅是因爲當時朝鮮普遍没有了復仇雪恥的觀念，也是由於肅宗時期白熱化的黨爭。

無論大報壇、萬東廟還是朝宗岩，其實構成了一個禮儀空間，實現歷史記憶和文化遺産的政治化。但若細究這三個禮儀空間誕生的歷史語境和政治生態，我們就更可理解它們所傳遞的真正信息。

首先，朝鮮修建它們的初衷是回應"使之不忘之道"，即防止人們忘記明朝之恩、丙子之恥、明朝之亡，而大臣對修建大報壇充滿爭論，恰恰證明了當時朝鮮人大多淡忘了復仇雪恥，不屑於朝鮮與明朝的君臣名分，或對祭祀明帝有着很深的分歧，思明情緒並非一個普遍觀念。

其次，從肅宗到英祖時期，朝鮮黨爭日益白熱化，可以左右國王及世子的生死，國王只能通過"换局""蕩平"來平衡黨爭，而王權主導的大報壇祭祀逐漸完善，在君臣名分和尊周大義的旗幟下，它的象徵和功能已經從紀念明朝的"神聖事物"轉化爲對王室威嚴的"神聖叙事"了，王權需要借助祭祀大報壇這一神聖儀式來證明其神聖來源。由此，朝鮮王權和"小中華"都在祭祀大報壇的儀式中被神聖化了，政治秩序也在政治表演中被强化了。

最後，與王室營造的大報壇不同，朝宗岩、萬東廟是在宋時烈支持下修建的，代表了儒林尤其是以宋時烈爲首的老論派的觀念，大報壇其實是國王與士林爭奪尊周道德話語權的工具，[②] 它的背後充滿了黨爭色彩和王權意志。自大報壇建立後，英祖親祭的次數遠遠超過其他國王，大報壇已不僅是感恩、思念明朝的象徵，更是英祖强調君臣大義、鞏固王權秩序的渠道。英祖十一年（1735年，雍正十三年），左議政徐命均"以日寒請寝皇壇親祭"，英祖直白答道：

> 予欲行臣禮於皇壇，使諸臣知君臣之義耳。[③]

當初朝鮮有報仇雪恥、恢復中原之想法，除了基於"小中華"思想中的君臣大義外，還源於一種似是而非的歷史觀念，即"胡無百年之運"。在此影響下，朝鮮無疑戴上了有色眼鏡，燕行使所帶來的各種情報都被解讀爲，也必須被解讀爲亡國之兆，自然而然也影響了燕行使赴華期間的書寫態度和觀

---

① 孫衛國：《大明旗號與小中華意識：朝鮮王朝尊周思明問題研究（1637—1800）》，第 122 頁。

② 參見［韓］桂勝範：《被停止的時間：朝鮮的大報壇與近代的門檻》，首爾：西江大學校出版部，2011 年。

③ 《朝鮮英祖實錄》卷四〇，英祖十一年三月辛未。

察視角。根據康熙帝指示，穆克登勘定兩國邊界時對朝鮮多有退讓，①朝鮮君臣議論爲何清朝如此優禮，朝鮮大臣一廂情願地認爲清朝也在擔憂“胡無百年之運”，爲“早晚敗歸”寧古塔做準備，②由於這種深深的現實憂慮，“如何應對清朝崩潰之日所帶來的危機，相當長的時期內，成爲朝鮮人普遍關注的問題”。③英祖六年（1730 年，雍正八年），英祖反思“我國雖有雪恥之心，唇亡則齒豈不寒乎？清皇每顧護我國，我國玩愒以度矣”，清朝安定，朝鮮“如在無事之時，脱有北憂南警，將奈之何？”④乾隆中期，清朝入關早已過了百年，非但没有衰亡，反而更加强盛，“胡無百年之運”徹底破産，對此，英祖感歎“今則二甲已過，黄河不復清，予終爲不忠不孝之人矣”，“河清消息無望矣”，⑤説明他已徹底認清了清朝强大的現實，放棄了復仇雪恥的幻想。

其實，英正時期的士人已普遍忘記與明朝的君臣大義。當時有大臣問黄景源，祭祀崇禎這等典禮爲何不詢問衆人？黄景源的回答恰恰證明了思明在朝鮮政界也已是一個非主流的觀念：“今諸公朝服搢笏，而立於殿陛之上，其心不忘明室者，蓋寡矣。景源何敢以大義詢於衆乎？雖詢之，孰能感服而稱善乎？”⑥安錫儆也指出，當時朝鮮流行一種“言者非一人，流傳非一時”的“邪論”，這種“邪論”大致認爲明朝是朝鮮舊君，清朝是朝鮮新君，大明苛刻，清帝寬大，大明救朝鮮也是救自己。⑦

由此可見，朝鮮自肅宗以後的尊周大義和思明情感基本上是由王室和以宋時烈爲領袖的老論派儒者在提倡，“上爲而皇壇崇其報，下爲而華陽闡其義”，⑧而兩者之間又有着話語權之間的競爭。士林越淡忘尊周思明，王室及老論派就越通過各種舉措强調尊周思明和君臣父子倫理。姜智恩説：“清朝的天下越是安穩堅固，朝鮮儒者就越發以朱子學‘道統論’爲根據，並以繼承

① 李花子：《清代中朝邊界史探研——結合實地踏查的研究》，廣州：中山大學出版社，2019 年。

② 《承政院日記》，肅宗三十八年二月二十七日庚辰，第 466 册，第 120—121 頁。

③ 孫衛國：《朝鮮王朝對清觀之演變及其根源》，《廊坊師範學院學報（社會科學版）》2017 年第 3 期。

④ 《朝鮮英祖實録》卷二八，英祖六年十一月壬午。

⑤ 《朝鮮英祖實録》卷九一，英祖三十四年二月戊辰；《朝鮮英祖實録》卷一〇一，英祖三十九年四月己亥。

⑥ 黄景源：《江漢集》卷六《答尹副學書》，首爾：梨花女子大學校韓國文化研究院，2015 年，第 120 頁。

⑦ 安錫儆：《雲橋集》遺集《擬大庭對策》，《影印標點韓國文集叢刊》，第 233 册，第 571 頁。

⑧ 成大中：《青城集》卷七《明隱記》，《影印標點韓國文集叢刊》，第 248 册，第 477 頁。

中華道統自任。"①而以中華道統自任的意識越强，王權可以證明其在義理和權力上的正當性，老論派則越可以堅定其在朝中的執政名分及推行改革的合理性。

丙子之役後，朝鮮無論在王權威嚴、政治理念還是社會結構上都受到巨大衝擊，如何看待明清兩個王朝，不僅關係到朝鮮的外交問題，還關係到今後國家要選擇一種怎樣的執政理念和道路方向，是全面擁抱大清，退出中華世界，還是維持君臣名分，保持禮法權威？對朝鮮來説，兩者都需要，因爲這是兩個層面的問題，可以並行不悖。如何解決這矛盾？爲此，朝鮮製造了兩個劇本，一個是"公開劇本"，一個是"潛隱劇本"。②從内外層面來看，一個是以忠心事大爲主題、以清廷爲觀衆的公開劇本，一個是以尊周思明爲主題、以臣民爲觀衆的潛隱劇本。這決定了"小中華"中的某些内容趨向於儀式化，而一旦變成儀式，就必然滲入權力邏輯和政治利益，自然即會產生支配層的公開劇本和潛隱劇本，打着大義旗幟來維護政治權威和集團利益，也會產生被支配層的公開劇本和潛隱劇本，面上配合表演思明大戲，實質上早已不屑一顧，貌合神離。

四、朝鮮北學派對"小中華"思想的診斷與審視

朝鮮在經歷天崩地坼的明清易代後，對如何稱呼中國的問題異常敏感。不少學者注意到朝鮮後期對清朝充滿了各種鄙視，特別是二十多年來，隨着學界對"燕行錄"文獻的廣泛開發，碎片化的研究更固化了人們對朝鮮使臣普遍蔑視清朝的印象。但是，朝鮮使臣的寫作在文本生成機制上存在幾個問題：首先，受"胡無百年之運"觀念的影響，鄙視、詛咒清朝已成爲表達"政治正確"的方式，尤其是使臣的報告須呈遞給政府和國王閱讀，不可避免受制於"權力的毛細管作用"，存在寫作的"自我壓抑"現象；③其次，燕行文本存在不少陳陳相因的寫作方式，即形成了一種寫作套路或範本，互相抄襲

① ［韓］姜智恩：《被誤讀的儒學史：國家存亡關頭的思想，十七世紀朝鮮儒學新論》，蔣薰誼譯，臺北：聯經出版公司，2020 年，第 46 頁。

② 關於公開劇本、潛隱劇本，參見［美］詹姆斯·C. 斯科特：《支配與抵抗藝術：潛隱劇本》，王佳鵬譯，南京：南京大學出版社，2021 年。

③ 王汎森：《權力的毛細管作用：清代的思想、學術與心態》，臺北：聯經出版事業公司，2013 年，第 393—500 頁。

現象和同質化寫作色彩比較嚴重，甚至還有不少造假和篡改現象；①最後，使臣所鄙視的一些現象，其實大多是一種迥異於本國的日常感官體驗，如嗅覺上的腥膻，視覺上的辮髮、衣冠、儀式，聽覺上的滿語，充其量是一種異域體驗，並不能直接等同於朝鮮對清朝的政治心態。

朝鮮文人朴趾源曾比較明朝和清朝的本質區別，明朝乃"上國"，清朝乃"大國"："何爲上國？曰中華也，吾先王列朝之所受命也……我力屈而服彼，則大國也。大國能以力而屈之，非吾所初受命之天子也。"②這段話常被人解讀爲華夷之別，但從根源上説是倫理之分，也就是説，"上國"與"大國"之間的區別在於是否"受命"，即明朝乃最初給予朝鮮生命的君父，而清朝不是。上下之分，乃君臣之分，而大小之分，乃國力之別。按照這個邏輯，朴趾源的另一番議論則順理成章：

> 皇明，中華也，吾初受命之上國也。……清人入主中國，而先王之制度變而爲胡。環東土數千里畫江而爲國，獨守先王之制度，是明明室猶存於鴨水以東也。③

所謂"明室猶存"，從表面上看是因爲華夷變遷，但從本質上來説應是宗法秩序和倫理體系下明朝皇室與朝鮮王室結成的君臣父子名分和宗藩關係，君父不在，朝鮮作爲藩王角色即明朝宗支，自然有資格認定"明室猶存"。

朴趾源仍延續了以往朝鮮儒者或大臣關於清朝角色的基本定位和政治底綫，但他作爲"北學派"領袖，認爲應該認清兩個事實：一、春秋大義，有攘有尊，有夷有夏，不可只强調攘夷，而忘了尊周，"若不能分別夷夏，有攘而無尊，則惡在其能春秋也"；④二、現實中的清朝與歷史上的中華是有區分的，不能對清朝完全鄙夷，因爲現實中的清朝畢竟保留了歷史上的中華，也就是有周的遺留，即"中華之遺法""固有之良法美制"，⑤更何況朝鮮自身風

---

① 漆永祥：《論"燕行録"創作編纂過程與史料真僞諸問題》，《歷史文獻研究（總第43輯）》，揚州：廣陵書社，2019年。漆永祥：《燕行録千種解題》，北京：北京大學出版社，2021年，第105—110頁。

② 朴趾源：《燕岩集》卷一三《熱河日記　行在雜録》，《影印標點韓國文集叢刊》，第252册，第242頁。

③ 朴趾源：《燕岩集》卷一一《熱河日記　渡江録》，《影印標點韓國文集叢刊》，第252册，第146頁。

④ 朴趾源：《燕岩集》卷一七《課農小抄　諸穀名品》，《影印標點韓國文集叢刊》，第252册，第395—396頁。

⑤ 朴趾源：《燕岩集》卷二《答李仲存書》，《影印標點韓國文集叢刊》，第252册，第45頁。

俗也並不完善。因此他認爲不可對清朝一概而論,主張"故今之人誠欲攘夷也,莫如盡學中華之遺法,先變我俗之椎魯"。①要之,朴趾源"北學中國"的主張,落脚點仍是改革風俗及富國自强。

這意味着,即使朝鮮後期的不少儒者認爲"周禮在魯""道統在東",以"小中華"自居,但仍然清醒地認識到朝鮮並非純然華制,國力也較弱小,在改革自强方面仍有很大空間,於是產生了不同的實現路徑。以宋時烈爲首的早期老論派將朱子學"原教旨主義"化,"非禮勿動",堅持以嚴格的中華標準改革朝鮮禮俗,直到成爲真正的"小中華"。但以朴趾源、朴齊家爲代表的北學論者則將目光投向現實清朝,在老論派强大的政治輿論壓力下靈活地轉換話語表達,既指出清朝與中華的區分與聯繫,又將清朝可取之法稱之爲"中華之遺法""固有之良法美制",以化解北學理論的政治立場問題。有學者指出,朝鮮四色黨爭中,以李瀷爲代表的南人派、以柳壽垣等爲代表的少論派、長期執政的老論派共同影響了後來"北學派"的主張。②然而,學界往往關注"北學派"思想的内容及其影響,卻不大重視"北學派"對朝鮮士人對華心理的診斷及對"小中華"思想的凝視。

第一,在信息來源和情報分析上,朝鮮使臣的判斷多誇大其詞,不明根由。針對以往士人誇大清人不學朱子、道統獨在朝鮮的言論,朴趾源認爲清朝士人駁朱是發泄對清帝"陽尊而爲禦世之資"統治之術的怨氣,"故時借一二集注之誤,以泄百年煩冤之氣",而朝鮮士人"不識此意,乍接中州之士,其草草立談,微涉朱子則瞠然駭聽,輒斥以象山之徒。歸語國人曰'中原陸學大盛,邪説不熄',聽之者又不究本末"。他指出朝鮮士大夫"白地春秋,空談尊攘",難道清朝文人没有此心嗎?但搜集情報的朝鮮譯官"樂其誕而自愚",而朝鮮三使在京期間久處深館,聽到譯官談起一些清朝荒誕之事,"掀髯拊簾曰'胡無百年之運',慨然有中流擊楫之想,其虛妄甚矣"。③

朴趾源尖鋭地指出,朝鮮使臣有"五妄",即五種非禮或虛妄之處,而與之相對應的是,清朝"中州之士"有"三難",即可貴之處:博涉經史,酬答如響;寬雅嫻禮,不失大國之體;畏法慎官,制度如一。而朝鮮使臣遇到

① 朴趾源:《燕巖集》卷一二《熱河日記 馹汛隨筆》,《影印標點韓國文集叢刊》,第252册,第177頁。
② 申佳霖:《18世紀前半朝鮮王朝的黨爭格局與"北學中國"由緒》,《史林》2022年第1期。
③ 朴趾源:《燕巖集》卷一四《熱河日記 口外異聞》,《影印標點韓國文集叢刊》,第252册,第259、297頁。

清人，由於"未嫻辭令"，净挑敏感而忌諱的話題詢問，"或急於質難，徑談當世；或自誇衣冠，觀其愧服；或直問思漢，使人臆塞"。其實即使如洪大容這樣的北學人士，也不能免俗，他也故意觸及清人的禁忌話題，沾沾自喜地説朝鮮人"惟保存頭髮，爲大快樂"。當時潘庭筠和洪大容有一個關於朝鮮人爲何不穿錦衣的問答，對此，李德懋一針見血指出："東國非尚儉，全係貧耳。"①

第二，在文化心理和對華心態上，朝鮮士人多沾沾自喜，立場先行，思想僵化。洪大容在與杭州三士交流後，認爲此三人雖"斷髮胡服與滿洲無別"，但畢竟是"中華故家之裔"，且"傾心輸腸，呼兄稱弟"，反觀朝鮮人"雖闊袖大冠沾沾然自喜"，但仍是"海上之夷人"。②因此，他認爲"我東之慕效中國，忘其爲夷也久矣"，批評朝鮮士人"沾沾自喜，局於小知者。驟聞此等語，類多怫然包羞，不欲以甘心焉"，同時也批評朝鮮非但不能同情"神州厄運"，反而落井下石以中華自居，"欲乘虛正位，隱然以中華自居"。③朴齊家指出攘夷心態的影響下，"今人正以一胡字抹殺天下"，朝鮮士人刻意追求清朝負面消息，比如只要贊美清朝人物，"必怫然變色"，但若批評清朝亂象，"必大喜，傳説之不暇"。④

質言之，北學論對朝鮮對華觀的診斷和審視，一方面揭示了以往朝鮮對清朝的認識受制於狹窄的信息渠道及狹隘的文化心理，充滿着故意隱瞞或政治曲解，破除了朝鮮士人以中華自居的虛榮心，反映出當時朝鮮政治輿論的激烈鬥争，另一方面也透露出有着更大國際視野的北學派，焦慮於朝鮮的故步自封，其思想主張的核心仍是以改革來達到保國自强。從這一點上來説，北學論談不上是對以往"小中華"思想的"反叛"，而是繼承了"事大尊周"的思想，在北學派對"尊攘""夷夏"作了區分處理後，兩者並行不悖。更重要的是，這一定程度上迎合了朝鮮王權在"蕩平"政治上的思想需求，正祖感念清朝厚待，認爲"此與尊周大義元不相悖矣"，⑤這與北學思想其揆一也。

---

① 李德懋：《青莊館全書》卷六三《天涯知己書》，《影印標點韓國文集叢刊》，第259冊，第131—132頁。

② 洪大容：《湛軒書》外集卷三《杭傳尺牘 乾净録後語》，《影印標點韓國文集叢刊》，第248冊，第174頁。

③ 洪大容：《湛軒書》内集卷三《又答直齋書》，《影印標點韓國文集叢刊》，第248冊，第67頁。

④ 朴齊家：《貞蕤閣文集》卷一《謾筆》，《影印標點韓國文集叢刊》，第261冊，第609頁。

⑤ 李祘：《弘齋全書》卷一七五《日得録》，《影印標點韓國文集叢刊》，第267冊，第418頁。

五、近代東亞變局與朝鮮"小中華"思想的攘夷轉向

　　朝鮮後期對中國的看法存在很大的張力和彈性空間,很難用一個清晰的脈絡來勾勒其變化的歷程。如金永植所言,朝鮮王朝對中國的看法是認識世界、文化、價值和自己身份的基礎,但朝鮮後期士人對中國的看法,非常複雜且不斷變化,有些相互矛盾,有些也有摩擦。①朝鮮後期的對華認識不僅在縱向上有很大的變化,在橫向上,即同一時代也充滿着各種爭論。

　　雖然朝鮮在十七世紀就接觸了西學書籍及五大洲圖,但畢竟比較零散,直到十八世紀,朝鮮使臣將大量在北京接觸到的西學書籍和五大洲圖如利瑪竇《坤輿萬國全圖》傳到國內,引發了不少儒者的強烈反應。一部分儒者被西學地圖、地球説等地理知識所震撼,對傳統的以中華世界爲中心的地理觀和"小中華"思想產生了衝擊。還有一部分儒者堅決批評這些西方地理知識,主要"是由隨着天主教的擴散對傳統的社會秩序有危機感的、具有保守傾向的學者們提出的"②,也就是説大部分學者基於儒教及與清朝的宗藩關係,仍然堅持着"小中華"思想。但是,這些西學知識無疑使朝鮮部分儒者認識到,天下之大,中國並非中央王朝,西學也自成體系,這一方面解構了中國中心論,消釋了過去狹隘的華夷觀念,更加務實地看待兩國關係,另一方面也刺激了朝鮮的危機意識,增強了與清朝之間的共同體觀念,日漸警惕天主教及西學倫理對儒教正統及政治秩序的挑戰。

　　正祖去世後,朝鮮因天主教的廣泛傳播及時派、僻派的鬥爭,發生了"辛酉邪獄""黃嗣永帛書"事件,"蕩平政治""北學"運動也至此進入尾聲,"勢道政治"正式登場,外戚嚴密控制住朝鮮王權,成爲十九世紀朝鮮政治的基本特點。在"勢道政治"下,朝鮮"小中華"思想一度回到原先嚴厲的華夷之辨,只不過此時的"夷"更多是指洋夷,"詎意極西方陰沴之氣,闖入小中華禮義之邦"③,"小中華"與"極西方"勢不兩立。朝鮮對清朝的態度已大大改觀,多以"中國""天下"稱呼清朝,以"皇上""皇帝"代替原來的"清主""胡皇"。哲宗時期,清朝發生了太平天國起義和第二次鴉片戰争,對此,

---

　　① ［韓］金永植《중국과 조선,그리고 중화: 조선 후기 중국 인식의 전개와 중화 사상의 굴절》,第 469 頁。

　　② ［韓］安洙英:《朝鮮後期西方世界地圖的傳入與影響》,《世界歷史評論》2021 年第 4 期。

　　③ 《朝鮮純祖實錄》卷三,純祖元年十二月甲子。

朝鮮政府緊密關注相關態勢，内心希望清朝早日平定叛亂和解除外患。①

　　儘管朝鮮政府希望清朝平定太平天國起義，但對部分儒者來説，清朝始終是夷狄，太平天國起義使他們看到了另一種華夷秩序的 "回歸"。以李恒老、金平默、柳重教、柳麟錫爲代表的 "華西學派"，一面繼承宋時烈以來的君臣大義和華夷觀念，仍視清朝爲夷狄，期待義主必興，一面將矛頭指向西方列強和日本，以 "衛正斥邪" "尊華攘夷" 爲口號抵制天主教及開化思想。自詡繼承朱子和宋時烈道統的李恒老（1792—1868），認爲若太平天國恢復衣冠文物，最終驅逐清朝和洋夷奪得政權，朝鮮應像鄭夢周舍元服明般，奉太平天國爲正朔："使斯人掃清夷狄，君長天下，則我國當用圍隱之義，背北胡而向真主可也。"②

　　當然，朝鮮最終發現太平天國不僅沒有恢復衣冠文物，反而是儒教綱常倫理的破壞者。與此同時，朝鮮在第二次鴉片戰爭期間不只關注戰爭走向，也更關切萬一清朝和西方列强講和之後，西方倫理對 "小中華" 的衝擊，"以其蔑倫悖常之術，欲爲傳染於四海者也"。③高宗即位後，大院君執政，敵視天主教。1866 年，朝鮮又興起規模最大的 "丙寅邪獄"，發布 "斥邪綸音"，處死 8000 多名天主教徒及 9 名法國傳教士，聲稱朝鮮 "媲侔中華，遂稱天下文明之國"，但 "耶穌之禍，有甚於楊、墨，則聖人之道亦幾乎泯矣"。④受此事件刺激，法國發動 "丙寅洋擾"，出動軍艦攻陷江華島，大院君刻下 "洋夷侵犯，非戰則和，主和賣國" 十二字，李恒老也被起用，主要是因爲他的 "衛正斥邪" 思想有利於爲大院君的斥和攘夷政策造勢。"雲揚號事件" 後，1876 年，執政的朝鮮閔妃集團準備與日本談判，引起大批儒生的强烈反對。柳麟錫聯合地方儒生上 "斥洋疏"，崔益鉉學習當年趙憲持斧上疏，認爲日本實爲 "洋賊"，"倭洋一體"："彼雖托倭，其實洋賊。和事一成，邪學傳授，遍滿一國……今倭之來者，服洋服，用洋炮，乘洋舶，此倭洋一體之明證也。"⑤但迫於威勢，朝鮮最終與日本簽訂《日朝修好條規》（《江華條約》），從此，朝鮮逐漸陷入日本步步蠶食、最終鯨吞的計劃中。

---

① 黃修志：《19 世紀朝鮮哲宗時期的王權運作與對華關係》，《世界歷史》2022 年第 2 期。

② 李恒老：《華西先生文集》附錄卷三《金平默錄三》，《影印標點韓國文集叢刊》，第 305 册，第 383 頁。

③ 《承政院日記》，哲宗十一年十二月初十日，第 2635 册。

④ 《朝鮮高宗實錄》卷三，高宗三年八月己丑。

⑤ 《朝鮮高宗實錄》卷一三，高宗十三年一月乙卯。

　　當時清朝也面臨着日本侵略和俄國南侵的危機，尤其是在日本吞併琉球後，李鴻章提出"以夷制夷"的設想，建議朝鮮向列强開放，但遭到朝鮮政府的拒絶。1880 年，清朝駐日參贊黄遵憲將撰寫的《朝鮮策略》贈給朝鮮赴日修信使金宏集，其親中、結日、聯美、防俄的主張得到朝鮮執政集團的支持，但遭到政界和學界的反對。嶺南儒生李晚孫等萬人聯疏大加鞭撻，認爲俄國、美國、日本"同一夷虜，難置厚薄於其間"①。其實，比起國家存亡，"衛正斥邪"派更警惕的是西洋倫理，李恒老認爲"西洋亂道最可憂，天地間一脈陽氣在吾東……國之存亡，猶是第二事"②。

　　對"華西學派"來説，尊周意味着世界只有一個中心和標準，那就是中國，朝鮮只能成爲依賴中國的"小中華"，"蓋中國，世界之一大宗，天地之一中心也"，"惟中國有建皇極，爲大一統……中國得爲大一統，世界定於一"。③高宗在日本慫恿下建立大韓帝國時，柳麟錫堅決反對高宗稱帝，他認爲：朝鮮尊周思明已三百多年，皇帝只能是中原大陸的稱號，朝鮮雖是中華文化繼承者，但畢竟只是偏邦，只需要等待大陸有新的君主出現，而且，若真貿然稱帝，若大陸有新君主，將如何面對？④因此，他認爲未來中國與朝鮮要建立一個儒教式的東方世界，即"大中華"與"小中華"融爲宗法一家的"華東"世界，他創作了諸多以"華東吟"爲題的詩歌。⑤

　　1912 年，清帝退位，中華民國成立，這本是朝鮮後期不少儒者念兹在兹的願望，但朝鮮半島早在1910年已被日本吞併淪爲殖民地。流亡中國的柳麟錫、金澤榮、金鼎奎、申圭植、申采浩等爲抗日復國，也寄望於中華民國總統袁世凱的支持。柳麟錫一方面歡喜於"中華復明於天地之間"，"敝邦爲大中華之小中華，視中國如支族之於宗家"，"惟中國敝邦，素稱大小中華而有同休戚也"，寄望於中國幫助其復國；另一方面也批評中華民國並没有成爲實質上的中華，因爲中華民國採用了西洋的共和政治，而未光復帝統、典章、衣冠，

① 《朝鮮高宗實録》卷一八，高宗十八年二月戊午。
② 柳重教：《省齋集》卷四三《華西先生語録》，春川：翰林大學校泰東古典研究所，2015 年，第 402 頁。
③ 柳麟錫：《毅庵集》卷五一《宇宙問答》，《影印標點韓國文集叢刊》，第 339 册，第 353、393—394 頁。
④ 柳麟錫：《毅庵集》卷六《答崔勉庵》，《影印標點韓國文集叢刊》，第 337、338 册，第 166、353 頁。
⑤ 柳麟錫：《毅庵集》卷三《華東吟》，《影印標點韓國文集叢刊》，第 337 册，第 109—110 頁。

只是“以洋退清”，“國名中華而去其實”，“攘清而崇洋”，① “夫清猶有存倫綱之名，猶有尊聖賢之貌，猶有凡事體例，近中華之形。今西洋，一切相反，比清又落萬層也，以洋退清，其得有如齊之伐燕乎？”②

歷史進入 20 世紀，王朝和王權都已崩塌，支撐朝鮮王朝五百年的“小中華”思想也不再是侯國象徵，轉而成爲蘊含着“義”的民族象徵，③ 繼續爲近現代朝鮮半島的民族主義思潮提供養分。

結　語

朝鮮王朝“小中華”思想不只是一種深刻的思想心態，也是一種堅實的身份認同和政治文化，對近代以來朝鮮半島的民族認同產生了一定影響。一方面，身份認同在同一時代的內涵功能是複雜的。民族認同不只是一種意識形態或政治鬥爭的形式，也提供了一個强大的“歷史與命運共同體”，重塑了集體信仰，使個體獲得新生與尊嚴，因此人們需要借助象徵符號、儀式和典禮的力量。④ 另一方面，身份認同在不同時代也不斷變化，若審視任何一個群體，“身份認同不斷發展變化，因爲時代的改變，以及對內部事態、宗教覺醒或是外部壓力的回應”。⑤ 職是之故，朝鮮後期的“小中華”思想也是在橫向和縱向上都有不同的呈現，並與朝鮮王朝的王權危機、政治調整糾纏在一起。

首先，作爲王朝的政治文化和身份認同，“小中華”思想有其複雜的靜態構成。朝鮮後期看似多變的“小中華”思想直接繼承了朝鮮前期已然完備的“小中華”思想，包括君臣大義、字小事大、華夷之辨等政治倫理，也包括慕華尊周、事大尊周、交鄰備邊等內涵層次。朝鮮後期的對清態度，無論是“復仇雪恥”“春秋大義”還是“尊周大義”“尊周思明”，都是由朝鮮與明朝早就結成的君臣大義的政治倫理所決定，如何延續與明朝的名分問題，已經超越了一個具體的歷史問題，而是上升爲治國理念和政治原則，直接關係國內儒教倫理和政

---

① 柳麟錫：《毅庵集》卷一二《與中華國袁總統》，《影印標點韓國文集叢刊》，第 337 册，第 327—328 頁。

② 柳麟錫：《毅庵集》卷三三《散言》，《影印標點韓國文集叢刊》，第 338 册，第 385 頁。

③ ［韓］裴祐晟：《조선과 중화：조선이 꿈꾸고 상상한 세계와 문명》，第 545 頁。

④ ［英］安東尼・D. 史密斯：《民族認同》，王娟譯，南京：譯林出版社，2018 年，第 195、196 頁。

⑤ ［加］瑪格麗特・麥克米倫：《歷史的運用與濫用》，孫唯瀚譯，桂林：廣西師範大學出版社，2021 年，第 79 頁。

治秩序的穩固。而且，在朝鮮後期，明朝不僅是一個歷史上的王朝，還升華爲一種具備普遍文明價值的中華標準。

其次，作爲王權合法性的邏輯裝置，"小中華"思想又因內外時局變化而充滿動態運作。"小中華"思想的背後包含着皇權、王權、士權、夷權等互相鬥爭的權力邏輯，其中，王權作爲核心角色，如何在其他三種權力的環伺中實現突圍並鞏固其政治權威，對"小中華"思想產生深刻影響。這決定了朝鮮王權集團在對外政策上繼續沿用傳統的現實主義策略，靈活調整"小中華"思想中各種靜態要素，既可强調君臣大義，將"尊周思明"儀式化，修建大報壇，上演各種思明劇本，與士林爭奪道德話語權，又可沿用"以小事大"的保國政策，借助清朝皇權打擊士林及周邊威脅，還可講求華夷之辨，宣稱"胡無百年之運"，消解背叛大明君父、稱臣"犬羊之輩"的恥辱，加强北部邊防以免清朝敗退時危害朝鮮。

最後，作爲改革自强的話語武器和輿論符號，"小中華"思想又在不同政治集團或儒學群體中顯現不同爭論。雖然朝鮮後期貌似以"中華正統"自居，但並不意味着朝鮮真的要成爲一個政治上的中華，更多地是以中華爲標準推進現實的政治改革。無論是老論派還是少論派或是後來的北學論者，其"小中華"思想都有不同傾向，但共同的目的都是爲了改革自强。所謂的"中華正統"在儒林階層更多的是老論派宋時烈提倡的"朱子道統"或"中華道統"，在王室階層是明朝作爲大宗和君父消失、朝鮮作爲小宗和藩王存留的宗法倫理，但兩者都會在話語符號上突出華夷之辨以加强現實感。簡言之，"中華正統"其實來源於宗法秩序、朱子道統、華夷之辨三個方面。

朝鮮後期"小中華"思想不僅在橫向上有衆聲喧嘩的爭論，在縱向上也有漫長複雜的變遷。第一階段，仁祖時期，以丙子之役爲起點，朝鮮被迫絕明服清，雖引發士林激烈爭論，但朝鮮的重心是保國，還不敢提雪恥，這也刺激了士林與王權的疏離，加劇了王權合法性危機。第二階段，孝宗時期，孝宗即位前後有明顯的雪恥觀念，經宋時烈的改造，"復仇雪恥"風頭正健，但王權與士林同床異夢，孝宗以北伐來鞏固名分，打擊親清派以伸張王權，而宋時烈的訴求更强調"修內"，推進華化改革。第三階段，肅宗時期，雖有人提出趁"三藩之亂"聯合各方勢力北伐，但迅即被否定，此時正值明亡六十周年，肅宗在爭論中修建大報壇以抵禦朝鮮普遍忘記明朝的現象。第四階段，英正時期，"胡無百年之運"破產，王權徹底放棄了"復仇雪恥"的幻想，一面開展各種"尊周思明"的儀式繼續維護王權威嚴，實施"蕩平政治"

平衡黨争，一面與清朝展開深入交流，刺激了北學論者反思和診斷，學習清朝繼續改革自强。第五階段，十九世紀，在“勢道政治”的壓制和内亂、西方的衝擊下，王權日益依靠清朝皇權獲取保護，已産生了明顯的尊清觀念，隨着“洋擾”及日本侵略的加劇，“衛正斥邪”思潮高漲，標志着朝鮮攘夷的對象已主要轉變爲“倭洋”，即日本和西方，“倭禍亦洋禍也”①。“小中華”最終潛入到近代朝鮮半島民族認同中。

《熱河日記》與清代的"滿蒙一體"

陳冰冰

【摘　要】清朝通過"恩威並施""分而治之"的統治政策，使國家在一定時期保持相對和平與穩定的發展。"滿蒙一體"的治國理念，使滿蒙關係實現長久的穩定，爲中國多民族"一體化"的推進，爲多民族的融合與發展打下了良好的基礎。本文結合朝鮮燕行史料《熱河日記》中的記載，探究 18 世紀清代的滿蒙關係以及各民族之間的交往交流與交融。

【關鍵詞】"滿蒙一體"　清代　《熱河日記》　民族融合

一、序言

在古代，北方遊牧民族始終是中原王朝的重要威脅和隱患，歷代王朝大多承襲傳統的華夷觀念，實行"内外分治"的統治策略，但邊疆問題始終無法解決。作爲少數民族政權，清朝統治者打破原有民族政策的局限，摒棄傳統的華夷觀念，倡導並實踐"内外合治""中外一體"的治國理念。同時，根據各民族不同的特點，采取多元化的治理方略，堅持"恩威並施""分而治之"的統治政策，以積極的態度治理邊疆各民族，制定符合各民族實際情況的政策與措施。對於主動接受清朝管轄的喀爾喀蒙古，清朝政府廢長城，拆藩籬，通過較爲和平的方式統一漠北，使邊疆與中原逐漸融爲一體。經過康雍乾三朝的努力，實現了邊疆地區的統一，使邊疆各民族起到"屏藩"和"拱衛"

【作者簡介】陳冰冰，北京第二外國語學院亞洲學院教授。

【基金項目】國家民委民族研究項目"燕行史料《熱河日記》中的 18 世紀中華民族交往交流交融研究"（2021–GMC-019）階段性成果。

的作用，各民族在一定時期保持相對穩定的發展。十八世紀的清朝社會實現了國家安定、經濟繁榮、民族團結的大一統局面，同時也開啓了中國多民族一體化的新的歷史進程，中華民族共同體也得以更進一步鞏固和發展。

乾隆四十五年（朝鮮正祖四年，1780），朝鮮使團赴中國慶賀乾隆帝七十壽辰，朝鮮學者朴趾源（1737—1805）以隨行人員的身份入燕。《熱河日記》是朝鮮學者朴趾源的代表之作，是朝鮮《燕行録》文學的集大成之作。該作品記載了以朴趾源爲代表的朝鮮使團在中國歷時三個多月的見聞與紀行。朴趾源在《熱河日記》中多次提到清代中國的邊疆穩定、民族統一等問題，尤其是清朝統治者對蒙古與西藏的態度、對邊疆少數民族所實施的統治政策等相關内容。

本文結合中國史料以及朝鮮學者朴趾源《熱河日記》中的文獻記載，從身份認同、政治制度、文化融合等方面，就清朝實施的“滿蒙一體”民族統治政策以及朝鮮學者對清代滿蒙關係的認知等問題進行探究。同時，以史爲鑒，映照現實，促進新時代各民族之間更好的交往交流交融。

二、身份上的控制與認同

清朝是中國歷史上少有的少數民族政權之一，是繼元朝之後又一個由少數民族實現空前統一的封建王朝。清朝作爲少數民族政權，與元朝時期蒙古族統治者一樣，入關之初便面臨着“以少數統治多數”的問題。爲了緩解民族矛盾，得到蒙古貴族和漢族士大夫階層的支持，穩固自己的統治地位，清朝統治者積極推行尊儒崇文的政策，實施一系列進步、開明的改革措施，倡導“滿蒙漢一體”，在官制上滿蒙、滿漢並用，建立起以滿洲貴族爲主，蒙古貴族、漢族士大夫階層共同執政的國家政權。

清入關前，皇太極就多次提出“滿漢之人，均屬一體”“滿洲、蒙古、漢人，視同一體”[1]，即“滿蒙漢一體”的治國理念。而康熙帝在位期間，又進一步提出“一切生民，皆朕赤子，中外並無異視”[2]，中國實現了前所未有的統一局面。清代的“滿漢一體”“中外一體”的進步思想，是對儒家“大一統”思想的繼承與發展。同時，清朝政府還相繼創建了滿洲八旗、蒙古八旗、漢軍八旗，將這種“一體化”思想以制度形式鞏固下來，開啓了中國多民族“一

---

① 《清太宗實録》卷一，《清實録》，北京：中華書局，1985 年影印本，第 2 册，第 26 頁。

② 《清聖祖實録》卷六十九，《清實録》，第 4 册，第 888 頁。

體化"的歷史進程,形成了多民族融合與發展的新局面。

對於清朝統治者而言,邊疆的穩定關係到國家的安定和統一,而其中滿蒙之間的關係至關重要。蒙古人驍勇善戰,始終是邊疆潛在的威脅,清朝以史爲鑒,自建國起,便提出"滿蒙一家"的口號。在清代,蒙古分爲内屬蒙古與外藩蒙古,清朝政府爲了消除來自蒙古的威脅,防止蒙古部落再度强大,專設理藩院來統管蒙古事務,對蒙古實行盟旗制與札薩克制,内屬蒙古的各旗由朝廷任命官員治理。同時,爲了籠絡蒙古上層,清朝統治者通過聯姻、封授爵職、册封汗位等方式來獲取他們的支持,並以此來維護滿蒙之間的關係。盟旗制度的實施,使各部落互不從屬,各部落的力量一直處於分散狀態,而這樣便無法對清朝政府構成威脅。朴趾源在《熱河日記》中對當時蒙古的現狀有這樣一段評價:

> 蒙古之人之生長中華者,其文章學問等夷滿漢,然其容貌魁健,殊爲不類,况其四十八部之酋長乎? 酋長各擁王號,如左賢、谷蠡,莫相臣屬,勢分力敵,未敢先動,此固中國所以晏然而無事者也。[1]

"莫相臣屬,勢分力敵,未敢先動",朴趾源用簡單而又犀利的語言指出了清朝政府對蒙古各部落實施分封的策略,同時也指出了清政府的這一管理制度所達到的效果。自元代起,蒙古人便常年居住中原,深受中原文化影響,早已不是只會在馬背上征戰的野蠻民族。清朝統治者通過對蒙古的分封,將蒙古各部勢力碎片化,以此來削弱整體實力,實現了滿蒙多年來的和平相處,從而讓中國能够"晏然而無事"。

當然,蒙古族在清朝建立過程中立下了汗馬功勞,清朝對蒙古族也是格外重視。出於籠絡蒙古上層勢力的需要,清政府對蒙古王公貴族給予較高禮遇,建立了牢固的滿蒙貴族聯盟。《熱河日記》中記載了一些蒙古貴族,如其中的破老回回圖,雖然在樣貌上保留着蒙古人的一定特徵,却"學問淵博"。

> 破老回回圖,蒙古人也。字孚齋,號華亭。見任講官,年四十七。康熙皇帝外孫。身長八尺,長鬚郁然,面瘦黃骨立,學問淵博。余遇之酒樓中。爲人頗長者,所帶僮僕三十餘人,衣帽鞍馬豪侈,

---

① 朴趾源著,朱瑞平校點:《熱河日記》卷三《黃教問答》,上海:上海書店出版社,1997年,第177頁。

似是兼兵官也，貌亦類將帥。①

通過這段人物介紹，我們可以瞭解到破老回回圖是康熙皇帝的外孫，是蒙古貴族階層，這反映了清代推行的滿蒙聯姻政策。清朝統治者通過聯姻的方式，拉攏蒙古各部的貴族，從而增強自身的實力。而這一政策的實施也讓蒙古貴族們可以長期生活在內地，在與滿、漢等各民族之間長期交流與融合的過程中，他們潛移默化地學習漢語和漢文化，其文化素質與修養自然不可同日而語。這是"滿蒙一體"的結果，同時也是"大一統"背景下，各族人民在政治、經濟、文化等各方面長期交流、融合的結果，對滿蒙文化、滿漢文化的交流與融合也起到了重要的推動作用。

在清代，蒙古貴族已成爲清朝管控蒙古、統治全國的得力助手，他們在清朝政治中位高權重，很多人擔任吏部尚書、刑部尚書、理藩院尚書、軍機大臣、伊犁將軍、駐藏大臣等核心要職。在清代，皇帝每年都會在熱河行宮接見蒙古王公，雙方聯絡感情，鞏固滿蒙聯盟的關係。因此，清統治者在各方面體現出對蒙古王公貴族的優待。

> 左有二低床，二蒙古王聯膝坐，面皆黑赤色。一鼻銳額隆，無髭；一削面虬鬚，衣黃衣。喋喋相視語，復仰首，若有所聽。二喇嘛立侍於右，軍機大臣立喇嘛下。軍機大臣侍皇帝則衣黃，侍班禪則易喇嘛服。②

這是《熱河日記》中一段有關朝鮮使臣奉旨參見班禪額爾德尼時的內容記載，班禪額爾德尼坐於大殿的中央，左邊是蒙古王，右邊是喇嘛。在清代，以左爲尊，朴趾源特別留意了當時班禪、蒙古王、喇嘛之間的尊卑關係，即當時蒙古王的地位要高於喇嘛。朴趾源還詳細記載了當時兩位蒙古王的容貌特徵和衣着打扮。通過這些記載，可以看出清統治者給予班禪爲首的黃教極高的禮遇，對蒙古王公同樣也是格外重視。

此外，滿蒙八旗兵在全國戰略要地駐防，這也打破了傳統的身份限制，是繼元朝之後，所謂的北方"夷狄"大規模進入中原，與眾多的漢人共同居住的社會現象。而且，與元朝相比，此時進入中原的少數民族更多、規模更大。清入關之後，作爲一個北方少數民族定鼎中原，民族人口少，軍隊兵員更少。

---

① 《熱河日記》卷三《傾蓋録》，第 163 頁。
② 《熱河日記》卷三《札什倫布》，第 184 頁。

清朝政府爲了鞏固自己的統治地位，維持國家安定，將滿、蒙、漢八旗兵設爲八旗駐防營，鎮守京師及全國重要城鎮關隘與水陸交通要地。在北京城内，圍繞紫禁城設有八旗駐防營；在京師外圍的四周，也設置了許多八旗駐防城，對北京形成了雙層駐防體系。此外，清朝統治者在距離北京更遠的熱河、保定、滄州、太原、德州等重鎮也設置了八旗駐防營，這樣便與北京城内外的駐防八旗形成表裏拱衛之勢，確保了北京城的安全。

> 所在軍鋪，宿衛壯士皆出視。方余獨自仿徨，則争爲遥指西北，遂挾河而行。河邊白幕數千帳，皆蒙古戍守之兵也。①

朴趾源在《熱河日記》中記載了當時在熱河地區蒙古兵駐軍的情況。熱河是清代的行宫所在，該地區的兵力部署自然也得到格外重視。乾隆時期，避暑山莊進行了大規模的改建，該地區的駐軍進一步增加。"白幕數千帳"，由此便可以得知當時駐守在熱河的蒙古兵數量之多、規模之大。井然有序、制度森嚴的八旗駐防體系，是清代的一種獨特的駐防軍制。這一駐防軍制的實施，讓作爲少數民族的清朝政權定鼎中原之後，能夠維繫兩百多年的長治久安，不僅對清朝政府政權的鞏固起到了重要的作用，對於滿蒙漢各民族的融合也具有非常重要的歷史意義。

三、政治上的緊張與和諧

蒙古人驍勇善戰，具有極强的戰鬥力，在周邊各少數民族中實力較强。清朝之所以能夠統治中國 200 餘年，其中一個重要原因就是妥善地處理與蒙古的關係，利用蒙古貴族來維護自己的統治。清入關後，清朝統治者給予蒙古較多的優待，使蒙古成爲其可以依靠的一支重要力量，滿蒙之間的和平與穩定對清朝的統治具有極其重要的影響。同時，蒙古與中原地區接壤，再加上實力强大，始終是清朝統治者的最大威脅。因此，爲了防範來自蒙古勢力的威脅，清朝統治者在對蒙古實施優待措施的同時，通過"政教分離""分而治之"等控制措施在各方面加强防範。

> 蓋滿洲雖蕃息，不能半天下。其入中原已百餘年，所以胞養水土、培習風氣，無異漢人，清汰粹雅，已自文弱。顧今天下之勢，其所畏者，

---

① 《熱河日記》卷二《太學留館錄》，第 136 頁。

恒在蒙古而不在他胡，何也？其強獷莫如西番回子，而無典章文物可與中原相抗也。獨蒙古壤地相接，不百里而近。自匈奴、突厥沿至契丹，皆大國之餘也。自衛律、中行說已爲逋逃之淵藪，況其典章文物猶存故元之遺風乎？……今吾察熱河之地勢，蓋天下之腦也。皇帝之迤北也，是無他，壓腦而坐，扼蒙古之咽喉而已矣。①

清初，熱河地區主要是蒙古部落游牧之地，而熱河本身又具有極爲重要的軍事戰略地位。在地理位置上，熱河與北京、山西、河北、内蒙古，以及東北三省接壤，屬於京師防務要地。因此，清朝統治者對熱河地區尤爲重視，這裏所實施的民族政策對滿蒙關係、對邊疆的安定都有着至關重要影響。清朝統治者在熱河修建避暑山莊的一個重要原因就是加強對蒙古的控制與管理，鞏固北部的邊防。"壓腦而坐，扼蒙古之咽喉"，朴趾源以其敏銳的政治洞察力，明確指出了蒙古對北部邊防所存在的威脅，以及清朝統治者在此大規模修建避暑山莊的根本目的。

地據險要，扼蒙古之咽喉，爲塞北奧區。名雖避暑，而實天子身自防胡，如元世草青出迤都，草枯南還。大抵天子近北居住，數出巡獵，則諸胡虜不敢南下放牧，故天子往還常以草之青枯爲期，所以名避暑者此也。②

自避暑山莊建成後，清皇帝每年都會到山莊居住一段時間，表面上是爲了避暑，而其實更多的是出於政治目的。清皇帝在此宴請蒙古王公，一方面拉近與蒙古各部之間的距離，同時也可以及時瞭解並把握蒙古的動向。而每年舉行的木蘭秋獮，以及大規模入駐的八旗兵，也是對蒙古及其他各邊疆民族的震懾。

長城是中國古代北方遊牧民族與中原農耕民族長期攻守防備的一個歷史產物。中國歷朝歷代統治者都以長城作爲屏障，以此來維護中原的穩定。而清康熙帝則認爲長城無實效，他指出："我朝施恩於喀爾喀，使之防備朔方，較之長城更爲堅固。"③清朝皇帝對蒙古實施懷柔政策，通過與蒙古貴族建立聯盟，使其成爲清朝統治的可靠支柱，是"滿蒙一體"治國理念的體現。所

① 《熱河日記》卷三《黃教問答》，第178頁。
② 《熱河日記》卷二《漠北行程録》，第112頁。
③ 《清聖祖實録》卷一五一，《清實録》，第5冊，第677頁。

謂人心所向，衆志成城，才是守疆固土的根本。廢長城，不僅僅只是一個邊疆政策，它打破了兩千年來傳統的華夷觀、民族觀，是民族融合與發展的必然，爲中國實現"内外一家""大一統"奠定了堅實的基礎。朴趾源在《審勢編》就指出了清朝這一治國之策。

> 天下之患常在北虜，則迫其賓服，自康熙時築宫於熱河，宿留蒙古之重兵，不煩中國而以胡備胡，如此則兵費省而邊防壯，今皇帝身自統御而居守之矣。①

朴趾源通過自己的觀察與瞭解，對清朝統治者實施的"以蒙古爲長城"的治國方針進行了較爲客觀、犀利的評價。"以胡備胡"，清朝統治者以蒙古爲長城，一方面削弱蒙古的地方勢力，同時又利用蒙古的軍事力量維護清朝的統治。這一智慧的戰略方針，有效地消除了來自蒙古方面的不穩定因素，不僅保護和拓展了清朝北部的疆域，同時還進一步鞏固了清朝在中原地區的統治。"滿蒙一體"的民族政策維護了國家的統一和邊疆的穩定，巧妙地使蒙古勢力由原來的不穩定因素轉變爲維護清代國泰民安的鋼鐵長城，而其中古北口一帶史無前例的安定與平和的景象，就是清朝邊疆政策有效實施的最好體現。

古北口，亦稱虎北口，是萬里長城的重要關隘，與河北承德接壤，北接蒙古高原，入古北口可長驅直入華北腹地。古北口自古就是重要的交通樞紐，也是歷代兵家必爭之地，軍事地位尤爲突出。正如朴趾源所説："大約此關千古戰伐之場，天下一搖則白骨如山，真所謂虎北口也。"②而到了清代，清朝統治者通過靈活的邊疆政策與民族政策，實現了關内關外江山一統，古北口的軍事地位也逐漸降低，這裏已經不再是"千古戰伐之場"，而呈現出一片安定平和的景象。

> 今昇平百餘年，四境無金革戰鬥之聲，桑麻菀然，鷄狗四達。休養生息乃能如是，漢、唐以來所未嘗有也，未知何德而能致之。③

此時的古北口，已經改變了人們傳統的認知，"桑麻菀然，鷄狗四達"，百姓們休養生息，和平安寧。乾隆帝在《入古北口見閭閻秋成有象詩以志慰》

① 《熱河日記》卷四《審勢編》，第219頁。
② 《熱河日記》卷三《還燕道中録》，第153頁。
③ 同上。

中也寫過類似的内容："雄關詎止此提封，壁壘猶看架嶺重。四閱月惟消一瞬，幾章詩耳付千峰。魚鱗塍幸秋成好，馬首路欣暖景逢。薦饉閻閭借稍濟，敢言元氣復吾農。"[①] 這首詩描寫了古北口秋收的景象，百姓們安居樂業，這裏已經不再是灾荒之地，逐漸恢復了生機。堅固的關隘不是治國之本，和平包容的德政才是治國之道，正如康熙帝在《古北口》一詩中所説，"形勝固難憑，在德不在險"[②]，古北口體現了清代先進的治國理念和開明的民族政策。

此外，清朝統治者又巧妙地利用各民族之間的關係和矛盾，互相牽制，防止各族之間的聯合與壯大。清朝入主中原以後，爲了加强對西藏的管理，在西藏設立噶廈作爲地方政府，並派出駐藏大臣督辦西藏事務。同時，爲控制喇嘛上層的權力擴張，清朝政府不允許他們擁有宗教以外的特權，實施政教分離的措施，創立金瓶掣籤法，使達賴喇嘛、班禪額爾德尼的轉世制度都要受到中央政府的嚴格控制和監督。這是清朝統治者對各民族實施的一種"恩威並施"的國家政策，既要通過軍事和武力加以控制和管理，同時也要通過經濟和物質的手段給予一定的安撫。

清朝統治者實施的一系列巧妙的民族政策和治國策略，爲清朝社會帶來了邊疆的安定與民族的團結。朴趾源在前往熱河的途中，目睹了各國的使臣和各族的王公們晝夜兼程，不遠千里奔赴熱河，爲乾隆帝慶賀七十壽辰的壯觀景象。

> 漸近熱河，四方貢獻輻湊并集，車馬橐駝晝夜不絶，殷殷轟轟，勢如風雨。[③]

萬國來朝，是國家繁榮昌盛的象徵，意味着穩定與繁榮的統治不止澤被國内，也及於周邊各國。清朝政府"分而治之"民族政策的實施，使清代各民族之間實現了長期的和平與穩定，18 世紀的清朝社會不僅實現了前所未有的繁榮與安定，同時也推進了各民族之間前所未有的融合與發展。

---

① （清）愛新覺羅·弘曆：《乾隆御製詩文全集》，北京：中國人民大學出版社，2012 年，第 4 册，第 727 頁。

② （清）愛新覺羅·玄燁：《聖祖仁皇帝御製文集》，影印《文淵閣四庫全書》，臺北：臺灣商務印書館，1982—1986 年，第 1298 册，第 302 頁。

③ 《熱河日記》卷二《漠北行程録》，第 123 頁。

四、文化上的碰撞與交融

1644 年清入關之後，推行以中華傳統文化爲主、各民族多元文化并存的文化政策，一方面努力學習博大精深的中原文化，堅持科舉取士，另一方面不斷吸收其他各族優秀的民族文化，促使各民族在語言、民俗、宗教等各方面逐漸融合。長久以來，滿族與蒙古族在文化上相互影響，語言交流是滿蒙文化關係中的一個重要内容，蒙古族的語言文字對滿族的政治、經濟、文化等社會各個方面的發展起到了非常重要的推動作用。清太祖努爾哈赤借用蒙古字母創制滿文，這是滿族文化的進步，擴大了與其他各民族的交往，爲滿、漢、蒙文化的融合與中國的"大一統"做出了重要貢獻。

清朝統治者爲了加強對蒙古的控制，禁止蒙古族人學習和接觸漢字，嚴格控制其與内地的交往和聯繫，這在一定程度上阻礙了蒙古在經濟、文化等方面的進步與發展。但蒙古文化同樣也深受中原文化的影響，忽必烈於 1271 年正式改國號爲元，尊崇儒學，設立國子學，一切典章文物皆仿中原。元雜劇、元代的漢文詩賦都達到了較高水準，中原文化對蒙古人産生了極爲深遠的影響。元朝時期，不僅蒙古人深受中原文化影響，在元朝的統一行政管理和文化政策推動下，各民族之間的文化也在相互滲透與交融，元朝的統一促進了多民族國家的鞏固與發展，爲各族人民的經濟、文化交流提供了條件，促進了各少數民族與漢族的經濟與文化交流，而蒙古文字就是蒙漢文化交流的成果。

朴趾源在《熱河日記》就多次提及中原文化對蒙古族人的影響，對於蒙古人的文化和素養也給予了較高的評價。前面曾提到，"蒙古之人之生長中華者，其文章學問等夷滿漢"。此外，朴趾源還在作品中留下了很多與蒙古族人相關的記載，有蒙古的王公，也有一般的平民百姓，很多内容在其他文獻中都不曾記載，具有重要的史料價值和參考意義。

> 蒙古車數千乘，載磚入瀋陽。每車引三牛，牛多白色，間有青牛。暑天引重，牛鼻流血。蒙古皆鼻高目深，猙獰鷙悍，殊不類人。且其衣帽襤褸，塵垢滿面而猶不脫襪。見我隸之赤脚行走，意似怪之。我國刷驅歲見蒙古，習其性情，常與之狎行，以鞭末挑其帽棄擲道傍，或球踢爲戲。蒙古笑而不怒，但張其兩手，巽語丐還。刷驅或從後脫帽，

走入田中，佯爲蒙古所逐，急轉身抱蒙古腰，以足打足，蒙古無不顛翻者，遂騎其胸，以塵納口。群胡停車齊笑，被翻者亦笑而起，拭嘴着帽，不復角勝。[①]

"狰獰鷙悍，殊不類人。"在朝鮮人眼中，蒙古人一直以來都是野蠻粗暴的形象。這裏所記載的蒙古運輸工人們雖然身處社會底層，衣衫襤褸，蓬頭垢面，但面對朝鮮刷驅輩們的再三挑釁與戲弄，却"笑而不怒"，表現出友善淳樸、憨厚寬容的一面。久居中原的蒙古人，與朝鮮人的固有印象不同，而是與其他中原民衆一樣，靠着自己的勞動過着安居樂業的生活。這段内容體現出了朝鮮人對蒙古人的偏見，朝鮮人一直以來以"小中華"自居，而隨着明朝的滅亡，朝鮮朝甚至將自己看作中華文化的唯一繼承者，他們將蒙古等少數民族視爲蠻夷，言行舉止間無不表現出極度的輕蔑。而元朝時蒙古對高麗的統治，也讓朝鮮人内心深處對蒙古始終懷有抵觸情緒，同時又心存忌憚。

余戲曰："皇帝在熱河，京城空虛，蒙古十萬騎入。"卞君輩驚曰："訝！"余忙赴上房，則一館鼎沸。通官烏林哺、朴寶秀、徐宗顯等犇趨惶擾，面失人色，或推（捶）胸辮踴，或自擊其頰，或自劃其頸，號泣曰："乃今將開開也。"開開者，斬斷也。又跳躍曰："好顆頭砍下。"莫詰其故，而舉措凶且悖矣。[②]

朴趾源在朝鮮驛館戲稱"蒙古十萬騎入"，雖然只是一句玩笑話，但却讓整個譯館驚慌失措，一片哀號。這段滑稽戲謔夸張的場景描寫，將朝鮮人對蒙古的忌憚心理表現得淋漓盡致。在朝鮮人看來，蒙古始終是一個潛在的威脅，蒙古的勢力依然强大，隨時可以帶兵攻打北京，滿蒙關係也並非表面上看起來的那麽和諧。蒙古雖然一直都是清代最大的威脅，但隨着蒙古對中原文化的吸收與融合，蒙古人的性情已經發生了很大的改變，不再是朝鮮人傳統觀念中的形象。

蒙王年八十一，身長幾一丈而磬曲，面長尺餘，黑質而灰白，身顫頭筷，似無景況，如朽木之將顛，一身元氣都從口出。其老如此，雖冒頓，無足畏也。從者數十，而猶不扶擁。又有一蒙王魁健，

---

① 《熱河日記》卷一《盛京雜識》，第 34 頁。
② 《熱河日記》卷二《漠北行程録》，第 114 頁。

與得龍往與之語，則指余繫帽而問語未可解，翩然乘轎而去。得龍
遍向貴人一揖而語，則無不答揖而回話者。①

朴趾源在《熱河日記》中記載了兩位蒙古王公，他們不僅形象高大魁健，
而且風度翩翩。雖然清代對蒙古在文化政策上進行一定的限制，但元朝時漢
文化的學習與接受，已經在一定程度上改變了蒙古人的傳統文化與生活習性，
以儒家文化爲代表的漢文化已經融入蒙古人尤其是上層貴族的生活之中。此
外，蒙古貴族作爲清朝廷的輔國大臣，他們不僅有機會參與到國家政治，而
且可以到各地任職，因此也就有更多的機會去接觸各地民衆的生活與文化，
他們知識淵博，同時又具有深厚的文化底蘊。

此外，宗教文化在這一時期也實現了一定程度的融合與發展。清朝統治
者善於利用宗教來維護自己的統治，蒙古人崇奉佛教，清朝統治者認識到宗
教對蒙古社會的巨大作用，積極推崇藏傳佛教，利用宗教從思想上統治邊疆
少數民族地區。藏傳佛教爲蒙藏民衆普遍信奉的宗教，在蒙藏地區具有主導
和支配地位，對蒙古各部有着絕對的話語權。早在努爾哈赤時期就頒布了保
護喇嘛和寺院的法令，並將推行藏傳佛教作爲統治蒙古的一項長期國策。乾
隆帝時期，爲加強對邊疆地區的管制，大力倡導藏傳佛教，尤其是其中的格
魯派，即黃教，以此來作爲籠絡蒙藏民衆的重要手段。利用宗教治理民族問題，
也是清代一項典型的治國之策。乾隆帝曾指出："本朝之維持黃教，原因衆蒙
古素所皈依，因示尊崇，爲從俗從宜計。"②

　　西藩强悍而甚畏黃教，則皇帝循其俗而躬自崇奉，迎其法師，
盛飾宮室以悅其心。分封名王以析其勢。此清人所以制四方之術也。③

朴趾源在《審勢編》中對清皇帝尊崇黃教的目的和意圖進行了深刻的分
析和評價。乾隆帝迎班禪爲師，並給予極高的禮遇，其目的就是藉助班禪的
政治和宗教影響力加強對蒙古的控制，達到安撫和控制蒙藏地區民衆的目的，
以保證邊疆地區的安定和民族的融合。爲推廣藏傳佛教，清政府在蒙古地區
大規模提倡藏教，修建了大量的喇嘛廟，同時在内地也不惜花費巨資修復寺廟，
如清代大規模修繕的白塔寺、真覺寺等寺廟。朴趾源在《熱河日記》中對真

---

① 《熱河日記》卷二《太學留館錄》，第 130—131 頁。
② （清）松筠：《衛藏通志》卷五，拉薩：西藏人民出版社，1982 年，第 268 頁。
③ 《熱河日記》卷四《審勢編》，第 219 頁。

覺寺留有詳細記載。

> 真覺寺，俗名五塔寺，又名正覺寺。浮圖高十丈，號金剛寶座。入其內，從暗中螺旋以陟其頂。上爲平臺，復置五方小塔，世傳皇明憲宗皇帝生藏衣冠處。寺或云蒙古人所建，或云皇明成祖皇帝時，西番板的達所貢金佛五軀，爲創此寺以舍之。今我人初見金屋番僧，大驚於心。然中國歷代必有此等崇奉，則天下共許天子游神暇豫之地，而兼資冥佑，故雖極崇侈，所以群下不敢指斥，聊相假借之也。①

真覺寺，又名五塔寺，始建於明永樂年間。清代統治者爲了拉攏蒙古與西藏，大力發展藏傳佛教，投入巨資修繕白塔寺、真覺寺，爲的就是拉攏蒙藏首領，在宗教文化上營造一種親近融合的氣氛，最終實現鞏固自身統治的目的。"大驚於心""極崇侈"，從朴趾源的這些描繪中可以看出清統治者在寺廟修復上所耗費的巨資；"群下不敢指斥"，也反映出佛教在清代社會具有極高的地位。白塔寺、真覺寺，自元明後再次進入輝煌的發展時期，這在一定程度上也推動了佛教在內地的發展，推動了宗教文化與中原文化的融合。

五、結語

朝鮮學者朴趾源是 18 世紀朝鮮社會杰出的思想家、文學家，具有敏銳的洞察力和遠見卓識。朴趾源在所撰《熱河日記》中不僅記錄了其在中國的所見所聞，還記載了其對清代政治、經濟、文化等社會現狀的認識與思考，在《太學留館録》《審勢編》《黃教問答》《札什倫布》等部分重點介紹並分析了清代各民族之間的關係，以及清朝政府所實施的民族政策。清朝統治者通過分封、聯姻、宗教扶持等多措並舉的統治政策，加強對蒙古地區的控制與統治，讓滿蒙之間既成爲利益共同體，同時又將蒙古勢力變成一盤散沙，使蒙古長期以來無法對清朝的統治構成威脅。清朝政府對蒙古實施的一系列民族政策，雖然在經濟、文化、思想、科技等方面對蒙古產生了極大的消極影響，但卻有效地保證了北方地區的和平與穩定，促進了滿、蒙、漢之間的文化交流與交融，推動了邊疆與中原地區的融合與發展。

---

① 《熱河日記》卷五，《盎葉記》，第 349 頁。

中華民族燦爛輝煌的歷史是由各民族共同鑄就的，是各民族交融匯聚成多元一體中華民族的歷史。各民族在文化上兼收並蓄、在經濟上相互依存、在情感上的相互親近，這才促使各民族之間的融合，才讓多元文化聚爲一體。各民族你中有我、我中有你，休戚相關、榮辱與共。清朝政府通過多元的民族政策，實現了各民族之間前所未有的融合與發展，實現了中國古代歷史上史無前例的大一統。清代社會長達三百年的歷史進程中，各民族之間在交往交流交融中，相互碰撞，相互融合，共同創造了清代社會繁榮穩定發展的歷史。清代多元、一體化的民族政策，對今後各民族的融合與發展也具有一定的啓示和借鑒意義，用歷史映照現實，借鑒歷史經驗和智慧，不斷推進中華民族共同體建設。

使行中的閲讀：以趙憲《朝天日記》與《東還封事》爲例

葉天成

【摘　要】朝鮮士人趙憲於宣祖七年（萬曆二年，1574）作爲質正官出使明朝，有《朝天日記》；回國後基於使行經歷撰成兩封奏疏，即《東還封事》。使行途中，趙憲購書讀書、抄録邸報，在兩種燕行文獻裏留下了豐富的記録。趙憲從《皇明通紀》《孤樹裒談》中摘編明帝言行，以爲君鑒；夏言、戚繼光的文集與使臣的見聞共同建構了他們的中國印象；邸報提供了時政消息，也展現着行政機構運轉的景象。總之，閲讀書籍是燕行使節接觸、理解中國的重要方式。考察趙憲的閲讀活動，可深化對《朝天日記》與《東還封事》中明朝形象差異問題的認識。

【關鍵詞】趙憲　東還封事　朝天日記　中華觀念

明清時期往來於中國與朝鮮之間的燕行使者，不僅負有外交使命與貿易任務，也往往是書籍流通的通道。使者沿途流連書肆，滿載而歸；抑或携書而來，分贈中國士人；以至於明清政府頒書、賜書等“書籍外交”的活動、朝鮮王國要求糾正官私史籍記載的“書籍辨誣”事件，以書籍爲中心的種種不同面嚮的問題，業已爲燕行文獻的研究者所注意。

書籍既在使行之中占據了重要的地位，那麼閲讀當與見聞一樣，構築着使者對中土的認知。出於這樣的旨趣，本文擬就明朝時燕行使趙憲的日記與奏疏展開討論，通過梳理《朝天日記》中閲讀文獻的相關記述，追溯《東還

【作者簡介】葉天成，北京大學中國語言文學系博士研究生。

封事》所利用的資源，來觀察閱讀如何成爲燕行使理解中國的一種方式。

一、趙憲及其燕行文獻《朝天日記》與《東還封事》

趙憲（1544—1592），字汝式，號後栗、陶原，晚號重峰，生於京畿道金浦縣。明宗二十年（嘉靖四十四年，1565）入太學，二十二年（隆慶元年，1567）中監試，任校書館副正字。宣祖七年（萬曆二年，1574）出使明朝。回國後歷任各曹郎官及外官，身涉黨爭，一度被革職爲民。二十五年（1592）壬辰倭亂間，舉兵破賊於清州，同年戰死錦山。諡文烈。[1] 其投筆從戎、爲國捐軀之壯烈行跡，使其在後世享有崇高聲譽。

趙憲著作，存世者有《重峰先生集》五卷附錄一卷、《重峰先生文集》十三卷附錄七卷、《重峰先生抗義新編》三卷附錄三卷、《重峰先生東還封事》一卷。此外，韓國國家圖書館藏有抄本《海東遺文》一部、抄本《重峰遺事》一部、趙憲書札一封。這些文獻之間的關係尚待目驗考實，而蓋以朝鮮英祖二十四年（1748）活字本《重峰先生文集》十三卷最爲完備。英祖十六年（1740），朝鮮國王召見趙憲五世孫趙煥，命其據家藏手稿在校書館印行趙憲文集，八年之後始竣。[2] 編纂者將舊刊本文集及此前單行刊刻的《重峰先生抗義新編》《重峰先生東還封事》彙爲一編，並根據趙憲手稿進行增補、校勘，正文中誤字、缺字加以標注志疑，間出注釋，每卷後附考異。

趙憲於萬曆二年（1574）以慶賀神宗生辰即"聖節使"來華，同行者有正使朴希立、書狀官許篈等，趙憲本人任質正官。[3] 趙氏《朝天日記》（下簡稱《日記》），今僅見於十三卷本《重峰先生文集》卷十至卷十二。據編者稱，

---

① 關於趙憲的生平，參［朝］趙憲：《重峰先生文集》附錄卷一《年譜》、卷二宋時烈《行狀》，以及漆永祥：《燕行錄千種解題》（北京：北京大學出版社，2021年，第135—140頁）。如無特別説明，本文所引趙憲《朝天日記》與《東還封事》等文字，均來自於十三卷本《重峰先生文集》，《影印標點韓國文集叢刊》，首爾：民族文化推進會1988年據韓國首爾大學奎章閣藏本影印，第54册。

② 據該本附錄卷一《年譜》英祖十六年條。［朝］趙憲：《重峰先生文集·年譜》，《影印標點韓國文集叢刊》，第54册，第468頁下欄。

③ 此次出使的文獻記録，除趙憲《朝天日記》外尚有許篈《荷谷先生朝天記》。據二書初步勾勒使團一行的行程如下：萬曆二十一年五月十一日使團出發，六月十六日抵中國境內，八月四日抵京入玉河館，十七日入宮賀聖節，九月五日辭朝，十月十日返回朝鮮境內，在中國幾四月。今本趙憲《朝天日記》止於九月十四日，可能並非完帙。

《日記》“舊刊本無，今從手草補入”①；趙煒在回答英祖提問時明確表示“《朝天日記》尚未刊行”②。但是，同書卻有英祖十年（1734）閔鎮遠跋，稱《日記》“上取覽之，亟命湖西道臣刊行焉”③，《年譜》中亦記該年刊《日記》事。按《朝鮮王朝實錄》英祖十年六月二十一日條載：

> 檢討官俞最基奏曰：“文烈公趙憲昔在萬曆甲戌充質正官朝天時，手寫《日記》一冊，其下以《朝天録》附之，採録中朝典禮及沿途聞見頗詳。經壬丙之亂，而冊猶在於其家，誠可貴也。今若刊行，可以寓《匪風》之思。”上命道臣刊進。④

《日記》究竟是否曾在英祖十年刊行？筆者推測，雖有國王之命，《日記》的刊行仍因事中輟，不了了之。閔鎮遠跋文在當時業已寫成，只是彼年刊行未果，遂爲編者移至英祖二十四年刊成的十三卷本文集中。⑤

關於《日記》的體例，編者稱“此記有綱有目，目則本草以小注書之，而今並大書以便覽。綱則加匡於上下以別之”。讀《日記》中所謂“綱”，即用短句概括下文所記事件，以點出當日重要記事。《朝天日記》前二卷爲日記，記事時間始自五月十一日，終於九月十四日；後一卷包括記録明朝政事的《中朝通報》、解釋各類名物的《質正録》以及“禮部歷事監生姓名鄉里”六則。

趙憲的《東還封事》，也與此次出使有關。“封事”即奏疏，該書收録了趙憲歸國後所上的兩件奏疏，即《質正官回還後先上八條疏》與《擬上十六條疏》（下簡稱爲《八條疏》與《十六條疏》），冀從中國見聞出發，爲朝鮮改革劃策。按《朝鮮王朝實録》宣祖七年（萬曆二年，1574，即趙憲出使年）十一月一日條：

---

① ［朝］趙憲：《重峰先生文集·朝天日記》，《影印標點韓國文集叢刊》，第 54 冊，第 368 頁下欄。

② ［朝］趙憲：《重峰先生文集·年譜》，《影印標點韓國文集叢刊》，第 54 冊，第 468 頁下欄。

③ ［朝］趙憲：《重峰先生文集·朝天日記》，《影印標點韓國文集叢刊》，第 54 冊，第 417 頁上欄。

④ 引文參韓國國史編纂委員會“朝鮮王朝實録”數據庫（http://sillok.history.go.kr/），下同。按，實録附徐命膺撰《行狀》所記略同。

⑤ 按，此前也有官員希望刊行日記未果。英祖十年，向國王提議刊行《朝天日記》的俞最基稱：“臣聞奉朝賀閔鎮遠昨年下往湖中時，趙文烈子孫以此日記示之，故謄出一本。而承旨鄭彦燮爲忠清監司，時給物力於沃川郡，使之剞劂。而彦燮旋遞，未及開刊云。”（《重峰先生文集·年譜》英祖十年條）

質正官趙憲，還自京師。憲諦視中朝文物之盛，意欲施措於東方，及其還也，草疏兩章，切於時務者八條；關於根本者十六條。……先上八條疏，上答曰："千百里風俗不同，若不揆風氣、習俗之殊，而强欲效行之，則徒爲驚駭之歸，而事有所不諧矣。"由是，憲不復舉十六條。

《八條疏》上呈，全文又録於《朝鮮王朝實録》，《十六條疏》則未上。光海君十四年（天啓二年，1622），朝鮮士人安邦俊刊二疏爲單行本《東還封事》，跋稱：

積年搜訪，僅得遺文若干篇，類爲全集……而卷帙頗多，工役未易，姑撮其中請絶倭舉義時封事諸篇及傳信言行録，題曰《抗義新編》，刊行於世矣。今又以此兩疏別爲一書，名之曰《東還封事》。①

則《東還封事》刊於《抗義新編》之後，安氏欲刊趙憲全集未果而將兩書先行刊出。②十三卷本《重峰先生文集》卷三、卷四收録兩疏，疏後載安邦俊天啓二年跋與趙匡漢崇禎甲申後五十九年（1702）跋。③

趙憲的兩篇奏疏，篇幅極長，"皆先引中朝制度，次及我朝時行之制，備論得失之故，而折衷於古義，以明當今之可行"④。八條分別爲聖廟配享、内外庶官、貴賤衣冠、飲食宴飲、士夫揖讓、師生接禮、鄉閭習俗、軍師紀律；十六條分別爲格天之誠、追本之孝、陵寢之制、祭祀之禮、經筵之規、視朝之儀、聽言之道、取人之方、飲食之節、餼廩之稱、生息之繁、士卒之選、操練之勤、城池之固、黜陟之明、命令之嚴。内容涵蓋了政治、經濟、軍事等諸多方面。

《日記》記事詳贍，於禮制、税法等較爲著意；趙憲篤信朱子的學術背景，使其處處留心中國士人對陽明學的看法。而爲學界關注更多的，則是《東還封事》與《日記》記載的分歧。在《東還封事》中，趙憲將明朝視爲朝鮮

① ［朝］趙憲：《重峰先生東還封事》，韓國精神文化研究院藏朝鮮刻本（綫上資源），第54頁b。
② 按，五卷本《重峰先生集》卷四列有《甲戌疏》，但有目無文，下注"即《東還封事》，見《抗義新編》"（［朝］趙憲：《重峰先生集》卷四，韓國精神文化研究院藏朝鮮刻本［綫上資源］，第5頁a）。則五卷本文集當刊於《東還封事》之後。
③ 按，《朝鮮王朝實録》、單行本《東還封事》及十三卷本《重峰先生文集》所收奏疏文字略有出入，本文微引的是《文集》收録的版本。
④ 《朝鮮王朝實録》宣祖七年十一月一日條。

改革的榜樣，無論是《八條疏》還是《十六條疏》，無一不美言明朝，指斥本國；而《日記》則有不少對沿途所見秕政惡官的記録，不乏犀利的批評。這一顯著差異，夫馬進在其《朝鮮燕行使與朝鮮通信使》中闢專章論述；中韓兩國學者也就此進行了很多探討。[①] 本文亦希望從閱讀角度出發，爲此貢獻一些見解。

二、購書與讀書：《十六條疏》中明帝事蹟的來源

相較於《八條疏》，未呈上的《十六條疏》篇幅更長，並且援引了不少嘉、萬之前的明帝言行事蹟。結合《日記》中的購書記録，筆者認爲趙憲對這些時代較遠的史事的引録，來自於其購自使途的《皇明通紀》與《孤樹裒談》二書。

在此，有必要先對燕行使購書的情況稍作考察。縱觀有明一代，儘管偶有限制，使團的購書行爲總體上並未受到太多約束。從制度上看，外國使臣不得購買史書，萬曆《明會典》卷一〇八《禮部·主客清吏司·朝貢四·朝貢通例》：

> 嘉靖二十七年題准……各處夷人朝貢領賞之後，許於會同館開市三日或五日。……禁戢收買史書及玄、黄、紫、皂、大花、西番蓮段疋，並一應違禁器物。[②]

這條購書禁令，及其未被嚴格實施的事實，燕行使多瞭然於心。許篈《荷谷先生朝天記》六月七日記稱：

> 蓋本國人貨買多禁物，如黄紫色段、《史記》等册，皆中朝不許出境者，故序班持此恐嚇。[③]

---

① 見［日］夫馬進著，伍躍譯：《朝鮮燕行使與朝鮮通信使》第五章《1574 年朝鮮燕行使對"中華"國的批判》，北京：商務印書館，2020 年，第 143—167 頁；楊昕：《朝鮮朝使臣趙憲對明代中國的想象與塑造》，《東疆學刊》2019 年第 3 期，第 28—32 頁；蒲亞如：《論〈東還封事〉和〈朝天日記〉中的明朝形象及趙憲的改革思想》，延邊大學碩士學位論文，2017 年；張安榮：《「東還封事」에서본「朝天日記」의특성연구》，《退溪學論叢》第 25 輯，2015 年，第 141—162 頁。

② （明）申時行等修，（明）趙用賢等纂：《大明會典》，《續修四庫全書》，上海：上海古籍出版社 2002 年據明萬曆刻本影印，第 791 册，第 111 頁上欄。

③ ［朝］許篈：《荷谷集·荷谷先生朝天記》，《影印標點韓國文集叢刊》，首爾：民族文化推進會 1988 年據韓國國立中央圖書館藏本影印，第 58 册，第 412 頁上欄。

序班以此要挾使團、索取方物，而許篈終不以爲意，則其效力不言而喻。使團出發回國時，禮部也並未查驗包裹。趙憲《日記》八月三十日記云：

> 兵部郎中與提督主事例坐於堂中驗點一行行裝，通事以下列包於庭以待之。郎中至門不入，止取其數而觀之，飲於提督廳而去。①

檢《日記》，趙憲此次出使所購書籍，有《性理大全》、《大學衍義補》（七月六日購於廣寧）、《儀禮經傳》、《春秋集傳》（七月二十五日購於永平）、《皇明通紀》（八月三日購於潞河）、《參同契》、《孤樹裒談》（九月十日購於薊州）七種，見而未購者不計。這些書冊大多以方物貿得，且無一書購自北京，或因玉河館門禁較嚴，不得隨意外出，赴往書肆。

趙憲在《十六條疏》中條列明帝言行時，並未注出自己從何處得知此事。不過結合以上梳理，經過比勘，有理由相信這些文字抄自《皇明通紀》與《孤樹裒談》。《皇明通紀》即《皇明資治通紀》，嘉靖時陳建纂編年體史書，記太祖至武宗事，是明代風行一時的私修國史，續修本衆多，在明朝與朝鮮都產生了不小的影響。②《孤樹裒談》是李默所輯筆記，雜採諸書，內容多與帝王行跡相關。《十六條疏》與兩書文字的聯繫，如表一所示：③

表一

《十六條疏》	《皇明通紀》
格天之誠 昔者太祖高皇帝一月不雨，則日減膳素食，謂近臣曰："予以天旱故，率諸宮中皆素食，使知民力艱難。往時軍中所需蔬茹醯醬，皆出太官供給，今皆以內官爲之，懼其煩擾於民也。"既而大雨……	啓運錄·至正二十七年 六月，久不雨。上日減膳素食，謂近臣吳去疾等曰："予以天旱故，率諸宮中皆素食，使知民力艱難。往時軍中所需蔬茹醯醬，皆出大官供給，今皆以內官爲之，懼其煩憂於民也。"既而大雨。……

① ［朝］趙憲：《重峰先生文集·朝天日記》，《影印標點韓國文集叢刊》，第 54 冊，第 384 頁上欄。

② 關於該書在朝鮮的流傳，參孫衛國：《〈皇明通紀〉及其續補諸書對朝鮮之影響》，《中國史研究》2009 年第 2 期，第 157—176 頁。該文認爲《皇明通紀》至遲在 1570 年就已傳入朝鮮。考慮到出使時間及對此書的徵引僅見於更晚完成的《十六條疏》，趙憲更可能是在中國而非朝鮮讀到《皇明通紀》。

③ 引文參考（明）陳建著，錢茂偉點校：《皇明通紀》，北京：中華書局，2008 年；（明）李默輯：《孤樹裒談》，《四庫全書存目叢書》子部，濟南：齊魯書社 1997 年據中國科學院圖書館藏明刻本影印，第 240 冊。

續　表

《十六條疏》	《皇明通紀》
追本之孝 臣伏聞太祖皇帝嘗遇仁祖忌日，詣廟祭畢，退御便殿，泣下不止。謂侍臣曰："往者吾父以十月六日亡，兄以九日亡，母以二十二日亡，一月之間，三喪相繼，人生值此，其何以堪！終天之痛，念之罔極。"愈嗚咽不勝。左右皆泣下，不能仰視。	啓運録·至正二十七年 四月，仁祖忌日，上詣廟祭畢，退便殿，泣下不止，已而謂起居注曰："往者吾父以是月六日亡，兄以九日亡，母以二十二日亡。一月之間，三喪相繼。人生值此，其何以堪！終天之痛，念之罔及。"愈嗚咽不勝。左右皆泣，不能仰視。
飲食之節 太祖高皇帝召宿衛武臣，謂之曰："朕與爾等起布衣，歷戰陣十五六年，乃得成功。朕今爲天子，卿等亦任顯榮，居富貴，非偶然也。當四方豪傑並起，互相攻奪，危亦甚矣。然每出師，必戒將士毋焚民居，此心簡在上臨，故有今日……"	啓運録·洪武元年 又一日朝罷，上召宿衛武臣，諭之曰："朕與爾等起布衣，歷戰陣十五六年，乃得成功。朕今爲天子，卿等亦任顯榮，居富貴，非偶然也。當四方豪傑並起，互相攻奪，危亦甚矣。然每出師，必戒將士毋焚民居，此心簡在上帝，故有今日……"
《十六條疏》	《孤樹裒談》
追本之孝 臣又聞英宗皇帝謂大學士李賢曰："朕五更二鼓早起，雖有足疾，必行拜天之禮；畢，省奏章，剖決訖，朝服謁奉先殿，八廟皆拜，出則視朝。"	卷七 又曰："朕負荷天下之重，五更二鼓起齋，具服拜天，畢，省奏章；剖決訖，復且（具）服謁奉先殿行禮；畢，視朝。循此定規定時，不敢有悞。……" （英宗曰：……）"朕一日之間，五鼓初起拜天，雖或足疾不能起，亦跪拜之。拜畢，司禮監奏本一一自看，朝廟行拜禮，八廟皆然。"
陵寢之所 高皇帝止之曰："此墳墓皆吾家舊隣里，不必外徙。"遂許春秋聽民祭掃，出入不禁云。	卷二 高皇帝云："此墳墓皆吾家舊隣里，不必外徙。"至今墳在陵域者，春秋祭掃，聽民出入不禁。

續　表

《十六條疏》	《孤樹裒談》
取人之方 仁宗皇帝範銀爲方寸印四枚，刻"繩愆糾繆"四字，分賜蹇義、夏原吉、楊士奇、金幼孜等，曰："朕有過舉，卿但具疏，用此封疏識進來。"①	卷四 仁宗嗣位，一切政議與者三四人，而蹇、夏二公寵眷最盛。楊文貞公撰蹇忠定公墓志載當時所賜師傅之臣銀章各一，曰"繩愆糾繆"。蹇首被賜，上謂之曰："朕有過舉，卿但具疏，用此封疏識進來。"夏忠靖公墓志亦言之。楊文敏墓志云：上命範銀爲方寸印四枚，以賜師傅。公與金幼孜同受其一，其文云云。是知蹇、夏、楊、金四人是已。

　　不難發現，雖然没有大幅改易文字，趙憲有着微妙的取擇。《皇明通紀》中的明帝形象未必盡皆淵源有自，多少有宣揚德化、樹立政範的傾向，提供了一個在政治權力和道德標準上具有優越性的帝王榜樣。有趣的是，對這樣一部以紀事爲主的史書，趙憲卻傾向於採録言談而非事蹟，將明太祖的長篇大論不嫌冗費地抄録，這或許是想營造口傳心授的體驗，是爲勸説朝鮮國王而採用的撰述策略。《孤樹裒談》雜鈔諸書，裒爲談助；趙憲對其摘録節編，裁剪枝冗，使之變爲鮮明的仁政事例。

　　趙憲搜羅書册齎回朝鮮，没有束之高閣，而是仔細研讀，將其作爲撰寫奏疏的素材。另一方面，藉由趙憲的記録，亦得以稍稍瞭解晚明地方書籍流通的景象：華北與遼東的地域城市雖然歷來不被視爲文獻刊刻傳播的中心，但絶非閉塞無書之地；關於本朝史事的書籍在市面流通，反映着時人的興趣。

三、所見、所聞、所讀：夏言《桂洲集》與戚繼光文帖

　　《皇明通紀》與《孤樹裒談》的例子，展現了趙憲如何利用自己購買的書籍爲朝鮮君主樹立儀範。那麽，閱讀是否能與使臣在使行途中的所見所聞發生聯繫？這是本章希望討論的問題。

---

　　①　按此事亦見《皇明通紀·仁宗昭皇帝紀》永樂二十二年九月條，但《皇明通紀》記四人爲蹇義、楊士奇、楊榮、金幼孜；且無"範銀爲方寸"等文。趙憲此條紀事當仍源自《孤樹裒談》。

　　七月二十五日，使團一行留宿永平府七家嶺驛。可能在此地道遇書賈，許篈見嚴嵩《南宮奏議》，錄出《薛文清從祀覆議》①；趙憲則購得《儀禮經傳》《春秋集傳》，並讀到了夏言的《桂洲集》：

> 【始見桂洲集】嘉靖朝閣老夏言之集也。暫見表疏，仰審中朝禮接儒臣，凡郊廟有事，如例祀及薦新之類，例以酒胙分於大臣，至於羹葅之餘，莫不頒之。言亦事事上表以謝，禮意兩至，而嘉靖卒不免聽嚴嵩之讒以斬夏言。嗚呼！言既勇退，則再赴於尚書之命者，何歟？命也乎！②

　　夏言文集的早期刻本傳世不多，今存明忠禮書院本《桂洲先生奏議》卷十三至卷十五專輯"紀恩賜""紀恩類"之章奏，如《謝賜祭告奉先殿酒果脯醢》云云，趙憲所見或許就是這類文字。不過，他發出的感慨非關君臣禮制，而在於夏言因讒見殺的命運。趙憲如何知悉此事？他的日記中沒有說明，但《荷谷先生朝天記》記載了不久前許篈與使團成員洪純彥的一次閑話：

> 洪純彥來言……談中朝舊事，因及夏言、嚴嵩等被禍之由。夏言，世宗皇帝寵臣也，不次陞用，位居首相，最承恩遇。嚴嵩繼爲世宗所幸，擢禮部尚書，權勢既相軋，嵩謀欲去言。時西蕃扣陝西四川塞來降，或以爲不可受，言以彼既慕義歸款，理難逆拒，遂受而處之。嵩陰囑四川巡按御史，誣言潛納外夷重賂，受其僞降。世宗大怒，命下言錦衣衛獄，痛加栲掠於午門外，言氣至委頓，乃命兩人綁其手足，以杖貫其中，荷之而行。言不勝其苦，誣服，即斬之。③

　　夏言曾任禮部尚書，與嘉靖間來華的朝鮮使節有過直接交往。而其爲嚴嵩羅織，實死於河套之議，洪純彥所述或爲流言。趙憲未必參與了這次閑談，但"中朝舊事"無疑是他們一路上津津樂道的話題。入京後觀覽天壇之時，趙憲聽聞了夏言對建築的改動意見；後來又在使館中與人談及夏言與霍韜的

---

① ［朝］許篈：《荷谷集·荷谷先生朝天記》，《影印標點韓國文集叢刊》，第58冊，第440頁上欄。
② ［朝］趙憲：《重峰先生文集·朝天日記》，《影印標點韓國文集叢刊》，第54冊，第366頁下欄。
③ ［朝］許篈：《荷谷集·荷谷先生朝天記》，《影印標點韓國文集叢刊》，第58冊，第410頁下欄。
按，核趙、許兩家日記，使團此時尚在朝鮮宣川郡林畔館駐留。

軼事。① 當使臣親身走進中國，從前耳熟能詳的名臣終於出現在眼前的書冊中，自有今人難以體驗的感觸。

對趙憲等人而言，夏言與嚴嵩已成前朝舊事，總兵戚繼光則給使團留下了更爲直接的印象。萬曆初年，戚繼光在薊州、永平一帶防禦韃靼軍隊，這也正是燕行使赴京的必經之路。在永平府朱大寶家，趙憲見到了戚繼光的文集：

> 【見戚總兵文帖】景晦以府總兵官戚繼光三文帖來示：出師時祭海嶽隍纛等神文，及祭戰亡將士及曾爲麾下而立功之人之文，及記其師臨難善處之辭也。忠誠甚篤，文字兼美，真間世名將也。山東登州人。薊州人曰：戚公曾任南方邊帥，時適有倭寇，與戰之時，戚公以其子爲偏將而失律，仗義斬之，卒勝於敵，與岳公無異。今鎮北方，善謀善禦，有急必援，虜不敢近。②

這三封文帖名《止止堂稿》，趙憲簡略提到的内容仍可在今本《止止堂集》中覓得。③ 而在返程路上，使團遇到了戚繼光的軍隊。趙氏記曰：

> 【憩於白澗鋪南村見兵車數十】車上有樓可容四人者二，有樓而懸鼓者二，一面板隔如防牌者數十，蓋將列於水口城絶之處以防胡也，俱駕於驢或騾也。步卒數千，擔荷軍器以行，問之則曰：達子四十萬，彌漫於石門寨長城之外，故戚總兵中軍將倪善將二萬衆以赴之。軍不掠途人，驢不飼田禾，非中國政令之嚴，曷臻是哉！④

過永平朱宅，復聞軍中消息：

> 元凱入城聞聲息，達虜哈刺等欲於月望間起營，將入於義院、喜峰等口。聞戚總兵在三屯營，如有虛報，則輒殺夜不收。故大賊臨城，而絶無虛僞之言，邊徼寂然。美叔見戚公文稿而言曰："如許好將，

---

① 見《日記》八月二十五日條 "聞嘉靖朝夏言言……今爲宮不可。乃改築圜丘于宮南一里許"；又《日記》八月二十九日條 "聞……夏言與霍韜相譽事"。

② ［朝］趙憲:《重峰先生文集·朝天日記》,《影印標點韓國文集叢刊》, 第54册, 第366頁上欄。按, 戚繼光斬子事許篈記於九月十八日記中, 爲薊州人趙鸚所述。

③ 按, 趙憲《朝天日記》未載書名,《八條疏》内以小字注出 "止止堂稿"。許篈同日所記略同。

④ ［朝］趙憲:《重峰先生文集·朝天日記》,《影印標點韓國文集叢刊》, 第54册, 第388頁下欄。

那裏得来。以此而刊頒於東國，則甚善云。"余勸退而買之。①

　　趙憲一方面在行中收集情報，觀察明朝的軍制與邊防，對烽火臺、戰車、城壕、兵營等等都加以詳載，見證着北敵侵擾之下，將領與軍隊如何籌劃應對；另一方面，通過戚氏文集與當地人的言談，他瞭解到這位操持忠正、精於用兵的將領，生發出"世間名將"的感嘆。趙憲回國後上《八條疏》中的"軍師紀律"一條，即依據戚氏治軍事蹟寫成，"軍不掠途人，驢不飼田禾"的紀律，仗義斬子、嚴禁虛報之事例，都被列入奏疏。此外，驛中許、趙二人希望將文帖刊於朝鮮；趙憲復不嫌繁冗地在奏疏裏概括文稿的内容，盛贊戚氏"忠誠懇切""品式備具"，將三帖獻上，願"儒臣作傳，而並印其文"，使將領"有感慕而興起"。② 如果説城防武備是"技"之優勝，那麼將領的品格、軍隊的素質則是"道"之高明。趙憲通過閱讀對後者有了更深的認識，亦冀借書籍將之傳播於朝鮮，激勵後人，這種對書籍作用的體察與利用頗可注意。

四、紙上帝國：《中朝通報》與邸報的流佈

　　《日記》第三卷的《中朝通報》，是對明代政治事件的輯録。《重峰先生文集》的編者稱："本草以通報録於逐日之首，而混雜不便於觀閲，故折之作別編。"除開書末編次紊亂的三條記録，③《中朝通報》收録的文件始自六月一日，終於八月三十日。所謂"通報"，當指邸報。"通報"並非中國史籍中習見的邸報異稱，許篈八月七日記得"通報"事云：

　　　　白元凱得全章通報二卷來示。起六月初一日，止今月初四日，且載逐日彈駁銓注辭謝奏請等各項題本，但卷中只録題本首詞及聖

---

　　① ［朝］趙憲：《重峰先生文集·朝天日記》，《影印標點韓國文集叢刊》，第54冊，第391頁上欄。按，夜不收是一類專職探偵諜報的兵種；美叔，許篈字。

　　② ［朝］趙憲：《重峰先生文集·質正官回還後先上八條疏》，《影印標點韓國文集叢刊》，第54冊，第197頁下欄。

　　③ 現存《朝天日記》之《中朝通報》按日期先後編次，但八月三十日之後復有八月初三、初六、二十五日三條。初三日條記"受賞於皇極門前，時衍聖公孔缺立于尚書之上"云云。核趙憲《朝天日記》及許篈《荷谷先生朝天記》，於皇極門受賞在九月初三日，此條爲誤摘，且將九月誤寫爲八月。初六日條記曾子後人曾繼祖爲曾袞冒襲爵位上書事及禮部回覆，按此事在《明實録》萬曆元年八月二日條。二十五日條記孟彥璞乞賜誥命事，暫未考得。

旨而已，其事之始末則不得詳知。①

從《中朝通報》來看，所謂"通報"，就內容而言，收載發往中央政府的題奏公文；就形制而言，逐日著錄，且"只錄題本首詞及聖旨"。這與明代的邸報是吻合的。②

如上引許篈的描述，即使是對於身爲外交人員的燕行使而言，邸報的獲取也並不困難。③明代其他使臣的燕行錄中尚有不少閱讀邸報的記載，兹不贅舉。不過，使臣大多更關注宫廷要聞及軍事、外交情報，如《中朝通報》逐日謄錄邸報的情況並不多見，這或與趙憲本人借鑒中朝，籌劃改革的意圖有關。對讀《中朝通報》與《東還封事》，可以發現來自邸報的時政信息，多爲《東還封事》所資取。例如：

> 十六條疏·格天之誠
> 臣伏見通報，皇上憫念畿内亢旱，築壇宫中，竭誠露禱，通行諸司一體省戒，中外人心無不感悦云。
> 中朝通報·八月十四日
> 江西巡按御[史]凌雲翼奏南昌、新建、進賢、豐城……春雨彌月，洪流決堤。……臣伏念水旱災傷，所不能無，而修德應天，明君所不敢懈。項者，皇上俯念畿内亢旱，築壇宫中，竭誠露禱，通行諸司一體省戒，中外人心無不仰頌。猶願皇上……以憂念畿輔之心推之以及天下，則災異可弭，和氣可回，太平可致矣。④

---

① ［朝］許篈：《荷谷集·荷谷先生朝天記》，《影印標點韓國文集叢刊》，第58册，第449頁下欄。

② 明人著作中關於抄寫、閱讀、引用邸報等等的記録俯拾即是，但直接描述邸報格式者極少，蓋習焉不察，所留存的明代邸報原件更是鳳毛麟角。現存文獻中較多保留了邸報原貌的，可參臺灣"中央圖書館"藏抄本《萬曆邸鈔》。

③ 陳彝秋《從"朝天録"看明代中後期玉河館的管理與運行——以會同館提督官爲中心》對燕行使獲取邸報情況的考察表明，在明代，邸報可以通過多樣且便利的途徑抵達使節手中（《韓國研究（第十二輯）》，杭州：浙江大學出版社，2014年，第255—309頁）；漆永祥《論"燕行録"創作編纂過程與史料真僞諸問題》討論了邸報對於燕行使搜集情報的作用，亦提到向使臣提供邸報可能是一項慣例（《歷史文獻研究（總第43輯）》，揚州：廣陵書社，2019年，第6—40頁）。此外，使團有時也能在中國境内獲得朝鮮王朝的邸報，如許篈《荷谷先生朝天記》記十月一日在首山嶺道遇李趨，"閱八月朝報"，得知吳健的死訊。李趨、吳健，皆朝鮮人。

④ ［朝］趙憲：《重峰先生文集·擬上十六條疏》，《影印標點韓國文集叢刊》，第54册，第201頁上欄；《重峰先生文集·朝天日記》，《影印標點韓國文集叢刊》，第54册，第401頁下欄。

　　趙憲自御史凌雲翼的奏本知曉神宗曾爲京畿旱災祈禱，不過原奏本非爲稱頌萬曆而上，而是向朝廷彙報江西洪災，希望神宗亦能爲之祈天。又如：

十六條疏·黜陟之明

　　臣竊聞皇朝於黜幽陟明之政務從其實，以直隸巡按王湘、山東巡撫傅希摯之題本，而見他道撫按之題本，則其於舉賢劾邪，惜才引不及之事，莫不處之得當，而吏部以是覆奏施行。

中朝通報·八月二十三日

　　山東巡撫傅希摯薦舉方面官員，訪得……以上諸臣切爲藩臬之良，所當薦揚者也。……又訪得……此二臣者，振奮無縣，任未及期，贓私未甚狼藉，所當容令致仕者也。……奉聖旨：吏部知道。①

　　趙憲舉出兩位地方官員題本，稱明朝"舉賢劾邪"，"莫不處之得當"。事實上，考核地方官員，按例給出評價和處置，本就是明代撫按的職責所在。至於他們是否真的"處之得當"，盡職盡責，則未必如此。趙憲所見沿途官員的貪腐惡行，也證實了這一機制並非完美，甚至是失效的。黜陟官員的制度之外，趙憲還留意到明朝中央機構處理政務的流程，即上題本後"吏部以是覆奏施行"，顯然也是從閱讀邸報中獲得的知識。更爲系統的表述，見於《東還封事》的另外一處：

十六條疏·聽言之道

　　臣於皇上納諫之事，雖未詳聞，而伏見通報，六科給事中及十三道撫按御史日有奏疏，例下該部使之詳議，該部覆奏則詢於閣老，無不施行，是則天下之事一付於朝廷之公論，而帝不敢以一毫私意容於其間。②

　　趙憲冠以"聽言之道"，認爲明朝天下之事"一付於朝廷之公論"而"帝不敢以一毫私意容於其間"，與權力運行的實際狀況不符。他於萬曆初年出使，神宗尚幼而張居正主政，產生如此印象不難理解。但是，他對六科、御史上奏疏，至六部議，再至內閣處理，這樣一套成熟完備、層次井然的政務處理體系的

---

① 〔朝〕趙憲：《重峰先生文集·擬上十六條疏》，《影印標點韓國文集叢刊》，第54冊，第220頁上欄；《重峰先生文集·朝天日記》，《影印標點韓國文集叢刊》，第54冊，第407頁下欄。

② 〔朝〕趙憲：《重峰先生文集·擬上十六條疏》，《影印標點韓國文集叢刊》，第54冊，第206頁下欄。

觀察,卻是大體不錯的。由此可見,對於一個朝鮮使臣而言,邸報不僅記錄了具體的時政信息,更展現着明朝行政機構運轉的景象。這是很難通過其他途徑産生切身體會的。

結　語

除以上所述,趙憲還獲得了兩册《縉紳便覽》,他對明代官員銓選制度的細節描述,如擬補時吏部"擬二望以進"、授官改官時"多用近境人物",很可能來自於此;在永平府讀《唐書》,抄出《陸贄傳》傳文中的"按吏之規";在沿途的官衙祠廟、大小城鎮訪碑讀榜……總之,趙憲的燕行錄呈現了廣闊的文獻世界。

閱讀是趙憲理解中國的重要方式。史書備錄明朝的百年往事,邸報將遼闊疆域上的紛繁政務彙爲一紙,燕行使得以超越有限的時間與空間,盡可能地探索這個龐大的帝國。書籍呼應着朝鮮士人已有的知識,又與其旅途中的聞見相交織,共同構成了他們的中國體驗。文獻之爲知識與信息的孔道,對燕行使而言有獨特且不可或缺的意義。

對閱讀的考察,可以爲趙憲在《朝天日記》與《東還封事》對明朝形象的不同記錄提供一種觀察的視角。二書的差異乃至矛盾,前人已有深入研究,這裏僅舉一例說明:

朝天日記·六月二十五日

純彥曰:這地亦有巡按,何不往訴乎?

遼人曰:名爲御史而實則愛錢,公然受賂,略無所忌,同是一條藤。

十六條疏·生息之繁

故雖間有守令之貪鄙者,不敢越法以侵民,或以非道取民,則巡按、巡撫即以提問而劾罷。故守令畏撫按之威,百姓安朝廷之法,所以能人繁而地闢也。①

在與遼東本地人的交談中,趙憲得知巡按御史並沒有起到監督官吏的作用,反而同流合污,收取賄賂;但他在《十六條疏》中仍視之爲行之有效的

---

① [朝]趙憲:《重峰先生文集·朝天日記》,《影印標點韓國文集叢刊》,第54册,第357頁上欄;《重峰先生文集·擬上十六條疏》,《影印標點韓國文集叢刊》,第54册,第213頁下欄。

監察手段。《東還封事》回避了趙憲知曉的真實情況，將中國理想化，使之成爲朝鮮王朝的學習對象。對讀《東還封事》與《朝天日記》，這種有意的修飾與加工爲數不少，個中意圖正如夫馬進所論，中國以古代的經典文本作爲政治革新的資源；而朝鮮不僅與中國共享着儒家經典，中國本身也成爲了一種政治資源，"爲了批評朝鮮的政治現狀，最有效的方法是將中國作爲一個完整的烏托邦提出"。[①]

夫馬進將燕行使眼中中國的現實視爲一種與儒家經典並駕齊驅的"文本"，這一隱喻性的解讀恰與本文的論題形成對照。本文試圖説明的是，"中國的現實"不僅來自於使臣的見聞，也來自於使臣的閲讀，而通過文字被感知的中國，與現實有着天然的距離。燕行使們看到的也許是千瘡百孔、民生凋敝的土地，讀到的卻是升黜有道、法度嚴明的官場，是明君屢出、德化天下的帝統。就趙憲的例子而言，文獻中的中國豐富着他的認知，也更具理想化的色彩，幫助他塑造出了"一個完整的烏托邦"。

在動身西行之前，讀書——無論是經史典籍、方志圖書，還是文集小説，乃至前人的燕行日記——是燕行使瞭解中國的主要途徑。使行途中，他們比較着中國與朝鮮，也比較着書中的中國與真實的中國。回國後，他們又往往將自己的見聞刊於紙墨，在下一批赴往中國的車馬間展開書頁，娓娓道來。因此，燕行之路也是知識與書籍的環流，值得進行更多的探索。

---

① ［日］夫馬進著，伍躍譯：《朝鮮燕行使與朝鮮通信使》，第 182 頁。

李廷龜的對明使行和《月沙别集·朝天紀行録》

［韓］金榮鎮

一

月沙李廷龜（1564—1635）是明與朝鮮交流史上一位十分重要的人物。他曾四次出使明朝，並六次擔任接伴使、遠接使，負責接待到訪的明使。萬曆二十六年（1598），因丁應泰辯誣事件，時年三十五歲的李廷龜第一次來到明朝，隨後即撰成《戊戌辨誣録》一文。此文不僅在當時産生了很大影響，亦廣披後代，甚至在中國也流傳甚廣，成爲李廷龜最有影響的成果。如其後人云：

> 吾先祖月沙文忠公《戊戌辨誣奏》，文章之盛，聞於華夷。錦溪魯公認漂海到杭浙，浙中人士皆誦其文曰："此朝鮮李某之文。"可以知家傳而户習也。[①]

之後，他又因奏請世子册封、冠服等事宜往來北京多次。下文即就其最後一次對明使行進行考察。

> 司諫院啓曰："使臣將命赴京，只以不辱爲任而已。今聞李廷龜等入京，要譽於中朝一學士，而各得其序。廷龜刊其詩，汝恪鋟其文，既廣布中原，先送國中，欲其家傳而户誦。其露醜貽譏，固不足言，妄喜學士之愚侮，以卓異曹、劉，軼駕李、杜自當。至於污穢梓棗，

【作者簡介】金榮鎮，韓國成均館大學校中文系教授。

① 李晚秀：《屐園遺稿》卷九《魯錦溪周還録跋》。

曾不知恥，若不喪心，必有所爲而發也。廷龜序汝恪之文，'並驅中原'
等語，雖是妄發，詎免中朝執言構罪之資乎？自前我國文章，不敢輕
示中國，故雖文人之奉使赴京者非一，而果有自印其文如廷龜者乎？
近來人心不測，姦巧百出，設有凶人，假託廷龜所爲，國家所忌文字
任意印出，則其逞姦售僞，將自此而始矣。廷龜作俑之罪，固不可不治，
汝恪效而亦墜，持憲行臺檢飭員役者亦如是乎？況廷龜曾以黨逆之
罪人，屢被聖上好生曲貸之鴻恩，不思革心報恩，反有如此縱恣無
忌之事，聞之者莫不憤惋。請李廷龜、柳汝恪等拿鞫，依律定罪。"①

如上引文出自《光海君日記》十二年（1620）十一月十日的記錄，内容
是司諫院因"廷龜刊其詩，汝恪鋟其文②，既廣布中原"彈劾李廷龜一事。此
處的"汝恪"即與李廷龜同行的書狀官柳汝恪（1589—?）。從司諫院所啓内
容來看，李、柳二人分別在中朝刊印了詩、文。其中柳汝恪所刊者，雖然尚
未發現實物，但似當爲《叢桂錄》。《月沙集》卷三十九所收《叢桂錄序》一文，
即李廷龜尚在會同館時所作。據《序》，此書乃是柳氏"兩科捷錄、論策、庭
對策、表各一篇"。

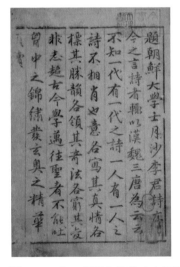 

圖一　日本天理圖書館藏（今西龍舊藏）明刻本《月沙別集·朝天紀行錄》
明人汪煇序文第 1 面、外封

---

① 《光海君日記》卷 54，光海十二年十一月初十日癸未條。
② 巧合的是，柳汝恪的父親——柳潤正是萬曆四十四年（1616）李廷龜第三次使行時的書狀官。
不過，柳父在天啓元年（1621）水路朝天途中不幸溺水而亡。

　　至於李廷龜所刊者，即本稿所涉的《月沙別集‧朝天紀行錄》。該書現有兩處收藏，分別是日本天理圖書館和韓國嶺南大學圖書館。^①前者爲完本，典型的朝鮮式五眼裝訂，且鈐有李廷龜曾孫李鳳朝（1644—1701）的藏書印；後者爲零本，但所鈐兩方印文均有破損。

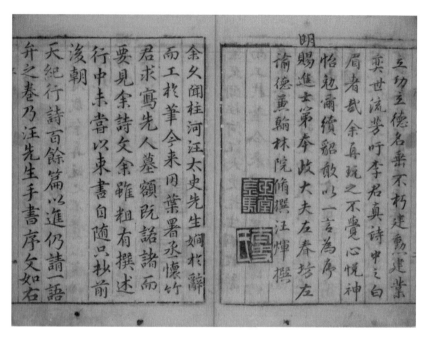

圖二　日本天理圖書館藏明刻本《月沙別集‧朝天紀行錄》
汪煇序文第 4 面、李廷龜序文第 1 面

　　序作者汪煇即爲司諫院所言的"中朝一學士"。案，汪煇，明河南嵩縣人，號柱河。萬曆三十二年進士，累官禮部侍郎，以拒爲魏忠賢生祠撰文削職歸里。後閹黨伏誅，復原官。除《月沙別集》序文外，還曾編有《新刻壬戌科翰林館課》五卷《後集》五卷（遼寧省圖書館藏明天啓唐國達廣慶堂刻本）一書，也曾爲楊慎《升庵外集》（美國柏克萊加州大學等處藏明萬曆四十五年［1617］刻本）作跋。

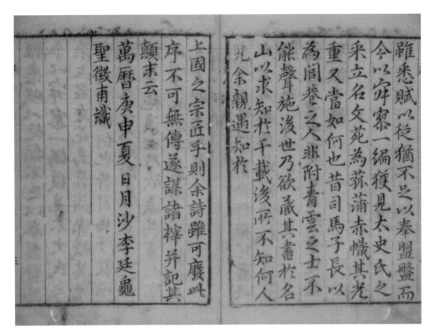

圖三　日本天理圖書館藏明刻本《月沙別集・朝天紀行錄》
李廷龜序文第 4—5 面

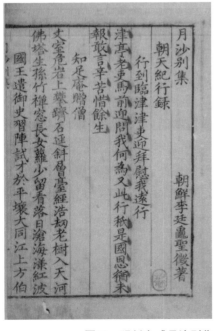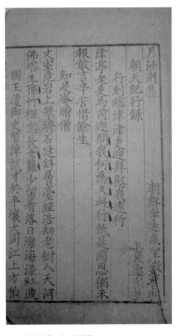

圖四　明刻本《月沙別集・朝天紀行錄》卷首頁
（左爲日本天理圖書館藏本，右爲韓國嶺南大學圖書館藏本）

二

表一 李廷龜的對明使行及詩作數量

時間	使行目的	使行詩（括號内是《朝天紀行録》節選數量）	其他作品
戊戌（1598年，宣祖31）	丁應泰 誣告 辨誣	105題185首（19題35首）	《戊戌辨誣録》
甲辰（1604年，宣祖37）	世子册封 奏請	99題119首（22題26首）	《游千山記》（去程）《游角山記》（回程）
丙辰（1616年，光海君8）	冠服 奏請	30題41首（11題16首）	《游醫巫閭山記》（回程）
庚申（1620年，光海君12）	徐光啓 誣告 辨誣	上48題54首（文集中收有上、下共90題115首）（28題34首）	《庚申朝天紀事》《庚申燕行録》

李廷龜《月沙集》中收録了其四次往來中國的使行詩作。其中卷二、三的《戊戌朝天録》，是萬曆二十六年陳奏使行時所作，其時正使爲李恒福，書狀官爲黄汝一。卷四、五爲《甲辰朝天録》，是萬曆三十二年（1604）奏請世子册封時的記録，同行副使、書狀官分別爲閔仁伯、李埈。卷六《丙辰朝天録》，是萬曆四十四年爲恭聖王后（恭嬪）奏請冠服時所作，副使爲柳澗，書狀官爲張自好。卷七、八《庚申朝天録》，即泰昌元年（1620）陳奏使行時所作，同行副使書狀官分別是尹暉、柳汝恪。此外，作者還有《游醫巫閭山記》等三篇散文及《庚申朝天紀事》《庚申燕行録》等作。在第三次出使時，李廷龜就曾讓明人丘坦看過自己的中國記行詩，並收到了丘坦的序文。第四次使行時，李氏也仍舊帶着自己的詩作離發。

明刊本《朝天紀行録》開篇收録了汪煇的序文以及李廷龜於庚申年夏的自序。根據其自序，到北京後，李廷龜通過序班葉世賢瞭解到汪煇擅長寫字，於是向其求寫先考墓碑篆額。汪煇也邀見李廷龜詩文，李氏便從帶去的朝天記行詩中挑選了百餘篇示之。汪煇又爲其作序，且從音韻、氣概、生意、神理等方面高度評價了月沙的《朝天紀行録》，認爲其"音韻宏亮，氣概超群，若綴之華重其新，既槁之葉復其潤，生意洋然，神理煥發，卓異曹劉，駕軼李杜，而上之陵漢魏，下之逾三唐者也"。

序文後即爲正文，卷首題爲"月沙別集"，副題爲"朝天紀行錄"。其後總計收有詩作 81 題 111 首。按照出使的時間段劃分，第一次使行（1598 年）共收錄 19 題 35 首詩，第二次使行（1604 年）共 22 題 26 首詩，第三次使行（1616 年）共 11 題 16 首詩，第 4 次使行（1620 年）共 28 題 34 首詩（因詩歌只節選至到達北京之前，所以回程時所作的'庚申・下'沒有收錄在《月沙別集・朝天紀行錄》中）。而文集所收《戊戌朝天錄》爲 105 題 185 首，《甲辰朝天錄》爲 99 題 119 首，《丙辰朝天錄》30 題 41 首，《庚申朝天錄・上》48 題 54 首，共 282 題 399 首詩。《朝天紀行錄》約莫從中精選了四分之一，即 81 題 111 首詩。

從第 1 題《行到臨津》到第 67 題《天壇》，這部分詩作按照從漢陽到北京使行路綫順序排列。但並非一次一時之作，而是融合了李廷龜四次使行中的得意作品。之後，第 68 題到第 80 題，多爲與明、朝友人在懷人及雅會中的唱酬之作。最後第 81 題《聞奴賊犯東路》則描寫了因滿洲的崛起，而處境緊張的自身與朝鮮。《月沙集》中的《庚申朝天錄・下》因爲是回還時所作，故未及收錄於此書中。但是，其最後一首詩則與此詩集在明的刊刻有關，不妨一看。

> 到延曙驛村，大雪中，朴説之子龍書至，是日過臺評二首
> 湘潭消息隔層冰，生事蕭條退院僧。
> 一夜相思頭盡白，滿山風雪獨懸燈。
> （原注：在北京時，汪翰林諸人求見私稿，余以《朝天紀行錄》
> 書示。汪學士製序文，即刊印爲一卷，凶徒欲因此謂之刊布私書，
> 合啓請拿鞫。）
> 萬里歸驂白簡前，虛名贏得謗熏天。
> 欲將書籍輸君去，須信文章不直錢。
> （原注：子龍求見中朝新書，故云。[①]）

此外，散文紀行錄中，《庚申朝天紀事》還原了當時的外交現場，再現了

---

① 李廷龜：《庚申朝天錄》卷下《到延曙驛村大雪中朴説之子龍書至是日過臺評二首》，《燕行錄全集》，首爾：東國大學校出版部，2001 年，第 11 册，第 209—210 頁。

明神宗逝世、光宗即位時中國朝廷的面貌。李廷龜還曾探訪過今遼寧省的千山、醫巫閭山和山海關的角山寺等地，並爲此作《游千山記》《游醫巫閭山記》和《游角山寺記》。其中，《游千山記》爲萬曆三十二年前往北京時所作，《游角山寺記》爲同年使行結束東歸時所作，《游醫巫閭山記》爲萬曆四十五年東歸時所作。康熙五十一年（1712），金昌業（1658—1721）以子弟軍官身份隨使行團出使北京時，即携有李廷龜《角山閭山千山遊記録》一卷。回國途中，在游至角山寺，醫巫閭山的北鎮廟和千山的祖越寺、龍泉寺和大安寺之時，他都聯想到李廷龜的記録。

三

作爲當時朝、明交流史的重要成果，《朝天紀行録》於 1620 年在明刊行。考慮到當時兩國文人交流和出版的情況，其具有如下意義。

説到朝、明文學交流，首先要提及《皇華集》的刊行。《皇華集》收録了自景泰元年（1450）倪謙至崇禎六年（1633）程龍總共 24 次的明使與朝鮮文人唱酬之作。其中第一次的倪謙、第三次的陳嘉猷、第四次的張寧、第十九次的黄洪憲、第二十一次的朱之蕃，以及第二十二次的熊化都各自存有詩文集。弘治元年（1488），參與《皇華集》第十一次唱酬的董越，在回國後，創作並刊行了《朝鮮賦》[1]。嘉靖十六年（1537），參與第十一次唱酬的龔用卿亦創作了《使朝鮮録》。此書後來又流傳至朝鮮國内，於朝鮮中宗年間被内府以甲辰字印出。同以甲辰字印出的，還有陳侃的《使琉球録》。而最後一次（第二十四次）程龍的《皇華集》在朝鮮刊行後，也得以再次在明刊行。

李廷龜的對明文學與前人月汀尹根壽（1537—1616）、簡易崔岦（1539—1612）[2]以及同時代的於于柳夢寅（1559—1623）、芝峰李睟光（1563—1628）、西坰柳根（1549—1627）、蛟山許筠（1569—1618）密切相關，亦對後人清陰金尚憲（1570—1652）影響很大。

16 世紀中期尹根壽、崔岦等人倡導"古文辭"，既提高了時人對明文學創作的關注，又爲壬辰倭亂前後朝鮮與明文化、文學的相互交流提供了契機。

---

① "董侍講作《朝鮮賦》數千言，龔雲岡著《使朝鮮録》二卷，今北京書肆及廣寧等處，有發賣此書者。吾東風土及迎詔接賓之道，始流布於中國矣。"（魚叔權《稗官雜記》）相關研究參見［韓］金昭姬《『朝鮮賦』의 한중일 간행과 유통》，《장서각》33，2015。

② 崔岦在明朝所作上奏文，曾被陳仁錫收入《明文奇賞》中。

許筠將《朝鮮詩選》帶到明朝刊行傳播①就是一個很好的例子。此外還有《霑化銘功集》（明刊本）的刊行②，乃至《皇明征倭將率錄》等有關明朝向朝鮮派兵，以及兩國外交方面的重要記錄等存留於世。《皇華集》第二十一次（1606年）參與者朱之蕃對朝鮮影響很大，他不僅與許筠結下了深厚情誼，也對《蘭雪軒集》在中國刊行施以援手。同時，朱之蕃的《奉使稿（附東方和音）》亦在明刊行。③《皇華集》第二十二次（1621年）的參與者——翰林院學士劉鴻訓是錢謙益的友人，據推測，其對錢謙益的有關朝鮮記事起到一定作用。此後，隨着後金在遼東地區的崛起，朝鮮只得通過水路往來明朝。由此，開啓了長達17年的"水路朝天"。而這一時期，金尚憲於天啓七年（1627）創作的《朝天錄》也得以在明刊行。主管此事的張延登即王士禛妻子的祖父，所以王士禛也在許多著述中高度評價了金尚憲的詩歌。④

四

李廷龜《月沙別集·朝天紀行錄》中共收錄81題的詩歌111首。今錄汪輝序文與李氏自序如下：

> 《題朝鮮大學士月沙李君詩序》⑤
> 今之言詩者，輒以漢魏三唐爲云云，不知一代有一代之詩，一

---

① 現存有吳明濟刊本和藍芳威刊本兩種。相關研究參見吳明濟編，祁慶富校注：《朝鮮詩選校注》，瀋陽：遼寧民族出版社，1999年；[韓]李鐘默：《버클리대학본 藍芳威의 朝鮮詩選全集에 대하여》，통권 39, 2007 여름。

② 相關研究參見[韓]姜景勛：《〈霑化銘功集〉에 대하여》，《고서연구》13，한국고서연구회，1996。

③ 參照[韓]金榮鎮：《朝鮮所留明使朱之蕃的書册、墨迹及其影響》，蘇州博物館、復旦大學古籍整理研究所"書香一千年——10—20世紀中國江南藏書刻書史國際學術研討會"，2023年4月15日。

④ 蘭公問養虛曰："君知貴國金尚憲乎？"湛軒曰："金，他之族祖，道學節義，我國聞人，何由知之？"力闇曰："有詩選入中國《感舊錄》。"炯庵曰："張延登，齊人，明之宰相，而王阮亭士禛之妻祖也。清陰先生水路朝京時，與張甚好，張爲刻《朝天錄》而序之，《清陰集》亦載之。阮亭《池北偶談》詳言之，且抄載清陰佳句數十，盛言格品之矣。阮亭又晚年輯明末清初故老詩，爲《感舊集》八卷，起虞山錢謙益，止其兄考功郎王士禄，清陰詩亦入。"（李德懋《青莊館全書》卷六十三《天涯知己書》）

⑤ 《月沙集》中記爲《月沙先生集序》。

人有一人之詩，不相肖也。意各寫其真，情各標其勝，韻各領其奇，法各窮其變，非志超古今，學邁往聖者，不能吐胸中之錦繡，發玄奧之精華。頃讀李君號月沙聖徵者之佳製，音韻宏亮，氣概超群，若綴之華重其新，既槁之葉復其潤，生意洋然，神理煥發，卓異曹劉，駕軼李杜，而上之陵漢魏，下之逾三唐者也。余仰嘆之，李君真人傑者乎！竊意君之爲君，不啻詩之爲詩也。蓋君再柄文衡，六典禮曹，父祖子孫，青雲繩武，相接揚芳。且也君之壽臻南極，福並東華，儼稱千載一時之盛。名譽重於鄉邦，聲實隆於中國。勤勞王事，盡節輸忠。旋乾轉坤，奠社稷於靈長之慶；調元贊化，撫黎庶于於變之天。立功立德，名垂不朽；建勳建業，奕世流芳。吁！李君真詩中之白眉者哉。余再玩之，不覺心悦神怡，勉爾續貂，敢以一言爲序。皇明賜進士第奉政大夫左春坊左諭德兼翰林院修撰汪煇撰。

　　余久聞柱河汪太史先生嫺於辭而工於筆，今來因葉署丞懷竹君，求寫先人墓額，既諾諸而要見余詩文。余雖粗有撰述，行中未嘗以束書自隨，只抄前後朝天紀行詩百餘篇以進，仍請一語弁之卷，乃汪先生手書序文如右。余伏而讀之，而嘆曰：煒而煇，汪太史掌出誥文，望臨一世。落筆而千古袞鉞，片言而海內榮悴。今乃爲下邦羈旅之臣，不惜齒牙餘芬，顧余不敢任也。余家世業功令，童習而至於白紛，鉥心劇目，覃思揚扢，作爲詩文，亦嘗滿架。惟其習氣自凡，淘洗未盡，斥鷃之飛，終不過於槍榆，夜郎王之自大，適爲笑柄。若謂之隨遇而辦，各臻其變，則稍可勉焉。至謂之獨造真境，則令人愧死，今有過實之褒，英雄欺人哉！第余自幸者，八尺之身，局束一方，老且死於牗下，天下誰知之者，瞻望中朝文物之盛，有似河伯之望洋。雖悉賦以從，猶不足以奉盟盤，而今以寂寥一編，獲見太史氏之采，立名文范，爲菰蒲赤幟，其光重又當如何也。昔司馬子長以爲閭巷之人，非附青雲之士，不能聲施後世，乃欲藏其書於名山，以求知於千載後所不知何人，況余親遇知於上國之宗匠乎！則余詩雖可廢，此序不可無傳，遂謀諸梓，並記其顛末云。萬曆庚申夏日，月沙李廷龜聖徵甫識。①

---

① 《月沙別集》中無篇題，《月沙集》卷三十九中記爲《朝天紀行録序》。

五

　　要之，李廷龜所寫的辯誣文章在朝鮮和明朝都贏得了廣泛贊譽。他遊歷角山、千山和醫巫閭山後撰寫的三篇遊記，也影響了朝鮮文人，促使他們對遊覽中國（燕行路中的名勝）產生了無限憧憬。他撰寫的四部《朝天錄》，可謂是朝天詩的典範，而在北京刊刻的《朝天紀行錄》則更是開啓了朝鮮文人作品集在中國刊行的先河。而且，他的編纂方式也別具一格。

　　其後孫李肇源（1758—1832）曾於嘉慶二十年（1816）和道光元年（1821）兩次出使清朝。之後，他按燕行路程順序重新編排兩次紀行詩，合爲《燕薊風烟》一書。此書的編纂即深受其先祖李廷龜的影響。《燕薊風烟》與《朝天紀行錄》一樣，詩作都按燕行路程順序排列，而與出使時間無關。但，就數量而言，第一次的燕行詩所占比重最大，近乎總量的五分之四，所選的第二次燕行詩則主要以與中國文士相關的作品爲主。①（《燕薊風烟》一書總計收錄漢詩 140 題 218 首。）

　　李廷龜不僅是精通漢語（口語）的優秀外交官，也是朝鮮中期最著名的詩人和文章家。他和中國文人的交流盛況和交遊廣度值得我們進一步探索。

---

　　① ［韓］林映吉：《玉壺 李肇源의 《燕薊風烟》과 한중 문인 교유》，《漢文學論集》54，근역한문학회，2019。

《朝天航海録》中山東省陸路路綫及山嶽文化研究

劉涵涵　申先玉

【摘　要】本文梳理了洪翼漢的《朝天航海録》中的山東省陸路路綫，聚焦記録中所涉及的山東内陸地區的山嶽，考察了明朝末期山東省的山嶽文化在中韓交流中的意義。本文將關注的重點放在了《朝天航海録》中有關山東省自然風景、人文古跡和宗教民俗的記録上，旨在發現山東省現代化城市中的傳統文化要素，探討以山嶽爲中心的山東省旅遊綫路開發的可能性。

【關鍵詞】《朝天航海録》　陸路路綫　山嶽文化　旅遊綫路開發

一、緒論

　　本文梳理了洪翼漢的《朝天航海録》(明天啓四年［1624］七月三日—五年［1625］十月五日内容) 中所記録的山東省内路綫 (陸路)，聚焦記録中所涉及的山東内陸地區的山嶽，考察了明朝末期山東省的山嶽文化在中韓交流中的意義。本文將關注的重點放在了《朝天航海録》中有關山東省自然風景、人文古跡和風俗民情的記録内容上，旨在發現山東省現代化城市中的傳統文化要素，探討以山嶽爲中心的山東省旅遊綫路開發的可能性。

　　中韓學界對朝鮮的“使行録”中所記載的有關中國形象内容的研究角度多樣，大體可以概括爲中國的地域特徵、民俗、經濟狀況、政治制度、自然

【作者簡介】劉涵涵，山東師範大學外國語學院講師；申先玉，天津師範大學外國語學院副教授。

風景、文化藝術、官員形象和思想意識等。①另外，記録者的視角和思想意識
不同，其筆下的中國地區形象也會發生變化。②考慮到使行録所具有的"記録"
特徵，上述研究成果有助於還原當時中國的社會現狀，有助於我們從細節上
更客觀地了解歷史。這些成果中，山東省的形象研究主要以登州和蓬萊閣爲
中心進行。有關港口城市登州的研究主要圍繞其地理位置和歷史背景及民俗，
有關蓬萊閣的研究主要是其所擁有的人文古跡和具有文學價值的詩作等。③相
反，從登州經由濟南、德州前往北京時的陸路路綫並未得到學者們的廣泛關注。
其中，陳長文以《駕海朝天録》爲研究文本，整理了安璥一行從登州經青州、
章丘、濟南、德州入京的陸路路綫，但並没有特別提及這條路綫的重要性。此外，
從對山東省山嶽文化的相關研究來看，有關泰山的研究衆多，但如千佛山這
樣同時涉及佛教、道教文化的名山，卻幾乎很少有與其相關的海外書籍或外
國人的歷史記録。《朝天航海録》作爲少數與千佛山相關的海外文人的記録，
其價值和在中韓文化交流方面所起的作用也非常值得研究。因此，本文將以《朝
天航海録》中關於山東省的記録爲中心，重點考察山東省内的陸路路綫及其

① 劉静：《從〈燕行録〉看18世紀中國北方市集——兼論中朝文化交流與文化差異》，《北京社會科學》2006年第3期，第34—38頁。楊昕：《朝鮮使臣筆下的明代通州》，《延邊大學學報（社會科學版）》2009年第2期，第39—42頁。張曉明：《明代鞍山驛路——以〈朝天録〉中的記載爲中心》，《鞍山師範學院學報》2010年第3期，第30—34頁。韓梅：《韓國古代文人眼中的中國——以〈朝天記〉、〈朝京日録〉、〈入潘記〉爲中心》，《東岳論叢》2010年第9期，第51—54頁。張曉明：《朝鮮使臣視角下的明代遼東民俗——以〈燕行録〉記載爲中心》，《鞍山師範學院學報》2011年第5期，第35—39頁。王廣義、吳菁菁：《〈燕行録〉記録的朝鮮使者在清代中國東北見聞》，《蘭臺世界》2011年第19期，第28—29頁。金柄珉、金剛：《對中國"燕行録"研究的歷時性考察》，《東疆學刊》2016年第1期，第108—116頁。崔溶澈：《十八世紀朝鮮對明清通俗文化的接受與批判》，北京論壇（2017）文明的和諧與共同繁榮——變化中的價值與秩序：中華文明的國際傳播論文與摘要集，第42—44頁。劉錚：《朝鮮使臣筆下的滿族建築——以〈燕行録〉爲中心》，《殷都學刊》2019年第3期，第48—52頁。

② 김민호：《他者의視綫으로바라본中國江南이미지–燕行録과漂海録의記錄을中心으로》，《중국어문논총》43，2009，第357—382頁。김민호：《燕行録에보이는北京이미지연구》，《중국어문학지》32，2010，第163—187頁。

張循、李玥：《明代朝鮮使節對永平府夷齊廟的認知——以〈燕行録全集〉爲中心》，《渤海大學學報（哲學社會科學版）》2019年第5期，第69—74頁。

③ 陳長文：《登州與明末中朝海上絲路的復航——以朝鮮貢使安璥〈駕海朝天録〉爲文本》，《登州與海上絲綢之路——登州與海上絲綢之路國際學術研討會論文集》，北京：人民出版社，2009年，第74—83頁。

周邊山嶽文化，從中韓旅遊產業發展和文化交流的角度出發，進一步審視《朝天航海錄》所具有的價值。

二、山東省內的陸路路綫

如前文所述，通過洪翼漢的文字記錄，對山東省內的陸路路綫進行考察，不僅可以進一步了解現有研究中被忽視的山東半島內陸城市，還可以了解周邊山嶽相關的地區文化和人文風貌。因此，本章將整理洪翼漢記錄中的山東省陸路路綫，並具體闡述考察陸路路綫的理由和重要性。

洪翼漢以奏請使書狀官①的身份去北京，主要目的是奏請有關仁祖即位的敕命與冕服，另外，還要執行監督使團、記錄見聞並向朝廷報告的任務。在他的記錄中除了天壇之外，幾乎找不到對北京城內的其他描寫。當然，這與使節團當時無法完全自由出入各處，以及洪翼漢自身的健康狀態不無關係。②相反，到達登州後經濟南前往北京時，洪翼漢以旅行者的視角具體地記錄了山東省的各類種種，有關山東省的內容在他的記錄中占據了非常大的比重。"吾筋力方强，跨馬甚閑，而且輈直多騾直少，辭多就少，亦不無補……於國用"③，因此，從登州到北京的路上，便把馬匹定爲了主要交通工具。洪翼漢一行經過山東省各地的時間、地點、距離整理如表一（歸國行程與入京行程相似，此處省略）：

表一

時間	地點	距離
天啓四年甲子年八月二十三—九月十二日上午	宿登州	

---

① 朝鮮使節回歸之時都要向國王稟告出使情況，每次出使都有書狀官專門負責記錄出使時的見聞，作爲回國時稟告國王的依據，朝鮮使臣亦多樂於著詩文描述出使情況。

② "午後晴朗提督下文許往天壇"（天啓五年乙丑一月二十九日條，第255頁），可知洪翼漢一行如果想參觀北京城內，必須要先獲得表文許可，並不是可以隨意出入的。"城北五十里有賢王舊址疾甚不得往訪"（天啓四年甲子十月五日條，第204頁），"職重得寒疾"（天啓四年甲子十二月十九日條，第237頁）等可知洪翼漢的個人健康狀況也是其未對北京城內有詳細描寫的原因之一。本稿中所引《朝天航海錄》原文均出自《國譯燕行錄選集Ⅱ》（首爾：民族文化促進會，1977年）中所收錄的《朝天航海錄》。

③ 《朝天航海錄》，天啓四年甲子九月十一日條，第183頁。

續　表

時間	地點	距離
天啓四年甲子年九月十二日下午	登州—黃縣	60 里
天啓四年甲子年九月十三日	黃縣—北馬鋪—黃山驛館	60 里
天啓四年甲子年九月十四日	黃山驛館—新城堡—朱轎鋪	60 里
天啓四年甲子年九月十五日	朱轎鋪—平利站—萊州 掖縣城	60 里
天啓四年甲子年九月十六日	萊州 掖縣城—雲橋鋪—灰埠驛	60 里
天啓四年甲子年九月十七日	灰埠驛—新河店—昌邑縣	80 里
天啓四年甲子年九月十八日	昌邑縣—牛阜店—濰縣	100 里
天啓四年甲子年九月十九日	濰縣—昌樂縣	50 里
天啓四年甲子年九月二十日	昌樂縣—泹洱河店—青州 益都縣	70 里
天啓四年甲子年九月二十一日	青州 益都縣—淄河店（臨淄縣）—金嶺鎮	40 里
天啓四年甲子年九月二十二日	金嶺鎮—張家店—長山城	80 里
天啓四年甲子年九月二十三日	長山城—雛師縣	30 里
天啓四年甲子年九月二十四日	雛師縣—青陽店—章丘（高堂縣）	70 里
天啓四年甲子年九月二十五日	章丘—夏家莊—龍山驛	40 里
天啓四年甲子年九月二十六日	龍山驛—長和店—濟南	60 里
天啓四年甲子年九月二十七日	宿濟南	
天啓四年甲子年九月二十八日	濟南—華不注山—黃澗店—濟河縣	80 里
天啓四年甲子年九月二十九日	濟河縣—遠城縣—象家店—禹城	70 里
天啓四年甲子年九月三十日	禹城—平丘店—平原縣	70 里
天啓四年甲子年十月一日	平原縣—譚家鋪—德州	80 里
天啓四年甲子年十月二日	德州—樓子鋪—景州	60 里

　　正如表一所示，從登州至樓子鋪屬於山東省，景州屬於河北省，因此，從景州開始即算離開了山東省。從距離上看，洪翼漢一行從登州到北京約行了 1676 里，其中從登州到景州的距離約爲 1280 里。另外，從時間上看，天啓四年八月二十三日登陸山東省登州，十月二日離開山東省德州，其間在山東省各地區共停留了 40 多天。這段時間洪翼漢一行充分遊覽了山東省內陸城

市及各處山嶽，並詳細記錄了這些地區的人文、地理、風景。結束任務回國時的記錄很簡略，其緣由是洪翼漢一行"歸思甚忙，不暇遍觀……意甚惘惘"。①

洪翼漢對山東省內陸城市的記錄與《航海朝天圖》的內容相符。"1624年與洪翼漢同乘一條船踏上燕行之路的某畫員繪製了《航海朝天圖》，該地圖詳細繪製了使行團登陸中國登州，通過陸路前往北京時所見的山、江、人物、村莊、城市、帝王和英雄豪傑的墓及祠堂等人文古跡和自然風景。該地圖的內容可以分爲海圖和路圖分別進行研究，海圖主要描繪了當時的海洋狀況，路圖主要描繪了歷史遺跡和統治階級的情況。"② 同樣，洪翼漢的記錄內容也可以分爲海路和陸路兩部分進行研究，如，刁書仁、李偉關注《朝天航海錄》中有關海路的部分，對洪翼漢一行經過海路時，目睹並記錄明朝政府治理遼東難民的內容進行了整理，指出當時女真族的侵略和明朝官員的貪慾及民間對佛教的崇尚。③ 金珉浩同樣沒有對陸路路綫進行研究，他主要分析了洪翼漢一行因仁祖登基一事前往明朝，爲避開被金侵略的遼東地區，從海路前往北京的情況，指出《朝天航海錄》中，北京的相關內容主要是記錄宮中官吏的腐敗等現象，沒有與百姓相關的內容。④

本文之所以指出，有必要關注《朝天航海錄》中記錄的山東省陸路路綫，是因爲該路綫不僅在明清時期，現在也同樣是連接山東省東、西兩向，以及山東通往北京的重要交通路綫。明朝時期山東重要的交通路綫有三條分支。第一條是從北京出發，經德州、濟南、泰安、兗州，到達江蘇省徐州市的路綫；第二條是從北京出發，經德州、章丘、東阿、濟寧，東至江蘇省徐州市，或者南至江西省歸德的路綫。這兩條路綫既是廣東、廣西、福建、江西、湖南、湖北、江蘇等地區官員入京之路，也是運輸物資的入京之路。第三條是連接山東省東、西兩向的路綫，即，從東昌府出發，經濟南、青州、濰縣、萊州、黃縣前往登州的路綫。⑤ 天啟年努爾哈赤占領遼東後，遼東地區陸路受阻，朝鮮使臣們只得取海路前往明朝。爲了履行仁祖即位相關的公務事宜，

---

① 《朝天航海錄》，天啟五年乙丑三月七日條，第 274 頁。

② 林基中著，劉曉東譯：《17 世紀〈航海朝天圖〉的形成與山東半島》，《登州與海上絲綢之路——登州與海上絲綢之路國際學術研討會論文集》，第 107—113 頁。

③ 刁書仁、李偉：《朝鮮使臣所見的明天啟社會——以洪翼漢〈華浦先生朝天航海錄〉爲中心》，《東北師大學報（哲學社會科學版）》2012 年第 4 期，第 76—82 頁。

④ 김민호：《燕行錄에 보이는北京이미지 연구》，《중국어문학지》32，2010，第 172—173 頁。

⑤ 安作璋主編：《山東通史（明清卷）》，濟南：山東人民出版社，1994 年修訂本，第 287 頁。

洪翼漢也是乘船登陸登州後，先沿着第三條路綫前往濟南。用地圖表示如下：

圖一　明代山東省地圖（部分）

如上所述，《朝天航海錄》中與陸路相關的記錄内容大致可以從兩個方面進行考察。一個是當時的中國國情和中朝兩國的外交，比如在北京的記錄和途中的見聞内容等；另一個是山東地區的形象，比如從登州經濟南到北京時有關山東省内陸城市的記錄。考察洪翼漢記錄的 17 世紀山東省的陸路路綫，可以爲山東省除青島、威海、煙臺等沿海城市以外的其他内陸城市發展旅遊業提供更多的思路，並對山東省的傳統文化進行一次再梳理。除此之外需要指出的是，通過洪翼漢對山東省的記錄，還可以了解與山嶽相關的地區文化，探討開發以山嶽爲中心的東西旅遊綫路，爲山東省進行海外旅遊宣傳。

三、山東省内陸地區的山嶽文化

（一）人文古跡的傳播途徑

從洪翼漢《朝天航海錄》中有關山東省的記錄來看，其中與歷史、文人、傳説等有關的人文古跡類内容占了很大的比重，由此可以看出洪翼漢等朝鮮使臣對明朝社會的關心和興趣所在。當然，關於人文古跡的記錄是使行錄中經常會出現的普遍性内容，然而在洪翼漢對山東省的記錄中，尤其值得注意的一點是其對山嶽的特別關注。山東省有其獨特的地形特點，中部是山地，東部和南部是丘陵，北部和西北部是平原。山東省的最高點是位於中部的泰山，洪翼漢所記錄的山大部分都是泰山的餘脈，位於山東省中部，即淄河店和青州附近。洪翼漢寫道："自登州抵荒萊鋪則山勢周遭，石路崎嶇而黄縣以後幅平鋪村落鱗次……"[1]在遊覽了位於山東省西部的濟南市千佛山、華不注山後又寫道："過此之後曠野蒼茫，無一點培塿矣。"[2]也正好説明了山東省的地形特徵爲中部山地、西北平原。

因此，本節以現有的研究爲基礎，關注洪翼漢記録中的各大山嶽，根據本文第 2 節中整理的地圖路綫，通過整理考察周邊地區的山嶽文化，了解山嶽是如何作爲歷史記憶的空間，如何作爲文學、宗教、文化等的傳播途徑發揮作用，並嘗試提出在山東省開發以山嶽爲中心的人文旅遊綫路的可行性。

洪翼漢對山東省内部分山嶽的記載按其路綫整理如表二：

表二

記録時間	位置	山名	山嶽相關的人文介紹
天啓四年甲子 9 月 20 日	青州	雲門山	南有雲門山，峰頭石門呀然，從古群仙遊憩於此，而前輩道神仙事甚詳。西有堯山，相傳昔堯巡歷於此。
		堯山	
天啓四年甲子 9 月 21 日	淄河店	牛山	店西五六里許有牛山……此是景公之下淚處耶。山之北麓有管仲墓，墓前有碑，字畫磨滅不可識。其東有菟頭山，即齊前後君臣之掩骨處，高墳大冢，不可勝計。而桓、宣、景、襄、安、平君臣之昭然易曉者，以其有碑故耳。愚公谷在其西，抱犢莫卜，只今留名。稷山在其南，山頂巋然者，后稷之祠宇。而三月政武成王之遺澤，葬衣。噫！天下父歸，其子爲往。
		菟頭山	
		稷山	
天啓四年甲子 9 月 24 日	山東中部	長白山[1]	范文正公讀書處，前有繡光湖，爲數三十里，鷗鷺鵝鷹翔集其中。後有長白山，煙羅雲樹，彌恒其南。上有醴泉寺，希文之飲粥。苦味芥視銀窖，於當時相鬥，其操冰雪中……

---

① 《朝天航海録》，天啓四年甲子 9 月 12 日條，第 184 頁。

② 《朝天航海録》，天啓四年甲子 9 月 28 日條，第 200 頁。

續　表

記録時間	位置	山名	山嶽相關的人文介紹
天啓四年甲子9月25日	章丘	無名山②	山頂聞有玉真君錬丹處，偕往觀之，則門樓雲湧，金碧霞連。樓下有石窟，深可五六十步許。窟中左右又有小穴，各十餘步。雖白晝，暗黑如漆。明燭，然後始達。中有真君塑像，懸燈焚香，夜以繼日。僧道數十余人居在窟傍禪庵，惟以修齋誦經爲業。
天啓四年甲子9月27日9月28日	濟南	千佛山	食後與副使帶慧光同遊於千佛山。山在城南五里許。巖底山腰架佛宮，其東有一覽亭，小。西有白衣洞、地藏殿，而牧鶴窟、龍泉洞尤爲奇絶。窟即吕洞賓錬神處。
		華不注山	食後往華不注山，峰勢突兀斗起，高入雲霄之間。試登絶頂，舉目四望，則北通渤海，西挹泰山，南極白山，東壓雲門山。念昔李謫仙吟了"緑翠如芙蓉"，而"齊楚之戰酣三周"者，此也。上有五帝廟，半腹有蘭谷精舍，藏吕純陽塑像，立大石於其下，刻曰華不注山。

　　由此可見，在洪翼漢的記録中，山嶽和與君王、文人、名士、宗教有關的人文古跡有着密切的關系，具有深厚的文化内涵。"墨客仙翁之遺篇傑句尚着老石蒼台之面者不可勝計，而陳希夷壽福大字、蘇子瞻海市一詩可以大游人眼孔"③，從關於蓬萊閣的記録中可以看出，山嶽上雕刻着的詩句、字跡及歷史故事對探訪該山嶽的人們起到了傳播地區文化和歷史的作用。洪翼漢也在前輩們的記録中收集有關雲門山的信息，並了解與雲門山相關的文化："南有

---

　　① 洪翼漢記録的長白山並不是現在吉林省的長白山，此山位置在記録中雖没有明確標明，但可以知道的是洪翼漢是在經淄河店前往章丘的路上見到的這座山。今山東省長白山位於鄒平縣、濟南章丘區、淄博市周村的交界處（山東中部）。

　　② 洪翼漢的記録中並未提及此山的具體名字，但根據他所描述的"周覽既遍，行到夏家莊，沽酒帶醉，不爲中火，行四十里，宿龍山驛"（天啓四年甲子九月二十五日條，第196頁）的内容可知，此山應爲章丘的一座山。現在濟南市章丘區有一座山名爲錦屏山，山上有很多名人題寫的石碑，相傳是清初一個叫韓陽成的秀才出家修道的地方。

　　③ 《朝天航海録》，天啓四年甲子九月四日條，第200頁。

雲門山，峰頭石門呀然，從古群仙遊憩於此，而前輩道神仙事甚詳。"[1]另外，在牛山和菟頭山看到的碑石不僅是齊國君臣遺留下的歷史文物，更是向朝鮮使臣傳達當時歷史信息的物質媒介。

（二）中韓交流的紀念空間

在洪翼漢的記錄中，山嶽蘊含着歷史事件的痕跡和英雄人物的傳說，不僅如此，對於朝鮮時代的知識分子來説，山嶽也是思想與宗教交流的空間。衆所周知，山嶽與宗教有着密切的聯繫。山嶽滿足了不同宗教傳道的目的和宗教活動的需求。山中安靜的環境有利於修行，更能滿足僧徒們的審美要求和生活需要。因此，洪翼漢筆下的山嶽也成爲了集儒教、佛教、道教等宗教文化於一體的文化空間。[2]

> 食後與副使帶慧光同遊於千佛山。山在城南五里許，巖底山腰架佛宮，其東有一覽亭，小西有白衣洞、地藏殿，而牧鶴窟、龍泉洞尤爲奇絶。窟即呂洞賓鍊神處……深不可測。俄而淡日倏夕，棲鳥投林，山影漸盡，扶藜下山，神尚在其間……[3]

洪翼漢用以上語句描寫了濟南千佛山的迷人風景。通過該記錄可知，千佛山位於濟南市的南側，山腰上建有寺廟，西側是呂洞賓修煉的牧鶴窟。如果説寺廟是佛教的空間象徵，那麼呂洞賓作爲民間傳説中的"八仙"之一，卻是衆所周知的道教代表人物。[4]像這樣，千佛山作爲佛教和道教同時存在的空間，蘊含着獨特的宗教文化。此外，千佛山還與儒教有着深厚的關係。

> 早朝往玄德殿，謁虞帝，陟歷山觀……殿内安舜塑像，而南面左右列神禹以下二八諸賢之像。小西有娥皇女英廟，俱爲塑像，前後侍妾一如宮中儀……殿西有歷山書院，扁揭精一堂，取唯精唯一之義，正德年間本府士人等所建也。有一儒生自稱姓名復爲者接與語，

① 《朝天航海録》，天啓四年甲子九月二十日條，第 212 頁。

② 于曉曉：《儒佛道與中國名山關係的研究》，《知識經濟》2009 年第 15 期，第 150 頁。

③ 《朝天航海録》，天啓四年甲子九月二十七日條，第 198 頁。

④ 王璐：《論明清道教神仙群體特徵——由呂洞賓民間傳説看道教神仙形象的演變》，《重慶科技學院學報（社會科學版）》2012 年第 4 期，第 111 頁。

盛稱我國之事大抗賊，同章丘儒生言答亦如前……①

　　濟南府的儒生們以"歷山"這一山名創建了書院，對於儒生們來説，歷山是儒教的象徵性符號。萬曆年間建立的歷山書院就像當時所有的書院一樣，學術研究的氛圍濃厚，儒生們也會對當時的時局進行批判。②這裏需要説明的一點是，千佛山和歷山指的是同一座山，千佛山原被稱爲歷山，舜對於歷山便是神一樣的存在。後來隋文帝於公元 587 年在歷山修建佛像，興建千佛寺，歷山自此便被稱爲千佛山。唐朝貞觀年間，千佛寺進行修繕，更名爲興國禪寺，並一直沿用至今。

　　這也説明千佛山一直是當地百姓表達信仰和願望的共同空間，蘊含了山東省獨有的地區文化。之所以要在洪翼漢的記錄中特別關注千佛山，也正是因爲有關千佛山的記錄，在 17 世紀就已經被朝鮮知識分子作爲一種文化與信仰的象徵，傳入了朝鮮。現在千佛山的大舜石圖園西邊，就立着象徵濟南市與韓國水原市兩市友好的"友誼之門"，是中韓兩國友好交流的重要體現。這説明當時山嶽不僅是尋找歷史痕跡的空間，也是地區居民追求、享受共同體文化的空間，更是對外傳播文學、民俗、宗教、文化等的重要途徑。

四、結論

　　本文選取洪翼漢《朝天航海錄》中山東省陸路路綫爲研究對象，聚焦其中有關山嶽的內容，提出了以山嶽爲中心開發人文旅遊綫路的可能性。之所以在《朝天航海錄》中特別選取"陸路"這一路綫進行研究，是因爲在洪翼漢與陸路相關的記錄中，山東省的記錄占很大比重，洪翼漢以旅行者的視角，具體記錄了山東的人文、地理、風俗民情等。從這些記錄中，我們可以重新回顧山東的歷史文化，發現當今現代化城市中固有的文化與傳統。明朝末年，山東省的山嶽不僅蘊含了歷史的記憶，更形成了集地區傳説、文學（特別是詩）、書法、英雄故事、宗教等爲一體的山嶽文化。

　　上述山嶽文化的形成與當時山東地區的經濟狀況不無關係。明朝末年的山東地區不管從官府、城池還是民宅的情況來看，都是經濟富裕的地方，百姓的生活也比較悠閑安逸，洪翼漢的記錄中也有很多具體的描述。洪翼漢一

---

①　《朝天航海錄》，天啓四年甲子九月二十八日條，第 198—199 頁。

②　《山東通史（明清卷）》，第 287 頁。

行來到中國時，明朝正遭受金國的侵略，因此遼東地區有很多難民。相反，對於享受物質豐富、安逸生活的山東百姓來説，需要的也許更多的是精神上的追求。

當時百姓們崇拜能够給人們帶來安逸生活的英雄，希望能够延續和平的生活，並不斷尋找能够實現這種願望的神聖存在。他們崇尚真實的歷史人物，同時也崇拜民間傳説中的英雄和神仙，將這種看似矛盾的思想集結在一起的空間便是山嶽。因此，山東省的山嶽中蘊含着數不清的人文古跡、宗教傳統和歷史文化，彰顯了其獨特的人文價值，這也爲開發以山嶽爲中心的人文旅遊景點提供了可能性。

綜上所述，山東省完全具有開發以山嶽爲中心的人文旅遊綫路和旅遊景點的可能性與優勢。洪翼漢記録的淄河店（今臨淄縣）的牛山和菟頭山是齊國君臣的墓地，"臨淄墓群"作爲山東省重點保護文物，具有十分重要的價值。① 與華不注山有關的齊楚之戰、千佛山和華不注山所蘊含的宗教與民間信仰……以這些山嶽爲中心，貫穿山東省東西的這條朝鮮使臣"朝天之路"，也是一條講述了山東古往今來的"歷史和文化之路"。山東省的青島等沿海城市已經作爲旅遊城市備受矚目，而除了泰安和曲阜之外，内陸城市的其他人文古跡卻没有受到廣泛的關注。《朝天航海録》中有關青州白衣庵故址、山東中部的齊魯長城、孟嘗君故居、淄博彌陀寺、牛山旁的管仲墓、鄒平西南長白山中的醴泉寺等人文古跡的記録，也爲開發淄博、青州、昌邑、章丘等内陸城市和地區的人文旅遊綫路提供了新的思路。這樣一種旅遊綫路不僅可以體現山東省齊魯文化的特色，還可以作爲曲阜和泰山旅遊綫路的補充，爲傳播山東省的傳統文化發揮作用。

---

① 宋軍繼、王復進主編：《山東千年古縣志》，濟南：山東省地圖出版社，2006 年，第 174 頁。

朝鮮使臣筆下的乾隆萬壽節宮廷演戲

——以《熱河日記》和《燕行記》爲中心

章宏偉

　　談到清代宮廷演戲，研究者莫不認爲乾隆朝乃清宮演戲的高潮。乾隆初年伊始，清宮戲曲演出形成了嚴格的規範，與宮廷的儀典活動緊密地結合在一起，年、節、萬壽慶典演出的時間、地點、劇碼，甚至演戲機構的人數、編制，都成爲後世效仿的典範。而於乾隆朝宮廷演戲的詳情，囿於文獻資料尤其是檔案資料的流失，難現盛況。

　　乾隆朝，隨着清廷與東西方各國交流日益增多，外國使臣來華也日趨頻繁，看戲也成爲招待外國使臣的常用形式。在邀請外國使臣看戲的禮儀上，清廷也依照與其親疏等級而各有不同的待遇。與中國毗鄰且交往頻繁的朝鮮、安南等國使臣邀請看戲較多，往來少的西方使臣則邀請看戲少。

　　在清廷交流史上，朝鮮是派使節最多的國家。其中原因，一是由於距離相對較近，路途所需時間僅數月；再一是朝鮮與中國從明代開始就形成了朝貢關係。因此，自 1644 年順治元年（朝鮮仁祖二十二年）清廷定都北京，直至 19 世紀末，朝鮮燕行使團持續不斷地來到中國。

　　朝鮮使團官員及其他成員回國後，將其見聞撰寫成文，或報告朝廷，或著録成書公開出版，這就是多達上千種的《燕行録》。

　　朝鮮使臣燕行文獻中，記載了乾隆朝宮廷演戲的就有：乾隆三十年（1765）書狀官軍官洪大容的《湛軒燕記》、乾隆四十五年（1780）正使隨員朴趾源的《熱河日記》、乾隆五十五年（1790）副使徐浩修的《燕行記》等。特別是《熱

_____

　　【作者簡介】章宏偉，故宮出版有限公司董事長、研究館員。

河日記》《燕行記》所記錄的燕行，是朝鮮國王爲慶賀乾隆皇帝七十、八十壽辰而專門派遣使者，其中比較細緻、生動地記載了乾隆四十五、五十五年的慶典中的戲曲活動。

一、乾隆萬壽節的朝鮮賀壽使行程

大多朝鮮燕行筆記是古代朝鮮使臣或其子弟、隨從作爲使團成員來中國的見聞錄。這些使臣是朝鮮國王派遣的賀歲、謝恩、朝貢使臣。例如冬至使團，他們一般在十月末或十一月初出發，冒着寒冬的風雪，在十二月末之前抵達北京；來年二月中旬從北京返程，三月末或四月初回到朝鮮。這些使臣職責所繫，要參加冬至、除夕、元旦、元宵、燕九等官方禮儀活動，這些都保留在他們的使行記錄中。

朴趾源（1737—1805）的《熱河日記》和徐浩修（1736—1799）的《燕行記》，在朝鮮使者燕行見聞錄中，是比較重要同時也很獨特的著作。説其重要，是因爲《熱河日記》《燕行記》記載細緻、生動；説其獨特，乃由於其不是例行出使，是爲萬壽盛典而來。

特別是乾隆五十五年（1790）庚戌，無論在清王朝歷史還是在中國古代戲曲史上，都是個重要的年頭。這一年，是已經做了55年皇帝的乾隆八十壽辰，清廷舉行盛典。這一年，爲了給皇帝祝壽，全國各地的戲曲班社、戲曲藝人紛紛進京，各曲種競相獻藝、互相借鑒，更成爲京劇形成的契機。

關於乾隆萬壽節的慶典，清宮檔案有記載，當時參與的皇室、大臣也多有記載。慶典還邀請了外國使節，他們從特定的視角做了記述，其中就有朝鮮燕行使者。而專門記載乾隆四十五年壽誕的朴趾源的《熱河日記》、乾隆五十五年壽辰的徐浩修的《燕行記》，恰是非常有價值的親歷記錄。朝鮮國王爲慶賀乾隆皇帝壽辰而專門派遣的使團，不僅出使目的發生了變化，出使時間也與以往不同。由於乾隆皇帝的萬壽節是八月十三日，所以，這次行程剛好與冬至使季節相反，不再是寒風凜凜、積雪阻道的冬天，而是酷日炎炎、風雨泥濘的夏日。

在朝鮮使團中，成員是由國王任命的"三使"（正使、副使、書狀官），以及各色隨從人員。徐浩修是副使，朴趾源爲正使朴明源的隨從。他們不同的身份，也決定了他們記錄清宮演戲的差異。

〇乾隆四十五年賀壽使團的行程：

進賀使——朴明源

進賀副使——鄭元始

書狀官——趙鼎鎮

（1）六月二十四日渡鴨綠江——瀋陽——永平府——豐潤——玉田——三河縣城——通州——八月初一入朝陽門到皇城，宿西館。

（2）八月初二至初五日，正副使入闕觀見等。

（3）八月初六日自皇城啓程——順義縣懷柔縣——八月初九日達熱河寓太學。

（4）八月初十日至八月十四日，在熱河參加慶祝活動，三使看戲。

（5）八月十五日，從熱河出發——灤河——古北口——密雲縣懷柔縣——八月二十日入德勝門回皇城，宿西館。

路綫爲：朝鮮——北京——熱河——北京——朝鮮

〇乾隆五十五年賀壽使團的行程：

進賀使——黃仁點

進賀副使——徐浩修

書狀官——李百亨

（1）五月二十七日，向國王辭行——六月二十二日渡鴨綠江——瀋陽——義州城——七月十五日申時達承德府熱河。

（2）七月十六日、十七日、十八日、十九日在熱河參加慶祝活動，看戲。

（3）七月二十一日自熱河啓程——密雲縣——七月二十五日達皇城入南館暫憩。

（4）七月二十六日由宣武門——西便門——阜成門——西直門外——向西二十里入圓明園寓館。

（5）八月一日至八月十一日，在圓明園參加慶祝活動，看戲。

（6）八月十二日至十四日回皇城在紫禁城參加慶祝活動，看戲。

（7）八月十五日九月三日在圓明園參加活動。

（8）九月四日離京返程。燕京南館——通州——薊州——玉田——豐潤——山海關——瀋陽——鳳凰城——鴨綠江——龍灣——十月二十二日向國王覆命。

　　　　路綫爲：朝鮮——熱河——北京——朝鮮

　　從上述兩次行程可看出，乾隆五十五年的慶祝活動，時間更長，活動更繁盛。乾隆皇帝的七十壽誕是到熱河過的，而八十壽誕慶典重點放在了北京。

二、朝鮮使臣對熱河、北京清宮演戲的記載

　　朴趾源《熱河日記》[1]，其中卷十一、卷十二、卷十三中，記錄了慶賀使團從鴨緑江經瀋陽至北京，繼由北京赴熱河參與慶典，再從熱河返回北京的行程。

　　徐浩修《燕行記》[2]，分四卷，完整地記録了慶賀使團的全部行程。卷一"起鎮江城至熱河"；卷二"起熱河至圓明園"；卷三"起圓明園至燕京"；卷四"起燕京至鎮江城"。

　　由於朴趾源只是隨從，是不能如徐浩修這樣的"三使"進宮看戲的，因此他對清宮演戲的記録，也就和徐浩修親歷的不同。他記載的乾隆四十五年八月十二日，在熱河，他作爲隨從只能從門牆外遥望。

　　　　曉，使臣入班聽戲，余睡甚倦，仍臥穩睡。朝飯後，徐行入闕，
　　則使臣久已參班。任譯及諸裨皆落留宮門外小阜上。通官亦坐此，
　　不得入。樂聲出牆內咫尺之地，從小門隙窺之，無所見矣。循牆十
　　餘步，有一小角門，門扉一掩一開，余欲略入，立則有軍卒數人禁
　　之，只許門外張望。門內人皆背門而排立，不少離次，不搖身，如
　　植木偶。無片間可窺，只從人項間空處，隱隱見一座青山，翠松蒼
　　柏，轉眄之頃，倏忽不見。又彩衫繡袍者，面傅朱粉，腰以上高人
　　項出，似乘軒也。戲臺相去不遠，而深邃陰森，如夢中盛饌，喫不
　　知味矣。門者丐煙，即給之。又一人見余久翹足而立，提一凳子，
　　令我登其上望之。余一手托其肩，一手拄楣而立。呈戲之人，皆漢

　　① 本文所引用朴趾源《熱河日記》，均用林基中編：《燕行録全集》之53、54、55、56四册，首爾：東國大學校出版部，2001年。

　　② 本文所引用徐浩修《燕行記》，均用林基中編：《燕行録全集》之50、51兩册，首爾：東國大學校出版部，2001年。

衣冠，四五百迭進迭退，齊唱樂歌。[1]

　　而作爲副史的徐浩修則要親身參與聽戲，參與頻率高，其描寫也就細緻得多。

　　　　……有扮仙佛者，有扮神鬼者，有扮帝王者。節奏聲調，隨章各殊，而大抵多迓慶祝壽之詞。或如來莊嚴三十二相，趺坐蓮花臺上，開方便門，辟恒沙界，則數百羅漢左右簇立，戴紫金圓光，被錦繡袈裟，螺髻相聯，珠眉互暎，雲間妙音，天際法蠡，隨梵唄而上下；或桂父茅君，飄霓裳，馭雲車，逍遙于玄圃，大闡三十六法則，頂金帶玉之仙官，被甲伏劍之神將，列侍擁衛，雝雝肅肅，以都雅之儀度，而兼雄豪之氣像；又有仙童數百，彩衫繡裳，折旋進退，還丹則匝陽鏡而九轉，祈籙則擎壽扇而層抽，齊唱《綠玉黃金》之曲，和笙簫而瀏亮；或河神海鬼，報濤旗而環旋，逐逐搖搖，氣勢洶湧，騎龍馭鯨、乘楂（槎）駕鶴之群仙，汗漫來游，龍騰鯨跳，噴水如雨；或蔓階三級，封人頌嘏於神光，堯瑤池五雲，王母獻桃于周后，珠旒山龍，穆穆皇皇。（乾隆五十五年七月十六日，在熱河。）[2]

　　　　……兼設黃門戲。黃門十餘人，戴高頂青巾，著闊袖黑衣，擊鼓鳴鉦，迴旋而舞，齊唱祝禧之辭；或二丈餘長身男女，俱着闊袖淡黑衣，男戴青巾，女戴髮髻，翩躚狚玃；或豎三丈餘朱漆雙柱於殿階下，柱頭爲橫架，七八歲小兒着短衫緣柱而升，捷如猱，掛足橫架，倒垂數刻。（乾隆五十五年八月五日，在北京圓明園。）[3]

　　　　始戲時，仙童六十名各捧餻餻，象仙桃，飾以彩花金壽字，歌祝詞向御座。內監下階受之，列置御桌上。（乾隆五十五年八月十三日，在北京紫禁城。）[4]

――――――――
　　[1]　朴趾源：《熱河日記》，林基中編：《燕行錄全集》，首爾：東國大學校出版部，2001年，第54冊，第201—202頁。
　　[2]　徐浩修：《燕行記》，《燕行錄全集》，第51冊，第18—20頁。
　　[3]　徐浩修：《燕行記》，《燕行錄全集》，第51冊，第145—146頁。
　　[4]　徐浩修：《燕行記》，《燕行錄全集》，第51冊，第187頁。

尤其是徐浩修對觀戲禮儀、位次的描繪，更體現了官員的心態，充滿儀式感，形象生動。從熱河到北京，從圓明園到紫禁城，他都做了詳細記錄。

和珅進御前，手指歷而對皇旨曰："使臣等就宴班。"鐵侍郎引余等坐於各國使臣班，而首爲朝鮮使，次爲安南使，次爲南掌使，次爲緬甸使，次爲生番班位。親王、貝勒、貝子、閣部大臣坐於東序，重行西向北上，而親王、貝勒、貝子在前，大臣在後，蒙古回部、安南諸王、貝勒、貝子、各國使臣坐於西序，重行東向北上，而諸王、貝勒、貝子在前，使臣在後。（乾隆五十五年七月十六日，在熱河。）

曉，通官引三使到麗正門外朝房暫憩。黎明，通官引余等入演戲殿西序夾門外朝房暫憩。少頃，皇上御殿，通官引余等就宴班。（乾隆五十五年七月十七日，在熱河。）

曉，通官引三使到麗正門外朝房暫憩。黎明，通官引余等入演戲殿西序夾門外朝房暫憩。少頃，皇上御殿，通官引余等就宴班。（乾隆五十五年七月十八日，在熱河。）

曉，通官引三使到麗正門外朝房暫憩。通官黎明引余等入演戲殿西序夾門外朝房暫憩。少頃，皇上御殿，通官引余等就宴班。（乾隆五十五年七月十九日，在熱河。）

皇上自內殿御常服乘肩輿出，由西序北夾門入戲殿參宴，諸臣出跪西序南夾門外迎駕。……始戲，後宣饌，凡三度。（乾隆五十五年八月一日，在北京圓明園。）

禮訖，皇上御肩輿，自內詣設戲殿。詣臣退至昨日艤船處，上船，溯流，下船於天香齋前。樂聲始動，皇上已御殿。……參宴班聯，宣饌儀節皆如昨日。止戲前，和珅領欽賜各種，頒于諸臣。（乾隆五十五年八月二日，在北京圓明園。）

曉，通官引三使至拒馬木內宮門外朝房少憩。黎明，入勤政殿庭，皇上已御寶榻。殿內殿陛下，東西班聯，及召見文武應選人，皆如昨日。禮訖，皇上御肩輿，自內詣設戲殿，諸臣退至艤船處，上船溯流到天香齋前下船，入戲殿東西序。……參宴班聯，宣饌儀節，亦皆如昨日。（乾隆五十五年八月三日，在北京圓明園。）

曉，通官引三使至拒馬木內宮門外朝房少憩。黎明，入勤政殿庭，皇上已御寶榻。殿內殿陛下，東西班聯，及召見文武應選人，皆如昨日。禮訖，皇上御肩輿，自內詣設戲殿，諸臣退至艤船處，上船溯流到天香齋前下船，入戲殿東西序。……參宴班聯，宣饌儀節，亦皆如昨日。止戲前，軍機大臣阿桂，領欽賜各種，頒于諸臣。（乾隆五十五年八月四日，在北京圓明園。）

曉，通官引三使至拒馬木內宮門外朝房少憩。黎明逾五門到艤船河岸，上船溯流到天香齋前下船，入戲殿西序。……參宴班聯，宣饌儀節，皆如昨日。止戲前，軍機大臣阿桂領欽賜各種，頒于諸臣。（乾隆五十五年八月五日，在北京圓明園。）

曉，通官引三使至拒馬木內宮門外朝房少憩。黎明逾五門到艤船河岸，上船溯流，到天香齋前下船，入戲殿西序。……參宴班聯，宣饌儀節，亦皆如昨日。止戲前，軍機大臣福長安領欽賜各種，頒于諸臣。……每日扮戲時，太監盛彩箋筆墨于黃函，擎進御前。御製或律詩或絕句，御書以下太監，擎入內殿。（乾隆五十五年八月六日，在北京圓明園。）

七日乙卯，晴，留圓明園。以初十日太祖皇帝忌辰，齋戒不設戲。……九日丁巳，晴，留圓明園。以齋戒不設戲。（乾隆五十五年八月，在北京圓明園。）

十日戊午，晴，留圓明園。曉，通官來言，即見禮部指揮公文。今日設九九大慶宴，各國王、貝勒、使臣、從臣當進參。余與正使、書狀引三使至拒馬木內宮門外朝房少憩。黎明逾五門到艤船河岸，與軍機諸大臣、蒙回諸王、貝勒、安南王、南掌緬甸使臣、安南從臣、臺灣生番，分上三船，溯流，到天香齋前，下船入戲殿東西序。皇上已御殿……參宴班聯，宣饌儀節，亦皆如六日。止戲前，和珅領欽賜各種，頒于諸臣。（乾隆五十五年八月十日，在北京圓明園。）

太和殿禮成，通官引三使由左翼門出，東北行到養性殿東戲閣，即寧壽宮也。……皇上內殿禮成，即詣戲殿參宴，諸臣由右序夾門入，宗室、親王、貝勒、閣部大臣坐于東序，重行，西向北上，蒙回諸王、貝勒、安南王、朝鮮安南南掌緬甸使臣、臺灣生番坐於西序，重行東向北上。……宣饌二度，而第一宣御桌所排，第二各具一盤。撤饌後，皆宣酪茶。始戲時，仙童六十名各捧餻餻，形象仙桃，飾以彩花金壽字，歌祝詞向御座。內監下階受之，列置御桌上。（乾隆五十五年八月十三日，在北京紫禁城。）①

朴趾源、徐浩修也對戲臺、演戲情形、戲目等予以關注，並做了記録。
如戲臺，熱河避暑山莊清音閣：

> 另立戲臺於行宮東，樓閣皆重簷，高可建五丈旗，廣可容數萬
> 人。設撤之際，不相胃礙。臺左右木假山，高與閣齊，而瓊樹瑶林，
> 蒙絡其上，剪綵爲花，綴珠爲果。②

> 殿南有三層閣，最上層扁（區）曰"清音閣"，次層扁（區）曰"雲
> 山韶護"，下層扁（區）曰"響叶匀天"，即作樂設戲處。殿階左右
> 列盆花盆松，階南安古銅大爐升沉香煙。③

北京圓明園清音閣：

> 殿南爲戲閣，三層，上層曰"清音閣"，中層曰"蓬閬咸韺"，
> 下層曰"春臺宣豫"。作樂扮戲於閣中……殿庭排列奇花異草，升沉
> 香煙，亦如熱河，而以盆檜盤曲爲搽，象鶴鹿形，柯葉青新，神巧絶等，
> 熱河所無也。④

北京紫禁城暢音閣：

> 太和殿禮成，通官引三使由左翼門出，東北行到養性殿東戲閣，
> 即寧壽宮也。正殿二層有左右序，戲閣三層，上層曰"暢音閣"，中
> 層曰"導和怡泰"，下層曰"壺天宣豫"，規制一如圓明園戲閣，而
> 稍窄小。⑤

演出的戲目繁多，若没有官方提供的戲單，作爲對中國戲曲不熟悉的朝
鮮使臣，是很難記録下來的。萬壽節搬演的戲中，多爲喜慶戲。這類戲氣氛熱烈，
場面熱鬧，但情節簡單。並不曾進宮看戲的朴趾源記下了八十個戲目：

---

① 徐浩修：《燕行記》，《燕行録全集》，第 51 册，第 17—18、52、54、59、132—133、136—
137、140、142—143、145—146、154—155、155—156、166—168、185—187 頁。

② 朴趾源：《熱河日記》，《燕行録全集》，第 54 册，第 600 頁。

③ 徐浩修：《燕行記》，《燕行録全集》，第 51 册，第 15—16 頁。

④ 徐浩修：《燕行記》，《燕行録全集》，第 51 册，第 133 頁。

⑤ 徐浩修：《燕行記》，《燕行録全集》，第 51 册，第 185 頁。

《九如歌頌》《光被四表》《福祿天長》《仙子效靈》《海屋添
籌》《瑞呈花舞》《萬喜千祥》《山靈應瑞》《羅漢渡海》《勸農官》
《薝葡舒香》《獻野瑞》《蓮池獻瑞》《壽山拱瑞》《八佾舞虞庭》《金
殿舞仙桃》《皇建有極》《五方呈仁壽》《函谷騎牛》《士林歌樂社》
《八旬焚義券》《以躋公堂》《四海安瀾》《三皇獻歲》《晉萬年觴》
《鶴舞呈瑞》《復朝再中》《華封三祝》《重譯來朝》《盛世崇儒》《嘉
客逍遙》《聖壽綿長》《五嶽嘉祥》《吉星添輝》《猴山控鶴》《命
仙童》《壽星既醉》《樂陶陶》《麟鳳呈祥》《活潑潑地》《蓬壺近海》
《福祿並臻》《保合大和》《九旬移翠嶽》《黎庶謳歌》《童子祥謠》《圖
書聖則》《如環轉》《廣寒法曲》《協和萬邦》《受玆介福》《神風四
扇》《休徵疊舞》《會蟾宮》《司花呈瑞果》《七曜會》《五雲庵》《龍
閣遙瞻》《應月令》《寶鑒大光明》《武士三千》《漁家歡飲》《虹橋
現大海》《池湧金蓮》《法輪悠久》《豐年天降》《百歲上壽》《絳雪
占年》《西池獻瑞》《玉女獻盆》《瑤池杳世界》《黃金扶日》《欣上壽》
《朝帝京》《待明年》《圖王會》《文象成文》《太平有象》《灶神既醉》
《萬壽無疆》。[①]

這些戲並不能一次演完，因此，只看戲目的羅列，似乎難以還原當時演
出的盛況。而徐浩修，作爲親歷者，他對戲目的記錄，更能使我們瞭解清宮
節慶演出的情形。

卯正六分開戲，未正一刻五分止戲，曰《清平見喜》，曰《合和
呈祥》，曰《愚感蛇神》，曰《文垂鳳彩》，曰《多收珠露》，曰《共
賞冰輪》，曰《壽星既醉》，曰《仙侶傾葵》，曰《籠罩乾坤》，曰《氤
氳川岳》，曰《鳩車竹馬》，曰《檀板銀箏》，曰《修文偃武》，曰《返
老還童》，曰《芬菲不斷》，曰《悠久無疆》。凡十六章，有扮仙佛者，
有扮神鬼者，有扮帝王者。節奏聲調，隨章各殊，而大抵多迓慶祝
壽之詞。（乾隆五十五年七月十六日，在熱河。）

卯正三刻開戲，未初一刻五分止戲。曰《稻穗麥秀》，曰《河圖
洛書》，曰《傳宣衆役》，曰《燕衎耆年》，曰《益友談心》，曰《素
娥絢彩》，曰《民盡懷忱》，曰《天無私覆》，曰《重譯來朝》，曰

① 朴趾源：《熱河日記》，《燕行錄全集》，第 54 册，第 598—600 頁。

《一人溥德》，曰《同趨禹甸》，曰《共醉堯樽》，曰《煎茗逢仙》，曰《授衣應候》，曰《九如之慶》，曰《五嶽之尊》。凡十六章。（乾隆五十五年七月十七日，在熱河。）

卯正十分開戲，未正二刻止戲。曰《寶塔淩空》，曰《霞觴湛露》，曰《如山如阜》，曰《不識不知》，曰《天上文星》，曰《人間吉士》，曰《花甲天開》，曰《鴻禧日永》，曰《五色抒華》，曰《三光麗彩》，曰《珠聯璧合》，曰《玉葉金柯》，曰《山靈瑞應》，曰《農政祥符》，曰《瑤池整轡》，曰《碧落飛輪》。凡十六章。（乾隆五十五年七月十八日，在熱河。）

卯正一刻五分開戲，未初三刻十分止戲。曰《壽域無疆》，曰《慈光有兆》，曰《紫氣朝天》，曰《赤城益籌》，曰《霓裳仙子》，曰《鶴髮公卿》，曰《化身拾得》，曰《治世如來》，曰《齊回金闕》，曰《還向丹墀》，曰《偕來威鳳》，曰《不貴旅獒》，曰《爻像成文》，曰《灶神既醉》，曰《太平有象》，曰《萬壽無疆》。凡十六章。（乾隆五十五年七月十九日，在熱河。）

作樂扮戲於閣中，卯時始戲，未時止戲，而皆演唐僧三藏《西遊記》。（乾隆五十五年八月一日，在北京圓明園。）

卯時始戲，未時止戲，而演《西遊記》。（乾隆五十五年八月二日，在北京圓明園。）

卯時始戲，未時止戲，而演《西遊記》。（乾隆五十五年八月三日，在北京圓明園。）

卯時始戲，未時止戲，而演《西遊記》。（乾隆五十五年八月四日，在北京圓明園。）

卯時始戲，未時止戲，而演《西遊記》，兼設黃門戲。（乾隆五十五年八月五日，在北京圓明園。）

卯時始戲，未時止戲，而演《西遊記》。（乾隆五十五年八月六日，在北京圓明園。）

皇上已御殿，卯時始戲，未時止戲。曰《八洞神仙》，曰《九如歌頌》，曰《象緯有征》，曰《遐齡無量》，曰《仙子效靈》，曰《封人祝聖》，曰《海屋添籌》，曰《桃山祝嘏》，曰《縮緤盈千》，曰《清寧得一》，曰《百齡叟百》，曰《重譯人重》，曰《慶湧琳宮》，曰《瑞至香國》，曰《日徵十瑞》，曰《桃祝千齡》。凡十六章。（乾隆五十五年八月十日，在北京圓明園。）

辰時始戲，午時止戲。曰《蟠桃勝會》，曰《萬仙集錄》，曰《王母朝天》，曰《喜祝堯年》，曰《昇平歡洽》，曰《樂宴中秋》，曰《萬國來譯》，曰《回回進寶》，曰《五代興隆》，曰《五穀豐登》，曰《家門清吉》，曰《群仙大會》。凡十二章。（乾隆五十五年八月十三日，在北京紫禁城。）

《桂香馥鬱》《仙樂鏗鏘》《人安耕鑿》《海晏鯨鯢》《萬方徵瑞》《五岳效靈》《堯階歌祥》《虞庭率舞》《武士三千》《天衢十二》《海鯤穩駕》《雲鶴翩乘》《舞呈丹桂》《塔湧金蓮》《芬菲不斷》《悠久無疆》。凡十六章。（乾隆五十五年八月十九日，在北京。）①

除了八月一日至六日，在圓明園搬演的是《西遊記》外，在熱河，以及萬壽節前後均演出節慶戲。徐浩修七日中，記錄了約百餘戲目。從朴趾源、徐浩修的記錄看出，雖然相距十年，清宮節慶戲幾無大的變化。至於節慶戲名的由來，朴趾源説是"戲本皆朝臣獻頌詩賦若詞，而演而爲戲也"。

三、朝鮮使臣對清宮演戲的看法

朝鮮使臣對清宮演戲的看法，充分體現出儒家文化浸染下的朝鮮文人的思想觀念。一方面他們詳細描述所見所聞，諸多好奇事無巨細，不厭其煩，並慨歎"真天下壯觀也"；另一方面，從認同明代中國的文化觀念出發，對清宮演戲頗有微詞。

略早於朴趾源、徐浩修的洪大容，在他的燕行筆記《湛軒燕記》中就説：

場戲不知倡自何代，而極盛於明末。奇技淫巧，上下狂蕩，甚至於流入大内，耗經費，曠萬機。至於今，戲臺遍天下。嘗見西直門外，有戲具數車，皆藏以紅漆櫃子。使人問之，答云："自圓明園罷戲來。"蓋皇帝所玩娛也。正陽門外有十數戲莊……其官人皆着網巾、紗帽、團領，宛有華制。聳肩大步，顧眄有度，所謂漢官威儀者，其在斯矣。但既不識事實，真是癡人前説夢，滿座歡笑，只從人哀

① 徐浩修：《燕行記》，《燕行錄全集》，第 5 册，第 18、52—53、54—55、59—60、133、137、140、143、145、154、167—168、186—187、204 頁。

如而已。①

朴趾源引用王陽明的話,來表達他對滿清統治階層的蔑視:

> 王陽明曰:"《韶》是舜一本戲,《武》是武王一本戲,則桀紂
> 幽厲亦當有一本戲。"今之所演,乃夷狄一本戲耶!既無季札之知,
> 則未可遽論其德政,而大抵樂律高孤亢極,上不下交矣。歌清而激,
> 下無所隱矣。中原先王之樂,吾其已矣夫!②

但他也稱奇戲的精妙:

> 每設一本,呈戲之人無慮數百,皆服錦繡之衣,逐本易衣,而
> 皆漢官袍帽。其設戲之時,暫施錦步障於戲臺,閣上寂無人聲,只
> 有靴響。少焉撥帳,則已閣中山岾海涵、松矯日薈,所謂《九如歌頌》
> 者,即是也。歌聲皆羽調,倍清,而樂律皆高亮,如出天上,無清
> 濁相濟之音,皆笙簫、篪笛、鐘磬、琴瑟之聲,而獨無鼓響,間以
> 疊鉦。頃刻之間山移海轉,無一物參差,無一事顛倒。自黃帝堯舜,
> 莫不像其衣冠,隨題演之。③

徐浩修對清宮演戲的看法,亦是如此。如卷二記乾隆五十五年八月五日
的表演後,他說:

> 天子高居,萬國來朝,而肅肅宮廷,胡爲此淫褻?不待史氏之譏,
> 余已辭顏。④

又記乾隆五十五年七月十六日,在熱河避暑山莊清音閣的觀戲。在細述
了清音閣的建築、演戲前的典儀、戲目、演戲盛況後,徐浩修借引用李光地
的話發表議論:

> 榕村李光地《語錄》云:"章服,代各異制,而惟優人不禁。扮
> 高力士者,尚戴紫金冠,蓋唐制,中官必著紫金冠,不敢烏紗帽也。
> 做那一朝戲,則用那一朝衣冠,方是名優。"按:今天下皆遵滿洲衣

---

① 洪大容:《湛軒燕記》,《燕行錄全集》,第 42 冊,第 412 頁。
② 朴趾源:《熱河日記》,《燕行錄全集》,第 56 冊,第 361 頁。
③ 同上書,第 360 頁。
④ 徐浩修:《燕行記》,《燕行錄全集》,第 51 冊,第 146 頁。

冠，而獨劇演猶存華制，後有王者，必取法於此。若取前史所載忠
孝節義、可以敦風勵俗者，扮跡協均，感發人心，則由今樂返古樂，
未必不在於此，寧比仙佛神鬼之徒爲觀美而已哉！[①]

　　朝鮮使臣燕行文獻不僅記錄了清宮演出的時間、地點、劇碼、規模、表
演情況，還通過朝鮮使臣對清宮演戲的觀察，表達了他們的看法以及想象。
這些資料，彌補了乾隆朝清宮演戲史料的不足，對於研究乾隆朝宮廷戲曲活動、
清代宮廷戲曲史、清代戲曲史乃至中國古代戲曲史都是至關重要的。

---

① 徐浩修：《燕行記》，《燕行錄全集》，第 51 冊，第 20 頁。

申綽《詩次故》述論

——兼論 18 世紀後期朝鮮考據學的興起

程蘇東

[摘　要]申綽是朝鮮李朝正祖時期出現的一位重要的《詩經》學者。在申綽以前,朝鮮的《詩經》研究受到中國明清以來學風的影響,主要以朱熹《詩集傳》爲中心,而申綽則不同,他絶意仕宦而專篤於漢唐以來的《毛詩》古注,尊信近古之言,嚴守訓詁之法,以三十年之力,兩成《詩次故》,其在朝鮮《詩經》學史和考據學史上,均具有不可取代的標志性意義。本文圍繞申綽《詩次故》,首先介紹申綽其人以及《詩次故》的撰述過程、影響,總結《詩次故》的撰述體例、研究方法。在此基礎上討論申綽考據學的學術源流,並進一步探討 18 世紀中後期朝鮮考據學興起的原因。作者認爲,朝鮮考據學的興起是在北學派引介乾嘉考據學和江華學派考據學研究的共同推動下形成的。

[關鍵詞]申綽　《詩次故》　考據學　北學派　江華學派

　　從現存文獻記載看來,早在朝鮮半島的三國時代,包括《毛詩》在内的儒家經典就已經通過陸路和水路分别傳播到了高句麗、百濟和新羅,而到統一新羅時期,五經立於國學,儒家經典的教育和傳承乃逐漸走向官學化道路。降至朝鮮朝,受到元明官學的影響,以程朱爲代表的宋儒傳注占據了朝鮮官方經學教育的核心,並借助科舉的力量迅速影響全國。到英祖時期(1724—1776,雍正二年至乾隆四十一年),可以説,宋儒性理之學已經籠罩半島朝野,

---

【作者簡介】程蘇東,北京大學中國語言文學系教授。

漢唐古注一時幾成絕學。① 然而就在英祖、正祖之際，朝鮮學者申綽掇拾漢唐古書，撰成了一部逾十萬字的著作《詩次故》。關於申綽，朝鮮總督府修史官洪熹稱：“蓋其忘情榮途，抱殘守缺而獨倡樸學之門者，鴨水以東，惟公一人而已。”② 而這部巨著，無論是對《詩經》學，還是朝鮮近代學術史，都具有重要的學術意義。本文即擬以《詩次故》爲中心，首先梳理此書的撰述過程、内容結構和學術特色，繼而在此基礎上探討申綽“樸學”的學術來源。

一

關於申綽（1760—1828）其人，目前大陸《詩經》學界關注者較少。據其《自叙傳》記載：

> 申綽，字在中，海西平山府人。父□□以儒林宿望，文識儀檢，重於世選。……綽幼抱貞介之操，長有蕭邈之志，尚異好古，愛樂書林，涉獵經典，多所觀覽。嘗治《毛詩》，學兼綜諸家，著《詩次故》廿二卷，《外雜》一卷，《異文》一卷，傳於家。③

而其家世背景，則見於《石泉申君墓銘》：

> 曾祖承政院右承旨，諱宅夏。祖義盈，庫直長，贈吏曹參判，諱瑊。考，户曹參判，贈吏曹判書，諱大羽。妣贈貞夫人，延日鄭氏富平府使厚一女。有三子，長曰緝，翊衛司衛率，季曰絢，知中樞府事。④

從這段叙述可以看出，申綽乃朝鮮兩班貴族世宦家庭出生，其父申大羽是當時著名的儒士，其外祖鄭厚一更是直承霞谷鄭齊斗家學，名聞朝野。在這樣良好的家庭教育的背景下，申綽很小就開始接觸儒家經典，《詩次故後叙》云：

> 家仲兄於專古篤文，性也。兒時學書，見午陰過霤，則哭其瘥也，

---

① 參考［韓］柳承國：《韓國儒學史》，傅濟功譯，臺北：臺灣商務印書館，1989年。

② 洪熹：《景印〈詩次故〉序》，《詩次故》，京城府（今首爾）：朝鮮印刷株式會社，1934年。本文所據爲韓國國家圖書館網站所提供之原書影像，頁碼亦爲網站所標。第1冊，第2—3頁。

③ 申綽：《自叙傳》，《詩次故》，第6冊，第92頁。

④ 申綽：《石泉申君墓銘》，《詩次故》，第6冊，第98頁。

見老婢禱神，則發願乞文，推是心以至於今。①

而關於《詩次故》一書的撰寫過程，亦見於《詩次故後叙》：

> 時仲氏侍先人，不離側，然於席衽應對之暇，得容膝地，輒手一卷書，飢寒之逼不知也，事務之擾不省也。仍崇眼眚，幾廢明者數年，賴良醫獲已，則探索又如初。積二十年觀止録記，依經第次，數易稿而斷手。歲戊午，家人失火，爐滅無跡。先人惜其功，以爲關於性命，諸□者致其慰，筵臣有以聞者，上爲之垂愍嗟惜。仲氏復抖擻神精，日月重理，疏於前者密於後，龀於始者節於今，碎籤殘札，累積寸得，更十七霜而書又成，凡二十有二卷。②

根據申絢的記載，《詩次故》的成書實際上經歷了兩次撰寫過程，第一次撰成至晚在戊午歲，即朝鮮正祖二十二年（清嘉慶三年，1798 年），乃是其二十年研習《毛詩》的成果。但是，這一心血在戊午年意外地付之一炬。而申綽並未氣餒，乃復"抖擻神精，日月重理"，又花了十七年的時間重新寫成了這部《詩次故》。這部巨著的撰集前後歷時近四十年，於此我們不僅可以看出申綽驚人的毅力，更可以感覺到他對於這部書的看重。可以説，《詩次故》是申綽一生用力最勤、寄望最深的一部著作。

這部著作主要包括兩大部分，第一部分是全書的主體，即《詩次故》，關於這一標題，《詩次故序》云：

> 詩次故者，次列衆故以羽翼夫詩者也。③

就其具體內容而言，即是通過列舉自漢至唐的古注來幫助理解《詩經》，如"窈窕淑女"條下：

> 《爾雅》，窈，閒也。郭璞曰，窈窕閒隙。《説文》，窈，深遠也。窕，深肆極也。《方言》，窕，美也。周南之間曰窕，自關以西秦晉之間，凡美色謂之窕。秦晉之間美狀爲窕，美心爲窈。注郭璞曰，窕，閒都也。窈，幽静也。《楚辭》注王逸引此云：窈窕，好貌。《文選》注李善引《韓詩薛君章句》曰：窈窕，貞静貌。綽按，《漢書·匡衡

---

① 申絢：《詩次故後叙》，《詩次故》，第 6 册，第 87 頁。
② 申絢：《詩次故後叙》，《詩次故》，第 6 册，第 87—88 頁。
③ 李虞臣：《詩次故序》，《詩次故》，第 1 册，第 5 頁。

傳》，衡引此云：言致其貞淑，不貳其操，情欲之感，無介乎容儀，宴私之意，不形乎動靜，蓋釋此窈窕貞專之義，而衡學齊詩，則知齊詩之義亦同韓也。《爾雅》，淑，善也。綽按，鄭以淑女爲三夫人以下，毛義則似不然，而孔申毛義，亦云后妃有關雎之德，又不妬忌，故幽閒之善女，宜爲君子之好匹，關雎與淑女分作二人，可謂不辭。[①]

通過這段引文，我們可以看出，申綽的《詩次故》至少具有這樣幾個特點：第一，徵實而論。整個注疏以《爾雅》《方言》等字書爲基礎，通過訓詁求得字面本義，再徵引《薛君韓詩章句》《漢書·匡衡傳》等漢人古注舊說，求得詩句古義，在此基礎上，用按斷的方式給出自己的意見，《詩次故》的這種叙述結構具有濃厚的考據色彩，是一種比較平實的研究方法。第二，本於漢注卻不泥於漢注。衆所周知，《毛詩正義》亦是采用先據漢人字書、古注，再加以己意按斷的結構方式，但是，由於《毛詩正義》乃是專主鄭箋，受到體例的限制，在對待毛鄭異義的時候，常常爲了維護鄭箋而曲解毛傳，這樣的例子在《毛詩正義》中非常多見，《詩次故》則不同，由於申綽所處的時代背景，是專主朱傳而輕視漢唐古注，因此，毛傳、鄭箋，乃至三家古注在當時都被輕視，鄭箋已經失去了昔日的獨尊地位。而申綽在這樣一種時代背景之下重新衷集古注，就可以用比較平正的心態來對待各家漢注。同時，我們知道，儘管經學有漢宋之分，但事實上，就漢學、宋學内部而言，亦有大量分歧，漢學有今古文之分，《毛詩》又有王鄭之分，對於這些分歧，如果不能取一種平正的心態，就很難兼采衆長而求得正解。在上文所據的這段引文中，圍繞"窈窕淑女"是言后妃貞淑之德還是后妃能和衆妾，毛傳和鄭箋就有不同的意見，而且前後兩者都有其他漢注作爲輔證，《正義》一本"疏不破注"原則，右鄭而曲解毛傳，申綽則能本於毛傳，通過齊詩、韓詩的旁證，指出鄭箋分關雎與淑女爲二人，"可謂不辭"。《詩次故》雖以勾稽、保存古注爲旨，但是，申綽仍能以宋學之眼光，對漢唐古注進行辨正，這種好古而不泥於古的學風，頗爲難能可貴。

全書的第二部分是《詩經異文》，乃是輯録漢唐古書徵引《詩經》時所出現的各種異文，與陳玉樹《毛詩異文箋》類似，然成書早於後者。爲明其體例，茲舉一例如下：

---

① 申綽：《詩次故》，第 1 册，第 23 頁。

《漢廣》：休息，《釋文》並如字。古本皆爾。本或作"休思"，此以意改爾。孔疏，《詩》之大體，韻在辭上，疑休、求字爲韻，二字俱作思，但未見如是之本，未敢輒改。綽按，《韓詩外傳》引此作"休思"。①

而申綽對於《毛詩》異文研究最大的成就，乃在於他最早從理論上總結了《毛詩》異文產生的原因：

又徐究其所以異之故，分爲十族。一曰古今，二曰假借，三曰隸變，四曰音轉，五曰形轉，六曰義轉，七曰涉誤，八曰師讀，九曰俗寫，十曰方音。一曰古今者，字體變化，有古有今，洲古作州……隨人所尚，故無定質。二曰假借者，古人字少，恒好假借，今人字備，多還本體，舒，古假荼，橫，古借衡，既還其本，則爲橫爲舒。……三曰隸變者，從篆變隸，從隸變楷，篆欲備，隸欲省，楷則或從篆而備，或從隸而省，一省一備，自生異同。……四曰音轉者，詩本口相詠歌，不專竹帛，故傳者聲訛，則受者聽瑩。……五曰形轉者，所謂鳥鳶之變，成於三寫，況不止三，能無舛乎？……六曰義轉者，取義而已，不拘本也，秉國秉文，秉皆作執，秉訓執也。……七曰涉誤者，因其所似，指甲謂乙也，駛牝驪牡，《釋畜》文也，而認作《衛詩》，設其楅衡，《封人》文也，而認作《閟宮》。……八曰師讀者，讀非一師，所以異同，……都人首章，三家無而毛詩有，般之於繹思，毛詩無而三家有，始也詩出性情，有一無二，末乃衆師相駁，曰東曰西，未知從誰訛轉，沱茲岐疑也。九曰俗寫者，不稽六義，隨俗鹵莽也，埶作藝，禮作禮。……十曰方音者，各處一方，讀從其音也。王室如燬，齊音，我乃酌彼，秦聲，字隨聲轉，未覺其訛也，如是種種，轉換不窮，雖天祿之校，准鴻都之刻，未足以盡正其訛。至若通人達士，羞爲局固，文生墨客，性好奇變，其所援引，尤無定准。②

應當説，申綽對於《毛詩》異文之產生原因的理論概括是比較完備的，他綜合考慮了版本、文字、音韻、地理、師承等各種可能的因素，其中關於師讀、

---

① 申綽：《詩經異文》卷上，《詩次故》，第 7 册，第 15 頁。
② 申綽：《詩經異文序》，《詩次故》，第 7 册，第 3—8 頁。

方音導致異文現象的分析尤爲精彩，就筆者所見，清代學者中討論諸經異文產生之原因的，無出其右者。

當然，申綽的《異文考》存在的一個最大的遺憾，就是他所謂的異文材料主要來自其他漢唐古書中徵引《毛詩》的材料，例如利用《文選》李善注、《韓詩外傳》、《漢書》等，也就是說，申綽沒有能夠直接找到各種有代表性的《毛詩》版本來進行異文分析，而其所據的《文選》《漢書》《韓詩外傳》等材料本身往往亦非善本，因此，他的《異文考》所列異文就常常顯得並不那麼完備可靠。這當然不是申綽自身的問題，作爲一部私人撰著，在文獻資料條件十分有限的條件下，能充分利用"他校法"發現異文，已屬十分不易，而其所創立的異文理論，對於後人的《毛詩》異文研究更具有開創性的指導意義。

二

這一部分，我們來探討申綽樸學學風的學術來源。

開頭已言，申綽所處的時代，由於科舉考試全以宋儒傳注爲據，因此，以朱子學爲核心的宋儒性理之學完全籠罩了朝鮮半島，正祖時期所編的《詩經講義》云：

> 詩之篇旨六義、古韻詩樂、鳥獸草木、器用服飾，爲類至賾，用工至密，雖以呂伯恭之博識，所著《讀詩記》猶不免偏主小序之病；輔漢卿之醇儒，所著《童子問》亦不免多背朱傳之譏。至如近代儒者之公詆前賢，別創新義，尤不足多辨。此編發問，本之以朱傳，參之以衆說，名物則只求其實然之證，字句則但核其文從之訓，以懲說詩者好誇競奇之風云。①

而在正祖親自撰寫的《詩觀》義例更稱：

> 孔夫子刪詩三百，列於六經，夫子之文章，此之謂可得聞者，而朱夫子之中和條貫，渾涵萬有，金聲而玉振之者，即亦後六經之

---

① 《群書標記》，張伯偉主編：《朝鮮時代書目叢刊》，北京：中華書局，2004年，第2冊，第994頁。

三百篇也。①

幾乎將朱子作傳注的價值與孔子"删詩"等量齊觀。可以説，這些論述代表了當時社會的主流觀點，尊宋而輕漢、重義理而輕考據成爲一時學風之主流。而申綽的《詩次故》顯然正是針對這種學術風氣而作。關於作此書的宗旨，申綽曾有過一段論述：

> 仲氏曰：吾之書主於詁而略於義，通其詁者義可知，次止於唐，爲其近古也。古曰在昔，昔曰先民，一寸之句，吾必舉三重根據，珍重其言也。以古訂古，寄理在古，古之有也，非吾有也。美者自美，吾不與於其美；惡者自惡，吾不與於其惡。唯知其愈古者爲愈貴愈徵而已。②

在這段話中，申綽雖然沒有明確對朱子學提出質疑，然而衆所周知，宋儒之學的特點正是不信漢人傳箋注釋而自立新意，無論是王安石的《三經新義》，還是朱熹的《詩集傳》，自中唐以來，由於解經重義理而輕訓詁，傳統的漢人古注和秉持"疏不破注"原則的唐代《正義》、疏義逐漸受到士人的輕視，在宋代，諸經《正義》由於仍然是科舉的應試範圍，因此還得以廣泛流傳，而到了明代永樂年間以《四書五經大全》作爲科舉用書之後，漢唐注疏之學便迅速没落，成化午間，大學士、禮部尚書丘濬在《大學衍義補》中説：

> 今世學校所誦讀，人家所收積者，皆宋以後之五經。唐以前之注疏，講學者不復習，好書者不復藏。尚幸十三經注疏板本尚存於福州府學，好學之士猶得以考見秦漢以來諸儒之説，臣願特敕福建提學憲臣時加整葺，使無損失，亦存古之一事也。餘如《儀禮經傳通解》等書，刻板在南監者，亦宜時爲備補。③

這種風氣影響到朝鮮半島，也就出現了英祖、正祖時期朝野獨尊朱子學的局面。然而，上文已言，申綽乃是兩班貴族家庭出生，其父祖兄弟均應舉而出仕，生活在這樣一個家庭背景下的申綽何以提出"愈古者爲愈貴愈徵"

---

① 《群書標記》，張伯偉主編：《朝鮮時代書目叢刊》，第 2 册，第 1004 頁。
② 申綽：《詩次故後叙》，《詩次故》，第 6 册，第 89 頁。
③ 丘濬：《大學衍義補》卷九四，明成化刻本。

這樣與朱子學主張完全相悖的理論呢？關於申綽的學術淵源，我們有必要作一番探討。

就筆者所見，不少中日學者主張將申綽的這種考據學風與乾嘉學風的東移聯繫起來。比較早提出這一說法的便是影印《詩次故》的日本學者矢野義男，他在《詩次故解說》中説：

> 綽の學は、樸學であり、科舉には緣遠いものであつた。正祖朝は、清の乾隆時代にあたり、樸學は、彼土に發達したから、半島にも影響したであらうけれども。

這便是將申綽的樸學歸結於乾隆時期中土樸學風氣的影響，而近年中、日、韓學界對於朝鮮 18 世紀後期北學派的研究更使學術界形成這樣一種認識：朝鮮 18 世紀後期興起的考據學風是通過北學派的學者由清朝介紹進朝鮮半島的。

我們知道，中國和朝鮮半島的學術交流自六朝以來便十分頻繁，至明代，由於一些政治事件的影響，兩國關係更加密切，明代的學術著作通過明廷賜書、朝鮮官方采購、商人與學者饋贈等各種方式進入朝鮮，例如王守仁的學說，在王守仁晚年就已經流傳到了朝鮮，這種通暢的學術交流在所謂的"丙子胡亂"之後中斷了。李朝君臣視進入中原的滿清政權爲夷狄，不屑與其交往，一時華夷之辨和光復明朝的論調充斥着半島朝野，這嚴重影響了兩國文化的正常交流。英祖四十一年（乾隆三十年，1765 年），洪大容以子弟官的身份隨叔父赴北京訪問，重啓了中朝中斷了一百多年的學術交流，在這次訪問中，洪大容詳細地考察了中土的風土民情，與士大夫乃至山野鄙民交友聊天，這些親身經歷改變了他對於清朝的看法，在來華筆記《乾净衕筆談》中體現出來：

> 三人者雖斷髮胡服，與滿洲無別，乃中華故家之裔也。吾輩雖闊袖大冠，沾沾自喜，乃海上之夷人也，其貴賤之相距也，何可以尺寸計哉？以吾輩習氣，苟易地而處之，則其鄙賤而鞁韡之，豈當如奴僕而已哉。然則，三人者之數而如舊，傾心輸腸，呼兄稱弟，如恐不及者，即此氣味已非吾輩所及也。

洪大容還大量記載了清朝在農耕、工商、交通運輸、車制、建築、器物利用、民俗民風等方面的可取之處，將其與朝鮮的現實社會進行比照，針砭時弊，力主"北學"。洪大容的這種主張得到了朝鮮一部分有識之士的認同。此後，朴趾源、李德懋、柳得恭、朴家齊、金正喜等朝鮮學者紛紛來到中國，他們與紀昀、翁方綱、戴震、阮元、徐松、陳鱣、凌廷堪等學者交遊，而這一時期正是乾嘉學派考據學研究的高潮期，戴震、阮元等都是考據學大家，朝鮮學者受到他們的影響，將他們的學術著作帶回朝鮮，並形成了主張重視清朝學術研究成果的所謂"北學派"。

此外，在韓國儒學史上，北學派更多地是被看作朝鮮 18 世紀後期實學思想的代表者。我們知道，朝鮮實學思想最早可以追述到 16 世紀的栗谷李珥，[①]他在《萬言封事》《東湖問答》《經筵日記》等著作中提出"窮經致用""排斥空理""重視實行"等主張，並具體而微地討論朝鮮政治、軍事、經濟、教育、財政等各個方面的問題，與空談性理的儒生表現出極大的差異。但是，當時的朝鮮社會，由於政治尚比較穩定，民生經濟的問題還不突出，更多的士人爲出仕而應科舉，還是埋首程朱、退溪性理之學而不問實務，僅有李睟光、柳馨遠等少數士人接受栗谷實學思想的主張，提出"力行之以盡踐履之實"等知行兼重的主張。而真正開啓朝鮮實學思潮的，則是活躍於十八世紀中前期的著名學者星湖李瀷。他高度評價栗谷"窮經致用"的主張，將"經世致用"作爲立學之本。十七世紀末至十八世紀中期，朝鮮由於受到日本和後金的不斷侵犯，社會經濟到了破產的邊緣，整個國家正處於內外交困的艱難境地，這一社會現實極大地激發了李瀷的憂患意識，他在其著作《藿憂錄》的序言中指出此書的撰述目的："初留心世務，凡於國政之弊壞，民事之艱難，默究弊原，咸思捄策，乃撰《藿憂錄》。"表露出清晰的實學主張。同時，星湖的實學還開始出現考據學的傾向，全海宗先生《論中國和韓國的實學之二——朝鮮時期實學論比較芻議》認爲，"星湖晚年時相當於乾隆前半期，接近於繼承清代前期考據學的惠棟、戴震兩位考據學大家的活動時期。從星湖重視通過中國傳入的西學這一事實中，我們亦可猜測清代考據學對他的影響非同一般"[②]，鄭寅普先生《星湖僿説類選序》亦認爲"尹邵南四水辨實求是，皆源於先生之故"[③]。

確如鄭寅普所言，自李瀷始，朝鮮實學所謂"星湖學派"在經世致用的思想主張下，高度重視考據學，金正喜（秋史）乃成爲將清代考據學大量介

---

① 參考葛榮晉主編：《韓國實學思想史》，北京：首都師範大學出版社，2002 年。

② 全海宗：《中韓關系史論集》，北京：中國社會科學出版社，1997 年，第 373 頁。

③ 轉引自全海宗：《中韓關系史論集》，第 373 頁。

紹入朝鮮的重要使者，他與阮元、翁方綱等學者交遊，獲贈了大量考據學典籍，《文選閣十三經注疏校勘記》《經籍籑詁》《皇清經解》等巨帙圖書均是由金正喜經由阮元的贈送而帶入朝鮮的。[①]就其自身而言，金正喜雖然主張治經學需秉持"實事求是"之心，而不應以漢、宋爲藩籬：

> 故爲學之道，則不必分漢宋之界，不必較鄭、王、程、朱之短長，不必爭朱、陸、薛、王之門户。但平心静氣，博學篤行，專主實事求是一語行之可矣。

但事實上，他受到戴震、阮元等人的經學主張的影響，更看重漢儒經學的於古有徵：

> 荀子者，學出孔門，授受諸經，尤傳《詩》《禮》。而韓昌黎斥爲擇而不精，語而不詳。蓋昌黎但知文，不知經者也。《易》奇《詩》葩，不過擇其詞語，爲文之資而已。非余所謂精詳也。不獨昌黎爲然，陸元朗知等韻，不知古韻，信僞古文《尚書》，以《舜典》廿八字爲經文，李斯以後一罪人也。孔沖遠襲皇甫、熊、劉之書，古今文不分，南北學不别，自孔疏出，而先秦兩漢古義亡。先秦兩漢古義既亡，七十子微言大義益乖，歐陽、夏侯、齊、魯、韓古書單詞只義是在，考古者甄録之，即如《北史》及《通典》所載古義，不可補賈公彦之弇陋哉？

相反，對於宋明理學、心學，金正喜則表現出審慎的態度：

> 夫以理爲學，以道爲統，以心爲宗，探之茫茫，索之冥冥，不若反求諸六經。[②]

秉持這種重考據而輕義理的學術思想，金正喜本人在考據學方面取得了巨大的成就，其關於"真興二碑"的金石考據、關於今古文《尚書》的辨僞，均開朝鮮學術之先河，日本學者藤塚鄰稱其爲"朝鮮五百年以來不可多得的英才，特別是對清學的造詣，無人可以與之匹敵"[③]，藤塚鄰、全海宗、張伯偉等學者均認爲，18世紀以來興起的朝鮮考據學，正是經由金正喜的介紹，

---

① 參考全海宗：《清代學術與阮堂金正喜》，《中韓關系史論集》，第 397 頁。

② 以上諸條轉引自葛榮晉主編：《韓國實學思想史》，第 376—390 頁。

③ 藤塚鄰：《清朝文化傳入朝鮮朝與金阮堂》，首爾：韓國學術出版社，1994 年，第 210 頁。

在清朝乾嘉學派的影響之下形成的。

從時間上看,金正喜出生晚於申綽 26 年,金正喜赴清在 1809 年,而上文已言,申綽早在 1798 年就已經完成了《詩次故》的第一稿,他的考據學思想已經較爲成熟,金正喜固然是溝通中朝考據的一座橋梁,但就申綽而言,毫無疑問,他的考據學思想顯然並未受到金正喜的影響。

此外,雖然在金正喜之前,星湖李瀷對於來自中土的考據之學亦頗感興趣,但是,仔細比較李、申二人學術,就會發現,兩者之間實際上存在較大差異,其最爲突出者乃在兩點:其一,李瀷雖然贊同栗谷"窮經致用"的主張,但事實上,就其對於清朝考據學之關注而言,其關注點顯然並不在其文字、音韻、訓詁等通經之學的方面,而在於其器物、地理、經濟、天文等致用之學的方面。清朝考據學本來就源出於明清之際的實學思潮,在這一思想傳統的影響之下,清代考據學大家如惠棟、戴震、阮元等,對於算學、西學以及格致之學等均有精深的研究,李瀷關注清朝考據學,但其尤爲重視清朝考據學家介紹的西學研究成果,由此便可見李瀷與清朝考據學雖淵源頗深,但亦絕不可能成爲引介清朝考據學之小學訓詁一脈的樞紐。其二,從《詩次故》《易次故》《書次故》等著作看來,申綽對於漢學極爲看重,而對於當時廣爲流行的宋學則頗有不取之處,其重漢而輕宋的學風十分明顯。但是這一點在李瀷那裏則完全沒有體現。事實上,李瀷主張棄經注而回歸經文本身,認爲漢注、唐疏以及宋人傳注對於解經皆是徒增障礙。因此,李瀷和申綽雖然都致力於突破朝鮮朝野迷信程朱性理之學的現狀,但二人的具體主張卻是相差甚遠的,申綽亦不可能通過星湖的轉介而受到中土考據學的影響。

三

既然申綽的考據學乃至漢學傾向難以從"北學派"對於清朝考據學的介紹中找到淵源,我們不妨將目光回到朝鮮半島,從申綽的家庭背景這一角度來重新思考這一問題。

事實上,上文已經提及,申綽出生於兩班貴族家庭,而與一般貴族家庭不同,申綽的家族是一個具有相當深厚的儒學傳統的世家。上文已言,申綽的父親是當時的著名儒士申大羽,申大羽乃是鄭厚一的女婿,而鄭厚一正是朝鮮江華學派創始人鄭齊斗的兒子。中純夫教授在《朝鮮陽明學の特質について》一文中詳細考察了江華學派的學統,尤其是以鄭氏爲中心,以李氏、申氏爲兩翼的學統譜系圖後指出：

> 江華學派を形成するのは、鄭齊斗直系の子孫、鄭齊斗の門人、及び門人の後裔たちである。特に注目すべき點は、鄭齊斗の有力門人の多くが鄭齊斗家と血緣關係にあることである。①

而近代江華學派的重要學者鄭寅普先生的女兒鄭良婉在《父親鄭寅普的三位老師：學山、耕齋、蘭谷》中也指出："以血統繼承學統是江華學派的傳統。"②

關於江華學派，又可以稱爲江華陽明學派，是朝鮮儒學史上比較重要的一個儒學流派。大約 1521 年（明正德十六年，朝鮮中宗十六年）左右，王陽明《傳習錄》傳入朝鮮，陽明學説開始在朝鮮流傳，但是，由於 16 世紀正值程朱理學在朝鮮發生廣泛影響的時期，陽明學派受到退溪的激烈批判，由此遂爲世人所鄙棄。直到 18 時期初期，霞谷鄭齊斗系統地研究了陽明學，並以陽明理論批判退溪的工夫論，才形成了真正的、系統的朝鮮陽明學，而由於鄭齊斗最早是在江華地區傳授其學術，這一學派也就被稱作江華陽明學派。

上文已述，江華學派學術傳承的一個重要特點，就是家族內的學統傳承，平山申氏家族早在鄭齊斗之前便與鄭氏有過聯姻，鄭齊斗的母親便出於申氏。而申大羽也完全接受了鄭齊斗的影響，認爲"學將以治心，不治心而治外，此俗學所以欺人自賦，害甚於不學"，體現出明顯的陽明心學傾向。申綽少年時曾親炙鄭齊斗、鄭厚一父子，在霞谷逝世後又同父親申大羽一起編輯了《霞谷遺集》，並於正祖八年撰《霞谷神道碑文》。由此可見，申綽對於霞谷陽明學的繼承可謂自然而然，歷來學者研究江華學派，也都很自然地將申綽置入霞谷學統之中進行考察。

然而，我們知道，無論是陽明學本身，還是經過霞谷生發、整理後形成的朝鮮陽明學，其宗旨都是主張回歸心性良知，不以外物蒙蔽內心，因此，自王守仁始，陽明學派便反對窮經訓詁，主張以"六經爲載籍""六經之實，則具於吾心"。在明代中期始，陽明學派不獨以其背離程朱理學而受到訴病，

---

① 中純夫：《朝鮮陽明學の特質について》，《臺灣東亞文明研究學刊》2008 年第 5 卷第 2 期，第 136 頁。

② 鄭仁在、黃俊傑編：《韓國江華陽明學研究論集》，上海：華東師範大學出版社，2008 年，第 337 頁。

亦以其不能深入、細致理解諸經文本而受到好學之士的責難,對明清考據學影響深遠的士人楊慎便批評陽明學派"曰六經吾注脚也,諸子皆糟粕也,是猶問天曰:何不徑爲雨,奚爲雲之擾擾也?問地曰:何不徑爲實,奚爲花之紛紛也?是在天地不能舍博而徑約,況於人乎"。深受陽明心性之學影響的申綽何以會成爲18世紀朝鮮考據學,尤其是漢學考據學的一代宗師,其中原因值得探究。

明代中期的一段儒學史對於我們理解申綽的考據學傾向或許會有些幫助。

明代自正德、嘉靖時期始,傳統的程朱理學一統朝野的局面開始被打破,不少士人開始提出新的儒學主張,其中比較重要的有兩股力量,一種便是以王守仁爲代表的心學學説,另一種則是以楊慎、何良俊等爲代表的主張重新提升漢儒經學地位的漢學思潮,其代表便是正德、嘉靖時期《十三經注疏》合刻本的正式出現。筆者在研究這一問題的時候發現,雖然這三股勢力看起來涇渭分明,但實際上互相之間存在不少交叉。就漢學思潮和心學學派而言,漢學思潮的倡導者,譬如楊慎、何良俊等在質疑宋儒性理之學一統天下的同時,亦激烈地批評陽明心學不重訓詁,空談心性。但是,另一方面,陽明心學中卻有不少人發表言論,支持重新認定漢儒訓詁的經學價值,這其中以薛應旂、李元陽最爲突出。

我們不妨先看薛應旂的一段話:

> 先後聖哲上下數千言,究其指歸,無非所以維持人心於不壞也。人乃任末棄本,各出意見,競爲訓疏,支辭蔓説,炫博務奇,門戶爭高,相傾交毀,而彼此枘鑿,後先矛盾,遂使學者之耳目應接不暇而本然之聰明反爲所蔽焉。況乎不遵經而遵傳,今日之經已爲世儒之經,非復古聖人之經矣。……又曰漢之窮經者,《易》如田何以及施、孟、梁丘,《書》如伏生以及歐陽、大小夏侯,《詩》如申公以及轅、韓、大小毛公,《禮》如高堂生以及后蒼、大小二戴,《春秋》如公羊、穀梁以及劉氏、嚴氏,其諸若馬融、劉歆、鄭玄、孔穎達,諸人轉相授受而注疏作焉,雖其人未必皆賢,所言未必皆當,然於秦火之後而非此數人,則六經幾乎息矣。至宋鄭樵乃謂秦人焚書而書存,漢儒窮經而經絕,信斯言也,則是漢儒之罪蓋又不止於秦火也。然自今觀之,漢去古未遠,而聖人之遺旨,猶或有得於面承口授之餘,故宋儒釋經遂多因之,而闕文疑義一以注疏爲正。如"九六

老變", 孔穎達之説也; "文質三統", 馬融之説也; 河洛表裏之符,
宗廟昭穆之數, 劉歆之説也; "五音六律, 還相爲宮", 鄭玄之説也。
其擇言之廣, 取善之公, 要在明乎經而不失聖經之意耳, 豈得盡如
夾漈之論哉? 蓋漢儒之學長於數, 若儀文、節度之煩, 蟲魚草木之變,
皆極其詳, 其學也得聖人之博; 宋儒之學長於理, 若天地陰陽之奧,
性命道德之微, 皆究其極, 其學也得聖人之約。合是二者, 而虛心體認,
則天機相爲感觸, 當自默會於燕閑静一之中, 超然悟於意言象數之表,
而吾心之全體大用可一以貫之而不溺於先入之説, 不蔽於淺陋之見
矣。尚何有衆言之淆亂哉? ①

通過這段話, 我們可以清晰地看出陽明心學與漢學之間的關係: 心學以
回歸本心作爲最高境界, 但是其回歸本心的基礎、途徑則是儒家六經, 心學
尊信的 "六經" 是先秦聖人所制的六經, 漢宋諸儒的注疏傳箋在心學系統中
都只是後儒對於聖人思想的訓釋、闡發, 並不具有神聖的地位。正如楊慎所言,
"宋儒説經, 其失在廢漢儒而自用己見"②, 破除了宋儒傳注的惟一合法、權
威地位, 心學士人也就可以對自漢至宋上千年的經學研究成果有一個比較平
實的認定:"蓋漢儒之學長於數, 若儀文、節度之煩, 蟲魚草木之變, 皆極其詳,
其學也得聖人之博; 宋儒之學長於理, 若天地陰陽之奧, 性命道德之微, 皆
究其極, 其學也得聖人之約。"博約之爭自宋代始便是學術界爭論不休的一個
問題, 推崇《四書》的學者講 "約", 而看重《十三經注疏》的學者則講 "博",
心學士人站在比較中立的立場, 提出 "合是二者", 這種主張在宋學獨占官學
的時代裏, 無疑是大大提升了漢學的地位。

而與薛應旂的長篇闊論不同, 同是王學右派的李元陽雖然没有留下正面
討論漢儒經傳訓詁的言論, 但是, 影響深遠的嘉靖本《十三經注疏》卻正是
由他主持刻印而成的。我們知道, 由於明代科舉以《四書五經大全》作爲規
定用書, 因此, 專講漢唐經注的《十三經注疏》實際上代表了一種完全不同
於宋儒性理之學的經學主張。此外, 李元陽還與楊慎交遊密切, 曾經共同討
論黑水源流以及等韻之學, 楊慎著名的《轉注古音略》一書便是在李元陽的
鼓勵下完成的。

作爲心學士人的李元陽與作爲漢學思潮旗手的楊慎之間的密切交誼爲我

---

① 朱彝尊:《經義考》卷 297《通説》, 北京: 中華書局, 1998 年, 第 1527 頁。
② 朱彝尊:《經義考》卷 297《通説》, 第 1527 頁。

們理解陽明心學與考據學之間的關係提供了極大的啓發。正如上文所言，無論是陽明學，還是漢學思潮，兩者都是在程朱性理之學一統天下的背景之下提出來的，都是通過質疑程朱理學而引起人們注意的。也就是説，在質疑宋儒經傳這一方面，兩者實際上處於一致的立場：他們都認爲宋儒的傳注不能全面、徹底地表達諸經的真正内涵，都嘗試選擇另外一種闡釋體系來重新認識諸經，陽明學派選擇了"以六經爲注脚"的"我注六經"，而倡導漢學思潮的學者則主張回歸漢、唐經師對諸經的解釋，希望借助其去古未遠、於古有徵的傳注來真正了解諸經。

筆者以爲，正是陽明心學和漢學思潮在面對宋儒經傳這個問題上的一致立場，産生了心學士人轉向漢學思潮的可能性。因爲陽明心學是以破程朱性理之學作爲立論的切入點的，無論是王守仁，還是鄭霞谷，他們都是通過質疑、推翻程朱理學對於諸經的權威解釋來建立起自己的理論體系的。也就是説，陽明心學成立的第一步，不是自身理論體系的建立，而是打破人們對於程朱理學的迷信。此消彼長，因爲宋儒經學的盛行而長期受到人們忽視的漢儒經學也就自然會得到一些心學士人的注意，由質疑宋儒經學轉入深入研究漢儒經學，嘗試通過漢儒的經傳訓詁來了解諸經真義，成爲部分心學士人經學研究的不二選擇。

從申綽的家學淵源和他的經學研究著作看來，他正是這類士人的典型代表，《詩次故》《書次故》《易次故》均是不取宋儒以下經傳而獨取漢唐注疏，這種重漢輕宋的學術傾向背後，是心學士人嘗試在程朱經學傳注系統之外尋找新的通經之道的一種積極嘗試。

由此，我們對於18世紀後期朝鮮考據學的興起原因也就可以得到更爲全面的認識：概括而言，這種思潮至少受到兩方面因素的影響。首先，是18世紀中葉以來，洪大容等朝鮮學者重新開啓了向清朝學習的"北學"主張，而隨着金正喜進入清朝，並與阮元等考據學者建立密切的學術聯系，乾嘉考據學遂通過"北學派"東傳入朝鮮，成爲推動朝鮮考據學興起的重要因素。其次，自18世紀初以來，江華學派研究陽明心學，對一統朝野的程朱性理之學提出批判和質疑，在這種思潮背景之下，以申綽爲代表的一些陽明學者將目光轉移到長期被宋儒經學掩蓋的漢學訓詁上去，試圖通過重建漢學訓詁體系來獲得對於諸經真義的切實了解。這兩方面的因素在一定的程度上互相影響，如申綽與北學派學者丁若鏞在一些經學問題上的辯難或互相推重便是一個較有代表性的例證。應該説，正是這來自内外兩方面因素的共同影響，才促成了 18 世紀後期朝鮮經學研究風氣的轉變和考據學的興起。而集申綽數十年心血而成的《詩次故》，乃爲朝鮮考據學的興起起到積極的示範作用。

閱讀《燕行録》的另一種視角：1801 年的冬至兼討邪陳奏使行與朝鮮後期的天主教會

李孟衡

【摘　要】本文旨在以朝鮮王朝歷史上"辛酉迫害"之視角重新檢視 1801 年的冬至兼陳奏使行，並由該使行中朝鮮使臣與清人的對話、對皇帝上諭的解讀，以及嘉慶帝的補述等，反思燕行與朝鮮天主教會史相關問題之關係。這些問題包括朝鮮天主教會的起源論爭、朝鮮官方與教徒對清代禁教政策的誤解以及該誤解所造成的影響。藉由以上之討論，本文將指出，此次使行不僅確認了清鮮兩國在對天主教政策上的相似性，更暗示了"東亞"作爲一分析框架依舊有其必要性。

【關鍵詞】燕行　陳奏　辛酉迫害　天主教　朝鮮天主教會

前言：一次特殊的使行

公元 1801 年（歲次辛酉）陰曆十月二十七日，準備擔當冬至使行大任的正使曹允大（1748—1813）、副使徐美修（1752—1809）、書狀官李基憲（1756—1819）等三人，在臨行前入闕拜別當時垂簾聽政的大王大妃、貞純王后金氏（1745—1805）。而金氏也在賜予三人暖帽之餘，對此次使行"下教諄諄"。[①]這一切似乎暗示此次使行對大王大妃、乃至於朝鮮一國，有着不言可喻的重要性。那麼，金氏究竟對三使下了何種慈教呢？《朝鮮純組實録》爲我們留下

【作者簡介】李孟衡，美國哥倫比亞大學東亞系博士候選人。

①　［朝］李基憲：《燕行日記》，［韓］林基中編：《燕行録全集》，首爾：東國大學校出版部，2001 年，第 65 册，第 19 頁。

了寶貴的記錄：

> 召見陳奏正使曹允大、副使徐美修、書狀官李基憲。大王大妃
> 教曰：今番陳奏之事，以皆詳悉於奏文之中，而入去之後，皇上及
> 禮部或有究問事，則三使臣須預相講確，善爲説辭以對。又或有意
> 外執頉以問之事，則須以事勢不得不然之意，據理以對可也……①

　　顯然，此次使行最重要者在於"陳奏"。如引文中所言，倘若嘉慶皇帝與
禮部官員對朝鮮的奏文内容有所不滿，金氏囑咐三使務必小心措辭並據理以
陳。而朝鮮所欲陳奏的内容，正是該年發生於朝鮮的大規模天主教迫害運動，
史稱"辛酉迫害"或"辛酉邪獄"。而朝鮮之所以決定向清廷稟告事件原委，
其原因有二：一是該案中朝鮮當局處死了一名原籍蘇州府的清人神父周文謨
（1752—1801），二是發現朝鮮天主教徒企圖聯絡北京天主堂的西洋傳教士來
威脅、甚至顛覆當時的朝鮮政府以宣揚其信仰。爲了避免擅殺清人引起不必
要的外交爭端，以及請求清朝協助逮捕尚未落網之朝鮮天主教人士，朝鮮官
方決定在冬至使行時向清朝報告此事，並爲自己的決策辯護。

　　是以儘管此次使行的記錄中依舊充滿了對沿途景物的描寫、觀景的所感
以及各式軼事奇聞，其最重要之内容，則在於朝鮮如何奏明天主教對該國之害、
辛酉獄事，如何面對禮部官員乃至皇帝的回應等。即便相關内容在書狀官李
基憲筆下的這份《燕行日記》中所占比例極低，② 這些零碎的記錄仍有助於吾
輩考察朝鮮後期的燕行對其國内天主教會成立之影響，並可據此進一步窺得
清鮮關係在天主教東傳朝鮮、乃至於朝鮮國内政治中所扮演的角色。

　　《燕行錄》作爲朝鮮使節出使明清中國的使行記錄，其内容記述多與對
當時中國之觀察有關，故被視爲是"從周邊看中國"的重要材料，也爲明清
史研究、中朝關係史研究提供了新的史料。③ 是以中文學界學人也在這些燕行
文獻的基礎上，展開大量的研究，並在朝鮮使臣的中國觀、文化心態、中朝

---

① 　《朝鮮純祖實錄》卷三，純祖元年十月二十七日庚午。

② 　以頁數而論，在總共約 270 頁的《燕行日記》中，與"陳奏""西洋學""奏文"等有關之頁
數，僅占 10 頁左右。

③ 　漆永祥：《"燕行錄學"芻議》，《東疆學刊》2019 年第 3 期，第 2—3 頁。

關係、中朝文化交流等論題上，取得了重要研究成果。①但值得追問的問題是，《燕行録》中是否也有可以豐富朝鮮史研究的記載？《燕行録》是否能有助於解決朝鮮史領域中的爭議？以及《燕行録》裏使臣與清朝士人的對話與交流是否對朝鮮國內的政治産生了影響或何種影響？本次 1801 年的使行記録又是否能回應以上問題？

基於上述疑問，本文旨在以朝鮮史"辛酉迫害"之視角重新檢視 1801 年的冬至兼陳奏使行，並由該次使行中朝鮮使臣與清朝士人的對話、對皇帝上諭的解讀、嘉慶皇帝的補充説明等，反思燕行與朝鮮天主教會史相關問題之關係。這些問題包括朝鮮天主教會的起源論爭、朝鮮官方與教徒對清代禁教政策的錯誤認知以及這些誤解所造成的影響。藉由以上之討論，本文也將指出，此次使行不僅確認了清鮮兩國在對天主教政策上的相似性，更暗示了"東亞"作爲一分析框架依舊有其必要性。

一、珍山事件：朝鮮反教運動的序幕

在辛酉迫害的受害者與罹難者中，有不少達官顯貴與前朝要角，包含朝鮮後期知名學者丁若鏞（1762—1836），前工曹判書李家煥（1742—1801），以及正祖國王（李祘，1776—1800 年在位）庶兄恩彦君李裀（1754—1801）及其妻宋氏（1753—1801）。其中丁、李二人爲正祖時期南人一派之代表人物，而恩彦君則是正祖在政變陰謀中欲保全之手足。②這一切使這場發生於正祖薨

① 相關論著甚豐，以下僅略舉數例以爲代表，如葛兆光：《想象異域：讀李朝朝鮮漢文燕行文獻札記》，北京：中華書局，2014 年；徐東日：《朝鮮朝使臣眼中的中國形象——以〈燕行録〉〈朝天録〉爲中心》，北京：中華書局，2011 年；孫衛國：《〈朝天録〉與〈燕行録〉——朝鮮使臣的中國使行紀録》，《中國典籍與文化》2002 年第 1 期，第 74—80 頁；王元周：《朝貢制度轉變的契機——基於 1873~1876 年間〈燕行録〉的考察》，《復旦學報（社會科學版）》2018 年第 5 期，第 51—60 頁；楊雨蕾：《燕行與中朝文化關係》，上海：上海辭書出版社，2011 年；吳政緯：《眷眷明朝：朝鮮士人的中國論述與文化心態（1600—1800）》，臺北：秀威資訊，2015 年。

② 李裀之子常溪君李湛（1769—1786）曾在正祖初年被權臣洪國榮擁立爲新王嗣，但洪之政變失敗，李湛被處死，李全家也被流放。儘管如此，正祖仍保全了李裀性命，直至辛酉年邪獄大起時，李裀纔因夫人宋氏係天主教徒而受牽連喪命。有關李裀與正祖初年政治鬥爭之詳情，見 Christopher Lovins，*King Chŏngjo: An Enlightened Despot in Early Modern Korea*（Albany：State University of New York Press，2019），pp.52—58.

逝、新君初立之際的反教運動帶有强烈的權力鬥爭色彩，[1]並對新生的朝鮮天主教會形成重大打擊。

然而，朝鮮一朝最初的天主教迫害，則始於 1791 年的珍山事件，或稱"辛亥迫害"。此案發生於全羅道珍山郡，兩名兩班子弟尹持忠（Paul，1759—1791）、權尚然（Jacobus，1751—1791）因改信天主教而不立祖先神主。在前來祭拜的親友的逼迫下，他們宣稱已將木主燒毀，遂引起衆人撻伐與對天主教之敵視，進而震撼京城。此二人之行爲在重視儒教祭祖儀式與强調身份制度的朝鮮社會中，是窮凶惡極、無可饒恕之罪，因此不論是與兩人家門所屬派系敵對之老論僻派，甚至是南人派領袖蔡濟恭（1720—1799）亦以爲有嚴懲之必要。在舉朝意見一致之下，兩人被處以極刑，以正邦憲。[2]而此次事件之後，朝鮮也開始加大掃蕩天主教之力度，在全國各地掀起獄事，也導致朝鮮教徒試圖由清、鮮國境地帶引入外國神父傳教的計劃被迫擱置。[3]

然而，各項取締與掃蕩行動對新生的朝鮮教會所造成的打擊有限。其主要之原因在於教會之骨幹並未夭折。包含朝鮮第一位在北京受洗的天主教徒李承薰（Peter，1756—1801）、女性教會幹部姜完淑（Columba，1760—1801）、以及對普及教義有所貢獻之丁若鍾（Augustine，1760—1801）等，皆幸免於難，並得以在 1791—1801 年之間繼續朝鮮境内的傳教事業。正因如此，纔有後來清人神父周文謨的成功入鮮，並引發了辛酉迫害與本次使行。而在珍山事件中保住一命的李承薰，則將在三使與清人的談話中，顯露出其重要性。

二、金尚憲與李東郁：對話中的朝鮮國内政治

辛酉年十二月十七日，當使團一行人通過山海關、范家莊時，有一名叫齊佩蓮的鄉貢進士求見。這名齊進士向三使通報姓名，自稱黃崖散人，並携來了自己的詩集欲與三使交流。有趣的是，三使居然也聲稱從先前出使北京的使臣口中聽過黃崖散人，這使雙方一見如故，開始各種交流與閑聊，包含有關朝鮮與清的各種情報交換。

① ［日］小田省吾：《李朝의朋黨을略述하여天主教迫害에이름》，收入［韓］韓國教會史研究所編譯：《韓國天主教會史論文選集 第 2 輯》，首爾：韓國教會史研究所，1977 年，第 185—186 頁。

② 《朝鮮正祖實錄》卷三三，正祖十五年十一月八日己卯。

③ ［葡］湯士選（Alexandre de Gouveia）著，［日］山口正之譯：《朝鮮における天主教の成立》，收入氏著：《朝鮮西教史：朝鮮キリスト教の文化史的研究》，東京：雄山閣，1967 年，第 214 頁。

　　三使首先就關外見到士兵的調動問題向齊佩蓮發問。齊氏表示，這應該是因爲以劉之協爲首的白蓮教勢力已遭受鎮壓，所以將原本從關外調往平叛的部隊遣回。[①]三使又接連打聽了目前白蓮教亂的發展情勢以及負責平亂的主要官員等資訊。至於齊佩蓮，在回答完朝鮮使臣的疑問後，也開始打聽起過去二十年內所見過的許多使臣，包括金載瓚、洪良浩、李在學、李東郁等。在被問到前三個名字時，三使在簡要回答金、洪兩人"無恙"與李在學"已故"後，便開始詢問齊的出身與家世，似乎不想就本國人物多有評論。[②]但當齊佩蓮問到李東郁這個名字時，朝鮮使臣的回答就更耐人尋味了：

　　　　（齊）問：二大人貴姓？三大人貴姓？
　　　　上使曰：副行人姓徐，三行人姓李。俺姓知之麼？
　　　　（齊）答：僕已知矣。李公東郁尚居官否？
　　　　（上使）答：已故。俺們衣冠看得可駭不駭？
　　　　（齊）答：各處制度，原難畫一。貴東衣冠頗有古風，中華則
　　華靡鬥勝……[③]

　　由上述對話可以看出，相較於金、洪二人與李在學，正使曹允大似乎更不願意多談李東郁。因而在簡單回答李氏"已故"後，急忙把話題轉移到了朝鮮人最引以自豪的"衣冠"上。[④]如果説衣冠是朝鮮人眼中的政治正確、用以顯示其"無遜於中華"的鐵證的話，"李東郁"這個名字又何以政治不正確令朝鮮使臣須避而不談呢？

　　事實上，李東郁這個名字之所以敏感，是因爲他是上述朝鮮天主教徒李承薰的父親。1784年李東郁奉命出使北京，李承薰亦隨父進京。李承薰不僅在旅途中取得了許多西洋學漢籍，甚至數度出入天主堂，並最終受洗成爲朝鮮的第一位天主教徒。[⑤]不僅如此，李承薰回國後便積極展開傳教事業，而與其有姻親、好友關係的丁若鏞、丁若鍾、權日身（Francis Xavier，1742—

---

①　［朝］李基憲：《燕行日記》，《燕行録全集》，第65册，第100—101頁。

②　同上書，第104頁。

③　同上書，第104—105頁。

④　關於朝鮮人對自身衣冠的自豪感以及其所反映出之文化心態與歷史意義，詳見葛兆光：《大明衣冠今何在》，《史學月刊》2005年第10期，第41—48頁。

⑤　［葡］湯士選著，［日］山口正之譯：《朝鮮における天主教の成立》，《朝鮮西教史：朝鮮キリスト教の文化史的研究》，第209—210頁。

1791）、權哲身（Ambrose，1736—1801）等人，也都成爲天主教徒。① 同時，李承薰也與北京天主堂維持通信，以報告朝鮮內部之教務情況。② 在辛酉迫害時，除了李承薰被處以極刑外，李東郁也遭牽連而被追削其官爵。③ 凡此種種，皆顯示與李承薰等人相關之資訊，係屬本國禁忌，故曹允大等乃轉移話題，不願多談。這或許也與朝鮮後期的法律規定有關。《續大典》有言，凡入燕之人洩漏本國情事者，輕則杖一百徒三年，重則處絞。④ 即便如此，在避談李東郁之際，齊佩蓮與使臣們卻圍繞着另一位朝鮮人展開了不少的討論。此人便是金尚憲。

金尚憲（1570—1652）字叔度，號清陰，是 1636 年丙子胡亂期間對清的主戰派。朝鮮降清後，清向朝鮮要求協同出兵攻明，金尚憲因反對而被清要求送入瀋陽問罪。其被執瀋陽多年，卻始終不改抗清意志，故被視爲尊明反清、捍衛大義名分的代表人物。而雙方之所以談到金尚憲，是因爲齊佩蓮問到了曹允大等人朝鮮是否有金尚憲之文集傳世。雙方就此展開了以下對話：

（齊）仍曰：貴東名公金尚憲其後裔清陰先生、農巖先生有著作行世，不知是何幾種？

答：清陰即金公尚憲之號，非後裔也。農巖是清陰曾孫，而有集行于世間。

（齊問曰：）諱昌恊、諱昌翕者孰是？

答：昌恊即農巖，昌翕即其弟，號三淵，亦有集行世。

彼（齊）曰：清陰先生著作僕見過，風流蘊結，兼有耿耿之氣。其曾孫金公聞名久矣，惜未見其集。

問：耿耿之氣果是何語？

（齊）答：耿耿者，忠義不没之氣也。

問：忠義二字果何指的？

答：僕在山東登州張孝廉家中見其遺集，在瀋陽不屈記事、詩

---

① 這些經由李承薰影響而成爲天主教徒的朝鮮士大夫多數都在辛酉迫害中身亡。

② "罪人李承薰，隨其父東郁書狀官之行，往遊北京之天主堂，結交於西洋人，得其所贈書册而來，廣布傳染。及夫朝家禁令之後，作焚書之詩、闢異之文，外示革面，內實蠱惑。書札常通於洋人，姻婭族黨，咸被其毒……"見《朝鮮純祖實錄》卷二，純祖元年二月二十六日壬申。

③ 《朝鮮純祖實錄》卷二，純祖元年三月三日己卯。

④ 《續大典》卷五，刑典、禁制、赴燕人。

甚好，惜不復記憶矣。

　　問：曾見全集否？

　　答：只見一册，剝落不堪讀，未審是全集否……①

　　由上述對話可知，由於清朝進士齊佩蓮亦爲金尚憲之氣節所感動，朝鮮使臣不厭其煩地介紹金尚憲及其後裔之相關著作與資訊，甚至在刻意追問何謂耿耿之氣後，主動表示由於《清陰集》有二十册，齊氏所見應"恐是一斑"。②這種提供本國特定人物與其後代詳細資訊之舉動，與前述李東郁之例形成了強烈對比。而這一對比，暗示了金尚憲所代表的大義名分是朝鮮官方所推崇者，是朝鮮國內的政治正確。相較之下，蒐羅西洋"邪書"之李東郁父子，則是朝鮮國內政治上的禁忌，是應迴避之談論對象。

　　金尚憲本身的政治正確性也恰巧反映在辛酉迫害的一位受難者身上：金建淳。金建淳（Joseph，1776—1801）的來頭可非一般，因爲他是入繼金尚憲嫡系的奉祀孫。③然而，由於身爲天主教徒，他終究也難逃一死。不僅如此，在被處死後，他旋遭"罷養"，喪失了金尚憲承重孫的身分，淪爲了老論一派的叛徒。④有趣的是，金建淳在篤信天主教之前，曾經私下謀議招兵買馬，試圖"造巨艦，繕甲兵，入大海中可都可郊之地，直搗彼國，以雪先恥"。⑤換言之，他原本還頗承先祖與先王遺志，打算厲兵秣馬以北伐清廷，爲朝鮮一雪丙、丁國恥。這一心態恰巧反映了金尚憲與朝鮮後期的國家意識形態：大義名分與綱常名教優先。⑥因此，當忠孝合一的典型金尚憲的子孫居然與"無君無父"的邪學天主徒交集時，這種矛盾就必須去除，以捍衛金尚憲之純潔性與朝鮮之國本。而使臣與齊佩蓮在談論朝鮮人物時所呈現的比例失衡之特性，也正好呼應了這一朝鮮國內特殊的政治風向。

---

①　［朝］李基憲：《燕行日記》，《燕行錄全集》，第 65 册，第 108—109 頁。

②　同上書，第 109 頁。

③　《朝鮮純祖實錄》卷二，純祖元年三月二十七日癸卯。

④　同上。

⑤　同上。

⑥　有關朝鮮後期國家重視綱常名教優先於法制，見［韓］鄭肯植：〈법서의 출판과 보급으로 본 조선 사회의 법적 성격〉，《서울 대학교 法學》48：4，第 118 頁；關於朝鮮後期對孝的重視高過於忠之論述，詳見［韓］桂勝範：《모후의 반역：광해군대 대비폐위논쟁과 효치국가의 탄생》，고양：역사비평사，2021 年。

三、"亦不以異端斥之否"：朝鮮使臣的疑惑與試探

使臣與齊佩蓮的對話既然談到了衣冠與忠義之氣，自然也少不了言及當下的清代學術風氣。三使在齊佩蓮稱贊朝鮮"道學文章爲諸國之冠"後，順勢問到了朱子學與陽明學在當時中國的發展現況。使臣們好奇如果朱子學在中國是主流官學，卻又不屏除陸王之學，是否"能無駁雜不正之患"。對此，齊氏則以爲陸王並非異端，因爲"黄老楊墨"纔是真正的異端。[①]這個回答似乎正中了曹允大等人的下懷，因爲他們馬上丟出了有關"異端"天主教在中國流行的疑問，並與齊佩蓮展開了以下對話：

（使臣）問：近聞西洋人利瑪竇之學頗流布中國云。此亦不以異端斥之否？

（齊）答：西洋人有西洋之教，吾等儒者亦不願聞亦不願學也。

（使臣問：）卻未見其學問間或有學習者否？

（齊）答：未聞學者。西洋不過能造憲書，故中華用此等人。何如貴東講仁、説義理、遵《家禮》，最爲好也。[②]

吾人無法斷定朝鮮使臣之所以先問陸王之學，再問天主教之流行，是否必定是有意爲之。但至少由上述的對話中可知，在曹允大等人眼中，清廷既然能容許"異端"陽明學發展，似乎也可接納天主教在其境内茁壯，不然無法解釋李承薰等人何以從北京購書、受洗，以致"邪教東傳"。有趣的是，齊佩蓮卻回答無人學天主教，且儒者亦不願學，讓這個話題似乎得就此打住。於是身爲書狀官的李基憲開始跟齊氏討論有關韓愈之學與程朱之學間的關係，這纔讓對話得以繼續。[③]

朝鮮使臣會向齊佩蓮探聽有關天主教是否在中國流行其實並不令人意外。

① ［朝］李基憲：《燕行日記》，《燕行錄全集》，第65冊，第106頁。有關朝鮮時代對陽明學之排斥原因，見［日］中純夫：《朝鮮陽明学の特質について》，《臺灣東亞文明研究學刊》第5卷，2008年第2期，第130—131頁；［韓］吳性鍾《朝鮮中期陽明學의 辨斥과 受容》，《歷史教育》46(1989)，第118—119頁。

② ［朝］李基憲：《燕行日記》，《燕行錄全集》，第65冊，第106—107頁。

③ 此時李基憲特別在日記中以雙行夾註寫道："此條與下一條是余問。"見［朝］李基憲：《燕行日記》，《燕行錄全集》，第65冊，第107頁。

首先，此次使行的主要目的本就是陳奏朝鮮國內的"討邪顛末"，因此順道探問天主教在中國之情況亦屬自然。再者，辛酉獄事中的調查結果顯示，包含《天主實義》在內的漢譯天主教典籍已出現於多處，證明這波天主教之傳播與使行、購書等皆有關係。[①] 不僅如此，朝鮮教徒爲向庶民階層推廣天主教，還開始將漢文教理書翻譯爲諺文，以利傳教之進行。其中代表人物爲丁若鍾。丁氏撰寫了第一部諺文的天主教問答集教理書《主教要旨》，爲傳教做出了重大貢獻。[②] 目前的研究也表明，《主教要旨》應受《天主實義》影響頗深。[③]

對朝鮮官員而言，這些綫索都指向天主教在中國似乎已經大行；[④] 而既然大行，則應有官方之支持。也是在此一脈絡下，三使纔產生了困惑以及對齊佩蓮的探問。換言之，對當時的朝鮮人而言，天主教之所以波及朝鮮，與該教在中國盛行有關，而且是從中國傳入朝鮮。三使對齊佩蓮的詢問某種程度上也呼應了這種想法。目前學界普遍以李承薰受洗爲朝鮮天主教會成立之時之原因也在於此。

然而，隸屬耶穌會教士的梅迪納（Juan Ruiz-de-Medina）神父卻在一部著書中，以大量尚未爲人所利用的耶穌會檔案檔爲基礎，主張朝鮮天主教會的起源在十六世紀壬辰倭亂之後。梅迪納舉出了不少事例以證其説，包含所謂1594 年朝鮮有 200 名朝鮮幼兒受洗、1624 年時朝鮮已有許多人有基督信仰以及 1666 年一位船長指出朝鮮有許多基督徒與一座美麗的教堂等。[⑤] 這些資料與主張挑戰了學界的既有認知，是以該書在韓國學界受到不少的質疑與批

---

① 如在審訊中不堪重刑斃命的姜彝天（1769—1801）便稱，自己家中本有《天主實義》與《三山論學記》等書。迨珍山事件尹、權二人身死後，便將該書册等燒毀。見《辛酉邪獄罪人姜彝天等推案》，《推案及鞫案》，首爾：亞細亞文化社，1978 年，第 25 册，第 315 頁。

② 在辛酉迫害中因帛書事件而被凌遲處死的黃嗣永便指出，丁氏此書使"愚婦幼童亦能開卷了然，無一疑晦處"。見《辛酉邪學罪人嗣永等推案》，《推案及鞫案》，第 25 册，第 753 頁。

③ Cawley, Kevin N., *Religious and Philosophical Traditions of Korea*（Abingdon：Routledge，2019），p.102.

④ 儘管此種認識與事實有一定差距，這一觀感卻普遍存在朝鮮士人心中。如珍山事件隔年，朝鮮學者李元培（1745—1802）便在一份隨手記錄中發表了對天主教蔓延朝鮮的感想，並藉此推斷"可知中國邪説之流行"。見［朝］李元培：《日錄·壬子正月十九日》，《龜巖集》，卷一四，收入［韓］韓國古典翻譯院編：《韓國文集叢刊續》，首爾：民族文化推進會 / 韓國古典翻譯院，2005—2012 年，第 101 册，第 249 頁。

⑤ John Bridges S. J., Trans., Juan Ruiz-de-Medina S. J., *The Catholic Church in Korea：Its Origins 1566—1784*（Roma：Istituto Storico S. I.，1991），p.76，129，146.

判。[①] 其理由在於，朝鮮天主教日本起源説被認爲是日帝時期 "殖民史觀" 之延續，用以否認韓國具有自主走向現代化之可能性，故遭到韓國學界的大力聲討。[②]

其實通過朝鮮使臣與齊佩蓮之對話，吾人亦可參與朝鮮天主教會起源之討論。首先，如前文所述，至少由三使的詢問脈絡、朝鮮官方的審訊結果都顯示，這波朝鮮天主教的盛行主要與中國有關，而非源自於壬辰倭亂與日本。此外，湯士選在向教會報告的信件中亦以李承薰爲第一位朝鮮天主教徒，並贈予其許多書籍。[③] 這些記述與朝鮮掌握的情報相符。凡此種種，皆説明若以第一位天主徒受洗之時爲朝鮮教會之始而論，朝鮮之正式開教應始於 1784 年，而非更早。[④] 由此可知，燕行錄不只能 "從周邊看中國"，亦有助於釐清韓國天主教會史上之重要爭議。

四、"其爲妄供無疑"：嘉慶帝的回應與其歷史意義

但令朝鮮使臣困惑的還不止於此。曹允大把字斟句酌過的辛酉迫害奏文[⑤]呈交給禮部後，很快在十二月二十六日就收到了來自嘉慶皇帝的上諭。嘉慶表示對朝鮮國內天主教滋蔓一事業已知悉，也對年幼即位的國王的處理感到

---

① 相關批判見［韓］윤민구：《한국 천주 교회의 기원》，서울시：국학자료원，2002 年，第 502—503 頁；［韓］李元淳：《한국 천주 교회 起源 諸説의 검토》，收入氏著《韓國天主教會史研究（續）》，서울：한국교회사연구소，2004 年，第 80—91 頁。

② Jai-Keun Choi, *The origin of the Roman Catholic Church in Korea: An examination of popular and governmental responses to Catholic missions in the late Chosŏn dynasty*（Cheltenham：Hermit Kingdom Press，2006），p.2.

③ ［葡］湯士選著，［日］山口正之譯：《朝鮮における天主教の成立》，《朝鮮西教史：朝鮮キリスト教の文化史的研究》，第 210 頁。

④ 如貝克（Don Baker）便指出，以第一位正式受洗於天主堂之朝鮮教徒而論，朝鮮的開教應始於李承薰之入燕。然而，洛斯（Pierre-Emmanuel Roux）則認爲，不能將朝鮮天主教的展開看作獨立事件，必須將其放在中韓關係與耶穌會傳教策略之脈絡下來理解。本文則由洛斯該文獲得許多啓發。詳見 Don Baker and Franklin Rausch, *Catholics and Anti-Catholicism in Chosŏn Korea*（Honolulu：University of Hawai'i Press，2017），p.65；Pierre-Emmanuel Roux, "The Catholic Experience of Chosŏn Envoys in Beijing：A Contact Zone and The Circulation of Religious Knowledge in The Eighteenth Century," *Acta Koreana*，19：1，37—38.

⑤ 有關該奏文之全文，見《朝鮮純祖實錄》卷三，純祖元年十月二十七日庚午。

滿意。但同時，他對朝鮮方的説法提出了以下糾正：

> 惟本内所稱邪黨金有山、黄沁、玉千禧每因朝京使行傳書洋人，潛受邪術等語，此則非是。京師向有設西洋人住居之所，祇因洋人素通算學，令其推測躔度，在欽天監供職，而不准與外人交接。而該洋人航海來京，咸知奉公守法。百餘年來從無私行傳教之事，亦無被誘習教之人。該國王所稱邪黨金有山等來京傳教一節，其爲妄供無疑。自係該國匪徒潛向他處得受私書，輾轉流播。及事發之後，堅不吐實，因而捏爲此言，殊不可信。①

由上文可知，嘉慶帝並不認爲北京西洋堂内的傳教士有向外傳教的行跡，而且也否認在大清治下有人因而改信天主教。但事實上，嘉慶所言在一定程度上屬於違心之論。原因在於，至少在曹允大等人到訪的前一年，貴州就曾有人以天主教"大師長"之名義傳教、斂財而被捕。②而偵辦此案的地方大員甚至在奏摺中援引乾隆四十九年之諭旨，以"西洋人傳教惑衆，最爲人心之害"一語來強調此案之嚴重性，即便事在與北京有萬里之遥的貴州以及該案並無西洋人涉入。③考慮到貴州一案與乾隆四十九年諭旨之存在，嘉慶對待西洋人與天主教之態度實屬曖昧，也讓天主教在中國尚有發展空間。而正是這一空間給予了朝鮮人通過燕行而接觸、傳播天主教之機會，並且帶來了深刻影響。

首先，嘉慶等清代皇帝對天主堂與西洋人的包容使朝鮮人誤以爲天主教在中國已蓬勃發展。④如同前文所述，朝鮮士大夫在得知天主教係由北京進入該國後，皆感到相當詫異，並以爲"邪説"已流行於中國。此亦曹允大等人向齊佩蓮發問之原因。然而，更爲重要的是朝鮮天主教徒也因此誤以爲"聖

---

① ［朝］李基憲：《燕行日記》，《燕行録全集》，第 65 册，第 157—158 頁；《嘉慶帝起居注》，桂林：廣西師範大學出版社，2006 年，第 6 册，第 738 頁。

② 常明：《奏爲審明傳教惑衆首從各犯分別定擬恭摺奏聞事》，收入中國第一歷史檔案館編：《清中前期西洋天主教在華活動檔案史料》，北京：中華書局，2003 年，第 2 册，第 815 頁。

③ 常明：《奏爲審明傳教惑衆首從各犯分別定擬恭摺奏聞事》，《清中前期西洋天主教在華活動檔案史料》，第 2 册，第 814 頁。

④ 早在 1732 年出使的李宜顯（1669—1745）便困惑於雍正皇帝既然禁教，又何以容許天主堂之存在。Pierre-Emmanuel Roux, "The Catholic Experience of Chosŏn Envoys in Beijing," 23.

教大行於中國"。①

　　帶有這種致命誤解的代表人物爲黃嗣永。黃嗣永（Alexius，1775—1801）字德紹，曾中過進士，但在 1790 年皈依天主教後便熱衷於信仰與教務。辛酉獄起後，他在亡命途中，將朝鮮殉教者的列傳與復興教會的種種對策寫在一塊巾帛上，企圖通過黃沁（Thomas，1756—1801）、玉千禧（John，1767—1801）等曾經到過北京的教友，將這封求救信傳給北京天主堂的主教湯士選（Alexandre de Gouveia，1751—1808）。這封信便是大名鼎鼎的"黃嗣永帛書"。② 在帛書中，黃嗣永提出了幾項驚世駭俗的對策，其中之一如下：

> 　　本國方在危疑乖亂之際，無論某事，皇上有命，必不敢不從。乘此之時，教宗致書皇上曰："吾欲傳教朝鮮，而聞其國屬在中朝，不通外國。故以此相請，願陛下另敕該國，使之容接西士。當教之以忠敬之道，盡忠於皇朝，以報陛下之德。"如是懇請，則皇上素知西士之忠謹，可望其允從。是所謂挾天子以令諸侯，聖教可以安行……③

　　從上述黃嗣永所提的計策中不難看出，他傾向相信清朝皇帝會因爲接納西洋人而接納天主教；並在這個基礎上，他認爲清朝皇帝有機會與羅馬教宗合作，用"挾天子以令諸侯"方式敕令朝鮮接受天主教。④ 這種異想天開的提議反映出朝鮮人並不清楚早在康熙年間清廷就因禮儀之爭對天主教產生敵意。進一步而論，在朝鮮不論是天主教徒還是反天主教人士，都認定天主教已盛行於中國。也正是此種認知，不僅讓黃嗣永本人被以謀反大逆的罪名凌遲處死，也讓朝鮮天主教會在十九世紀初受到了嚴重打擊。

　　而嘉慶帝的曖昧回答除了透露出天主教在中國的傳教空間外，還影

---

① Pierre-Emmanuel Roux，"The Catholic Experience of Chosŏn Envoys in Beijing," 24—27.

② 《黃嗣永帛書》有諸多版本流傳，其間差異涉及各種政治動機與黨派立場。關於各種版本之差異，見［韓］여진천：《황사영 백서 이본에 대한 비교 연구》，《교회사연구》28，서울：한국교회사연구소，2007 年，第 5—29 頁。

③ 《辛酉邪學罪人嗣永等推案》，第 781—782 頁。

④ "挾天子以令諸侯"或中國干涉其内政則是朝鮮君臣最深層之恐懼，因爲在十七世紀時，明、清兩朝大臣都曾有過"監護朝鮮"或"國王入朝"等提議。提出監護朝鮮者爲徐光啓，事在 1619 年；國王入朝說則發端於 1639 年。見《朝鮮光海君日記》，卷五一，十一年十月三日壬子；《朝鮮仁祖實錄》，卷三九，仁祖十七年七月二日丁巳。

響了朝鮮在未來處置外國神父的方式：一律嚴懲、處死。如本文開頭所述，在此次使行前夕，朝鮮官方上至大王大妃，下至三使，都對清朝官員與嘉慶皇帝關於朝鮮擅自處死清人周文謨一事的反應嚴陣以待。然而，嘉慶的上諭從頭到尾都未曾提及周文謨三字。這不僅讓他們打消了呈上"官方删減版"的黃嗣永帛書的念頭，也似乎暗示着周文謨的消失已得到皇帝的默許。[①]

而事實上，嘉慶那模棱兩可的上諭確實帶有種種暗示。在朝鮮使臣準備返國前夕的壬戌年一月二十九日，譯官金在和傳來了一個令人訝異的消息。金氏前往拜見禮部尚書紀昀，而紀昀對其說道：

> 前月禮部轉奏時，參聞筵說，則皇帝曰："西洋之學流入紅毛國，今方大行，以至國不國，人不人。而中國則嚴斥之，故不得售其術矣。今聞又入朝鮮，而該國王沖年莅事，嚴加辦理，可想其明白也。"云云。[②]

從紀昀的這番話可知，嘉慶對朝鮮嚴加鎮壓天主教的態度是贊許的。同時，皇帝也認爲必須要阻止天主教蔓延，否則將"國不國，人不人"。但這番回答似乎與上諭中指責朝鮮將天主教東傳之責歸咎於天主堂的説法有所矛盾。金在和也意識到了這點，因此追問紀昀爲何嘉慶在經筵中所説與上諭中所論有所差距。對此，紀昀則稱：

> 四海一家，莫非王臣。皇上雖知其如此，豈可偏斥之乎？所以混圇説去，不露畦畛者，此也。大抵洋學之害，甚於佛學。佛學則猶知有君父，而洋學則並與君父而不知，此豈不可畏者乎？你國之嚴斥剿絕，誠善矣，善矣。[③]

換言之，至少據紀昀所述，嘉慶帝其實對天主堂内的西洋人在暗地裏傳教一事心知肚明；同時，嘉慶也認可了朝鮮對其境内天主教徒之處理方式，並暗示即便因而殃及大清子民，也未有不妥，因爲天主教"不知君父"且其害"甚於佛學"。這一回答終於使曹允大等人鬆了一口氣，也宣告他們完成了

---

① 關於朝鮮官方删改過後的帛書内容與相關説明，見［日］山口正之：《黃嗣永帛書の研究：ロ一マ法王廳古文書館所藏》，京都：全國書房，1946 年，第 49—63，134—136 頁；［韓］여진천：《황사영 백서 이본에 대한 비교 연구》，第 7—8，10 頁。

② ［朝］李基憲：《燕行日記》，《燕行録全集》，第 65 册，第 236—237 頁。

③ 同上書，第 237 頁。

本次陳奏使行中最重要的任務。① 是以在大王大妃金氏詢問此番陳奏是否得體時，曹允大篤定地表示，因爲清朝認爲“周哥決非大國之人”，故“陳奏誠得體”。② 這一來自嘉慶皇帝的默許與背書，也讓朝鮮官方有了底氣，並在 1839 與 1866 年的兩次迫害中，引周文謨之例處死巴黎外方傳教會之西洋神父，製造了多位韓國天主教會所敬重的外籍殉教聖人。③

結論：燕行中的插曲與其影響

1801 年，曹允大等人的冬至使行由於牽涉該年發生於朝鮮的辛酉迫害與清人周文謨之處決，而與一般的入燕使行有着本質上之差別。朝鮮大王大妃金氏也在使臣出發前千叮嚀萬囑咐，以期此次朝鮮之説辭能平安過關。因此，本文以“辛酉迫害”的朝鮮史視角重新審視該次使行書狀官李基憲所寫下之《燕行日記》，試圖探究該次使行的歷史意義及其影響，並藉此反思朝鮮史與東亞史之相關議題。通過分析三使與清人齊佩蓮、官員紀昀之對話，以及嘉慶帝之上諭、經筵談話與三使對上諭之理解，本文有以下五點結論：

第一，從使臣與清人的對話中，吾人可窺知朝鮮之政治風向。同時，這一政治風向也將影響燕行記錄之內容。如同在有關李東郁與金尚憲的對話中所見，朝鮮方不願多談李東郁，因爲他牽涉了國內所禁之天主教以及此次使行之內容；然而，使臣卻很願意討論金尚憲，因爲金氏所代表的是朝鮮後期的政治正確，是忠孝與大義名分之典範，更是證明朝鮮“無遜於中華”的象徵。由此可知，燕行記錄中被放大與忽略的部分皆有其意義，吾輩在研究時須多加留意，方能發現更多隱藏於其中之歷史事實。

第二，燕行記錄亦可爲解決朝鮮史之爭議問題提供參考。在使臣詢問

---

① 李基憲的態度也呼應了朝鮮使臣如釋重負之心情。他在記錄完這段金在和轉述之對話後寫道：“可知此處人之於洋學亦畏而斥之也。”［韓］李基憲：《燕行日記》，《燕行錄全集》，第 65 册，第 238 頁。

② 《朝鮮純祖實錄》卷四，純祖二年四月十日庚戌。

③ 如在 1839 年己亥迫害中被捕的三位外籍神父，便被朝鮮官方以“依辛酉文謨用律”處以軍門梟首之刑。詳見《己亥邪學謀叛罪人洋漢、進吉等推案》，《推案及鞫案》，第 28 册，第 309 頁；這些在被朝鮮處死後封聖的外籍神父包括 Imbert、Maubant、Chastan（以上死於 1839 年）、Bernuex、DeBretenières、Dorie、Beaulieu、Daveluy、Huin、Auma tre 等（以上死於 1866 年）。詳見 Chang-seok Thaddeus Kim, *Lives of 103 Martyr Saints of Korea*（Seoul：Catholic Pub. House，1985），pp.165—170.

齊佩蓮清朝究竟是否斥決天主教的對話與紀昀轉述之嘉慶帝之想法中，都透露了朝鮮天主教會之成立與燕行、購書、北京天主堂有關。由此，吾人可知所謂朝鮮教會起源於壬辰倭亂之説，不能在中韓兩國之史料中得到有利之證明。換言之，朝鮮天主教會始於李承薰入燕受洗説應較接近事實。就此而論，1801 年的燕行使與清人之對話除豐富了"從周邊看中國"的記録外，也提供了"從周邊看韓國"的契機。

第三，燕行爲中韓雙方帶來了文化交流、相互理解，但同時也造成了相互誤解。天主教之傳入朝鮮便是入燕使行之産物，但它也帶來了雙方對彼此的錯誤認知。譬如無論是朝鮮天主教徒或反教人士，都以爲天主教已大行於中國。其中，又以黃嗣永誤以爲可通過北京主教、教宗、清朝皇帝來逼使朝鮮開放宗教自由一事最具代表性。但這種錯誤推估也並非僅限於黃嗣永自身。朝鮮官方也同樣高估了清廷對天主教的接納度與對自身子民的保護程度，這纔會在是否處死周文謨以及處死周文謨後如何陳奏等問題上煞費苦心。事實上，以清朝官方反天主教之態度而論，即便將周文謨以傳教人犯送還鳳凰城，周氏也當獲得相當之懲罰，而朝鮮未必會遭到問罪。但在中韓關係，特別是清鮮關係的歷史背景下，朝鮮最終選擇了先斬後奏。

第四，朝鮮與清朝在反對天主教的理由與立場上相似。嘉慶帝在經筵上對朝鮮處理辛酉迫害的嘉許與對天主教"國不國，人不人"和"不知君父"的補充説明，都充分反映了其基於儒教立場的反天主教認識。而這些批評，也正是多數朝鮮士大夫對天主教敵視之原因。即便清朝不存在朝鮮般的身份制社會與黨爭背景，兩者反教的思想基礎並無不同。

第五，十七世紀後依舊有東亞，而且此東亞是以儒教爲底蘊之東亞。由上述第四點結論可知，不論是十八世紀末還是十九世紀，當清朝與朝鮮遇見天主教與西方文明時，都持相對保守、抗拒之態度。而其根本之原因，則在於是否應祭拜祖先的禮儀論爭。祭祖牽涉孝，而孝又與君臣父子之道相關，牽涉忠，是以否定祭祖便是否定儒教之根本。在此一基礎上，吾人可謂朝鮮與清朝在文化的根本上有其相似性，且儒教東亞與基督教西方之衝突難以避免。故所謂十七世紀後無東亞一説，實有待進一步之商榷。[①]

① 關於十七世紀後無東亞説，詳見葛兆光：《"明朝後無中國"——再談十七世紀以來中國、朝鮮與日本的相互認識》，《東アジア文化交涉研究．別冊 1》（2008，大阪），第 17—24 頁；同氏著：《想象異域：讀李朝朝鮮漢文燕行文獻札記》，第 58—60 頁。

Research on the Imjin War in 1592–1598 and the Records of Chosŏn Envoys to Beijing

［加拿大］許南麟

【 Abstracts 】Chosŏn Korea sent dozens of envoys to Beijing during the Imjin War in 1592–1598. The main goal of these envoys was to deliver Chosŏn's wishes which it desired to achieve in fending off the Japanese invaders to the Ming emperor — wishes that featured appeals for military help and provisions and the rejection of Japanese attempt of truce. The Chosŏn envoys left many records detailing how they tried to accomplish their mission in Beijing， as well as their journeys between Hansŏng and Beijing. Although their main job was to deliver their king's memorials to the Ming emperor in a timely manner， they also exercised diplomatic skills in order to muster Ming officials' support of their king's wishes. Diplomacy always had some wiggle room and King Sŏnjo who was aware of it charged his officials on the mission to do their best to achieve what diplomacy could get. The records, which Chosŏn envoys left， collectively known as *sahaengnok* （ *shixinglu* ）, offer a valuable source of information on how Chosŏn's diplomacy toward Ming unfolded at the front. In this aiticle， Hur takes up three examples of Chosŏn's diplomacy toward Ming and discusses what fresh information the envoy records could offer in understanding the dynamics of Chosŏn's wartime diplomacy： the Chŏng Konsu mission in the ninth and tenth months of 1592， the Chŏng Kiwŏn mission in the first and second months of 1597， and the Kwŏn Hyŏp mission in the third month of 1597. The goals of these envoys were to persuade Ming to speedily

【作者簡介】許南麟，加拿大不列顛哥倫比亞大學亞洲研究系教授。

send a massive rescue force to Chosŏn and to fight against the Japanese invaders. In discussing these three missions of "request of military help" (*qingbing*), Hur weighs the usefulness of the three records (Chŏng Konsu 鄭崑壽, *Pugyŏng illok* 赴京日録; Yu Sawŏn 柳思瑗, *Munhŭnggun kong'urok* 文興君控于録; and Kwŏn Hyŏp 權挾, *Sŏktanggong yŏnhaengnok* 石塘公燕行録) against a backdrop of the overall progress of the war. As a conclusion, Hur suggests that the envoy records could shed light on "front diplomacy" on which other sources lack information——a finding that suggests that the envoys records could enhance our understanding of Chosŏn-Ming relations when they are explored discreetly.

【Keywords】Imjin War sahaengnok Chosŏn-Ming relations

【摘 要】1592 年至 1598 年壬辰戰爭期間，朝鮮多次派遣使節前往北京。這些使節的主要目的是請求軍事援助和補給以及拒絕日本的講和企圖。朝鮮使節留下了許多記録，詳細描述了他們如何在北京完成使命以及往返漢城和北京的旅程。雖然他們的工作是向明朝皇帝送交國王宣祖的奏文，但他們也運用外交技巧來爭取明朝官員對國王意願的支持。外交總是有一些迴旋餘地，宣祖意識到了這一點，責成他的使節盡最大努力實現外交所能達到的目標。朝鮮使節留下的這些記録統稱爲"使行録"，爲瞭解朝鮮在前線如何開展對明外交提供了寶貴的信息來源。論文中列舉了朝鮮對明外交的三個例子，即 1592 年九月和十月的鄭崑壽使團、1597 年正月和二月的鄭期遠使團、1597 年三月的權挾使團，並討論了使用"使行録"可以爲理解朝鮮戰時外交動態提供哪些新信息。討論這三個"請兵"任務時，文章以戰爭總體進展爲背景權衡了鄭崑壽《赴京日録》、柳思瑗《文興君控于録》、權挾《石塘公燕行録》三種"使行録"的有用性。結論爲，使用"使行録"可以揭示缺乏其他信息來源的"前線外交"。這一發現表明，謹慎地探討使用"使行録"，可以增強我們對朝鮮與明關係的理解。

【關鍵詞】壬辰戰爭 使行録 朝鮮與明關係

1. Introduction

The records which Chosŏn envoys left are a valuable source of information on Chosŏn-Ming relations. Many of their writings offer firsthand information on what they did in Beijing in terms of communication with Ming officials, whether though documents or conversations with the aid of interpreters. The primary job of Chosŏn envoys was to deliver their king's memorials to the Ming emperor but they were often charged to deal with pressing issues through direct appeals and skills of negotiation. For that, the Chosŏn government dispatched officials and interpreters chosen in careful consideration.

During the war of Japan's invasion of Chosŏn in 1592–1598, King Sŏnjo dispatched special envoys to Beijing one after another as his country lacked military capability strong enough to dispel Japanese invaders on its own. For the survival of his dynasty, King Sŏnjo was desperate to get Ming's military aid. The sending of rescue troops to Chosŏn was in the final analysis Ming's own decision but it did not mean that Ming's decision was not affected by Chosŏn's diplomacy. The actions of Chosŏn's diplomacy included feeding information on the Japanese invaders as well as on Chosŏn's military strength to the Ming emperor and his officials. Ming's decision was based on its understanding of the war situation, among many other factors, and Chosŏn had some wiggle room for manipulating information on the war situation.

In this article, I focus on three Chosŏn envoys whom King Sŏnjo dispatched to Beijing at the most critical moments of the war: Chŏng Konsu in the ninth month of 1592, Chŏng Kiwŏn in the twelfth month of 1596, and Kwŏn Hyŏp in the second month of 1597. These envoys were ordered to deliver King Sŏnjo's memorials filled with appeals for urgent military aid. At the same time, King Sŏnjo also charged them to appeal directly to Ming officials, particularly, the Minister of War, for Ming's speedy decision. By looking at what these Chosŏn envoys did in Beijing, we can understand how diplomacy was conducted at the front within the bounds of Chosŏn-Ming relations during the wartime.

It should be noted, however, that the "envoy" records are short of offering information on how Chosŏn-Ming relations unfolded in terms of decision-making process at each country's court, the institutional apparatus of diplomacy, goals of each country, and aftermath of diplomacy. To understand all these issues from a comprehensive perspective, we need to consult other available source materials, particularly, official chronicles of each court. Bearing all this in mind, in this article I discuss what was behind the Ming's decision on the dispatch of a massive force on each occasion, highlight what information, which is not found in other sources, the envoy records offer, and, thereby, weigh the value of envoy records as a source material in understanding Ming's involvement in the war of Japan's invasion of Chosŏn.

2. The Chosŏn envoy Chŏng Kiwŏn in 1592

Late in the eighth month of 1592, Shen Weijing, who carried the title of "brigade commander" (youji), came down to Sun'an from Ŭiju and delivered, through a messenger, a letter to Konishi Yukinaga in Pyongyang. Konishi responded that Shen would be welcome to Pyongyang for a meeting. On 9/1 (8/30 in Japan), Shen and Konishi held a meeting outside Pyongyang fortress — the first face-to-face contact in the war between Chinese and Japanese in a non-hostile setting.

The entirety of what happened at the meeting is not known. Yi Wŏn'ik, Governor of P'yŏngan Province, collected some information from Chin Hyonam, Korean-Chinese interpreter, who was assigned to help Shen Weijing, and reported it to King Sŏnjo. Based on Yi's report which is currently not extant, Chŏng T'ak, who served Crown Prince Kwanghae at that time, recorded some key pieces of information in his diary, later known as *Yakp'o yongsa ilgi*. According to it, in response to Shen's question of why Japan invaded Chosŏn, Konishi answered that it was because Chosŏn used to bring tribute to Japan, but no longer. Regarding the question of what Japan wanted, Konishi replied that Japan wanted to present tribute to Ming, and that if Ming could arrange a truce between Chosŏn and Japan, Japan would bring tribute to Ming through a route in Chosŏn, saying that the seaway from Japan to Ningbo in Zhejiang, which Japan used to use in the past, was too dangerous.[1]

Konishi Yukinaga's remarks on Chosŏn's presentation of tribute to Japan was, of course, a lie. Konishi's another remarks that Japan wanted to

---

[1] Chŏng T'ak 鄭琢, *Yakp'o Yongsa ilgi* 藥圃龍蛇日記 (Pusan: Pusandae Han-Il munhwa yŏn'guso, 1962), pp. 164—166.

present tribute to Beijing through a ground route in the Korean peninsula were unfathomable to Shen Weijing. Nevertheless, on the pretext that the matter of tribute should be reported to Beijing, Shen was able to make a deal of temporary truce with Konishi: until Shen returns back to Pyongyang, which will take 50 days, no Japanese troops move north beyond 10 *li* from Pyongyang and, in return, Chosŏn troops stay away from the Japanese.[①]Shen installed a wooden post to indicate the border of no breach north of Pyongyang and left for Liaodong. The story has it that, in order to impress Konishi, Shen bragged that he had been involved in the successful deal of peace with Altan, the leader of the Tartar Mongols, in 1570.[②] It was a lie.

Even before Shen Weijing returned back to Ŭiju, however, Koreans had killed a Japanese who came out from Pyongyang fortress to collect fodder.[③]Upon the report, Shen warned Chosŏn officials that a 50-day truce, which would allow time for him to bring Chinese troops to Chosŏn, should not be violated.[④] No matter what he stressed, the deal which Shen and Konishi struck had no bearing on Chosŏn. Nobody, including the king, at the Chosŏn court heeded Shen Weijing's warning.

Shen Weijing worked under the direction of Shi Xing (Minister of War) but, in contrast, Konishi Yukinaga acted on his own even without any consultation with other daimyo. Accordingly, in a situation where no Ming troops were active in Chosŏn, those who would be bound by the 50-day truce were the Konishi troops only stationed in Pyongyang. It did not affect any other Japanese troops in Chosŏn, either. In that sense, the deal was not a truce unlike many historians tend to portray. Nevertheless, it was significant that Shen and Konishi initiated a dialogue and, thereby, established a line of communication. It should also be noted that Konishi focused on Japan's wish to present tribute to Beijing through the Korean peninsula when Shen pressed on him for an answer about

---

① Chŏng T'ak, *Yakp'o Yongsa ilgi* (Pusan: Pusandae Han–Il munhwa yŏn'guso, 1962), pp. 158—159; and *Sŏnjo sujŏng sillok*, 1592/9/1 (chŏngsa).

② For more details, see *Sŏnjo sillok*, 1592/9/8 (ŭlch'uk).

③ Shen Weijing brought gifts, including a matchlock, which Konishi Yukinaga gave.

④ *Sŏnjo sillok*, 1592/9/8 (ŭlch'uk).

Japan's invasion of Chosŏn. In a different context, Konishi also mentioned that Japan would evacuate its troops from Chosŏn if Chosŏn's territory south of the Taedong River was ceded to Japan.① On 9/29, Shen Weijing returned to Liaodong from Ŭiju.

As if rebuffing Shen Weijing's effort of dialogue with the Japanese, almost simultaneously, another official from Beijing arrived in Ŭiju. On 9/2, Xue Fan delivered an imperial rescript to King Sŏnjo. In the rescript, the Wanli emperor declared:

"I have already charged two high officials, civil and military each, to subjugate the wicked enemies by leading 100,000 elite troops at Liaoyang garrisons. The military of your country should collaborate from both the front and rear flanks and do your best to annihilate all of the wicked enemies without leaving even one alive." ②

The rescript continued: "I will further order all garrisons of southeastern shores and also direct the Liuqiu (Ryūkyū) and Siam to mobilize hundreds of thousands of troops. I will send them to conquer Japan." ③Xue Fan repeated the same message that 100,000 celestial warriors would arrive in Chosŏn soon, but added that they would bring silver with them to purchase grain in Chosŏn due to difficulties of transporting supplies from China. King Sŏnjo replied that silver currency was not used in Chosŏn.④

Upon returning to Beijing, Xue Fan reported, through the Ministry of War, to the emperor that Liaoyang and Tianjin had been kept safe thanks to Chosŏn's faithful defense against the Japanese bandits over the past 200 years, and that Chosŏn seemed to have grain in stock barely enough to feed 7,000 to 8,000 troops for about one month.⑤Not to mention the "100,000 elite troops," the

---

① See *Chōsen jinki* 朝鮮陣記 and *Sŏnjo sujŏng sillok*, 1592/9/1.

② *Sŏnjo sillok*, 1592/9/2 (kimi).

③ *Sŏnjo sillok*, 1592/9/2 (kimi).

④ *Sŏnjo sillok*, 1592/9/2 (kimi). Before returning back, Xue Fan advised King Sŏnjo to circulate the rescript throughout the country. A Korean translation of the rescript was distributed to Hamgyŏng and all other provinces. See *Sŏnjo sillok*, 1592/9/4 (sinyu).

⑤ *Sŏnjo sujŏng sillok*, 1592/9/1.

Ming court had not yet appointed a military commander who would lead the troops once they were mobilized to the front in Chosŏn and fight against the Japanese. All this means that Ming was simultaneously looking for a non-military stratagem.

Chosŏn did not remain helpless. It pursued to appeal directly to the Ming emperor for a speedy military strike against the Japanese. On 8/24 King Sŏnjo appointed Chŏng Konsu（1538–1602）as special envoy and Sim Usŭng as vice envoy who would deliver his memorial to the Wanli emperor in Beijing.[1] It was a big decision made more than four months after the outbreak of Japan's invasion. King Sŏnjo and his officials decided to stress three key points in the memorial：（1）the Japanese enemy would invade Liaodong, the real target of their military campaign, in the first month of the following year；（2）an appropriate level of Chinese rescue troops would be about 50,000；and（3）provisions for the Chinese troops should also come from China.[2]

In the ninth month of 1592 Chŏng Konsu, the Chosŏn envoy, arrived in Beijing in order to deliver King Sŏnjo's memorial appealing for military help to the Wanli emperor. Soon after having checked in the guest house（called Yuheguan referring to the southern building of Huitongguan）on 9/18, Chŏng Konsu learned that the Ming court was divided over what to do about the war of Japan's invasion of Chosŏn. Although he had appointed Song Yingchang as the commissioner of defense against the Japanese, the Wanli emperor did not yet designate who should command the troops and fight against the Japanese in the war.

The dividing line of opinions among the officials at the Ming court was still whether or not Ming should send troops to Chosŏn and if so, how many. Most of the censors and young bureaucrats, represented by Xu Honggang, argued against military involvement in the war taking place on a foreign soil. Xu Honggang contended that the war in Chosŏn was simply "a scuffle between the two eastern barbarians" for which Ming did not have to waste its valuable resources. In contrast, senior officials, represented by Shi Xing, pushed for military intervention. Shi Xing argued that the Japanese troops in Chosŏn posed a danger to

---

① *Sŏnjo sillok*, 1592/8/24（sinhae）.

② *Sŏnjo sillok*, 1592/8/24（sinhae）.

the security of Ming, and that suppressing them in Chosŏn would be more cost-effective than suppressing them in China.①

Despite the contentions that were hardly bridgeable, all court officials by and large shared the uneasy feelings that the Japanese military in Chosŏn would not be an easy enemy as the battle in Pyongyang had shown in the seventh month.② All officials were also aware that there was no precedent in which the Central Kingdom (referring to Ming) had helped a neighboring country in trouble by dispatching its celestial warriors. Moreover, no court officials, including Shi Xing who was in charge of national security as Minister of War, had clear ideas of what Hideyoshi wanted. For them, the war in Chosŏn remained rather enigmatic albeit eerie.

On 9/17 the Ming's Ministry of War sent, through the Liaodong military governor, a missive to King Sŏnjo, in which it mentioned a possibility of sending tens of thousands of Jurchen troops to Chosŏn.③ The Chosŏn court knew what it meant. A few days prior, Yu Mongjŏng, who had returned from Beijing, reported that the Ming court considered mobilizing the Jurchen troops of Jianzhou Guard, a rising military sphere under Nurhachi's leadership in northeastern Liaodong.④ As it turned out, Nurhachi suggested the Ming court that he could mobilize about 30,000 or 40,000 cavalry and about 40,000 or 50,000 infantrymen to help Chosŏn.⑤ The Chosŏn court rejected the Ming's suggestion of Jurchen help right away.

Late in the ninth month, two Ming generals (Ge Fengxia and Zha Dashou) led about 2,000 troops across the Yalu River to Ŭiji in the name of guarding the

---

① *Sŏnjo sillok*, 1592/12/8 (kabo).

② Liu Baoquan 劉寶全, "Imjin waeransi Myŏng p'abyŏng ŭi silsang e taehan ilgo: kŭ tonggi wa sigi rŭl chungsim ŭro" 임진왜란시 명 파병의 실상에 대한 일고: 그 동기와 시기를 중심으로, *Han'guksa hakpo* 14 (2003/3), p. 177.

③ *Sŏnjo sillok*, 1592/9/17 (kapsul).

④ *Sŏnjo sillok*, 1592/9/14 (sinmi).

⑤ For more details, see *Sŏnjo sillok*, 1592/9/17 (kapsul); and Hasumi Moriyoshi 荷見守義, "Nuruhachi johei no nazo: Bunroku Keichō no eki to no kankei o megutte" ヌルハチ助兵の謎：文禄・慶長の役との關係をめぐって, *Hirosaki daigaku kokushi kenkyū* 弘前大學國史研究, no. 120 (2006/3), pp. 36—37.

Chosŏn king.[①] Ge Fengxia and Zha Dashou told Chosŏn officials（Yun Kŭnsu and Han Ŭng'in）that Song Yingchang had already departed Beijing along with 70,000 troops toward Chosŏn, and that General Yang Yuen, who had arrived in Shanhaiguan along with 10,000 southern troops and 60,000 western troops, was ready to cross the Yalu River to Chosŏn once the road got dry — all together 140,000.[②] A few days later, Ge and Zha revised the size of Ming troops a bit down to 130,000 and informed that the Ming troops would not need Chosŏn provisions.[③] A few more days later, Ge and Zha further revised the size of Ming troops to 20,000 troops（whom Song would lead）plus an unspecified number of Liaodong troops.[④]

Chŏng Konsu in Beijing presented King Sŏnjo's memorial to the Ming court on 9/23 and was readied to lobby key officials, particularly Shi Xing, in order to solicit their support of the memorial. For that, Chŏng Konsu collected information on them through whatever means available（including bribery）and appealed to them for help. Shi Yunji, the third-ranking official of Huitongguan, who was close to Shi Xing personally, was helpful: Shi Yunji mediated Chŏng's contact with Shi Xing, advised Chŏng on how to appeal to Shi Xing, and, later, helped the Chosŏn mission purchase sulfur and saltpeter（ingredients of gunpowder, not naturally produced in Chosŏn）, buffalo hones（a key ingredient of archery, but not produced in Korea）, and other items.[⑤] The members of the Chosŏn mission were put under surveillance and not allowed to move around freely. Given this, officials, clerks, guards, and even cooks who worked at the guesthouse of Huitonguan were a valuable source of information. Yi Haeryong, Chinese language interpreter of the Chŏng's mission, who had previously been to Beijing several times, collected, through a network of his Chinese acquaintants, even copies of some memorials（submitted by Ming officials to the emperor）, as well as government newsletters and internal circulars

---

① *Sŏnjo sujŏng sillok*, 1592/10/1（chŏnghae）.

② *Sŏnjo sillok*, 1592/9/17（kapsul）.

③ *Sŏnjo sillok*, 1592/9/23（kyŏngjin）.

④ *Sŏnjo sillok*, 1592/10/4（kyŏng'in）.

⑤ For details, see Chŏng Konsu 鄭崑壽, *Pugyŏng illok* 赴京日録: *Paekgok sŏnsaengjib* 柏谷先生集.

(*dibao* and *chaobao*).[1]

Chŏng Konsu continued to appeal to Shi Xing and other officials， both through letters and face-to-face meetings.[2] Chŏng's pleading was focused， consistent， and tenacious：Japan's real target is China， not Chosŏn；Japan would soon invade Liaodong once the roads are frozen and dry；for China's security， it would be most cost-effective to defeat the Japanese enemy， before being too late， in Chosŏn which serves as China's walls of defense；and in order to defeat the Japanese troops of more than 100,000， at least 70,000 to 80,000 Chinese troops would be needed along with provisions.[3] As a whole， the key point which Chŏng made was simple and clear：currently， Chosŏn is struggling to ward off the Japanese invaders in order to keep Ming safe from external intrusion， therefore， the dispatch of massive combat troops to Chosŏn would be for Ming rather than for Chosŏn. Chŏng's argument gained support from some Ming officials.[4]

At last， responding to Shi Xing's memorial， on 10/16 the Wanli emperor appointed Li Rusong （1549-1598）， a military general， as "supreme commander of defense of the coasts of Jizhou， Liaodong， Baoding and Shandong against the Japanese."[5] The job assigned to Li Rusong was to defend Ming， not Chosŏn， against the Japanese， implying that military operation in Chosŏn was for preventing the Japanese from violating the Ming border. For this job， the Wanli emperor conferred the special title of *tidu* （overall field commander） to Li Rusong — an ad hoc title that carried higher authority than the regular offices of

---

① Ding Chennan 丁晨楠， "Myŏng-Ch'ŏng sidae Chosŏn ŭi Chungguk chŏngbo sujib：'Sinmunryu' sosikchi lŭl chungsim ŭro" 明清時代 朝鮮의 중국정보 수집："新聞類 소식지"를 중심으로, PhD dissertation （Yonsei University, 2018）, p. 34.

② Chŏng Konsu, *Pugyŏng illok*, p. 445, 473.

③ Chŏng Konsu, *Pugyŏng illok*, p. 432.

④ See Song Yingchang 宋應昌, *Jinglüe fuguo yaobian* 經略復國要編（1592/9/26）and Wan Ming 萬明, "Wanli yuan-Chao zhi zhen yu Ming houqi zhengzhi taishi" 萬曆援朝之戰與明後期政治態勢, *Mingdai zhongwai guanxishi lungao* 明代中外關係史論稿 （Beijing：Zhongguo shehui kexue chubanshe, 2011）, p. 617.

⑤ *Shenzong shilu* 253：4711.

xunfu（grand coordinator）or *zongbing*（regional commander）. To that extent, the Ming court finally determined that Japan's invasion of Chosŏn could pose a serious challenge to Ming's border security. Li Rusong, son of Li Chengliang, a powerful warlord based in Guangning, had just successfully put down a rebellion in Ningxia, and the Wanli emperor expected Li to accomplish such a success against the Japanese invaders in Chosŏn as well.[1]

With the appointment of Li Rusong, a chain of commandership was set up: Shi Xing（civil official）as Minister of War supervises the overall operation from Beijing; Song Yingchang（civil official）as Military Commissioner（*jinglüe*）is responsible for troop-mobilization, supplies, and coordination with Chosŏn; and Li Rusong（military official）as Overall Field Commander（*tidu*）commands the troops assigned to him against the Japanese in Chosŏn.[2] Needless to say, the emperor exercised supreme authority over all these matters, but with no burden, whatsoever, of accountability. Every stage of decision-making pertaining to military affairs required the emperor's approval, but those who were taken accountable for outcomes were the officials he charged to carry out his orders issued one by one. In practice, as a whole the appointed officials were empowered to operate military force but, in order to preempt any military challenge to, or rebelling against, the sovereign power, Ming maintained the principle that firmly banned any official from simultaneously handling both military planning and military execution. Under the supervision of Shi Xing（Minister of War）, Song Yingchang was charged to mobilize troops and provisions step-by-step while Li Rusong was ordered to lead the troops and to fight at the front.

Thus, Ming's military help to Chosŏn was set to undergo a process that involved a series of discussions and proposals by officials, which then required approval by the emperor for execution. It was not something like a wholesome commitment that could be carried out with a one-time order, announcement, or decision. Chosŏn was knowledgeable of how the Ming emperor and his court officials governed military affairs. To obtain what it needed from Ming, Chosŏn

---

[1] *Mingshi* 明史, fascicle 238: "Li Chengliang fu Li Rusong zhuan" 李成梁附李如松傳.

[2] It should be noted, however, that despite the superior status of civil officials, battles at the front were conducted on the discretion of the field commander without being interfered by anyone.

employed what I call "customized diplomacy" toward Ming — a diplomacy informed by strategy, expertise, acumen, and executionary agility which Chosŏn leaders had mastered over the two centuries while dealing with Ming.

Before departing Beijing for Hansŏng, on 10/27 Chŏng Konsu visited Shi Xing one more time and appealed, "[If Ming] exterminates the Japanese enemies with a great army of 100,000, the small country (referring to Chosŏn) would be reborn and its role of serving as a fence [for China] would be solidified for good... The security of Chinese borders is really contingent on this operation."[1] After having worked tirelessly for 42 days in Beijing, on 11/1 Chŏng and his retinue left Beijing, pulling dozens of carts loaded with bags of gunpowder and archery materials purchased under Ming's special permission. They arrived in Ŭiju on 12/8.[2] As King Sŏnjo and his officials agreed, Chŏng Konsu's successful mission owed much to Shi Xing who was sympathetic to Chosŏn in addition to Chŏng's diplomatic performance.[3]

3. The episodes of Chosŏn envoys in 1597

On 11/6 of 1596 Hwang Sin's secret report reached King Sŏnjo.[4] When he arrived back in Nagoya from Sakai, Hwang was able to send two dispatchers who carried his secret report to Pusan across the sea. Hwang's report shocked King Sŏnjo and his officials: Hideyoshi not only refused to see Hwang but also declared the resumption of massive attack on Chosŏn. Hwang continued that Katō Kiyomasa had vowed Hideyoshi that "I will cross the sea [to Chosŏn], capture a prince,

---

① Chŏng Konsu, *Pugyŏng illok*, p. 432.

② Chŏng Konsu, *Pugyŏng illok*, p. 445.

③ See Sun Weiguo 孫衛國, Chaoxian shiliao shiyexia de Shi Xing ji qi houren shiji lüekao 朝鮮史料視野下的石星及其後人事迹略考, *Gudai wenming* 古代文明, 6-4 (2012/10), p. 67. Shi Xing's eagerness of military intervention was clearly seen in his memorial to the emperor, which said that he wanted to go to Korea and prevent the Japanese, even single man, from entering China. But the emperor rejected Shi's request. See *Shenzong shilu* 253: 4705 (1592/10/5).

④ For related information, see Hwang Sin 黃慎, *Ilbon wanghwan ilgi* 日本往還日記, 1596/9/21, 27; 10/1, 5, 9–10; 11/6.

and bring him ［to Hideyoshi］." ①On the following day, the Chosŏn court made two emergent decisions: (1) appealing to Ming for military help, and (2) taking measures for defense, as usual, that included mustering fresh troops, securing provisions, strengthening naval forces, and implementing the strategy of hiding grain from the enemy's reach. Nevertheless, King Sŏnjo was deeply bothered that the good harvest of the year might pave the way for Japanese invaders to penetrate deep into the country.②

The Chosŏn court moved swiftly. On 11/12, King Sŏnjo appointed Chŏng Kiwŏn as an "envoy for urgent request of troops" and Yu Sawŏn as a scribe and instructed them to deliver his memorial on troop request to Beijing.③ Given the collapse of truce negotiations, King Sŏnjo's memorial to the Ming emperor was quite specific on what Chosŏn wanted Ming to do. Saying that Chosŏn had no military capacity of defense from Hansŏng to Pusan due to the devastation caused by the war, and that the Japanese might target Chŏlla province they had previously failed to penetrate, King Sŏnjo asked the Wanli emperor to dispatch large troops and order them to rush to Chosŏn day and night, to transport provisions from Shandong to Chosŏn, and, in particular, to mobilize naval troops from provinces such as Zhejiang, Zhili, and Fujian so that they could join the Chosŏn naval forces stationed in Hansan Island and block the Japanese before they landed.④Geared up for the mission, Chŏng Kiwŏn and Yu Sawŏn crossed the Amnok River on 12/6 and arrived in Beijing on 1/14 of the following year (1597).

On the other hand, on 12/21 upon return to Pusan from Tsushima, Yang

---

① *Sŏnjo sillok*, 1596/11/6 (musul).

② *Sŏnjo sillok*, 1596/11/7 (kihae).

③ *Sŏnjo sillok*, 1596/11/12 (kapchin).

④ *Sŏnjo sillok*, 1596/11/10 (im'in) At this time, King Sŏnjo stressed in his discussion with his officials that China should send southern infantry forces, not northern cavalry forces, because Chosŏn's rugged terrain dotted with muddy paddy fields did not suit for the latter, saying that the Liaodong cavalry troops previously deployed had been barbarous. Later, upon being reported on 12/29 that China would soon send Liaodong troops, King Sŏnjo appealed, through a missive, to Liaodong officials that Chosŏn wanted to have southern soldiers (infantry) because the Japanese enemy feared them only, not any other Chinese troops. See *Sŏnjo sillok*, 1596/12/29 (sinmyo).

Fangheng dispatched a messenger to the Ministry of War in Beijing. On 1/5 of 1597 the Ministry of War，which finally received Yang's report，reported to the Wanli emperor that Hideyoshi had been grateful for investiture，welcomed the envoy，and conducted the ritual of receiving investiture seamlessly. The Ministry of War，then，advised the emperor that Hideyoshi be allowed to entrust his memorial of gratitude to someone else who could carry it to Beijing as in the previous case of Altan of the northern barbarians.① It means that Yang's messenger did not carry Hideyoshi's memorial of gratitude.

The Ministry of War also reported that Konishi Yukinaga had assured in his separate letter that Hideyoshi would never violate Ming's instructions unlike what the Chosŏn king had suggested in his missive.② The Chosŏn king's missive referred to what he had dispatched to Sun Kuang on 11/10 of 1596. In it，King Sŏnjo informed Sun Kuang that Hideyshi had shown a great deal of hostility to the Chosŏn envoy in the ninth month of 1596 for the reason that Chosŏn had not sent a prince，and that Hideyoshi had stated that he would again mobilize troops and reattack Chosŏn. ③ Based on King Sŏnjo's missive，Sun Kuang presented a memorial to the Wanli emperor on 12/4，but the Ming court ignored Sun's memorial.

Upon the Ministry of War's memorial，the Wanli emperor was pleased that Hideyoshi had accepted his investiture and turned "deferential and submissive" to his authority. On the same day（1/5），he handed down instructions：to Japan，withdraw all remaining troops from Pusan and bring，through an envoy，a memorial of gratitude；to Chosŏn，dispatch an official to Japan for restoring a friendly relationship；and to Yang Fangheng，hurry back to Beijing and report in person on the delivery of investiture，and to Shen Weijing，return home once the conflicts between Chosŏn and Japan are all resolved.④ Although much relieved，the Wanli emperor was nevertheless wary that some Japanese troops still remained in Chosŏn，that Hideyoshi did not submit a memorial of gratitude yet，and that

---

① *Shenzong shilu* 306：5721（1596/1/5）.

② *Shenzong shilu* 306：5721（1596/1/5）；and *Wanli dichao* 萬曆邸鈔（1597）.

③ *Sŏnjo sillok*, 1596/11/10（im'in）.

④ *Shenzong shilu* 306：5721–5722（1596/1/5）.

Chosŏn and Japan were still caught in animosity.[①]

On 1/8，Yang Fangheng arrived in Hansŏng. King Sŏnjo asked Yang to transmit his wish to Beijing：in case the Japanese invade Chosŏn again，Ming should strike them out. Yang assured King Sŏnjo that "［Katō］Kiyomasa will surely not be coming over［to Chosŏn］again." [②] Yang soon left for Beijing. However，about ten days after Yang's departure，on 1/22 King Sŏnjo received a report sent from Kyŏngsang that Katō Kiyomasa had crossed back to Pusan along with about 130 ships fully loaded with troops and already occupied Sŏsaengo'o fort，which had been abandoned for mor than six months，on 1/14.[③] Not only Katō Kiyomasa，but Nabeshima Katsushige（son of Naoshige）also led his fresh troops back to Pusan and reoccupied Chukto fort in Kimhae.[④]

Three days later（1/25），however，King Sŏnjo received a missive from the Ministry of War in Beijing which contained the Wanli emperor's instructions：Chosŏn send a court official to Japan and settle the remaining conflict between the two countries in a peaceful manner.[⑤] While all three countries were gripped by their own respective agenda，another round of military showdown loomed large.

On 1/15 of 1597，a day after having arrived in the guesthouse（Yuheguan）in Beijing，Chŏng Kiwŏn（Chosŏn envoy）described his country's emergent situation to Liu Guangye，an official in the Ministry of Rites. Liu seemed puzzled because he understood that Ming's diplomacy of investiture toward Japan had been successful. Alarmed，Chŏng Kiwŏn decided to contact censors. In the morning

---

① Regarding the conflict between the two countries, Chosŏn and Shi Xing cited, in their respective memorial, what Yang Fangheng had blamed as the problem of "words of decorum"（*liwen* 禮文）in the Chosŏn document Hideyoshi had allegedly found offended. In his memorial, Shi Xing advised the emperor that "Chosŏn does not have to send a prince to Japan" but, in his instructions, the Wanli emperor did not mention the issue of a Chosŏn prince at all. Princes could never be a tool of diplomacy as far as the Wanli emperor was concerned. For this issue, see the Ministry of War's memorial to the Wanli emperor：*Shenzong shilu* 306：5721–5722（1596/1/5）.

② *Sŏnjo sillok*, 1597/1/8（kihae）.

③ *Sŏnjo sillok*, 1597/1/22（kyech'uk）.

④ *Nabeshimake monjo* 鍋島家文書, no. 110.

⑤ *Sŏnjo sillok*, 1597/1/25（pyŏngjin）.

of 1/17 Chǒng Kiwǒn saw censors who were walking out of the palace in front of the Entrance Gate （Wumen）. He let the interpreter Yi Haeryong deliver information on Japan's renewed hostility to them： Hideyoshi still remains hostile and is about to relaunch a massive attack. The censors asked if "the Japanese in Pusan had burned their camp buildings and weapons and all crossed the sea ［to Japan］."[①]Yi answered that many Japanese troops were still in Pusan. On the following day （1/18）, Chǒng Kiwǒn was able to present King Sǒnjo's memorial to the Ming court.[②]

Regarding the Chosǒn king's memorial asking for urgent military help, on 1/24 Shi Xing advised the Wanli emperor to instruct the Chosǒn king to strengthen self-defense instead of relying upon the celestial court again. The Wanli emperor followed Shi Xing's advice and, further, ordered that Chosǒn seek amity, not hostility, with Japan and refrain from causing any trouble.[③] Two days later, Chǒng Kiwǒn came to know about the emperor's instructions. Alarmed, Chǒng began to plead with Shi Xing, censors of the six ministries, and the Office of Transmission through whatever means available. On 1/30 the director of Yuheguan showed a court newsletter （chaobao） to the Chosǒn delegation.[④] Upon reading it, Chǒng Kiwǒn noticed that his effort bore some fruit： Xu Chengchu and Liu Daoheng had already presented a memorial respectively to the emperor on Chosǒn king's appeal for urgent military help. Chǒng copied their memorials which were transcribed in the newsletter.[⑤]

Xu Chengchu's memorial was quite poignant. Xu censured that Shi Xing had deceived the emperor and, thereby, failed the country. By Shi's deception, Xu meant that Shi had ignored the precondition which the emperor had set for Yang Fangheng's delivery of investiture to Hideyoshi — withdrawal of all Japanese troops from Chosǒn. Furthermore, charged Xu, Shi was still ignoring new information on Japan's resumed hostility which the Chosǒn king had reported to the

---

① Yu Sawǒn 柳思瑗 , *Munhǔnggun kong'urok* 文興君控于録 , 1597/1/17.

② For details, see *Shenzong shilu* 306： 5725 （1597/1/18 kiyu） and *Sǒnjo sillok*, 1596/11/10 （im'in）.

③ *Shenzong shilu* 306： 5728–5729 （1597/1/24）

④ Ding Chennan （2018）, p. 19.

⑤ Yu Sawǒn, *Munhǔnggun kong'urok*, 1597/1/30.

emperor in his memorial. Xu censured Zhao Zhigao as well，saying that the latter had misled，in collusion with Shi Xing，the emperor.[1] On the other hand，Liu Daoheng criticized that Shi Xing held on to the misinformation that the Japanese showed no suspicious activities，and argued that Ming should seriously consider rescuing Chosŏn and，for that，troops should first be sent to Liaodong.[2] Refuting Xu Chengchu's accusation that the diplomacy of investiture had failed，Zhao Zhigao memorialized in support of the emperor's instruction that Chosŏn restore amity with Japan through dispatch of a good will mission.[3]

On 2/3 Chosŏn's delegation visited the censor offices of six ministries and presented Chŏng Kiwŏn's letters appealing for military help.[4] The censors refused to accept Chŏng's letters，saying that they already had those letters. It was certain that the Yuheguan director had already transmitted them to the censors.[5]On 2/5 Chŏng Kiwŏn went to the Office of Transmission but Geng Dingli refused to accept Chŏng's letter. Instead，Geng informed，through his inferior，that the Ming court had received a report from Ma Dong，vice commander of Liaodong，that "［Katō］Kiyomasa led about 200 ships and returned to Kijang（mistaken for Sŏsaengp'o）on the fourteenth（fifteenth in Japan）day of the first month，so the［Ming］court will surely send troops and rescue

---

① For a full text of Xu's memorial, see Yu Sawŏn, *Munhŭnggun kong'urok*, 1597/1/30. Also see *Shenzong shilu* 306：5729–5730（1597/1/30）.

② Currently, Liu's memorial, which was not mentioned in the *Shenzong shilu*, is found in Yu Sawŏn, *Munhŭnggun kong'urok*, 1597/1/30. For a detailed discussion on the documents copied in *Munhŭnggun kong'urok*, see Ch'a Hyewŏn, "Chŏngyu chaerangi Myŏngjo ŭi p'abyŏng kyŏlchŏng kwa 'kong'ŭi'：'Munghŭnggun kong'urok' ŭl chungsim ŭro," *Chungguksa yŏn'gu* 中國史研究 , vol. 69（2010/12）, pp. 9—10; and Ding Chennan（2–18）, pp. 46—48.

③ *Shenzong shilu* 306：5729–5730（1597/1/30）.

④ To their surprise, the Chosŏn officials found that the copies of memorials, which Xu Chengchu and Liu Daoheng had presented to the emperor, were placed on the outside wall of their respective office, and that some people were freely coping them.

⑤ Yu Sawŏn, *Munhŭnggun kong'urok*, 1597/2/3.

your country." ① As it turned out, Ma Dong's report thundered the Ming court. Delighted, Chŏng Kiwŏn rushed to the residence of Shi Xing in order to plead with him to make sure that military help come forth, but when he arrived in Shi's residence, Shi was bedridden. Shi told that Chŏng Kiwŏn had misunderstood his memorial submitted to the emperor on 1/24, repeating that Chosŏn still needed to nurture a relationship of amity with Japan. ②

Upon Ma Dong's report, Xu Chengchu was quick to urge the emperor to allow court officials to discuss the matter as a whole, saying that the Japanese troops who had crossed back to Chosŏn would amount to no less than 20,000 since each ship could transport no less than 100 troops. ③ On 2/8 the Wanli emperor ordered the Ministry of War to convene a general meeting. Zhao Zhigao tendered his resignation but the emperor refused to accept it. ④ The Ming court plunged into uproar as critics rushed to censure Shi Xing and Zhao Zhige one after another.

Early in the morning of 2/9 the Chosŏn envoy members went to the Entrance Gate（Wumen）of the Palace in order to appeal for military help directly to the court officials（particularly, censors）who were attending the general meeting. When censors showed up, Chŏng Kiwŏn quickly "moved forward, held a letter, and pleaded with them ⌊for military help⌋ in tears." ⑤ Yi Haeryong interpreted Chŏng's words into Chinese for them. The censors comforted Chŏng, saying that today's meeting would just be about the matter of Chosŏn. The Chosŏn officials saw Shi Xing in unusual cloth forced to leave as some censors blocked him from attending the meeting. ⑥

---

① Yu Sawŏn, *Munhŭnggun kong'urok*, 1597/2/5. There is somewhat misleading information, which says that on 2/5 the Korean envoy, Chŏng Kiwŏn, appeared in the middle of a meeting where Ming's court officials convened and "wept bitterly and pleased for help" in front of them. See *Shenzong shilu* 307：5732–5733（1597/2/5）. Later, King Sŏnjo offered his understanding of why the effort for a truce had ended in failure through another envoy（led by Kwŏn Hyŏp）dispatched in the second month. See *Shenzong shilu* 308：5761（1597/3/14）; and *Toyotomi Hideyoshi monjoshū* 豐臣秀吉文書集, vol. 7, p. 204（no. 5586）.

② Yu Sawŏn, *Munhŭnggun kong'urok*, 1597/2/5.

③ *Shenzong shilu* 307：5733（1597/2/5）.

④ *Shenzong shilu* 307：5733（1597/2/8）.

⑤ Yu Sawŏn, *Munhŭnggun kong'urok*, 1597/2/9.

⑥ Yu Sawŏn, *Munhŭnggun kong'urok*, 1597/2/9.

Two days later (2/11), Li Zhen, First Vice Minister of War, memorialized the emperor on what had transpired at the meeting.[1] Li Zhen reported that the opinions expressed at the meeting were almost unanimous: Ming has no option but to help Chosŏn militarily. Li Zhen summarized what had been proposed: (1) to muster fresh troops (7,000 from Xuanfu, Datong, Jizhen, and Liaodong; 3,700 from Zhejiang; and naval troops from other provinces); (2) to secure enough provisions (both xingliang and yueliang) for the troops, all in kind; and (3) to appoint new commanders for defense of Chosŏn. Li Zhen added that 3,000 troops in western Liaozhen should first be dispatched as an emergent force and charged to secure key points of defense in Kyŏngsang and Chŏlla Provinces. The Wanli emperor approved Li Zhen's suggestions.[2] With this, Ming decided to send massive troops again to Chosŏn to fend off the Japanese. On 2/12 Hong Qirui, an official in the Ministry of Rites, invited the Chosŏn envoy members to his house and confirmed that "the celestial court has already raised troops" — the news which they had obtained a day before. On 2/15 the Chosŏn envoy departed Beijing for Hansŏng with their mission accomplished.[3]

On 2/14 Zhang Wei and Shen Yiguan (grand councillors), who turned against Zhao Zhigao (chief grand councillor), proposed some radical ideas regarding Chosŏn: For Ming's defense, Ming should set up satellite governments and garrisons in Kaesŏng and P'yŏngyang of Chosŏn; Ming should teach Chosŏn on how to utilize Chinese methods for development of commerce and industry to pay military expenses; and Ming should select competent generals and assign them to Chosŏn's eight provinces. Their ideas almost amounted to a scheme that would bring Chosŏn under Ming's control. Zhang and Shen also suggested that northern soldiers were much better suited for warfare in Chosŏn than southern

---

[1] Interestingly, the *Shenzong shilu* does not contain any record about this meeting. According to Yu Sawŏn, Shi Xing who was keen to the whereabouts of the meeting, checked its progress in session from an office of the Ministry of War.

[2] *Shenzong shilu* 307: 5736–5737 (1597/2/11).

[3] Yu Sawŏn, *Munhŭnggun kong'urok*, 1597/2/12, 15.

soldiers.[①] It sounded like that Zhang and Shen regarded northern soldiers highly but, in fact, it should be noted that they tried to protect Zhejiang and Jiangsu, their respective home provinces, from supplying (southern) soldiers.

The Wanli emperor rejected the proposal by Zhang Wei and Shen Yiguan. The emperor's rationale was: it would make Chosŏn fear that "China might annex [it]"; Ming's military help lies in "preserving the vassal country"; once Chosŏn becomes strong enough and stands on its feet, the [Ming] troops will be brought back; and the celestial court (Ming) will not take "any gain even from a single person or a piece of land" in Chosŏn.[②] The Wanli emperor made clear once again that Ming would send troops to help Chosŏn. Despaired, Shi Xing pleaded with the emperor to allow him to go to Chosŏn and pressure the Japanese to leave. The emperor rejected Shi's request.[③]

The Wanli emperor took steps for military action against the Japanese starting with the appointment of Ma Gui as Grand Commander (zongbing) on 2/15.[④] Ma Gui, Grand Commander of Yansui, who belonged to a famed military Muslim family in Datong, was reputed for exercising good leadership in the successful defense against the Mongols who invaded the border in the tenth month of 1594. Based on Sun Kuang's advice, on 2/16 the emperor ordered Wu Weizhong and Yang Yuan to lead troops (3,785 southern troops for Wu and 3,000 Liao troops for Yang, respectively) to Chosŏn as soon as possible.[⑤] On 2/26, in place of Shi Xing, the emperor charged Li Zhen, Right Vice Minister, temporarily to run the Ministry of War without promoting him to the rank of minister. The story has it that three grand councillors (Zhao Zhigao, Zhang Wei, and Shen Yiguan) all opposed Li Zhen's promotion with the argument that Li lacked experience in military affairs.[⑥] Some censors (including Xu Chengchu) agreed with the grand councillors.

---

① *Shenzong shilu* 307: 5739–5741 (1597/2/14).

② *Shenzong shilu* 307: 5741 (1597/2/14).

③ *Shenzong shilu* 307: 5742 (1597/2/15).

④ *Shenzong shilu* 307: 5742–5743 (1597/2/15).

⑤ *Shenzong shilu* 307: 5744 (1597/2/16) and 308: 5754–5755 (1597/3/9).

⑥ Zhao Zhigao 趙志皋, *Neige zouti gao* 内閣奏題稿 7, "Qing chu biancai" 請儲邊才.

On 3/15 the Wanli emperor appointed Yang Hao, a civil official, as Supervisor of Military Affairs （*jingli*） in Chosŏn and charged him to manage military operation in Chosŏn.[①] Two weeks later, the emperor promoted Xing Jie, Left Vice Minister of War （civil official）, to Minister of War and then assigned him to command three military districts （Jizhen, Liaodong, and Baoding）, to be in charge of war supplies, and to direct military operation against the Japanese.[②] While holding the position of Minister of War, Xing Jie was ordered to concentrate on military operation in Chosŏn and, for that, the Wanli emperor granted the additional title of *jinglüe* to him. Yang Hao as *jingli* was ordered to assist Xing Jie.[③] After a series of appointment, the Wanli emperor bestowed an imperial sword upon Xing Jie with the words "behead anybody, including great generals, in the case of refusing to obey your order."[④] By the end of the third month, Ming set up a chain of commandership with two civil officials at the top and, under them, one military commander and a couple of field commanders. Xing Jie soon worked to muster troops and to secure provisions.[⑤]

Amid a series of decisions which the Ming court made one after another, on 3/2 Chosŏn's another envoy, Kwŏn Hyŏp arrived in Beijing. He was an "envoy of urgent report" whom King Sŏnjo dispatched late in the first month when he learned that the Wanli emperor had instructed Chosŏn to dispatch a high official to Japan for peaceful relationship. The Wanli emperor's instructions refer to his 1/5 edict on the conclusion of the war, albeit based on false information. King Sŏnjo quickly moved to report that Japan was deceiving the Ming court with a cunning scheme while preparing a massive attack on Chosŏn.[⑥] King Sŏnjo also charged

---

[①] *Shenzong shilu* 308: 5762 （1597/3/15）. Yang Hao's responsibility included the administration of defense, training of soldiers, construction of fortresses, supply of military provisions, and operation of military farms. See Kwŏn Hyŏp 權悏, *Sŏktanggong yŏnhaengnok* 石塘公燕行録, p. 39.

[②] *Shenzong shilu* 308: 5771–5772 （1597/3/29）.

[③] At that time, Yang Hao was in the middle of mourning his father's death, but Zhang Wei urged, successfully, the emperor to order the suspension of the mourning to Yang.

[④] Ping Qi 馮琦, *Ming jingshi wenbian* 明經世文編 442, p. 4846.

[⑤] *Shenzong shilu* 308: 5774–5775 （1597/3/29）.

[⑥] *Sŏnjo sillok*, 1597/1/23 （kabin）.

Kwŏn Hyŏp to ask for urgent military help to the Ming court, as well as to ask it help Chosŏn purchase materials for weaponry.

Upon arrival in Beijing, Kwŏn Hyŏp and his team members worked tirelessly in order to achieve their assigned goals. Their work included appealing to Ming officials and submitting letters to various departments.[①] In particular, Kwŏn Hyŏp and his team members emphasized that a massive number of Japanese troops had already been back to Pusan and its vicinities and aggressive — a piece of information which the previous Chŏng Kiwŏn mission, whom they had encountered at Shanhaiguan, had not brought. The Chŏng Kiwŏn mission were on their way back to Chosŏn from Beijing. The envoy Kwŏn Hyŏp returned back to Hansŏng in the mid-fourth month.

Ming leaders obtained fresh information on what had transpired to the war in Chosŏn, which had not ended at all, over the couple of months. On 3/18 Xing Jie asked Kwŏn Hyŏp, the Chosŏn envoy, to provide detailed information on the geography of Chosŏn and, two days later, Kwŏn visited the Ministry of War and offered what Xing wanted.[②] Xing realized that infantry would work better than cavalry in Chosŏn.[③] Xing was also mindful of the factional strife between southern and northern soldiers that had damaged Song Yingchang's military operation. Upon Xing Jie's advice that about 4,000 troops from Jizhen and Liaodong should immediately be sent to Chosŏn, the Wanli emperor approved.[④] Xing also felt strongly that coordination with Chosŏn leaders was essential.

Xing Jie's key tasks were two: how to mobilize massive troops and send them to Chosŏn, and how to procure enough provisions and transport them to Chosŏn, all before the Japanese enemy poured deep into Chosŏn.[⑤] By late in the fifth month Xing Jie came up with a strategy of Ming's national defense in expectation of the looming war in Chosŏn. The strategy had three guiding goals: (1) The priority is the safety of Ming; (2) the enemy should be blocked

① For details, see *Sŏnjo sillok*, 1597/4/15 (ŭlhae).

② Kwŏn Hyŏp, *Sŏktanggong yŏnhaengnok*, 1597/3/16, 18.

③ *Sŏnjo sillok*, 1597/4/21 (sinsa) and *Shenzong shilu* 310: 5801–5802 (1597/5/24).

④ *Shenzong shilu* 309: 5782–5783 (1597/4/7).

⑤ *Sŏnjo sillok*, 1597/4/21 (sinsa).

before they reach Ming borders; and （3） military operation in Chosŏn should be linked with measures of defense in Ming.① Xing Jie made it clear that the goal of saving Chosŏn converge on Ming's safety, not vice versa. For that, Xing Jie determined that, under any circumstance, the enemy should not be allowed to step into the Ming territory.

Based on this strategy, Xing Jie divided the emergent areas of defense into five in the following order of importance： （1） Chosŏn; （2） the coastal region of Lüshun, Tianjin, and Denglai; （3） the coastal region of Huiyang; （4） the region of Nanzhili （Nanjing）, Zhejiang, and Fujian; and （5） the coastal region of Guangdong and Guangxi. Understanding that other regions but （1） and （2） were not seriously exposed to danger, Xing planned to mobilize troops from the regions of （3）, （4）, and （5） and put them into （1） and （2）.② Xing Jie also considered defense on the ground in Chosŏn to be more critical than defense on the sea. For defense of the region of Lüshun, Tianjin, and Denglai, Xing set up two grand commanders. In addition to the troops from Liaodong, Jizhen, Xuanfu, and Datong, Xing planned to mobilize additional troops even from Sichuan, including local militia （*tubing*）.③

4. Conclusion

The three examples which I discuss in this article demonstrate how Chosŏn envoys worked once they arrived in Beijing in order to achieve their assigned goals. Their key tasks were three： （1） to deliver their king's memorials to the Ming emperor according to the procedures set by Ming, which often does not go smoothly; （2） to appeal to Ming officials, including ministers, in a direct manner, for help that their king's wishes be accepted by the emperor; and （3）

---

① See Xing Jie 邢玠, *Jinglüe yuwo zouyi* 經略禦倭奏議, fas. 2, "守催閩直水兵併募江北沙兵疏" and fas. 4, "申飭五鎮沿海春汛疏."

② For details, see Zhao Shuguo 趙樹國. "Lun Xing Jie zai yuanchao yuwo zhanzhengzhong dui Zhongguo haifang de jingying" 論邢玠在援朝禦倭戰争中對中國海防的經營. *Shandong qingnian zhengzhi xueyuan xuebao* 山東青年政治學院學報,157-28 （2012/5）, pp. 145—146.

③ For details, see *Shenzong shilu* 310：5798 （1597/5/20） and 310：5802 （1597/5/24）.

to purchase materials for weaponry not available in their county — a task that also includes asking for a fund from Ming for purchase.

At the same time, Chosŏn envoys tried to convey new information on the war, particularly on the movement of the Japanese enemy, to which Ming officials and the emperor had limited access. Factional politics at the Ming court was often triggered by contradictory interpretations of the war situation as the Chosŏn court well understood. In order to influence Ming officials to change their views and agree to Chosŏn's appeals, Chosŏn envoys particularly tried to supply information favorable to Chosŏn-sympathizers at the Ming court. On their part, Ming officials who showed sympathy to Chosŏn sought useful information from Chosŏn envoys in order to defeat their political rivals. Indeed, information was a tool of factional politics at the Ming court. Given that most of its officials were far away from the battlefield in Chosŏn, Chosŏn envoys who brought new information could shake the dynamics of decision-making process at the Ming court as I discuss in this article.

Beyond offering intelligence (information) on the war, Chosŏn envoys also controlled or manipulated it in terms of hiding what was not convenient to their country, exaggerating what was beneficial to their king's wishes, or even fabricating stories, all for bringing Ming troops to Chosŏn and putting them against the Japanese enemy. On their part, Ming officials remained suspicious or selective about information delivered by Chosŏn officials but, often, out of their own needs, they employed it against their political rivals.

As a whole, the records of Chosŏn envoys shed light on how Chosŏn's diplomacy with Ming worked at the front, as well as on the inner workings of Ming's bureaucracy at the court. Information gleaned from the Chosŏn envoy records enables one to understand some gray spots not covered by other materials in a direct way. It is interesting that Ming envoys to Chosŏn rarely left any comparable records although they frequently visited the capital (Hansŏng) of Chosŏn and interacted with Chosŏn officials and the king. When used in combination with other relevant source materials, the records of Chosŏn envoys would be very useful for in-depth research on Chosŏn-Ming relations.

萬曆抗倭援朝戰爭中的明朝商人

孫衛國

【摘　要】在琉球、日本的明朝商人陳申、許儀後等戰前獲悉豐臣秀吉將發動侵略戰爭，想法將消息傳回國內，許儀後隨後成爲明朝去日本打探消息的綫人，他總是儘可能爲明朝提供幫助。明朝從商人手上徵集糧草，指令商船協助運送糧餉，又召募行商前往朝鮮，爲明軍將士提供生活必需品，以彌補朝鮮商業不發達、不用白銀爲流通貨幣的缺陷。朝鮮不滿於明朝行商賺走明軍將士白銀和大量購買朝鮮人參、水鐵物品，不准他們租用糧船，拒絕爲他們運送水鐵物品，借機加以打擊；朝鮮也希望留置水鐵製品，以便爲其製造火器之需。本次戰爭對於商人的依仗，也體現了明朝商人在萬曆年間較高的社會地位；戰爭結束不久，朝鮮即開放白銀禁令，最終融入白銀世界之中。

【關鍵詞】萬曆抗倭援朝戰爭　許儀後　明朝行商　白銀世界　明代中朝關係

　　萬曆抗倭援朝戰爭（1592—1598）是近世東亞中、日、韓三國所發生的最重要的一場國際戰爭，對東亞世界産生了深遠影響。這場戰爭的勝負當然取決於三國軍隊在戰場上的較量，與此相關的是，明朝商人在其中也扮演了十分重要的角色。朝鮮宣祖國王曾給明廷自辯疏中有言："七年之間，大小衙門及各營將官、往來軍兵及買賣商賈，項背相望，表裏無間，小邦所爲，纖芥難掩！"[①]提到各類人員時，特別提及"買賣商賈"，可見商人也是一支不

【作者簡介】孫衛國，南開大學歷史學院教授。

① 韓國國史編纂委員會編刊：《朝鮮宣祖實錄》卷一〇五，宣祖三十一年十月癸酉，《朝鮮王朝實錄》影印本，首爾：韓國國史編纂委員會，1953—1958年，第23册，第523頁。

容忽視的力量。就以明朝商人來説，戰前明朝在日、琉商人傳來相關情報，戰爭期間幫助明軍籌集、運輸糧餉，又以行商前往朝鮮前綫，爲明軍將士提供必備物品，是輔助明軍一支不可小覷的隊伍。朝鮮王朝商業儘管不甚發達，亦能見到商人的身影。中日韓學術界研究這場戰爭的學術成果相當豐富，對於商人在其中的作用，雖有所涉獵①，尚未見系統論述。本人不揣淺陋，以明朝商人爲中心，對此略加探討，力求加深對於這場戰爭的認識。

一、明朝在琉、日商人對情報的搜集與傳遞

事實上，在日、琉的明朝商人大概是最早獲悉日本豐臣秀吉將發動侵略戰爭的中國人，他們探知豐臣秀吉準備侵朝的消息後，想方設法將信息傳遞回國，以使明朝早做防備。②《明史·日本傳》曰："（關白）並欲侵中國，滅朝鮮而有之……同安人陳甲（申）者，商於琉球，懼爲中國害，與琉球長史鄭迥謀，因進貢請封之使，具以其情來告。甲（申）又旋故鄉，陳其事於巡

---

① 中國學術界對此問題研究較少，參看張曉明：《明代遼東地區與朝鮮半島貿易研究》（博士學位論文），遼寧師範大學，2021 年。遼東是朝鮮戰場最重要的後方物資補給來源地，該文重點討論了遼東地區對於朝鮮戰場明軍物資的供應以及張三畏和朝鮮進行商品交易之事。韓國學術界關注稍多，參看韓明基：《新編韓國史》（《대동법의시행과상공업의변화》），果川：國史編撰委員會，1998 年，第 30 册，第 478—606 頁。特別討論了壬辰倭亂時期中朝貿易問題，也論及了戰爭期間中國商人在朝鮮的活動。指出山西商人隨軍到了朝鮮，爲明軍提供火藥、日用品、鹽、糧食等物，獲取了豐厚利潤。因爲朝鮮不用白銀，明朝商人將明軍所携帶來的白銀全都賺回去了。同時他們將青藍布和絲綢品出售給朝鮮人，他們甚至試圖在朝鮮開挖銀礦，戰後朝鮮也漸漸廢除不用白銀的政策，而融入東亞白銀世界之中。吳浩成：《壬辰倭亂與朝明日軍需系統》（《壬辰倭亂과朝·明·日의軍需시스템》，坡州：景仁文化社，2017 年）第十一章第六節，討論了明朝從軍商人的問題。兩者涉獵明朝商人問題，篇幅雖不長，都有啓發性。

② 參見松浦章撰，鄭潔西譯：《萬曆年間的壬辰倭亂和福建海商提供的日本情報》，《明史研究論叢（第八輯）：明代詔令文書研究專輯》，北京：紫禁城出版社，2010 年，第 198—216 頁。鄭潔西：《萬曆朝鮮之役前後的在日明朝人》，《唐都學刊》2009 年第 2 期，第 80—83 頁。鄭潔西：《萬曆二十一年潛入日本的明朝間諜》，《學術研究》2010 年第 5 期，第 115—124 頁。鄭潔西在《萬曆朝鮮之役前後的在日明朝人》文中，以嘉靖年間赴日宣諭使鄭舜功的説法，將當時在日明朝人分爲四類："朱縞（宋素卿）種""被虜官袁璡種""逋逃之種""被虜人種"，他們對於豐臣秀吉侵略計劃，各有不同的反應，並認爲他們的行爲對於中日戰爭有一定的影響。

撫趙參魯。"① 萬曆十九年（1591）四月，福建巡撫趙參魯獲悉陳申和鄭迴的情報，當即上奏明廷，同年七月，情報傳到明廷。《明神宗實錄》載："大學士許國等題：昨得浙江、福建撫臣共報日本倭奴招誘琉球入犯。"② 這是明廷最早獲悉日本將發動侵略戰爭的信息，乃是來自琉球的明朝海商。

不久，來自日本的許儀後也傳來類似信息。許儀後，江西吉安人，隆慶五年（1571）在廣東經商時被倭寇擄掠，被帶到日本九州，因爲他醫術高明，很快就獲得薩摩藩主島津義久的重用。後來他在寺院碰到同被擄掠而來的同鄉商人朱均旺，將其贖回，安排在家，幫助抄寫醫書。豐臣秀吉早有通過朝鮮侵略明朝的意向，最終於天正十八年（1590）確定侵略計劃，島津氏是其準備發動侵略戰爭的重要力量，許儀後很快就獲知相關信息，曾兩次托人傳書回國，但都如石沉大海。因爲他在日本已結婚生子，難以離開，遂寫好題爲《儀後陳機密事情》的文書，設法讓朱均旺送回中國。萬曆二十年二月二十八日，朱均旺帶回的文書被送到福建巡撫手上，他的文書進一步佐證了豐臣秀吉將發動侵略戰爭的消息③。

有關他們傳送情報的事情，廣泛記載於明清史書中。徐光啓説："先是，海商陳申暨許儀後先後遺間書於我，告以秀吉謀入犯。"④《兩朝平攘錄》也載曰："時關白破關東後，入寇意已決。適有大國名尚島者，其子受間金，遂殺父來降。關白自爲天授，令州廣造兵船，聲言三月入寇大明。入北京者，令朝鮮爲嚮導；入福、廣、浙、直者，令唐人爲嚮導。又差人脅琉球勿貢大明，致漏事機。時有福建同安船商陳申，寓琉球，因與鄭迴商議，乘本國進貢請封之便，備將關白情由奏報。陳申搭船回，面秉巡撫趙參魯以聞，此萬曆十九年四月也。"⑤ 可見，此事爲明清史家所公認。

① 《明史》卷三二二《日本傳》，北京：中華書局，1974 年，第 27 册，第 8357 頁。松浦章在其《萬曆年間的壬辰倭亂和福建海商提供的日本情報》文中，以侯繼高之《全浙兵制考·日本風土記》中的材料爲據，指出 "陳甲" 係 "陳申" 之誤。

② 《明神宗實錄》卷二三八，萬曆十九年七月癸未，臺北："中研院" 歷史語言研究所，1962 年，第 106 册，第 4416 頁。

③ 參見松浦章撰，鄭潔西譯：《萬曆年間的壬辰倭亂和福建海商提供的日本情報》，《明史研究論叢（第八輯）：明代詔令文書研究專輯》，第 202—208 頁。

④ 徐光啓：《徐文定公集》卷四《制倭》，陳子龍等編：《明經世文編》卷四九一，北京：中華書局，1962 年，第 6 册，第 5439 頁。

⑤ 諸葛元聲：《兩朝平攘錄》，吳豐培編：《壬辰之役史料匯輯（下）》，北京：全國圖書館文獻縮微複製中心，1990 年，第 37—38 頁。

同時，明廷從陳申、許儀後的文書中，獲悉朝鮮將爲日本侵略之先鋒，"中朝有客商陳申者，自日本還，言關白秀吉將入寇，以朝鮮爲先鋒。又有許儀後者，亦以客商，被擄於日本，爲薩摩州太守所愛。聞關白將入寇，潛遣所親米均旺，投書上國邊帥……"①而《朝鮮宣祖實錄》亦載曰：

> 先是，中朝福建行商許儀後等，潛報上國云："朝鮮貢驢於日本，與日本連謀，將犯上國，朝鮮爲之先鋒。"中朝頗疑之。及本國敗報至中國，中朝論議洶洶，許閣老國獨揚言曰："吾嘗奉使朝鮮，習知情形，朝鮮禮義之邦，決不如是。"及本國請兵奏至，遼左之人傳言："朝鮮實與倭奴同叛，佯爲假王，嚮導而來。"②

許儀後作爲一名在島津氏身邊的醫官，他對於日本侵略的計劃，傳言朝鮮將爲日本侵略之先鋒的言論，傳入明廷，引起很大反響，儘管有大學士許國爲朝鮮辯護，也無法消除明廷疑慮。因爲戰前，朝鮮很多行爲確實不大合常理，明廷獲悉福建、浙江巡撫奏報日本將侵華信息前，朝鮮未提供任何相關情報，並非他們不瞭解，而是朝鮮有所顧慮。戰爭發生前一年，他們還特地派黃允吉和金誠一爲正副使前往日本，也並未向明廷彙報，朝鮮使臣回國後，正副使對於豐臣秀吉是否會發動侵略戰爭，也出現完全不同的看法，"黃允吉以爲平義智奸詐可憂，金誠一以爲不足憂"③。朝鮮猶豫不定，更增明廷疑慮。

許儀後隨後一直相當活躍，中朝雙方都有史料提及過他。萬曆二十年十二月，許孚遠被任命爲福建巡撫，指揮沈秉懿與史世用都稱受石星密令，前往日本打探倭情，許孚遠派史世用與海商許豫等同往。《明神宗實錄》載曰："先是，尚書石星遣指揮史世用等往日本，偵探倭情，世用與同安海商許豫偕往。逾年，豫始歸報福建巡撫許孚遠。豫之夥商張一學、張一治亦隨續報，互有異同，孚遠備述以聞。"④此處言石星專門派指揮史世用與商人許豫前往日本打探情況。實際上，此事乃福建巡撫許孚遠安排的，而他們去日本後聯繫的人正是許儀後。事後，許孚遠將此事原委上奏明廷，許孚遠奏疏中，清

① 申欽：《象村先生集》卷三八《本國被誣始末志》，參見韓國民族文化推進會：《影印標點韓國文集叢刊》第 71 冊，首爾：民族文化推進會，1990 年，第 254 頁。
② 《朝鮮宣祖實錄》卷二七，宣祖二十五年六月丙午，《朝鮮王朝實錄》影印本，第 21 冊，第 501 頁。
③ 《朝鮮宣祖實錄》卷二六，宣祖二十五年五月壬戌，《朝鮮王朝實錄》影印本，第 21 冊，第 485 頁。
④ 《明神宗實錄》卷二七三，萬曆二十二年五月癸未，第 108 冊，第 5059—5060 頁。

楚地交代了史世用與許豫等前往日本，與許儀後等接觸的情況。

萬曆二十一年四月，許孚遠安排史世用等前往日本。六月出發，七月初四日，就到了九州內浦港，當時打聽到許儀後陪同島津義久去了名護屋城，史世用就前往名護屋城尋覓許儀後，並派張一學去關白的住處探聽情報。八月十三日，許儀後陪同義久、關白回家，八月二十七日許儀後與史世用、許豫在內浦見面，商議辦法。九月初三日，許豫準備綢緞禮物，在許儀後陪同下拜見幸侃，當幸侃獲知其是"大明武士"時，贈他盔甲一副。九月十九日，有日本正興寺僧人玄龍來內浦見許豫等人，質問他們是否大明密探，來探聽情報。許豫回答説："是！因爾國侵伐高麗，殺害人民，我皇帝不忍，發兵救援。近聞差遊擊將軍（遊擊將軍者，沈惟敬也）來講和好，我福建許軍門聽知，欲發商船前來貿易，未審虛實，先差我一船人來此，原無他意。"[1]即便如此，日本僧人並未對他們採取行動。島津義久等人並未爲難他們，反而贈送禮物，附上文書，以便爲將來貿易做準備，且放還了他們所購買的二百斤硫磺。十月，許儀後被島津義久差往朝鮮，史世用等人方回國。可見，史世用等在日本四個多月的時間裏，許儀後是他們最重要的連絡人，十月許儀後被派往朝鮮，他們在日本没了綫人，遂駕船回國。在許孚遠的這篇奏疏中，隨後一一條列史世用等從日本打聽來的情報，即如：

> 一、探得關白姓平，名秀吉，今稱大閣王，年五十七歲，子纔二歲，養子三十歲。關白平日姦雄詭詐，六十六州皆以和議奪之。一、前歲侵入高麗，被本朝官兵殺死，不計其數，病死與病回而死者，亦不計其數。彼時弓盡箭窮，人損糧絕，思逃無地，詭計講和，方得脱歸。一、關白令各處新造船隻千餘，大船長九丈、闊三丈、用檜七十枝；中船長七丈、潤二丈五尺、用檜六十枝。豫訪諸倭，皆云候遊擊將軍和婚不成，欲亂入大明等處。一、日本六十六國，分作二關：東關名相板關、西關名赤間關。内稱有船數千隻，限三月内駕至千大溪點齊，莫知向往何處。又點兵十八歲至五十歲而止，若有姦巧機謀者，雖七十歲亦用之……[2]

① 許孚遠：《敬和堂集》之《請計處倭酋疏（計處倭）》，參見《明經世文編》卷四〇〇，第5冊，第4335頁。

② 許孚遠：《敬和堂集》之《請計處倭酋疏（計處倭）》，參見《明經世文編》卷四〇〇，第5冊，第4335頁。

　　從豐臣秀吉個人的身世、子嗣情況、崛起的經歷，到日本概況、戰爭準備、侵略朝鮮部隊的情況、武器、擄掠朝鮮人等各方面信息，有十數條，相當詳細。可以説是當時明朝僅次於侯繼高《全浙兵制考》中有關日本的最詳細信息。很顯然這些多係許儀後等人所提供，對明朝瞭解日本軍情有相當重要的參考價值。

　　對於史世用前往日本之事，朝鮮亦有所耳聞。五年後，當史世用來到朝鮮時，宣祖接見他，還特別提及此事，表示感謝："大人前以小邦事，涉萬里驚波，備嘗勤苦，小邦常懷高義。今此來臨，尤感。"史世用答曰："不敢當，今以監軍差官來此。日本事情，詳載於文，謹當送示。"① 有關其赴日情況，史世用表示會給國王呈上書面材料。

　　而許儀後前往朝鮮後的情況，在朝鮮史料中亦有提及。宣祖二十七年（1594）二月從日本逃回的朝鮮被擄人吳景禧彙報説，他見過許儀後。原來開戰後，吳景禧被擄到日本，"被賊搶擄，前到倭山江古水麻地面"，有一位衣着像明人，他遂寫字條問既繫明人爲何來此，此人回寫曰："俺是大明江西吉安府萬安縣人許儀後，隆慶四年被搶來此，今已經二十四歲。"於是相識。後來與許儀後一同從九州乘船到對馬島，再乘船到朝鮮永登浦登岸，許儀後隨着日軍一同到了朝鮮，"儀後仍留本浦，劑藥爲業"，繼續在日軍隊中爲醫官。②

　　朝鮮官員魯認 1597 年六月被俘，被押送到日本，在薩摩州島津義弘部中被羈押了 18 個月，1599 年 3 月在福建官員林震虩等協助下，逃到福建，後輾轉回國，他也提及過許儀後。根據他的記載，原來丁酉再亂之時，福建巡撫派林震虩潛往薩摩藩，厚賂許義厚（即許儀後），向島津義弘施反間計曰："日本無故興兵，殘破朝鮮，不有天威，皇赫斯怒。特命兵部尚書差征倭元帥統秦、楚、燕、齊、韓、魏、趙及西戎、北狄具甲精兵百萬，出山海關，渡鴨綠，蕩釜山。因直搗對馬、壹岐、西海等島。更命都御使，差水軍都統使，以閩、浙、湖、廣、雲南、吳、越舟師一萬艘。又琉球、暹羅、安南、交趾佛狼機、西域水軍萬餘艘，直入薩摩，必滅日本，以不天下爲家之義。"許儀後遂到朝鮮泗川，向島津義弘（石蔓子）施反間計。石蔓子驚懼曰："際此空虛，大明

① 《朝鮮宣祖實錄》卷九六，宣祖三十一年正月丁亥，《朝鮮王朝實錄》影印本，第 23 册，第 358 頁。
② 《朝鮮宣祖實錄》卷四九，宣祖二十七年三月丙申，《朝鮮王朝實錄》影印本，第 22 册，第 238 頁。

舟師，倘或直渡，則勢如壓郊，即掇兵而歸。"① 故一定程度上，島津義弘之撤兵或與許儀後勘説有關。

萬曆二十八年（1600）四月被日本島津氏送回浙江的明將毛國科一行中②，有原被福建巡撫派往日本探聽情報的馬一松等人，"若馬一松等執有福建漳南道原給偵探倭情信牌，且口稱有先年被擄華人許儀後等密報倭情書揭，及譯審倭官，各吐情由"③。依然提到許儀後，可見，許儀後總是想方設法爲明朝服務。

因之，生活在琉球和日本的一批明朝商人，以陳申、許儀後爲代表，在戰前獲悉日本將發動侵略的情報後，想方設法將情報送回國內。而隨後像許儀後這樣的人，儘管身不由己，没法回國，還是儘可能地爲明朝提供信息；因爲人身不得自由，無法從這場戰争中脱身，但一有機會就爲明朝提供幫助。

二、明朝商人幫助運輸糧餉與隨軍前往朝鮮提供物資

"征討，國之大事；糧餉，軍之大命。"④ 明中後期，隨着白銀大量使用，成爲明朝流通的主要貨幣，明代軍事供給體系也發生了根本性變化，形成了以白銀爲主體的軍事供給體制。在明朝境內，戰時携帶白銀，軍需物資就地購買補充，比較容易解決後勤供應，操作起來，得心應手⑤。但萬曆朝鮮之役，明大軍開赴朝鮮，異域作戰，困難很多。而白銀在朝鮮並非流通貨幣，被禁多年⑥，明朝那套軍事供給體系完全失靈。因此，萬曆朝鮮之役中，影響明軍戰鬥力的因素，最爲關鍵的不是明軍的數量，而是糧餉不繼，經常性地缺糧

---

① 魯認：《錦溪集》卷三《和館結約》，韓國民族文化推進會：《影印標點韓國文集叢刊》，第71 冊，第 200 頁。

② 有關毛國科赴日情況，參見楊海英：《毛國科使日考：兼談萬曆援朝東征後期的和議問題》，《明史研究論叢（第十三輯）：慶祝中國社會科學院歷史研究所成立 60 周年專輯》，北京：中國廣播電視出版社，2014 年，第 180—197 頁。

③ 劉元霖：《撫浙奏疏》卷一七《題報倭使送還差官請旨勘處疏》，日本東洋文庫藏明刊孤本，頁 15a—16b。

④ 張養蒙：《張毅敏公集》卷四《春運攢領防護要務疏》，沈乃文主編：《明別集叢刊》第 4 輯第 116 冊，合肥：黄山書社，2015 年，第 484 頁。

⑤ 參見黄阿明：《明代貨幣白銀化與國家制度變革研究》，揚州：廣陵書社，2016 年。

⑥ 參見孫衛國：《朝鮮王朝前期白銀禁用之因由與影響》，《學術研究》2019 年第 10 期，第116—126 頁。

少食。爲了確保明軍物資的供應,一方面向商人徵糧,在糧餉運送過程中,多方徵集商船,協助運輸;另一方面,允許明朝行商跟隨明軍進入朝鮮前綫,以便爲明軍提供一些必備物資,補充軍需,所以在朝鮮戰場上形成了一種由明朝商人爲軍隊服務的特殊景象。明朝商人對於明軍的幫助,主要體現在以下幾個方面:

第一,徵集商人手中糧草,以供軍需。明數萬大軍開赴朝鮮,朝鮮物資匱乏,戰時又遭嚴重破壞,更無力承擔糧食供應,明廷只得想方設法,多方徵集糧草,而徵集商人的糧草就是重要來源。

事實上,壬辰援朝,明經略宋應昌早就到了遼東籌集糧草,調動精兵,爲派兵赴朝作戰做準備。對於糧草問題,除指令各地官員徵集運送外,特別提及利用商人手中的糧食,"一爲遵旨專責部臣等事。據遼東管糧王郎中稟稱:遼陽有該納屯糧商人,有上納鹽、糧,就近兌支各軍等情到部。看得遼陽既有該司屯鹽糧餉支給官軍,頗爲近便,但未有的數,擬合行查。牌仰本官,即查遼陽衛所,各有該司屯糧若干,商人上納米豆若干,各系何年,見在何處屯積,就近支給官軍,應該作何兌還,逐一查明,具由呈詳,以憑酌議施行"①。乃引述遼東管糧王郎中之言,希望將在遼陽該納糧的囤糧商人的納糧情況弄明白,並且兌付,以便運往朝鮮。

商人不僅要納糧,明廷還特別發銀向商人購買糧食。萬曆二十一年二月,前綫大戰方酣,但糧餉不繼,遂令買商人米,送往朝鮮。神宗諭户、工二部言:"適見經略宋應昌奏稱兵力單弱,糧草不敷,恐有疏虞,前功盡棄。爾部職司兵食,義當并力一心,共濟國事。所有合用糧草,户部一面發銀,或從山東海道召商高價糴買,或就近輸運,務使東征四五萬人,可穀半年之用。"②特別指令户部發銀向商人高價收買糧食,運往朝鮮,以確保明軍糧食至少能用半年。

丁酉援朝時期,也有類似情況,指令鹽商開中,上納糧草。負責徵集糧餉的張養蒙即言:"行各該巡鹽衙門,酌議增開鹽引,速令商人赴遼東,上納本色,早挨支掣。"③當時户部上奏談及遼東鹽引情況,"遼鎮歲額,淮鹽六萬三千九百二引二十斤,每引官價銀五錢,召商中納。萬曆二十二年議加四萬四百三十三引八十斤,二十四年復停增引,今議照舊開中海蓋,各開一萬

---

① 宋應昌著,鄭潔西、張穎點校:《經略復國要編》卷三《檄遼東管糧王郎中》,杭州:浙江大學出版社,2020 年,第 78 頁。

② 《明神宗實錄》卷二五七,萬曆二十一年二月甲寅,第 107 册,第 4787 頁。

③ 張養蒙:《張毅敏公集》卷四《條議餉務疏》,第 478 頁。

五千引，召商上納本色，以備禦倭支用"①，得到批准。可見，商人尤其是鹽商是明廷籌集軍糧的重要來源。

其次，指令明朝商人輔助明軍運送糧餉。七年戰爭期間，如何將糧草運往朝鮮前綫，從最開始就是一個難題，一直未能很好地解決，商人也是明廷依仗的力量。戰爭爆發前後，明廷將大批糧餉從遼東等地運往朝鮮。因爲軍隊人手、船隻都有限，遂大批徵用民船、商船，督促商人與百姓協助運送到朝鮮義州，再由朝鮮負責運送到前綫，商船始終是一支不可忽視的力量。壬辰援朝，宋應昌就開始了海運嘗試，從登州將糧餉運送到義州交割，而丁酉再援之時，海運得以大量使用，商船就更顯重要。

丁酉再度援朝，陸上運力不足，負責明軍糧餉徵集的張養蒙遂積極謀求海運，張養蒙指出："海運一事，不自臣始，總督邢玠定議也。臣惟催糧催船，催之速運耳。細查天津至登州商船，故多來往；登州至旅順，見有山東差運官周紹祖、周謙等押糧船，在彼守凍。贊理楊主事催運，親見遼東運至義州，撫道屢有揭報，即今浙直調到兵船，皆由天津出海，似非鑿空嘗試者。"②對於海上航綫，他多有考慮，其言："從外海，則淮安至膠州，原係商賈熟路，以北雖有成山之險，近日膠州即墨運船通行，隨幫進發，自無他慮。"③又疏言："各地方小河撥運倉糧，不必海船，或高價招買商民船隻；或厚給僦值，傾民樂運，任從其販運不違誤。"④指令登萊、天津和遼東三處分別海運糧餉，前往朝鮮。而其中商船與民船是重要的運輸力量。

但當時海運船隻有限："今查山東之海運淮船三十只，每只可載五百石，歲可週六七運，總之可得十萬餘石。遼東之船亦三十只，每只可載三百石，歲可週十餘運，總之亦可得十萬餘石，而加之以騾頭，益之以駱駝，亦不過五萬石有零，是一歲之間水運無風波之險，陸運無損失之患，僅僅可得二十餘萬石耳。而況有意外之變，非今所能逆料者。及查先後徵調兵馬將六萬餘衆，內約馬兵二萬，在兵日給米一升五合，計六萬，歲該米三十二萬四千石，馬日給料三升，計二萬，歲該料二十一萬六千石，軍糧馬料共計五十四萬石。而前項所運，止得一半，此時兵不滿二萬，尚且不敷，有如大衆一集，嗷嗷待哺，計一月之運，不足以供旬日之食，一旦有缺，肘腋之患，且不可測，

① 《明神宗實錄》卷三一四，萬曆二十五年九月丁未，第 110 冊，第 5874—5875 頁。

② 張養蒙：《張毅敏公集》卷四《因言求罷疏》，第 497 頁。

③ 張養蒙：《張毅敏公集》卷四《豫籌應理餉務疏》，第 506 頁。

④ 張養蒙：《張毅敏公集》卷四《條議餉務疏》，第 478—479 頁。

安能折衝禦侮，以收安攘大計哉！"當時運輸情況，大體上只能滿足所需糧食的一半，缺糧甚多，因而提出解決辦法："爲今之計，莫若急行浙江、南直、淮安各撫臣各雇覓商船二十只，交付山東撫臣，發登萊二道轉運。其脚價等項，自登州至旅順、山東撫臣查照原議，於應動銀内支給。"①並令遼東鎮打造船隻三十只，每只可載糧五百石。這樣浙江、南直、淮安各增加二十條船，遼東打造三十條船，就可以增加九十條船。用於運送糧餉，就基本解決問題。不會出現糧草不敷的情況。

户部對於依靠商人運送糧餉也表示支持，萬曆二十四年（1596）五月十六日發文曰：

> 遼鎮一隅，餉銀有限，經費不足，合將見行事例款内，摘其便於上納者行。該鎮撫無拘土著，及各省流寓隨任經商人等，該鎮告納，並附近北直、永平、薊州、山東、登萊等府米穀饒裕處，照依後開各項銀數，自運米荳等糧，徑赴遼東。管糧衙門告役分撥各缺糧倉口。上納其載運脚價，在山東登萊等府航海者遞減脚價，其山海管關主事聽該部札付，凡遇運納人員，到彼驗實放行，每月終將放過人役姓名，其所運糧石，開送管糧司官，上緊催納，以杜奸人影冒，及出關玩法之弊。②

萬曆二十五年（1597）九月二十二日，"經略邢玠請借發臨德倉米及召買糧食，並於天津堆放，募沿海商漁，吳淞、淮、浙等舡兼搭接運，以登萊糴運價湧後時，不若天津至旅順止隔一帆也"③。提出調動南方船隻，參與運送軍餉。對於參與運糧商船，給予價錢。因爲登萊商船價格太高，故而用吳淞、淮、浙一帶商船。甚至提議用商船運送水兵，"朝鮮閑山失利，東方亟索舟師，閣臣議募閩省慣海商船，以資防剿"④。可見，無論是運兵還是運糧餉，商人與商船都是相當重要的輔助力量。

再次，允許明朝行商隨軍前往朝鮮，爲明軍提供必備軍需物資。因爲朝鮮商業不發達，白銀不是流通貨幣，明軍將士携帶大量白銀前往，毫無用處，

---

① 邢玠：《經略御倭奏議》卷二《募造海船以濟挽運疏》，經莉編：《御倭史料彙編》第4册，北京：全國圖書館文獻縮微複製中心，2004年，第96—98頁。

② 《明神宗實録》卷二九七，萬曆二十四年五月壬午，第109册，第5561—5562頁。

③ 《明神宗實録》卷三一四，萬曆二十五年九月庚戌，第110册，第5875—5876頁。

④ 《明神宗實録》卷三一八，萬曆二十六年正月己亥，第110册，第5922頁。

明廷遂允許明行商隨同前往，以供給明軍將士生活必需品。

早在壬辰年間，宋應昌就鼓勵明朝商人隨軍前往，以滿足明軍將士的物資需求。宋應昌在《直陳東征艱苦並請罷官疏》中言："乃我軍自入朝鮮，別是一番世界。語言不通，銀錢不用，並無屠豬、沽酒之肆，兼以倭奴焚掠，廬舍一空，軍士無論羹菜，不能沾唇，即鹽醬絕無入口，言之深可悲泣。雖臣屢發鹽觔、牛隻，量爲犒賞，濡沫之恩，終難濟事。雖號召遼陽人，趕販生理，道路迂回，所來無幾。"①其深刻地描述了明軍前綫之艱苦，明軍物資極其匱乏，因爲朝鮮既不用銀，又無集市，無物可買，亦無處可買；明軍狀況極其悲慘，爲了解決這種狀況，鼓動遼陽商人前往朝鮮，往販生理，以供軍需，但還是杯水車薪，無濟於事；宋應昌只好大行犒賞之事，以適度調節狀況，使明軍能够稍加恢復。

其《通諭兵民交易約》曰："欽差經略兵部示：照得本部調發大兵東入朝鮮國，剿滅倭奴。如各地方軍民人等，有願隨營於屯札處所，自置酒食販賣者，許令稟報所在官司，轉呈本部，以便給予執照，聽令隨軍販賣，價值兩平交易。並不許軍士强奪刁買，違者許爾等稟究。"②可見，明朝商人由所在地官員向兵部稟報，兵部給予執照，他們就可以去明軍營駐地，販賣酒食等，以供明軍將士所需。宋應昌特別指令負責糧餉運送的佟養正說："至如各商販前來朝鮮貿易者，查明放行，不許一概阻截。如把江各員役，有需索商販財帛及因而生事者，本部查訪的實，定以軍法捆打一百棍，然後究罪。"③鼓勵明朝商販隨軍前往，並要求明朝將領保護商販利益。同時鑒於"朝鮮民間止用粟帛，不用銀錢，幸台下得請犒賞兵士銀兩，某欲求抽出一二萬兩，京中買青紅藍布十餘萬匹，轉雇車脚解賞，以便使用。此實將士之所深樂者"④。爲明朝將士解決朝鮮購物之貨幣問題，爲了適應朝鮮的情況，先從京城購買布帛，運至朝鮮，以便以此購買朝鮮的物品。這是明軍爲了適應朝鮮的情況，而作的調整和改變。但整個壬辰年間，明朝赴朝商人並不多，收效不大。

丁酉再援之時，明朝行商顯得更爲重要，前往朝鮮的人也就更多些。《朝鮮宣祖實録》有言："當初楊經理以爲，天兵萬里遠征，苦留蕩破無人之地，日用衣食之物，雖有月銀，頓無所資，其情可憐。許令買賣人，受出遼東布

---

① 宋應昌著，鄭潔西、張穎點校：《經略復國要編》卷一二《直陳東征艱苦並請罷官疏》，第351頁。

② 宋應昌著，鄭潔西、張穎點校：《經略復國要編》卷三《通諭兵民交易約》，第85—86頁。

③ 宋應昌著，鄭潔西、張穎點校：《經略復國要編》卷八《檄佟養正》，第236頁。

④ 宋應昌著，鄭潔西、張穎點校：《經略復國要編》卷七《報石司馬書》，第200頁。

政司路引,勘號於經理衙門,行到軍兵所駐處,從便買賣,實爲兩利。"①可見,商人從遼東布政使司領取路引,經理衙門負責審查登記,然後就可以到明軍駐所從事買賣。因而有不少明朝商人,跟隨明朝軍隊到了朝鮮,他們一方面給明朝軍隊提供所需物品,明朝行商幾乎壟斷明軍物資供應,是一個非常重要的補充渠道。因爲朝鮮不用白銀,明軍將士携帶大量白銀前往,而隨軍行商一方面爲明軍將士服務,給他們提供必須的物資,另一方面也有效地利用了明軍將士的白銀,使得其發揮作用。

綜上所述,萬曆朝鮮之役期間,明朝商人是明軍的一個重要的輔助力量,既是糧草徵集的重要來源,又是運送糧餉的重要輔助,還跟隨明軍前往朝鮮,爲明軍提供必備的生活物資,以彌補朝鮮不用白銀的缺陷。

三、朝鮮王朝商業的情況與"水鐵事件"

明朝商人前往朝鮮,在給明軍將士提供必備物資方便的同時,卻引起朝鮮君臣的不滿。白銀儘管不是朝鮮國内的流通貨幣,但他們對白銀也有需求,在跟明朝、日本進行貿易時,仍需白銀。同時,白銀也是朝鮮國王賞賜朝臣的重要禮物。明軍將士携帶大量白銀前來,朝鮮卻無緣獲取,都讓明朝商人賺走,令朝鮮君臣不快,由此引發一些案件,以"水鐵事件"最爲典型。

朝鮮王朝商品經濟原本很不發達,有明朝人對尹根壽説:"爾國不采銀,不用錢,不畜雞豚,何以通貨?何以食肉?"②而戰争更給其以毁滅性的打擊。宣祖二十六年(1593)十一月三日,有大臣上啓曰:"遭罹變故,盗寇彌年,治兵之暇,固宜恤民。況又都城殘破,市肆皆空,前日坐市之商,死亡流移,百無一二。雖日出市,都聚於鐘樓一處,所賣者只酒餅、魚菜,艱難連命,出去相續。所當急急慰撫,以圖安集,而近者貿易頻數,無計責納,使令追呼督促。人情甚於平昔,斂怨實多,極爲未安。請上教該曹,别樣處置,隨便貿用,今後一切勿侵市民。"③大亂過後,商人頗受打擊,死亡甚多,留存

① 《朝鮮宣祖實録》卷一一七,宣祖三十二年九月乙卯,《朝鮮王朝實録》影印本,第23册,第676頁。

② 《朝鮮宣祖實録》卷四八,宣祖二十七年二月癸丑,《朝鮮王朝實録》影印本,第22册,第215頁。

③ 《朝鮮宣祖實録》卷四四,宣祖二十六年十一月癸丑,《朝鮮王朝實録》影印本,第22册,第118頁。

者百無一二，故需安撫，不得侵奪。當時朝鮮的情況是，"用兵三載，物力蕩竭，農、工、商賈，死亡殆盡"①。原本就不發達的商業，雪上加霜。對於朝鮮商業的整體情況，尹國馨有細緻描述，其曰：

> 中原坊坊曲曲，皆有鋪店。酒食車馬之具，無不備焉。雖行千里之遠者，只佩一囊銀子，隨身所需，無求不得，其制甚便也。我國人民皆貧乏，市井及行商外，不知販賣之爲何事。惟以農作資活，湖嶺大路，雖有酒店，而行人所資，不過酒壺蒭柴而已。故行者必載行具，遠則數三馬，近亦不下二馬。我人之病之也久矣。楊經理到我國，欲仿中原，沿路皆設鋪店，使居者各有所資。意甚盛也。第習俗難變，而財力有所不逮，人不肯從。守令欲免罪責，天將經過時，官備其物，排之路左，有若買賣之狀，而過則撤之。反不如兒戲，徒取笑於唐人。可恨！②

這段史料形象地描述了當時朝鮮的狀況。朝鮮商品經濟不發達，錢幣也不流行，基本上處於以物易物交換的時代，"市井及行商外，不知販賣之爲何事"，大多數人以種田爲生。一旦外出，要備兩三匹馬，帶上各種生活物品，因爲即便有白銀，也無處可買。楊鎬爲經理時，希望改變這種狀況，命令道路沿途皆設立店鋪，以方便衆人。朝鮮百姓並不買帳，官府爲了應付差事，當明軍經過時，設立店鋪，裝裝樣子，一旦明軍離開，店鋪即撤，形同兒戲，令人恥笑。這充分説明，當時明軍將士帶着白銀，在朝鮮幾乎是没用的。

明朝行商的到來，彌補了朝鮮商業不發達、不能使用白銀的問題，爲明軍提供一些必備物資，也有利於提升明軍的戰鬥力，但是朝鮮君臣對於這些明朝行商似乎並不歡迎。宣祖三十四年（1601）二月，陳奏使辛慶晉狀啟中，提及他在明朝兵部的情況，兵部尚書問他："爾國無銀子耶？何不將貨物，〔求〕遼東銀子乎？"辛慶晉的回答，鮮明地表達了對明朝行商的不滿：

> 小邦自壬辰以後，凡百產物，竭盡無餘，綢布等物，亦已罄乏。況綢布，非是貴物，遼東之人，誰肯買之？天朝買馬之人，駄去雜物，

---

① 《朝鮮宣祖實錄》卷五四，宣祖二十七年八月庚申，《朝鮮王朝實錄》影印本，第22冊，第327頁。

② 尹國馨：《甲辰漫錄》，朝鮮古書刊行會編刊：《大東野乘》第9輯，京城：朝鮮古書刊行會，明治四十三年（1910年），第626—627頁。

自義州至釜山等地，無處不到，無物不販。故天朝軍兵之銀，盡爲天朝行商所換，小邦豈有得銀之路乎！①

其所謂"自義州至釜山等地，無處不到，無物不販"，此話雖有一定誇張，並非空穴來風。這也説明某種意義上，明朝商人數量確實不少，販賣各種物資，一定程度上，滿足明軍需求，也使得明軍在朝鮮用白銀成爲可能。這是對朝鮮不能使用白銀交易的一個重要補充，但朝鮮對明朝行商將明軍將士手中的白銀賺走，十分不滿。

明朝商人不僅給明軍提供物品，同時也儘可能從朝鮮購買物品，他們從遼東販來可以在朝鮮作爲交易的楮布、綢緞，買一些朝鮮的東西帶回國内，朝鮮的人參大受歡迎。戰事結束後，明軍將士與行商四處購物，引起朝鮮人的不滿，"到今買賣人等，甘於得售高價，坌遝出來，或冒稱官兵，沿路作弊，其爲害滋蔓而難救矣"②。宣祖三十二年（1599）九月乙丑，備邊司上啓曰："市民等來訴於本司曰：'天將諸衙門貿納之物，日漸倍蓰，物力盡竭，幾至罷市。今此高太監差官所求別造人參（別造人參四字，自上抹下于政院），市中絶乏，雖給重價，貿得極難。因此市民等，昨始撤肆'云。臣等聞之，不勝悶慮。人參元非市廛興産行用之物，行商隨得隨買，故或有或絶，加以天兵滿城，公私貿易，些少之物，竭盡無餘。雖督令辦出，勢所難堪，市民怨號，不可勝言。都監知其難辦之狀，欲令産出地方，隨便措備之意，已爲入啓，此實不得已之計也。臣等更爲煩請，極爲未安，而誠以保存市民，然後公家貿易，可以繼辦，故渠等悶迫之情，不敢不達。"③此時戰事已結束，明軍準備班師回朝，明朝行商與諸將士都試圖購買一些朝鮮的特産例如人參回國，使得其市場上的人參都絶跡，而宦官高淮又派人前來購買人參，根本就買不到了，引起市民罷市。朝鮮人參貿易，以行商爲主。這裏特別提出"天兵滿城，公私貿易"，言辭之間，頗含不滿。因爲明朝商人買的東西多，也引發一些事件，"水鐵事件"最爲典型，《朝鮮宣祖實錄》有詳細記載。

① 《朝鮮宣祖實錄》卷一三四，宣祖三十四年二月丙子，《朝鮮王朝實錄》影印本，第24册，第194頁。

② 《朝鮮宣祖實錄》卷一一七，宣祖三十二年九月乙卯，《朝鮮王朝實錄》影印本，第23册，第676頁。

③ 《朝鮮宣祖實錄》卷一一七，宣祖三十二年九月乙丑，《朝鮮王朝實錄》影印本，第23册，第681頁。

這裏所説的水鐵，就是鑄鐵，乃是朝鮮民間家庭所用的鐵製農具、釜鼎之類，這些鐵製品重新回爐後，可以用來製造火炮、彈藥，一定意義上也可以説是軍需物品，因而相當重要。柳成龍言："蓋其時我國綿布一匹，直皮穀不滿一斗，而中江直米二十餘斗。其用銀、銅、水鐵者，尤得十倍之利。"[1]可見，其利潤十分可觀。有關"水鐵事件"的原委，最詳細的記録見於宣祖三十二年（1599）九月九日《朝鮮宣祖實録》所載經理都監啓文，啓文中言"唐商人"即明朝商人"搶掠兩湖水鐵"，經理亦屢禁不止，因爲人數相當可觀，其所作所爲，都驚動朝鮮國王了。當時來朝鮮之明朝商人到底有多少，無法查考，有種説法是："經亂以後，天朝大小之人，遍滿國中。"[2]此言雖不無誇張，但也反映了一定的問題。根據這篇啓文，可知事情原委。乃是明朝商人趙惟卿等人在江華、南陽等地，以平價購得朝鮮民間水鐵物品，準備運回明朝，但無船可運，遂棄之江邊，希望借朝鮮去義州運糧之船，運回義州，他們支付運費，朝鮮並不同意。明朝商人百般遊説無果，遂稟告明管糧同知韓初命，韓同情明朝商人，移咨朝鮮，爲其説情。備邊司卻以運糧漕船不足，令以沙船運送，但沙船根本無法承受水鐵物品的重量，趙惟卿等"不勝怨憤，逐日告訴於韓同知"，但朝鮮終究不答應。旗鼓官説：漕運來之船隻，運糧朝鮮之後，空船而回，卻不允許其載明商人之水鐵，致使他們血本無歸，"既不使賠價，又不肯許船，冤抑莫甚"，希望朝鮮能够允許七八隻船給商人運送水鐵。最後，建議"許令船人，受價粧載而去，則似爲兩便"，國王本想同意，但是户曹覺得這樣處理過於隨便，希望備邊司等再議。[3]

次日，朝鮮國王前往韓同知館所拜訪，韓同知當面跟國王提及此事，説："天朝商賈人，私貿水鐵，欲得船隻載去，而户部不許，將失其資，似爲悶迫。若官家有用處，當納其鐵，還給其價，豈不兩便？昨日經理衙門下帖，爲此事也。"韓初命親自向國王求情，且搬出經理衙門來，國王卻裝作不知道此事，問隨行大臣，金尚容説："此私商多貿水鐵，欲得軍糧歸船，輸運於義州。自義州又有可轉之路，故欲私給船人價，載其鐵去。但此路一開，後弊難防，

---

[1] 柳成龍《西崖集》卷一六《中江開市》，韓國民族文化推進會：《影印標點韓國文集叢刊》第52册，第322頁。

[2] 《朝鮮宣祖實録》卷一三〇，宣祖三十三年九月戊子，《朝鮮王朝實録》影印本，第24册，第138頁。

[3] 《朝鮮宣祖實録》卷一一七，宣祖三十二年九月乙卯，《朝鮮王朝實録》影印本，第23册，第676頁。

故備邊司防啓矣。"國王又問譯官："唐人將此水鐵，焉用乎？"答曰："江南則水鐵極踴，故唐人來此貿之，欲用爲農器等物矣。"國王回答同知："當商量處之。"① 並没有當場答應韓同知的請求，搪塞而已。

朝鮮國王的態度之所以如此模棱兩可，實際上是因爲他們另有所求。早在宣祖三十二年四月二十日備邊司上啓，朝鮮君臣議論此事時，就透露出他們不答允明朝商人要求的原因。《朝鮮宣祖實録》曰：

> 近間，又聞買賣人等，散入黄海、京畿、忠清等沿海處，括取民家水鐵，如農器、釜鼎，盡爲强奪，收合載船，沿海之民，怨咨嗷嗷。臣等又聞韓同知行文於户曹，請給買賣人載鐵船，已給三隻，而今復加請。如牙山貢串、龍安知世浦等處，水鐵積置如山，如不設法禁斷，其弊日深。即以前後事理，明白移咨於經理衙門，今後買賣人等，明查路引，勘號施行。且令從大路行，走到軍前，買賣一切，不許從徑路出入，擾害百姓，違者許令官兵，拿送治罪，庶幾蒙惠。此時韓同知主管，令户曹明白爲呈文請之。且已收聚鐵物，若鑄火器，以爲海防之備，則極爲便益。令經理衙門接伴使，另爲周旋施行，何如？②

明朝商人從朝鮮各地，收買朝鮮民間水鐵器皿，本是平價買賣，雙方同意的交易，只是明朝商人希望利用朝鮮從義州運糧的船隻，順便將其水鐵運往義州，他們也交付運費，原本是一件雙方都有利可圖的事情，因爲朝鮮君臣對於明朝商人在全國各地肆意做買賣，表示不滿，故而不答應明朝商人的要求，而且指責其爲"强奪"，借此打擊明朝商人。明朝商人因爲已經付錢購買，卻無法將其運回國内，朝鮮不答應運輸，又不歸還明朝商人的本錢，致使他們血本無歸，故而産生矛盾。明朝官員同情商人，爲他們説情，但也未能奏效。從這條史料中看出，一方面可以説這是朝鮮借此事件打擊明朝商人之舉動；另一方面也反映朝鮮的私心，他們希望將這批水鐵器皿留置，以便爲他們製造火器之需，從而加强防海，這才是他們的真實目的。

綜上所述，朝鮮王朝商業原本不發達，白銀又非其流通貨幣，但他們對

明朝行商的到來並不歡迎，一方面覺得他們賺走了明朝將士的白銀；另一方面對於他們購買朝鮮的土産如人參、水鐵等，又表示極度不歡迎，遂借"水鐵事件"，對於明朝行商，予以打擊，即便明朝將領爲這些商人求情，也無濟於事，因爲朝鮮想霸佔這批水鐵器皿，以便爲其製造火器之需。

四、餘論

誠如上文所言，明朝商人是輔助明軍的一支重要力量。戰前，在日、琉中國商人探知豐臣秀吉將發動侵略戰争，遂想法將有關信息傳回國内，以使明廷早做準備。同時，他們又是明軍徵集糧餉、運輸糧草的重要力量。因爲白銀在朝鮮不是流通貨幣，商業也不發達，明兵部一方面從遼東購來可以在朝鮮進行流通的青藍布；另一方面徵集行商，隨同明軍一同出征，爲明軍將士提供生活必需品，力求彌補朝鮮商業的不足，使明軍所携帶的白銀能够發揮應有的作用，充分體現商人在明朝萬曆年間是一個相當重要的社會階層，他們不僅僅只是做生意、養家糊口，更可以説關係到軍隊的戰鬥力與王朝的安危。趙軼峰曾指出"商業是帝制體系的内在組成部分"[1]，張明富也指出，萬曆年間確立了通商政策。"萬曆年間確立的通商，除了通商販之路以外，還包括達仕宦之途、均服飾之權。在制度層面，商人已享有和庶民同等的政治、經濟及日常生活方面的地位和權利，解除了束縛商人近兩千年的桎梏。"[2]萬曆抗倭援朝戰争中利用商人來協助明軍，一定程度上，也印證了這個説法。

對朝鮮而言，明朝行商的到來，刺激了朝鮮商業的發展，對於此後不久朝鮮解除白銀禁令，也有一定的推動作用。朝鮮儘管不大歡迎明朝行商的到來，一方面感覺他們賺走了明軍將士的白銀，另一方面又買走了朝鮮的人參、水鐵等物，擾亂了朝鮮市場。但朝鮮人也覺得商業有用，尤其對於中江互市，頗覺重要。柳成龍即曰："開市於鴨綠中江。時饑荒日甚，餓莩滿野，公私蓄積蕩然，賑救無策。余請移咨遼東，開市中江以通貿易。中原亦知我國饑甚，奏聞許之。於是遼左米穀多流出於我國，平安道之民先受其利，京城之民亦以船路相通。數年之間，賴此全活者不計其數……始知古人以通商爲荒政之要，良有以也。"[3]有鑒於此，在鴨綠江與明朝的中江貿易，戰争時期，也大

---

① 趙軼峰：《明清商業與帝制體系關係論綱》，《古代文明》2016 年第 4 期，第 62 頁。

② 參見張明富：《明代商業政策再認識》，《歷史研究》2018 年第 6 期，第 52 頁。

③ 柳成龍：《西崖集》卷一六《中江開市》，《影印標點韓國文集叢刊》，第 52 册，第 322 頁。

多開放，因爲當時遼東物資大批屯積於中江關市，即今鴨綠江中江、蘭子島、赤島一帶。明廷中江開市，每月集中交易三次，朝鮮也從互市中得到一些必備物資。中江貿易對於這場戰爭也有相當重要的影響，但跟本文討論的對象稍有不同，故文中不作重點討論。戰爭結束之時，儘管户曹提議停止中江貿易，並言："我國商賈人等，一切驅逐……凡赴京越江時，法外禁物，並加禁斷，唐人及我國人，亦不許冒禁往來，嚴其上下疆域。"① 但這只是暫時的倒退，還是因爲朝鮮商人的社會地位低下，在兩班官僚階層的心目中，商人依然是社會底層，其地位遠不如明朝商人在中國的地位。即便如此，也無法阻擋朝鮮商業的發展，不久朝鮮解除了白銀禁令，使得白銀也成爲朝鮮的流通貨幣，朝鮮最終融入了白銀世界之中。

---

① 《朝鮮宣祖實録》卷一三〇，宣祖三十三年十月戊子，《朝鮮王朝實録》影印本，第 24 册，第 138 頁。

18 至 19 世紀朝鮮使節在寧遠的明亡記憶

——以嘔血臺爲例

羅樂然

【摘　要】法國史學者 Pierre Nora 提出的"記憶所繫之處"（Les Lieux de Mémoire ［site of memory］），探索物質或非物質實體隨着時間洗禮，如何轉化成爲特定社群的共同象徵符號或記憶。很多時候，記憶將必然融入他們對歷史的敘述與想象。明清易代以後，朝鮮被迫臣服清朝，定期派出使節前往北京，並途經政權更迭的歷史遺址，如廣寧、寧遠、山海關等地，其中朝鮮使者在寧遠首山的烽火臺憑空創造了朝鮮獨有的明朝滅亡記憶。面對原來宗主國滅亡以及新政權更替，朝鮮士大夫處於現實與理想之間，履行燕行朝貢職責前往北京。每當途經明清戰争的一些場域，士大夫不只通過自身目光，而是依賴譯官敘述與解釋，結合自我的想象，建構着對故國明朝的懷念與想象。使節們成長於明亡以後，可是他們卻可以通過途經戰争遺址，進一步鞏固、建構及再現自身對明朝相關的記憶。本文旨在嘗試延申"記憶所繫之處"的使用來梳理 18 至 19 世紀的朝鮮燕行使關於他們途經寧遠的經歷，從而説明使行錄中的寧遠記憶如何形成與轉述，並藉此探討他們對明朝滅亡獨特的歷史記憶與想象建構，爲中朝關係史、歷史記憶的論述以及明清史提供新的考察方向。

【關鍵詞】記憶所繫之處　朝鮮使節　寧遠　嘔血臺

【作者簡介】羅樂然，香港教育大學中國語言學系助理教授。
【基金項目】本研究獲得韓國學中央研究院韓國學研究資助計劃支持（AKS-2024-R-026）。

一、引言

　　"丙子胡亂"是清太宗皇太極稱帝後派軍攻打朝鮮的事件，事件最終導致朝鮮稱臣，並對朝鮮（1392—1910）的對華觀造成徹底的衝擊，士大夫一方面接受政治現實而履行朝貢活動，另一方面思明、慕明思想持續延伸與深化。因此，不少士大夫藉着使行所途經的地方，嘗試對物思明，並藉此重構明代歷史，強化對於明亡歷史的想象與再認識。而譯官在這些朝鮮士大夫對明史的歷史記憶之中，産生了重要的作用。法國史的名家 Pierra Nora（皮耶・諾哈，或譯皮埃爾・諾拉）受到 Maurice Halbwachs（阿博瓦胥，1877—1945）的影響，[①]提出了 lieux de mémoire（記憶所繫之處）的概念，[②]協助歷史學家重新了解過去事件與當下歷史論述之間的關係。Nora 提到：

　　　　我們不探究往事如何發生，而是瞭解它如何持續地被利用，它的應用與誤用，以及它對於當下造成的影響。我們要追問的不是傳

---

　　① 　Maurice Halbwachs（阿博瓦胥，或譯哈布瓦赫）是法國的社會科學家，早於 1928 年提出記憶從個人、家庭等私有領域或是心理層次跳出來，作爲社會共同分析的話題。他認爲社會群體共同的經歷所形成的認知，有助於個人記憶的形塑，對他來説歷史與記憶是對立的，因爲記憶是帶有主觀與情感的成分，而歷史則是客觀與實證的。但是 M. Halbwachs 的社會大衆共同擁有集體記憶的理論啓發 P. Nora 日後將歷史與記憶高度互動並加以討論，作爲後來研究法國史的主要問題意識。關於 Macurcie Halbwaches 的研究，詳參 Maurice Halbwachs, *On Collective Memory*, Chicago：University of Chicago Press, 1992；並參戴麗娟：《譯者導言》，皮耶・諾哈（Pierre Nora）編，戴麗娟譯：《記憶所繫之處》（臺北：行人文化實驗室，2012 年），卷 1，第 9 頁。

　　② 　lieux de mémoire 的中文翻譯，譯者戴麗娟提到："由於 'lieux de mémoire' 在法文中是個新創名詞，因此不容易以現成的名詞來翻譯。如前所述，法文原文中所用的 'lieux' 一詞，很容易讓人使用與空間、場域有關的詞彙來翻譯，這也是爲什麼許多外文版本都直接譯成記憶之場、記憶之域、記憶之處。但是若深入瞭解整套書的選題與闡述手法就可看出，書中所處理的不僅是具體的歷史建築、紀念碑、紀念館、古蹟等等，也牽涉到許多象徵概念……譯者選擇較冗長的 '記憶所繫之處'，而不採取看似較易朗朗上口的 '記憶之處'，甚或 '記憶亮點' 這類名詞，爲的就是避免此書被誤以爲是用來強調紀念碑、紀念日、紀念物的重要性……"而事實上本文所探討的晚明話題，其實也包含了歷史建築，和一些事件的回憶，因此戴氏翻譯的用詞，可説明有關的概念在本文之中的應用，因此本文沿用 "記憶所繫之處" 作爲 lieux de mémoire 的中文翻譯。關於此，詳參戴麗娟：《譯者導言》，皮耶・諾哈（Pierre Nora）編，戴麗娟譯：《記憶所繫之處》，卷 1，第 12—13 頁；另參 Pierre Nora, "Between Memory and History：Les Lieux de Mémoire," *Representations* 26（1989）：7—24.

統，而是它如何被建立、被傳承。總之，不是死後復活，不是重建，甚不是再現，而是一種再記憶。是記憶，而不是回憶，是現在對於過去的全盤操作與支配管理。①

Pierre Nora 論述最重要的部分，在於地方、地景或遺跡與歷史記憶之間創造的過程。②他認爲一種物質或非物質實體，經由人類或時間轉變，而成爲一個社群的象徵性遺產，觀光景點的美好不是最主要討論的地方，而是同一空間內，如何産生各種記憶而衍生的故事。

記憶是一直長期不斷流變，因應個人需求與社會的回響，以不同的形式被保存或被遺忘。隨着時代變遷、政治形勢及現實社會的需求，同一樣事情或物件所承載的記憶將會被重新操作。③Halbwachs 曾説："過去並非如實重現……所有事情似乎都指出，過去並不是被保存下來，而是在基於'現在'的重新建構。"④所以在某個時空的人如何看待一個時代的共同過去，似乎是今天歷史記憶研究的其中一個主張的部分，特別是這種記憶不是普世的，而是在特定的集體、社群與社會中所不斷延續與轉化的。

歷史記憶研究大多涉及國族的創傷記憶與戰爭記憶，尤其就東亞史的研究來説，較多學者留意帝國擴張與殖民擴張對某些群體的地方記憶與認同的影響，⑤也聚焦在戰爭所帶來的社會創傷，或戰爭記憶輾轉的變化。同時，歷

---

① 皮耶·諾哈：《記憶與歷史之間——如何書寫法國史》，氏編，戴麗娟譯：《記憶所繫之處》，卷 1，第 18—19 頁。

② 當然他一再強調其實場域亦包括一些概念，例如節日、音樂等也可以作爲 "記憶所繫之處"。因此，在所編輯之中的內容，亦包括了 Georges Vigarello（喬治·維加黑洛）探索環法自行車賽與法國社會記憶的關係，如環法自行車賽在不同的年代修改路綫，以符合各種政治與社會的需求。關於此，詳參 Georges Vigarello, "Le Tour de France," in *Les Lieux de mémoire* ed. Pierre Nora（Paris：Gallimard，1997），pp.885—925.

③ 潘宗億：《歷史記憶研究的理論、實踐與展望》，蔣竹山編：《當代歷史學新趨勢》（臺北：聯經出版事業有限公司，2019 年），第 252 頁。

④ Maurice Halbwachs, *On Collective Memory*，pp.39—40.

⑤ 如藍適齊：《從 "我們的" 戰爭到 "被遺忘的" 戰爭：臺灣對 "韓戰" 的歷史記憶》，《東亞觀念史集刊》第 7 期（2014 年 5 月），第 205—251 頁；張隆志：《戰爭記憶、認同政治與公共歷史：從當代東亞歷史教科書問題談起》，《國史研究通訊》第 10 期（2016 年 6 月），第 113—122 頁。

史記憶研究也可用作更多面向的討論，如文化史、外交史、社會史等，[①]值得在戰爭記憶或創傷記憶等方面探求與其他研究視野作結合。在 17 至 18 世紀的東亞，明清之間的戰爭記憶在中國各地產生着各種再記憶的過程或是集體創傷，但這種創傷或是再記憶不只導致明遺臣面對忠義選擇的困惑，也直接影響朝貢國朝鮮的對華集體意識及對明朝的想象。

在中國史研究的脈絡下，韓子奇曾嘗試以陳伯陶（1858—1930）、賴際熙（1865—1937）等南來文人在清亡遷居至香港以後，追溯香港宋王臺的遺蹟及其歷史，將宋王臺塑造成爲他們這些清朝遺老以及南來文人的"記憶所繫之處"。[②]而回到 17 至 18 世紀的脈絡之下，位於貢道的東北地區成爲了朝鮮燕行使節的"記憶所繫之處"。因東北既爲使行必經的道路，而各個明清戰爭均發生於東北地區，每逢經過一些地點，使節一是吟唱抒發，一是叙述明清戰爭的一些關鍵事蹟與經歷。在這過程中，他們除了就自身觀察的景觀展開各種思考與討論外，更多的例子説明，士大夫是如何憑空建構與想象這些專屬於朝鮮的明朝歷史記憶的。

明清易代以後，朝鮮文人總會對明代的種種有所追憶，特別是壬辰中日戰爭明軍的支援和晚明的局勢影響，使得朝鮮文人在易代以後仍然持續地關注。其中，朱明南方各政權或是反清力量的每一次凝聚與變遷，都引發了朝鮮文人對相關議題的關心，都是强化或牽動朝鮮社會尊明蔑清社會氣氛的記憶資訊來源。因此，明朝如何在 17 世紀以後的時代背景下的朝鮮社會中被記憶或再記憶，將會是相當重要的議題，對於重新探討小中華或朝鮮中華等華夷觀問題有所助益。因此，本文想延伸 Pierre Nora "記憶所繫之處"的想法，以

----

① 如李惠儀：《性別與清初歷史記憶——從揚州女子談起》，《臺灣東亞文明研究學刊》第 7 卷第 2 期（2010 年 12 月），第 289—344 頁；廖宜方：《唐代的歷史記憶》（臺北：臺大出版中心，2011 年）；陳永明：《政治抑壓下的集體記憶：清初張煌言事蹟的傳播》，《漢學研究》第 34 卷第 2 期（2016 年 6 月），第 107—140 頁。

② 韓子奇指出陳伯陶等南來文人，把宋代歷史建築 "宋王臺" 作爲他們懷念故國的記憶。他們通過重塑宋代九龍城的歷史，追憶宋王室在九龍城被元軍迫徙之下的經歷，而擁有共同命運的南來文人，諸如賴際熙、區大典（1877—1937 年）、朱汝珍（1870—1942 年）等利用酬唱將南宋覆亡與清室退位聯繫上，藉宋代的遺蹟對前清發思故國的幽情。關於此，詳參 Hon Tsz-ki, "A Rock, a Text, and a Tablet: Making the Song Emperor's Terrace as a Lieu de Mémoire," in *Places of Memory in Modern China: History, Politics,* and, ed. Marc Andre Matten（Leiden: Bril, 2012），pp. 133—165；並參高嘉謙：《刻在石上的遺民史：〈宋臺秋唱〉與香港避地景觀》，《臺大中文學報》第 41 期（2013 年 6 月），第 277—279、281—316 頁。

中國寧遠周邊一帶地景爲研究事例，特別凸顯有關嘔血臺的記述，探討朝鮮士大夫如何獲得資訊，從而塑造、支配與操作着一套屬於朝鮮的明朝滅亡記憶。

有關嘔血臺的想象與叙述，分別有朴現圭和金一煥兩教授曾撰文深入探討相關課題。朴現圭探討朝鮮知識階層廣爲流傳的實際情況，他指出嘔血臺故事在朝鮮的形成變化與發展是實際與虛構並存，認爲是朝鮮知識階層藉着袁崇煥的勝利來獲得代理滿足，也用來向給予他們屈辱歷史的宗主國清朝表達反感。① 另一方面，金一煥採用了若干《燕行録》文獻，分析經歷侵略的一代人描述袁崇煥與寧遠時都是有所猶豫，有未被平反的狀態，但是在戰後出世的一代對於描述這些事情變得毫不猶豫，他認爲士大夫們通過嘔血臺的故事來釋放反清情緒，編寫了一部以明朝爲引旨的復仇劇。②

兩位教授提供了關鍵視野以思考嘔血臺在朝鮮脈絡的意義，不約而同地表示嘔血臺是朝鮮利用袁崇煥的勝利來反映對清朝的情緒，想象一段復仇劇。可是，本文用意並非在於探討內容虛實，也不只是探討戰後一代如何利用嘔血臺故事釋放反清意識，而是希望更進一步善用更多的《燕行録》材料作比對，並利用記憶所繫之處的概念，通過分析他們在寧遠追憶與記述嘔血臺的細節時，如何利用袁崇煥的英勇和金汗的狼狽，編寫一段符合朝鮮知識階層需要的晚明書寫。

二、寧遠作爲朝鮮人的明朝記憶所繫之處

寧遠是明清易代戰爭中呈現朝鮮人對明朝記憶的重要地方。這場戰爭發生於 17 世紀初，而無論是當時的中華帝國代表明朝、後起部落滿洲還是朝貢國的典範朝鮮都同時參與或被牽連。持續多年的戰爭在 1644 年結束象徵着明朝的覆亡，也代表着清朝以新宗主的角色繼承明朝的政治與世界秩序的位置。因此，朝鮮上下面對這樣的社會變遷，被迫更改宗主國，無論是國王還是士大夫的情感與意識有明顯的重構。可是，朝鮮朝廷在現實政治的考慮下，仍

① 他亦留意到嘔血的主角由努爾哈赤轉到皇太極，但是按照本文稍後的分析，演變似是剛好相反的，越到後期反而主角越被糾正爲努爾哈赤。詳參朴現圭：《실제와 허구가 병존한 嘔血臺고사의 탄생 배경》（《實際與虛構並存的嘔血臺故事的誕生背景》），《中國學論叢》第 44 輯（2014 年 1 月），第 173—198 頁。

② 金一煥：《燕行録에 나타난 '嘔血臺' 의 의미 연구》（《〈燕行録〉中 "嘔血臺" 的意義研究》），《한국문학연구》（韓國文學研究）第 43 輯（2012 年 12 月），第 197—233 頁。

需派遣士大夫履行朝貢體系的責任。當時間推演到 17 世紀末及 18 世紀初，士大夫在沒有經歷過戰役，在家庭與書院的教育裏一直思索中華意識、正朔等認同問題時，他們如何掌握那些明朝滅亡的歷史和記憶，將他們所遇到的視爲歷史的憑證，如何藉此作出書寫，抒發他們的感受或呈現他們的意識形態。這種背景與他們燕行時所形成與產生的感受有密不可分的關係。

燕行貢道從鴨綠江到北京，東北地區基本上都是明清戰役的主要戰場，燕行使節可借助使行目睹一些重要地景。這些地景也許沒有任何痕跡與明朝滅亡的歷史相關，但是他們抵達後，通過甚麼方式、在甚麼地方讓他們產生相關的記憶及好奇，使他們有各種想法產生，這就是某種獨定的物質或非物質空間下如何使某個特定的群體產生並衍生各種歷史故事的"記憶所繫之處"。而本文將嘗試以燕行使節在寧遠時的主要恒常記載景觀——嘔血臺爲事例，探討朝鮮士大夫抵達中國後，如何透過與明朝關聯的空間，建構與強化他們的明史認識與記憶。

19 世紀的《輿地圖・義州北京使行路》圖文並茂地展示了使行的路綫，其中寧遠爲使行路綫中的一點，值得留意的是地圖裏的寧遠州被畫家繪畫成被附近的三首山所包圍的城市。（圖一）這種繪畫符合朝鮮人對寧遠的獨有記憶，寧遠一地接近山海關，也是明朝滅亡前，多年抵禦後金的橋頭堡。更重

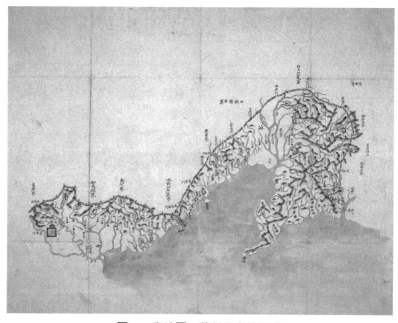

圖一　輿地圖・義州北京使行路

要的歷史意義是，寧遠是明朝對後金戰役中，首次打勝仗的戰場。因此，寧遠一地，與明朝的滅亡有着重要的關連。崇實大學的韓國基督教博物館所藏的《燕行圖》，是韓國現存的一組完整的燕行活動相關的圖像，內亦有兩頁與寧遠相關的畫作，分別繪畫了"寧遠牌樓"（圖二）和"嘔血臺"（圖三）。

圖二　《燕行圖‧寧遠稗（牌）樓》

圖三　《燕行圖‧嘔血臺》

　　寧遠這地方對不少清人來説，並没有明顯的情感投射，如《盛京通志》裏對寧遠州記述不多，如在古蹟志裏，只介紹了望夫臺，即相傳姜女望夫處和桃花島，[①]而不見嘔血臺或另一個和明清戰爭有關的場景——祖大壽（1579—1656）牌樓的記載。在康熙年間的地方志《錦州府志》裏則簡略地介紹了祖大壽牌樓：

　　　　北石坊爲總兵官左軍都督府，左都督祖鎮、祖仁、祖承教及祖大樂立，南石坊爲贈左都督少傅祖鎮、祖仁，原任副總兵左軍都督僉事祖承訓，總兵官左軍都督府左都督祖大壽立。[②]

此段只是直接描寫了寧遠城内祖大壽所立牌樓，而在地方志中卻找不到有關嘔血臺的記録。對地方官員或清人來説，並没有寧遠關於戰爭的特別深刻表述。這極有可能是清人避諱了這個被視爲後金軍隊入關前首次失利的戰場。可是，朝鮮人對此地流露的情感卻相當特殊。從這兩幅有關寧遠的《燕行圖》繪畫出的細節中，可以明確地展現朝鮮人對燕行與北京的獨有視角。在《寧遠稗（牌）樓》一圖中（圖二），看見形構相似的兩座牌樓，其中一個牌樓獲得整個朝鮮使團成員駐足觀看，相信就是祖大壽與祖大樂的牌樓；另一幅圖《嘔血臺》（圖三），則看到臺在山上，俯瞰山下各村莊。前者獲得朝鮮人所關注，原因是祖大壽雖爲明末將領，助袁崇焕守城寧遠，更多次擊退敵人，但後來卻在松錦之戰後降清，朝鮮人紛紛對他加以抨擊，認爲他爲了歌頌自己成就興建牌樓。查考興建時期，兩牌樓在明崇禎四年（1631）與崇禎十一年（1638）興建，是明思宗爲肯定祖氏堂兄弟在東北的戰功而設。作爲《貳臣傳》的一份子，祖大壽並没有受到明清兩邊書寫的大力抨擊，反而朝鮮人把祖大壽推爲無法洗脱罪名的罪人，像李正臣（1660—1727）所説一般："竊以爲大壽雖死，而牌樓尚在，人得而指點而唾駡之。其所願誇耀而流芳者，適足以遺臭而聲罪也云。"[③]可想而知，朝鮮使臣在寧遠嘗試尋找明朝滅亡的合理化因由。[④]

---

　　① 阿桂等奉敕撰：《欽定盛京通志》（臺北：臺灣商務印書館，1984 年），據乾隆四十九年内府朱絲欄寫本，故宫博物院藏影印，卷 104，《古蹟 5》，第 10b—11a 頁。

　　② 范勛纂：《錦州府志》（臺北：新文豐出版，1989 年），民國遼海叢書本，卷 4，第 6b 頁。

　　③ 李正臣：《櫟翁遺稿》，收入民族文化推進會編：《韓國文集叢刊續》（首爾：民族文化推進會/韓國古典翻譯院，2005—2012 年），第 53 册，卷 7，《燕行録·辛丑四月》，第 48a 頁。

　　④ Lok-yin Law, "Chosǒn Interpreters as Cultural Brokers: The Example of Kim Kyǒng-mun and the 1722 Mission to Beijing," *Journal of Asian History* 55 no. 2（2021）: 279—302.

除了祖氏牌樓外，嘔血臺也是朝鮮人常提及的寧遠地景。在《欽定盛京通志》的山川志裏，寧遠州條有寧遠附近著名的三首山：「城東五里，三峰相峙狀若人首，其上有泉，下注東南，流八里入海。」[①] 我們可以知道寧遠城東有山名爲三首山，因三峰並排時猶如人頭，故有此名。在《燕行圖》中可以看到，山上有一烽火臺，可俯瞰整個寧遠城，三首山上的烽火臺就是不少朝鮮人書寫裏常談及的嘔血臺。這嘔血臺的故事和記憶與寧遠在明清易代時的歷史有密切的關連。

寧遠現爲遼寧省興城市，其火車站外豎立了袁崇煥像，紀念 1626 年寧遠大捷中，袁崇煥首次率領明軍成功抵抗後金軍隊的進攻，鼓舞了當時備受壓力的明熹宗和明朝上下將領，可以説得上是晚明戰爭最光榮的一仗。[②] 寧遠當時被後金軍隊圍困，沒有明將挺身而出提出良策，明室上下皆認爲寧遠不可久守：

> 初，中朝聞警，兵部尚書王永光大集廷臣議戰守，無善策。經略第、總兵麒並擁兵關上，不救。中外謂寧遠必不守。[③]

然而，袁崇煥向朝廷表示他有辦法爲寧遠解困。所以，明朝上下寄於厚望：

> 及崇煥以書聞，舉朝大喜，立擢崇煥右僉都御史，璽書獎勵，桂等進秩有差。[④]

袁崇煥堅守寧遠後，似乎努爾哈赤在西征戰爭中終於面對挑戰。《明熹宗實錄》記載 1626 年正月山海關前綫即時報道寧遠後金圍攻的戰況：

> 兵部尚書王永光奏，據山海關主事陳祖苞塘報，二十四五兩日虜衆五六萬人力攻寧遠，城中用紅夷大砲及一應火器諸物奮勇焚擊，前後傷虜數千，內有頭目數人，酋子一人，遺棄車械鈎梯無數。已於二十六日拔營，從興水縣白塔峪灰山菁處，遁去三十里外扎營……

① 阿桂等奉敕撰：《欽定盛京通志》，卷 26，《山川二·寧遠州》，第 24b 頁。

② 關於過去的研究綜述可參考王榮湟的整理，他嘗試整合大陸與港臺地區以及海外的袁崇煥研究成果，主要針對軍事思想、議和、與毛文龍關係、人際關係、詩作與歷史地位等各方面，詳參王榮湟：《百年袁崇煥研究綜述》，《明代研究》第 17 期（2011 年 12 月），第 155—186 頁。

③ 張廷玉等：《明史》（北京：中華書局，1974 年），卷 259，《列傳一四七·袁崇煥》，第 22 冊，第 6709 頁。

④ 張廷玉等：《明史》，第 22 冊，第 6709—6710 頁。

得旨："寧遠以孤城固守擊退大虜，厥功可嘉！"①

袁崇焕在寧遠利用紅夷大炮與各種火器等擊退後金，使明軍在遼東戰爭中取得一場重要的勝利，這場勝仗不但使明朝上下大為振奮，也讓後金一方顯然受到一定的動搖。我們從清人編輯的《清太祖實錄》所記太祖的感受便可以看出：

上自二十五歲，起兵以來，征討諸處，戰無不捷，攻無不克。惟寧遠一城不下，不懌而歸。②

寧遠一戰無法擊退明軍，是清帝努爾哈赤最遺憾的事情。記載戰事經過的《清實錄》也解釋了寧遠一戰無法攻陷寧遠城的原因主要是袁崇焕等明軍將領死守不退。

我兵執楯薄城下，將毀城進攻。時天寒土凍，鑿穿數處，城不墮。軍士奮勇攻擊間，明總兵滿桂、寧遠道袁崇焕、參將祖大壽嬰城固守。火器礌石齊下，死戰不退。我兵不能攻，且退。③

這裏不像《明實錄》以塘報爲證據説明後金軍隊的死傷，也很模糊地交代了袁崇焕等死守後，後金不能繼續進攻而撤退，也只輕輕一談努爾哈赤"不懌而歸"。這裏無意去追蹤《明實錄》與《清實錄》的可靠程度，但是兩面的史料都顯然説明了袁崇焕可以説是成名於寧遠，也可以説寧遠大捷是晚明各種戰事中，流露一絲勝仗希望的一次。相反，寧遠一仗使努爾哈赤頗爲失望，但是否嘔血或是如傳説中指他死亡的，在現存的正史材料不見相關的論述。可是，朝鮮文獻卻對於袁崇焕如何擊退後金軍隊，有着非常豐富的書寫，和明清史料所看到的情況並不一樣。與此同時，朝鮮對於金汗（努爾哈赤或皇太極）如何嘔血，也描述得非常仔細，可見寧遠大捷使寧遠成爲朝鮮人紀念明朝滅亡或相關事蹟的記憶所繫之處。

---

① "中央研究院"歷史語言研究所校勘：《明熹宗實錄》（臺北："中央研究院"歷史語言研究所，1966 年），據國立北平圖書館紅格鈔本微卷影印，卷 68，天啓六年二月甲戌，第 131 册，第 1a 頁。

② 《清實錄》第 1 册《太祖實錄》（北京：中華書局，1986 年），卷 10，天命十一年二月壬午，第 6b—7a 頁。

③ 《清實錄》第 1 册《太祖實錄》，卷 10，天命十一年正月戊午，第 5b—7a 頁。

三、嘔血臺在《燕行録》的記載

　　寧遠的地景在燕行使的圖像或文字出現頻率頗高，其中經常提到嘔血臺這個地標。到底嘔血臺在哪裏？朝鮮燕行使節越過鴨綠江後，一般便按着一直以來既定的路綫，途經各大城鄉，前往北京，其中貢道一部分重要的地景就是寧遠，① 也即明清戰争的重要戰地之一。使行一般途經寧遠衛前，都會途經附近的東八里堡，當地有一座山名爲三首山，也被朝鮮史料稱爲雞鳴山。很多朝鮮人説，山頂有所謂 "嘔血臺" 的地方。② 現時明清的地方志記録及官方文獻都没有發現有關嘔血臺的痕跡，就算是記載三首山的資料，也只是説山上有泉，流至出海口，並不見任何有關烽火臺的記載，或是嘔血的故事。可是在朝鮮史料中卻有着非常仔細的記載，特别是關於 1626 年寧遠之役中袁崇焕如何以各種策略擊退後金軍隊，甚至有描述金汗在山上峰臺看到袁崇焕的神乎其技，憤而嘔血致命的記録。朝鮮有關嘔血臺最基本的描述，像 1720 年回國時經過寧遠的李器之（1690—1722）所載一樣："十二月初七日……首山三峰，中峰置烟臺，北峰置將臺，汗伐寧遠時，登此峰，望寧遠城堅壯難攻，驚愕嘔血，因名其峰爲嘔血峰云。"③ 嘔血臺所發生的故事就是金汗進攻寧遠時，發現該城難以攻陷而一時驚慌導致嘔血。這種有關烽火臺的故事不斷地延續、改寫與再創造。

　　以下列表（表一）是根據 2023 年公開使用的成均館大學《燕行録》資料庫整理出來，有關嘔血臺的燕行録材料：④

---

　　① 關於貢道的介紹，可參考張存武：《清韓宗藩貿易（1637—1894 年）》（臺北："中央研究院" 近代史研究所，1985 年），第 33 頁。

　　② 關於嘔血臺在燕行路綫的所在地，可參考李海應：《薊山紀程》卷 2《渡灣·癸亥十二月十四日乙亥》，收入林基中編：《燕行録全集》（首爾：東國大學校出版部，2001 年），第 66 册，第 161—162 頁。

　　③ 李器之：《一菴燕記》，收入林基中編：《燕行録續集》（首爾：尚書院，2008 年），第 112 册，第 698 頁。

　　④ 《연행록 DB》，https://aeas.skku.edu/aeas/HK/digital_db.do，瀏覽日期：2023 年 12 月 12 日。

表一

年份	作者	著作名稱	記載特徵；補充備註
1712	金昌業	《老稼齋燕行日記》	第一篇記載嘔血臺的《燕行錄》；問故事於譯官；袁崇煥守城；袁使用紅夷大炮；袁送羊酒慰；金汗嘔血
1713	韓祉	《兩世燕行錄》	袁崇煥守城；袁以畫蔽牆；皇太極嘔血
1720	李器之	《一菴燕記》	袁崇煥守城；金汗嘔血
1721	李正臣	《燕行錄》	問故事於譯官；袁崇煥守城；袁以畫蔽牆；皇太極嘔血
1729	金舜協	《燕行錄》	清太宗嘔血
1731	趙尚絅	《燕槎錄》	清太宗嘔血
1732	趙最壽	《壬子燕行日記》	路程
1732	韓德厚	《承旨公燕行日錄》	袁崇煥守城；金汗嘔血
1737	李喆輔	《燕槎錄》	袁崇煥守城；金汗嘔血
1760	徐命臣	《庚辰燕行錄》	袁以畫蔽牆；金汗嘔血
1760	李義鳳	《北轅錄》	袁送羊酒慰；努爾哈赤嘔血；袁以畫蔽牆；袁崇煥守城；袁使用紅夷大炮；引金昌業燕記中；形成冰牆
1765	洪大容	《湛軒燕記》	袁崇煥守城；袁使用紅夷大炮；東人傳說不足信；金汗嘔血
1767	李心源	《丁亥燕槎錄》	袁崇煥守城；袁以畫蔽牆；金汗嘔血
1773	嚴璹	《燕行錄》	袁崇煥守城；袁使用紅夷大炮；袁以畫蔽牆；金汗嘔血
1777	李坤	《燕行記事》	袁崇煥守城；袁以畫蔽牆；皇太極嘔血
1778	李德懋	《入燕記》	努爾哈赤嘔血
1778	蔡濟恭	《含忍錄》	袁崇煥守城；袁使用紅夷大炮；努爾哈赤嘔血
1780	盧以漸	《隨槎錄》	袁崇煥守城；袁以畫蔽牆；皇太極嘔血；糾正
1780	朴趾源	《熱河日記》	袁崇煥守城；皇太極嘔血
1782	洪良浩	《燕雲紀行》	袁崇煥守城

續　表

年份	作者	著作名稱	記載特徵；補充備註
1784	金照	《燕行録》	袁崇焕守城；　金汗嘔血；裝佯棄城
1787	俞彥鎬	《燕行録》	皇太極嘔血
1787	趙瑛	《燕行日録》	金汗嘔血
1790	白景炫	《燕行録》	袁崇焕守城；袁以畫蔽牆；皇太極嘔血；
1792	金正中	《燕行録》	路程
1793	李在學	《癸丑燕行詩》	袁崇焕被换
1793	李在學	《燕行日記》	袁崇焕守城；袁以畫蔽牆；皇太極嘔血；
1797	徐有聞	《戊午燕行録》	袁崇焕守城；金汗嘔血
1801	吳載紹	《燕行日記》	袁崇焕守城；袁以畫蔽牆；努爾哈赤嘔血；
1801	李基憲	《燕行詩軸》	袁崇焕守城；袁以畫蔽牆；金汗嘔血；形成冰牆
1801	李基憲	《燕行日記》	袁崇焕守城；袁以畫蔽牆；皇太極嘔血；形成冰牆；引金昌業燕記
1803	李海應	《薊山紀程》	袁崇焕守城；袁以畫蔽牆；金汗嘔血；形成冰牆
1804	元在明	《芝汀燕記》	袁崇焕守城；努爾哈赤嘔血
1805	姜浚欽	《輶浚録》	袁崇焕守城
1807	未詳	《中州偶録》	皇太極嘔血
1809	李敬尚	《燕行録》	袁崇焕守城；努爾哈赤嘔血
1809	李敬尚	《燕行録》	袁崇焕守城；袁以畫蔽牆；努爾哈赤嘔血；形成冰牆
1813	李時秀	《續北征詩》	袁崇焕守城；努爾哈赤嘔血
1816	李肇源	《黃梁吟》	抒發
1823	洪赫	《燕行録》	袁崇焕守城；袁使用紅夷大炮；努爾哈赤嘔血；袁送羊酒慰
1826	洪錫謨	《游燕藁》	袁崇焕守城；努爾哈赤嘔血
1828	朴思浩	《燕薊紀程》	袁崇焕守城；袁使用紅夷大炮；皇太極嘔血

續　表

年份	作者	著作名稱	記載特徵；補充備註
1828	李在洽	《赴燕日記》	路程
1829	姜時永	《輶軒續錄》	袁崇煥守城；袁使用紅夷大炮；皇太極嘔血；正史描寫
1829	權寔	《隨槎日錄》	路程
1831	韓弼教	《隨槎錄》	袁崇煥守城；袁使用紅夷大炮；努爾哈赤嘔血
1832	金景善	《燕轅直指》	問故事於譯官；袁崇煥守城；袁使用紅夷大炮；袁送羊酒慰；皇太極嘔血；引金昌業燕記
1833	朴來謙	《燕槎酬帖》	袁崇煥守城；袁使用紅夷大炮；
1837	金賢根	《玉河日記》	袁崇煥守城；袁使用紅夷大炮；努爾哈赤嘔血
1842	趙鳳夏	《燕薊紀略》	袁送羊酒慰；努爾哈赤嘔血；袁以畫蔽牆；袁崇煥守城；袁使用紅夷大炮；引金昌業燕記中；形成冰牆；參李義鳳燕記
1846	朴永元	《燕槎錄》	努爾哈赤嘔血；袁崇煥守城；袁使用紅夷大炮
1846	朴永元	《燕行日錄》	袁送羊酒慰；努爾哈赤嘔血；袁崇煥守城；袁使用紅夷大炮；參李義鳳燕記
1848	李有駿	《夢遊燕行錄》	袁崇煥守城；努爾哈赤嘔血
1849	李啓朝	《燕行日記》	路程
1849	黃惠翁	《燕行日記》	袁崇煥守城；努爾哈赤嘔血；袁使用紅夷大炮
1850	權時亨	《石湍燕記》	袁崇煥守城；努爾哈赤嘔血；袁使用紅夷大炮；袁送羊酒慰
1854	鄭德和	《燕槎日錄》	路程
1855	徐慶淳	《夢經堂日史》	皇太極嘔血
1856	朴顯陽	《燕行日記》	袁崇煥守城
1858	金直淵	《燕槎日錄》	袁崇煥守城；努爾哈赤嘔血；袁使用紅夷大炮
1860	朴齊寅	《燕行日記》	皇太極嘔血；袁以畫蔽牆；　袁崇煥守城
1860	申錫愚	《入燕記》	清人忌諱處
1862	李恒憶	《燕行日記》	皇太極嘔血；袁崇煥守城

續　表

年份	作者	著作名稱	記載特徵；補充備註
1866	柳寅睦	《燕行日記》	袁崇煥守城；努爾哈赤嘔血；袁使用紅夷大炮；抄襲黃惠翁
1873	姜瑋	《北遊日記》	袁崇煥守城；金汗嘔血；袁使用紅夷大炮
1874	沈履澤	《燕行錄》	努爾哈赤嘔血
1876	李容學	《燕薊紀略》	路程
1876	林翰洙	《燕行錄》	路程
1879	南一祐	《燕記》	袁送羊酒慰；努爾哈赤嘔血；袁崇煥守城；袁使用紅夷大炮；引金昌業燕記
1887	未詳	《燕轅日錄》	袁送羊酒慰；皇太極嘔血；袁崇煥守城；袁使用紅夷大炮；參考金昌業燕記

根據筆者的梳理，共有 70 種直接與嘔血臺相關的記載，通過上述整理可以分析與發現使行記録有幾個有趣的特徵，以下爲相關的内容及其所占的比例（表二）：

表二

記述内容主題	頻率
袁崇煥守城	50/70
努爾哈赤嘔血	23/70
袁使用紅夷大炮	22/70
袁以畫蔽牆	17/70
皇太極嘔血	17/70
金汗嘔血	13/70
袁送羊酒慰	9/70
金昌業燕記	6/70
形成冰牆	6/70

絶大部份燕行使除了記載路程或抒發個人情感，大多都異口同聲地記述袁崇煥守城的經過，接近七成的記述都與袁崇煥堅守孤城的過程相關；也有接近

三成的内容提及袁崇煥利用紅夷大炮擊退後金軍隊。這些説法都與《明史》
《明實錄》與《清實錄》等説法相近，但是嘔血臺作爲一個正史中並不曾出
現過的地方，其與寧遠之役相關記述的一些細節就有明顯的差異。

其中，對於後金當時率軍的人是努爾哈赤還是皇太極就已經有記述上的
偏差。在是次整理的 70 份材料中，有 23 種材料記述是努爾哈赤嘔血，記述
皇太極嘔血則有 17 種。沒有明確表明是努爾哈赤或是皇太極的則有 13 種。
努爾哈赤雖然死於 1626 年寧遠之役後數個月，有不少傳言指明軍紅夷大炮擊
中努爾哈赤導致致命傷。可是，雖然從時間來看皇太極當時參與了這場戰事，
但無論後來才繼位的皇太極還是在當年去世的努爾哈赤，似乎都沒有具體證
據證明是在寧遠之戰嘔血致死。可是，朝鮮人卻像 1732 年出使的韓德厚般所
説："崇煥嘗大破奴衆於城下，老酋至憤恚，歐血而斃。"[1] 朝鮮人已自行鎖定
了寧遠就是金汗嘔血喪命之地，無論是哪一位金汗也好。

按現時所收集到的材料，最早提及嘔血臺的人，應是 1712 年出使的金昌
業（1658—1721），而昌業的《燕行録》後來確實成爲不少燕行使節參考的模
範，仿寫對象或是欣賞其對事情記述的仔細。[2]

> 世傳老酋來襲此城時，我國譯官適到此，謁袁崇煥。公積萬卷書，
> 坐一室，城中寂然。夜深，有一將入來有所告，袁公點頭，俄聞城
> 外砲聲震天，見胡騎飄騰於烟焰中，或墜於城内。蓋預埋紅夷砲於
> 城外，賊至而發也。虜之猛將精卒，盡於此。望朝，袁公登城臨視歎曰：
> "殺人此多，噫，吾其不免乎？" 老酋僅以身免，與數十騎走，袁公
> 送羊酒慰之謂曰："後勿更來。" 老酋憤恚，遂嘔血而死云。[3]

金昌業對嘔血臺的記載有幾個特點，分別是得知嘔血臺故事的起源（通過朝
鮮譯官）、崇煥的抵抗經歷（以紅夷大炮擊退清軍）、金汗的嘔血原因（袁崇
煥送羊酒慰問金汗，使金汗感到羞恥，繼而嘔血而死）。從歷史記憶研究的角

---

① 韓德厚：《承旨公燕行日録》，收入林基中編：《燕行録全集》，第 50 册，第 45 頁。

② 此説最早來自金景善《燕轅直指》的評述："適燕者多紀其行，而三家最著，稼齋金氏、湛軒洪氏、
燕巖朴氏也。以史例，則稼近於編年而平實條暢，洪沿乎紀事而典雅縝密，朴類夫立傳而瞻麗閎博，
皆自成一家……" 詳參金景善：《燕轅直指》卷 1《序》，收入林基中編：《燕行録全集》，第 70 册，第 246 頁。
在嘔血臺一事上，事實上有 6 種燕行材料沿用了金昌業的説法來表達對相關事蹟的見解。

③ 金昌業：《老稼齋燕行日記》，收入成均館大學大東文化研究院編：《燕行録選集》（首爾：成
均館大學大東文化研究院，1960 年），下册，卷 2，《壬辰·十二月》，第 43b 頁。

度來説，他們所記的事宜是事實還是虛構並不重要，重要的是這種記述對於朝鮮後代的士大夫有何影響，如何在朝鮮的社群裏建構與延續起來，用於對明朝的懷念。

接下來的燕行使建基於寧遠之役後，給袁崇焕成功守城導致金汗嘔血的故事增添不少細節，解釋袁公的神勇與金汗嘔血的原因。如 1713 年出使的韓祉和 1721 年出使的李正臣都提到畫布蔽的奇技。韓祉指："（袁氏）招從事附耳語，從事退作大布帳，畫甎□□以蔽之，從帳底潛築，不日城且完。"① 李正臣則聽聞嘔血臺後，便問使行譯官金慶門相關的故事，金慶門則具體回答其從中國人處所得悉的傳説：

> 曾聞中國人傳説，清太宗時袁崇焕鎮守寧遠，以過進關之路。太宗攻之數年不能拔，常與謀士坐臺上，俯瞰城中，而講究必破之策。一日別作大砲，打壞城之一面，議以明朝督精鋭長驅以入，復來登臺，方欲麾兵而進，望見新堞完然崇墉屹屹，其毀者已完於一夜之間。太宗大驚曰："何其神也？"魄褫心死，嘔血數升，仍即退軍。當其放砲毀城之日，守者奔告崇焕。崇焕方對客圍碁，點頭而徐答曰："已知之矣，慎勿煩言。"而驚懼衆心。招從事一人，附耳語數句，從事唯唯而退。作大布帳，靛畫甎築之形，以蔽其毀處。潛自其內修築，不日而城完。太宗追聞之歎曰："是謀非吾所能及也。"崇焕在時，不敢復侵。②

兩人都指袁崇焕漏夜以布繪畫牆身使金汗大驚致嘔血至死。顯然，不少人都沿用金昌業之説，如 1760 年出使的李義鳳（1733—1801）、1801 年李基憲（1736—？）、1832 年金景善（1788—1853）的《嘔血臺記》、1842 年趙鳳夏（1817—？）、1879 年南一祐（1837—？）等表明引用或直接抄寫老稼齋燕行日記的嘔血臺內容，漆永祥、張伯偉及林侑毅等學者都不約而同地指出燕行有抄襲成分，③ 從文獻的角度，務必要考慮資料重覆導致史料失真的問題。可是，

---

① 韓祉：《兩世燕行錄》，收入林基中編：《燕行錄全集》，第 29 冊，第 285 頁。

② 李正臣：《櫟翁遺稿》，《韓國文集叢刊續》，第 53 冊，卷 7，《辛丑四月》，第 45b 頁。

③ 漆永祥：《"燕行錄學"雛議》，《東疆學刊》第 36 卷第 3 期（2019 年 7 月），第 9—13 頁；張伯偉：《東亞行紀"失實"問題初探》，《中華文史論叢》2017 年第 2 期（2017 年 6 月），第 147—183 頁；林侑毅在 2019 年的東亞文化交涉學會第 111 屆國際學術大會發表了《燕行錄抄襲研究新證——以 1866 年抄襲本〈燕行日記〉爲中心》的文章。

從記憶研究角度來看，這種的書寫展示着朝鮮對明朝滅亡經歷的共同想象。

除了金昌業之説外，另一種有關金汗嘔血的原因也開始在朝鮮的燕行録中被記載，如1803年出使的李海應（1775—1825）所記述的一般：

> ……崇焕夜以畫布作城。綳障其城毀處，適天雨且寒，一夜間成一冰城，汗乘曉望之，崩城已完，大驚，遂嘔血于此，故臺以是名。[①]

即當時寧遠城破後，袁崇焕以畫布遮蔽破毀處時，因遇上寒冬，故一夜間凝結成冰城牆，金汗從臺上望之便大驚嘔血；首山烽火臺無形之中成爲朝鮮對明亡擔憂的憑藉，如李海應的詩文所抒發的擔憂正表露了這種對明亡的感嘆：

> 嘔血臺頭朔氣凝，受降城外陣雲蒸。關兵却恐春風早，銷盡層綳一夜冰。[②]

詩文提到守軍擔心春風早到，導致寧遠城的冰牆提早融解；李海應對寧遠城的岌岌可危表達擔憂，也説明寧遠只是一座冰牆，往後也無法助明軍抵抗後金，最終導致國家的覆亡。不管是袁崇焕用畫布作城當作修築城牆，還是天氣關係破毀城牆結冰成牆，都導致金汗誤以爲袁崇焕有築城奇技而大驚最終嘔血於烽火臺上。在《清實録》金汗只被記録心情不愉快而退軍，《明熹宗實録》雖然記載寧遠當日有後金頭目被擊斃，[③] 但是没有説明這是金汗，而朝鮮人已自行補充相關的細節，並解釋當中的因由。

嘔血臺故事在中國的史料仍然没有看到相關的傳説延伸，但是朝鮮文人間卻形成與流轉了一段袁崇焕率領明軍力挽狂瀾使清人受辱的晚明記憶，並藉着不同時期的燕行使節通過參與燕行，把相關的故事不斷的詮釋與延伸，使之强化成爲朝鮮人共同相信的明朝滅亡記憶。他們從未向中國人證實過相關事實，但是後代卻不斷把相關的故事當作是可靠的事實，不斷把記憶繼續流轉。

---

① 李海應：《薊山紀程》，《燕行録全集》，第66冊，第162頁。

② 同上。

③ 《明熹宗實録》當時記載："奴賊攻寧遠，砲斃一大頭目，用紅布包裹，衆賊擡去放聲大哭……虜遭屢挫打死頭目，此七八年來所絶無，深足爲封疆吐氣。"詳參"中央研究院"歷史語言研究所校勘：《明熹宗實録》，卷68，天啓六年二月丙子，第131冊，第4b頁。

四、嘔血臺與朝鮮的明亡記憶再創造

唯有在想象力賦予了象徵光環時，它才會變成記憶所繫之處。[1]

Pierre Nora 這句話反映出，地方歷史需要通過群體對物件以及事蹟作出想象與詮釋，群體與社會才會強化與加深各種記憶涌現。在朝鮮使團所經之地，他們都經過明代的不同歷史場景如山海關、寧遠等，但歷史記憶如何被勾起，或再浮現，士大夫怎樣引證這些歷史的記憶？在這些場景之下，他們的想象力的憑證來白譯官的見證與詮釋，這成爲合理化嘔血臺故事的解釋關鍵。

如上文所指，金昌業所記載的"世傳老酋來襲此城時，我國譯官適到此"即指從海路完成使行回國的譯官親眼看到袁崇煥在寧遠指揮軍隊，也看到袁崇煥如何導致金汗嘔血。而當李正臣向譯官金慶門查詢有關嘔血臺故事時，金慶門指出自己雖然沒有親眼看到，但他說這個故事的傳統是來自中國人。金昌業和李正臣抵寧遠時，已距離寧遠之戰接近百年，他們當然沒有親歷戰爭，而是通過旁人的言語，譯官一時間成爲了朝鮮士大夫社群與嘔血臺作爲記憶所繫之處間的媒介，他們藉着嘔血臺的故事強化與肯定了朝鮮人對袁崇煥在遼東英勇衛國的記憶印象，使朝鮮人尋找到合理化解釋晚明滅亡原因的可能性，如李正臣的記述便提到："崇煥在時，不敢復侵。未幾，崇煥殺死，祖大壽代之，而城遂陷。"[2] 這裏顯然地有一種想象是深信袁崇煥是明朝得以延長國祚的關鍵，也是利用袁崇煥來合理化明朝的滅亡是一種不幸。

他們到底是否完全相信這些有關袁崇煥神勇與才智過人的故事是事實，還是認爲不少細節是虛構呢？1784 年前往北京的金照叙述了嘔血臺的兩種袁崇煥守城傳説：

嘔血臺在寧遠城東，一山頗峻，可以瞰城。上有袁崇煥將臺，滿帝之憑高觀戰處也，見地底雷轟，軍中火發，漫山鐵騎隨焰而爐，滿帝遂痛哭嘔血而走，因名其臺曰嘔血。

或云袁崇煥知清人傾國而來，亟令盡毀外郭，佯爲棄城而走，清人遂欲乘勢深入，平明整兵長驅而進，城復完矣。虜主大以爲神，

---

[1] 皮耶・諾哈：《記憶與歷史之間——如何書寫法國史》，第 27 頁。

[2] 李正臣：《櫟翁遺稿》，《韓國文集叢刊續》，第 53 册，卷 7，《辛丑四月》，第 46a 頁。

竟嘔血而去。二説姑未知孰是也。〔上説當是而未必真是也，下説未
必當是而亦是，何耶？〕上事如人，下事如鬼，如鬼人所不信，如人
人所易信。吾請以上説與世人看，下説與吾輩看，畢竟兩存，兼見
袁公之神，不必思辯一説，以作斷案。①

金照説第一種説法可能是真的，但也可能是虛構，相反第二種説法大家以爲
是假，像是鬼魅所做的事，通常人們都不會相信。他認爲兩種説法都存在，
不必要去辯證和定論哪種説法是對的，只需要看出袁崇焕的神乎其技就可以
了。對於朝鮮人來説，嘔血臺是否真實已經不重要，重要的是能展示嘔血臺
所象徵的袁崇焕個人神勇與明朝的光榮經歷就可以了。

　　同樣地，嘔血臺在朝鮮文人的記述裏，有很多與正史不符合的記載，如
1760 年李義鳳便提到毅宗皇帝（即崇禎皇帝）眼看寧遠以東的廣寧失守，質
詢群臣曰："不論爵秩高下，有可以防胡者，朕當推轂而付之。"② 此説也獲
1846 年出使的朴永元轉述，但寧遠一戰時，仍爲熹宗執政之年，派遣袁崇焕
把守寧遠理應是熹宗之決定。可是，朝鮮文人有意或無意的誤記，使後來者
以爲實爲崇禎帝的決定，嘗試爲思宗作爲亡國君主的責任作出開脱，合理化
了朝鮮人眼中的晚明世界與記憶。

　　另一種不符合正史且頗爲荒誕的記載，就是訛傳了不同版本率領後金軍
隊的君主。按前文所整理出來的表列所見，有 23 種材料是明確地表明被袁崇
焕神乎其技所驚嚇而導致嘔血者爲努爾哈赤，但是有 17 種材料則傳言爲皇太
極，如金舜協（1693—1732）③、李坤（1737—1795）④、姜時永（1788—？）⑤
等都描寫皇太極如何在寧遠慘遭敗仗而最終嘔血退軍或嘔血身亡。顯然，
1636 年仁祖步出南漢山城，前往三田渡向皇太極投降的恥辱歷史，並不可能
有朝鮮士大夫不知曉。可是，仍有使行記錄不斷地憶述這場敗仗的關鍵人物
是朝鮮士大夫尤其痛恨的皇太極。不過，並不是每一位使節都是依循舊説或

---

①　金照：《燕行録》，收入林基中編：《燕行録全集》，第 70 册，第 28—29 頁。

②　李義鳳：《北轅録》，收入林基中編：《燕行録續集》，第 117 册，第 295 頁。

③　"崇德懼其難攻，大勞心慮，嘔血于臺上，至今人稱嘔血臺云矣。"金舜協：《燕行録》，卷 1，
《九月二十九日》，收入林基中編：《燕行録全集》，第 38 册，第 254 頁。

④　"崇德登此臺望之，則崇墉宛然，不勝憤恚嘔血，遂因病致死云。"李坤：《燕行記事》，收
入林基中編：《燕行録全集》，第 52 册，第 372 頁。

⑤　"崇德遭紅夷砲，逃命嘔血處。"姜時永：《輶軒續録》，收入林基中編：《燕行録全集》，第
73 册，第 85—86 頁。

完全接收他們聽到的傳言，如 1780 年隨行燕行使團並撰寫了《隨槎録》的盧以漸（1720—1788）留意到嘔血臺傳言的不準確：①

> 蓋袁崇焕爲寧遠總督時，洪陀始欲奪之，使數萬軍攻其城。死者太半，董毀其城，崇焕夜使設帳於城之毀處。洪陀始在臺望之，以爲一夜築城，遂大驚嘔血而死云。此則傳者之訛也，似是清太宗事也。按明史綱目，奴酋爲袁崇焕所敗。②

他利用了朝鮮人李玄錫（1647—1703）撰寫的明史著作《明史綱目》梳理嘔血臺訛傳之處，③指出寧遠一戰袁崇焕擊敗的並非皇太極，而是努爾哈赤。無獨有偶的是 19 世紀以後的大部分朝鮮人的嘔血臺書寫中，大多描述對象是努爾哈赤，而非皇太極。可是，盧以漸卻没有嘗試糾正其是否真的嘔血，或袁崇焕是否真的一夜築城，他似乎没有考證過這些記憶，而是樂於以嘔血爲主軸來描述金汗們在寧遠之役中落難驚恐甚或是去世的形象，創造出一種清朝兩位創業君主能力不堪的記憶，在朝鮮士大夫社群不斷地延續。

這些強加於寧遠城外首山烽火臺的各種故事、見聞與經歷並加以想象、詮釋的過程，似乎是朝鮮人專有的集體社群記憶所刻意共同創造的。被視爲北學清朝的始祖洪大容（1731—1783），在他途經寧遠時寫下了一段和衆人不同的嘔血臺記述："傳言袁崇焕以地雷砲大殺清兵，清汗僅以身免，憂憤嘔血於此，因以名之云。東人傳説多妄，不足信也。"④他直言朝鮮人所記述的故事與傳播的言論大多虛假、荒誕，並不足信。

可是，朝鮮人卻把相關的傳言繼續延續，有些重覆書寫，有些增加細節，有些比較傳言版本，有些抒發情感，他們來自不同時代、不同背景，但是卻同樣地因燕行途經寧遠，對袁崇焕擊敗後金的故事有着特殊的情感，希望藉

① 盧以漸有先祖爲壬辰戰争犧牲者，故其尊明蔑清的想法是相當濃烈的，與同期前往使行的朴趾源，是完全不同的使行意識，其對明朝記憶的關注也是較爲特殊的。關於盧以漸和朴趾源的燕行記録比較，可參考김동석：《朝鮮後期 연행록의 미학적 특질：'隨槎録'의 내용을 '熱河日記'와 비교하여》（朝鮮後期燕行録的美學特徵：《隨槎録》和《熱河日記》的内容比較），《동방한문학》（東方漢文學）第 49 號（2011 年 1 月），第 191—222 頁。

② 盧以漸：《隨槎録》，收入林基中編：《燕行録全集》，第 41 册，第 58 頁。

③ 關於此書的刊物與史學意義，可參考孫衛國：《論朝鮮李玄錫〈明史綱目〉之編纂、史源、刊行與評價》，《清華學報》新第 27 卷第 3 期（1997 年 9 月），第 313—345 頁。

④ 洪大容：《湛軒書》，收入民族文化推進會：《韓國文集叢刊》，首爾：景仁文化社 / 民族文化推進會，1988—2005 年，第 248 册，卷 8，《燕記·沿路記略》，第 13b 頁。

着他們的書寫，把晚明僅餘的光榮經歷加以彰顯與凸出，也嘗試以袁崇焕的英勇和金汗的落難合理化他們心中的明朝與清朝形象，在往後的時代繼續形塑與想象一個只屬於朝鮮士大夫族群的"明朝"想象與記憶。

總　　結

正如 1809 年的使行成員李敬畬（1759—1833）的詩所言："夜宿無梁屋，朝登嘔血臺。痛哭明天子，何時復起來？"[①]嘔血臺成爲朝鮮上下用來懷緬明朝滅亡的場景，不少途經此地的使行成員，也會藉着這個空間來想象明朝晚年的社會，往往這些想象都是在歌頌明軍的英勇，如洪良浩（1724—1802）在《寧遠城·憶袁巡撫》一詩中，便讚嘆袁崇焕："轅門晝静角聲遲，羽扇綸巾坐運奇。天地玄黄龍戰野，山河震盪火焚旗。一時勝敗何須道，萬事蒼茫秖自悲。嘔血臺前聊騁目，應知中國有男兒。"[②]他神乎其技，坐在城内運籌帷幄，即使明朝已經滅亡，但是在這嘔血臺前，就知道當時有一位男子漢值得大家頌讚。

對於明朝的燕行使團来说，寧遠一帶只是一般行程途經的地區，在朝鮮社群中並未得到特殊的重視。然而，當清朝取代明朝後，從義州到山海關的一段使行路程的歷史意義就變得不一樣。以寧遠城外的嘔血臺爲例，行程裏所途經的東北戰場的種種促使這批朝鮮士大夫産生各種對明朝的記憶創作，特別是藉着延伸與創作與嘔血臺相關的故事細節，來建立一個屬於朝鮮人的明朝記憶。無疑地這些創作一部分是憑空幻想的，亦有一部分是有朝鮮人質疑虛實的，但是無論如何這些記憶持續流通與轉載，反映出社群對這種記憶有所依賴與憑藉。

不過，值得説明的一點是，使臣或許只是依靠別人的解説或是沿用舊説來書寫嘔血臺的故事。但是，資料與消息如何被書寫在文獻，選擇權卻不在譯官等人，而是在書寫者本身。書寫者視之爲重要的經歷或情報，便將之收録與記載下來。而他們受到政治與文化的意識所影響，尤其是他們對明朝與清朝的態度，這種態度可從他們描寫袁崇焕的神勇和金汗的狼狽得到印證。

---

① 李敬畬：《燕行録》，收入林基中編：《燕行録續集》，第 123 册，《新民屯路中》，第 11 頁。

② 洪良浩：《燕雲紀行》，收入民族文化推進會：《韓國文集叢刊》，第 241 册，卷 6，《燕雲紀行·寧遠城憶袁巡撫》，第 9a 頁。

　　總括而言，借鑒“記憶所繫之處”的想法分析有關嘔血臺的記述，可發現朝鮮士大夫以燕行行程提供的地景空間作爲催生記憶的憑藉，並利用對嘔血臺的各種細節與故事的描述，有意地形塑及建構他們對明朝的懷念與看法，形成一套只屬於朝鮮士大夫社群的“明朝”滅亡記憶。金汗是否嘔血，抑或袁崇焕是否畫牆並不重要，重要的是這些細節是合理化他們對明朝的光榮想象及强化他們對清朝蔑視態度的關鍵手段，也許可能是唯一的手段。

想象中國的窗口：朝鮮漢籍中吳三桂形象的嬗變

金美蘭

【摘　要】朝鮮漢籍中的吳三桂形象大致發生三次變化，主要分爲獻關降清前後、反清起兵時期以及兵敗之後，分別記錄在朝鮮正史、野史、士大夫的個人文集、燕行錄等，而這些漢籍中對吳三桂認識大體上經歷了從惋惜、尊崇到唾棄的過程。究其原因，不外乎獲取有關信息不夠正確與及時。從吳三桂形象嬗變中，可以把握朝鮮士大夫對中國想象的演變，對把握在不同歷史時期朝鮮人對清朝的認知有一定的意義。本文通過吳三桂的形象分析，進一步探討朝鮮的政治立場與真實情感碰撞的現實在文本中如何被書寫，並剖析與政治利益相關的歷史人物形象與政治權力的關係，從而瞭解朝鮮王朝的各種政治勢力對中國的想象。

【關鍵詞】中國想象　朝鮮漢籍　吳三桂形象　華夷之辨

一、朝鮮漢籍對吳三桂的書寫概述

吳三桂是明末清初東亞政治格局劇變時期的重要人物，他的選擇深刻影響了東亞地區的歷史文化進程。在個人與國家雙重危機的背景下，人物性格變得複雜且爭議頗多。正因爲如此，在漫長的歲月中，吳三桂在朝鮮的文獻

【作者簡介】金美蘭，延邊大學朝漢文學院副教授。

【基金項目】國家社科基金西部項目《明末清初朝鮮漢籍的朝金（清）戰爭敘事研究》研究成果，項目編號：21XZW041。

中發生了三次較大的形象變化，這與朝鮮的歷史文化語境息息相關。後金（清）征服朝鮮後，朝鮮在政治、經濟、外交方面發生了劇變。明朝和後金爭霸天下，深受明朝"再造之恩"的朝鮮自然身不由己地捲入其中。後金和朝鮮的戰爭不僅使朝鮮朝廷狼狽不堪，還造成了無數百姓死亡和被俘的結局，甚至動搖了朝鮮封建體制的根基。經過戰爭，朝鮮士大夫在東亞的國際秩序中對此進行了批判和抵抗，使不同時期吳三桂（1612—1678）的形象及對其的認識呈現出了極爲複雜的變化，而且每次變化都有朝鮮士大夫參與，並由此展開對中國的想象。

吳三桂最早出現在朝鮮文獻是仁祖二十二年（1644）五月七日《朝鮮王朝實錄》的第四記事和第五記事①。分別爲：吳三桂告急山海關，請兵多爾袞，率諸將出城，獻關降清，與清兵合擊李自成大獲全勝，軍隊直向北京等内容。

在衆多朝鮮漢籍中，對吳三桂提及最多的文本當屬朝鮮朝後期各種燕行録。中韓學者普遍認爲，作爲記録文學的燕行録的特徵之一，就是除了特殊情況之外，因爲使行團所走的路綫固定不變，幾百年來幾乎在同樣的空間範圍內循環往復，所以各種燕行録中所記録的體驗和所見所聞大同小異。這些差異性源自燕行録的作者各自不同的主觀意識和感情。在更大的範圍內，可以理解這些人對同一人物或歷史事件的不同觀點，而這些就是推動參加過燕行的許多朝鮮士大夫觀念、思維嬗變的杠杆。

本文選取《朝鮮王朝實録》、朝鮮文人的個人文集、燕行録爲文本，以吳三桂一生中的一叛明朝投降李自成、二叛李自成投降清朝、三叛清朝起兵反亂這"三叛"爲重點，來考察吳三桂在朝鮮漢籍中的形象演變及其背後的政治文化意藴，以及吳三桂的抉擇對東亞歷史文化走向所產生的深刻影響。

韓國學界對吳三桂的研究成果較爲零散，簡單提及的較多，而系統研究的極少，有鄭榮健（2016）、鄭勳植（2002）、李學堂（2014）的論文，其中鄭榮健的論文頗有價值，對朝鮮後期燕行録中的"吳三桂論"進行了較爲全面的研究。②除外，鄭勳植論文，在論述洪大容和朴趾源在山海關的經驗時提

---

① 《仁祖實録》卷四十五，仁祖二十二年（1644）五月七日，太白山史庫本，第45冊，第27頁B面。

② ［韓］鄭榮健：《朝鮮後期燕行使的吳三桂論創作與歷史進程》，《漢文學報》第34輯，我們漢文學會，2016年。

到了洪大容對吳三桂的認識；① 李學堂的論文則論述了朝鮮朝後期各種燕行錄中的戰爭記錄，文中闡釋了金昌業的"吳三桂論"及其意義，② 鄭榮健的"吳三桂論"一詞就源於此文。由於鄭榮健在論文引用了有關吳三桂的朝鮮朝時期大量漢籍，所以鄭文引用的部分漢籍與本文所引用的原文有所重疊，特此説明。

葛兆光的《亂臣、英雄抑或叛賊？——從清初朝鮮對吳三桂的各種評價説起》，依據朝鮮朝的資料，從不同時期朝鮮對吳三桂的評價入手，考察了朝鮮朝後期對吳三桂認識的變化，③ 與本文中的部分研究內容有重疊之處，但本文選用的文本、研究視角與此文又有區別。

僅從《朝鮮王朝實錄》中看，從仁祖二十二年（1644）到正祖二十二年（1798）的 154 年間，吳三桂共出現 77 次。從吳三桂形象變遷中，我們可以把握朝鮮士大夫對中國想象的演變，這對把握不同歷史時期朝鮮人對清朝的認知有一定的意義。朝鮮關於吳三桂的記錄，在作品形態和篇幅等方面存在着不少的差異。不同時代或具有不同背景的作者，往往以各自不同的記述方式，對吳三桂加以品評。因此，在朝鮮朝後期，朝鮮士大夫之中"吳三桂論"成爲一種文學傳統，尤其是燕行使到達山海關之時，許多朝鮮士大夫大都談及吳三桂，都對其獻關降清的選擇慨歎不已。由於朝鮮自身的情報能力、華夷之辨觀念以及朝鮮各政治派別的門户之見，朝鮮漢籍中的吳三桂形象經歷了極爲矛盾且複雜的演變過程。

二、"分崩離析"之國：選擇困惑、獻關降清的叛賊吳三桂

明朝的滅亡使吳三桂失去了依靠，爲了尋找新主，此後一個多月，在關內李自成農民軍與關東的清軍之間進行投機活動，最終還是選擇了背叛民族大義的投降主義路綫，獻關降清。這種行爲，不論當時他所處的情況或意圖

---

① ［韓］鄭勳植：《北學派的山海關認識與寫作方式：以洪大容與朴趾源爲中心》，《文創語文論集》第 39 輯，文創語文學會，2002 年。

② 李學堂：《金昌業的明末清初戰爭記憶》，《東方漢文學》第 60 輯，東方漢文學會，2014 年。

③ 葛兆光：《亂臣、英雄抑或叛賊？——從清初朝鮮對吳三桂的各種評價説起》，《中國文化研究》2012 年春之卷。

如何，都給清軍定鼎中原提供了決定性契機，這足以成爲朝鮮燕行使以及非燕行朝鮮文人的評論對象。而且吳三桂降清後，他以漢人的身份帶頭統治明朝子民、誅殺明朝皇帝後裔，這是刺痛朝鮮人的情感、刺激"再造之恩"心理的重要因素。

燕行錄中頻頻出現吳三桂與山海關，因爲山海關是明代區分華夷的防綫，是切斷北方民族入侵的長城東北最大關隘。前期的朝鮮文人到了這裏才感受到中華文明，因山海關的存在而不勝感慨與自豪，並記錄下對山海關的感想。自從吳三桂獻關降清後，山海關反而與吳三桂形象形影不離。倘若之前對山海關的描述更多的是對其規模與威容的讚歎，那麼清軍入關後的山海關則只能觸發朝鮮士大夫對明亡的痛苦與對吳三桂的痛恨。

明朝滅亡的消息是 1644 年通過在瀋陽隨行昭顯世子李澄的馳啓和清朝敕書首次傳到朝鮮的。其中詳細記錄了明崇禎帝在北京自縊、吳三桂以爲皇帝報仇的名義向清朝投降、清軍擊潰李自成並佔領北京等當時政局劇變的內容。

起初，朝鮮有一段時間對吳三桂持有同情與痛恨並存的傾向。山海關依舊是山海關，只是物是人非，景觀不變主人卻變了。對此，燕行使們抑制不住自己的失落感，怨氣自然地傾瀉在把天下第一關門拱手獻給清軍的吳三桂身上。經過丁卯之役和丙子之役，朝鮮舉國上下對清朝的敵對感可謂登峰造極，自然對吳三桂獻關降清的行爲感到痛恨不已，對其批評源自這種傷心和怨恨的情緒。

> 吳三桂以大壽外姪，頗有材略，受君命守此城，爲敵國所憚。聞流寇陷京，稱以復讐，舉兵入關，名則正矣。既入山海，戰敗以死，則志雖未伸，忠亦可尚。而先賣其身，擊走子成，子成既走，更無所營。身爲降虜，爲天下之罪人。噫，雖未復讐，全吾節可也。①
>
> 當時吳三桂棄關外，退保山關，李自成（流賊巨魁）既陷燕京，遂招三桂。三桂不從，自成怒，殺三桂之父，逼其所守之城。三桂雖痛君親罔極之讐，兵微將寡，束手待亡。清兵乘此機猝迫之，三桂急於復讐之計，不念附虜之恥，開門納款。清師萬餘，自成兵四十萬，而騎步之勢懸絕。一戰蹂躪，流賊風靡。於是，三桂甘受王號，坐鎮漢中，號令秦隴。嗟乎！其時力不能扶護大明，寧自列以死，以

---

① 成以性：《溪西先生逸稿》卷之一，《燕行日記》，乙丑五月初七，《韓國文集叢刊》，首爾：景仁文化社／民族文化推進會，1988—2005 年，第 26 冊，第 89 頁。

明其素志，則千載之下，其節義之襃，宜何如哉？而終未能辨此，
雖與其外舅大壽，有所間隔，其實迺五十步百步也。①

上述選文分別是成以性和麟坪大君對吳三桂獻關降清的評價，然而對吳
三桂起初"叛明投降李自成"這一過程有所疏漏。李自成率領起義軍攻入北京，
崇禎皇帝自縊身亡後，吳三桂背叛明朝，準備歸降李自成大順政權。可是去
北京的路上得知其父被闖王部下刑掠，又聞知愛妾陳圓圓被闖王部下劉宗敏
搶佔，就改變降李初衷，反叛大順，剃髮降清。②因此，成以性和麟坪大君所
說的"吳三桂聽到北京淪陷的消息後，準備對李自成進行報復"是不符合歷
史事實的杜撰。在這種失真的僞史料的基礎上，他們認爲，此舉雖然名正言順，
但是既然在山海關已經準備抗戰，即使不利，也要與李自成決一死戰，名垂
青史。可終究還是没能做到，反倒獻關降清，引賊入關，使中華文明毁於一旦，
成爲天下罪人。對此，他們歎息不已，並予以强烈批判。他們雖然對吳三桂
腹背受敵、不共戴天的君父之仇表示理解和同情，但是，對其被復仇蒙蔽雙眼、
引賊入關的行爲深惡痛絶。後來，吳三桂率先穩定中原、封爲平西王的消息
在朝鮮廣爲流傳。因此，山海關與吳三桂不時地被綁在一起，使燕行使們感
受到無比的遺憾和憤怒，强烈地刺激着他們的情緒。

除這兩篇之外，燕行録中有很多關於吳三桂和山海關的記録，細讀這種
評價，歸根結底還是源於朝鮮根深蒂固的華夷之辨觀念。這時期的朝鮮接受
清朝統治的時間不算長久，在精神上依然依附亡明。因此，這個時期對吳三
桂的書寫幾乎都在强調對明義理，這就是朝鮮士大夫力圖守護中華文明的集
體無意識的體現。可能因爲這個願望過於强烈，他們總是想象朝鮮將領在明
清戰爭中發揮決定性作用。例如金應河（1580—1619）在薩爾滸之戰中戰死
沙場，被明朝皇帝封爲遼東伯；崔孝一在吳三桂麾下當軍師，聽到崇禎皇帝
煤山自盡，到崇禎墓前痛哭七天七夜餓死；林慶業（1594—1646）崇禎年間
封爲總兵；朝鮮炮手李士龍被編入後金軍，不願攻打明軍，無視後金將領的
屢次警告，仍放空炮導致被殺，其壯舉受到祖大壽的表揚與後金的尊敬。此外，
還有《明陪臣傳》的人物也爲了對明義理，全部壯烈犧牲。

上述朝鮮義士都與吳三桂有過接觸，但是行爲上卻與吳三桂大相徑庭。

---

① 李稂：《松溪集》卷六，《燕途紀行》（中），九月十三日，《韓國文集叢刊》，第 35 册，第
274 頁。

② 彭孫貽：《流寇志》第十一卷，杭州：浙江人民出版社，1983 年，第 177 頁。

朝鮮通過這些義士，想象這些朝鮮英雄在中國戰場上的主導地位，通過他們的英勇就義彌補遺失的民族自尊感和對明朝的負罪感。從對吳三桂的評論可以看出，朝鮮"對明義理"的主體立場和帶有主觀性的感情色彩，暗示了對獻關降清的吳三桂的評價，摻雜着燕行使的失落感和自我安慰。在朝鮮士大夫心中明亡清興之際的吳三桂形象中，寄予着朝鮮後期士大夫們錯綜複雜的批判情緒，蘊含着對明朝滅亡的無限感慨。中華大地被蠻夷侵佔的現實，對朝鮮士大夫心中吳三桂形象的形成起到了關鍵性的作用。吳三桂形象主要是從強調對明朝的義理出發，雖然當時背負着不共戴天的君父之仇，但不應只顧眼前的仇恨，而是作爲名臣，應留守到底才是忠臣該有的氣節。這不僅是維護文明的舉措，也是保護中原免遭蠻夷侵佔的唯一途徑。

三、"死灰復燃"之國：臥薪嚐膽、中興亡明的英雄吳三桂

吳三桂在《朝鮮王朝實錄》分別出現於 1644 年（三次），1653 年（兩次），1645 年、1655 年、1663 年、1669 年（各一次）。下文是 1669 年十月二十日，《顯宗實錄》記載的吳三桂起兵之前的紀事，内容如下：

> 北京大臣束沙河及半夫乙於弓，與薄豆里弓有隙。上年秋，薄豆里弓讒殺兩人，而束沙河父子三人，同時被戮，而其一則西平王吳三桂之女壻也。三桂因其女細聞實狀，再上疏章，輒爲薄豆里弓所寢抑。故三桂別生秘計，今年七月馳啓云，方内有可合將帥者，願皇上招見進退之。如其言招見，則其人自懷中親納吳三桂密疏，備陳束沙河等被讒冤死之由，且訴薄豆里弓前後雍蔽之狀，即以甲軍，圍其第捉致。初欲殺之，以其功存先世，減死安置。其兩子並皆就戮，其他大臣之株連被誅者四人。且自今年鍊甲治兵，頓異於前云云。蓋得善則聞於我國被擄人，爲僧於蒙古地者及我國被擄人崔貞立爲名者，厚元則聞於遼東護送中軍云矣。[①]

文中記錄了蘇克薩哈與班布爾善、鼇拜的矛盾。其中，束沙河（蘇克薩哈）父子三人與半夫乙於弓（班布爾善）被薄豆里弓（鼇拜）讒殺，因被殺的蘇

---

① 《顯宗實錄》卷十七，顯宗 10 年（1669）十月二十日，太白山史庫本，第 17 册，第 36 頁 B 面。

克薩哈三子中有一人是吳三桂的女婿。關於朝廷的内幕，吳三桂從女兒的密報中得知。這件事發生在臨近康熙擒拿鰲拜前夕，下令撤藩三年之前。按照這則紀事來看，先是吳三桂用計密奏康熙，皇帝得知後捉拿鰲拜，誅殺參與的四大臣。雖説這則信息的真實性有待考證，單憑吳三桂坐鎮雲貴，離京甚遠，仍參與朝廷之事，捲入黨派之争，就爲後來的厄運埋下了伏筆。

雖是道聽途説，爲了增强這則信息的真實性，奏報者交代其來龍去脈，信息來源有二：一是蒙古僧侶（朝鮮俘虜）；二是朝鮮俘虜崔貞立。暫且不論蘇克薩哈之子是否是吳三桂女婿，紀事中還有康熙剷除鰲拜後，正式開始修繕兵器、訓練軍隊，以備日後作戰的内容。

之後，便是 1673 年吳三桂起兵之後的紀事。關於吳三桂起兵反清事件，朝鮮朝廷和文人都很關注，再加上雖有開關降清的前科，身爲漢族的民族身份在朝鮮看來依然是可以被原諒的通行證。這也是吳三桂引起關注的主要因素。假如吳三桂成功，清朝可能會被推翻，讓他們擁有了重新找回中華文明的期待感，這是存在於朝鮮集體無意識中根深蒂固的華夷之辨觀念的顯現。吳三桂起兵曾在朝鮮引起軒然大波，影響了此時期朝鮮對清決策。吳三桂聯合鄭經打着"反清復明"的旗號進攻清朝使其陷入被動，對東亞地區產生了很大的影響。朝鮮與日本分別對其進行觀望，各自打着算盤，對清朝的態度與情緒也發生了微妙的變化。朝鮮甚至萌生了要聯合吳三桂、鄭經、日本攻打清朝的想法。但是，事與願違，兩國力量過於懸殊，只能以防範"倭寇""海盜"爲由，加强軍事力量，企圖東山再起。

同樣，日本也爲未曾實現的征服大陸夢想而積極地籌謀劃策，通過對馬藩主平義真送朝鮮兩封書信，企圖刺探朝鮮的想法。朝鮮懼怕清朝察覺出自己的意圖，隱瞞了第二封倭書，後被清朝内閣大臣明珠質問，讓君臣受驚不小。[①] 對待吳三桂起兵一事，朝鮮分爲兩派，分別爲：以儒生爲首的激進派和以宰輔爲首的觀望派。以尹鑴爲代表的激進派堅決主張北伐，以許積爲首的觀望派則主張兩手準備，無論清朝勝敗，朝鮮都無力與清廷對抗。

然而，不管雙方鬧得多麽激烈，對吳三桂勝利的期待和明朝復興的强烈願望卻是一致。且對吳三桂的勝利深信不疑，隨之孝宗以降的北伐論再度掀起，對中國展開各種想象。起兵初期，傳達到朝鮮的消息主要是對吳三桂軍有利戰況的信息，如各地發生的起義不斷取得勝利或因此清朝内部陷入混

① 《肅宗實録》卷二十，肅宗十五年（1689）閏三月一日。太白山史庫本，第22冊，第28頁B面。

亂等。

　　隨着吳三桂擁立崇禎皇帝兒子的消息在朝鮮傳開，朝鮮内部對顛覆清朝和恢復中原的期待霎時又水漲船高。在此期間，朝鮮接受的清廷方面具體情報爲：康熙皇帝昏庸無能，權臣索額圖掌權，清朝廷搖搖欲墜、即將覆滅等，以吳三桂爲首的起義兵必將大勝。① 這些言論在朝鮮迅速蔓延，因爲這符合朝鮮上下對"明朝必然復興，蠻夷必然覆滅"的集體心理，甚至向朝廷彙報的情報也有選擇性和傾向性，情報的來源較爲複雜，真假難辨。因此，朝鮮君臣難以客觀地判斷中國的實際情況，只能通過流入朝鮮的各種言論進行想象②，對吳三桂卧薪嚐膽、不忘舊主的忠臣形象進行刻畫與宣揚，以此來表達對反清復明的期待感，撫慰受到重創的心靈，平息兩派的輿論。

　　但是，還有一些朝鮮官員對時事進行了客觀的評價。比如説進賀兼冬至使左議政權大運就對當時的情況做出了比較準確的判斷。他在 1675 年結束燕行，並在歸國後向肅宗報告吳三桂並無大志、難成大事的觀點。③

　　輿論歸輿論，情感上的傾向不能代替理性的選擇，北伐言論主要還是停留在口頭上。而借此機會整頓軍備、加强防禦，則對提升國家實力大爲有益。可見，相較於義理，國家利益對於政策的選擇起到了更爲關鍵的作用。④《晚洲遺集》卷之一有《擬告天下檄》，是洪錫箕擬作吳三桂的檄文，提到他的獻關降清的錯誤，但試圖恢復中原的壯舉是值得肯定的偉大行動。根據《承政院日記》正祖二十三年（1799）五月二十六日的紀事，洪錫箕撰寫了《擬告天下檄》和《擬吳將軍露布》，並在給宋時烈（1607—1689）發送該文章時，還附上了一封信，信中説："雖自謂以文士空談，排遣其慷慨悲憤之意，然而所存乎中者，亦不可誣矣。"對此，宋時烈則回信道："期以十襲珍莊，誇示

① 《肅宗實録》卷一，肅宗即位年（1675）十一月七日，太白山史庫本，第 1 册，第 24 頁 B 面；《肅宗實録》卷三，肅宗一年（1676）五月十六日，太白山史庫本，第 2 册，第 53 頁 B 面；《肅宗實録》卷四，肅宗一年（1676）十月十日，太白山史庫本，第 3 册，第 51 頁 B 面；《肅宗實録》卷四，肅宗二年（1677）一月十三日，太白山史庫本，第 4 册，第 3 頁 A 面。

② 《顯宗實録》卷二十二，顯宗十五年（1674）七月一日，太白山史庫本，第 22 册，第 22 頁 A 面；《顯宗改修實録》卷二十八，顯宗十五年（1674）五月十六日、五月二十日、六月十七日、六月十九日、八月三日紀事，依次記録於太白山史庫本，第 28 册，第 12 頁 B 面、第 12 頁 B 面、第 19 頁 B 面、第 20 頁 B 面、第 43 頁 A 面。

③ 《肅宗實録》卷七，肅宗四年（1678）九月十三日，太白山史庫本，第 6 册，第 32 頁 A 面。

④ 《顯宗實録》卷二十二，顯宗十五年（1674）七月一日，太白山史庫本，第 22 册，第 22 頁 A 面。

中朝將相於天日重明之後，凡係尊周之事，往復讚歎。"除此之外，宋時烈還寫了稱頌吳三桂偉業的詩文，具體如下：

> 傳聞會稽公，杖鉞東南路。
> 本朝絶壺漿，不與共吞吐。
> 海外老元城，樓下吟晦父。
> 賡詞還自讀，徘徊歲將暮。[1]

宋時烈以詩文稱讚吳三桂的豐功偉績，感慨朝鮮因不能助其一臂之力而感到愧疚，還自詡劉安世。劉安世的奏疏剛正之氣形於筆墨間，令人讀之大爲感慨，因爲劉安世以誠治學、以誠待人、以誠處世，上繼邵雍、程頤、程顥等先賢之學，下澤後世，宋時烈以此比喻自己的誠心，並展開恢復中華文化的想象。

吳三桂起兵後，朝鮮社會中流傳盛行着所謂"三學士在吳三桂麾下出謀劃策"的謊言。洪翼漢（1586—1637）、尹集（1606—1637）、吳達濟（1609—1637）被稱爲"斥和三學士"，1636 年（仁祖十四年）清朝派遣使臣提出將朝鮮視爲屬國的侮辱性條件後，此三人主張殺死這些使臣以洗褻瀆。第二年，朝鮮朝廷在南漢山城投降，仁祖王李倧在三田渡向皇太極行三拜九叩之禮。之後，應清朝的要求，追究朝鮮斥和派的責任，三學士被送到瀋陽。諸多清朝將領多番勸説皆無果，三學士拒絶降清，最終命喪瀋陽。起初，朝鮮不知三學士的去向，突然聽到在吳三桂麾下當幕僚，爲吳三桂出謀劃策，成爲反清復明的先鋒。[2] 這個謊言讓朝鮮朝野欣喜若狂，自然對吳三桂叛清起兵好感倍加，期待他們勝利凱旋。後來，朴齊家（1750—1805）在北京琉璃廠看到《皇清開國方略》才知道，三學士不在吳三桂麾下，而是被押送瀋陽後，拒絶清朝的一切勸誘，以死堅守了"對明義理"。宋時烈等後來給三學士立傳稱頌，使其名垂青史。由於傳聞中朝鮮"對明義理"的代表人物——"三學士"參與叛清起義，朝鮮朝野爲之興奮不已，對吳三桂"正義之師"給予了更爲積極的態度和名分。因爲這個謊言，這種想象一直延續了很久。但同時也爲其後來反受謾罵與唾棄埋下了伏筆。

"三藩之亂"給清朝帶來了較大的社會動盪，而朝鮮又有一批激進儒士

---

① 宋時烈：《宋子大全》卷一，《次洪元九寄疇孫二十韻》，《韓國文集叢刊》，第 108 册，第 98 頁。

② 金幹：《厚齋集別集》卷三，《尤齋先生語録》，《韓國文集叢刊》，第 155 册，第 270 頁。

積極主張北伐，朝鮮國内出現不同於義理派的聲音，反而體現了這一時期相較於以往朝鮮在對待清朝問題上的變化。不同於仁祖和孝宗朝對清朝的刻骨仇恨、積極北伐，朝鮮顯宗李棩（1641—1674）和肅宗李焞（1661—1720）在位時對清的仇恨更多停留在言論層面。所以，當義理和遥遠的再造之恩與當前的現實利益産生碰撞之時，朝鮮最終的做法表現出了理性務實的作風，這在客觀上也維護了兩國的宗藩關係。

丙子之役時斥和派的主將金尚憲（1570—1652）之孫金昌業（1658—1721）參考其父金秀恒（1629—1689）燕行時所聽到的傳聞，對吳三桂抱有肯定的態度。其内容强調了吳三桂雖然是在清朝統治下被封爲王，並獲得了雲南一帶的統治權，卻對中原被清朝所統治的現狀感到很傷心，心念天下事，强調了吳三桂矢志不渝的愛國情懷。金昌業還根據吳三桂經常看到岳飛劇痛哭流涕的傳聞來試圖證明，吳三桂雖然在不得已的情況下向清朝投降，但始終没有忘記民族仇恨，儘管他在叛清起兵後犯了種種錯誤，但金昌業仍視吳三桂爲漢族的民族英雄。[1]

經過三藩之亂，朝鮮士大夫重新塑造了吳三桂的形象，即"明朝復興的象徵"性的形象，具有反轉的性格，其形象足以抵消吳三桂行跡上的一些瑕疵，給人留下深刻印象。也就是説，恢復中華文化的渴望與對不準確信息的信任相吻合，使得"吳三桂論"朝着與以前相反的方向嬗變。[2]

四、"磐石之安"之國：無君無父、
反復無常的小人吳三桂

吳三桂稱帝的消息於 1678 年八月二十日傳到了朝鮮，此時已是吳三桂叛清起兵後的第五年。[3]對吳三桂的態度，在朝鮮逐漸發生了微妙的變化。聽到吳三桂稱帝，朝鮮肅宗李焞（在位時間 1674—1720 年）頗爲失望，把吳三桂的舉事與陳勝、吳廣的起義相比較。[4]再加上，吳三桂誅殺明永曆帝朱由榔（在

---

[1] 金昌業：《燕行日記》，《燕行録選集》，第 4 册，首爾：民族文化推進會，1989 年，第 82 頁。

[2] ［韓］鄭榮健：《朝鮮後期燕行使的吳三桂論創作與歷史進程》，《漢文學報》第 34 輯，2016 年 7 月，第 50 頁。

[3] 《肅宗實録》卷七，肅宗四年（1678）八月二十日，太白山史庫本，第 6 册，第 27 頁 B 面。

[4] 《肅宗實録》卷九，肅宗六年（1680）三月十日，太白山史庫本，第 8 册，第 9 頁 B 面。

位時間 1646—1662 年），這個噩耗傳到朝鮮更加引起朝鮮朝野的極大失望。[①]
隨着吳三桂兵敗，清朝康熙大帝平定三藩、收復臺灣，東亞政局漸趨穩定，
朝鮮君臣"反清雪恥"的激情也隨之迅速降溫，並且對吳三桂起兵開始反感、
唾棄。因爲趙文命在燕行中聽到了吳三桂起兵的真實意圖是因爲康熙撤藩，
動搖了藩王的根本利益。朝鮮士大夫們瞭解了真實情況後，紛紛嚴厲指責吳
三桂反復無常的孑孓小人行徑。

　　隨着"三藩之亂"的平定，清朝國內局勢逐漸平穩，朝鮮也不得不承認
清朝統治的穩固。朝鮮肅宗李焞也感歎道："自古凶奴之入處中華者，皆不能
久長，而今此清虜，據中國已過五十年，天理實難推知也。大明積德深厚，
其子孫必有中興之慶，且神宗皇帝於我國，有百世不忘之恩，而拘於强弱之勢，
抱羞忍過，以至於今，痛恨可勝言哉？"這是朝鮮人心態的一個總結，也是朝
鮮反清幻想破滅後無奈的感歎。朝鮮自此逐漸認同了歷史發展的趨勢，也開
始逐步調整被扭曲的心態。因此，"三藩之亂"的平定使得朝鮮對清朝有了進
一步的認識，其觀念心態發生了新的轉變，自此清鮮關係逐步改善。雖然仍
存在一些不穩定因素，但從其發展趨勢來説，正向着宗藩關係穩定的方向發展，
也由此掀開了清朝與朝鮮關係史上新的一頁。[②]

　　關於吳三桂，朝鮮英正時期的文臣徐浩修（1736—1799）留下了諸多見
解，其中包括糾正朝鮮內部流傳的"三學士"加入吳三桂陣營的謬傳。從此，
朝鮮才如夢方醒，開始拋棄反清復明的期待，逐漸認清了歷史發展的趨勢。
徐浩修認爲，這是吳三桂試圖使朝鮮回應自己的叛亂而採取的計謀，既然朴
齊家從北京琉璃廠買回朝鮮的《皇清開國方略》中明確記載了"三學士"在
瀋陽就義，那麼，"三學士"就不可能彙集在吳三桂麾下，這種説法只不過是
毫無根據的謬傳而已。[③]

　　包括徐浩修的"吳三桂陰謀論"在內，也許是朝鮮士大夫想要在謬傳中
獲得希望與快感的尷尬行爲而做出的"合理"解釋。這個謊言也很可能出自
朝鮮人之口，因爲它符合當時朝鮮的集體無意識，加上當時朝鮮還沒有"三
學士"的確切消息，希望他們在恢復中華的偉業中大展宏圖。種種跡象與期
待心理的綜合作用，導致了朝鮮對中國戰事的過度想象，最終釀成了如此尷

---

① 　《肅宗實錄》卷十二，肅宗七年（1681）八月七日，太白山史庫本，第 11 冊，第 7 頁 B 面。
② 　樊延明：《論"三藩之亂"時期朝鮮與清朝的關係》，《韓國學論文集》第八輯，北京：民族
出版社，2000 年 6 月，第 183 頁。
③ 　徐浩修：《燕行紀》，《燕行録選集》，第 5 冊，首爾：民族文化推進會，1966 年，第 128 頁。

尬的局面。倘若要擺脫此種境地，把鍋甩給吳三桂還是較爲妥當的。因此，徐浩修揭下吳三桂的所有面具，成功打破了其虛構形象。

此外，吳三桂因爲愛妾陳圓圓改變降李初衷、投降清軍的傳聞流傳到朝鮮[①]，吳三桂的形象更是一落千丈，唾棄與漫罵聲四起。有許多文人以此爲主題，創作了諸多文章[②]，對吳三桂進行了抨擊。朝鮮文人認爲這些記錄就是明確的證據，並積極地結合了他們對吳三桂的批評意識。至於批評之聲越發高昂，是與前人對吳三桂的頌揚有直接關係。前人因接受不實信息，導致對中華文化的復興有過度的想象，回顧歷史，越發慚愧。在此背景下，對吳三桂如何進行重估成爲 18 世紀中期以後的重要課題。

雲南曾有諺語"滇中有三好：吳三桂好爲人主，士大夫好爲人奴，胡國柱好爲人師"，這是對吳三桂在雲南廣培私黨、陰蓄私人的形象描寫。自雲貴督撫以下至地方守令等各級地方官員，凡其有公事拜謁吳三桂，他一定備酒席招待，並不時地饋贈巨金。雲南巡撫袁功職務調動，三桂立即贈銀十萬兩。康熙九年，雲南巡撫李天溶[③]預告上任，三桂贈銀三萬兩。李天溶謝絕，三桂也不勉強。及至抵達鎮遠，侍衛仍將三萬兩送至船中後迅速離去。通過吳三桂的數年經營，雲南已成了堅固的以吳爲中心的地方勢力集團。[④] 每每有新任地方官員，其中稍微優秀的，吳三桂便極力拉攏，百般羅致，使其投身自己麾下效力。吳三桂採取"輕財好士"的手段，揮金以結人心，往往爲了成功籠絡某位官員而不惜以數萬鉅資饋贈，這種手法爲他贏得了諸多支持。經過十餘年的苦心經營，"雲南十鎮大帥，及貴州提督李本深，四川總兵吳之茂，皆舊部將爲腹心"[⑤]。

---

① 《英祖實錄》卷九十，英祖三十三年（1757）九月二十四日，太白山史庫本，第 63 册，第 16 頁 B 面。

② 徐慶淳：《夢經堂日史》第二篇，哲宗六年（1855）十一月十七日—二十七日，《燕行録選集》第 11 册，首爾：民族文化推進會，1982 年，第 129 頁 B 面；作者未詳（被傳者：南九萬）《藥泉集》卷三，《藥泉年譜》，《韓國文集叢刊》，第 131 册，第 49 頁 A 面；李圭景：《五洲衍文長箋散稿》，經史篇四——史籍總説（參考韓國古典綜合 db 翻譯篇），第 35 頁，https: //db.itkc.or.kr；李德懋：《青莊館全書》卷六十七，《入燕記（下）》，正祖二年（1778）二月六日，《韓國文集叢刊》，第 259 册，第 107 頁。

③ 清康熙時期雲南巡撫李天溶。

④ 李家鑫、白興發：《彝文古籍中吳三桂形象探析——以〈吳三桂野史〉〈布默戰史〉》爲例，《西昌學院學報（社會科學版）》2021 年第 2 期，第 33 卷，第 17 頁。

⑤ 劉健：《庭聞録》，臺北：大通書局，1968 年，第 37 頁。

在燕行文獻中，就頻繁出現吳三桂舊部劉君德的名字。他在吳三桂兵敗後流放到瀋陽，朝鮮後期文臣吳道一（1645—1703）在燕行途中遇到劉君德，並把對話記録到自己的日記裏：

> 吳平西有勇力膽略，不幸嬰疾，心血枯盡而死，其孫世璠亦英明文雅，濟以渾厚，兵戈之中，不廢書籍，及其城陷之日，索刀將自裁，宦侍輩扶掖止之，奮拳大罵曰："自古豈有降天子哉？" 即刎頸而死，皇后亦與之同死。①

由此可以看出，劉君德仍狂熱地崇拜着吳三桂，這符合吳三桂 "揮金如土" 拉攏人心之説。可見，吳三桂並没有落到衆叛親離、人人喊殺的淒慘境地，從中可以推測吳三桂舊部依然對其忠誠。這件事情在一定程度上影響了燕行使對吳三桂的後期認識，使其在唾棄與漫罵聲中獲得了喘息之機，使部分朝鮮士大夫對吳三桂的態度有所改觀。

自從朝鮮對吳三桂的幻想徹底破滅如夢方醒後，對恢復中華文化的想象也隨之散去，重新面對當時的局勢，對明亡根源的認識以及態度也開始發生了巨大的變化。這是明朝滅亡以降，《朝鮮王朝實録》中記載的第一次對明朝苛政的批判，對崇禎皇帝的失政進行了抨擊：

> 崇禎帝自謂非亡國之主者，夫豈然哉。今聞上書僧之言亦同云，必也華人一種議論有如此也。明之亡流賊，不過嘯聚之群盜，困於虐斂者也，及其亡也，群璫猶貨積如山，此物果何從而有哉？若早覺其如此，無論公私外内之臣，矢死快斷，積者蕩散，金寶不復論。刑者約以三章如漢高，賦税三十取一如漢文。舉措以示信於天下，而犯贓者不貸，則所謂事半功倍也。賈生《過秦論》，見得分明矣，崇禎帝只如在沸鼎中，不知去火者也。②

有林本堯者舊爲吳三桂從事。謫在遼東。余所識有詰者云吳王不立朱氏而僭號何也。答曰："此不知時變也。朱氏殘虐，大失天下心，自底滅亡，天下至今疾首。用此爲言，斷無建功之理。吳王何

---

① 吳道一：《丙寅燕行日乘》，［韓］林基中：《燕行録全集》，第 29 册，首爾：東國大學校出版部，2001 年，第 155 頁。

② 李瀷：《星湖全集》卷二十六，《韓國文集叢刊》，第 198 册，第 530 頁。

必逆天下之群情，援立其後乎？"其説亦有理矣。①

　　崇禎帝雖然是亡國之君，但是在當時的朝鮮具有極高的威望，煤山自縊的消息傳到朝鮮後，朝鮮舉國上下痛哭流涕。②崇禎帝之死、明朝之滅亡，一直是朝鮮士大夫心中的創傷，久久不能痊癒。隨着吳三桂兵敗，他在朝鮮士大夫心中的形象崩塌後，崇禎帝的形象也隨之發生了變化。

　　三藩之亂結束後，清朝開始施壓朝鮮，實則是問責朝鮮對三藩之亂的態度。"三道溝事件"③恰好發生在戰亂結束後，康熙就拿這件事情追問朝鮮肅宗李焞，君臣對此緊張不已。大國打噴嚏，小國受風寒，朝鮮漸漸地接受了現實，以北學試圖富國强兵。肅宗初期，北崖等個別朝鮮義人的思想就已經開始發生變化，他在《揆園史話》中對朝鮮士大夫心中根深蒂固的"小中華"觀念提出了疑義。④

　　　　今夫愛新氏者，赫圖阿羅之人也。其先遠出於辰之後，其民多承句麗、渤海之衆，是爲檀氏之後裔，庶可斷焉。而今夫人囂囂然以小華自耀，肯認滿洲而親乎？彼等至於女真已以蠻胡斥，其於滿洲寧怪其罵斥耶。且彼等之與朝鮮角立者已尚矣，而與諸胡相混者久矣。其勢安能復合，而悔其久分耶。此不必長説也。至如太祖努爾哈赤蹶然奮興於建州之地，率八旗之師而卷滿洲，創金汗國而虎視東西，乘明朝之衰而奪遼東，因流賊之亂而奄據幽燕。於是，下辮髮之令，立國史之館，擒永明而掃清海內，服諸汗而并吞漠北。其政令所出，八旗之所向，更無堅城强壁矣。處處蜂起，復明之志士，曾不幾何而摧敗。蓋自有史以來，塞外諸族入帝漢土者，未有若此之强且盛者。我國之士，雖日夜以南漢之恥而切齒，以區區東援壬辰之誼，欲向明而圖報。然百年之內，余保其必無是事矣。夫區區鴨水以南數千里之地，衆寡之數，已自懸絶，而又自卻女真以爲胡，斥滿洲以爲虜。東控於倭，西戀於明，民復奚暇能養其力哉！然則清之勢威，可謂猛矣。

① 李瀷：《星湖全集》卷二十六，《韓國文集叢刊》，第 198 冊，第 532 頁。

② 《仁祖實録》卷四十五，仁祖二十二年（1644）五月七日，太白山史庫本，第 45 冊，第 28 頁 A 面。

③ ［韓］國史編纂委員會編，《同文彙考》原編卷五一，《犯越三·禮部知會犯越人等嚴查候審咨》，首爾：翰進印刷公社，1978 年，第 966 頁。

④ 北崖老人：《揆園史話》，高陽：一根出版社，2005 年，第 215—216 頁。

到了 18 世紀，不少朝鮮人對清態度和中國觀發生了大幅度的變化。尤其在清代實證之學的影響下，英祖、正祖時期朝鮮知識精英階層中出現了"實學派"，其中的"北學派"提出放棄"華夷之辨"思想，學習清代的先進文化。此時，清朝已進入乾隆盛世，中國社會再度臻於繁榮，儘管朝鮮再也無法像對明朝那樣視清朝爲"上國"，但文化上的反感不再像之前那麼强烈。

五、結語

朝鮮人筆尖下的吳三桂人物形象不是單純由某些文人或特定時期的議論形成的，而是作爲一個歷史問題，在書寫者的意識中長期共用的批評行爲。同樣的人物，經過不同的歷史事件，形象遭受三次變遷。對此，應該從更寬闊的視角進行分析。其中，不容忽視的是認識吳三桂的朝鮮内部氛圍。因爲吳三桂形象的創作空間大部分都在燕行之路上，其形象不僅通過燕行體驗，而且是在朝鮮内部收到的信息、視角、感情等錯綜複雜的綜合因素下形成的。

朝鮮對吳三桂獻關降清的行爲持有同情與痛恨的態度。朝鮮"對明義理"的主體立場和帶有主觀性的感情色彩，加上燕行使的失落感和自我安慰，影響了對吳三桂的評價。明亡清興之際的吳三桂形象寄予着朝鮮後期士大夫們錯綜複雜的批判情緒，蘊含着對明朝滅亡的無限感慨。朝鮮的想象中，此時的中國是社稷覆滅、分崩離析的國度。自從吳三桂反清復明、起兵舉事的消息傳入朝鮮後，開始期待明朝的復辟，對吳三桂大加讚賞，甚至到了尊崇的地步。此時的朝鮮興奮的想象着中華文明即將"死灰復燃"。直到吳三桂兵敗，並未擁立亡明後裔，而是自己稱帝的消息傳入朝鮮後，朝野開始對吳三桂進行謾罵與唾棄。自從朝鮮對吳三桂的幻想徹底破滅如夢方醒後，試圖重新認識東亞政治格局，對明亡清興的根源進行了分析，恢復中華文化的想象也隨之散去。朝鮮逐漸認可了穩如泰山的清朝國度，開始學習了清朝的各項先進制度與文化。

朝鮮漢籍中吳三桂形象嬗變的背後有着深厚的政治意蘊和民族文化心理。明清鼎革之際，朝鮮人面對大明覆亡而大清崛起的滄桑之變所做出的截然不同的回應以及在後來的變化，蘊藏着深刻的政治邦交考量，反映出這一時期朝鮮對明清兩朝的心態。

歷史與傳説的雙重變奏

——朝鮮康氏族源新探

楊海英

【摘　要】康氏是朝鮮半島最早産生的姓氏之一，是與箕子一起入朝的周朝康侯之後，本貫爲信州（今黄海道）①。然明清易代之際流寓朝鮮的明人"康世爵"，卻爲朝鮮康氏貢獻了新鮮血液——傳説其祖父康霖死於萬曆壬辰東征，父康國泰戰死於薩爾滸之戰或錦州之戰，他本人流寓朝鮮，堅持不與清人往來，是典型的明朝遺民。但明朝檔案提供了女真人康世爵的真正身世，是嘉靖三十二年襲職遼東三萬衛左所的副千户。從時間、地點、履歷、人物關係等要素綜合考訂，都可確認萬曆援朝東征戰争時期的三萬衛副千户康世爵，就是流寓朝鮮的康世爵家族的女真源頭。本文圍繞中朝歷史有關"康世爵"及其家族叙事的史料和記憶差異，分析真實歷史和記憶塑造的關係：不僅可以探討朝鮮康氏家族的女真來源及其歷史記憶的真僞虚實，也爲探析壬辰戰

【作者簡介】楊海英，中國社會科學院古代史研究所研究員。

① 案：尹昌鉉《朝鮮氏族統譜》載："康氏，有九十七，本系出中國京兆（見宋氏）衛康叔，後以謚爲氏（一云周康叔後）。其後晉穆帝時有康權，秦太史令，南北朝時有康絢，字長明，梁兖州刺史，華山藍田人。"分布於信川、載寧、谷山、康翎、雲南、晉州、忠州（康儼，宣祖朝乙酉文科，父世雲）、任實等97處（首爾：世昌書館，1952年，第11—12頁）。故康氏被認爲是朝鮮半島最早産生的姓氏之一，"源於周朝王侯血統的朝鮮族姓氏"，即與箕子一起進入朝鮮的康侯後裔，與朝鮮信州（今黄海道轄區内）康姓有血緣關係，信川康氏始祖康之淵乃康侯80代孫，康侯的67代孫康景是高麗太祖王建的外祖父，康氏後裔康純爲李氏王朝初期的名將，1467年9月明朝兵會同康純率領的西征軍大敗渾江流域五女山的李滿住女真，被封於信川府院君，信川遂爲康氏本貫。參見朴尚春：《朝鮮民族歷史文化研究》，長春：吉林大學出版社，2017年，第85—86頁。

爭、明清易代等重大歷史事件，如何影響、塑造朝鮮國家敘述和康氏家族的歷史記憶，提供了一個具體、生動的觀察窗口。

【關鍵詞】康世爵　壬辰東征　歷史敘事　家族記憶

一、朝鮮敘事中的康世爵

朝鮮史料中，最早最詳細的有關康世爵的記載，出自朝鮮肅宗時期的領議政南九萬（1629—1711）之手，他寫的康世爵傳記，具文如下：

> 康世爵者，中國荆州府人。曾祖祐以金州參將戰死蒙古。祖霖從楊鎬東征死平山。父國泰官青州通判，萬曆丁巳坐事謫遼陽，世爵隨焉，時年十六……己未（1647）三月，經略楊鎬自遼陽命將，分軍四路出征……都督劉綎由牛毛嶺，國泰在劉綎軍，故世爵亦隨焉……敗績，都督自燒死，國泰亦中箭死，世爵潛身澗谷……攙立東兵中得免，走還遼陽……是年六月，清人陷開原；七月陷鐵嶺，又拿熊經略，以廣寧布政使薛公代之。辛酉三月，清人圍瀋陽……世爵方在城中亦躍馬下城，墜積屍上，且躓且跑，得奔歸遼陽……城陷時，跛馬奔馳……善遊得涉……入山，晝伏夜行，到鳳凰城……與廣寧人劉光漢，收聚遼陽散卒三百人，同守鳳城。未幾，光漢戰死。世爵……脫身走無人境……鳥獸竄十三日，始越鴨綠江，到滿浦鎮，是天啓五年乙丑八月也。自滿浦周行關西諸邑糊口，又念逃生他國，不可久處於清國差人往來之地，歲丙寅（1626）入咸興，漸轉北，丙子（1636）到慶源，丙戌（1646）移鍾城。辛丑（1661）始定居於會寧之西都昆地，年八十餘，以壽終。世爵以驛婢爲妻，生二子。道臣以上國衣冠之裔，淪賤籍爲可傷，上聞朝廷，許贖從良……所居乃清人開市地，貨物遍民間。而世爵自以戴天爲痛，未嘗一毫近諸身，畜諸家……世爵將死，敘其祖系宗族及喪亂流離之首尾，以遺其子……**余於辛亥歲（1671）按節北路，巡到會寧**。時世爵尚無恙，來謁。與之言，僅能識字，而言清人度遼事歷歷如昨，且論東征諸將長短曰："楊鎬寬厚得士心而昧於料敵，以清人爲易與而敗。劉綎、杜松勇而無謀，深入險地，不設斥候，猝遇敵而沒。熊廷弼清白守法，有威望而喜殺不已，士卒多怨，亦以此不能成功。雖然，勝敗天也，

豈專在人乎?"余見中國人来東者,類多浮誕好利,求丐人不厭。世爵獨能不虛誇、不妄取,無二言,無疑行,信孚於鄉里,教行於諸子,此皆可書者也。①

傳中詳細記載了康世爵的身世,生卒了明,首尾具備,細節豐富。據南九萬提供的信息,康熙十年(1671,朝鮮顯宗十二年),時任咸鏡道觀察使的南九萬,曾面見康世爵,知其識見不凡,能説清據遼、瀋之事"歷歷如昨,且論東征諸將長短"。康世爵出生於明萬曆二十九年(1601),四十五年16歲時,隨父康國泰從山東流放遼東。其曾祖康祐戰死於蒙古;祖父康霖曾隨楊鎬參加萬曆援朝東征(1592—1598)戰争,戰死於平山(朝鮮江原道太白山城附近);父國泰則跟隨劉綎參與薩爾滸大戰,戰死於牛毛嶺。當時隨父參戰的康世爵,死裏逃生回到遼陽。在後金占領遼、瀋之後,入據鎮江城,敗後於天啓五年八月渡過鴨緑江,逃到朝鮮滿浦,轉徙於咸鏡道咸興、慶源、鐘城、會寧等地,八十餘歲壽終而卒,當爲康熙二十年(1681)之後。作爲明清易代的親歷者,康世爵祖孫四代的幾個時間節點及事件因子都清楚明白。

另一位見過康世爵的朝鮮大臣朴世堂(1629—1703)與南九萬同齡,他所作的《康世爵傳》與南九萬大致相同而略簡:

> 康世爵者,自言淮南人,父爲青州虞候,坐事謫戍遼陽。世爵年十八,隨父至遼陽。牛毛嶺之敗,父死焉。世爵在軍中獨脱,還走遼陽。及後遼陽城陷,世爵逃匿草間。轉側山谷,摘草木實以充饑,不粒食,十二日不死,於是阻虜不得南歸故土,遂東走,渡鴨緑江,遊關西諸郡縣數月。以近虜懼難,去之踰嶺,客咸興、端川間八、九年,轉北至慶源、鐘城,亦屢遷移不定舍,又未嘗遠之他郡以居。世爵爲人不齷齪,類非庸人。粗識字,性喜酒,既久客北土,多熟土人,時過鄉里。所與識者輒索飲,至醉乃去……所居田作郡嘗税狼尾……詣郡言曰:"郡之税也,視田所出,而田今無狼,吾安所得狼尾而輸郡税乎?"郡卒無以責之。……**余隨幕留北,世爵適至,時**

---

① 南九萬:《藥泉集》卷28《雜著·康世爵傳(戊辰)》,《韓國文集叢刊》,首爾:景仁文化社/民族文化推進會,1988—2005年,第132册,第474頁。案:其《丙寅燕行雜録》(載《燕行録全集》,首爾:東國大學校出版部,2001年,第23册,第325頁)是康熙二十三年爲左議政時任謝恩兼冬至等三節年貢使團正使,十月至次年三月往返清朝,只有2條記事,未見康世爵之事。參見漆永祥:《燕行録千種解題》,北京大學出版社,2021年,第578—579頁。

年六十餘,須髮盡白。與之言,爲方語,不能了。笑曰:"吾少去中國,今四十年,既忘中國語,又習東語不成。吾真所謂學步邯鄲者也。"又曰:"吾知明之亡,朱氏不能復興也。漢四百年而亡,雖以昭烈之賢不能復;唐與宋皆三百年而亡。明自洪武至崇禎亦三百年,天之大數,誰能違之?虜其終有天下乎!夫虜方强,而中國之人困敝已極,父子兄弟救死不給,雖有英雄豪傑莫能抗也。竢五、七十年或百年,虜勢少衰,中國之人且得休逸,奮於積恥之餘,起而逐之如元氏之亡,此其已然之跡可知也。"又歎曰:"自吾年十三四時已有志在家爲孝,在國而忠,如有所樹立。今吾忠不成於國,孝不成於家,爲不孝不忠之人。"世爵取東婦,生二子,有孫云。[①]

不同之處在於朴世堂所見的康世爵,是 60 餘歲的"淮南人",與南九萬所説的"荆州府人"有異,且其入遼時年 18,與南九萬所説也差兩歲。更特别的是朴世堂所見的康世爵既不會朝鮮語,也説不好中國話,所操爲"不能了"的方言——這是何處、何種方言?實在很值得注意。康熙七年,朴世堂爲出使清朝的冬至等三節年貢使團書狀官,有使行録《西溪燕録》,卻未提及康世爵。朴世堂"隨幕留北"的時間當在順治末康熙初,與康世爵面談既有困難,則朴世堂所記以及南九萬所記的是否真實?或與真相都存在距離?這就成爲一個問題了。

世堂之侄朴泰輔在丁卯(1687 年,康熙二十六年)年十二月四日有《上舅氏藥泉南公》:"北伯兄以康世爵子免賤事報甥,意甥尚在京中,欲有周旋。"[②]可見朴世堂報請康世爵子孫免賤事,始於朝鮮肅宗十三年,他筆下的康世爵是一位因遼陽失守而東渡朝鮮、胸懷復明壯志卻未酬的惆悵老者。

李德壽(1673—1744)記載:"中國之民有至我境者,必執拘以還……在大明時已然。故如鄭善甲、康世爵者,皆因中朝搶攘之時,因緣流寓,非無自而來也。"[③]提到的康世爵也是在易代之際流寓朝鮮的東渡明人。此

---

① 朴世堂:《西溪先生集》卷 8《雜著·六首·康世爵傳》,《韓國文集叢刊》,第 134 册,第 154 頁。案:朴世堂是康熙七年出使清朝的冬至等三節年貢使團書狀官,在其《西溪燕録》中也未見有關康世爵的記事。參見漆永祥:《燕行録千種解題》,第 526—528 頁。

② 朴泰輔:《定齋集》卷 8《簡牘·上舅氏藥泉南公〔(丁卯)十二月四日〕》,《韓國文集叢刊》,第 168 册,第 170 頁。

③ 李德壽:《西堂私載》卷 3《序·贈文僉知序》,《韓國文集叢刊》,第 186 册,第 201 頁。

後，朝鮮士大夫以康世爵爲主角的紀懷之作大量涌現，包括李時恒（1672—1736）[①]、黄景源（1709—1787）[②]、朴趾源（1737—1805）[③]、李德懋（1741—1793）[④]、成海應（1760—1839）[⑤]、尹行恁（1762—1801）[⑥]、金鑢（1766—1821）[⑦]、金景善（1788—1853）、朴永元[⑧]等人，均唱和過康世爵史事，其中也增减了不少軼事。

雍正九年（1731），朝鮮英祖時代右議政趙文命建議：“康世爵子孫之在北者，及胡斗弼之爲五峰後者，俱自中國來。而朝家本優待者并宜給復，以示軫恤。”英祖同意“康、胡兩人并録其後，亦令給復焉”[⑨]。

乾隆三十八年（1773），英祖四十九年，是崇禎殉國130周年。三月十九日，英祖召見“皇明人子孫及丙、丁忠臣子孫”，特命康世爵奉祀孫康相堯備擬北道邊將，因世爵“其父戰亡於錦州虜亂，世爵逃來我國，定居於茂山，子孫至今蕃盛焉”[⑩]。可見在朝鮮流傳的康氏家族故事，除戰死蒙古、援朝東征及薩爾滸牛毛嶺之戰的歷史背景外，又新出現了錦州之戰的環節——原來時代最晚的薩爾滸大戰，與松錦之戰相差30餘年。康氏家族的歷史記憶又被添注了新符號，而明清易代之際的“錦州虜亂”，實際上是離當時最近的歷史背景。

---

① 李時恒：《和隱集》卷5《雜録·記聞録》，《韓國文集叢刊續》，首爾：民族文化推進會／韓國古典翻譯院，2005—2012年，第57册，第494頁。

② 黄景源：《江漢集》卷10《楚冠堂記》，《韓國文集叢刊》，第224册，第205頁。

③ 朴趾源：《熱河日記》卷5《銅蘭涉筆》，朱瑞平點校，上海：上海古籍出版社，1997年，第367頁。

④ 李德懋：《青莊館全書》卷47《磊磊落落書補編［下］康世爵》，《韓國文集叢刊》，第258册，第346頁。

⑤ 成海應：《研經齋全集》卷43《皇明遺民傳［七］康世爵》，《韓國文集叢刊》，第274册，第430頁。

⑥ 尹行恁：《碩齋稿》卷9《海東外史·康世爵》，《韓國文集叢刊》，第287册，第146頁。

⑦ 金鑢：《藫庭遺稿》卷7《坎窞日記·北遷日録》，《韓國文集叢刊》，第289册，第476頁。

⑧ 朴永元：《梧墅集》册四《燕槎録·詩·金石山懷古》，《韓國文集叢刊》，第302册，第279頁。

⑨ 《朝鮮英祖實録》卷30，英祖七年八月十日庚子1條。案：朝鮮實録版本甚多，頁碼各不相同。如日本東京學習院東洋文化研究所1962年刊本、韓國首爾探求堂1973年影印本、國家圖書館出版社2011年影印本等，韓國古典綜合數據庫http://sillok.history.go.kr網上實録也容易查找，爲方便統一，取消頁碼，但注明年月日干支及條數，以方便查對。

⑩ 《朝鮮英祖實録》卷120，英祖四十九年三月十九日戊申1條。

到正祖時代（1777—1800），康世爵裔孫康佐堯之妻金氏，因"夫死殉身"①被旌表爲烈婦，康氏子孫遂享有了"各營門録用"②的特權。乾隆五十三年（1788），在朝鮮大報壇行禮時，正祖召見"皇朝人子孫"各問姓名、世派，命庠生王尚文五世孫願忠、按察使王楫六世孫道成、侍郎鄭文謙五世孫昌仁、庠生馮三仕六世孫慶文都以"軍門將官調用"，而"尚書田應揚七世孫世豐，康世爵五世孫尚堯時在鄉里，待上京令兵曹啓稟收用"；同時"命提督李如松後孫光遇除守令，錢塘太守黃功曾孫世中爲五衛將"，"二王氏及鄭、馮、黃三姓，孝宗在瀋陽時，隨蹕東來者也，田、康二姓，崇禎丙子前流寓人也"。③

正是爲了"追述列祖盛意"，朝鮮正祖規定：凡康世爵後世裔孫"此家主祀人之無職者，堂上以下［上］隨品付加設樞銜，堂下以下至白徒，付司果"④。這種"永付司果，世世給禄"⑤的待遇，正是朝鮮"遵周思明"的典型表現，從肅宗時期開始萌芽，經過英祖、正祖時代的發展、壯大，一直保持到朝鮮末期。⑥但是，對於康世爵的身世及其家族的來源，朝鮮人並不是真正地關心。比如南九萬和朴世堂記載並且見過面、談過話的康世爵，就不像是同一個人——不僅籍貫、語言不同，連生活細節也有較大出入。他們是否就是真實的康世爵？這也是值得懷疑的。

二、明朝選簿中的康世爵及康氏家族

朝鮮有關康世爵家族記載的真偽、虛實問題，或許還需要回到其母國尋求答案。在明朝檔案記載的衛所選簿中，確實存在着一個康世爵，但他生活的年代並非明清易代乃至康熙初年，而是更早的嘉靖、萬曆之際，是嘉靖三十二年（1553）三萬衛的左所副千户，是一個如假包換的女真人。可見，

---

① 《朝鮮正祖實録》卷4，正祖元年七月十六日己卯5條。
② 《朝鮮正祖實録》卷11，正祖五年五月十二日甲寅1條。
③ 《朝鮮正祖實録》卷25，正祖十二年正月十二日乙亥1條。
④ 《朝鮮正祖實録》卷28，正祖十三年十二月十一日壬戌1條。
⑤ 《朝鮮正祖實録》卷48，正祖二十二年四月二十五日己未1條。
⑥ 案：有關朝鮮王朝意識的演變，孫衛國《大明旗號與小中華意識——朝鮮王朝尊周思明問題研究，1637—1800》（北京：商務印書館，2007年）及《從"尊明"到"奉清"：朝鮮王朝對清意識的嬗變（1627—1910）》（臺北：臺灣大學出版社中心，2018年）兩部前後相承的專著進行了詳細的梳理和研究，是目前爲止最前沿的成果，可參見。

南九萬和朴世堂見過的這個"康世爵"，與明代嘉靖朝的康世爵相差 100 年，絕對不可能是同一個人。那麼，朝鮮人見到的康世爵與嘉靖朝的康世爵之間就全無關係嗎？這也是一個值得探討的問題。

首先，明朝三萬衛選簿中的"副千户康世爵"是一個女真人，與朝鮮所傳的康氏世系籍貫"荊州"或"淮南"全然無關："六輩康世爵，舊選簿查有嘉靖三十二年二月，康世爵，女直人，系三萬衛左所故副千户康顯榮嫡長男。"[1]但仔細分析起來，有關朝鮮康世爵家族的歷史記憶中，至少有 4 個成分因子可在明朝選簿中找到對應項（參見以下圖一、二）。

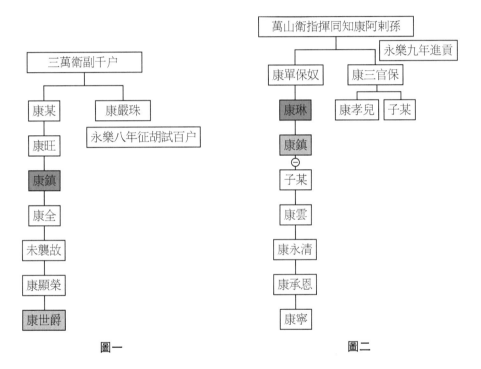

圖一   圖二

第一，關於朝鮮康世爵戰死蒙古的"曾祖祐"。選簿顯示三萬衛副千户康世爵的一輩祖康嚴珠"永樂八年，征剿胡寇有功，總旗升試百户"[2]。"胡寇"是指蒙古，康嚴珠因與蒙古作戰立功升"試百户"，此職由侄子康旺繼承。二輩康旺為康嚴珠親侄，正統十四年升任副千户，推測康嚴珠因"戰死"蒙古無嗣，故由親侄康旺承職"試百户"。而康旺是明朝創建奴兒干都司的三大名臣之一，

① 《中國明朝檔案總匯》，《三萬衛選簿·副千户康世爵》，桂林：廣西師範大學出版社，2001年，第 55 冊，第 233—234 頁。

② 《中國明朝檔案總匯》，《三萬衛選簿·副千户康世爵》，第 55 冊，第 233—234 頁。

也是學界關注的熱點人物，研究成果堪稱豐富。① 朝鮮叙事中，康世爵戰死蒙古的曾祖事跡，可落實到康旺的伯父康嚴珠身上。只不過明朝選簿中的康世爵，是康旺的四代孫，其曾祖爲康全，成化十六年十二月承襲正千戶（見圖一）；與朝鮮流傳的康世爵"曾祖祐"有一字之差：朝鮮叙事的康氏祖先事跡，可契合於選簿的背景，但具體名字背離，這也符合歷史記憶的基本特點，與生俱來的訛誤，往往是歷史記憶的天然伴生品。

第二，關於朝鮮參加壬辰東征的康世爵祖父"康霖"。雖在選簿康嚴珠家族中没有反映，但在萬山衛康氏選簿中，可找到一個對應項——萬山衛指揮同知康阿剌孫之孫，名爲"康琳"，與朝鮮叙事康世爵祖父"康霖"同音異字。但因明代選簿只能確認承襲者的縱向親緣關係，而無法指認同源所出、支派不同的承襲者間橫向親緣關係（偶有不經意的透露除外），故這兩支康氏間是否存在親緣關系，不得而知。康阿剌孫曾爲海西女真的頭目，源出萬山衛指揮同知，歷史更爲悠久。② 第三輩承襲者"康琳"，與朝鮮叙事中康世爵祖父"康霖"，可建立起對應關係，這在口述史上也是可以成立的。

正德十五年（1520）十二月，康鎮嫡長男康雲③ 襲職，推測康鎮大致辭世於 1520 年前後。而正德元年康鎮以"達舍"身份，襲安樂州住坐三萬衛帶俸指揮使，可倒推康琳卒於正德元年前後，是生活在正統、景泰年間的人，最晚活到正德元年（見圖二）。可見選簿"康琳"的生活年代，比朝鮮叙事中康世爵的祖父"康霖"要早 100 年。直到壬辰戰爭前夕，選簿康琳所在的海

---

① 按：從清史開山鼻祖孟森的《女真源流考略》（《明清史論著集刊續編》，北京：中華書局，1986 年），到楊暘《明代奴兒干永寧寺碑記再考釋》（《社會科學戰線》1983 年第 1 期），到萬明《明代永寧寺碑新探——基於整體絲綢之路的思考》（《史學集刊》2019 年第 1 期）等，這些研究成果可以看出，學界對奴兒干都司及其管理者的關注熱度一直没有衰減。

② 《中國明朝檔案總匯》，《三萬衛選簿·指揮使康永清》，第 55 冊，第 136—137 頁。案：永樂九年（1411），海西女真頭目康阿剌孫進貢，"除萬山衛指揮同知"，在遼東衛帶俸。故後由長子康三官保襲職三萬衛帶俸，在安樂州住坐。三官保故後，由次子孝兒革襲指揮使。康孝兒故後，世職轉到叔父康三保親庶弟康單保奴一系承襲，由嫡子康琳、嫡孫康鎮、嫡玄孫康雲相繼承襲。萬曆七年，康雲之子康永清故，子康承恩未襲，原因當是先卒，故玄孫康寧萬曆十一年優給全俸，時年 6 歲，"扣至萬曆十九年終住支，照例襲職"，正是優養至 14 歲停俸，繼而襲職的慣例。嘉靖《遼東志》有"康承勳，定遼中衛人，都指揮僉事"（畢恭《遼東志》卷 5《官師志·各衛帶俸都指揮》嘉靖刻本），或與康承恩有血緣關係，但需有家譜佐證，否則很難落實。

③ 案：嘉靖《遼東志》記載"康雲，定遼右衛人，都指揮僉事"，聯繫選簿可知康雲任職定遼右衛，駐地鳳凰城，接近中朝邊界。

西女真世家，依然承襲明代衛所世職，作爲軍籍女真的世系從未間斷。但這也不排除出自這個家族的康琳，成爲朝鮮口傳歷史中康氏祖先的第二個真實來源。

第三，關於朝鮮康世爵之父康國泰。康世爵選簿記載："五輩康顯榮，舊選簿查有嘉靖四年六月，康顯榮，女直人，係三萬衛左所老疾正千户康全嫡長孫。高祖旺以試百户遇例實授，歷功升至前職。曾祖以下沿襲。父未襲，故，本人查立革與，遇例壹級與替副千户。"雖明朝選簿未記載康顯榮襲職的年歲，但從嘉靖四年他已成年推測，即使活到壬辰東征時期（1592—1598），康顯榮至少也有 80 多歲了，他不可能參加東征，更不可能參加薩爾滸之戰。[1]但因選簿未載康世爵的後代，這就給朝鮮有關康世爵敘事的自由發揮，留下了充足的空間。所以朝鮮康世爵之父康國泰，或戰死於牛毛嶺，或死於錦州虜亂，前後相差三十年也就不一而足了。

第四，關於朝鮮康世爵本人。明朝選簿中，嘉靖三十二（1553）年，康世爵因父康顯榮故，承襲副千户，雖年齡不明，推測應已成年。[2]而康顯榮又是以"嫡長孫"的身份，繼承了"老疾"祖父康全的副千户爵，時爲嘉靖四年六月（見圖一）。按慣例，祖、孫兩輩人差距 40 年也算正常，則嫡長孫康顯榮承襲"老疾"祖父的職位時，至少已成年即 16 歲。28 年之後，康顯榮去世時大概爲 50 歲左右，"嫡長男"康世爵繼承副千户時應已成年，大約也在二、三十歲之間。按照年齡推算，萬曆二十六年（1598）楊鎬東征之時，康世爵大約在 65 歲上下。而在援朝東征的戰場上，60 多歲的南、北將領多有其人，康世爵東征，在時間上完全是可以成立的。故朝鮮康氏家族中參與"東征，死平山"者，應即明朝選簿中的康世爵——既非所謂朝鮮康世爵的祖父康霖，也不可能是康世爵之父康國泰——後者的真實人選對應於明朝選簿中的康顯榮。

其次，從戰死地點看，朝鮮傳說中康霖的戰死地"平山"，或可提供選簿康世爵之死的綫索。平山爲朝鮮黃海道平山都護府所在地，也是朝鮮使臣朝天驛路二十八站中安成館的所在地。明軍入朝之後，從義州、定州、嘉山、肅川、順安、平壤、黃州、鳳山、劍水、瑞興、龍泉，再南下 40 里到平山，

---

[1] 案：從選簿記載推測，康顯榮辭世大約在 50 歲左右，時間是嘉靖三十年前後。

[2] 案：康世爵此時至少在 16 歲以上。選簿雖沒有記載具體年齡，如果不滿 14 歲還幼小的話，按照明朝慣例，是可優給俸祿至 14 歲，期滿住支後，再襲父職食祿，從此推測康世爵襲職時應該已經成年。

從平山往南 300 里，抵達漢城。① 這是明軍入朝後南下漢城的必經之地，故康世爵很可能是在明軍南下過程中，或戰死平山，或傷病亡卒。從此具體地點考慮時間維度，萬曆二十一年三月之後，明軍即遭遇缺糧窘境，從四月開始分批、分部撤回遼東，推測康世爵卒於萬曆二十一年正月平壤、碧蹄館戰役之後，四月遼東、宣大等官兵開始撤回明朝之前。

又次，從人物關係看，原屬三萬衛的東征者，除管糧都司"三萬衛人"張三畏以外，還有"三萬衛人"王維貞，以欽差統領薊鎮調兵原任副總兵，領馬兵 1000 名往返；"三萬衛人"王守臣以廣寧遊擊統領馬兵，與史儒敗於平壤，七月撤回，後再以聽用隨提督李如松入朝。另外還有"東寧衛人"劉天秩，爲按察使蕭應宮中軍，後爲按察使梁祖齡中軍等，均是與選簿康世爵同時同地入朝東征的同袍、同僚。② 康世爵在明朝的活動，尚可見於《明代遼東檔案匯編》中"畏避考察"③ 的記載，時間是萬曆初年，是遼東都指揮使司考核各衛所官員時所得到的評語。可見，萬曆二十年援朝東征時，從遼東二十五衛抽調東征軍入朝，出身三萬衛的副千戶康世爵，應該也逃避不了征戰朝鮮，當和張三畏、王維貞等三萬衛同僚同時入朝。從人物關係看，選簿康世爵東征之事也可成立。從時間、地點、人物關係等方面進行考察，朝鮮康氏家族中的東征者，都只能指向康世爵本人。

但在朝鮮康氏的歷史敘事中，康世爵子孫四代——從曾祖康祐、祖康霖、父國泰到康世爵，在世系、輩分、人名、年代、事件等方面，都與中國史料中真實的康世爵或其他女真康氏家族個體，存在內容對應但時間錯位的現象，包括與蒙古作戰、壬辰東征、薩爾滸大戰乃至明清易代等重大歷史事件，都有康氏家族成員參與並留下了息息相關的歷史記載，但朝鮮有關康世爵家族的歷史記憶卻顯得混亂，尤其是中國史料中缺乏具體記載的康世爵東征，給朝鮮史料編排康氏家族的歷史記憶，留下了充足的空間：不僅未落實到康世爵名下（安排在其祖父康霖名下，與選簿中康世爵祖父"未襲故"不符），反

---

① 參考景泰元年明朝使臣倪謙出使朝鮮所撰的《朝鮮紀事》（明鈔本）看，從渡鴨綠江到朝鮮義州城義順館開始第 18 站即在平山府的安成館，從平壤到平山 295 里將近 300 里，從平山到漢城還有 300 里，可見平山正處於平壤與漢城間的中點。

② 參見申欽：《象村稿》卷 39《李提督票下官》，《韓國文集叢刊》，第 72 冊，第 274、272、271 頁；《蕭按察票下官》，第 283 頁；《梁布政票下官》，第 284 頁。

③ 遼寧省檔案館、遼寧省社會科學院歷史研究所編：《明代遼東檔案匯編》上冊 101 條《遼東都司各州衛官員考核評語名冊（八份）》之七，瀋陽：遼瀋書社，1985 年，第 344 頁。

將康世爵父子安排到明清易代之際的薩爾滸或更晚的松錦大戰中——朝鮮創造康世爵敘事的時間越晚近就越往後推。如果不仔細梳理歷史綫索和人物關係的時、空圖譜，康世爵東征的事實，就很難得到認定。

事實上，在薩爾滸戰役中，的確也有一位康氏官員參戰，他就是海蓋兵備道副使康應乾，雖經戰陣，但生死存亡未知。如明王在晉所引遼東巡撫薛國用奏報"道臣康應乾與二、三府佐又未知作何狀耳"及遼東巡撫周永春所報"海蓋道康應乾、同知黃宗周尚未知存亡"。從史料記載看，康應乾是一位踏實能幹的官員，如遼東經略熊廷弼題"海蓋道康應乾，以三年之副使，歲運海糧百數十萬石，與車牛同勞苦"①，出任海蓋道前，爲口碑不錯的鎮江知府。或許這就是朝鮮康氏述事中，康世爵之父曾爲"青州虞候"的又一個真實來源：康應乾雖是文官而非武將，也被朝鮮敘事移花接木采用爲歷史記憶的真實背景。故大致可以推測：在朝鮮流傳的康世爵世系，應是其後裔記憶模糊、東拼西湊的産物，若非康世爵子孫特意隱瞞家族來歷的話。② 在明朝 3 份康氏選簿的照映下，朝鮮敘事混亂的源頭也能看得較爲清楚——無論是康世爵及其祖先的明朝經歷，還是其後代的東渡過程，都存在不實或重塑環節，最終導致朝鮮康氏家族的歷史記憶，與其在明朝真實的歷史相距甚遠，多個人物的生存時間差距百餘年。③ 但另一方面，也可基本斷定：明朝三萬衛選簿中的女真康氏家族，就是定居咸鏡道的東渡朝鮮康氏家族的真實源頭，他們或因進貢、或因征剿、或因公幹（招撫奴兒干都司）得到不同世職，而康世爵、康琳又分屬海西女真不同的康氏支系，在三萬衛中，也還存在其他康氏家族，或同源，

①　王在晉：《三朝遼事實録》卷 4《辛酉》，明崇禎刻本，第 11 頁 B 面；卷 12，第 9 頁 A 面；卷 5，第 5 頁 A—B 面。

②　案：從黃景源記"楚冠堂者，會寧府康氏之堂也。會寧，當豆江之口，去荊門可萬餘里，而康氏猶冠楚冠，豈其心眷眷於楚邪，蓋康氏世家荊門。萬曆時，國泰坐法，徙遼陽。都督劉綖征深河，國泰戰死。子世爵……間走義州，見虜强大，遂避地入會寧府。作堂於豆江之口以居之……康氏既死，會寧之人皆憐之，因以楚冠名其堂，屬余志之。康氏二子，善騎射，好氣義，有楚士之風云"（《江漢集》卷 10《楚冠堂記》）的情況看，也存在初入朝鮮的康氏後人隱瞞真實身份的可能性。

③　案：舒敏《康世爵與〈通州康氏世譜〉再議》（載《清史論叢》2022 年第一輯，北京：社會科學文獻出版社，2022 年，第 273—277 頁）認爲拙文《朝鮮康氏的女真血統及其變異——明清時期朝鮮康氏敘事的真僞》（載《清史論叢》2021 年第一輯，北京：社會科學文獻出版社，2021 年，第 15—29 頁）存在疏漏，兩個康世爵都是真實的存在。但實際上東征康世爵爲實，而易代之際的康世爵爲虛，或是真實人物康氏後裔頂了錯誤的前輩名字，無論是《通州康氏世譜》還是朝鮮士大夫所作的《康世爵傳》均存在真實歷史與家族記憶的錯位現象。

或分屬不同支派，進入明朝衛所系統的時間也相差不遠。

三、兩個康世爵：中朝歷史叙事差異及緣由

1. 中朝歷史叙事與康氏家族記憶的差異

朝鮮康氏家族的歷史記憶，與明朝真實存在的康氏歷史差異，主要集中在三個方面。

一是康氏的族源，是漢族還是女真族？附帶朝鮮康氏的祖籍，出現了山東青州、遼東開原抑或湖北"荆州"、淮南、通州等地的區别，也導致康氏家族的歷史人物出現叙事時空錯位混亂，而不僅是祖先名諱和世系的紊亂。乃至於明清易代之際東渡朝鮮的康氏後裔，生活軌跡雖有不同，但從嘉山、咸興到慶源、會寧等地，思想傾向與行事風格基本一致，即保持漢人氣節、不用清朝服飾、不與清人往來。這是朝鮮康氏叙事中存在的最大問題——族屬改換。在南九萬和朴世堂的傳記中，康世爵都是中原漢人：不管湖北荆州還是南直隸淮南，都在中原腹地接近明太祖的出身之地，與明代選簿所記的真實康世爵遼東三萬衛女真人風馬牛不相及。

二是朝鮮康氏的祖籍分歧，正是族屬差異帶來的附帶問題。而這究竟是康氏子孫爲了生存的有意隱瞞，還是康氏後代不知或忘卻了祖先的真實女真族來歷？抑或是負責記録的朝鮮官員南九萬、朴世堂等人之誤？姑且不論，總之，結果是朝鮮康氏的真正來源——女真族裔是康氏叙事中被忘記（或隱瞞）得最徹底的部分，所謂康世爵不願與在慶源、會寧等地有固定貿易檔期的清人來往、懷念明朝等細節，都説明在朝鮮的康氏後裔存在被徹底"漢化"的内因和外力。[①]

韓國學者桂勝範評議葛兆光《想象異域——讀李朝朝鮮漢文燕行文獻札記》時提到："進入十六世紀之後，朝鮮人開始將明鮮關係的本質理解爲君臣

---

① 案：朝鮮《東國輿地勝覽》記載康氏姓氏分布朝鮮南北，包括開城、龍仁、陽城、通津、高陽、永平、忠州、洪州、温陽、庇仁、牙山、慶州、安東豐山、義城、知禮、昆陽、全州、臨陂、康津、順天、寶城、光陽、黄海道黄州、安州、定州、肅川、瑞興、鳳山、安嶽、載寧、谷山、信川、文化、長連、海州延安、豐川、甕津、松禾、康翎、咸鏡道安邊、永豐、德源、文川陰竹、富寧、中和、甑山等地（卷4、10、11、14、19、20、21、24、29、31、33、34、37、39、41、42、43、49、50、52 等），而咸鏡道康氏無疑即康世爵後裔。

兼父子，將忠孝基礎之上的君臣—父子關係理念化。而在壬辰戰爭爆發之前，明朝與朝鮮的關係已經超越單純的君臣關係，發展成爲父子關係。"因此在明清易代之後，朝鮮王朝的國家認同、政治正確和時代觀念都發生了重大改變:"將清朝視爲夷狄的認識，已經超越了單一使臣的個人認識，而與朝鮮王朝的國家認同直接相關。"因此，《燕行錄》的作者們若發布不符合這種認同的言行，有可能會引發"政治生命的終結"。① 劃清與清朝及本家族"夷人"血統的界限，符合朝鮮當時的政治正確及流行的尊明風尚，尊崇"皇明""中華"，貶抑取代明朝的"夷狄"清朝，則構成了康氏後裔所面臨的外在壓力。故康氏家族的真實歷史，或受制於現實環境，或爲康世後裔無意遺忘乃至有意掩蓋——無論是南九萬，還是朴世堂所作的康世爵傳，都與明朝選簿中真實存在的康世爵相差百餘年。

三，朝鮮康氏歷史敘事的時空錯位極爲嚴重。除世系模糊、人名訛誤之外，朝鮮康氏敘事中幾個重要的時間節點，都是明清之際中朝關係史上的關鍵環節。

離朝鮮士大夫開始關注康世爵的康熙二十年、肅宗時代最近的史事，就是三四十年前明清易代的松錦大戰——被迫參戰的朝鮮軍隊向明軍開火；再前推 30 年，則是後金崛起後的薩爾滸大戰，康氏族人參與的牛毛嶺戰役中，有朝鮮元帥姜弘立投降後金之事；至於壬辰東征更早在 100 年前，中朝軍隊聯合戰勝日軍，浴血再造藩邦，恢復箕子朝鮮，康氏子孫的歷史記憶變得模糊，發生倒錯也是完全可能的；而對戰死蒙古的明初祖先，還能保留一點傳說中的印象，也就相當不錯了。故離他們最近的歷史——即明清易代乃至東渡朝鮮，首先被安排在影響最大的"康世爵"名下，但康世爵與康國泰的關係，則因明朝檔案選簿未載康世爵之子，給朝鮮敘事自由安排康世爵父子、祖孫的關係留足了空間。對照選簿與康氏世系，可知朝鮮敘事中康世爵父祖世系、人名、輩分、事跡與真實歷史都存在部分對應與確實乖離的關係——具體地説，東征死於平山的應該是康世爵本人；康國泰應爲康世爵之子，戰死於薩爾滸；而康世爵之孫、國泰之子，即出生於壬辰東征之後、隨國泰參加薩爾滸戰役

① 桂勝範:《桂勝範評〈想象異域〉》(丁晨楠譯)，載《澎湃新聞·上海書評》2020 年 3 月 9 日 https://www.thepaper.cn/newsDetail_forward_6403438。康氏出身及真實身份，起初或有言語不通的障礙。自南九萬、朴世堂開始，康氏敘事不斷翻陳出新卻更能説明問題:朝鮮敘事關注的重點並非是真實的康世爵其人，而是明太祖發源地淮南(或相鄰的湖北也湊合)甚至是來自"皇朝"明朝的東渡人就可以了。

並在戰後逃到朝鮮的人,才是朝鮮康氏的女真近祖。

而被朝鮮康氏采用的叙事素材,分布於明朝選簿所載的兩個康氏家族中:最早關於祖先戰死蒙古的歷史記憶,可落實到三萬衛康世爵一輩祖康嚴珠的身上;跟隨楊鎬東征的壬辰戰爭記憶,只有康世爵才是最佳的承擔者;而薩爾滸大戰的史實,落實到康國泰及其子身上更爲合理。正因爲選簿中康世爵之父、祖都確定無疑,唯其子缺載檔案選簿,這也是導致朝鮮康氏叙事出現訛誤的根源。而最晚近的歷史記憶,即明朝 13 萬大軍與清朝決戰的松錦戰役,應當也有康世爵後裔參加。這幾個時間點,正是明清時期影響中朝關係最重要的三大歷史關節點,尤其是"再造藩邦"的萬曆壬辰戰爭的參與者康世爵,成爲塑造朝鮮康氏叙事的主角:在他之前、之後的人物關系與事跡,都有模糊、混亂之處,張冠李戴也在所難免,但最深刻的祖先記憶系於康世爵之身,這至少説明壬辰戰爭的影響還是最爲强大的歷史因素。

2. 康氏家族的自身因素與朝鮮政局的交互作用

康氏家族的各代族人,參與明清時期與蒙古、日本、建州女真乃至清朝的戰爭,無疑都影響到朝鮮康氏後裔的歷史記憶——通過"康祐""康霖""康世爵""康國泰"這些真僞並存的記憶符號,重新構建以康世爵爲中心的朝鮮康氏家族發展史,這符合朝鮮的政治正確,但也改寫了康氏家族的底層記憶:包括出身和血統。

南九萬康世爵傳,作於 1688 年,朝鮮肅宗十四年、康熙二十七年,時肅宗"命贖皇明人康世爵子女"。而南九萬任咸鏡道觀察使,認識康世爵後裔之事發生在 17 年之前,直到南九萬擔任領議政之後,才將康世爵"發掘"出來:"通慶源府妓多生子女,道臣狀請許贖。"① 從知道康世爵到廣而告之並加以利用,中間有 17 年的時間差。而南九萬建議爲洪翼漢、尹集,吴達濟三學士立祠與"發掘"康世爵,都是其擔任左議政、領議政期間的政治建樹。

據洪翼漢後裔記載:"丙寅(1686)六月十三日引見時,左議政南九萬所啓仁祖朝丁丑年,洪翼漢、尹集、吴達濟死於瀋中……國家宜有推奬之典,而其時忌諱……實是欠典。"② 戊辰(1688)二月二十九日,領議政南九萬啓

---

① 《朝鮮肅宗實録》卷 19,肅宗十四年三月八日辛巳 2 條。

② 洪翼漢:《花浦先生遺稿》卷 5《附録·丙寅六月啓辭》,《韓國文集叢刊續》,第 22 册,第 413 頁。

爲三學士洪翼漢、尹集、吳達濟立祠事“因年凶尚今不得舉行……癸酉（1693）
三月十五日，始得奉安”①，建議將洪翼漢之孫禹錫、吳達濟血屬妾子題給廩料，
包括爲三學士立祠和許贖康世爵等人後裔，都是肅宗時朝鮮“大講尊周思明、
建大報壇崇祀神宗皇帝”②等系列活動的具體表現。這是南九萬、朴世堂等人
發現、挖掘“康世爵”時不能忽略的大背景。

　　實際上，康世爵及其後裔的確切身份與來歷並不重要。重要的是“皇明人”
康世爵，來自那個被滅亡的明朝就可以了。康熙三十九（1700）年，朝鮮侍
讀官尹趾仁奏言：“唐人康世爵是荆産而皇朝衣冠之族也。其曾祖佑戰死於蒙
古；其祖霖，壬辰年從楊鎬東來，又死於平山地；世爵與其父國泰在劉綎軍中，
牛毛嶺之戰，國泰又戰死；世爵脱身，流離轉至我境，居生於會寧地，而頗
有忠義之氣。北人衣服之資皆資清差，而終不傳於身，臨死戒子孫使之同居，
其子孫十餘人，今方同居一籬之内。北俗頗有觀感之效，宜贈以一命之官，
或録用其子孫。”③與南九萬前後呼應，形成了一種輿論力量，特別關注的是
康氏子孫與“清差”劃清界限之舉，正如孫衛國指出“尊明”的核心是爲了“反
清”④，而康世爵家族的真正來歷，與清朝同源的女真血統，並非朝鮮君臣關
心的重點，由此造成歷史事實與真實情境的張冠李戴，也就可忽略不計了。
這説明包括壬辰東征戰争在内，重大歷史事件對中朝關係的影響，在朝鮮與
明朝的表現都是不同的。朝鮮康氏家族的歷史記憶，基本上成爲傳説的集合體，
其中真實歷史與記憶背景的乖離比比皆是。

　　又比如 18 世紀末，金鑢（1766—1821）記載在流放途中到達咸鏡道吉州
白桑堡時，見到一位“修軀勒髯，年可七旬，自言姓慈，名尚泰，皇明光禄
勳誼之裔。明亡與康世爵等出來，子孫散居北道，居白桑者爲十餘户云”⑤。
當時是丁巳（1797）年十二月初四日，慈尚泰年七十二，出生於 1725 年前後，
離明亡已七十餘年。其所謂“明亡”時出來的只能是其祖輩，同行的“康世爵等”
按時間推算也只能爲康世爵的孫輩。

　　①　洪翼漢：《花浦先生遺稿》卷 5《附録·戊辰二月啓辭》，《韓國文集叢刊續》，第 22 册，第
414 頁。

　　②　參見孫衛國：《從“尊明”到“奉清”：朝鮮王朝對清意識的嬗變（1627—1910）》第五章“清
朝對朝鮮王朝宗藩政策的演變”，第 185 頁。

　　③　《朝鮮肅宗實録》卷 34，肅宗二十六年九月二十八日丁巳 1 條。

　　④　參見孫衛國：《從“尊明”到“奉清”：朝鮮王朝對清意識的嬗變（1627—1910）》，第 26 頁。

　　⑤　金鑢：《藫庭遺稿》卷 7《坎窞日記·北遷日録》，《韓國文集叢刊》，第 289 册，第 476 頁。

到 19 世紀中後期,金景善在壬辰(1833,道光十三年)年記載:"世爵之初至,客於嘉山驛子。驛子父子皆學漢語,至其孫得龍,以最善華語,自十四歲出入燕中,凡三十餘次,行中大小事,例皆任之云。"① 這裏又增加了康世爵叙事的新材料:嘉山在朝鮮忠清北道博川附近,入其地 30 里有嘉平館,據説驛站館夫父子就是跟康世爵學的中國話,驛夫後代因此得隨出使清朝的朝鮮使臣,出入北京 30 餘次。這個教人説"最善華語"的"康世爵"也同樣是其孫輩。

申錫愚 (1805—1865)出使清朝時,仍關注康世爵傳説。"庚申 (1862)十一月二十六日將渡江……自渡中江,爲中國地界。有民居及往來軍民……馬頭指一山曰:此金石山,奇峭崒崒,横障西北,康世爵所避地處,無知其跡者。獨自騁望,興歎。"② 但朝鮮人關心的,從來都不是真實的"康世爵"。朝鮮類似的記憶傳説,資源豐富,萬曆壬辰東征,則是産生這種資源的一方沃土,從"再造番邦"的深切感激到"至痛在心"的遺憾苦楚,中朝歷史發展的種種曲折,都在與康世爵傳説相類似的各種歷史叙事中留下了深刻印記。

比如與康世爵叙事相類的田好謙叙事。朝鮮李德懋記:"田好謙,字遜宇,廣平府雞澤縣人。父允諧,吏部侍郎;祖應賜,兵部尚書……好謙……在廣平有子曰存兒,東來復娶張氏女。張亦金華義烏縣人,父龍,從天兵征倭,留仕本朝,爲同知中樞府事。好謙性謹厚,能通書籍,公卿大夫莫之不愛之。"③ 啓、禎年間雞澤人田好謙被擄於鎮江,易代後東渡朝鮮,參預訓練都監事,娶妻爲東征 "指揮同知" 義烏籍將領張龍女。張龍曾列名東征經略宋應昌奏折,可 "復職" 但不准 "食俸"④。留居朝鮮的張龍,很可能即宣祖時柳成龍所存《唐將書帖》中駱尚志的旗牌官張三六, "三六" 是家族排行,爲義烏同鄉挽留朝鮮爲練兵官,與張龍基本相符。⑤

① 金景善:《燕轅直指》卷 1《出疆録·壬辰·金石山記》,《燕行録全集》,第 71 册,首爾:東國大學校出版部,2001 年,第 314—317 頁。

② 申錫愚:《海藏集》卷 16《入燕記·渡江記》,《韓國文集叢刊續》,第 127 册,第 574 頁。

③ 李德懋:《青莊館全書》卷 47《磊磊落落書補編 [下] 田好謙》,《韓國文集叢刊》,第 258 册,第 347 頁。

④ 宋應昌:《經略復國要編》附後《兵部一本爲查核東征功次仰乞聖明酌行賞罰以昭國是以勵人心事》,鄭潔西、張穎點校,杭州:浙江大學出版社,2020 年,第 409 頁。

⑤ 參見韓國國學振興研究事業委員會編輯:《古文書集成》,第 16 册,《書簡通告類·唐將書帖》手書原件,首爾:韓國精神文化研究院,1994 年,第 218—221 頁;《古文書集成》,第 52 册,第 584—585 頁。

成海應記載："（田）好謙，字遜宇，生萬曆庚戌，隸鄉學生。嘗至椵島，崇禎丁丑，清襲椵島覆之，好謙就俘，會虜將奇其貌，釋之，遂與其徒十餘人東來，屬訓練都監……顯廟丙寅（1686）終，年七十七。"①田好謙變成了椵島就俘，而在朝田氏子孫還數次前往中國訪尋故園家親，如1710年田好謙第三子井一與雞澤田氏族人會聚北京，產生了問答詩文集《廣平田氏述先錄》。

尹行恁記載："田好謙者，廣平府蓟鎮雞澤縣之馮鄭里人也。大父應揚事顯皇帝，爲兵部尚書；父允諧，吏部侍郎。好謙以庚戌生，隸鄉學。先是都督黃龍鎮東江，好謙往遊之。崇禎九年，金人東搶，遂侵東江，虜將奇好謙狀貌非常，釋之……壬辰之役，指揮同知張龍，從麻貴征倭，留仕本朝，爲同知中樞府事。好謙娶其女，有四男。"好謙孫女爲李如梅之孫李著之妻，"著之先亦因甲申之變而東來"。②東渡朝鮮的明人，大都彼此通婚，維持一個互相支持的婚姻圈。在此我們再次領略到了與康世爵朝鮮敘事大致相同的問題和敘事結構。

總之，朝鮮敘事中，與康世爵類似的東渡皇明人及其後裔，學界已多有探討：如石星、李如松、高策、董一元、邢玠、韓世功後裔等，真僞並存，都需仔細考辨。③

結　　語

在明清之際朝鮮王朝的國家認同、朝野士大夫的"尊明攘夷"觀念和朝鮮政治正確要求的共同推動下，從肅宗朝授命追贈壬辰東征明將康世爵祖先、錄用其子孫開始，朝鮮康氏家族進入了在朝"皇明人"的群體，但其真實的"女真"血統則被徹底抹去——以淮南或荆州等中原籍貫的新面目出現：若非朝鮮康氏後裔對祖先真實的女真來歷漠然無知，就是爲了生存而有意掩蓋祖先的真實來源，再經朝鮮士大夫推波助瀾，重構了符合朝鮮主流價值觀、時代氛圍及歷史潮流的新記憶。

---

① 成海應：《研經齋全集·外集》卷40《田氏誥命錄》，《韓國文集叢刊》，第277冊，第167頁。

② 尹行恁：《碩齋稿》卷9《海東外史·田好謙》，《韓國文集叢刊》，第287冊，第145頁。

③ 可參見：孫衛國《兵部尚書石星與明代抗倭援朝戰爭》（載《朝鮮·韓國歷史研究》第14輯，延吉：延邊大學出版社，2013年）、王秋華《明萬曆援朝將士與韓國姓氏》（《中國邊疆史地研究》2004年第2期）、徐成《壬辰戰爭中的宣大將士相關問題研究》（山東大學2020年碩士學位論文）等論文中提到的相關事例。

　　朝鮮地方官及朝堂兩班貴族，在此過程中也非旁觀者。正是在他們的積極倡導下，開始重塑康氏家族歷史記憶的工程，不管有無康氏族人主動參與"共同創作"，都是朝鮮王朝的需要和意識形態，決定了包括朝鮮康氏家族在內的"皇明"人叙事的主調和基幹，並在歷史發展過程中不斷增加新環節、新元素，卻離康氏家族的真實歷史越來越遠——實際上，這也並非朝鮮君臣關注的重點。正是從肅宗時代開始，朝鮮士大夫開始注意到康世爵後裔，康氏子孫也有意按照朝鮮"思明宗周"的歷史節奏重構家族記憶，加上歷代朝鮮士大夫的加工修繕，朝鮮康氏家族的歷史記憶，與明朝存在的真實歷史漸行漸遠。它成爲了朝鮮歷史發展主旋律下的一曲贊歌，而事實則是真僞摻雜的移花接木、暗度陳倉。

安東金氏家族燕行與清朝文人的書畫翰墨緣

王碧鳳

【摘　要】安東金氏家族是朝鮮王朝時期的名門世族，自先祖金尚憲起多人作爲燕行使臣赴清，其中金善行、金在行兄弟，金履度、金祖淳叔侄陸續與清文人嚴誠、陸飛、潘庭筠、羅聘、張道渥等以詩會友、以藝交遊建立翰墨之交，情誼之深，成爲中朝文化藝術交流一個典型。

【關鍵詞】金氏家族　燕行經歷　書畫交遊

安東金氏家族的燕行始明清鼎革之際，自清陰金尚憲開始，後人承襲家族傳統幾代陸續燕行，同時仰慕中原文化藝術，主動並廣泛地結識清朝文士，大江南北，新知舊友，皆一時名家。這個家族與清代文人之間往來時間之久、人數之多，在中朝兩國文化交流史上是不可忽略的一段。

一、安東金氏家族燕行經歷與書畫修養

1. 金氏家族的燕行經歷

金氏家族是朝鮮李朝的名門世族，有着顯赫的官宦地位和極高的文學聲譽，自高麗太師金宣平到仙源金尚容、清陰金尚憲大盛。明代天啓六年（1626）清陰金尚憲的出使開啓了這個家族長達百餘年的燕行之旅，其後嗣金壽恒、

【作者簡介】王碧鳳，廣州美術學院講師。

【基金項目】教育部人文社會科學研究項目 "《燕行録》與清代書畫藝術東傳"（編號: 19YJC760101）的階段性成果。

金昌集、金昌業、金益謙、金在行、金善行、金履素、金履度、金祖淳等都曾赴燕，幾乎貫穿了整個 18 世紀。

金尚憲爲朝鮮仁祖時代著名的斥和首領，"丙子胡亂"時力爭斥和，後奉朝廷之命與昭顯世子一起被押解到瀋陽囚居，一生以節義著稱，在朝鮮有"文天祥"之譽。宋時烈在《承旨贈領儀政金公墓碣銘》云："自清陰先生以來，天下皆知東國有安東金氏。凡族於先生者，世皆知其官位、行能。"①金尚憲在 1626 年出使期間與當時的右都御史張延登結識，請張氏爲其《朝天録》作序，②後張延登將此卷刊刻。王士禎之妻爲張延登的孫女，王氏在其《感舊集》中選刊了金尚憲的詩，由此金尚憲的詩文開始被中國詩壇所熟知，成爲此後朝鮮使臣入京後與清文人詩文唱和的一個"橋梁"，詩作往往以"和清陰韻"起。

李德懋在《農岩、三淵慕中國》中將這個家族五代出使入燕經歷作了詳細的梳理：

> 蓋清陰先生水路朝京，於濟南，逢張御史延登。後七十餘年癸巳，曾孫稼齋入燕，逢楊澄定交，望見李榕村光地。後二十有八年，清陰玄孫潛齋益謙日進入燕，逢夛青山人李鍇鐵君，相與嘯歌於燕臺之側。後二十有六年，清陰五代祖孫養虛堂在行平仲，逢浙杭名士陸飛起潛、嚴誠立庵、潘庭筠香祖，握手投契，爲一時盛事。自清陰以來，百有四十餘年，金氏文獻甲東方者，未必不由於心慕中原，開拓聞見，遺風餘音，至今未泯也。③

金氏一族多以正使、副使的身份入燕，這使得他們的子弟、親戚可以弟子軍官的身份隨行，由此家族中有燕行經歷的人數衆多。自金尚憲以下金氏家族中有燕行經歷的人員情況如下（表一）：

---

① ［朝］宋時烈：《承旨贈領儀政金公墓碣銘》，《宋子大全》卷 177，《韓國文集叢刊》，首爾：景仁文化社 / 民族文化推進會，1988—2005 年，第 114 册，第 87 頁。

② 張延登《〈朝天録〉序》，載於金尚憲《清陰集》卷首，《韓國文集叢刊》，第 77 册，第 6 頁。

③ ［朝］李德懋：《青莊館全書》卷三十五，《清脾録》卷四，《韓國文集叢刊》，第 258 册，第 53 頁。

表一　安東金氏家族燕行情況表 ①

	人名	時間	身份	燕行日記	其他文獻收錄
1	金尚憲	明天啓六年（1626，朝鮮仁祖四年）	聖節兼謝恩陳奏使正使	《朝天録》	《清陰先生集》卷九（《燕行録全集》13 册）
		明崇禎十二年一十六年（1639—1643，朝鮮仁祖十七年一二十一年）		《雪窖集》《雪窖後集》《雪窖別集》	《昭顯瀋陽日記》（《燕行録全集》24—25 册）
2	金壽恒	順治十年十一月初三（1653，朝鮮孝宗四年）	三節年貢使書狀官	《燕行詩》	《文谷集》卷一（《韓國文集叢刊》133 册）
		康熙十二年十一月初六（1673，朝鮮顯宗十四年）	謝恩兼三節年貢使正使		李宇鼎《癸丑聞見事》《使臣別單一》（《同文會考補編》卷一）
3	金壽興	康熙十九年十一月初三（1680，朝鮮肅宗六年）	謝恩陳奏告訃兼三節年貢使正使		申懷《庚申聞見事見》《使臣別單二》（《同文會考補編》卷二）
4	金昌集	康熙五十一年十一月初三（1712，朝鮮肅宗三十八年）	謝恩兼冬至等三節年貢使正使	《燕行塤篪録》	《夢窩集》卷三 刻本（《燕行録全集》29 册）
5	金昌業	康熙五十一年十一月初三（1712，朝鮮肅宗三十八年）	子弟軍官	《老稼齋燕行日記》《燕行塤篪録》	《燕行録全集》32、33 册《老稼齋集》卷五刻本（《燕行録全集》34 册）
6	金益謙	乾隆五年（1740，英祖十六年庚申）			洪昌漢《燕行日記》
7	金文行	乾隆十七年十一月初六（1752，朝鮮英祖二十八年）	謝恩兼三節年貢使書狀官		
8	金善行	乾隆三十年十一月初二日（1765，朝鮮英祖四十一年）	冬至等三節年貢兼謝恩使副使		洪大容《湛軒燕記》（《燕行録全集》第 42、43 册）

① 注：本表參考了北京大學漆永祥教授的《燕行録千種解題》一書。

續　表

	人名	時間	身份	燕行日記	其他文獻收録
9	金在行	乾隆三十年（1765，朝鮮英祖四十一年）	子弟軍官		金在行《中朝學士書翰》洪大容《湛軒燕記》（《燕行録全集》第42、43册）朴齊家《貞蕤閣文集》卷一（《韓國文集叢刊》261册，收録抄寫本）
10	金祖淳	乾隆五十七年十月二十一日（1972，朝鮮正祖十六年）	冬至等三節貢兼謝恩使團書狀官		《楓皋集》卷一，刻本（《燕行録全集》65册）
11	金履素	乾隆五十六年十二月二十日（1791，朝鮮正祖十五年	冬至等三節貢兼謝恩使正使		金正中《燕行日記》（《燕行録全集》第74册）
12	金履度	乾隆五十六年（1791，朝鮮正祖十五年	子弟軍官		金正中《燕行日記》（《燕行録全集》第74册）
13	金文淳	嘉慶二年十月十五日（1797，正祖二十一年）	冬至等三節年貢兼謝恩使團正使		
14	金弘根	道光十一年十月十六日（1831，純祖三十一年）	冬至等三節年貢兼謝恩師團副使		鄭元容《燕槎録》（《燕行録續集》第131册）

　　安東金氏族人不斷的燕行過程中結識了一批中國文人，從重臣大儒到布衣書生，甚至與販賣書籍、書畫、古玩的街肆商人都有廣泛的接觸和交流，形成了家族和中國文人的朋友圈。

2. 金氏族人書畫藝術修養

　　在朝鮮王朝的中後期，國家的領導權逐漸轉移到居住在首都漢陽和京畿地區的門閥士族手中，他們被後世史學家稱爲"京華士族"。這些世家大族掌握大量財富，掀起了中國書畫、古董的庋藏熱潮，世家文人之間雅集賞鑒、評品書畫之風興盛。金氏家族世代出使清朝的經歷又讓族人比其他士人具有更廣泛的文化視野。族人皆能詩善文且富有藝術修養。清陰金尚憲書法宗明人董其昌，其子金壽恒曾受肅宗之命臨摹兵曹判書李蕭羽所藏的《農家四時屏風》，可見其畫工得到帝王的認同。[①]金壽增善隸書，雅好收藏，善賞鑒，收藏有古碑拓本 180 餘種，燕行時多方求購中國碑帖，曾購得漢《曹全碑》，評其筆意天然，風格面貌肅散古雅。

金昌業以道學和文章聞名於世，與其長兄金昌集、二兄金昌協、三兄金昌翕以及其弟金昌緝、金昌立皆享盛名，被時人稱爲“六昌”。金昌業醉心於書畫藝術，尤擅山水和人物畫，爲此其父金壽恒還專門寫《寄業兒》一文進行規勸：

> 汝於繪事，好著成癖，每慮其有妨於學業矣。蓋一時以此得名之後，則一家之間，或被强迫而亦不得辭，勢固然矣。近聞汝以摹畫之役，無暇讀書，數月之內，將未易斷手云。今後則一切放下，勿復留意於此事，唯以讀書作文爲業。[②]

這也從側面反映了金昌業於書畫用功之勤，造詣之深。現存的《宋時烈肖像圖》人物造型準確，足見其功底（圖一）。金昌協善書，書跡有“文貞公李端相碑”“監司李萬雄碑”“金崇謙表”“金命元神道碑”等。金在行、金履度都善行、草書，有晉人遺韻（圖二）。金祖淳擅畫墨竹，喜仿東坡枯木竹石圖，且在家中築“玉壺山房”以作爲雅集、賞鑒書畫之所。金逌根與金正喜交好，擅墨竹、石，筆法具有金石氣，足見金氏族中人於丹青翰墨都頗有造詣。雖然繪事被人認爲是文人之“餘事”，但不妨礙他們在個人精神和修養上對此的追求，深厚藝術修養也爲他們入燕後對書畫的關注埋下伏筆。

金氏族人入清之後積極與中國文人建立密切的聯繫和深厚的友誼，在與清士人的交遊筆談中大量論及書畫藝術，同時中國書畫、金石、碑帖等作品也隨着他們燕行帶到了朝鮮。他們的這些思想和活動對李朝後期書畫藝術的發展起了重要的作用。

---

① 《肅宗實録》“肅宗七年十月庚子”條目。

② ［朝］金壽恒：《寄業兒》，《文谷集》卷二八，《韓國文集叢刊》，第 133 冊，第 133 頁。

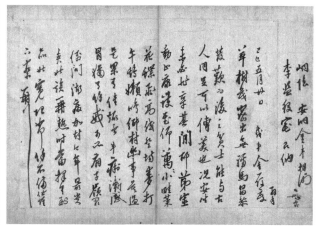

圖一　金昌業繪宋時烈肖像圖　　　　圖二　金履度行草書手札

二、金氏族人與清文人之間書畫藝術交遊

　　金在行、金履度、金祖淳等人入燕後與多位清朝文人，尤其是與當時頗有書畫之名的文士交遊，他們之間詩文唱和、互贈書畫、雅集鑒賞等活動頻繁，成爲中朝藝術交流史上不可忽視的一段歷史。

1. 金善行、金在行與浙杭三才之書畫交遊

　　提及燕行使臣與"浙杭三才"的交遊，廣受學術界關注的是洪大容與他們的交往，相關研究十分豐富。其實與洪大容同去的金善行、金在行兄弟亦與三人有十分密切的交遊，遺憾兩人未有燕行日記傳世，僅能從同行的洪大容的記錄中梳理一二。

　　金善行，字述夫，號休休先生，朝鮮英祖十五年及第，官至禮曹判書。金在行，字平仲，號養虛，工詩善草書，金善行堂弟。乾隆三十年（1765）十一月初二，正使順義君李烜、副使禮曹判書金善行、書狀官兼執義洪檍開始冬至等三年貢兼謝恩行。[①]金在行作爲其兄的弟子軍官隨使團入清。十二月二十七使團到京並開始了他們此次燕行的任務，而金善行、金在行、洪大容等也開始了他們與清文士之間的交遊。其中最突出是與"浙杭三才"嚴誠、潘庭筠、陸飛三人之間往來。彼時此三人均在浙江鄉試（省試）榜上有名，

---

① 佚名《行使錄》，《燕行錄全集》，首爾：東國大學校出版部，2001年，第27冊，第286頁。

進京參加會試。三人俱能書善畫，嚴誠還善於治印，有浙派之風。

　　丙戌年（1766）二月初一使團裨將李基成在琉璃廠買遠視鏡時與嚴誠、潘庭筠偶遇，李基成回到使館後極言二人言貌高潔，有過人才學，切勿錯過。由此，二月初三日金在行與洪大容先行同往二人寓所正陽門外乾淨衕天升店，相與筆談。初見，金在行即向兩人請見詩文，潘庭筠解釋匆忙赴京未有佳作，出示陸飛畫作後偶題小詩呈教：

> 乃出示一幅畫，水墨蓮花一朵，筆劃奇勁，上有陸詩七絕一首，
> 下有力闇詞及蘭公詩，皆佳，而陸詩尤高。①

幾人的第一次見面筆談由觀畫品詩開場。隨後第二日（二月初四），嚴誠、潘庭筠兩人前往朝鮮使臣的驛館玉河館，先拜訪了三大使，作爲副使的金善行第一次見二人，洪大容出示朝鮮許升所畫的朝鮮花卉圖卷，曰：“臨行一友贈此畫，此於我國頗稱工手，願得題品。”潘庭筠評曰：“畫格甚好。”

　　這次見面讓雙方都印象頗好，開啓了此後長達一個月幾乎日日不斷的見面筆談或書信往來。幾人之間互求題寫書册、題畫之舉在筆談中不勝枚舉：

> 今見此册中心艷美不置，乘來使之便，再將一册附上，不敢更
> 累大人作書，只求湛軒、養虛兩兄灑點墨於其上，而初不計字之工
> 拙也，二詩亦望録入得塗滿此幅，更感高誼。②（十四日，嚴誠）
>
> 因見此帖備諸墨妙，而蘭公獨得此奇寶。故前日弟亦將一册呈到，
> 不敢再煩三大人作書，只求吾兄及洪兄仍將二詩寫入。其餘頁隨意
> 揮灑，務滿此册而止。③（十六日，嚴誠）
>
> 昨日册頁一本求二兄作書，望隨意揮灑，點墨皆是至寶，初不
> 計工拙也。有見教之語，務寫滿爲佳。總求二兄手跡，傳示子孫，
> 二詩萬望寫入。④（十五日，潘庭筠）

　　嚴、潘二人求册時多次叮囑金在行、洪大容等要將所作之詩録入且寫滿，既是想記録這段情誼，也反映了金、洪等使臣詩文、書法水平不俗。

　　金氏兄弟還特別關注幾人的出生地——杭州，金在行在陸飛爲其祖父請

---

① ［朝］洪大容：《湛軒書·外集》卷二，《乾淨衕筆談續》，《韓國文集叢刊》，第248册，第129頁。

② ［朝］洪大容：《湛軒燕記》，《燕行録全集》，第43册，第93頁。

③ 同上書，第107頁。

④ 同上書，第106頁。

書《忠天朝》壁畫時就表露："弟在東國，聞西湖名勝，神往者已久，而每歎無路一見，破此宿願，何幸今日，遇闇、蘭二兄，披襟瀉懷，已至忘形。所謂'西湖十景'，風廓在下，志氣暢快，其樂無窮。雖不見錢塘，亦無所恨。"①金善行亦作《簡鐵橋四首》詩云："漢隸唐文已鮮儔，虎頭神妙又全收。地靈從古生人傑，杭是江南第一州。"②詩中誇嚴誠的書法格調到漢唐，繪畫又神妙如東晉顧愷之，皆因出生於人傑地靈的杭州，並求爲其作杭州西湖山水圖，嚴誠《次韻答詩四首》：

> 倪王別派古無儔，愛殺煙雲腕底收。一角遠山摹不得，（注：宋馬遠畫西湖遠山一角）笑儂生長在杭州。（詩下小注：時君求余畫西湖山水。）③

金在行與陸飛的相識亦是先見其詩、畫，據《乾淨衕筆談》記載，二月二十三日，金在行與洪大容再次前往潘庭筠處，見"炕上有綃畫幾幅，書帙堆散"。潘筠庭解釋昨日陸飛到京，在聽了他和嚴誠講述與金在行、洪大容的訂交之後，恨自己遲來京城，隨後"即於燈下作畫五幅及札一通，擬呈三大人及二兄"。並留書信道："遂忘其拙，用絹五幅，燃燭作畫，聊代羔雁……工拙不足言，但此時濡筆揮灑，不特忘日間車馬之勞，並不覺更漏之促，其心可想矣。"隨後陸飛便外出歸來，這段相見趣事被洪大容完整地記錄了下來：

> 力闇以詩稿五册、綃畫五幅示我輩曰："陸兄詩稿，送三大人三本，二兄分領一本。其五幅綃畫亦如之。"蘭公展其畫而示之，皆水墨亂草，筆畫雄偉。蘭公指二幅畫曰："此瀑布此雲氣，蓋益奇壯也。"力闇曰："此皆昨夜燈下所畫，至三更始畢。"余看畢曰："謹當領歸，若奉圭璧。只恨踈拙無以贊揚。"起潛曰："小道僅供遊戲，何足爲輕重？雕蟲篆刻，丈夫不爲，徒取笑耳。如海東亦須此覆醬瓿則可矣。"④

陸飛五幅畫爲連夜所作，足見其對朝鮮使臣們尊敬之意。類似事例在幾人的交往中不勝枚舉，使團三位大人欲求陸飛畫扇，卻又擔憂不見面而相求

---

① ［朝］洪大容：《湛軒書·外集》卷二，《乾淨衕筆談》，《韓國文集叢刊》，第 248 册，第 129 頁。

② （清）朱文藻編，劉婧校點：《日下題襟集》，上海：上海古籍出版社，2018 年，第 27 頁。

③ 同上書，第 28 頁。

④ ［朝］洪大容：《湛軒燕記》，《燕行錄全集》，第 43 册，第 158 頁。

過於態度輕慢，有失禮節，陸飛聽聞則直言"若我之體貌不足顧惜也"，過二日即爲洪、金二人和三位使臣畫扇相贈。"昨從自南客覓得金陵扇五把俱畫就，並繫以詩，草草塗抹，不計工拙"，同時還附上了幾人之前求畫的束扇，"其四把扇三大人及余（洪大容）要畫者也，其金陵扇五把分送於三大人及余與平仲"。① 此類慷慨贈畫的行爲足見其真性情及對幾人的情誼之深。

金在行又應嚴誠懇請，即席以行楷體寫唐人絕句二紙：

> 平仲乃以半行各書唐詩一絕，皆稱好不已。平仲曰："不能違命，自處以善書，恣意揮灑，人間又有如此狂率者乎？二兄適足使愚弟露盡馬脚而少不惜焉。還爲慨然。"蘭公大笑曰："正欲使兄如此，以供笑謔耳。"力闇曰："弟以爲張長史不是過也。"蘭公又戲曰："教云馬脚，吾兄妙腕，乃與驥足爭能耶？"平仲曰："馬脚二字之妄發，甘受焉。"蘭公曰："兄作書有追風逐電之勢，馬脚二字乃絕妙評語，非妄語也。"②

金在行以善書名，於行草書亦頗自負。他即興揮毫，極盡恣意瀟灑，得潘庭筠贊比之草聖張旭也不過，幾人的友情在詩文、書畫往來中不斷升華。

金在行與三人在會面都"劇談"到紙盡才竟日而歸，即便未能相見的日子，他們與這三位杭州文士之間還有大量詩文唱和、手札往返、書畫及其他禮品互贈，交流頻繁（見表二、表三）。

表二　金善行、金在行與浙江杭三才書畫往來表 ③

往來形式	時間	人物	內容	地點
第一次筆談	二月初三	朝鮮：金在行、洪大容、李基成 清：嚴誠、潘庭筠	筆談：辯論朱、陸異同，白沙、陽明之學，古今治亂之得失等；詩和：金在行出《鸚鵡律三首》及清陰韻一首等。	天陞店客邸
			書畫交流：見陸飛所作水墨蓮花圖，評筆畫奇勁	

① ［朝］洪大容：《湛軒燕記》，《燕行錄全集》，第43冊，第231頁。
② 同上書，第163頁。
③ 本表參考朱文藻編，劉婧校點《日下題襟集》與洪大容《乾淨衕筆談》《湛軒燕記》輯錄而成。

往來形式	時間	人物	内容	地點
第二次筆談	二月初四	朝鮮：金善行、金在行、洪大容、李烜、洪檍 清：嚴誠、潘庭筠	筆談：朝鮮衣冠服飾、中國禮儀、清朝剃頭之法、西湖風景、南方樂器及前朝事跡等，金在行請二人爲"養虛堂"作詩題記等；詩和：金善行《贈嚴誠鐵橋、潘秋庿》、李烜《鸚鵡詩二首》《鐵橋過訪寓館即席有作三首》、嚴誠《次韻答詩三首》等。	玉河館
			書畫交流：洪大容出示其友，朝鮮頗稱工手的許升畫幅一幅請題品，蘭公評："畫格甚好，文：所畫之花皆東國所有乎？"答："然。"	
書信往來	二月初五、初六、初七		三房皆有書於兩生，嚴、潘兩人各有手札和物品饋於諸位大人及金在行、洪大容。	
			書畫：嚴誠送金善行《尹宙碑》拓片。	
第三次筆談	二月初八	朝鮮：金在行、洪大容 清：嚴誠、潘庭筠	筆談：心性之學、佛儒之辯、婦人作詩、隱士林通等；詩和：金善行《簡鐵橋四首》、金在行《用高祖清陰先生韻贈鐵橋》《枕上不寐有懷鐵橋、秋庿仍用韻》、嚴誠《敬次清陰先生韻和答養虛尊兄兼請定》等。	天陞店
			書畫交流：論及潘庭筠所贈《漢隸字源》、金在行以紙請書畫、潘嚴請金在行書詩，論倭淩紙等書畫用紙特性。	
書信往來	二月十四		金在行贈潘庭筠書法册頁《題册贈蘭公》。	
第四次筆談	二月十六	朝：金在行 清：嚴誠、潘庭筠	嚴誠請金在行、洪大容書册，金在行請索嚴誠畫。	天陞店
書信往來	二月十九		金在行贈嚴誠書法册頁《題册贈鐵橋》；金在行稱嚴誠《養虛堂記》筆法尚漢魏。	

續　表

往來形式	時間	人物	內容	地點
第五次筆談	二月二十三	朝鮮：金在行、洪大容 清：嚴誠、潘庭筠、陸飛、韓姓文人	筆談：朝鮮藏書、衣冠、酒及朱陸之學；詩：金善行《與鐵橋、秋庫》、金在行《贈別蘭公》、金在行《與筱飲》。	天陞店
			書畫：陸飛作絹畫 5 幅、金在行以半楷作書數紙	
第六次筆談	二月二十六	朝鮮：金在行、洪大容、清：嚴誠、潘庭筠、陸飛、韓姓文人、潘庭筠父	筆談：王陽明、浙東浙西之別、與清人張元觀交遊等事。	天陞店
			書畫交流，談三大人請陸飛畫扇，作水墨蓮花。	
書信往來	二月二十八		書畫交流：陸飛畫金陵扇 5 把並作詩贈；畫 4 把東扇並題《題畫竹扇送金丞相》《題畫松扇子·贈金丞相詩》《題畫荷扇贈金養虛》等 畫幾人白描小像，並有詩《金丞相書來道別，未面之深情於既面，對來使率成小幅，題詩送之》	

表三　金善行、金正行與杭三才互贈物品表

	金善行贈嚴誠、潘庭筠	嚴誠送金善行	嚴誠贈金在行	陸飛贈金在行	陸飛贈 5 人（三使及洪、金）	潘庭筠贈金在行
書畫文房類	倭菱花紙二卷	畫松扇一把	白描小像一幅	畫荷扇一把	絹畫水墨各一幅	李斯《嶧山碑》拓片
	簡紙二十幅	畫竹扇一把		絹畫水墨一幅	水墨山水金陵扇各一把	法帖二種
	各色扇三柄	《尹寅碑》拓片			東扇 4 把（除金在行）	
	筆二枝	白描小像一幅				
	墨二笏					

續　表

	金善行贈嚴誠、潘庭筠	嚴誠送金善行	嚴誠贈金在行	陸飛贈金在行	陸飛贈5人(三使及洪、金)	潘庭筠贈金在行
其他類	牛黄清心元二丸		《感舊集》全集	《篠飲齋稿》五册		
	九味清心元二丸					
	螺鈿煙袋二個					

　　金氏兄弟與浙杭三才之間的往來洪大容基本都在旁，所以筆談和來往書信内容被洪大容記録在其燕行遊記《湛軒燕記》卷五、卷六的《乾浄衕筆談》中，同時嚴誠的好友朱文藻也在其身故後將嚴誠與他們在京期間及分別後的尺牘整理成《日下題襟合集》保存，金在行則將他與清人的往來詩文尺牘編成《中朝學士書翰》計18件，[①]另有柳得恭的《並世集》、藤塚鄰校抄的《燕杭詩牘》都記載了這段歷史，[②]這些史料成爲他們友誼的見證。

2. 金履度、金祖淳與張道渥之書畫交遊

　　金履度(1750—1813)，字季謹，號松園居士。金昌集曾孫，金尚憲六世孫。世人評價其"重交際少許可，所與遊皆文行藝術，心期澹遠人也。恬於勢利，恬情墳典，浄掃一室，牙籤滿架，古鼎彝器列左右，焚香品茗，吟諷詩史，工於臨池，佳硯寶墨，以供清賞。作楷、草深得鍾、王法，爲人所寶重焉"。其人性情儒雅澹淡，好文玩書畫，工書，擅長楷、草二體，書風頗有鍾繇、王羲之的筆意，爲時人所推崇。在此次赴燕前，金履度的風雅已經被清人所認可，乾隆四十五年(1780)朴趾源燕行時就曾向山東都司郝成[③]出示過金履度的手書詩稿，郝成"諷詠再三"，還録入其所抄《榕齋小史》中，在品詩的

---

① 原札手跡現藏於韓國高麗大學中央圖書館。

② 哈佛大學燕京圖書館、韓國國立中央圖書館都有藏本。

③ 郝成，字志亭，號長城，任山東都司。

同時也評價了金履度的書法"筆摹鍾、王，東國文章奇士也"。①

　　乾隆五十六年十月（1791，朝鮮正祖十五年），金履度以子弟軍官的身份隨其兄金履素出使。據同行的金正中《燕行録》載："庸庵金相公以冬至正使兼謝恩使銜命出疆，携季氏松園居士與之作萬里之役。因先相公夢窩赴燕時與稼齋偕行，舊例也。"②金履度的出使，除了仰慕中原文化，心向往之，也是因爲家中有金昌集携其弟金昌業赴燕之舊例，可惜金履度没有留下燕行記録，現只能從金正中、朴趾源等人的燕行日記中管窺一二。

　　金履素與金履度入燕與衆多清文人進行交流，其中金履度因爲雅好書畫，與其交流的多是富有書畫之名的文人。與金履度往來最密切的是清文人畫家張道渥。張道渥（1757—1829），字逢紫，號水屋、竹畦、夢覺等，自稱張風子、騎驢公子。官至四川簡州州判、直隷蔚州知州、天津府海防同知等。《揚州畫苑録》載其："工詩畫，爲人傲岸不羈。"自詩云："何以雲中公子狂，軟塵踏遍四時香，神仙俠客家風在，果亡虬髯總姓張。"清人王偁《歷下偶談》卷二："山右名士張水屋道渥，性疏狂，工畫，善詩與書，有鄭虔三絶風。歷代書畫名器，立辨不謬，具超人之識，多負俗之名。"可見張道渥的詩書畫名動當時，稱爲"三絶"，現存有《水屋剩稿》二卷。

　　乾隆辛亥、壬子年間，張道渥在京候銓，由此得以與燕行的金履度相遇，僅金正中《燕行録》中記載的金履度與張道渥見面筆談次數就多達 8 次，其中有 5 次是金履度前往張道渥的住處夢覺草堂。筆者根據金正中的《燕行日記》整理金履度與張道渥交遊情況（表四）：

表四　金履度與張道渥交遊情況表

	見面時間	人物	交遊中涉及的書畫内容	見面地點
1	1791（辛亥）十二月二十七日	金履度、張道渥	獲贈《古藤書屋圖》	琉璃廠

① ［朝］朴趾源：《熱河日記・避暑録》："余曰：'僕原未有誦。此來有清陰先生六代孫履度別章。'志亭大喜曰：'又是奇事。'余出示之，志亭諷詠再三，其後入録其所抄《榕齋小史》曰：'華山金履度，朝鮮使臣金清陰尚憲六世孫也。其《奉别燕巖朝京》（原稿"赴燕"志亭改"朝京"）曰："四面燕山闊，萬里秦城高。中有垂鞭者，白髮行邁勞。"其二："耿介湛軒子，倜儻燕巖叟。海内知姓名，高風屬前後。歲乾隆庚子五月二十三日，華山金履度題。"字季謹，筆摹鍾王，東國文章奇士也，與其友人朴燕巖、韓錫祜爲詩酒莫逆。'"見《燕行録全集》，第 56 册，第 418 頁。

② ［朝］金正中：《燕行録》，《燕行録全集》，第 74 册，第 179 頁。

續　表

	見面時間	人物	交遊中涉及的書畫内容	見面地點
2	1792（壬子）正月初六日	金履度、張道渥	得《泰山圖》《吳八景圖》《江村山寺圖》，扇子三把	夢覺草堂
3	1792（壬子）正月初十日	金履度、張道渥、羅梭峰	得指頭八分、歙硯、圖章石	夢覺草堂
4	1792（壬子）正月二十日	金履度、張道渥	未知	夢覺草堂
5	1792（壬子）正月二十二日	金履度、張道渥	未知	庶常館
6	1792（壬子）正月二十四日	金履度、金正中、張道渥	金正中賦七律詩並書	夢覺草堂
7	1792（壬子）正月二十五日	金履度、張道渥、諸友（注：具體人名未見文獻）	話別，具體内容未知	夢覺草堂
8	1792（壬子）正月二十六日	金履度、金正中	指隸書法二張，扇畫《幽居》	館所

　　從上表可見張道渥多次贈"指頭八分"書於金履度等人，正月初六日，松園往張水屋草堂，贈《江村山寺圖》，其紙面水屋以指頭八分自題。初十日，張道渥又贈指頭八分。初二十六日，又贈指隸書法二張，"以指頭八分寫江亭扁額"[①]贈金正中。臨別之即，張道渥又贈金履度山水册。[②]以指作書據文獻記載宋時就有，到了清代，指書、指畫之風大熾，王原祁《畫征録》："清世祖以指上螺紋蘸墨作渡水牛，神肖多姿，自後高其佩等皆擅長指墨，其法實始自世廟也。"[③]到了清中期很多文人都善以手指作書，蔚然成風，如桂馥、張玉亭等都善指書。所謂"指頭八分"即用手指替代毛筆作隸書，張道渥多次以指隸書法贈使臣，應該是對其指書比較滿意和自信，頗有炫技之嫌。金正喜在《題高其佩指頭畫後》評："又如張水屋，羅兩峰，不失士氣，能以篆

---

① ［朝］金正中：《上松園書（還家後）》，《燕行録》，《燕行録全集》，第 74 册，第 184 頁。

② 劉錫五亦有詩《張水屋所畫吳中山水爲金履度題，即送其歸國》，見《隨槎書屋詩集》卷九。

③ 《皇清書史》卷十五，《清代傳記叢刊》，第 83 册，臺北：明文書局，1985 年，第 384 頁。

籬之法作之，反有勝於筆趣者。大率以指代筆，即光陰互用之妙諦，有能悟徹天龍一指禪，可入指頭三昧也。”可見張道渥的指畫確實水平頗高，樸拙之氣勝用毛筆畫，且此風也影響了朝鮮使臣，據《皇清書史》記載：“金姬保，字梅隱，朝鮮人。光緒初使臣，善指書。”①

金履度與張道渥“至情”之交，延續到了其兄弟子侄，其族侄金祖淳在距離金履度燕行不到一年的時間，於乾隆五十七年（1792）十月，作爲三節年貢兼謝恩使團書狀官出使中國，與張道渥又有一段詩文翰墨之誼。

金祖淳（1765—1832），字士源，號楓皋，是清陰金尚憲的第七世孫，與金履度是叔侄關係。金祖淳與張道渥的初次見面時間，據金祖淳在《送濟寧洪尚書（義浩）上使》詩注裏自述：“張水屋刺史，自稱龍角山中畫師，與僕定交在乾隆癸丑。”②乾隆癸丑是乾隆五十八年（1793），爲金祖淳出使在北京停留期間，兩人在京期間的交往細節由於相關史料闕佚，具體情形已經無從得知。從現存的文獻中可以想見兩人應該是一見如故，金祖淳在燕行之前應已經在金履度處見過張道渥的詩文、書畫，《走筆贈水屋張刺史道渥》寫道：“一見歡然張水屋，松園壁上見君詩。我家癡叔君知否，較叔須知我更癡。”直接表達了對張道渥的傾慕。在另一首《上松園從叔父》詩中又道：“水屋道人全幅圖，煙重樹密遠峰孤。掛來壁上生秋色，無數涼蟬噪碧梧。”贊揚了張道渥的畫藝高超，對其才學“較其叔更癡”。

關於金祖淳和張道渥在京期間的交往內容不見史料，僅金祖淳的文集中《大水（判）［筆］》③一條顯示兩人當年交遊情況：

> 　　往在癸丑，晤水屋於金臺，與之弄墨，水屋用此筆，揮灑如飛。
> 因謂余云：“鋪中筆，少佳製，惟此種頗可。余平生喜用此，作大小
> 字，不煩他種，君於歸時，多携去，試之。”又指管頭三縱劃曰：“此
> 樣是也，小者，又不堪用。”余心識之。其後試以作字，小字儘佳，
> 大字往往有缺畫，如以秃毫書者，乃知才不才，相距不啻三十里也。
> 今費隱舍中“玉壺山房”匾額，即水屋筆，細察其字樣，亦用此所

---

① 　《皇清書史》卷末，《清代傳記叢刊》，第84冊，第563頁。

② 　［朝］金祖淳：《楓皋集》卷三，《韓國文集叢刊》，第289冊，第66頁。

③ 　原文題爲《大水判》，筆者根據文意及韓語筆叫삗，英語音譯，和判괜讀音相近，推斷此處應是筆字。所謂水筆是一種以狼毫、兔尖（兔背之毫）爲主要原料，當地產孔麻爲輔料制作而成的毛筆，目前揚州地區的“揚州水筆”是國家級非物質文化遺產。

書也。①

兩人筆談時張道渥向金祖淳推薦了一款其常用毛筆是少有的"佳製"，筆毫鋪開還能保持中鋒行筆，可作大字、小字，都十分稱手，並親寫示範。金祖淳試寫後覺得寫小字不錯，但寫大字似乎儲墨能力不足，容易導致筆畫的缺損，猶如禿毫筆寫出的感覺，由此無法達到張道渥的"揮灑如飛"，通過這段毛筆的使用與書寫的關係使得金祖淳對張道渥的書藝有了更直觀的感悟。

金履度與張道渥自乾隆五十七年（1792）分別之後無緣得以再見，但是兩人的情誼一直延續，嘉慶十六年（1811）金履度還托人帶了毛筆給張道渥，張道渥收到後特別作《寄謝朝鮮友人金松園遠贈騎驢筆》以謝，並感慨："廿載流光染鬢絲，不堪回憶訂交時。"②嘉慶十八年癸酉（1813）金履度去世，金祖淳亦寫信托人轉告，並一再勸慰毋過悲傷體。③金祖淳則與張道渥一直保持着書信、物件的往來，並詳細記錄在自己的文集中，這些史料某種程度上彌補了兩人燕行之時史料不存的遺憾，成爲二人情誼的見證。

金祖淳在文章中多次提及對張道渥的思念之情，想方設法托其後的燕行使臣轉交書信，打聽張道渥的近況消息並感慨打聽消息之難："伊時承出牧霸州，不知今猶在官，化理神明。貢使非不歲走，不得有心人，難托傳信，不惟浮沈可歎，抑恐滋生未便。汔未奉復，非疎慢然也。祖淳陸陸碌碌，到老無聞，終恐負賦與之天，而愧先生臨別祈勉之語也。"④

在約寫於嘉慶十九年（1814）《與張水屋道渥》的信中⑤，金祖淳描述

---

① ［朝］金祖淳：《大水筆》，《楓皋集》卷十六，《韓國文集叢刊》，第 289 册，第 382 頁。

② （清）張道渥：《水屋剩稿》下卷，《寄謝朝鮮友人金松園遠贈騎驢筆》詩二首，清同治十三年神山官舍重刊本，第 8 頁。

③ "從叔父松園公，上年出守畿南分司，不幸於今年三月十二日，奄忽背世，慟悼之私，非筆札可既。竊惟先生之於叔父，神交至情，可質幽明，遽聞此報，想爲慟絕。叔父素彊無疾，臨歿前數日，忽貽書不佞，托以墓文。其日早衙斷事，起居如常。至夜深，與客圍棋，推枰就枕，仍不復省。國而喪良大夫，家而失賢父兄，冤乎悲哉！有子一人，孫才十許歲，遺文堇數卷。墓在王畿驪州孟谷之阡。五月不佞襄事而旋，萬事已矣，此皆先生所宜欲知，故靦縷奉及耳，萬萬向衰加護，體氣康健，以副遠忧。言雖止此，情實不窮，惟希默亮，不宣。"

④ ［朝］金祖淳：《與張水屋道渥》，《楓皋集》卷十，《韓國文集叢刊》，第 289 册，第 234 頁。

⑤ 據信中所寫"與先生別已二十有一年矣""今先生已屆六旬之外，不佞亦明年五十"，上文已述金祖淳與張道渥的定交在乾隆癸丑（1793 年），別後已經二十一年，同時考金祖淳出生於 1765 年，寫此信的"明年"是五十歲，可以推出這封寫應寫於嘉慶十九年甲戌 1814 年。此年張道渥應爲 57 歲，"今先生已屆六旬之外"應是金祖淳對張道渥年齡判定有誤。

與張道渥分別雖已有二十一年，但是先生的音容像貌卻"愈久而愈不敢忘"：

> 祖淳再拜水屋張刺史先生足下，不佞之與先生別，已二十有一
> 年矣。凡人雖鄉井隣比之間，契闊既久，則儀貌聲音，日就相忘，
> 往往或猝相值而不相辨，今不佞之於先生，非素相識也。別後日月
> 又如是深也，先生之須眉森於吾目，言笑彠於吾耳。以至居停之門
> 巷室宇，羅列之器用圖書，無不歷歷能記，何哉？①

甚至在遊玩之時看到池塘上的浮萍都能感懷一番：

> 古人以人生聚散，比之萍水。不佞自東還以後，或遊池塘之上，
> 則輒自語於心。吾與水屋，合分蓋如此萍，然此萍同在一池之內，
> 雖分復合。吾與水屋，限以中外一分之後，再無合理……安知不復
> 遊金臺之下，得與水屋再見乎！如是思惟，悵然而興懷，黯然而傷
> 神者屢矣。②

在此信之後金祖淳與張道渥之間是否還有書信應答往來不見史料，不知是文字闕載，還是路途遥遠書信困難，已無從考證。但是可以知道的是金祖淳一直在爲之努力，在送洪義浩燕行的臨別詩及注中寫道："龍角山中老畫師，計今年過七旬奇。憑君灑寄存亡淚，夢斷書沉天一涯。（張水屋刺史，自稱龍角山中畫師。與僕定交，在乾隆癸丑。近年寂不聞消息，或傳已作故，或傳尚在霸州任所，或傳老歸本鄉，幸澹寧得的耗來也。）"③

洪義浩有三次出使中國的經歷，根據文中金祖淳説張道渥"計今年過七旬奇"語推算此送行詩應該寫於洪義浩第三次燕行，即清道光三年、朝鮮純祖二十三年（1823），金祖淳十分迫切地想知道已近古稀的張道渥近況，托洪義浩入清後幫忙打聽，盼望得到他的確切消息。

三、金氏族人與中國文人交遊的特點與緣由

通過現存的燕行文獻及筆談資料內容可見，金氏家族與中國文人交遊人

---

① ［朝］金祖淳：《與張水屋道渥》，《楓皋集》卷十，《韓國文集叢刊》，第289冊，第234頁。
② 同上。
③ ［朝］金祖淳：《送澹寧洪尚書（義浩）上使》，《楓皋集》卷三，《韓國文集叢刊》，第289冊，第66頁。

數衆多，涉及範圍廣。相較前人，金在行、金履度等與清文人的交遊具有以下特點：

1. 以詩會友：詩文唱答，請序跋文

中國傳統詩學在朝鮮有着深厚的根基，文人大多擅長詩詞，來華後與清文人多是先通過在筆談中詩文切磋開啓交遊，留存數量衆多的詩歌唱和之作。金善行、金在行與浙杭三人之間初次見面他們就展開了詩文的唱和"較藝"，先祖清陰是他們與清文人迅速展開交流的橋梁，初見金在行與洪大容觀畫品詩，金在行現場書寫舊作《鸚鵡》律詩三首，又即席以清陰韻賦一絶句。嚴、潘二人看後連贊"高妙"，皆賦詩相和並援筆疾書之。第二日筆談中，金在行又爲他的"養虛堂"求嚴誠、潘庭筠賜詩文，兩人應允。嚴誠於幾日後寫成《養虛堂記》贈回。從後幾日的筆談內容中，可以明顯看到金在行都談及詩文、書畫。金善行雖參加幾人筆談的次數不多，但專門爲陸飛寫了《題葆飲曾祖少微先生忠天廟壁畫詩》，陸飛有《題畫松扇贈金丞相》《題畫竹扇贈金丞相》等詩，表露了相互之間的欽慕和不忍離別之情。

據現所見文獻統計，從二月三日初見至二月二十九日金氏兄弟歸國的一個月間，金在行與嚴誠、潘庭筠會面筆談爲6次，分別爲二月初三、初四、初八、十六、二十三、二十六，其中陸飛因是二十二日才到京城，所有三人俱在的筆談是最後2次；其中贈詩3首，獲贈詩12首，現存與三人往來尺牘信札17封。金善行作爲副使，可能有比較多的外交政務，與三人的會面筆談見於文獻記載的僅爲1次，即二月初四。但是雙方通過書信一直保持着緊密聯繫，交往過程中贈詩1首，獲贈詩5首，往來信札有6封，[①]這些史料直觀地反映了詩文唱和是金氏兄弟與浙杭三才的主要交流形式。

2. 以藝交友：雅集題贈，命書作畫

金氏兄弟與"浙杭三才"、金履度與張道渥能建立起如此親近、深厚的感情，究其原因應該是幾人在書畫方面的共同嗜好。在金在行、金善行與浙江杭三才之間的筆談和手札往來中，相互題贈和命書作畫是兩個經常出現的高頻詞。

潘庭筠、嚴誠都曾求索金在行冊頁，還要求務必要寫滿爲佳，並把要求筆談所作詩文寫入，傳示子孫。金在行也向嚴誠和潘庭筠催求畫作。陸飛更是在

---

① 見《中朝學士書翰》手札原件，韓國高麗大學中央圖書館藏。

還未見幾人之前已經先"用絹五幅，燃燭作畫，聊代羔雁"。後又尋金陵畫扇相贈洪、金二人和三位使臣。他在二月二十八日致洪大容的信中説道："昨從自南客覓得金陵扇五握俱畫就，並系以詩，草草塗抹，不計工拙，今並呈送，望分致之。"韓國水原博物館今存有一把潘庭筠墨梅扇面（見圖三），上書款"述夫先生"，應是此行中贈金善行書畫作品之一。韓國澗松美術館亦藏有嚴誠的山水畫2幅，一幅上題寫"葉鋪秋水畫，花落釣人頭，鐵橋寫意"，另一幅題有"臨米海嶽意，鐵橋"。潘庭筠《山水》一幅，僅見窮款"香祖"。尤其是陸飛的一幅山水，上款"丙戌春杭州陸飛畫"，丙戌年間正值金氏兄弟在京與幾人交好期間，應也是金氏兄弟那次燕行帶回來的贈與幾人的畫作之一。

圖三　潘庭筠贈金善行扇面　水原博物館藏 33cm × 65cm　1766 年

金履度與張道渥的交遊中，因雙方都擅書畫一藝，贈送的書畫則成爲他們友誼的另外一種表達方式，這些作品見證了他們之間的翰墨情。

3. 別後鴻雁：書信往來，借畫訴情

金氏族人與清文人的情誼不僅僅表現在燕行期間，在別後依靠着家族和友人的燕行關係托信贈物，延續情誼。在現存金在行與浙杭三才的 17 封書信中，有 8 封是離別之後的書信，互述思念。隨後的金履度、金祖淳叔侄與張道渥的交遊中體現得更加明顯。

嘉慶十四年春（1809），金祖淳收到了張道渥托李文哲帶來的書信，還有

畫一卷、對聯一對、扁額一摺等物品。李文哲是金祖淳的摯友，其出使前金祖淳還作詩《送菊隱上舍隨通信使行》相送，應該是委托李文哲入燕後打聽張道渥的近況。金祖淳也托使臣給張道渥帶去了朝鮮名家李祖源的行書及鄭敾的山水，並隨信向張道渥介紹鄭敾所作畫面中朝鮮的山川風貌"又古畫二幅，即系七八十年間，本國士人鄭敾所作。此公畫擅名本國，而此畫即其望八後弄墨，題欵亦自書，謙齋其號也。所稱百川橋毗盧峰，即本國金剛山中勝處也。金剛直臨東海，大約萬有二千峰，而毗盧最高，溪瀑極多絕境，而百川即其一也。古人所謂願生高麗，一見金剛，即此山也。此畫雖非全面，亦足爲桂林一枝。今者寄呈，實出峨洋之義，可賜俯諒，而所恨得此幅日迫，未及裝褙以送耳。"[1]向老友介紹家鄉山水，以期借山水"臥遊"。

明清鼎革之際，朝鮮始終難以接受清朝取代明朝成爲本國的宗主國，他們對清朝及其文化采取鄙夷輕視的態度。金氏家族從先祖金尚憲開始就比較積極地與當時的文人結交，其詩文在文人圈中有一定知名度。憑借家族前人打下的基礎，後人在燕行之前便對清朝的歷史、人物、風俗有很好的了解，到京之後便是有目的性地去結交或拜訪清朝文士，很快便能建立其友誼，這種主動結交的態度讓金氏族人與中國文人之間的保持着一個持續交往的狀態，原因有以下三個方面：

其一，對中華文化的向往。金氏先祖金清陰是李氏朝鮮中期受時人尊重的詩人，其詩文淵源來自明朝前後七子提出的"文必秦漢，詩必盛唐"的觀點，較早與中國文壇有緊密的聯繫，濟南文人張延登曾刊刻其《朝天錄》一卷，後被王士禎《池北偶談》收錄，得以流傳於清文人之中，名聲大顯。因此對中華文化的仰慕和向往是整個金氏族人燕行的目的之一，也是他們積極主動與文人交遊的緣由，他們希望能夠通過交遊了解更多的中華文化。金昌業在《老稼軒燕行日記》載其兄金昌集出使，弟子一人可以隨往，家中"且吾兄弟，皆欲一見中國"。金在行也是"因願見中華風物，故隨使而來"，金昌業還將燕行途中筆談、書信，所見所聞都事無巨細地付諸筆端，其燕行記被金景善在其《燕轅直指》中評價："適燕者多紀其行，而三家最著：稼齋金氏、湛軒洪氏、燕巖朴氏也。"金氏家族在不斷燕行過程中將清朝的政治現狀、風俗人情、學術文化等各方面情況反饋回去，讓越來越多的朝鮮文人了解清朝並改

---

[1]　［朝］金祖淳：《與張水屋道渥》，《楓皋集》卷十，《韓國文集叢刊》，第 289 冊，第 234—235 頁。

觀。同時也爲兩國文士交往打開了良好的局面，謂"後之入燕者與潘翰林交，必援二公（金在行、洪大容）而爲介"。①

其二，才學相傾。金氏族人在燕行過程中能與衆多的清文人建立友誼，原因還有彼此賞識才學。金氏兄弟與浙杭三才之間的交流，基本是以詩文題唱爲主。在金善行、金在行與浙江杭三才的見面筆談及不能見面的日子裏，幾乎每天都傳遞詩文、書札，相贈書畫、題跋或爲贈送給對方的書畫題寫詩文是主要活動。

日常筆談時嚴誠描述："金君（金在行）喜作詩，與漢魏盛唐諸家心摹手追，風格遒健；而草書亦俊爽可喜。每過余邸舍，語不能通，則對席操管，落紙如飛，日盡數十紙以爲常。"②金在行評潘、嚴等人："詩文與書畫在東國間有能之者，而兼備者絶少。今見兩兄天下之通才也。"這種棋逢對手的激動和仰慕之喜直接躍於紙上。陸飛因晚上京從嚴誠、潘庭筠處得筆談記錄，了解幾人風采後，在給金在行、洪大容的第一封信就表明："陸飛啓：此行自恨來遲，不及一親言論風采，生平第一缺陷事也……生平以朋友爲命，況値海上異人，且不止一人，如竟不獲附力闇、秋庫之末，則此二人者，飛終身報不解之妒矣。"③一句"終身報不解之妒"的戲言道出了陸飛想結識幾人的熱切之情，也從側面反映了幾人之間的心心相惜。

金在行還將與嚴、潘二人筆談内容、贈送的書畫收藏，欲將兩人之名傳播至朝鮮，以流芳百世，曰"奉歸東國，宣揚於儕類，藏之篋笥，傳之不朽"。通過這樣的筆談、唱和、書畫等形式既展示了才學又傳播了本國文化，實現留名他國、後世的願景。李德懋曾評"金氏文獻甲於東方"，雖是有點誇張的修辭，但也説明了這個家族在中朝文化交流史上的地位。

其三，性情、志趣相投。金氏族人在燕行過程中能與衆多的清文人建立其友誼，還在於他們之間的性情和興趣相近。嚴誠在自己的文集中描述初見的金善行印象："金宰相衣冠狀貌乃類世所畫李太白像，胸襟磊落，議論高曠……字畫秀勁可玩。"④贊其弟金在行云："金君嶔崎歷落，不可羈紲，趣若不同而交相善也，余既敬洪君之爲人，而於金君，又愛之甚焉。"⑤稱其"舉

---

① ［朝］成大中：《書金養虛杭士帖》，《青城集》卷八，《韓國文集叢刊》，第248冊，第504頁。

② （清）嚴誠：《養虛堂記》，《中朝學士書翰》原手札。

③ ［朝］洪大容：《湛軒書·外集》卷三《乾淨衕筆談續》，《韓國文集叢刊》，第248冊，第156頁。

④ （清）朱文藻編，劉婧校點：《日下題襟集》，第25頁。

⑤ （清）嚴誠：《養虛堂記》，《中朝學士書翰》原手札。

止疏放可喜"，是"豪邁倜儻之士"。而金在行對二人亦是十分滿意，形容"今承兩位德儀容，益覺中華人物之不可企及也"，美好的印象爲之後幾人深入往來打開了局面，數次筆談衆人相談甚歡，也讓彼此的交流開始變得直接、真誠。而書畫方面的造詣更是讓他們與清文人能够走得更近，這些文人或赴京趕考，或是在京候銓，他們在與來自朝鮮的燕行使臣所謂的異邦交流中如果涉及思想或者政治制度等内容多少帶有一些顧慮和回避。但在書畫藝術這一領域，可以更加真誠地展開交流。如金在行在面對幾人的請書時各以紙與之書畢："不辭而書，聊見愚直之性耳。"幾人在臨别之際，洪大容爲潘庭筠和嚴誠書寫的臨别贈語，其中多緘誠之言。嚴誠看後喜形於色，特用隸書題寫封面曰："湛軒先生臨别贈言，垂示後孫，永以爲寶。"潘庭筠看後爲之憮然，領謝答曰："大訓真乃對症之藥，當終身敬佩。"這些日常化的細節都反映了幾人交往的直爽、真誠，真正展現出"天涯知己"般的交情。

四、結語

18 世紀早期是中朝書畫藝術交流的萌芽時期，書畫交流的形式多表現爲描述旅途中所見摩崖碑版刻石、廳堂居室張掛墨跡、少量的互贈和書畫買賣以及有限的現場創作交流。無論是從參與交往清人的學養素質，還是從交流的形式以及頻度、深度等方面來看，都無法與後來的盛況相比。金善行兄弟、金履度叔侄燕行之時正是清朝最繁榮的時期，他們與"浙杭三才"、張道渥等傾蓋如故的友誼傳入朝鮮之後，對後來的燕行使臣及文人影響極大。尤其金善行、金在行兄弟與浙杭三才文人之間的是詩文、書畫之誼，可以説在 18 世紀早、中期最具有典型性，他們之間頻繁且深入的交流，上續了明朝時中朝文人之間詩文唱和的傳統，下啓了 18 世紀中後期朴齊家、朴趾源、柳得恭、李德懋等人與清朝文人廣泛深入的交遊，爲後來的"北學"産生奠定了思想、文化基礎。

朝鮮友人提供給葉志詵的文物考

［韓］朴現圭（肖大平譯）

【摘　要】本文對清人葉志詵從朝鮮友人處獲得的文獻資料的利用情況
及其意義進行了分析。葉氏三代所居住的北京虎坊橋平安館中有神秘的子午
泉。朝鮮人李肇源在葉志詵的請托之下，請朝鮮友人爲子午泉作題詠詩，李
肇源將這些詩編爲《子午泉詩帖》，並寄給了葉志詵。葉志詵還通過來到北
京的朝鮮友人獲得海東金石文的拓本。此外，他還向周邊友人借閱朝鮮友
人贈予的海東金石文拓本等，並編纂成《高麗碑全文》一書。收錄了新羅
時期至朝鮮前期的 58 種海東金石文。《多胡碑》是日本三大古碑之一，朝
鮮時期成大中、南玉等人從日本人平鱗景瑞處獲得了《多胡碑》拓本。朝鮮
純祖年間，朝鮮友人以成大中藏拓本爲底本，製作了雙鈎本，並寄給了清朝
人。葉志詵在朝鮮人寄給翁方綱的雙鈎本與金正喜贈給自己的雙鈎本基礎之
上，對《多胡碑》進行重新摩寫，並撰寫了《日本殘碑雙鈎本》。從清人葉志
詵與朝鮮友人之間的交流事例，我們可以看到東亞國家間的學術交流的多方
向性。

【關鍵詞】葉志詵　朝鮮友人　《子午泉詩帖》　《高麗碑全文》　《日
本殘碑雙鈎本》　《多胡碑》

一、緒論

清人葉志詵（1779—1863），字東卿，號悦翁，漢陽（今湖北武漢）人，

【作者簡介】朴現圭，韓國順天鄉大學校中國學科教授。

家中富有藏書，貢生出身。1804 年（嘉慶九年）入翰林院，爲國子監典簿，後歷任内閣典籍、兵部武選司郎中。葉志詵是翁方綱的女婿、劉鏞的門人，在金石學、中醫學等方面造詣深厚；同時他的隸書風格獨特，在國内外書家中十分知名，編著有《平安館詩文集》《簡學齋文集》《平安館書目》《平安館藏器目》《稽古録》《詠古録》《識字録》《壽年録》《上第録》《金山鼎考》《神農本草傳》《清遠文木》等著作。

葉志詵，一言以蔽之，是親朝鮮派的文士，他與當時前往北京的朝鮮申緯、李肇源、金魯敬、金正喜、金命喜、洪奭周、金敬淵、洪敬謨、申在植、姜時永、朴來謙、朴綺壽、李裕元、趙秀三、李尚迪、金秉善等人關係密切，建立了深厚的友誼，爲中朝兩國文人的交流開闢了道路。在朝鮮文士回到朝鮮以後，葉志詵還通過第三者與之保持書信往來討論學問。葉志詵還與朝鮮文人互相寄贈各自購求困難的大量文獻資料，對兩國學術的發展作出了重要貢獻。特別值得一提的是，葉志詵所提供的金石文對金正喜的金石學研究以及其秋史體的形成發揮了重要作用。

今天，國内外學界搜求葉志詵寄給朝鮮文士的文獻及相關遺物並不困難，比如昌德宫裏就懸掛着葉志詵所書寫的"樂善齋"匾額，潘南朴氏西溪宗宅中懸掛着葉志詵所書寫"樓山"匾額，國立中央博物館保存着葉志詵所書寫的"皆大歡喜／得恒古祥"以及"保心如止水／爲行見真書"兩幅隸書對聯，果川秋史博物館中也保存着葉志詵用隸書寫給洪敬謨的對聯"輪雲蓋雲輝騰五色／文露武露澤被九天"，奎章閣保存着葉志詵寄給金命喜的手札的重抄本。

那麼反過來，我們在中國能找到朝鮮人寄給葉志詵的文獻以及相關遺物嗎？如果我們能找到類似文物，從小的方面説我們可以對葉志詵與朝鮮友人間的交流情況進行重新把握；從大的方面來說，這些文物爲我們研究朝鮮文化西傳中國大陸的文化通路提供了極佳事例。此前，筆者圍繞這一話題收集了相關資料，也發表了一些研究成果。① 這次筆者將對過去所收集到的新資料進行綜合分析，本文主要論述如下一些問題：一，清人葉志詵在朝鮮友人幫助之下獲得這些資料後又是如何利用的？二，這對於中朝兩國間的友好增進

---

① 朴現圭：《清朝學者의 日本多胡碑 入手 過程과 分析》（《清朝學者獲得〈日本多胡碑〉的過程及其分析》），《日本語文學》，33 輯，日本語文學會，2006 年，第 437—454 頁；朴現圭：《清朝學者編撰海東金石集的種類和所藏現况》，《東亞文獻研究資源論集》，臺北：臺灣學生書局，2007 年，第 253—275 頁。

以及學術發展發揮了怎樣的作用?

二、朝鮮友人題詠的《子午泉詩帖》

本節中筆者將對朝鮮人爲葉志詵家中的子午泉進行題詠而編纂的帖子《子午泉詩帖》進行分析。對於這部詩帖，申在植記作《子午泉詩帖》①，姜時永記作《子午泉題帖》②，這裏我們採納申在植的記載。

北京傳統文化街琉璃廠南側有一座修建於明代的虎坊橋，虎坊橋西南側拐角處有一座以王府宅邸風格建造的北京湖廣會館。該會館本爲清朝名人故居，乾嘉時期王杰、張惟寅、劉權之等人曾在此居住過。1814 年（嘉慶十九年），該會館爲葉繼雯購得，其子葉志詵，孫子葉名琛、葉名澧與之共同居住於此。③

以下我們對朝鮮人關於葉志詵宅邸前主人的兩條記載進行考察。其一記載稱，葉志詵宅邸本爲紀昀舊宅，這一說法見於洪義浩、申緯、洪奭周、姜浚欽等人的記載。④ 紀昀著有《閱微草堂筆記》，該書中記載稱紀昀本人所居

---

① 申在植《筆譚》丁亥正月九日條："東卿曰：此屋傍有子午泉，東國學士大夫皆有題詠，仍出示一帖詩篇。蓋多東邦文人所製。——仍還坐堂中，與諸公閱《子午泉詩帖》。"

② 姜時永《輶軒續錄》卷 2 庚寅正月九日條："主人葉志詵在門伺侯，迎入中堂。茶行後，與之筆談，出示《子午泉題帖》，皆東人詩。"《燕行錄全集》，首爾：東國大學校出版部，2001 年，第 73 冊，第 191 頁。

③ 陳用光《和葉雲素移居詩》，《太乙舟詩集》卷 10，《清代詩文集彙編》第 489 冊，上海：上海古籍出版社，2010 年，第 470 頁。翁方綱《葉雲素員外移居二首》，《復初齋詩集》卷 66，《清代詩文集彙編》第 381 冊，第 628 頁。陳沆《葉雲素師移居虎坊橋長歌志賀》，《簡學齋詩》之《詩刪》卷 3，天津圖書館藏清咸豐二年家刻本，葉 1A–2A。

④ 洪義浩《澹寧瓿錄》第 21 冊《燕中子午泉詩》自序："玉壺李台還自燕，言在都日，與湖北人葉志詵，號東卿者交好，其第即紀曉嵐昀之舊居。"（韓國國家圖書館藏筆寫本，貴重本番號：貴 151，無頁碼，網站所編號碼爲第 21 冊，第 103—104 頁）申緯《警修堂全藁》第 4 冊《子午泉詩，遙寄葉東卿，并序》自注："紀文達昀舊宅，今屬葉東卿有。"（《韓國文集叢刊》第 291 冊，首爾：民族文化推進會，2002 年，第 74 頁下欄）洪奭周《淵泉集》卷 3《子午泉歌，爲北京葉秀才作，泉在故尚書紀曉嵐宅，宅今屬葉……》（《韓國文集叢刊》第 293 冊，首爾：民族文化推進會，2002 年，第 84 頁上欄）。姜浚欽《三溟詩集》六編《子午泉》自注："華士葉志詵號東卿，湖北漢陽人也。見任刑科給事中。買屋於正陽門外虎方衚衕，即故協辦太學士紀昀之故宅。"（《韓國文集叢刊續》第 110 冊，首爾：韓國古典翻譯院，2010 年，第 268 頁下欄）

住的虎坊橋宅邸乃岳鍾琪故居。①而虎坊橋西邊的子午泉所在的宅邸是張惟寅、劉權之故居。②此後，葉志詵入住子午泉宅邸。後來訪問過葉志詵宅邸的姜時永記載稱，朝鮮人錯誤地將此處認作紀昀故居。③那朝鮮人爲何會發生這樣錯誤？這可能與葉志詵的宅邸與紀昀的宅邸非常接近相關。從葉志詵宅邸出發，沿着東側的珠市口西大街前行兩百米左右，就是紀昀宅邸。紀昀 11 歲那年（1734，雍正十二年）跟隨父親來到北京，居住在虎坊橋東側，此處即有紀曉嵐故居，現在行政區劃爲珠市口西大街 241 號。

另外一條記載稱，葉志詵宅邸本爲朱彝尊故居。這一記載出自趙秀三與姜時永等人的記載。④姜時永根據朱彝尊詩中提及自己居住在古藤書屋、槐市家，認爲葉志詵的宅邸就是朱彝尊的槐市家。⑤朱彝尊來到北京以後曾在北京多地輾轉。其中，以 1684 年（康熙二十三年）所居住的古藤書屋最爲著名。古藤書屋位於前廣東順德會館（今海柏胡同 16 號）。1689 年（康熙二十八年），朱彝尊又從古藤書屋移居槐市斜街。⑥槐市斜街原名槐市樹街，位於今西便門大街與長椿街之間，此處距葉志詵的宅邸尚有一段距離。另外，由姜時永所提到的朱彝尊的"槐市家"這首詩來看，"昊天寺近井泉甘"⑦，詩中對於這眼泉的名稱並未記作子午泉。因此，姜時永的記載有誤。

---

① 紀昀《閱微草堂筆記》卷 15《姑妄聽之》："余虎坊橋宅，爲威信公故第。"上海：上海古籍出版社，2016 年，第 293 頁。這裏的威信公是岳鍾琪。

② 《閱微草堂筆記》卷 7《如是我聞》"虎坊橋西一宅，南皮張公子畏故居也。今劉雲房副憲居之。中有一井，子午二時汲則甘，餘時則否。"第 99 頁。這裏的張公子畏指的是張惟寅，劉雲房副憲指的是劉權之。

③ 《輶軒續錄》卷 2 庚寅正月九日條載："及到其家，則塞門粉墙，墨字鐫以前刑科給事中。東人誤認爲紀文達公昀之舊第。"《燕行錄全集》，第 73 册，第 190 頁。

④ 趙秀三《秋齋集》卷 5《子午泉》自注："泉在今葉東卿宅，即朱竹坨舊居也。"京城：寶晉齋，1939 年鉛活字本，第 3 册，第 5 卷，第 2 頁。

⑤ 《輶軒續錄》卷 2 庚寅正月九日條載："東人誤認爲紀文達公昀之舊第，而今聞是朱竹坨彝尊之遺宅。朱竹坨自禁垣移居宣武門外，即古藤書屋也。有詩曰：詔許携家具，書難定客蹤，誰憐春夢斷，猶聽隔城鍾。亦有槐市家移居詩：莎衫桐帽海棱鞋，隨分琴書占小齋，老去逢春心倍惜，爲貪花市住斜街。其二曰：屠門菜市費嬴驂，地僻長稀過客談，一事新來差勝舊，昊天寺近井泉甘。云由此觀之，非古藤屋，則必槐市居也。"《燕行錄全集》，第 73 册，第 190—191 頁。

⑥ 朱彝尊《曝書亭集》卷 14《屠維大荒落》中有《二月自古藤書屋移寓槐市斜街賦詩》一詩，《儒藏》精華編，第 273 册，北京：北京大學出版社，2008 年，第 341 頁。

⑦ 《二月自古藤書屋移寓槐市斜街賦詩》其四："屠門菜市費嬴驂，地僻長稀過客譚，一事新來差勝舊，昊天寺近井泉甘。"出處同上。

　　1807 年（嘉慶十二年），劉權之與鄉人在自己宅中建造了供兩湖與兩廣人士聚會的空間，即湖廣會館。1830 年（道光十年）、1849 年（道光二十九年）、1892 年（光緒十八年），期間湖廣會館多次重修。自清末以來，一些著名的藝術家與文人常在湖廣會館聚會，展開活躍的文化活動。1912 年，孫文曾在此處召開國民大會。1950 年至 80 年代，湖廣會館變爲民居，此後毀損嚴重。1984 年，此處被指定爲北京市重要文物保護單位，1996 年，在對原會館做大力修復之後對外開放。今天此處被用作傳統戲曲京劇的表演場以及展示戲曲文物的文化空間，即北京戲曲博物館。

　　在北京戲曲博物館的文昌閣前面的亭子裏有一口井，名爲子午井。子午井歷史悠久，清代嘉慶年間，紀昀所著《閱微草堂筆記》中就記載了這口井。虎坊橋西側是南皮張畏（張惟寅）的舊宅，副憲劉雲房（劉權之）居住於此。此處有一口井，子時和午時井中涌出甘甜的泉水，而其他時間段却並非如此。其中何故，難以考知。有人認爲，這可能是陰生於午時而陽生於子時，因而與地氣相應有關。①

圖一

　　1943 年，湖廣會館董事長吳子昂疏通受阻的子午泉，並在子午泉邊上建造了欄杆，欄杆石頭上以篆體字刻寫着“子午井”三字。1970 年，由於此處變爲民居，子午泉一度封閉。1996 年，人們重新找到了這口井，並對其進行了復原。這口井口徑約 2 尺，深約 7 丈，井的上端用漢白玉砌成，做成六邊形模樣，正面以篆體字刻寫着“子午井”三字，井的側面刻寫着紀昀《閱微草堂筆記》中的相關記載。

　　這座“子午井”就是所謂子午泉。北京附近有很多這樣的泉，但這些泉水大多渾濁，不能供人飲用。來到北京的朝鮮使節所飲用的并非朝鮮館附近的泉水，而是派遣侍從前往郊外打取泉水。子午泉中

---

① 《閱微草堂筆記》卷7《如是我聞》：“虎坊橋西一宅，南皮張公子畏故居也。今劉雲房副憲居之。中有一井，子午二時汲則甘，餘時則否。其理莫明。或曰陰起午中，陽生子半，與地氣應也。”第99頁。

平時出來的泉水比較鹹，不過當子時與午時時，甘甜清冽泉水從井中涌出。

子午泉是在當時北京文壇十分有名的一眼泉。陳用光在祝賀葉繼雯喬遷之喜所寫的詩中，有"相公舊第亦前緣"這句詩，又在這首詩中自注道："宅爲王文端舊居，有子午泉。"① 這裏的文端公是狀元王杰的謚號。由此可見，陳用光對於王杰舊宅中有子午泉一事是清楚的。

翁方綱在祝賀葉繼雯喬遷之喜所寫作的詩中有"索我來題子午泉"一句，在自注中稱："屋後井水，子午二時味甘。"② 這裏子午泉的主人葉繼雯請翁方綱爲子午泉題寫詩句。由此可見，葉繼雯對於子午泉是非常自豪的。

1816 年（純祖十年），李肇源作爲冬至正使前往北京，葉繼雯寄給李肇源幾句詩，等收到詩作後，李肇源也寫作了表示答謝的四言詩。③ 李肇源訪問了位於虎坊橋的葉繼雯宅邸，同時在詩中記載了子午泉的奇異自然現象和泉水的味道，這是朝鮮人留下的最早的關於子午泉的題詠詩。《燕薊風烟》中有《雲素宅有井子午二時甚清冽餘皆濁澀誠異甃也賦一律以呈》一詩，詩中寫道：

> 聞說平安館，通靈澡甃存。
> 宵中來活脈，畫正動清源。
> 燕土泉愁鹵，韓人肺苦煩。
> 烹茶聊一試，爽氣覺惺昏。④

李肇源在回國以後，將上述詩作收入自己的文集《玉壺集》卷三中，題目更名爲《葉志詵所寓平安館有異甃要一詩遂書贈》。最開始，李肇源在題目中記載了子午泉宅邸主人葉繼雯的名字，此後將葉繼雯更名爲葉志詵。可見，當天李肇源同時見到了葉繼雯和葉志詵父子。

葉志詵委托李肇源將朝鮮文人所寫作的子午泉題詠詩寄給自己。可以看出，葉志詵對於自家的子午泉是非常自負的。李肇源在回國以後，收到了周邊親友所寫作的子午泉題詠詩，他將這些詩作編輯成册，通過第三者寄給了

---

① 陳用光：《太乙舟詩集》卷 10《和葉雲素移居詩》，《清代詩文集彙編》第 489 册，第 470 頁。

② 翁方綱：《復初齋詩集》卷 66《葉雲素員外移居》其二，《清代詩文集彙編》第 381 册，第 628 頁。

③ 李肇源：《燕薊風烟》中《葉雲素繼雯以集句詩一篇寄贈即賦四言四句以謝》，中國國家圖書館藏抄本，索書號 04409，韓國國家圖書館提供全文瀏覽，第 16 頁。

④ 同上書，第 17 頁。

葉志詵 ①，這部詩帖就是《子午泉詩帖》。

此後，葉志詵每年都會在與來到北京的朝鮮使節相會時，向其展示《子午泉詩帖》，並請其寫作題詠詩。不僅如此，他還將收到的這些題詠詩繼續編纂成册。1827 年 (純祖二十七年) 正月，冬至副使申在植在葉志詵的平安館中，見到了李璋煜、王筠、汪喜孫、顏懷珠等清朝友人。葉志詵拿出《子午泉詩帖》，並向衆人介紹子午泉就位於平安館旁邊，同時還介紹了泉水和子午泉相關故事。申在植翻開詩帖，發現前面收録的是李肇源請朝鮮文人所作題詠詩，後面是來到北京的朝鮮使節所作的詩篇。看完詩帖後，申在植在葉志詵的引導之下，通過平安館旁邊的一道門，見到了不太大的一眼泉。這眼泉深約三尺，大不過一個小瓢。雖然葉志詵也請其寫作題詠詩，但申在植以自己不擅長作詩爲由婉拒了。② 幾天後，李璋煜在寫給申在植的詩中，有這樣的詩句："子午泉頭啜茗宜。"③

《子午泉詩帖》中所收録的是朝鮮文人應李肇源或葉志詵之請所寫作的吟詠子午泉的題詠詩。今天《子午泉詩帖》的典藏處不明，我們難以得知其中收録了哪些詩人的詩作，但通過文獻記載，我們可以看到部分朝鮮友人寫作子午泉題詠詩的相關記載。

朝鮮人所寫作的子午泉題詠詩，從内容上看，主要有兩大類。一類是描述子午泉神秘的自然現象。申緯此前直接見到過葉志詵，這次又應李肇源之請寫作了吟詠子午泉自然現象的七言詩。④ 鄭元容也應李肇源之請，寫作過一

---

① 李裕元《林下筆記》卷 33《子午泉》"玉壺李尚書肇源之使還也，東卿諄托玉壺，遍求東人題詠。"

② 申在植《筆譚》丁亥正月初九日乙酉條："東卿曰：此屋傍有子午泉，東國學士大夫皆有題詠，仍出示一帖詩篇。蓋多東邦文人所製。東卿曰：此册李玉壺丈來見後，東歸搜輯若干，而餘則每年奉使來者續詠耳。余披翫再三，見有知舊許多人詩翰得接于殊邦三千餘里，頗覺神奇。東卿曰：先生亦不可無詩。余曰：知舊所製者，在吾鄉時，亦或有入見者矣。僕則詩才拙鈍，露丑是愧。東卿曰：未免過謙。余請見子午泉。東卿導余下堂，循堦灣曲，入一小門。門内有小井，深可三尺，大容一瓢。每於子時，水湧而取汲焉。午時又然，甘洌宜烹茶云。余曰：子午泉聞名已久，今始來見，甚幸甚幸。仍還坐堂中，與諸公閲《子午泉詩帖》。"

③ 《筆譚》所録《李月汀贈詩》："子午泉頭啜茗宜。"自注："在葉東卿平安館談讌竟夕。"

④ 申緯《警修堂全藁》第 4 册《子午泉詩遥寄葉東卿并序》自注："紀文達旳舊宅，今屬葉東卿有。所謂子午泉，泉味鹹，一日十二時中，惟子初午正二時，清脉湧出，甘冽異常，過時焉則依舊鹹也。玉壺李尚書肇源之使還也，東卿諄托玉壺遍求東人題詠，余亦有舊于東卿，爲賦此。"《韓國文集叢刊》第 291 册，第 74 頁下欄。

首七言題詠詩,詩中讚子午泉是一眼神靈名泉。^①此外,洪義浩曾於1816年(純祖十六年)前往北京,見到了葉志詵,但並未品嘗過有名的子午泉中的泉水。這次在聽到葉志詵委托李肇源請朝鮮人寫作子午泉題詠詩的消息後,也寫作了一首五言詩。^②洪奭周在七言詩中寫道,神靈的水源出自宗伯(紀昀)家,家中子午泉中流出清澈靈通的泉水。^③趙秀三也在五言詩中寫道,自己曾品嘗過北京多處的泉水,唯獨葉志詵子午泉的泉水清冽,堪稱名泉。^④這首詩作於1829年(純祖二十九年)。此外,他在另外一首詩中稱:希望品嘗子午泉的泉水,同時還表達了對葉志詵的思念之情。^⑤李尚迪在所作五言詩中寫道,黃河之水千年一清,而子午泉的泉水在子時和午時就變得清澈,^⑥該詩作於1831年(純祖三十一年)。

　　第二類是介紹可以與中原子午泉比肩的朝鮮名泉的詩作。李晚秀在所作五言詩中寫道,叔父李肇源回到朝鮮以後,向他介紹了葉志詵家中的子午泉。李晚秀在詩中還說,雞籠山早上與晚上也有名泉潮泉流出,喝了神秘的子午泉泉水後,能洗去人心靈上染上的世俗的塵埃。^⑦金正喜也在其所作五言詩中,介紹了朝鮮圓寂山的佛池,青松、文義、清州、溫陽溫井等地的名泉,指這些名泉可與中原子午泉相媲美。^⑧此外,李裕元在其文章中,記載了子午泉的奇異自然現象,以及李肇源應葉志詵之請,請朝鮮人寫作子午泉題詠詩之事,

①　鄭元容《經山集》卷1《中國葉東卿志詵宅子午泉詩應李尚書肇源索題蓋泉以子午兩時流出故名尚書赴燕時有求東人詩文相贈之約云》,韓國國家圖書館藏古活字本,第1冊,第1卷,第35頁。

②　《澹寧瓹錄》第21冊《燕中子午泉詩》,韓國國家圖書館藏筆寫本,第21冊,第103—106頁。

③　洪奭周《淵泉集》卷3《子午泉歌爲北京葉秀才作泉在故尚書紀曉嵐宅宅今屬葉水甚濁唯子午二時清瑩可鑒故名云》,《韓國文集叢刊》第293冊,第84頁上欄。

④　《秋齋集》卷5《子午泉》自序:"泉在今葉東卿宅,即朱竹垞舊居也。北京泉井皆滷濁,獨是泉於子午二時,清冽絕佳。"《秋齋集》,第3冊,第5卷,第2頁。

⑤　《秋齋集》卷5《葉東卿主事》其一:"每歲行人詩一篇,帖中名氏半朝鮮。我來大醉逢投轄,快漱君家子午泉。"《秋齋集》,第3冊,第5卷,第20頁。

⑥　李尚迪《恩誦堂集》卷2《題葉東卿志詵武曹子午泉》,《韓國文集叢刊》第312冊,首爾:民族文化推進會,2003年,第177頁上欄。

⑦　李晚秀《屐園遺稿》卷1《吾叔玉壺先生自燕歸盛稱葉家子午泉昔聞雞籠山下朝夕有泉號爲潮泉而若茲泉之必待子午而清陸羽茶經之所未載比之潮泉尤靈且異矣。恨無由一酌沉瀣滌此塵襟聊賦短律寄懷》。《韓國文集叢刊》第268冊,首爾:民族文化推進會,2001年,第37頁下欄。

⑧　金正喜《阮堂全集》卷9《子午泉》,《韓國文集叢刊》第301冊,首爾:民族文化推進會,2003年,第159頁上欄。

還提到了自己曾品嘗過的北漢山僧伽泉的子正水，北青郡東井水的子正水，春川鳳儀山的子午泉。①

以上朝鮮人的作品按照寫作時間和場所可以進行分類，申緯、鄭元容、洪義浩、李晚、李裕元等人寫作的題詠詩收錄在《子午泉詩帖》中。這些作品是 1817 年（純祖十一年），李肇源再回到朝鮮以後，委托朝鮮文士所作。趙秀三、李尚迪等人所作的題詠詩收錄在《子午泉詩帖補篇》中，這些作品是葉志詵請來到北京的朝鮮使節所作。

朝鮮文士對於子午泉表現出濃厚的興趣，同時對於自己的作品能夠收入《子午泉詩帖》中感到十分自豪。1830 年（純祖三十年）正月，進賀使書狀官姜時永訪問了位於虎坊橋的葉志詵宅邸，並與之有筆談。葉志詵向其展示《子午泉詩帖》，並且評價稱：詩帖中所收錄的姜浚欽的詩堪稱第一。②姜時永得知自己父親所作之詩收錄在詩帖中，並被葉志詵評爲第一，感到十分自豪。

1831 年（純祖三十一年）十月，謝恩正使洪奭周帶着自己的女婿韓弼教一起訪問了李璋煜宅。洪奭周稱自己此前曾見到過葉志詵，《子午泉詩帖》中收錄了其兄弟三人所作詩作，並且詢問李璋煜是否見到過這部詩帖。李璋煜回答稱，自己曾讀過葉志詵所編纂的這部詩帖。③這裏所謂三兄弟，指的是洪奭周、洪吉周、洪顯周兄弟三人。洪奭周對於兄弟三人的詩收錄在《子午泉詩帖》中感到十分自豪。同時，就此事向李璋煜予以確認。上文中提到，李璋煜曾於 1827 年（純祖二十七年）正月在葉志詵家中與朝鮮人申在植等人一起鑒賞過《子午泉詩帖》。

1885 年（哲宗六年）12 月徐慶淳與驛馬官韓時良前往會寧館途中經過虎坊橋。韓時良稱，橋北就是總督葉名琛之宅。徐慶淳問韓時良在葉志詵家中是否見到了子午泉，並且詢問是否見到了葉名琛的父親葉志詵？韓時良向徐慶淳介紹了子午泉的所在地、自然現象，以及因南方匪徒之亂與外國人的接

---

① 《林下筆記》卷 331《華東玉糝編・子午泉》。

② 《輶軒續錄》卷 2 庚寅正月初九日條載："主人葉志詵在門伺侯，迎入中堂。茶行後，與之筆談，出示《子午泉題帖》，皆東人詩，而老親所題在第一，聞以詩品爲第次而付之云。"《燕行錄全集》，第 73 冊，第 191 頁。

③ 韓弼教《隨槎錄》卷 5《班荊叢話・主事李月汀璋煜筆談》："上使曰：葉有《子午泉詩》一卷，鄙人三昆季所作都在那裏，不審曾入高眼否？月汀曰：曾拜讀東卿裝爲巨册矣。"

觸受限，因而未能見到葉志詵。① 從這一點我們可以看到徐慶淳也希望在觀覽子午泉之後寫作子午泉題詠詩的心理。

三、朝鮮友人所提供的《高麗碑全文》

本節中筆者將考察葉志詵所編纂的海東金石集《高麗碑全文》的相關問題。《高麗碑全文》，一名《高麗金石錄》。

首先我們來看一下《高麗碑全文》的流傳經過。葉志詵死後，平安館藏書外流。光緒初年，琉璃廠寶明齋主人李炳勳從葉志詵家中購得 100 箱藏書，其中就可能包括《高麗碑全文》。1870 年（光緒五年），繆荃孫在琉璃廠購得《高麗碑全文》。該書前有繆荃孫本人的藏書印"雲輪閣"及"荃孫"二字印。民國初年，《高麗碑全文》流入羅振玉之手。此後，又流入閩侯林氏手中。② 遺憾的是，該書現藏地不明。

以下我們通過前人記錄考察《高麗碑全文》的基本情況。《藝風藏書記》卷 5《高麗碑全文》中有如下記載：

> 四册，亦志詵手稿。自唐至明，得五十八種，與《海東金石苑》
> 互有詳略。③

《高麗碑全文》中所收錄的海東金石文總數爲 58 種，範圍從唐代一直到明代，相當於朝鮮三國時期至朝鮮前期。《海東金石苑》的版本大體上可分爲劉喜海所編纂的初稿本、定稿本，以及後代劉承幹增補的刊印本。劉喜海定稿本《海東金石苑》中所收錄的海東金石文總數爲 81 種，範圍從三國時期一

---

① 徐慶淳《夢經堂日史》編三《日下贅墨》乙卯年十二月七日條："使馬頭韓時良從後，出正陽門，向懷甯館而去，過一橋。馬頭曰：此名虎坊橋，橋之北舍曰葉總督宅。余曰：葉總督是葉名琛乎？曰：然。……聞葉家有子午泉，爾曾見是否？曰：見之。子午泉在家後墻下，圍如一小甕，其深數三丈。北京之水，蓋多淤濁，而此井獨於子時及午時，清洌異常，其他時刻，依舊淤濁，所以謂子午泉。余曰：葉總督方在河南視兵，而其父志詵東卿及其弟名灃似在家，可以納刺就見否？曰：十年前，我使之入都，都中人士多有逢迎會集。自南匪以後，外藩人交通邦禁至嚴，非但到處阻閣，并與赫蹏而不相來往。曾有雅契者，約會於蓼局，暫時立談。"韓國國家圖書館藏筆寫本，第 2 册，網站編號第 189—190 頁。

② 潘承弼《海東金石苑原本攷辨》："葉志詵《高麗碑全文》，稿本四卷，見繆氏《藝風堂藏書記》。是書錄高麗各碑，自唐至明，約五十餘種。首列《朝鮮世系攷》，與《金石苑》互有出入，稿藏閩侯林氏。"中國國家圖書館"民國時期文獻"線上資料收錄 1937 年鉛印本，第 5—6 頁。

③ 《藝風藏書記》，黃明、楊同甫校點，上海：上海古籍出版社，2019 年，第 106 頁。

直到高麗時期。《高麗碑全文》中所收錄的海東金石文總數雖然比劉喜海定稿本《海東金石苑》少 23 種，但所收錄的範圍却比定稿本《海東金石苑》更廣。

此外，林鈞在《石廬金石書志》卷 4《高麗碑全文》中記載稱：

> 稿本，清漢陽葉志詵東卿手藁。是書備錄高麗石刻，自唐至明，計得五十餘種，與《海東金石苑》所見互有出入。首列《朝鮮世系攷》及《朝鮮詩人》。版心有"怡怡草堂抄書"六字。前有繆藝風先生手跋一則，收藏有"雲輪閣"朱文長印、"荃孫"朱文長印。《藝風藏書記》著錄。[①]

《高麗碑全文》是葉志詵的手稿本，全書共有四册，版心題有"怡怡草堂抄書"六字，怡怡草堂是葉志詵的藏書樓之名，《高麗碑全文》前面收錄有《朝鮮世系攷》與《朝鮮詩人》，可以看出模倣了明朝吳明濟所編纂的《朝鮮詩選》的編纂方式。壬辰倭亂時，吳明濟前後兩次來到朝鮮，在朝鮮人許筠的幫助之下，編纂了《朝鮮詩選》。此外，還編纂了記載檀君朝鮮至高麗朝歷史的《朝鮮世紀》一書。《朝鮮世系攷》與《朝鮮詩人》，可能是葉志詵爲了便於清朝學者了解韓國古代朝代及人物而作的簡略記載、編纂之作。

清末民國時期，金石學者曾在閱讀了葉志詵《高麗碑全文》之後，將此書與劉喜海的《海東金石苑》做比較。上文中提到，繆荃孫將《高麗碑全文》與《海東金石苑》進行比較，指出二書互有詳略。此外，潘承弼在《海東金石苑原本考辨》一文中，將劉喜海的定稿本《海東金石苑》與《高麗碑全文》做過比較，指出二書存在差異。又，劉承幹曾試圖以《高麗碑全文》對 1881 年（光緒七年）張德容所刊行的劉喜海的《海東金石苑》進行訂正，但由於兩書皆存在較多錯誤，只好中途放棄。[②]這句話也暗示着葉志詵的《高麗碑全文》中所收錄的釋文存在較多錯誤的事實。

1922 年，劉承幹對劉喜海的初稿本《海東金石苑》進行增補，編纂刊行了《海東金石苑》。劉承幹刊行的《海東金石苑》中，收錄了爲《高麗碑全文》

---

① 林鈞：《石廬金石書志》，1923 年南昌寶岱閣刻本，第 3 册，第 4 卷，第 20 頁 b 面—21 頁 a 面。

② 劉承幹印本《海東金石苑》劉承幹序："舊藏葉氏平安館寫本《高麗金石錄》，嘗欲據以補張刻佚卷，以與張本譌誤相伯仲，遂廢然中輟。"《海東金石苑》，1922 年吳興劉氏希古堂刊本，《石刻史料新編》第一輯影印，臺北：新文豐出版公司，1977 年，第 23 册，第 17525 頁上欄。

收録、而不爲初稿本《海東金石苑》所收録的海東金石文八種。^①以下是劉承幹刊本《海東金石苑》中所收録的、爲《高麗碑全文》所收録的八種海東金石文（表一）：

表一

金石文名	作者
朝鮮國新鑄鐘銘	申叔舟撰，姜希顏書
朝鮮興天寺新鑄鐘銘	韓繼禧撰，鄭蘭宗書
朝鮮知訓練院事曹公墓碑	作者不詳，黃耆老書
朝鮮知成均館事方公墓碣	周世鵬撰，成琛書
朝鮮聽松成先生墓碣	李滉撰并書
朝鮮朴公神道碑	李濟臣撰，韓濩書
朝鮮花潭徐先生神道碑	朴民獻撰，南應雲篆，韓濩書
朝鮮崇仁殿碑	李廷龜撰，金尚容篆，金玄成書

　　上面八種海東金石文都是朝鮮時期的金石文。其中，時間最早的是 1457 年（世祖三年）的《朝鮮國新鑄鐘銘》，時間最晚的是 1613 年（光海君五年）的《朝鮮崇仁殿碑》。劉喜海的《海東金石苑》中所收録金石文的下限是高麗朝，因此並未收録朝鮮時期的金石文。

　　那麽，《高麗碑全文》中所收録的高麗以前的海東金石文又是如何呢？《高麗碑全文》中收録了葉志詵本人所藏並閱覽過的海東金石文的可能性較大。劉喜海、李璋煜補訂抄本《海東金石存攷》中記載道，劉喜海曾在寫給金命喜的信中説，《普願寺法印大師碑》自己家中無有而藏於葉志詵家中。^②

　　此外，筆者曾於 2000 年初前往浙江省圖書館，對葉志詵向友人劉喜海借抄海東金石文拓本並寫作題記及鈐印之事做過調查。調查結果列表整理如下（表二）：

---

　　① 劉承幹印本《海東金石苑》劉承幹序："又從叔言參事所藏葉氏《録》中得八碑，爲方伯（劉喜海）著録所未及，以無墨本可校勘，亦列之附録中。"序文中的叔言參事指的是羅振玉。同上書，第 17525 頁下欄。

　　② 劉喜海、李璋煜補訂抄本《海東金石存攷》中《普願寺法印大師碑》："燕庭書此種東卿處有，而敝笥尚無。"東卿是葉志詵的字。

表二

金石文名	葉志詵題記	葉志詵印章
唐新羅雙溪寺真鑒禪師碑	嘉慶丁丑夏四月四日葉志詵借録一過	"東卿 / 過眼"（朱方印）
唐新羅朗慧和尚白月葆光塔碑	嘉慶丁丑春三月十一日葉志詵校讀	"臣印 / 東卿"（朱方印）
新羅寶林寺普照禪師碑銘	丁丑冬至後五日漢陽葉志詵借讀并録全文	"東卿"（朱長印）
唐海東神行禪師碑	嘉慶丁丑上元日葉志詵釋文	"東卿 / 過眼"（朱方印）
唐高麗廣照寺真澈禪師碑	嘉慶丁丑雨水節漢陽葉志詵校讀	"東卿 / 過眼"（朱方印）
遼高麗國居頓寺圓空勝妙塔碑	嘉慶丁丑春正月晦日葉志詵手校	"東卿 / 過眼"（朱方印）
金高麗寶鏡寺圓真國師碑	丁丑四月朔日葉志詵校讀于平安館	"東卿 / 過眼"（朱方印）
明高麗神勒寺大藏閣記	嘉慶丁丑春三月朔日葉志詵釋文于平安館	"東卿 / 過眼"（朱方印）

　　上述這些海東金石文拓本是趙寅永、金正喜等朝鮮人寄給清人劉喜海的。劉喜海在編纂《海東金石苑》時，曾與周邊友人互相展示過各自所藏的海東金石文，並對這些釋文做過考證。葉志詵在編撰《高麗碑全文》時，也曾向友人劉喜海借其所藏之海東金石文拓本，並對釋文進行校勘。在閱覽這些拓本之後，留下了諸如"借録一過""校讀""借讀并録全文""釋文""手校"等題記，同時，還鈐有"東卿 / 過眼"（朱方印）、"臣印 / 東卿"（朱方印）、"東卿"（朱長印）等印章。葉志詵向劉喜海借閱其所藏拓本的時間主要集中在 1817 年（嘉慶丁丑年，二十二年）。因此，葉志詵真正開始編纂《高麗碑全文》當在 1817 年，此後不久即完成此書的編纂。

四、通過朝鮮友人獲得的《日本殘碑雙鈎本》

　　本節中筆者將對葉志詵通過朝鮮友人所獲得的日本金石文《日本殘碑雙鈎本》進行考察。這裏的《日本殘碑雙鈎本》，指的是以雙鈎方式摹寫的日本《多胡碑》。中國國家圖書館收藏有葉志詵所編纂的《平安館金石文字》

一書，該書中就收錄了《日本殘碑雙鈎本》。1839 年（道光十九年）六月，葉志詵作有跋文。全文如下：

> 右日本國殘碑凡八十字，按：碑文"和銅"爲元明天皇建號，"四年"當唐睿宗景雲二年，歲紀辛亥也。……相傳日本人平鱗得於土中，拓本流入朝鮮，爲成氏所藏。廿年前，翁覃溪師以雙鈎本見貽，偶爾檢得，因詳爲攷證，并重摹以廣墨緣。①

在正式討論之前，我們先對葉志詵接觸日本金石文的周邊環境進行考察。清代形成了崇尚實證的考證學風，這成爲有清一代的代表性學風。到了嘉慶道光年間，清朝學者間形成了收集研究海外金石文的熱潮。在這一時代熱潮的影響之下，很多清朝學者廣泛收集國內外的金石文。這一時期，來到北京的朝鮮文人不僅將本國的金石文、甚至還將他國如日本國的金石文提供給清朝學者。在這一過程中，朝鮮人發揮了重要作用。

此外，葉志詵本人所處的內在環境也十分有利。葉志詵本人有着較高的學問素養，多才多能，特別是擅長金石學研究，家中藏有豐富的金石文原物及拓本。此外，他的周圍還有像翁方綱、翁樹崑、劉喜海、李璋煜這些當時十分著名的金石學者。不僅如此，他還與很多朝鮮學者建立了交流關係，通過他們可以很容易地獲得海外金石文拓本及相關資料。總之，葉志詵在從事金石學研究方面所處的內在環境十分有利。因此，他能接觸到日本《多胡碑》自然在情理之中。

圖二

711 年（和銅四年）三月，奈良朝廷通過弁官將上野國的片岡郡、綠野郡、甘良郡三處 300 戶人家合并爲多胡郡，並任命羊大夫負責管理。《多胡碑》所記載的就是上述史實。② 有一種説法認爲，被任命爲多胡郡

---

① 葉志詵：《平安館金石文字》，中國國家圖書館藏本。

② 《多胡碑》："弁官符，上野國片岡郡、綠野郡、甘良郡并三郡内三百戶，郡成給羊，成多胡郡。和銅四年三月九日甲寅宣。" 這裏的甘良是甘樂的異稱。

地方長官的羊大夫，是從朝鮮半島渡海來到日本之人。①《多胡碑》與《那須國造碑》《多賀城碑》一道，被認定爲日本三大古碑。

《多胡碑》位於今日本郡馬縣多野郡吉井町大字池字御門。

《多胡碑》曾有一段時間淹没在歷史風塵之中，1754 年（寶曆三年）被平鱗景瑞發現，遂爲江户文壇熟知。②1764 年（英祖四十年），平鱗景瑞在與癸未通信使制述官南玉、書記成大中、元重舉、金仁謙等人會談時，提到了多胡碑相關事宜。平鱗景瑞還寫作過吟詠《多胡碑》事迹的詩作。與之會談的朝鮮通信使皆作有唱和詩。③九州大學圖書館藏有平鱗景瑞所編纂的《傾蓋集》，《傾蓋集》中收録了南玉的肖像畫，畫中所繪是南玉鑒賞平鱗景瑞贈予的《多胡碑》拓本的場面。朝鮮學士還從平鱗景瑞處獲得了九峰山人（克明）所製作的《多胡碑》拓本。④

十餘年以後的 1780 年（正祖四年），成大中與宋德文一道展開此前所獲得的《多胡碑》拓本並進行鑒賞，並寫作了對碑上所刻之字的真假進行考證的《書多胡碑》一文。⑤到了純祖年間，朝鮮人對成大中所藏的拓本進行摩寫，並將這些摩寫本寄給清朝人，這些摩寫本很有可能就是《多胡碑》雙鈎本。

---

① 管野英機：《多胡郡設立 1300 年と渡來人》，《世界平和研究》第 37 卷第 2 號（通卷 189），2011 年 5 月，第 40—44 頁。

② 《上毛多胡郡碑帖》東郊平鱗景瑞跋文載："甲戌之秋，余游上毛同子啓觀之。" 甲戌年乃 1754 年（寶曆三年）。

③ 《傾蓋集》：東郊（平鱗景瑞）《余嘗遊于上野國至多胡郡偶觀古碑乃和銅中置縣之碑也土人呼爲羊大夫碑有類羊叔子故事故拂傍石題詩如左今呈覽要諸君高和》；小華秋月子（南玉）《題和平景瑞所藏多胡碑帖》；小華龍淵成士執（成大中）《和平東郊韻題其所藏多胡碑後》；小華玄川子（元重舉）《題平景瑞帖》；小華金士安（金仁謙）《題平景瑞多胡碑帖》等。

④ 《傾蓋集》：龍淵（成大中）《疊和平東郊謝多胡碑刻之贈》；同書："秋月（南玉）云：所惠古碑，奇崛可賞，珍菏萬萬。東郊云：上野國九峰山人，名克明，頗好好古之士。此古本，即所翻刻其家也。秋月云：《多胡碑》得之甚奇，非足下尚奇之癖，何以得此。" 同書："玄川（元重舉）云：碑本昨已受賜，奇事遇好古發之。"

⑤ 成大中《青城集》卷 8《書多胡碑》："多胡碑，余得之日本。……碑之淪於野土，不知其幾年，而平鱗者始得之。鱗雅善金石圖章，獲此以爲珍。好事者亦盛爲稱之。余之入日本，鱗以此見遺，欲廣其傳。然余以其字畫之太詭，藏之巾笥，未輒示人，人亦不之好也。適芝溪宋德文見而奇之，曰：此漢隸古法也。中國之失其傳久矣。今乃得之夷耶？咨嗟撫玩，久不能已。嗟呼，物不自異，待人而顯，宋儋之書，不見采於閣帖，孰知其鍾王者類耶？深山僻野，如此而淪没者何限，此古人所以重知己也。鱗而聞此，必躍然而興矣。" 該文作於 1780 年（正祖庚子，四年）。韓國國家圖書館藏芸閣印書體字本，第 4 册，第 8 卷，第 20 頁。

葉志詵獲得《多胡碑》雙鈎本途徑有二：第一條途徑是上述跋文中提到的，1819年（嘉慶二十四年），他從翁方綱處獲得了雙鈎本《多胡碑》。雖然翁方綱如何獲得《多胡碑》途徑不能知曉，但從朝鮮成大中手中藏有拓本這一點來看，翁方綱亦很有可能是通過朝鮮友人獲得。

葉志詵獲得《多胡碑》雙鈎本的第二條途徑是，1834年（道光十四年）春從金正喜處獲得。葉志詵於1834年2月3日寄給金正喜的書信中寫道："《多胡碑》，曾見李游荷以雙鈎本寄劉燕庭，今得此冊，其愜願也。"① 這裏的"李游荷"是"趙游荷"之誤記，游荷是趙秉龜的號，劉喜海的定稿本《海東金石苑》中收錄有《日本國多胡郡碑》，碑文之後有趙秉龜所作跋文。

葉志詵與金正喜一家有着特別的關係。1809年（純祖九年），金正喜前往北京時，葉志詵正在外地，二人未能相見。儘管如此，金正喜在回到朝鮮以後，還是通過第三者與葉志詵建立了書信往來。1823年（純祖二十三年），金魯敬與金命喜一起來到北京，葉志詵携其子葉名琛、葉名灃一起在虎坊橋平安館爲金魯敬與金命喜接風洗塵。此後，與金魯敬、金命喜常有書信往來。這期間，葉志詵從金正喜、金命喜兄弟處獲得多種拓本和相關資料。葉志詵在寫給金命喜的書信中描述自己獲得古碑、刊本、古本之後的感受稱："引領旭光，良深銘戢。"② 這就是葉志詵從金正喜處獲得《多胡碑》拓本的背景。

葉志詵在從朝鮮人處獲得《多胡碑》之後，作過精密的分析。葉志詵在《日本殘碑雙鈎本》的跋文中，對於碑石所在地的地理與名稱、碑文作者的官職及變遷、碑文的闕脫部分以及碑文的字體特徵等作過詳細的分析。③ 楊守

---

① 藤冢鄰著，朴熙永譯：《秋史金正喜又一個面孔》（《秋史金正喜的另一張面孔》），首爾：아카데미하우스（學術屋出版社），1994年，第323—324頁。

② 《尺牘藏弆集·葉志詵》"志詵揮復山泉賢弟足下，奉到手箋，并前惠古碑刊薰諸珍，引領旭光，良深銘戢，昨春獲晤芝光，仰承喆兄之足。"

③ 《日本殘碑雙鈎本》葉志詵跋文如下："日本域地，内有五畿，外有七道，上野國爲東山道所屬八國之一，本名上毛野，在渡瀨河之西，凡隸郡十四，片岡、甘良、多胡、綠野皆其所屬。'甘良'，《志》作'甘景'。'中弁'之職有左右之分，當正五位下，秩爲朝議大夫，在國爲重職，擇華族中有才名者居之，執行宫中之事。'太政官'，始設於天智天皇十年，至孝德天皇時，改爲'太師'，後仍復原稱，爲文官之至極，助理萬機。'左右大臣'，設於孝德天皇時，奉行諸政，在太政之次。'親王'以國后子改立者，初叙三品。妃子初叙四品，任國守事者，惟上野、上總、常隆三國有之，他國則否。'正二位'秩爲特進上柱國。'多治比'，島名。'真人''藤原'，皆賜姓；'石上'，亦姓也。此文首尾殘闕，似係題名。書勢雄偉，類上皇山樵《瘞鶴銘》字。"《平安館金石文字》，中國國家圖書館藏本。

敬在自己書中多次轉錄過葉志詵的跋文，可見受其重視程度。不過，誠如《日本殘碑雙鈎本》的題目中所顯示的，葉志詵所見到的《多胡碑》是殘缺本。而事實上，《多胡碑》的碑文完整地流傳了下來。①

五、結論

本文對清人葉志詵在朝鮮友人幫助之下編纂的《子午泉題詠詩帖》以及海外金石文研究等具體事例做了考察。

19世紀前期，朝鮮與清朝之間通過外交使節展開頻繁的學術交流。清人葉志詵就是與來到北京的很多朝鮮友人有直接交游關係的親朝鮮派人物。兩國之間的篤厚友情通過學術交流與研究得以深化。葉志詵故居，即北京虎橋坊平安館（現湖廣會館）。平安館內有子時和午時涌出清冽泉水的神秘的子午泉，當時很多清朝人物都提到子午泉，名聲顯赫一時。

1816年（純祖十年），葉志詵向朝鮮人李肇源介紹了子午泉的奇異自然現象，並委托李肇源請朝鮮人爲子午泉作題詠詩。李肇源回國以後，將從衆多朝鮮文人處募集的詩作編纂爲《子午泉詩帖》，寄給了葉志詵。此後，葉志詵繼續請來到北京的朝鮮使節寫作題詠詩，編纂《子午泉詩帖補編》。遺憾的是，《子午泉詩帖》至今典藏處不明。

此外，葉志詵對於金石學也有獨到見解。葉志詵通過金正喜、金命喜等朝鮮友人獲得位於朝鮮的海東金石文拓本。此外，他還向劉喜海、李璋煜等周邊友人借來其所藏海東金石文拓本，根據這些材料編纂了《高麗碑全文》一書。《高麗碑全文》全書共四卷，收録了從新羅時期至朝鮮中期的58種海東金石文。《高麗碑全文》收録金石文的總數比劉喜海定稿本《海東金石苑》要少23種，但收録的範圍包括了朝鮮前期的金石文，因此比劉喜海定稿本《海東金石苑》要廣。此後，繆荃孫、閩侯林氏先後藏有此書，現在所藏處不明。

在當時重視考證學的學風之下，葉志詵在熱衷於金石學的朝鮮友人的幫助之下，逐漸對日本金石文產生興趣。《多胡碑》是日本三大古碑之一，1764年（英祖四十年），朝鮮通信使成大中、南玉等人從日本人平鱗景瑞處獲得了《多胡碑》拓本。此後，朝鮮人以雙鈎形式對成大中所藏《多胡碑》拓本進行摹寫，並將摹寫本寄贈給清朝人。葉志詵在朝鮮人贈予翁方綱的雙鈎本與金正喜贈

---

① 傅雲龍：《日本金石志》卷1《建多胡郡辨官符碑》："此碑曾流傳中國，葉氏雙鈎刻本，……呼爲日本殘碑，實未之殘。"清光緒十五年刻本。

予自己的雙鈎本基礎之上，對《多胡碑》進行重新摹寫，同時對碑文的傳來過程、所在地、刻工、鐫刻字體等進行考察，寫作了《日本殘碑雙鈎本》一文。此文後收入《平安館金石文字》中得以刊行。

最後對本研究的學術意義進行總結。自古以來各國之間的交流，其方向是多向的，而非單向，是相互之間超越雙方、通過第三國展開的多種方向的複雜現象。東亞國家間的學術交流也在這一原則之下進行，從多種途徑活躍地開展交流。我們通過葉志詵與朝鮮學者之間的交流這一案例，可以看到各國之間學術交流的多方向性。

十九世紀中葉浙江文人沈秉成和朝鮮使臣交遊考

楊雨蕾

【摘　要】浙江文人沈秉成是晚清頗得盛名的官員和收藏鑒賞家，十九世紀中葉他在北京期間和朝鮮使臣申錫愚、朴珪壽等人結識交遊，之後又有多年書信往來。雙方詩文相交、書物互贈和學術談討，展現十九世紀中葉東亞漢字文化圈下，超越地域界限的中朝文人"心性之交"的和諧大同。

【關鍵詞】沈秉成　朝鮮使臣　中韓文化交流　十九世紀

沈秉成（1823—1895），原名秉輝，字仲復，號聽蕉，自號耦園主人，浙江歸安（今湖州）人。道光二十九年（1849）鄉試中舉；咸豐丙辰（六年，1856）進士，改庶吉士，授編修。同治元年（1862），任翰林院侍講，次年改翰林院侍讀，後又升任國史館協修、文淵閣校理等。同治三年（1864）離開京城，先後出任雲南迤東道、江蘇常鎮通海道、蘇松太兵備道、河南按察使、四川按察使、湖南按察使等職，任内勸民植桑育蠶，著有《蠶桑輯要》，頗有政聲。1873 年在上海創設詁經精舍，關注到西學，推動培養後生學習之。光緒十年（1884）回到京城任順天府尹，後歷任廣西巡撫、安徽巡撫、兩江總督等職。

沈秉成家門儒雅，先祖沈炳震（字寅馭，號東甫，1679—1737）爲乾嘉時期的史學家，著有《二十一史四譜》《新舊唐書合鈔》等，繼室嚴永華（字少藍，1836—1891）爲浙江桐鄉人，出身書香門第，工詩善畫，著有《紉蘭室詩鈔》《鰈硯廬詩鈔》等。其藏書超萬卷，喜金石字畫，收藏皆爲精品。他

【作者簡介】楊雨蕾，浙江大學歷史學院教授。

曾一度寓居蘇州，築成耦園，"鰈硯廬" 爲其書樓之名。在耦園，沈秉成常與俞樾、李鴻裔、吳雲、鄭文焯、顧文彬、潘祖蔭、曹元忠、潘遵祁等學者名流、書畫金石名家、鑒藏家們鑒賞金石古器、法書名畫等，探研學問，考訂文字。近代書畫篆刻大師吳昌碩與沈秉成亦有金石之交，先後爲其治印十餘方，並撰有《沈秉成傳略》。① 有關沈秉成和朝鮮文人的具體交遊，主要在討論朴珪壽和清朝學人交往時有所涉及②，本文進一步爬梳相關史料，就此專門加以考察。

一、與申錫愚等人的交遊

申錫愚（1805—1865），字聖如，號海藏，歷任朝鮮藝文館檢閱、司諫院正言、龍岡縣令、弘文館校理、楊州牧使、成均館大司成、吏曹參議、左承旨等職，"甲寅（1854），拜同知春秋館事，弘文館提學兼經筵日講官，吏曹參判漢城左尹，差司譯院提調。乙卯（1855）冬，出爲慶尚道觀察"。後官至司憲府大司憲。錫愚儀表堂堂，"家庭詩禮，早有服襲。天人性命，蓋嘗究心。沈潛義理，願學聖賢，嘗爲文以薦晦庵之書。……其爲文章，必根據經傳，雄渾灝噩。文苑諸公，皆推爲大家手。所著述有《海藏文稿》若干卷，有讀其文者曰：神采風韻，自露於吟詠著述之間"③。

1860 年申錫愚被任命爲冬至兼謝恩行正使出使清朝，使行副使徐衡淳（字穉平，號漢山，1813—1893），書狀官趙雲周（字歧瑞，號蘭畦，生卒年不詳）。一行人當年十一月二十六日渡鴨綠江，十二月二十日到達北京玉河館，在京停留月餘，於第二年二月六日離京，三月二日渡鴨綠江回國，申錫愚爲之著有《入燕記》④。根據《入燕記》的記載，申錫愚等三使留北京期間，與王拯、

① 沙匡世校注：《吳昌碩石交集校補》，上海：上海書畫出版社，1992 年。

② 王元周：《朴珪壽的燕行經歷與開化思想的起源》，《韓國研究》第十輯，北京：國際文化出版公司，2010 年，第 1—23 頁；胡佩佩：《朴珪壽與清朝 "顧祠修禊" 文人的尺牘交流研究》，《河北科技師範學院學報（社會科學版）》2016 年第 1 期，第 57—62 頁；孫衛國：《從朴珪壽兩次燕行看朝鮮近代思想的轉向》，氏著《從 "尊明" 到 "奉清"：朝鮮王朝對清意識的嬗變（1627—1910）》，臺北：臺大出版中心，2018 年，第 472—482 頁。

③ ［朝鮮］申錫愚：《海藏集》卷 18，附錄，《謚狀》（朴珪壽撰），載《（標點影印）韓國文集叢刊》（續），首爾：民族文化推進會 / 韓國古典翻譯院，2005—2012 年，第 127 冊，第 643 頁。

④ 《入燕記》現存有兩個版本，其一收錄在奎章閣藏申錫愚《海藏集》卷 15、16 中，其二爲奎章閣藏單本《入燕記》2 冊。參見［韓］金明昊：《海藏 申錫愚의〈入燕記〉에 대한 고찰》，《古典文學研究》第 32 輯，2007 年。本文依據的版本爲《海藏集》收錄本。

王軒、馮志沂、董文煥、沈景成、程恭壽、趙光、李文源、沈秉成等 20 餘位
清朝文人有交流書信或筆談，回國後，他和部分學人繼續尺牘往來，其中包
括沈秉成。此行副使徐衡淳三年後（1864）以謝恩正使身份第二次到北京，
又和沈秉成等人再次見面交談。

　　申錫愚和沈秉成的初識是在北京琉璃廠偶然相遇。申錫愚到北京後不久
就前往琉璃廠，在文華堂書肆和沈秉成邂逅，他在《入燕記》中有記：

> 　　忽遇仁兄，清儀雅采，便令人欽服。不知不覺之中，向前肅揖，
> 使他人當之，豈不瞠駭者幾希矣。兄乃欣然迎接，如舊相識，是固
> 由於容畜雅量，亦未必非夙緣所湊。[1]

頗有一見如故之情。當時和沈秉成同行的還有河南道御史謝增（字普齋，號
夢漁，1813—1880）父子，雙方筆談，申錫愚特別問及對方來書肆所求書目，
並和沈秉成約定大年初三在會同館外中和局再見[2]，後沈秉成在其寓所八詠樓
宴請申錫愚、徐衡淳、趙雲周三使，董文煥（字堯章，號研秋、研樵、硯樵，
1833—1877）受邀參加。[3] 從現存申錫愚在北京時的兩件《與沈翰林秉成書》
內容，可知雙方並有書信往來和互贈禮物，尤其是申錫愚大約了解到沈秉成
喜收藏文房諸品，特別贈送朝鮮土產紙墨，他還引經據典說明高麗紙墨之佳
處，並爲其弟求取秉成之墨寶。[4]

　　申錫愚回國後和沈秉成繼續有書信往來、詩歌唱和和書物相贈，《海藏集》
收錄了三通其歸國後寫給沈秉成的書信。其中最後一通寫於壬戌年（1862）
十月十五日，已是兩人在北京相交的第三年，信中寫道：

> 　　仲夏，老兄春槎寄答盛函，次第遠墜。帶惠之品，一一照錄拜領，
> 兼承答家弟書及物，感激傾喜，如何盡喻。有便則兄必寄書來，輒
> 以佳種伴之。弟則不能然，豈弟之愛兄不及兄之念弟而然也。良由

---

　　①　［朝鮮］申錫愚：《海藏集》卷 15，《入燕記上》，載《（標點影印）韓國文集叢刊》（續），
第 127 冊，第 566 頁。

　　②　［朝鮮］申錫愚：《海藏集》卷 15，《入燕記上》，載《（標點影印）韓國文集叢刊》（續），
第 127 冊，第 591 頁。

　　③　（清）董文煥：《琴泉亭記》，載李豫、［韓］崔永禧輯校：《韓客詩存》，北京：書目文獻出
版社，1996 年，第 267 頁。

　　④　［朝鮮］申錫愚：《海藏集》卷 15，《入燕記上》，載《（標點影印）韓國文集叢刊》（續），
第 127 冊，第 567 頁。

窮命病狀，忽忽無樂，觚墨心倦，尋襮亦疎也。兄庶諒此，必垂惻傷也。弟於中國，交遊亦不爲不多，獨於老兄，殆有天緣。歲暮燕市人海之中，一揖便托知己。此生此樂，何可忘旃。特因交遊稍廣，歸期甚忙，不能專意談討，益開胸中之茅塞。一別三載，不可復會，每思重理北轅，握敘於文燕茗會之席。形拘勢掣，未易能辦，徒增悵悒，奈何奈何。①

可得見京城離別之後，沈秉成和申錫愚還多有書信和贈物的往來，並且延及錫愚之弟，頗有知契之交的情狀。

從三封信函內容看，沈秉成贈有"書卷、墨跡、琉璃鐘、靈壁石"，以及爲錫愚之"琴泉"書室所撰寫的"楹聯、扁額"等，申錫愚的贈物則包括有《金剛山圖》一本，《無喧閣雅集圖》一本，烏晶硯山一坐，出新羅古都東制文王鼎一坐"等。此外申錫愚專門作《新羅真興王北狩碑考》，向沈秉成求教。②不僅如此，錫愚還積極引薦同道中人和沈秉成相識，除了其家弟，並將趙冕鎬（字藻卿，號玉垂、怡堂，1803—1887）之書牘轉於沈秉成，以促成兩人神交：

> 玉垂二牘，亦爲仰呈。玉垂趙冕鎬藻卿，弟之姨從兄也，文雅清恬，不喜與俗士遊，素慕中華名士，但無梯入都。弟受老兄對聯以傳之，則歆艷誦慕，欲訂神交。有此仰溷，幸垂軫鑒，賜以覆教焉。③

得此書牘，沈秉成特別"送覘一對聯，聯長竟壁，作楷草長句，句曰：隨遇自生欣，暖日和風入懷抱；靜觀可娛意，崇蘭幽竹有情文"④。與此同時，申錫愚在北京因沈秉成而結識董文煥，通過董文煥又遍交諸名士，並寫下《日下交遊録》⑤。兩人的交遊實際帶動了19世紀中葉一批中朝文人之間的交往。

---

① ［朝鮮］申錫愚：《海藏集》卷9，《與沈翰林仲復書 壬戌》，載《（標點影印）韓國文集叢刊》（續），第127冊，第356頁。

② 參見［朝鮮］申錫愚：《海藏集》卷9，《與沈翰林仲復秉成（辛酉）》《與沈翰林仲復書（辛酉）》《與沈翰林仲復書（壬戌）》，載《（標點影印）韓國文集叢刊》（續），第127冊，第355—356頁。

③ ［朝鮮］申錫愚：《海藏集》卷9，《與沈翰林仲復書（辛酉）》，載《（標點影印）韓國文集叢刊》（續），第127冊，第355頁。

④ ［朝鮮］趙冕鎬：《玉垂集》卷30，《題沈仲復秉成所書珠聯後》，載《（標點影印）韓國文集叢刊》（續），第126冊，第233頁。

⑤ 參見（清）董文煥：《琴泉亭記》，載李豫、［韓］崔永禧輯校《韓客詩存》，第267—273頁。

卞元圭（1837—?）1865 年隨謝恩兼冬至行赴清，當曾見到沈秉成，留下《沈仲復秉成觀察》詩：“沈公人中龍，風雷動百變。彩筆題仙籍，清珮下金殿。開口無鄙言，意氣生顧盼。一麾出南州，惠風清海甸。莫學謝永嘉，山水事遊衍。”①

二、與朴珪壽的交遊

朴珪壽（1807—1877），初字桓卿，號桓齋，後改字瓛卿，號瓛齋。他出身名門潘南朴氏，家學淵源，自幼飽讀儒家經典，“文理透悟，日誦千言，十四五文詞大進”②，祖父即著名的朝鮮實學者朴趾源。1848 年，他科舉及第，後歷任司諫院正言、兵曹正郎、龍崗縣令、扶安縣監、弘文館修撰、同副承旨、司憲府大司憲、吏曹參判、弘文館大提學、奎章閣提學等，官至右議政，著有《瓛齋集》《尚古圖會文義例》《居家雜服考》等。朴珪壽所生活的時代正是中國和朝鮮社會巨變的時代，他提倡“經世致用”“利用厚生”，主張開放通商、自立自主，是 19 世紀中葉朝鮮開化思想的先驅，被認爲是朝鮮集結“北學派和開化派的中心人物”③。

朴珪壽共有兩次出使清朝的經歷。第一次是在 1861 年年初，第二次則在十年後的 1872 年。沈秉成與其初交在第一次，時清與英法已簽訂《北京條約》，上年（1860）英法聯軍攻入北京的混亂局面有所穩定，得知此情況，朝鮮便派遣問安使行入清問安，並欲打探消息。此行朴珪壽任副使，正使趙徽林（後改名趙秉徽，字漢鏡，號秋潭，1808—1874），書狀官申轍求（字軫明，號眉南，1804—?），於正月十八日從漢城啓程，三月十六日到達北京，因爲咸豐上年避難熱河還未回京，一行人欲前往熱河問安，未能如願。使行五月初離開北京，在京停留約一個半月，其間與董文煥、沈秉成、王軒（字霞舉，號青田、顧齋，1823—1887）、王拯（字定甫，號少鶴，1815—1876）、黃雲鵠（字翔雲、緗芸、緗雲等，1819—1898）、馮志沂（字述仲、魯川，1814—1867）等人多有交流，尤其和沈秉成的交往最深，回國後還有多封書信往來。

① 李豫、［韓］崔永禧輯校：《韓客詩存》，第 80 頁。
② ［朝鮮］朴珪壽：《瓛齋集》序，《行狀》（朴瑄壽撰），載《（標點影印）韓國文集叢刊》，首爾：景仁文化社 / 民族文化推進會，1988—2005 年，第 312 册，第 314 頁。
③ 參見［韓］金明昊：《19 世紀朝鮮實學的發展和瓛齋朴珪壽》，載中國實學研究會編：《中韓實學史研究》，北京：中國人民大學出版社，1998 年，第 241—242 頁。

　　相比申錫愚，朴珪壽與沈秉成的交遊時間似更綿長，内容也更爲豐富，根據《瓛齋集》《硯樵山房日記》《韓客詩存》等的記載，雙方交遊（參見表一《朴珪壽與沈秉成交往一覽表》）涉及的内容包括相互贈書題語、詩文唱和，以及書函往來等。其中尤受到關注的是朴珪壽在北京停留期間參加了由董文煥和沈秉成召集的慈仁寺"顧祠"春祭活動。慈仁寺位於北京外城，清初寺周圍書鋪林立，時顧炎武曾寄居在此。道光年間，何紹基（字子貞，號東洲，1799—1873）和張穆（字誦風，號石州，1805—1849）等人籌資在此修建顧亭林祠，之後每年春秋舉辦拜謁祭祀活動，即所謂"顧祠修禊"，以表達對顧炎武實事求是、經世致用思想和行爲的推崇。參加此次拜謁活動的還有王軒、黃雲鵠、王拯等人，祭祀活動之後，他們聚集在禪房飲酒作詩，"相與論古音之正訛、經學之興衰，蓋俯仰感慨，而樂亦不可勝也"[1]。朴珪壽有"以一詩呈諸君求和"，其中寫道：

> ……
>
> 天緣巧湊合，期我禪房幽。相揖謁先生，升堂衣便摳。
> 籩實薦時品，爵酒獻東篘。須臾微雨過，古屋風颼颼。
> 纖塵泯不起，輕雲澹未流。高槐滋新綠，老松洗蒼虬。
> 福酒置中堂，引滿更獻酬。求友鳥嚶嚶，食萍鹿呦呦。……[2]

頗能見得雙方交遊之自然相通、逸興曠達。此次交遊，董文煥、王軒和王拯也均有詩句留下。

表一　朴珪壽與沈秉成交往一覽表

序號	交往時間	交往地點	交往内容	文獻來源	備註
1	1861 年三月二十八日	慈仁寺（内有顧亭林祠）	拜祭顧亭林、會飲、唱和	《瓛齋集》《韓客詩存》	清人董文煥、王軒、黃雲鵠、王拯同在。

---

① 　［朝鮮］朴珪壽：《瓛齋集》卷 11，《題〈顧祠飲福圖〉》，載《（標點影印）韓國文集叢刊》，第 312 册，第 512 頁。

② 　［朝鮮］朴珪壽：《瓛齋集》卷 3，《辛酉暮春二十有八日與沈仲復秉成董研秋文煥兩翰林王定甫拯農部黃翔雲雲鵠王霞翠軒兩庫部同謁亭林先生祠會飲慈仁寺時馮魯川志沂將赴廬州知府之行自熱河未還後數日追至又飲仲復書樓聊以一詩呈諸君求和篇中有數三字迭韻敢據亭林先生語不以爲拘云》，載《（標點影印）韓國文集叢刊》，第 312 册，第 355 頁。

續　表

序號	交往時間	交往地點	交往內容	文獻來源	備注
2	1861 年春	松筠庵	拜祭楊繼盛、會飲、作書畫爲贈	《韓客詩存》《韓客文存》	清人董文焕等同在。
3	1861 年春	沈秉成寓樓	贈書題語	《瓛齋集》	
4	1861 年四月二十八日	沈秉成寓樓	小飲、唱和、筆談	《瓛齋集》《韓客詩存》	正使趙徽林、書狀官申轍求以及清人董文焕、王軒、馮志沂、王拯同在。
5	1861 年五月六日	沈秉成寓樓?	告別	《瓛齋集》	王軒、董文焕同來，並誦贈書絶句。
6	1861 年八月	無	朴氏致函	《瓛齋集》	朝鮮憲書使携去，信函今未見。
7	1861 年十月二十一日	無	朴氏致函	《瓛齋集》	《與沈仲復秉成（辛酉）》
8	1861 年冬旬	無	沈氏回書	《瓛齋集》	朝鮮憲書使携回，信函今未見。
9	1861 年春夏	無	沈氏答書	《瓛齋集》	信函今未見。
10	1861 年閏八月十九日	無	朴氏致函	《瓛齋集》	《與沈仲復秉成（壬戌）》，朝鮮憲書使携去。
11	1861 年冬?	無	朴氏致函，並送拓本《重峰遺墟碑》《真澈禪師碑》	《瓛齋集》《硯樵山房日記》	《與沈仲復秉成》，此函朝鮮使臣李菊人、金小棠携去，於 1862 年正月十七日送至。①
12	1862 年春	無	沈氏回函	《瓛齋集》	朝鮮貢使携回，信函今未見。
13	1862 年三月?	無	朴氏致函，附《懷人圖》	《瓛齋集》	《與沈仲復秉成》

---

① 李豫、［韓］崔永禧輯校：《韓客詩存》，《〈硯樵山房日記〉手稿中朝鮮人資料》，第 316 頁。

續　表

序號	交往時間	交往地點	交往内容	文獻來源	備注
14	1862 年十月二十七日	無	朴氏致函	《瓛齋集》	《與沈仲復秉成（癸亥）》
15	1865 年一月四日	無	朴氏函至	《硯樵山房日記》	朝鮮使臣李菊人携來，信函今未見。
16	1867 年一月九日	無	朴氏函至	《硯樵山房日記》	朝鮮使臣携來，信函今未見。
17	1872 年冬	無	朴氏致函	《瓛齋集》	《與沈仲復秉成（壬申）》

　　"顧祠修禊"後，朴珪壽"復集松筠庵拜樹山①先生栗主"②。松筠庵位於
北京宣武門外達智橋胡同，是明嘉靖年間楊繼盛（字仲芳，號椒山，1516—
1555）的故居。楊繼盛爲明朝頗爲著名的諫臣，曾因爲上疏揭露平虜大將軍
仇鸞（1505—1552）暗通韃靼而被治罪，貶官至陝西狄道。仇鸞被彈劾而亡後，
楊繼盛受到重用回京，後彈劾內閣首輔嚴嵩被投入死牢，受盡酷刑。他上《請
誅賊臣疏》，歷數嚴嵩"五奸十大罪"，臨刑賦詩曰："浩氣還太虛，丹心照千古。
生平未報恩，留作忠魂補。"③爲人所敬仰。隆慶即位後，追贈太常少卿，謚
號"忠愍"，予以祭葬。朴珪壽於此召集會友，拜祭楊繼盛，可見其對士人氣
節的贊賞。可知董文煥、黃雲鵠參加聚會，各作書畫爲贈，朴珪壽有作《懷
人圖》，"且以詩係其上"，董文煥"即題句答之"，並"藏之中笥，以代異
日鄉思之券"。④没有記載顯示沈秉成是否參與此次聚會，不過朴氏回國後，
特別把請人繪出的《顧祠飲福圖》以《懷人圖》之名寄給沈秉成⑤，此圖容後
再論。

---

　　①　當爲"椒山"之誤。

　　②　李豫、［韓］崔永禧輯校：《韓客詩存》，《韓客文存》，第 280 頁。

　　③　《明史》卷二百十九，《列傳》九十七，北京：中華書局，1974 年，第 18 册，第 5535 頁。

　　④　（清）董文煥：《朝鮮使朴瓛齋召集松筠庵諫草堂小飲》《書朝鮮朴瓛齋〈懷人圖〉後》，載李豫、
［韓］崔永禧輯校：《韓客詩存》，第 184、280 頁。

　　⑤　參見［朝鮮］朴珪壽：《瓛齋集》卷 10，《與沈仲復秉成》，載《（標點影印）韓國文集叢刊》，
第 312 册，第 485 頁。

在京期間朴珪壽還有多次前往沈秉成寓樓。四月十八日，沈秉成在寓樓召集朴珪壽以及諸好友雅會，時朝鮮正使趙徽林、書狀官申轍求以及清人董文煥、王軒、王拯、馮志沂等同在，對飲賦詩，唱和筆談。沈秉成和董文煥在《詠樓聯句用韓孟會合韻招同人餞朝鮮朴瓛齋仕郎趙秋潭申眉南侍御宋竹陽進士》開章即云：“曲高和斯寡，別多情愈重。憶共韓客醉，猶餘吟興勇……”① 朴珪壽則有言：“傾倒清晝談，酒酣仲復樓。”② 雙方頗知心投合。朴珪壽臨別，“沈君出《笠澤叢書》二本”，考慮到朴珪壽“年老視眊”，他還特別“擇其字大而精好者題贈”，朴珪壽尤爲感動，依沈氏“爲他日相思展卷替面”之請，在另一本上題語，並“寫江湖小景主賓拱揖之容”一幅，於上題詩曰：“天闊江空境有餘，贈書圖就意何如？中間擬築松毛屋，伴釣春風笠澤魚。”沈秉成“大樂之，因指‘笠澤魚’三字，歔欷久之”，爲此朴氏不無感慨，“蓋時事多虞，情有所不能掩者也”。③

朴珪壽回國後，和沈秉成等人書信往來，詩文相贈之外，還有學問討論，他追憶在京參加“顧祠修禊”活動時的交流，關注到顧炎武著述及其學術思想，在致沈秉成的信中多次談及，如他寫道：

> 霞舉兄問君之尊慕顧師，爲其合漢宋學而一之耶？於斯時也，酒次忽忽，未及整懷，弟應之曰然耳。然弟之仰止高山，非直爲是故耳。讀《音學五書》《金石文字記》等，而謂先生之道於漢儒；讀《下學指南》，而謂先生之宗仰宋賢。此政是王不庵所云後起少年推以博學多聞者也。先生所以爲百世師，卻不在此。而如弟眇末後學，夙夜拳拳，最宜服膺勿失。惟是《論學》書中“士而不先言恥則爲無本之人”一語耳，子臣、弟友出入往來辭受取與之間，皆有恥之事也。而終焉允蹈斯言，竟無虧闕，惟先生是耳。此所云經師易得，

---

① 李豫、〔韓〕崔永禧輯校：《韓客詩存》，第 181 頁。

② 〔朝鮮〕朴珪壽：《瓛齋集》卷 3，《辛酉暮春二十有八日與沈仲復秉成董研秋文煥兩翰林王定甫拯農部黃翔雲雲鵠王霞舉軒兩庫部同謁亭林先生祠會飲慈仁寺時馮魯川志沂將赴廬州知府之行自熱河未還後數日追至又飲仲復書樓聊以一詩呈諸君求和篇中有數三字疊韻敢據亭林先生語不以爲拘云》，載《（標點影印）韓國文集叢刊》，第 312 册，第 355 頁。

③ 〔朝鮮〕朴珪壽：《瓛齋集》卷 3，《題手畫贈書圖，贈別沈仲復》，載《（標點影印）韓國文集叢刊》，第 312 册，第 357 頁。

人師難遇者也。①

又説：

> 亭林先生《下學指南》，不在於十種書等刊行之中耶。此係先生
> 爲學正軌，而未曾讀過，殊以爲恨。想非卷帙浩汗之書，如有副本
> 蒙寄示，何感如之。人之好我，示我周行，爲一方學者之幸也。《日
> 知録集釋》，向亦携歸細閲。黄汝成氏誠顧門功臣，然其注釋處，往
> 往有蔓及太多之意，未知論者以爲何如。……②

均可見得通過和沈秉成等人的交流，其對顧炎武學術思想的深入思考。

朴珪壽常回憶和夢見他們相聚的情景，他"命畫史繪《顧祠飲福圖》，其
貌寫諸君，悉由余心想口授"，"卷中之人，展紙據案，援筆欲書者，户部郎
中王拯少鶴也。把蠅拂沉吟有思者，兵部郎中黄雲鵠緗雲也。立而凝眸者，
翰林檢討董文焕研樵也。持扇倚坐者，盧州知府馮志沂魯川也。坐魯川之右者，
翰林編修沈秉成仲復也。對魯川而坐者，兵部主事王軒霞舉也。據案俯躬而
微笑者，朝鮮副使朴珪壽瓛卿也。魯川時赴熱河未還，爲之補寫焉"。③ 在該
圖題文中，他感慨道："聚散離合，理所固有，若心性則無間於山海之間矣!
篤於友朋者，皆自知之。"此圖當即前所提及他寄給沈秉成的《懷人圖》，他
期望沈氏收到圖後，能夠請人幫助修改不甚相像的人物容貌，並展示給當時
聚會之諸君，得到他們的詩文記識語，如此可"作傳世之寶"④，從而"大慰
天涯故人之望"⑤。

在所交往的諸多清朝文士中，朴珪壽和沈秉成的感情無疑是最深厚
的，這與沈秉成氣性頗有關聯。他曾寫信給好友申耆永（字穉英，號汕北，

---

① ［朝鮮］朴珪壽：《瓛齋集》卷10，《與沈仲復秉成（辛酉）》，載《（標點影印）韓國文集叢刊》，
第312册，第480頁。

② ［朝鮮］朴珪壽：《瓛齋集》卷10，《與沈仲復秉成》，載《（標點影印）韓國文集叢刊》，
第312册，第484頁。

③ ［朝鮮］朴珪壽：《瓛齋集》卷11，《題〈顧祠飲福圖〉》，載《（標點影印）韓國文集叢刊》，
第312册，第512頁。

④ ［朝鮮］朴珪壽：《瓛齋集》卷10，《與沈仲復秉成》，載《（標點影印）韓國文集叢刊》，
第312册，第484頁。

⑤ ［朝鮮］朴珪壽：《瓛齋集》卷11，《題〈顧祠飲福圖〉》，載《（標點影印）韓國文集叢刊》，
第312册，第512頁。

1805—1884），信中寫道：

> 曩歲弟於燕中，友歸安沈秉成仲復甚善，爲我説浙西山水之勝，贈我《陸魯望集》[①]，要我作贈書圖。圖成，余題詩曰：“天闊江空境有餘，贈書圖就意何如？中間擬築松毛屋，伴釣春風笠澤魚。”仲復爲之歎息。蓋聊復漫辭屬意而已，安有伴釣笠澤之道哉。平生邱壑夢想，惟在上游佳處，非直清流高峰。暎帶邐夐，晨夕往還，最多素心人故爾。[②]

可見兩人之心性相通。看到沈秉成當年所送《笠澤叢書》，珪壽不無感傷：“余與沈君遊最多，樂不可勝。每閲此卷，陳跡如昨，不覺銷魂黯然耳！”其弟朴瑄壽對這段友情總結道：

> 盡東南之美，傾蓋如舊。文酒雅會，殆無虛日。氣味相投，道誼相勖。沈仲復（秉成字）常稱瓛卿之言如出文文山、謝疊山口中，使人不覺起敬，其見推服如此。公東還以後，語到昔日交遊之盛，輒歎想不已。[③]

三、結語

    19 世紀中葉沈秉成與入華朝鮮使臣的交遊不僅發生在其寓居北京期間，而且在朝鮮使臣離開北京，甚至在沈秉成本人遠赴京城之外任職後，雙方的書信往來還延續了相當一段時間。不同於 18 世紀華夷之辨下中朝文人交遊所内含的政治文化意義，沈秉成和朝鮮文人之間的交遊褪去了“尊明攘清”的色彩，學術和精神氣息的相通更爲純粹。可以看到，是共通的情感世界、志趣愛好和學術取向造就了雙方惺惺相惜之情，這種情誼其實不僅僅出現在沈秉成和朝鮮使臣申錫愚、朴珪壽等人之間，而且也存在於董文焕等人和朝鮮

---

① 當即爲前《笠澤叢書》，陸魯望即陸龜蒙，魯望是他的字，唐代農學家、文學家，《笠澤叢書》爲其自編的雜文集。

② ［朝鮮］朴珪壽：《瓛齋集》卷9，《與申穉英》，載《（標點影印）韓國文集叢刊》，第 312 册，第 468 頁。

③ ［朝鮮］朴珪壽：《瓛齋集》序，《節録瓛齋先生行狀草》（朴瑄壽撰，金允植删補），載《（標點影印）韓國文集叢刊》，第 312 册，第 314 頁。

使臣，以及 19 世紀以來諸多中朝文人群體之間。[1] 夫馬進認爲自 18 世紀洪大容和嚴誠等人交往之後，中朝文人交往構成東亞 "情" 的世界[2]，孫衛國指出這種 "情" 的世界在朴珪壽與清人交往中的發揚光大[3]。"情" 的傳達作爲明代以來中國文人，尤其是明代江南文人結社交友、詩文酬唱的重要内容，已然成爲十八世紀以來東亞文人交流的重要特質。朴珪壽在給沈秉成的信中有言："今吾與諸君，雖疆域殊別，而其嗜好則同也。其所遇之時，又未嘗不同也。甘苦憂樂，終必與之大同。"[4] 充分展現出東亞漢字文化圈下，超越地域界限的中朝文人 "心性之交" 的和諧大同。

———————————

① 參見［日］藤塚鄰著，藤塚明直編，劉婧譯注：《清代文化東傳研究——嘉慶、道光學壇與朝鮮金阮堂》，南京：鳳凰出版社，2020 年；温兆海：《朝鮮詩人李尚迪與晚清文人交流研究》，北京：中國社會科學出版社，2013 年；孫衛國：《道咸時期朝鮮通譯李尚迪與張曜孫家族之交往》，氏著《從 "尊明" 到 "奉清"：朝鮮王朝對清意識的嬗變（1627—1910）》，第 417—458 頁等。

② ［日］夫馬進：《朝鮮燕行使與朝鮮通信使》，北京：商務印書館，2020 年，第 341 頁。

③ 孫衛國：《從 "尊明" 到 "奉清"：朝鮮王朝對清意識的嬗變（1627—1910）》，第 467 頁。

④ ［朝鮮］朴珪壽：《瓛齋集》卷 9，《與申穉英》，載《（標點影印）韓國文集叢刊》，第 312 册，第 468 頁。

跨界與新生：朝鮮文人金永爵與清代文士的文化交流研究

朴香蘭

【摘　要】金永爵的交流活動能够清晰、鮮明地反映出近代轉型期中、朝兩國文人的交流實況與思想變化軌跡。從禪學轉入程朱理學，以理學爲基礎再去關注金石學和考據學，由重詞章轉向重義理，從崇尚"雅致"到發自"真情"，這些都和與清代文士的交流密不可分。金永爵平生所學不拘一格，廣交天下賢士，不斷接受新思想，在清朝面臨西方侵略的危機之時，又與清代文士積極摸索應對西方列强的對策，其中也體現了他形成開化思想的過程。

【關鍵詞】金永爵　燕行録　學術傾向　文風變化

金永爵（1802—1868），號邵亭，字德叟，官至大司憲，朝鮮近代開化派金弘集之父，是 19 世紀中朝文學交流中的重要人物。他自二十四歲起就與清代文士進行廣泛的文學交流，留下了《中朝學士書翰録》《燕臺瓊瓜録》《存春軒詩鈔》等與清人交流的寶貴史料，在其文集《邵亭詩稿》和《邵亭文稿》中，也收録了大量相關唱酬詩與書信。他崇尚程朱學，同時深受實學思想的影響，與申錫愚、朴珪壽等北學派後裔有着深交，在清朝面臨西方侵略的危機時期，又與清代文士積極摸索應對西方列强的對策。研究金永爵的文學，不僅能够摸索 19 世紀朝鮮接受中國文學的總體特徵，還能探究朝鮮士人近代思想變化的歷史軌跡，把握 19 世紀東亞新秩序與傳統文化的現代

【作者簡介】朴香蘭，廣東外語外貿大學亞非語言文化學院副教授。

轉型問題。

　　韓國學術界將金永爵的對清文學交流視爲獨特的文化現象，特別注重他的書信交流與人際交遊，在發掘相關史料、考察具體的人際交遊史實方面，積累了較豐富的成果。[①]但針對金永爵的學術思想、文學特徵以及接受中國學術之後的思想、文風轉變等問題，尚未有過系統的整理與考察。故本文將集中考察金永爵對清文學交流所帶來的思想與文風轉變以及相關的階段性特徵，分析他對清代文藝思潮、文學流派、作家作品的批評，從而把握文學發展的互動性與朝鮮文人的特殊視角。

一、與清代文士的交遊概況

　　金永爵與清代文士的交流時間較早。1826 年借洪良厚赴燕之際，他就與清代文士展開了廣泛的書信往來。這一年，洪良厚隨舅父申在植一同赴燕，臨行金永爵作詩《送洪三斯良厚赴燕》，讚頌洪大容與嚴誠、陸飛、潘庭筠的神交，同時表達出自己欲與清代文士交流的强烈願望，詩云："湛軒秀句滿寰區，奕葉書香見積麻。析木之津星五紀，如今誰是鐵橋儔？"[②]金永爵將自己的《貨喻》交付即將燕行的洪良厚，希望藉此詩得到清代文士的認可並進行交遊。他把自己的詩歌比作"財貨"，以期清代文士能夠"識貨"。此時，金永爵正值風華正茂、年少氣盛，也多少有些恃才傲物。他認爲清朝乃"四海之匯，萬商之淵"，自己的詩歌"貨價""自有旂亭甲乙之例"，堅信定有識貨之人。他在此文中附詩二十餘首，以期求得中國名士的題跋。此文得到翰林編修李伯衡（號雨帆）的高度讚賞，他説金永爵頗有"昌黎文筆唐遺軌，務觀詩篇宋大家"，又言："方知燕市評珍玩，未若雞林借異書。"[③]不僅如此，李伯衡

---

　　① 金明昊：《金永爵의 燕行과『燕臺瓊瓜録』》，《漢文學報》第十九輯（2008 年 12 月），第 989—1023 頁。

　　金東錫：《帥方蔚과 서신 왕래한 김영작과 洪良厚의 교류와 관심사》，《漢文學報》第二十七輯（2012 年 12 月），第 163—189 頁。

　　② 金永爵：《邵亭詩稿·送洪三斯良厚赴燕》，韓國古典翻譯院編：《韓國文集叢刊續》，第 126 册，首爾：韓國古典翻譯院，2011 年，第 319 頁。

　　③ 金永爵：《邵亭詩稿·附河間李雨帆編修伯衡遥和七律三章》，《韓國文集叢刊續》，第 126 册，第 319—320 頁。

還將金永爵的詩文作貼並題跋，與"中朝名輩巨公"的詩文並列懸掛。①此番讚賞令金永爵備受鼓舞，他又將自己所作《論交》《論文》二篇寄給李伯衡以求賜教。此後，每有熟人入燕，他都會托人帶上自己所作詩歌求得清人題跋。②金永爵與李伯衡的神交長達三十餘年，兩人雖未曾謀面，但彼此深懷眷念。國內兵亂之時，金永爵頗爲擔憂李伯衡之安危，③李伯衡逝世之後，金永爵更是悲痛不已，寄去了感人肺腑的祭文。④

　　與李伯衡的神交，還促成了金永爵與帥方蔚的交流。1829年，李伯衡擔任河南河道總督，門生帥方蔚負責傳遞兩人的尺牘，以此爲契機，金永爵結識帥方蔚。⑤後者十分珍惜與朝鮮文人的友誼，整理搜集朝鮮文人的尺牘後編爲《左海交遊録》，其中金永爵的尺牘就占八篇。⑥

　　1858年，金永爵終於以冬至使行副使身份赴燕，其夙願便是與神交三十二年的李伯衡相見。然而，因李伯衡再次赴任河南河道總督，終未能相見。⑦但通過此次燕行，金永爵結交了趙光、程恭壽、葉名澧、吳昆田、張丙炎、楊傳第、李衡、陳翰、翁學涵、吳守藻等諸多清朝文士。此行的首譯正是常年與清代文人進行廣泛交流的李尚迪，金永爵能够廣交中原文士，也得益於李尚迪的介紹。即使回國之後，兩國文士的交流也未曾間斷。金永爵還與張

①　金永爵：《邵亭文稿·石帆赤牘跋》，《韓國文集叢刊續》，第126冊，第375頁。"曾聞成友絅齋見石村掛余詩札於壁，梧墅朴尚書見雨帆裝余詩文作帖。帖後雨帆跋及中朝名輩巨公詩若跋幾篇，梧墅亦題其尾云。夫以海隅鰍生，受雨帆石村兩公之知。"

②　金永爵：《邵亭詩稿·贐玉壺入燕》，《韓國文集叢刊續》，第126冊，第335頁。"雨帆神契廿年餘，歲歲星槎遞尺書。樽酒金台如問我，衰慵日與世人疎。收羅詩札入裝池，愧荷先生愛下才。海內名公題後語，煩君一一手鈔來。"

③　金永爵：《邵亭詩稿·贈雨帆》，《韓國文集叢刊續》，第126冊，第335頁。"卅載論交未晤言，鏡中雙鬢已霜痕。……使節差遲觀上國，兵戈愁絶滿中原。衰年倍覺相思苦，夢入燕山雪欲昏。"

④　金永爵：《邵亭文稿·祭李雨帆河督文》，《韓國文集叢刊續》，第126冊，第386頁。

⑤　金永爵：《邵亭文稿·石帆赤牘跋》，《韓國文集叢刊續》，第126冊，第375頁。"己丑雨帆之官河南。寄書曰：'敝門生帥方蔚，丙戌探花，現官編修。此後通問，皆可由伊處轉寄。'從此又與石村證契。"

⑥　有關帥方蔚與朝鮮文人的交流，在劉婧的論文《帥方蔚이編纂한『左海交遊録』과19세기한중문인들의문화교류》中已進行探討。

⑦　金永爵：《邵亭文稿·祭李雨帆河督文》，《韓國文集叢刊續》，第126冊，第386頁。

祥河、孔憲彝[①]、許宗衡、董文涣等文士進行了書信往來。[②]金永爵與這些人的情誼頗深，他曾作詩抒發夢中與程恭壽相見的欣喜與感傷之情。整篇詩歌充滿着欣喜之情與濃郁的離情别恨，“恨不穩著四脚棋，攄盡胸中之藴結”一句，纏綿淒切。[③]

金永爵與清人的真摯交流能否看作當時中朝交流的普遍現象？清代中朝文人的真摯交往，不無先例，早在十八世紀，北學派就與清代文士敞開心扉作詩相酬，他們的友誼成爲佳話，世代流傳。但隨着清王朝逐漸從康乾盛世走向衰落，加之朝鮮根深蒂固的尊周大義論影響，北學派强烈的批判意識與積極的北學意識並未被廣泛傳播與繼承。即使步入十九世紀，像任憲晦、申箕善等山林儒賢仍然拒絶出使中國，洪直弼甚至認爲朝鮮士人“欲爲大明遺民，當不赴舉已矣”。[④]另一方面，中朝文士的結交也呈現出因貪圖名利而被形式化、表面化的一面。朝鮮後期京官文人之間盛行搜集古董和書畫，甚至成爲一種癖好，而結交清朝文人弄到古董或書畫更成爲一種彰顯個人文化實力、甚至是財力的炫耀之事。[⑤]連清代文士也對這種朝鮮文人廣交清代人士的舉動有所芥蒂，甚至認爲“朝鮮多能文之士，往往依附中朝名士，藉其聲望，以自爲

① 有關孔憲彝與朝鮮文人的文化交流與具體過程，在金紅梅、朴香蘭的《晚清문인 孔憲彝의 ‘韓齋’와 한중 문인들의 문화 교류》（《韓國學論集》第73輯，2018年，第307—326頁）中進行了詳細的探討。

② 有關金永爵與清代文士人際交流的過程與脈絡，在金明昊的《金永爵의 燕行과『燕臺瓊瓜録』》與千金梅的《金永爵과 한중 척독교류의 새 자료『中朝學士書翰録』》中已進行研究。

③ 金永爵：《邵亭詩稿·七月十三曉記夢寄程容伯少卿恭壽》，《韓國文集叢刊續》，第126册，第342頁。“曉色微分湖上塢，卧聽瓦溝鳴殘雨。衰年困懶覺還眠，驀地莊蝶飛栩栩。忽見容弟奓户入，驚喜欲狂舉手揖。相思千里輒命駕，誰道古人邈難及。……我言日下見君時，每藉筆翰通音辭。今來酬答應如響，快心快事無過斯。……去春燕館忽忽别，幻境今又驚一瞥。恨不穩著四脚棋，攄盡胸中之藴結。”

④ 洪直弼：《送朴季立榮歸序》，《梅山文集》卷二十七，序。另參王元周：《朝鮮開港前中朝宗藩體制的變化——以〈燕行録〉爲中心的考察》，《中山大學學報（社會科學版）》2011年第1期，第105頁。

⑤ 南公轍：《金陵集》第四卷，首爾：國學資料院，1990年，第284頁。《户曹參判元公墓志銘》：“人之於物皆有癖。癖者，病也。然君子有終身而慕之者也，以其有至樂也。今夫古玉古銅鼎彝筆山硯石，世皆爲玩好，然清賞之過之，適一摩挲而盡矣。珠璣錢貨利之所在，蘭足千里，方其求知也，采山入海，破塚剖棺，自以輕身與死生，而及其既足而有禍，取之而無盡者，其惟書乎。”

名"①。有些朝鮮文人還將收到的清人贈送之物轉以高價賣出。朴珪壽對此十分反感，在他寄給洪良厚的書信中，針對與清人交遊曾詳細列出十一項需留意的事項。②而這一書信又影響了一位少論派文人金永爵，他讀後讚歎不已，迫切企盼見到朴珪壽，兩人雖黨派不同，但以此爲契機，成爲終身摯友。③朴珪壽也通過金永爵結交了程恭壽等許多晚清文人。

　　金永爵能够進行如此廣泛的跨界交流，也與他的身份、經歷有關。他出身於少論世家，時值朝鮮老論得勢，少論很難在政治舞臺上占有一席之地。就如金永爵所言："今一党秉國已數百年，餘黨不敢參國論也。……今老論當國，凡係官職老居其五，少居其三，南北不過一二耳。四黨不相爲婚，俗尚各異。"④作爲少論，他很難在官場上找到立足之地。金永爵才高運蹇，屢次科舉落榜，"翼宗代理初，大鳴於日次殿講，頻承眷顧，竟不第，又四屈于司馬試，遂斂跡場屋者屢年"⑤。直到憲宗戊戌（1838），蔭補爲靖陵參奉，他的官宦生涯才拉開序幕。庚子（1840），"陞宗廟署副奉事，冬掌儀軌續輯之役，尋陞尚瑞院副直長，轉直長，以儀軌未竣，授太廟直"，憲宗壬寅（1842），"魁黃柑應制賜第"，憲宗癸卯（1843），"擢殿試甲科，陞通政"。⑥此後官場生活並無大的起伏，官至大司憲、弘文館提學，從二品官職。

　　金永爵早年的仕途雖不盡人意，但因賦閑，又喜好作詩，參加了履道社、北漢山詩會、樊溪詩社、續蘭亭會等諸多詩社。⑦這些詩社的成員身份多樣，學術傾向各不相同，但金永爵並沒有受限於這種差異，而是同時活躍於諸多詩社。這説明金永爵在思想上比較開放，能够廣泛接受不同的學術傾向。金永爵喜交天下名士，曾言："喜交日下知名士，勝讀燈前未見書。"⑧他又博覽

---

① 帥方蔚：《左海交遊録》，載董文渙編著，李豫、崔永禧輯校：《韓客詩存》，北京：書目文獻出版社，1996 年，第 360 頁。

② 朴珪壽：《瓛齋文稿》，《瓛齋叢書》，首爾：成均館大學校出版部，1996 年，第 5 册，第 299—313 頁。

③ 金永爵：《邵亭文稿·讀朴桓齋贐三斯手卷》，《韓國文集叢刊續》，第 126 册，第 381 頁。

④ 吳昆田：《朝鮮使者金永爵筆談記》，《漱六山房全集》，清光緒十一年（1885）刻本，卷六，頁三。

⑤ 李裕元：《嘉梧稿略·吏曹參判贈領議政金公神道碑》，《韓國文集叢刊》，首爾：民族文化推進會，2003 年，第 316 册，第 50 頁。

⑥ 李裕元：《嘉梧稿略·吏曹參判贈領議政金公神道碑》，《韓國文集叢刊》，第 316 册，第 50 頁。

⑦ 朴相英：《邵亭 金永爵의 漢詩와 詩社活動 研究》，成均館大學碩士學位論文（2011 年），第 5 頁。

⑧ 金永爵：《邵亭詩稿·送洪三斯良厚赴燕》，《韓國文集叢刊續》，第 126 册，第 319 頁。

群書，關注不同的學術思想。李裕元曾説："公少嗜象山、陽明書，靡不專精苦索，晚乃洞劈而去之，取讀洛閩諸書。"①金永爵本人也曾坦言自己複雜的學術探索經歷："早耽詞章組麗之學，品題花月，揚搉古今，自詡文人雅致，旁及諸子百家，稗官小品，汎濫而不知返。"年未弱冠，"誤墮禪機，精求妙諦，縱未遍歷參扣，然閉户而窮内典者殆十年"。之後，"又復出没于象山姚江之門户"。②從詞章學到諸子百家、稗官小品、實學、考證學，又從佛教、陽明學到程朱理學，金永爵都有涉獵。就因他經歷過如此多樣又複雜的學術探索過程，促使他能夠與清代文士進行廣泛交流，"放眼海天，窮搜秘奥"③。在以朱子性理學爲宗的朝鮮文壇，有着如此複雜的學術經歷，而又得到憲宗的認可，蔭補爲官，後官至大司憲，實屬罕見。雖然還需要進一步的實證考察，但是，從金永爵的文學之路與政治生涯中所展現出的包容性與彈性來看，我們是否應對此前學術界傾向於強調朝鮮後期政治制度的僵硬與滯後進行一定的反省？

二、跨界交流與學術傾向轉變

在金永爵所交清代文士之中，李伯衡與帥方蔚對金永爵的學術成長起了重要作用。在1826年李伯衡大贊金永爵詩歌之時，他應該還没有尊奉程朱理學，可能沉迷于佛學或陽明學。他本人曾説過自己年未弱冠，"誤墮禪機，精求妙諦，縱未遍歷參扣，然閉户而窮内典者殆十年"，而之後，"又復出没于象山姚江之門户"。④李伯衡與其弟子帥方蔚，應該對金永爵的學術轉變起到了一定積極作用。根據金永爵、金弘集所留下的史料和書信往來時間判斷，金永爵開始與李伯衡、帥方蔚交流的那幾年，正是他開始轉向尊奉程朱理學的時期。筆者認爲，這絶非是偶然的巧合。

帥方蔚對金永爵的學術思想持有疑慮，在《左海交遊録》的多篇書信中，多次提及朱陸異同，列出種種根據，批評與引導金永爵，希望他走正道。1829年，寄給李伯衡的書信中，金永爵已對朱陸之異有了初步認識，他以朱子學爲根據，

---

① 李裕元：《嘉梧稿略・吏曹參判贈領議政金公神道碑》，《韓國文集叢刊》，第316册，第50頁。
② 金永爵：《邵亭文稿・與李雨帆書［庚寅］》，《韓國文集叢刊續》，第126册，第364頁。
③ 帥方蔚：《左海交遊録・報朝鮮金邵亭解元書之三》，《韓客詩存》，第374頁。
④ 金永爵：《邵亭文稿・與李雨帆書［庚寅］》，《韓國文集叢刊續》，第126册，第364頁。

指出陽明學的問題，並託付李伯衡能夠寄來相關書籍。①

　　金永爵又於 1831 年 11 月的書信中，向帥方蔚尋求幫助，希望得到程端蒙撰（程若庸補輯）的《性理字訓》。②該書是當時兒童理學教育的啓蒙書，金永爵這時期已經轉向程朱理學，想必也是爲了從帥方蔚處聽到對程朱理學的看法。帥方蔚在 1832 年正月的書信《報朝鮮金邵亭解元書之二》中就提到朱陸之異。帥方蔚對金永爵過於詆毀陸王學的態度，懷有不滿，他指出陸王學之所以與禪學混爲一談，始于“龍溪、心齋、石簣諸子務爲過高之論”，並從《明史·儒林傳》《劉宗周傳》《何廷仁傳》等史料中找出根據，證明末流學者所導致的禍害。他認爲陸王學“與朱子學相頡頏”。③與此同時，他又寄送《儒門法語》，以便金永爵能夠正確理解朱子學與陽明學的異同。當年 10 月，金永爵在回信中非常恭敬地説道：“朱陸之爭，非敢妄插牙頰，詆訾前哲，祇是直攄管見，就正大方，冀聞高明之論。……至若禪學源流，此便匆匆，無暇辯難，容更竭愚，以備財察矣。”④此時的金永爵正傾心於陸隴其所著，剛從陽明學轉向程朱學，正在廣泛地閲讀朱子學相關書籍。⑤

　　但到 1834 年，金永爵寄給帥方蔚的書信當中，很意外地使用了佛學用語。⑥這引起了帥方蔚的不滿，他直言不諱：“足下篤信好學，不惑歧趨，力詆陽明以爲禪學，而來書乃用‘由旬’字，此獨非釋子語乎？”⑦這封書信寫於 1835 年，此時金永爵已經摒棄禪學和陽明學，歸爲朱子學。那他爲何在

---

① 金永爵：《邵亭文稿·與李雨帆書［己丑］》，《韓國文集叢刊續》，第 126 册，第 362—364 頁。

② 帥方蔚：《左海交遊録·朝鮮金邵亭寄帥方蔚書之三》，《韓客詩存》，第 370 頁。“畏齋程氏曰《性理字訓》【程達原所增廣者】，語約而義備。如醫家脈訣，最便初學，此僕所寤寐未見者，倘蒙求惠資其講習，則沐浴於足下甄陶之内無窮矣！”

③ 帥方蔚：《左海交遊録·報朝鮮金邵亭解元書之二》，《韓客詩存》，第 366 頁。

④ 帥方蔚：《左海交遊録·朝鮮金邵亭寄帥方蔚書之四》，《韓客詩存》，第 378 頁。

⑤ 這封書信中金永爵提到朋友成載詩將要入燕一事，可以推定金永爵撰寫《與成絅齋載詩書》的時間就是 1832 年。金永爵在此文中提到自己偶得陸隴其的書籍後深深被吸引，並託付成載詩尋找陸隴其的後孫，求得陸隴其與後世的書籍：“平湖陸稼書先生，稟清明之質，守刻苦之學，由程朱之門户，入孔孟之堂奥。鑾和節奏，雍容九軌之途，開示後學，殆若按地志而程途遠近（缺）也。……偶讀先生遺書，怳若深夜坎壈，有執燭而擠拔之者。先生之恩，斯爲大矣。於是俯而讀之，紬而復繹，常若侍先生之左右而獲承警欬者焉。”（《韓國文集叢刊續》，第 126 册，第 360 頁）

⑥ 帥方蔚：《左海交遊録·朝鮮金邵亭寄帥方蔚書之七》，《韓客詩存》，第 397 頁。“絅齋家在坡州劍橋村，距王城數縣句。”

⑦ 帥方蔚：《左海交遊録·報朝鮮金邵亭解元書之六》，《韓客詩存》，第 395 頁。

書信裏涉及佛學用語？是不慎之舉？筆者認爲不然。這既不是對話，也不是即興筆談，幾乎不存在失誤的可能性。書信是衡量文人學術水準和文化素質的尺度之一，再加上這是寄給清人的書信，作爲朝鮮士人肯定會格外注意言辭表達。

筆者認爲，金永爵在書信裏提及佛教用語，另有他意。這很可能是試探帥方蔚的一種方式。當時，朱陸之異是兩國人時常爭論的話題之一，而清人似乎對此並不感興趣。朴思浩曾在 1828 年入燕之時，也屢次提起該話題，但遭到對方委婉地拒絕，回應道："朱陸異同，前人辨之盡矣。"①而對於朝鮮文人來説，朱陸之辯一直都是他們最關注的話題之一。原因有三：其一，出於對清代學術動態的關注；其二，爲了試探漢人對清王朝的抵抗心理，從而獲得深層文化信息；其三，使朝鮮士大夫能夠認識被僵化的程朱理學之弊端。朴趾源在《熱河日記·審勢編》中曾指出："中土之士，往往駁朱而不少顧憚。如毛奇齡者，或有謂之朱子之忠臣，或又謂之有衛道之功，或有謂之恩家作怨。此等皆足以見其微意也。"②他認爲，朱陸之異之話題，正是能夠正確窺探清朝現實的有效方法之一。直到十九世紀，朱陸之異仍然是朝鮮人所關注的話題。在朝鮮，陸王學遭到排斥是從退溪李滉（1501—1570）在《傳習錄論辯》中抨擊陽明學之後開始的。當時，雖然南彦經（1528—1594）、鄭齊斗（1649—1736）等人力推陽明學③，但由於朝鮮的儒學思想一直伴隨着排斥異端的風氣④，朝鮮朱子學派很難接受陸王學。到了朝鮮中期，黨爭局勢愈演愈烈，包括陸王學的其他學問都被視爲"異端"壓制，甚至重新解釋朱子學的人們也都被扣上"斯文亂賊"的罪名，陽明學在朝鮮後期一直都被視爲"異端"。可以説這是中華學術思想在異域接受過程中的一種嬗變現象。我們都清楚，一種文化的傳播與接受，必定會帶有接受主體或群體的特點和規律，而他者形象又不可避免地表現出對我者所處空間的補充和外延。⑤在朝鮮，

---

① 朴思浩：《燕紀程·應求漫錄》，林基中編：《燕行錄全集》，第 99 册，首爾：東國大學校出版部，2001 年，第 64 頁。

② 朴趾源：《熱河日記·審勢編》，民族文化推進會編：《韓國文集叢刊》，第 252 册，首爾：民族文化推進會，2000 年，第 258 頁。

③ 金熙永等：《조선 성리학자들의 양명학에 대한 비판적 인식 검토 (3)》，《陽明學》第 56 輯（2020 年），第 43 頁。

④ 尹南漢：《朝鮮時代의 陽明學研究》，首爾：集文堂，1982 年，第 26—29 頁。

⑤ 孟華主編：《比較文學形象學》，北京：北京大學出版社，2001 年，第 123—124 頁。

朱陸之辯已不單純是學術爭辯，它已然成爲政權之爭的重要衡量尺度。正統思想的權威已經牢牢地存在於他們的潛意識當中，朱陸之學自然成爲朝鮮文人最重要的話題。朝鮮文人在筆談過程中，一直强調朝鮮尊奉朱子學的理由也在於此。

可以説，金永爵此舉也算是對帥方蔚旁敲側擊，進而引出話題的策略。金永爵收到《儒門法語》之後，只説過："若禪學源流，此便匆匆，無暇辯難，容更竭愚，以備財察。"①之後的第五、第六封書信裏他從未提到相關話題。想必是認爲如果再問同樣的問題，肯定會令對方不快。而在完全轉向程朱理學之後的最後一次書信中，他竟然用了佛學用語，很明顯金永爵是在試圖用另一種方式重提此事。

其實，在程朱理學完全被統治者絕對化、僵化的時代，作爲士人，要通過科舉在官場上立足，完全擺脱朱子學是幾乎不可能的。金永爵出身書香門第，自己也非常清楚沉迷於佛教，有礙前程。但他爲何非要沉迷於所謂的"異端"呢？筆者在前面也提過，金永爵是少論出身，雖才智過人，但因當時的黨爭局勢，很難在官場上有所作爲。少年懷才而不得志，難免心生不滿。對於被權力化的程朱理學產生抗拒，也是可以理解的。陽明學傳入朝鮮初期，接受該學説的只有主氣的徐花潭系、被宗室或政權排斥的士林子弟、庶孽出身學者等群體②，從這一點上也能看出，對"異端"感興趣的大部分是被排斥在權力中心之外的非主流人士。金永爵沉迷於佛教，也可能是年輕氣盛時的一種叛逆的表現。

金永爵轉向程朱學之後，並沒有被朝鮮僵化的朱子學者同化，他在《與成絅齋載詩書》中批判了朝鮮士大夫只熱衷於國内經典，而不關注中國學術的不良風氣。

> 夫東國之於中華，道里比諸國最近。今之距先生百餘年，而遺書之東來者甚罕，良可慨然。退溪之糾駁白沙醫間，栗谷之推許整庵清瀾。考其時，相去不過四五十年，而猶能如斯。今稼書先生之學，直接朱子之統，而其書之未布於東，抑亦東人之羞。③

金永爵認爲，李滉與李珥在朝鮮繼承與發展程朱理學才不過四五十年，

---

① 帥方蔚：《左海交遊録‧朝鮮金邵亭寄帥方蔚書之四》，《韓客詩存》，第 378 頁。

② 尹南漢：《朝鮮時代의 陽明學研究》，第 56 頁。

③ 金永爵：《邵亭文稿‧與成絅齋載詩書》，《韓國文集叢刊續》，第 126 册，第 360—361 頁。

就在朝鮮占據了如此重要的地位，而中國離朝鮮如此相近，但連繼承朱子道統正脈的陸隴其之著述也未傳到朝鮮，這實在是"東人之羞"。因此，他通過與清代文士的學術交流，擴寬視野，獲取更廣泛的知識，掌握當時清代學術狀況。這種年輕時期就開始的異域學術體驗與知識儲備，爲他之後的官職生涯與學術發展奠定了重要的思想基礎。

三、文學交流與文風變化

與清代文士的交流，對金永爵的文學觀也有着一定的影響。從他的唱酬詩與尺牘，我們能窺見其文風與文學觀變化的軌跡。金永爵早年就在詩歌創作中展現詩才，在各種詩社活動中嶄露頭角。這一時期，他似乎並沒有注重義理，而是埋頭詞章，專注於"雅致"。他曾言："早耽詞章組麗之學，品題花月，揚搉古今，自詡文人雅致，旁及諸子百家，稗官小品，汎濫而不知返。"① 詞章學重文輕理，其被程、朱批評的主要原因就是道德與文章的分離。在他們看來訓詁與文章之學，只注重文字，成爲與道無關的知識與技藝，脫離了儒學之道德。金永爵之所以傾心詞章，很可能是由於在文學觀還未成型的早期，涉獵並研習了各式風格的文章。他早年喜好"究極風雅之本"，自言："遂欲搏心屏慮，以究極風雅之本。上游漢唐，下逮宋元，涵咀菁英，務去陳腐，自成風骨。"② 李裕元也曾在《吏曹參判贈領議政金公神道碑》中談及金永爵早年的文章觀："於文好三魏稿，囑余玩之。既而言曰，不如唐宋諸儒作，於詩癖元明人體，及見風騷大雅，曰真機流出。"③ 這說明金永爵早年追求的詩歌風格多樣，並沒有側重於某個特定時期的特定詩風。在1826年洪良厚入燕時，他曾寫詩闡述自己的文學觀："夫詩者小技，未足揄揚大義。而關係世運，陶冶性靈，比諸春鷤秋蟀自動天機，有不可遏者。"④ 他認爲作詩雖是小技，不足"揄揚大義"，但能陶冶性靈，看到自然萬物，會"自動天機"。不難看出，年輕時期的金永爵喜好作詩，不過他只關注發自內心的"天機"，並沒有注重義理。

但到1829年，金永爵與李伯衡往來書信之時，也就是他逐漸轉向程朱理

---

① 金永爵：《邵亭文稿·與李雨帆書［庚寅］》，《韓國文集叢刊續》，第126冊，第364頁。
② 金永爵：《邵亭文稿·送洪三斯［良厚］入燕序》，《韓國文集叢刊續》，第126冊，第367頁。
③ 李裕元：《嘉梧稿略·吏曹參判贈領議政金公神道碑》，《韓國文集叢刊》，第316冊，第50頁。
④ 金永爵：《邵亭文稿·送洪三斯［良厚］入燕序》，《韓國文集叢刊續》，第126冊，第367頁。

學的時期，他的文學觀產生了較大變化。

> 近日心源活潑，如有欲言而不得者。薄昏送中湖夢雨出門，剔
> 燈獨坐，更展起巖所贈詩。忽若有人觸發機栝，急起疾書，意至而
> 句語亦無大疵。疇曩未嘗不肆力於斯，而常患苦澀，今乃如是。始
> 知詩雖小技，似無關於學問，而祇若求工於品月題花，則終不過藻
> 飾粉澤之末而已。①

金永爵之前一直認爲作詩雖“小技”，但能够唤起“真機”，而此時他領
悟到作詩與學問似乎無關，如果埋頭於“品月題花”，就只能流落到“藻飾粉
澤之末”。可以斷定，此時的金永爵開始認識到義理的重要性了。這種想法在
1858 年的詩歌中體現得更爲明顯，他把作詩看做技藝，説道：“雖然詩者小
道耳，無異角技論負勝。”②面對詞章之學，也採取了堅決抵制和强烈批評
的態度：“詞章不直一文錢，自古賢豪誤萬千。真正英雄皆力學，須從濂洛問
津船。”③詩風也隨即產生了變化。邁入中年的他坦言自己的詩歌已失去“雅
意”，説“余少而荒嬉，老益頹唐，顧無以塞雅意之萬一”④，但金永爵的詩
歌都發自“真情”。1867 年，張丙炎評價金永爵的詩歌，言：“詩以道性情，
三百篇楚騷，大抵緣情而作也。……讀君之詩，雖偶然贈答，莫不有真懇之
情溢於文字之表，異乎世之撫儗刻飾者。”⑤吳昆田也説金永爵的詩歌“其詞雅，
其情真”。

注重“雅致”而專注於作詩的金永爵，逐漸轉向經世之道。而在這種轉變中，
我們不能忽視清代文士對他的影響。金永爵與清代文士交流過程中，清朝友
人贈予他大量書籍與拓本，使他得以瞭解最新的清代文壇動態，又使他對金
石學、考證學等其他學術也產生了極大的興趣。他在其詩《述志用經臺見寄韻》
中，就提到清代考證學代表人物閻若璩、朱彝尊、惠棟、戴震等人⑥，體現了

---

① 金永爵：《邵亭詩稿・次起巖（潁隱一號）韻，示成中湖（元鎬）夢雨綱齋［己丑］》所附注，
《韓國文集叢刊續》，第 126 册，第 322 頁。

② 金永爵：《邵亭詩稿・原泉宅同青士、雲皋小集拈六一韻》，《韓國文集叢刊續》，第 126 册，
第 339 頁。

③ 金永爵：《邵亭詩稿・次韻與趙性默》，《韓國文集叢刊續》，第 126 册，第 323 頁。

④ 金永爵：《邵亭文稿・花石齋記》，《韓國文集叢刊續》，第 126 册，第 373 頁。

⑤ 金永爵：《邵亭詩稿・書後》（張丙炎），《韓國文集叢刊續》，第 126 册，第 353 頁。

⑥ 金永爵：《邵亭詩稿・述志用經臺見寄韻》，《韓國文集叢刊續》，第 126 册，第 327 頁。“救
時尚考證，故紙空鑽穿。閻朱倡其首，惠戴步武聯。”

對考證學的關心。在與孔憲彝談及石碑拓本的相關對話中，也能看到金永爵從考證學的角度，根據顧炎武的《金石文字記》、徐乾學的《五禮通考》發問，而孔憲彝也根據畢沅的《關中金石記》等，詳細地回答了金永爵的問題。①

金永爵對清代文壇的瞭解與評價標準，同樣來自與之交往的清代文士。

> 皇朝御宇二百年，右文至化軼於前。海內名士爭湊集，都門車馬日喧闐。詞苑宗匠推漁洋，後來磊落遙相望。揚扢古今親風雅，流連花草愛景光。近世鳧薌（陶侍郎梁）與詩舲，一時壇坫共主盟。②

金永爵把陶梁（1772—1857）、張祥河（1785—1862）看作"壇坫"的主盟。陶梁，江蘇長洲人，官至禮部侍郎，在京畿地區爲官三十八年。在此期間，召集四方才俊，交遊唱和、飲酒賦詩、整理資料、編纂書籍，他所引領的文學活動盛極一時。③而張祥河也是風雅成興之人，"嘗自言爲詩喜對賓客，不耐苦思"，入宣南詩社後，與周之倚、鮑桂星、錢儀吉，吳嵩梁、潘曾沂、董國華、梁章鉅及林則徐等詩酒酬唱，爲一時盛事。④兩人雖喜好雅集活動，但很難稱得上是當時的主盟，尤其是張祥河，至今國內學術界也很少涉及。張祥河加入的宣南詩社，是清代有名的詩社，而當時詩社的核心人物是潘曾沂，並非張祥河，在潘曾沂離京後，詩社活動隨之消歇。⑤金永爵之所以稱兩人爲"壇坫"主盟，正是因爲他與張祥河有過交流。張祥河官至工部尚書（1858），對異域人來說，與之交遊，亦是倍感榮幸之事。他的評價或許有恭維之意，但鑒於當時朝鮮文人瞭解清代的有效途徑大都來自於燕行錄，此番記載一定程度上會影響朝鮮文人對清代文壇的理解。

在上文中，我們可以獲得一個重要的綫索，即 19 世紀清代雅集活動，對朝鮮文人的學術活動也產生了重要的影響。這個問題還需進一步深入探討，

---

① 金明昊：《金永爵의 燕行과 『燕臺瓊瓜録』》，第 1013 頁。

② 金永爵：《卲亭詩稿·呈張詩舲尚書祥河》，《韓國文集叢刊續》，第 126 冊，第 343 頁。

③ 陳海然《陶梁在京畿地區的文學活動研究》，河北師範大學碩士學位論文（2017 年），第 5—18 頁。

④ 周潔《張祥河〈驂鸞吟稿〉〈桂勝集〉〈桂勝外集〉校注》，廣西師範學院碩士學位論文（2017年），第 4 頁。

⑤ 段志强：《顧祠——顧炎武與晚清士人政治人格的重塑》，上海：復旦大學出版社，2015 年，第 61 頁。

但筆者在"顧祠年表"所列出的清代文士名單中，發現諸多文士都與朝鮮文士有過交流，朴珪壽兩次赴燕，也都受邀祭拜了顧祠。從這一點，我們也能判斷清代文士的雅集，對朝鮮文人產生了一定影響。

四、實學與開化思想的體現

儒家之學，注重兼修内外，經世思想的内在涵養繫於道德，而外在表現繫於事功。金永爵崇尚程朱學，但深受徐有榘的實學思想影響[①]，他與清代文士進行交流的同時，又與申錫愚、朴珪壽等北學派後裔密切交流，在這些務實的進步學派影響下，金永爵以救濟民生爲己任，積極摸索了應對當時局勢的對策。

金永爵自從認識到詞章的弊害之後，注重道德修養，强調："夫德勝才者吉，才勝德者凶。倘能涵養學問，謙和自牧，使才氣含蓄不少發露，此可謂第一等人物。"[②]在1829年寄給李伯衡的書信中也提到自己的經世思想："吾輩讀書，將學爲經世之務。惟有講求治道，康濟斯民數語，足砭俗儒拘牽之病。"[③]在徐有榘的影響下，他對實學也產生了較大的興趣，認爲"有裨實用乃文章，一言足可廢群噪"[④]。

這種經世意識對金永爵的官職生涯起了極其重要的作用。他步入官場之後，爲了救濟百姓，積極向君王直言進諫[⑤]，力求實現治世理想。即使卧病在床，也一直擔憂因"怪祲"而備受折磨的百姓而無法入眠[⑥]。1851年任清州牧使時，他又上奏《請清州大同賃船疏》，列出清州用"漕船"繳納"大同米"而帶來的種種弊端，請求採用"賃船自納"[⑦]的方式，減少老百姓的負擔。在此疏文

---

① 金明昊：《金永爵의 燕行과 『燕臺瓊瓜録』》，第 995 頁。

② 金永爵：《邵亭詩稿·次韻與趙性默》，《韓國文集叢刊續》，第 126 册，第 323 頁。

③ 金永爵：《邵亭文稿·與李雨帆書［己丑］》，《韓國文集叢刊續》，第 126 册，第 362 頁。

④ 金永爵：《邵亭詩稿·重陽自挹白堂步下楓石宅分韻得冒字》，《韓國文集叢刊續》，第 126 册，第 331 頁。

⑤ 金永爵：《邵亭文稿·附録墓表》（金弘集），《韓國文集叢刊續》，第 126 册，第 410 頁。"今上初元，首選入講官，汎五載進講之日爲獨多，其因文陳戒，凡君德民生施措紀綱，知無不言，言無不盡。上每虚襟傾受，詡以實心輔導。"

⑥ 金永爵：《邵亭詩稿·病枕書懷》，《韓國文集叢刊續》，第 126 册，第 346 頁。"怪祲已四年，札瘥幾萬數。金丹解壽民，爲誦賫鋪句。開局講三政，萬民胥延頸。將何遂其願，中夜憂心炳。"

⑦ 金永爵：《邵亭文稿·請清州大同賃船疏［辛亥］》，《韓國文集叢刊續》，第 126 册，第 356 頁。

中，金永爵對當時清州的"民生之困瘁""邑事之凋弊""三政俱紊"的狀況毫無隱瞞①，如實稟告哲宗，以求君王救濟百姓。正如金永爵所指出的，三政紊亂日益嚴重，民心騷動，十年後最終爆發"壬戌民亂"，政局動盪不安。於是，開化派領袖人物朴珪壽再上疏文，請求哲宗落實對策。哲宗才下令設立"三政釐整廳"，要求大臣討論出具體方案。這時，金永爵也向哲宗進言，提出了自己的見解。他指出朝鮮正處於"國綱不振，民志未靖"之際，不得操之過急，需逐步改革，"不如仍舊而約署通變之為當"，並就田賦、軍政、還穀等問題提出了對策。②

金永爵為人耿直，這種毫無隱諱、直抒己見的個性，在與清代文士的交流過程當中，也體現得尤為明顯。他與清朝文人吳昆田等筆談時，似乎並不顧慮身份不同、屬國有別。在《朝鮮使者筆談記》中，他對朝鮮不合理的身份制度與黨爭等內政問題直抒己見，毫無遮掩。

> （金永爵）"有黨論，分為四黨，起自中葉，世守其論如姓氏，然黨論甚熾，互相進退。今一黨秉國已數百年，餘黨不敢參國論也。所謂四黨乃老、少、南、北也。今老論當國，凡係官職老居其五，少居其三，南、北不過一二耳。四黨不相為婚，俗尚各異。今則老論當國，蓋二百年來，王妃揀選，公主下嫁，不在他黨故也。"③

燕行使的重要任務之一就是了解清朝動向，使節們通過各種渠道，打探朝廷內部情報，而筆談就是最有效的方式之一。朴趾源也曾說過，為了從文人口中得到正確的情報，就得"故將要得其歡心，必曲贊大國之聲教，先安其心，勤示中外之一體，務遠其嫌"④，在談笑風聲之間探知對方所言虛實。不過，至於對本國的介紹，則多以"崇尚禮儀""風俗質樸""重視教育"等正面文化形象包裝，忌諱談論朝鮮的政局與國事。但金永爵截然不同，不僅對朝鮮的黨派進行詳細說明，還將朝鮮的官僚制度與金左根、趙斗淳等當朝的宰相人名也都一一告訴對方。對於朝鮮士大夫的等級制度，也毫不隱瞞，憤憤不平地批判了身份制度的弊端與不公。

---

① 金永爵：《邵亭文稿·請清州大同貰船疏［辛亥］》，《韓國文集叢刊續》，第 126 冊，第 355 頁。
② 金永爵：《邵亭文稿·三政議》，《韓國文集叢刊續》，第 126 冊，第 358—359 頁。
③ 吳昆田：《朝鮮使者金永爵筆談記》，《漱六山房全集》，卷 6，第 3 頁。
④ 朴趾源：《熱河日記·審勢編》，《韓國文集叢刊》，第 252 冊，第 258 頁。

（金永爵）"士夫世世爲士夫，庶人世世爲庶人。庶人雖有才德，無以進用。其中各有等級：有兩班焉，士夫出入東西班之稱；有庶孽焉，士夫之賤生；有中人焉，醫官譯官之類；有吏胥焉，有徒隷焉。階級一定，十世不得免。如李惠吉（李尚迪）者，文才實可進用，乃拘于門閥，屈於象譯，是可恨也。"①

李尚迪與清代文士建立了長期廣泛的人際交流，在他們眼裏，李尚迪就是有才華的詩人。在此番筆談之前，應該不會有人想到李尚迪在朝鮮的身份地位。金永爵的這種態度，的確有別於當時赴燕的多數使臣，他對清朝文士毫無戒備，似乎完全克服了傳統的"對清觀念"，重新調整了認識自身及外在世界的思維模式，把清代文士當作摯友，共同討論與摸索擺脫危機的方法。

金永爵入燕後，親眼目睹了清朝内憂外患的危機，切身體會到清朝與朝鮮脣亡齒寒的命運關係。在1866年"丙寅洋擾"後寄給程恭壽的書信中，金永爵已把清朝與朝鮮看作命運共同體，對清朝將要面臨的危機進行詳細分析，並予以忠告。他認爲法國已撤回，不必擔心其再次反攻，但俄國必定將是日後最令人"深憂"的國家，俄國正"專以招誘東省及敝邦匪類爲事"，過不了幾年，俄國將自"烏拉嶺"通途東抵於海，而美國也將"日辟荒地"，日後也會來攻。他認爲"沿海一帶，列置城戍"是當務之急，如果盛京被俄國"生釁"，"將不寧靖"。金永爵已經明確認識到中國與朝鮮兩國命運的密切性，説道："瑟海靉江，俱與敝邦接壤，不但中國之憂而已。"②就這一點而言，我們也可以把金永爵稱爲朝鮮開化思想的先驅之一。③

金永爵的開化思想與他一貫的治學觀念密不可分。金永爵平生所學不拘一格，"放眼海天，窮搜秘奧"④，廣交天下賢士，積極接受新的思想，從而不斷更新了自己的學術觀與思想觀。金永爵與朴珪壽、吳慶錫等朝鮮近代開化思想的鼻祖成爲平生摯友，其思想也受到一定的影響。平日裏金永爵一直教導兒子金弘集要致君澤民，當金弘集二十七歲科舉及第之時，曾告誡兒子説："國禄顧不重，古云食人禄。勉虓致澤心，無負太倉禄。"⑤金永爵以身作則，

① 吳昆田：《朝鮮使者金永爵筆談記》，《漱六山房全集》，卷6，第2—3頁。

② 金永爵：《邵亭文稿・與程容伯〔恭壽〕書》，《韓國文集叢刊續》，第126冊，第365—366頁。

③ 金明昊：《金永爵의 燕行과『燕臺瓊瓜録』》，第1020頁。

④ 帥方蔚：《左海交遊録・報朝鮮金邵亭解元書之三》，《韓客詩存》，第374頁。

⑤ 金永爵：《邵亭詩稿・示弘集》，《韓國文集叢刊續》，第126冊，第352頁。

這對兒子的人生也產生了非常重要的影響，使金弘集也走上了開化之道。

五、結語

金永爵與清代文士的交流可以説是 19 世紀中朝文人交流的典型。他的交流能够清晰、鮮明地反映出近代轉型期兩國文人的交流實況與思想變化的具體軌跡。當金永爵年輕氣盛，還未形成明確的思想觀念之前，他就與清代文士結交，這對金永爵的學術觀、文學觀的形成起了非常重大的影響。從禪學轉入程朱理學，以理學爲基礎再去關注金石學和考據學，由重詞章轉向重義理，從崇尚"雅致"到發自"真情"，這些都和與清代文士的交流密不可分。他對清代文壇的理解與認識，得益於與之交往的清代文士，在其過程中也會出現信息上的誤差。在中朝兩國面臨生死存亡的危機之時，他已完全克服傳統的"對清觀念"，毫無隱晦地談論朝鮮國内政局，並寫信告知清朝將面臨的危機，忠告要提前防備俄國。可以看出，他在跨界交流中所表現出的這種包容與彈性，也對其子金弘集日后成爲開化派重要人物產生了一定的影響。

漆永祥　王元周　王丹 ◎ 主編

下冊

「使行錄」與東亞歷史文化研究

北京大學出版社
PEKING UNIVERSITY PRESS

《中朝三千年詩歌交流繫年》概述

趙　季

【摘　要】本文列叙以下内容：一、命名緣起及時間斷限；二、中朝詩歌交流的十類文獻及具體内容；三、編纂體例。限於編幅，文中删削大量所舉之例，敬請讀者諒之！

【關鍵詞】中朝三千年詩歌交流繫年　命名　内容　編纂體例

《中朝三千年詩歌交流繫年》是一部通代、跨國的詩歌交流編年體著作，全面系統地展現了中國與朝鮮數千年詩歌交流的獨特真實面貌，其體制乃前所未有，其規模逾七百萬字，筆路藍縷而内容浩博，錯漏在所難免，尚祈博學君子糾謬指瑕。

一、命名緣起及時間斷限

《中朝三千年詩歌交流繫年》之“朝”，係“朝鮮”之簡稱。之所以稱“朝鮮”者，係指朝鮮半島自箕子朝鮮始（前1046）至李成桂創立之朝鮮王朝末（1896）之時期，此一時期即朝鮮半島之古代時期。蓋半島歷史悠久，政權迭代，曰箕子朝鮮，曰衛滿朝鮮，曰三韓，曰三國，曰新羅，曰高麗，曰朝鮮，今又析爲朝鮮（朝鮮民主主義共和國）、韓國（大韓民國），紛然淆亂，難以一詞的指。故本書以“朝鮮”特指半島古代也，非“朝鮮民主主義共和國”之謂。

朝鮮漢詩之始起自箕子《麥秀歌》。關於箕子朝周的時間，《史記·周本

【作者簡介】趙季，延邊大學教授。

紀》記載，大致相當於武王滅商後二年（前 1044）。由此可見，中朝詩歌交流開始於此年。但爲了交代清楚周武王克殷，箕子東走建立朝鮮國這一史實，故將《中朝三千年詩歌交流繫年》的起始年限定在公元前 1046 年。

《中朝三千年詩歌交流繫年》的結束年限，本應定於清光緒二十二年（朝鮮高宗建陽元年），即公元 1896 年。因爲 1894 年中日甲午海戰中國敗北，1897 年朝鮮王朝在日本軍國主義者脅迫下改名"大韓帝國"，朝鮮王朝已告結束，中朝之間藩屬關係不復存在，中朝兩國之間那種傳統的大規模的正式的詩歌交流亦隨之完結。但直至 1927 年，朝鮮遺民金澤榮等流亡中國，還與中國詩人進行詩歌交流，故本書時間下限截止於此年。

自公元前 1046 年起，至 1927 年止，總計 2973 年，約略稱之爲"三千年"。在此期間，中朝兩國參與詩歌交流的詩人達 1600 餘人，創作詩歌十餘萬首，可以繫年的交流詩歌數萬首。這種持續近三千年、囊括數萬首的詩歌交流，在世界文學史、文化史上是絕無僅有的奇迹，也是源遠流長博大精深的中華文明在東亞世界詩歌文化領域燦爛輝煌的映照。全面系統客觀真實地再現中朝之間詩歌交流的歷史面貌，是古典文學研究者責無旁貸的歷史重任。

二、中朝詩歌交流的十類文獻及具體內容

《中朝三千年詩歌交流繫年》意在通過系統梳理中國與朝鮮之間三千年的詩歌交流歷史，全面客觀真實地再現中朝之間詩歌交流的歷史面貌。其研究對象和主要內容，是以中朝自西周初年至清代光緒年間的詩歌交流活動爲研究對象，主要內容分爲十類文獻。

（一）唱酬

唱酬，指中朝詩人直接進行詩歌唱和。這種形式是共時性的，甚至是面對面的詩歌交流，詩人聯繫最爲緊密，表達感情也更加親切友好。其原因一是由於中國儒學立國崇尚和平；二是在地理上一衣帶水交通方便，往來頻繁；三是在高麗時代就建立了宗藩關係，尤其是在明代萬曆年間抗倭援朝，對朝鮮王朝有"再造之恩"。這種種因素既在制度上創造了中朝詩人唱酬的條件，也在心理上培育了中朝詩人的親密感情。反映在創作方面，明朝"天使"的二十四種《皇華錄》和朝鮮使節的《朝天錄》就是典型的代表。清代中後期的《燕

行錄》也表達了中朝詩人個人間的友好情誼。尤其是明代"天使"出使朝鮮，對於明使之詩，朝鮮臣工幾乎是每詩必和，甚至有一詩而數十和者，《皇華集》中屢屢有之。

從唱酬的主動者和從動者來看，有以下兩種形式。

1. 朝鮮詩人唱，中國詩人和。如朝鮮詩人柳得恭 1777 年與中國詩人李調元唱和，柳先唱《落花生歌寄李雨村吏部》，李調元和韻酬酢，通過二詩唱和，既流露出私交的親密意緒，也袒露了知己的歡欣情懷。

2. 至於中國詩人先唱而朝鮮詩人後和者尤其多，《皇華集》中收載中朝詩人唱和詩歌 6000 餘首，大多屬於此類。這是官方正式外交場合的唱酬，雖然不乏對"天使"的溢美之詞，但也能看出兩國之間融洽的國際關係。以《皇華集》爲例，因爲有制度的保障和中朝兩國帝王的重視，就使明朝使節與朝鮮臣工詩歌唱酬具有極爲突出的兩大特點：一，作者眾多，水準上乘，參與創作的中國、朝鮮詩人總計三百五十三人，堪稱隊伍龐大，陣容豪華；二，作品繁富，文體多樣。記載唱酬之作的《足本皇華集》總計收詩歌六千二百八十九首、賦二十篇、散文二百一十七篇，可謂煌煌巨著。兩國之間如此大規模的詩歌交流，在世界詩歌史上是絕無僅有的奇觀。明朝使臣（正使、副使）人數達四十人，其出身仕履頗爲震撼，動輒賦詩百餘首，蔚爲大觀。從出身來看，四十人中三十餘人是進士，其中狀元三名（唐皋、龔用卿、朱之蕃），探花二名（倪謙、董越），其他還有舉人包括鄉試解元。從仕履來看，四十人中有十五名翰林（倪謙、陳鑒、徐穆、唐皋、史道、龔用卿、華察、許國、韓世能、黃洪憲、顧天埈、朱之蕃、姜曰廣、劉鴻訓、楊道寅），還有國子祭酒等等。諸人行跡、詩文大都相當可觀。朝鮮參加歷次詩歌唱酬的臣工三百餘名，幾乎囊括了當時國內的著名詩人，以下僅舉其犖犖大者以見其盛。從世祖朝主編國家正史《高麗史》的名臣鄭麟趾開始，按時間順序朝鮮詩壇的重要人物悉數出場，如集賢殿諸學士"文章道德一代尊仰"之申叔舟、"文瀾豪縱"之成三問、"清穎英發"之李塏、"詩文俱美"之李承召、"雄放豪健"之金守溫、"爲詩專仿韓陸之體，隨手輒豔麗無雙"之徐居正、"天資早成，爲文老健"之金壽寧。同時或稍後，則有成宗至明宗之間文章泰斗金宗直及其門人曹伸、李冑，均爲一時詩壇大家；有以學習蘇、黃、陳師道而風靡一時的"海東江西詩派"朴誾、李荇等人；還有與徐居正同以"四傑"聞名的成倪、朴祥和申光漢。燕山君至明宗朝，其時詩人有理學諸儒"東方朱子"李滉及徐敬德、曹植、李珥等，時又有三大詩人"湖蘇芝"之稱的鄭士龍（湖陰）、盧守慎（蘇齋）、黃庭彧（芝川）。宣祖朝有受中國前七子"詩必盛唐"影響，屏棄宋詩而學唐，遂有"三唐"之稱的崔慶昌、白光勳、李達；還有"八文章""湖南派"及李芝峰、車天輅等著名詩人。光海朝，有柳夢寅、成汝學、許筠、權韠等大家。仁祖朝，則有被稱爲"月象溪澤"的月沙李廷龜、象村申欽、谿谷張維、澤堂李植等。

明朝使節與朝鮮臣工的詩歌唱酬，其意義和影響之巨大毋庸置疑。一是在政治和外交上有力地促進了兩國的友好往來。終明朝一代二百七十七年，兩國從未發生軍事衝突。反之，在日本侵略朝鮮長達七年的壬辰倭亂、丁酉再亂中，中國出動十幾萬大軍抗倭援朝，日寇傷亡逾十萬。在聯手抗倭的戰爭烽火中，兩國的武將文臣不僅携手並肩浴血奮戰，也多用詩歌披露忠誠的戰鬥友誼。二是在文化文學上深化了兩國的交流。這種面對面把酒言歡的詩歌唱酬，使兩國詩人深度溝通，相互切磋，不但提高了詩歌創作水準，還形成了影響深遠的唱和傳統。直至今日，中國學者和韓國學者還在學術交流中唱酬吟和，國際東方詩話學會的唱酬詩集《場外詩話》2015 年已經問梓，就是最好的證明。

（二）獻贈

獻贈，指朝鮮詩人給中國人之獻詩贈詩，或中國詩人給朝鮮人的贈詩。獻贈與唱酬不同。唱酬是雙方互動，獻贈是單方面的對上級獻詩，或對平級和下級的贈詩。獻詩多是讚美和歌頌；贈詩則往往是表示欣賞鼓勵或表達友情，有的贈詩還是中朝之間重大合作事件的留影，如抗倭援朝戰爭勝利後，朝鮮詩人崔岦爲李如松送行的《天將李提督別章》："推轂端須蓋世雄，鯨鯢出海帝憂東。將軍黑槊元無敵，長子雕弓最有風。威起夏州遼自重，捷飛平壤漢仍空。輕裘緩帶翻閒暇，已入邦人繪素中。"大氣磅礴，鏗鏘有力，豪放雄健，充分表達了抗倭聯軍勝利的自豪與對中國將領的由衷感佩，也寫出了兩國的深厚友情。

獻贈詩的創作者廣泛分佈在中國和朝鮮的各個階層，甚爲普遍。上至皇帝、國王，中有官員、使節，下到文人、布衣。從贈達方式來看，既有面贈，也有寄贈，還有通過使節轉贈，形式多樣。從詩歌交流者聯繫緊密程度的角度看，在時間上獻贈詩雖然不如當面唱酬直接即時，但是贈受雙方俱爲同代之人，比追和詩的遠追異代古人之詩，在緊密程度上則又稍強。此類詩歌也可分爲朝鮮人獻贈詩、中國人贈詩兩類。

（三）追和

追和，指朝鮮歷代詩人賡和、次韻前代中國詩歌的漢詩。在朝鮮歷代 20 萬首左右的漢詩中，有成千上萬首此類詩作，最明顯的如大量的和陶、和杜詩，其他如次韻蘇黃等等，確鑿無疑地顯示了朝鮮詩人對中國詩歌的認真學習與深刻理解，以及他們的創新能力。朝鮮追和詩如此豐富，有兩方面值得注意。一方面是在東亞漢文學圈中，朝鮮漢詩作爲中國文學的鄰近國家分支，與中國文學的關係最爲密切；另一方面是朝鮮漢詩作爲朝鮮文學的一部分，其自身發展演進過程中呈現出的獨特性，即民族化和本土化。這一體兩面的核心問題，背後的邏輯，就是中國文學，尤其是中國詩歌是如何傳播、影響到朝鮮知識界的，朝鮮知識界是如何看待中華文化與自身關係的。同一種文學要素的種子，在兩片土壤落地生根之後，結出的果實有什麼異同。研究朝鮮詩人追和中國詩歌，是切入核心問題的一個視角。

追和詩核心要素在於異時相和、内容關聯、體式關聯三方面。狹義的追和詩具備異時、同題、同體、同韻、内容相近幾項要素。廣義的追和詩則不僅可以放寬 "同體、同韻" 的限制，還可包含擬作等形式，比較靈活。受中國詩歌固有的追和傳統影響，這一文學行爲傳入朝鮮半島後，爲歷代詩人競相效仿。其追慕先賢，尚友古人，對中國經典詩人詩作進行異域、異代追和，成爲中朝文學交流史上重要的文學現象。朝鮮詩人追和中國詩歌是對中國古代的經典詩人詩作進行異域、異代追和。朝鮮半島歷代詩人追和、次韻前代中國詩歌，在 20 萬首左右的漢詩中，占有重要比重，不容忽視。

朝鮮詩人追和中國詩歌，根據和詩與原詩的關係分爲兩大類，第一類追和詩是和意詩，即不必和韻，與原詩應須同題同體、内容相近；第二類是和韻詩，此類又依照徐師曾的歸納分爲步韻詩（即次韻詩，用原作之原韻原字且次序相同，這一類追和詩所占比重最大）、從韻詩（即用韻詩，用原作之原韻原字而不必順其次序）、依韻詩（即用原作之同韻部字而非盡用原韻字）三類。

朝鮮詩人追和中國詩歌的這兩種類型始終並存，而以後者居多，後者中又以步韻詩最多。凡和意不和韻之追和詩，追和對象大多是中唐以前的詩歌，這與中國古代唱和詩發展從 "和聲" 到 "和意"，再到 "和韻" 的時間節點與發展規律相符。具體表現有四點：

其一，所和對象爲樂府體詩歌的追和詩，多和意不和韻之作，即符合早期唱和詩"和聲"的傳統。例如權萬（1688—1749）《和古詩十九首》、權斗經（1654—1725）和王昌齡樂府體七絕《長信秋詞》《從軍行》等。

其二，所和對象爲中唐以前詩歌的追和詩，多和意不和韻之作，中唐以後比較少見，這與唱和詩體制走向成熟、逐漸定型的時間節點基本相符，例如李光庭（1674—1756）《和顏延之五君詠》等。

其三，朝鮮詩人所作追和詩遵循中國詩歌文本語境的追和傳統，即原詩在中國古代的諸多和作即爲和意不和韻之作。例如唐朝乾元元年中書舍人賈至上朝後，創作了一首描寫宮廷早朝氣象的應制詩《早朝大明宮呈兩省僚友》，同時代的王維、杜甫、岑參等人皆有和章，後代亦多有擬、和之詩，多爲和意不和韻。故而韓國古代詩人的和作因循這一傳統，不和其原韻，例如柳方善（1388—1443）《元日獨坐次古人元日早朝大明宮韻》等。

其四，某些詩人對於首句不入韻的原詩，採取一種押韻的追和方式，並不遵循原詩所謂平起、仄起的格律。

朝鮮詩人追和中國詩歌的命題方式，具有普遍規律性與個體差異性結合的特徵。從命題方式的普遍規律上看，追和詩題可分爲五種類型：

其一，是題目中明顯指明追和詩人或詩歌題目，包括次（次韻/走次/抽次/抽/和/和韻/賡）某某（詩人/詩題）、調（述/續）某某（詩人/詩題）韻（詩）等形式。這種命題方式在追和詩中最爲常見。

其二，是題目中未指明詩人或詩歌題目，但提示爲追和古人或具體朝代，包括次（用）古（古人/古詩/故人）韻、次（用）唐（唐人/宋/明人/大明人/唐學士/華人）韻（音/韻/律/詩）等。古代朝鮮詩歌文獻中"古人"特指中國古代人，"古詩""古律"，特指中國古詩，與"東人""東詩""東律"相對。

其三，題目中直接引用或截取、改造所和詩句。例如趙泰億（1675—1728）《除夕偶閱白集"明年半百又加三"之詩，有感於心，遂次其韻用其句》。

其四，題目以文集或詩人代號命名，例如用西崑韻（特指追和李商隱）、用《瀛奎律髓》韻、拈《濂洛風雅》韻、用《雅誦》韻等。

其五，是直接以擬古、賡詩、古韻、無題等爲題，這種情況需要仔細考察內容是否爲追和中國詩歌。當然也有幾種形式結合命題，如"次明詩韻追和某某""次某某詩人某某詩句"等。值得一提的是，"擬古體"原本不包含"和韻"的要求，而"擬古兼追和"的現象屢屢見之，這就需要對詩歌用韻情況和具體內容進行仔細甄別。

　　朝鮮詩人寫作追和詩，體制上是對中國詩歌的繼承和發展。從詩歌形式上來説，朝鮮追和詩涵蓋了古風、樂府、絶句、律詩，又有四言、五言、六言、七言、雜言等多種詩歌體制，既有單篇，也有組詩，幾乎覆蓋了中國詩歌自漢魏以來的所有體制類型。從數量上看，韓國詩人追和中國古代近體詩數量遠超古體詩。原因在於古體詩氣韻高古不易模仿，近體詩格律嚴整、對偶分明、有章可循，易於非母語寫作的"外國人"學習模仿。

　　從詩歌體式與中國詩歌的關聯上來説，朝鮮追和詩作爲中國古代詩歌的鄰近地域性衍生文本，爲進一步豐富完善中國古典詩歌理論奠定了文本基礎。無論是古體詩、近體詩或任何一種具體的詩歌體制，其自身發展史都可作爲廣義上"漢詩"文學史的一個重要地域分支，對文體學發展意義深遠。此中有多種現象、特點值得注意：

　　其一，有的追和詩中保留着原詩原句作爲體式聯繫，則在追和詩中保留原句，不僅是繼原作之意加以發揮，也表明朝鮮詩人對原作的認可和推崇更上一層。

　　其二，又有追和一首詩部分而非全首者，常見於對長篇體制的排律或古風追和中，或有和詩者筆力不逮之嫌。

　　其三，有拆分單篇，就有重組組詩。第一種情況是同一中國詩人集中同題詩篇的組合，如黄俊良《次林和靖八梅花韻李監司清有詩命次》選取林逋集中詠梅花詩六首，成爲新的組詩。第二種情況是選取不同詩人集中同一主題，組成組詩，如金昌協《除夕次東坡、簡齋、劍南、牧齋韻》，所和原詩依次爲蘇軾《除夜野宿常州城外二首》其一、陳與義《除夜二首》其一、陸游《舍北晚步》、錢謙益《辛未除夕》。將不同單篇詩歌進行重組加以追和，在這裏原詩起到了類書的作用，體現了朝鮮詩人有意識學習模仿同一題材詩歌寫作范式的心理。

　　其四，追和組詩進一步激發了追和專輯的産生。如金時習《梅月堂詩集》卷八爲"和陶"專輯，共計20題43首；李晚秀所作《和陶集》，共計55題136首。《和陶集》每首步韻和陶，或仿陶淵明有小序，並説明陶淵明原詩題目，篇目順序也大多與原詩順序相近。

　　其五，作爲群體文學行爲的追和詩寫作，具有文字遊戲的雅趣。作爲個體文學行爲的追和詩寫作，同樣具有文學技巧訓練的意味。最典型的例子是追和黄庭堅《演雅》的風潮。《演雅》以賦爲詩，一詩中摹寫數十種昆蟲鳥獸，李榖、李穡、金萬基、崔演等皆有追和《演雅》之作，趙顯命在其詩

《次山谷集演雅體與錫汝聯句凡物名毋犯原韻令也》中進行創新，將"演雅體"與聯句形式結合。又有申欽實驗性地將演雅體與追和其他詩人詩作相結合，如《用演雅體次杜甫屛跡韻》："蜂衙緣底急，蟻鬪有何情。織密蛛房冒，營工燕壘成。蝶穿花朵重，鶯擲柳腰輕。打起窺魚鷺，要看鶴立清。"這些詩人的創作形成了追和、摹寫"演雅體"這一文學遊戲體制的繁盛。

朝鮮詩人追和中國詩歌的追和方式具有以下特色：

其一，朝鮮詩人打破不同詩體之間壁壘，即和作與原作同韻不同體。有以近體追和古體、以七言追和五言、以七言追和雜言、以六言追和五言、以五言追和七言、以長篇追和短章這幾種現象。其中最爲常見的是以七言詩追和五言詩。

其二，朝鮮詩人對中國前代詩人詩作的追和，分爲直接追和與間接追和。直接追和，顧名思義就是朝鮮詩人閱讀了某一首中國詩歌作品，産生了興發感動並追和次韻原作。間接追和，則是朝鮮詩人與所和中國原詩之間存在着媒介。媒介則又分爲兩種情況，一種是以其他中國詩歌爲媒介，例如蘇軾創作《和陶詩》一百二十餘首，開啓中國詩人追和前代詩歌的先河。朝鮮詩人創作大量的和陶詩始源於對蘇軾的推重，此後又受朱熹等人對陶淵明推崇的影響，至少有 150 餘位朝鮮詩人創作一千多首和陶詩。例如申欽（1566—1628）創作 103 首和陶詩深受蘇軾的影響。另一種媒介是對於朝鮮詩人和中國詩的間接追和，常見於朋友之間交遊的一人先和一人復和。例如吳健（1521—1574）《次河浩源和文山挽詞》。

其三，朝鮮詩人寫作追和詩，不僅是個體文學行爲，也是群體文學行爲。有多人聯句形式的追和，例如南孝溫、李宗准、李貞恩三人共同聯句追和詩《與正中乘月掛琵琶敲仲鈞門，仲鈞聞琵琶聲，倒屣出門，設重茵杏花下設小酌，次東坡月下詩韻聯句》。還有集體追和同一首詩，例如嘉靖乙亥三月，作爲迎接明朝天使遠接史和從事官的崔演、蘇世讓、嚴昕、林亨秀一同追和韓愈詩《春雪排律十韻用韓文公韻》多首。通過對多人聯句形式、集體的追和詩寫作的考察，得以還原出朝鮮士人交遊方式與文學場景。

朝鮮詩人追和中國詩具有重要的文學史意義和文化交流意義。模仿漢詩的寫作是學習漢語、漢詩必不可少的途徑。古代韓國詩人追慕先賢，尚友古人，對中國經典詩人詩作進行異域、異代追和，成爲中韓文學交流史上重要的文學現象。朝鮮漢詩對中國詩歌的繼承和發展，大到內容、風格、體制，小到意象、典故、詞語，無一不與中國詩歌有着深厚的血脈聯繫。大量的和陶詩、和杜詩、和蘇詩等，印證了中國古代詩歌對朝鮮漢詩的深刻影響，也表現出了朝鮮詩人青出於藍、推陳出新的藝術創造能力。

朝鮮追和詩不僅是文學史現象，也是跨文化交流的重要樣本。對追和詩文獻的集中考察，使得中國文學研究得以轉換傳統文學視角，即從異域視角反觀自身文學，從而印證中國文學史上重要作家作品在東亞漢文化圈內的影響力。從"文學接受"到"文化認同"，朝鮮漢詩對中國詩歌的吸收借鑒推動了韓國古代文學自身的發展，也由此重新確立中華文化主體地位。韓國詩人追和中國詩歌諸現象呈現出深刻的文學意義和跨文化交流價值，使這些詩歌成爲東亞漢文學史上一朵奇葩。

朝鮮詩人追和中國詩人詩作甚爲廣泛，以下舉其犖犖大者。

1. 追和陶詩最多，甚至有專門的《和陶集》。如李晚秀嘉慶壬申（1812）五月所作之《和陶集》，收有55題136首，每首步韻和陶，或仿陶淵明有小序，並説明陶淵明原詩題目。

2. 追和杜詩亦爲大宗，尤其追和《秋興八首》爲多。如朴長遠順治戊戌（1658）《和杜詩秋興八首》，此詩和意而不次韻；又如趙絅崇禎癸未（1643）七月十七日在日本江戶所作《十七日次老杜秋興八首》，則是次韻追和，等等。

3. 其他追和韓、白、蘇、黃者亦多。次韻韓愈詩，如嘉靖己亥（1539）三月，作爲迎接明朝天使的遠接使和從事官的崔演（字演之）、蘇世讓（字彥謙）、嚴昕（字啓昭）、林亨秀（字士遂）一同追和韓愈詩《春雪排律十韻用韓文公韻》；追和白居易詩者，如朝鮮英祖丁亥（1767）三月二十九日金龜柱《三月晦日步白香山餞春詩二首》；追和蘇軾詩者，如宣祖甲午（1594）崔岦《雪後次東坡韻四首》；追和蘇軾詩者，如宣祖甲午（1594）崔岦《雪後次東坡韻四首》；追和黃庭堅詩者，如英祖癸丑（1733）尹鳳五《陪内舅入冷泉拈黃山谷韻共賦癸丑》等。

4. 追和其他中國詩人之作。此類亦頗多，如肅宗辛卯（1711）申靖夏《閑來次壁上宋人詩韻》一氣追和中國宋代梅堯臣、王安石、蘇軾、陳師道、陳與義、陸游、范成大、劉克莊八位詩人之韻。

朝鮮詩人出使或遊歷中國，覽古興懷，勾起記憶中的中國古人詩歌，亦多"追和"之作，讀者於其朝天、燕行詩歌中讀之即可。爲免重複，不復列入"追和"類中。

（四）詠史

詠史，由於中國詩人吟詠朝鮮歷史之詩極為鮮見，故此項內容均為專指朝鮮詩人吟詠中國歷史之詩。詠史詩既體現了中國文化對朝鮮詩人和詩歌的深刻影響，也反映了朝鮮詩人對中國歷史人物、歷史事件的極度熟悉和深刻思考。換言之，不僅朝鮮詩人將中國歷史史實作為觀照學習的對象，中國漫長歷史演變中的治亂盛衰及其規律經驗，也已經成為朝鮮詩人思維的材料。此類咏史詩通過對中國史實的回顧，不僅僅表達對中國歷史人物事件的評價與吟味，也往往借此反思朝鮮歷史政事，或借鑒成敗，或感慨興亡，都是中朝之間文化文學廣泛深刻交流的反映。

中國的歷史文化自箕子時代東傳，對朝鮮半島浸染甚深，影響極大。中國的歷史著作《尚書》《春秋左傳》是新羅國學的必修書，是高麗、朝鮮科舉必考科目，《史記》《資治通鑒》在半島廣泛流傳。朝鮮歷代人士對中國的儒學文化、政權興亡、帝王將相、忠臣良將、文人才子，甚至奸雄佞臣都甚為熟悉，忠奸善惡瞭然在心。並在思想上自然而然地據此反觀朝鮮歷史與現實，汲取經驗，借古鑒今，以利於制定治家興國之方針措施，在感情方面則借古諷今或弔古傷今，抒發深沉的歷史思考和悠遠情懷。

朝鮮詠史詩的發達，除了中國文化的深刻影響，還有朝鮮自身主體的原因，就是朝鮮王室的大力提倡和官方的制度要求。王室提倡表現在應製詩上。從大量詠史詩題目可以看出，很多詠史詩是朝鮮國王先創作，臣工賡和繼作。甚至朝鮮國王直接命令臣工創作詠史詩，此類詩例不勝枚舉。

官方的制度要求體現於兩種方式，一是科舉，二是月課。朝鮮科舉有兩種考試會考漢詩創作。一是進士試，分初試（鄉試）和覆試（漢城試）。其考試內容初試為賦一篇、詩箴銘中一篇；覆試為賦一篇、古詩一篇。朝鮮的進士試與中國不同，及格的進士相當於中國的秀才，朝鮮的"文科"及第纔相當於中國的進士。進士試詩歌試題多為詠史詩，如李珥《送項梁渡江_{進士初試狀元}》。二是庭試。朝鮮國家考試可以分為式年試（子午卯酉）和特別試（增廣、大增廣、重試、謁聖、親試等二十種）兩類。所謂"庭試"，是朝鮮王朝特別試的一種，原名"親試"，始於朝鮮太宗十六年（1416）。即朝鮮國王不定期地將儒生召入宮廷，測試製述能力，國王親臨現場試士。明宗初改名"庭試"。庭試要求創作漢詩，其題目基本都是詠史詩，如申光漢《藺相如完璧歸趙_{庭試}》、金净《李陵送蘇子卿還漢三十韻_{廷試}》、朴祥《李陵送蘇子卿還漢七言排律三十韻_{庭試魁}》、黃廷或《築壇拜大將二十韻_{癸未庭試居魁}》等皆是。庭試合格者可直接參加生員、進士覆試（會試）、文科會試，甚至直接參加殿試。這些頗有功利引誘因素的科舉制度設計，可謂詠史詩創作的興奮劑。

如果説科舉製述作詩是對學子施以誘導鼓勵的話，那麼"月課"作詩就是對文官的淘汰和鞭策了。月課的試官是文衡和四館長官，考試對象則是諸學士及三品以下文官。甚至在太學中也行月課之法。月課命題幾乎全是詠史詩，有的詩人在文集中羅列多首月課詩，也無一不是詠史詩。如姜錫圭《詠史課製下十首全》其十首題目分別爲：二妃、屈原、項羽、陸龜蒙、巢許、沮溺、四皓、嚴君平、嚴子陵，共十題計詠十五人，全部是中國古人。上自堯舜時代（巢父、許由、娥皇、女英），下至唐代陸龜蒙。

中國歷史故事還以繪畫藝術形式和書法藝術形式在朝鮮廟堂和民間流傳，有畫卷、條幅、屏風等類型。詠史詩也反映了這一現象，並與之互動。有題畫詩形式，沈義《題赤壁圖》、李滉《黃仲舉求題畫十幅丁巳·孤山詠梅》；有觀畫吟詠，如周世鵬《負帝入海圖》、安軸《范丞相麥舟圖二首》、徐居正《蘇仙赤壁圖》、安軸《伯顔丞相訪文正公義田宅圖》、金克成《陳摶睡圖》、成運《陳希夷睡圖》、徐居正《林和靖放鶴圖》、李民宬《流民圖月課》；有應製詩，如申用漑《睢陽五老圖應製書御屏》、申用漑《洛陽耆英會圖應製書御屏》；還有大量的題屏風詩，由於屏風可以多扇折疊，此類詩多爲組詩，如李滉《鄭子中求題屏畫八絕》就包括八個中國史實：商山四皓、桐江垂釣（嚴光）、草廬三顧（諸葛亮）、江東歸帆（張翰）、栗里隱居（陶淵明）、華山墜驢（潘閬）、濂溪愛蓮（周敦頤）、孤山梅隱（林逋）。更有多達十二扇者，如申叔舟《題古畫屏十二絕》所詠，時間上從西漢到南宋末縱歷1400餘年，地域上南至廣東崖山、北至遼寧大棘城跨越5600多里，身份上有王（河間王、太原王慕容恪、武宣王元勰、齊王宇文憲）侯（留侯張良、武鄉侯諸葛亮）將（慕容恪、元勰、宇文憲、郭子儀、岳飛、文天祥）相（張良、諸葛亮、宋璟、李沆、陸秀夫），民族有漢和鮮卑，可見朝鮮人對中國歷史的極大興趣和深度熟悉。

從形式上看，朝鮮詠史詩在結構和命題兩方面可以注意。結構上可以分爲單篇和組詩。命題的題目則大致有以下幾類。一是以歷史事件命題，如李奎報《寒食感子推事》、李穡《卜洛》、沈彥光《相業》詠周公，李湜《渭川獵》詠姜太公。二是以歷史人物命題，如李穡《管仲》、李英輔《蘇秦》、李籽《史氏女》、鄭蘊《伍子胥》。三是以古跡地名命題，如鄭道傳《嗚呼島》、全湜《過晏平仲故里》、鄭夢周《姑蘇臺》。此類詩亦稱懷古詩,如金澤榮《姑蘇懷古》逕稱"懷古"。實爲詠史詩之一枝。四是以讀某書、觀某畫命名。如申葃《讀伍胥傳》、金時習《讀左氏春秋》、李尚質《讀聶政傳》;徐居正《題姑蘇臺圖》、鄭文孚《西施圖》。五是概括籠統以詠史命名。此類多爲組詩。如尹愭《詠史》四百零四首。南龍翼《詠史》六十首,《史詠》四十二首,李詹《讀史感遇》四十六首,俞瑒《讀史》二十首,南公轍《擬古》十九首等,每首多綴以具體標題,個別的則僅題以其一、其二以志區別。六是冠以"歌""行""吟""詠"等名的其他命名,如許惱《句注歌》、李敏叙《越王句踐歌》、李齊賢《崤陵行》、李牧隱《貞觀吟》、權擘《和王摩詰西施詠》等,這類詩題的存在不及上述五類詩題普遍,數量也較少。

從内容上看,詠史詩所詠對象極爲豐富普遍。上至文化偉人、帝王將相,下至雞鳴狗盜、刺客女流,均有吟詠。

中國儒家的創始人是孔子,儒家文化在漢代"獨尊儒術"後一家獨大,至朱熹理學大興之後,更是占據主流文化地位,直至清末。朝鮮半島自統一新羅時代的國學即以四書五經爲必修典籍,高麗科舉亦以四書五經取士,朝鮮王朝大儒李滉倡導"性理學",也成爲思想主流。故朝鮮詠史詩對孔子吟詠特多。或讚其教化遍於萬邦,或頌其影響傳於千秋,或譽其著作苦口婆心萬世有功,其中尤其注重孔子對朝鮮的影響,如"偏荒亦解遵華制""絃誦行看遍我東""從前意思分明處,共貫無論渡海東""浮海夙心今不爽,三韓東域祀明禋",交口稱讚,不絶於篇。

在漫長的古代歷史中,帝王國君的地位最高,勢力最大,對臣民有生殺予奪之權,主導着一朝一國的方向和命運。明主在上則政治清明、國泰民安,昏君據位則社會黑暗、民不聊生,這些在朝鮮詠史詩皆有所反映。對於明主,詠史詩除了頌讚,還要在史實中汲取經驗;對於昏君亂主,詠史詩多寓批判甚至嘲諷,其實質是借鑒教訓,含"殷鑒不遠"的反思意識。

詠雞鳴狗盜者如曹植《狐白裘詩》和洪樂仁《函谷雞》,詠刺客如荆軻,有金安國《燕丹送荆軻入秦》等十餘首。對女性的吟詠也很值得注意,才女如班婕妤、蔡文姬,美女如卓文君、王昭君,后妃如妲己、褒姒、趙飛燕、楊玉環,皆有評題。

尤其是與朝鮮有關的中國人物,更是朝鮮詠史詩的熱門。現舉二人爲例。一是箕子。箕子既是中國人,又是朝鮮王國的開創者。對箕子的吟詠,對箕子墓、箕子廟、井田遺址的憑吊,連篇累牘絡繹不絶,自然有文化尋根的意味。

而另一位魯仲連，表面好似和朝鮮關聯不上，但詠魯仲連的詩歌卻很多很多。其原因在於，除了在普遍道德層面景仰其"義不帝秦"的高卓節操以外，更由於"丙子胡亂"清人欺壓脅迫朝鮮臣服，朝鮮士人在魯仲連身上投射了自己的激憤之情。

咏史詩的文化傳播軌跡是：中國歷史文化（歷史人物、歷史事件）→記錄於載體（歷史著作）→史著流傳朝鮮半島→朝鮮人閱讀史著並思考→朝鮮詩人創作咏史詩。所以咏史詩一般繫於史事發生之年，綜論一代政權（或一國政權）者繫於該政權末年，綜論人物一生者繫於該人卒年，以見其事其人對朝鮮詩人之影響。

朝鮮詩人出使或遊歷中國，歷覽古跡，亦多詠史之作。爲免重複，不復列入"詠史"類中。讀者於其朝天、燕行詩歌中讀之可也。朝鮮詩人追和中國詩亦有詠史之作，亦不復列入"詠史"類中。讀者可於"追和"類中讀之。

（五）題詠

題詠，指中國詩人在朝鮮獨自抒懷之題詠，朝鮮詩人在中國獨自抒懷之題詠。中朝地域僅隔鴨江一水，自古以來交往頻繁。中朝詩人行走於異域他鄉的大地之上，飽覽異國的自然山川與社會風物，映入眼簾的盡是充滿陌生感和新鮮性的事物景象，既能引發詩人的好奇心理，也能滿足詩人的求知慾望。睹物興懷，思古感今，不但懷有對前途的無限期許，還可引起對故鄉的深沉思戀，於是發之於詩，形諸題詠。這也是一種詩歌文學的交流形式，其中包含着豐富的思想文化交流內容。

中朝詩人的異域題詠淵源悠久，早者如朝鮮開國之君箕子在公元前 1044 年朝周所作之《麥秀歌》："麥秀漸漸兮，禾黍油油。彼狡童兮，不我好仇。"晚者至光緒九年（1883）張謇在朝鮮的詩作《書朝鮮近事》，持續近三千年。尤其到元明清時期，中朝官方交流更爲頻數，出現了大量使行詩集，各種皇華集、朝天錄、燕行錄如雨後春筍創作出來。本書對此類詩篇均予以收錄。

在《皇華集》《朝天錄》《燕行錄》中，或有在進入異國前在本國境內所作者，爲保持其完整性，亦錄入保存，以完其首尾。

（六）事蹟

事蹟，指中國詩人在朝鮮之事蹟，朝鮮詩人在中國之事蹟。中朝詩人在對方國家的行事蹤跡，既是有助理解詩歌意蘊的"本事"，也是有助闡發詩人創作的"背景",故本書擇其緊要者收録,以利讀者利用,以下例舉二事。

1. 中國詩人在朝鮮之事蹟,如援朝抗倭的明朝大將李如松在萬曆二十一年(1593)在朝鮮之事蹟等。

2. 朝鮮詩人在中國之事蹟則更多,如朝鮮多達455種的朝天録、燕行録和飄海録,詳細記載了高麗、朝鮮詩人在中國的歷程。

(七)詩人

詩人。詩人是中朝詩歌交流的主體因素,參與中朝詩歌交流的詩人達數千人之多。對這些詩人進行介紹就勢在必然。但是一位詩人往往在多處場合出現,如果每次出現都不加節制地詳盡介紹,不僅造成本書篇幅過於龐大而浪費資源,還會因行文冗贅而影響讀者閱讀興趣。本書力求簡潔,故於涉及中朝詩歌交流之詩人卒年年度(卒年不詳者則繫於生年或相關年度),簡介每位詩人概況,包括姓名、生卒年、表字、別號、謚號、科第、仕履、交遊、著作等。來源儘量利用有關史籍和可靠工具書,以確保文獻的準確性。凡全文引用文獻的均注明出處(生卒年乃筆者插入,文中不再說明),凡隱括自行狀、碑銘、墓志、序跋者,均注明"據行狀(家狀、謚狀、墓志銘、墓碑、墓表、序跋等)",中國詩人簡介多引用可靠工具書如《中國歷代人名大辭典》,個別生僻詩人無工具書可利用者則由筆者依據其他文獻考定。

爲方便讀者查閱,在書末附"詩人索引",分列中國、韓國詩人姓名音序索引,提供生卒年及其他綫索。讀者可以根據索引列出之詩人卒年,或索引提供之其他綫索,於相應年度找到該詩人之介紹材料。

(八)評價

評價,指中國詩人對朝鮮詩人之評價,朝鮮詩人對中國詩人之評價。此評價既包括對詩義、詩事的探討評論,也包括對詩人、詩歌的價值評判。朝鮮詩人還多將中國詩人創作與朝鮮創作加以聯繫比較,也歸於本類內容之中。

1. 中國詩人對朝鮮詩人之評價,如錢謙益《列朝詩集》、朱彝尊《静志居詩話》(姚祖恩輯自《明詩綜》)中對高麗、朝鮮詩人的評價。又如清代詩人李調元對朝鮮《四家詩》的朱墨兩色評點。此評點對柳得恭、朴齊家、李德懋、李書九四家詩人的詩歌創作藝術特色進行了詳細點評,可謂細緻入微。

2. 朝鮮詩人對中國詩人之評價則更多,可謂包羅萬象。以下列舉幾個方面的內容。一是體現了朝鮮詩人對中國詩歌藝術成就的讚美,對中國的著名詩人及經典詩作景仰有加；二是評中國詩歌連帶以及朝鮮詩歌，顯示了中朝詩歌創作的關聯。朝鮮漢詩是在中國詩歌哺育浸染下開放出的燦爛花朵，朝鮮詩人從不諱言，反而是多方提示以見其淵源；三是在評價中表現出對中國詩歌的盡心揣摩和研究，駁正舊註，發表自己的獨到理解，對後來研究者及讀者頗有啓發；四是辯證地評價中國詩人詩歌，對其缺點與不足提出自己的見解，雖有見仁見智之歧說，亦有獨具匠心之妙解；五是針對中國詩歌注釋的缺憾，提出自己的正確見解，補充完善了中國詩歌批評的不足；六是對中國詩歌版本進行考究，可以幫助我們瞭解一些中國失傳的版本異文，有助於中國詩歌文本校讎。

朝鮮詩人對中國詩人詩歌的諸種評價，其產生路徑是“中國詩人創作詩歌→中國詩歌作品傳播到朝鮮→朝鮮詩人閱讀中國詩歌並思考→朝鮮詩人對中國詩歌作出評價”，所以此評價既展現了朝鮮詩人在中朝詩歌交流活動中的主動性，同時也反映出中國詩人詩歌對朝鮮的深遠影響。故此本書將朝鮮評價皆繫於中國詩人之卒年，由流溯源，相得益彰。

本書之朝鮮對中國詩人詩歌之評價從《韓國詩話全編校注》及朝鮮文集中輯得。如一條評價中包含對多人之評價，則取其在先者或重點者。個別的如對“樂府詩”、《古詩十九首》等的評價，則僅標識“評價”二字。中國對朝鮮詩人詩歌的評價相對較少，且多保存在皇華集、朝天錄、燕行錄等使行文獻中，所以不再摘出，讀者隨文觀之可也。

（九）詩集

詩集，指朝鮮刊刻中國詩集情況，中國刊刻朝鮮詩集情況；中朝詩人互贈詩集情況；中國與朝鮮購買、流通詩集情況。

刊刻情況見於韓國和中國的各種書目、史書及有關專著。

1. 朝鮮刊中國詩人詩集，如世宗朝刊印《李白詩集》，正祖朝刊刻《杜陸千選》八卷等。

2. 中國人刊朝鮮詩人詩集較少，如明朝吳明濟之《朝鮮詩選》等。互贈與購買則屢屢見於中國、朝鮮各種史籍和筆記、文集。

3. 中國詩人贈詩集給朝鮮人。

4. 朝鮮贈中國詩人則以其刊刻之各種《皇華集》爲多見。

詩集（含詩文合刊之別集、總集）是中朝詩歌交流傳播的重要途徑。梳理其源流脈絡，可以從一個特定視角窺見其詩歌影響及詩歌潮流發展之態勢。

本書關於此類材料以黑體字"詩集"標識之。

（十）背景

背景，指有關中韓詩歌交流的文化制度背景材料。對中朝的典籍廣搜博覽，爬梳剔抉，勾稽背景材料納入繫年體系。茲舉一例：《朝鮮太宗實錄》卷十三："（七年三月二十四日）乞自今時，散文臣三品以下，每年春秋仲月會藝文館，館閣提學以上出題賦詩，以考能否，具名申聞，以憑敘用。中外學校，每年春秋季月，復行課詩之法。監司守令監學之時，亦令賦詩，旌其能者，以加勸勉。"

三、編纂體例

由於學術界迄今未有"中朝三千年詩歌交流繫年"這樣通代、跨國詩歌交流著作，其規模既浩博宏大，内容又豐富複雜，故其體例無舊章可循。必須針對本書具體情況，自出機杼，以最恰當合適的形式去適應和表現内容。以下分條系統介紹之。

（一）年代、時間及朝代標注

1. 年代以農曆年標注，括號注明公曆起訖。

"中朝三千年詩歌交流繫年"的基本單位是"年"。由於本書所徵引之古籍中紀年皆爲農曆（陰曆），與現今通行之公曆並不一致；而中朝詩歌交流在某年度中或不止一事，各事或分布於數月，且或須標明"正月""二月""閏八月""十二月"等等。若以公曆年爲基本單位，則正月之事往往在公曆年末，而十二月之事往往在公曆年初，既與古代實事不符，讀者閱覽亦爲不便。故本書年代以農曆年標注，而在圓括號内注明公曆年月日起訖，末附年代干支，如"漢成帝鴻嘉三年/高句麗琉璃王二年/百濟温祚王元年/新羅朴赫居世四十年（前18.1.31—前17.2.18/癸卯）"。本書主要採用方詩銘、方小芬著《中國史曆日和中西曆日對照表》（上海人民出版社，2007年），以其他各家爲參照。因爲各家公曆年起訖推算的起始年代不盡相同，本書採用始自漢高祖元年者，其形式爲"漢高祖元年（前207.11.12—前206.10.30/乙未）"。周秦時代則僅注明公曆年代及干支，如"周武王元年/箕子朝鮮箕子元年（公元前1046/乙未）"。

一年之中新舊朝代更替，或同一皇帝一年之中改換年號者，擇其中一種標識。如唐玄宗天寶十五年與唐肅宗同處一年，標以"唐玄宗天寶十五年"。

漢代至元代一位皇帝或用不同年號，故標以"朝代＋謚號（唐以後則標廟號）＋年號＋年份"，如"漢元帝建昭二年"。明清皇帝不改年號，且其謚號廟號並不爲人熟知，如標謚號廟號，徒增淆亂，故只標"朝代＋年號＋年份"，如"明崇禎元年""清康熙二年"。

2. 月份標注。中國周代歷史紀年以十一月爲歲首，秦代及漢初以十月爲歲首。漢武帝太初元年改曆，以正月爲歲首，嗣後實行。此乃史實，本書仍之。如漢高祖三年，先列十月事，後列四月事。附注公曆年起訖亦隨之，"漢高祖三年（前205.11.20—前204.11.7/丁酉）"，即漢高祖三年十月初一爲歲首，九月二十九爲歲末。下面正文月份標注依例排列。

3. 日期標注。上古、中古，交流文獻較少，日期僅隨文以干支形式而行，不另標出。明清以來，以《燕行錄》爲主的交流文獻大增，且文獻自標"初一日""廿五日"或"十三日（甲子）"等字樣。爲眉目清楚，今將其統一爲"初某（一至十）日""二十日""二十某（一至十）日""三十日"，不作"廿日""廿某（一至十）日""卅日"。後附干支，其形式如"二十九日（乙未）"等。

4. 朝代標注。本書內容涉及中國大陸和朝鮮半島兩大地理區域，歷史漫長，政權紛迭。政權統一時代標注簡單方便，政權割據時代則錯綜繁複，必需妥善處理方不致淆亂。本書朝代標注原則大致如下。

①中國統一朝代之西周、秦、西漢、東漢、西晉、隋、唐、宋、元、明、清，皆以天下共主（天子、皇帝）朝代、年號標注。分裂割據朝代之春秋、戰國以周天子（平王至赧王）標注，東晉五胡十六國、南北朝以南方政權（東晉、宋齊梁陳）標注，五代十國以北方政權（梁唐晉漢周）標注，南宋遼金以南宋標注。

②朝鮮半島上古政權由於文獻不足徵，僅知箕子朝鮮箕子元年當武王克商之年（前1046），傳四十餘世至箕準王元年，當漢高祖元年（前206）。此間840年世系年代不明，權且以"箕子朝鮮"標注之。漢宣帝五鳳元年（前57）新羅朴赫居世立，漢元帝建昭二年（前37）高句麗東明王立，漢成帝鴻嘉三年（前18）百濟溫祚王立，是爲朝鮮半島"三國時期"，以三國紀年並立標注之。嗣後高麗、李氏朝鮮皆爲統一政權，直接標注。

5. 完整標注格式。年代完整標注格式，五號黑體字居中；月份完整標注格式，五號黑體字居中；日期完整標注格式，五號加粗宋體字頂格。

（二）内容排列及標識

本書體例爲繫年，而中朝詩歌交流文獻又分十類，一年之中或同時包涵數類內容，如不分類標識，則難免糅雜不清。故每年視內容種類多少，分門別類予以標識。唱酬、獻贈、題詠、事蹟、背景五類多於皇華集、朝天錄、燕行錄中體現，不另標識。詠史、追和、詩人、評價、詩集五類則分別排列，以黑體字**追和**、**詠史**、**詩人**、**評價**、**詩集**標識之。排列順序以唱酬、獻贈、題詠、事蹟、背景五類在前，詠史、追和、詩人、評價、詩集五類在後。

1.唱酬、獻贈、題詠、事蹟、背景五類內容既然多記載於皇華集、朝天錄、燕行錄等使行文獻之中，且此類文獻記載很多具體到某日，所以本書對於這些材料繫詩於"日"。對於原始文獻未具體到日，經過筆者考定可以繫日的，則將考定依據以方括號仿宋體字繫於詩後。在兩個可以確定日期的詩歌之間，或有數日、十數日不能確定具體日期的，因不影響其"繫年"甚至"繫月"的精準程度，故不再標明。

朝鮮使行詩歌文獻數量達數百種，其具體情況亦呈現多樣性。從出使頻度看，有數年一度者，有一年一度者，有一年數度者。從一次使行時間跨度看，有一年者，有跨年者（如冬至使必定跨年），甚至有數年者（如李齊賢侍從忠宣王元朝之行）。從文獻存留看，一次使行或只存一種文獻，或有數人一同出使而各自有詩集記錄使行。從使行詩歌文獻題名看，有無題者（如李穀數度元朝之行），有重名者（如多種《燕行錄》），有不重名者（如《賓王錄》）。幸而2021年12月，北京大學漆永祥教授贈筆者《燕行錄千種解題》，是書考訂精詳，尤其將每種朝鮮使行文獻冠以題名（作者＋文獻名），如李齊賢《清遊稿》、李穀《奉使錄》等，題名精雅，區別劃然，良有功焉，乃中朝文化交流研究最新成果。本書之朝鮮使行詩歌文獻題名，皆依漆氏題名，不敢掠美，特説明之。惟有明一代，朝鮮出使中國多曰"朝天"，漆氏或題"燕行錄"（如"金世弼《燕行錄》""金安國《燕行錄》"），筆者則另擬題名（如"金世弼《朝天詩》""金安國《朝天詩》"）。或有漆氏未及者，筆者則自擬題名，如李稷於明建文帝辛巳年謝恩之使行有詩作，題以 李稷《辛巳謝恩使詩》 。

本書每種朝鮮使行詩歌文獻，即於首篇之前以字符邊框形式標識題名，如 李齊賢《清遊稿》 。數人之間多有唱和，故按月日時序合錄其詩者，於其前注明使行詩歌文獻名，如 李恒福《朝天錄》、李廷龜《戊戌朝天錄》、黃汝一《銀槎錄詩》 。或一年而有數次使行，爲區別之，各於其前標明使行詩歌文獻名，如明萬曆二十六年有兩種朝鮮使行詩歌文獻，則分別於篇首標以 李睟光《安南國使臣唱和問答録》、 李尚毅《丁酉朝天録》。一次（或一人）使行跨越兩年或多年者，次年及其後續標使行詩歌文獻名並加“續”字以示連貫與區別，如李安訥《朝天後録》、洪鎬《朝天詩》跨明崇禎五年、六年，則於明崇禎五年標 李安訥《朝天後録》、洪鎬《朝天詩》，崇禎六年標 李安訥《朝天後録》、洪鎬《朝天詩》續 。

相比朝鮮出使中國而言，中國出使朝鮮相對較少。中國出使朝鮮的使行詩歌文獻，典型的代表是各種《皇華集》，另外也有一些不結集的。對於這類文獻，本書亦擬以題名，如 明陸顒《辛巳頒詔詩》、 明倪謙《庚午皇華集》等。有些事跡是以考定詩歌繫年的形式出現，則以方括號仿宋體字繫於詩後。

2. 追和。朝鮮詩人追和中國詩歌，本質上是一個“中國詩人創作詩歌→中國詩歌傳播朝鮮→朝鮮詩人學習接受→朝鮮詩人再創作”的過程。這一過程，既是朝鮮古代漢文學内部自身發展中發酵進化的過程，也是漢字文化圈集體復現東方文學經典、再造東方詩歌典範的過程。因此追和詩繫年，就必須繫於原韻作品之創作年代，以彰顯中國詩人對朝鮮之影響，及追溯中國詩歌在東亞漢詩圈内經典化的源頭。部分原韻作品無法繫年而追和之作可繫年者，則繫於追和作品創作年代。

此類詩歌標識含原韻（原韻作者宋體字加粗）、繫年依據（以魚尾號【 】括起）、追和詩三部分。繫年依據大多引自《中國文學編年史》，或有源自其他可靠著作者。其中之中國原韻詩歌，意在提示其文化淵源意義，故對其詩題、詩句之異文不再繁瑣考究，僅取通行者而已。又因爲中國詩歌版本眾多，所以亦僅取通行版本，不再注明出處，以免其煩。朝鮮詩歌版本少而單純，故追和詩標注出處。或有間接追和者，如追和蘇軾和陶詩，則將蘇軾原韻列於陶潛原韻之後。

3. 詠史。本書詠史詩專指朝鮮詩人吟詠中國歷史之詩。中國的歷史記載就是朝鮮詩人的觀照和吟詠對象，並且成爲他們對照社會現實進行思考的思維材料，進而創作出詠史詩作品。在本類内容裏，詠史詩作品是主體，而中國的歷史記載是源頭，所以將該詩繫於史事發生之年，以揭示該史事對於朝鮮文化文學之影響。其標注形式分作三項：詠史詩；本事；按語。

①詠史詩的標識形式。作者，詩題，詩句，出處。前三者均以五號宋體字出之，出處以六號宋體字出之。詠史詩組詩詩題，根據底本原貌進行不同標注。詩題以五號宋體字出之，原雙行夾注以六號宋體字出之，總題與分題

之間以分節號“·”標識之。詠史詩的詩句，根據不同情況進行不同標注。一題多首者，每首以引號分隔；詩句中有雙行夾注者，以六號宋體字出之；詩中有小序、後序者，以小五號宋體字出之。

②本事的標識形式。本事即詠史詩所詠之事的歷史記載。於每首詠史詩之下，提行頂格以加粗宋体字題“**本事**”二字，後施冒號“：”。提行退二格錄入記載原文，末附出處（六號宋體字）。本事之記載或不止一條，則提行退二格錄入次條，以此類推。部分詠史詩是以“讀某某詩（文）”的方式，那麼在本事中，我們就要錄入原詩（文）及其繫年依據，以揭示其文化源頭。

③按語的標識形式。詠史詩中，或有一詩詠某人一生中發生年代不同的數件事跡，或有一詩詠某朝代發生年代不同的多次事件，則將該詩繫於該人卒年或該朝末年，而以按語提示之，按語置於魚尾號“【】”內。

4. 詩人。本書之詩人簡介材料均列於詩人卒年，卒年不詳者列於生年或其他綫索年度。標注方式爲，無評價者僅頂格以黑體字“詩人”標識之；詩人與評價相連者，以黑體字“詩人及評價”標識之。另起行退二格以宋體字列詩人簡介。如一年之中含數位詩人者，按生年先後順序排列。

5. 評價。本書之評價材料列於被評價詩人卒年，卒年不詳者列於生年或其他綫索年度。頂格以黑體字“詩人及評價”標識之。另起行退二格以宋體字列詩人簡介及對於該詩人之評價。如一年之中含數位詩人評價者，按生年先後順序排列。

6. 詩集。本書詩集内涵包括詩文集。對於詩集之交流情況，列於該年度之最末。頂格先以黑體字“詩集”標識之，另起行退二格以宋體字錄交流狀況。

（三）其他

本書之完成，全賴大量蒐輯有關中朝詩歌交流的各種文獻古籍，其中尤以朝鮮古籍爲多。由於朝鮮民主主義人民共和國在二十世紀五十年代就廢除使用漢字，韓國在七十年代末也停止使用漢字，所以二國對於朝鮮古籍校勘工作相對不足。韓國二十世紀末叶曾大力投入《韓國文集叢刊》的整理工作，居功甚偉，但也產生了一些新的釋錄錯訛。

本書對朝鮮古籍一律使用古籍底本，且運用校勘四法仔細校讐。不妄改底本，以免“改經”之譏。凡校改之處必出校勘記，言明校改依據。凡發現錯訛衍脱，而無確鑿依據支持勘改者，不改原文，只於脚註中以“疑‘某’之訛”提示之。

1. 校勘記。本書使用“錯（字序倒錯）訛（文字訛誤）衍（多字）脱（漏字）”校勘用語，蓋“錯”乃沿襲“錯簡”之謂，其來已久。且“錯謁衍脱，至不可句讀”（楊椿《孟鄰堂文鈔》卷五）乃古人之説。故不取今人“訛脱衍倒”之語，因其於古無據也。因朝鮮古籍底本錯訛衍脱之處較少，本書校勘記採用頁末脚注方式。唯底本原來缺字，或因蠹蝕污漬，漫漶不清而無據可補者，則以空白方框“□”標識之。

2. 詩歌作者、詩題、詩句、夾註、按語標識。

①每詩先標作者，次列詩題（以書名號括起，後加冒號），再次列詩句（以“引號”括起），夾註隨文録入（單行宋體六號字），末列出處（宋體六號字），有按語者附後（仿宋小五號字，以黑方號括起）。

②底本詩歌作者或有不規範者（用字、號、尊稱等），均以本名標識。

③底本詩題或有位置不顯豁者，於詩句前加書名號提示。

④詩題按中國古籍整理成例不加標點，但本書詩題很多牽涉朝鮮人名、地名，或中國東北、河北鄉鎮村落等細小地名，讀者往往茫然無措。且本書讀者會包括東亞漢文字圈國家如韓國、朝鮮、日本、越南人士，故本書對詩題加以標點，以利各國讀者理解。

3. 文獻出處。如前所述，本書引用古籍文獻數量巨大，爲省篇幅，採用以下方式。

①凡詩歌題目前已標作者，則出處只列“書目＋卷數（不分卷則闕）”。

②凡文前未標作者之文獻材料，則出處列“作者＋書目＋卷數（不分卷則闕）”。

③引用史籍只列“書目＋卷數”。

④其他需要特別標明者，則隨其具體情況應機處理。如金堉有集杜詩，其小注皆爲杜詩詩題，不説明“集杜詩”則令人懵懂難解，則於卷數後加標子標題。

⑤大量燕行録類引書出處已標作者，但爲眉目清楚，詩題前亦標作者。

⑥與文獻出處相呼應，本書附列《徵引書目》。“徵用書目”爲與正文出處吻合，首列書名，次列作者，後列版本。且爲檢索方便，以書名音序排列，同音字以筆劃爲序，由少至多。中國、朝鮮書目分二部著録，中國在前，朝鮮次之。

4. 字體。

①簡體字。朝鮮底本或用簡體字如“台”“壮”“碛”“灵”等，本書一仍其舊。

其意義在於一則保留文獻原貌，使本書文獻價值的真實性更爲可信；二則由此可窺見現行簡體字由來有自，自古中外皆然也。

②俗寫字。朝鮮底本常用俗寫字，如以"浙"爲"淛"，以"詫"爲"詫"，以"濕"爲"隰"。此類字如徑改而不出校記，則有"改經"之譏，失去整理文獻的嚴肅性，喪失整理本的準確性；如每字均改且出校記，則改不勝改，且增加篇幅，浪費資源。故本書一仍其舊，而附列《本書俗寫字表》以明之。讀者感覺猶疑處，一查此表，即刻瞭然。

③通假字。通假字一如底本，自古而然。但因朝鮮文獻畢竟是域外之作，其通假字或有幽僻鮮見者。讀者或生疑慮，故本書附列《本書重要通假字表》以釋疑。

④異體字。此異體字與俗寫字不同。俗寫字本身自有釋義，而異體字則與正字（本字）僅有形體之異，並無釋義之不同。業内或稱之爲"字形"。如"鄕鄉鄉"皆"鄉"之異體，亦無他訓。本書於此類一律徑改，不出校記。但有些異體字則不能改，例如"徧"通"偏"，《康熙字典》："又與偏通。《集韻》偏通作徧。"如將"徧"統改作"遍"，則此通假即無依據矣。

5.附表。

本書製作數個附表置於書尾，以幫助讀者把握理解詩歌交流内容。

① 《中朝詩歌交流重要作品一覽表》。是表以年代先後爲序，列交流作品、作者姓名、異國唱酬者姓名、異國被贈詩歌者姓名。讀者一覽此表，即可把握中朝詩歌交流之大綱脈絡。

② 《中朝詩歌交流詩人姓名表》。是表列中朝參與詩歌交流詩人1600餘名，以詩人姓名音序排列，其後圓括號中列詩人生卒年。讀者可依其卒年於正文中相應年度"詩人"一欄找到作者簡介。卒年不詳者列出其他年度綫索，如"（1628使中國）""（1085與高麗人唱和）"等，讀者自可按圖索驥。

③ 《中朝詩歌交流地理路綫表》。此表包含三個子表：《明代陸路朝天路綫表》《明代水路朝天路綫表》《清代陸路燕行路綫表》。每表按朝鮮至南京（或北京）順序，首列沿路地名，次列地名之異稱（詩人身在異域，語言不通，一地往往訛譯他稱，不能一一出校，故設此欄），重要地理節點列今地，備註（如重要地理節點之樓台館閣山水名勝）。

④ 《本書俗寫字與正字對照表》。

⑤ 《本書重要通假字表》。

⑥ 《徵引書目》。

山水書寫傳統的域外嗣響

——高麗鄭誧蔚州八詠詞考論

陶　然

【摘　要】高麗時代鄭誧之蔚州八詠組詞作於其被貶蔚州期間，所詠八景皆蔚州名勝。通過詳考其時地及政治背景，可以折射元朝干預下的高麗政局變動。八詠詞將政治上的挫折轉化爲對山水景觀之關注，較之李齊賢八景組詞，有了新的發展，即山水書寫與中國傳統文人寄情山水創作的驅動力有了一致性，這對於高麗、朝鮮時代的同類型創作有深遠意義。

【關鍵詞】鄭誧　蔚州八詠　山水書寫

中國文學中的山水書寫可以追溯至《詩經》《楚辭》，而山水詩的發軔則始於謝靈運，從而逐漸形成了人、自然、書寫三者之間的協調與互動關係，這種關係之中，既包含人對自然山水的觀察、體悟，如謝靈運所謂"雲日相輝映，空水共澄鮮。表靈物莫賞，蘊真誰爲傳"[①]，也包括人的心理、情緒、政治處境向自然山水的投射、寄情，如左思所謂"非必絲與竹，山水有清音。何事待嘯歌，灌木自悲吟"[②]。這種豐蘊的文學文本空間促成了山水書寫成爲中國文學之一大宗的地位，不僅深刻影響了後世的中國文學創作，而且對於整個東亞漢文學創作亦有明顯的示範效應。茲就高麗鄭誧的蔚州八詠組詞略

【作者簡介】陶然，浙江大學文學院教授。

①　謝靈運著，黃節撰：《謝康樂詩注》卷二 "雜詩"《登江中孤嶼》，北京：中華書局，2008 年，第 78 頁。

②　左思：《招隱詩》其一，丁福保編：《全漢三國晉南北朝詩·全晉詩》卷四，北京：中華書局，1959 年，第 386 頁。

加考論疏説。

一、鄭誧及其蔚州八詠

　　高麗鄭誧（1309—1345），字仲孚，號雪谷。清州人。鄭瑎子。高麗忠肅王十三年（1326）文科及第，授藝文修撰。曾奉表如元朝，歸遷左司補。高麗忠惠王時，拜左司議大夫。被譖貶蔚州。後入中朝，遊於大都，病卒於元。年三十七。其文集名《雪谷集》，今有《西原世稿》本二卷，有李齊賢《雪谷詩集序》、李穡《雪谷詩稿序》及李邦翰《雪谷集跋》等。鄭誧以詩知名，頗得讚譽。李穡《雪谷詩稿序》謂：

> 予觀雪谷之詩，清而不苦，麗而不淫，辭氣雅遠，不肯道俗下一字。就其得意，往往與予所見中州才大夫相上下，置之唐姚、薛諸公間，不愧也。[①]

　　這個評價已很不低了。朝鮮徐居正編《東人詩話》亦舉其"平生恥與噲等伍，後世必有揚雄知"[②] 一聯爲屬對妙句。《東國名賢抄》亦謂鄭誧"詩有纖美之態。詩曰：江風吹雨晚來晴，江雁難群半夜鳴。惆悵抱琴人不見，滿樓秋月爲誰明。"[③]

　　鄭誧詞今存十二闋。《雪谷集》卷上存《臨江仙》一闋、《浣沙溪》二闋，卷下存《巫山一段雲》九闋，其中八闋即蔚州八詠組詞，亦與李穀和作八闋皆見《新增東國輿地勝覽》卷二十二。其詞如下：

> 閣外臨江寺，門前渡海船。千年遺怨柳堤邊。芳草緑芊芊。
> 畫棟輝朝日，朱欄泛暮煙。遊人登覽意茫然。滿眼好山川。（平遠閣）
> 絶壁淩晴漢，高臺控大洋。遙看水色接天光。百里共蒼蒼。
> 石室知秋早，松扉報曉忙。幽人呼客矚東方。紅日上扶桑。（望

---

　　① 李穡：《雪谷詩稿序》，鄭誧：《雪谷集》上，《西原世稿》卷一，民族文化推進會：《韓國文集叢刊》，第 3 冊，首爾：景仁文化社 1990 年據 1609 年刻本影印，第 245 頁。

　　② 徐居正撰，蔡美花校注：《東人詩話》卷上，蔡美花、趙季主編：《韓國詩話全編校注》，第 1 冊，北京：人民文學出版社，2012 年，第 179 頁。

　　③ 佚名撰，羅海燕校注：《東國名賢抄》，《韓國詩話全編校注》，第 6 冊，第 4709—4710 頁。

海臺）

　　迭石欹秋岸，叢筐臥晚汀。舟人云是碧波亭。碑壞已無銘。

　　雨過沙痕白，煙消水色清。當時歌調不堪聽。倚棹涕空零。（碧
波亭）

　　天近明河影，峰高隱月華。扶筇遠上碧嵯峨。細路入雲斜。

　　古樹含秋色，空巖拂晚霞。深林知有梵王家。鐘鼓隔山阿。（隱
月峰）

　　驟雨驅春去，群花掃地無。東君疑是此間留。紅白滿山隅。

　　隔水歌聲遠，連船酒味柔。誰言太守不風流。醉倩翠娥扶。（藏
春塢）

　　丹檻臨官道，蒼波隔寺門。喧闐車騎送歸軒。歌吹日來繁。

　　細雨花生樹，春風酒滿尊。古今離恨月黃昏。漁唱起前村。（大
和樓）

　　松嶺丹青色，苔巖繪繡紋。白衣遺像兀無言。靈感謾前聞。

　　泛壑風聲壯，連空海氣昏。悠悠心事共誰論。搔首日西曛。（白
蓮巖）

　　暎島雲光暖，連江水脈通。人言昔日處容翁。生長碧波中。

　　草帶羅裙綠，花留醉面紅。佯狂玩世意無窮。恒舞度春風。（開
雲浦）①

　　以《巫山一段雲》組詞詠八景的模式，始於高麗李齊賢的瀟湘八景組詞，蓋模仿元趙孟頫以《巫山一段雲》聯章寫巫山十二峰之作，李齊賢繼瀟湘八景組詞後，復作有松都八景組詞，遂開創了高麗朝鮮文學中的地方八景詩詞傳統。這已頗爲學界所關注。②但應予注意的是，高麗朝鮮詞壇的八景組詞，不僅來源於中國宋元以來瀟湘八景詩畫的東傳，同時也深受中國山水書寫傳統的影響，不妨視爲中國山水書寫的域外嗣響。

---

① 鄭誧：《雪谷集》下，《西原世稿》卷二《蔚州八景》，《韓國文集叢刊》，第 3 冊，第 256—257 頁。

② 可參見衣若芬：《高麗文人李仁老、陳澕與中國“瀟湘八景”詩畫之東傳》，《中國學術》第 16 輯，2003 年第 4 期，北京：商務印書館，2003 年；衣若芬：《李齊賢八景詩詞與韓國地方八景之開創》，《中國詩學》第 9 輯，北京：人民文學出版社，2004 年。

二、蔚州八詠時地考

高麗時代的蔚州,據《新增東國輿地勝覽》卷二十二載:"本新羅屈阿火村,婆娑王始置縣,景德王改名河曲,爲臨關郡領縣。高麗太祖以縣人朴允雄有功,乃以東津、虞風二縣來合,升爲興麗府。後降爲恭化縣,又改知蔚州事。顯宗置防禦使。"[1] 朝鮮時代稱蔚山郡,別稱鶴城,屬慶尚道。今爲韓國蔚山廣域市,位於朝鮮半島東南部海邊,南臨釜山,西北近慶州,北爲浦項,東南隔海與日本列島相望。

蔚州八詠組詞作於鄭誧貶蔚州期間。按《高麗史》卷一零六《鄭瑎傳附誧傳》載:"忠惠朝,由典理摠郎拜左司議大夫,多所封駁,執政惡之,褫職家居。或譖曰:'恐誧兄弟走上國,夾輔大弟。'於是貶頵寧海、誧蔚州。"[2] 可知鄭誧與其兄鄭頵(字思謙)同時被貶。寧海,朝鮮時代屬安東府,今爲韓國慶尚北道盈德郡寧海面,亦在朝鮮半島東南部沿海地區。八詠詞的具體創作時間,當在高麗忠惠王後三年(1342,元順帝至正二年)七月至九月間。

按鄭誧《雪谷集》卷下《贈金佐郎舅詩序》:"至正二年秋,予與家兄思謙同遷於南。……至明年夏,有旨安置予福州、思謙清邑。"[3] 福州,爲慶尚道安東府之郡名,見《新增東國輿地勝覽》卷二十四。可知鄭誧至正二年秋貶蔚州,至正三年夏安置安東,在蔚州時間不足一年。誧守蔚州,有善政,李齊賢《雪谷詩集序》謂其"出守蔚州,有惠政。其去也,民扶老携幼,扳援涕泣莫可遏"。

《雪谷集》卷下所錄作品,皆依時編排。據李齊賢序,《雪谷集》二卷爲鄭誧之子鄭樞所編,樞爲李齊賢門生。其編排次第當極可據。在蔚州八詠之前,有《題蔚州官舍壁》《遊城南》《次蔚人韻》《次韻家兄思謙見寄》《寄松京諸友人》諸詩,明顯均是到蔚州不久後所作。而蔚州八詠之後的一首即爲《永嘉同諸公過金佐郎承古舅山莊》詩,據鄭誧《贈金佐郎舅詩序》載:"(至正二年)十月,以事會於福州,留半旬。時金佐郎舅閒居福之檜谷,一日邀思謙兄暨

---

① 盧思慎等:《新增東國輿地勝覽》卷二二《蔚山郡·建置沿革》,首爾:景仁文化社,2005年,第311頁。

② 鄭麟趾等:《高麗史》卷一〇六列傳卷一九《鄭瑎傳附誧傳》,臺北:文史哲出版社,2012年,第268頁。

③ 鄭誧:《雪谷集》下,《西原世稿》卷二《贈金佐郎舅詩序》,《韓國文集叢刊》,第3冊,第259頁。

僕遊。"①福州亦稱永嘉，故詩題云云。該詩爲十月所作。則此前的蔚州八詠
必爲該年七月至九月間所作。

蔚州八詠之八地，皆蔚州名勝。今亦略加考釋：

大和樓、藏春塢：其地在郡西南，《新增東國輿地勝覽》卷二十二蔚山郡
"樓亭"："大和樓。在郡西南五里。"②權近《陽村集》卷十三《大和樓記》："距
州之西數里有大川，南流東折而入海。其東折也，水尤宏闊而澄深，曰黃龍淵。
其北石崖截然壁立，亦南迤東回，有山巋然峙於水南，名葩異卉，梅竹山茶，
經冬馥郁，曰藏春塢。新羅之時，始置寺於北崖之上，曰大和。西南起樓，
下臨淵水，山橫野外，海接天涯，登覽之美，最爲奇勝。"③又《新增東國輿
地勝覽》卷二十二引金克己詩序："城之西南有江曰大和，江行六七里，溶深
漾漾，一碧萬頃，丹崖翠壁，倒影鏡中。如顧虎頭之食甘蔗，路逾遠而境逾
佳者，龍頭也。枕龍頭而突起，西連鷲峰之巑岏，南臨鯨海之淼漫者，大和
寺也。……自東韓王相君、西宋謝商客，鏤雲篆月，留詩以還，寥寥三百餘
載，公卿士大夫及高僧大隱，咫尺遐壤，搜尋幽致，更倡迭和，紗籠滿壁，
何其盛哉。"④又同卷引徐居正《重新記》："最後將適蔚，聞大和之樓之勝，
欲一快登。到蔚江，望見一樓，巋然於層崖絕壁之上，俯臨澄碧。愛其峻壯，
訊之曰大和。及渡江，舍舟策杖，步至樓下，見棟宇闌楹，皆就腐折，又不
可梯而升。……仍念雪谷鄭先生賦八詠，稼亭李先生有和，吾外祖陽村權先
生亦有記，仰視題板，皆無之。"⑤蓋藏春塢北崖之上的大和樓、大和寺皆因
大和江而得名。

隱月峰：《新增東國輿地勝覽》卷二十二："隱月峰。在郡大和津西。"⑥
又同卷"山川"："大和津。在大和樓下。"⑦

平遠閣：鄭誧詞云："閣外臨江寺，門前渡海船。"⑧蓋亦在大和江邊。

---

① 鄭誧：《雪谷集》下，《西原世稿》卷二《贈金佐郎舅詩序》，《韓國文集叢刊》，第 3 冊，第 259 頁。

② 盧思慎等：《新增東國輿地勝覽》卷二二《蔚山郡·樓亭·大和樓》，第 315 頁。

③ 權近：《陽村集》卷一三《大和樓記》，民族文化推進會：《韓國文集叢刊》，第 7 冊，首爾：
景仁文化社 1990 年據 1869 年刻本影印，第 149 頁。

④ 盧思慎等：《新增東國輿地勝覽》卷二二《蔚山郡·樓亭·大和樓》，第 316 頁。

⑤ 同上，第 316 頁。

⑥ 同上，《蔚山郡·題咏·隱月峰》，第 322 頁。

⑦ 同上，《蔚山郡·山川·大和津》，第 313 頁。

⑧ 鄭誧：《蔚州八景》，《雪谷集》下，《西原世稿》卷二，《韓國文集叢刊》，第 3 冊，第 256 頁。

望海臺：《新增東國輿地勝覽》卷二十二蔚山郡"佛宇"有"望海寺"，又載："望海臺。在望海寺。"①

碧波亭：《新增東國輿地勝覽》卷二十二："碧波亭。在鼇山。"②同卷蔚山郡"山川"："鼇山。在郡東南十里。"③

白蓮巖：《新增東國輿地勝覽》卷二十二蔚山郡"佛宇"："白蓮庵。在東大山西。"④白蓮巖或亦在其地。

開雲浦：《新增東國輿地勝覽》卷二十二："開雲浦。在郡南二十五里。"⑤

八景之中，大和樓、藏春塢、隱月峰、平遠閣四景蓋在郡西南大和江畔，望海臺、碧波亭、白蓮巖、開雲浦四景蓋在郡東南海邊。

三、蔚州八詠與高麗政局

《宋書》卷六十七《謝靈運傳》載："（宋）少帝即位，權在大臣。靈運構扇異同，非毀執政，司徒徐羨之等患之，出爲永嘉太守。郡有名山水，靈運素所愛好，出守既不得志，遂肆意遊遨，遍歷諸縣，動踰旬朔，民間聽訟，不復關懷。所至輒爲詩詠，以致其意焉。"⑥蓋中國古代文人寄情山水、創作山水詩歌，亦往往有其特定的政治背景。無獨有偶的是，鄭誧貶蔚州亦非一般的遷謫，也有複雜的政治背景。

《高麗史》卷一〇六《鄭瑎傳附誧傳》載："誧字仲孚，年十八中第。以藝文修撰奉表如元。會忠肅東還，誧道謁，王愛之，留以自從，驟加左司補。"⑦可知鄭誧進身之階與高麗忠肅王有關。按自高麗忠烈王之後，高麗王例尚元公主，這一方面使得高麗成爲元朝諸藩中地位最高的屬國，但同時也造成了元朝干預高麗政局的便利。忠烈王和忠宣王父子反目，忠宣王之子忠肅王王燾與瀋王王暠（忠宣王長兄之子）兄弟相爭，忠肅王與忠惠王王禎父子先後

① 盧思慎等：《新增東國輿地勝覽》卷二二《蔚山郡・題咏・望海臺》，第321頁。

② 同上，《蔚山郡・題咏・碧波亭》，第322頁。

③ 同上，《蔚山郡・山川・鼇山》，第312頁。

④ 同上，《蔚山郡・佛宇・白蓮庵》，第318頁。

⑤ 同上，《蔚山郡・山川・開雲浦》，第313頁。

⑥ 沈約撰，中華書局編輯部點校：《宋書》卷六七列傳第二七《謝靈運傳》，北京：中華書局，1974年，第6冊，第1753—1754頁。

⑦ 鄭麟趾等：《高麗史》卷一〇六列傳第一九《鄭瑎傳附誧傳》，第268頁。

兩次王位更疊等等，背後都有元廷政爭的影子，一定程度上折射出元朝與高麗的複雜政治關係。鄭誧本傳中所謂"忠肅東還"，即指忠肅王後二年（1333）自元返高麗事。按忠惠王即位僅二年餘，元廷以其荒淫貪婪遣使召其入元，並命其父忠肅王復王位。次年三月，忠肅王自大都返高麗，四月抵平壤。鄭誧道謁忠肅王即在其時。其後鄭得忠肅王提拔，驟遷左司補，説明鄭氏的政治背景有鮮明的忠肅王印跡。忠肅復位八年而薨，遺命仍由忠惠王襲位，但元朝權臣丞相伯顏素厭忠惠，不允其繼位。元順帝後至元六年（1340），順帝在御史大夫脱脱的支持下罷黜伯顏。忠惠王遂得回國即位。兩年後，鄭誧兄弟均遠貶東南海隅。而其被貶的直接緣由，據前引鄭誧本傳，鄭在左司議大夫時因多所封駁而褫職家居，或告忠惠王云鄭氏兄弟恐將入元輔佐大弟。遂得嚴貶。按此所謂"大弟"指忠惠王的同母弟王顓，即後來的恭愍王。《高麗史》卷三十八《恭愍王世家》載："忠惠王後二年五月，元順帝遣使召入朝宿衛，時稱大元子。"[1] 元廷以宿衛名義召高麗王子入質，同時也獲得了干預高麗政局的有力籌碼。反過來，在位的高麗王又始終對在元的質子保持提防和警惕。因此"入元夾輔大弟"一語具有極強的殺傷力。忠惠王復位後荒淫更甚於昔，斥逐忠直，四年之後，元廷再次遣使廢忠惠王，縛至大都，流揭陽而道卒。值得注意的是《高麗史》鄭誧本傳續云："誧在謫中，吟嘯自若，慨然有遊宦上國意，嘗曰：'大丈夫安能鬱鬱一隅耶？'後遊燕都，丞相別哥不花一見大愛，將薦於帝，會病卒，年三十七。"[2] 李齊賢《雪谷詩集序》亦載："及奉國表如京師，爲丞相別哥普化公所重，將薦之天子。而仲孚病不起。"[3] 可見，鄭誧在被貶時確有入元遊宦的考慮。事實上，忠惠王被廢後，鄭誧入元之舉就是這一考慮的實施，只是因病早卒，未能有所表見而已。這是鄭誧遠貶東南作蔚州八詠組詞的政治背景。

以這一背景爲基點考察蔚州八詠，可以明顯地見出鄭誧的山水書寫與中國傳統文人寄情山水創作的驅動力有一致性，即政治上的挫折轉化爲對山水景觀的關注。正是在這一點上，鄭誧的蔚州八詠與李齊賢的瀟湘八詠、松都八詠有所不同了。李齊賢的八詠組詞藝術水準極高，精深清妙，但李詞總體上是偏於單純的山水描寫，其内涵深度並不突出。而中國山水書寫的精義與

① 鄭麟趾等：《高麗史》卷三八世家第三八《恭愍王世家一》，第 574 頁。
② 鄭麟趾等：《高麗史》卷一〇六列傳第一九《鄭瑎傳附誧傳》，第 268 頁。
③ 李齊賢《雪谷詩集序》，鄭誧：《雪谷集》上，《西原世稿》卷一，《韓國文集叢刊》，第 3 册，第 245 頁。

核心就在於山水之外的清音,這種清音當然有各種各樣的表現形態,但在山水景觀和地理描寫中,融入個體的情緒與政治背景,無疑是主流的形態之一。在這個層面,中國山水和蔚州山海景觀有了發生嗣響的可能。以下略舉數例,稍加疏説。

大和樓的政治寓意。鄭誧《巫山一段雲‧大和樓》云:"丹檻臨官道,蒼波隔寺門。喧闐車騎送歸軒。歌吹日來繁。 細雨花生樹,春風酒滿尊。古今離恨月黃昏。漁唱起前村。"① 大和樓爲蔚州八景之首。前引權近《大和樓記》、金克己詩序、徐居正《重新記》均可見其江海闊大之氣象。但鄭詞結句"古今離恨月黃昏。漁唱起前村"中的"離恨",卻頗可注意。所謂"離恨"固然可以理解爲泛指的離愁別緒。然而,"古今離恨"是否別有所指?與大和樓相關的史實中,高麗成宗之事尤令人尋味。《高麗史》卷三《成宗世家》載成宗十六年(宋太宗至道三年,997),"九月,遂幸興禮府,御大和樓,宴群臣,捕大魚於海中。王不豫,己巳,至自東京。冬十月戊午,王疾大漸……薨,壽三十八"②。《新增東國輿地勝覽》卷二十二亦載:"高麗成宗自東京過興麗府,御大和樓,宴群臣,相酬唱,又捕大魚於海中。自是王不豫,還京,遂薨。"③按成宗登覽大和樓,與其不久之後的薨逝,使得大和樓並不僅僅具備觀賞自然佳山水的登臨之地的意蘊,而且也具備了君王棄世之隱喻。結合鄭誧作此詞的時間,兩年前賞識鄭誧的忠肅王去世,鄭被貶至此,未嘗沒有借高麗成宗舊事影指忠肅王的可能。這樣看來,"離恨"一語,正是舊典與今典的融合,是有較强烈的政治感慨的。相比之下,李穀和作詞云:"鐵騎排江岸,紅旗出郭門。遨頭來此送賓軒。賓從亦何繁。 水色搖歌扇,花香撲酒尊。但無過客鬧晨昏。淳樸好山村。"就全然是以樓上觀景、詩酒雅會爲主題,全然拋開了時事政治背景。這種比較恰好體現出鄭誧山水書寫視角的獨特性,以及與中國山水詩歌傳統的遥相呼應。

處容傳説的複雜内涵。鄭誧《巫山一段雲‧開雲浦》一闋云:"暎島雲光暖,連江水脈通。人言昔日處容翁。生長碧波中。 草帶羅裙綠,花留醉面紅。伴狂玩世意無窮。恒舞度春風。"④上片中"處容翁"涉及新羅時代的著名傳説,高麗以來的典籍中屢有相關記載或詠歎,後世更形成處容舞、處容戲等表演

---

① 鄭誧:《雪谷集》下,《西原世稿》卷二《蔚州八景》,《韓國文集叢刊》,第3册,第256頁。
② 鄭麟趾等:《高麗史》卷三世家第三《成宗世家》,第47頁。
③ 盧思慎等:《新增東國輿地勝覽》卷二二,第315頁。
④ 鄭誧:《雪谷集》下,《西原世稿》卷二《蔚州八景》,《韓國文集叢刊》,第3册,第257頁。

形式。按一然《三國遺事》卷二載："第四十九憲康大王之代，自京師至於海内，
比屋連牆，無一草屋。笙歌不絕道路，風雨調於四時。於是大王遊於開雲浦（原
注：在鶴城西南，今蔚州）。王將還駕，晝歇於汀邊，忽雲霧冥曀，迷失道路，
怪問左右。日官奏云：此東海龍所變也，宜行勝事以解之。於是敕有司，爲
龍創佛寺近境。施令已出，雲開霧散。因名開雲浦。東海龍喜，乃率七子現
於駕前，贊德獻舞奏樂。其一子隨駕入京，輔佐王政，名曰處容。王以美女
妻之，欲留其意，又賜級幹職。其妻甚美，疫神欽慕之，變爲人，夜至其家，
竊與之宿。處容自外至其家，見寢有二人，乃唱歌作舞而退。歌曰：'東京明
期月，良夜入伊遊。行如可入良沙寢矣，見昆脚烏伊四是良羅。二肹隱吾下
於叱古，二肹隱誰支下焉。古本矣吾下，是如馬於隱奪叱，良乙何如爲理古。'
疫神現形，跪於前曰：'吾羨公之妻，今犯之矣。公不見怒，感而美之。誓今
已後，見畫公之形容，不入其門矣。'因此國人門帖處容之形，以僻邪進慶。
王既還，乃卜靈鷲山東麓勝地置寺，曰望海寺，亦名新房寺。乃爲龍而置也。"①
又《新增東國輿地勝覽》卷二十一"慶州月明巷"："新羅憲康王遊鶴城，至
開雲浦。忽有一人奇形詭服，詣王前，歌舞贊德。從王入京，自號處容。每
月夜歌舞於市，竟不知所在。時以爲神。其歌舞處，後人名爲月明巷。因作《處
容歌》《處容舞》假面以戲。李齊賢詩：新羅昔日處容翁，見説來從碧海中。
貝齒䫄唇歌月夕，鳶肩紫袖舞春風。李詹詩：滿川月明夜悠悠，東海神人下
市樓。路闊可容長袖舞，世平宜掛百錢遊。高蹤縹緲歸仙府，遺曲流傳在慶州。
巷口春風時一起，依然吹動插花頭。"②又《大東地志》卷七慶尚道蔚山："處
容巖。開雲浦海中。"③又："開雲浦。南二十五里。新羅憲康王五年出遊鶴城，
至海浦，遇異人處容者，即此地。浦邊有處容巖。"④又《新增東國輿地勝覽》
卷二十二"大和樓"引金克己詩序："自雞林南行，水回山轉，窮日之力，至
於海壖，有府曰興禮。世傳戒邊天神駕鶴降神頭山主人壽禄，故或謂之鶴城。"⑤
又朝鮮李瀷《海東樂府·處容歌》序："憲康王五年，王出鶴城，還至海浦。

① 一然著，孫文範等校勘：《三國遺事》卷二"記異"第二《處容郎·望海寺》，長春：吉林文
史出版社，2003 年，第 78—79 頁。

② 盧思慎等：《新增東國輿地勝覽》卷二一《慶州府·古迹·月明巷》，第 283—284 頁。

③ 金正浩：《大東地志四》卷七《慶尚道·蔚山·山水·處容巖》，《韓國古典叢刊地理類》第 10 輯，
第 151 頁。

④ 同上書，《慶尚道·蔚山·山水·開雲浦》，第 152 頁。

⑤ 盧思慎等：《新增東國輿地勝覽》卷二二《蔚山郡·樓亭·大和樓》，第 316 頁。

忽雲霧晦冥，迷失道路，禱於海神開霽，因名開雲浦。有異人處容者，奇形詭服，詣王前歌舞。從王入京，王賜爵級。於時又有四神人，衣巾詭異，形容可駭，不知所從來。詣駕前歌舞，其歌有智異多逃都破都破等語。蓋謂以智異國者多逃而都邑將破，故歌以警之也。時人不知，反以爲瑞，耽樂滋甚，故國終亡。"①就處容傳説中的人物而言，新羅憲康王與處容爲人神遇合的關係，與鄭誧得忠肅王之賞識的經歷頗有類合之處。而就鄭誧詞所流露的情緒而言，"佯狂玩世"與後來李瀷所謂"耽樂滋甚"又構成對立的兩端，結合忠惠王在位時的行止和鄭氏被貶的遭際，也頗可以揣測詞中的意藴。如此解詞，雖未免"固哉高叟"之嫌，但也應看到，借山水以發騷人之思怨，同樣是中國山水書寫的一種嗣響。

此外，如"藏春塢"一闋中"誰言太守不風流，醉倩翠娥扶"之句，在詩酒風流之外，似別有懷抱，不禁令人聯想起北宋梅堯臣《觀舞》詩"太守風流未應淺，更教多唱楚人辭"②，以及晁端禮的《滿庭芳》詞"誰似風流太守，端解道、春草池塘。須留戀，神京縱好，此地也難忘"③，甚至辛棄疾著名的"倩何人喚取，紅巾翠袖，揾英雄淚"④等句之意。蔚州八詠組詞中展現的政治寓意和山水景觀結合爲一體，或聞"當時歌調"而"倚棹涕空零"（"碧波亭"一闋），或感"悠悠心事"而"搔首日西曛"（"白蓮巖"一闋）。這樣的詞句，就絕非僅僅是流連光景而已，而是深得中國山水書寫傳統的寄情山水之作。

四、鄭誧蔚州八詠之繼和

蔚州位於朝鮮半島東南沿海，權近《大和樓記》所謂"去王京最遐"一語，體現出蔚州遠離高麗政治核心的區域特徵。蔚州的山水在鄭誧八首《巫山一

① 李瀷：《處容歌》，《星湖先生全集》卷七《海東樂府》，《韓國文集叢刊》，第198册，首爾：民族文化推進會，1997年，第168頁。

② 梅堯臣著，朱東潤編年校注：《梅堯臣集編年校注》卷一八《觀舞》，上海：上海古籍出版社，1980年，第467頁。

③ 晁端禮撰：《閑齋琴趣外篇》卷一《滿庭芳》，中華再造善本影印清初毛氏汲古閣影宋鈔本，北京：國家圖書館出版社，2013年。

④ 辛棄疾著，辛更儒箋注：《辛棄疾集編年箋注》卷六"長短句"《水龍吟》，北京：中華書局，2015年，第559頁。

段雲》組詞之後，無疑獲得了很高的聲望和較多的關注，以至於蔚州與八詠已成爲不可分割的整體，後來的唱和之作、繼詠之作連綿不絕。以下略加考述。

（一）李穀 "次鄭仲孚蔚州八詠"

李穀（1298—1351），字仲父，號稼亭，韓山人。獲元朝科舉進士殿試二甲，仕元爲中書差監倉，歸高麗，官至征東行中書省左右司郎中。李穀是李齊賢的門生，師生均爲高麗後期最著名的文人。其子李穡所編《稼亭先生集》卷二十存詞十闋，其中八闋即爲和鄭誧的《巫山一段雲》，題曰 "次鄭仲孚蔚州八詠"。李穡《雪谷詩稿序》謂鄭誧 "與先稼亭公相好"，可知鄭李交遊。《新增東國輿地勝覽》卷二十二即將鄭詞、李詞並列於八景之下。李穀詞八闋如下：

> 鐵騎排江岸，紅旗出郭門。遨頭來此送賓軒。賓從亦何繁。
> 水色搖歌扇，花香撲酒尊。但無過客鬧晨昏。淳樸好山村。（大和樓）
> 是處花多少，君家酒有無。人間紅紫已難留。曾見襯庭隅。
> 世事將頭白，餘生業舌柔。携壺日日渡溪流。藜杖不須扶。（藏春塢）
> 有客登仙閣，何人棹酒船。宦遊不覺到天邊。江路草芊芊。
> 極浦低紅日，孤村起碧煙。離情詩思共悠然。歲月似奔川。（平遠閣）
> 自昔聞浮海，吾今信望洋。有時風靜鏡磨光。一色際穹蒼。
> 絕島知誰到，孤帆爲底忙。從教日本是殊方。三萬里農桑。（望海臺）
> 寶屬明珠顆，銖衣霧縠紋。白蓮嘉瑞豈虛言。時有異香聞。
> 客枕涼如水，禪燈耿破昏。誰言儒釋不同論。到此任朝曛。（白蓮巖）
> 山雨花浮水，江晴月滿汀。古人詩眼此爲亭。誰敢換新銘。
> 去國心猶赤，憂時鬢尚青。漁歌政欲共君聽。驚起翠毛零。（碧波亭）
> 地勝仙遊密，雲開世路通。依俙羅代兩仙翁。曾見畫圖中。
> 舞月婆娑白，簪花爛熳紅。欲尋遺跡杳難窮。須喚半帆風。（開

雲浦）

玉葉收銀漢，冰輪溢桂華。高峰礙月故峨峨。不待影欹斜。

逸興逢清夜，高吟愧落霞。恒娥竊藥不歸家。風露濕纖阿。（隱月峰）[1]

（二）李原"次蔚州大和樓詩"

李原（1368—1429），字次山，號容軒。固城人。幼孤，依姊，姊爲權近之夫人，遂就學於權近。辛禑十一年（1385）文科及第，座主爲鄭夢周。朝鮮太祖元年（1392）拜司憲府持平，轉侍史。五年拜司憲府中丞。定宗二年拜右副承旨。太宗元年封鐵城君，拜司憲府大司憲。歷京畿道觀察使、承樞副提學。三年，奉使入明，歸拜平壤府尹。歷禮曹判書、判漢城府事、吏曹判書、右議政，世宗八年（1426）收功臣錄券及職牒，安置於礪山。十一年，卒於貶所，年六十二。世祖朝追謚襄憲。有《容軒集》四卷，卷二存詞六闋，題爲"次蔚州大和樓詩"，朝鮮詩文集的編撰體例往往詩詞不分，這裏所謂"詩"實際上指的就是李原和鄭浦的蔚州八詠組詞，但今僅存六首，缺"藏春塢"及"開雲浦"二闋，又"白蓮巖"一闋，李原詞作"白蓮社"。其詞如下：

官解初尋寺，僧閑不閉門。山光水色映晴軒。詩景自成繁。

古調聞瑶瑟，高吟倒綠尊。歸來長笛月明昏。前路曲通村。（太和樓）

歲遠無遺閣，江空不見船。昔人行樂在何邊。草樹獨蘢芊。

村徑連官道，山雲雜野煙。客中游興轉淒然。健筆憶臨川。（平遠閣）

雪作蓮花藥，波生竹簟文。老禪面壁默無言。妙法恨難聞。

白髮身將老，紅塵眼欲昏。何時結社學高論。今日又殘曛。（白蓮社）

古郡臨鯨海，幽蹊遶鶴汀。欲尋往事上高亭。卧碣已殘銘。

遠水連天碧，平蕪滿地青。誰家長笛惱人聽。懷古涕空零。（碧波亭）

---

[1] 盧思慎等：《新增東國輿地勝覽》卷二二《蔚山郡·題咏·八咏》，第321—323頁。

新月如明鏡，危峰似翠華。磨天數點聳嵯峨。藏得一輪斜。

不聽鷩飛鵲，空看欲落霞。停杯知是謫仙家。早晚照陵阿。（隱月峰）

臺迴臨無地，天低接大洋。鯨波浴日動晨光。萬頃共蒼蒼。

風起潮聲壯，雲開帆影忙。倭奴不得犯東方。處處務農桑。（望海臺）①

（三）孫佺“蔚山八詠”

孫佺（1634—1712），字真翁。朝鮮密陽人。生平不詳。其《儉庵集》卷一“樂府”存《巫山一段雲》詞六闋，題“蔚山八詠”，然缺碧波亭、白蓮巖二闋。其詞如下：

榱鳳翬朱閣，牆烏瞥海船。望中平遠野雲邊。春草緑芊芊。

渺渺浮空靄，依依帶岫煙。賞吟休處興油然。光景滿山川。（平遠閣）

巖頂高臺屹，臺前巨海洋。通中一氣浩茫茫。真上際穹蒼。

强擬遊觀富，不辭登陟忙。瀛溟眼底極洪荒。幾度變滄桑。（望海臺）

簇立成峰勢，依微受月華。沈吟良夜望嵯峨。不覺影欹斜。

松澗鳴清籟，楓林起斷霞。幽人端合便忘家。擬占考盤阿。（隱月峰）

風雨幾多少，落花知有無。殘春物色幸分留，餘景滿山隅。

鳥語和猶響，鶯歌滑又柔。行行吟賞覓溪流。到處一藜扶。（藏春塢）

邑鎮雄城府，官居近海門。高樓百尺架飛軒。弦誦起繁喧。

亂藥香侵案，新醪緑滿樽。留連耽樂日將昏。煙鎖海西村。（太和樓）

仙境三山外，名區一望通。俗傳羅代有神翁。生此海洋中。

舞釰隨裾白，簪花滿面紅。千年遺跡杳難窮。惟見古餘風。（開

---

① 李原：《容軒集》卷二，《韓國文集叢刊》，第7册，首爾：民族文化推進會，1990年，第581—582頁。

雲浦）①

（四）權相一"次雪谷八詠"

權相一（1679—1759），字臺仲，號清臺。安東人。朝鮮肅宗三十六年（1710）登第，仕爲承文院正字、萬頃縣令、掌令、軍資監正、蔚山府使、奉常寺正、刑曹參議、右副承旨等。有《清臺先生文集》十六卷。卷二存詞八闋，題曰"次雪谷八詠。《巫山一段雲》體"。唯"白蓮巖"作"白蓮庵"。其詞如下：

> 秋晚藏霞壁，江清載月船。朱欄畫棟此山邊。遺址草空芊。
> 遠海升紅旭，平郊散白煙。雪翁稼老俱茫然。斜日映清川。（平遠閣）

> 老石欹江岸，蒼山鎖海門。無人更倚春風軒。使我愁心繁。
> 此地曾留客，高樓誰把樽。漁歌一曲近黃昏。江上兩三村。（太和樓）

> 地僻園林靜，家貧樽酒無。藏紅秘白春長留。蕭瀧小庭隅。
> 日暖花陰重，風輕鳥語柔。當時太守好風流。來往竹筇扶。（藏春塢）

> 秋氣集西麓，涼宵凝露華。玉妃喚月峰嵯峨。北斗已橫斜。
> 山動未崩石，林橫將落霞。迢迢南谷有僧家。遺址寄山阿。（隱月峰）

> 三岫聳蒼石，雙湖滿綠汀。行人指點碧波亭。欲讀無遺銘。
> 漁火暗中照，塩煙曉後青。一聲長嘯魚龍聽。風雨滿江零。（碧波亭）

> 齋室罷清磬，秋荷成白紋。我來欲問山無語，啼鳥隔林聞。
> 净界煙霞古，諸天花雨昏。蒼苔碧草復何論。散步日將曛。（白蓮庵）

> 縹緲前開戶，東南望遠洋。祥雲一朵日生光。海氣曉蒼蒼。
> 净室今仍古，居僧閑不忙。齊州九點杳何方。天地閱滄桑。（望海臺）

---

① 孫�[亻+全]：《儉庵先生文集》卷一《蔚山八咏》，韓國國家圖書館藏本，古 3648—38—45—1—2。

遠浦滄溟闊，奇巖小竅通。雲收日出有神翁。來自水宮中。

鶴岫月空白，雞林花自紅。流傳樂府永無窮。詭服舞春風。（開雲浦）①

　　鄭誧的蔚州八詠組詞及後世的繼和之作共同構成了前後關聯的文本空間與表達載體，在山水書寫中融入了個體感受與政治風波。時間的流逝和人事的紛繁、政局的動盪和文人的命運，似乎都凝聚在山水空間的節點上。這深刻地充實了山水書寫的内蘊與張力，也提供了中國山水書寫傳統在域外發生影響的例證。就這個意義上而言，謝靈運《過七里瀨》詩所云"誰謂古今殊，異代可同調"正是一個非常恰當的比喻。

---

① 權相一：《清臺集》，《清臺先生文集》卷二《次雪谷八咏》，韓國古典翻譯院：《韓國文集叢刊續》，第 61 册，首爾：韓國古典翻譯院，2008 年，第 244—245 頁。

共時與互文：中韓使節眼中的晚清東北鏡像

——以《東使紀事詩略》和《丙寅燕行歌》爲中心

牛林傑　　王麗媛

【摘　要】東北作爲清朝的"龍興之地"，是當時中韓使節陸路出使的必經之路，約占使行路綫的三分之二。1866年，朝鮮國王請求册封王妃，朝鮮朝與清朝爲此先後派柳厚祚與魁齡出使。朝鮮使團書狀官洪淳學的《丙寅燕行歌》和魁齡的《東使紀事詩略》記錄了沿途所見晚清東北的自然面貌與社會狀況。魁齡從"本我"的角度實地考察了東北的風土人情；洪淳學則從"他者"的視角記載了自己途徑東北地區的所見所聞。兩種使行文本具有明顯的共時性和互文性特徵，有助於我們從不同的視角，加深對晚清時期東北社會文化的認識。

【關鍵詞】《丙寅燕行歌》　《東使紀事詩略》　東北地區　互文性

一、引言

明清時期，朝鮮朝（1392—1910）定期派遣使節到中國，中國亦常派使節出使朝鮮，雙方使節往來相當頻繁，故而明、清時的中韓外交有"使節外交"之稱。1637年，皇太極與仁祖大王簽訂《丁丑約條》，規定朝鮮使節的固定使行爲一年五度。朝鮮方面除了這些固定使行之外，尚有爲完成一項或數項使命而臨時派出的"別使"，其種類很多，諸如謝恩使、進賀使、陳奏奏請使、陳慰進香使、問安使等等。自1644年滿人入主北京至朝鮮朝末葉的1893年，

【作者簡介】牛林傑，山東大學外國語學院教授；王麗媛，山東大學外國語學院博士研究生。

朝鮮出使清朝多達七百餘次，且朝鮮每次派往清朝的使團規模都很大，隨行出使人員在二百至五百人左右。① 這些使臣先渡過鴨綠江到達柵門，後經遼東、遼西地區，過山海關，最終到達北京。② 在這長達三千餘里的行程中，東北地區約占朝鮮燕行之路的三分之二。同時，東北地區也是清使陸路出使朝鮮的必經之路，不僅是清朝的"龍興之地"，也是滿族統治者的大後方和根據地，清廷十分重視。

1866 年四月，爲請求冊封驪城府院君閔耆顯之女閔氏③ 爲朝鮮國王妃，朝鮮派嘉禮奏請使柳厚祚赴清，洪淳學作爲奏請使的書狀官隨行出使。洪淳學將途中的所見所聞用歌辭的形式記錄下來並集結成冊，這便是《丙寅燕行歌》。同年八月，清朝派理藩院右侍郎魁齡出使朝鮮冊封朝鮮國王妃，身爲清朝重臣的魁齡在出使途中對東北地區的狀況格外留意，他記錄下了山海關、寧遠州、遼陽城、薛禮站、豐潤縣、中後所等地的狀況。使行結束後，魁齡將出使途中的見聞、感受，在返回清朝後將其整理出版，即爲《東使紀事詩略》。

中韓兩位作者因同樣的事由，在同一年度出使對方國家，分別留下了《丙寅燕行歌》與《東使紀事詩略》兩部使行記錄，兩部作品具有明顯的"共時性"和"互文性"④，這可以説是難得一見的珍貴資料。兩部紀行録詳盡地記錄了使臣所見晚清東北地區的自然地理和社會狀況。在宗藩關係的背景下，由於

---

① 劉廣銘：《朝鮮朝語境中的滿洲族形象研究》，北京：光明日報出版社，2013 年，第 80 頁。

② 具體來説，朝鮮使臣出使中國的路綫有三條：一條是渡鴨綠江之後，經柵門、鳳凰城、遼陽、鞍山、耿家莊、牛家莊、盤山、廣寧、錦州、山海關、深河、水平、豐潤、玉田、薊州、通州到北京；一條是渡鴨綠江，經柵門、鳳凰城、遼陽、奉天、鞍山、耿家莊、牛家莊、盤山、廣寧、錦州、山海關、深河、水平、豐潤、玉田、薊州、通州到北京；最後一條是渡鴨綠江，經柵門、鳳凰城、遼陽、奉天、孤家子、白旗堡、小黑山、盤山、廣寧、錦州、山海關、深河、水平、豐潤、玉田、薊州、通州到北京。此外，有的使節團還要從北京去密雲、古北口、熱河。有時又自遼西的廣寧經義縣、朝陽、淩源、平泉、熱河、古北口、密雲到北京。參 [韓] 民族文化推進會：《國譯燕行録選集》，首爾：民族文化推進會，1976 年。

③ 原名閔兹暎（1851—1895），即後來的"明成皇后"。本貫驪興，大韓帝國純宗皇帝生母。

④ 互文性是一個文本（主文本）把其他文本（互文本）納入自身的現象，是一個文本與其他文本之間發生關係的特性。這種關係可以在文本的寫作過程中通過明引、暗引、拼帖、模仿、重寫、戲擬、改編、套用等互文寫作手法來建立，也可以在文本的閲讀過程中通過讀者的主觀聯想、研究者的實證研究和互文分析等互文閲讀方法來建立。其他文本可以是前人的文學作品、文類範疇或整個文學遺産，也可以是後人的文學作品，還可以泛指社會歷史文本。參秦海鷹：《互文性理論的緣起與流變》，《外國文學評論》2004 第 3 期，第 29 頁。

其作者都代表着各自的國家利益與外交使命，因而使臣的視角不同，所觀察的重點也不盡相同。從使行錄的文體來看，洪淳學的《丙寅燕行歌》以韓文傳統文學體裁——"歌辭"書寫而成，魁齡的《東使紀事詩略》則是以詩歌和散文的形式記錄，目前中韓學界對這兩篇作品的關注不是很多。①本文擬通過《丙寅燕行歌》與《東使紀事詩略》的"共時性"與"互文性"比較研究，分析晚清時期中韓使臣視野中的東北鏡像，從而揭示晚清與朝鮮朝之間複雜微妙的關係，爲研究清代東北史提供參考。

二、《丙寅燕行歌》中的晚清東北鏡像

洪淳學作爲嘉禮奏請使的書狀官於高宗三年（1866）四月九日從國都漢城出發之後北行前往中國的京師北京，五月七日渡鴨綠江，十一日入柵門，十六日到達盛京，二十七日過山海關，八月二十三日返回漢城。他所作的《丙寅燕行歌》記錄了燕行使出使中國爲期 133 天的見聞。在這四個月有餘的旅程中，燕行使有數月是在東北地區度過，途徑遼陽、盛京、廣寧至山海關，再到北京。清王朝的統治民族是滿族，朝鮮燕行使稱其爲"胡人"。胡人在清王朝的政治、經濟、文化等方面都占據着主導地位，從某種意義上來說，胡人的形象就代表着清代中國的主要形象，②而東北地區又是胡人的聚居地。因此《丙寅燕行歌》中，對東北的各方面狀況也進行了大篇幅的記述。

（一）幅員遼闊、環境險惡的他鄉之地

朝鮮使臣出使中國，跨過鴨綠江就來到了中國境地。到康熙十八年（1679）後，朝鮮朝使團出使中國，途徑東北地區的主要路綫爲"鴨綠江—九連城（鎮江城）—湯站—柵門—鳳凰城—鎮東堡（薛劉站，朝鮮人稱松站）—鎮夷堡（通遠堡）—連山關（鴉鶻關）—甜水站—遼陽—十里堡—盛京—邊城—巨流河（朝

① 關於魁齡的《東使紀事詩略》，中國方面的相關研究參見修雪：《魁齡〈東使紀事詩略〉研究》，山東大學碩士學位論文，2013 年。韓國學界的相關研究參見：[韓]金翰奎：《魁齡的〈東使紀事詩略〉和唱和的餘塵》，《使朝鮮錄研究——宋、明、清時代朝鮮使行錄的史料價值》，首爾：西江大學出版社，2011 年；[韓]張正秀：《19 世紀朝鮮使行錄與燕行錄的相互認識考察——以魁齡的〈東使紀事詩略〉和洪淳學的〈丙寅燕行歌〉爲中心》，《韓國語文教育》第 31 期，2020 年。

② 徐東日：《朝鮮朝使臣眼中的中國形象——以〈燕行錄〉〈朝天錄〉爲中心》，北京：中華書局，2010 年，第 65 頁。

鮮人稱周流河）—白旗堡—二道井—小黑山—廣寧—閭陽驛—石山站（十三山）—小淩河—杏山驛—連山驛—寧遠驛—曹莊驛—東關驛—沙河驛—前衛屯—高嶺驛—山海關"①。洪淳學進入中國國境，到達的第一站便是位於鴨緑江沿岸的九連城。九連城北依鎮東山，地勢險要，是中國與朝鮮通商的要道，同時還是兩國使節往來的必經之地。洪淳學初入東北，寫有歌辭：

> 구련성 다다라서 한 고개를 넘어서니 / 아까 뵈던 통군정이 그림자도 아니 뵌다 / 조금 뵈든 백마산이 봉우리도 교요하고 / 위험한 만첩산중 울밀한 수목이며 / 적막한 새소리는 처처에 구슬프고 / 한가한 들의 꽃은 뉘를 위해 피있느냐 / 아깝도다, 이러한 꽃 양국이 버린 땅이 / 인가도 아니 살고 전답도 없다 하되 / 곳곳이 깊은 곳에 계션 소리 들리는 듯 / 왕왕이 험한 산세 호표지환 겁이 난다 / 주반으로 상을 차려 점심을 가져오니 / 맨땅에 내려 앉아 중화를 하여 보자 / 아까까지 귀하던 몸이 어이 졸지 천하여서 / 일등면창 진지거래 수청기는 어디 가고 / 만반진수 좋은 반찬 곁반도 없으나마 / 건양청 밥 한 그릇 이렇듯 감식하니 / 가엾게 되었으나 어찌 아니 우스우랴.②

歌辭中寫道，越過九連城下的層層山巒，便再也望不見統軍亭的影子。茂密的山林中，有幾聲鳥鳴穿林而過。山崗邊開滿了大片的野花。在這深山幽谷中，也不見有人家。忽而聽見在深山密林中，傳來了雞犬的叫聲。可這崇山峻嶺中，大概是會有豺狼虎豹的。

燕行使一行初入東北，迎面而來的便是連綿的深山與密林，大山深處，荒無人煙。從柵門行進三日約三十里之後，燕行使團到達遼寧鳳凰縣。鳳凰縣有大大小小的山峰。跨過重山便是三岔河、甕北河、八渡河。八渡河距柵門已過八十里。過松站繼續行進到達連山關，在距連山關三十里處有會寧嶺和青石嶺。青石嶺附近的石子路狹窄崎嶇，泥濘難行，道路旁的懸崖峭壁使得道路更加難行。過青石嶺便是草河口，凜冽的胡風從山澗吹過，令人倍感淒涼。《丙寅燕行歌》中寫道：

---

① 徐東日：《朝鮮朝使臣眼中的中國形象——以〈燕行録〉〈朝天録〉爲中心》，第 19 頁。

② ［韓］林基中編：《丙寅燕行歌》，《韓國歷代歌辭文學集成》，2005 年。（轉引自 www.krpia. co.kr.）

책문서 사흘 묵어 치행하여 떠나가니 / 봉황산 천만봉은 요란하고 준험할사 / 삼차하 넓은 강에 물결이 굽이친다 / 백안동 다다르니 원나라적 전장이요 / 송참이 저기로다, 설인귀 진터이라 / 대장령 소장령은 높은 고개 여럿이오 / 옹복하 팔도하는 험한 물이 몇이더냐 / 회령령 넘어서니 청석령이 어드메오 / 길바닥 깔린 돌은 톱니같이 일어서고 / 좌우에 달린 석벽 돌은 창검같이 둘렸는데 / 이렇듯 험한 곳에 접족하기 어려워라 / 병자년 호란시에 효종대왕 입심하사 / 이 고개 넘으실 때 끼친 곡조 유전하니 / "호풍도 차도 찰샤 궂은비는 무슨 일고." / 산곡간 험한 길에 창감키도 그지없다.①

洪淳學行經在東北的群山中，想起丙子胡亂時，朝鮮朝質子鳳林大君曾入質瀋陽。後來，鳳林大君不忘"丙子"之恥，臥薪嚐膽，以圖雪恥。後來即位，史稱孝宗。孝宗大王並沒有因爲受到清朝的册封就成爲對清朝俯首貼耳的"良翰"，相反地，卻以恢復明朝天下爲己任，處心積慮地準備"北伐雪恥"。②丙子胡亂已成爲朝鮮人痛苦的"集體記憶"，身處異國的燕行使，在到達瀋陽之時，其思鄉之情不禁油然而生。

東北地區不僅多山脈，也有廣闊的平原。過距柵門二百六十二里的狼子山，便是廣闊的遼東大地。在遼東地區，四面遼闊、方向難辨，足以見東北地區平原面積之大。在洪淳學的《丙寅燕行歌》中，不僅記錄了東北地區的地勢、水文情況，對東北地區的氣候狀況也有記錄。

금석산 지나가니 온정평 여기로다 / 일세가 황혼 되니 한둔하며 숙소하자 / 삼사신 자는 데는 군막을 높이 치고 / 삿자리로 둘러막아 가방처럼 하였어도 / 사면외풍 들이 불어 밤 지내기 어렵거든 / 역관이며 비장 반당 불쌍하여 못 보겠다 / 군막이라 명색함이 무명 한 겹 가렸으니 / 오히려 이번 길은 오뉴월 염천이라 / 하룻밤 경과하기 과히 아니 어려우나 / 동지 섣달 긴긴밤에 풍설이 들이칠 때 / 그 고생 어떠하랴 참혹들 하다 하데 / 처처에 화톳불은 호인들

---

① ［韓］林基中編：《丙寅燕行歌》，《韓國歷代歌辭文學集成》，2005 年。(轉引自 www.krpia.co.kr.)

② 徐東日：《朝鮮朝使臣眼中的中國形象——以〈燕行錄〉〈朝天錄〉爲中心》，第 78—79 頁。

이 둘러앉고 / 밤새도록 나팔 소리 짐승 올까 염려로다.①

　　燕行使團在未到達驛站時，曾在野外露宿。因氣候寒冷，不得不在帳篷外再圍一層蘆葦，可四面依舊會有寒風穿過。葦牆外又遮上粗布，官員們都禁不住嚴寒，感慨幸虧是在五六月的夏季到達此地，若在臘月天出使，漫天的風雪都不知該如何應對。帳篷外，人們紛紛點起篝火，層層圍坐，吹響號角，唯恐山林中野獸的襲來。可見，燕行使團身處異國他鄉，行經東北地區跋山涉水、風餐露宿的艱辛。

　　在過山海關時，洪淳學寫：“向前走去，是山海關，五層城門，處處炮樓。三層四層，巍然壯觀。高懸匾額：‘天下第一關’。……吳三桂者，萬古逆臣，竟然打開，城門一半。引入汗夷，明朝滅亡。”②在這裏，洪淳學對明朝的叛臣吳三桂表示了鄙薄。由於明朝與朝鮮朝歷史上形成的友誼以及朝鮮對漢文化的喜愛，洪淳學對於曾經侵犯過朝鮮的清王朝，是比較反感的。這裏對吳三桂的批判，正是基於這種思想情緒。洪淳學身在異國，卻不忘故土，山海關東邊的渤海波濤，也勾起了他對家鄉濃濃的思念之情。

（二）新奇“陌生”的東北民俗文化

　　朝鮮朝對胡人的認識與他們的燕京之行密切相關。燕行途中對胡人民俗的所見所聞影響着他們之前對胡人的成見，使他們從新的角度重新審視胡人及其建立的清朝。民俗是一個民族物質文化生活和精神文化生活的重要標志之一，在各民族所處的社會發展階段、自然環境影響、歷史傳承不同等諸多因素的影響之下，民俗文化也各有不同。③東北地區是胡人的故鄉，因而其民風民俗也具有鮮明的東北地域特色。

　　洪淳學在《丙寅燕行歌》中多次寫到胡人的服飾民俗。譬如，他曾指出：

　　（1）밝기를 기다려서 책문으로 향해 가니 / 목책으로 울을 하고 문 하나를 열어 놓고 / 봉황성장 나와 앉아 인마를 점경하여 / 차례로 들어오니 변문신칙 엄절하다 / 녹창주호 여염들은 오색이 영

---

① 　［韓］林基中編：《丙寅燕行歌》，《韓國歷代歌辭文學集成》，2005 年。（轉引自 www.krpia.co.kr.）

② 　韋旭升：《韓國文學史》，北京：北京大學出版社，2008 年，第 312 頁。

③ 　劉錚：《朝鮮使臣所見 18 世紀清代東北社會狀況——以〈燕行錄〉資料爲中心》，《鄭州大學學報（哲學社會科學版）》第 51 卷 2018 年第 2 期，第 119 頁。

롱하고 / 화사 채란 시전들은 만물이 번화하다 / 집집이 호인들은 길에 나와 구경하니 / 의복이 괴이하여 처음 보기 놀랍도다 / 머리는 앞을 깎아 뒤만 닿아 늘어뜨려 / 당사실로 댕기하고 마래기를 눌러 쓰며 / 검은빛 저고리는 깃 없이 지었으되 / 옷고름은 아니 달고 단추 달아 입었으며 / 아청바지 반물 속것 허리띠 눌러 매고 / 두 다리에 행전 모양 타오구라 이름하여 / 회목에서 오금까지 회매하게 들이 끼고 / 깃 없는 청 두루마기 단추가 여럿이요 / 좁은 소매 손등 덮어 손이 겨우 드나들고 / 곰방대 옥물부리 담배 넣은 주머니에 / 부시까지 껴서 들고 뒷짐을 지기 버릇이라 / 사람마다 그 모양이 천만이 한 빛이라 / 모두 우리 온다 하고 저희끼리 지저귀며 / 무어라고 인사하되 한마디도 모르겠다.①

（2）계집년들 볼 만한다 그 모양은 어떻더냐 / 머리만 치거슬려 가르마는 아니 타고 / 뒤통수에 몰아다가 맵시 있게 수식하고 / 오색으로 만든 꽃은 사면으로 꽂았으며 / 도화분 단장하여 반취한 모양같이 / 불그레 고운 태도 아미를 다스리고 / 살쩍을 고이 끼고 붓으로 그렸으며 / 입술 아래 연지빛은 단순이 분명하고 / 귓방울 뚫은 구멍 귀엣고리 달았으며 / 의복을 볼작사면 사나이 제도로되 / 다홍의 바지에다 푸른빛 저고리요 / 연옥새 두루마기 발등끼지 길게 지어 / 목도리 수구 끝동 화문으로 수를 놓고 / 품 넓고 소매 넓어 풍신 좋게 떨쳐 입고 / 옥수의 금지환은 외짝만 넓적하고 / 손목의 옥고리는 굵게 사려 둥글구나 / 손톱은 길게 길러 한 치 남짓 길렀으며 / 발 맵시를 볼잣시면 수당혜를 신었으며 / 청녀는 발이 커서 남자의 발 같으나 / 당녀는 발이 작아 두 치쯤되는 것을 비단으로 꼭 동이고 신 뒤축에 굽을 달아 / 위쪽비쪽 가는 모양 넘어질까 위태하다 / 그렇다고 웃지 마라, 명나라 끼친 제도 / 저 계집의 발 한가지 지금까지 볼 것 있다.②

（3）아이들도 나와 구경 주렁주렁 몰려 섰다 / 이삼 세 되는 것은 어른 년 추켜 안고 오육 세 된 것들은 앞뒤로 이끌렀다 / 머리는 다 깎았다 좌우로 한 모숨씩 뾰족하게 따았으되 붉은 당사로 댕

---

① ［韓］林基中編：《丙寅燕行歌》，《韓國歷代歌辭文學集成》，2005 年。（轉引自 www.krpia. co.kr.）

② 同上。

기하며 복주감투 마래기에 채 색비단 수를 놓아 / 검은 공단 선을 둘러 붉은 단추 꼭지하고 / 비지며 저고리도 오색으로 문을 놓고 / 배래기라 하는 것은 보자리에 끈을 달아 / 모가지에 걸었으니 배꼽 가린 게로구나 / 십여 세 처녀들은 대문 밖에 나와 섰네 / 머리는 아니 깎고 한편 옆에 모아다가 / 사양머리 모양처럼 접첨접첨 잡아매고 / 꽃가지를 꽂았으니 풍속이 그러하다 / 호호백발 늙은 년도 머리마다 채화로다 / 무론 남녀노소하고 담배들은 즐기인다 / 팔구 세 아이라도 곰방대를 물었으며.①

上述引文中，歌辭（1）（2）（3）分別對東北地區男子、女子、孩童的衣冠、髮式進行了記述。引文（1）歌辭中寫，燕行使團到達東北地區，向柵門而去。路過鳳凰城，家家戶戶的胡人都出門觀看使行隊伍。起初，燕行使節對胡人怪異的服裝感到驚詫。見清朝的官員們頭戴頂戴花翎，清國的男子皆剃髮，只在腦後垂着一條辮子。男子皆着窄袖長袍，袖口僅容下手掌勉強進出，這種服飾稱爲"馬蹄袖"。黑色的上衣沒有衣領，腰間紮着一條布袋子，便於在上面掛煙袋。腿上束有行纏。街上的清國百姓熙熙攘攘地呼喊着"使節來了"，但百姓們言語的具體内容，使節們無從知曉。

引文（2）中，對胡人女子的裝束進行了着重記述。胡人女子"滿髻插花""兩耳垂璫""凝妝盛飾"。胡人女子皆着色彩豔麗的服飾，袖口上還繡有紋飾。手腕上戴鐲子，手指上戴金指環，指甲留到一寸多。胡人女子不纏足，漢族女子則纏足，女子們皆脚穿綢緞鞋，緞帶緊緊地裹在雙脚上。胡人女子的衣冠髮式與朝鮮民族女子的裝扮風格截然迥異。使臣們看到東北地區女子的裝束，對女子纏足的風俗感到驚異，歌辭中寫："女子們顫顫巍巍的走過，真擔心她們會滑倒。大家不要笑啊，這是從明國起就留下的制度。沒想到直到現在還能見到。"由此可見，朝鮮燕行使對胡人女子的裝束還是報以新奇的態度，對胡人沿襲着漢人的裹脚習俗也感到不可思議。

《丙寅燕行歌》中，洪淳學還對東北地區孩童的裝束進行了記述。引文（3）歌辭中寫道，使節隊伍從街中走過，孩子們也出來看熱鬧了。大人抱着兩三歲的孩子，五六歲的兒童則跟在大人的身後。使節們見東北地區小孩子的頭髮都剃了，只在左右兩邊各留下一撮頭髮，並用絲帶繫着。綢緞上

---

① ［韓］林基中編：《丙寅燕行歌》，《韓國歷代歌辭文學集成》，2005年。（轉引自 www.krpia.co.kr.）

衣上，綴着朱紅色的紐扣。脖子上圍着肚兜。十來歲的小姑娘站在大門外，頭髮上插着花枝。東北地區的男女老少都喜愛抽煙，連八九歲的孩子也叼着煙袋。

洪淳學對東北地區的飲食、居住民俗也進行了相關記載：

> 하처라고 찾아가니 집 제도가 우습도다 / 오량각 이간 반에 벽돌로 곱게 깔고 / 반간씩 간을 지어 좌우로 대강이니 / 캉 모양이 어떻더냐, 캉 제도를 못 보거든 / 우리나라 부뚜막이 그와 거의 흡사하여 / 그 밑에 구들 놓아 불을 때게 하였으며 / 그 위에 자리 펴고 밤이면 누워 자고 / 낮이면 손님 접대 걸터앉기 가장 좋고 / 채색 놓은 완자창과 면회한 벽돌담은 / 미련한 호인들고 집치레 과람 하구나 / 때 없이 먹는 밥은 기장 좁쌀 수수쌀을 / 농란하게 다 빠져서 아무 맛도 없는 것을 / 남녀노소 식구대로 부모형제 처자권속 / 한 상에 둘러앉아 한 그릇씩 밥을 떠서 / 젓가락으로 그러먹고 나쁘면 덧떠온다 / 반찬이란 하는 것은 돼지기름 날파 나물 / 큰 독에 담은 장은 소금물에 메주 넣고 / 날마다 가끔가끔 막대로 휘저으니 / 죽 같은 된장물을 장이라고 떠다 먹데.①

朝鮮使臣們認爲朝鮮的房屋構造吸收了東北地區房屋建造的習慣。東北地區的房屋建築多坐北向南，房頂皆五梁，房屋爲半間式，房屋的磚縫之間填有面灰，窗户則呈"卐"字形。南北兩側有火炕，呈"冖"字樣，人們白天坐在火炕上接待客人，晚上則在火炕上睡覺。

對於東北地區的飲食風俗，朝鮮使臣們也感到新奇又"陌生"。東北地區人們習慣於一家男女老少圍坐一桌，一同吃飯。飲食多爲小米、高粱米、稻穀之類，菜肴多爲豬肉，還有大蔥、白菜等生食蔬菜。作爲調味品的醬油則裝在瓦缸裏，人們每天會用筷子去攪動醬汁。《丙寅燕行歌》的記錄中，朝鮮使臣們不僅對東北地區單一的日常飲食感到乏味，也對東北地區人們圍坐一桌吃飯，互相之間缺乏嚴格的身份等級深感不解。

朝鮮使臣對東北地區百姓們的日常生活風俗也倍感驚奇。《丙寅燕行歌》中寫，東北地區大人們養育孩童，給襁褓裏哭泣的孩子餵奶，將孩子放在扁

---

① ［韓］林基中編：《丙寅燕行歌》，《韓國歷代歌辭文學集成》，2005 年。（轉引自 www.krpia. co.kr.）

擔的兩端，挑着行走，孩子也不會哭鬧。東北地區的人們勤於耕作，家家户户門口的肥料堆積如山。没有水田，只有旱田，田野裏種盡了莊稼。東北地區的女人們不僅善於農事，還善於紡織，能夠自如地運用織布機織布。

18 世紀下半葉，燕岩朴趾源出使中國，曾稱讚胡人擅長騎射乃其"家法也"。比朴趾源早一年（1779）使清的冬至兼謝恩使、書狀官洪明浩也曾指出："自鳳城至山海關外，民俗蠢强，專尚弓馬。"① 這句話雖短，卻突出了胡人的"悍勇之氣"，代表着當時朝鮮朝大多數燕行使臣的思想意識。19 世紀中葉，洪淳學等朝鮮使節出使中國時，對胡人的畜牧生活也表現出極大的關注。在《丙寅燕行歌》中，對於胡人的畜牧生活有如下記述：

> 호인의 풍속들은 짐승 치기 숭상하여 / 준총 같은 말들이며 범 같은 큰 노새를 / 굴레도 안 씌우고 재갈도 아니 먹여 / 백여 필씩 앞 세우고 한 사람이 몰아가네 / 구유에 들어서서 달래는 것 못 보겠고 양이며 도야지를 수백 마리 떼를 지어 조그만 아이놈이 한둘이 몰아가되 대가리를 한데 모아 헤어지지 아니하고 / 집채 같은 황소리도 코 안 뚫고 잘 부리며 / 조그마한 당나귀도 맷돌질을 능히 하고 / 댓닭 장닭 오리 거의 개괴까지 기르며 / 발발이라 하는 개는 계집년들 품고 자네 / 심지어 초롱 속에 온갖 새를 넣었으니 / 앵무새며 백설조는 사람의 말 능히 한다.②

胡人崇尚打獵，善養牲畜。東北地區的駿馬奔跑起來像槍子兒一樣快，騾子像老虎一般大。不用韁繩，也不用馬嚼，只需一人就可驅趕百匹駿馬。兩個孩童就能驅趕成群的牛羊。耕地裏的黄牛不用穿鼻子就老老實實地聽人使唤。小驢能拉磨，雞鴨亦成群。胡人甚至連禽鳥都能馴服。

從洪淳學《丙寅燕行歌》的記録中，可以看出東北地區的整體地理概貌：山林繁茂、平原遼闊、水系發達、氣候嚴寒。這一時期，朝鮮朝對東北地區的胡人有了新的認識，對東北民俗文化既有批評，又有肯定之意。他們雖依舊會對胡人奇特的衣冠、髮式感到新奇，但對漢族女性承襲了明朝裹脚的習俗，也深感驚異，認爲清朝繼承了明朝遺留下來的習俗，胡人正變得文明與開化。對於朝鮮與東北相似的房屋構造，他們也認爲是朝鮮吸收了東北地區的居住

---

① 吴晗輯：《朝鮮李朝實録中的中國史料》，北京：中華書局，1980 年，第 4688 頁。

② ［韓］林基中編：《丙寅燕行歌》，《韓國歷代歌辭文學集成》，2005 年。（轉引自 www.krpia.co.kr.）

文化。但東北地區人們圍坐一桌，相互之間沒有尊卑界限的飲食習慣，有悖於朝鮮朝儒家倫理道德的評判標準。另外，東北地區無論男女老少均身佩煙袋，也從側面反映出當時清朝吸食煙草的泛濫程度。

三、《東使紀事詩略》中的晚清東北鏡像

滿族入關之後，在清朝統一中央集權封建國家的統治之下，清代東北疆界基本繼承了明朝的疆界。據《嘉慶重修一統志》載，東北地方"東至海四千三百餘里，西至山海關直隸永平府界七百九十里，南至海七百三十餘里，北踰蒙古科爾沁地至黑龍江外興安嶺俄羅斯界五千一百餘里，東南至錫赫特山朝鮮界二千九百餘里"①。東北地區北與俄羅斯毗鄰，東南與朝鮮接壤，位於清王朝的邊疆地帶。咸豐八年（1858）中俄《璦琿條約》與咸豐十年（1860）中俄《北京條約》的簽訂，使東北地區的面積減少了一百餘萬平方公里，以慘痛的方式重新確定了清王朝在東北東部與北部的疆域界線。②經過條約重塑的東北地區，開始喪失緩衝地帶，逐漸暴露在鄰國的視野之下。清國使臣在途徑東北地區時，對東北地區的狀況也格外關注。

（一）地廣人稀、氣候迥異的邊疆重鎮

同治五年（1866）七月初四日，魁齡接到旨意，奉命擔當正使出使朝鮮。八月初三日，魁齡請訓。八月十二日巳時從禮部受節啓程，帶着諭旨從龍亭出發，出朝陽門，到達通州，通州爲使臣出京城後停留的第一站。八月十九日到達山海關。山海關是關內關外的分界線。在過山海關時，魁齡曾賦詩一首，詩曰：

山海關遠眺

驛路三千遠，雄關百二強。

西來山作鎮，東去海爲疆。

秋晚輪蹄塞，風高節鉞涼。

重城明日出，旗幟自堂堂。③

---

① 嘉慶帝敕撰：《嘉慶重修一統志》卷五七，上海：上海書店，1984 年，第 4 頁。

② 高月：《論清代的疆域統合與地方政制變革——以東北地方爲討論中心》，《社會科學輯刊》2012 年第 2 期，第 153 頁。

③ 殷夢霞、于浩選編：《使朝鮮錄》下冊《東使紀事詩略》，北京：北京圖書館出版社，2003 年，第 676 頁。

詩歌中記錄了魁齡出使途中到達山海關時的所見所感。由京師至朝鮮共三千餘里，路途遙遠。山海關素稱"天下第一關"，是明長城的東北起點，於明洪武十四年（1381）設立。山海關北倚燕山，南連渤海，依山襟海，地勢險峻。因其特殊的地理位置，關乎京師的安全。從魁齡的詩歌中，可以看出東北關口——山海關在軍事上的重要價值。越過山海關，便進入了東北地區。使臣隊伍在東北地區行進了將近二十天的時間後，來到了邊塞地區——鳳凰城。出鳳凰城，即爲朝鮮疆域。在東北地區近二十天的旅程中，魁齡從山脈水文、植被氣候等方面詳細考察了東北的自然地理狀況。

> 午過渾河，按渾河即小遼水，《水經注》云，高句麗縣有遼山，小遼水即從此出。又按《盛京志書》所載，渾河發源於長白山，西北入英額界，又西南入興京界，經永陵老龍頭山，南面煙筒山，北面西流名蘇子河，入盛京界名渾河，又南至大王屯，又東南入太子河。
>
> 午後過太子河，二道河，源出吉林撒木禪山，由葦子峪至遼陽，又西南匯渾河，又西匯大遼河，又西南匯三汊河，三河皆匯於牛莊，同入海。
>
> 午間過摩天嶺，盤旋陡直，高與雲齊，遼陽三百里山程，此爲第一險峻。①

上述引文中，魁齡對東北地區的山脈水文狀況進行了記錄。在記錄中，魁齡援引《水經注》和《盛京志書》中的記載，對渾河的發源地、流向、流經之地等做了記錄。渾河又稱小遼水，發源於長白山支脈，流經遼寧省、吉林省境內，向東南匯入太子河。魁齡還對太子河、二道河的發源地、流向、流經之地、入海口等做出了詳細記錄。太子河與二道河同發源於吉林撒木禪山，流經遼陽等地，西南匯入渾河，向西注入大遼河，西南又匯入三汊河。渾河、大遼河、三汊河三河均在牛莊匯入渤海。魁齡對渾河瞭解得如此清楚，與其個人經歷有很大關系。從《東使紀事詩略》的記載中獲知，咸豐八年魁齡曾在興京督工，對渾河進行過詳細地考察。②除對東北地區水文狀況的記錄，魁齡還對東北地區的山脈狀況進行了實地考察。引文中的摩天嶺位於遼陽境內，該山盤旋上升，直入雲間，山勢險峻，山路難走。遼陽境內有三百里山程，

① 殷夢霞、于浩選編：《使朝鮮錄》下冊《東使紀事詩略》，第 696、698、701 頁。
② 修雪：《魁齡〈東使紀事詩略〉研究》，山東大學碩士學位論文，2013 年，第 34 頁。

而該山爲第一險峻。

> 《途中口號》：晚過大石橋，北風吹蕭蕭。無邊凍青樹，（盛京
> 三陵，樹樹皆有凍青，名寄生，過此即無，亦奇矣哉。）回首碧雲消。
>
> 二十六日早小黑山路記，佐領穆克德科接差胡家堡午餐，平明
> 時北風大起，雲霧迷漫，微雨吹寒，集而爲霰，行人盡著棉衫，可
> 見關外氣候與内地迥殊。①

上述兩則引文是魁齡對東北地區植被氣候的考察。盛京城，即今遼寧瀋
陽，是清統治者入主中原後，所保留的陪都，是一座有着特殊意義的城市。
盛京三陵，即關外三陵，分別是福陵、昭陵和永陵，位於遼寧省境内。此三
處地方的樹上均生有凍青，即檞寄生。而且從關外三陵前往大石橋的途中，
沿途所見樹木之上也全都長滿了檞寄生。當清使團行至大石橋時，魁齡驚奇
地發現，一路走來看到的大片檞寄生，到該處卻見不到了，這令他感到十分
驚奇。可見魁齡在途徑東北地區時，觀察之細，記錄之詳。八月二十六日，
魁齡行至胡家堡，此時已是秋末冬初，東北地區北風大起，寒氣逼人。下過
雨之後，水氣便立刻遇冷凝華成小冰粒，此地行人已經身着棉衣。可見東北
地區氣候嚴寒，與關内迥然不同。

（二）治安不濟、民情浮動下的關外

魁齡的《東使紀事詩略》不僅對東北的自然地理狀況進行了考察與記錄，
對於東北的社會民情魁齡也進行了一番視察。八月二十日清晨，魁齡一行出
山海關後，發現東北地區的景象已非從前，發生了不小的變化。人煙稀少，
一片蕭條。魁齡見此情景，曾賦詩曰：

車中偶吟

> 重關東望景全非，嶺樹蕭條車馬稀。
> 今日西風吹更緊，似來飄忽送征衣。②

詩中寫道從山海關向東望去，早已物是人非。重重山嶺上，蕭瑟的樹林中，
有幾輛馬車經過。蒼涼的西風吹過，像是在催促征夫們前去出征。短短一首詩，

---

① 殷夢霞、于浩選編：《使朝鮮錄》下冊《東使紀事詩略》，第 768 頁、687 頁。
② 殷夢霞、于浩選編：《使朝鮮錄》下冊《東使紀事詩略》，第 678 頁。

將關外的整體社會印象描摹出來。在東北地區的近二十天旅途中，魁齡還從商業、農業的方面考察了東北地區的社會狀況。

> 二十一日午至中後所，所爲關外巨鎮。人煙幅輳，貿易者多集於此。聞上年馬賊搶劫新民屯即垂涎此地。幸文宮保統師出關，賊匪聞風遠竄，以故得無恙。①

八月二十一日，魁齡一行到達中後所。中後所爲清朝關外重鎮，人口密集，貿易興盛，因而招致馬賊的垂涎。在魁齡出使朝鮮的上一年，馬賊曾搶劫新民屯。幸而文宮保統帥出關捉拿馬賊，馬賊聞風喪膽，抱頭鼠竄，所以貿易得以繼續。此則關於關外貿易情況的記錄，從側面反映出清廷對關外的治理比較得當，保證了當地經濟的正常發展，一定程度上也保障了社會的穩定。

> 是日，寧遠州佐領色普鏗額、李國文更換驛馬均來見。（關以外民情浮動，幸今歲普慶有秋，故得安集如常。）
> 晚宿薛禮站，驛丞羅天泰更換驛馬來見。（地屬岫巖多瘠薄之田，民雖庶而不富。）②

八月二十二日，寧遠州佐領向魁齡彙報關外的情況，關外民情浮動，所幸的是當年東北地區各地喜獲豐收，所以民情較爲穩定。九月初七日，魁齡一行到達薛禮站。魁齡在此地發現，該地區田地多貧瘠，人口衆多，可百姓的生活並不富裕。從咸豐十年，東北地區開始開禁到光緒初年（1875），清政府的態度始終是猶豫的，大量荒地還在封禁之列。相對於內地其他省份來說，這一時期的東北仍是比較落後的。③從魁齡上述的記錄中可以看出，當時的東北經濟蕭條，民情有所浮動，但魁齡出使朝鮮的 1866 年，東北各地區普遍獲得豐收，所以社會狀況總體上比較穩定。

《東使紀事詩略》中的東北，在自然地理方面，地域上東鄰大海，西靠山脈，地域廣闊。氣候嚴寒，清關外三陵附近植被多凍青。渾河、太子河、二道河等河流流經此地，水源較爲豐富。在社會狀況方面，東北地區較之前發生了較大變化。人煙稀少，土匪搶劫商賈之事時有發生。土地多貧瘠之地，

---

① 殷夢霞、于浩選編：《使朝鮮錄》下冊《東使紀事詩略》，第 679 頁。

② 殷夢霞、于浩選編：《使朝鮮錄》下冊《東使紀事詩略》，第 683、705 頁。

③ 白宏鐘：《移民與東北近代社會文明的建構（1860—1911）》，常建華主編：《中國社會歷史評論》第七卷，天津：天津古籍出版社，2006 年，第 386 頁。

災年連綿致使糧食欠收。百姓多不富裕。魁齡出使朝鮮，對東北地區的實地考察與記錄，反映出魁齡盡職盡責，對關外狀況保持高度關注的態度。同時，也爲清朝統治者瞭解東北地區的實際狀況提供了可靠的參考資料。

四、結語

　　清朝使臣從"本我"的角度，實地視察了東北的風土人情，爲後人瞭解晚清時期東北地區的自然社會面貌提供了一定的依據。朝鮮使者從"他者"的角度，在記載的過程中，無須像中國史官那樣有所忌諱，爲我們研究東北社會生活提供了一個全新的視角。這些史料可以彌補國內史料的闕失與不足，也有助於我們從異域的視角，加深對晚清時期東北社會文化的認識。難得的是中韓兩種文本記錄的時間是同一年度（1866 年），出使的事由又相同，關於東北地區的記載具有鮮明的共時性和互文性。因此，將《東使紀事詩略》與《丙寅燕行歌》進行比較研究很有意義。

　　19 世紀下半葉，在西方堅船利炮的夾擊下，清王朝開始逐漸走向衰落。同樣，朝鮮朝也自 18 世紀末，封建統治日益腐朽，趨於衰敗。從《東使紀事詩略》與《丙寅燕行歌》中韓兩國使臣對東北地區觀察的視角與表現的態度中，我們可以看出，晚清時期朝鮮朝與清朝之間有着複雜微妙的關係。朝鮮使臣對東北社會的思考雖有所變化，但依舊體現出"小中華"的情懷。他們以儒家倫理道德爲評判標準，對清代東北社會多有褒貶。但這時期，無論是清朝統治階級，還是朝鮮朝統治階級，都昧於世界大勢，在對外關係上，依舊採取閉關鎖國政策，雙方所看到的社會也是處於與世界"隔絕"狀態下的鏡像。這反映出當時中韓兩國封建社會的落後，也説明了其認識上的歷史局限性。

詩風・戰争・易代

——燕行文獻中的次杜詩研究

左 江

【摘　要】朝鮮燕行文獻中的次杜詩很豐富，它們是朝鮮漢文學的一部分，也是近五百年間中朝兩國政治、思想、文化、文學關係的外現。申叔舟、成三問的次杜詩展現的是世宗朝的文化政策以及詩壇風尚的變化；宋獻、崔有海等人的次杜《諸將五首》，是明與後金戰場風雲的再現；而王述善對崔有海疏離甚至略顯排斥的態度，透露的是中朝人物交流的另一樣態。柳夢寅出使明，李頤命、金昌集出使清，都有次《秦州雜詩》二十首，柳作是對明的渴慕嚮往，百年後的李、金之作則表現出對以清代明的感傷。使行路上的次杜詩是朝鮮詩壇風尚轉變的外化，是人在旅途、局勢動盪等艱難時刻的情感流露，也是使臣們對兩國關係、華夷觀念的重新審視。

【關鍵詞】燕行文獻　次杜　諸將五首　秦州雜詩

朝鮮王朝（1392—1910）與中國的明清兩朝都保持着藩屬關係，使節往來頻繁，朝鮮使臣及隨行人員留下了大量的"朝天録""燕行録"，我們統稱爲"燕行文獻"，唱和詩是其中的重要内容，使臣們詩歌次作的方式包括：一、同行酬唱；二、次和使行路上的前輩或家族成員的作品；三、次作中國詩人詩作；四、進入中國後與中國人詩歌酬唱。就次和中國詩人詩作而言，杜詩

【作者簡介】左江，深圳大學人文學院教授。

【基金項目】2022年國家社科基金後期資助重點項目"朝鮮時代漢文燕行文獻研究"（22FZWA008）的成果之一。

是尤爲豐富的詩料庫，朝鮮文人在使行途中一人次杜、同行次杜或者與中國人一起次杜的情況很多。閱讀、創作都是個人行爲，會因人、因時、因地而有很大不同，本文試圖回答以下問題：朝鮮使臣在什麼情境下次作杜詩？選擇哪些杜詩次作？又如何次作？在近五百年的時間裹，有些使臣在使行路上次作了同一首或同一組杜詩，這些次作又有何不同？

一、申、成次杜詩中的詩壇風尚

杜詩最晚在十一世紀八十年代就傳入朝鮮半島，高麗文人已開始作文贊頌杜甫，詩作中化用杜詩，以及在詩話中評論杜詩藝術成就，但由李仁老（1152—1220）以杜甫之偉大"在一飯未嘗忘君"之忠義、崔滋（1188—1260）"言詩不及杜，如言儒不及夫子"、李穡（1328—1396）"遺芳贍馥大雅堂"等論述，[①] 可看出高麗文人對杜甫及杜詩的評價明顯受到蘇軾、黃庭堅及宋人詩話的影響，較少自己的創見。杜甫及杜詩的影響力要到朝鮮世宗（1419—1450 年在位）時期才真正顯現出來。

世宗是朝鮮歷史上文治武功都頗有建樹的君王。文化上，世宗二十五年（1443），他令集賢殿諸臣及當時杜詩學者注解、編纂杜詩[②]，並於次年完成《纂注分類杜詩》，這是東國的第一部杜詩注解本，也成爲在朝鮮流傳最廣的杜詩集之一；[③] 同一時期，他還領導集賢殿諸臣創製諺文，並於二十八年（1446）正式頒行，是爲"訓民正音"。在創製諺文的過程中，他欲以諺文翻譯《韻會》等書，就派遣集賢殿修撰申叔舟（1417—1475）、成均館注簿成三問（1418—1456）等前往遼東，問韻於罪貶遼東的明前翰林院庶吉士、刑部主事黃瓚，

① 以上論述分別見李仁老《破閑集》卷中（《韓國詩話叢編》，第 1 册，首爾：太學社，1996年，第 52 頁）、崔滋《補閑集》卷下（《韓國詩話叢編》，第 1 册，第 111 頁）、李穡《牧隱稿》詩稿卷二十一《前篇意在興吾道大也不可必也，至於詩家亦有正宗，故以少陵終焉，幸無忽》（《韓國文集叢刊》，首爾：景仁文化社 / 民族文化推進會，1988—2005 年，第 4 册，第 285 頁）。

② 《世宗實錄》卷一百世宗二十五年（1443）四月丙午（21 日）："命購杜詩諸家注於中外。時令集賢殿參校杜詩諸家注釋，會粹爲一，故求購之。"《朝鮮王朝實錄》，第 4 册，首爾：國史編纂委員會，1984 年，第 474 頁。

③ 參見左江：《杜詩與朝鮮時代漢文學》第一章《朝鮮時代官方注杜研究——以〈纂注分類杜詩〉爲主》，北京：中華書局，2023 年，第 10—54 頁。

前後往返凡十三度。①

　　申叔舟與成三問是知交好友，申叔舟是編纂注解《纂注分類杜詩》的集賢殿六臣之一，成三問大概也參與了此項文化工程，二人在前往遼東及問韻學習之餘，即以共同次杜酬唱來打發閒暇時光，二人次作杜詩及杜詩原韻見下表（表一）：

表一

	申叔舟	成三問	杜甫
1	次工部夜雨詩韻示謹甫		夜雨（五律）
2	次工部韻示謹甫		孤雁（五律）
3	次工部韻示謹甫	次工部韻	日暮（五律）
4	次工部秋晴韻示謹甫	次工部秋晴韻	秋清（五律）
5	次工部中宵韻示謹甫	次工部中宵韻	中宵（五律）
6	在遼陽館次工部韻三首示謹甫		《陪鄭廣文游何將軍山林》十首之十、一、二（五律）
7	《取杜工部懷古五首與成謹甫探韻行二首每一韻三和之題義州牧使俞公詩卷》（勞、疑，各三首）		《詠懷古跡五首》之二、五（七律）
8	登義州望華樓，次杜工部登樓詩韻示謹甫		登樓（七律）
9	次杜工部韻示謹甫	用工部韻和泛翁詩	院中晚晴懷西郭茅舍（七律）
10	次謹甫用工部韻見示僕與子厚詩韻	次工部韻	玉臺觀（七律）
11	次謹甫用工部韻效簡齋體見示詩韻		《十二月一日三首》之二（七律）

①　《世宗實錄》卷一百零七世宗二十七年（1445）正月辛巳（7日）："遣集賢殿副修撰申叔舟、成均注簿成三問、行司勇孫壽山於遼東，質問韻書。"《朝鮮王朝實錄》，第4冊，第603頁。李承召撰申叔舟《碑銘》所言甚詳："世宗以諸國各製字以記國語，獨我國無之，御製字母二十八字，名曰諺文，開局禁中，擇文臣撰定，公獨出入內殿，親承睿裁，定其五音清濁之辨，紐字諧聲之法，諸儒受成而已。世宗又欲以諺字翻華音，聞翰林學士黃瓚以罪配遼東，命公隨朝京使入遼東，見瓚質問。公聞言輒解，不差毫釐，瓚大奇之。自是往返遼東凡十三。"（申叔舟《保閑齋集》附録，《韓國文集叢刊》，第10冊，第167頁）

	申叔舟	成三問	杜甫
12	次工部韻示謹甫	次工部韻	水會渡（五古）
13	《次謹甫工部韻見示》二首	用工部韻和泛翁	寄裴施州（七古）
14	次工部韻示謹甫	用工部韻和泛翁	嚴氏溪放歌行（七古）
15	次謹甫用工部韻見示	用工部韻和泛翁	錦樹行（七古）

申叔舟次杜詩 15 題 23 首，成三問次杜詩 9 題 9 首，這是現存朝鮮文集中第一次出現集中次和杜詩的情形。

由上表來看，在申、成二人次杜過程中，申叔舟是主導者，因其文集中的詩作是按詩體編排，現已不能確定這些次杜詩的寫作順序，但由詩題或詩中出現的龍灣、義州、鴨江、遼陽館等可知這些詩作寫於前往中國途中及進入遼東後。二人此時集中次作杜詩，原因大概有三：

一、世宗的提倡引導，加上《纂注分類杜詩》的編纂完成，進一步刺激了朝鮮文人真正關注杜詩學習杜詩，而不是僅僅被動地停留在接受蘇、黃的影響上。比如與申叔舟、成三問同時的徐居正（1420—1488），在其《四佳集》中近 200 次提到杜甫及杜詩，還有 15 次"李杜""甫白"並稱，其中明確將自己與杜甫相比，甚至以自己爲杜甫在後世之輪回的表述就有十多次，正因爲他對杜甫極其欽慕嚮往，最終在其筆下完成了朝鮮文人對杜甫的形象塑造。[①]與徐居正相比，申叔舟、成三問都曾參與《纂注分類杜詩》的編纂，對杜詩也有更深的理解與體會。

二、申叔舟、成三問二人年紀相當、官階相同，無年序、位階造成的交往障礙，加上同樣遠離家鄉問韻遼東，讓二人的關係更爲親密，申叔舟次《孤雁》首聯即云："他鄉吾與子，萬里獨離群。"[②]異國他鄉的生活難免孤寂無聊，申叔舟云"寂寞遼陽館，清狂客裏歌"，又云"家鄉無處望，時入夢中遙"，[③]思鄉成爲生活的主旋律之一，這樣的情緒需要調節、轉移，詩作次和就成爲日常消遣的最佳方式，正如歐陽修所言："庶幾所謂群居燕處言談之文，亦所

---

① 參見左江：《杜詩與朝鮮時代漢文學》第七章《朝鮮時代的杜詩評論研究》，第 291—301 頁。

② 申叔舟：《保閑齋集》卷八《次工部韻示謹甫》，《韓國文集叢刊》，第 10 册，第 68 頁。

③ 申叔舟：《保閑齋集》卷八《在遼陽館次工部韻三首示謹甫》，其一、其二，《韓國文集叢刊》，第 10 册，第 68 頁。

以宣其底滯而忘其倦怠也。"①

三、申叔舟與成三問去遼東向黃瓚問韻，而杜詩以對仗工整、格律謹嚴著稱，杜甫夫子自道説"晚年漸於詩律細"，這裏的詩律並不局限於近體詩，"杜甫的五古和七古在作法乃至音律節奏方面努力突出古體的體式特點與律詩的區別也是'漸於詩律細'的體現"。②其在用韻、聲調、韻部的選擇上，都能切合詩作的內容與情感特點，真正做到聲情並茂、韻與意合，申、成二人在問韻的過程中，以杜詩爲典範進行模仿次作，正是在運用中更好地理解聲韻的好辦法。

在申叔舟 15 題 23 首次作中，只有五律、七律、五古、七古四種詩體，沒有絕句。申叔舟《保閑齋集》收入五絕兩卷、七絕三卷，五律、七律、五古、七古都只有一卷，就數量而言，絕句遠多於其他詩體，但其中沒有一首次杜詩，可見杜詩的五七言律詩以及五七言古體才是他們學習模仿的對象，絕句是他們所不取的。在各種詩體中，杜甫的絕句爭議最多，宋人嚴羽即云："五言絕句，眾唐人是一樣，少陵是一樣，韓退之是一樣。"③明人胡應麟説得更直白："子美於絕句無所解，不必法也。"④由申叔舟次作杜詩的選擇，大概也能推斷出他對杜詩絕句的態度。

申叔舟、成三問二人同次杜詩是朝天資料中所記録的第一次。就整個高麗朝鮮漢文學史來考察，此前李奎報（1168—1241）有次杜詩 3 題 16 首，鄭樞（1333—1382）有次杜詩 7 題 11 首，除一題一首外，其他都是酬和李穡的次杜詩，已可見杜詩的影響力。但申叔舟、成三問是同一情境下的次作，數量也更多，這與當時君王的宣導推動、《纂注分類杜詩》的編纂完成、詩壇的風尚變化等都密切相關。申叔舟、成三問二人的次杜詩爲我們考察世宗朝的文化政策打開了一扇窗，從編纂杜詩集到創製諺文再到以諺文翻譯漢文典籍，由二人一個小小的舉措聯繫起來，從中可略窺一個時代的面貌，一代君主的影響力，一代文人蓬勃的創造力。

---

① 歐陽修撰，洪本健校箋：《歐陽修詩文集校箋・居士集》卷四十三《禮部唱和詩序》，上海：上海古籍出版社，2009 年，第 1107 頁。

② 葛曉音：《杜詩藝術與辨體》餘論《杜甫的詩學思想與藝術追求》，北京：北京大學出版社，2018 年，第 353 頁。

③ 嚴羽：《滄浪詩話》之《詩評》，何文焕輯：《歷代詩話》（下），北京：中華書局，2004 年，第 695 頁。

④ 胡應麟：《詩藪》內編卷六，上海：上海古籍出版社，1979 年，第 109 頁。

在申叔舟、成三問之後，朝天路上的次杜詩很多嗎？並沒有。雖然論及杜甫的人不少，如徐居正《用蕭進士山海登樓詩韻》云："杜老題詩常戀主，仲宣作賦苦思鄉。"① 洪貴達（1438—1504）《端陽日宿高嶺下，申次詔夜聞鵑聲有詩，用其韻云》："前身工部已塵土，再拜如今恨後時。"② 但直到一百四十年後我們才在朝天詩中看到一首次杜詩，即 1584 年（宣祖十七年）韓應寅（1554—1614）作爲書狀官第一次出使明時寫下的《牛家莊次德求杜甫秋興韻詩》③ "砧"韻一首，甚至在此後的十年間我們看到的仍是次蘇軾、陳與義、何景明、李夢陽等人作品的朝天詩④，唯獨不見次杜詩，申叔舟、成三問的次杜詩似乎只是近一個半世紀朝天詩中的孤例，更可見世宗之宣導、《纂注分類杜詩》的編輯刊印在當時之影響。

這也説明，雖然有君王的强力推動，但文學的發展、文風的演變有其自身的規律，朝鮮詩壇詩風有一由宋而唐，由蘇、黃而李、杜的轉變，申欽（1566—1628）云："近年以來稍稍不喜（東坡），爲詩者皆學唐人。"⑤ 許筠（1569—1618）更將"近年"定位爲宣祖朝（1568—1608），"我朝詩，至宣廟朝大備，盧蘇齋（守慎）得杜法，而黃芝川（廷彧）代興，崔（慶昌）、白（光勛）法唐而李益之（達）闡其流。"⑥ 詩風由宋而唐的轉變也反映在次杜詩中，申叔舟、成三問之後，朝鮮文人也有寫作次杜詩者，但只到崔岦（1539—1612）次作 21 題 24 首，才稍稍能與申叔舟媲美，稍後之蘇光震（1566—1611）則在壬辰倭亂中按《杜律虞注》依次次作杜詩七律 151 首，更讓人震撼。⑦ 使行路上，朝鮮使臣對中國詩人的選擇也與詩壇風氣的轉變一致，同樣

---

① 徐居正：《四佳集》詩集卷七，《韓國文集叢刊》，第 10 册，第 321 頁。

② 洪貴達：《虛白亭集》續集卷四，《韓國文集叢刊》，第 14 册，第 184 頁。

③ 韓應寅：《百拙齋遺稿》卷一，《韓國文集叢刊》，第 60 册，第 498 頁。

④ 如鄭士龍（1491—1570）《湖陰雜稿》卷二《朝天録》收入《東關解夢效李義山》《無題效李義山》《效李義山》等（《韓國文集叢刊》，第 25 册，第 37—42 頁），裴三益（1534—1588）《朝天録》（1587）有次陳與義作品 5 題 7 首（林基中編：《燕行録全集》，第 3 册，首爾：東國大學校出版部，2001 年，第 507—522 頁），尹根壽（1537—1616）《月汀集》之《朝天録》（1589）收入次何景明、李夢陽詩作數題（《韓國文集叢刊》，第 47 册，第 244—255 頁），崔岦（1539—1612）《簡易集》卷七《甲午行録》（1594）收入次蘇軾詩作十數首（《韓國文集叢刊》，第 49 册，第 472—522 頁）。

⑤ 申欽：《晴窗軟談》，《韓國詩話叢編》，第 2 册，第 587 頁。

⑥ 許筠：《惺所覆瓿稿》卷二十五《惺叟詩話》，《韓國文集叢刊》，第 74 册，第 362 頁。

⑦ 崔岦：《簡易集》卷六《分津録》、卷七《松都録》（《韓國文集叢刊》，第 42 册，第 399—403 頁、第 447 頁），蘇光震《後泉遺稿》卷二（韓國國立中央圖書館藏木活字本，1898 年刊刻）。

是在十七世紀初，使行途中的次杜詩也豐富起來，光海君元年（1609），柳夢寅（1559—1623）以聖節行正使出使明，其《朝天録》中有次杜《秦州雜詩》的《燕京雜詩》二十首；[①]鄭士信（1558—1619）於光海君二年（1610）以冬至行副使出使中國，寫作了次杜詩五首，其中四首都爲長篇排律。[②]其後，朝天及燕行途中的次杜詩越來越多，我們先來看一組寫於1629年十二月的次杜甫《諸將五首》。

二、次《諸將五首》中的明末戰場

從1621年至1636年，由於遼東道路爲後金阻隔，朝鮮人不得不冒着生命危險由海路進入中國，海路又有兩綫，一是經遼東覺華島，一是由山東登州登陸。朝鮮使臣經由登州往返，集中於1621至1630年間，留下了近二十種朝天文獻，[③]其中崔有海（1588—1641）的三卷本《東槎録》[④]尤爲重要。仁祖五年（1629）九月初六，崔有海以齎咨兼問安使出使寧遠，卻因風浪在十二月漂至登州，並滯留約三個月。其《東槎録》中參與交流的明人多達20人，保留公私信函67封，明人所寫序跋、題辭7種，崔有海爲中國人書寫序跋、題辭5種，詩作酬唱也很多，並且大多附有原韻或次作，《東槎録》表現出的豐富性、多樣性在朝鮮人出使明的朝天文獻中僅此一家。

崔有海《東槎録》中的唱和詩包括了全部四種形態，在此，我們重點看看崔有海與中國官員、文人因廣渠門大捷[⑤]而進行的較大規模的詩歌次作活動，將此次的次作列表如表二（表格中括弧内的字爲尾聯韻字）：

---

① 柳夢寅：《於于集》後集卷二《朝天録》，《韓國文集叢刊》，第60冊，第443頁。

② 鄭士信：《梅窗集》卷二《偶次杜子藥府詠懷百韻》《辛亥正月一日留廣寧，想得一家弟侄齊會宗家參拜祠廟，旅泊絶塞，懷可知也，次杜子得弟觀書韻》《次杜子藥府詠懷四十韻》《次杜子寄劉協律排律四十韻》《遼陽詠雪，次杜子寄張山人三十韻》，收入《韓國文集叢刊續》，首爾：民族文化推進會／韓國古典翻譯院，2005—2012年，第10冊，第431—434頁。

③ 參見漆永祥：《燕行録千種解題》（北京：北京大學出版社，2021年）的介紹。

④ 崔有海：《默守堂先生文集東槎録》，見韓國國立中央圖書館藏本，古活字本。三卷兩冊，四周雙邊，半郭23.9 cm×14.9 cm，9行17字，注雙行，内向二葉花紋魚尾，31.7 cm×19.6 cm。

⑤ 廣渠門之戰，指崇禎二年（1629）十一月二十日，明朝與後金在北京廣渠門下爆發的一場戰鬥，明軍在袁崇煥的指揮下，經過數小時的血戰，成功擊退了後金軍進攻，獲得廣渠門之戰的勝利。

表二

崔有海	宋獻	吳大斌	王述善
次	聞白水大捷，次杜少陵諸將五首	次宋民部喜聞大捷韻呈大方崔學士五首	次宋如園聞捷韻
晴川示以瞻斗韻，次呈求正			聞捷音喜賦（深）
晴川以捷音告喜，賦詩求和（皇）		次二首（皇皇）	拙作美崔先生聞捷之什，次呈吳晴川
次		次	聞虜酋被刱奏捷，聖上召袁督師賜宴解裘喜賦（樓）
又次聞捷韻（幽）			

　　先介紹一下表中的另三位人物。宋獻（1572—1647），字獻孺，號如園，江蘇溧陽人。天啟壬戌（二年，1622）贊畫閣部軍務，從樞輔孫承宗督師寧遠；崇禎己巳（二年，1629），升任山東司戶部郎中。吳大斌（1556—1632），字叔憲，號晴川，山陰人。他曾至東北投靠參與抗擊壬辰倭亂的侄子吳宗道①，1623 年起又避亂至登州，寓居開元寺，與途經登州的朝鮮使臣交往繁密。王述善（1594—?），字瞻斗，登州蓬萊人。天啟辛酉（元年，1621）進士，歷任南京刑部郎中等職，此時告病歸鄉。

　　此次次和始於戶部郎中宋獻。由於消息滯後，登州到十二月才得知戰事情況，宋獻喜不自禁，寫作《聞白水大捷，次杜少陵諸將五首》，王述善、崔有海、吳大斌都有次作。圍繞廣渠門之戰，王述善又有《聞捷音喜賦》，崔氏有次作。崔氏又作《晴川以捷音告，喜賦詩求和》一首，吳大斌次作兩首，王述善見吳氏之作，又次作《拙作美崔先生聞捷之什次呈吳晴川》，並附與吳氏書信一封。王述善又作《聞虜酋被刱奏捷，聖上召袁督師賜宴解裘喜賦》，崔有海、吳大斌都有次作。由表中詩題，可以清楚地看到此次詩作唱和中吳大斌的推動之力。

　　宋獻曾跟隨孫承宗督師寧遠，是戰爭的親歷者，對朝中動態及參與戰爭

---

① 　關於吳宗道、吳大斌的情況以及山陰吳氏家族與朝鮮、遼東及明清易代的關係，參見楊海英《東征故將與山陰世家——關於吳宗道的研究》（載《紀念王鍾翰先生百年誕辰學術文集》，北京：中央民族大學出版社，2013 年，第 160—173 頁）、《山陰世家與明清易代》（載《歷史研究》2018 年第 4 期，第 37—54 頁）二文。

的將領都很熟悉，這也許是他選擇次作《諸將五首》的原因之一，其次作如同時事播報，雖較爲難解，但結合詩句間的小注，我們還是能略加分析。其第一首云：

> 錦寧兩戰屹如山，敢復前窺虎豹關。共説綢繆周外備，遂忘瑕釁啟乘間。中丞殉難城俱覆，主將全生地轉閑。烽火甘泉連夜達，群公何以破愁顏。

首聯，"錦寧兩戰"指天啟七年（1627），明軍在袁崇焕構置的寧錦防綫及正確的戰略戰術的指導下獲取的"寧錦大捷"。皇太極雖戰敗，仍虎視眈眈想進入山海關。領聯講明朝將兵力集中在寧遠防綫上，忽略了對內蒙古一綫的防禦，給皇太極以可乘之機，他改變策略，於崇禎二年（1629）十月假道蒙古科爾沁部，自北向南，直奔北京，給明朝以重擊。頸聯上句講巡撫王元雅殉難事，十月三十日，皇太極領兵至遵化，王元雅憑城固守，拒不投降，十一月三日於官署自縊而亡，城中官兵百姓反抗者皆被屠殺。下句似指三屯營總兵朱國彥自殺，副總兵朱來同等潛逃，後金軍破三屯營一事。尾聯似指後金軍隊攻占遵化後，勢如破竹，很快直逼北京城下，讓明朝君臣一籌莫展心急如焚。第二首首句"營平方略誦金城"，下有小注"趙帥没"，此指趙率教十一月四日遇後金埋伏戰死一事。[1]結合《崇禎長編》這一時期的記載，其他小注也能一一確指："高陽孫閣老承宗再入相"，指孫承宗以少師兼太子太師兵部尚書中極殿大學士督理兵馬錢糧；"庶常金劉二公"指吏部庶吉士金聲、劉之綸，"下兵部王於獄"，指兵部尚書王洽入獄事；監軍方侍御指巡按直隸御史方大任。[2]這組詩與時事緊密相聯，可見宋獻對朝中動態、戰場風雲都非常瞭解。

再看看其他人的次作。王述善此時雖不在朝中，但作爲政界一員，對戰事以及人員安排也很熟悉，並有自己的判斷。第一首首聯云："虎豹曾聞舊在山，誰將紈袴易重關。"小注云："中協路將方易，非其人。"似對臨陣換將表示不滿，認爲所換之人並不合適，但所指何人，已不能確指。第二首前四句云："方叔天生是赤城，宣威路迥遍干旄。飛馳豸繡身親矢，直指魚書腹蓄兵。"此方叔與宋獻詩中小注"監軍方侍御"應爲同一人，都指方大任。

---

[1] 以上內容參見孫文良、李治亭著《明清戰争史略》第八章《後金千里奔襲》，北京：中國人民大學出版社，2012年。

[2] 參見汪楫編《崇禎長編》卷二十七、二十八，臺北："中央"研究院歷史語言研究所校印本，1962年。

　　吳大斌雖然活躍於登州軍政要人與士人間，畢竟只是一介平民，即使耳聞很多消息，對具體戰況、人員變動等也不會特別清楚，所以他的次作多泛泛而談，如第一首云：

　　　關雄百二海連山，何事天驕寇我關。雲擾三屯亭障外，烽傳千里薊幽間。金臺命將謀誰識，羽扇揮兵意自閑。虜殪白河歸赤焰，望春樓御鳳龍顏。

詩中提到三屯、薊幽、白河，概括了戰事過程，但寫將領運籌帷幄、氣定神閑，就不免有些不着邊際了。明、後金的局勢與朝鮮的命運休戚相關，但崔有海作爲異域之人對明朝中情況更不了解，他將重點放在了戰爭勝利凱旋的場景與獎賞上。最後一首稍有特色，詩云：

　　　孤槎飄泊自東來，故郭殘更畫角哀。海月寒時愁倚枕，燕雲望處獨登臺。風驅西塞千峰雪，日照南山萬壽杯。仗義勤王參大慶，皇朝知有棟樑材。

詩中所言是人在異鄉的孤獨傷感，面對動盪局勢的無能爲力，以及對袁崇煥帶兵解北京之圍的頌揚，多是異域之人的視野。

　　廣渠門大捷的消息讓登州軍政要人及相關人士精神振奮心情激蕩，王述善、崔有海也分別寫作詩歌記事抒懷，彼此之間也都有次和，但他們並未謀面，詩作往還都是經由吳大斌傳遞的，我們需對此單獨分析，以見中、朝文人交往過程中的複雜面向與心態。

　　崔有海與王述善結緣於次杜《諸將五首》，王述善還次作了崔有海的《晴川以捷音告，喜賦詩求和》，崔氏大爲感動，懇請吳大斌將他所撰其他詩與文上呈王述善，希望能得到王氏評點，並希望王氏能爲其父書稿題寫數語。崔有海之所以仰慕王述善，大概因爲王氏的身份地位在登州士人中最高。但王述善謹守"人臣無外交"的原則，並未與崔有海見面，甚至避免與崔氏的一切直接交流，即使次作崔氏詩也是"呈吳晴川"。《東槎錄》中收入王氏兩封書信，都是給吳大斌的，其中一封稱：

　　　崔使客先生，生雖遙瞻大雅，但於地方爲鄉紳，義不得有境外之交，拙詩因台翁以污使客，復得使客佳詠，即此已足，豈敢復圖晤且生禍衷？每聞見頒詔之使駐島之戎，卻饋者倍仰高風，戕傷者怒若民賊。今豈敢自食其言以貽笑未同耶？生今惟慕重泄柳，即佳編亦不敢再黷矣。陶公祖詩若敘委一辭不能贊，惟祈相知者在知心也。（卷一《王瞻斗抵吳晴川揭》）

此信包含三層意思，一、"人臣無外交"，二人通過吳大斌有兩次詩作酬唱已足夠了，不應有更多交往；二、有些朝鮮使臣及隨行人員有若"民賊"，對當地治安及百姓生活都造成了負面影響，他也不願意與外國使臣往來；三、因以上原因，他不會再與崔有海有文字交流，也不會對崔氏所作詩文進行評點。

"人臣無外交"的確在一定程度上制約了崔有海與中國士人的交往自由，但吳大斌能數次拜訪崔有海，宋獻也與崔有海有較多詩文交流，王述善的"義不得有境外之交"更多的還是托辭，他的這封信讓我們看到了中國士人對朝鮮使臣的另一種態度，不熱情不親近，甚至有些疏離排斥，當我們較多地關注中、朝士人交流的熱烈場景與正面影響時，也應注意到不一樣的態度與聲音，這樣才能更好地構建兩國文人交流的整體面向。

三、次《秦州雜詩》中的明清易代

雖然朝天及燕行途中的次杜詩越來越多，但最爲朝鮮使臣及隨行人員欣賞的還是杜甫的紀行詩作、表示時節變化的作品，以及《秦州雜詩》《秋興八首》[①]等，這些次杜詩各有特色，有必要進行綜合整理與研究。在此我們來看看他們的次《秦州雜詩》。

《秦州雜詩》寫於乾元二年（759）秋，杜甫棄官西去秦州後。二十首詩"以入秦起，以去秦終，中皆言客秦景事"[②]，寫作方法是"或一首一事，或二首一事，起中結位置秩然。……○以隨意所及，爲詩不拘一時，不拘一境，不拘一事，故曰雜詩"[③]。《秦州雜詩》寫景記事，主題多樣，感慨深重，結構井然，也就爲學習次作者提供了更多路徑、更廣空間。當朝鮮使臣出使中國時，往返數千里，用時四至六個月，所見的異國之人、事、景更爲豐富，所思所

---

① 關於朝鮮文人次杜《秋興八首》，參見左江：《杜詩與朝鮮時代漢文學》第四章《朝鮮文人次杜詩研究之二——次杜〈秋興八首〉研究》，第167—205頁。

② 仇兆鰲：《杜詩詳注》卷七，北京：中華書局，1999年，第589頁。

③ 張溍：《讀書堂杜工部詩集注解》卷五，收入黃永武編《杜詩叢刊》第四輯，新北：大通書局，1974年，第666—667頁。

想也更爲複雜,《秦州雜詩》就成爲他們模擬創作的範本。

首先在朝天詩中次作《秦州雜詩》的是柳夢寅,他自稱曾三次出使明①,但其在仁祖反正(1623)初被告發有謀逆之行而被誅,因此文集散佚嚴重,現可考使行僅兩次,一是宣祖二十四年(1591),以謝恩兼進慰行正使出使;一是光海君元年(1609)以聖節行正使出行,兩次使行有詩作《星槎錄》《朝天錄》及詩序、呈文等,次《秦州雜詩》的《燕京雜詩》二十首就寫於1609年出使之時。

詩題爲《燕京雜詩》②,則二十首詩作都圍繞北京而來,主題有三:一是離家萬里人在北京的孤寂思鄉之情;二是在北京的活動,以及北京的名勝、風景、人事;三是與北京相關的遺跡故事。第一首云:"匏繫三韓老,萍浮萬里游。征塵過薊遠,旅館滯燕愁。月白摩山夕,風寒易水秋。憑誰湔舊恨,遺跡至今留。"這是對二十首詩作的總括,中心詞是萬里游、滯燕愁、遺跡留,其後十九首就圍繞這幾個中心詞而來。

《燕京雜詩》次杜《秦州雜詩》,但二者的不同顯而易見。《秦州雜詩》每首的主旨都很清晰,二十首詩雖不拘一時、一境、一事,但結構井然,柳夢寅之作則較混亂。第一首總括;二、三兩首寫東嶽廟與玉河;第四首忽然轉入征夫與思婦;第五首至第七首重新回到京城的繁華景象;第八、九兩首寫使臣幽閉館舍之孤寂及思鄉之情;第十至十四首寫在北京的游歷及所見景象,有街市繁華、朝參、朝天宮、敬德街、天壇等;第十五至第二十首,寫燕地遺跡及相關歷史典故,主要是兩件事:一是樂毅輔佐燕昭王,二是荊軻刺秦王。但第十七首云:"殊方驚節晚,庭樹已秋光。蠻語蚤侵榻,新花菊耀牆。同行多臥病,孤坐一深堂。愁伴鄉關月,清宵敵歲長。"寫的是出使異域,時光流逝,漸入深秋,同行者大多病臥在館,更感孤寂及鄉愁之難以排遣。詩作雖情真意切,但與前後之作格格不入,非常突兀。

二十首主題重複之處更多,如寫北京之繁華富庶以及國泰民安之昇平景象,第三、五、六、七、十、十三都有相關內容,第三、十兩首云:

玉河通舸艦,銅陌靜塵沙。珠履三千客,銀扉百萬家。日華紅箔煥,

---

① 分別見柳夢寅《於于集》卷三《送冬至使俞景休大楨序》云"余辱价命凡三"、《送冬至使李昌庭序》云"余嘗三忝觀國,猥廁朝賀之班"、卷四《送高書狀用厚序》云"余亦三忝觀國賓",《韓國文集叢刊》,第63冊,第362、365、376頁。

② 柳夢寅:《於于集》後集卷二《朝天詩》之《燕京雜詩》,第484—485頁。

風色彩幡斜。文物昇平樂，人人總可誇。

    市貨積崑崙，魚鱗纖麗繁。蹄蹤如湊輻，陸海亦窮源。珠出越南墓，綃成泉底村。夕歸休掉臂，朝入盡爭門。

二詩頗爲雷同，都描寫了街市之熱鬧富麗，物品之豐富奇特，百姓之閒適自在，正如張潜所譏諷的"若今人至十首以外情景皆重，何取於多"①。

柳夢寅極爲欽慕中華之禮樂文明、大明之富庶繁華，他有《獨樂寺施詩》六首，每首第一句都是"東國之人願往生中原"，六首分述六個理由：區内極寬平、言語是真聲、衣服動光晶、民物總醇明、官爵最多榮、萬事勝王京，所以在佛前許下心願："唯希百百千千劫，長作華人住大明。"②《燕京雜詩》二十首可謂對"萬事勝王京"的具體描寫，强化了其間的區内寬平、衣服光晶、民物醇明。

柳夢寅是最早在使行途中次作杜甫《秦州雜詩》的朝鮮使臣，慕華事大的心情迫切且强烈。就其詩作而言，無論是主旨之清晰還是結構之井然都與杜詩有着較大差距，還有待後來者進一步完善。近百年後，肅宗三十年（1704），李頤命（1658—1722）以冬至兼三節年貢行正使出使清，寫下燕行詩六十多首，包括《燕京次杜工部秦州雜詩》③二十首。

如果説柳夢寅次作尚不能體現《秦州雜詩》"或一首一事，或二首一事"的特點，李頤命次作則每首詠一景、一人或一事，前八首詠北京八景的居庸疊翠、玉泉垂虹、太液晴波、瓊島春雲、金臺夕照、薊門煙樹、蘆溝曉月、西山霽景，第九首至第二十首分詠十二事，分別爲燕都、憶萬曆、傷崇禎、吊柴市、入燕京、隆福寺、東嶽廟、淹留、再赴朝參、燕俗、思歸、觀棋，詩中小注更將每首的寫作背景或詩中所詠人、事、景交待得很清楚，如第十六首云：

    譯書奚補事，輸幣在何間。半月常封印，三陽亦閉關。離宮百戲畢，湯井幾時還。任爾盤游樂，長愁遠客顏。（右淹留。清主出游，且以文書翻譯之誤，方物久未輸。）

這首是寫他們滯留北京的原因，一是康熙出游，二是文書翻譯有誤，進貢之

① 張潜：《讀書堂杜工部詩集注解》卷五，《杜詩叢刊》第四輯，第666頁。
② 柳夢寅：《於于集》卷二《朝天錄》之《獨樂寺施詩》，《韓國文集叢刊》，第63册，第323頁。
③ 李頤命：《疏齋集》卷一，《韓國文集叢刊》，第172册，第66—68頁。

物久滯未納，出使的任務也就無法完成。湯井指行使路上的湯井站，詩中充溢着不得還鄉的焦慮與愁苦。

朝鮮在與中國的外交中，長期以來奉行"事大慕華"的政策，認爲自身是僅次於中國的"小中華"，對周圍的其他國家與地區有一種"字小"的優越感，在世祖（1455—1468 年在位）時就有這樣的記載："況我殿下即位以來，德洽仁深……。若野人、若日本、若三島、若琉球國四夷，皆來庭焉。"①野人就是指朝鮮北面、鴨綠江及豆滿江以北居住的女真人。女真一直是朝鮮人所鄙視的蠻夷之地，此時卻入主中原。在與明的外交中，"事大"與"慕華"是一致的，而到了清朝，"事清"變成了"事夷"，事大的政治秩序與華夷觀的文化意識間出現了分裂。因此，在與清朝的關係中，朝鮮從對明的事大義理及華夷觀出發，一直到肅宗朝（1674—1720 年在位）仍視清爲仇讎。在明亡一甲子之際的 1704 年三月戊午，肅宗還以太牢祭崇禎帝，又於十二月建成大報壇，祭祀萬曆帝。②李頤命作爲肅宗朝重要朝臣，國家意識、君王思想都在他的詩中有所反映，其次《秦州雜詩》中有"憶萬曆""傷崇禎"兩首，"故國腥塵暗，人間甲子回""此地難爲客，如何且久留"等詩句雖比較克制，還是能感受到其間"尊明攘夷"的情緒以及憤懣不平的心思。這與柳夢寅在《燕京雜詩》中渲染的明朝的國泰民安、北京的繁華富庶，以及表現出的對明朝的欽慕嚮往已完全不同。

其後在燕行作品中次《秦州雜詩》的是金昌集（1648—1722），他於肅宗三十八年（1712）以謝恩兼冬至使出使清，弟金昌業（1658—1721）隨行，兄弟二人此行都寫有《燕行塤箎錄》，其中金昌集有《用老杜秦州雜詩韻追記燕行》③一組二十首詩。李頤命爲金昌集友人，還爲金氏《燕行塤箎錄》題寫了序跋，其燕行路上的次《秦州雜詩》也成爲金昌集次作的先導。

李頤命集中寫在北京的所見所思，金昌集之作則如題目所示，強調的是"追記燕行"，記載一路之行程，以及在北京的見聞。金氏之作也如杜甫原詩一樣，一詩一事或兩詩一事：第一首寫接受出使之命；第二首寫餞飲辭朝；

---

① 《世祖實錄》卷四十五世祖十四年（1468）三月乙酉（25 日），《朝鮮王朝實錄》，第 8 册，第 172 頁。

② 參見孫衛國：《大明旗號與小中華意識：朝鮮王朝尊周思明問題研究（1637—1800）（修訂版）》第二章《尊周思明與大報壇崇祀》，成都：四川人民出版社，2021 年，第 96—143 頁。

③ 金昌集：《夢窩集》卷三《燕行塤箎錄》之《用老杜秦州雜詩韻追記燕行》，《韓國文集叢刊》，第 158 册，第 70—72 頁。

第三首寫弘濟橋邊的離別；第四首寫夜宿碧蹄之愁思；第五首寫行至龍灣的感慨；第六首寫在龍灣的餞飲宴樂；第七首寫在松鶻山之所見所感；第八首寫行至栅外，即將踏上清朝土地；第九首寫入栅後的行程；第十至十二首分別寫駐蹕所、爛泥堡、醫巫閭山；第十三首寫沿途所見之人與事；第十四首寫經過松山、杏山堡及祖氏石牌坊；第十五首寫山海關之雄壯；第十六首寫首陽山及伯夷、叔齊之事；第十七首寫抵達北京入住玉河館；第十八首寫歸程之快意；第十九首總括使行之艱苦；第二十首寫回到家中的愉悦。略舉兩例如下：

> 其十三：彩榜紛開市，雕甍競起家。爨薪常用秫，農地盡耕沙。何術擾禽獸，非時護果瓜。弓鞋多漢女，髻上總簪花。
>
> 其十七：久客渾塵面，相看不復光。氈裘嚴護館，簞屋創依牆。簾出知廛市，鐘來認廟堂。歸期誰報的，苦况欲言長。

第十三首寫沿途所見，首聯見城鎮之繁華，二、三兩聯寫農村景象，百姓用高粱杆燒火，耕地大多沙化，田地裏長着瓜果，作者很好奇：老百姓是怎樣趕走或捉住飛禽走獸以保護瓜果生長的呢？尾聯寫路上見到的女性：裹着小脚穿着弓鞋的多是漢族女子，她們喜歡在頭上簪插鮮花。第十七首是入住玉河館的情形，長途跋涉後，大家一身塵土，滿面滄桑，而玉河館舍頹敗不堪，使團要做的第一件事就是維修館舍：

> 吾輩所入炕多穿破。言於館夫，召泥工以泥灰塗之。屋既高大廓落，室與大廳之間出入板門多隙，風入疏冷，不似室中。伯氏炕上設房帳，余炕以簞爲屋，其長丈餘，廣僅半之。[1]

此可爲“氈裘嚴護館，簞屋創依牆”一聯之補充説明，可見使團一行條件之艱苦，這就讓他們更加迫急地期待歸期，只覺在北京滯留的時間無比漫長。

金昌集出使時的 1712 年，正好是壬辰倭亂過去兩甲子，肅宗在贐行詩中即云：“此行上价弟兄偕，其所相須豈有涯。今歲壬辰周甲再，山河觸目定傷懷。”[2] 又是一個壬辰年，讓朝鮮君臣再次想起明朝傾力相助的再造之恩，大明不再，山河輪轉，使行必然“傷懷”，肅宗已爲此行定下基調。再加上祖父

---

① 金昌業：《老稼齋燕行日記》卷三，《燕行録全集》，第 32 册，第 559 頁。
② 金昌集：《夢窩集》卷三《燕行塤篪録》附《燕行時肅宗大王御製贐章》，《韓國文集叢刊》，第 158 册，第 50 頁。

金尚憲（1570—1652）因反對議和被羈押瀋陽數年的經歷，讓金氏兄弟感慨良多。行經瀋陽，思及祖父，金昌集寫下《瀋陽感懷次北溪韻》，詩云："邦國遺羞尚忍論，長河欲挽洗乾坤。北庭持節懷先祖，西夏銜綸愧後孫。冰雪窖邊遺跡昧，日星天下大名存。驚心皮幣來輸地，暗傍氈裘掩涕痕。"[1] 對以清代明之憤慨、對祖父被拘之傷感、對出使清而愧對先人之羞慚都清晰可見。

就金氏兄弟《燕行塤篪録》來看，"傷懷"的情緒表達很複雜，更多的還是一種無可奈何，如金昌集《玉河館感懷》云："東來冠蓋入燕都，觸事那堪感慨俱。三世使星前後繼，百年文物古今殊。敢言專對追先武，但把遺篇驗舊途。不肖縱慚多忝墜，橐中應復越金無。"[2] "三世使星"指金氏三代金尚憲、金壽恒（1629—1689）、金昌集祖孫三代出使明清之事，百年間早已是滄海桑田，物是人非，自己帶上祖、父的使行詩文，不敢説追趕先人的成就，只想根據他們的詩文來考察沿途的變化。自己雖不肖，但可以保證不會貪賄求利，不會辱没先人們的聲名。雖然金昌集《燕行塤篪録》的情緒比較複雜，但就《用老杜秦州雜詩韻追記燕行》來看，則比較客觀寫實，並無太多華夷觀的流露，更不像李頤命那樣有"尊明攘夷"的想法。

就近百年的長時段來看，明清易代天翻地覆的變化，深刻地影響着朝鮮文人對中國的看法，也影響到他們的詩文寫作。使行路上的三組次杜《秦州雜詩》，是三種寫作方法，也是三種情緒表達。柳夢寅使明，重點寫北京的繁華以及燕地的歷史典故，其對明之渴慕嚮往非常強烈。李頤命與金昌集次作都寫於出使清時，李頤命重在寫燕京之景以及在北京的所見所感，金昌集則是追記出使行程。就情緒表達而言，李頤命尊明攘夷的傾向更爲強烈，金昌集相對更爲客觀寫實。金昌集與李頤命爲友人，受李氏影響次作《秦州雜詩》，又要同中求異，選擇不同的角度與方法，豐富了次杜詩的寫作。

四、結語

朝鮮使臣及其隨行人員出使明清留下了大量使行文獻，其中唱和詩作非常豐富，杜詩作爲文學典範，也是朝鮮使臣們次作的重要選擇。閱讀及創作既然是個人行爲，那在什麽情況下發生，在哪里發生，又是以何種方式加以呈現，都是值得探討的問題。

---

① 金昌集：《夢窩集》卷三《燕行塤篪録》，《韓國文集叢刊》，第 158 册，第 61 頁。

② 同上書，第 64 頁。

　　申叔舟與成三問多次去遼東問韻於黃瓚，在他們的文集中第一次出現較多的次杜之作，這是世宗宣導杜詩的反映，也是《纂注分類杜詩》影響的表現。但在申叔舟、成三問之後，使行路上直到近一個半世紀之後的宣祖朝才再次出現次杜之作，這與詩壇風尚由宋而唐、由蘇黃而李杜的轉變完全吻合。朝天、燕行文獻也是詩文壇的一個部分，與文學風尚的轉移、變化密切相關。

　　1629 年 12 月，崔有海漂流至登州，廣渠門大捷後，他與登州士人一起寫作了大量詩歌，次作了杜甫《諸將五首》，形成了一個兩國文人詩作唱和的小高潮，而不同的人，因爲不同的身份，不同的地位，對朝政、將領、戰場情況的熟悉與瞭解程度不同，在次杜時也選擇了截然不同的寫作方法，有的如同時事播報，有的全是想象之辭。在朝鮮使臣與中國官員的交往過程中，我們還看到了一種較爲疏離的態度。以往的研究更多地關注兩國人之間熱情、友好的交往狀態，注意到這種疏離甚至排斥的態度才能更好地構建中朝兩國人物交往的完整樣態。

　　朝鮮使臣在使行路上次杜詩時，會選擇杜甫的紀行之作，這與他們人在旅途的境遇更爲契合；他們也會選擇表現時間、節序的杜詩次作，將人在異鄉的焦慮以及强烈的思鄉之情表達出來。另一次作較多的是《秦州雜詩》，柳夢寅極爲欽慕中華文明，他在明末出使中國，此時的中國已走向衰落，各種矛盾突出，但在柳夢寅的次作中，我們看到的是繁華富庶、國泰民安、其樂融融的昇平景象。約一個世紀後，當李頤命、金昌集進入中國時，是清康熙四十三年與五十一年，清已逐漸走向穩定與興盛，但因爲後金（清）對朝鮮的侵擾，女真又是朝鮮人眼中的"野人"，根深蒂固的華夷觀仍讓他們充溢着以夷亂華的憤怒，以及對中華文明凋零的憂傷。

　　三人都寫作了次《秦州雜詩》，寫作方法又各有不同，柳夢寅重點寫北京的繁華以及燕地的歷史典故，他似乎未能領會《秦州雜詩》一首一事或二首一事的精妙，二十首之間内容較多重複。李頤命與金昌集都延續了《秦州雜詩》一首一事的寫作手法，但李頤命重點寫在北京的所見所感，金昌集則重在寫路上所經之地、所見之人，以及由景與人觸發的所思所想。在情緒表達上，李頤命更爲强烈，金昌集則相對客觀平和。李頤命與金昌集是知交好友，他們在使行路上都選擇了次作《秦州雜詩》，但又能努力同中求異，寫出不一樣的次杜之作。

　　朝鮮使臣及隨行人員在使行路上寫下大量次杜之作，這一過程又必然與他們所處的時代、生活的環境、交往的人物等種種因素相關，所以我們要"注重文化意義的闡釋，注重不同語境下相同文獻的不同意義"①，從這些次杜詩中，我們既能看到朝廷文化政策的導向，詩文壇風尚的變化，也能看到兩國間的政治風雲，以及明清易代在兩國文人之間引發的複雜的心緒變化，所以次杜詩不僅僅是詩歌寫作，它更是一面鏡子，是政治、文化、思想、文學的反映，需要我們進行綜合、系統、深入的研究。

---

① 張伯偉:《東亞漢文學研究的方法與實踐》導言《新材料·新問題·新方法》，北京: 中華書局，2017 年，第 17 頁。

明清時期中朝"燕京八景詩"比較研究

趙瑤瑤

【摘 要】燕京八景自明代以來就進入了朝鮮君臣的視野，開啓了吟詠不絕的書寫歷程，現存的燕行錄中有大量關於燕京八景的記錄和詩歌。燕行使創作的"燕京八景詩"在創作動機、創作形式、創作主題、意象選取、典故運用等方面與中國的"燕京八景詩"有很大相似之處，但其本質區別在於燕行使對明清王朝的不同態度和貫穿其中的華夷之辨。在燕行使未至中國之前，燕京八景的形象已經作爲北京的景觀代表和文化概念深入人心，因此八景詩創作有模式化、定型化的傾向。燕行使所作燕京八景組詩的次韻作品，一方面從形式和内容上體現了對中朝兩國詩壇聖賢的追認模仿，另一方面體現了鮮明的政治傾向與道德選擇。燕行使以其與中國燕京八景詩相似或差異化的書寫，構建出北京景觀的形象並投射其政治評判、文化心理與情感訴求。以燕京八景爲代表的"八景"文化體系既是中國和朝鮮半島所共有的文化底藴和互相認同的歷史基礎，也讓我們看到了政治化景觀中文化博弈的複雜面相。

【關鍵詞】明清時期　朝鮮王朝　燕行使　燕京八景　比較詩學

明永樂皇帝定都北京後，館閣諸臣在詩文唱和中將燕京八景作爲北京的代表景觀，於是這組景觀很快進入了與明朝密切往來、積極吸收引進中原文化並以"小中華"自傲的朝鮮王朝君臣的視野，開啓了吟詠不絕的書寫過程。中國士人所作"燕京八景詩"作爲中國山水詩歌的一部分，遵循山水詩的創

【作者簡介】趙瑤瑤，中國農業博物館助理研究員。

作原理，在意象選取、典故使用、創作手法上有許多相似之處，在時間上也有承接關係。①而與中國文化關係密切、深受中國詩歌文化傳統影響的朝鮮士人，在創作"燕京八景詩"時在以上方面也多有相似之處。雖然朝鮮士人也會積極探索具有本國鮮明特色和民族審美傾向的意向和典故，但這些不同反映在"燕京八景詩"中差別是細微的，最本質的區別在於創作主題上一以貫之的華夷之辨。燕行使的燕京八景詩創作有陳陳相因、千篇一律的地方，因其將燕京八景作爲一種景觀代表和文化概念，在寫詩之前景觀形象就深植於燕行使的頭腦之中。燕行使所作燕京八景組詩的次韻對象主要是詩聖杜甫、明代館閣諸臣和朝鮮詩人金尚憲，在接受中國詩歌文化影響、構建本民族詩學傳統的同時，也體現出鮮明的政治傾向與道德選擇。燕京八景所代表的"八景"體系既是兩國共同的歷史文化基礎，同時這種政治化景觀也是文化博弈的社會場域。

一、創作主題：風物之賞與華夷之辨

對於燕京八景中不同的景觀來説，其欣賞的側重點會有所不同，因此相關詩歌的創作傾向和主題也會有所不同。作爲自然景觀占比較大的太液晴波、瓊島春雲和西山霽雪等，詩人在創作時注重記録其四時風景之美，描寫其山水樓閣之壯，表達詩人的審美傾向和情感訴求。而有深厚人文積澱的景觀則以其歷史故事凸顯特色：詠金臺夕照的詩人無法不提起燕昭王和黄金臺的故事，詠居庸疊翠則無法忽略其在軍事和戰略上的意義。正如陳夢雷評"燕京八景詩"所説："此題者多矣，未見恰好者何也？蓋此題有宜冠冕者，瓊島、太液是也；有宜蒼涼者，薊門、金臺是也；有宜雄壯者，居庸是也；有宜清曠者，西山、玉泉、蘆溝是也；此不過因物賦形遂成合作。"②

但是對於同一景觀來説，接受相同儒家文化熏陶的詩人容易引發相同的欣賞體驗。朝鮮在明清時期作爲中國的藩屬國，深受中國文化影響，派遣到中國出使的燕行使，又多是嫻熟漢文的飽學之士，對中國詩歌的傳統和規律

---

① 劉沁淳《元明清"燕京八景詩"研究》（河北大學，2019 年碩士學位論文）一文概述了元明清三代創作"燕京八景詩"的代表性詩人，分論燕京八景中各景點的審美内涵，並綜述了"燕京八景詩"的文學特點與文化價值。李好《明清"燕京八景"詩研究》（南京大學，2021 年碩士學位論文）論述了"燕京八景"詩的源流、演變、圖文關係及藝術特色等方面。

② （清）陳夢雷：《松鶴山房詩集》卷四，上海：上海古籍出版社，1979 年影印本。

有深入了解，因此所創作的 "燕京八景詩" 在創作動機、創作形式、創作主題等方面與中國的 "燕京八景詩" 有很大相似之處。

燕行使創作 "燕京八景詩" 的動機和形式是多種多樣的。美景當前，流連觸詠，作詩一首、數首或一組，或五言，或七律，或雜言，這是最常見的形式。詩伴在旁，有唱輒和，亦可解旅途之遠、鞍馬之勞。或用唐賢之韻，如康熙四十三年（1704）李頤命有《燕京次杜工部秦州雜詩》。或和古書之韻，如道光八年（1828）朴思浩有《和〈相看編〉古詩韻》。或追和前人之詩，如清陰金尚憲於明天啓六年（1626）出使中國，有《燕都八景》組詩，其後的燕行使朴世堂、洪受疇等均以組詩和之。因此在創作動機和創作形式上，中朝士人所作 "燕京八景詩" 並無太大不同。

朝鮮燕行使吟詠燕京八景的詩歌內容豐富，舉凡羈旅之愁、風物之詠、古今之變、興衰之感靡不包含其中，"凡山川風俗之異，樓臺民物之盛，與夫去國羈旅之思，一於詩發之"①。主要側重於三個方面：一是抒發客愁。朝鮮燕行使去國離鄉，遠遊中國，客路異鄉，風霜雪雨，容易生發羈旅之愁，因此羈旅和思鄉的詩作比比皆是。如金尚憲《燕京八景》中薊門煙樹詩以煙樹起興，描寫其秋來雨後的姿態和風景，表達強烈思鄉之情：

> 燕地山川舊塞門，蒼蒼列樹鎖煙昏。秋來黃葉錦千帳，雨後綠
> 陰雲萬屯。當日殷勤栽種意，只今妝點太平痕。勞勞天下傷心處，
> 南北行人幾斷魂。②

二是吟詠風物。對自然山水之美的欣賞是人類共通的情感，燕行使在中國的優美山水中洗滌旅途的疲憊，體味風物的美好，興之所至，有感而發。如康熙時期出使的申琬醉心於雪後西山晴光澄澈、冰天雪地的迷人景色，追慕古人驢背上踏雪尋梅的超逸：

> 雪後西山霽景澄，凍雲收盡玉崚嶒。晴光迴入千門曉，寒色遙
> 連萬壑冰。瑤樹瓊林看轉頹，岩扉石磴杳難登。懸知詞客吟肩聳，
> 驢背尋梅興不勝。③

---

① 李晬光：《朝天錄》，《燕行錄全集》（以下簡稱 "《全集》"），〔韓〕林基中編，首爾：東國大學校出版部，2001 年，第 10 冊，第 194—195 頁。

② 金尚憲：《朝天錄》，《全集》，第 13 冊，第 321 頁。

③ 申琬：《絧庵集》卷二《燕都八景》，韓國古典翻譯院：《影印標點韓國文集叢刊續》，首爾：民族文化推進會／韓國古典翻譯院，2005—2012 年，第 47 冊，第 221 頁上欄。

　　三是借古諷今。對歷史的關注和仰慕是中國傳統文化的特點，借古諷今、喻今於古是中國古典詩歌的優秀傳統。燕京八景首先是有確定空間的有形景觀，在歷史進程中逐漸變成了代表燕京形象的文化象徵和景觀符號，由有形的歷史遺產變成了無形的歷史遺產，吸引文人雅士來吟詩作賦，借風物之秀美，發懷古之幽情。如居庸關歷代都是地勢險要、易守難攻、兵家必爭的戰略要地，容易引起燕行使的懷古情結。康熙時期申厚載《居庸疊翠》詩描寫了居庸關飛崖翠屏、高聳入雲的景觀形態，以及作爲西北鎖鑰、中州屏障的重要地理位置，表達了無法登臨觀覽的遺憾心情：

　　　　塵清紫陌雨初收，高插天心翠欲流。險作關門連北鎮，勢包亭障護中州。螺鬟掩映雲橫夕，畫戟參差木落秋。勝地登臨達咫尺，此行還愧漢槎浮。①

　　這些詩歌主題繼承了中國古典詩歌的歷史傳統和審美趣味，與中國士人所作"燕京八景詩"的主題內容並無不同。中朝士人"燕京八景詩"最本質、最鮮明的區別，是朝鮮燕行使對明清王朝截然不同的態度和時時不曾忘卻的名分正統、華夷之辨。

　　朝鮮燕行使所作"燕京八景詩"充當了時代變遷和政治書寫的載體。明清鼎革之後，大明統治土崩瓦解，中原被滿族統治者占據，深受儒家正統名分和華夷思想影響的燕行使自然難以接受。因此燕行使在入清以後所作詩歌，無論是吟詠風物、感慨古今還是抒發客愁，往往和家國之恨、興亡之感同時存在。雖然在康乾以後燕行使對清朝態度和認識有所轉變，但是華夷之辨的思想在詩歌中是一以貫之的。燕京八景既然是北京的代表，那麼燕行使在詩中對燕京八景的看法和感情，就不僅是對景觀本身，還是對於北京甚至是整個明清王朝的觀感。而且燕行使不但不受衣冠政策的影響，②同樣也不受清代文化控制政策的影響，在中國士人筆下不可能出現的易代之恨、對清代統治者的不滿和批判以及對華夷差別的堅持，在朝鮮燕行使筆下經常表露無遺。這種思想與整個清朝統治相始終，並且表現在每個景點的書寫之中，也與燕行使的政治理念和儒學派別息息相關。

---

　　① 申厚載：《葵亭集》卷六《燕京八景次明詩韻》，《影印標點韓國文集叢刊續》，第 42 册，第 358 頁下欄。

　　② 葛兆光在《大明衣冠今何在》中認爲戲臺上的人物、外國使節、漢族婦女、道士等身份的人均爲法外之人，不受清朝薙髮易服政策的影響。載《史學月刊》2005 年第 10 期，第 41—48 頁。

　　燕行使在明代所作"燕京八景詩"以吟賞風景和登臨懷古爲主。但在明清易代之後，燕行使便對清朝懷有强烈"小中華意識"和家國之恨，這種感情在乾隆朝之前尤其强烈。麟坪大君在明清易代之後出使中國時的長詩《紀行》通過記録北京奇絶的風景，來對比人事滄桑、文物巨變、衣冠改易的現狀，讀來字字泣血，令人心慘神傷："煙樹茫茫迷薊府（漁陽），牙檣簇簇蔽江湄（通州）。金臺落照空明滅（以下北京），瓊島晴嵐自捲飛。文物傷神徒涕淚，衣冠慘目獨嗟咨。……十載他鄉恒作客，暮煙宫闕益淒其。"①雖然北京有茫茫煙樹，有金臺落照，有瓊島晴嵐，但是這些樂景反而更激發了詩人對大明王朝的懷念和對現實狀況的悲哀，使詩人面對明朝運祚轉移的現實徒然悲戚垂淚。這種興亡之感不是身居高位、往來瀋陽與北京十二次的麟坪大君李㴠才有的强烈感覺和深刻感觸，而是明清易代之後朝鮮燕行使的共同感受。越是能代表北京的景觀，其變化越能引起燕行使的今昔之感。

　　雖然康乾以來，燕行使開始對清朝的政治清明和國家富强有了肯定的評價，但是仍無法擺脱國仇家恨，仍堅信"胡無百年之運"，總有着"何當一掃犬羊塵，廓蕩乾坤文物新"②的願望和期待，總在看到滿族所占據的大明河山時聯想到舊日的輝煌，思念着大明的帝王。比如康熙二十八年（1689）申厚載《瓊島春雲》詩有"久旱作霖知爾力，野夫今日頌升平"③，描寫了普通百姓生活安定的狀態。康熙二十九年徐文重有《出朝陽城門村閭亭閣亘十數里煙樹彌望》詩描述了對清朝的複雜心理："煙郊一望樹連天，彩棟圍林墓屋聯。民物即今休養盛，夷風雖穢惠能宣。"④雖然燕行使對華夷劇變持批評態度，但是看到棟宇連綿、閭閻撲地、民豐物盛的景象，也不得不感慨清朝休養生息後的强大和政教風化的推行。徐氏雖然肯定清朝"夷風雖穢惠能宣"，也在《通州途中望北京城》中描寫帝都山川宏曠、規模闊大，但隨即便發出了"乾坤如此好風水，今日公然卧羯胡"⑤的感慨。這種矛盾的心理貫穿着與清朝往來的整個過程，一方面不得不肯定清朝國家富强和政治清明，另一方面又自恃"小中華"的身份，秉持對清朝進行文化降格和政治貶低的集體意識，希望清朝

　　①　李㴠：《燕行詩》，《全集》，第 21 册，第 468—469 頁。

　　②　金海一：《燕行録》，《全集》，第 28 册，第 164 頁。

　　③　申厚載：《葵亭集》卷六《燕京八景次明詩韻》，《影印標點韓國文集叢刊續》，第 42 册，第 359 頁上欄。

　　④　徐文重：《燕行雜録》，《全集》，第 24 册，第 351 頁。

　　⑤　同上書，第 320 頁。

早日覆亡。

燕行使的矛盾心理還表現在對清朝政府的敵意和對燕京壯美風景的嚮往也毫不違和地同時出現在其筆下。雍正十年（1732）李宜顯途徑薊州城，詠懷古跡，感慨今昔變易，羨慕樓頭睡佛能不染腥塵："燕界雲物尚依俙，海水桑田幾變易。長羨樓頭睡佛閑，不見腥塵翳風色。"① 但是李氏又因旅館禁制太嚴格，不得出門欣賞燕京八景爲憾事："燕都有八景，個個集大衢。……嗟余一莫賞，鎖館符墮甕。鬱鬱氣未展，岑岑頭欲痛。但解作詩歌，長吟錯短諷。"② 李氏的記載很能代表同時代燕行使所共有的矛盾心理。

朝鮮燕行使在"燕京八景詩"中表達的華夷之辨不但與清朝統治相始終，而且八景的每一個景點都是他們表達這種情感的根據地。其實非但燕京八景，燕行使在旅途中見到的任何景觀、任何事物都可能成爲悼念明朝的觸發點。康熙二十八年申厚載在想象了明代太液池曾"沙鳥嬌啼遼后閣，浪花清映漢官儀。雲開鳳闕朝常早，宴罷龍舟出每遲"的宴遊之樂後，便接着感慨"往事只今渾一夢，露盤仙泣帝星移"的現實。③ 雖然承認在清朝統治之下普通百姓生活日趨好轉，但是也認爲滿清統治者手中的中華大地已經是"禹貢千年猶古道，堯封萬里異前聞"④，衣冠變異，道德淪喪，前所未聞。於是地處北京、延續了數百年的燕京八景也蒙上了一層灰暗堪憐的色彩：居庸疊翠在燕行使筆下是"風景自不殊，長城空萬里"，空有萬里長城的險要而不能阻擋滿族侵襲；太液晴波則"今成飲馬窟，怊恨吾憐汝"，已經成爲滿族的飲馬之地，令人惆悵；瓊島春雲則"可憐風吹去，滓穢太清室"⑤，連天上的雲朵都被污染；在盧溝橋觀望則"風塵一晦冥，欲往不知處"⑥，昏天暗地，無所適從。只有明朝才稱得上是"詩書禮樂周風俗，道德皇王漢祖宗"⑦，其禮樂風俗、

---

① 李宜顯：《壬子燕行詩》，《全集》，第 35 册，第 324—325 頁。

② 同上書，第 305—306 頁。

③ 申厚載《葵亭集》卷六《燕京八景次明詩韻・太液晴波》，《影印標點韓國文集叢刊續》，第 42 册，第 358 頁下欄。

④ 申厚載《葵亭集》卷六《燕京八景次明詩韻・薊門煙樹》，《影印標點韓國文集叢刊續》，第 42 册，第 359 頁上欄。

⑤ 柳尚運：《約齋集》册二《次上使燕都八景韻》，《影印標點韓國文集叢刊續》，第 42 册，第 460 頁下欄。

⑥ 同上。

⑦ 李安訥：《朝天錄》，《全集》，第 15 册，第 188 頁。

道德教化才是朝鮮效法的對象；一旦落入滿族的統治之中，整個中國的一切都蒙上了陰影和苦痛。“黃塵清水須臾事，爲問滄桑幾變更”①，無論是宗主國中國還是朝鮮，王朝的更替都是不變的歷史發展進程，但如果新的統治者是他們在思想和情感上一直鄙夷的滿清，那麽燕行使心中的憤懣便無法消除，因此必須借助文化和道德批判將其壓倒，這樣仿佛就可以消解在武力上無法與之抗衡的屈辱歷史，自我安慰繼續保有“小中華”的自我肯定。

二、意象典故：千篇一律與文化想象

意象和典故是中國傳統文學批評的重要範疇。意象既是詩人對現實生活的觀察和體悟，又是其情感意念的承載和審美創造的凝結，詩人用不同的事物組合來表達特定的内心世界和審美感受。用典是爲了一定的修辭目的，在作品中明引或者暗引古代故事和有來歷的現成語句的修辭方式。中國士人創作的“燕京八景詩”在意象和典故的使用上已具有相似之處。具體表現在描寫同一景觀的詩常常選用相似的意象，如“盧溝曉月”詩，因盧溝橋爲旅行者進出京的必由之路和行人往來送別之所，詩中常常使用“長橋”“征車”“駝馬”等意象疊加，營造傷別的氛圍。又因爲温庭筠詩句“雞聲茅店月，人跡板橋霜”流傳如此之廣，以至於相關詩歌中大量使用“茅屋”“雞鳴”“霜華”等意象來追摹古人，甚至直接化用詩句，比如金幼孜《盧溝曉月》頷聯“茅店雞聲斜漢曙，汀沙雁叫早霜寒”②。而不同景觀之詩也常常用相似的意象，寫“瓊島春陰”和“太液秋風”都寫瑶草煙樹、貝闕珠宫，寫“玉泉垂虹”和“居庸疊翠”都有斷崖翠屏、飛雲青松。究其原因，是山水詩中常常用具體的意象來表達象外之景、言外之意，正如劉熙載《藝概·詩概》中所説：“山之精神寫不出，以煙霞寫之；春之精神寫不出，以草樹寫之。”③而八景中各景點都有自然之美和人文之勝，意象的交叉和重疊在所難免。

深受中國文化影響的朝鮮士人，在詩歌創作時從中國傳統詩歌中汲取營養和靈感，選用中國詩歌的傳統意象和歷史典故來抒發情感，也就同時接受了這些意象和典故所包含的象徵意義和文化積澱。雖然朝鮮士人在對中國傳統詩歌意象的借鑒中，也會形成具有本國鮮明特色的意象群，在運用典故過

① 申琬：《絅庵集》卷二《燕都八景》，《影印標點韓國文集叢刊續》，第47册，第220頁下欄。
② 王鴻鵬編：《帝都形勝：燕京八景詩抄》，北京：九州出版社，2018年，第33頁。
③ （清）劉熙載著，薛正興校點：《劉熙載文集》，南京：鳳凰出版社，2017年，第118頁。

程中也會對歷史人物、事件進行帶有朝鮮民族審美傾向和文化特徵的取捨，間接體現出朝鮮詩人思想感情、價值取向和人格意志。[①]但燕行使在中國境內吟詠中國風物時通常還是以中國傳統的意象典故爲主，所作"燕京八景詩"中之意象與中國士人相比也有極大的相似性。

以《盧溝曉月》詩爲例，明代永樂年間館臣金幼孜所用意象與明天啓六年（1626）朝鮮燕行使金尚憲所用意象非常相似。兩首詩分別爲：

> 盧溝杳杳出桑乾，月照河流下石灘。茅店雞聲斜漢曙，汀沙雁叫早霜寒。水光微帶山煙白，野色遙連塞草殘。千古長橋枕南北，憶曾題柱倚欄杆。[②]

> 三里長橋十里沙，桑乾一帶慢流河。秋来玉宇涼如洗，夜久冰輪側倒波。煙岸露汀通混漾，桂花蟾影共婆娑。雞鳴雁度行人起，到此吟鞍駐獨多。[③]

首先兩首詩都使用了"桑乾""月（冰輪、桂花蟾影）""河流（慢流河）""雞聲（雞鳴）""漢曙（玉宇）""汀沙（沙、汀）""雁""霜（露）""水光（波）""山煙（煙岸）""長橋""題柱（吟鞍）"等表現凄清別愁意象，意象的相似度和重合度都極高。其次兩首詩的結構也有相似之處：首聯點出盧溝河的地理位置，頸聯和頷聯疊用一系列意象描寫周圍環境並烘托傷別氣氛，尾聯以行人在盧溝橋駐鞍題詠結束，人物相映，情景交融。可以説是時代不同、地域相異的中朝兩國詩人在相似的詩歌傳統底蘊下寫出的優美篇章。

中朝士人的"燕京八景詩"在典故運用上也多有相似之處。如吟詠金臺夕照，中國士人無不使用燕昭王建黃金臺招賢納士的典故，發懷才不遇、壯志難酬之幽思。燕行使有深厚的中國文化修養，自然在用典上也不能免俗。試比較清順治二年（1645）麟坪大君李㴠與清康熙年間陳夢雷的《金臺夕照》

---

① 丁若鏞（1762—1836）在《與猶堂全書》中認爲詩歌："須以用事爲主。雖然，我邦之人，動用中國之事，亦是陋品。須取《三國志》《高麗史》《國朝寶鑒》《輿地勝覽》《懲毖錄》《燃藜述》及他東方文字，采其事實，考其地方，入於詩用，然後方可以名世而傳後。"丁氏提倡朝鮮古典詩歌創作用本土史書中的史實和地名作爲典故，必然會帶來用典本土化的結果，創作出與中國古典詩歌表意不同的、帶有朝鮮民族特色的詩歌作品。《朝鮮古典作家美學理論資料集》，平壤：朝鮮文學藝術總同盟出版社，1964年，第379頁。

② 王鴻鵬編：《帝都形勝：燕京八景詩抄》，第33頁。

③ 金尚憲：《清陰先生集》，《全集》，第13冊，第319頁。

兩首詩:

　　　　荒城驅馬暮煙斜，攬涕騷人鬢欲華。寂寞遺墟迷夕照，荒涼古
木帶殘霞。層臺尚憶燕昭築，異禮初從郭隗加。可惜當年興霸地，
祇今空見噪寒鴉。①

　　　　昔日招賢稱胜事，相傳此地築金臺。千金駿骨高風遠，萬里平
原晚照開。草色參差侵古道，松陰凌亂傍雲隈。霸圖寂寞何人問？
但有寒鴉向夕來。②

　　戰國時代燕昭王爲振興燕國，爲郭隗築宮而師事之，自此招攬了魏國樂毅、齊國鄒衍、趙國劇辛等名士將才，燕國由弱變強，並打敗齊國成爲戰國七雄之一，黃金臺遂成爲後世詩歌中的固定意象和典故。兩首詩中"黃金"即指昭王築臺置黃金招賢納士之事，"駿骨"則是郭隗所講古代君王千金買駿骨之事，借此表達對自古以來尊重人才、禮賢下士傳統的嚮往。尾聯皆用當年燕國振興稱霸的往事與金臺不復可見，與寒鴉亂鳴的現實進行對比，發思古之幽情，感不遇之憤慨。

　　意象選擇和典故運用有較大相似性的原因還在於，燕行使所作"燕京八景詩"一部分是遊覽八景中某個景觀後寫下的有真實遊覽經歷和即時觀感之詩，但大部分詩作尤其是八景組詩並非是實地參觀後所作，而是受中國傳統詩學和"瀟湘八景"以來的八景詩畫傳統的影響，描寫頭腦中存在的、想象中的八景景觀形態。那麼必定要從中國傳統詩歌的歷史積澱中去尋找素材，受到中國山水詩意象、典故和寫作模式的影響和束縛，最終寫出的是具有程式化和定型化的八景詩歌。

　　事實上，早在明代中期，燕京八景在朝鮮士人眼中就已經成爲北京乃至中國景觀的代稱概念和文化符號。明成化十七年（1481）出使中國的李承召有《次北京八景詩》，其序曰："予到北京，求買《大明一統志》，得一件於書肆。披閱之餘，見諸學士《北京八景詩》，溫柔雅麗，有古作者之遺音。予塊處一館，動有拘礙，未得跬步出門外。其於八景，雖未能足履而目擊，然因詩以求其風景，則亦可彷彿其萬一，遂次韻以攄其志。"③由於禁令較嚴，李氏並未出館門遊

---

① 李滉:《燕行詩》,《全集》, 第 21 册, 第 555 頁。

② 王鴻鵬編:《帝都形勝: 燕京八景詩抄》, 第 134 頁。

③ 李承召:《三灘先生集》卷八, 載《三灘集》,《影印標點韓國文集叢刊》, 首爾: 景仁文化社 / 民族文化推進會, 1988—2005 年, 第 11 册, 第 453 頁下欄。

觀燕京八景，但是通過讀《大明一統志》中所錄明代永樂年間館閣諸臣吟詠燕京八景之詩，想見八景之姿態，因此次韻《大明一統志》中所收之詩，作《燕京八景》組詩。在這裏，燕京八景是一種文化想象中的景觀形象。

將燕京八景作爲代表北京景觀的文化符號還表現在詩文中常以其爲代表北京的固定意象。有的朝鮮士人贈別離開朝鮮的明朝使臣時，以燕京八景中的薊門煙樹作爲北京景觀的符號和代稱。如趙希逸贈別萬曆三十四年（1606）出使朝鮮的朱之蕃："山川阻絕各異鄉，更從何地追翱翔。鴨江漫漫遼塞長，薊門煙樹遠蒼蒼。"①以及贈別萬曆三十七年出使朝鮮的熊化："遼野火雲燒驛路，薊門煙樹拂蜺旌。冷風萬里吹環佩，空外微聞紫鳳笙。"②兩首詩中以遼野或鴨江與薊門煙樹爲中朝兩國的代表景色，表達惜別之情。

或以燕京八景爲北京景色之代表，作詩與友人贈別。如洪鐘永《贐呈洪學士赴燕京（序）》以薊門煙樹與鴨江風帆相對，表達對友人旅途的祝願："煙樹遠開薊門色，風帆滿帶鴨江聲。離進未勸陽關酒，來去平安萬里行。"③有的朝鮮士人還向出使中國的同伴推薦燕京八景爲必遊之地，並表達想要遊覽的願望。如金士龍《上松園書》："執事將北遊燕京，知燕之雄傑險要、甲於天下乎？……余亦從執事後，歷萬里長城，觀薊門煙樹、金臺落照，遊於其市，飲濁酒一斗，醉後酌真活之水，磨碣石之巔，作爲文章，以歌盛時。"④在介紹了北京的雄傑險要之後，選擇萬里長城、薊門煙樹和金臺夕照爲北京的代表景點特意提及。在此燕京八景是在朝鮮士人頭腦中存在的文化景觀。

此外，在不同燕行使的心目中，燕京八景的每一個景點都占據着北京最壯觀或最奇觀的位置。有的認爲"京師八景中，太液清波、瓊島春雲，盡可作第一奇觀"⑤。有的認爲"大抵西山霽雪、玉泉垂虹，皇都八景中第一奇觀也"⑥。有的認爲居庸疊翠"遠控之勢，當爲第一名勝矣"⑦。燕京八景中記載最多的是薊門煙樹，因此較多燕行使認爲薊門煙樹是燕京八景中最爲奇絕

① 趙希逸：《竹陰先生集》卷十，載《竹陰集》，《影印標點韓國文集叢刊》，第83冊，第246頁下欄。

② 同上書，第219頁下欄。

③ 洪鐘永：《燕行錄》，《全集》，第86冊，第419頁。

④ 金士龍：《燕行錄》，《全集》，第74冊，第79—81頁。

⑤ 李基敬：《飲冰行程曆》，[韓]林基中編：《燕行錄續集》（以下簡稱"《續集》"），首爾：尚書院，2008年，第116冊，第299頁。

⑥ 徐有聞：《戊午燕錄》，《全集》，第62冊，第217頁。

⑦ 徐長輔：《薊山紀程》，《全集》，第66冊，第367頁。

的，康熙五十一年（1712）金昌業就將薊門煙樹列爲“第一奇觀”之首①，乾隆五十八年（1793）李在學《薊門煙樹詩》亦認爲“燕都八景此尤嘉”②，雍正元年（1723）黃晸記載“始知薊門煙樹爲第一奇觀也”③，嘉慶五年（1800）出使的朴齊仁也認爲“薊門煙樹是燕京八景中最稱奇絶者也”④。可以説，燕行使未渡鴨江之前，燕京八景的奇偉瑰麗就已深植於他們腦海中，形成了固定印象和美好想象，也做好了參觀的期待和歌詠的準備。

但是中朝士人所作“燕京八景詩”都有很大的局限之處，其創作無非就是寫景狀物，登臨懷古，用堆疊的意象烘托情感，用熟知的典故回溯歷史，因此詩的内容被限定在一定的範圍内，呈現出一定的程式化和範本化傾向。明清幾百年來來往往的燕行使在相似的時間，觀賞相似的風景，發出相似的感慨，寫出相似的詩句，對此朝鮮士人早就有了“磨驢之跡”的批評。漆永祥師在《“燕行録學”芻議》一文中以燕行使詠“十三山”詩爲例，討論了“燕行録”文獻中的重複和抄襲問題，認爲“在這些海量的詩作中，真正句新意奇，獨領風騷的佳作，並不多見，而詩意寡淡，語意重遝，前後相襲，陳陳相因的詩作，卻充斥卷中，味同嚼蠟”⑤。移之燕行使的詠燕京八景詩中同樣適用。但是這種批評的聲音完全擋不住燕行使的創作熱情，因爲“燕京八景”的文化體系是如此深入人心，以致於出使北京，不記載燕京八景、不創作相關詩歌，似乎旅途便不算完整。因此“燕京八景詩”雖然就整體價值和創作水準而言並非是最好的風景詩，但是這種創作八景詩的文化現象卻是值得討論的。

三、次韻作品：致敬模仿與道德選擇

如果説從創作手法、創作内容、意象選取和典故使用方面，中朝詩人的“燕京八景詩”是在相同文化底蘊的影響下無意識的趨同，那麼“燕京八景詩”的次韻作品就是有意識地對原作品從形式到内容的致敬和模仿。“山水藉文章

① 金昌業：《老稼齋燕行日記》，《全集》，第 32 册，第 337 頁。
② 李在學：《癸丑燕行詩》，《全集》，第 57 册，第 488 頁。
③ 黃晸：《癸卯燕行録》，《全集》，第 37 册，第 278 頁。
④ 朴齊仁：《燕槎録》，《全集》，第 76 册，第 144 頁。
⑤ 漆永祥：《“燕行録學”芻議》，《東疆學刊》2019 年第 3 期，第 9 頁。

以顯，文章亦憑山水以傳"①，燕行使遊覽與前賢所見相同的壯麗河山，閱讀因這壯麗河山而寫就的秀美詩篇，仿佛可以與之進行跨越時空的對話，産生心靈上的共振，因此便心摹手追，規仿致敬，留下了爲數不少的"燕京八景詩"次韻作品。"八景詩的唱和及疊韻贈答現象比較多，這也是創作主體群體性導致的必然結果"②，也是山水詩發展起來之後，詩歌的唱和贈答習慣自然而然地移植。

朝鮮燕行使次韻最多的作品是收録入《大明一統志》中永樂年間館閣諸臣燕京八景詩作，③有明成化十七年（1481）李承召《次北京八景詩》④、康熙二十八年（1689）申厚載《燕京八景次明詩韻》⑤、康熙三十五年洪萬朝《燕都八景（次明人詩仍作感舊篇）》⑥、趙錫命《次燕都八景韻（明時金幼孜王英諸人詩）》⑦四組。朝鮮對明清官方編纂的史書志乘有極高的關注度，《大明一統志》在明天順五年（1461）成書之後，很快就進入了燕行使赴京訪求的書單中。雖然明朝官方禁止史書輸入朝鮮，亦有燕行使因違禁私買《一統志》而受罰，但實際上屢禁不止。明清時期燕行使赴京路上常常利用《一統志》作爲考辨山川地名的依據，因此其中介紹燕京八景時引録的詩篇在朝鮮有廣泛的傳播，燕行使在選擇次韻對象時就有了現成的詩作可以參考，也借此表達對中華文化的嚮往。

燕行使選擇作爲次韻對象的中國詩人還有詩聖杜甫。康熙四十三年（1704）李頤命有《燕京次杜工部秦州雜詩》二十首，前八首所詠即爲燕京八景。⑧中國文學在東亞的傳播接受史上，由於審美意識和社會文化的影響，杜甫和蘇軾詩歌在朝鮮半島的接受最爲廣泛、影響最爲深刻。尤其是杜詩先入爲主，一經輸入便在朝鮮半島詩壇産生轟動效應，學杜風潮經久不衰。張伯偉《朝

---

① （清）尤侗著，楊旭輝點校：《尤侗集·天下名山遊記序》，上海：上海古籍出版社，2015年，下册，第1312頁。

② 劉沁淳：《元明清"燕京八景詩"研究》，河北大學碩士學位論文，2019年，第58頁。

③ 《大明一統志》中收録的館閣諸臣"燕京八景詩"分別爲：胡廣《太液晴波》、楊榮《瓊島春雲》、王洪《西山雪霽》、王英《玉泉垂虹》、鄒緝《金臺夕照》、曾棨《居庸疊翠》、王英《盧溝曉月》、金幼孜《薊門煙樹》。

④ 李承召：《三灘先生集》卷八，《影印標點韓國文集叢刊》，第11册，第453頁上欄—454頁下欄。

⑤ 申厚載：《葵亭集》卷六，《影印標點韓國文集叢刊續》，第42册，第358頁上欄—359頁上欄。

⑥ 洪萬朝：《晚退燕槎録》，《續集》，第110册，第166—169頁。

⑦ 趙錫命：《墨沼燕行詩》，《續集》，第114册，第450—453頁。

⑧ 李頤命：《燕行詩》，《全集》，第34册，第93—97頁。

鮮古代漢詩總説》認爲朝鮮漢詩“從三國時代到李朝時期，深受中國詩學的影響。其中對他們影響最深的是杜甫。從高麗朝到李朝，杜甫詩集被多次刊行，特別是在李朝時期，由官方組織對杜詩的翻譯、注釋和編纂，而民間也出現了對杜詩的評點之作。即使到了今天，杜詩也仍然是韓國民衆必讀的作品”①。杜詩從形式到内容上都是朝鮮士人競相模仿的對象。在内容上，“杜詩所具有的憂國憂民、致君澤民、美刺勸懲的思想極大地影響了朝鮮詩人，使他們在己作中不同程度地表現出民本主義思想”；在藝術形式上，“朝鮮詩人無論從結構形式、構築藝術境界，還是在字詞、韻腳上，都受到杜詩的深刻影響”。②就杜甫在朝鮮半島文學史上的接受而言，沈文凡《杜甫韻文韓國漢詩接受文獻緝考》一書中輯録了自十二世紀末至二十世紀初五百餘位詩人的近四千篇詩歌，具體接受方式有次杜韻、用杜韻、和杜詩、用杜詩爲韻和分杜詩爲韻等形式，從中可以看出杜詩對朝鮮半島持續而深遠的影響。③在這種整體的文學環境和氛圍影響下，燕行使用杜甫組詩的韻腳來構建燕京八景組詩的框架也就不足爲奇了。此外從組詩的背景來看，杜甫從長安遠遊秦州，燕行使亦是從朝鮮遠遊中國；安史之亂是胡人安禄山想要謀奪大唐江山，而清代也是滿清覆滅大明建立政權，有一定相關歷史知識的人能立刻從對比中生發聯想，體味出詩人要表達的意義。“以‘杜韻’爲詩韻庫前提下使用杜甫詩韻也還是綜合考慮了具體某首詩詩韻與自己所創作詩歌在内容、聲韻、情藴、體式等方面的相近性”④，雖然是就中國明代詩人的詩歌創作對杜詩的接受而言，但是移之朝鮮燕行使運用杜詩韻腳創作詩歌的心態亦適用。

　　燕行使所作燕京八景詩的次韻對象除了中國詩人，亦有在本國享有盛名、學問道德堪爲表率的詩人金尚憲，有朴世堂《清陰金相國有燕臺八景詩效作》⑤、洪受疇《燕都八景次清陰韻》⑥兩組。金尚憲（1570—1652），字叔度，號清陰，謚號文正，安東人，朝鮮王朝中期大臣、詩人。金氏於天啓六年（1626）以正使身份出使中國，“歷青、齊、燕、趙之墟，以蕩其胸；接遇中朝諸老先

---

①　張伯偉：《朝鮮古代漢詩總説》，《文學評論》1996 年第 2 期，第 125 頁。

②　徐東日：《期待視野：朝鮮、日本接受中國詩歌文學的相異點》，《延邊大學學報（哲學社會科學版）》1997 年第 2 期，第 137 頁。

③　沈文凡：《杜甫韻文韓國漢詩接受文獻緝考》，長春：吉林大學出版社，2017 年。

④　沈文凡：《杜甫五律、五排詩韻之明代接受文獻初緝》，《文化與傳播》2012 年第 1 期，第 35 頁。

⑤　朴世堂：《使燕録》，《全集》，第 23 册，第 404—405 頁。

⑥　洪受疇：《燕行録》，《全集》，第 28 册，第 289—290 頁。

生，粗聞緒論"①，與張延登、張萬鐘、張萬選、王士禛等明朝名士有深厚交誼。張延登不但爲金尚憲《朝天錄》作序，且爲其在中國刊刻。王士禛身爲海内詩宗，對金尚憲詩歌極爲推崇，不但在《池北偶談》和《感舊集》中載錄其詩，還直接引用金尚憲的詩歌原句作《論詩絶句》："淡雲微雨小姑祠，菊秀蘭衰八月時。記得朝鮮使臣語，果然東國解聲詩。"② 這些做法很快就爲金尚憲贏得了中國士人的廣泛關注和極高聲譽。成海應記載："近者東人詩句爲中國傳誦者，唯清陰金先生《小姑祠》一絶。"③ 之後清朝士人在與燕行使的交流中，金尚憲及其載錄在中國著作中的詩歌也是拉近彼此距離的最好話題。對於朝鮮士人來説，金尚憲還是尊明抗清立場最爲堅定、恪守春秋義理和名分正統最爲堅決的道德榜樣。在明清鼎革之際，恭敬"事大"於明朝，赴明辯誣努力消除外交誤會；拒絶以禮相待後金差官，反對朝廷與後金貿易及贈送禮物；丙子胡亂中力主斥和、"手裂和書"，堅決主張軍事抗擊清朝，反對朝鮮助兵攻打明朝等行爲，被朝鮮士人認定爲與文天祥一樣有氣節的人物而備受尊崇。④因此燕行使對於金尚憲的人品文章崇敬不已，也對其聲名遠揚中國極爲自豪，選擇以金尚憲所作《燕京八景》詩為心摹手追的對象，也是理所當然。

如上所述，燕行使所作燕京八景組詩的次韻對象，除了同行之人詩文唱和的次韻作品，如康熙二十二年（1683）柳尚運《次上使燕都八景韻》⑤ 等，不約而同地選擇了唐代詩聖杜甫、明代館閣諸臣和朝鮮閣老金尚憲。這不但是三者的詩作水準和對朝鮮的影響決定的，而且暗含對三者道德品格的認同和對中華文化的追慕。中朝兩國詩人在文學思維理念和文化價值取向上有較多相似之處，都講求儒家詩教傳統，強調文學美刺功能，注重詩品與人品的共動，追求對人性的關注。此外，選擇次韻金尚憲是對朝鮮本國重要人物的模仿和接受，也是通過詩歌深化對自我身份的認同和民族性格的確認，與燕行使團成員之間的次韻一樣，都可以看作是朝鮮士族文化團體内部的精神向

---

① 金尚憲：《清陰集》卷首，《影印標點韓國文集叢刊》，第 77 册，第 15 頁上欄。

② （清）王士禛撰，袁世碩、王小舒點校：《漁洋詩集》，濟南：齊魯書社，2007 年，第 374 頁。

③ 成海應：《研經齋全集·外集》卷三六，《影印標點韓國文集叢刊》，第 277 册，第 91 頁上欄。

④ 具體事蹟詳參王臻：《朝鮮廷臣金尚憲尊明抗清活動述論》，《韓國研究論叢》2015 年第 1 期，第 143—156 頁。及王臻：《天啓年間朝鮮廷臣金尚憲入明 "陳情辯誣" 考述——以金尚憲的〈朝天錄〉爲中心》，《暨南史學》2018 年第 2 期，第 73—83 頁。

⑤ 柳尚運：《約齋集》册二《燕行錄》，《影印標點韓國文集叢刊續》，第 42 册，第 460 頁上欄—461 頁上欄。

心和緊密團結。

但是，朝鮮燕行使吟詠燕京八景的組詩，其次韻和效作的對象也是經過選擇的，清人包括乾隆皇帝的作品就不在燕行使的考慮範圍。清人所寫燕京八景組詩未必比明人少，且燕行使臣也能夠讀到相關詩作，如道光二年（1822）徐有素輯録了歷代詩人所作詠燕京八景中盧溝橋詩，包括金趙秉文、元楊奐、明顧起元和清沈德潛。① 道光九年姜時永在記録太液晴波和瓊島春雲時，不但引用明代董穀的"正愛湖光澄素練，卻看人影度長虹"，也引用清代張廷璐的詩"百尺長虹卧碧波，菰蒲兩岸曉煙多"。② 咸豐五年（1855）姜長焕亦引用了張廷璐的詩句，但卻在張廷璐下括注"大明人"③，不知是記憶錯誤，還是欲蓋彌彰？道光十二年（1832）金景善也引用施閏章《西苑曉行》詩："新蒲古柏曉陰陰，太液昆明接上林。翡翠層樓浮樹杪，芙蓉小殿出波心。"並稱讚其對太液秋風景觀的描寫"真道得真景也"。④ 朝鮮的詩歌評論家們也注意到了清代的詩歌創作團體和個人，如清初遺民詩、錢謙益、神韻派王士禛、朱彝尊、查慎行、格調派沈德潛、肌理派翁方綱、李調元、紀昀、鐵保等人的詩歌。⑤ 但是燕行使可以與清代官員士子吟詩唱和、相互交流乃至結成異域知己，但是在訴諸文字的正式場合，他們還是選擇符合自己心目中道德模範和政治立場的人來次韻和追隨。

普通文人士子如此，那麼清朝皇帝呢？清朝歷代皇帝將御製的匾額碑文題寫豎立於紫禁城、國子監、天壇、燕京八景等處，起着潛移默化的宣示作用，燕行使也很難不去留意這些帝國統治者意志。尤其是乾隆皇帝在這一方面所作努力最多，乾隆皇帝豎立燕京八景詩碑於各個景觀處，絕不是附庸風雅的簡單目的，而是有一種長久的昭示作用，是從物質到精神層面宣告對中國土地的占據。清朝帝王懷柔遠邦的政策也對朝鮮產生了一定效果，隨着時間推移，燕行使逐漸在政治觀念上發生了變化，認爲"中州人士康熙以前皆皇明之遺黎也，康熙以後即清室之臣庶也，固將盡節本朝，遵奉法制"⑥。對清朝統治也開始作出正面評價，乾隆三十年（1765）洪大容觀賞西山風景，看到

---

① 徐有素：《燕行録》，《全集》，第 84 册，第 169—171 頁。

② 姜時永：《輶軒續録》，《全集》，第 73 册，第 214—215 頁。

③ 姜長焕：《北轅録》，《全集》，第 77 册，第 293 頁。

④ 金景善：《燕轅直指》，《全集》，第 71 册，第 406 頁。

⑤ 曹春茹、王國彪：《朝鮮詩家論明清詩歌》第五章至第八章，北京：中央編譯出版社，2016 年。

⑥ 金景善：《燕轅直指》，《全集》，第 72 册，第 381 頁。

宮殿樓閣雖巧妙但不奢濫，認爲整個國家"民不苦役，田不加賦，華夷豫安，關東數千里無愁怨之聲，其立國簡儉之制，固非歷朝之所及，而今皇之才略亦必有大過人者也"①，不但對乾隆皇帝作出了雄才大略的評價，對清朝的風氣評價也隱隱壓過了明朝。

但是朝鮮士人心中始終有着一根名爲正統意識、反清思想和華夷大防的弦未曾放鬆半分。朝鮮始終秉承着以明朝爲正統的觀點，除了對清表箋文書這樣的外交辭令中使用清朝年號，或有不用清朝年號而使用崇禎年號和干支紀年者，私人文書、祭祀、墓道文字中絕不使用清朝國號、正朔，只書明朝崇禎、永曆紀年。②以至於當金壽弘在祭祀其祖父金尚容的祝文中欲書康熙年號，就"一門驚駭，謂之家賊"③。可以想象，如果某個燕行使次韻了清朝帝王的詩作，表達了對清朝統治的歸心，那麼會在朝鮮士林引起怎樣的動盪和衝擊，招致怎樣的抨擊和非議。衣若芬認爲在東亞文化交流中有普遍的政治化傾向，表現有三："一是依政治目的或政治正確性創造、解讀和更易文本；二是以政治力量統整分歧的文本和意義；三是受制於政治現實而褒貶作者和文本。"④對於"燕京八景"這種名稱爲清代帝王所定、寫入官方話語體系中的政治化景觀，更是天然的暗含政治判斷和道德選擇的文化場域。

四、結論

中國士人對燕京八景的認識，主要是將其當作有深厚歷史內涵和秀美風光的北京名勝。相比之下，作爲藩屬國的朝鮮，雖然受中國文化的深刻影響，但畢竟是一個有獨特的民族性格、審美傾向和文化特徵的國家，有對異域觀察的獨特視角，有對明清王朝不同的微妙心態，因此燕行使筆下的燕京八景形象更加豐富和多元，呈現出與中國詩歌和記載中不同的內涵，並以此構建出北京景觀的形象且在其中寄託了朝鮮燕行使的政治傾向、文化心理和情感訴求。

---

① 洪大容：《湛軒燕記》，《全集》，第 42 册，第 360 頁。

② 詳參孫衛國：《大明旗號與小中華意識》第五章《從正朔看朝鮮王朝的正統意識》，北京：商務印書館，2007 年。

③ 《朝鮮肅宗實錄》卷 3，肅宗元年四月丁酉。

④ 衣若芬：《文圖學與東亞文化交流研究芻議》，《武漢大學學報（哲學社會科學版）》2019 年第 72 卷第 2 期，第 103 頁。

　　朝鮮燕行使創作了較多的“燕京八景”單篇詩歌和組詩。受中國傳統詩學的影響，燕行使在詩歌創作中從形式到内容、從意象到典故都與中國士人所作詩歌没有太大區别。區别在於詩歌的創作主題在易代之後融入了興亡之感和華夷之辨，燕行使秉持“小中華”心態，以清朝帝王臣庶爲“夷狄”，對清朝進行政治貶低和文化降格，體現了在“燕京八景”政治化景觀中的文化博弈。此外，限於前代燕行使著作的影響、遊覽路綫與時間的相似，燕行使在詩歌創作中也常常有模式化、固定化的創作傾向，體現出除了作爲現實的風景，燕京八景也作爲一種“想象的文化景觀”存在於燕行使的頭腦中。

　　燕行使所作八景組詩選擇唐代詩聖杜甫、明代館閣諸臣和朝鮮閣老金尚憲作爲次韻對象，不但表現了對中國詩歌傳統的全方位追摩和致敬，也體現了對本國詩歌發展的肯定和自我民族意識的確立。但是在詩歌創作過程中，清朝皇帝和士人通常不被當作參考和效法的對象，也能看到燕行使政治道德的保守態度和對清代文化排斥的歷史慣性。

　　此外，比較研究明清時期燕行使筆下的“燕京八景詩”及其構建的燕京八景形象，亦是研究朝鮮半島對中國“八景”文化接受的一部分。朝鮮半島從宋代開始接受和吸收中國的“八景”文化，“瀟湘八景”對其詩文書畫各個領域的影響，已經有較多文章討論。燕京八景也是從宋金時期開始逐漸成型，在形成之後就被朝鮮士人所接受的中國“八景”文化的重要代表。除了燕京八景之外，燕行使還記録了中國境内的其他“八景”，有在往來北京途中的遼陽八景、廣寧八景、永平八景、盤山少林寺八景、半山八景，也有在北京之内的獅子林八景、惠山八景以及静怡園二十八景，還提及在朝鮮境内的關東八景，等等。可見朝鮮士人不但關注、記載和接受中國的“八景”文化，而且移置和轉化爲具有朝鮮特色的朝鮮八景。“八景”文化體系是古代中國和朝鮮所共有的文化底蘊，也是現在中國和朝鮮半島之間互相認同的共同歷史基礎。

乾隆帝御製詩向朝鮮王朝的傳播路徑及清廷意圖考論

——以《燕行録》資料爲中心

高　策

【摘　要】乾隆帝御製詩不僅在中國域内刊行，亦傳播至周邊屬國，構成宗藩秩序下重要的文化現象；其中，朝鮮王朝與清廷具有長期而複雜的外交關係，尤其值得關注。本文借由《燕行録》和兩國實録，勾稽詩作傳播雙向而多元的路徑：乾隆皇帝將御製詩作爲賞賜的重要内容，朝鮮方面亦主動獲取；傳播方式、所涉主體與載體形式豐富多樣。進而結合兩國外交境況、漢文詩獨特的文化意涵等，揭示清廷懷柔遠人及樹立文化正統的深層意圖。

【關鍵詞】乾隆帝　御製詩　朝鮮王朝　正統性　宗藩

乾隆帝御製詩規模宏大、流播廣泛，且因作者的帝王身份而具有超越尋常文人之作的政治文化意蘊。詩篇飽含帝王意志，承載清廷政治意圖，成爲治國理政的重要文化手段；作品也並非静止於紙箋，其創作、編刊以及傳播的過程，都在富有政治意味的"空間"下動態地運作。①

如果拓展視野，則發現乾隆詩傳播至周邊屬國，進一步擴大影響範圍。其中，朝鮮王朝雖很早就成爲清朝的藩屬國，卻因"尊周思明"心態、"小中華"意識等，表現出對清廷一定的曲從與抵觸。在清、朝兩國長期而複雜的外交

【作者簡介】高策，清華大學人文學院、寫作與溝通教學中心講師。

①　關於乾隆詩的創作流程，參看高策：《清高宗御製詩文創作流程及代筆問題探疑——以新見"乾隆御稿"爲核心》，載《文獻》2023年第4期，第72—95頁。

關係中，承載清帝意志、富有獨特文化意蘊的御製詩，如何傳播又有何影響？

回顧前人成果，就乾隆詩研究而言，學界多揭示其史料價值、評析其文學特色，對作品域外傳播現象的關注尚嫌不足，僅有少數論文涉及朝貢場合皇帝與使臣的詩歌唱和①；至於對中朝兩國詩賦外交的研究，則多聚焦在使臣，對帝王尤其是清帝的參與仍待探索。

本文聚焦乾隆帝御製詩向朝鮮王朝的傳播，通過《燕行錄》和兩國實錄，考述具體的傳播路徑；進而結合兩國關係、詩歌獨特的文化意涵等，探析清廷的外交意圖。

一、雙向而多元的傳播路徑

乾隆詩向朝鮮王朝傳播的形式可謂豐富多樣，以推動傳播的"主導者"（即主動推進傳播）爲標準，可分爲清廷主動賞賜和朝鮮王朝主動獲取兩大類；每一類下各有不同方式，茲分而述之。

（一）清廷主動賞賜

屬國在朝貢時，會向清朝繳納貢物，而清廷也會依照"物有所償，貢有所賞"的原則進行賞賜。除了綢緞、銀兩等物質外，自康熙二十一年（1682）起，先後向琉球、朝鮮、安南等國家頒賜御匾，如康熙二十二年（1683）賜安南"忠孝守邦"，借此"從文化上維持和强化了與屬國的政治宗藩關係"。②至乾隆朝，清高宗進一步提升了賞賜的文化内涵，開創性地將御製詩納入賞賜内容。

考察史料，未見將詩歌全集賜予朝鮮的情況。僅見乾隆五十五年（1790）賜御製詩全集給安南西山朝國王阮光平。有學者也論及有清一代以朝廷名義進行的官方賜書僅有三次，且皆發生在康熙、雍正年間。③

儘管如此，乾隆詩仍在清廷的推動下，以特製内容、特定場合或特殊載體，向朝鮮王朝傳播。

---

① 如張小李：《清宫上元節節俗研究》第五章第四節《上元節清帝與臣下聯句以及屬國使臣呈進詩歌》，北京：人民日報出版社，2016年，第165—172頁。

② 詳參何新華：《最後的天朝：清代朝貢制度研究》第十章《清代屬國御匾制度》，北京：人民出版社，2012年，第358—372頁。

③ 季南：《朝鮮王朝與明清書籍交流研究》，延邊大學博士學位論文，2015年，第71—72頁。

1. 特製内容：賜朝鮮國王詩

在傳播至朝鮮的諸多御製詩中，内容最爲特殊者當屬清高宗親製、專門賜予屬國國王的詩篇。傳世御製詩集中，此類作品共考見 10 首，分別賜予朝鮮、安南與緬甸三國，而以賜朝鮮國王者爲最早。

乾隆四十八年（1783），清高宗東巡至盛京，接見朝鮮問安使，親製詩章賜予朝鮮正祖李祘（1752—1800），詩云：

> 迎鑾祝壽陪臣价，按轡蹕途賜謁溫。問悉國中逢稔歲，夙知海外得賢藩。習經史地心無貳，遵禮義邦教有源。慎守封疆撫黎庶，萬斯年永受朝恩。①

詩中描寫了乾隆皇帝與朝鮮使臣交流的情景，表達了對朝鮮的褒揚，以及對其"永受朝恩"的希望。朝鮮將御製詩"繕謄以上，御詩賫去時，沿路迎接之儀，一遵戊戌年皇筆賫去時例舉行事"②，即遵照乾隆四十三年（1778）賜御書匾額時的禮儀：

> 今兹皇筆賫去事，禮部諸議，皆以爲"不常有之盛典"，提督、通官輩，連見任譯，稱説不已。過柵門以後，若無迎接之儀，則兩界至近之地，聲息相連，易致辭説……（皇筆）發關義州府尹，使之具儀仗，迎去於中江，而入我境以後，更待廟堂之考例知委，可以舉行。③

朝鮮王朝爲這"不常有之盛典"，安排了相應的儀式。當年十二月，即爲此事遣謝恩使，並進獻方物，清高宗以爲"尤見恪恭，所有此次呈進對象非尋常隨表備貢者可比，俱著收受"。④

---

① （清）愛新覺羅・弘曆：《御製詩四集》卷九九《賜朝鮮國王李祘》，《清代詩文集彙編》，第 327 册，上海：上海古籍出版社，2010 年據武英殿刻本影印本，第 701 頁。爲省篇幅，後文引清高宗詩文，不再注作者、出版信息及叢書名。

② 《李朝實録・正祖實録》卷十六，正祖七年（1783）九月十三日辛丑條，第 47 册，東京：學習院東洋文化研究所，1966 年，第 546 頁。

③ 《李朝實録・正祖實録》卷六，正祖二年（1778）九月十一日丁酉條，第 47 册，第 211 頁。

④ 《清高宗純皇帝實録》卷一一九五，乾隆四十八年十二月十九日丙子條，《清實録》，第 23 册，北京：中華書局，1985 年影印本，第 974—975 頁。本文所引《清實録》皆出此本。

2. 特定場合：使臣朝貢，宴飲唱和

賞賜御製詩多發生在使臣朝貢的重大場合，如上元慶典、紫光閣宴請外藩、千叟宴等。清高宗不僅自己作詩，亦令使臣作詩唱和。此種場合下，朝鮮使臣得以親眼見到御製詩，也是一種較爲特殊的傳播方式。

例如，"自壬寅（1782）歲，命朝鮮陪臣一體與上元筵宴，陪臣黃仁點、洪秀輔各賦七言律詩一首；癸卯（1783）歲依例，與宴陪臣鄭存謙、洪良浩亦賦詩呈進。詞旨並有可觀，信爲東方禮義之邦也"。①

又如，上述專門爲朝鮮國王所作詩篇，即發生在乾隆帝東巡之時，朝鮮使臣也被要求和詩進呈。這一過程被此次來訪的正使李福源（1719—1792）之姪李田秀（1759—？）記録下來：

> （八月）十七日乙巳晴。……飯後，皇旨令朝鮮使臣入來，伯父（按：正使李福源）與副使（吳載純）進城至太清右翊門。和珅以皇旨出給御製七律一章……令進國王，且令使臣賡入。而使通官微示意曰："不必善作。"禮部官又示嫌避等字，如"明"嫌"冥"，"丘"嫌"墓"，"歸"嫌"死"之類，忌諱如此。……御詩則灑金畫龍黃紙，上以御筆作半行，下押"古稀天子之寶""惟日孜孜"兩章，而紙如我國大壯紙而甚厚，堅韌柔滑，捫不留手，真絶品也。印方四五寸，皆用陽刻而朱色，刺眼可愛。

此段内容後録入御製詩，題"皇帝七律"，次爲正使李福源和詩：

> 蓐收佳節歧豐地，輦路恭瞻八彩溫。日月岡陵天北極，梯航玉帛海東藩。宸章特侈忭懌化，善頌深知慶禄源。格外便蕃皆曠數，褊邦何以答皇恩。

然後是副使吳載純（1727—1792）之作：

> 瑞暉黃道鸞鷩至，駐蹕宣綸旨意溫。宸藻昭回從紫極，寵光隆洽被青藩。萬年獻祝逢熙運，四海咸寧仰化源。手捧瑤函稽首出，陪臣此日亦皇恩。②

---

① 《御製詩四集》卷九九《朝鮮陪臣接觀因得句》詩注，第 326 册，第 639 頁。

② 李田秀：《入潘記》，《燕行録全集》，第 30 册，首爾：東國大學校出版部，2001 年，第 307—310 頁。

在如此場合，朝鮮王朝使臣得以親自看到乾隆詩，甚至得以參與其中。

3. 特殊載體：隨賞賜器物傳播

除此之外，乾隆帝喜在各類器物上鑴刻、題寫御製詩文，一些宮廷器物所題刻的作品也隨着賞賜使臣而流向域外。如嘉慶十六年（1811）李鼎受（1783—1834）隨使團來中國，筆下記錄正使曹允大（1746—1813）、副使李文會（1758—1828）皆獲賜茶鍾一臺，"外面嵌乾隆詩，細字填朱"①。此種流播方式雖然少見，但卻別有特色。

（二）朝鮮王朝主動獲取

除清廷主動的賞賜外，朝鮮王朝亦主動獲取乾隆詩。目前考見如下兩種形式：

1. 朝鮮國王下令求購

乾隆四十三年（1778），清高宗作《御製全韻詩》四卷，按平水韻四聲五部、106 韻的順序，每韻一首：

> 上下平聲，書我朝發祥東土及列聖創業垂統、繼志述事之宏規；
> 上、去、入三聲，則舉唐虞以迄勝朝、歷代帝王之得失炳鑒。②

該篇以君干政治爲中心，將敘事、評論、抒情融彙一體，在歷史敘述中，爲現實政治張本。在收入《御製詩全集》前，此組詩就已單獨刊行。

次年，即正祖三年（1779），朝鮮正祖即下令求購此書。據此時期著名學者朴趾源（1737—1805）記載，"今清皇帝論述歷代帝王以及汗建號時事，題曰《御題全韻詩》，詩刊五卷，布行天下……今上三年，特命購其書，覽而嘉歎之"③。此後，"節使回還時……得《全韻詩》"④。

除此次明確的求購記載，還可推知朝鮮王朝也應購買了其他御製詩集。首先考朝鮮藏書目錄，正祖（1776—1800 年在位）初年編成的《奎章總目》體現了此時期朝鮮王室所藏中國本書籍全貌，該書卷四集部"別集類"載高

---

① 李鼎受《遊燕錄》卷八，《燕行錄續集》，第 125 冊，首爾：尚書院，2008 年，第 172 頁。

② 《御製詩四集》卷四七《全韻詩·詩序》，第 325 冊，第 572 頁。

③ 朴趾源《燕巖集》卷二《神道碑·嘉義大夫行三道統制使贈資憲大夫兵曹判書兼知義禁府事五衛都總府都總管諡忠烈李公神道碑銘并序》，《影印標點韓國文集叢刊》，第 252 冊，首爾：民族文化推進會，2000 年據煙湘閣選本影印本，第 56 頁。

④ 《李朝實錄·正祖實錄》卷八，正祖三年（1779）九月三日甲申條，第 47 冊，第 268 頁。

宗御製集情況如下：

> 《乾隆御製詩集》一百三十本。《文初集》三十卷，甲申（1764）刻，
> 大學士于敏中編。《詩初集》自丙辰（1736）至丁卯（1747），四十四卷，
> 《詩二集》自戊辰（1748）至己卯（1759），九十卷，皆大學士蔣溥
> 編。《詩三集》自庚辰（1760）至辛卯（1771），一百卷，敏中編。《詩
> 四集》自壬辰（1772）至癸卯（1783），一百卷，大學士梁國治等編。①

《奎章總目》此卷還有"《樂善堂集》二部，一部十本，一部八本"。考
今日奎章閣之館藏，同時藏有四十卷十本的《樂善堂全集》和三十卷八本的《樂
善堂全集定本》②，當是此兩部。此書還著錄有《日知薈説》《篆字盛京賦》《全
韻詩》③等詩文集。可知，高宗詩文全集和單行本在朝鮮正祖初期即傳入朝鮮
半島。

那麼這些書如何得來？據季南考述，"燕行使臣的購書以及與清朝學人之
間互贈書籍成爲此一時期書籍交流的主要途徑"。④又考正祖《弘齋全書》云
"《奎章總目》四卷……購求九流百家之昔無今有者幾數千百種，遂命閣臣徐
浩修著之爲目。……繼此而購得者，將隨得隨録也"⑤，可知書目所載多爲"購
求"而來。結合上文對清朝賜詩朝鮮的考察，推知朝鮮王朝的御製詩文集當
是求購而得。

2. 朝鮮使臣隨行抄録

單篇詩文的傳抄也構成了御製詩文域外流播的重要途徑。朝鮮燕行使在
朝貢途中見到詩文碑刻，有時會加以抄録。如嘉慶三年（1798）朝鮮使團書
狀官徐有聞（1762—1822）記録山海關"望海亭"（即澄海樓）所刻兩首高
宗詩作：

---

① 徐浩修：《奎章總目》卷四《皆有窩丁庫（集）·別集類》，《朝鮮時代書目叢刊》，第 1 冊，
北京：中華書局，2004 年影印本，第 430 頁。此處需對《奎章總目》的成書情況稍作説明。該書雖於
正祖五年（1781）編成，但會將後續所購買的書籍"隨得隨録"，得以不斷增訂，因此書中亦著録成
書於乾隆四十八年（1783）的乾隆《御製詩四集》，甚至嘉慶五年（1800）年成書的《味餘書室全集定本》。

② 藏韓國首爾大學奎章閣韓國學研究院，索書號奎中 5228、奎中 5229。

③ 分别載於徐浩修：《奎章總目》卷三《皆有窩丙庫（子）·儒家類》，第 1 冊，第 191 頁；卷三《皆
有窩丙庫（子）·説家類》，第 262 頁；卷四《皆有窩丁庫（集）·別集類》，第 431 頁。

④ 季南：《朝鮮王朝與明清書籍交流研究》，延邊大學博士學位論文，2015 年，第 71—72 頁。

⑤ 正祖：《弘齋全書》卷一八三《群書標記五·命撰一》，《影印標點韓國文集叢刊》，第 267 冊，
首爾：民族文化進會，2001 年，第 557—558 頁。

　　　我有一勺水，使爲東滄溟。無今亦無古，不減亦不盈。臘雪難爲白，
秋旻差共青。堪笑祖龍痴，瓦石駈蓬瀛。何能臨天倪，與爾共濯清。
（初次幸行時）

　　　十層此登樓，復此俯滄溟。寒暑幻冬夏，日月俗虧盈。界地一綫金，
際天色共青。最巨斯絶類，守信故永平。涇渭誠小哉，同分濁與清。
（再次歷臨時）[①]

　　此二詩分別載於《御製詩初集》卷十九《再題澄海樓壁》，《御製詩二集》
卷五三《再登澄海樓疊前韻題壁》。結合碑刻圖片（見下圖一）與御製詩集，
可見朝鮮使臣的記載有較多訛誤。以第一首詩爲例，"使爲東滄溟"中"使"
當作"瀉"；"秋旻差共青"後脱"百川歸茹納，習坎惟心亨"句；"堪笑祖龍
痴，瓦石駈蓬瀛"當作"却笑祖龍痴，鞭石求蓬瀛"；末二句"何能臨"當作
"誰能忘"，"爾"當作"汝"。

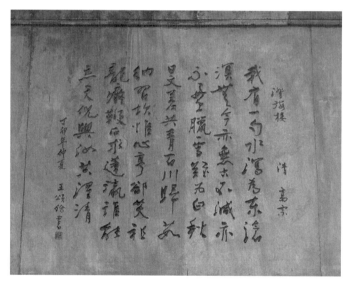

圖一　山海關澄海樓清高宗御制題壁詩《再題澄海樓壁》

　　朝鮮使臣記錄的錯訛較多，或因語言能力之限，或爲行程匆忙所致。但
仍不失爲御製詩文域外流播的一個重要途徑。

---

① 徐有聞：《戊午燕録》，《燕行録全集》，第 62 册，第 231—232 頁。

（三）小結

總前而論，乾隆詩向朝鮮王朝的傳播路徑呈現出雙向而多元的面貌。所謂"雙向"，即作品並非只以清廷單方面賞賜而進入朝鮮，亦包括朝鮮國王、使臣的主動獲取；所謂"多元"，則表現爲：乾隆皇帝、朝鮮國王、燕行使臣等多個主體，賞賜、購買、隨行抄録等多種方式，詩集、單篇題寫、器物題刻等不同載體形式。

二、清廷賜詩的外交意圖

在上述多元傳播路徑中，最能承載清廷意圖、飽含帝王心思的，當是乾隆帝特製賜屬國國王詩；此外，賜詩的特定場合亦值得關注。聚焦於此，結合清、朝關係發展史和詩歌藝術的獨特意涵，分析清廷的政治意圖如下。

（一）賜國王詩的關鍵背景

皇帝親製詩篇賜予外國的歷史悠久，唐玄宗曾爲日本遣唐使藤原清河賜《送日本使》詩，又有《賜新羅王》詩；明太祖朱元璋則有御製詩三篇賜朝鮮王朝使臣權近（1352—1409），後者亦有詩歌唱和。至清朝，儘管兩國官員、文人學士之間的唱和頗爲常見，然皇帝親製詩篇賜予屬國國王者，乃自乾隆帝始。高宗此類詩文第一篇就賜予朝鮮國王，其創作背景很值得分析。

清朝初年，清太宗皇太極借由"丙子之役"（1637年）迫使朝鮮成爲藩屬國，並逐漸確定了一系列的朝貢制度。然而，朝鮮人並不認可清政府的統治地位，而從諸多方面表達對明朝的緬懷和尊崇。爲緩解雙方關係，清廷秉持"撫藩字小"的基本思想，推行了一系列措施，如減免朝貢物品，示"軫念體恤"之意；嚴肅清朝使臣的出使紀律，禁止索要"私饋"；加大賞賜力度，尤其重視在朝貢回賜以外的"特賜"。自康熙朝開始，賞賜逐漸增多，"特別是乾嘉時期，中朝兩國頻繁的貢賞，構成了宗藩關係史上一道絢爛的風景"①，其中乾隆帝頒發的"特賜"頻率和物品勝過歷朝。此爲這篇御製賜詩的創作背景之一。

---

① 宋慧娟、梁玉柱：《乾隆時期中朝關係和諧發展原因初探》，《長春師範學院學報（人文社會科學版）》，2008年第11期，第68頁。

另一個值得關注的背景即東巡盛京。自康熙帝起,清帝多次東巡盛京祭祖,朝鮮皆派遣問安使前往觀見,構成了兩國交往的平臺。問安使與依例進貢的貢使有別,只在清帝有重大舉動時才會派遣;而"在清朝的對外關係史上,皇帝於國內地方巡視,外國專門派遣使臣問安,只是在清朝與朝鮮關係史上才有的現象",可見此交往平臺之獨特。康熙帝三次東巡,兩國的交往"在不斷磨合中摸索着前進",逐漸形成了清帝東巡、朝鮮問安的定例;此時期雙方關係雖趨於緩和,但朝鮮方面也基本停留在"事大以禮"的層面。①

至乾隆朝,先後有四次東巡,乾隆帝也充分利用這一平臺,傳遞對朝鮮的友好態度。乾隆八年(1743)首次東巡,特賜弓矢、貂皮等物,並御書"式表東藩"之匾賜朝鮮英祖李昑(1694—1776)。十一年後的二次東巡,基本遵照前例。乾隆四十三年(1778)三次東巡,雙方關係進一步升溫。因皇太后逝世不久,尚在服喪期間,所以清高宗下令取消行圍、筵宴等活動,並特准朝鮮毋庸遣使問安。不過,朝鮮國王卻請求仍然按照舊例遣使問安。由於朝鮮國王"情詞懇切",清廷遂應准其遣使,但"免其入貢"。然而,朝鮮使臣仍照例進貢,乾隆帝褒揚其"齎表修貢,迎駕請安,藉抒忱悃,恭順可嘉",除特賜物品外,又御書"東藩繩美"一匾賜之。②

至乾隆四十八年(1783)第四次東巡,本定於七月十一日由熱河出發,在盛京度過萬壽節(八月十三日)。朝鮮方面則特令"瀋陽問安使"兼任"聖節問安使",特增設副使一人。一般來說,問安使只有正使、書狀官,此次屆臨乾隆帝誕辰,因此增加整合,以表重視與尊禮。然而,乾隆帝因"尚在三伏之内,雨水方多,天氣炎熱"③爲由,改變原定計劃,決定萬壽節後再赴盛京。不過這時朝鮮使臣已經出發,於七月三十日到達盛京。雖然已知皇帝不會在此過壽,仍於八月十三日在大政殿行聖節望賀禮。

數日以後,乾隆皇帝與前來迎駕的使臣相遇,念及朝鮮使臣的表現,爲了展示"柔惠遠人,有加無已之至意",以兩國持續升溫的關係爲前提,以東巡爲平臺,在已經屢次"特賜"的基礎上,清高宗首次親製詩篇賜予屬國國王。

---

① 詳參閆雨婷:《清帝東巡盛京與清鮮關係》,山東大學碩士學位論文,2013年,第4、11—24頁。

② 《清高宗純皇帝實錄》卷一〇六五,乾隆四十三年八月二十五日壬午條,第22冊,第244—245頁。

③ 《清高宗純皇帝實錄》卷一一八三,乾隆四十八年六月十六日丙子條,第23冊,第839頁。

（二）賜詩場合的重要意義

前已述及，乾隆帝賜詩常在盛大的外交場合，如各藩屬國赴承德或北京朝貢之時。"在西洋人還没有靠'堅船利炮'真正進入東亞之前，承德以及北京曾經是東亞各國各文化體交匯和表演的唯一平臺"①。也就是説，這一場合成爲乾隆帝展示自己文化實力的絶佳陣地。

在此"陣地"上，清高宗並不滿足於獨自展示，而是用"加賞"的方式，鼓勵各國使臣皆來進獻詩歌：

其朝鮮、琉球、越南使臣能詩者，恭進詩章。復加賞該國王蟒緞二，福字方一百幅，大小絹箋四卷，筆四匣，墨四匣，硯二，雕漆器四，玻璃器四；獻詩之使臣加賞大緞一，箋紙二卷，筆二匣，墨二匣。②

他在詩中也説"觀謁應來能句人"③。基於此，朝鮮在派遣使臣時也做出回應，1790 年使臣徐浩修（1736—1799）因"朴齊家、柳得恭皆以能詩名"，故"啟請帶去於幕中"。④

酬唱規模最爲宏大的當屬乾隆五十五年（1790）正月御園賜宴之時。據紀昀記述：

朔六日丁亥，先賜宴紫光閣。越六日癸巳，復賜宴於御園。皇上推同仁之意，垂柔遠之恩，於諸臣正使，咸手厄以賜。聖慈優渥，迥殊常格；其感激歡忭，亦倍萬恒情。午刻，宣示御製詩章，俾使臣能詩者恭和。中惟暹羅、巴勒布二國文字各殊，不諳聲律，其朝鮮、安南、琉球三國使臣並拜效頌祝，得詩九章以進。⑤

御製詩題爲《節前御園賜宴得句》：

慶典今年值八旬，祚春華宴那辭頻。聯茵瀛嶂陳五國，武帳穹

---

① 葛兆光：《想象異域：讀李朝朝鮮漢文燕行文獻札記》，北京：中華書局，2014 年，第 227 頁。

② 《（嘉慶朝）欽定大清會典》卷三《辦理軍機處·軍機大臣職掌》，《近代中國史料叢刊三編》第 64 輯第 631 册，臺北：文海出版社，1990 年，第 95 頁。

③ 《御製詩四集》卷九九《朝鮮陪臣接觀因得句》，第 326 册，第 639 頁。

④ 徐浩修：《熱河紀遊》卷二，《燕行録全集》，第 51 册，第 333 頁。

⑤ （清）紀昀著，孫致中等校點：《紀曉嵐文集》卷十《御製節前御園賜宴席中得句恭跋》，石家莊：河北教育出版社，1995 年，第 1 册，第 232 頁。

窒容百人。異數特宣首介近，分班各賜手巵親。一家中外真和浹，
做祉胥懍大造仁。①

進詩者包括朝鮮正使李性源、副使趙宗鉉，安南使臣阮宏匡、宋名朗、
黎梁慎、陳登大、阮止信、阮媞，琉球鄭永功。紀昀闡述這一場面的意義道：

> 伏考外國詩篇進於朝廷者，惟白狼王《唐菆歌》三章最古，然
> 實舌人所代譯。其原詞尚載《東觀漢記》中，不能諧音律也。唐貞
> 觀中有南蠻酋長馮智戴詠詩之事，特一人而已，其詩亦不傳。次則
> 景龍中，正月五日蓬萊宮春宴聯句，有吐蕃人明悉獵一句，此外無
> 聞焉。

他回溯歷史，唐代以前的外國進詩皆不值一提，然後論及本朝：

> 今乃同文者三國，能詩者九人，恰以聖壽八帙之歲，同日預宴
> 賦詩，此非千古未有之盛典歟？

此次三國九人和詩進呈，是史冊未載之盛典。進而分析原因道：

> 人徒見荒憬旅來，不辭險遠，不知由德所浹者深、威所震者遠也。
> 人徒見海國山陬亦能賦詩，不知由文教聲敷久已化行於域外，不自
> 今日始也。②

紀曉嵐認爲此種盛典的出現恰恰因爲天朝文化對藩屬外邦的深遠影響。
通過以上紀昀的記述，清廷的外交意圖呼之欲出了。

（三）賜詩承載的深層意圖

基於前面的分析，清廷主動傳播的御製詩，在創作時間上，處於兩國關
係的關鍵期；在創作空間上，則具有各國文化較量的重要意義。不僅如此，
詩歌雖屬於賞賜的一種，但較之綢緞、金銀等物質賞賜，它得以承載皇帝的
意志；進一步地，較之尋常的誥命、敕諭等外交文書，又因其藝術形式而富
有文化內涵。綜合創作背景、賜詩場合及詩歌藝術的獨特性，得以見出御製

---

① 《御製詩五集》卷五二《節前御園賜宴席得句》，第 328 冊，第 384 頁。
② （清）紀昀著，孫致中等校點：《紀曉嵐文集》卷十《御製節前御園賜宴席中得句恭跋》，
第 1 冊，第 233 頁。

詩承載的清廷外交意圖。

首先是最爲直接的層面，御製詩作爲一種賞賜，用於向屬國展現天朝聖恩，起到懷柔遠人之功用。

需要注意的是，在形形色色的賞賜中，因其凝結着皇帝的文思，而顯得分量更重，被視爲“不常有之盛典”。正因如此，這些詩章數量極少，在詩歌創作方面如此高産的清高宗，也僅作有十首此類詩篇，賜予朝鮮國王的僅有一首。這一首自然被謹慎地用在兩國關係的關鍵節點——乾隆帝東巡祭祖慶祝萬壽節、朝鮮專程遣問安使主動示好、兩國關係日漸升溫。

進一步地，乾隆帝親製御製詩，具有展現文化實力、樹立正統地位的深層用意。

較之其他文字載體，詩歌的形式本身具有更厚重的文化意蘊。利用詩歌進行外交具有悠久的歷史，有學者將其追溯至西周時期的“燕享之禮”、春秋時期的“賦詩言志”。而中國利用漢文詩歌與周邊國家進行外交，也最晚自唐代即已開始。有明一朝，更是與朝鮮、安南、日本等國皆有密切的“詩賦外交”。以朝鮮爲例，該國派遣使臣時會“挑選漢文、詩賦功底深厚的文人才子”[①]，力圖派出最優秀的文化精英階層來代表國家的文化形象。不僅如此，在東亞漢字文化圈中，朝鮮、日本、安南等國家之間，同樣使用漢文詩歌作爲外交語言。各國以能够寫作高質量的漢文詩歌爲榮耀，國家之間存在着“漢文詩賦競賽”，如朝鮮文人即頗以在詩文創作水平方面壓倒日本人爲榮。[②]可以這樣説，在東亞漢字文化圈中，寫作漢詩的能力成爲了該國文化水平的一個標志。

對於清朝政權來説，在軍事和政治上，利用“硬實力”將周邊屬國納入宗藩體系，只是處理周邊國家關係的一個方面；如果企圖在漢字文化圈中樹立、鞏固自己中華文化正統的地位，創作漢詩則成爲文化領域的重要陣地。如前所述，在各國使臣朝貢之時，清高宗充分利用這一平臺，以御製詩篇展現自己以及清廷的文化實力。賜詩時，他常説“以示朕格外優眷文獻之邦至意”[③]，其實也不無展現清朝文化底蘊、進而樹立文化正統地位之意圖。

---

① 參見朴鍾錦：《中國詩賦外交的起源與發展》，北京：知識産權出版社，2014 年，第 85 頁。

② 參見吳伊瓊：《明朝與朝鮮王朝詩文酬唱外交活動考論——以〈朝鮮王朝實錄〉爲中心》，復旦大學博士學位論文，2013 年，第 29 頁。

③ 《清高宗純皇帝實錄》卷一三四二，乾隆五十四年十一月四日丙戌條，第 25 册，第 1196 頁。

三、結論

　　本文首先關注乾隆詩傳向朝鮮王朝的具體路徑，考見其雙向而多元的面貌。進而分析詩作傳播的時間、空間要素，賜屬國國王詩創作於兩國外交關係發展的關鍵時期，賜詩的主要場合則被各國視作文化較量的平臺。由此探知，作爲賞賜的御製詩，不但承載着清廷展現天朝聖恩、懷柔遠人之目的，亦含有展示文化實力、樹立文化正統的深層意圖。

　　值得注意的是，本文主要分析了清廷方面的外交意圖；然而，無論是主動獲取還是被動接收，朝鮮王朝對御製詩的閱讀、反饋，亦是值得深入探索的內容。釐清朝鮮王朝對乾隆詩的接受情況，不但能呈現帝王文學在廣袤空間的動態過程，也能分析清廷外交意圖的具體實現情況，成爲宗藩秩序具體情狀的生動展示。此方面研究有待進一步展開。

燕行贈別詩的功能與文化意義

曾　程

【摘　要】朝鮮朝文人的燕行贈別詩，即燕行使者出使中國臨行前後所受贈詩，是以往"燕行録"文獻研究中較少被關注的材料。通過詩歌收集、分析和歸納，可知燕行贈別詩在詩歌主題、内容結構與情感層次上存在一些共性，所使用的意象和典故帶有突出的時代和文化色彩。燕行贈別詩不僅具有文學意義，而且較爲清晰地反映出中國明清時期朝鮮文人對於中國的文化心態及其變化。

【關鍵詞】燕行録　燕行使　贈別詩　文化交流

一、作爲燕行録文獻的贈別詩

我國贈別詩的淵源可溯至《詩經》，《燕燕》云："燕燕于飛，差池其羽。之子于歸，遠送于野。"此實開後世離別題材詩歌之先風；《史記》亦載老子送孔子"吾聞富貴者送人以財，仁人者送人以言"之言。流風所及，整個東亞漢字文化圈内，以言辭送行、以詩文贈别，成爲士人離别時由來已久的傳統。大約與中國明清兩代相始終的朝鮮王朝，與中國建立起宗藩朝貢關係，定期派遣使團前往中國，或進賀節禮，或陳奏謝恩，連年不絶。國家層面的交流往來活動需要由一個個具體的使者承擔，從而不可避免地在使者的人際圈層與私人交往中蕩漾起波瀾，於是大量的贈别詩歌就在使節出使中國之際被創作出來。

一般来说，燕行使出使之前的一段時間會舉行一系列的準備活動，從國王的賜贈，至親朋同僚的餞行、送别，就發生在此時，使者將接受來自諸方

【作者簡介】曾程，北京大學中文系古典文獻專業 2022 級碩士研究生。

的宴飲和贐禮。趙憲《朝天日記》"萬曆二年（1574）甲戌五月十一日"條記載：

> 舍人所並餞一行，先揖于舍人鄭芝衍，次揖于卿列李參判季真，
> 勗以勤學漢語，尹右尹子固，許以付送行衣，致酢而出。本館同僚
> 與相識親朋並餞于松下，羅佐郎成佐、曹博士信民兼送扇柄，李著
> 作子遂以書先致其未來之意，崔博士善遇、鄭正字宏度贈詩……①

燕行贈別詩的饋予主要就是在此種場合下完成。此外還有使者向他人索求贐
行詩篇、使者啟程後追寄別章、使行途中次於朝鮮境內驛館而主事者贈詩等
諸種情況。如：

> 師氏以謝恩使書狀赴京，命我以別章，義不當以未能辭，敬呈
> 五言七言二絕。（金中清《赴京別章》）
> 留義州……館處仍傳京來別章三篇，柳西坰、朴龍潭、李府尹
> 三詩也。（鄭士信《梅窗先生朝天錄》）②

　　在燕行錄成爲熱點話題的當前學界，學者們關注的重心聚集於燕行途中
留下的日記、紀行詩文、聞見事件等內容。這些文獻，除了部分日記作品會
將出使之前數日親友、同僚間的謁訪、餞行也記録在案外，幾乎都着重於使
行途中的當場敘述或者歸國之後的追憶。而出使之前最爲重要的文學活動——
贈別詩的創作，則少見留意。誠然，此種情況也部分緣於贈別詩文獻自身不
够集中，散布於各家別集之內。

　　林基中所編《燕行録全集》及《燕行録續集》只收有少量幾種燕行贈別
詩之合輯，如《全集》第二冊之《燕行時諸公贈行帖》、第五冊之《燕槎贐詩》、
第十二冊之《赴京別章》、第六十九冊之《燕行贐行帖》等，其中大部分爲原
草，未經刊刻。漆永祥師《燕行録千種解題》又依據《韓國文集叢刊》《韓國
文集叢刊續》等大型韓國文集叢書，收録了《溫溪逸稿》之《朝天別章》、《臨
淵齋集》之《朝天別章》、《梅窗先生文集》之《朝天贐行詩》等，均爲文集
編刻者將作者所受贈別詩纂輯一處，冠以總題。因此，上述被表而彰之的只
是燕行贈別詩中的一部分，尚存在大量的燕行贈別詩散見於文人別集中而没

---

① 趙憲：《朝天日記》，林基中編：《燕行録全集》，首爾：東國大學校出版部，2001年，第5冊，
第109頁。

② 金中清：《赴京別章》，《燕行録全集》，第12冊，第212頁。鄭士信：《梅窗先生朝天錄》，
《燕行録全集》，第9冊，第251頁。

有進行彙總編次，從而没能進入學者的視野。按照漆永祥師對"燕行録"的界定，狹義的燕行録"專指高麗、朝鮮王朝遣往中國之出使成員所纂之紀行録。即作者必須爲國王派遣出使之正式使團成員；或負有某種特殊使命曾身至中國（或兩國邊境之中國境内）之官員；或撰著者雖未曾足履中國，但其書所述必須爲出使相關記録或論述"①。燕行贈別詩顯然符合最後一種特徵，加之，編次合輯的燕行贈別詩已然被認同爲燕行録文獻，故而將全體燕行贈別詩認定爲燕行録文獻，不必更復質疑。

就價值而言，燕行贈別詩産生於社會事件的發動，故而它在表達送行者個人感情的同時，也反映着社會現實；同一時期不同文士的作品，則一定程度折射出當時關於"燕行"的群體態度。基於此，無論是就詩而論詩論人，還是以詩證史，都存在研究的意義。例如《解題》大量運用燕行詩歌考證生平、史事；又如前人之燕行録文獻研究，已經揭示出朝鮮王朝對明朝的認同，以及明清鼎革之後對清朝的不接受，②此種群體認知的轉變和差異，同樣可以從燕行贈別詩的視角來觀察。本文即主要根據彙集編纂和散見於諸家文集中的燕行贈別詩，分析詩歌的寫作和主題類型，檢討詩作中的意象、典故的選擇與應用，以及由此反映出的情感及文化心態。

二、燕行贈別詩的内容主題

燕行贈別詩的創作因時因地、因人因事而各有風貌，創造了豐富的文化光景。從長時段、大規模的視角觀察燕行贈別詩，不難發現它們在内容結構上存在一些共性，不同詩篇中常常能找到承擔相同功能、表達相似主旨的文句，以下分主題依次舉例論述。

（一）誇譽壯遊

知交多是志同道合，能够相互賞識、相互理解。在臨別之際，他人的肯定和鼓勵必然可以爲離别在即、遠行久游之人振奮心情，友人的激賞與信任也讓行者倍感鼓舞，砥礪志節。贈別詩中採用贊譽性語言，高適之"莫愁前路無知己，天下誰人不識君"已有其例，燕行贈別詩中文句更夥，一般出現

① 漆永祥：《燕行録千種解題》，北京：北京大學出版社，2022年，凡例第1頁。

② 參楊雨蕾：《燕行與中朝文化關係》，上海：上海辭書出版社，2011年，第211—219、246—261頁；葛兆光：《想象異域：讀李朝朝鮮漢文燕行文獻札記》，北京：中華書局，2014年。

於詩篇的開頭，如：

> 少年才藝絶追攀，殷佑通經伯仲間。（李承召《送金文學（壽寧）如京》）
>
> 燕行二价急才良，妙選天曹左侍郎。（南九萬《送崔文叔（奎瑞）使燕》）
>
> 陳謝之行揀最精，斗南清譽動時英。（洪履祥詩）①

以上詩句通過誇譽使者才華以達到壯遊的效果，多寫使者之才出類拔萃、不遜前賢，正當出使之選，能够順利完成使臣的任務，舍之則無他人云云。雖然事實上使臣未必均如詩中所述那般傑出，但即便是文學語言的誇張仍然有助於友人間情感的表達與傳遞。

（二）同情安慰

大部分燕行贈別詩的作者也有燕行經驗，他們能真正對送別的使者即將面臨的境況感同身受，因此在贈別的場合很自然地回憶起使行途中的歲月，如申叔舟《送成重卿赴燕京》述及燕行之難以忘懷，云："燕雲幽薊古北塞，禮樂文物今帝鄉。念我昔年身所經，胸中歷歷懷未忘。"②詩中一再提及自己的出使經歷以及使行途中見聞所留下的印象，對於使者而言，過來人的講述是他們對異域中國最爲直接的感知，無論是帝京的繁華還是路途的艱辛，都能給人一種基於"同情之理解"的安慰，亦如權東輔詩：

> 少時隨父亦朝天，屈指于今五十年。鶴野微茫烟塹列，鳳城迢遞海門連。昌黎大地千秋在，孤竹清風萬古傳。聖代觀周歸去日，奚囊應富錦雲牋。③

李氏追念少時燕行經歷，把燕薊風光寫得光怪陸離、令人神往，足資慰藉。除此之外，還有一些詩作盡量回避出使的艱辛與不測，或將自己喻爲井蛙等見識短淺的事物，近於自嘲地以自身的境況表達對於出使的歆羨，或將使行

---

① 李承召：《三灘集》，《韓國文集叢刊》，首爾：景仁文化社／民族文化推進會，1988—2005年，第11冊，第384頁。南九萬：《藥泉集》，《韓國文集叢刊》，第131冊，第455頁。洪履祥：《臨淵齋集》，《韓國文集叢刊續》，首爾：民族文化推進會／韓國古典翻譯院，2005—2012年，第4冊，第295頁。

② 申叔舟：《保閑齋集》，《韓國文集叢刊》，第10冊，第94頁。

③ 洪履祥：《臨淵齋集》附錄，《韓國文集叢刊續》，第4冊，第294頁。

路途與宦途、世道比較，試圖讓臨行使者有所遣懷。如 "共説滄波極險艱，滄波何似世途難。得四嶺海當時事，定覺如今此路安"（李景奭《奉別金文學詞伯書狀之行》）①。

（三）抒情惜別

所謂 "黯然銷魂者，惟別而已矣"，贈別詩最核心的感情就是惜別之情。綜觀朝鮮燕行贈別詩，表達思念不舍情感的詩句數量上並不突出，但抒情惜別終歸算是送別詩的一大主要内容。詩人多借景抒情，用環境的蕭索襯托内心的離情，其所用典故，臨歧、沾巾、亭驛、明月之屬，都屬於中國送別詩的典型。如申晸《送尹參判趾善赴燕》，全爲抒情而作，感情誠摯，不同於一般應酬之筆：

> 離懷黯黯逐征塵，鬢髮俱非少壯時。每恨中年頻作別，可堪今日又臨歧。尊前歲晏風霜逼，峽裏天寒燕雁悲。遙想驛亭回遠望，嶺雲關月總相思。②

（四）勖勉告誡

燕行贈別詩中經常涉及的還有送行者對於使者的勖勉與告誡，詩文中不僅僅傳達私人層面的諸如 "珍重吾夫子，加餐慎遠行"（宋麟壽《送李景明瀅赴燕》）③等加餐飯、多保重的囑咐，而且更多包含不辱使命的勖勵。使者遠行異國，不獨是個人的遊覽活動，還代表着國家形象，所以送行者多有在詩中強調這一點，勉勵使者完成出使的任務，保持高行節義，展現國家風度。如：

> 專對定回強國怒，獨賢猶軫聖君情。（南龍翼《送藥泉南左相再赴燕京》）
> 聖主只今誠事大，敦詩重望在英賢。（申叔舟《贈別黃三宰赴京》）
> 丹悃無他思報國，素懷非但爲觀周。百年宗社冤猶在，七日秦庭哭未休。（李憙詩）④

---

① 金地粹：《朝天録》，《燕行録全集》，第 17 册，第 80 頁。
② 申晸：《汾厓遺稿》，《韓國文集叢刊》，第 129 册，第 363 頁。
③ 李滉：《朝天別章》，《韓國文集叢刊》，第 27 册，第 290 頁。
④ 南龍翼：《壺谷集》，《韓國文集叢刊》，第 131 册，第 58 頁。申叔舟：《保閑齋集》，《韓國文集叢刊》，第 10 册，第 33 頁。洪履祥：《臨淵齋集》附録，《韓國文集叢刊續》，第 4 册，第 296 頁。

這些詩句往往和一定時期的國家局勢有所聯繫,上舉詩"敦詩重望"與"强國怒",顯然不是同一時期的作品。前者是出使明朝,字裏行間透露出取悅的態度;後兩句則是在清朝前期,朝鮮在武力脅迫下與清國建立朝貢關係,因此詩中飽含不屈。至於"百年宗社"云云,爲李憙贈裴三益詩,因《大明會典》將朝鮮世系誤載,把高祖李成桂繫於李任仁之下,李朝爲此辯誣近二百年。萬曆十五年(1587)《大明會典》修訂告成,其中關於朝鮮世系的敍述,明朝已應許修改。裴三益此次出使,背負着確認明朝改正世系並且請求頒行《大明會典》於朝鮮的任務,是故李憙勸誡裴三益勿因觀光而忘忽國事,宗系若未得改正,要像申包胥一樣不顧自身極力請求,不達目的誓不罷休。

(五)祝福期待

詩歌的結尾象徵着出使的結束、行者的歸來,於是燕行贈別詩的末尾,屢見詩人安排關於使者歸來的期待與祝願。出現頻次最高的意象是春色與酒,冬至使之燕行,於每年下半年啟程(明代時期多爲七八月,清代時期多爲十至十一月),翌年三四月回到朝鮮,恰爲春光大好之時。送行者暢想春日重逢宴飲的場景,好像還未啟程就已然能夠預見凱旋,美好的期待必定能夠稍稍撫平行者的憂慮與緊張之感,姜希孟《送權花川赴燕京》即是如此:

> 暖入郊原草自茸,歸期正爾趁東風。故園花柳春應好,況是壚頭酒正濃。[1]

另外如"他日歸來應刮目,價增三倍使人驚"(李承召《送權應教健如京師》)[2]一類詩句,期待使臣樹立功勳,隆受褒賞,聲名倍增,同樣屢見。

三、燕行贈別詩意象、典故例析

中國傳統贈別詩中的意象與用典,以酒、以柳、以長亭短亭之類爲最,不過燕行贈別詩的意象典故的選擇有着自身別樣的風景,其中許多都帶有明顯的現實意涵,並且能夠反映出朝鮮對於中國的文化心態以及這種心態的變化。本節主要揀選出幾種出現頻率較高而具有特殊文化含義、能夠在朝鮮上下公共意識方面有所折射的典故與意象試加分析,以期爲觀察明清時期的中

---

① 姜希孟:《私淑齋集》,《韓國文集叢刊》,第 12 册,第 13 頁。
② 李承召:《三灘集》,《韓國文集叢刊》,第 11 册,第 448 頁。

朝關係提供新的維度。

（一）季札觀風

《左傳》載襄公二十九年季札出使魯國事："吳公子札來聘……請觀於周樂，使工爲之歌《周南》《召南》……"①魯國爲周公封地，可用天子禮樂，故季札得觀周樂。季札準確地概括出不同音樂的特徵，並據此分辨該樂之所自出，是可謂善於觀風辨樂者。這一典故在中國詩歌中使用得並不多，大概因爲大一統中國無處不被王化，從而缺乏使用的場合，但是在燕行贈別詩裏俯拾皆是。一者，季子辨樂之"辨"，意味着使臣用自己的才華令他國歎服，是爲國爭光添彩；二者，明朝對於朝鮮而言確實是衣冠之地、禮樂之邦，不少詩歌中直接用"周"來指稱明朝，如睦大欽《奉贐全侍郎以冬至使朝京》："百年禮樂今周室，萬里梯航故越裳。"②因此，分封時代產生的典故於中朝關係的特定情境下獲得了新的生命力。

燕行贈別詩中使用此典，時稱"季子""季札""吳札"，或省略主語，徑言"觀樂""觀風""觀周"。如：

> 上國行觀周禮樂，明庭更造漢衣冠。（李承召《送金文學壽寧如京》）
> 觀周禮樂有季札，執禹玉帛無防風。（洪兼善《權同知支卿朝正歌》）
> 季子觀周知禮樂，富公專對聳聽聞。（李畬詩）③

上引詩句均爲明代作品，皆是正面使用此典故者，以明朝爲上國，中華禮樂衣冠留存之地，有禮樂可觀。明清易代之後，這種用典方式戛然而止，僅有部分反用之例，如：

> 不待觀風知北鄙，誰能桴海向東夷。（俞體元《奉贐宋學士君集令公燕行》）
> 衣冠豈是塗山會，禮樂今非季子觀。蠻貊可行惟敬信，知君專

① 孔穎達等《左傳正義》，《十三經注疏》，北京：中華書局，2009年，第4356頁。

② 全湜：《沙西集》，《韓國文集叢刊》，第67冊，第146頁。

③ 李承召：《三灘集》，《韓國文集叢刊》，第11冊，第384頁。全柱：《燕行時諸公贈行帖》，《燕行錄全集》，第2冊，第201頁。洪履祥：《臨淵齋集》附錄，《韓國文集叢刊續》，第4冊，第295頁。

對亦無難。（李季輝《奉別副价之燕京》）

何時遠使觀周樂，此日遺民泣漢衣。（趙秀三《送人入瀋》）①

以上爲清朝時期的作品，絕無前四例裏明快的風格，呈現出明亡之後世事劇變的滄桑之感。在朝鮮使者眼中，中華大地依舊，但文明禮樂已經陵夷，季札觀風既已成爲回憶和故事，使者燕行再不能得觀中華禮樂。舊有的土地淪落爲蠻貊之邦，甚至不需要前往觀察就能猜想文化風俗的鄙陋，"不待觀風"透露出朝鮮士人對滿清文化的想象與天然抵觸，"誰能桴海向東夷"更説明此前令人稱羨的出使變成勉爲其難的任務。"蠻貊可行惟敬信"一句頗堪玩味，隱約之際可以看出朝鮮文人以中華自居的心態，希圖在"蠻夷之地"展現出文明道德之姿。

（二）桑弧蓬矢

《禮記・内則》云："國君世子生，告于君，接以大牢，宰掌具。三日，卜士負之，吉者宿齊，朝服寢門外，詩負之。射人以桑弧、蓬矢六，射天地四方，保受乃負之。"鄭玄注曰："桑弧蓬矢，本大古也，天地四方，男子所有事也。"②這是説諸侯世子出生之後，射人用桑材質弓、蓬莖之矢向天地、四方發射，象徵着有志於四方的美好寓意。箭簇向外飛射，與出使他國在形象上高度契合，因而被廣泛採用於燕行贈别詩，形容出使爲使者之志。在詩歌中，"桑弧蓬矢"之典，又簡略爲"弧矢"或"弧矢志"，而屢見不鮮的"男兒志""男兒願"乃至於"夙願""素願"應當也是"桑弧蓬矢"的衍生或化用。如：

男兒墮地貴雄剛，蓬矢桑弧志四方。莫以賢勞重惆悵，年來贏得再觀光。（姜希孟《送權花川赴燕京》）

多君銜命路皇都，弧矢初心此可攄。（李好閔詩）

觀周始愜男兒願，惜别休驚壯士顏。（洪履祥詩）③

以上詩句均爲明朝時期作品，它們給人一種强烈的觀感：出使中國是當

---

① 李準：《燕槎贐詩》，《燕行録全集》，第 5 册，第 508 頁。李準：《燕槎贐詩》，《燕行録全集》，第 5 册，第 526 頁。趙秀三：《秋齋集》，《韓國文集叢刊》，第 271 册，第 412 頁。

② 孔穎達等《禮記正義》，《十三經注疏》，北京：中華書局，2009 年，第 3182 頁。

③ 姜希孟：《私淑齋集》，《韓國文集叢刊》，第 12 册，第 13 頁。朴而章：《龍潭集》，第 56 册，第 226 頁。洪履祥：《臨淵齋集》，《韓國文集叢刊續》，第 4 册，第 294 頁。

時士人普遍的願望，是衆人歆羨慕念之事，並且渴望一而再地多次燕行。"贏得"一詞反映出，擔任使者之職甚至還存在着不小的競爭。但是清朝時期的燕行贈別詩則一反其貌，此典更多被用來勉勵使者不辭艱辛，成爲激勵之語，而使者自身未必嚮往，與上述幾例形成强烈反差。句如：

> 男兒四方志，何必涕潸然。（趙秀三《燕行留別》）
>
> 未必非爲男子事，恨君生不百年前。（俞彦述《送族叔大哉氏宇基赴燕》）①

此外，"桑弧蓬矢"之典在燕行贈別詩裏將男兒與行使四方緊密聯繫在一起，以此爲内核，司馬遷遊行四方，即所謂"二十而南游江、淮，上會稽，探禹穴，闚九疑，浮於沅、湘……奉使西征巴、蜀以南，南略邛、筰、昆明，還報命"②之壯遊，便也自然而然地應用於使行的遊歷，表示燕行的經歷如同司馬遷的遊歷，能够廣博見聞、開闊胸襟。如："子長胸次增疏蕩，奚囊行録盈瓊瑶。"（李承召《送廣原君李侯克墩朝燕》）③

（三）浮槎入海

海洋意象的出現與燕行路綫的改變有關。根據楊雨蕾先生研究，朝鮮王朝入貢的路綫，在明朝初期定都南京時，主要是陸路從朝鮮半島至遼東半島，至旅順口渡海而達登州，再經陸路與大運河至南京。④但這一時期留下的燕行文獻並不豐富，暫未得見漂海歷程的相關描述。

永樂十九年（1421），明成祖遷都北京，朝鮮朝貢路綫因而變爲陸路。《大明會典》記載"貢道由鴨緑江，歷遼陽、廣寧，入山海關，達京師"⑤，這條路綫一直沿用到明代末年。交通方式在燕行日記等材料中有詳細記載，部分燕行贈別詩也有所體現，如李承召《次韻送申監察季琚赴京》云："乘驄復向燕山去，得見周家舊典章。"⑥即描寫駕馬燕行。至天啓元年（1621）二月，

---

① 趙秀三：《秋齋集》，《韓國文集叢刊》，第 271 册，第 349 頁。俞彦述：《松湖集》，《韓國文集叢刊續》，第 78 册，第 319 頁。
② 司馬遷：《史記》卷一三〇《太史公自序》，北京：中華書局，1982 年，第 10 册，第 3293 頁。
③ 李承召：《三灘集》，《韓國文集叢刊》，第 11 册，第 429 頁。
④ 參楊雨蕾：《燕行與中朝文化關係》，第 25—29 頁。
⑤ 申時行等：《大明會典》，國家圖書館藏萬曆十五年内府刻本，第 105 卷，第 3 葉 a 面。
⑥ 李承召：《三灘集》，《韓國文集叢刊》第 11 册，第 437 頁。

翰林院編修劉鴻訓、禮科都給事中楊道寅頒詔朝鮮。三月，遼陽陷落，中朝
來往只能改道海上。據楊道寅奏疏："臣隨正使劉鴻訓使朝鮮，仲春往，孟夏
十二日抵王京……第聞遼陷，歸途梗塞，不得已與國王商議航海，且國此暫
通貢道以無失外藩恭順之節。"①《明史》又載："天啟元年八月，改朝鮮貢道，
自海至登州。"②此後一段時期的燕行文獻，都帶有海洋意象的印痕。體現在
燕行文獻題名上，天啟元年以前的題名未見有涉於"水"字者，除柳夢寅《星
槎錄》、黃汝一《銀槎日錄》之"星槎""銀槎"係用典故而實際路綫仍爲陸
路外，亦不見含"槎"字之題。天啟以降，燕行文獻的題名一改舊貌，如安璥《駕
海朝天錄》、吳允謙《海槎朝天日記》、全湜《槎行錄》等，均突出了出使交
通方式的變化。至崇禎九年（1636），金堉、李晚榮一行航海出使，爲朝鮮最
後一次遣使朝明，往後朝鮮與清朝的朝貢路綫，幾乎全爲陸路。

十餘年間的航海朝天，讓海洋意象短暫而頻繁集中地出現在燕行贈別詩
中，爲這一時段的燕行打上獨特的烙印，如"自從遼路荒成古，卻恨溟程變
作今"（金德誠《送金文學以進賀書狀官》）③。路綫的改變顯著增加了使途的
風險，所謂"鯨濤萬里，島嶼之出没，風飈之不時，往往蹈不測之危"（李植《奉
送聖節兼冬至使參議全公航海朝燕序》）④。這絶非空言，從燕行使的親歷描
述如洪翼漢《花浦先生朝天航海錄》、金堉《朝京日錄》皆可得到印證。但送
別詩中常常可見詩人有意淡化對行程危險的過度渲染，而代以寬慰和鼓勵，
以契合送別場景，如"乾坤雙眼闊，滄海片帆輕"（崔睍《送沙西老兄奉使朝
天》）、"滄溟萬里闊，宇宙一帆浮"（李少陵《送冬至使權侍郎㗊航海朝天》）
云云；有的贈別詩甚至激勵對方以道德修養，如"忠信天應護，波濤我不憂"
（李文伯《奉送全令公朝天》），則折射出"君子憂道"的中華傳統德性文化
的深厚影響。⑤

（四）燕趙悲歌

朝鮮燕行使出使路綫很大部分在古燕國境内，故出使中國有"燕行"之名。

---

① 《明熹宗實録》，國家圖書館藏紅格鈔本，第 12 卷，天啟元年七月，第 8 葉 b 面。

② 張廷玉等：《明史》卷三二〇《列傳》第二〇八，北京：中華書局，1974 年，第 27 册，第 8302 頁。

③ 金地粹：《朝天錄》，《燕行録全集》，第 17 册，第 82 頁。

④ 全湜：《沙西集》，《韓國文集叢刊》，第 67 册，第 149 頁。

⑤ 全湜：《沙西集》，《韓國文集叢刊》，第 67 册，第 146 頁。李尚毅：《少陵集》，《韓國文集
叢刊續》，第 12 册，第 117 頁。全湜：《沙西集》，《韓國文集叢刊》，第 67 册，第 147 頁。

韓愈有論"燕趙古稱多感慨悲歌之士"，此當與燕趙之地的風土民情密切關聯。而談起"慷慨悲歌之士"，中國傳統經典中的形象恐怕非荊軻莫屬，没有什麼比荊軻刺秦王故事中易水送別一段更加符合"慷慨悲歌"的描述了，而荊軻恰恰徙居燕地。《史記·刺客列傳》載："既祖，取道，高漸離擊筑，荊軻和而歌，爲變徵之聲，士皆垂淚涕泣。又前而爲歌曰：'風蕭蕭兮易水寒，壯士一去兮不復還！'復爲羽聲忼慨，士皆瞋目，髮盡上指冠。"① 這段經典的描寫奠定了慷慨悲歌之士的基本形象，他們忠於信義，並且往往以刺客、遊俠等游離於主流社會之外的身份出現。

朝鮮燕行贈別詩在清朝時期的作品將"慷慨悲歌之士"運用成了一種典型意象，詩如：

> 聞説悲歌士，多藏屠狗中。憑君問燕市，壯氣欲成虹。（曹漢英《送永安都尉赴燕京》）
>
> 遺曲尚傳三户楚，悲歌應聚古燕臺。海東民俗如相問，頭上人皆漢日懸。（俞彦述《送金參判龍慶赴燕》）
>
> 聞説胡皇鬢已斑，中原豪傑百年間。車攻吉日今無望，儻有真人起草間。（李器之《送人赴燕》）②

這些詩句都出於清朝時期，藉此可了解當時朝鮮士人對清朝的實際態度。詩人們一邊想象燕趙之地的百姓在異族統治之下的悲憤，認爲使者在燕行途中必將聽聞壯士悲歌；一邊冀望使者使行路途中能遇見豪傑之士，囑咐使者留心訪求，因爲豪傑多位卑而藏於市集。贈別者的意圖在於，朝鮮自身國弱力貧，故而寄望中國出現起事之人爲明朝一雪亡國之痛。而隨着時間的流逝，清朝國勢的繁榮也在漸漸消磨朝鮮士人反清復明的希望，他們已經感到清朝未易傾覆，卻又不忍全然斷絕念想。所謂"車攻吉日今無望"，用《詩經》之典，皆宣王中興之詩，即使明知明朝殘遺難以再掀起什麼波瀾，但仍然寄望於慷慨悲歌之士能有所振作、復興明室。知其無望而念念不忘，這些使用慷慨悲歌之士典故的詩句，又何嘗不是一種慷慨悲歌呢？

---

① 司馬遷：《史記》卷八六《列傳》第二六，第 8 册，第 2534 頁。

② 曹漢英：《晦谷集》，《韓國文集叢刊續》，第 31 册，第 248 頁。俞彦述：《松湖集》，《韓國文集叢刊續》，第 78 册，第 313 頁。李器之：《一庵集》，《韓國文集叢刊續》，第 70 册，第 268 頁。

（五）金繒皮幣

金繒即金與帛，皮幣即狐貉之裘與繒帛之貨，皆言財貨，此意象在唐前詩中並不多見，至宋才頻頻見諸歌詠。真宗景德元年（1004）末，與契丹議定澶淵之盟，許以"每歲以絹二十萬匹，銀一十萬兩"，仁宗慶曆二年（1042）重約"每年增絹一十萬匹，銀一十萬兩"。①南渡後，紹興和議定"歲奉銀二十五萬兩，絹二十五萬匹"②，嗣後隆興、嘉定和議又有損益。宋人對此看法不一，既有"金繒但取一州賦，使介何辭萬里通"（沈邈《七言道中示三使二首》）、"煙波坐覺胡塵遠，皮幣遥知國計長"（蘇轍《贈知雄州王崇拯二首》）等贊同用少量財貨換取和平者；亦有"奈何養兵一百萬，歲以金繒遺虜囚"（沈繼祖《又代上張帥太尉》）、"金繒啗虜已無謀，況恃空言廢内修"（魏了翁《書所見聞示諸友》）等深感屈辱悲憤者，至南宋後期，尤以後者爲多。

明清時期，朝鮮與中國建立朝貢關係，年年進貢不絕，但朝鮮燕行贈別詩中大量出現金繒皮幣意象，只在清朝時期。彼時，他們對於中朝關係的認識，有時會自覺或不自覺地代入宋遼或宋金的角色關係。如柳尚運形容出使是"無歲金繒非宋帑，正冬征節又燕山"（《奉別美齋相國赴燕之行》）③，把年年向清國進貢的財貨比作"宋帑"，意在突出以華夏事夷狄的屈辱。又如俞體元《奉贐宋學士君集令公燕行》：

> 年年東使漢衣冠，太極堂中拜可汗。江漢星槎迷舊路，金繒皮幣賭新歡。強鄰噴舌前年惡，弱國民心數月寒。兹事每爲清士愧，莫言東海在三韓。④

起首漢衣冠與可汗的對比在傳統夷夏之防的語境下頗爲滑稽，作者接着寫金繒皮幣僅僅一"賭"，意謂財貨的輸送尚未必能保國家無虞，這數句恰似金壽恒所言"金繒盡入盧山壑，冠蓋還爲氊幕賓"（《文谷集》）⑤。所謂"弱國""強鄰"説的就是朝鮮與清朝，可見朝鮮士人的眼中，清、朝關係本就是在武力

① 李燾：《續資治通鑒長編》卷五八、卷一三七，北京：中華書局，2004年，第3冊，第1299頁，第6冊，第3294頁。
② 脱脱等：《宋史》卷二九《本紀》第二九，北京：中華書局，1985年，第2冊，第551頁。
③ 柳尚運：《約齋集》，《韓國文集叢刊續》，第42冊，第437頁。
④ 李準：《燕槎贐詩》，《燕行錄全集》，第5冊，第510頁。
⑤ 金壽恒：《文谷集》，《韓國文集叢刊》，第133冊，第112頁。

的枷鎖之下不得已的順從，而非人心真正歸順，嚴苛的華夷之辨意識讓士人對朝拜清國君主感到鄙夷不齒卻又迫不得已。

朝鮮文人使用"金繒皮幣"意象，都飽含抑鬱悲憤，因爲那是屈辱的象徵，不願爲卻不得不爲，可恨"金繒車載又幽州"（俞彥述《送金參判龍慶赴燕》）、"皮幣行猶一亦羞，薊門今又再征輈"（李時恒《送迂翁相公赴燕》），①這種屈辱持續已久且遙遙無絶期，一字一句都滲透血淚。其實明朝尚存時，朝鮮同樣需要進貢財貨，然從未有此般怨言，這大概就是認同與不認同的區别所在。

四、燕行贈別詩的文化意義

（一）詩學意義與情感價值

燕行贈別詩伴隨着朝鮮使華活動，四百餘年間連綿不斷，形成了相當的規模與自身特色，構成燕行文學的一大支脈。這些詩歌具有相近的寫作背景、情感表達，同時由於題材的限制不可避免地在創作模式、意象典故使用等方面呈現出雷同的現象，而正是諸多相似近源之處，益使其成爲獨特類型。

與一般贈別詩相比，燕行贈別詩面對的不僅是個人離别，還始終籠罩在家國王事的視野格局之下，永遠脱離不開奉使出行的背景。換言之，這些詩歌雖然發生在兩人之間，但並非徹底的私人化作品，全詩篇幅純粹書寫離愁別緒的詩作少之又少，而必然涉及國事，涉及旅途，這使得它們具有更强的現實性。甚而有些採用古風或排律形式，洋洋灑灑長篇二三百言，或鋪排使者之事跡才華，或歷敘路途之各類見聞，或追述歷史之宗藩淵源……②極大擴充了贈別詩的內容表現力。

另外，燕行贈別詩還參與構建了燕行文學中特殊的文化意象。使行路綫的相對固定，行經點上的文化節點諸如鴨綠江、姜女廟、夷齊廟、鳳凰城……使臣每至則必有題詠，在年復一年的吟詠傳誦中凝練成了相對穩定的內涵，建立起一個由使臣群體分享的意象世界，如鴨綠江之西側所代表的異國他鄉，

---

① 俞彥述：《松湖集》，《韓國文集叢刊續》，第 78 册，第 313 頁。李時恒：《和隱集》，《韓國文集叢刊續》，第 57 册，第 453 頁。

② 如退溪先生《奉送同知兄聖節使朝京》（李滉：《温溪逸稿》附録，《韓國文集叢刊》，第 27 册，第 289 頁）、李承召《送廣原君李侯克敦朝燕》（李承召：《三灘集》，《韓國文集叢刊》，第 11 册，第 428 頁）、俞瑒《别李參判子修赴燕》（俞瑒：《秋潭集》，《韓國文集叢刊續》，第 33 册，第 102 頁）。

姜女廟所承載的冤屈貞烈，夷齊廟所象徵的忠節仁義……燕行贈別詩也參與了這一過程，雖然送別之時未親臨其地，但是文人們憑藉自己的記憶乃至想象，用詩句不斷塑造着這些經驗。如崇禎五年（1632）洪鎬朝天，洪命夏贈詩云"行旌定過灤河廟，爲挹清芬暫住車"（洪鎬《無住先生逸稿》）①。此處以路途節點入詩，所謂"清芬"，不明其事者當難解其義，或誤以爲花香。實際上，灤河廟即指夷齊廟，内有清風臺，所謂"清芬"，實乃伯夷叔齊之高行清節。

最後，贈別詩之於文人，既滿足了送別活動的必要環節，又豐富了文人交誼的見證和詩歌唱酬的往還，是通情達意的重要方式。所謂"冷暖人情在贐儀"（李安訥《朝天後録》）②，朝鮮文人對於燕行贈詩十分重視，如天啟六年（1626）金地粹出使北京，署名白洲之人在其贈詩下方注云："生素不善吟詠，然當此遠行，不可無贐，寫情而已。"（金地粹《朝天録》）③又金中清《赴京別章》中有詩云："遥想燕台孤燭夜，橐中批閲送君篇"④，似乎暗示着使者在途中可能存在贈別詩的閲讀活動。清康熙三年（1664），洪命夏出使中國，去程中某日，"見家書、禮判書及李承旨君美書、永安尉寄七言律詩二首以贐之，良可慰也"（洪命夏《甲辰燕行録》）⑤。此益可見贈別詩在文人的情感體驗中發揮了何等的作用。

（二）思想史的另一視角

燕行贈別詩爲觀察朝鮮士人如何看待中國提供了一種隱蔽的材料。因爲送行者必然身處中國之外，而無論他是否曾有行使中國的經歷（大部分有過），彼時彼刻，創作贈別詩時，都無法避免地摻入自己的想象，且不必顧忌被中國方面發覺，因而更能反映他們的一般看法。從上面列舉的五種意象典故看，一部分在明清兩朝不同時期呈現出截然相反的用法，一部分則是在清朝時期才開始出現。它們共同反映出朝鮮對明朝的認同、對清朝的排斥。

朝鮮王朝建立之初就采取"事大"的政治策略，與明朝建立宗藩關係，從明朝的册封與認可中尋求統治的合法性。但他們也確實對中華文化真心嚮慕，深刻認同，儀章制度，皆仿中國。加之，壬辰倭亂，日本侵朝，賴萬曆

---

① 洪命夏：《無住逸稿》，《韓國文集叢刊續》，第 22 册，第 493 頁。
② 李安訥：《朝天後録》，《燕行録全集》，第 15 册，第 257 頁。
③ 金地粹：《朝天録》，《燕行録全集》，第 17 册，第 92 頁。
④ 金中清：《赴京別章》，《燕行録全集》，第 12 册，第 72 頁。
⑤ 洪命夏：《燕行録》，《燕行録全集》，第 20 册，第 255 頁。

皇帝以舉國之力平定，朝鮮上下無不感戴明朝的再造之恩。至丙子胡亂之後，表面上稱臣於清，實際仍然思明尊明，繼續沿用崇禎年號。明朝亡國後，朝鮮以小中華自居，儘管不得不屈從清朝，但視之爲夷狄，無論清朝國力國運如何，均以衣冠禮樂之邦的自我認同蔑視之。正如俞瑒《別李參判子修赴燕》所述壬辰倭亂事：

> ……歲昔丁龍蛇，青丘鯨鯢鬧。三都兵燹慘，八路煙埃潣。神皇赫一怒，命將六師總。掃盡十年寇，驅除如螘螽。血我灰爐廟，粒我孑遺衆。先王感再造，赤心修職貢。一毫皆帝力，思之心骨痛。中原屬誰家，神器天驕弄。年年送此行，此懷向誰控……①

既然朝鮮一絲一毫都賴於明朝才得以存活，也就無怪乎如此美化明朝、先入爲主地排斥清朝了。

　　這種情緒一直延續到十八世紀中期，彼時燕行贈別詩中仍然充盈着反清思明的氣息。隨着時間流逝與歷史遠去，當然還有朝鮮自身獨立意識的覺醒，十八世紀後期以降，朝鮮與清朝之間，主動的文化交流漸漸代替了持續一百多年的抵觸。儘管洪奭周於純祖十六年（嘉慶二十一年,1816）仍寫下了"邠郊皮幣久堪憐，何況重逢丙子年。行過瀋陽須借問，君家曾有子卿氈（原注：季中先祖晦谷公以斥和拘瀋陽，故用蘇武囓氈事）"（《送曹行臺季中赴燕》）②這樣激勵氣節的詩句，但已經不是主流思潮了。朝鮮使者大多抱着觀光的態度，十八世紀後期出現的幾位燕行錄大家如柳得恭、洪大容、朴趾源、朴齊家等都與中國學者有所往來。此時的燕行贈別詩如：

> 三度游燕頗盡情，朱門佛寺總聞行。（朴齊家《送副使柳參判烱之燕》）
>
> 王會圖中添故事，皇華集裏播馨名。（金進洙《送崔熙卿入燕》）③

從中可知屈辱悲憤的感情再不如以往那樣強烈，京城的遊覽、文章的切磋、學術的交流成爲了使者在出使的政治任務之外個人事務的重點。

---

① 俞瑒：《秋潭集》，《韓國文集叢刊續》，第 33 冊，第 102 頁。

② 洪奭周：《淵泉集》，《韓國文集叢刊》，第 293 冊，第 78 頁。

③ 朴齊家：《貞蕤閣集》，《韓國文集叢刊》，第 261 冊，第 554 頁。金進洙：《蓮坡詩鈔》，《韓國文集叢刊》，第 306 冊，第 250 頁。

從"書籍之路"到文化之路①

——基於《文獻》雜志有關域外文獻選題發文的思考

張燕嬰

【摘　要】《文獻》雜志最近十年間（2013—2022）發表的全部論文所使用文獻存藏地的數據統計顯示，中國古文獻的域外藏本，正在成爲文獻學領域的重要研究對象。漢字文化圈内的"書籍之路"和往來於非漢字文化圈的"書籍之路"，自古以來都持續存在，並對中外文化的交流互鑒與變革重塑起到重要作用。書籍應當被理解爲歷史中的一股力量，而文化對於解釋書籍（文獻）問題具有相當高的有效性。應倡導從重現"書籍之路"並接軌"文化之路"的視角來從事關於域外存藏中國古文獻的研究。掌握"書籍之路"這把鑰匙，纔能解開傳統中國文化影響於漢字文化圈乃至世界的秘密，並在全球化的背景下深度説明中國文化的意義。

【關鍵詞】《文獻》雜志　域外文獻　書籍之路　文化之路

朝鮮英祖四十四年（1768）二月初一日，冬至兼謝恩副使吏曹判書李心源以六兩銀購得《堯山堂紀》（100卷）一書，參考他此行還以同樣的價格購

【作者簡介】張燕嬰，中國國家圖書館《文獻》雜志編輯部編審。

①　"書籍之路"的提法，就筆者有限的閲讀而言，得自於王勇教授《"絲綢之路"與"書籍之路"——試論東亞文化交流的獨特模式》，《浙江大學學報（人文社會科學版）》2003年第5期，第5—12頁。又王勇等：《中日"書籍之路"研究》，北京：北京圖書館出版社，2003年。不過深究王勇教授文或書中的研究對象，實則並不局限於"書籍"（或曰書本）本身，而是内涵更爲豐富的"文獻"一詞的代稱。因此在下面的行文中，"書籍"和"文獻"兩詞會同時使用，而不做精細化的區分。

得 130 卷的《史記評林》，① 可知他對於蔣著的必得之心。明人蔣一葵的《堯山堂外紀》，萬曆三十四年（1606）刊成，至遲在八年後的朝鮮光海君六年（萬曆四十二年）就已經傳入朝鮮，並被該國多種類型的漢文著作頻繁引用，在政治、學術、文學等多個維度對朝鮮讀者的認知產生影響。② 應該正是該書當年的傳入以及被朝鮮著作反復稱引，激發了李心源濃厚的購書興趣。

這是一個比較有趣的中國文獻影響於域外文獻，而域外讀者又回到原文獻的生產國搜尋，延續這種影響的例子。其中既涉及 "書籍之路" ——《堯山堂外紀》因李心源的購買行爲流入朝鮮，亦有 "文化之路" 若隱若現的存在③。且相較於中國文獻在域內的流轉，跨越國境的傳播帶來更多文化交融的可能性；是以 "書籍之路" 與 "文化之路" 的研究視角，更適用於 "域外文獻" 的領域。

一、《文獻》雜志十年來的相關發文統計

"一時代之學術，必有其新材料與新問題。"④ 追蹤本世紀以來文獻學研究的狀況，"域外漢籍" 作爲一類 "新材料" 的價值清晰可見。⑤ 這一點，從《文獻》雜志的發文情況⑥ 同樣可以獲得直觀的瞭解。

先對《文獻》雜志最近十年所刊發的有關域外文獻研究論文作一簡單統計（表一）：

---

① 漆永祥：《燕行録千種解題》，北京：北京大學出版社，2021 年，第 847 頁。

② 王國彪：《〈堯山堂外紀〉在朝鮮的傳播與影響》，《文獻》2013 年第 4 期。

③ 王國彪稱此書在朝鮮的傳播，"是當時中朝兩國文化交流繁榮局面的一個縮影"（《〈堯山堂外紀〉在朝鮮的傳播與影響》，《文獻》2013 年第 4 期，第 121 頁）。

④ 陳寅恪：《陳垣〈敦煌劫餘録〉序》，《陳寅恪文集之三·金明館叢稿二編》，上海：上海古籍出版社，1980 年，第 236 頁。

⑤ "新材料" 受重視的程度，可從近年來創辦的刊物（含集刊）獲知。如出土文獻類有《出土文獻》《出土文獻研究》《出土文獻綜合研究集刊》《出土文獻與古文字研究》等，域外漢籍則有《域外漢籍研究集刊》。

⑥ 筆者供職於《文獻》雜志，對該刊的情況略熟於他刊，故選作觀察之樣本。

表一

年份	篇數	欄目歸屬	文獻藏地（國家）	文章内容涉及的國家（地區或種族）
2013	20	出土文獻（金石、敦煌、黑水城）、文史新論、海外遺珍（含少數民族文獻）、藏書史、中外文化交流、目錄學、書札整理研究	俄羅斯、日本、英國、美國	越南、朝鮮、日本、美國
2014	19	出土文獻（漢簡、敦煌、吐魯番）、域外漢籍、中外文化交流、版本研究	日本、美國、越南、俄羅斯、朝鮮	
2015	13	出土文獻（敦煌、吐魯番）、海外漢籍、版本研究、稿抄本研究、名人書札	日本、荷蘭、法國	日本
2016	12	文史新探、海外遺珍、中外文化交流、藏書史	日本、美國、朝鮮	日本
2017	14	書札、題跋、藏書史、域外漢籍、中外文化交流、文史新探、四庫學	日本、加拿大、俄羅斯、美國、英國	歐洲
2018	12	書札、文史新探、版本研究、域外漢籍與中外交流	日本、英國	朝鮮、越南、琉球
2019	10	域外漢籍、出土文獻（敦煌）、藏書史、出版史	日本、韓國、德國	
2020	19	書籍與檔案、石刻文獻、少數民族文獻研究、域外漢籍	俄羅斯、美國、日本、英國、德國	粟特人、日本、歐洲
2021	14	出土文獻（甲骨、敦煌、吐魯番）、寫本文獻（書法類、日記、信札）、文學文獻研究、中外文化交流	加拿大、日本、英國、俄羅斯、韓國	日本、法國、歐洲、緬甸
2022	20	寫本文獻研究、四庫學、圖像文獻研究、目錄研究、少數民族文獻研究、《永樂大典》研究	日本、美國、俄羅斯、英國	日本、俄羅斯

　　表中的統計數據僅包括從篇名（和摘要①）就可以看出使用的是典藏在域

---

① 《文獻》雜志發文自 2015 年起有内容摘要，故早於此年發表的文章，僅據文章題名做判斷。

外的中國古文獻，而在研究中運用了域外藏本的還不在其中。即便如此，合計數已達到 153 篇，占最近十年發文總量的 15% 略多。

從使用的文獻類型來看，包括出土文獻類（甲骨、金石、竹簡、敦煌、吐魯番、黑水城），寫本文獻類（日記、信札、題跋、筆談、稿抄本、書法作品），檔案，圖像文獻。從研究方向看，分屬目錄學、版本學、出版史、藏書史、閱讀史、文化交流史。從學科分布看，涉文學、歷史、少數民族語言、科技史。從中國文獻的語種看，有漢文、藏文、西夏文、東巴文、回鶻文等。如將"中學西書"①也包括在內的話，則還有拉丁文、法文、葡萄牙文、西班牙文、德文、荷蘭文、英文、俄文等多種"西方語言中國史料"。②從所使用文獻的收藏國（或涉及的國家）來看，包括日本、韓國、越南、緬甸、俄羅斯、英國、法國、德國、荷蘭、美國、加拿大等。

以上情況説明，隨着我國開放程度的不斷擴大，中國古文獻的域外藏本，正在成爲文獻學領域重要的研究對象。所有可運用國內藏本研究的文獻問題，同樣可引入並正在引入域外藏本予以展開。在"文獻"利用的壁壘被慢慢打開的同時，不同歷史時期中國書籍不斷"走出去"的路徑也變得更加清晰。不同國家的古人如何以具體的中國書籍爲節點建立起對中國的認知，如何將他們各自的文化與中國文化相對比或連接，進而提出他們的思考與判斷，這些歷史事實也變得可以觸及。

二、漢字文化圈內的"書籍之路"

在相當長的歷史時期裏，在主要以漢字爲書面表達與溝通工具的人群中（如中、日、朝、越、琉球等）生產與傳播的書籍，既是塑造中華文化的重要手段，也促成東亞文化圈的形成。這些漢籍，既包括在中國産生與生產的，也包括中國書籍流入各國後在當地"再生產"的，還包括中國以外各國人士用漢字創作的。③由於共同使用漢字，這些書籍使得不同國家間人群之"知識"分享成爲可能，並進而實現文化的交流。

---

① 張西平：《西文之中國文獻學初議》，《文獻》2014 年第 2 期。

② 金國平、吳志良：《過十字門》之 23《構建"西方語言中國史料學"之初議》，澳門：澳門成人教育學會出版，2004 年，第 282—284 頁。

③ 詳參張伯偉：《導言：域外漢籍研究——一個嶄新的學術領域》，《東亞漢籍研究論集》，臺北：臺灣大學出版中心，2007 年，第 2 頁。

　　《文獻》發表的文章中，使用了（我國以外的）漢字文化圈內國家存藏之中國古文獻的，最早當數西漢竹簡《論語》，出土於朝鮮平壤市樂浪區貞柏洞 364 號墓，總數有 120 枚左右。① 由於墓中同時發現有幾件西漢元帝初元四年（公元前 45）的户籍木牘，可大體推知該墓的建造時間。② 由此看來，至晚在西漢時期，我國通往朝鮮半島的"書籍之路"就已在發揮作用。目前已知竹簡本《論語》有一定規模的存本，除了平壤本③ 之外，僅河北定州中山王墓和江西南昌海昏侯墓有出土，④ 更可見這條"書籍之路"意義之重大。有意思的是，日本文獻明確記錄下書名的最早一批東傳漢籍，在識字類書籍之外，同樣有《論語》，走的也正是"百濟國"的這條路。⑤ 朝鮮半島的考古發現與日本古籍，以"二重證據"的方式佐證着這條跨山越海的"書籍之路"亘古存在。

　　出土資料顯示，日本人至晚在五世紀已經具有運用漢字的能力。⑥ 七世紀以來，以走海路爲主的遣隋使、遣唐使（僧）成爲日本從中國不斷輸入"文籍"或"書籍"的主力，⑦ 隨之形成了中日之間新的"書籍之路"。成書於 891 年的《日本國見在書目録》著録的中國文獻總量，約相當於《隋書·經籍志》《舊唐書·經籍志》的一半，⑧ 可知當時的日本對於中國文獻的渴求與積極獲取（特別是如果考慮到該書目編於冷然院被焚之後）。其中有大量的漢籍古寫本

---

① 單承彬：《平壤出土西漢〈論語〉竹簡校勘記》，《文獻》2014 年第 4 期，第 33 頁。

② 從墓葬時間來看，該地區正屬於漢武帝開疆拓土後設置的樂浪郡管轄，則有相關文獻的出土，雖屬極珍稀的發現，倒也在情理之中。

③ 筆者所見研究該本的文章中最早的是李成市、尹龍九、金慶浩的《平壤貞柏洞 364 號墓出土竹簡〈論語〉》（《出土文獻研究》第 10 輯，北京：中華書局，2011 年，第 174—206 頁）。該文末尾還提及 "在韓國東南部的金海和中西部的仁川地區出土的有關《論語》的木簡"。可知《論語》簡在朝鮮半島已有多宗發現。

④ 此外，安徽大學藏戰國簡中的《仲尼曰》也有可能是《論語》（有 8 條）的早期文本。王家咀戰國楚墓中也有擬題爲《孔子曰》的竹簡，部分内容可與今本《論語》對讀。

⑤ 據《古事記》卷中的記載，是在四、五世紀之交的"應神天皇"時期。

⑥ 如埼玉縣行田市的稻荷山古墳出土鐵劍、熊本縣將田船山古墳出土台刀、和歌山縣橋本市隅田八梵宫出土青銅鏡上均有漢字銘文，時代均在五世紀。高倉洋彰則認爲三世紀時的彌生文化時期已有漢字（［日］高倉洋彰：《弥生人と漢字》，《考古学ジャーナル》第 440 卷，1999 年 1 月）。

⑦ 見（後晉）劉昫等：《舊唐書》卷一九九上《東夷列傳·日本》，北京：中華書局，1975 年。

⑧ 孫猛：《日本國見在書目録詳考》"前言"，上海：上海古籍出版社，2015 年，第 1、7 頁。

（及再抄本），至今仍在日本存藏，① 是探究中國早期文獻狀態的必要憑藉。② 雖然收藏於世界各地的敦煌、吐魯番出土古寫本也是呈現中文古籍早期面貌的研究材料，不過那些日藏古寫本上仍有可能携帶着它們在日本國特有的傳習痕迹，③ 這些都可能是揭開中日文化之分殊的綫索。

進入印本時代後，伴隨着更加先進的出版技術的傳播，漢籍在域外得到更爲有效的廣播。朝鮮半島生産的高麗本（如著名的朝鮮活字本）、日本翻刻的和刻本（比如著名的"五山版"甚至是由元末躲避戰亂的入日中國刻字工匠所刊刻）、越南刻印的安南本等，都加入到漢籍流播的行列，成爲重要的輔助力量。中國古籍由此獲得了更多的"傳世"機會與"存世"樣本。而中國古文獻向漢字文化圈内其他國家的流布，也爲所在國提供了"漢文化"的滋養，進而激發新的文化創造，誕生出新的"域外漢籍"品種：即域外人士的漢字著作。

在漢文化圈内，從書籍成品的傳播，到書籍出版方式的影響，再到中國以外的國家出現"在地化"的漢籍創作，其實質都是中國文化的物質化呈現，以及其他漢文化圈國家對於中國文化的吸收借鑒與改進拓展。

漢文字圈内其他國家所藏中國文獻的價值，自十世紀以來即已被國人認識到，從而出現回流之勢。④ 清中期以來，隨着日藏珍貴漢籍陸續歸來，域外中國古文獻又成爲反哺母體的源源營養，在衆多學術領域展露身手。及至近現代，日本不斷崛起，更因"同文"的便利，成爲中國"看向世界"的窗口，甚至我國的"新文化運動"中也有不可忽視的日本要素。⑤

簡而言之，從中國古文獻在漢字文化圈内的"環流"情況來看，作爲精神資源的書籍，在傳播過程中所生成的意義，具有多種可能性。書籍（以及

① 阿部隆一編的《本邦現存漢籍古寫本類所在略目録》是查詢相關信息的重要工具書。

② 張宗品：《裴注八十卷集解本〈史記〉篇目考——基於古寫本文獻的研究》，《文獻》2022 年第 3 期。

③ 高薇：《日藏白文無注古鈔〈文選〉研究的回顧與思考》，《文獻》2018 年第 4 期。

④ 早期的文獻回流如楊億《談苑》記載吳越國錢氏花重金從日本抄回天台教籍[（宋）楊億口述，黃鑒筆録，宋庠整理：《楊文公談苑》，上海：上海古籍出版社，1993 年，第 9 頁]，王勇對此事始末做過詳細的考察（《吳越國海外求書緣起考》，王勇等：《中日"書籍之路"研究》，第 146—171 頁）。又如宋代有多種《孝經》文獻（包括《孝經鄭氏注》）從高麗、日本傳歸（顧永新：《〈孝經鄭注〉回傳中國考》，《文獻》2004 年第 3 期）。

⑤ 劉嶽兵：《津田左右吉的論著及學術思想在中國的影響——以民國時期爲中心》，《文獻》2017 年第 2 期。

蘊含其中的知識）所具有的培育、激發、催生之功，使之具備"流通"的價值，並在所到之處焕發新的生機，產生不可估量的影響。

三、往來於非漢字文化圈的"書籍之路"

在我國歷史上，與漢文古文獻向外輸出同步，存在着一條向內輸入的"書籍之路"。首先就是隨佛教傳入我國的佛經，經過自漢至唐大規模的取經譯經活動，逐漸中國化，加入漢文書籍行列，成爲蔚爲大宗的"漢文藏經"（或"釋家類"書籍），對歷史上的中國之政治、文化、觀念、民情等均產生過巨大的影響，且已成功內化爲中國文化的一部分。其次有在我國西北地方出土的西來語種（如梵文、粟特文、突厥文、希伯來文、阿拉伯語、叙利亞語等）古文獻，反映出我國（特別是西北地方）自古以來就存在中西方文化匯聚交融的事實。有學者曾將15世紀前西域文獻所見的20餘種語言按漢藏語系、印歐語系、阿爾泰語系、閃—含語系加以分類羅列，並特別舉出雙語文獻24類，説明"幾乎所有西域的語言都與漢語發生過接觸"。這些接觸重塑了漢語，也使語言數量逐漸減少（即部分語言走向消亡）。[1] 由此亦可見漢文化的生命力與影響力。復次則有明末清初以來近三百年間西方入華傳教士帶來的西文古文獻，以神學、傳記、教會史、歷史著作居多，亦有天文學、數學、力學、機械學等科學著作。它們是傳教士在華傳播西方思想文化（以宗教爲主）和科學技術的知識基礎，[2] 也在一定程度上對中國人的知識系統產生過影響。[3] 這些西來書籍幾乎不曾間斷地爲中國帶來不一樣的知識圖景，也使中國文化在適應、調整與重塑中不斷生長。

而通往非漢字文化圈的"書籍之路"，既缺乏"同文"的便利，又存在路途更爲遥遠的障礙，難免起始時間略晚且延續性稍遜。比如，英藏、法藏、俄藏中國古文獻的大宗，是上世紀初纔出現在學術視野的敦煌、吐魯番、黑

---

① 牛汝極：《西域語言接觸概説》，《中央民族大學學報（哲學社會科學版）》2000年第4期，第122—125頁。

② 趙大瑩：《清中前期的東堂藏書》，《文獻》2020年第2期；柳若梅：《俄羅斯檔案館藏北堂西文書目考》，《文獻》2020年第2期。

③ 比如徐光啓、李天經等人主持編撰的《崇禎曆書》，是由在華耶穌會士和曆局官生共同參與完成的一部較爲全面的介紹西方數理天文學知識的著作（李亮：《日藏〈崇禎曆書〉抄本及其影響考論》，《文獻》2020年第5期，第144頁）。

水城出土文獻。而這些文獻去往今收藏國家的歷程，則是中國歷史與文化中甚爲悲傷的一幕。與之類似的還有不少，如英國國家檔案館收藏的近代中文輿圖，係第二次鴉片戰爭期間英法聯軍所擄走的清代兩廣總督衙署官方文件；① 又如歐美圖書館或私人收藏的《永樂大典》，也都是八國聯軍攻陷北京時從翰林院劫走。② 這些中國古文獻，走的是完全不同於其在漢文化圈內的"書籍之路"。不過它們之被西方覷覬，或許仍是中華文化獨特魅力的另類注腳。

與在東亞文化圈內流播的漢籍自身便可向域外讀者帶去中國的知識不同，西方世界的讀者更多需要借助"晚明以後……來華的傳教士，做生意的西方各國東印度公司，駐華的外交官和漢學家"用各自母語所寫作的"研究中國的歷史文獻"或所翻譯的"中國古代的歷史典籍"來瞭解中國。③ 這些被稱作"中學西書"的著作與書籍，是彼時西方認識中國的鑰匙，是今日治西方漢學的基礎，也是研究中國歷史的重要文獻。比如在 1655 年出版的衛匡國《中國新地圖集》中，作者已參考荷蘭人的實際地理測繪，對我國臺灣島的地理位置與島嶼形態作了較爲準確的描繪，並具體描述了該島的命名與風俗習慣等；④ 這比準確描繪該島的中國地圖文獻的時間還要早。又比如聶仲遷在《韃靼統治下的中國歷史》以及《續編》中，對其所瞭解的順治、康熙朝政體結構和社會文化、風俗民情以及其所親歷的清初"欽天監曆獄"等的描述，都具有相當高的真實性。⑤ 由於西方作者具有"跨文化（宗教）"的視角，他們的記述是輔助我們追究中國歷史真相的"異域之眼"，也提醒我們對自身有所反思。這些著作⑥ 應該是更廣義的"中國古文獻"的組成部分，⑦ 必得循着當年傳教

---

① 賈富強、吳宏岐：《英藏近代中文輿圖注記標簽疑誤情況研究》，《文獻》2018 年第 6 期。

② ［英］何大偉（David Helliwell）撰，許海燕譯，［德］邵玉書（Joshua Seufert）、劉楠楠審校：《歐洲圖書館所藏〈永樂大典〉綜述》，《文獻》2016 年第 3 期。

③ 張西平：《西文之中國文獻學初議》，《文獻》2014 年第 2 期。

④ 楊雨蕾：《衛匡國〈中國新地圖集〉考論》，《文獻》2021 年第 6 期。

⑤ 解江紅：《耶穌會士聶仲遷及其〈韃靼統治下的中國歷史〉》，《文獻》2018 年第 4 期。

⑥ 上引張西平文稱"包括：凡是由西方文字出版的關於中國的書籍、藏於西方檔案館尚未出版的關於中國的檔案、手稿、資料"。

⑦ "曾服務於明、清兩朝的西方傳教士或在各地傳教的普通教士以各種西方文字撰寫的數量不少的公私函件、傳教年報及專著，未能得到系統的發掘和利用。可以說，在檔案資料的利用上，西方學界與中國學界處於同一起跑綫上。"（金國平、吳志良：《過十字門》之 23《構建"西方語言中國史料學"之初議》，第 283 頁）這些有關中國的史料，國人若不主動發現與研究，等待西方學者端出現成的來，恐不知其時日所在。

士的脚步去追尋它們曾經走過的路。而這種跨文化的溝通能力與批評能力，正是繼承優秀傳統、超越客觀局限、實現偉大飛躍的助推力。

四、以"書籍之路"接軌"文化之路"

羅伯特·達恩頓提出，應當"把書籍理解爲歷史中的一股力量"。[①] 而書籍之所以能够成爲"一股力量"，則與它承載的知識、傳遞的思想、代表的文化息息相關。

記得筆者剛工作不久曾經編輯過一篇叙録某少數民族若干史籍的文章，發現該民族文獻有大量描述民族遷徙路綫的内容。最初並不理解其中的緣由。後來受一位治民族史學者的點撥纔知曉，該民族的文化與"安土重遷"的農耕文化大爲迥異，是以造成其民族文獻具有那樣的内容特色。這説明，文化對於解釋文獻（書籍）問題的有效性。

因此關於域外存藏中國古文獻的研究，仍需要以下兩方面的努力：

一方面是依託目録學、版本學、校勘學、輯佚學等諸多文獻學研究的成果，來呈現文獻（書籍）生産、傳播過程中出現的種種歷史事實，即重現"書籍之路"：

由於文獻（書籍）是一切研究的基本材料，若文獻匱乏、史料短缺，則無法有效呈現歷史上異質文化間頻仍交流的盛况。因此相關文獻的目録[②] 就是頂頂重要的入門工具。比如藉助前舉《日本國見在書目録》可以瞭解九世紀時已傳入日本的中國文獻，又比如江户時代抵達長崎的商船所載書籍的目録、賬簿等對於認識彼時兩國間書籍貿易的實况，[③] 也是最直接的史料。這些目録或呈現特定藏品的面貌，[④] 或顯示採選者的興趣所在。[⑤] 它們的生成同樣體現

---

① ［美］羅伯特·達恩頓著，葉桐、顧杭譯：《啓蒙運動的生意——〈百科全書〉出版史（1775—1800）》，北京：生活·讀書·新知三聯書店，2005 年，第 2 頁。

② 書目之外，還要重視藏印的價值（趙大瑩：《方寸存真：北堂書的藏書印與藏書籤》，《文獻》2016 年第 5 期）。而且相比於書目的"静態"呈現，藏印所揭示的遞藏關係，還能一定程度上復原書籍流播的路徑。

③ ［日］大庭脩著，戚印平、王勇、王寶平譯：《江户時代中國典籍流播日本之研究》，杭州：浙江大學出版社，1998 年。

④ 柳若梅：《俄羅斯檔案館藏北堂西文書目考》，《文獻》2020 年第 2 期。

⑤ 王寶平：《康有爲〈日本書目志〉資料來源考》，《文獻》2013 年第 5 期。

歷史與文化的經緯。①

　　其次是基於版本溯源掌握文獻（書籍）跨國流動與再生產的關係。比如長澤規矩也曾以日本室町末期之前所刊行的漢籍，作爲調查當時漢籍輸入的有力綫索。②

　　而校勘學的成果或可幫助認識異質文化對於文本變動的影響，③從而知曉書籍曾以何處爲家。

　　輯佚的收穫則可再現最初創作的全貌與背後的動因，④幫助捕捉到那些同道（既有人也有書）的身影。僅以距今最近的清代而言，已有接近一半的清人詩文別集消失在歷史的長河中，⑤而其中某些詩人或創作能夠在“域外漢籍”中被永久定格，不禁讓人感歎這樣的“殊勝因緣”。

　　另一方面則需要予以一種更具整體性、綜合性、比較性特點的文化審視，即接軌“文化之路”：比如個別域外作家創作的漢籍會被誤認爲是“國產”，正是由於文化的相似度極高。⑥一些在“原產國”傳播未廣的書籍，到了“域外”反而獲得更多的傳抄或翻刻，這背後所體現的正是學術需要或文化傾向的差異。⑦書籍在自然地流播過程中能夠一次又一次地超越國界（或突破語言障礙），同樣隱含着先進文化巨大的輻射作用。⑧比如不同國度的人士借助書籍走進對方的精神世界，更多地瞭解與理解對方，再度生成有效播揚自身文

---

①　以上兩文的研究分別顯示：前者再現 19 世紀上半葉天主教傳教士遭到清政府驅逐後，不得不將其部分藏書委托給俄國東正教使團存藏的歷史脈絡；後者暗藏着康有爲對振興之路的思考：通過譯書，借道日本，學習西方。

②　參［日］大庭脩著，戚印平、王勇、王寶平譯：《江户時代中國典籍流播日本之研究》，第 14 頁。

③　卞東波：《稀見五山版宋元詩僧文集五種叙録》，《文獻》2013 年第 3 期。

④　鄭幸：《〈默翁使集〉中所見越南使臣丁儒完與清代文人之交往》，《文獻》2013 年第 2 期；吳留營：《江户寫本〈使琉球贈言〉與康熙中期文壇》，《文獻》2021 年第 2 期。

⑤　據《清人著述總目》統計，清人詩文別集多達 68244 種，傳於世的有 36810 種（杜澤遜：《略論清代别集的學術價值——在“〈清代詩文集彙編〉編纂出版總結會”上的發言》，《古籍新書報》2011 年 10 月 28 日第 110 期）。

⑥　王傳龍：《邊瑛〈玄對畫譜〉考辨》，《文獻》2022 年第 4 期。

⑦　瞿艷丹：《乾隆中後期〈七經孟子考文補遺〉的傳抄與閲讀》，《文獻》2021 年第 5 期。

⑧　汪超：《日藏朝鮮刊五卷本〈歐蘇手簡〉考》，《文獻》2018 年第 5 期；李亮：《日藏〈崇禎曆書〉抄本及其影響考論》，《文獻》2020 年第 5 期。

化的構思或路徑。①

年内因爲參與央視《一饌千年》節目的製作，在與節目組的導演溝通時，我說了我的理解：節目的立意，顯然不應僅僅是復原出古人享用過的餐食飲品，而是在幫助我們理解祖先所經歷的生存實態，無論食材原料、烹飪手段、炊具食器、宴聚場所，無一不是特定歷史時代物質文明的符號與"密碼"；讀懂這些，就能無限接近我們的文化基因。

食物是全球化程度最高的商品之一（因而其中的若干纔會成爲全球性的期貨産品），其中亦蘊含着"歷史"的、"文化"的要素。而書籍作爲人類的精神食糧，同樣既是物質産品（因此全球有各式各樣的圖書交易會），更是文化載體，而且它的影響力是可持續的（就好比經、注、疏古籍的依次生成，不斷累積）。掌握"書籍之路"這把鑰匙，纔能解開傳統中國文化影響於漢字文化圈乃至世界的秘密，纔能在全球化的背景下深度説明中國文化的意義。

---

① 西方傳教士的漢籍收藏中，有大量的通俗文獻（如戲曲、小説、民俗畫等），應與傳教士欲藉以瞭解中國受衆、擴大傳教效果有關。

高麗唐詩選本《十抄詩》與《夾註名賢十抄詩》成書時間考

查屏球

【摘　要】《十抄詩》是高麗朝初出現的一部唐人七律詩選集。全書抄録了三十位唐詩人作品，每人取十首。本書所選詩人、作品特色明顯，只選中晚唐且偏重晚唐後期之作，不選初盛唐，所選多爲廣明（880—881）前作品，與南宋時流行的《唐三體詩》比較接近；所選新羅文人詩都是在唐之作，入選詩人以活動於揚州、越州者居多。因此，《十抄詩》應成書於高麗初，《夾註名賢十抄詩》可能出現在高麗朝中後期。

【關鍵詞】《十抄詩》　《夾註名賢十抄詩》　唐詩　高麗中後期

《十抄詩》是高麗朝初出現的一部唐人七律詩選集。全書抄録了三十位唐詩人作品，每人取十首，故名《十抄詩》。現存《十抄詩》有兩種形態，一種是白文無注本，分上、下兩卷，木刻，一册裝，共九十三頁，四周單邊，半頁匡郭，板式規格爲：17.2cm×11.5cm，有界，每半頁八行，每行十五字，有版心，黑口，上下内向黑魚尾，書的高寬尺寸是：20.3cm×14.4cm，板式具有高麗後期至朝鮮朝前期印刷品的特徵。首爾大學奎章閣中存有較早刊本，北京大學圖書館亦有藏本①，板式相同，似爲後來的再印本。另一種是夾註本，書名是《夾註名賢十抄詩》，有抄本與刻本兩種版本，刻本三册裝，四周雙邊，半頁匡郭，板心規格爲：24.51cm×6.8cm，有界，十行，每行二十字，有版心，

【作者簡介】查屏球，復旦大學中文系、中國古代文學研究中心教授。

① 《木樨軒藏書題記及書録》（李盛鐸著，北京：北京大學出版社，1985 年，第 367 頁）：【十抄詩】二卷，朝鮮刊本［明朝鮮刻本］，雜收唐人及朝鮮人七律。

大黑口，上下内向黑魚尾，書高寬尺寸是 34cm×21.4cm，具有朝鮮中期的版式特徵。此本在首爾大學奎章閣與韓國國會中央圖書館皆有藏本，國會中央圖書館所藏刊本僅有中下兩卷，高麗大學圖書館所藏亦有殘缺，全本見藏於韓國中央研究院。又，日本陽明文庫也藏有全本。抄本存於奎章閣中，保存完整，是據刊本形制摹寫出來的，保留了初刊本的版式，分頁、欄數及每行字數，唯字體不同。韓國學中央研究院影印出版了《夾註名賢十抄詩》刊本，日本立命館大學教授芳村弘道主編的《十抄詩　夾註名賢十抄詩》[①]影印了北京大學藏本《十抄詩》與陽明文庫藏本《夾註名賢十抄詩》。

由於現存本沒有署名，《十抄詩》編者不明，其成書的確切時間，也難著明，甚至還有一些訛誤。近年來，已有一些學者對此進行推斷，以下再據相關史料與書中信息，做進一步的推定。本書所選詩人、作品特色明顯，只選中晚唐且偏重晚唐後期之作，不選初盛唐，與南宋時流行的《唐三體詩》比較接近。因此，可從《十抄詩》所選內容推測本書形成的背景。細辨文本，可以發現一些時間信息。

一、所選多爲廣明（880—881）前作品

本書所選唐朝詩人有二十六位：白居易、劉禹錫、温庭筠、章孝標、杜牧、張籍、許渾、雍陶、李遠、趙嘏、馬戴、張祐、皮日休、韋蟾、杜荀鶴、曹唐、李雄、吳仁璧、方干、韓琮、秦韜玉、羅隱、羅鄴、李山甫、李群玉、賈島。新羅詩人有四：崔致遠、崔承祐、崔匡裕、朴仁範。由各自成名的年代看，可分成武宣、懿僖、昭後三個階段，見下表（表一）：[②]

表一

年代	年數	人數	人名	生卒約年[②]	集名（【】見於《崇文總目》）
武宗朝（840—846）	六年	五人	白居易	（772—846）	【《白氏文集》七十卷】
			劉禹錫	（772—842）	【劉賓客集外詩三卷】
			張籍	（766—830）	【張籍詩集七卷】
			賈島	（779—843）	【賈島小集三卷、賈島集十卷】
			章孝標	（791—841）	章孝標詩一卷

① 芳村弘道編：《十抄詩　夾註名賢十抄詩》，東京：汲古書院，2011 年。

② 以上詩人生卒年多數只是擬設的時間段，非定論。

年代	年數	人數	人名	生卒約年	集名（【】見於《崇文總目》）
宣宗朝（846—859）	十四年	十人	杜牧	（803—852）	【樊川集二十卷】
			許渾	（791—858）	【丁卯集三卷】
			趙嘏	（806—853）	【渭南集三卷】【趙氏編年詩二卷】
			雍陶	（800—860）	【雍陶詩集一卷】
			李遠	（800—860）	【李遠詩集一卷】
			馬戴	（799—869）	【馬戴詩一卷】
			張祜	（785—849）	【張祜詩一卷】
			韓琮	（800—860）	【韓琮詩一卷】
			李群玉	（808—862）	【李群玉詩三卷、李群玉後集五卷】
			温庭筠	（812—870）	【握蘭集三卷（又《金筌集》十卷、《詩集》五卷、《漢南真槀》十卷）】
懿宗朝（859—873）	十四年	三人	曹唐	（830—890）	【曹唐大遊仙詩一卷、曹唐小遊仙詩一卷】
			韋蟾	（835—895）	（？）
			皮日休	（838—883）	【皮日休文集十卷、胥臺集七卷、江東後集十卷】【皮日休文藪十卷】【皮日休詩一卷】
唐僖宗朝（873—888）	十五年	五人	方干	（836—888）	【英先生詩集十卷】
			秦韜玉	（830—895）	秦韜玉《投知小録》三卷（字中明，田令孜神策判官，工部侍郎。）
			吳仁璧	（860—915）	【吳仁譬詩一卷】
			羅隱	（833—910）	【《羅隱集》二十卷】
			羅鄴	（825—910）	【羅鄴詩一卷】

年代	年數	人數	人名	生卒約年	集名（【　】見於《崇文總目》）
昭宗、哀帝朝（888—904—907）	十八年	三人	李山甫	（840—900）	【李山甫一卷】
			杜荀鶴	（846—904）	【杜荀鶴詩集】一卷
			李雄	（875—935）	【鼎國詩三卷】
新羅詩人		四人	崔致遠	（856—910）	【桂苑筆耕二十卷、崔致遠四六一卷】
			崔承祐	（870—830）	
			崔匡裕	（856—910）	
			朴仁範	（850—910）	

　　據上可見，本書是以唐宣宗後詩人作品爲主要選擇對象，其中又以宣、懿、僖三朝爲主。選家既取於當時流行的有定評的詩壇前輩詩人作品集，如劉禹錫、白居易等，也選取了當下活躍的詩人之作，如羅隱、杜荀鶴等，而且主要是限於選家能接觸到當代詩人，故僖、昭、哀三朝多爲東南一帶詩人。所選的四位新羅詩人，除崔致遠外，其餘三人本集不存，但可確定四人都是新羅赴唐賓貢生，所取作品多寫在唐的經歷與體驗，生活下限也在羅末麗初（915—935年）。由所選四位新羅詩人作品看，《十抄詩》應屬一部當代詩選。以這一判斷爲基礎，就可對其編者及編選年代做進一步分析。

　　《十抄詩》中有些詩也透露了本書的年代信息，如韋蟾《壬申歲寒食》：

　　　榮名壯歲兩蹉跎，到老螢窗意若何？四野杯盤爭道路，千門花月暗經過。有心只欲閑浮海，無力誰能鬪拔河。禁火豈關懸上客，從來曲突不黔多。①

　　《舊唐書》卷一百八十九言："韋表微始舉進士登第，累佐藩府，元和十五年拜監察御史，逾年以本官充翰林學士，遷左補闕，庫部員外郎、知制誥，滿歲擢遷中書舍人，俄拜户部侍郎，職並如故，時自長慶寶曆國家

---

① 　［高麗］釋子山夾註，查屏球整理：《夾註名賢十抄詩》卷中韋蟾《壬申歲寒食》，上海：上海古籍出版社，2005年，第92—93頁。

比有變故，凡在翰林遷擢，例無滿歲，由是表微自監察六七年間秩正貳卿，命服金紫，承遇恩渥盛於一時，卒年六十。表微少時剋苦自立，著《九經師授譜》一卷、《春秋三傳總例》二十卷。子蟾，進士登第，咸通末爲尚書左丞。"①韋表微約卒於大和四年（830），六十歲，其子韋蟾大中七年（853）登進士第，咸通末（874）已爲尚書左丞。詩言壯歲（三十）尚未及第，設其三十二歲及第，父卒之時約八九歲。本詩是寫詩人科場失意的感受，故此"壬申"，只能是大中六年（852），因爲下一個壬申年已入後梁（912）了。其時韋蟾三十一，亦與詩所言壯歲已過相合。由此看來，本書所選晚唐作品，多爲僖宗廣明元年（880）黃巢攻破長安之前的作品，即流行於大中、咸通時期的作品。如，皮日休咸通八年（867）及第，其於前一年就編定《皮子文藪》，本書所選皮詩都是及第前作品，估計《十抄詩》就是取於當時流行的皮氏詩集。日後影響甚大的《松陵集》中相關作品，一首未取。這是因爲《松陵集》是皮氏爲避黃巢之亂到蘇州與陸龜蒙等當地文人的唱和之作，已在這個時間之外了。

由所選詩人看，李雄其人其作也是一個重要的時間證據，《郡齋讀書志》裏著録了李雄《鼎國詩》：

　　《郡齋讀書志》卷一八《別集類》：《鼎國詩》三卷。右後唐李雄撰。雄，洛鞏人，莊宗同光甲申歲，遊金陵、成都、鄴下，各爲詠古詩三十章，以三國鼎峙，故曰《鼎國》。②

晁公武記録李雄《鼎國詩》寫作時間是後唐莊宗同光甲申歲（924），其根據可能是李雄所作序。《十抄詩》成書也只能在此之後了。陸希聲（？—895）《唐太子校書李觀文集序》曾言：

　　自廣明喪亂，天下文集略盡。予得元賓文於漢上，惜其恐復磨滅，因條次爲三編，論其意以冠於首。大順元年（890）十月日，給事中陸希聲序。③

這是時人對當時亂世文獻流傳情況的陳述，廣明後文獻散失嚴重，故《十抄詩》編者所據多爲廣明（880）前流行的詩集。由上表看，所選詩人詩集多入《崇文總目》，表明這些詩集在當時確有流傳，至北宋仁宗朝仍然存在；

---

① （後晉）劉昫等撰：《舊唐書》，北京：中華書局，1975年，第15冊，第4979頁。

② （宋）晁公武撰，孫猛校證：《郡齋讀書志》，上海：上海古籍出版社，1990年，第940頁。

③ （唐）陸希聲：《唐太子校書李觀文集序》，（清）董誥輯：《全唐文》卷八一三，清嘉慶十九年刻本。

李雄《鼎國詩》一例又表明《十抄詩》編選結集應是後唐（923—936）之後的事了。

二、所選新羅文人詩都是在唐之作

《十抄詩》選了崔致遠、崔承祐、朴仁範、崔匡裕四位新羅詩人作品，其中也留有時間信息。我們先列表説明各詩大致的寫作時間，再對各人情況分別説明（表二）：

表二

作者	詩題	詩	時間説明
崔致遠 12歲入唐，18歲賓貢進士及第，20歲（879年）任溧水尉，881年入高駢幕，885年回國。	1.《登潤州慈和上房》	登臨暫隔路歧塵，吟想興亡恨益新。畫角聲中朝暮浪，青山影裏古今人。霜摧玉樹花無主，風暖金陵草自春。賴有謝家餘境在，長教詩客爽精神。	崔致遠 876—879 年爲溧水尉，詩作於其時。（《孤雲集》卷一）
	2.《和李展長官冬日遊山寺》	暫遊禪室思依依，爲愛溪山似此稀。勝境唯愁無計住，閑吟不覺有家歸。僧尋泉脈敲冰汲，鶴起松梢擺雪飛。曾接陶公詩酒興，世途名利已忘機。	詩寫在結束溧水尉之後與州長官交往之事，時在 880 年左右。
	3.《汴河懷古》	遊子停車試問津，隋堤寂寞没遺塵。人心自屬升平主，柳色全非大業春。濁浪不留龍舸跡，暮霞空認錦帆新。莫言煬帝曾亡國，今古奢華盡敗身。	自稱"遊子"，應是在及第後遊歷汴宋時（875）作。
	4.《友人以球杖見惠以寶刀爲答》	月杖輕輕片月彎，霜刀凜凜曉霜寒。感君恩豈尋常用，知我心須子細看。既許驅馳終附驥，只希提拔早登壇。當場已見分餘力，引鏡終無照膽難。	"當場已見分餘力"，表明時在及第後，只希題拔，是在入仕前。
	5.《辛丑年書事寄進士吳瞻》	危時端坐恨非夫，爭奈生逢惡世途。盡愛春鶯言語巧，卻嫌秋隼性靈粗。迷津懶問從他笑，直道能行要自愚。壯志起來何處説，俗人相對不如無。	題言"辛丑"，即唐僖宗廣明二年中和元年（881）。
	6.《和友人春日遊野亭》	每將詩酒樂平生，況值春深煬帝城。一望便驅無限景，七言能寫此時情。花鋪露錦留連蝶，柳織煙絲惹絆鶯。知己相邀歡醉處，羨君稽古賽桓榮。	詩言"煬帝城"，當作於 880—884 年在高駢幕中。

作者	詩題	詩	時間説明
	7.《和顧雲侍御重陽詠菊》	紫蕚紅葩有萬般，凡姿俗態少堪觀。 豈如開向三秋節，獨得來供九夕歡。 酒泛餘香熏座席，日移寒影掛霜欄。 只應詩客多惆悵，零落風前不忍看。	稱顧雲侍御，當在881—883年秋。
	8.《和顧雲支使暮春即事》	東風遍閱萬般香，意緒偏饒柳帶長。 蘇武書回深塞盡，莊周夢趁落花忙。 好憑殘景朝朝醉，難把離心寸寸量。 正是浴沂時節也，舊遊魂斷白雲鄉。	稱顧雲支使，且有"舊遊魂斷白雲鄉"之歡，似在884年春離職前。（《孤雲集》卷一）
	9.《和張進士喬村居病中見寄（喬字松年）》	一種詩名四海傳，浪仙争得似松年。 不唯騷雅標新格，能把行藏繼古賢。 藜杖夜携孤嶠月，葦簾朝卷遠村煙。 病來吟寄漳濱句，因附漁翁入郭舡。	稱張喬爲進士，在及第前，即咸通十五年（874）前，（《孤雲集》卷一）
	10.《酬楊瞻秀才》	海槎雖定來年回，衣錦還鄉愧不才。 暫別蕪城當葉落，遠尋蓬島趁花開。 谷鶯遥想高飛去，遼豕寧慚再獻來。 好把壯心謀後會，廣陵風月待銜杯。	"別蕪城"，"尋蓬島"。應在其歸國前即光啓元年（885）前。（《桂苑筆耕集》卷二十）
朴仁範 878年前來唐，入蜀傳新羅王信於僖宗，後隨僖宗入長安，軍亂後入涇州幕府。後又入江西幕府，並賓貢進士及第。	1.《送僧上人歸竺乾國》	家隔滄溟夢早迷，前程況復雪山西。 磬聲漸逐河源迥，帆影長隨落月低。 葱嶺鬼應開棧道，流沙神與作雪梯。 離鄉五印人相問，年號咸通手自題。	詩言咸通年號（860—874）
	2.《江行呈張峻秀才》	蘭橈晚泊荻花洲，露冷蛩聲繞岸秋。 潮落古灘沙觜没，日沉寒島樹容愁。 風驅江上群飛雁，月送天涯獨去舟。 共獻羈離年已老，每言心事淚潛流。	似在江西，884年左右，年已老。
	3.《馬嵬懷古》	日斾雲旗向錦城，侍臣相顧暗傷情。 龍顏結恨頻回首，玉貌催魂已隔生。 自古暮山多慘色，到今流水有愁聲。 空餘露濕閑花在，猶似仙娥臉淚盈。	光啓元年（885）朴仁範隨僖宗返長安，途經馬嵬。
	4.《寄香巖山睿上人》	卻憶前頭忽黯然，共遊江海偶同舡。 雲山凝志知何日？松月聯文已十年。 自歎迷津依闕下，豈勝拋世卧溪邊。 煙波阻絶過千里，雁足書來不可傳。	僧人是其入唐後交往的詩友，交往已有十年，他約879年入唐，十年後應在890年左右。

作者	詩題	詩	時間説明
	5.《早秋書情》	古槐花落早蟬鳴,卻憶前年此日情。千緒旅愁因感起,幾莖霜髮爲貧生。堪知折桂心還暢,直到逢秋夢不驚。每念受恩恩更重,欲將酬德殺身輕。	其在高湘任江西觀察史時(881年)及第,本詩稱應試時間爲"前年",當作於883年左右。
	6.《涇州龍朔寺閣兼簡雲棲上人》	翬飛仙閣在青冥,月殿笙歌歷歷聽。燈撼螢光明鳥道,梯回虹影到岩扄。人隨流水何時盡,竹帶寒山萬古青。試問是非空色理,百年愁醉坐不醒。	朴仁範在長安遇亂,入涇州,詩約作於885年左右。
	7.《上殷員外》	孔明籌策惠連詩,佐幕親臨十萬師。騏驥躡雲終有日,鸞鳳開翅已當期。好尋山寺探幽勝,愛上江樓話遠思。淺薄幸因遊鄭驛,貢文多愧遇深知。	貢文,表明在其及第(881)前。
	8.《上馮員外》	陸家詞賦掩群英,卻笑虛傳榜上名。志操應將寒竹茂,心源不讓玉壺清。遠隨旌斾來防虜,未遂鸞鴻去住城。蓮幕鄧林容待物,翩翩窮鳥自哀鳴。	"遠隨旌斾來防虜",表明朴氏仍在涇州防秋軍中,即885年。
	9.《贈田校書》	芸閣仙郎幕府賓,鶴心松操古詩人。清如水鏡常無累,德比蘭蓀自有春。日夕笙歌雖滿耳,平生書劍不離身。應憐苦節成何事?許借餘波救涸鱗。	書劍不離身,也似在軍中語,寫作時間也當在885年。
	10.《九成宮懷古》	憶昔文皇定鼎年,四方無事幸林泉。歌鐘響徹煙霄外,羽衛光分草樹前。玉樹金階青靄合,翠樓丹檻白雲連。追思冠劍橋山月,千古行人盡慘然。	九成宮,在寶雞,距涇州不遠,詩也寫在涇州期間。
崔承祐,《三國史記·薛聰傳》:崔承祐以唐昭宗龍紀二年(890)入唐。景	1.《鏡湖》	采蕨山前越國中,麴塵秋水澹連空。蘆花散撲沙頭雪,菱葉吹生渡口風。方朔絳囊遊渺渺,鴟夷桂楫去忽忽。明皇乞與知章後,萬頃恩波竟不窮。	似在及第後,即景福二年(893)。
	2.《獻新除中書李舍人》	五色仙毫入紫微,好將新業助雍熙。玄卿石上長批詔,林府枝間已作詩。銀燭剪花紅滴滴,銅壺輪刻漏遲遲。自從子壽登庸後,繼得清風更有誰。	求助於人,似在及第之後,即景福二年(893)

續　表

作者	詩題	詩	時間説明
福二年（893）侍郎楊涉下及第。有四六卷，自序爲《本集》。約在902年歸國。	3.《送進士曹松入羅浮》	雨晴雲斂鷓鴣飛，嶺嶠臨流話所思。 猷次狂生須讓賦，宣城太守敢言詩。 休攀月桂凌天險，好把煙蘿避世危。 七十長溪三洞裏，他年名遂也相宜。	893年左右在長安。
	4.《春日送韋大尉自西川除淮南》	廣陵天下最雄藩，暫借名侯重寄分。 花送去思攀錦水，柳迎來暮挽淮墳。 瘡痍從此資良藥，宵旰終須緩聖君。 應念風前退飛鷁，不知何路出雞群。	《舊唐書·昭宗紀》：龍紀元年（889）春……以劍南西川節度、兩川招撫制置使韋昭度爲東都留守。
	5.《關中送陳策先輩赴邠州幕》	禰衡詞賦陸機文，再捷名高已不群。 珠淚遠辭裴吏部，玳筵今奉竇將軍。 樽前有雪吟京路，馬上無山入塞雲。 從此幕中聲價重，紅蓮丹桂共芬芳。	在關中，應在景福二年（893）前。
	6.《贈薛雜端》	聖君須信整朝綱，數歲公才委憲章。 按轡已清雙闕路，搢紳俱奉一臺霜。 鴻飛碧落曾猶漸，鷹到金風始見揚。 長慶橋邊休顧望，忽聞消息入文昌。	在長安，應在景福二年（893）前。
	7.《讀姚卿雲傳》	曾向紗窗揭縹囊，洛中遺事最堪傷。 愁魂已逐朝雲散，怨淚空隨逝水長。 不學投身金穀檻，卻應偷眼宋家牆。 尋思都尉憐才子，大底功曹分外忙。	在長安，應在天復元年（901）長安亂中。
	8.《憶江西舊遊因寄知己》	堀劍城前獨問津，渚邊曾遇謝將軍， 團團吟冷江心月，片片愁開嶽頂雲。 風領雁聲孤枕過，星排漁火幾舡分。 白醪紅鱠雖牽夢，敢負明時更羨君。	作於長安亂前（901）。
	9.《別》	入越遊秦恨轉生，每懷傷別問長亭。 三樽綠酒應傾醉，一曲丹唇且待聽。 南浦片帆風颯颯，東門駈馬草青青。 不唯兒女多心緒，亦到離筵盡涕零。	初入秦時，約在891。
	10.《鄴下和李錫秀才與鏡》	漢南才子洛川神，每算相稱有幾人。 波剪臉光爭乃溢，山橫眉黛可曾勻。 紛紛舞袖飄衣舉，嫋嫋歌筵送酒頻。 只恐明年正月半，暗教金鏡問亡陳。	"暗教金鏡問亡陳"表明是在901年長安亂後作。

作者	詩題	詩	時間説明
崔匡裕，約885左右來長安，長安亂後(896年)離京至揚州，902年歸國。	1.《御溝》	長鋪白練静無風，澄景涵暉皎鏡同。堤草雨餘光映緑，牆花春半影含紅。曉和斜月流城外，夜帶殘鐘出禁中。人若有心上星漢，乘查未必此難通。	長安亂前，901年前。
	2.《長安春日有感》	麻衣難拂路歧塵，鬢改顔衰曉鏡新。上國好花愁裏豔，故園芳樹夢中春。扁舟煙月思浮海，羸馬關河倦問津。只爲未酬螢雪志，緑楊鶯語大傷神。	初入長安，891年左右。
	3.《題知己庭梅》	練豔霜輝照四鄰，庭隅獨佔臘天春。繁枝半落殘妝淺，曉雪初銷宿淚新。寒影低遮金井日，冷香輕鎖玉窗塵。故園還有臨溪樹，應待西行萬里人。	初入長安，891年左右。
	4.《送鄉人及第歸國》	仙桂濃香若雪麻，一條歸路指天涯。高堂朝夕貪調膳，上國歡遊罷醉花。紅映蜃樓波吐日，紫籠鼇闕岫橫霞。同離故國君先去，獨把空書寄遠家。	888年左右。
	5.《郊居呈知己》	車馬何人肯暫勞，滿庭寒竹静蕭騷。林含落照溪光遠，簾卷殘秋嶽色高。仙桂未期攀兔窟，鄉書無計過鯨濤。生成仲尩裁商誥，莫使非珍似旅葵。	895年左右。
	6.《細雨》	風繰雲緝散絲綸，陰曀濛濛海嶽春。微泫曉花紅淚咽，輕沾煙柳翠眉顰。能鮮石徑麋蹤蘚，解裛沙堤馬足塵。煬帝錦帆應見忌，偏宜蓑笠釣舡人。	煬帝錦帆應見忌，在揚州作，應在901年長安亂後。
	7.《早行》	才聞雞唱獨開扃，羸馬嘶悲萬里亭。高角遠聲吹片月，一鞭寒彩拂殘星。風率踈響過山雁，露濕微光隔水螢。誰念異鄉遊子苦，香燈幾處照銀屏。	901年長安亂後，返回揚州途中？
	8.《鷺鷥》	煙洲日暖隱蒲叢，閑刷霜絲伴釣翁。高跡不如丹頂鶴，踈情應及紺翎鴻。嚴光臺畔蘋花曉，范蠡舟邊葦雪風。兩處斜陽堪愛爾，雙雙零落斷霞中。	長安亂後，歸國時滯留吳越，902年？
	9.《商山路作》	春登時嶺雁回低，馬足移遲雪潤泥。綺季家邊雲擁岫，張儀山下樹籠溪。懸崖猛石驚龍虎，咽澗狂泉振鼓鼙。懶問帝鄉多少地，斷煙斜日共淒淒。	赴京途中。

續 表

作者	詩題	詩	時間説明
	10.《憶江南李處士居》	江南曾過戴公家，門對空江浸曉霞。坐月芳樽傾竹葉，遊春蘭舸泛桃花。庭前露藕紅侵砌，窗外晴山翠入紗。徒憶舊遊頻結夢，東風憔悴滯京華。	滯京華憶江南，作於長安亂前（901年前）。

　　《十抄詩》所録崔致遠詩，僅有一首見於《桂苑筆耕集》，其他見於《孤雲集》（包括續集）。崔致遠《桂苑筆耕序》言其作由三部分構成，先有入仕前的《詩賦集》三卷，再有任溧水尉時的《中山覆簣集》三卷，最後有淮南巡官時的《桂苑集》二十卷，後又將三者合爲《桂苑筆耕集》二十八卷①，這些都是他在唐之作。後人又將其回國後作品與其他在唐之作輯録成《孤雲集》及《孤雲續集》。今存崔致遠作品唯《桂苑筆耕集》二十卷，僅存《桂苑集》，

---

① 　［新羅］崔致遠撰，党銀平校注：《桂苑筆耕集校注》（北京：中華書局，2007年，上册，第13—14頁）所載崔氏原文如下：

　　淮南入本國兼送詔書等使前都統巡官承務郎侍御史内供奉賜紫金魚袋臣崔致遠進所著雜詩賦及表奏集二十八卷，具録如後：

　　私試今體賦五首一卷，五言七言今體詩共一百首一卷，雜詩賦共三十首一卷，《中山覆簣集》一部五卷，《桂苑筆耕集》一部二十卷。

　　右臣自年十二，離家西泛，當乘桴之際，亡父誡之曰：“十年不第進士，則勿謂吾兒，吾亦不謂有兒。往矣勤哉，無隳乃力。”臣佩服嚴訓，不敢弳忘，懸刺無遑，冀諧養志。實得人百之，己千之。觀光六年，金名榜尾。此時諷詠情性，寫物名篇，曰賦曰詩，幾溢箱篋。但以童子篆刻，壯夫所慚。及忝得魚，皆爲棄物。尋以浪跡東都，筆作飯囊，遂有賦五首詩一百首，雜詩賦三十首，共成三篇。爾後調授宣州溧水縣尉，禄厚官閒，飽食終日，仕優則學，免擲寸陰。公私所爲，有集五卷。益勵爲山之志，爰標覆簣之名。地號中山，遂冠其首。及罷微秩，從職淮南。蒙高侍中專委筆硯，軍書輻至，竭力抵當。四年用心，萬有餘首。然淘之汰之，十無一二。敢比披沙見寶，粗勝毀瓦畫墁，遂勒成《桂苑集》二十卷。臣適當亂離，寓食戎幕，所謂饋於是，粥於是。輒以筆耕爲名，仍以王韶之語，前事可憑。雖則傴僂言歸，有慚梟雀。既墾既耰，用破情田。自惜微勞，冀達聖鑒。其詩賦表狀等集二十八卷隨狀奉進，謹進。

　　中和六年正月日，前都統巡官承務郎侍御史内供奉賜紫金魚袋臣崔致遠狀奏。

　　《桂苑筆耕集》一部二十卷，都統巡官侍御史内供奉崔致遠撰。

　　按：崔致遠歸國後進呈詩文合集共二十八卷，含《桂苑筆耕集》二十卷，後者在唐有傳，合集是歸國後所編，不傳於中土。唐僖宗中和年號，僅有中和五年（885），本年三月即改元光啓。崔氏仍言中和六年，表明他是在改元之前即中和五年初回到本國，次年正月獻書新羅王，想當然地署時爲“中和六年”。此處顯示了《桂苑筆耕集》成書時間，《十抄詩》也當稍早一些時間。

其他八卷，已有缺損，已非《桂苑筆耕集》二十八卷之面貌。由《新唐書·藝文志》《崇文總目》著錄看，崔致遠《桂苑筆耕集》二十卷在唐末五代時已流傳於世，應是崔致遠在回國前編成的。《十抄詩》所錄崔詩多爲《桂苑筆耕集》不錄之作，選家所據既有崔氏早期求學應試時作品，如《和張進士喬村居病中見寄》①《汴河懷古》，由所涉之事與地點看，寫作時間應在早年詩文集即《詩賦集》三卷中，有些作品是在任溧水尉時所作，如《登潤州慈和上房》《和李展長官冬日遊山寺》等，應出自《中山覆簣集》，更多是在揚州高駢幕府中作，如《友人以球杖見惠以寶刀爲答》《辛丑年書事寄進士吳瞻》《和友人春日遊野亭》《和顧雲侍御重陽詠菊》《和顧雲支使暮春即事》。崔致遠自叙入高駢幕後的作品多收入《桂苑筆耕集》，但這些作品不見於現存的《桂苑筆耕集》，顯然，《十抄詩》編者所據《桂苑筆耕集》及《新唐書·藝文志》《崇文總目》所目之《桂苑筆耕集》與今本是不同的。《十抄詩》所選止於崔致遠在揚州之作，不涉及崔氏回到新羅後作品，最晚一首約在光啓元年（885）。選家所據崔致遠詩集也與崔氏歸國後所編之《桂苑筆耕集》有所不同。

朴仁範（？—898）②，資料不多，《桂苑筆耕集》卷之十《新羅探候使朴仁範員外》言：

> 忽奉公狀，備睹忠誠，慰愜欽依，但增衷抱。員外芳含雞樹，秀稟鼇山。來登天上之金牌，桂分高影；去陟日邊之粉署，蘭吐餘香。今者仰戀聖朝，遠銜王命，捧琛執贄，棧險航深。能獻款於表章，欲致誠於官守。雖無奉使，難在此時。九州之侯伯傾心，萬國之臣僚沮色。幸來弊鎮，得接清規。况奉貴國大王特致書信相問，將成美事，不惜直言。儻員外止到淮壖，卻歸海徼，縱得上陳有理，其如外議難防。無念東還，決爲西笑。聖主方深倚望，賢王佇荷寵榮。道路亦通，舟船無壅。勿移素志，勉赴遠行。峽中寇戎，或聚或散，此亦專令防援，必應免致驚憂。且過鬱蒸，可謀征邁。館中有闕，幸垂示之。所來探候事，已令錄表申奏，敬惟鑒察。③

---

① 《東文選》卷十二有錄《和張進士喬村居病中見寄（喬字松年）》（崔致遠），應據崔氏"五言七言今體詩共一百首一卷"，即收有此卷的二十八卷《桂苑筆耕集》。

② ［高麗］金富軾（1075年—1151年）《三國史記·薛聰傳》記："朴仁範、金雲卿、金垂訓輩，雖僅有文字傳者而史失行事，不得立傳。"足見，在高麗初，其人情況已不明。

③ ［新羅］崔致遠撰，党銀平校注：《桂苑筆耕集校注》卷十《新羅探候使朴仁范員外》，上冊，第278頁。

　　崔致遠在揚州高駢幕中時（880—884），朴仁範以新羅探候使的身份來到
唐朝，因京洛地區有戰亂，唐僖宗出奔成都，他無法將新羅王信送給唐僖宗，
在淮南揚州逗留一段後就準備返回，崔致遠勸其克服困難完成使命。其中“峽
中寇戎”當是指廣明之亂（880）的狀況。《十抄詩》所錄之詩中有朴仁範《送
儼上人歸竺乾國》曰：“離鄉五印人相問，年號咸通手自題。”感歎“咸通”
已是久遠之事了。又言：“共猒羇離年已老，每言心事淚潛流。”“雲山凝志
知何日？松月聯文已十年。”雖然這是講對方的，但也表達了他自己對滯留他
鄉的傷感。朴仁範接受了崔致遠的建議，沒有馬上返回新羅，而是留在唐朝
等待時機，並且一等就等了十多年。崔致遠返回了，他仍在唐。又，崔致遠《孤
雲先生文集》卷之一《新羅王與唐江西高大夫湘狀》：

> 伏遇大夫手提蜀枰，心照秦臺。作蟾桂之主人，顧雞林之士子。
> 特令朴仁範、金渥兩人，雙飛鳳里，對躍龍門。許列青襟，同趨絳帳。
> 不容醜虜，有玷仙科。此實奉太宗逐惡之心，守宣尼擇善之旨。振
> 嘉聲於鼇岫，浮喜氣於鯷溟。伏以朴仁範苦心為詩，金渥克己復禮。
> 獲窺樂鏡，共陟丘堂。自古已來，斯榮無比。縱使糜軀粉骨，莫報
> 深恩。惟當谷變陵遷，永傳盛事。弊國素習先王之道，忝稱君子之鄉。
> 每當見善若驚，豈敢以儒為戲。早欲遠憑書札，感謝眷知。竊審煙
> 塵驟興，道路多阻，未伸素懇，已至後時。空餘異口同音，遙陳善
> 祝。雖願揮毫頌德，難盡微誠。惟望早離避地之遊，速展濟川之業。
> 永安區宇，再活烝黎，不獨海外之禱祠，實為天下之幸甚。①

　　崔致遠回到新羅後，代新羅王寫信給江西觀察使高湘。高湘，字浚之。
高鍇子，擢進士第，歷長安令、右諫議大夫，後貶高州司馬。僖宗乾符初召
為太子右庶子，終江西觀察使。《舊唐書》卷十九上《懿宗紀》：（咸通七年）
以禮部郎中李景溫、吏部員外郎高湘試拔萃選人。②《資治通鑑》記：乾符五
年（878），王仙芝餘黨王重隱陷洪州，江西觀察使高湘奔湖口。《舊唐書》
卷十九下《僖宗紀》又言：（中和三年〔883〕）中書舍人高湘權知禮部侍郎，
選拔了朴仁範賓貢、金渥二人及第，崔致遠在信中代新羅王表達了感謝並請
求對方幫助二人回國。所指的事當在中和三年（883），但崔氏僅稱其三年之

---

①　崔致遠：《顧雲先生文集》卷一，《韓國文集叢刊》第 1 冊，首爾：景仁文化社，1996 年，
第 160 頁下欄至 161 頁上欄。

②　《山西通志》卷七十四：高湘，乾符三年潞州大都督府長史，充昭義節度，潞澤觀察等使。

前的職務：江西觀察史，是因高氏以中書舍人身份權知禮部侍郎事，是在崔致遠歸國後之事，崔氏不知，故仍稱前職。朴仁範約在唐僖宗廣明元年（880）入唐，何時歸國，尚難明曉，詩言"已十年"，故可推定在唐昭宗大順元年（890）之後，所選十首詩全是在唐之作，選家所據朴仁範詩集也當成於唐。

崔匡裕，崔致遠文集中亦有關於他的信息，如崔致遠爲新羅王所作《奏請宿衛學生還蕃狀》：

> 新羅國當國：先具表奏宿衛習業學生四人，今録年限已滿，伏請放還。謹録姓名奏聞如後。【金茂先、楊穎、崔渙、崔匡裕】

> 故臣亡父先臣贈太傅最遣陪臣試殿中監金僅充慶賀副使，入朝之日，差發前件學生金茂先赴闕習業，兼充宿衛。其崔渙、崔匡裕二人，金僅面叩玉階，請留學問，聖恩允許，得廁黌中。今已限滿十年，咸收二物。銜泥海燕，久汙雕梁；遵渚塞鴻，宜還舊路。況乃國境尚多離亂，家親切待放歸？雖乖大成，輒具上請，靡慚窺豹之説，冀試搏螢之功。伏乞睿慈俯徇故事，特賜宣付屬國所司。令准去文德元年（888）放歸限滿學生太學博士金紹遊等例，勒金茂先等并首領輩，隨賀正使級餐全穎船次還蕃。庶使駕馬成規，無辭十駕之役；割雞新刃，聊呈一割之能。臣義重在三，情深勸百，冒犯宸衷，無任激切屏營之至。①

文言准文德元年（888）例②，崔有詩《送鄉人及第歸國》："仙桂濃香若雪麻，一條歸路指天涯。高堂朝夕貪調膳，上國歡遊罷醉花。紅映屫樓波吐日，紫籠鼇闕岫橫霞。同離故國君先去，獨把空書寄遠家。"詩可能即寫此事。據此看，崔匡裕在 888 年前入唐。崔知遠信在此十年後寫，崔文又言"況乃國境尚多離亂"，似指乾寧三年（896）李茂貞、韓建亂京劫帝之事。故其入唐時間約在 885 年左右。所選詩中有五首是寫於長安的，二首寫行途，三首寫東南淮南江南之事，其中第六首《細雨》"煬帝錦帆應見忌，偏宜蓑笠釣船人。"明言人在揚州了。估計他在歸國前，也曾遊歷於淮南、越州一帶，《十抄詩》所録其十詩都是作於歸國之前，下限當是光化四年（901）朱溫再亂長安之前。

---

① 崔致遠：《顧雲先生文集》卷一，《韓國文集叢刊》第 1 册，第 159 頁下欄至 160 頁上欄。

② 《東史綱目》：唐朝昭宗龍紀元年（889，新羅真性女主三年），於張慶初、金雲卿賓貢科一舉及第。以詩聞名，但史書失載，生平史料多見崔致遠《桂苑筆耕集》《孤雲集》。

　　崔承祐，《三國史記·薛聰傳》言："崔承祐以唐昭宗龍紀二年（890）入唐。景福二年（893）侍郎楊涉下及第。"自有四六集，自叙爲《本集》①。他約於天復元年（901）後返回新羅國。《十抄詩》所選詩中透露的行跡有長安、越州、鄴城等地，其中《鏡湖》作於越州，其餘《獻新除中書李舍人》《送進士曹松入羅浮》《春日送韋大尉自西川除淮南》《關中送陳策先輩赴邠州幕》《贈薛雜端》《讀姚卿雲傳》《憶江西舊遊因寄知己》《別》，作於長安，《鄴下和李錫秀才與鏡》作於相州，多是他在唐與唐人的酬唱之作，其中不乏身歷亂世者對平安清明之世的期望之情，親歷戰亂痕跡明顯，其時間下限與崔匡裕詩相同，可推定在天復元年（901）。

　　崔致遠回國後，即將在唐作品結集上呈新羅王廷，其時新羅賓貢生及第者多會有類似的舉動，朴仁範、崔承祐、崔匡裕也有與《桂苑筆耕集》相似的文集。《十抄詩》所選四位之作，全是在唐之作，未涉及他們歸國之後的作品。編選者似乎就是以他們在唐詩文集爲底本的，故不言歸國之後事。如此清楚的以唐爲界的編輯意識，似是在唐亡（907）之後的理念。《夾註名賢十抄詩》注家釋子山言編者高麗朝"前輩巨儒"，或有所據。王建高麗朝於935年統一朝鮮半島，由李雄作品看，《十抄詩》所選作品的下限是924年。與其"國初"時間相接。此處"本朝前輩巨儒"，很可能是新羅（668—918）入高麗（918—1392）人。因處於改朝換代之初，多忌諱前朝之人事，所以四位新羅詩人絶不涉歸國之後的作品，這也證明《十抄詩》應成書於高麗初。

三、入選詩人以活動於揚州、越州者居多

　　《十抄詩》下卷所録廣明之後的作品，多爲東南一帶詩人，以揚州、越州居多，如方干、杜荀鶴、吳仁璧、羅隱、羅鄴等以及在此活動的文人。其

---

① 《韓國民族文化大百科》：崔承祐，890 年（晉城女王四年）入唐，習業 3 年，893 年在唐朝禮部侍郎楊變下，賓貢科及第後回國。新羅末期獲 6 頭品出身，是慶州崔氏名人，與"新羅末期的三崔"崔致遠、崔應遠、崔仁彦齊名。慶州崔氏後來大部分都到王建高麗朝擔任文翰，他卻爲甄萱後百濟服務。還替甄萱贈示高麗太祖箴辭，927 年作《大甄萱高麗王書》，也見於《三國史記》《高麗史》《高麗使節》《東文選》等。《東文選》卷十二中收録了包括《鏡湖》在内的七言律詩 10 首。這些作品有與唐朝末期宰相韋昭度和中書人李某或進士曹松、陳策等唱和，據此來看，在唐朝期間他的交往範圍不亞於崔致遠。而且，很有可能是在節度使幕府中結束在唐生活的。他擅長寫作，著有四六集五卷，取名爲《虎本集》，今失傳。（［NAVER 知識百科］韓國學中央研究院）

中吳仁璧與羅隱的酬唱詩透露了較清楚的時間信息。

《羅隱書記借示詩集尋惠園蔬以詩謝》："江天冷落欲晨時，静榻閑披二雅詞。才薄敢言師吐鳳，吟餘旋見寄蹲鷗。年光易得令人恨，鄉味難忘只自知。讀徹殘篇問圓碧，可能終使楚王疑。"①

《還羅隱書記詩集》："三百餘篇六義和，曲江春感次黃河。秦娥捻竹清難敵，晉帝遣鞭寶未多。自有聲詩符至道，何須名姓在殊科。耒陽城畔青山下，蘭麝於今滿逝波。"②

羅隱於景福二年（893）錢鏐充鎮海軍節度使後任鎮海軍掌書記。吳仁璧稱其爲書記，且言羅之詩集已成，故此作或作於其後。

《咸淳臨安志》卷九十一：吳仁璧，關右人，中第入浙，謁錢武肅，殊禮之，累辟入幕，堅辭不就，以詩謝云："東門上相好知音，數盡臺前郭隗金。累重雖然容食椹，力微無計報焚林。嬋貂不稱芙蓉幕，衰朽仍慚玳瑁簪。十里溪光一山月，可堪從此負歸心。"武肅復遣人請撰羅城記，仁璧堅不從，武肅怒沉於江，吳人惜之。

正德《姑蘇志》卷四十七：吳仁璧，字廷寶，長洲人，大順中（891）及第，喜屬文，善星學及黃白術，初學於廬山道士數年，其師曰："能學仙乎？"仁璧固陳求名之志，道士曰："一第猶拾芥爾。但他年勿干英雄。"仁璧既成名，吳越王錢鏐待以客禮，訪求天文，固辭非所知，欲辟入幕又辭。天復初（901）鏐母秦國夫人水丘氏殂，具禮幣請爲志文，不從。鏐怒沈之江中，時人憐之，有詩一卷。③

羅隱集中有《羅城記》，《全唐文》卷八百九十五收錄：

> 大凡藩籬之設者，所以規其内。溝洫之限者，所以虞其外。華夏之制，其揆一焉。故魯之祝丘，齊之小穀，猶以多事不時而城，況在州郡之内乎？自大寇犯闕，天下兵革，而江左尤所繁並。余始以郡之子城，歲月滋久，基址老爛，狹而且卑。每至點閱士馬，不足回轉。遂與諸郡聚議，崇建雉堞，夾以南北，蟲然而峙。帑藏得

---

① ［高麗］釋子山夾註，查屏球整理：《夾註名賢十抄詩》卷下吳仁璧《羅隱書記借示詩集尋惠園蔬以詩謝》，第 147 頁。

② ［高麗］釋子山夾註，查屏球整理：《夾註名賢十抄詩》卷下吳仁璧《還羅隱書記詩集》，第 151 頁。

③ （明）王鏊等：《姑蘇志》卷四十七，臺北：臺灣學生書局，1986 年，第 670 頁。

以牢固，軍士得以帳幕。是所謂固吾圉。以是年上奏，天子嘉以出政，優詔獎飾，以爲牧人之道。其盡此乎？俄而孫儒叛蔡，渡江侵我西鄙。以翦以逐，蹶於菀陵。勁弩之次，泛舟之助，我有力焉，後始念子城之謀，未足以爲百姓計。東眄巨浸，轇閩粵之舟檣。北倚郭邑，通商旅之寶貨。苟或侮劫之不意，攘偷之無狀，則向者吾皇優詔，適足以自榮。由是復與十三都經緯羅郭，上上下下，如響而應。爰自秋七月丁巳，訖於冬十有一月某日。由北郭以分其勢，左右而翌合於冷水源，綿亘若干里。其高若干丈，其厚得之半。民庶之負販，童髫之緩急，燕越之車蓋，及吾境者，俾無他慮。千百年後，知我者以此城，罪我者亦以此城。苟得之於人，而損之己者，吾無愧與。某年月日記。① （又見《全唐文補遺》卷一百三十《羅城記》錢氏名下注明 "景福二年 [893] 十一月日記"）

此當是吳不作而由羅替代之事，事在景福二年（893）。吳氏與羅氏交往的這二首詩，當寫在已到杭州，羅隱爲掌書記這一時間裏，即893—901年期間，吳詩也當作於這一時期。

《舊五代史》卷六十言：

自廣明大亂之後，諸侯割據方面，競延名士以掌書檄。是時梁有敬翔，燕有馬郁，華州有李巨川，荊南有鄭準，鳳翔有王超，錢塘有羅隱，魏博有李山甫，皆有文稱，與襲吉齊名於時。襲吉在武皇幕府垂十五年，視事之暇，唯讀書業文，手不釋卷，性恬於榮利，獎誘後進，不以己能格物，參決府事務在公平，不交賂遺，紳紳有士大夫之風概焉。

《唐新纂》云：鄭準，士族，未第時佐荊門上谷蓮幕，飛書走檄不讓古人，秉直去邪，無慚往哲。考準爲成汭書記，汭封上谷郡王。

《北夢瑣言》：唐末鳳翔判官王超推奉李茂貞，挾曹馬之勢，牋奏文檄恣意翱翔。後爲興元留後，遇害，有《鳳鳴集》三十卷行於世。②

唐末藩鎮文人群中，以揚州爲盛，唐僖宗時，高駢控制的揚州相對安定，也是文人聚合之處，崔致遠、顧雲、朴仁範、崔匡裕、崔承祐都在此活動過。

---

① （清）董誥輯：《全唐文》卷八九五，清嘉慶十九年刻本。

② （宋）薛居正等撰：《舊五代史》，北京：中華書局，1976年，第3冊，第805頁。

其時新羅出入唐者多走揚州—明州一綫，揚州、明州是新羅學人返程港口。他們在入唐或返羅時都會有長時滯留揚州、杭州、明州的經歷，因而，與東南一帶文人多有交往，並能接觸到這一地區的文人文集。其時文本傳播多依抄寫，流布空間有限。《十抄詩》編者能得到這些作品，應是因編者身在江南揚越地區，才有機會接觸到這些文本。《十抄詩》所選廣明後作品，多是產生於越杭地區的作品，而在京洛名氣甚大的韋莊、吳融之作卻没取，也當緣於此。

晚唐（咸通末 860 年之後）到北宋初（1022 年之前），晚唐體、白俗體流行，這一詩風也由新羅學人帶入新羅與高麗，朝鮮時代的文人金宗直對此有過總結："羅季及麗初，專襲晚唐。"（《青丘風雅序》）《十抄詩》選詩風格與這一時期詩風正是相應的。韓國學者據此將本書出現的年代定爲 1000 年左右，基本上是可以成立的。① 由上述分析看，還可稍稍推前一點，將其成書時間定在 950 年左右更合適，1000 年應是其流行的時間。

以上推論還可於其他史料中得到旁證，由相關歷史背景看，本書是七律體選本，教材特色明顯。高麗朝自從高麗光宗九年（958）開始效法中國唐朝科舉，《高麗史》卷七十四《選舉志序》說："三國以前，未有科舉之法。高麗太祖，首建學校，而科舉取士未遑焉。光宗用雙冀言，以科舉選士，自此文風始興。大抵其法，頗用唐制。"② 雙冀於 957 年引唐科舉制入高麗，以詩、賦、頌、策取士。所謂詩，即十韻排律之類。北宋徐兢《宣和奉使高麗圖經》卷四十《同文·儒學》也言："自外又有制科宏辭之目，雖文具而不常置，大抵以聲律爲尚，而於經學未甚工，視其文章，仿佛唐之餘弊云。"③《高麗史》還記載 987 年制定科場只試詩、賦及時務策，995 年令科舉出身年未五十者，京官月進詩賦四篇，外官歲進詩賦三十一篇，律詩在科舉課目地位越來越突出，已成文人晉升的必修課。律詩之所以能成爲科舉中重要課目，就因爲律詩藝術在新羅文人中廣爲流行，早已成爲學子的必備之功了。《十抄詩》的編輯動機就是爲習詩者提供範本。科舉多以六韻五律爲主，但七律亦能展示聲律技藝，也是讀書人需要掌握的技能，《十抄詩》的流行當與此事相關，它是高麗科舉文化的産物。

---

① 屈承喜：《〈十抄詩〉一考——〈全唐詩〉失收詩補》，韓國《書志學報》十五輯，1995 年。

② ［朝鮮］鄭麟趾：《高麗史》卷七十四《選舉志序》，孫曉主編：《高麗史（標點校勘本）》，重慶：西南師範大學出版社，北京：人民出版社，2014 年，第 3 册，第 2303 頁。

③ 《宣和奉使高麗圖經》卷四十，第六頁，文淵閣四庫全書本。

四、《夾註名賢十抄詩》成書時間的推斷

《夾註名賢十抄詩》可能出現在高麗朝中後期，本書序曰：

> 貧道暫寓東都靈妙寺，祝聖餘閑，偶見本朝前輩巨儒據唐室群賢，各選名詩十首，凡三百篇，命題爲《十抄詩》。傳於海東，其來尚矣。體格典雅，有益於後進學者。不揆短聞淺見，逐句夾註，分爲三卷，其所未考者，以俟稽博君子，見其違闕，補注雌黄。時作靈玄月既望月岩山人神印宗老僧子山略序。①

"東都靈妙寺神印宗老僧"應是最初爲《十抄詩》作注的人，東都是高麗朝對前朝新羅之都慶州的稱呼，987 年定東都名，1018 年專設東都留守一職。序言"東都"表明注家是高麗朝人。其署名爲："月岩山人神印宗老僧子山略序。"② 神印宗是新羅明朗法師創立的佛教密宗派，在高麗時代（935—1392）與王室關係密切，影響甚大。其自稱"神印宗老僧"，當屬於這一宗派的傳人。扈承喜女士由有關靈妙寺的記載與夾註本中所引古籍推斷：夾註本出現在 1200 年左右③。芳村弘道先生將《夾註名賢十抄詩》中的杜牧詩注文與朝鮮刊本《夾註樊川文集》對照，發現兩者相似之處甚多，由此推斷《夾註名賢十抄詩》是在其後出現，估計在 1300 年左右。④ 對此還可作一補充，夾註中還引用了李白詩注，"李白《五雲歌》注云：'謝朓宅在當塗青山下。'"這一則注文屬於楊齊賢注。楊齊賢是宋人，對其生平前人言之甚少，反復查考，僅在周惇頤《周元公集》中得一則材料，《周元公集》卷一附度正《書太極圖解後》，其中有曰："一日，與今夔路運司帳幹楊齊賢相會成都，時楊方草先生年譜，且見囑以補其闕，刊其誤。楊，先生之鄉士也，操行甚高，記覽亦極詳博。"由此推知楊齊賢約是南宋嘉定、淳祐時（1208—1252）人，其

---

① ［高麗］釋子山夾注，查屏球整理：《夾注名賢十抄詩》，上海：上海古籍出版社，2005 年，第 1 頁。

② 參見芳村弘道：《關於〈夾註名賢十抄詩〉》，日本中國學會第五十五回大會（2003·10·4）發言稿。

③ 見筆者《新補〈全唐詩〉102 首——高麗本〈十抄詩〉中所存唐人佚詩考》，《文史》2003 年第 1 輯（總六十二輯）。

④ 芳村弘道：《關於〈夾註名賢十抄詩〉》。

注李集之流傳也應在此後。《夾註名賢十抄詩》引李白詩甚多，未見有引蕭士贇注的內容，夾註者所見應仍是楊齊賢獨注本。蕭士贇補注本初刊於至元辛卯（1291），通行本是元至大三年（1310）建安余志安勤有堂刊本，此書的形成應在蕭士贇集注本之前。釋子山序中注明了時間："時作噩玄月既望。"是指酉年九月十六日，這一酉年宜在 1250 至 1300 年之間，即楊齊賢注本後（1252）與蕭士贇補注本流行之前（1310）的一個酉年，即 1261（辛酉）、1273（癸酉）、1285（甲酉）、1297（丁酉）、1309（己酉）這幾年，暫定爲 1285、1297、1309 三年之一，這一時間段，與芳村弘道先生所推的 1300 年已很接近了。

明清官方書籍輸出制度研究

吳政緯

【摘　要】漢籍的越境流動是東亞書籍史、東亞文化交流史的重要課題，然而相關研究至今仍忽略傳統中國官方扮演的角色。事實上從宋代開始，傳統中國官方出現越來越強烈的書籍防禁意識。這種針對史書、天文、地理等書籍輸出的防禁意識，在明武宗去世後，正式成爲明廷對所有國家購買書籍的規範。明清官方曾經賜書外國，外國亦存求書之例，但過程曠日廢時，且數量有限，都與官方對書籍輸出所持管制態度有關。明清兩代在會同館、柵門、海關，一直維持相同的書籍輸出管制原則，而清廷内部的文化政策也曾影響外邦人求買書籍的意願，其中細節多可藉助朝鮮燕行文獻予以鈎沉。重建明清官方的書籍輸出制度，不僅有助於澄清漢籍越境移動的實態，更重要的是能够具體説明傳統中國書籍、知識乃至文化在東亞的影響力。

【關鍵詞】明清時代　官方管制　書籍輸出　燕行文獻

引　言

　　東亞文化交流史、東亞國際關係史等領域，關注人群、物質、情報的跨地域流動，乃東亞史研究一大母題。特別是書籍，在商業、情報、文化乃至思想等面向，影響甚巨，備受關注。關於東亞區域的書籍流動問題，目前學

【作者簡介】吳政緯，日本東京大學史料編纂所外國人研究員。

界習稱典籍環流、知識環流或書籍環流，業已累積豐碩的成果①。僅以明清時代的東亞文化交流史而言，毋論是中朝關係史、中日關係史，宣究書籍流動的論文、專著，不可勝數。然而這些論及晚近東亞書籍史的相關研究，多是中日、中朝、日朝書籍史的合集②，而非追索某批某類書籍流通、環流東亞的專論。少數以"東亞漢籍"爲題的作品③，係版本目録學的成果，而非針對書籍文化史、書籍流動問題的考察。

不可否認的是，迄今針對東亞書籍流動的研究，鮮少考慮傳統中國官方的重要性，甚至稱得上漠不關心。舉凡傳統中國的朝廷是否曾經制定書籍輸出外國的相關政策，及其中心思想、具體措施，乃至施行於中國内部的文化政策與外邦人購書的關係，均尚存值得申論的空間。加上相關研究主要利用朝鮮、日本文獻，内中充斥着外邦使臣種種恣意搜書的事例；而數量驚人的舶載書籍清單，亦可謂連篇累册。反倒是作爲書籍輸出方的中國官方的態度，時常僅僅作爲分析的背景，而非主角。學界未能充分關注此類課題，原因或許正是今日的韓國、日本、越南寶藏大量中國刊本。

目前一種普遍的解釋是，傳統中國官方未曾設限書籍輸出外國，如章宏偉表示，清廷"對於書籍應該是實行開放的政策，海關並不禁止出境"④。廖敏淑則主張"關於史書等書籍，隨着兩國（引者按，指清朝、朝鮮）關係的穩固，清朝也曾直接頒發史書、内府書及清朝所修之《明史·朝鮮列傳》等史書給朝鮮"⑤。韓國學者柳姃旼（류정민）同意朝鮮燕行使在北京購書存在限制，但她認爲清廷自 1773 年成立四庫全書館後，乾隆帝（1711—1799）放寬許多

---

① 關西大學文化交涉學教育研究中心、出版博物館編：《印刷出版與知識環流：十六世紀以後的東亞》，上海：上海人民出版社，2011 年。王勇主編：《東亞坐標中的書籍之路研究》，北京：中國書籍出版社，2013 年。張伯偉：《書籍環流與東亞詩學——以〈清脾録〉爲例》，《中國社會科學》2014 年第 2 期，第 164—184 頁。

② 磯部彰編：《東アジア出版文化研究——こはく》，東京：知泉書館，2004 年。磯部彰編：《東アジア出版文化研究——にわたずみ》，東京：二玄社，2004 年。磯部彰編：《東アジア出版文化研究——ほしづくよ》，東京：日本學術振興會，2010 年。Cynthia Brokaw, Peter Kornicki eds.：*The History of the Book in East Asia*，Routledge，2013. Joe P. McDermott, Peter Burke eds.：*The Book Worlds of East Asia and Europe*，*1450—1850*：*Connections and Comparisons*，Hong Kong University Press，2015.

③ 陳正宏：《東亞漢籍版本學初探》，上海：中西書局，2014 年。

④ 章宏偉：《長崎貿易中的清宮刻書——以〈舶載書目〉爲中心》，《中國出版史研究》2015 年第 1 期，第 152 頁。

⑤ 廖敏淑：《清代中國對外關係新論》，臺北：政大出版社，2017 年，第 200 頁。

針對外國人的貿易限制。① 儘管上述著述的強調程度並不一致，然而皆支持清廷對於書籍出境，抱持寬大自由的態度。是以有學者曾主張，僅有宋一代禁止書籍運向國外，其他朝代則無限制。②

本文旨在重建明清兩代官方有關書籍輸出的制度及其效應，勾勒出傳統中國自宋代發端，迄明代確立，後爲清朝繼承的書籍輸出防禁政策。筆者強調的是，明清官方對於書籍輸出的情事，始終保持一致的立場，也確實施行過若干措施，在一定程度上阻礙了外國人購書。必須特別指出，本文完全同意明清時期東亞區域存在頻繁的書籍流動，然而這應是突破管制的結果，而本文試圖追溯的是管制的原始。

一、書籍防禁意識的起源

中國書籍大規模輸出海外應始於隋唐。當時日本、朝鮮半島的各個政權，數次組織遣隋使、遣唐使前往中國學習，如王維（692—761）、李白（701—762）的好友阿倍仲麻呂（698—770），便是日本官方派往中國的留學生。僅以次數論之，尤以新羅爲最，高達 170 餘次，渤海也超過 100 次③。絡繹於途的遣唐使，少部分如阿倍仲麻呂，供職大唐朝廷，更多的是學成歸國，而他們往往帶回爲數甚夥的書籍。

中國相較於周邊國家，很早建立成熟的政治體制、官僚系統，並在禮制、醫學、曆法等領域累積豐厚的知識。遣隋使、遣唐使爲了歸國後整備制度時參考之用，訪問中國期間訪求各種史書、禮書、醫書、曆書。隋大業三年（607），小野妹子出使中國，便是出於日本書籍未多，爲求買書籍而至④。674 年，新羅王子金德福帶回唐朝的《麟德曆》，借此研擬新的曆法。738 年，渤海遣唐使向唐朝官方請求鈔寫《唐禮》《三國志》《晉書》《三十六國春秋》，在得到許可後，全部謄録回國。顯然唐朝官方對於外邦使臣購書、求書抱持

① Jamie Jungmin Yoo: "Networks of Disquiet: Censorship and the Production of Literature in Eighteenth-century Korea," *Acta Koreana*, vol. 20（2017），no.1，p.261.

② 繆咏禾：《明代出版史稿》，南京：江蘇人民出版社，2000 年，第 413 頁。

③ 權悳永著，樓正豪譯：《古代韓中外交史：遣唐使研究》，臺北：秀威資訊，2022 年，第 24—114 頁。

④ 大庭脩：《古代中世日本における中國典籍の輸入》，《古代中世における日中關係史の研究》，京都：同朋舍，1966 年，第 289—328 頁。

開放的態度，唐玄宗（685—762）甚至允許日本遣唐使閱覽收藏於禁中的四部書籍①。

此般風氣在宋代迎來一大轉折，朝堂上出現禁止外國使臣購買某些書籍的聲音。宋元祐年間（1086—1094），時任禮部尚書的蘇軾（1037—1101），嚴詞拒絕贈與高麗使臣所求書，三上《論高麗買書利害札子》②，力陳文字流入諸國，有害無利。事起元祐八年，高麗貢使呈牒國子監，求買《冊府元龜》《歷代史》《太學敕式》。蘇軾根據《元祐編敕》中"諸以熟鐵及文字禁物與外國使人交易，罪輕者徒二年"的明文規定，建議朝廷拒絕所請，還擔憂有司若不管制，則"中國書籍山積於高麗，而雲布於契丹矣"③，認爲此事於中國未得穩當。

防禁史書的思想淵源，應至少追溯漢代故實。漢宣帝（公元前91—前48）第四子東平王劉宇（？—公元前20）向朝廷上疏，求討《史記》與諸子百家書籍。大將軍王鳳（？—公元前22）建議拒絕，因爲"《太史公書》有戰國縱橫權譎之謀，漢興之初謀臣奇策，天官災異，地形阨塞，皆不宜在諸侯王"④。此種具有指揮國策的參考價值，又涉及國防情報的書籍，自然不可賜予。蘇軾根據東平王的事例，強調東平王尚屬劉姓骨肉至親，備位藩臣，猶不得賜，遑論海外邦國如高麗。⑤

北宋與遼、金兩國長期對峙、競争，彼此爲防止情報外流，均曾制定相關規範，禁止書籍出境。自景德元年（1004）起，宋遼陸續在雄州、霸州、安肅、廣信軍等地設置権場，北宋方面規定合法的書籍貿易僅限於九經書疏。北宋官員也曾有所作爲，如熙寧年間（1068—1077），高麗入貢，所經州縣，悉要地圖。高麗使臣至揚州，通判陳昇之（1011—1079）以"欲見兩浙所供圖"爲由，向高麗人索取地圖，然後聚而焚之，因爲山川道路，形勢險易，無不備載。⑥

---

① 權憙永著，樓正豪譯：《古代韓中外交史：遣唐使研究》，第 272—280 頁。

② 關於蘇軾上書的背景與企圖，詳參王水照：《論蘇軾的高麗觀》，《文史》1999 年第 1 輯，第 257—268 頁。

③ 李燾：《續資治通鑒長編》卷四八一，北京：中華書局，2004 年，第 19 册，第 11440 頁。

④ 班固撰，顔師古注：《漢書》卷八十，北京：中華書局，1962 年，第 10 册，第 3324—3325 頁。

⑤ 張志烈、馬德富、周裕鍇主編：《蘇軾文集校注》卷三五，《蘇軾全集校注·文集五》，石家莊：河北人民出版社，2010 年，第 14 册，第 3537—3538 頁。

⑥ 沈括著，胡道静校證：《夢溪筆談校證》卷一三《權智》，北京：中華書局，1960 年，第 467—468 頁。

宋大觀元年（1107），交趾進奉使向宋廷求購書册，朝廷以其慕義來貢的理由准許，然而規定只能購買卜筮、陰陽、曆算、術數、兵書、敕令、邊機地理與《太平御覽》之外的書籍[①]。其中卜筮、陰陽、曆算、術數屬於廣義的天文書，宋廷一直嚴格管制此類書籍，如景德元年詔令，"圖緯、推步之書，舊章所禁，私習尚多，其申嚴之。自今民間應有天象器物、讖候禁書，並令首納，所在焚燬，匿而不言者論以死，募告者賞錢十萬"[②]。景德三年又詔，私習天文、兵法者有罪，一應書籍民間不得存留、傳習，犯者死刑[③]。可見管制內外同步，而罰責極爲嚴厲。

宋朝的書籍防禁同時影響到日本，北宋年間，日本的讀書人求《太平御覽》而不可得。北宋年間的高麗國雖請求成功，也是經過再三懇請，歷時二十餘年。該次的高麗使節歸國後甚至因功授爵，可見求書之艱辛[④]。遼朝書禁同樣嚴厲，書籍傳入宋朝者，按法皆死，可見防禁之一斑。惟當時邊境管制不易，走私貿易不斷，外邦使臣的人身管制尚不周密；加上宋廷時有反復之舉，如爲聯麗制遼，不惜亂法，贈送違禁書籍，終究效果有限。[⑤]

元代的情形，囿於所見，難以詳論。惟根據有限的史料，元廷應該繼承宋代針對天文書籍的管制措施。元代士人徐元瑞的《吏學指南》指出，元代的禁書蓋"天文圖讖之類"[⑥]。而元廷責成秘書監統一管理天文、地理書籍，該單位的職掌之一便是保藏"乾坤寶典並陰陽一切禁書"，禁書亦稱"陰陽禁書"[⑦]，顯然是天文書。

至於元廷管制外邦人購買書籍，未見律書政典規範，僅見大德五年（1301）太傅完澤（1246—1303）奏言，安南來使鄧汝霖私自購買輿地圖、禁書等物，又鈔寫公文書，私記軍情。完澤建議，元廷當遣使持詔責以大義。元成宗（1265—

---

① 馬端臨：《文獻通考》卷三三〇《四裔考七·交趾》，臺北：臺灣商務印書館，1987年，第2593頁。

② 李燾：《續資治通鑑長編》卷五六，第3册，第1226頁。

③ 宋綬、宋敏求編，司義祖整理：《宋大詔令集》卷一九九《禁天文兵書詔》，北京：中華書局，1962年，第734頁。

④ 森克己：《日宋交通と宋代典籍の輸入》，《斯文》第37號，1963年，第1—9頁。

⑤ 詳參季南：《朝鮮王朝與明清書籍交流研究》，長春：吉林人民出版社，2016年，第17—20頁。劉浦江：《文化的邊界：兩宋與遼金之間的書禁及書籍流通》，《宋遼金史論集》，北京：中華書局，2017年，第199—222頁。

⑥ 徐元瑞著，楊訥點校：《吏學指南》，杭州：浙江古籍出版社，1988年，第130頁。

⑦ 王士點、商企翁編次，高榮盛點校：《秘書監志》卷五《秘書庫》，杭州：浙江古籍出版社，1992年，第100、102頁。

1307）雖然同意汝霖等所爲不法，宜加窮治，但最終選擇特恩放還，惟警告而已。① 由此可知元廷同樣關注天文、地理書籍的外流，而歷代正史例有天文志、地理志，或許也受到管制。

審視自盛唐迄宋代的故實，從宋代發端的防禁書籍意識益發明確：史書、天文、地理書可能泄露朝廷各地的行政規劃、地理形勢、軍事布防，凡此皆爲國家機密，堪稱傳統中國書籍輸出政策的關鍵轉向。這種趨勢在明代越演越烈，終至限制全部的朝貢使節團，一律防禁，明文規範不得收買史書。惟僅僅倚靠中國史料，難以廓清明代書籍輸出政策的演變，而需旁參朝鮮文獻。

朝鮮王朝（1392—1897）的國祚大抵與明清兩代相終始，朝鮮連年派遣使節團前往中國，因着各種層面的需要，廣求漢籍歸國，並留下爲數甚夥的珍稀見聞②。以下擬綜合中國、朝鮮的相關記載，闡述明清兩代逐步建立書籍輸出管制的歷程。

二、明清時期的賜書外國

張存武曾指出，清朝賜贈朝鮮的書籍"無歷史政典、而爲音韻文字、詩文，及性理之學"③；而後首爾大學的李元淳也有同樣的表示，並强調此爲值得注意的課題④。儘管兩位前輩從未明言、申論清廷的書籍管制，但未曾頒賜史書、政典的事例，則揭示出另一條觀察的思路：明清官方基於某些原因未曾（或曰限制）贈送某類書籍。

大明開國（1368）之初，或未曾管制朝鮮使臣購書，故朝鮮人購書歸國

---

① 宋濂等撰：《元史》卷二〇九《列傳九十六·外夷二·安南》，北京：中華書局，1976年，第15冊，第4650頁。

② 目前關於燕行文獻最完整的解題、研究見漆永祥：《燕行錄千種解題》，北京：北京大學出版社，2021年。如該書所示，燕行文獻不僅包含所謂的"燕行錄"，也應至少涵蓋《同文彙考》中的使臣別單、聞見事件、譯官手本，以及各種詩文集。筆者在此基礎上，將加入《朝鮮王朝實錄》（國史編纂委員會，1955—1963年）收錄的各種使臣見聞報告，特此説明。

③ 張存武：《清代中國對朝鮮文化之影響》，《"中央研究院"近代史研究所集刊》第4期，1974年，第560頁。

④ 李元淳、朴英姬：《朝中圖書交流瞥見》，復旦大學韓國研究中心編：《韓國研究論叢》第3輯，上海：上海人民出版社，1997年，第252頁。

最早的事例始於 1403 年①。是時朝鮮國新建 11 年，厲行儒化政策，力斥前朝高麗的佞佛之風。明廷適時頒賜朝鮮不少關乎教化、性理學的書籍，頗有勸勉朝鮮國王向此治道之意②。茲整理明清朝廷賜書朝鮮王朝的情形如表一：

表一　明清朝廷賜書朝鮮表

朝代	時間	書目	出處
明	1369	洪武三年大統曆、六經、四書、通鑒、漢書	《明實錄》"洪武二年十月一日壬戌"條
	1370	大統曆、六經、四書、通鑒、漢書	《增補文獻備考·藝文考》①，第 2886 頁
	1402	文獻通考	《增補文獻備考·藝文考》，第 2886 頁
	1403	五經、四書、元史、十八史略、山堂考索、諸臣奏議、大學衍義、春秋會通、真西山讀書記、朱子成書各一部	《增補文獻備考·藝文考》，第 2886 頁《明實錄》"永樂元年六月二十五日辛未"條
	1404	古今列女傳	《增補文獻備考·藝文考》，第 2886 頁
	1406	通鑒綱目、四書衍義、大學衍義	《增補文獻備考·藝文考》，第 2886 頁
	1408	孝慈高皇后傳書五十本、勸善書三百部	《增補文獻備考·藝文考》，第 2886 頁
	1417	諸佛如來菩薩名稱歌曲一百本、神僧傳三百本、册曆一百本	《朝鮮王朝實錄》"太宗十七年十二月二十日辛丑"條
	1418	爲善陰騭書六百本、菩薩如來歌曲三百本	《增補文獻備考·藝文考》，第 2886 頁《朝鮮王朝實錄》"太宗十八年五月十九日戊辰"條
	1426	五經、四書、性理大全、通鑒綱目	《增補文獻備考·藝文考》，第 2887 頁

① 國史編纂委員會編：《朝鮮王朝實錄》"太宗三年九月十三日戊子"條，首爾：探求堂，1970 年，第 1 册，第 277 頁。

② 우정임：《朝鮮初期書籍輸入刊行과그性格—性理學書를중심으로—》，《釜大史學》第 24 輯，2000 年，第 39—69 頁。

③ 張伯偉編：《朝鮮時代書目叢刊》第 6 册《增補文獻備考·藝文考》，北京：中華書局，2004 年。表中隨文標注頁碼。

續　表

朝代	時間	書目	出處
	1433	五經四書大全一部、性理大全一部、通鑒綱目二部	《朝鮮王朝實錄》"世宗十五年十二月十三日壬戌"條
	1435	音注資治通鑒	《增補文獻備考・藝文考》，第 2887 頁
	1454	宋史一部	《增補文獻備考・藝文考》，第 2887 頁
	1481	資治通鑒、程氏遺書、真西山集、事文類聚、致堂管見、宋朝文鑒各一部	《朝鮮王朝實錄》"成宗十二年十二月二十八日戊辰"條
	1589	大明會典	《增補文獻備考・藝文考》，第 2890 頁
	1603	大學衍義	《增補文獻備考・藝文考》，第 2890 頁
清	1713	淵鑒類函二十套、全唐詩二十套、古文淵鑒十二套、佩文韻府十二套	《增補文獻備考・藝文考》，第 2890 頁
	1723	周易折中、朱子全書	《增補文獻備考・藝文考》，第 2891 頁
	1729	康熙字典、性理經義、詩經傳説彙纂、音韻闡微	《增補文獻備考・藝文考》，第 2891 頁
	1732	明史・朝鮮列傳稿本	《朝鮮王朝實錄》"英祖八年五月八日甲子"條
	1739	定本明史・朝鮮列傳	《朝鮮王朝實錄》"英祖十五年二月二日己卯"條
	1788	内府仿宋版五經	《通文館志》[①]下册，第 158 頁

　　由此可知明廷賜書朝鮮集中在 1500 年之前，且所贈者幾乎以明朝官方刊刻的經書、教化書爲主。朝鮮收受此類書籍並不特別，如永樂四年也曾詔賜暹羅《古今列女傳》[②]。這除了反映當時重視教化的傾向外，同時應考慮明代出版業在嘉靖（1522—1566）、萬曆（1573—1620）之前並不興盛，官刻本扮演重要的角色[③]。無論如何，明廷賜書的數量顯然難以滿足鄰國的漢籍需求，

① 《通文館志》，首爾：首爾大學校奎章閣韓國學研究院，2006 年。

② 嚴從簡著，余思黎點校：《殊域周咨録》卷八，北京：中華書局，2000 年，第 280 頁。

③ 井上進：《出版文化と學術》，森正夫、野口鐵郎、濱島敦俊、岸本美緒、佐竹靖彦編：《明清時代史の基本問題》，東京：汲古書院，1997 年，第 531—555 頁。大木康：《明末江南の出版文化》，東京：研文出版，2005 年。

明廷的主要考慮應着重於政治與教化的象徵意義。

相較明代,清廷賜書更少,而1732年、1739年兩次頒《明史·朝鮮列傳》,蓋從朝鮮辨正史誣的請求,性質不同。所謂辨誣,係朝鮮官方爲改正中國史書記錄朝鮮世系的錯誤而發起的一系列請願行動。例如《皇明祖訓》《大明會典》誤將李仁任(? —1388)記爲李成桂(1335—1408)之父,事關朝鮮王朝的統治正當性,故從16世紀開始,朝鮮官方遣使明廷,希求辨正宗系之誣,將正確的宗系寫入史書①。

宗系辨誣自明代迄清代,方才告終,歷時70餘年。雍正十年(1732),清廷決定頒賜朝鮮《明史·朝鮮列傳》的稿本,清朝禮部明確表示(粗體、畫綫爲筆者所加,以下同):

> 臣等以**史書雖有嚴禁出境之條**,而我國家德洋恩溥,四海一家,朝鮮輸誠效順與内地無異,應俟《明史》告成刊刻完日,將《朝鮮國列傳》内立姓某一事頒發該國王,等因奉旨,依議欽遵在案。(中略)雍正十年二月二十日奏,三月十四日奉旨,朝鮮國王姓某,請將新修《明史》内《朝鮮列傳》先行頒示,該部議稱,俟《明史》刊刻告竣再行頒發,所議亦是,但該國王急欲表白伊先世之誣,屢次陳請,情辭懇切,着照所請,將《朝鮮國列傳》先行鈔録頒示,以慰該國王懇求昭雪之心,欽此。②

清朝禮部明確表示史書嚴禁出境,頒賜朝鮮者乃《朝鮮列傳》,絶非《明史》全書。頒賜之因係朝鮮屢屢陳請,借賜書安撫朝鮮方面,實爲破例之舉。明乎此,清廷賜下諸書,無史書、正典,而爲音韻、文字、詩文與性理之學。

以下先分疏朝鮮在明代如何通過官方、正式合法的渠道取得書籍。朝鮮君臣曾經數次向明廷請求頒賜圖書。例如朝鮮世宗首請《宋史》於1426

---

① 黄修志:《明清時期朝鮮的"書籍辨誣"與"書籍外交"》,復旦大學歷史學系博士學位論文,2013年。季南:《書籍辨誣:朝鮮王朝對宗藩關係的訴求》,《朝鮮王朝與明清書籍交流研究》,第110—144頁。黄修志:《十六世紀朝鮮與明朝之間的"宗系辯誣"與歷史書寫》,《外國問題研究》2017年第4期,第18—31頁。

② 國史編纂委員會編:《同文彙考·一》卷三四《禮部鈔録史傳頒示咨》,首爾:國史編纂委員會,1978年,第651—652頁。

年①，1435年再請②。朝鮮文宗即位後，復請於1451年，惜終不可得③。迄至1454年，朝鮮端宗（1441—1457）更請，乃賜④。從1426年算起，已歷28個春秋，迭經朝鮮二王，時間成本極高⑤。另一項求書不易的原因是，朝鮮極度尊重明廷，如宣德十年（1435）朝鮮世宗奏請購買書籍，特別提醒赴燕使臣"若蒙欽賜，則不可私買。禮部若云御府所無，則亦不可顯求"⑥。朝鮮國王的態度係以明朝官賜爲先，亦不購大明禁中所無之書，頗見謹守臣節的態度。明代士人同樣密切關注書籍輸出境外的問題，丘濬（1421—1495）主張，"今外夷有來朝貢者，非有旨不得與交易，而於書籍一事尤宜嚴禁。彼欲得之，許具數以聞，下翰林院看詳可否，然後與之"⑦。倘若入貢使節意欲求書，當呈文翰林院審酌，是否允許。中、朝史料都顯示，朝鮮方面能得到哪些書籍，全看明朝官方的決定。直到16世紀末，朝鮮使節團仍通過官方渠道請購書冊⑧，與之後對待清廷的態度迥然有別。

朝鮮初期、中期的君臣不避諱向明朝求購典籍，貿冊中朝之例甚多，朝堂上的討論也認爲"馳奏天朝，以請秘籍，誠心購求，不惜兼價，則遺經逸書，庶幾有得"⑨。向明廷求書曠日廢時，態度均正面積極。此般局面在嘉靖年間迎來劇變，明廷開始管制書籍出口。儘管明朝、朝鮮官方從未明確解釋禁令緣起，然而綜合官私記録，仍然得以勾勒大致的變化與淵源。

① 國史編纂委員會編：《朝鮮王朝實録》"世宗八年十一月二十四日癸丑"條，第3冊，第49頁。

② 國史編纂委員會編：《朝鮮王朝實録》"世宗十七年八月二十四日癸亥"條，第3冊，第648頁。

③ 國史編纂委員會編：《朝鮮王朝實録》"文宗元年七月二十四日庚申"條，第6冊，第414頁。

④ 國史編纂委員會編：《朝鮮王朝實録》"端宗二年九月十一日己未"條，第6冊，第707頁。

⑤ 當然這也可能是因爲明初官方收藏的書籍有限。以《宋史》爲例，嘉靖初年，南京國子監祭酒請求校刻史書，當時國子監没有《宋史》《遼史》《金史》，惟求諸民間（黄佐：《南雍志》卷一八《梓刻本末》，《續修四庫全書》，第749冊，上海：上海古籍出版社，1995年，第421頁）。

⑥ 國史編纂委員會編：《朝鮮王朝實録》"世宗十七年八月二十四日癸亥"條，第3冊，第649頁。

⑦ 丘濬：《大學衍義補》卷一四五《馭外番》，王德毅主編：《叢書集成三編》，臺北：新文豐，1997年，第13冊，第220頁。

⑧ 閔仁伯：《朝天録》，林基中編：《燕行録全集》，首爾：東國大學校出版部，2001年，第8冊，第46頁。

⑨ 國史編纂委員會編：《朝鮮王朝實録》"中宗十年十一月二日甲申"條，第15冊，第119頁。

三、明代的書籍輸出管制

大明立國後，很快與亞洲許多政權建立朝貢關係，特別在永樂帝（1360—1424）的刻意經營下，一時之間入朝者衆[1]。明代前期此般懷柔遠人的外交政策，部分延續有宋以來的措施。永樂二十一年（1423），暹羅貢使赴京，明廷賞賜衣服、苧絲、絹布、靴、襪、履、金銀、紗帽諸物，詔定該國朝貢之例，爾後使臣人等進到貨物俱免抽分，也就是免稅，厚往薄來。其中又特別規定：

> 給賞畢日，許於會同館開市，**除書籍及玄黃紫皂大花西番蓮段並一應違禁之物不許收買**，其餘聽貿易。[2]

儘管此處的"書籍"並未明言範圍或種類，然而循宋代故事推測，理應包括史書、地理、兵書、奏疏等文字。必須説明，此類規定並不一體適用所有外邦使臣，而係一種不斷嚴厲收緊的過程，如朝鮮、琉球在嘉靖以前備受禮遇，完全不受約束，能够出館自由買賣（説詳後）。嘉靖之後則困於會同館門禁，朝天使者"欲買書册，亦不得往書肆。欲出觀光，而把門人不快許其出入"[3]。

（一）會同館門禁

會同館即明朝政府爲接待外邦使者設立的單位，屬禮部主客司管轄，由提督總領其事。

深論購書禁令之前，需先交代朝鮮使節團在北京的貿易情形，因爲朝鮮人若能隨時、隨地、隨意貿易，明朝禮部擬定再多的規範也是枉然。所謂的朝貢貿易，大抵分爲三個部分：正貢、邊市、附搭貨物。一般提及燕行使的朝貢貿易，指的便是第三者，而附搭貨物的貿易規模往往數倍於正貢[4]；因開市地點爲會同館，故稱"會同館開市"。開市通常在使臣入宮領賞之後，經禮

---

① 鄭永常：《重建朝貢貿易體制及南海國際秩序》，《來自海洋的挑戰：明代海貿政策演變研究》，臺北：稻鄉出版社，2004 年，第 57—91 頁。

② 嚴從簡：《殊域周咨錄》卷八，第 281 頁。

③ 國史編纂委員會編：《朝鮮王朝實錄》"中宗三十年一月二十七日戊子"條，第 17 册，第 571 頁。

④ 例如成化年間的安南入貢，見前間恭作遺稿、末松保和編纂：《訓讀吏文》，漢城：朝鮮印刷株式會社，1942 年，第 208—219 頁。

部主客司出給告示，允許中國商人入館買賣。不過在嘉靖以前，朝鮮人享有出館貿易的特權，根本不存在"館禁"。

嘉靖四年（1525），朝鮮國陪臣鄭允謙（1463—1536）、譯官金利錫奉使朝天，他們在京期間，與會同館主事陳邦儞發生衝突。按照慣例，外國使臣除卻貢物，携來的貨品經禮部主客司出給告示，許令在館內買賣三日，且全程需由會同館館夫伴押。陳邦儞依法行政，金利錫等以其不便，向禮部尚書席書（1461—1527）告狀，盼望寬緩禁令①。

陳邦儞、金利錫各有道理。弘治十三年（1500），時居會同館的女直早哈殺害夷人，兵部奉聖旨，榜文曉諭，此後"朝貢夷人，著令在館，不許出入"②。各國貢使均需遵從館禁。不過時任禮部主客司主事的劉綱（1456—？）上言，朝鮮素守禮義，敬事大明，與他國不同，朝鮮"進貢人員自行出入，原無防禁"。劉綱與兵部等衙門討論，且經聖旨詔許後，撤除禁約，朝鮮人員得以出入如常，自行貨賣。③越一年，劉綱提及會同館舊規："各處夷人朝貢到館，五日一次放出，餘日不許擅自出入，惟朝鮮、琉球二國使臣，則聽其出外貿易，不在五日之數。"④金利錫的憑恃，正是明朝禮部優待朝鮮的傳統，朝鮮使節團的成員（包含下人隨從）到京後不僅自行出入，毫無箝制，一應貨買，聽其自便。⑤

朝鮮使節團的自由是與禮部官員、會同館主事不斷協商的結果。試想朝鮮的使臣與隨從，在京師恣意游觀與貿易，自然容易產生各種糾紛。成化六年（1470），朝鮮陪臣權碱赴京，當時便已詔令，朝鮮人今後不許無故往來街市，通行拘禁，鎖閉館門，惟公幹時允許譯官刻期出入。⑥撲諸弘治十三年劉綱的奏言，明廷即便曾經執行成化陳例，也維持不久。

嘉靖以降，明廷逐漸對朝鮮使節團嚴格執行館禁，限定會同館開市，原因有二。一是朝鮮貢使的隨行人役多生事端，這些馬頭驅人輩同享特權，不圍館禁，成爲京師的不穩定因素。嘉靖元年（1522），謝恩使姜澂（1466—

① 嚴從簡：《殊域周咨錄》卷一，第 29 頁。

② 嚴從簡：《殊域周咨錄》卷一，第 29 頁。

③ 夏言：《南宮奏稿》卷五《遵舊制以便出入疏》，《明代基本史料叢刊·奏摺卷》，第 54 冊，北京：綫裝書局，2004 年，第 565 頁。夏言的奏疏大量摘錄蘇世讓的呈文，特此說明。

④ "中央研究院"歷史語言研究所校勘：《明孝宗實錄》卷一七〇"弘治十四年正月二十三日壬申"條，臺北："中央研究院"歷史語言研究所，1966 年，第 58 冊，第 3086 頁。

⑤ 嚴從簡：《殊域周咨錄》卷一，第 29—31 頁。

⑥ 嚴從簡：《殊域周咨錄》卷一，第 30 頁。

1536）詢問禮部郎中孫存①，何以近來館禁甚嚴，孫答道："爾國從來之人，異言異服，橫行觸法，則甚不可也。宰相豈能盡撿其下人哉？禁其出入，於宰相亦好也。"朝鮮正使例由宰職選拔，孫存言下之意是認爲，正使難以約束使節團的隨從，遂有此舉。姜澂也坦承，不僅是馬夫驅人之輩，前時軍官子弟，確實橫行違法，即便是假領子弟軍官銜的士人亦不能免。②

　　值得注意的是從成化到嘉靖年間，明朝官員屢次申明制度，朝鮮方面便立即援引舊例，此番反復上演的爭論，説明許多會同館的規矩即便存在已久，從未具體且長期地落實。而館禁、限定會同館開市在嘉靖年間徹底執行，係明朝禮部平衡朝貢貿易、國防機密、首都治安的折衷辦法。問題是館禁只稍趨嚴，便會波及使臣，而朝鮮一旦申訴成功，館禁又復寬鬆，下人輩故態復萌。嘉靖十三年（1534），禮部尚書夏言（1482—1548）提及館禁，理由一如孫存，表示"近年以來，止因遠方夷使跟隨人役多生事端，該管官員始行一概約束加嚴"。夏言建議，往後每五日許令朝鮮正使、書狀官等人出館一次，游觀附近市衢，但隨從人役仍照樣拘禁館内，不許擅自出入，自此館禁方嚴。③按此新制，朝鮮人不可能再出館貿易，因爲使臣正官並不親自參與貿易，這也不是他們赴京的主要目的。

　　嘉靖年間的管制逐漸增強的第二個原因是，朝鮮人購買涉及中國情資的書籍。嘉靖元年，孫存見到金利錫購買官本書册，罰其着枷立街上30餘日，又認爲會同館序班不能管束、禁止朝鮮人恣意出館。④這便是朝鮮官員金安老（1481—1537）筆下"近時中朝有一禮部郎，苛禁國人購書籍，乃以謂文章多流出海外也"⑤的故事起源，明朝某禮部郎中正是孫存。《朝鮮王朝實録》雖然未寫明書籍名稱，根據魚叔權《稗官雜記》，則應是《大明一統志》：

　　　本國陪臣到燕，舊無防禁。嘉靖初年，**譯士金利錫踞坐書肆，要買《大明一統志》**，主客郎中孫存仁適赴早衙，取其書而觀之，驚

<hr>

① 另有孫存仁、曾存仁之説，皆同一人，本文采《朝鮮王朝實録》的記録。

② 國史編纂委員會編：《朝鮮王朝實録》"中宗十七年六月五日庚辰"條，第16册，第126頁。

③ 夏言：《南宮奏稿》，第565頁。朝鮮方面的資料也證實，嘉靖十二年之後，館禁嚴肅（詳參魚叔權：《稗官雜記》卷一，任東權、李元植、婁子匡主編：《韓國漢籍民俗叢書》第1輯第8册，臺北：東方文化書局，1971年，第6頁），而夏言的"新規"很可能是沿用當時施行不久的措施。

④ 國史編纂委員會編：《朝鮮王朝實録》"中宗十七年二月三日庚辰"條，第16册，第96頁。

⑤ 金安老：《希樂堂稿》卷八《雜著·古人於詩投贈酬答》，《韓國文集叢刊》，首爾：景仁文化社/民族文化推進會，1988—2005年，第21册，第452頁。

怪曰："此非外人所當買也。"因閉館門,俾本國人一切不得出入,
遂成故事。[①]

　　魚叔權的生卒年不詳,僅能確定活躍於朝鮮明宗在位期間(1545—
1567),相當於嘉靖中期以後。他曾經 7 次赴燕,經驗豐富,嫻熟中國事情。[②]
所謂"舊無防禁"的内涵已如前述,不贅言。根據他的説法,孫存厲行館禁,
目的是保護國家機密,以免外流異邦。從"此非外人所當買也"推斷,弘治
十三年後,外國使臣除一律遵從館禁規定外,可能也一體適用之前針對暹羅
國貢使不得購買書籍的規定。重點是對於嘉靖中葉以降的朝鮮使臣,購買違
禁書册顯然容易引起明朝官員注意,反映當時禁令已生遏阻之效。例如嘉靖
十四年,朝鮮國王接見冬至使鄭士龍(1491—1570),鄭士龍便明白表示因爲
門禁的關係,"欲買書册,亦不得往書肆"[③]。門禁確實成爲朝鮮使臣購買書
籍的阻礙。

　　不論是防止隨從下人生事,抑或懲於擅買官書之罪,館禁在嘉靖元年至
十三年日漸嚴格。然而朝鮮使者仍然能透過會同館開市搜羅書籍,嘉靖元年
謝恩使姜澂甫自燕京歸國,向朝鮮朝廷復命時仍表示"書册貿易者,亦不禁
也"[④]。明廷自始至終,從未禁止朝鮮方面求書、購書,惟禁止私購天文、地理、
史書而已。[⑤]

　　分疏館禁的緣起與確立,方能解釋明廷限定會同館開市的由來,澄清以
下"交通禁令"的意義。倘若不存在館禁,根本無需討論會同館開市的問題。
朝鮮人只須維持在北京出入自如,得以隨意貨買的特權,完全不必理會其他
規定。明朝禮部增設再多針對會同館開市的規範,也無多大意義。館禁與會
同館開市辦法的制度化,大幅限縮朝鮮人移動、交易的空間,而加諸他們的
種種規定,例如嚴禁擅買非法物品,無疑説明朝鮮人在北京的行旅曾經如此。

---

① 魚叔權:《稗官雜記》卷一,第 5 頁。
② 魚叔權:《稗官雜記》卷二,第 61 頁。
③ 國史編纂委員會編:《朝鮮王朝實録》"中宗三十年正月二十七日戊子"條,第 17 册,第 571 頁。
④ 國史編纂委員會編:《朝鮮王朝實録》"中宗十七年六月五日庚辰"條,第 16 册,第 126 頁。
⑤ 最近高麗大學曹永憲(조영헌)的研究主張,明廷厲行館禁,關鍵不是書籍,因爲孫存一方
面以《大明一統志》爲由嚴格館禁,另一方面朝鮮使節團仍然能夠購買書籍(曹永憲:《1522 년北京
會同館의對朝鮮門禁措置와그배경—正德帝遺産의정리와관련하여—》,《中國學報》第 91 輯,2020 年,
第 192—195 頁),忽略這兩處"書籍"所指並不相同。明廷禁止朝鮮使者購買的書籍係有指定類別,
非指一切書籍。

（二）交通朝貢夷人禁令

梳理明初至明中葉的各種脈絡與背景後，重新審視萬曆《大明會典》的"交通禁令"，堪稱一次劇變，朝鮮使節團自此喪失明初以來的特權。有鑒於萬曆《大明會典》的規範是官方唯一刊布者，且爲《大清會典》繼承，茲先申論此交通禁令的內容，再分疏法律具體落實的情形。這條禁令的全文如下：

> 凡交通禁令。各處夷人朝貢領賞之後，許於會同館開市三日或五日，惟朝鮮、琉球不拘期限。俱主客司出給告示，於館門首張掛，**禁戢收買史書**及玄黃紫皂大花西番蓮段疋，**并一應違禁器物**。①

首先，"交通禁令"係"交通朝貢夷人禁令"的簡稱，始出正德《大明會典》②。其次是時間，正德《大明會典》未載管制購書之規，該規首見於萬曆《大明會典》。嘉靖十五年（1536），朝鮮官員論及向中國購買地圖，明確表示此爲"禁物"，據此可知交通禁令的施行至遲不晚於是年，而根據晚近的研究可知係正德帝逝世後③；但從其中的措辭看，當與前引永樂二十一年管制暹羅使臣的舊規有繼承關係。復次是規範的地點。外國使臣朝貢領賞後，明廷恩許他們於北京會同館開市三到五日，惟朝鮮、琉球不拘期限。最後是禁令內容。外國使團決意開市後，主客司將張貼告示於會同館門口，明載禁止收買史書、幾種特殊顏色的布匹，以及理應禁止交易的器物。

交通禁令是頗具彈性的規定，例如史書一款指涉不明，違禁器物亦如是。綜合朝鮮君臣的議論、《大明會典》的記載可知，嘉靖年間管制出口的書籍，除"史書"外還包含天文、地理、曆法、兵法④。

傳統中國政府一直嚴加管制星象、讖緯與軍事知識，因爲造反者時常附

---

① 李東陽等奉敕撰，申時行等奉敕重修：（萬曆）《大明會典》卷一〇八《朝貢通例》，哈佛燕京圖書館藏萬曆十五年（1587）內府刊本，葉二十九。可在該校圖書館網站在綫瀏覽：https://id.lib.harvard.edu/alma/990077710430203941/catalog。

② 李東陽等奉敕撰：（正德）《大明會典》卷一〇二，東京：汲古書院，1989年，第2冊，第398頁。

③ 曹永憲：《1522년北京會同館의對朝鮮門禁조치와그배경—正德帝遺産의정리와관련하여—》，第192頁。

④ 國史編纂委員會編：《朝鮮王朝實録》"中宗三十六年八月二十七日庚辰"條，第18冊，第494頁。

會天文異象，或借推曆言天命①，是以明朝官方禁止民間"收藏禁書及私習天文"②。成化十三年（1477），漢訓質正官金錫元出使大明，其間求見欽天監官員李純，詢問天文知識，李純回道"天文漏泄，罪在重典，恐錦衣衛尋迹"，此後金錫元繼續求見，李純不與語③，可見明廷嚴密監控天文知識。

景泰二年（1451）十二月，克羅俄監燦（時任董卜韓胡宣慰使司都指揮同知）向四川巡撫李匡（1400—1465）求書17種。儘管李匡主張誦讀中國書籍可令外國人知曉忠君親上之道，配仁而服義，但"書籍係董卜所無有，朝廷所未賜，臣不敢以私與"，且所求《成都記》《方輿勝覽》詳載地方形圖、天下關隘，建議不宜頒賜，使其知天下地方。④

關鍵是交通禁令通篇未及天文、地理、兵書，弔詭的是即便此後條文未曾增修，但明清兩代針對外國的書籍管制政策，一直包含這三類書籍。⑤

燕行文獻首次提及明廷書籍管制的記載，管見所及是萬曆三十六年（1608）出使中國的崔晛（1563—1640），氏著《朝天日錄》收錄《書冊禁物》⑥。崔晛提及的書冊禁物包含《吾學編》《通宋》《諸史記》《通報》《天文書》《地理書》。《通報》爲國家信息⑦，外國人不宜參考，實在情理之中。天文知識

---

① 佐々木聰：《中國歷代王朝における天文五行占書の編纂と禁書政策》，水口拓壽編：《術數學研究の課題と方法》，東京：汲古書院，2022年，第97—124頁。

② 李東陽等奉敕撰、申時行等奉敕重修：（萬曆）《大明會典》卷一六五《律例六》，葉五。

③ 國史編纂委員會編：《朝鮮王朝實錄》"成宗八年閏二月十八日丙辰"條，第9冊，第431頁。

④ 于謙著，魏得良點校：《于謙集》奏議卷之四《兵部爲邊情事》，杭州：浙江古籍出版社，2016年，第175—176頁。此事散見明代史料如《明經世文編》《殊域周咨錄》《皇明疏議輯略》諸書，時間、人物間有出入，如稱上言者爲余子俊（1429—1488），且時任兵部尚書。據《明英宗實錄》卷二一八"景泰三年七月九日庚子"，董卜韓胡求書爲景泰初年，余子俊僅爲户部主事，不可能與其事。又《明英宗實錄》該條爲景泰三年，但徵引李匡所言無係年，與《于謙集》所記時間無衝突，特此説明。

⑤ 天文、地理的例子較常見，查禁兵書事見趙鳳夏：《燕薊紀略》"三月初十日"，京都大學附屬圖書館藏清道光二十二年（1842）筆寫本，登録號199359。

⑥ 崔晛：《朝天日錄》，復旦大學文史研究院、成均館大學東亞學術院大東文化研究院編：《韓國漢文燕行文獻選編》，上海：復旦大學出版社，2011年，第5冊，第350頁。

⑦ 關於朝鮮使節團購買邸報、塘報，以及相關的情報收集，參見張存武：《朝鮮對清外交機密費之研究》，《"中央研究院"近代史研究所集刊》第5期，1976年，第409—446頁。伍躍：《朝貢關係と情報收集——朝鮮王朝對中國外交を考えるに際して》，夫馬進編：《中國東アジア外交交流史の研究》，京都：京都大學學術出版會，2007年，第185—220頁。沈玉慧：《清代朝鮮使節在北京的琉球情報收集》，《漢學研究》第29期第3卷，2011年，第155—190頁。丁晨楠：《16·17세기조선연행사의중국통보수집활동》，《한국문화》第79期，2017年，第165—201頁。丁晨楠：《16世紀朝鮮對明朝情報的搜集與應對》，《古代文明》2021年第1期，第145—155頁。

長期受到傳統中國官方控制，自不待言，地理顯然涉及國防機密，故須一體防禁。必須特別強調，除《通報》外，其中幾種屬於明廷認定的"史書"，因其邏輯與現代的學術定義不同，而係以"正史"爲標準。例如列爲書册禁物第一種的《吾學編》，乃明代士人鄭曉（1499—1566）的作品集。鄭曉，字窒甫，號淡泉，嘉靖二年（1523）進士，以專精史學名世。他長期在朝任官，得以參考宮中公牘、書籍，因此《吾學編》價值不斐。該書共 69 卷，係鄭曉私人數種著述的合輯，不是官方的出版品。目前可見隆慶元年（1567）海鹽鄭氏家刻本①，以及萬曆二十七年（1599）的重刻本，所收書目按照順序如表二：

表二　鄭曉《吾學編》總目

題名	相應於正史的體例
大政記	本紀
遜國記	
同姓諸王表	表
異姓諸王表	
直文淵閣諸臣表	
兩經典詮表	
名臣記	列傳
遜國臣記	
天文述	天文志
地理述	地理志
三禮述	禮志
百官述	職官志
四夷考	外國傳
北虜考	

根據表二可知，《吾學編》的體例仿自正史，雖不名爲本紀、列傳、表志，實則一也。特別是《吾學編》收錄《天文述》《地理述》，皆爲明廷頒示的書册禁物。這不僅説明何以私人著述列爲禁物，也揭示明朝官方會隨時更新禁

① 本文所參考，爲收入《北京圖書館古籍珍本叢刊》（北京：北京圖書館出版社，2004 年）第 12 册的影印明隆慶元年鄭履淳刻本。

物清單，密切注意書籍的出版狀況。而史書因爲包含天文、地理，性質敏感，儘管禁令往往僅提及史書，其實涵蓋甚廣。明乎此，書册禁物清單中的《諸史記》，指的是歷代正史。

嘉靖年間的交通禁令不是橫空出世的變革，如前所述，條文應參考永樂間管制暹羅使臣的舊規。而明廷管制外邦人獲取中國知識，也不是針對暹羅、朝鮮使者的創舉。回首嘉靖以前，朝鮮國王囑咐臣子赴燕購書，所在多有，而朝鮮使節團成員在嘉靖年間"求購書册，例稱難得，持價而還。必因中朝禁令，不得隨意貿來也"①。這便是落實館禁、限定會同館開市的成效，此後朝鮮對於向明廷求書，亦變得格外謹慎。

（三）執行查驗

關鍵是禁令如何執行。橫濱國立大學的辻大和主張，明朝政府基本上不檢查朝鮮使節團的行李，而首次檢查發生於崇禎元年（1628）。他的證據是朝天使宋克訒（1573—1635）、申悦道（1589—1659）一行循海路赴京，途經山東登州，明朝參將陳良謨派遣中軍王勝，要求他們開列名録、物品清單，宋、申等人以前無規例爭之。② 此處的"前無規例"應是指海路朝天留駐登州時的狀況，不應擴張解釋爲明朝政府從未檢查朝鮮使節團的行李。

事實上查驗朝鮮貢使的包裹，應早於崇禎元年。成化十二年（1476），明朝兵部有鑒於建州女真、海西女真、三衛韃子、朝鮮使臣連年進貢，其中"朝鮮國赴京陪臣遞年收買牛角弓面尤多"，守邊官員明知其弊却不敢搜檢，兵部嚴斥，往後朝鮮國陪臣回還到山海關，務要仔細逐一搜檢。③

再者，重新思考《大明會典》的禁令，明朝政府既已規範會同館貿易不得收買史書及其他違禁品，自然存在檢查辦法，即朝鮮使節團離開北京前的"驗包"。蘇世讓（1486—1562）在嘉靖十一年（1532）、十二年兩次朝天，曾作詩："春官主事偕兵部，來坐中堂共驗包。"④配合嘉靖十八年權橃（1478—1548）云"提

---

① 國史編纂委員會編：《朝鮮王朝實録》"中宗三十六年六月二十二日丁丑"條，第18册，第480頁。

② 辻大和：《朝鮮の對明朝貢使節が携帶した文書》，《韓國朝鮮文化研究：研究紀要》第16號，2017年，第81頁。辻大和：《朝鮮燕行使の〈大明一統志〉輸入について》，小二田章、高井康典行、吉野正史編：《書物のなかの近世國家：東アジア〈一統志〉の時代》，東京：勉誠出版，2021年，第205頁。

③ 前間恭作遺稿，末松保和編纂：《訓讀史文》，第306頁。

④ 蘇世讓：《陽谷集》卷三《詩·初七日驗包》，《韓國文集叢刊》，第23册，第339頁。

督主事施千祥、兵部主事盧孝達，來館驗包而去"①，可知驗包由會同館提督與兵部主事主持。證明頒布交通禁令後，明廷開始查驗朝鮮使節團的行李。

關於會同館驗包的詳細記述，見諸萬曆二年（1574）趙憲（1544—1592）、許篈（1551—1588）的親身經歷，他們同預赴燕之行，均有朝天日記傳世，內中關於驗包的記述分別如下：

> 兵部郎中與提督主事，例坐於堂中，驗點一行行裝。通事以下，列包於庭以待之。郎中至門不入，止取其數而觀之，飮於提督廳而去。華人之信待我國人如此，而我國人多有欺負之處，於戲，可勝痛哉！聞會同驗包之際，他外國人之包則無不悉解以見，而我國下人之包亦不開見云。②

> 錢員外與兵部車駕司主事曹銑來驗包，並在提督廳，只令吏員來書包數而去。舊例，提督與兵部郎官入於館中廳，余等具冠服行禮畢，閱包物，或有抽看之時。今也，錢員外以我國素秉禮義，必不肯買違禁之物，未可以他國例視之，故特免驗包之禮，蓋重待我國之至也。③

主持驗包的明朝官員爲主客司員外郎錢拱宸（隆慶二年進士）、兵部主事曹銑（？—1579），地點在北京會同館的提督廳。透過二人的陳述可知，驗包不是新規，而係舊慣，如許篈云舊例，趙憲稱例坐堂中。顯然檢查辦法行諸多年，且對朝鮮特別優厚寬容，流於形式，其他國家的行李則"無不悉解以見"。驗包宛如過場禮儀，禁物盡輸東國。崇禎三年（1630），李忔（1568—1630）在北京購得《後漢書》《史記》《唐書》，皆爲違禁品。④

明朝加強管制書籍出境，始自崇禎六年郭之奇（1607—1662）提督會同館。郭之奇，福建莆田人，號菽子、正夫、玉溪，他晚年參與南明抗清，起義兵死⑤。郭之奇上任之際，適逢會同館醜聞之後。崇禎五年七月，崇禎帝（1611—1644）命禮部查驗朝鮮使臣在會同館開市收買的商品，一舉拿獲 380 餘種違

---

① 權橃：《朝天録》，《燕行録全集》，第 2 冊，第 321 頁。

② 趙憲：《朝天録》，《韓國漢文燕行文獻選編》，第 2 冊，第 221 頁。

③ 許篈：《荷谷先生朝天記》，《韓國漢文燕行文獻選編》，第 3 冊，第 271 頁。

④ 李忔：《雪汀先生朝天日記》，《燕行録全集》，第 13 冊，第 181 頁。

⑤ 關於郭之奇的生平，詳參饒宗頤：《郭之奇年譜》，《饒宗頤二十世紀學術文集》，臺北：新文豐出版股份有限公司，2003 年，第 14 冊，第 1415—1496 頁。

禁品，甚至查得一幅紫禁城地圖。禮部尚書黃汝良（萬曆十四年進士）以收受朝鮮使節團厚貲爲由，彈劾時任會同館提督的潘陳忠，最終潘陳忠下獄。①

禮部主客清吏司主事，承乏會同館一切事務，係會同館的最高負責人。會同館職司接待朝貢使節，總理萬邦，蓋中外交接重地，然而關於會同館內部管理的史料却極爲罕見。②管見所及，郭之奇的《宛在堂文集》應是僅見的相關文獻。該書的卷三一至三四收入奏疏、堂疏、呈詳、文移、禁諭共 101 通。以下茲據國立公文書館所藏本③，析論明代晚期會同館的書籍管制。

郭之奇是在明廷肅清貪污的風頭上履新，細閱《宛在堂文集》收錄的奏疏，得以窺見會同館內部的種種弊端，同時詳知明代加强官方管制的措施與效果。首先是會同館的序班、館夫，朝鮮使節團往往通過他們購買違禁書籍。④他們不僅利用職權之便，販賣違禁物品，還肆意勒索貢使，諸如桌椅、盤碗，乃至靴帽，無不責之額外之需。⑤特別是連年造訪的朝鮮使臣，序班輩視爲奇貨，爲了增加勒索朝鮮人的機會，他們 "凡應行之務，俱執從前陋規，需索不遂，每每藉端稽遲"⑥，導致朝鮮使節團不得離京，滯留館中。

其次則是會同館四鄰居民，以及會同館開市期間的商人。按照規定，會同館開市係貢使領賞之後舉行。這些走私商人則 "預替鮮人收買史書、軍器及玄黃紫皂大花西番蓮段疋、一應違禁諸物，並傳遞邸報進入，或於入賀、入貢之日，私誘入家貨易"⑦，不僅事先代朝鮮人收買所需貨物、傳遞邸報入館，且直接招攬入民家貿易，或未及開市之先，早早偷渡禁物入館。⑧他們貪求重利，刻意哄騙抬價，⑨或以短爲長，以小爲大，欺騙遠人，往往得逞。⑩

---

① 談遷：《國榷》卷九二，北京：中華書局，1958 年，第 6 册，第 5593 頁。

② 明代的會同館提督，鮮少留下資料。清代的提督則多由滿洲人、武官出任，本就鮮有文集傳世。

③ 儘管《宛在堂文集》收入《四庫未收書輯刊》第 6 輯第 27 册中，可惜影印質量有限，加上原書蟲蛀嚴重，識讀不易。幸賴日本國立公文書館收藏該書明崇禎十一年（1638）序刊本（請求番號：集 043-0004），乃豐後佐伯藩主毛利高標（1755—1801）進獻幕府之書，紙面精潔，保存良好。

④ 王振忠：《序班、書商與知識交流——朝鮮燕行使者與 18 世紀北京的琉璃廠》，《袖中東海一編開：域外文獻與清代社會史研究論稿》，上海：復旦大學出版社，2015 年，第 173—209 頁。

⑤ 郭之奇：《宛在堂文集》卷三二《爲恩蘇蟻命事》，葉三至四。

⑥ 郭之奇：《宛在堂文集》卷三二《爲麗人頻催等事》，葉十。

⑦ 郭之奇：《宛在堂文集》卷三四《爲門禁事》，葉四至五。

⑧ 郭之奇：《宛在堂文集》卷三四《爲嚴禁潛置禁物等事》，葉十六。

⑨ 郭之奇：《宛在堂文集》卷三四《爲禁約開市事》，葉九。

⑩ 郭之奇：《宛在堂文集》卷三四《爲嚴查姦商欺騙事》，葉十一。

　　郭之奇面對上述弊端，推動一系列雷厲風行的改革，效果卓著。他一方面在既定的規制上，嚴格落實各項檢查辦法、杜絕走私貿易；另一方面訂立新規，提高管理的成效。例如懲罰會同館的不肖員役，館夫李繼芳便以"通同貢使，貨買違禁"爲由，經部參核，革除職位，追繳贓款。①

　　會同館開市期間，商人入館，郭之奇親守館門，逐一點驗，查獲商人王成、梁貴携帶違禁貨物，隨即責枷警衆。②開市之後的驗包不再虛文，而是會同兵部駕司、廠衛"逐包、箱盤驗明白"③。朝鮮貢使結束驗包後，啓程返國途中仍有購買違禁貨物的機會。郭之奇特別行文寧前兵備道，囑咐道："誠恐沿途姦棍，竊賣違禁，插入包箱，深爲未便。"盼望兵備道能够仔細查驗，且搜檢程度不妨過密過詳。④

　　外邦使臣得以購買違禁貨物，除與序班、館夫通同勾結，另一關鍵是門禁不嚴，致使貨物不時密運私入。郭之奇以身作則，進館不帶一位童僕，⑤凡序班、甲夫不許擅與朝鮮人交通言語，開市之前，内物不許出，外物不許入。⑥館事則親力親爲，"每值朝鮮見朝，及習儀慶賀，必二鼓赴館，坐守點出，然後奔驅逐隊。竣禮之後，又復赴館點入"⑦。他明白朝鮮意欲貨買違禁商品，曉諭朝鮮使臣道"凡所必須，統俟春市"，切莫私貪禁物。⑧倘若不肖胥吏討索財物，有聞必告，又爲此新設《柔防簿》《稽查簿》，記錄物品出入會同館，以備查驗。⑨

　　郭之奇任内一掃陋習，嚴格管理會同館，風氣爲之一變。在崇禎八年遞交崇禎帝的奏摺中他强調，履新以來厲行查驗違禁貨件私進館内，管控外國

---

　① 郭之奇：《宛在堂文集》卷三二《爲恩蘇蟻命事》，葉二。

　② 郭之奇：《宛在堂文集》卷三二《爲呈明違禁等事》，葉十三。

　③ 郭之奇：《宛在堂文集》卷三三《爲酌議番人進貢事》，葉七。

　④ 郭之奇：《宛在堂文集》卷三三《爲入貢事》，葉十七。

　⑤ 郭之奇：《宛在堂文集》卷三四《爲嚴禁交通事》，葉十五。

　⑥ 郭之奇：《宛在堂文集》卷三四《爲入照出照事》，葉十八。

　⑦ 郭之奇：《宛在堂文集》卷三二《爲苦情不能終已等事》，葉二十五。

　⑧ 郭之奇：《宛在堂文集》卷三四《爲布忱昭訓事》，葉十八。

　⑨ 郭之奇：《宛在堂文集》卷三二《爲謹遵明綸事》，葉二十九至三十。《柔防簿》應由貢使方面記錄。崇禎七年十月十二日，郭之奇在給朝鮮使節團的諭帖中提及，"造立柔防公簿一册，每逢朔望日期，敬煩執事親將各項有無需索情弊註明單簿，以便彙繳稽查"（郭之奇：《宛在堂文集》卷三四《爲明曉遠人等事》，葉十七）。

使者出入會同館，同時大幅節省開支，結餘 820 兩白銀，敬呈朝廷。[1]接任郭之奇的何三省（1611—1674），崇禎四年進士，順天府教授、國子監博士任內享有令名，館務亦一絲不苟，實心任事。

兩位提督落實館禁、會同館開市的結果是，朝鮮使者無書可買。早在萬曆二年（1574），聖節使書狀官許篈便自承，朝鮮人多貨買禁物如黃紫色段、史記等冊，皆中國不許出境者[2]。崇禎九年，金堉（1580—1658）以冬至聖節千秋進賀正使赴燕，此番使行旨在請求明廷允許朝鮮使臣往後從山東登州登陸，以及購買火藥、硫磺以資軍用。[3]從金堉致何三省的信函，顯見當時會同館管制貿易之狀：

> 每回貢使之來，<u>求買欲見之書。而近年以來，防禁極嚴，前代史書、皇朝文字一切不許，未知小邦何以得罪於天朝</u>，而乃至此耶？……而至於弇州有大焉，四部之稿，凌駕漢唐，而其他家數之擅名天下者不可勝計，此宜夸示於外國，使知聖朝文運之盛而慕效之也，何必禁之而莫之見乎。[4]

郭、何防禁之嚴，令金堉生莫名之感，懷疑何處得罪明廷，以致如此。金堉又夸贊明朝文風鼎盛，宜向外國夸示，不應管制書籍出境。顯然會同館提督貫徹不得收買史書的規矩，管制塘報、邸報流入朝鮮使節團。郭之奇、何三省的成功，證明官方管制能够發揮效果，重點是朝廷的決心，以及主事者的魄力。

四、清代的書籍輸出管制

（一）書籍管制政策的延續

清代管制書籍輸出的種類，乃至交通禁令的規範，均繼承自明代。

如禁止輸出史書、天文書、地理書的規定，從明代持續到清代，雖易代

---

① 郭之奇：《宛在堂文集》卷三一，葉十二。

② 許篈：《荷谷先生朝天記》，《韓國漢文燕行文獻選編》，第 3 冊，第 67 頁。

③ 關於此次使行的目的、過程、結果，詳參孫衛國：《朝鮮王朝最後一任朝天使——金堉使行研究》，《域外漢籍研究集刊》第 6 輯，北京：中華書局，2010 年，第 219—241 頁。

④ 金堉：《朝天錄》，《燕行錄全集》，第 16 冊，第 352—353 頁。

而不變。康熙五十九年（1720），李器之（1690—1722）假子弟軍官之銜，肆游燕京，其間與許多西洋傳教士來往。李器之離京前，傳教士與欽天監官員曾來送行，李器之的父親李頤命（1658—1721）詢問購買星曆諸書之事，對方答得乾脆："此書不敢賣，不但中國人不敢買，雖是我們外國人也不敢買。"李器之的理解是，"蓋星曆之書有禁自劉基始，其法尚行於清也"①。防禁天文書是否源自明人劉基（1311—1375）的倡議，尚乏明證，但顯然有清一代對於天文書籍輸出的防禁依舊。乾隆十四年（1749），朝鮮使節團書狀官俞彥述（1703—1773）記下會同館開市的告示榜文，"所禁之物則史書、輿圖"等物，而"天文、地理書、兵書、砒霜、硼砂、水銀、人參、象毛、會典"之類則"初不舉論"，甚感可怪。②顯示至少在他的認知中，天文、地理、兵書也應被列爲違禁之書。

　　書籍防禁一體適用，不分對象。乾隆二年（1737），會同館轄下的俄羅斯館御史赫慶奏言，俄羅斯在京讀書子弟不可任其出入，使知中國情形，尤其輿圖違禁等物，禁勿售予。③

　　另一個是雍正朝的事例。清廷與江戶幕府不存在正式的國交管道，唐船東渡是民間商販的私人行爲，不具明確的官方性質。大庭脩曾經統計自雍正三年（1725）起，清朝船商齎往日本的書籍數量爲：雍正三年195冊，雍正四年306冊，雍正五年170冊，雍正六年58冊，雍正七年6冊，雍正八年14冊，雍正九年84冊；並指出，浙江巡撫李衛（1688—1738）在雍正六至八年間，數次上奏雍正帝（1678—1735），討論嚴防日本之事，導致新舶入長崎的書籍驟減。④李衛確曾在雍正八年表示過，近來日方無"私帶僧人、書籍、輿圖，窺探情形"，頗知悔改。⑤在此時期之外，清廷不再直接介入中國商人向日本輸出書籍，而是在浙江巡撫的督導下，責成商人組織的"總商"監督此事。

　　清廷管制書籍輸出日本的情況，迄今無專門研究。而通過雍正帝與李衛的奏摺往來，本文主張，清廷面對書籍出口日本的態度、原則與出口朝鮮時

① 李器之：《一庵燕記（二）》，《韓國漢文燕行文獻選編》，第13冊，第39頁。
② 俞彥述：《燕京雜識》，《燕行録全集》，第39冊，第336—337頁。
③ 劉錦藻編：《清朝文獻通考（二）》卷三〇〇《四裔八》，杭州：浙江古籍出版社，1988年，第7485—7486頁。
④ 大庭脩：《江戶時代の日中祕話》，東京：東方書店，1980年，第204—205頁。
⑤ 李衛：《奏報日本延聘僧人折》，雍正八年三月十日奏，臺北故宮博物院藏，文獻編號402007737。

一致。

在探討此問題前，先簡單交代歷史背景。幕府將軍德川吉宗（1684—1751）襲職後，廣求寰宇知識，他不僅延續父親對大清刑責的興趣，更且對海外事物懷抱開放的態度，求人參花樣，求飛禽大象。德川吉宗招徠清朝兵士、醫生、儒生，清朝伊始莫知所以，多所警惕。[①]

雍正八年，李衛奏稱，赴日唐商在長崎建有關帝、天后兩座廟宇。日方通過清朝船商轉達，思延僧人二名，在廟宇內焚香祝頌，並購買《太平聖惠方》《顧氏勾股全書》。清朝船商不敢仿前陋習，私帶赴日，定要總商向李衛請示。雍正帝的回應是"和尚當選老成、修行優僧數人給去"，遂其所請；至於日本求書一事，則指示：

> 伊極好勾股算法，有聖祖纂緝《律曆淵源》一書，此算法乃發從古未聞之秘函。**其中曆法不便給與**，其算法、律呂二書發來，卿酌量，若可以，向言"將伊等恭敬之情已密奏聞，向皇上求得內制此書贈與"等語，將此二書給去，不可言朕之所賜。[②]

雍正帝忽略《太平聖惠方》，因醫書本就不涉及交通禁令。日本求《顧氏勾股全書》，即顧應祥（1483—1565）著《勾股全書》。傳統中國的數學發展與天文觀測密不可分，天文演算離不開勾股之學。雍正帝以日方喜好勾股算法，本想贈送康熙帝的《律曆淵源》，然而他明確表達"曆法不便給與"，惟遞送給李衛書中關於算法、律呂，即關於數學與音樂的部分，囑李衛轉送日方。綜合清廷對朝鮮、俄羅斯、日本的書籍管制，顯然史書、天文、地理三種，是清朝的一致立場。

單從帳面上分析，清代管制書籍出口，比明朝更加成功。康熙九年（1670）至嘉慶十三年（1808），清廷七次查獲朝鮮使節團違法收買書籍，致使朝鮮國王幾次上書請罪，禮部也曾商議罰銀五千兩，後得寬免。[③]但細數七次成例，皆由鳳凰城柵門守將查出，會同館無與焉。

清代會同館的靜默，是朝鮮燕行使打點後的結果，並非會同館的相關功能不復存在。康熙五十一年，閔鎮遠（1664—1736）以謝恩副使出行，明白交代會同館提督以下的"例給之賂"，因爲所携銀兩不足，酌量減少，惟派給

---

① 大庭脩：《德川吉宗と康熙帝：鎖國下での日中交流》，東京：大修館，1999 年。

② 李衛：《奏報日本延聘僧人折》。

③ 丁若鏞：《犯禁生事例》，《事大考例・二》，首爾：大東文化研究院，2008 年，第 111—139 頁。

提督 50 兩、大通官 30 兩、次通官 20 兩、開市官 20 兩。提督與開市官直接以數量過少，退之不受，甚至牢鎖館門，令朝鮮上下不得發行返國。朝鮮譯官屢屢勸説，反而加劇會同館官員的怒火，開市官揚言："吾當依國法搜檢行中卜物。"① 換言之，驗包舊規俱在，支付賄賂即可通融。

　　另一個本應發揮功能的單位是山海關。根據《欽定禮部則例》規定，朝鮮入貢包數，由鳳凰城守衛、山海關官員監督查驗。朝鮮使節團回國東行，這些官員則應查看卜包是否有違禁之物②。乾隆十三年（1748），盛京刑部侍郎達爾黨阿（？—1760）提議，朝鮮使節團經山海關所帶貨物，若係土産得以免税，若非則照數輸税。由此可知，山海關擔負入境檢查的任務，朝鮮所帶貨物似乎乾隆十三年前全部免税。③ 山海關的官員既然肩負檢查朝鮮使節團一行卜物的責任，自然也會搜驗是否夾帶違禁品。必須指出的是，表面上進出關口的檢查從未廢止。道光二年（1822），朝鮮謝恩使行的成員南履翼（1757—1833）提及清朝官員管理關門如入柵，"往來行人各持票紙，出入關門，無票則不得往來"④。則出入山海關當憑票爲據。

　　通過順治年間的燕行文獻，可知山海關關員嚴格執行查驗。順治十七年（1660），朝鮮謝恩使李元禎（1622—1680）等一行歸途中留宿山海關，隔日準備啓程，山海關城將"搜驗卜物於城門，極其苛察"。幸好李元禎此行並未購入違禁品，導致城將"終不得一禁物，渠亦無執言之端"⑤，他們方能在搜驗結束後順利返鄉。

　　康熙年間的燕行文獻鮮少提及山海關搜查行李，恐怕也已按會同館之例，賄賂解決。乾隆十一年，朝鮮副使尹汲（1697—1770）明言山海關官員不許使行即入，例有遲滯之弊，先送譯官周旋，方才得行。⑥ 所謂周旋即行賄。朝

　① 閔鎮遠：《燕行録》，《韓國漢文燕行文獻》，第 11 册，第 106 頁。

　② 特登額等奉敕纂：《欽定禮部則例（道光朝）·三》卷一七二，香港：蝠池書院出版有限公司，2004 年，第 1036、1044 頁。

　③ 趙爾巽等撰：《清史稿》卷五二六《列傳·屬國一》，北京：中華書局，1977 年，第 48 册，第 14588 頁。丁若鏞：《貿易雜例》，《事大考例·二》，第 179—182 頁。

　④ 권복인、남이익지음、강영진、임영길옮김：《국역수사한필·초지속편》，세종대왕기념사업회，2018 년，第 70 頁。此套世宗大王紀念事業會出版的《燕行録國譯叢書》，前爲題解、譯文，後爲史料原文，或直接影印，或逐字排印，本文徵引者全爲史料的頁碼，下同。

　⑤ 이원정지음、김연진、조연호옮김：《국역귀암이원정연행록》，세종대왕기념사업회，2016 년，第 80 頁。

　⑥ 윤급지음、신로사옮김：《국역윤급연행일기》，세종대왕기념사업회，2020 년，第 20 頁。

鮮使節團不僅能够安全通行山海關，更且免却繳稅、搜驗的節目。尹汲且云，出入山海關者皆有稅責，但朝鮮人獨不課徵。[1]如前所述，乾隆十三年始區別朝鮮使節團的包裹，係朝鮮土産，抑或別帶物件。爲落實此項檢查，朝鮮一行出入關口，必須團進團出。有時車隊落後，惟滯留等待而已。[2]但經過賄賂打點，朝鮮人將公私包裹均標示爲貢包，而隨行的驅人、馬頭與清朝的車夫、民人則利用各種挾帶的方式蒙混過關。他們愈借勢借端地牟利，益發凸顯朝鮮人"特權"之牢固。

1826年，朝鮮使節團的隨行軍官申泰羲（1800—1850）提及，自望海店到山海關的路程，適有一片鹽田，鹽大如小磚。清人載滿鹽磚，僞裝成朝鮮使節團成員，尾隨其後，因爲朝鮮人入來時，車卜不爲搜驗。[3]關外的鹽質量較好，遠勝京師，朝鮮使節團的私商購入卜包，轉賣於北京，價格倍出，馬頭、車夫亦投入此般買賣。[4]替朝鮮人拉車運包的清人知道"入關之際，收稅太過"，而尾隨朝鮮人，藏於車底板，或托朝鮮人代攜，便無此慮。[5]

出關亦同入關故事，先送譯官、馬頭往復山海關周旋。一行人馬與卜物到齊後，便是叩關。朝鮮使節團在京師，乃至返回義州沿途所貿貨物，填塞關外，車上插滿小黃旗，無論公私卜包，上頭均寫明"朝鮮貢包"，安然過關。[6]朝鮮使節團之所以能够挾禁物過關，有賴行賄與外邦使臣連年造訪的外交紅利。畢竟周旋年年有之，無異一筆穩定的財源。

（二）栅門體制

排除會同館、山海關後，栅門才是清代最重要的"海關"。栅門又稱邊門、架子門[7]，即清朝國界，朝鮮使節團例來循此入關，燕行京師。明代的朝天使

---

① 尹汲지음、신로사옮김：《國譯尹汲燕行日記》，第 21 頁。

② 尹汲지음、신로사옮김：《國譯尹汲燕行日記》，第 46 頁。

③ 신태희지음、박은정、이홍식옮김：《國譯北京錄》，세종대왕기념사업회，2018 年，第 52 頁。《北京錄》值得注意之處是，申泰羲係隨行軍官，觀察平實，頗有朝鮮士人未及注意處，初步的介紹與研究見이홍식：《새발굴사행자료，〈북경록（北京錄）〉의자료적가치탐색》，《한국문학과예술》第 30 輯，2019 年，第 73—100 頁。

④ 윤정지음、임영길옮김：《國譯西行錄》，세종대왕기념사업회，2020 年，第 15 頁。

⑤ 권시형지음、이철희옮김：《國譯石湍燕記 1》，세종대왕기념사업회，2020 年，第 34 頁。

⑥ 윤정지음、임영길옮김：《國譯西行錄》，第 54 頁。

⑦ 金景善：《燕轅直指（一）》，《韓國漢文燕行文獻選編》，第 28 冊，第 86 頁。

從未提及柵門，1725 年燕行使趙文命（1680—1732）途經柵門，表示"在昔自鴨綠江至鳳城設堡置站，無立柵限界之事矣。丙子東搶之後，鳳城以南悉爲空地荒野，故使龔將軍設柵門以守"①。事在丙子（1636）之後，柵門方立，此即《通文館志》云"崇德以後，始有柵門"之故②。

柵門管制最終走向失敗，否則朝鮮根本無從購得漢籍，惟此過程極其複雜，另文詳述。本文在此主要分析清代以柵門爲中心的管制措施、清朝官方的權威，是否對朝鮮使臣產生壓力，影響他們購入非法書籍。如前所述，康熙九年至嘉慶十三年，清廷曾七次查獲朝鮮非法購入書册，換言之 138 年間，有 131 年相安無事。

康熙三十八年，鳳凰城守將賽秘納，搜驗朝鮮謝恩正使李彥綱（1648—1716）一行所帶貨物，發現 4 包書籍，賽秘納恐其中有犯禁之書，亦未可定，遂將書名呈報禮部。經禮部查核定例，朝鮮使臣不許收買史書，李彥綱等人所購"雖非史書，內有關係史書之言，此書不準帶去"③。禮部下令扣留這些書籍，又行文朝鮮國王，務求嚴格禁止收買史書。最終朝鮮肅宗上表認錯，正使李彥綱、副使李德成（1655—1704）、書狀官李坦（1669—？）以不能檢查之罪，俱降二級調用。④

是年十一月，朝鮮派遣東平君李杭、姜銑（1645—？）、俞命雄（1653—1721）赴燕。一行滯留會同館時，禮部郎中前來招首譯等問："今番使臣亦買書册否？"首譯等答以前行生事之後，禁令甚嚴，不敢貿册。禮部郎中聞此，特意安撫道：

約條內只禁史記，至於四書及小説等書買去無妨云矣。史記外雜册勿禁事，自禮部成出文書，送於鳳凰城城將處云。⑤

---

① 趙文命：《鶴岩集》，《韓國文集叢刊》，第 192 册，首爾：民族文化推進會，1997 年，第 591 頁。

② 金指南、金慶門編：《通文館志》卷三《事大·瀋陽回去人馬》，首爾：首爾大學校奎章閣韓國學研究院，2006 年，第 159 頁。

③ 國史編纂委員會編：《同文彙考·二》原編卷六四《犯禁二·禮部知會年貢行員役犯買史册查明禁止咨》，首爾：國史編纂委員會，1978 年，第 1238 頁。

④ 國史編纂委員會編：《同文彙考·二》原編卷六四《犯禁二·報犯買員役及使臣議罪咨》，第 1238 頁。

⑤ 國史編纂委員會編：《同文彙考·二》補編卷三《使臣別單·謝恩兼冬至行書狀官俞命雄聞見事件》，第 1621 頁。

清朝禮部或擔心朝鮮使節團格於年初之事，過度戒慎恐懼，請郎中說明。重點是這側面說明查獲禁書後，確實產生寒蟬效應。無怪乎朝鮮孝宗（1619—1659）的重臣宋時烈（1607—1689）曾建議"請勿貿虜中禁物"，因爲每於冬至使行貿易清朝禁物，"或有搜撿之事，則見侮彼人，虧損國體，所關非細"①。清廷無論是否搜驗成功，都是朝鮮的負擔。

明清政府禁止朝鮮使者收買史書，換言之中國士商民人亦不得提供、兜售史書。從《大明會典》、郭之奇的告示，直到《大清會典》，皆明令會同館外四鄰軍民人等，若代替外國人收買違禁貨物，借此圖利者，將抓拿問罪。

南通大學的徐毅曾匯整 18 世紀清朝文人贈送朝鮮文士書籍的紀錄②。18世紀是中朝文士密切往來的時代，朝鮮方面逐漸改變此前戒護深嚴、輕蔑鄙視的態度，得以結交的清朝知識階層也從地方舉子，轉爲位任中樞的高官。晚近的相關研究已揭示兩國知識階層頻繁互動、交誼深厚的事例，以及朝鮮從尊明到奉清的變遷歷程。③值得注意的是，根據徐毅的統計，清朝士人未曾贈送朝鮮使者一部正史，或記述中國史事的書籍，唯一及此的是《史記考異》，不過此係考史之作，而非歷代史記。這可能出於朝鮮燕行使擔憂將給清朝友人引起麻煩，也可能是清朝士人畏於國法。不論何種皆證明，清朝存在流通正史出境的限制。

國法與搜驗是清朝書籍管制的核心，除非朝鮮燕行使能够繞過柵門，遠離清土，否則永遠存在檢出違禁品的風險。書册既然無法避開出境檢查，只能另覓他途。1705 年，李頤命（1658—1772）向朝廷報告，他在北京發現"山東海防地圖"，但係違禁物，李頤命不敢買取，只好命令使節團隨行的畫師迻寫於紙。④倘若應變不及，忍痛放棄而已。乾隆二十四年（1748），李喆輔（1691—1775）歸國時，得罪柵門守將，勢必搜驗，致使"行中大小卜，逐日檢閱。故所購書之關於禁條旨，及行録中語涉忌諱者，並燒之"⑤。官方管

① 宋時烈：《宋子大全》附録卷三《年譜二》，《韓國文集叢刊》，第 115 册，第 232 頁。

② 徐毅：《十八世紀中朝文人交流研究》上册，北京：中華書局，2019 年，第 134—138 頁。

③ 孫衛國：《大明旗號與小中華意識：朝鮮王朝尊周思明問題研究，1637—1800》，北京：商務印書館，2007 年。孫衛國：《從"尊明"到"奉清"：朝鮮王朝對清意識的嬗變，1627—1910》，臺北：臺大出版中心，2019 年。

④ 國史編纂委員會編：《朝鮮王朝實録》"肅宗三十一年四月十日癸酉"條，第 40 册，第 148 頁。

⑤ 李喆輔：《丁巳燕槎録》，弘文華主編：《燕行録全編》第二輯第 9 册，桂林：廣西師範大學出版社，2012 年，第 232 頁。

制一旦嚴格落實，朝鮮使臣惟燒却書册，別無他法。

（三）清廷文化政策的外部效應

重新考慮清廷文化政策的影響，從清代社會的角度思考，大有助於重建朝鮮使節團的購書環境。根據《大清會典》等官書，清廷從未規範、檢查朝鮮使者的日記行録，李喆輔却自行焚燬“行録中語涉忌諱者”。研究者若僅僅參考一兩部 18 世紀的燕行文獻，易生朝鮮燕行使自在購書之感，這等於假定朝鮮使者具“治外法權”，得以肆行批評清廷。稍一慮及清初以降的文字獄案、乾隆年間的禁書政策，便知失當之處。

雍正五年（1727），姜浩溥（1690—1778）至薊州才發現，遺失隨身携帶的詩草、日記。他擔心爲沿途的滿洲人拾獲，内中詩文“不但不平語而已，殆甚於豕視犬訴，倘示諸虜目，則其不憤怒而裂眦耶？”同行的使臣由此食不下咽，姜浩溥甚至預作家書報難。① 130 年後（1857），書狀官姜長焕（1806—？）一行亦出現遺失燕行録之事，“一行大以爲慮，蓋書中多有彼人忌諱故也”②。朝鮮使節團長期在無形的壓力下行動，不可不慮。

倘若栅門搜驗、交通禁令形同具文，朝鮮使者理應輕鬆地購求違禁書籍。事實是朝鮮燕行使時常面臨挑戰，購求書籍的過程曲折且並不容易。這包含兩個層面，一是前文所言因着官方管制而生的阻礙，另一則是書籍市場上的困難。學界咸視 1765 年洪大容（1731—1783）與嚴誠（1732—1767）等人的真摯友情，爲劃時代的歷史事件。③ 雙方的筆談與魚雁往返，時常坦露心迹，史料價值極高。洪大容歸國後，潘庭筠（1743—？）曾函問是否有願得之書，當郵寄之。洪大容表示，東方貢使相望，中國書籍頗有流傳，惜《黄勉齋集》不得全集，朝鮮貢使每年購諸京市，終未得之。又稱平生願見《邵子全書》《天

---

① 姜浩溥：《桑蓬録（一）》，《韓國漢文燕行文獻選編》，第 14 册，第 381—384 頁。

② 姜長焕：《北轅録》，弘華文主編：《燕行録全編》第四輯第 11 册，桂林：廣西師範大學出版社，2016 年，第 91 頁。

③ 金泰俊：《虚學から實學へ：十八世紀朝鮮知識人洪大容の北京旅行》，東京：東京大學出版會，1988 年。孫衛國：《朝鮮燕行士人與清朝儒生——以洪大容與嚴誠、潘庭筠、陸飛交往爲中心》，《明清時期中國史學對朝鮮的影響：兼論兩國學術交流與海外漢學》，上海：上海辭書出版社，2009 年，第 157—187 頁。夫馬進：《一七六五年洪大容の燕行と一七六四年朝鮮通信使》，《朝鮮燕行使と朝鮮通信使》，第 328—360 頁。關於此課題的研究概況，參見金妍希：《十八世紀清朝與朝鮮文士交流——以洪大容與杭州文士的互動爲例》，成功大學歷史學系碩士學位論文，2016 年。

文類函》，顯然燕游時也無從購得。①

購書是官方交辦的任務。1801年，柳得恭（1748—1807）領受議政府之命，隨謝恩使赴燕"購朱子書善本"②。柳得恭拜見紀昀（1724—1805），表明"爲購朱子書而來"，請紀曉嵐協助。曉嵐無奈道："邇來風氣趨《爾雅》《説文》一派，此等書遂爲坊間所無。"③中國學術風氣一變，風行草偃，書籍市場緊跟其後，致使朝鮮使者無書可購。非關政治的性理學著作尚且如此，遑論清廷明令禁止的書籍，購求而未得者多矣。④雍正六年（1728）的曾静案後，朝鮮使者對吕留良（1629—1683）深感興趣⑤，輒使譯官得《晚村集》以來，惜終未果⑥。即便遇到收藏《吕晚村集》的賣家，或"不肯出給"⑦，或"先諾後悔"⑧，清廷境内的書籍管制，連帶影響朝鮮使者購書的機會。

朝鮮使者是親歷燕土的訪書人，清楚貿册之艱辛。他們對於清廷種種防禁不是毫無知覺，宋時烈入對之際，尚且建言勿購清廷禁物，虧損國體，所關非細。清廷一旦查獲朝鮮收買史書，動輒行文斥責，要求改正，而"犯罪"是需要承擔責任的決定。關於違禁購書的研究，管見所及，未見朝鮮使者針對購買違禁書籍的討論。筆者僅見的事例是乾隆十六年（1751），冬至副使黄梓與書狀官任瑈（1696—？）的對話，兹不憚繁冗，徵引如下：

> 書狀曾言："**書册無論當禁與不當禁，一切防塞，何如?**"余曰："吾意則不然矣。"在松都（引者按：今朝鮮開城市）時，適值使行過去，往見書狀。書狀曰："今番會同以書册不許出來，事停當矣。"余曰："然乎。"歸，語兒輩曰："**中州文獻，非書籍則何以徵信，是**

① 洪大容：《湛軒書》外集卷一《與秋書》，《韓國文集叢刊》，第248册，第113頁。潘庭筠的回答證實這些書籍不易購得，潘云："《邵子全書》《勉齋集》，琉璃廠適缺其書，容續寄。《天學初函》目未曾見，或得之，一並送去也。"（숭실대학교한국기독교박물관編：《中士寄洪大容手札帖》，숭실대학교한국기독교박물관，2016年，第343頁）

② 柳得恭：《燕臺再游録》，《韓國漢文燕行文獻選編》，第25册，第253頁。

③ 柳得恭：《燕臺再游録》，《韓國漢文燕行文獻選編》，第25册，第258頁。

④ 國史編纂委員會編：《備邊司謄録》，第5册，第547頁，肅宗32年4月22日。

⑤ 文純實：《〈大義覺迷録〉と朝鮮後期の知識人たち》，《朝鮮史研究會論文集》第55號，2017年，第85—111頁。

⑥ 國史編纂委員會編：《承政院日記》"英祖二十五年一月二十五日"，第57册，第208頁。

⑦ 國史編纂委員會編：《承政院日記》"英祖二十九年一月十一日"，第60册，第400頁。

⑧ 李基敬：《飲冰行程曆》，林基中編：《燕行録續集》，第116册，首爾：尚書院，2008年，第270頁。

以先輩於書册不嫌貿來，苟有益於斯文者，雖涉於當禁，必周旋取來，此可以見其衛道之心也。 且事有必可行者，有必不可行者，如其必可行，人雖不欲行，我則決意行之，可以有辭矣。至於必不可行者，雖自謂必行而亦自有不得行於其間者，徒取後人之笑，此不可不知也。**今若禁其當禁者，足矣。又何必並禁其不當禁者乎?** 吾未知其可也。此雖家内之言，吾意本自如此矣。"書狀默無一言。今日來言："吾則只取去一件册子，而卷數稍多矣。"余曰："册名云何?"曰："《佩文韻府》，**兒輩之所欲也云矣。**"①

清廷頒布的交通禁令，以及搜出禁物後的罰責成例，對於負責監督使節團成員、承擔壓力的書狀官而言，不如防塞一切書册爲宜。黄梓却不以爲然，他認爲購書旨在學習中國的知識，而捨書籍無以徵信，是以明知禁令亦勇往直前。黄梓强調書狀官至多管制成員購買禁物，不宜"並禁其不當禁者"。黄梓通篇所論雖以斯文、衛道爲名，其實便是犯法。重點是他説服書狀官的論據，係學習漢文化，以及兩班家門累代如此的傳統。最終書狀官同樣收買《佩文韻府》，蓋遂兒輩所欲也。交織着官方與個人的企圖，指向同一條違禁的道路，挑戰明清官方的書籍防禁政策。

五、結論

明清官方是否存在管制書籍輸出的政策，直接影響研究者如何評估、解釋中國刊本在東亞流動的現象。明清官方介入，或不介入書籍流動的立場，勢必産生兩種截然不同的分析方式。這個選擇題的答案，又將決定吾人如何審視傳統中國政府在東亞書籍環流中扮演的角色。倘若中國確實存在管制，則更應重視挑戰管制者（如朝鮮使者②）的種種艱辛與種種付出。分疏此類問題之先，自然必須釐清傳統中國政府的管制措施。管制未明，難言流動之所向。

本文大致勾勒明清官方管制書籍輸出的規定、執行與效力。具體説明傳統中國自宋代起，涌現一股越來越强烈的書籍防禁意識。這股趨勢在明代逐漸確立，不僅寫入（萬曆）《大明會典》，更且成爲大明君臣一體遵從的原則。

① 황재지음、하현주옮김:《국역경오연행록》，세종대왕기념사업회，2015 年，第 25—26 頁。
② 相關研究，詳參漆永祥《朝鮮燕行使在中國的書籍訪購、編刻、刊印與交流研究》一文，《文獻》2023 年第 3 期。

清承明制，清廷同樣有禁止外邦使臣購買史書、兵書、天文書、地理書的規例。惟僅僅倚靠中國文獻，實難重建此類制度及其實踐的面貌，須仰賴外國人（如朝鮮使臣）的見聞。

中國的書籍市場是充滿變因的歷史進程，而非恒定的存在。朝鮮使者僅能止步北京，而明清時期的出版中心則在千里之外的江南。18世紀朝鮮使者得以遨遊琉璃廠訪書，離不開清廷纂修《四庫全書》，勸誘各省仕紳獻書，雲集燕京。明代出版業的鼎盛期是嘉萬故事，在此之前求書難得，中外皆然。成化二十二年（1486），朝鮮官方令聖節使質正官李昌臣（1449—?）赴京之時，購買《蘇文忠公集》，然他"求諸北京，未得乃還"①。李端相（1628—1669）渴求《性理諸家解》《皇極經世書釋義》《天原發微》多年，廣加搜問，僅得《天原發微》，委托入燕者張羅餘下二書，亦不可得。②雍正十二年（1734），黃梓（1689—1756）自承所求"非係深僻之書"，詢之書肆，終不得覓來。③董文渙（1833—1877）官至翰林檢討，代朝鮮友人趙蘭西求書，經年方成。④關注書籍流通的事例，切不可剔除朝鮮使者求書不得的煩惱與種種事證。深入朝鮮史料，也能發現明清官方種種防禁的效應，確實幾度令朝鮮使者却步，不敢求書，或求書而不可得。過分着重書籍流通的叙事，容易忽略本文論及的諸多證據。這不僅讓明清官方成爲這段歷史的蒼白背景，亦容易輕視域外購書者付出的努力。

今日韓國、日本豐富的漢籍收藏，泰半是外邦人在明清時期克服前述種種管制，違法私購的結果。展望未來，深入明清官方管制書籍流出的歷程，東亞漢籍流動的故事顯然需要一批新的角色，這不再是皇帝、國王與外交使者的共舞，而係一群邊緣人的大合唱。他們包含發派邊疆、守衛前綫的哨兵，伴送外國使節的軍人，服務外邦貢使的行政人員，以及參與國際貿易的走私商人。我們甚至可能需要一種新的叙事，剝離國別史的框架，尋獲屢次鋌而走險、穿梭國境的越界人。他們因着各自朝廷、民間的需要，乘着白銀環流的網絡，支付購買違禁物品的代價，開闢東亞漢籍環流的航路。而推動這一切的，正是書籍、知識以及文化的力量。

① 國史編纂委員會編《朝鮮王朝實錄》"成宗十七年十二月二十八日己亥"條，第11冊，第172頁。
② 李端相：《静觀齋集》卷十《書·與南雲卿龍翼》，《韓國文集叢刊》，第130冊，第168頁。
③ 황재지음、신로사옮김：《국역갑인연행별록》，세종대왕기념사업회，2015年，第44頁。
④ 董文渙編著，李豫、［韓］崔永禧輯校：《韓客詩存》，北京：書目文獻出版社，1995年，第277頁。

湛軒洪大容《乙丙燕行録》的編撰及文本構成

［韓］劉　婧

一、引言

　　洪大容（1731—1783），字德保，一字弘一，號湛軒，南陽人。曾師事朝鮮性理學者金元行（1702—1772，號渼湖），與朴趾源、柳得恭、金在行交遊密切。洪大容不樂仕進，曾得蔭除繕工監役，移敦寧府參奉等職，後出爲泰仁縣監、榮川郡守，朝鮮正祖七年（癸卯，1783）猝患風喝嚜喑之症而卒。朝鮮英祖四十一年（乙酉，1765）洪大容以子弟軍官身份，跟隨作爲書狀官的季父洪檍出使清朝，一行在十一月二日辭闕發王京，二十七日渡鴨緑江，十二月二十七日至燕京，留館六十餘日，翌年四月二十日返京復命。對於此次的出使，洪大容對往返全程做了詳細記録，尤其對沿途風光、燕京境況、交流清人情況進行了細密觀察和記録，在歸國後的不同時期，洪大容對燕行記録進行了多次整理和撰述，從而生成了幾種不同體裁的燕行記録文本，如《乾淨衕會友録》《湛軒燕記》《乙丙燕行録》等。

　　《乙丙燕行録》是洪大容以韓文（朝鮮時期稱諺文）記録的燕行往返全程日記。現存文本有韓國基督教博物館藏洪大容之孫洪良厚抄録十卷本、韓國學中央研究院藏書閣藏二十卷抄本。二十世紀四十年代《乙丙燕行録》由崔益翰（1897—?）在《東亞日報》①介紹，至八十年代得以深入展開研究，金泰俊教授《洪

【作者簡介】劉婧，韓國東國大學教育大學院講師。

①　崔益翰：《湛軒洪大容的諺文燕行録》（上、下），《東亞日報》1940 年 5 月 18 日三面、1940 年 5 月 19 日三面。

大容的乙丙燕行録，韓文撰述的最長的中國旅行記》①《洪大容和其時代——燕行的比較文學》《〈湛軒燕記〉和〈乙丙燕行録〉的比較研究——以漢詩翻譯爲中心》②主要介紹了洪大容燕行録的内容和北學思想，又有現代韓語譯註本《雙手推開緊閉的山海關門扉：洪大容的北京旅行記〈乙丙燕行録〉》③，另有蘇在英、曹圭益《最初的國文長篇紀行——註解〈乙丙燕行録〉》④、鄭薰植《〈乙丙燕行録〉——十八世紀長篇國文燕行録現代完譯本》⑤等現代韓文註解本問世，此外亦有林基中影印本⑥，都爲學界研究和閲讀提供了極大便利。此外，也有從思想史、語言學等方面對《乙丙燕行録》的探討，北京大學漆永祥教授《燕行録千種解題》⑦亦有部分解題文字，可見韓文本《乙丙燕行録》已引起中外學界的極大關注。以上研究中雖曾論及《乙丙燕行録》編撰原因相關問題，不過没有形成專文對此問題加以系統探討。隨着洪大容燕行文獻部分手札原稿和筆談初編本《乾淨衚會友録》⑧和後編文本的新發現⑨，對《乙

① 金泰俊：《홍대용의 을병연행록, 한글로 씌여진 가장 긴 중국 여행기》，《文學思想》，1981 年。

② 金泰俊：《洪大容과 그의 時代—燕行의 比較文學》，首爾：一志社，1982 年；《〈湛軒燕記〉和〈乙丙燕行録〉의 비교연구—특히 한시 번역을 중심으로》，《民族文化》，韓國古典翻譯院 11，第 38—68 頁，1985 年。

③ 金泰俊、朴成淳（譯註修訂本）：《雙手推開緊閉의 山海關門扉——洪大容의 北京旅行記〈乙丙燕行録〉》，首爾：石枕社，2001 年。

④ 蘇在英、曹圭益(外)《국문으로 된 최초의 장편기행——註解〈乙丙燕行録〉》，首爾：太學社，1997 年。

⑤ 정훈식：《〈乙丙燕行録〉——十八世紀長篇國文燕行録現代完譯本》（1、2 册），首爾：京辰出版社，2012 年。

⑥ 林基中：《燕行録全集》收録本，東國大學校出版部，2001 年。

⑦ 漆永祥：《燕行録千種解題（全三册）》，北京：北京大學出版社，2021 年。

⑧ 《乾淨衚會友録》抄本中題目把"衚會友"以"◎"進行了塗抹，韓國基督教博物館以"乾淨録"爲題進行了影印。本稿行文中簡稱爲"乾淨録"。

⑨ 對於新發現《乾淨録》及相關文本研究主要有：影印本《中士寄洪大容手札帖》（首爾：韓國基督教博物館，2016 年）、《乾淨録》（影印本，2018 年）；夫馬進著，張雯譯：《朝鮮洪大容〈乾淨衚會友録〉及其流變——兼及崇實大學校基督教博物館藏本介紹》（《清史研究》2013 年第 4 期）；夫馬進著，陳瑋芬譯：《朝鮮奇書——關於洪大容〈乾淨衚會友録〉、〈乾淨筆譚〉之若干問題》（《中國文哲研究通訊》第二十三卷，第一期，2013 年）；崔植：《韓中知識人交流和記録——洪大容和嚴誠爲中心》（《泮橋語文研究》40 輯，2015 年）；劉婧：《洪大容所編〈乾淨衚筆譚〉異本研究》（《洌上古典研究》，2018 年，第 91—121 頁）、《洪大容編纂〈乾淨附編〉和〈乾淨後編〉文本研究》（《中國語文學志》69 輯，2019 年，第 115—135 頁）、《洪大容燕行一行與清代文人交流詩文的創作、改編樣相考察》（《淵民學志》36 輯，2021 年，第 161—186 頁）等。

丙燕行録》的研究也打開了新的局面並提出新的要求。鑒於《乙丙燕行録》文本構成的複雜性，本文擬通過將與《乙丙燕行録》關係最爲密切的《乾凈録》和《燕記》文本加以比較，梳理《乙丙燕行録》編撰經緯和文本構成問題，以進一步確認洪大容編撰不同燕行文本之間的層次關係和文本生成的諸多細節。

二、《乙丙燕行録》傳抄本内容特徵

洪大容編撰的韓文本燕行日記《乙丙燕行録》原稿已不知所在，現今學界公開的有韓國基督教博物館藏十卷十册本和藏書閣藏二十卷二十本兩種傳抄本。基督教博物館藏抄本爲洪大容後孫整理傳抄，藏書閣抄本似是二十世紀初後抄本。基督教博物館藏十卷十册本扉頁題名爲"湛軒燕録"，卷一内題爲"담헌연행록"，卷二至卷十内題都爲"을병연행록"。"을병"漢語爲"乙丙"，因洪大容使行出發紀年爲"乙酉"（1765），返回朝鮮的時間爲"丙戌"（1766），韓文燕行日記取兩年首字合爲"乙丙"標示跨年記録。但是書的扉頁以漢字題"湛軒燕録"，卷二至卷十都以韓文題"을병연행록"，學界爲方便與漢文燕行記録加以區分，一般都以韓文的漢字翻譯名稱命之爲"乙丙燕行録"。

《乙丙燕行録》卷中和卷尾中記有抄寫信息：卷一記有"己丑癸丑二十八日始，至仲冬初六日筆書"，卷二記有"己丑仲冬初六日始，至庚寅閏夏過一日於延山筆書"，卷三記有"第三辛卯元月十三日於關東下房筆書"，卷四記有"三庚寅初秋後三日筆書"，卷九記有"三庚寅孟秋三日關東下房拙筆同書"，卷十記有"庚寅八月四日筆書"等。可知這部抄本是從己丑（1829）年開始，經庚寅（1830），在辛卯（1831）年抄録完畢，歷經三年。第十卷末又有洪大容孫子洪良厚① 題記，大意是怕家族所藏此部珍貴書稿遺失，遂和家人一起整理重抄了這部文稿。基督教博物館藏本《乙丙燕行録》每卷大致内容如下：

卷一，乙酉年十一月二日從京城出發，經高陽、平壤、義州、九連城、栅門、鳳凰城等地，十二月八日到瀋陽，九日在瀋陽停留内容；卷二，十二月十日從瀋陽出發，經由小黑山、十三山等地，十二月二十七日到達燕京内容；卷三，十二月二十八日到禮部呈送咨文等，留館幾日後去太學等地遊覽，一月初六日留館内容；卷四，一月七日留館，後去天主堂、琉璃廠等地，十三日

---

① 洪大容之子爲洪蓮，孫子有明厚和良厚。洪良厚，字三斯，曾出使清朝，與清人有交流。

去天主堂和琉璃廠記錄；卷五，十四日去法藏寺，後去鴻臚寺等地，二十四日去蒙古館等内容；卷六，一月二十五日出城，後去琉璃廠見杭州三秀才，再去五龍亭、隆福寺等地遊覽，二月五日留館内容；卷七，二月六日去太和殿、乾淨衕、西山等内容；卷八，二月十三日留館内容，至二月二十三日内容；卷九，二月二十四日留館内容，三月一日歸國，從燕京出發到通州、三河，三月三日和潘庭筠一起登盤山，四日停留薊州；卷十，從三月四日遊覽松江亭到玉田縣開始，再經永平府、八里鋪等地，四月十二日到義州，四月二十七日到漢陽的活動内容。

《乙丙燕行録》和現存漢文燕行文本内容比較，有如下幾點重要特徵和價值：第一，洪大容出使清朝從乙酉年十一月出發，次年四月返回，共歷時六個多月，其中兩個月内在朝鮮境内的活動内容是漢文燕行記錄中未被收録的，韓文本燕行記可以説是能把握洪大容整個使行全程的全本。第二，韓文本燕行録以排日記事的歷時性記述，呈現了洪大容燕行過程中的方方面面。如在燕京的留館活動、每日出門前在館活動記錄等在漢文文本中未被留存，可知韓文本與漢文燕行文本有不同的編撰目的和原則，韓文本也是把握漢文燕行文本内容的重要參照本。第三，韓文本帶有明顯的增補删削等重構痕跡，這些重構痕跡爲把握各文本之間的編撰先後關係提供了重要綫索和依據，也是韓文本最爲重要的文獻價值和區別於漢文文木的獨特因素。此外，韓文本《乙丙燕行録》在文學和藝術構成方面也具有鮮明的特點，比如韓文本在燕行全程逐日記録的基礎上進一步以文學描寫的手法添補了部分漢詩、故事，亦採用了以漢文記録的筆談、雜記條目中的一些内容，可以看出重組之後的韓文燕行文本在内容上更爲詳細豐富，增强了日記體裁的文學性。正如金炫美考察認爲的，這種以排日形式創作的燕行記録方式在十八世紀的漢文記録中具有一定的普遍性[1]，但以長篇韓文記録的卻極爲罕見，這也是洪大容個人的最大獨創性特點。

三、《乙丙燕行録》編撰緣由和時期

先行研究中對《乙丙燕行録》編撰問題的討論主要集中在與《燕記》體

---

① 對於十八世紀燕行使臣的記録日記形式，金炫美（김현미）在《18세기 전반 연행의 사적 흐름과 연행록의 작자층 시고》《한국고전연구》8집, 2002）中曾對燕行記録的排日記録形式進行了考察，認爲這是十八世紀燕行録較爲普遍的記録特征。

例的對比上，未能對文本内容進行詳細比勘，得出的諸多結論都值得商榷。比如，蘇在英、曹圭益在《湛軒燕行録研究》中曾對韓文和漢文兩種燕行記録文本的編撰目的和背景作過簡略説明，大意是因中世紀朝鮮知識人的書寫習慣以漢文爲主，認爲《燕記》是在漢文原稿基礎上進行的再撰述，而《乙丙燕行録》則是在《燕記》基礎上進行的韓文撰述本；對於《乙丙燕行録》的編撰背景，則認爲在一定程度上受到老稼齋金昌業的韓文燕行録《老稼齋燕行録》影響。[①] 筆者認爲上面兩個結論中所言受金昌業韓文燕行記録影響一説值得信服，因洪大容在燕行記録中多次提及老稼齋燕行記，且洪大容業師金元行、密友金在行都是金昌業族人，他們之間的學脈有一定繼承關係；而對於中世紀朝鮮知識人書寫習慣以漢文爲主，所以洪大容燕行一路應以漢文書寫之説頗值得懷疑。朝鮮十五世紀創製韓文以來，漢文雖爲官方通行書寫文字，但對於母語是韓文的朝鮮人來説，書寫韓文更爲簡便順暢，尤其對於能靈活運用兩種語言的人來説，旅遊期間對繁瑣内容的記録當然會優先選擇簡便字體的母語進行書寫，而在和清人交流時爲便於保留原話，以漢字書寫更爲簡便，所以不排除洪大容燕行當時以韓文記録日記的可能性。再者，洪大容回國後以韓文編撰《乙丙燕行録》不可能是一時興起，而是有計劃有目的地對燕行全程内容進行記録，所以也有極大的可能性是用韓文進行日記記録，只是現今還没有發現洪大容燕行日記的初稿本，對於當時洪大容是以漢文還是韓文記録的全程日記不能下定論。而對於《乙丙燕行録》是在《燕記》基礎上的再撰述一説更是值得懷疑，對此問題將在下節中通過文本内容比對以論證兩種文本之間的關係。

就《乙丙燕行録》編撰緣由，部分學者主張洪大容爲了供女性閲讀需要而用韓文撰述，坊間亦有洪大容爲給母親閲讀撰寫的解讀，因無佐證，只能存疑。筆者試圖通過洪大容個人對燕行和記録文獻所持立場和態度這一視角，來梳理其用韓文撰述燕行日記的目的。首先，洪大容在去往燕京的一年前，就已經做了周密的計劃，包括預先學習漢語口語。洪大容曾記有"宿有一遊之志，略見譯語諸書，習其語有年矣"。進入清朝境内後，還通過各種渠道繼續練習漢語口語："在北京，則周行街巷，隨事應酬，音韻益熟。"[②] 從洪大容所作諸多準備以及歸國後編撰的多種燕行記録來看，其編纂《乙丙燕行録》

① 蘇在英、曹圭益:《湛軒燕行録研究》,《東方學志》97, 首爾: 延世大學國學研究院, 1998年。
② 洪大容:《燕記》卷二,《沿路記略》,《燕行録全集》, 第49冊, 第153—154頁。

也進行了諸多準備和計劃，編撰韓文日記也應是其策劃的燕行記録之一；其次，洪大容和清人嚴、潘多次提及要將交流詩牘"藏之篋笥，傳之不朽"，説明雙方都對這些文獻極爲重視；再次，洪大容編撰燕行記録的目的主要還是爲了自己便於"隨意翻閲，樂而忘憂，撫其手澤，如見伊人，是所謂朝暮遇也"①，並不是爲了世俗的功利目的。對於個人編撰燕行文獻的進度，洪大容在歸國後的初期多次與清人潘庭筠通信，託付潘庭筠把携走的部分筆談手稿謄録寄示。而歸國十年之後的丙申（1776）十月，洪大容在給鄧汶軒的信中强調要"得其紙墨之資，亦將記述見聞，以俟後人，假我二十年，卒成此事，志願畢矣"②，可知洪大容保存和傳承燕行文獻的志向。通過以上內容，可知洪大容對燕行旅行有周密計劃，而對燕行記録文獻的重視態度，則是整理和編撰燕行文獻的重要原因。洪大容在歸國後一個月中就裝幀了詩牘原札，同時編撰了《乾淨録》，而整理編撰《乙丙燕行録》應是其中的一項工作。

對於《乙丙燕行録》的編撰時期，因迄今爲止没有發現相關編撰記録信息，還不能斷定編撰的具體日期。從大的時間段來看，洪大容丙戌（1766）年五月二日回到故鄉，至癸卯（1783）年十月二十二日中風去世，近十七年間，是洪大容整理所有燕行記録文獻的時間。在這十七年的大時間段內，洪大容因個人境遇變遷或受清朝友人意見的影響，又或在持續交流過程中不斷接收清人手札，乃至後來收到嚴誠遺稿《鐵橋全集》後的心理衝擊，都不斷地影響着洪大容對燕行記録文本的整理和編撰，所以有必要先釐清洪大容編撰的幾種重要燕行記録文本的大致時間。

首先，洪大容丙戌（1766）五月二日從燕京返回到故鄉，於六月十五日前裝幀了在燕京期間和清人嚴誠、潘庭筠、陸飛之間的往返手札《燕杭尺牘》，並編撰完成了《乾淨録》（即《乾淨衕會友録》三卷，現僅存卷二）③，這一期間還應潘庭筠請託，和友人閔順之一起編纂了《海東詩選》寄送給了潘庭筠，可知洪大容歸國後的一兩個月時間，是洪大容整理燕行記録文獻的第一個重

① 洪大容：《與潘秋庙庭筠書》，《湛軒書》，漢城：新朝鮮社，1939年，新鉛活字本，第3册，外集卷一，第2a頁。

② 洪大容：《乾淨附編》卷二《與鄧汶軒書》（丙申十月），此處所言將記述見聞以俟後人之語，應是指編撰刊行"湛軒全書"計劃，不像指單部燕行文本的撰述。

③ 洪大容在丁亥（1767）年十月寄潘庭筠信中曾説明自己編撰成《乾淨會友録》事宜，並請求潘庭筠謄録其所持去草稿內容，次年戊子（1768）元月潘庭筠回復信中請求洪大容删去筆談中語無倫次、恐傷大雅等言語，此後洪大容才在《乾淨衕會友録》基礎上編撰成《乾淨筆譚》。

要時期。這個時期中丁亥（1767）年十一月洪大容遭父喪，在故鄉守孝三年。第二個時期是因嚴誠的離世，洪大容戊子（1768）編選了嚴誠有關的詩文《鐵橋遺唾》等文獻寄送給了清人朱文藻，朱文藻增補編輯完成《日下題襟集》。這一期間又應潘庭筠託付在戊子（1768）春夏至壬辰（1772）五月十五日之前編撰完成了《乾淨筆譚》。① 這四五年的時間，是洪大容進行整理燕行文獻的第二個重要時間段。第三個時期是洪大容戊戌（1778）年秋天收到朱文藻寄送的《鐵橋全集》等資料，進一步增補編撰了《乾淨衕筆譚》，相近時期還整理編纂了《乾淨後編》《乾淨附編》，也裝幀了這些手札原件《蓟南尺牘》等文獻。據筆者調查，洪大容在病逝前，應是想整理一部個人總集"湛軒書"（又有"湛軒説叢"，應是初步定的叢書名稱），其依據是《乾淨後編》《乾淨附編》卷首都題有"湛軒書"，而 1939 年的印行本也應是依據此名而定。"湛軒書"，有"全書"或"全集"的性質，應是洪大容想把個人撰述和燕行記録盡數收録，有刊行之目的，可惜的是洪大容得急病去世，這部"全書"未能最後完成。由以上洪大容編撰燕行文獻的時間段來看，第一時期是洪大容自主整理編撰整個燕行往返記録的重要時期，這一期間編撰整理的文本是出使燕京來回六個月内的全部活動内容；第二時期和第三時期編撰的燕行文本受到了清人潘庭筠、朱文藻等人的影響，而之後的"全書"應是洪大容最後想要完成的個人全集。從《乙丙燕行録》記録全程燕行内容和相近時期所編《乾淨録》文本重合内容最爲相近等情況，筆者推測認爲《乙丙燕行録》是在第一個時間段期間編撰而成，即洪大容在整理編撰漢文本《乾淨録》的相近時期也撰寫完成了韓文本《乙丙燕行録》。

四、《乙丙燕行録》與《乾淨録》文本構成關係

《乾淨録》爲洪大容丙戌年（1766）五月初回到故鄉至六月十五日之前完成的初編本漢文筆談記録，現因僅存卷二稿本，收録了丙戌二月十七日至二十三日與杭州三文士的筆談内容。之後，洪大容應潘庭筠要求删削"枝蔓"

---

① 《乾淨筆譚》是洪大容應潘庭筠的要求，删減去了筆談中潘庭筠所謂的有傷大雅、枝蔓冗長等語，此文本有洪大容友人元重舉於壬辰（1772）年仲夏之十三日題序。在《乾淨筆譚》編撰過程中，從己丑（1769）至壬辰（1772）三年中洪大容没有收到潘庭筠的信札，在給孫蓉州的信中叙説恨意，心生嫌隙，此後没有與潘庭筠通信，亦没有寄是書給潘氏。而洪大容在戊戌（1778）年秋天收到朱文藻寄來的《鐵橋全集》（包含《日下題襟集》），在十月份回信時寄送給朱文藻一部《乾淨筆譚》。

和"誕放之語"的要求，在戊子（1768）至壬辰（1772）仲夏十三日前編撰成《乾淨筆譚》，有元重舉跋文。經筆者調查，目前發現有八種《乾淨筆譚》傳抄本存世，傳抄文本的抄寫內容沒有變化。《乾淨筆譚》在戊戌年（1778）曾寄給朱文藻一部；《乾淨衕筆譚》是洪大容在戊戌（1778）年收到嚴誠遺稿《鐵橋全集》，參照《日下題襟集》以《乾淨録》爲底本進行的删改補充本，[①] 1936年洪大容後孫洪榮善編印的《湛軒書》收録了《乾淨衕筆譚》，遂成爲了近代通行本。洪大容在不同時期編撰的筆談文本對於理解韓文本《乙丙燕行録》文本内容具有重要作用，尤其是初編本《乾淨録》文本價值更大。《乾淨録》卷二中以深淺塗抹、勾劃和圈點的删改標示，爲諸文本的改編整合情況提供了重要信息。下面就對和《乙丙燕行録》關係極爲密切的《乾淨録》《乾淨筆譚》《乾淨衕筆譚》文本相似内容的删改情況作一比對，以進一步釐清這些文本之間的影響關係。

1. 諸文本中對同一活動内容的不同删改

《乙丙燕行録》十七日。이 날은 일찍이 밥을 먹고 간정동을 가고자 하면서 덕형으로 하여금 먼저 아문에 통하라고 하였더니 돌아와 말하기를, 통관들이 아직 모이지 못하고 대사가 미처 일어나지 못하였으니 이때를 타 가만히 나가는 것이 해롭지 않을 것이라고 했다. 이에 바삐 나가 문에 이르니 과연 문이 닫히고 사람이 없었다. 큰 문을 나고자 하였는데 마침 여남은 사람이 어깨에 불을 때는 수숫대를 메고 연하여 들어와서 헤지고 나갈 길이 없었다. 이윽히 주저하다가 문을 나매 덕유가 말하기를, 문을 나올 때 대사가 비로소 일어나 캉 문을 열고 나오는 것을 보았으니 필연 무슨 일이 있으리라 했다. 동쪽으로 행하여 옥하교에 이르니 갑군 한가 창황히 이르러 소매를 잡으며 도로 들어가라 하기에 그 연고를 물으니, 갑군이 대답하지 아니하고 흥녕한 소리로 욕저온 말이 있었다. 마지못하여 도로 들어가 대사의 문 앞에 이르러 문을 두드려 온 줄을 고하니, 대사가 문을 굳이 닫고 대답하지 아니했다. 대개 종맹을 두려워하여 내가 나감을 금하나 안면이 익은 고로 말을 어렵게 여겨 몸을 숨기

---

① 關於洪大容編撰筆談系列文本的過程和異本情況，可參閱유정《洪大容所編〈乾淨衕筆譚〉異本研究》（《열상고전연구》66 집，2018.12，第 91—121 頁）一文。

는가 싶었다. 오래 문 밖에 머물기가 극히 피연하기에 도로 캉으로 들어와 덕형을 불러 경솔히 앞질러 나가다가 갑군의 욕설을 받게 함을 꾸짖었다. 덕형이 나가더니 세팔과 상통사의 마두와 더불어 서로 의논하였는데, 제독 대인의 종 하나가 문 밖에 지키며 아문의 범사를 살피니 대사와 통관들이 다 저어하는 바였다. 한가지로 그 종을 찾아 술을 사 먹이고 청심환을 주어 이 일을 도모하라 하니, 그 종이 쾌히 허락하여 말하기를, 아문이 아무리 막고자 하여도 자기의 말이 있으면 감히 금치 못할 것이니 조금도 의심 말고 나가도록 하라고 했다 한다. 즉시 들어와 고하기에 도로 옷을 입고 아문에 이르니 대사와 통관이 다 문을 닫고 몸을 감추었다. 큰 문을 나가니 제독의 종이 문 밖에 섰기에 내가 손을 들어 예하고 주선한 공을 치사하였다. 다시 옥하교에 이르러 수레를 세내어 바삐 몰아 간정동에 이르니……①

　　《乾淨録》二月十七日。~~幕食出門，爲衙門所阻。還入脱衣，因下輩懇請于提督之奴，衙門始許之。乃出去，迤從玉河橋旁僱車，疾馳而至。~~（畫横綫部分爲半黑圈“◎”塗抹，改爲“早食而往”。）

　　《乾淨筆譚》二月十七日。早食而往。

　　《乾淨衙筆譚》二月十七日。早食而往。

　　以上是洪大容於丙戌二月十七日早上準備去乾淨衙見嚴誠、潘庭筠，對出發前的情況描寫。《乙丙燕行録》詳細記録了讓德裕先去通報衙門，德裕説通事和大使還未起床，趁此機會溜出去最好，但没能成行，後從側門出至玉河橋卻遇到甲君，挨罵後又通過賄賂提督奴才得以成行的經歷。這段内容不僅有諸人會話内容，還有對人物心理等的描寫。而《乾淨録》只用了兩句客觀平述，一筆帶過，之後在編撰《乾淨筆譚》《乾淨衙筆譚》時對出門前的活動都進行了省略，改爲“早食而往”，可見《乙丙燕行録》中的細節描寫並不是參照這三種文本所撰。況且《乙丙燕行録》所描繪的大量生動内容是在洪大容歸國數月之後所撰，如果僅憑以上三種漢文筆談文本内容加以添補重構，幾乎不可能如此詳盡，《乙丙燕行録》應是參照燕行當時的日記底稿進行的撰述，也可以證明《乙丙燕行録》不是單純的以筆談文本爲底本進行的翻譯文本。

---

① 鄭薰植：《〈乙丙燕行録〉——十八世紀長篇國文燕行録完譯本》，第 2 册，首爾：京辰出版社，2012 年，第 207—208 頁。另，爲閲讀便利，下文所引韓文例子都出自是書。

2.諸文本中對筆談過程中會話的删改

《乙丙燕行録》二月二十三日。보기를 마치고 평중이 어디에 머무느냐고 물으니, 엄생이 저희와 주인이 같다고 하였다. 형중이 크게 기뻐하여 말하기를, 어찌하여 급급히 서로 만나게 하지 않느냐고 하자, 엄생이 바로 곁방에 있으니 청하는 것이 어떻겠느냐고 했다. 평중은 그곳이 번거롭지 않으면 우리들이 마땅히 가면 되지 어찌 왕림하기를 청하겠느냐고 하자, 반생이 어찌 나아가겠는가 하며 급히 문을 나가기에 내가 평중과 더불어 신을 신고 따라 나가는데, 문에 미치자 육생이 발을 들고 들어왔다.

《乾淨録》二月二十三日。~~看畢,平仲曰:"方在此吾?"力闇曰:"與吾輩同窩。"平仲笑容可掬,曰:"可以,則急急想見。"力闇曰:"即在隔房,邀來如何?"平仲大喜曰:"其居如可進吾?弟等當驅拜。"力闇曰:"同弟同榻。"~~蘭公曰:"何必進去。"即走出,余與平仲~~看後~~隨出,未及門,陸解元已掀簾而入矣。

《乾淨筆譚》二月二十三日。看畢,平仲大喜曰:"弟等當驅拜。"蘭公曰:"何必進去。"即走出,余與平仲隨出,未及門,陸解元已掀簾而入矣。

《乾淨衕筆譚》二月二十三日。看畢,平仲大喜曰:"弟等當驅拜。"蘭公曰:"何必進去。"即走出,余與平仲出,未及門,陸解元已掀簾而入矣。

以上是丙戌(1766)二月二十三日洪大容和金在行(字平仲)一起去會見嚴誠、潘庭筠,當時收到剛剛進京的陸飛手札,當即要去見面時的對話。《乾淨録》畫綫部分以"◎"塗抹,但能辨認原文,畫綫内容在《乙丙燕行録》都有反映,而在《乾淨筆譚》《乾淨衕筆譚》中全部删除。洪大容在《乾淨録後語》中曾説:"吾輩之語,則平仲常患煩,故多删之。余常患簡,故多添之。要以斡旋語勢,不失其本意而已。其無所妨焉,則務存其本文,亦可見其任真推誠,不暇文其辭也。"① 説明洪大容在編撰《乾淨録》時曾聽取金在行的意見,對較爲繁瑣的金、洪二人之語,即"吾輩之語"進行了删除,從而在後編本《乾淨筆譚》《乾淨衕筆譚》中都有所反映。而《乙丙燕行録》

---

① 洪大容:《乾淨録後語》,《湛軒書》,第4册,外集卷三,第38a頁。

收録内容和《乾淨録》畫綫部分整體文字相合，没有删除相關内容。説明《乙丙燕行録》和初編本《乾淨録》都是參照了相同的記録内容，這兩種文本内容最爲接近原始燕行日記文本。此處也反映出《乙丙燕行録》不可能參照《乾淨筆譚》《乾淨衕筆譚》文本，從編撰時期上也可推測是在這兩種文本編撰之前所爲。

3. 諸文本中對洪大容和潘庭筠會話的删改

《乙丙燕行録》二月十七日。반생이 다시 말하기를, 동방의 창기 중에 시를 능히 하는 이가 많다고 하니 무엇을 듣고자 한다고 하기에, 내가 말했다. "이것을 기록하지 못하니 전하여 들려 드릴 만한 것이 없을 뿐이 아니라, 비록 생각할 것이 있다 하더라도 다 설만한 말이며, 경박한 구법입니다. 어찌 군자의 미목을 더럽히겠습니까? 또 동방에 들음직한 일이 없지 않은데, 홀로 기생의 시를 연모하여 청함은 무슨 의사입니까?" 반생이 웃으면 말하기를, 이는 여색을 좋아하는 연고라고 했다. 내가 "형의 집 안에 시경의 《관저》와 《갈담》이 있는데 어찌 밖으로 정위의 음란한 소리를 구합니까?"라고 하니, 반생이 크게 웃으며….

《乾淨録》二月十七日。蘭公曰："聞官妓婦女中多能詩者，能舉一二人之詩否？"余曰："無記得者，設或有之，此不過淫褻戲慢之語，何足以污君子之目也。~~且兄於妓詩若是眷眷，何也？"蘭公笑曰："好色耳。"~~●（塗黑了二十八字）余曰："蘭兄家自在有《關雎》《葛覃》，不必外求鄭衛之音。"蘭公大笑。

《乾淨筆譚》二月十七日。蘭公曰："聞官妓中多能詩者，能舉一二否？"余曰："無記得，設或有之，此不過淫褻戲慢之語，何足以污君子之目。且兄於妓詩若是眷眷，何也？"蘭公笑曰："好色耳。"余曰："蘭兄家自有《關雎》《葛覃》，不必外求鄭衛之音。"蘭公大笑。

《乾淨衕筆譚》十七日。蘭公曰："聞婦女中多能詩者，能舉一二否？"余曰："無一記者，設或有之，此不過戲慢之語，何足以污君子之目也。蘭兄家自有《關雎》《葛覃》，不必外求鄭衛之音。"蘭公大笑。

以上是丙戌二月十七日洪大容與嚴誠、潘庭筠筆談過程中談及東國女流詩文時的對話。《乾淨錄》有大量塗抹痕跡，尤其是潘庭筠所言"好色耳"之後的内容，有二十八字全部塗黑，已不能辨别内容。而中間畫綫部分塗成"◎"能辨認文字，這部分在《乙丙燕行録》《乾淨筆譚》中都有收録，在《乾淨衕筆譚》中被删削；《乾淨録》中的"官妓""淫褻戲慢"，在《乾淨衕筆譚》中也改爲"婦女""戲慢"，意思已有變化，尤其是《乾淨衕筆譚》中省略了"'且兄於妓詩若是眷眷，何也？'蘭公笑曰：'好色耳。'"的對話内容，直接導致了後編本語意的變化。

此外，丙戌十九日記録中，《乙丙燕行録》開篇有大量篇幅描寫副房着火時與譯官的對話，之後才有洪大容與嚴誠、潘庭筠往來書信内容，這些在漢文筆談中未有記録。通過以上舉例比對，可知《乙丙燕行録》與《乾淨筆譚》《乾淨衕筆譚》内容相差甚遠，況且前文已有這兩部筆談文本編撰時間在韓文本日記之後的論斷，可以判斷出《乙丙燕行録》並不是上兩部漢文筆談的翻譯文本。又從相同條目内容的翻譯細節，論證出《乙丙燕行録》與《乾淨録》的文本内容最爲接近，但《乾淨録》中亦有大量内容未被《乙丙燕行録》收録，所以可以認爲《乙丙燕行録》和《乾淨録》也不是互相翻譯的文本關係，這兩種文本都應是取材於當時燕行的記録原稿。

五、《乙丙燕行録》與《燕記》文本構成關係

洪大容《燕記》(四卷)是按人物事項分類進行撰述的燕行記録[①]，包含有人物傳記、遊記、地志、方物等内容，傳抄本中卷首題"燕行雜記"的抄本，應是洪大容有意識地進行分類題名所爲。《燕記》在1939年印行本《湛軒書》外集卷七至卷十收録，又有《湛軒燕記》和《燕行雜記》等傳抄異本存世。《乙

---

① 《燕記》，即《湛軒燕記》，以下爲《燕彙》收録《湛軒燕記》内容：册一：吴彭問答，蔣周問答，劉鮑問答，衙門諸官，兩渾；册二：王舉人，沙河郭生，十三山，宋舉人，商鋪，太學諸生，張石存，葛官人，秦鋪劉生；册三：盤山，夷齊廟，桃花洞，角山寺，鳳凰山，京城制，太和殿，五龍亭，太學，雍和官，觀象臺，東天主堂，法藏寺，弘仁寺，東嶽廟，降福市，琉璃廠，花草鋪，暢春園，圓明園，西山，虎圈，萬壽寺，五塔寺，八皇城，禮部呈表，鴻臚演儀，正朝朝參，元宵燈炮，東華觀射，城南跑馬，城北遊，方物八關，京城紀略；册四：沿路紀略，幻術，場戲，市肆，寺觀，飲食，屋宅，巾服，器用，兵器，樂器，畜物，留館下程，財賦總略，包銀，囊裝，路程。另，抄本《燕行雜記》收録内容與《燕記》内容相同，收録卷次和目録順序不同。1939年印本《湛軒書》收録"燕記"中的"賈知縣""天象臺"兩條此本亦未收録；此文本中收録的"包銀""囊裝"，則在《湛軒書》"燕記"中未録。

丙燕行録》和《燕記》中有大量重合内容，因《乙丙燕行録》爲日記儲存方式，重在對每天全部活動内容進行記録，而《燕記》則是按人物事項進行了選編和重組，也有對整個條目的改寫和重構，從而形成了另外一種文本。只有對兩種文本中的同一描寫對象加以比對，才能整體把握《燕記》所描述内容的系統性和側重點。如《燕記》中對"張石存"開篇書寫部分：

> 石存名經，石存其號也，或稱石可，時年三十，見任欽天監博士，居琉璃廠，開鋪賣器玩古董刻印章，與金譯復瑞素善。正月十一日，與金譯往訪不遇，二十六日復與金譯及李德星至其家。經延坐進茶，爲人頗精雅，爲筆談，筆法亦妙。余以壯紙一束、別扇三柄爲幣，因請刻水晶印一枚，經許之。鋪内甚窄，器玩亦無奇珍，桌上置印石數枚，刻之未竟，皆圍木爲機，平置而刻之。語少頃，適與周生輩約會于味經齋中，相别而歸。二十九日，復往，李德星、金復瑞亦偕焉。經欽天監官，德星略問曆法（中略）。二月初六日，隨方物入關，李德星與張經約買自鳴鐘一部（後略）。①

《燕記》中對張石存的人物描述，見面時間先是丙戌正月十一日首次訪問不遇，二十六日、二十九日復往，而二十九日之後所記長篇見面會話其實是二十六日見面的交流内容，錯排到了二十九日之後。《乙丙燕行録》中對張石存的描述，則是散見於相連幾日的記録中，因日記中描述了一天中的大量其他活動内容和見面人物，對張石存的記録就如録像鏡頭，只在短時間内露臉一現，旋即切换成了别的場景。而二十九日洪大容本想去琉璃廠，因聽説提督大人也去了，怕互相碰上，遂去了隆福寺，並没有會見張石存。由《燕記》《乙丙燕行録》對張石存的記録來看，雖然使用了兩種語言，但語義和内容並没有太大差别，而表達的形式和策略確有本質的不同。《乙丙燕行録》是時間脈絡上綫性的記載，呈現的是洪大容一天中的所見所聞所感。而《燕記》中對同一人物的描寫，時間綫卻被打破，叙述時已由時間的延續變爲空間排列，各條目間也失去了内在邏輯，通過對文本内容的重新組合，日記中的語境和情感大部分也被消除，人物傳記體的總結性、客觀化效果得以呈現。

再如《燕記》中對"盤山"的描寫，開篇部分有"盤山，在薊州西北三十里，據地志，上有動石"云云，之後才寫到三月初三日遊覽盤山見聞。而在《乙

---

① 洪大容：《張石存》，《湛軒書》，第6册，外集卷七，第36頁。

丙燕行録》中沒有記録盤山地志内容，三月初三日記録了早上洪大容和季父洪檍一起去鄧汶軒鋪子見面，再到邦均店吃午飯，後去盤山，而這部分内容在《燕記》"鄧汶軒"結尾部分有描寫。可以看出《乙丙燕行録》重在一天中從早到晚事無巨細的全面記録，《燕記》僅就一主題進行整合描述，日記重在"全"，而《燕記》重在"點"和"面"，反映了兩種燕行記録的方式和側重點以及編撰目的的不同。由以上情況，可以認爲《乙丙燕行録》和《燕記》也不是互爲底本的翻譯關係，兩種文本都是取材於洪大容燕行當時所記録底稿的編撰文本。

六、結語

本研究爲了考察洪大容編撰的韓文本《乙丙燕行録》與漢文燕行記録文本的編撰背景和構成關係，首先介紹了《乙丙燕行録》抄本的内容和特徵，以明確韓文本與漢文本之間的内容構成差異和獨特價值。之後通過洪大容有關燕行文本的細讀，對洪大容編撰《乙丙燕行録》的緣由和時期在有一定的文獻依據的基礎上進行了推斷，認爲洪大容編撰《乙丙燕行録》是基於個人對燕行文獻的重視，在丙戌年歸國之後，是有目的和系統性地對燕行記録進行編輯的撰述，韓文本的編撰時期與《乾淨録》相近。通過對《乙丙燕行録》和《乾淨録》及《燕記》中具體條目删改内容的比對，可以得知韓文本《乙丙燕行録》並不是翻譯自漢文筆談系列和《燕記》文本，《乙丙燕行録》和《乾淨録》以及《燕記》都是洪大容在燕行日記存憶記録文本的基礎上編撰的獨立文本，韓文文本和幾種漢文燕行記録文本的編撰目的和體例各不相同，韓文文本和幾部漢文文本之間並不是單純的翻譯關係。通過釐清以上内容，可以清晰地把握洪大容編撰的系列燕行文獻之間的層次關係，亦可以具體把握洪大容燕行記録文本的系統性和獨特性。

另外，本文在釐清韓文和漢文燕行記録文本内容和編撰時期的基礎上，能較爲清晰地把握洪大容所編諸文本之間的關係和細節。通過韓文本《乙丙燕行録》與漢文燕行記録内容的比對，可以看出洪大容在燕行旅程中每日都做了詳細的存憶記録，這部存憶記録是韓文書寫還是漢文書寫，在原稿未被發現的今日還不能下定論，但對於極爲熟悉韓漢兩種語言的洪大容來說，當時不管利用哪一種語言書寫，應該都不是問題。而這兩種語言的燕行記録都能得以傳承，正是洪大容燕行記録的最大貢獻和價值。鑒於《乙丙燕行録》

文本内容構成的豐富性和複雜性，其中存在的諸多問題都有待今後從多角度
加以深入研究。

　　【附記】：本論文草稿曾在二〇二二年十一月五日至六日北京大學中文系
舉辦的"使行録與東亞學術文化交流研討會"國際學術會議發表，後刊載於
韓國《洌上古典研究》（第 80 輯，2023 年 6 月），之後又稍加修訂而成。

邵亭金永爵《燕臺瓊瓜録》考述

朴銀姬

【摘　要】朝鮮文人邵亭金永爵是19世紀中後期朝鮮漢文學史上極爲重要的詩人，亦是中朝文人交流史上的關鍵人物之一，但迄今爲止對於金永爵及其《燕臺瓊瓜録》的學術評價尚未引起學界的足够重視。《燕臺瓊瓜録》爲孤本，藏於日本天理大學附屬天理圖書館，載録金永爵和晚清文人之間的唱和詩、贈答詩、送別詩、贈序題跋、贈文贊文、祭文等共58篇詩文，此文集是反映19世紀中後期朝鮮使臣與清文人來往信息的重要文獻，亦是考察金永爵和晚清文人交遊關係可資借鑒的極爲重要的資料。《燕臺瓊瓜録》所載的詩文不僅揭示近代中朝文人在思想、學術、情感方面的積極交流，而且呈現出兩國官方文人對東亞以及中朝關係的認知定勢。

【關鍵詞】金永爵　《燕臺瓊瓜録》　中朝文學與文化交流　文本闡釋

朝鮮文人金永爵（1802—1868），字德曳（叜），號邵亭，慶州人，忠州牧使金思稙之子，忠獻公金弘集之父。高祖慶恩府院君孝簡公金柱臣，世父敬獻公金思穆。金永爵出身名家慶州金氏家庭，深得慈親垂愛，早年隨從大提學徐有榘、奎章閣提學尹定鉉、洪吉周等求學，並結交金尚鉉、徐有英、趙冕鎬、洪翰周、尹正鎮、洪祐健、徐承輔、申弼永等詩詞同道成立詩社且編纂詩卷《北山秋吟》，同時與朴珪壽、申錫愚、洪良厚等朝鮮北學派繼承人交往甚密。金永爵性格敦厚，博覽群書，交遊廣闊，特別是對詩賦唱和的滿腔熱忱，使金永爵與諸多朝鮮文人相識相敬，結下了數十載的深厚情誼。同時，

【作者簡介】朴銀姬，延邊大學朝漢文學院教授。

金永爵傾盡四十餘載歲月結交了李伯衡、帥芳蔚、李衛、趙光、程恭壽、吳受藻、魏文翰、葉名澧①、吳昆田、張丙炎、楊傳第、陳翰、袁惟寶、喬松年、觀祜、管晉勳、張祥河、孔憲彝、許宗衡、董文涣等諸多清文人，並且始終保持着密切聯繫，在 19 世紀中後期中朝文學與文化交流史上發揮着重要作用。

金永爵和清文人之間的交流資料收録於金永爵撰《邵亭詩稿》②《邵亭文稿》③，金永爵編撰《燕臺瓊瓜録》④《存春軒詩鈔》⑤《中朝學士書翰録》⑥《無題》⑦，董文涣編《韓客詩存》⑧，藤本幸夫編《日本現存朝鮮文獻研究：集部》⑨等書册中。

至今爲止，學界研究金永爵及其《燕臺瓊瓜録》的成果僅有兩篇論文，即韓國學者金明昊的《金永爵的燕行與〈燕臺瓊瓜録〉》⑩、中國學者徐毅和李姝雯的《邵亭金永爵與清文士交往資料考述》⑪。前者着眼於對金永爵的人物考證，通過對金永爵的生平經歷以及文壇交遊狀況的介紹，簡要説明 19 世紀中葉中韓文學與文化交流情況。後者着眼於資料考證，對於金永爵與清文人之間的交往資料《存春軒詩鈔》《邵亭詩稿》《邵亭文稿》《燕臺瓊瓜録》《中朝學士書翰録》等文集進行簡單考述。二者皆是將《燕臺瓊瓜録》作爲金永爵文集中的一部分加以研究，而非將其作爲主要的研究對象，因而對《燕臺瓊瓜録》的介紹和分析不甚全面。

本文旨在依據《燕臺瓊瓜録》影印本，從文本解讀的角度闡釋此文集所

---

① 有關葉名澧的記載中，學界混用“澧（沣）”和“澧”兩個字。據葉名澧撰《敦夙好齋詩》和《橋西雜記》木刻本，均署“漢陽葉名澧翰源著”，載録“澧（沣）”字。因此，本文認爲“葉名澧（沣）”是正確標記。

② 1 册 2 卷，金屬活字本，韓國成均館大學尊經閣藏本，韓國國立中央圖書館藏本。

③ 2 册 4 卷，韓國成均館大學尊經閣藏本，韓國國立中央圖書館藏本。

④ 1 册 2 卷，日本天理大學附屬天理圖書館特別本閱覽室貴重書室藏本。

⑤ 2 册不分卷，中國國家圖書館藏朝鮮抄本。

⑥ 1 册不分卷，韓國高麗大學圖書館漢籍室華山文庫藏本。

⑦ 封面和封底均無題，載録金永爵與清文人書信來往的 13 封尺牘親筆原帖，韓國私人藏本。

⑧ （清）董文涣編著，李豫、［韓］崔永禧輯校：《韓客詩存》，書目文獻出版社，1996 年。

⑨ ［日］藤本幸夫編：《日本現存朝鮮文獻研究：集部》，京都：京都大學學術出版會，2006 年。

⑩ ［韓］金明昊：《金永爵的燕行與〈燕臺瓊瓜録〉》，《漢文學報》第 19 輯，2008 年，第 989—1023 頁。

⑪ 徐毅、李姝雯：《邵亭金永爵與清文士交往資料考述》，《大東漢文學》第 46 輯，2016 年，第 81—106 頁。

載的詩文内容，探究其文獻價值。《燕臺瓊瓜録》的影印本經過日本天理大學附屬天理圖書館的許可，按照其"特別本影印許可條例"，在遵守"不得擅自複製、刊登、翻印、銷售或轉讓影印本"的基礎上，僅作爲本文的研究對象來進行考察。

一、《燕臺瓊瓜録》述略

《燕臺瓊瓜録》，筆寫本，寫年未詳，朝鮮金邵亭纂次（原題名下署名作"存春軒"，"存春軒"爲邵亭金永爵書齋名），孤本，藏於日本天理大學附屬天理圖書館（編號 491771，圖書檢索號 921.3-5）。1 册 2 卷（卷首署"存春軒纂次"），上下單邊，左右雙邊，半廓 20 釐米 ×14.5 釐米，有界，10 行 20 字，小注雙行，上下大黑口，綫魚尾，25.8 釐米 ×15.6 釐米。

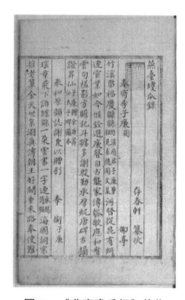

圖一　《燕臺瓊瓜録》封面　　　　圖二　《燕臺瓊瓜録》首葉

《燕臺瓊瓜録》現僅藏於日本天理大學附屬天理圖書館特別本閲覽室貴重書室。① 迄今爲止，天理圖書館分三批整理編纂絶版藏書目録《天理圖書館

---

① 天理圖書館的前身爲 1919 年 3 月創建的天理教青年會圖書室，1925 年 8 月改稱天理圖書館。自 20 世紀 40 年代伊始，由於日本天理教教主、天理外國語學校（天理大學的前身）校長中山正善的廣泛訪書及弘文莊漢學家反町茂雄的協助，此館在數十年内即成爲日本主要圖書館之一，截至 2020 年 3 月末藏書約 150 萬册。

稀書目錄和漢書之部》，第一卷（1940 年）收錄日漢文古籍 650 種、第二卷（1951 年）收錄日漢文古籍 922 種、第三卷（1960 年）收錄日漢文古籍 3201 種。經查詢天理圖書館特別本閱覽室公開的"貴重書和漢書"目錄，可窺知《燕臺瓊瓜錄》被收錄於 1960 年出版的《天理圖書館稀書目錄和漢書之部》第三卷書目中（編號：kisho-wa-03），但其文本内容尚未公開。

　　《燕臺瓊瓜錄》爲孤本，書尾有兩枚藏書章，其中一枚藏書印是"昭和 31 年 1 月 14 日，天理教教會本部"，另一枚印文是"天理圖書館藏"。通過天理圖書館特別本影印室的説明可知，《燕臺瓊瓜錄》是由天理教教會本部於 1956 年（昭和 31 年）1 月 14 日向天理圖書館捐贈的朝鮮漢籍。至於該朝鮮孤本是在何時經過何人流傳到日本，中山正善是在何時何地經過何人訪購此書，其收藏家以及來歷等有關此書的流布遞變之事，天理圖書館特別本影印室表明，目前没有發現相關記載，無法確認該書的流傳渠道。

　　《燕臺瓊瓜錄》載録金永爵和清文人之間的唱和詩、贈答詩、送別詩、贈序題跋、贈文贊文、祭文等共 81 篇詩文，其收録情況如表一：

表一

人名	數量	體　裁										類　型							
		七律	五律	七絶	五古	七古	記	論	跋	序	四言	贈詩	答詩	唱詩	和詩	送別	贈文	答文	贊文	祭文
金永爵	24	6	4	4	3	3	1		1		2	9	5	1	5		1		1	2
李衡	2	2											2							
陳翰	2	2											2							
趙光	11	4		6	1							3	3			3	2			
魏文翰	4			4								4								
葉名灃	2		1		1											2				
喬松年	1				1							1								
翁學涵	3	3										3								
程恭壽	11	5		3		1	1				1	3	5			1	1			1
吳受藻	2			2												2				
袁惟寶	2	2										2								
觀祐	2	2										2								

續　表

人名	數量	體　　裁									類　　型							
		七律	五律	七絕	五古	七古	記	論	跋	序	四言	贈詩	答詩	唱詩	和詩	送別	贈文	答文	贊文	祭文
吳曾鏞	2	2										2								
管晉勳	2	2										2								
張祥河	2		2									2								
張安保	2	2													2					
張丙炎	3				1			1		1		1					1			1
吳昆田	1						1										1			
孔憲彝	1							1											1	
許宗衡	1									1							1			
董文渙	1									1							1			

　　歸納言之，《燕臺瓊瓜録》所涉及的文體多樣，其收録的詩文寫作時間爲1859 年至 1869 年之間。其中，1859 年金永爵在京時的筆談唱酬詩有 21 題 32首，回國後與清文人書信往來的詩文有 37 篇。《燕臺瓊瓜録》卷一被視爲金永爵本人纂次，所載金永爵與清文人之間的筆談、書信往來中的詩作共 47 題67 首。卷二所載金永爵與清文人之間的贈文、贊文、序跋、祭文等共 11 篇。其中，張丙炎《祭金邵亭侍郎文》和程恭壽《朝鮮侍郎金邵亭先生仁兄祭文》，均爲金永爵去世後由清文人所撰寫的悼念之文。因此，卷二被視爲金永爵去世後由金弘集增補兩篇祭文並手抄全部詩文而成册。①

二、《燕臺瓊瓜録》與中朝文學交流

　　就東亞國際體系而言，近代是從一個"天下"到"萬國"的歷史時期。第一次鴉片戰争對東亞國際秩序的解體以及重構造成了巨大影響。明清時期持續五百餘年的東亞封貢體系，即政治上的宗藩關係、文化上的華夷之辯、經濟上的朝貢體系，就從 19 世紀 40 年代開始全面出現鬆動。《燕臺瓊瓜録》

---

① 金弘集（1842—1896），字敬能，號道園，慶州人，金永爵之子，歷任承政院事變假注書、禮曹參議、禮曹參判、工曹參判等，朝鮮王朝後期穩健開化派代表人物之一。

所載的詩文意境深邃，富有意蘊，從三個層面闡釋其文本内容，可探析金永爵與晚清文人交遊情况及其特徵。

其一，思想交流方面。第一次鴉片戰爭以後的 20 年間，東亞三國均處於一個被動、焦慮不安和脆弱的地位。當時中朝文人對東亞國際秩序之變化十分關注。《朝鮮使者筆談記》中有云：“去秋，洋夷侵擾日本，大戰，其勝負未之詳也。洋夷於我國，曾有因風來泊之事，然今日局勢不問可知，何必多言也。”① 此次筆談是 1859 年金永爵在京期間與葉名澧、吴昆田、張丙炎等一批清文人會面時的記録。筆談中提及 1858 年西方入侵日本之事，當時日本被迫簽訂安政五國條約，向美荷俄英法五國打開國門，開港開埠。“洋夷於我國，曾有因風來泊之事”，此處揭示金永爵對西方國家的警戒之心。可見第二次鴉片戰爭尚未告終之前，金永爵和清文人在京圍繞着東亞局勢交换意見，認爲“中外時局一樣”“今日局勢不問可知”，即當日的東亞三國均面臨“洋夷侵擾”，對“彼此繞壁旁皇”的時局相互表示擔憂。在此次筆談中，金永爵和清文人縱論世事古今之變，特别是對西方入侵行爲深表憤怒和憂慮。之後，金永爵寫給程恭壽的書信中又提及“俄夷警戒論”，詳見金永爵《與程容伯（恭壽）書》（《邵亭文稿》卷一），今不贅言。

又如，程恭壽寫給金永爵的酬答詩《邵亭仁兄以西洋人入京，或從軍立功，願隸版圖，服官膺賞爲疑，詩以奉答，即用前韻，兄亦可恍然知其無能爲矣》，呈現出晚清文人的禮治主義之觀念。詩中有云：“中興景運懾堅昆，使近天顔咫尺温。捻爲變夷須用夏，誰從無佛處稱尊。服誠許列衣裳會，柔克深韜霹靂痕。寄語海東忠告友，善能駕馭即元元。”② 詩中的“中興景運懾堅昆”，意爲清朝經過李鴻章、曾國藩等人的洋務運動，迎來中興之態勢，這種聲威和運勢震懾外夷。在這裏“堅昆”借代朝鮮。“使近天顔咫尺温”，意爲朝鮮使臣在京面見皇帝之時，只有咫尺距離，由此可感受到温和及關懷。“捻爲變夷須用夏，誰從無佛處稱尊”，其中“用夏變夷”之論出自《春秋》和《孟子·滕文公上》，“無佛處稱尊”出自黄庭堅《跋東坡書寒食詩》，意爲有史以來若想改變或提昇外夷文化，總是需要借鑒華夏文化之力。在這裏“佛”

---

① （清）吴昆田：《朝鮮使者筆談記》，［朝鮮］金永爵：《燕臺瓊瓜録》卷二，日本天理大學附屬天理圖書館藏本。

② （清）程恭壽：《邵亭仁兄以西洋人入京，或從軍立功，願隸版圖，服官膺賞爲疑，詩以奉答，即用前韻，兄亦可恍然知其無能爲矣》，［朝鮮］金永爵：《燕臺瓊瓜録》卷一，日本天理大學附屬天理圖書館藏本。

借喻華夏正統文化。"服誠許列衣裳會，柔克深韜霹靂痕"，可見程恭壽在此真誠提醒金永爵需要克制或隱藏内心深處的想法，其"願隸版圖，服官膺賞"之願就像"霹靂"一般，在當時是無法實現的意望。此外，另有清文人喬松年撰寫之《小詩奉上邵亭侍郎尊兄》，亦有云："我朝大化洽，地不限中外。"① 程朱理學講求正統主義，重視"用夏變夷"之論，通過程恭壽、喬松年等人的詩作可探知 19 世紀中後期的清文人依舊持有禮治主義之觀念，即以華夏文化尊爲正統，將周邊視爲外夷的天朝上國之價值觀。

再如，金永爵《奉和趙蓉舫尚書寄示韻》云："吾生海之左，慕古慕中華。暮歲膺持節，清談接粲花。"在此處明顯表露出金永爵的慕華思想。詩人"暮歲"時終於獲得機會赴京，將此刻的心情表達爲"久矣瞻星斗，今乘博望槎"。在此可窺知冬至行使是金永爵的畢生之願之一。朝鮮使臣的燕行基本按照儒學禮治主義的觀念展開，是在東亞權力格局中建立的朝貢禮儀體系或中華秩序的一種典型體現。19 世紀中後期，東亞朝貢體系逐漸解體，但據此可見當時的燕行使臣依然懷有慕古慕華思想，金永爵亦不例外。

其二，學術交流方面。金永爵在學問上繼承了程朱理學，又深受朝鮮實學與清金石學的影響，《燕臺瓊瓜録》多處有記載金石學或考據學方面的學術交流内容。1860 年，金永爵向孔憲彝（1808—1863）贈詩一首，題爲《寄孔繡山侍讀（憲彝）》，以"君乃故人之故人""謀面不及心契密"等詩句表達其"萬里神交之喜"。② 於是次年，孔憲彝向金永爵贈送唐太宗昭陵陪葬的諸王、公主、功臣之碑文拓本 20 餘通。金永爵撰《唐昭陵陪葬碑全部拓本跋》是針對此拓本的學術疑問，其中有言："健菴徐氏據新、舊《唐書》、《寶刻叢編》、《文獻通考》而録者，凡一百六十四人，洵賅且備，而拓本中《乙速孤神慶》《牛秀》《汶江侯張公》《順義公》《隨德陽公》碑之不載者，何歟？又有《紀國陸先妃》而不載於健菴所録，抑陸是紀王慎之妃而合葬者歟？"③ 對此孔憲彝通過《昭陵碑論略》一文應答："昭陵陪葬諸臣，游師雄圖説一百六十五人，而《唐書》七十四人、《通考》一百五十五人，《會要》

---

① （清）喬松年：《小詩奉上邵亭侍郎尊兄》，［朝鮮］金永爵：《燕臺瓊瓜録》卷一，日本天理大學附屬天理圖書館藏本。

② ［朝鮮］金永爵：《寄孔繡山侍讀（憲彝）》，《燕臺瓊瓜録》卷一，日本天理大學附屬天理圖書館藏本。

③ ［朝鮮］金永爵：《唐昭陵陪葬碑全部拓本跋》，《燕臺瓊瓜録》卷二，日本天理大學附屬天理圖書館藏本。

一百六十七人，均不相合。"①並且在此文中詳細説明其緣由。孔憲彝是孔子 72代孫，工詩文書畫及篆刻。金永爵與孔憲彝不曾會面，然而通過葉名澧的推介，以書信往來的方式進行學術交流。又如，據金永爵撰《奉寄李子廉（衛）》亦有句："唐碑古搨證升仙。"小注云："子廉贈余唐《升仙太子碑》搨本。"②此處揭示其學術交流中的内容，金永爵對唐代碑石文化有所偏好，李衛知曉此事將《升仙太子碑》全文搨本贈送給金永爵，據此可知兩人曾有過唐代陵墓石刻方面的研討。

此外，趙光寫給金永爵的《拙句寄奉邵亭侍郎》一詩中有云："殷勤寄錦箋。"小注云："見惠《國語》繭紙各物，遠方珍貺，感佩無已。"1860年，金永爵將《國語》仿宋本贈送給趙光，此書本是三國時期吳國韋昭注釋的影宋本《國語注》的朝鮮刊本。朝鮮仿宋本《國語》校刊精粹，極可珍貴，於是趙光感佩交併。據《中朝學士書翰録》所載第二封信的内容可知，同年金永爵亦曾給程恭壽贈送《國語》朝鮮刊本。金永爵博涉各國歷史，特別是對春秋時期所著的國別體史書頗有研究。此處小注揭示了當時中朝文人之間的書籍交流情況，自19世紀中葉以來，兩國文人之間的書籍、文物交流更加頻繁而開放。由上可見，金永爵不僅通曉經史，而且嗜好金石文字，又工於詩，始終以求知作爲目標，結識了很多清朝學者。

其三，情感交流方面。《燕臺瓊瓜録》所載的詩作中有不少借用中國歷史典故來表達其懷念之情的部分。例如，金永爵《七月十三曉紀夢，寄程弟容伯》云："相思千里輒命駕，誰道古人邈難及。此疆彼界嚴防限，問君何能渡江船。曾聞敏惠證心期，行至半途迷不知。君我交契軼於古，殊方識路亦云奇。"③詩中借用兩個典故表達詩人對遠方摯友的思念之情，一是提及魏晉時期王徽之訪友的故事，認爲重情重義則是魏晉風度之特色，借此典故歌頌他與清文人之間亦是情義深篤；二是借用戰國時期張敏和高惠的故事，兩人爲摯友，山陬海澨，懷念不得見。"敏惠"一事出自《韓非子》中的"相思"典故。詩人借此隱喻"君我交契軼於古"之意，認爲他與清文人之間對彼此的想念和期望可用古人交往來作比擬亦不遜色。

---

① （清）孔憲彝：《昭陵碑論略》，［朝鮮］金永爵：《燕臺瓊瓜録》卷二，日本天理大學附屬天理圖書館藏本。

② ［朝鮮］金永爵：《奉寄李子廉（衛）》，《燕臺瓊瓜録》卷一，日本天理大學附屬天理圖書館藏本。

③ ［朝鮮］金永爵：《七月十三曉紀夢，寄程弟容伯》，《燕臺瓊瓜録》卷一，日本天理大學附屬天理圖書館藏本。

　　又如,《朝鮮使者筆談記》亦有言:"石公後孫有顯者否? 見潤臣之《敦夙好齋詩》,刻而欽誦不置焉。因自誦其上元館中一絕: '轓軒歲莫入京師,劍築如今問有誰? 四海茫茫知己少,玉河空作楚囚悲。'"①此文中的"石公"指明朝兵部尚書石星,在壬辰倭亂中石星力主救援朝鮮,因此朝鮮文人對石星深懷感恩之心。再如,金永爵《奉和趙蓉舫尚書寄示韻》云:"泛泛蓉江舫,華扁賁小廬。"②"蓉舫"是趙光的別號,"華扁"是華佗和扁鵲的並稱,詩人在此表達與趙光會面交流時,就像同華佗和扁鵲等古代名人共坐一般,小房屋亦充滿着光華。由此觀之,金永爵始終以史爲鑒,珍惜兩國文人之間的真摯友誼,渴求兩國文人之間的千古神交,因此在詩中擅於運用典故來抒發對古人古事的緬懷之情,呈現出詩人博學多識、生花妙筆之面貌。

　　總而言之,通過對《燕臺瓊瓜録》的文本解讀可歸納金永爵和清文人交遊關係的特徵。一是,"春樹奇緣"。金永爵的書齋名"存春軒"寓有難以忘懷與清文人之間的交情之意。《燕臺瓊瓜録》原題名下署名作"存春軒",卷首署"存春軒纂次",其署名含有深切懷念與清文人交遊唱酬的美好時光之意和輕風高誼之意。二是,"車笠之交"。喬松年《小詩奉上邵亭侍郎尊兄》云:"由余有高論,季札傾時輩。"③在此喬松年將金永爵比作戰國時期的由余和季札,歌頌邵亭才華橫溢、謙遜讓賢,讓清文人敬重仰慕。《燕臺瓊瓜録》收録4篇祭文,楊傳第和葉名灃去世後,金永爵悲慟不已,作文以悼之;金永爵去世後,程恭壽和張丙炎大放悲聲,各作悼念之文表達其深切懷念,幾於一字一淚,以寄哀思。三是,"慕華之風"。"皇朝御宇二百年,右文至化軼於前""海内名士爭湊集,都門車馬日喧闐""大抵華東韻多諧,子母反切推其例"等詩句均出自邵亭詩作中,可窺知金永爵在19世紀中後期依然持有慕華思想。歸納言之,金永爵雖然受到徐有榘的朝鮮實學思想的影響,又與朴珪壽、洪良厚、申錫愚等朝鮮北學派繼承人交往甚密,然而始終無法擺脫内心深處根深蒂固的朝鮮性理學之思維定勢。

---

① (清)吳昆田:《朝鮮使者筆談記》,[朝鮮]金永爵:《燕臺瓊瓜録》卷二,日本天理大學附屬天理圖書館藏本。

② [朝鮮]金永爵:《奉和趙蓉舫尚書寄示韻》,《燕臺瓊瓜録》卷一,日本天理大學附屬天理圖書館藏本。

③ (清)喬松年:《小詩奉上邵亭侍郎尊兄》,[朝鮮]金永爵:《燕臺瓊瓜録》卷一,日本天理大學附屬天理圖書館藏本。

三、《燕臺瓊瓜録》的文獻價值

《燕臺瓊瓜録》是反映 19 世紀中後期朝鮮使臣與清文人來往信息的重要文獻，亦是考察金永爵和清文人交遊關係可資借鑒的極爲重要的資料。《燕臺瓊瓜録》的文獻價值大致可分爲三個方面。

首先，就詩詞化用而言，《燕臺瓊瓜録》所載的金永爵詩作中多處呈現以明用或暗用的方法將唐宋詩詞融入詩中的部分。化用前人的詩詞，可謂古已有之的創作方法，亦是點鐵成金的寫作方式。例如，金永爵《上元玉河館偶作》云："四海茫茫知己少，玉河空作楚囚悲。"① 其中"玉河空作楚囚悲"一句化用李白《金陵新亭》中的"四坐楚囚悲"，流露出詩人如同楚囚一樣孤獨傷感的心情。究其實，1858 年 10 月 26 日，金永爵以冬至副使的身份隨其任正使的李根友、書狀官金直淵離開都城漢陽，同年 12 月 25 日到達燕京玉河館。當時玉河館又稱"上元館"或"高麗館"，設於燕京玉河西岸上，用於朝鮮使臣外交活動的辦公及接待，便留下了諸多朝鮮使臣在京時的痕跡。這一詩作，一方面表達對葉名澧的敬仰之心以及對其作《敦夙好齋集》的感悟，金永爵被潤臣的慷慨矢志之音所深深打動，通過這首詩表達出渴望得到千古知音的心願。另一方面懷念與李伯衡之緣，金永爵和李伯衡的書信因緣可追溯到 1827 年，當時洪大容之孫洪良厚隨冬至副使申在植赴京，在此次燕行中，洪良厚向李伯衡推介朝鮮文人的詩文，其中李伯衡對金永爵的《貨喻》一文讚歎不已，便寫三首詩贈送給金永爵。1858 年冬至使行中，金永爵造訪李伯衡宅邸，然而李伯衡數年前赴河南任職河道總督，尚未返回燕京，這使金永爵大失所望。李伯衡和金永爵的書信往來歷經三十餘載歲月，兩人一生未見，然而一世懷念。

又如，金永爵《奉寄陳少岩（翰）》一詩中有云："庭院寥寥幾滿塵，問誰來接海東賓。"② 其中"庭院寥寥幾滿塵"一句化用宋代詩人歐陽修《蝶戀花·庭院深深深幾許》與李清照《臨江仙·庭院深深深幾許》中的第一句。金永爵將歐陽修和李清照的"庭院深深"改寫爲"庭院寥寥"，揭示詩人所處環境"庭院"之幽深和凄涼，流露出海東詩人内心的感傷與空虛。再如，金永爵《七

---

① ［朝鮮］金永爵：《上元玉河館偶作》，《燕臺瓊瓜録》卷一，日本天理大學附屬天理圖書館藏本。

② ［朝鮮］金永爵：《奉寄陳少岩（翰）》，《燕臺瓊瓜録》卷一，日本天理大學附屬天理圖書館藏本。

月十三曉紀夢，寄程弟容伯》中有云："君亦此夜同夢不，天涯地角思悠悠。"①其中，"天涯地角思悠悠"化用北宋詩人晏殊《玉樓春・春恨》中的"天涯地角有窮時，只有相思無盡處。"這是 1860 年金永爵寫給程恭壽的七古長篇，詩人借此抒發對遠方摯友無限綿長的懷念之情，兩人千里之隔，然而若能一心相同，思念便會無盡處。

此外，金永爵撰《再疊前韻兼以送別》中的"朝衫几日拂征塵，又唱驪歌作去賓"化用李白《灞陵行送別》中的"驪歌愁絕不忍聽"；《疊前韻奉答魏石樵》中的"詩家妙諦轉多師，當世才名捨子誰"化用杜甫《戲爲六絕句》中的"轉益多師是汝師"；《奉和蓉舫尚書》中的"心有靈犀照，書從朔雁傳"化用唐代詩人李商隱《無題・昨夜星辰昨夜風》中的"心有靈犀一點通"；《奉寄陳少岩（翰）》中的"晚節蜚聲承善禱，寒花明月照懷新"化用宋代詩人陳師道《次韻李節推九日登南山》的"寒花只作去年香"。據此可見，金永爵擅於化用唐宋詩詞來表達詩韻或詩意，通過各種方式使其與自身情感和心性相結合，恰當地融入詩詞的創作當中。這不僅體現金永爵的文學素養和文化底蘊，而且使其作無論從文體風格還是思想意蘊均顯得典雅而内涵深厚。究其根源，道咸時期的經世致用思潮推進晚清文人的宋詩運動，隨之在近代詩壇上出現相當聲勢的宋詩派，其人其詩歌對朝鮮文人的詩詞創作產生深刻影響。金永爵亦不例外，處處引經據典、托物言志的修辭手法則是金永爵詩作的特點之一。

其次，就交遊情況而言，《燕臺瓊瓜録》是見證金永爵和晚清文人交往情況的重要資料來源，所載録的見聞具有不容小覷的個案叙述價值。始於北宋的中國實學在晚清時期以新學風和新士風的精神取向試圖轉型，結果是使實學向着近代性轉換，成爲"近代新學"興起的思想根源。晚清時期的"顧祠修禊"文人"講求實學"，勉勵"新學風和新士風"，被後世稱爲"朝士之秀"。②金永爵與葉名澧、張祥河、孔憲彝、吳昆田、許宗衡、董文涣等"顧祠修禊"文人的交往集中在 1858 年以後，可謂近代中朝文化交流史上的一段佳話。

例如，據吳昆田《朝鮮使者筆談記》所述，"朝鮮使者金邵亭以年貢來，

---

① ［朝鮮］金永爵：《七月十三曉紀夢，寄程弟容伯》，《燕臺瓊瓜録》卷一，日本天理大學附屬天理圖書館藏本。

② 魏泉：《"顧祠修禊"與"道咸以降之學新"——十九世紀宣南士風與經世致用學風的興起》，《清史研究》2003 年第 1 期，第 71 頁。

聞葉子潤臣之賢而就見焉。言語不通，相爲筆談，知潤臣之家漢陽也"①。據此可知，金永爵與葉名澧的初次見面是在 1859 年其停留燕京期間。當時金永爵因葉名澧之賢名而主動造訪其人，在燕京期間，兩人數次相聚，其自云："迨我入燕，與君邂逅，推襟送抱，傾蓋如舊。廣盛之局，虎坊之橋，杯酒敍歡，樂哉陶陶。"②葉名澧在金永爵離京之前，即 2 月 2 日在位於虎坊橋西邊的府邸招集一批"顧祠修禊"文人與金永爵交流，"閲兩時許，盡十餘紙，洋洋灑灑，不下五千言"。③此次筆談圍繞着金永爵的家世與出身、朝鮮社會階層固化問題，即科舉制度及其流程、官職制度及其弊端、内部黨爭和門閥政治横行等問題交換意見，還縱論朝鮮譜牒、朝鮮換鈔法、日本國駁斥洋教之事、清陰金尚憲"尊明斥清"之事等話題，可謂富有經世致用之思想意蘊的中朝文人筆談交流場合。

又如，金永爵《奉寄李子廉（衙）》云："瓠歌應和看雲句，槎影方瞻犯斗躔。"④詩人在此借用漢武帝劉徹的即興詩作《瓠子歌》來表達對李衙的讚頌，其寓意爲李衙跟隨河道總督治理黄河水患，利用製作樹杈木柵籠等辦法治理洪水，改變自然界水患横行的局面態勢。在此揭示金永爵對懷有經世抱負的晚清"顧祠修禊"文人的仰慕以及注重治事救世和實體達用之理學思想。再如，金永爵《奉呈張詩舲尚書》一詩中有句："詞苑宗匠推漁洋，後來磊落遥相望。揚扢古今親風雅，流連花草愛景光。"⑤"詩舲"是張祥河的號，金永爵在冬至使行中聽聞張祥河的大名，然而當時未曾造訪詩舲府邸，回國後金永爵轉托趙光向張祥河贈詩，之後兩人通過書信方式詩文贈答，相互表達其敬慕之忱。詩中借用王士禎之名讚頌名家文人的風雅，認爲他們繼承古人情趣之高雅而寫出美好的自然光景並表達熱愛生活和探索自然的實測之學。可見，金永爵與"顧祠修禊"文人的筆談交流和書信往來，不僅呈現晚清時期中朝文化交流的一個歷史縮影，而且折射出兩國文人在西力東漸後謀求救

---

① （清）吴昆田：《朝鮮使者筆談記》，［朝鮮］金永爵：《燕臺瓊瓜録》卷二，日本天理大學附屬天理圖書館藏本。

② ［朝鮮］金永爵：《祭葉潤臣觀察（名澧）文》，《燕臺瓊瓜録》卷二，日本天理大學附屬天理圖書館藏本。

③ （清）董文煥編著，李豫、［韓］崔永禧輯校：《韓客詩存》，北京：書目文獻出版社，1996 年，第 262 頁。

④ ［朝鮮］金永爵：《奉寄李子廉（衙）》，《燕臺瓊瓜録》卷一，日本天理大學附屬天理圖書館藏本。

⑤ ［朝鮮］金永爵：《奉呈張詩舲尚書》，《燕臺瓊瓜録》卷一，日本天理大學附屬天理圖書館藏本。

國圖存與安邦定國的相同命運。

最後，就收録情況而言，《燕臺瓊瓜録》是最爲完整地收録金永爵與晚清文士來往詩文的選集。《燕臺瓊瓜録》卷一所載詩作中，除金永爵撰《上元玉河館偶作》一詩外，其他署名爲金永爵的 18 首詩和 1 篇祭文見載於中國國家圖書館藏《存春軒詩鈔》，而清文人署名的 47 首詩作，除葉名澧《邵亭先生見名澧舊刻詩稿，辱承獎飾，賦此奉謝，兼以送別》和《邵亭先生居蓉江之上，葺園築樓，具水木清華之勝》二首送別詩以外，剩餘 45 首詩作均未見載於金永爵的《存春軒詩鈔》《邵亭詩稿》《邵亭文稿》和董文涣編《韓客詩存》等書册中，亦不見載於現存的清人文集。

《燕臺瓊瓜録》卷二所載文章中，程恭壽《存春軒記》和《朝鮮侍郎金邵亭先生仁兄祭文》、金永爵《唐昭陵陪葬碑全部拓本跋》、孔憲彝《昭陵碑論略》、張丙炎《書存春軒詩鈔後》和《祭金邵亭侍郎文》等 6 篇文章只見載於《燕臺瓊瓜録》。此外，吳昆田《朝鮮使者筆談記》雖録入《韓客詩存》中，但有不少文字闕失，載録於《燕臺瓊瓜録》中的此文内容更爲準確完整。歸納言之，有關金永爵和清文人之間的交流資料主要收録於由金永爵撰或編撰的 6 種文集，其中《邵亭詩稿》《邵亭文稿》《中朝學士書翰録》《無題（金永爵與清人來往尺牘帖）》4 種文集藏於韓國國立中央圖書館、成均館大學尊經閣、高麗大學圖書館以及私人藏書館，《存春軒詩鈔》藏於中國國家圖書館，唯有《燕臺瓊瓜録》藏於日本天理大學附屬天理圖書館。而且《燕臺瓊瓜録》卷一所載的 46 首詩作和卷二所收録的 6 篇文章均未見載於金永爵的其他書册或現存的清人文集，故其文獻史料價值尤顯珍貴。

結　　語

燕行使臣和中國文人的筆談和書信往來是東亞漢字文化圈特有的交際方式，在中朝文化交流和外交中扮演着重要角色。中朝文人交流資料主要收録在學界通稱的"燕行録"，除此以外，還有大量文獻資料尚未挖掘和整理。金永爵是 19 世紀中後期中朝文人交流史上的重要人物之一，其文集《燕臺瓊瓜録》是最爲完整地收録金永爵與清文人交遊情況的資料。目前爲止，對於金永爵及其《燕臺瓊瓜録》的學術評價尚未引起學界的足夠重視。金永爵及其《燕臺瓊瓜録》在中朝文學與文化交流中的作用大致可分爲三個方面。

首先，金永爵與晚清文人的交往整整持續四十餘載，主要依託於燕行使臣的傳帶，幾乎每年遞書信或贈物，始終保持密切聯繫。金永爵與"顧祠修禊"文人的長期交往爲其他朝鮮燕行使臣提供了與晚清文人相識相交的機會。例如，金石菱與張午橋的相交①，李後善與程恭壽的結交②，申錫愚和趙光、張祥河、董文渙等晚清文人的相識③均緣於金永爵的書信推介。當時中朝文人之交意義深遠，一方面促成了中朝文學與文化交流的進一步擴展，另一方面提供了中朝文人接觸與交遊的空間。

其次，《燕臺瓊瓜録》所載録的詩文内涵豐富，文體多樣，或是表達自身的志向目標和理想追求，或是抒發對古人古事的緬懷之情，抑或縱論東亞局勢以及朝鮮内政，抑或描叙中原物華風俗，或是讚頌文人間的千古神交。《燕臺瓊瓜録》所記載的詩文，特別是金永爵與清文人間的詩歌唱酬不僅成爲"當日佳話"，而且成爲中朝文人寄託相思的文化載體，成爲後世學者按跡起慕的故實。

最後，《燕臺瓊瓜録》所載的詩文既是一段歷史書寫，又是一段文化記憶，可謂記録中朝文人交流史的真實的歷史檔案。迄今爲止，在中韓日學界關於《燕臺瓊瓜録》的研究成果極少，中國和韓國各有一篇論文發表，日本尚未發表相關文章。《燕臺瓊瓜録》是全面、深入瞭解金永爵和晚清文人間交遊情況的重要史料之一，有助於推進 19 世紀中後期中朝文人交流史以及中朝筆談記録和書信往來文獻研究的進一步發展。由此觀之，有關金永爵及其《燕臺瓊瓜録》的研究尚待繼續拓展，需要進一步深入挖掘其人文内涵以及學術價值。

---

① （清）董文渙編著，李豫、［韓］崔永禧輯校：《韓客詩存》，第 231 頁。

② ［朝鮮］金永爵：《中朝學士書翰録》，第一封信（程恭壽寫給金永爵的書信，1860 年 7 月 1 日），韓國高麗大學圖書館漢籍室華山文庫藏本。

③ ［朝鮮］申錫愚：《入燕記》，林基中編：《燕行録全集》，首爾：東國大學校出版部，2001 年，第 77 册，第 214—222 頁。

延世大學藏張謇《朝鮮善後六策》抄本真僞考

丁小明

2014 年上半年，中國學者莊安正在韓國延世大學圖書館中發現在中國銷聲匿跡達百年之久的張謇《朝鮮善後六策》抄本，作爲近十年來張謇文獻與近代中朝關係史料上的重要收穫，這一抄本的發現迅速引起中國學界的關注，並被相關研究所徵引。只是抄本的内容與張謇的回憶存在較大出入，並非可直接使用的文獻，所以必須抱着審慎態度對此抄本的真偽及相關問題予以充分討論。

一、張謇《朝鮮善後六策》在中國亡佚的原因

張謇《朝鮮善後六策》雖是近代中朝關係史上的重要文獻，但自撰成後就處於隱晦未明的狀態中，以致於通行的張謇文集如《張季子九録》及《張謇全集》均未能收録此文。爲何會出現這一反常現象呢？一般都會引用張謇致韓國鈞信（1911 年 4 月）中所作的解釋：

> 方壬午、癸未之間，下走參預吳壯武公援護朝鮮，即上書直督，請達政府：於朝鮮，則有援漢元菟、樂浪郡例，廢爲郡縣；援周例置監國；或置重兵守其海口，而改革其内政；或令自改而爲練新軍，聯我東三省爲一氣。於日本，則三道出師，規復流蚪。時張靖達公回粵，李復督直，嗤爲多事，擱置不議，乃自宛轉於京朝大官。大官中獨

【作者簡介】丁小明，華東師範大學古籍研究所研究員。

吳縣潘文勤公、常熟翁相國稱善；寶竹坡侍郎曾采以入告。孝欽詢
政府，政府奉教於李，亦斥之。使當時李非昏耄驕盈者，即不規復
流虯，而於中朝創業大計，稍稍措意，於朝鮮行我之第三、四策，
而因以經營東三省，安有日俄之爭，安有立韓、覆韓之事？安有東
三省之危？屈指是說，近三十年矣。今之後生，固無知者，即當時
士大夫知之者曾有幾人？天下後世，誰復知亡東三省者罪李鴻章乎？
今言之亦無益，然下走固不能不痛心切齒於亡國之庸奴也。

儘管信中沒有指明李鴻章所"嗤爲多事，擱置不議"的就是《朝鮮善後六策》一文，揆諸相關文獻，我們還是可以找到頗多佐證來證明在"壬午、癸未之間"張謇對於朝鮮問題的最重要意見只保存在《朝鮮善後六策》一文中，如張謇《壬午日記》八九月間有多條關於《朝鮮善後六策》的記載：

八月十八日 枚生來，久談。……寫《朝鮮善後六策》。

八月三十日 大風，以《六策》示道園、浣西，謂純正切近，必可行，余料鬼蜮太多，二君之曰未可恃也。

九月一日 與道園、浣西極其國事……二君以是日午後登舟，堅強余行。余曰：《六策》如行，雖爲朝鮮賓師可也，不然去何益？

九月二十三日 ……得石菱、浣西、惠人訊。石菱、浣西望余之去尤切，謂《六策》王甚服膺，或可行也。然如此去尤不可輕。

據此，我們不僅可知張謇寫作《朝鮮善後六策》的具體時間爲光緒八年八月十八日（1882年9月29日），還可知當時朝鮮方面對《朝鮮善後六策》的"純正切近，必可行""王甚服膺，或可行也"的正面評價，也有張謇本人語焉不詳又比較消極的"余料鬼蜮太多，二君之曰未可恃也"的自評。此外，由筆者與千金梅教授合作整理的《大陣尺牘：晚清駐朝使臣致朝鮮大臣金昌熙叢札》①中收有張謇致朝鮮官吏金昌熙的系列信札，這批信札中亦有幾通信札提及《朝鮮善後六策》一文撰寫及時人的反應，可以作爲張謇在這一時間寫作《朝鮮善後六策》的旁證，如其中一札云：

石菱參判足下：別後傾念無已。十七日抵津門，百事草草，鮮有好懷。途中冒觸風寒，小病積日，遂請於節帥，暫留登州休養。

① 丁小明、千金梅：《大陣尺牘：晚清駐朝使臣致朝鮮大臣金昌熙叢札》，上海：復旦大學出版社，2021年。

瞻言滄海，不復能晤，傷如之何。《六策》已寫出，聞與一切主持善
後者不同，故絕不示人。但與道園、浣西談，似有隱合於所見者，
略爲宣說大意。病中不能多寫字，有稿存節帥處，屬示足下及雲養
留守。不佞與雲養函，亦屬其告足下，審定其謬。計人家國雖空言，
必求至是，非故謙也。……制張謇頓首。八月二十七日登州。

據這通信札內容可考其寫作時間爲張謇第一次離朝還國的光緒八年八月
二十七日（1882 年 10 月 8 日），也就是張謇寫就《朝鮮善後六策》的第九天，
信中所説"《六策》已寫出，聞與一切主持善後者不同，故絕不示人"云云，
雖未指明"一切主持善後者"（注：據劉寂潮先生提示，此處的"一切"並非
"所有"之意，而是指"權宜"，竊以爲"權宜"的解釋符合當時"張靖達公
回粵，李復督直"的歷史事實）爲何人，但與致韓國鈞信中所説"李復督直，
嗤爲多事，擱置不議"的説法是一致的。而信中所説"但與道園、浣西談，
似有隱合於所見者，略爲宣說大意"與上引張謇《壬午日記》所記"以《六策》
示道園、浣西，謂純正切近，必可行"的事實又是吻合的。如此，以《日記》
與信札中多重證據證明，張謇在 1911 年 4 月致韓國鈞信中所説的"上書直督，
請達政府"之"書"即爲《朝鮮善後六策》，而張謇對於《朝鮮善後六策》後
來湮没無聞甚至亡佚所作的解釋是符合事實的。

二、新發現張謇《朝鮮善後六策》抄本真僞考

通過以上考證，我們基本可證實《朝鮮善後六策》湮没無聞的原因，即是"主
持善後者"李鴻章"嗤爲多事"而"擱置不議"。那麽，在《朝鮮善後六策》
一文銷聲匿跡百餘年後的今天，能在韓國延世大學圖書館發現有題名爲張謇
《朝鮮善後六策》的抄本存在無疑是一件值得慶幸的事。經過多方面的努力，
莊安正在 2014 年上半年獲得這一文本並撰文介紹這一發現。[①] 這一發現可謂
是近十年來除《〈譚屑〉拾餘》《大陣尺牘》中所公布的張謇文獻之外的最重
要發現，説是近代中朝關係史料上的重要收穫也不爲過，只是細繹文本後，
我們發現這一文本內容與張謇在三十年後致韓國鈞信所陳述的內容相去甚遠，
實有必要對其真實性進行充分的討論與考證。

新發現張謇《朝鮮善後六策》的抄本內容可分爲七部分，即所謂"六策"，

---

① 莊安正：《搜尋張謇佚文〈朝鮮善後六策〉過程略記》，《檔案與建設》2016 年第 11 期。

具體分別是："總論""通人心以固國脈""破資格以用人才""嚴澄叙以課吏治""謀生聚以足財用""改行陣以練兵卒""謹防圍以固邊陲"，其内容涵蓋選士、吏治、經濟、軍事等方面，顯然，前三策並無特别之處，而後三策中"謀生聚以足財用"策中所云"咸鏡道吉州以北十邑"與"江原道鬱陵島周回二百里"，以"招募就近人民次第墾辟，恩以撫之，勤以督之，必使國獲其利而民遂其生"的方略，"改行陣以練兵卒"策中所云"仿中國湘、淮軍制，而又實體坐作進退之義，兼用騰縱起伏之法，使能避敵所長而用我長，舍我所短以攻賊短"的獻計，"謹防圍以固邊陲"策中所云"海口及腹地皆重岡疊巘，峻嶺崇山，無處不可設防，即無處不可扼要，故曰守便而守易也"與"仁川口内，江華、水原近蔽王京，固須嚴兵扼堵。釜山近對馬島，元山近海參威，就近慶源、慶興（與俄界隔一小江）、巨濟、密陽（巨濟在釜山浦外，密陽在内）、江陵（蔚珍島屬之），其間險要，形勝不一，而足有兵以扼之，何難收一夫當關之效"的建言，都是從朝鮮的實際情況出發具體而可行的策略，無怪乎朝鮮士人認爲"純正切近，必可行"，並致信張謇説"《六策》王甚服膺，或可行也"。也就是説，這六策極可能是得到當時朝鮮官方認可並有實施的可能性。只是當我們細讀這一文本後，不免會產生疑問：韓國發現的《朝鮮善後六策》抄本中根本没有張謇在 1911 年 4 月致韓國鈞信中所説"有援漢元菟、樂浪郡例，廢爲郡縣；援周例置監國"與"聯我東三省爲一氣"這些内容。這是因爲張謇致韓國鈞的信中内容是他的事後追憶而有所訛誤，還是韓國發現的《朝鮮善後六策》抄本中的内容並非張謇原稿的本來面目呢？

從本文第一部分所載信札與《日記》所提供的信息中我們可以推論出《朝鮮善後六策》中不太可能出現有"援漢元菟、樂浪郡例，廢爲郡縣；援周例置監國"這樣的内容。試想，這樣的内容，朝鮮士人道園、浣西會認爲"純正切近，必可行"嗎？而王會對"《六策》甚服膺，或可行也"嗎？要讓朝鮮君臣接受"廢爲郡縣，援周例置監國"這樣的内容，既有悖於情理，也與近代史上朝鮮君臣謀朝鮮的獨立自強的實際行爲相矛盾。但是，推論歸推論，要證明《朝鮮善後六策》抄本的真實性還是需要直接證據。

如前所説，《大陣尺牘》中有張謇與金昌熙討論《朝鮮善後六策》的内容，其云"屬其告足下，審定其謬。計人家國雖空言，必求至是，非故謙也""若此月不來，謇十月歸省，必設法寄示也。《六策》雲養必以相示，就中可裁正之。時時惠教是幸"，也就是説，張謇曾懇請金昌熙對其《朝鮮善後六策》一文"審定其謬"與"裁正之",爲的是求"至是"。①在我整理的《〈譚屑〉拾餘:晚清駐朝鮮使臣叢札及詩文稿》一書中,有一通張謇致金昌熙的信札提及金昌熙有《六策、八議補》一文,顯然,其中的《六策補》很可能就是針對張謇的《朝鮮善後六策》而撰寫的,經過一番檢索,發現《韓國歷代文集叢書》中收有金昌熙《石菱集》,金昌熙《石菱集》卷七就有《六策、八議補》一文,金昌熙在文前有《總論》記撰文緣由:

> 壬午秋,通州張謇季直、皖江李延祐瀚臣隨吳筱軒軍門東來,與余過從相歡洽,時言我邦事,甚驚人。余知其爲大有心人,問以善後事宜,季直撰《六策》,瀚臣著《八議》,俱以見贈。余讀之而服其識高,感其意厚。不揆僭妄,乃以愚見就補兩君之所未及,命之曰《六八補》。

顯然,所謂《六策、八議補》一文是針對張謇的《朝鮮善後六策》與李延祐的《朝鮮善後八議》兩文而寫的,卷七即爲《六八補》上篇,核其目錄,分別爲"總論""通人心以固國脈""破資格以用人才""嚴澄叙以課吏治""改行陣以練兵卒""籌商務以收利益也""開礦井以裕財用也""清田畝以興屯墾也"等七策,將《六八補》上篇中的七策比之《朝鮮善後六策》抄本中的六策發現,《六八補》上篇"通人心以固國脈""破資格以用人才""嚴澄叙以課吏治""改行陣以練兵卒"四策與《朝鮮善後六策》中的前四策完全一致。揆其內容,金昌熙對張謇"六策"策文多有徵引,在此,我們不妨以"史源學"的方法,以金昌熙對"六策"策文的徵引內容再回校在延世大學所發現的張謇《朝鮮善後六策》抄本文本,從而來證明抄本文本的真僞。

金昌熙《六八補》對《朝鮮善後六策》的徵引可分爲全文徵引、節選徵引、取義徵引等幾種方式。全文徵引一般有"季直曰"的格式,其徵引內容爲全文照錄,如"通人心以固國脈"策有"季直曰:欲通人心必自士大夫始","嚴澄叙以課吏治"策有"季直曰:等一官而數員者,省其備員之官","改行陣以練兵卒"策有"季直曰:朝鮮自前明用紀效新書法,此爲備昔日之倭,則可施之,今日斷乎無用。又曰:論地守易揆勢守便洵合平昔,愚見若依此練兵,依此策守,何難收一夫當關之效也"云云。節選徵引則並非全文照錄,

---

① 丁小明:《〈譚屑〉拾餘:晚清駐朝鮮使臣叢札及詩文稿》,北京:國家圖書館出版社,2014年,第66頁。

而是選擇其中部分内容加以申論，如"總論"云"善其後者，苟斤斤外交是務，而不復求諸本原之地，不復求諸本原之地，自謂可立致富强之效，此其弊非徒無益而已"一節，則是從張謇的"總論"中"苟斤斤外交是務，而不復求諸本原之地，甚至如日本，變其數百載之衣服制度，以優俳西洋，自謂可立致富强之效，此其弊非徒無益而已"中節録而出的，其中省去對日本變法的敏感評價，以避免横生枝節。而取義徵引則是僅取其義，不徵引其文，如"破資格以用人才"所云"季直見門地之弊，欲破資格以矯之"之類。

通過比較可發現，金昌熙《六八補》所徵引《朝鮮善後六策》的來源與延世大學的張謇《朝鮮善後六策》抄本是基本一致的。到此，我們可以相信，在延世大學所發現的張謇《朝鮮善後六策》抄本中所呈現的内容是目前所知最接近張謇《朝鮮善後六策》本來面目的文本，而張謇在 1911 年 4 月致韓國鈞的信中對《善後六策》的回憶是屬於事後追憶，即使與所知文本内容出入甚大，亦不足以引發對張謇《朝鮮善後六策》抄本的懷疑。

目前爲止，張謇《朝鮮善後六策》文本的還原工作並没有完全結束。一者，筆者以爲仍然應該保留發現《朝鮮善後六策》稿本的可能性。再者，金昌熙《六八補》中只對《朝鮮善後六策》中的四策進行徵引與申論，尚有"謀生聚以足財用""謹防圉以固邊陲"兩策内容没有徵引與申論，究其由，"謀生聚以足財用"策的内容與李延祜的"八議"中的"籌商務以收利益也""開礦井以裕財用也""清田畝以興屯墾也"的"生財三策"内容有重合處，而李延祜的"生財三策"的内容無疑要比張謇的"謀生聚以足財用"策更爲具體與細緻，所以，金昌熙在《六八補》中只是回應李延祜的《八議》中的"生財三策"，而没有回復張謇"謀生聚以足財用"策也是合理的。

三、張謇致韓國鈞信札内容失實的原因

上節已否定張謇致韓國鈞信札中所説處理朝鮮問題的意見是本自張謇早年所撰《朝鮮善後六策》一文。張謇致韓國鈞信札中所説屬於他三十年後的回憶，回憶中所出現的訛誤正驗證了錢鍾書先生關於"自傳不可信，相識回憶亦不可信，古來正史、野史均作如是觀"的妙論。

訛誤歸訛誤，但類似"援漢元菟、樂浪郡例，廢爲郡縣；援周例置監國；或置重兵守其海口"這樣的意見絶不可能是張謇"無中生有"的杜撰，極可能他本人或時人有此意見，其後被張謇張冠李戴而混爲一談。所以説，張謇

致韓國鈞信札中所說處理朝鮮問題的意見應該是另有來源。檢查《張謇日記》可知，1882年至1885年間張謇關於朝鮮問題有關的文章有《朝鮮善後六策》《諭朝鮮檄》《壬午東征事略》《規復琉球策》《上朝鮮王書》《陳朝鮮事》等六篇，目前保存下來的只有《陳朝鮮事》及新發現的《朝鮮善後六策》兩篇，此外，從《上朝鮮王書》後所說的是"論善後事"的提示中，我們能推測此文多半就是《朝鮮善後六策》。如前所考，《朝鮮善後六策》並無"設郡縣"與"置監國"的議論，以此再核《陳朝鮮事》一文，除了第一條所云的"請速申舊約，佈告各國，以定藩服之名"的意見外，也無"設郡縣"與"置監國"的議論，而《諭朝鮮檄》《壬午東征事略》《規復琉球策》等三篇均為佚文，雖無從考證其內容，從當時擬文的背景看，也無超出《朝鮮善後六策》範圍的可能。

既然"設郡縣"與"置監國"不是張謇的理論，那麼在當時中國對朝鮮政策中有無這一意見呢？事實上，中國外交官袁世凱、劉瑞芬在對朝政策上都先後有過"設監國、置郡縣"的意見，特別是袁世凱在果斷鎮壓朝鮮"甲申政變"後，曾提出"中朝即特派大員，設立監國，統率重兵，內治外交，均代為理，則此機不可失也"①的建議。朝鮮方面為掙脫中國宗主的統治，進而尋求俄國支持並簽訂所謂《朝俄密約》時，袁世凱更提出"廢朝王"的意見。時任駐俄大使的劉瑞芬也曾上書清廷建議："朝鮮毗連東三省，關係甚重。中國能收其全土改行省，上策也。"②當然，袁世凱、劉瑞芬等人的一系列對朝政策方針都是隨着時局變化而産生的應對之策，並非他們有着超越時代的"先見之明"。張謇或將時人關於朝鮮政策的這部分內容匯入他的朝鮮記憶中，並因此建構出一篇與早年《朝鮮善後六策》迥異的、事實上並不存在"朝鮮方略"。

又及：

本文撰成後，承韓國南首爾大學的劉婧教授相助，惠我韓國學界關於張謇《朝鮮善後六策》的新發現，即鮮文大學 Choi Woo-gill 先生《關於新發現文獻"三籌合存"的介紹》（《洌上古典研究》2014 年第 3 期，第 62—95 頁），該文有張謇《朝鮮善後六策》的完整文本，以此文本對校延世大學藏張謇《朝鮮善後六策》抄本文本，只有極少量文字上的異同，此足以證明延世大學藏張謇《朝鮮善後六策》抄本文本的真實性，亦可證張謇致韓國鈞信札中的失

---

① 故宮博物院文獻館編印：《清光緒朝中日交涉史料》第6卷，北平：故宮博物院，1932年，第19頁。

② 趙爾巽：《清史稿》，卷446，《列傳》233《劉瑞芬》，北京：中華書局，第41冊，第12487頁。

實之處。

又，網絡上"海門張謇研究會"網站刊有徐俊傑所撰《〈朝鮮善後六策〉對校本之發現記》一文，文中所及的"對校本"即出自上述 Choi Woo-gill 先生文，徐文並對《朝鮮善後六策》"三籌合存"本與延世大學所藏本進行異同校，其成果可爲繼續研究者參考。

19 世紀初東亞話語體系芻議

——基於《使琉球記》《琉館筆談》《燕臺再游録》的考察

王　勇

近代東亞國際關係從"朝貢體系"向"條約體系"轉型過程中，東亞外交話語體系依然奉漢文爲尊。《使琉球記》《琉館筆談》《燕臺再游録》等三種東亞使行録資料，生動而又具體地展現了清朝册封副使李鼎元、琉球文人外交官楊文鳳、日本漢學家石冢崔高、朝鮮燕行使柳得恭等人"以筆代舌"的跨國交流與沉默外交，勾勒出空間範圍涵蓋北京、福建、琉球、臺灣、薩摩等地的近代東亞外交生動畫卷，廓清了首部中琉辭書《球雅》的來龍去脈；19 世紀中後期"漢文"上升爲近代條約的外交話語體系，彰顯了漢字持久的輻射力與深遠的國際影響力。

一、近代東亞條約的話語體系

縱觀 19 世紀東亞大勢，西方列國强勢滲入各國、日本帝國强勢崛起、宗藩制度趨於崩潰等，東亞格局發生了史無前例的巨大變化。1871 年中日之間簽訂《中日修好條規》，標志着東亞國際關係從"朝貢體系"轉型爲"條約體系"。儘管如此，漢字文化圈餘威尚存，東亞外交話語體系依然奉漢文爲尊。《中日修好條規》第六款規定：

> 嗣後兩國往來公文，中國用漢文，日本國用日本文，須副以譯漢文，或只用漢文，亦從其便。

【作者簡介】王勇，浙江大學亞洲文明研究院教授。

　　按照這個條款，中日兩國簽約之後的往來文書一概使用 "漢文"，如果日本方面使用 "日本文" 的話，必須附上 "譯漢文"。這項規定看似有點 "語言霸權"，實則是遵循東亞外交話語慣例。

　　1875 年，日本派遣 "雲陽號" 等三艘兵艦侵擾朝鮮江華島一帶，遭遇朝鮮守軍激烈抵抗，史稱 "江華島事件"（或稱 "雲陽號事件"）。1876 年 2 月 26 日，日本以此爲藉口，迫使朝鮮簽訂《江華條約》（又稱《日朝修好條規》或《丙子修好條約》）。雖然此條約對朝鮮含有諸多不平等內容，但雙方認同外交話語遵循使用漢文的慣例。即《江華條約》第三款規定：

> 嗣後兩國往來公文，日本用其國文，自今十年間別具譯漢文一本，朝鮮用真文。

　　條款中所説的 "日本用其國文"，是指日本可以使用 "日本文"，但必須附上 "譯漢文"；朝鮮使用的 "真文"，即指 "漢文"。值得注意的是，這種話語體系限於 "自今十年間"，其間朝鮮、日本均會培養通曉對方國語言的專業人才，1886 年以後的往來文書各自使用 "朝鮮文" 與 "日本文"，意味着 "漢文" 作爲東亞外交話語的歷史行將結束，亦即漢字文化圈面臨瓦解的危機。

　　往前推溯到 19 世紀中葉，1854 年 3 月美國佩里將軍率領的 "黑船" 艦隊叩開日本國門，迫使幕府簽訂《神奈川條約》（通稱《日米和親條約》），根據多種史料還原談判過程大抵如下：美國談判官員使用英語，美方翻譯官衛三畏口譯爲中文，中國人羅森筆錄後交給日本官員看；日本官員寫下漢文，羅森念出來，衛三畏再翻譯成英文給美國官員聽。於是美日交涉時采用荷蘭語與日語相互轉譯，並以漢文、荷蘭文譯爲日文確認，從而形成荷蘭文、英文、漢文、日文的條約文本。由此可見，日本與美國交涉時，"漢文" 作爲東亞外交的通用話語，起着舉足輕重的作用。

　　再往前溯，19 世紀初東亞局勢 "山雨欲來"，各國外交官肩負各自使命，穿梭往還於陸路海途，留下諸多內容豐富的 "使行錄"。我們注意到，這一時期的 "使行錄"——中國使臣的 "使琉錄"、朝鮮使臣的 "燕行錄"、越南使臣的 "北使錄"、日本官民的 "見聞錄" 等多以漢文撰述，由此好奇當時跨國旅行的外交官彼此溝通使用的話語。事實上，隋唐以來 "漢文" 一直是東亞外交的通用話語，具有不同母語背景的使臣習慣以 "筆談" 的方式進行視覺交際，私下交流之時口語翻譯幾乎被忽略不計，即使在正式的官方場合也願意采用筆談形式。

本文以清朝册封副使李鼎元、琉球文人外交官楊文鳳、日本漢學家石冢崔高、朝鮮燕行使柳得恭等人爲綫索,探究19世紀初東亞外交話語的實際情况,論證"筆談"在跨國交流中的重要作用,廓清首部中琉辭書《球雅》的來龍去脈。

二、李鼎元與《球雅》

乾隆五十九年(1794)琉球國中山王尚穆去世,遣使表請清朝册封其孫尚温爲王。嘉慶四年(1799)八月十九日,清政府任命翰林院修撰趙文楷爲正使、編修李鼎元爲副使,携帶御書"海表恭藩"匾額赴琉球册封。嘉慶五年(1800)二月十八日,册封使一行離京南下;五月七日,封舟開洋出五虎門;五月十二日,入那霸港;十月十五日,完成册封而歸。

李鼎元(1750—1805),字味堂,一字和叔,號墨莊,綿州(今四川省德陽市綿竹縣)人。乾隆四十三年(1778)進士,改庶吉士,授翰林院編修。其兄李調元(雨村)、弟李驥元(鳧塘)亦先後入翰林,皆負文望,世稱"綿州三李"。

李鼎元接受册封琉球副使任命之後,參閲同鄉前輩周煌的使琉記録《琉球國志略》等,進行了周到的出使準備,並有意追隨前賢撰述使琉球行紀,這便是後來成就的《使琉球記》六卷。《使琉球記》詳細記載了此次册封使的行程、活動、見聞,嘉慶五年五月廿九日條記載:

> 連日細訪琉球山川、風俗,《志略》略備,惟《琉球寄語》尚未搜採。《徐録》偶及之,亦掛一漏萬。因語法司官,擇有文理通暢、多知掌故者常來館中,以資采訪。是日,世孫遣楊文鳳來。長史言其文理甚通,能詩、善書。與之語,亦不能解。因以筆代舌,逐字詢其音義,並訪其方言,文鳳果能通達字意。[①]

李鼎元隨行携帶多種前册封使撰寫的使琉録,隨時參考比對。他發現周煌的《琉球國志略》記載琉球山川風俗較詳,但未附《琉球寄語》;徐葆光《中山傳信録》雖采擇部分琉球語,但"掛一漏萬"。因此,李鼎元計劃在訪琉期間編撰一部完整的《琉球寄語》,並要求琉球官方派員協助。琉球官方派楊文鳳協助,然而雙方語言溝通存在障礙,最後采用"以筆代舌"的筆談方式,"逐

---

① 殷夢霞、賈貴榮主編:《國家圖書館藏琉球資料續編》上册,北京:北京圖書館出版社,2002年,第758頁。

字詢其音義，並訪其方言”，編撰工作才得以順利開展。

嘉慶冊封琉球使團雖有通事鄭煌隨行，但在實際交流過程中翻譯效果不盡如人意。李鼎元與楊文鳳初次見面時從“口談”轉爲“筆談”的情景，《使琉球記》僅言“與之語，亦不能解”，因而“以筆代舌”。1803 年楊文鳳奉使日本與石冢崔高筆談時提及此事，披露了未見於《使琉球記》的細節。《琉館筆談》記載如下：

> 石曰：見天使，言語相通否？
>
> 楊曰：鳳不知華音，有天使帶來通事通話，然以其不甚明暢，一日換之以筆，寫字爲問，文鳳亦寫字爲對。天使笑曰：“悔不早請管城子傳言，其通快利便，不可言也。”自是以後，筆語以爲常。當筆語時，天使等下筆，千萬言即成，字字句句，明明白白。鳳爲對，語澀筆遲，或至舉筆，沉吟半晌，汗出浹背。[①]

當時雖有通事（鄭煌）在場，但溝通“不甚明暢”，改爲筆談後，李鼎元下筆“千萬言即成”，感嘆“悔不早請管城子傳言，其通快利便，不可言也”，故而“自是以後，筆語以爲常”，表明此後李鼎元與琉球的話語溝通主要依據“筆談”，很少藉助通事進行“口談”。

李鼎元與楊文鳳初次見面，達成借用筆談溝通的共識，第二天琉球官方再追加四名文人（人稱“四公子”）加入團隊，襄助李鼎元編撰《球雅》。《使琉球記》五月三十日條記云：

> 首里公子向循師、向世德、向善榮、毛長芳來，以所作詩文進質，皆有思致。詢其來意，乃知世孫知余欲輯《球雅》，特遣四人來助楊文鳳參稽一切。三向爲世孫本支，毛則王妃之侄，通漢文、能漢語，年皆二十以上。與之語，文理尚不及文鳳，而聰明善悟。世孫即令五人館於使院之西里許，因就詩韻字，令每人日注數十字來，疑者面議，後率以爲常。[②]

此時李鼎元着手編撰的辭書，已經確定書名爲“球雅”，以楊文鳳爲首的五名琉球文人安置在使院附近，自此“每人日注數十字來，疑者面議，後率

---

① 筑波大學附屬圖書館藏鈔本《琉館筆談》，索書號“ネ 308—113”。以下凡引用《琉館筆談》皆用此本，不再逐一出注。

② 殷夢霞、賈貴榮主編：《國家圖書館藏琉球資料續編》上冊，第 758 頁。

以爲常"。

雖然中琉雙方語言無法溝通，但筆談交際似乎非常順暢，《使琉球記》六月二十六日條記載：

> 楊文鳳來，問以國中官制、士習……聽其言，源委了然，筆談翻勝口談，當推爲中山第一學者。①

這裏提到"筆談翻勝口談"，並且贊譽楊文鳳爲"中山第一學者"，説明李鼎元對編撰的進展非常滿意。從《使琉球記》的記載來看，楊文鳳等人屢屢將完成的初稿遞交給李鼎元，其條目達數千則。比如，《使琉球記》七月二十七日條云：

> 楊文鳳送《寄語》二百餘條並書本國字母以來。余以《傳信録》較之，無異。問以《徐録》謂一字可作二、三字，讀者略仿中國對音，何以説？對曰："此乃字義，非音也。小邦但知對音，不知切音。……其實讀書仍用本國語義，故必須鈎挑，令實字居上、虛字居下讀之。凡民則但知《寄語》，亦並不知對音；即如《徐録》所云'泊'讀作'土馬依'，爲一字三音。小邦以船靠岸爲'土馬依'，'泊'亦靠船之義，故曰'土馬依'，非三音之謂也。"乃知歷來册使俱就通事口授以意解釋，未令通人筆之於紙，故音義不分。余作《球雅》，皆令文鳳等逐字注其音、復注其義，並將通俗等語彙成册，令注本國語各句下，就所注而輯之。字異而語同者合併之，無令重出。務在得實，以備一邦翻譯。名曰《球雅》者，仿《爾雅》體例，以漢文貫首而釋其《寄語》於下，蓋欲以漢文通夷文，使不雅者亦歸於雅，此命名之義也。②

李鼎元傾力編撰《球雅》，實有超越前人的抱負。他認爲"歷來册使俱就通事口授以意解釋，未令通人筆之於紙，故音義不分"，而藉助筆談編撰《球雅》不僅效率高，也大大提升了精確度，因而對這個自創的方式頗爲自得。此外值得注意的是，李鼎元提到《球雅》之名的來由，乃是仿《爾雅》體例，寓意"以漢文通夷文，使不雅者亦歸於雅"。

在楊文鳳等五人的通力協助下，經過近五個月的努力，李鼎元終於編成《球

---

① 殷夢霞、賈貴榮主編：《國家圖書館藏琉球資料續編》上册，第765頁。

② 殷夢霞、賈貴榮主編：《國家圖書館藏琉球資料續編》上册，第774—775頁。

雅》初稿。嘉慶五年（1800）十月十五日，冊封使圓滿完成使命，將登舟渡
海返回福建，新冊封的琉球國王尚溫在致謝詞中特別提到李鼎元編撰《球雅》
的偉業：

> 副使大人更爲小邦廣聲教，輯《球雅》；國之略曉文字者，皆得
> 就教尊前，執經問業。父師之恩，尤深感戴！欣幸久住，親炙多人。①

李鼎元在航海返回福建的途中，依舊心係《球雅》，在顛簸的船中繼續修
訂完善。李鼎元詩文集《師竹齋集》（卷十四）收有《舟中詳訂球雅因題》：

> 中山五閱月，采風亦云肆。以見證所聞，傳信録已備。
> 就中參寄語，十未詳一二。守禮恭順邦，豈得闕文字。
> 因兹訪通人，日與究音義。毛穎代吾舌，楮墨亦來伺。
> 唇齒分微茫，毫釐辨同異。音維對則呼，義須別乃類。
> 倉頡腕下忙，揚雄槧底忌。草創初脱稿，精嚴起凡例。
> 敢云憚修飾，舟中幸無事。複者漸合併，缺者仍補綴。
> 碎金歸陶鎔，零錦受裁製。貫穿九曲珠，醖釀十洲記。
> 人物可列眉，天地不終醉。鳩舌遂能通，象胥竟須棄。
> 爾雅詞不繁，方言師其意。小邦文獻徵，用廣琉球志。②

"就中參寄語，十未詳一二"，是説此前的使琉録收録琉球語僅十之
一二，感嘆"守禮恭順邦，豈得闕文字"，表明編撰《球雅》之初衷；"毛穎
代吾舌，楮墨亦來伺""倉頡腕下忙，揚雄槧底忌"描寫筆談的情景；辭書體
例則是"音維對則呼，義須別乃類"；"草創初脱稿，精嚴起凡例"謂在琉期
間完成初稿，舟中編定《凡例》；"鳩舌遂能通，象胥竟須棄"是期待的結果；
"爾雅詞不繁，方言師其意"説明《球雅》參照了《爾雅》《方言》的範式。

三、楊文鳳的漂流譚

日本享和三年（1803）夏天某日，琉球人楊文鳳奉命出使日本，住於薩
摩藩鹿兒島的琉球館。會有薩摩藩儒士石冢崔高慕其文才德望，前往登門求見。
二人語言不通，筆語交談、賦詩酬酢，石冢崔高"以其相贈答詩什及其筆語，

① 殷夢霞、賈貴榮主編：《國家圖書館藏琉球資料續編》上冊，第 799 頁。
② 王菡選編：《國家圖書館藏琉球資料三編》下冊，北京：北京圖書館出版社，2006 年，第 267 頁。

録爲一卷，題爲‘琉館筆談’，以志奇遇。後日也，其詩又別爲一册"（《琉館筆談》首文）。

楊文鳳（？—1806），琉球著名詩人，出生於首里赤平村，俗稱嘉味田親雲上兆祥。成島司直《琉球録話》載其小傳：

> 楊文鳳字上卿，號四知，常稱上田親雲上，詩文爲球陽巨擘。數至薩摩，以故薩人亦賞其敏捷。去年册封使至其國，宴中山茶亭，睹壁上題詩，驚其才俊，問是誰作，侍者曰"國人楊文鳳所題"。時文鳳在階下，封使益奇之，携手登亭，終日唱和，爲文字飲云。[①]

嘉慶五年（1800）五月，清朝派遣趙文楷、李鼎元赴琉球册封尚温王，楊文鳳奉命參與接待，副使李鼎元偶見其題壁詩，稱贊其爲"中山第一學者"。其後兩人筆談唱和，並應李鼎元之請，參與編寫中琉詞典《球雅》。1803年出使日本時邂逅石冢崔高，《琉館筆談》即爲當時兩人的筆談記録。

石冢崔高（1766—1817），江户後期唐通事、漢學家，名胤國、崔高，字志堅，號碻齋，別號雪堂，出生於薩摩藩鹿兒島，早年求學於藩校造士館，與楊文鳳筆談當在這一時期。後奉藩命赴江户入昌平黌，師從名儒古賀精里，學業大進。傳世著述有《南山俗語考》《萬國地球圖説》等。文化十二年（1815）被任命爲造士館助教，然未履職便卒於江户。

楊文鳳與石冢崔高的筆談原稿今已不存，經石冢崔高整理編撰的《琉館筆談》，目前傳世的鈔本有二種，兹略述如下：

美國夏威夷大學東西文化中心所藏的阪卷·寶玲文庫本（索書號：HWS44）。一册一卷，高16.5厘米，寬24.5厘米。無序跋，正文10葉，首題"琉館筆譚"，下署"日本 石冢崔高／中山 楊文鳳"。無框，每半葉9行，每行20字，有朱筆校勘。

筑波大學附屬圖書館藏本（索書號：ネ308—113）。一册一卷，高22厘米，寬15厘米。扉頁上部自右而左草書"琉館筆談""胡夢抄""禁色考""女官心""習俗草""憂天私言""農商建國辨""柳營夜話"，末行楷書"琉館筆談"，當爲後人所書。正文9葉，首題"琉館筆談"，下署"薩州 石冢崔高"，有"秋山友安""耕田樓藏書記"印章；卷尾有"文化戊辰十一月借抄石冢／崔高稿

---

① 成島司直：《琉球録話》，文化丙寅（1806）十一月成島司直序，寫本一册，收入《明遠館叢書》第四十二，日本國立國會圖書館索書號"わ081—4"。

本了"識語。左右雙邊框，墨界綫，每半葉 10 行，每行 20 字，有朱筆校勘。

傳世二本均不詳鈔手，夏威夷大學本無鈔寫年代，而筑波大學本抄於文化戊辰（1808）十一月，而且是據當事人石冢崔高的稿本鈔錄，所以更接近原貌。如筑波大學本僅署"薩州 石冢崔高"，夏威夷大學本則署"日本 石冢崔高/中山 楊文鳳"，後者顯然有所增飾；此外筑波大學本作"琉館筆談"，夏威夷大學本作"琉館筆譚"，一字之差也顯露潤色的痕迹。①

值得一提的是，《國書總目録 補訂版》（岩波書店，1989—1991）著録"球館筆談/石冢/崔高（石冢/確齋）/［寫］教大（文化五年寫）"。"教大"即"東京教育大學"簡稱，是筑波大學的前身，《國書總目録 補訂版》顯然將"琉"誤録爲"球"，筑波大學附屬圖書館將"球館筆談"列爲"別書名"也不甚妥當。

此本筆談記録具有較高的史料價值，涉及内容廣泛，包括清朝册封使在琉球的筆談、楊文鳳出使中國途中漂流至臺灣時與當地官員的筆談、抵達福建後與中國文人的筆談等，對瞭解 19 世紀初東亞國際關係具有一定的參考意義與史料價值。

楊文鳳與册封副使李鼎元的筆談交流已如前述，下文簡略介紹楊文鳳在漂流地臺灣、目的地福建的話語交流情況。

（一）楊文鳳與臺灣官民的筆談交流

嘉慶七年（1802）琉球國派遣二艘進貢船赴中國，合計裝載貢品煎熟硫磺 12600 斤、紅銅 3000 斤、練熟白剛錫 1000 斤。一號船由耳目官向詮、正議大夫梁焕、都通事蔡浚派坐鎮，二號船的使臣有在船都通事王成教、在船使者楊文鳳與向元麟、在船通事阮文光；官生向尋思（循師）、向世德、鄭邦孝、周崇鐈，副官生向善榮、毛長芳、蔡載聖、蔡思恭，都集中在一號船，曾協助李鼎元編撰《球雅》的"四公子"均在其中。然而，慘劇發生了。《清史稿·琉球傳》載：

> （嘉慶）八年，琉球二號貢船至大武崙洋遭風，漂至臺灣，冲礁擊碎，其正貢船亦同時漂没。福州將軍玉德等以聞，帝諭救獲官伴水梢人等，照常例加倍給賞，貢物無庸另備呈進。

《清史稿》對這次難船記載極爲簡略，指出事故的發生地點"大武崙洋"，

① ［日］岩本真理《〈琉館筆譚〉翻字、注釋》（《大阪市立大學大學院研究科紀要》第 64 號，2003 年）對比了兩種傳本的字詞異同，可資參考。

大概在臺灣基隆市東北的海區，二號船"漂至臺灣，冲礁擊碎"，一號船則"同時漂没"。琉球方面的史料提供了事件的幾個節點，如《歷代寶案》明確進貢船啓航的時間爲"嘉慶七年十月六日"以及貢品與搭乘人員，《中山世譜》載"壬戌赴閩之二號貢船，漂到臺灣，擱礁損壞，所坐人數，赤手浮揚，護送福州，來到館驛"①。據《清史稿》，一號船也在同一海區遇難，此後杳無音信，其中李鼎元寄以厚望的琉球"四公子"同時身亡，令人惋惜。至於二號船，漂到臺灣的經歷、抵達福建後的遭遇，《清史稿》《歷代寶案》《中山世譜》等均未言及，幸運的是《琉館筆談》提供了親歷者的詳細追憶與描述。兹鈔録相關内容的筆談，先是石冢崔高發問："聞舊年貴舟欲往福州，因風不順，漂到臺灣，有之乎？願聞其詳。"楊文鳳回答：

> 正是，如命本國二只貢船，在那霸一同開駕，在洋遇風，一只船於今未知存亡下落。鳳等船漂至臺灣地方，船即破矣，所載公私貨物，悉爲烏有。通船八十名遇土人出來救命，方得上岸。寫字通意，始知其爲臺灣也。艱難萬狀，不可形容也。……先是地方官待鳳等甚是輕賤，鳳等叩頭禮拜而不肯爲答禮。及見其地方官或秀才等以詩與鳳相爲贈答，皆下坐答拜，前倨者，後皆恭也。鳳竊謂同舟者："誰道文章不值錢，今日方見文字值錢的。"衆人皆笑。臺灣贈答詩載在别册。

一號船"於今未知存亡下落"，説明難船事件發生約一年，依然杳無音信。楊文鳳乘坐的二號船觸礁顛覆之後，80名船員得到當地人的救助，通過"寫字通意"才得知來到了臺灣地界。開始的時候，有地方官員對琉球漂流民甚爲輕慢，不屑以禮相待，等到楊文鳳賦詩贈答，態度從"前倨"驟變爲"後恭"，充分體現了"文字"的魅力與功效。此後，楊文鳳遊歷臺灣各地，繼續演繹"漢字話語"帶來的奇遇：

> 一日在臺灣新莊分府，旅思凄愴，口占一詩，貼於座隅。地方諸官群來見之，自是敬禮甚篤。一日出外，間游縣中，土人爭先來迎，或有出詩稿求和，或攜花箋求書字。鳳毫不推辭，各應其求即答。……或書字到夜深，或送酒肴，或攜管弦來慰，凡經過地往往如此。

楊文鳳所到之處，求字索詩者接踵而至，爲了表達敬佩和感謝之意，有

---

① 殷夢霞、賈貴榮主編：《國家圖書館藏琉球資料續編》下册，第410頁。

人送酒菜肴設宴，有人携管弦慰情，這一切均來自貼於座隅的"口占一詩"。滯留新莊十餘日，楊文鳳前往竹塹分府，邂逅地方官吉壽，與其一家三口（父、子、孫）結成"文字交"：

> 其地府官奉政大夫吉壽者，北京人，清朝今上皇帝親眷也。即日來館慰勞。談話之間，即席賦詩一章以獻，府官見而賞之，袖而歸。次日遣其子寄贈次韻詩，並見惠美酒一壇。又次日遣其孫贈以好茶。在此間，府官一家三人每來慰問。其孫年方十四，容貌秀雅。常從十多個人，乘一座大轎來，叫我寫字。

吉壽爲科班出身的滿人，《福建通志·臺灣府·職官》"理番同知"條説："吉壽，鑲白旗滿洲舉人，嘉慶二年任。"吉壽於嘉慶二年（1797）出任臺灣理番同知，楊文鳳與他結識時應該在臺灣知府任上，故有"府官"之稱。幾天後，楊文鳳離開竹塹，轉至臺灣城，拜謁太守慶保，堂上有一段對話與互動：

> 大守姓曰慶，名保。其日坐堂上問鳳等，道："琉球海外小邦，而今被中華風教，至於文字亦頗有通之者。"顧左右取筆硯來面試。鳳出班對曰："海外遠人，不識禮數，敢不獻醜以謝高恩。"即書七言律詩以呈。慶保見之，賞文鳳以詩集一函、親筆對聯及衣服等物。

（二）楊文鳳與福建文人的交流

楊文鳳一行在臺灣滯留四個月左右，由臺灣官方派船送往廈門，嘉慶八年（1803）二月八日入住福建琉球館。石冢崔高把話題從臺灣轉到福建，問："在福州，曾見讀書人，聽其談論否？"楊文鳳寫字作答：

> 見一二才子，文鳳不識官話，言語不通，書字通言，聞其大略耳。讀四書五經，用宋朝程朱注解，又旁及諸子百家之書，又學作文章，此天下皆同也。但聞今中國考試文章取士，故讀書者專爲舉業作官計耳。當其考試，考其文章，定其高下，取其中選者，或爲秀才，或爲進士、舉人等科目。中國爲學，此其與我邦少有不同。

楊文鳳到了福建，依然因爲"不識官話，言語不通"，繼續以筆談與當地人溝通，他得到的信息是福建讀書人盛行"程朱"之學，爲"舉業作官"而埋頭於八股文。當地有位文人名叫陳邦光，曾經隨使者去過琉球，楊文鳳與他有一面之交。一日楊文鳳登門拜訪時，陳邦光的弟子們皆看輕琉球人，於是陳邦光説："此幾位在琉球博覽飽學，汝等請出題求詩文。"弟子們大多不信，取來筆墨讓楊文鳳即席作詩，楊文鳳當場揮毫寫下七言律詩，衆人傳觀後驚嘆不已，表示以後再不敢輕慢琉球人。

綜上所述，1800 年楊文鳳與清朝册封使筆談展示才華，從而一舉成名；1802 年因文才入選進貢船使者赴華，途中遇難漂至臺灣，又因筆談賦詩獲官民青睞，1803 年得官船護送至廈門、福建；在福建雖然也是"不識官話，言語不通"，但嫻熟的"漢字話語"再見奇效，令當地人的"琉球觀"大幅改觀；同年五月末或六月初回到琉球，馬不停蹄又奉命出使日本①，與薩摩藩士石冢崔高筆談交流，追述臺灣、福建漂流奇聞，成就《琉館筆談》一書。

四、柳得恭與李鼎元

話題再回到李鼎元藉助筆談編撰的《球雅》，這部中琉辭書在李鼎元離開琉球時已成初稿，除了前述《使琉球記》《師竹齋集》《琉館筆談》之外，向尋志②《伊集氏家譜》也有"著作《球雅》一部以呈，此以官音譯球語者也"的記載③。

然而，這部中琉合作之杰作、筆談交流之結晶的《球雅》，此後似乎音信全無、去向不明，因此出現種種猜度。《最新版 沖繩コンパクト事典》"球雅"條云：

> ［球雅］1799 年，册封使李鼎元發起編撰琉球語辭書。以楊文鳳爲主，在向尋思、向世德、向善榮、毛永芳 4 人（1802 年作爲官生赴中國留學途中遇海難而亡）協助下編集而成，然是否版行不得而知。④

《球雅》編撰起點設爲"1799 年"不甚妥當，這僅是清朝任命册封使的時間，册封使起航時間爲嘉慶五年（1800）五月七日，李鼎元發心編撰中琉辭書並

---

① 楊文鳳《四知堂詩稿·自序》："自閩歸國，又不七八日上薩，海洋奔走叢冗之際，不得帶來全稿，僅二三卷在手而已。"

② 向尋志：疑與參與《球雅》編撰的"四公子"之一的"向循師"爲同一人。

③ ［日］島尻勝太郎：《楊文鳳——隱れたる詩人》，《沖繩大學紀要》第 2 號，1982 年。

④ 《最新版 沖繩コンパクト事典》，琉球新報社，2003 年。

定名爲《球雅》，應該是抵達琉球之後的五月二十九日；李鼎元僅僅是發起人，而楊文鳳主導編撰工作的説法也失公允。然而令人唏噓不已的是，四位參與《球雅》編撰、才華橫溢的琉球青年文人，1802 年獲得赴中國留學的機會，却不幸喪生於海難事故。

島尻勝太郎是較早關注楊文鳳事迹的日本學者，他在《楊文鳳——隱れたる詩人》一文中提到李鼎元與楊文鳳的交流：

> 文鳳不善華語，以筆談不假通事與天使交流，李鼎元感歎筆談如此通快利便，早知就不需口傳。李鼎元采集寄語，目的是編纂《琉雅》。①

島尻勝太郎認爲李鼎元編撰的辭書爲《琉雅》，筆者多年追尋《球雅》不得，讀了此文之後又開始在國内外各藏書機構尋覓《琉雅》，依然一無所得。

2000 年北京圖書館出版社刊行黄潤華等編《國家圖書館藏琉球資料匯編》，該書影印了《琉球譯》鈔本，在《出版説明》中聲稱：

> 國家圖書館藏《琉球譯》是一部漢語與琉球語對照的辭書。……在有關史料中，記載有《琉雅》一書，爲清嘉慶朝内閣中書李鼎元所著。……但《琉雅》一書遍查未見，此《琉球譯》也是海内外獨見之孤本……②

該書編者也認爲李鼎元編撰過一部《琉雅》，但"遍查未見"。《國家圖書館藏琉球資料匯編》影印《琉球譯》時，只注明"清鈔本"，未署作者姓名。然而，2012 年鷺江出版社推出的《傳世漢文琉球文獻輯稿》（第 1 輯）也影印了這部《琉球譯》，並署"（清）翁樹撰 清鈔本"。"翁樹"其人遍查不得，查看影印件，署名爲"大興 翁樹昆 鈔"③。

翁樹昆係翁方綱第六子，翁方綱（1733—1818），字正三、忠叙，號覃溪、蘇齋，順天大興（今北京大興區）人，是清代書法家、金石學家。乾隆十七（1752）年進士，授編修，歷督廣東、江西、山東三省學政，官至内閣學士。翁樹昆受家學熏陶，也善書法、詩文，甚至爲其父代筆。翁樹昆雖曾遊歷朝鮮，

---

① ［日］島尻勝太郎：《楊文鳳——隱れたる詩人》，《冲繩大學紀要》第 2 號，1982 年。

② 黄潤華、薛英編：《國家圖書館藏琉球資料匯編》上册，第 4 頁。

③ 本書編委會編：《傳世漢文琉球文獻輯稿（第 1 輯）》，廈門：鷺江出版社，2012 年，第 30 册，第 455 頁。

但未去過琉球，所以不可能編出《琉球譯》，故僅僅是鈔寫者而已。

那麽《琉球譯》的作者究竟是誰呢？嘉慶六年（1801）四月一日，朝鮮燕行使柳得恭抵達燕京，他與李鼎元是舊識，得知李鼎元剛從琉球返回，四月十五日登門拜訪，筆談敘舊。柳得恭在《燕臺再游録》中鈔録了二人的筆談：

> 訪李墨莊舍人鼎元，叙舊。
>
> 問：雨邨先生平安？
>
> 答：尚平安。
>
> 問：先生賜一品服，銜命破浪，册封藩王，可謂榮矣。先生是副价，誰爲正使？
>
> 答：趙公名文楷，丙辰狀元。
>
> 問：琉球水程幾何？
>
> 答：七千餘里。從五虎門至彼，通計如此。前人有云萬里，又云四千餘里，似皆不確。
>
> 問：琉球國王姓尚，新受封，王名云何？
>
> 答：尚温。
>
> 問：渡海有何奇觀？
>
> 答：無甚奇觀，遇海賊擊逐之。
>
> 問：舟中人役幾何，有兵仗否？
>
> 答：人役二百餘人，大炮兵仗悉具。
>
> 問：到彼風俗衣章如何？
>
> 答：王及官着草鞁，平民皆赤足，衣章何論。
>
> 問：想多大作，如周侍講《略》。
>
> 答：此行有詩三百餘首，《使録》一書外，有《琉球譯》一書，上下二卷，已脱稿。詩録尚未清出。
>
> ……
>
> 墨莊曰：吾著《琉球譯》，始名《球雅》，何如？
>
> 余曰：非草木蟲魚，只翻其言語文字，故不當曰"雅"耶？何故改之？
>
> 墨莊曰：雅不止草木蟲魚，五雅皆以雅立名。昨有人言球語、球字不足爲雅，故改以譯。

從上述筆談可知，《琉球譯》的作者是李鼎元，分上下二卷，原名《球雅》，回國編定以後，遞送相關人員傳閱，四月十四日（與柳得恭筆談前一天）有人提出 "球字不足爲雅"，因而易名爲《琉球譯》。

李鼎元與朝鮮燕行使素有交往，如蔡濟恭《含忍錄》（1778）有贈別李鼎元詩，李德懋《入燕記》（1778）記與李鼎元贈禮、筆談、叙別，徐浩修《燕行記》（1790）提到李鼎元和詩，洪良浩《燕雲續咏》（1794）言及李鼎元藏《登岱圖》，柳得恭《熱河紀行詩》（1801）有李鼎元贈詩，柳得恭《並世集》（1801）提到李鼎元出使琉球等，尤其與柳得恭文交甚密。

另一方面，翁方綱、翁樹崑父子與朝鮮人交誼頗深，乾隆五十五年（1790）朝鮮燕行使成員朴齊家、柳得恭即與翁方綱交遊，嘉慶十五年（1810）金正喜隨使燕行，李鼎元、翁樹崑同席與之酬唱。翁樹崑手抄李鼎元《琉球譯》必有其脈絡，李鼎元提到 "昨有人言球語,球字不足爲雅"，促成李鼎元改《球雅》爲《琉球譯》之人，或許與翁樹崑有密切關聯，甚至有可能就是翁樹崑本人。

以上本文考察了李鼎元、楊文鳳、石冢崔高、柳得恭等人的跨國交流，時間定格在 19 世紀初，空間涵蓋北京、福建、琉球、臺灣、薩摩，維係這些中外人員順暢開展交流的紐帶，是東亞漢字文化圈内的視覺交際手段、漢文筆談的話語體系。到了 19 世紀中後期，這種交際方式上升爲近代條約的外交話語體系，漢字的持久輻射力與國際影響力由此可見一斑。

朝鮮漢文燕行文獻所見漢語詞彙變異現象

謝士華

【摘 要】誤解誤用（或異解另構）是詞義演變的重要途徑。語言接觸過程中因誤解誤用外來語而產生新詞新義的現象非常普遍，朝鮮漢文文獻記錄了大量漢語詞彙變異現象。如表"妻父"義的"聘君"等"聘"族詞，"攤飯"的"進食"義，"鷹連"以及表進食義的"打點"等"點"族詞，皆是漢語詞彙在朝鮮半島發生的變異現象。

【關鍵詞】朝鮮漢文 《燕行錄》 詞彙變異

引 言

關於詞彙演變過程中因誤解誤用（或異解另構）而產生新詞新義的現象，前人已有許多精彩而深入的研究。較早的研究成果有張紹麒《漢語流俗詞源研究》[①]集中討論了漢語中的通俗詞源現象，指出通俗詞源是語言變異研究的重要材料。朱慶之《試論與漢字相關的"言語錯誤"在漢語詞彙歷史演變中的作用》[②]結合現代語言學理論對漢語詞彙的"誤用"問題進行系統闡述，將

【作者簡介】謝士華，昆明學院人文學院副教授。

【基金項目】教育部人文社科研究規劃基金項目"基於語料庫的朝鮮時代燕行文獻語詞匯釋與研究"成果。

① 張紹麒：《漢語流俗詞源研究》，北京：語文出版社，2000 年。

② 朱慶之：《試論與漢字相關的"言語錯誤"在漢語詞彙歷史演變中的作用》，載 *Breaking Down the Barriers*：*Interdisciplinary Studies in Chinese Linguistics and Beyond*（《綜述古今　鉤深取極》），Vol.1.，Language and Linguistics Monograph Series 50（《語言暨語言學》專刊系列之五十）. Institute of Linguistics，Academia Sinica，Taipei，Taiwan，2013，pp.345—370.

漢語詞彙演變過程中的“誤用”稱作詞彙變異（包括認錯字、讀錯音、望文
生義、通俗詞源、理據丟失、錯誤類推等），並將詞彙變異產生的原因和機制
歸爲“言語錯誤”。汪維輝、顧軍《論詞的“誤解誤用義”》①的關注點和研
究角度有所不同，他們將漢語史上詞義的誤解誤用分爲四種類型，即訓詁學
家的錯誤解釋、後代文人誤解前代口語詞、流俗詞源、語言接觸過程中的錯
誤理解，同時總結了導致詞義誤解誤用常見的五個因素：意義干擾、語音干擾、
詞形干擾、内部結構的重新分析、語境誤推。李運富注意到漢語詞彙發展中
的“異解另構”事實，撰寫了《從成語的“誤解誤用”看漢語詞彙的發展》②《佛
緣複合詞語的俗解異構》③，文章指出絶大多數複合詞和成語的所謂“誤解誤
用”現象可以看作“異解另構”，並認爲不宜因其“不符合原義原用法”就一
律判作“誤解誤用”。其他相關研究還有不少，但產生的影響遠不及以上幾位
學者的研究。

　　朝鮮半島在解讀中國典籍過程中，因誤解誤用而產生了一些不見於漢語
的新詞新義。這些來源於漢語又有別於漢語的漢字詞，即是一種詞彙變異現象，
是朝鮮半島對漢語的發展與創新。本文以朝鮮漢文燕行文獻《燕行録全集》④
爲語料來源，爬梳一些富有特色的詞彙變異現象。

一、聘君、聘父、聘母等“聘”字詞

　　朝鮮漢文中的“聘君”可用於稱呼妻父。利用“韓使燕行録全文檢索系
統”⑤，我們在《燕行録》中檢索到 9 例“聘君”，見於 3 部作品，如：

　　　　是日政，<u>聘君</u>移拜濟用監主簿，夜<u>聘君</u>爲余設酌動樂。⑥
　　　　<u>聘君</u>在沙峴底，召余，余歴拜焉。⑦

　　同義或同類的“聘”字詞還有“聘父”“聘母”“聘家”“聘丈”等。“聘父”“聘

　　①　汪維輝、顧軍：《論詞的“誤解誤用義”》，《語言研究》2012 年第 3 期，第 1—8 頁。
　　②　李運富：《從成語的“誤解誤用”看漢語詞彙的發展》，《江蘇大學學報（社會科學版）》
2013 年第 3 期，第 1—7 頁。
　　③　李運富：《佛緣複合詞語的俗解異構》，《中國語文》2013 年第 5 期，第 458—466 頁。
　　④　［韓］林基中編：《燕行録全集》，首爾：東國大學校出版部，2001 年。
　　⑤　韓使燕行録全文檢索系統［DB/OL］. http://guji.unihan.com.cn/web#/book/YXL。
　　⑥　［朝］許震童：《朝天録》，《燕行録全集》，第 3 册，第 316 頁。
　　⑦　［朝］許篈：《朝天記》，《燕行録全集》，第 6 册，第 22 頁。

丈"同"聘君","聘母"是對妻子母親的尊稱,"聘家"指岳父母的家。如:

古阜叔氏及慈山郡守李元仁叔,其子之聘父張士善誠仲、尹明
善等同參。①

約與夕時會于坡州,而我亦以籃輿往掃聘母墓。②

十七日庚午晴,借李希幹馬往聘家,歷拜古阜叔氏。③

文學未成,今往楚州聘家未還。④

"聘丈"未見於《燕行録》,但其他朝鮮漢文多見,如朴世采《南溪集》
卷六十三《書院考證一》:"盧公名慶獜,即栗谷之聘丈也,時爲星州牧,創
立迎鳳書院。"⑤沈鏑《樗村遺稿》卷二《江湖録(至己丑冬)》詩序曰:"漆
園路中遇聘丈來自林江,得聞家中消息。"⑥

"聘父""聘母"合稱作"聘父母",如:

往拜聘父母,飲話而退,夜已闌矣。⑦

到馬井,行茶禮于聘父母墓。⑧

中國古籍未見"聘君"用指岳父的情況,也未見上述"聘"字詞。這些
是朝鮮文人誤解中國典籍而產生的新詞新義。《漢語大詞典》"聘君"條僅
收録一個義項,指被朝廷徵召做官的隱士,《梁書·止足傳·陶季直》:"及
長好學,淡於榮利。起家桂陽王國侍郎,北中郎鎮西行參軍,並不起,時人
號曰聘君。"⑨

那麼,"聘君"何以產生出"岳父"義?一方面,受"聘"字"(男子)

① 〔朝〕許震童:《朝天録》,《燕行録全集》,第 3 册,第 317 頁。
② 〔朝〕金舜協:《燕行録》,《燕行録全集》,第 38 册,第 173—174 頁。
③ 〔朝〕許震童:《朝天録》,《燕行録全集》,第 3 册,第 261 頁。
④ 〔朝〕朴思浩:《燕薊紀程》,《燕行録全集》,第 86 册,第 26 頁。
⑤ 〔朝〕朴世采:《南溪集》卷六十三《書院考證一》,《韓國文集叢刊》,首爾:景仁文化社/
民族文化推進會,1988—2005 年,第 140 册,第 297 頁上欄。
⑥ 〔朝〕沈鏑:《樗村遺稿》卷二《江湖録(至己丑冬)》,《韓國文集叢刊》,第 207 册,第
43 頁下欄。
⑦ 〔朝〕許震童:《朝天録》,《燕行録全集》,第 3 册,第 261 頁。
⑧ 〔朝〕李忔:《雪汀先生朝天日記》,《燕行録全集》,第 13 册,第 14 頁。
⑨ 漢語大詞典編纂處編:《漢語大詞典》,上海:漢語大詞典出版社,1987—1993 年,第 8 卷,
第 678 頁。

娶妻”“（女子）嫁人”義的影響。《禮記·内則》：“聘則爲妻，奔則爲妾。”《左傳》中也常見“聘”用作娶妻義。唐以後産生了“女子訂婚或出嫁”義，如唐孫棨《北里志·王團兒》：“總角爲人所誤，聘一過客。”《宋史·刑法志三》：“初，登州奏有婦阿雲，母服中聘於韋，惡韋醜陋，謀殺不死。”相關的雙音節詞有“聘禮”“聘妻”“聘定”“聘書”等。① 另一方面，受朱熹著作的影響，朱熹《論語集注·雍也》有“劉聘君曰”的記載，劉聘君即劉勉之，乃朱熹的岳父。較早提出“聘君”乃誤用現象的是趙克善（1595—1658），他在《三官記》“目官”中曰：

> 崔完城鳴吉候潛冶先生書有“再至聘宅”之語，娛庵丈曰：“《論語注》有‘劉聘君曰’之語，蓋謂國家聘召之臣，猶徵君、徵士之類。而其下小注有‘文公婦翁’四字，故世人錯認，遂有聘父、聘宅等語也。”余因此省悟，古無稱婦翁爲聘君、聘父之語。《清江集》指其婦翁尚鵬南爲尚聘君，而尚君未有聘召之事，則是亦錯認劉聘君而襲謬之故也。後考《朱子大全》曰“某之外舅聘士劉公”，又曰“外舅劉聘君”。按，外舅是婦翁之稱。又有曰“蘇聘君庠”，此甚明白，可破俗見之陋。②

其後柳長源（1724—1796）、丁若鏞（1762—1836）、趙秉德（1800—1870）等人也持相同意見。③ 可見，當時已有不少人注意到這“聘君”是對朱子著作用語的誤解。

此外，還有一個原因是音近誤用。朝鮮漢文中妻父又稱作“冰君”“冰丈”“冰父”，妻母稱作“冰母”，岳父母家稱“冰家”。《燕行録》用例如：

> 是時余已昏醉，冰君在沙峴底，召余，余歷拜焉。④
> 冰君偕許僉使兄弟及許崙來見。⑤
> 余則徑向弘濟院店舍，四兄及南甥已分被先入，冰丈亦班荆

---

① 漢語大詞典編纂處編：《漢語大詞典》，第 8 卷，第 678 頁。

② ［朝］趙克善：《冶谷集》卷十《三官記》，《韓國文集叢刊續》，首爾：民族文化推進會／韓國古典翻譯院，2005—2012 年，第 26 册，第 256 頁下欄。

③ 見［朝］柳長源《常變通考》卷四、［朝］丁若鏞《雅言覺非》卷二、［朝］趙秉德《肅齋集》卷十七《答沈宜豐》。

④ ［朝］許筠：《朝天録》，《燕行録全集》，第 7 册，第 433 頁。

⑤ ［朝］洪翼漢：《花浦先生朝天航海録》，《燕行録全集》，第 17 册，第 316 頁。

叙別。①

　　　以李子正家不安，避居于冰家。②

　　《燕行録》未見"冰母"，但其他文獻多見，如姜希孟《私淑齋集》卷三《送李内相（瓊同）出按關西》詩："時冰父季子安，作宰殷栗也。幼失怙恃，依我長成，情同己息，兼托以私云。"③尹根壽《月汀集》卷七《祭大司諫權公墓文（仲麟）》："冰母實權氏，冰母嘗謂大司諫乃先祖，其爲曾祖或祖考則未瑩，而冰母之先祖則固然矣。"④洪柱元《無何堂遺稿》有一首五言律詩曰《豐寧堂叔冰母挽》。⑤

　　"冰"字詞何以可作岳父母之稱？因爲中國本土文獻有此用法，如"冰翁""冰叟""冰清""冰玉"等。宋張世南《遊宦紀聞》卷六："有亭曰輔龍，乃先兄之冰翁董諱熠字季興所創。"宋蘇軾《生日王郎以詩見慶次其韻並寄茶》："謁從冰叟來遊宦，肯伴臞仙亦號儒。"⑥宋蘇軾《與王定國書》："知今日會兩婿，清虛陰森，正好劇飲，坐無狂客，冰玉相對，得無少澹否？"清李漁《蜃中樓·訓女》："也須要才貌相均，年歲相當，冰玉相憐，門閥相高。念翩翩龍種，怎共那魚蝦爲伴？"⑦"冰翁""冰叟""冰清"指稱岳丈，"冰玉"指翁婿雙方，這些"冰"字詞皆源自"冰清玉潤"的典故。《世説新語·言語》"衛洗馬初欲渡江"南朝梁劉孝標注引《衛玠別傳》："世咸謂諸王三子，不如衛家一兒，娶樂廣女。裴叔道曰：'妻父有冰清之資，婿有璧潤之望，所謂秦晉之匹也。'"後遂以"冰清玉潤"爲翁婿的美稱。⑧有朝鮮文人對"冰丈"稱岳父感到疑惑，如李元培《龜巖集》卷十四《日録（乙巳）》載："問：'古人有稱妻父以冰丈，是何義？'答：'衛玠爲樂廣女婿，皆以神采明粹稱於世，

_____

① ［朝］李海應：《薊山紀程》，《燕行録全集》，第 66 册，第 13 頁。

② ［朝］洪翼漢：《花浦先生朝天航海録》，《燕行録全集》，第 17 册，第 321 頁。

③ ［朝］姜希孟：《私淑齋集》卷三《送李内相（瓊同）出按關西》，《韓國文集叢刊》，第 12 册，第 39 頁下欄。

④ ［朝］尹根壽：《月汀集》卷七《祭大司諫權公墓文（仲麟）》，《韓國文集叢刊》，第 47 册，第 290 頁下。

⑤ ［朝］洪柱元：《無何堂遺稿》，《韓國文集叢刊續》，第 30 册，第 313 頁下欄。

⑥ 漢語大詞典編纂處編：《漢語大詞典》，第 2 卷，第 389 頁。

⑦ 漢語大詞典編纂處編：《漢語大詞典》，第 8 卷，第 390—391 頁。

⑧ 漢語大詞典編纂處編：《漢語大詞典》，第 2 卷，第 395 頁。

故因謂妻父冰清，婿郎玉潤，故後人或稱以冰丈，稱以玉潤矣。’”①中國本
土文獻有不少與媒人相關的“冰”字詞，如冰人、冰下人（媒人）、冰月（冰
人月老）、冰台、冰斧、冰言、冰語等②。又有“冰聘”一詞，義爲定親，如
清平步青《霞外攟屑·里事·朱存齋比部軼事》：“歸寧之日，始覺爲婦所賣，
訟之公。公詢之，俱未冰聘，因判合焉。”③

　　從語音上看，現代漢語的“聘”“冰”存在前鼻音、後鼻音的差別，但現
代朝韓語中的“聘”“冰”同音，皆作“빙 [pin]”。韓國檀國大學東洋學研
究所編《韓國漢字語辭典》將“冰丈”“聘丈”皆標作“빙장 [pin/tsaŋ]”。④

二、攤飯、攤食、攤酒

　　《燕行録》中的“攤飯”主要用作“進食”義。利用“韓使燕行録全文
檢索系統”，我們檢索到“攤飯”的最早用例是順治十三年出使北京的李濘所
撰的《燕途紀行》，共有 50 處，康熙十六年赴燕的孫萬雄所撰《燕行日録》
也見 2 例：如：

　　　　抵金石山攤飯，義州火手呈一大鹿。⑤
　　　　朝到沙流河，攤飯轎中，仍留遼東內城。⑥

　　朝鮮其他漢文多見，如柳雲龍（1539—1601）《謙庵集》卷五《遊金剛
山録》：“過明波驛，攤飯於大康驛。主人金叔年饋村酒，禮待甚厚。”⑦宋
秉璿（1836—1905）《淵齋集》卷二十四《慎窩鄭公（在褧）遺集序》：“如
人飲食而實飽，則我自爲好，何關於人之知不知，而欲攤飯於門外乎？”⑧

---

　　①　［朝］李元培：《龜巖集》卷十四《日録（乙巳）》，《韓國文集叢刊續》，第 101 册，第 237
頁上欄。
　　②　漢語大詞典編纂處編：《漢語大詞典》，第 2 卷，第 389—399 頁。
　　③　漢語大詞典編纂處編：《漢語大詞典》，第 2 卷，第 395 頁。
　　④　［韓］檀國大學校東洋學研究所編：《韓國漢字語辭典》，首爾：檀國大學校出版部，1995—
2002 年，第 3 卷，第 74 頁、第 875 頁
　　⑤　［朝］李濘：《燕途紀行》，《燕行録全集》，第 22 册，第 60 頁。
　　⑥　［朝］孫萬雄：《燕行日録》，《燕行録全集》，第 28 册，第 378 頁。
　　⑦　［朝］柳雲龍：《謙庵集》卷五《遊金剛山録》，《韓國文集叢刊》，第 49 册，第 64 頁下欄。
　　⑧　［朝］宋秉璿：《淵齋集》卷二十四《慎窩鄭公（在褧）遺集序》，《韓國文集叢刊》，第 329
册，第 424 頁上欄。

　　"攤飯"最初被用作"午睡"義。宋陸遊《春晚村居雜賦》詩之五："澆書滿挹浮蛆甕，攤飯橫眠夢蝶床。"自注曰："東坡先生謂晨飲爲澆書，李黄門謂午睡爲攤飯。"早上進食可澆灌夜讀入腹的書，故稱吃早餐爲"澆書"，午飯後躺着午睡可使腹裏的食物均匀攤開，故稱午睡爲"攤飯"。後世沿用，如清黄景仁《午窗偶成》詩："門館晝間攤飯起，架頭隨意檢書看。"《楹聯叢話全編·巧對續録》卷上："其實澆書並不見有書，攤飯亦不見有飯，空中設想，取以爲對，所以妙也。"徐枕亞《雪鴻淚史》第七章："槐陰攤飯，竹院分瓜，婦子嘻嘻，笑言一室，極酬暢淋漓之致。"錢鍾書《槐聚詩存·午睡》："攤飯蕭然晝掩扉，任教庭院減芳菲。"① 朝鮮漢文也多有用例，如姜世晉《警弦齋文集》卷一《閒居雜詠十七絶》："攤飯春床穩，起來山日午。"② 權聖矩《鳩巢文集》卷二《又寄柳爾能》："攤飯眠酣離夢闊，澆書飲罷客懷綿。"③

　　"攤飯"如何由"午睡"演變出"進食"義？朝鮮大儒李滉（1501—1570）曾與朋友討論過這個問題，他在《答金應順（丁巳）》中寫道：

> 攤飯之義，深荷諄喻。然則攤飯本爲披飯之義，以爲午睡者，借用爲諧笑之語。蓋朝飯實腹，當午睡卧則實者稍紓，故云攤飯，亦如澆書之云，夜讀書在腹，朝飲以澆之耳，而《南録》則直謂披食所裹飯也。④

　　李滉認爲"攤飯"本是"進食"義，"午睡"義乃比喻用法。金楺（1653—1719）《丙丁瑣録·丙辰丁巳》對李滉的觀點表示贊同：

> 嘗見洪仁佑《遊金剛録》謂進食曰攤飯，後閲《芝峰類説》云宋人謂午睡爲攤飯。二者未知孰得？退溪云，攤飯本爲披飯之義，以爲午睡者，借爲諧笑之語，亦如澆書之言，似然矣。⑤

---

①　漢語大詞典編纂處編：《漢語大詞典》，第6卷，第982頁。

②　[朝]姜世晉：《警弦齋文集》卷一《閒居雜詠十七絶》，《韓國文集叢刊續》，第84册，第153頁上欄。

③　[朝]權聖矩：《鳩巢文集》卷二《又寄柳爾能》，《韓國文集叢刊續》，第44册，第399頁下欄。

④　[朝]李滉：《退溪集》卷三十三，《韓國文集叢刊》，第30册，第261頁上欄。

⑤　[朝]金楺：《儉齋集》卷三十，《韓國文集叢刊續》，第50册，第606頁上欄。

　　受"攤飯"字形的影響,朝鮮文人將其隱喻義"午睡"還原爲字面義——進食。同時受典源"澆書滿挹浮蛆甕,攤飯橫眠夢蝶床"的影響,進食語境下的"攤飯"多特指吃午餐。

　　清翟灝《通俗編》與《漢語大詞典》"攤飯"條皆只收録"午睡"義。檢索中國基本古籍庫,我們發現絶大多數"攤飯"爲"午睡"義,僅有 3 例用作"進食"義。如清吳俊(1744—1815)《榮性堂集》卷九《界亭驛夜紀山行所見》詩曰:"攤飯惟魚蓏,呼茶只米泔。"① 清張澍(1776—1847)《養素堂詩集》卷十九《舟行赴省連日遇風雨》詩曰:"夜裏占晴天不曉,饑來攤飯酒難温。"② 郭翊③《白髮燕將行》詩曰:"短襖落拓長安市,道側攤飯腹膨脝。小兒揶揄呼老傖,太倉糜粟真齟齚。"④

　　據筆者考察,朝鮮漢文中"進食"義的"攤飯"最早見於李朝前期作品(如上文所舉李滉、柳雲龍例),而中國古籍最早用例見於清中期作品(即上舉 3 例)。儘管這並不能完全排除中國文人"原發"的可能,但也存在另一個可能性:或因不明該詞最初只具有隱喻義,或因有意爲之,朝鮮文人將"攤飯"的字面義還原並廣泛運用,最終導致"進食"義的産生。换言之,"攤飯"的"進食"義,朝鮮漢文並非沿襲於中國古籍,目前也没有證據能表明中國文人受到朝鮮半島的影響,中朝兩地"攤飯"一詞先後産生"進食"義,乃不謀而合、殊途同歸的結果。

　　朝鮮文人又類推新造了"攤食""攤酒"兩個新詞。如李穡(1328—1396)《牧隱詩稿》卷二十七《晚生》其二曰:"攤食眠初罷,悠然聽午雞。"⑤ 該"攤食"爲"午睡"義。"攤酒"見於《燕行録》,義同"飲酒":

　　　　直造海翁寓居,仍攤酒叙阻。⑥

　　① 　清吳俊:《榮性堂集》卷九《界亭驛夜紀山行所見》,續修四庫全書編纂委員會:《續修四庫全書》,上海:上海古籍出版社,2002 年,第 1464 册,第 75 頁下欄。

　　② 　清張澍:《養素堂詩集》卷十九《舟行赴省連日遇風雨》,續修四庫全書編纂委員會:《續修四庫全書》,第 1506 册,第 320 頁下欄。

　　③ 　郭翊,生卒年不詳,字藎卿,號大風,光緒六年(1880)進士,官刑部主事,工書善畫,著有《大風樓詩橐》。

　　④ 　孫雄輯:《道咸同光四朝詩史》,上海:上海古籍出版社,2013 年,甲集第 4 卷,第 103 頁下欄。

　　⑤ 　[高麗] 李穡:《牧隱詩稿》卷二十七《晚生》其二,《韓國文集叢刊》,第 4 册,第 376 頁下欄。

　　⑥ 　[朝] 李景嚴:《赴瀋日記》,《燕行録全集》,第 15 册,第 437—438 頁。

三、鷹連

"鷹連"即獵鷹。《燕行録》有 29 例，見於 5 部作品，如：

> 且鷹連事，九王亦不以上年減數爲咎。[①]
> 鷹連中使自北京還越江，得聞彼中消息，且聞鷹連全減之報。[②]
> 鷹連昨暮畢納禮部，領來中使金正立詰朝始上來。[③]

《同文彙考補編·使行録》記載了 10 次"鷹連行"的人員名單，李滈《燕途紀行》也多次提及"鷹連中使"。清初，清朝政府要求朝鮮繳納一定數量的鷹，故有專門的鷹連行、鷹連中使。

"鷹連"是通過名詞加量詞的方式所構成的詞，如"房間""人口""車輛""馬匹""土堆"之類。"連"是用於指稱鷹的量詞，可單獨使用，如：

> 小許九王求鷹於我，新溪守得一連，送之。[④]
> 禮曹回賜求請，並鷹子五十八連。[⑤]

"鷹連"後還可再跟量詞"連"，如洪禹載《洪譯士東槎録》："鷹連三十二連內，用十九連，其餘斃。"[⑥]"連"也寫作"聯"，崔世珍《老朴集覽·單字解》曰："又鷹一個亦曰一連，字又作聯。"《通文館志 9·紀年·孝宗 10 年己亥》："奉諭進鷹十四聯。"[⑦]關於獵鷹稱作"鷹連"的原因，朝鮮學者多有討論，如李瀷《星湖僿説》卷五《萬物門》"鷹連"條："今俗謂鷹必曰鷹連，人曰鷹者一或疫死，群鷹連續死，一架皆空，故稱也。"[⑧]李圭景《五洲衍文長箋散稿·鷙鳥鷹鸇種類辨證説》："鷹亦有疫，一鷹疫死，

---

① ［朝］鄭太和：《己丑飲冰録》，《燕行録全集》，第 19 冊，第 338 頁。

② ［朝］趙珩：《翠屏公燕行日記》，《燕行録全集》，第 20 冊，第 207—208 頁。

③ ［朝］李滈：《燕途紀行》，《燕行録全集》，第 22 冊，第 155 頁。

④ 未詳：《昭顯瀋陽日記》，《燕行録全集》，第 24 冊，第 443 頁。

⑤ ［朝］徐有素：《燕行録》，《燕行録全集》，第 83 冊，第 238 頁。

⑥ ［朝］洪禹載：《洪譯士東槎録》，復旦大學文史研究院編：《朝鮮通信使文獻選編》，上海：復旦大學出版社，2015 年，第 3 冊，第 50 頁。

⑦ ［韓］檀國大學校東洋學研究所編：《韓國漢字語辭典》，首爾：檀國大學校出版部，1995—2002 年，第 3 卷，第 881 頁。

⑧ ［朝］李瀷：《星湖僿説》，首爾：民族文化推進會，1989 年，第二冊，第 56 頁下欄。

一架皆空，故曰鷹連。鷹一隻曰連者，蓋誤取於此也，俗以鷹一隻曰聯，尤誤也。"①二人皆認爲，若一鷹死，群鷹便將跟着死去，故曰"鷹連"。同時李圭景還指出，"連"不能作量詞，"鷹一連"之類的用法是錯誤的，更不能寫作"聯"。

實際上，"連"作量詞且用於指稱獵鷹的情況，中國古籍也見，如《遼史‧太宗本紀上》："阻卜貢海東青鶻三十連。"阻卜是遼金時期對韃靼的稱呼，"海東青鶻"即海東青，是一種兇猛而珍貴的雕，產於黑龍江一帶。②此"連"可釋作"隻"。"連"也可用於指稱鋸子、秤等，如明徐光啓《農政全書‧種植》"接工，必有用具：細齒截鋸一連，厚脊利刃小刀一把。"《醒世姻緣傳》第五四回："三十六文錢釘了一連盤秤。"兩例"連"同量詞"把"，概因兩物或有一排密齒，或有一排刻度，形成連續狀。又可指稱房屋群，如明沈榜《宛署雜記‧太字‧養濟院》："宛平養濟院在城内河槽西坊，有公府一所，群房十二連。"③明劉若愚《酌中志内臣職掌紀略》："坐東朝西，房一連，原名協恭堂。每日早晨，或非朝講之日，及申時後，掌印公過司房看文書，秉筆、隨堂人各有室。"④兩例"連"同"間"，但又有別，由衆多房間組合而成且緊密相連，故稱"連"。還可指稱鐵鍋，如范文瀾、蔡美彪等《中國通史》緒言："雍正九年查禁鐵鍋出口上諭説：檢查案册，見雍正八九年造報夷船出口册内，每船所買鐵鍋，少者自一百連至二三百連不等，多者買至五百連，並有至一千連者。查鐵鍋一連，大者一個，小者四五六個不等，每連約重二十斤不等。"⑤"鐵鍋一連"是指大小鍋疊在一起的一組鍋，因此"連"字可釋作"組"。

綜上，漢語"連"作量詞可指稱獵鷹、齒鋸、盤秤、群屋、鐵鍋等，根據指稱對象的不同，可理解爲"隻""把""間""組"等。李圭景言"鷹一隻曰連者，蓋誤取於此也"，不可信從。然中國本土文獻未見"鷹連"一詞，這是朝鮮文人創造的新詞。"鷹連"後再接量詞"連"，也是他們創造的新用法。

---

① ［朝］李圭景：《五洲衍文長箋散稿》，首爾：明文堂，1982 年，下册第 59 卷，第 914 頁。

② 劉俊柱、尹鐵超：《海東青名源考》，《黑龍江民族叢刊》2022 年第 5 期，第 95—100 頁。

③ 漢語大字典編輯委員會編：《漢語大字典》（第二版），武漢：崇文書局；成都：四川辭書出版社，2010 年，第 7 卷，第 4091 頁。

④ 漢語大詞典編纂處編：《漢語大詞典》，第 10 卷，第 849 頁。

⑤ 漢語大詞典編纂處編：《漢語大詞典》，第 10 卷，第 849 頁。

四、"點心""打點"等"點"字詞

《燕行録》中"點心"的用例甚多,指途中吃簡食臨時充饑。如:

> 至沙河堡點心,至爛泥鋪喫烹飯。①
> 移坐茶房,出藥脯肉,各自點心。②
> 拖到申牌時候,以餅湯果肉等物點心後始登車。③

儘管是吃簡食,但因代替午餐,也可看作吃午餐,見於後期的《燕行録》,如:

> 未候赴德盛局,請會於常興店吃點心,黄昏歸。④
> 午候與同伴四五往同陞堂吃點心,歸路看戲。⑤

未候、午候即"未時""午時",分别指 11 時至 13 時、13 時至 15 時,兩個時段正是午餐時間。且德盛局、同陞堂都是飯店名,作者或去赴約,或同伴前往,必定不是去吃小食,而是吃盛宴。因此兩處"點心"應是吃午餐義。李圭景《五洲衍文長箋散稿·家計民産辨證説》:"國俗謂午飯曰點心。點心,字出於《禮書晨羞之稱》,注謂'小食,點心也'。今人早起白粥,謂之早飯;當午頓食,謂之點心。"⑥現代朝韓語還使用該詞,寫作점심 [tsʌm/sim]。

《燕行録》中的"點心"也有名詞的用法,但數量較少,且出現較晚。如:

> 已令人買點心去了,且坐一回。⑦
> 吃了一鍾清茶,一碗點心,再走出來。⑧

近現代漢語中"點心"也是個非常活躍的詞,可指吃小食,也指糕餅

---

① 〔朝〕金昌業:《老稼齋燕行日記》,《燕行録全集》,第 33 册,第 400 頁。

② 〔朝〕金正中:《燕行録》,《燕行録全集》,第 75 册,第 218 頁。

③ 〔朝〕李尚健:《燕轅日録》,《燕行録全集》,第 95 册,第 254 頁。

④ 〔朝〕李尚健:《燕轅日録》,《燕行録全集》,第 95 册,第 409 頁。

⑤ 〔朝〕李尚健:《燕轅日録》,《燕行録全集》,第 95 册,第 410 頁。

⑥ 〔朝〕李圭景:《五洲衍文長箋散稿》,上册,第 354 頁。

⑦ 〔朝〕李在洽:《赴燕日記》,《燕行録全集》,第 85 册,第 80 頁。

⑧ 〔朝〕李尚健:《燕轅日録》,《燕行録全集》,第 95 册,第 422 頁。

之類的食品，如宋周密《癸辛雜識前集·健啖》："聞卿（趙温叔）健啖，朕欲作小點心相請，如何？"明施耐庵《水滸傳》第十四回："我們且押這廝去晁保正莊上討些點心吃了，卻解去縣裏取問。"① 可見，朝鮮漢文中的"點心"沿襲於中國，而"午餐""吃午餐"義是在朝鮮半島産生的新義。

由於"點心"的廣泛使用，朝鮮漢文中"點"字單用也逐漸産生進食義，如：

> 十六日癸亥陰，<u>點</u>碧蹄，宿坡州。②
> 歷西寧堡，<u>點</u>林家墩，過范家塢，宿杜家墩。③

黄中允《西征日録》逐日記載皆用一"點"字表進食。後又出現"點午饌""點午飯""點午餉""點午茶"之類的組合，如：

> 後與書狀因登百祥樓，<u>點午饌</u>而歸。④
> 訪書狀，本尹亦來會，<u>點午茶</u>而歸。⑤

又鄭逑《寒岡集》卷九《遊伽倻山録》："點午飯小許，仍酌酒一杯。"⑥ 金絿柱《可庵集》卷十七《東遊記》："點午餉於是處，題名於第一石峰，而還宿新溪寺。"⑦ 李衡祥《瓶窩集》卷十三《立岩遊山録》："點午茶且發。"⑧

進而産生"點飯""點午""午點""點朝（吃早飯）""晝點"等雙音節詞。如：

> 以猹子紛拏，來入吾館序班房<u>點飯</u>而出。⑨
> 午到坡平館<u>點午</u>。⑩
> 茶後至蒽秀山看碑，抵安城館<u>晝點</u>。⑪

---

① 漢語大詞典編纂處編：《漢語大詞典》，第 12 卷，第 1349 頁。

② ［朝］黄中允：《西征日録》，《燕行録全集》，第 16 册，第 17 頁。

③ ［朝］黄中允：《西征日録》，《燕行録全集》，第 16 册，第 40 頁。

④ ［朝］洪鍾永：《燕行録》，《燕行録全集》，第 86 册，第 445 頁。

⑤ ［朝］洪鍾永：《燕行録》，《燕行録全集》，第 86 册，第 447 頁。

⑥ ［朝］鄭逑：《寒岡集》卷九《遊伽倻山録》，《韓國文集叢刊》，第 53 册，第 274 頁上欄。

⑦ ［朝］金絿柱：《可庵集》卷十七《東遊記》，《韓國文集叢刊續》，第 98 册，第 310 頁下欄。

⑧ ［朝］李衡祥：《瓶窩集》卷十三《立岩遊山録》，《韓國文集叢刊》，第 164 册，第 447 頁下欄。

⑨ ［朝］趙濈：《燕行録》，《燕行録全集》，第 12 册，第 407 頁。

⑩ ［朝］李滫：《燕途紀行》，《燕行録全集》，第 22 册，第 26 頁。

⑪ ［朝］權橒：《朝天録》，《燕行録全集》，第 2 册，第 269 頁。

朝鮮其他漢文也有不少用例，如權榘《屏谷先生文集》卷七《戊申録》：
"適領議政李公光佐大監自鞫廳出來點午。"①如權斗文《南川集》卷二《虎
口日録》："踰峴峴底路邊，有一倭先至，鑿地燃火，俱湯具而卧，此賊倭晝
點處也。"②"午點""點朝"未見於《燕行録》，但其他漢文有用例，如金
圿《龜窩集》卷四《春坊日記》："午點利川，宿島舟。"③李廷馣《四留齋集》
卷八《行年日記下》："午點於仁川韓滉家。"④權榘《戊申録》："點朝於榮川，
都事入客舍。"

《燕行録》中有個"打點"，也指旅途中吃小食充饑或吃午餐，如：

> 金石山七里打點（華語中火）。⑤
> 聞皇帝一日兩打點，而只食酪茶，馬亦吃水而已。⑥

金允植《領選日記》也有大量用例，如：

> （十三日）四十里至撫寧縣。打點後，步登東城譙樓。⑦
> （十四日）二十里永平府打點。……飯後步登城樓。⑧

金允植一行十三日至撫寧縣"打點後，步登東城譙樓"，十四日到"永平
府打點"，接着又説"飯後步登城樓"，兩處語境相似，前曰"打點後登城樓"，
後曰"飯後步登城樓"，則"打點"當指吃午餐。《漢語大詞典》"打點"條
收録四個義項：①收拾、整理；②準備、打算，考慮；③行賄以請托他人疏通、
照顧；④振作。這些義項都與午餐義無涉。許寶華、[日]宮田一郎合編《漢
語方言大詞典》卷一"打點"條收録七個義項，其中第四個義項是"吃早點；
吃點心"，爲中原官話（陝西渭南）和客家話（江西上猶社溪）。⑨這個義項的"打
點"與《燕行録》中的午餐義有關，但又有所不同。

---

① ［朝］權榘：《屏谷先生文集》卷七《戊申録》，《韓國文集叢刊》，第188册，第123頁下欄。

② ［朝］權斗文：《南川集》卷二《虎口日録》，《韓國文集叢刊續》，第5册，第295頁下欄。

③ ［朝］金圿：《龜窩集》卷四《春坊日記》，《韓國文集叢刊續》，第95册，第338頁下欄。

④ ［朝］李廷馣：《四留齋集》卷八《行年日記下》，《韓國文集叢刊》，第51册，第350頁下欄。

⑤ ［朝］李田秀：《入瀋記》，《燕行録全集》，第30册，第79頁。

⑥ ［朝］李田秀：《入瀋記》，《燕行録全集》，第30册，第257頁。

⑦ ［朝］金允植撰，王鑫磊整理：《領選日記》，上海：上海古籍出版社，2020年，第23頁。

⑧ ［朝］金允植撰，王鑫磊整理：《領選日記》，第24頁。

⑨ 許寶華、［日］宮田一郎合編：《漢語方言大詞典（修訂本）》，北京：中華書局，2020年，
第1024頁。

兩部《燕行録》將"打點"用作午餐義，可能受三個因素的影響。其一，如前所述，朝鮮漢文中的"點"有進食義，且"點"常與飲食類詞語或語素組合；其二，明清時期有"打點午飯"之類的用法；其三，受"打尖"的影響，"打尖"指旅途中短暫停留以休息或吃飯。如清福格《聽雨叢談·打尖》："今人行役於日中投店而飯，謂之打尖。"① 現代朝韓語中的"點"寫作점 [tsʌm]，"尖"寫作첨 [tsʰʌm]，發音近似。漢語中二者在中古時期也有相似的讀音。據《廣韻》，尖，子廉切，平聲，鹽韻，精母；點，之廉切，平聲，鹽韻，章母。②

結　語

《燕行録》的詞彙既大量繼承於中國古籍，也有不少來自朝鮮半島對漢語的發展與創新。《燕行録》記録了一些朝鮮半島自創的國字、國俗字、國義字、吏讀字，這些特殊用字是在借用漢字的基礎上爲適應朝鮮半島的語言文字生活所作的調整，有仿造，也有創造。像"鼎話""團話""德談""解聽"之類的新創詞，形象生動，富有表現力，體現了朝鮮半島對漢字的靈活運用，以及對漢語構詞規律的熟練掌握。

每種語言吸收外來詞或翻譯外來事物時，必然需要經歷一個逐步本土化的過程。因誤解誤用或新解新用外來語而産生新詞新義是語言接觸過程中的常見現象，如英語"OK"進入漢語後産生新的義項：表滿意或讚美；表行爲動作的完成，其後接"了"。③ 朝鮮漢文所見的詞彙變異現象比中國本土文獻的情況更複雜。諸如"聘君""攤飯""鷹連""打點"類的詞語值得逐一爬梳，釐清它們詞義演變所經歷的過程。

北京大學漆永祥教授在《"燕行録學"芻議》一文指出："'燕行録'文獻確實是一個五彩斑斕的富礦，研究者入其礦山，左采右得，收穫甚豐。"④《燕行録》是一座富礦，從語言學的視角解讀《燕行録》這批域外漢籍，還有很多研究工作尚待開展。

---

① 漢語大詞典編纂處編：《漢語大詞典》，第6卷，第313頁。

② 漢語大字典編輯委員會編：《漢語大字典》（第二版），第2卷，第609頁；第8卷，第5062頁。

③ 何自然：《漢語中的"OK"》，《咬文嚼字》2000年第11期，第18—19頁。黃粉保：《外來詞本土化現象與"OK"的語用變義》，《中國科技翻譯》2008年第4期，第46—49頁。

④ 漆永祥：《"燕行録學"芻議》，《東疆學刊》2019年第3期，第14頁。

朝鮮通信使與新井白石《東雅》"溯源探本"問題

李無未

【摘　要】日本新井白石學術領域範圍跨越了"東亞"與"西洋"視野，是當時東亞世界東西方"新知"知識領域當之無愧的第一人。這可以從其著作《東雅》得到證實。新井白石與朝鮮通信使交往甚多，《東雅》涉及東亞語源探源問題之例很多，其中向朝鮮通信使求教成爲一個重要方式。以《東雅》"溯源探本"之例爲證據，亦見新井白石東亞語源史考證思維方法，很顯然，他具有超前的不同地域所傳知識的"對流"與"碰撞"問題意識。新村出《東亞語源志》則進一步傳承與發展其理論。

【關鍵詞】新井白石　《東雅》　"溯源探本"　東亞語源史

桑原武夫《新井白石的先驅性》説，新井白石（1657—1725）是明治之前日本視野最爲開闊，識見最爲高遠的百科全書式文化人。①這與吉川幸次郎關於"他是當時破天荒的人物"的評價是一致的。新井白石學術領域範圍跨越了"東亞"與"西洋"視野，知識體系"超新"，由此，他成爲當時東亞世界東西方"新知"知識領域當之無愧的第一人。

新井白石"新知"，有許多以"溯源探本""名物詞"的方式呈現，這跟他與多位外國學者交往，並吸取其"新知"有關。新井白石知識體系的"多

【作者簡介】李無未，厦門大學中國語言文學系教授。

① 桑原武夫：《新井白石的先驅性》，《日本之思想：新井白石集》，東京：筑摩書房，1970 年，第 3—23 頁。

學科複合化”，早就跨越了東西方文化與地域限制。吸取“新知”，優選“名物詞”，並以爲“溯源探本”之重要對象者，除了與意大利傳教士西多蒂（Giovanni Battista Sidotti）有關外，很重要的一點就是，還與和朝鮮通信使直接交往有關。橫井清《新井白石關係略年表》提到，1682 年 9 月，新井白石與朝鮮使節見面，從此，他開始了與朝鮮通信使的交往，[①] 這也使得他打開了另一扇學術門窗。

朝鮮通信使帶來了朝鮮及中國的許多新知識，這也使得他眼界大開。涉及新井白石與朝鮮通信使交往過程之記録，《新井白石全集》第四集[②] 收録其與朝鮮通信使交往經過、文件，以及研究性的著作，比如《朝鮮聘禮事》《朝鮮信使進見儀注》《朝鮮信使賜饗儀注》《朝鮮信使辭見儀注》《奉命教諭朝鮮使客》《朝鮮國信書之式之事》《朝鮮信使議》《朝鮮聘使後議》《朝聘應接記及抄釋》等，是我們研究新井白石與朝鮮通信使關係的第一手資料。

其實，不獨這裏所提到的新井白石與朝鮮通信使交往過程記録、文件，以及研究性的著作，新井白石還有一些語言學著作，其很多内容也往往與朝鮮通信使交往有關，比如其《東雅》就是如此。本文則在宮崎道生《新井白石的洋學與海外知識》[③] 研究的基礎上，以新井白石的語源學著作《東雅》爲依據，由此探討一些新井白石與朝鮮通信使相關的“名物詞”“溯源探本”問題。

一、朝鮮通信使與新井白石《東雅》“溯源探本”之例

在新井白石《東雅》一書中，可以找到與朝鮮通信使交往相關的例證，由此可以看出，新井白石《東雅》寫作視野是極其開闊的，與朝鮮通信使交流，成爲他研究東亞語源問題的重要方式之一，這是過去學者注意不夠的地方。

1.《東雅》卷十五《草卉》“荻”字條：壬戌（1682）之秋，朝鮮通信使來日本，在賓館中，得到水户相公的允許，他們一起討論草木蔬菜等物名稱謂。學士醫官等認爲，“荻”，應該讀“ハギ”，應該寫“杻”字。成琬還執筆寫出這個字。而《正字通》引《爾雅》疏寫爲“蕭萩”。新井白石認爲，《正

---

① 橫井清：《新井白石關係略年表》，《日本之思想：新井白石集》，第 368—369 頁。

② 《新井白石全集》第四集，東京：活板株式會社，1906 年。

③ 宮崎道生：《新井白石的洋學與海外知識》，東京：吉川弘文館，1973 年。

字通》用的是善本，而他本則以訛傳訛。"荻"或"蕭"今俗稱"胡枝子"。①

2.《東雅》卷十六《樹竹》之"楓桂"條：正德年（1711—1716）朝鮮通信使來日本，新井白石等向其學士李重叔探問"楓"之音讀與字形，得到的回答是：日本楓樹與韓國楓樹相同，但楓字讀"カヘテ"，而不是像日本那樣讀"ヲカゾラ"。"カヘテ"是韓地方言。《漢語抄》《辨色立成》等，用了"雞冠、雞頭"等字，取其外形顏色相似。②

3.《東雅》卷十六《樹竹》之"櫻"條：正德年（1711—1716）朝鮮通信使來日本，新井白石向其學士稻若水探問其字，學士稻若水答以"樑"字。樑，亦作"奈"。③

4.《東雅》卷十九《鱗介》之"鮭"條：崔禹錫《食經》説，讀"サケ"，其子似莓，赤光，一名年魚，春生年中死，故名之。也是正德年間，朝鮮通信使來日本，新井白石有意向其學士探問此魚名稱，詢問鮭魚之事。朝鮮學士答曰："鰱魚。"朝鮮文獻《東醫寶鑒》曰："鰱魚，味亦甘美，卵如真珠而微紅色，味尤美。生於東北江海中。"④

5.《東雅》卷十九《鱗介》之"鮏"條：正德年間，朝鮮通信使來日本，入京城，若水稻子（稻生若水）學士探問此魚名稱，學士李重叔見到鮏魚，則回答説，朝鮮稱之爲松魚。還有，南仲容説：此魚是我國之松魚也。與鰱性同而體小。但新井白石認爲，松魚與鰱魚"性同體小"。又很像鱒魚，比鰱魚還小。在京都叫"鮏魚"。洪命九、嚴子鼎也在場。新井白石進一步考訂説，他在喎蘭陀（荷蘭）人所刻《萬國全圖》）中，找到中國山東遼陽位置，其產一種魚叫マス。與"鮏魚"相似。李無未按，荷蘭人刻有《萬國全圖》句，也使人聯想到利瑪竇刊刻"萬國全圖"之事。意大利耶穌會傳教士利瑪竇在中國傳教時與李之藻合作刊刻了世界地圖《坤輿萬國全圖》，該圖於明萬曆三十年（1602）在北京付印。南京博物院所藏《坤輿萬國全圖》爲明萬曆三十六年宮廷中的彩色摹繪本，是國內現存最早的、也是唯一的一本。

新井白石繼續考證道：按崔禹錫《食經》，鱒魚一名也叫マス。一名赤目魚。《爾雅集注》鮋似鱒者也，叫アメ。《漢語抄》叫水鮏，一名江鮏。今按，本文未詳注，但還是其物一樣，屬於鮏類。稱之爲アメ的，生長在淡水之物也。

---

① 新井白石：《東雅》，1717 年完成，本文依據 1720 年稿本，大槻社，1902 年，第 435—437 頁。

② 新井白石：《東雅》，第 462—464 頁。

③ 新井白石：《東雅》，第 464—465 頁。

④ 新井白石：《東雅》，第 548—552 頁。

叫アメ或叫マス，其義不詳。也有一種説法，マス之味道勝過鮏魚。而アメ，則是因爲天下雨之時得到，所以稱之爲アメ。《江家次第年中行事秘抄》説，腹赤，即爲鱒魚。按照朝鮮方言，就叫マス。就是所稱之松魚。若水稻子説，鱒魚就是鬥魚，今俗稱爲オイカハ。《海槎餘録》稱マス，“江魚是也”。①

6.《東雅》卷十九《鱗介》之“堅魚”條説：新井白石以朝鮮醫官許俊《東醫寶鑑》記載“鮏魚”爲“松魚”爲依據，證實正德年間朝鮮通信使來日本時所稱“鮏魚”爲“松魚”説法是有其根據的。而到了己亥年（1719 年，李無未按，此記載當是在《東雅》1717 年完成之後所補，1720 年稿本《東雅》是否與 1717 年本《東雅》不一致？），借着朝鮮通信使來日本的機會，新井白石又舊事重提。而新的朝鮮通信使的回答，又不一樣，稱之爲“古同魚”，他懷疑“古同魚”一詞是朝鮮人稱“鮏魚”的俗呼。日本《漢語抄》把魟讀爲コツ。其注解云：“本朝式用乞魚二字。”コツ即乞字發音，ヲ即魚的發音。即今マナカツヲ是也。《廣益玉篇》注魟魚爲斷魚，《字彙品字箋》也將魟魚注爲斷魚。斷魚一名爲遊魚。《閩書》稱之爲鯧魚，或叫鯧鯿，又叫魚遊。朱舜水説，發音稱之爲マナカツヲ。古之魟魚，即今之マナカツヲ，不必懷疑。《正字通》説，魴魚，一曰鯿魚。鯧魚似鯿魚，還是有區別的。新井白石認爲，カツヲ與コツヲ是語轉關係。②

在《東雅》一書中，有一些“名物詞”探源，新井白石没有點明其與朝鮮通信使直接相關，但所標明的與朝鮮“物名”語音語義語源知識有關的記載卻引人注目，發人深思，不可否認的是，有一些朝鮮“物名”很可能就是朝鮮通信使傳播到日本的：

1.《東雅》卷二《地輿》之“河”條説：讀カワ。還有讀カレ的，“百濟之方言也”。朝鮮方言把川讀爲カイ。③

2.《東雅》卷二《地輿》之“江”條説：讀エ。據《天智紀》，高麗國寒冷，結溟冰。溟字讀エ。應該是高麗方言。④

3.《東雅》卷五《人倫》之“父母”條説：“父母”分別讀チ、ハ。但《舊事紀》及《日本紀》等文獻，母讀爲オモ。這和百濟方言一樣。今朝鮮之俗，母讀爲オモ，是“古之遺言也”。但究竟是日本之語傳入朝鮮還是朝鮮傳入日

---

① 新井白石：《東雅》，第 548—552 頁。
② 新井白石：《東雅》，第 552—555 頁。
③ 新井白石：《東雅》，第 73—74 頁。
④ 新井白石：《東雅》，第 74—75 頁。

本，不好下結論。①

4.《東雅》卷七《器用》之"帛"條説：帛，讀爲キヌ。《倭名鈔》"絹"讀キヌ。日本仁德天皇之時，百濟人弓月君，率領127縣秦人來歸附。他們就養蠶製絹。另，神功皇后之時，新羅進貢之物就是絹，絹之讀音爲キヌ。所以，是韓地方言。②

5.《東雅》卷十《器用》之"甲"條説：甲，讀音爲ヨロヒ。《倭名鈔》讀音爲ヨロヒ。《倭名鈔》又引《説文》説，"冑"讀爲カトブ。出自韓國方言。今朝鮮音"甲"讀爲カトブ，又讀爲ヨロヒ。③

6.《東雅》卷十八《畜獸》之"熊"條説：熊讀音爲クマ。《倭名鈔》與陸詞《切韻》等均是此讀音。百濟方言熊讀音爲クマ。今朝鮮之俗讀爲コム，是クマ的音轉。④

朝鮮通信使與《東雅》"溯源探本"關係重大，東亞語言接觸之研究，成爲後世日韓、日漢、中韓以及其他語言接觸研究的"典範"，既有中國《爾雅》"同義詞"的"體式"，又有其"溯源探本"的個性特徵，是中國"漢字文化"在東亞範圍內國家的"變異"形式，值得特別關注。

此外，有關朝鮮半島的"物名"之知識，也和新井白石向日本的朝鮮問題專家請教有關。宮崎道生《新井白石的洋學與海外知識》就説，新井白石進入木下順庵之學門，並與對馬藩的書記官雨森芳洲相識而眼界大開。雨森芳洲極力推動日本德川幕府與朝鮮王朝的"誠信外交"，全力維持與朝鮮王朝"善鄰"關係，舉世聞名。⑤新井白石經常向雨森芳洲請教朝鮮半島各類知識，這在《退思録》中就有記載，比如："雨森藤五郎朝鮮物語之話""雨森藤五郎朝鮮之物語"所記內容，就是明證。⑥

二、朝鮮通信使趙泰億與新井白石"溯源探本"

在《東雅》中，涉及與朝鮮通信使相關事項，新井白石並未清楚點明與

---

① 新井白石：《東雅》，第133—134頁。

② 新井白石：《東雅》，第204—206頁。

③ 新井白石：《東雅》，第304—306頁。

④ 新井白石：《東雅》，第532—533頁。

⑤ 李進熙：《江戶時代之朝鮮通信使》，東京：青丘文化社，2009年，263—269頁。

⑥ 宮崎道生：《新井白石的洋學與海外知識》，第299—300頁。

之“溯源探本”之朝鮮通信使名字及詳細交流過程，這就使得我們的研究不能只是漂浮在表面上，而不得不進一步追問其背後的事實，使得研究深入進行。我們在新井白石所著《朝鮮聘禮事》中看到，朝鮮通信使團的構成是比較複雜的。其中，“通信正使”人的名字是清楚的，稱之爲“通政大夫吏曹參議知制教趙泰億”。對他的職級也有説明：“國信通使位正三位式部之官，受制於國命。”①

關於這個趙泰億，已經有學者研究，年旭的論文是典型一例。年旭《明清鼎革後日朝通信使筆談中的“中華”觀碰撞》談到：朝鮮通信使在日本，主要通過“筆談”方式交流。目前已知存世筆談資料約 160 餘種，分布於 1636—1811 年，涉及 1636 年、1643 年、1655 年、1682 年、1711 年、1719 年、1748 年、1764 年、1811 年，共計 9 回通信使。

年旭説道，新井白石任德川幕府第六、第七代將軍的頭號幕僚，主持推進了日本一系列内外改革，其中在外交領域要求朝鮮等尊稱幕府將軍爲“日本國王”，並修訂了通信使赴日“朝見”的禮規，以圖確立起日本在東亞地區的“中華”中心地位。他是 1711 年通信使筆談的主要參與者，與朝鮮正使趙泰億（號平泉）有如下的文字交流：

白石曰：當今西方諸國，皆用大清章服之制，貴邦猶有大明之舊儀者，何也？

平泉曰：天下皆左衽，而獨我國不改革制，清國以我爲禮義之邦，亦不加之以非禮。普天之下，我獨爲東周，貴邦亦有用華之意否？今看文教方興，深有望於一變之義也。

白石曰：……始聘使之來，竊喜以謂朝鮮，殷大師之國，況其禮義之俗，出於天性者，殷禮可以徵之，蓋在是行也。既而諸君子辱在於斯，僕望其儀容、冠帽、袍笏，僅是明世章服之制，未嘗及見彼章甫與黼冕也。當今大清易代改物，因其國俗，創制天下。如貴邦及琉球，亦既北面稱藩，而二國所以得免辮髪左衽者，大清果若周之以德，而不以疆然否？抑二國有假靈我東方？亦未可知也。②

當提到各國禮儀章服時，趙泰億首先論“中華”，提出天下皆是夷狄，清朝鑒於朝鮮是禮儀之邦，也不加以非禮，讓朝鮮成爲“普天之下，我獨爲東周”

① 《新井白石全集》第四集，第 541 頁。
② 年旭：《明清鼎革後日朝通信使筆談中的“中華”觀碰撞》，《世界歷史》2021 年第 2 期。

的"中華賡續"，期待日本也能有朝一日"一變"爲"華"。針對此種觀點，新井白石從周禮古制入手，批駁朝鮮衣冠並非中華古制，只是沿襲明代儀制，日本所傳習的才是上古三代的中華古制，"本邦文物，出於三代之制者不少，如僕所戴著，即是周弁之制"，"本邦禮，多與三代之制相同，如其凶禮，則大連氏、小連氏，世掌相喪事焉，孔子稱善居喪者即此"，進而佐證日本才是血統純正的"中華"餘脈。且反駁朝鮮人提出的"清國以我爲禮義之邦，亦不加之以非禮"，主張朝鮮與琉球之所以能保存華制，或許是仰仗日本的權威庇護。新井白石此番言論，與他推進日本型華夷秩序的謀劃相呼應，在文化層面的論爭中蘊含着明顯的政治傾向。

年旭還提到，古賀侗庵（1788—1874）在給其父的筆談集作《跋》過程中，發現1711年新井白石與朝鮮通信使趙泰億筆談資料，這爲研究新井白石與朝鮮通信使趙泰億交流關係提供了第一手文獻。

孫勇進提到了更爲詳細的趙泰億資料。[①] 孫勇進稱，彼時圖書之不易得，相關記載甚多。姑舉一例，朝鮮文臣趙泰億《諺書〈西周演義〉跋》：

> 我慈闈既諺寫《西周演義》十數編，而其書闕一笶，秩未克完。慈闈常嫌之久，而得一全本於好古家，續書補亡，完了其秩。未幾有閭巷女，從慈闈乞窺其書。慈闈即舉其秩而許之。俄而女又踵門而謝曰，借書謹還，但於途道上逸一笶，求之不得，死罪死罪。慈闈姑容之，問其所逸，即向者續書而補亡者也。秩之完了者，今復不完，慈闈意甚惜之。
>
> 越二年冬，余絜婦僑居南山下。婦適病且無聊，求書於同舍族婦所。族婦乃副以一卷子，婦視之，即前所逸慈闈手書者也。要余視之，余視果然。於是婦乃就其族婦，細訊其卷子所逌來。其族婦云，吾得之於吾族人某，吾族人買之於其里人某，其里人於途道上拾得之云。婦乃以前者見逸狀，具告之，且請還之。其族婦亦異而還之。向之不完之秩，又將自此而再完矣。不亦奇歟！[②]

---

① 孫勇進：《十七世紀朝鮮王朝口傳藝術中的〈三國演義〉傳播》，"古代小説研究"，2021年3月3日。另見《南開學報（哲學社會科學版）》2021年第1期《17世紀朝鮮王朝口傳藝術中的〈三國演義〉》。

② 趙泰億：《謙齋集》卷四十二·跋·《諺書西周演義跋》，《韓國文集叢刊》，第190册，首爾：民族文化推進會，1997年，第203頁。

《韓國文集叢刊》收有趙泰億《謙齋集》。趙泰億生於 1675 年，據其文集中《告先墓文·登第後榮掃時》一文可知，其 1702 年乙科及第時，其母已過世五年，則上引跋文所叙其母生前事，當發生於十七世紀末，略晚於金善立等人爲清使表演《三國演義》時。

按，趙泰億出生於累世官宦之家，祖父趙啓遠曾任正二品刑曹判書，父親趙嘉錫曾任正三品禮曹參議、户曹參議，趙泰億本人亦進士及第，最後官至正一品右議政，上引跋文之主角，趙泰億之母，亦爲朝鮮文臣兼書法家尹以明之女。

就是這樣一個累世書香並處於官宦階層之家，從跋文中可見，想擁有一套諺譯本中國小説，竟如此歷盡周折，乃至特爲撰文以紀[1]，是不是不可思議？

我們查考，新井白石所著《朝鮮聘禮事》中，没有出現任守幹、李邦彦、李重叔、南仲容、洪命九、嚴子鼎六人的名字，這是需要進一步探討的。可見，對《東雅》的“溯源探本”與朝鮮通信使名字及其相關交往文獻的發掘，是尋求兩者間“東亞名物”知識傳遞與探源關係的重要方式之一。

三、朝鮮通信使與新井白石對朝鮮的認知

新井白石《東雅》“溯源探本”與朝鮮通信使趙泰億有關，這是卓然有據的事實。進一步講，論及新井白石與朝鮮通信使交往，我們不應僅僅停留在對新井白石《東雅》一本書的認識上，而應該從其生平事蹟與朝鮮通信使關係中尋找綫索，通過其與朝鮮通信使交往過程中所產生的朝鮮認知，去看是否也影響到了《東雅》的“溯源探本”過程問題。

宮崎道生《新井白石之研究》第二章“應待朝鮮使節”論述了新井白石的朝鮮認識。[2]宮崎道生《新井白石的洋學與海外知識》論述更爲具體。[3]其第二部分海外知識編第三章“朝鮮觀及其認識”，論述新井白石三個不同歷史階段對朝鮮的認識：參與幕政之前新井白石的朝鮮認識，參與幕政之後新井白石的朝鮮認識，晚年新井白石的朝鮮認識及對朝鮮之感情。

---

① 趙泰億：《謙齋集》卷四十·告文·告先墓文·《登第後榮掃時》，《韓國文集叢刊》，第 190 册，第 183 頁。

② 宮崎道生：《新井白石之研究》，東京：吉川弘文館，1958 年，第 42—75 頁。

③ 宮崎道生：《新井白石的洋學與海外知識》，第 295—327 頁。

（一）參與幕政之前新井白石的朝鮮認識

日本第二代將軍德川秀忠本人對朝鮮派使節團祝賀其就職一事抱着十分歡迎的態度。而朝鮮所派使節團人數很多，達到了四百多人的規模，這在日本引起了非常大的轟動。而寬永年期間，即日本第三代將軍德川家光之時，朝鮮派使節團祝賀規模更大，極盡豪奢，並確立"交際體例"。到了德川家宣時代，新井白石也參與了一些與朝鮮通信使相關的重要活動，因而對朝鮮通信使非常瞭解。

新井白石在 26 歲時，與朝鮮通信使相見，並把自己的詩集拿出來請他們"贈序"批評。1693 年，新井白石爲甲府藩主德川綱豐（後來的德川家宣）儒臣。他對木下順庵及雨森芳洲的思想十分瞭解，也深受其影響。按照宮崎道生的說法，他的許多朝鮮知識受之於雨森芳洲更多，而政治立場則受之於木下順庵，此時對朝鮮以政治的立場去看待，處於對抗朝鮮的心理狀態，出於"興趣本位"目的。這可以通過其《藩翰譜》一書有所瞭解。

（二）參與幕政之後新井白石的朝鮮認識

1709 年，德川綱豐繼任幕府第六代將軍，改名爲德川家宣。新井白石成爲其侍講近臣輔佐幕政。因而，他能夠參與政事。這一年，朝鮮派使臣祝賀德川家宣繼位。新井白石建議實施《朝鮮聘禮》，經過周折，正德元年（1711）開始實施。但有關具體的禮儀，比如"賜饗之儀"，以及朝鮮國王之"諱"等問題與朝鮮通信使發生了爭執，爭執細節可見於《江關筆談》一書中。與新井白石筆談的對象是朝鮮聘臣正使趙泰億、副使任守幹、從事官李邦彦。新井白石在《朝鮮聘使後議》中也有所提及。宮崎道生認爲，此時的新井白石出於責任的成分很大，由此，對朝鮮政策實施問題認識更爲深刻。宮崎道生說他此時已經超越了個人的情感範疇，而是進入了日本朝鮮外交史研究的層面，因此，他廣泛涉獵與朝鮮史相關的日本文獻，比如對馬藩日記等。還親自調查，與對馬藩"要人"對話，獲取相關信息。新井白石也深入研究朝鮮書籍，比如《海東諸國紀》《懲毖錄》《考事撮要》《經國大典》等。還閱讀中國書籍《雞林類事》《雞林奇語》等與朝鮮相關的研究文獻。朝鮮書籍，比如像朝鮮大臣申叔舟《海東諸國紀》，被新井白石《朝聘迎接紀》所引用，稱之爲《海東諸國紀抄釋》就是明顯的例證。① 正是因爲新井白石對日本與朝鮮

---

① 《新井白石全集》第四集，第 688 頁。

之間"跌宕起伏"的外交史研究得十分透徹，所以，在制訂與執行日本對朝鮮的外交政策上，沉着應對，而行動自如，有名的新井白石將日本德川幕府"大君"改爲"日本國王"稱謂事件，強調日朝交往"對等原則"，就是這種意識的深刻體現。這種潛在的學術認識，也對新井白石《東雅》"名物詞""溯源探本"發揮了重要的"刺激"作用，這是需要明確的。

（三）新井白石晚年對朝鮮的認識及對朝鮮之感情

宮崎道生認爲，晚年的新井白石，因爲政見不同，受到了日本第八代新將軍德川吉宗的冷落，在接待朝鮮通信使時，將新井白石當年所制定的對朝鮮之聘儀棄之不用，而另起爐灶，使得新井白石不免有被"閒置"的感覺。從新井白石《白石詩草》記載中可以窺見到其情形。但朝鮮通信使訪問日本時，卻也不時流露出尊重新井白石之意，這是對新井白石過去致力於與朝鮮外交友好關係的肯定。此時的新井白石也一改過去之某些政見，更以寬厚之心看待日本與朝鮮之關係。他在修訂《東雅》（享保十年修訂完成）時，更加注重研究朝鮮方言語源內容，尤其是對朝鮮方言語音見解卓著，成爲後來人研究朝鮮語與日語接觸關係的重要文獻。宮崎道生認爲："新井白石對朝鮮語有'穿鑿癖'，創見不斷。在《東雅》一書中，'韓地方言'一詞不時出現。他總是進行古今朝鮮語語音比較，從而發現古今朝鮮語方音不同的對應規律。"[①]用今天學者的眼光觀察，新井白石的做法令人震驚，不但體現了他的先進的語言研究理念，而且還"暗合"後來的歐洲歷史比較語言學理論意識，這在當時的東亞，應該是無人出其右。

從《東雅》"溯源探本"之例可見，伴隨着新井白石對朝鮮等國家知識認識的不斷深入，他的研究目光所及範圍不但跨越了日本，走向了東亞，甚至還投向了荷蘭等更爲廣闊的歐洲空間，這在當時的東亞也是很少有人能夠做到的，有學者稱之爲日本"睜眼向洋看世界第一人"，一點也不爲過。

四、餘論

新井白石《東雅》"溯源探本"理論與方法，在近現代日本也得到了傳承與發展，比如新村出《東亞語源志》[②]，就彙集了他有關東亞語言語源語史考

---

① 宮崎道生：《新井白石的洋學與海外知識》，第 321 頁。
② 新村出：《東亞語源志》，東京：荻原星文館，1942 年。

證論文與隨筆 27 篇，幾乎都滲透着新井白石"溯源探本"的思維形式，但有所廣大與發展。我們從其題目就可以看出端倪。比如《引入於南北辭彙系統中的日本語》《隼人語與馬來語》《印度"更紗"的源流》《中國印花布源流考資料》《間道考——所見日野間道》《鴨脚樹之和漢名》《羊的語源》《馬鹿考》《歌舞伎名義考》《"邸"字音和"問"之語源》《左與右》《外來洋語考》《荷蘭萊頓大學訪書志——特別是日本及東洋語學古書》《英公使奧爾卡克的〈日本文典〉》《世界語言志古版本》《語言研究與古代史研究》等。

新村出曾在 20 世紀初遊歷歐美大學多年，深受歷史比較語言學理論影響，所以，在東亞詞語的"溯源探本"方面，視野更爲廣闊，方法更爲成熟，拓展了東亞語言語源語史研究的新領域。儘管如此，他的許多理論與方法應該源於新井白石《東雅》，比如《引入於南北辭彙系統中的日本語》涉及日語與朝鮮語關係考證，比比皆是。他説："總的來説，自古以來，在日本語中，既有原住民阿伊努人的詞語，也有近鄰，從前先進國家中國語之詞語。除此之外，還有相當多的朝鮮語、滿洲語、蒙古語等，與之同源。學者們確認，日本語之根源，屬於北方大陸系統，即所謂烏拉爾阿爾泰語系。這當中，有少數語言在同族語種最爲接近的，僅從單詞來講，日本語於朝鮮語之間，具有相當的一致性，十分近似，所占比重非常高。"①

他舉了"蛇"在日語中的種種發音與稱謂。比如普通的稱爲ヘミ，中古則稱爲ヘビ。《古事紀》《日本紀》《萬葉集》中没有記載，是奈良朝的産物，比如藥師寺的佛足石刻。平安朝辭書《和名抄》《類聚名義抄》字典稱之爲ヘミ。蝮，稱爲ハミ，是總稱。與之同一語源的是犬蛇，稱爲ウハバミ，也是オホハミ之義相通，見於足利時代辭書。蛇之一般總稱，是真蟲，稱之爲マムシ。後來，發生變遷，比如琉球毒蛇，稱爲ハブ。後來聲母輔音發生變化，ウハバミ，留有太古的"面影"。中國明朝《華夷譯語》，以及《中山傳信録》都出現了這個説法，是不是中國人聽錯了也未可知，語音發生了變形。日語中與長蛇類似的爬行動物，名之爲鱧，稱爲ハモ。依據《新撰字鏡》《和名抄》等辭書，可知其起源很古老。在朝鮮語中，有一種如蛇之魚稱爲鰻，這在朝鮮語字書《訓蒙字會》中可以見到，發音ホーマ。與日語鱧稱爲ハモ存在着語音"變形"之關聯。而日本語從原來的ハミ變爲蛇魚（ヘミウヲ），也有這種變化，這個推斷是極爲正確的。新村出的結論是，由於日本語與朝鮮語存

---

① 新村出：《東亞語源志》，第 3—13 頁。

在着這種"近親"關係，所以，詞語的同意語源關係就可以得到確認，從語音、詞性、詞語内部結構形式、語義等方面"對應"而進行綜合考慮，就可以達到基本目的。

我們從新村出的研究過程中，能够看到新井白石"溯源探本"思維模式的影子，追根溯源，還是離不開朝鮮通信使與新井白石思考不同地域所傳知識的"對流"與"碰撞"問題意識，由此，開始了新的一段東亞内部，甚至於與歐洲知識世界"重組"與"創造""溯源探本"過程，這是不言而喻的。

但也要指出，金澤莊三郎《日韓兩國語同系論》《日韓同祖論》從語言學角度論證朝鮮語是日語的一個分支，本無可厚非，但研究的主導意識則走向了日本政府所宣導的東亞殖民語言思維模式中去，與新井白石、新村出的研究初衷相背離，不可同日而語，這也是需要警惕的。張曉剛《"日滿一體論"是秕言謬説》對此分析細緻，此不贅述。①

---

① 張曉剛:《"日滿一體論"是秕言謬説》,《歷史評論》2021 年第 4 期。

林羅山父子與朝鮮通信使筆談文獻述論

王連旺

【摘　要】林羅山及其子林春齋、林讀耕齋在近世初期日朝文化外交中的扮演了重要角色，留下了《韓客筆語》《羅山·春齋·讀耕三先生筆談》《韓使贈答日録前後集》《朝鮮副使道春贈答詩》《函三先生筆談》等臨場感、真實感極强的筆談文獻，具有重要的史料價值。考察這批文獻，可以明晰各本之間的内容、版本差異，復原史料原貌，彌合因人編集而造成的割裂感；此外，將林羅山父子與朝鮮通信使筆談文獻與韓國現存朝鮮赴日使行録文獻參合校對，可以揭示二者之間的互補性與互證性。整理朝鮮通信使筆談文獻及朝鮮赴日使行録時，應充分注意到這一點，才能大幅提升文獻整理的質量，更好地還原近世東亞外交的歷史原聲，從而推進近世東亞外交史的研究。

【關鍵詞】林羅山父子　朝鮮通信使　筆談文獻　使行録　近世日朝外交

引　　言

　　1607 年至 1811 年，朝鮮王朝先後向江户日本派遣 12 批次使節團，此即爲狹義上的朝鮮通信使，而廣義上的朝鮮通信使還包括朝鮮朝前期向足利、豐臣幕府（中世日本）派遣的使節團。江户時代之前，中世日本的文化主體爲臨濟宗五山禪僧，他們不僅從事中國外典的研讀、傳抄、刊刻及注釋工作，還將在此過程中習得的漢詩文創作能力運用於幕府外交，掌管五山人事的僧

　　【作者簡介】王連旺，鄭州大學學科特聘教授。
　　【基金項目】浙江省哲學社會科學重點研究基地一般課題"日朝文化比賽的轉折點：1811 年朝鮮通信使筆談文獻研究"（課題編號：20ZDDYZS02）。

録專事外交文書起草工作，負責幕府的外交事務，很多遣明使或派遣至朝鮮的使節團成員亦從五山禪僧中選拔任命。擔任過三次僧録的瑞溪周鳳（1392—1473）編撰《善鄰國寶記》，收録大量外交文書，成爲日本對外交往的文書指南。此外，在《五山文學全集》《五山文學新集》中還可以發現很多由五山禪僧撰寫的外交文書。由此可知，禪僧群體主導中世日本外交的跨度之長與影響之深。進入江户時代後，德川家康（1542—1616）任命南禪寺金地院的以心崇傳（1569—1633）爲僧録，崇傳編纂了外交史料集《異國日記》。此外，德川幕府又從京都五山中選拔知識淵博的碩學高僧駐守對馬藩，在以酊庵擔任輪番僧，管理與朝鮮的外交文書。可以説，德川幕府對五山禪僧在外交事務方面的人事任命沿襲了中世時期的舊例，也説明五山禪僧在日本中世、近世的對朝外交事務中始終在場。但其發揮的作用在近世時期卻發生了重大轉變，在中世日本外交事務中發揮主導作用的五山禪僧，至近世之後失去了主導權，被林羅山等儒學者所取代。

日本學者中村榮孝指出：“與通信使的筆談資料中，尤爲知名的是林信勝（羅山）《韓客筆語》、新井白石（1657—1725）《江關筆談》，以及松崎慊堂（1771—1844）《接鮮瘴語》等三種文獻，内容極其豐富。”① 這三種文獻分別是江户前期、中期、晚期的代表性日朝外交筆談史料，具有重要的文獻價值。關於《江關筆談》，中日學界研究較多。筆者曾出版專著，對《接鮮瘴語》進行了整理研究。② 但對林羅山父子與朝鮮通信使的筆談文獻的基礎性研究及解讀尚待加強，此即本稿的撰寫緣起。

林羅山先後與 1607 年丁未·慶長通信使、1617 年丁巳·元和通信使、1624 年甲子·寬永通信使、1636 年丙子·寬永通信使、1643 年癸未·寬永通信使、1655 年乙未·明曆通信使等六個批次的朝鮮通信使進行過筆談交流。而且，其子林春齋、林讀耕齋亦參與了 1624 年甲子·寬永通信使至 1655 年乙未·明曆通信使的筆談外交。可以説，林羅山父子與朝鮮通信使的筆談酬唱，時間早且跨度大，交談内容的史料價值高。這些筆談記録有的被摘出單獨成書，如《韓客筆語》《羅山·春齋·讀耕三先生筆談》《韓使贈答日録前後集》《朝鮮副使道春贈答詩》《函三先生筆談》等，有的則收録在林羅山父子的文集中。

此外，朝鮮使節的使行録也提及或部分收録了與林氏父子的筆談酬唱，

---

① 中村榮孝：《日朝關係史の研究》下，東京：吉川弘文館，1969 年，第 306 頁。原文爲日文，引文係筆者譯。

② 王連旺：《朝鮮通信使筆談文獻研究》，上海：上海交通大學出版社，2018 年。

在文本校注時具有重要文獻價值，具體包括 1617 年朝鮮通信正使吳允謙《東槎上日録》、副使朴梓《東槎日記》、從事官李景稷《扶桑録》，1627 年朝鮮通信副使姜弘重《東槎録》，1636 年朝鮮通信正使任絖《丙子日本日記》、副使金世濂《海槎録》、從事官黃㦿《東槎録》，1643 年申濡《申竹堂海槎録》、作者不詳《癸未東槎日記》，1655 年朝鮮通信正使趙珩《扶桑日記》、從事官南龍翼《南壺谷扶桑録》《聞見別録》、譯官洪禹載《東槎録》、譯官金指南《東槎日録》等。因此，在整理林羅山父子與朝鮮通信使筆談文獻時，應將朝鮮通信使筆談文獻與韓國所存朝鮮赴日通信使的使行録文獻加以參合校對，以期整理出可靠文本，實現史料的互補互證，最大程度上還原近世日朝交流的歷史現場，推進近世東亞外交研究。

一、林羅山父子略傳

林羅山，加賀人，名忠，一名信勝，字子信，通稱又三郎，號羅山，僧號道春，另號浮山、羅浮、羅洞、四維山長、蝴蝶澗、瓢巷、夕顏巷、海花村、尊經堂、雲母溪等。生來神采秀澈，十三歲能解"國字"，誦演史稗説，讀和漢典籍。十四歲入京都五山之一的建仁寺大統庵習儒佛之學，精研經籍，馳騁百家。後開館收徒，教授《四書集注》，開民間講書之新風。1604 年，拜藤原惺窩爲師，研習理學。次年二月經藤原惺窩推薦，赴京都本法寺與朝鮮松雲大師筆談，四月即被德川家康召見，並於 1606 年被任命爲博士，歷仕家康、秀忠、家光、家綱四代將軍，講授朱子學，爲德川幕府創朝儀、定律令，起草文書法度，侍講儒書史籍，掌管幕府之文事，堪稱一代大儒。有四男，長男、二男早夭，三男春勝號鵞峰，四男守勝號讀耕齋，春勝、守勝亦一時俊彦，頗有文名。林羅山著有《四書集注抄》《周易題説》《小學私考》《經典問答》等經學著作多部，另有《本朝神社考》《寬永諸系家圖傳》《本朝編年録》等。其詩文集《羅山林先生集》爲春勝所編。林讀耕齋《羅山先生行狀》（《讀耕先生全集》卷十七）記林羅山生平事蹟甚詳，可資參考。其子孫亦秉持家業，世代服務德川幕府的文化外交事業。

林春齋（1618—1680），名恕、春勝，字之道，號春齋、鵞峰、向陽軒。青年時期便協助其父林羅山編纂《寬永諸家系圖傳》，爲諸大名講授經學，寬文三年（1663）被任命爲弘文院學士，後增補林羅山《本朝編年録》爲《本朝通鑒》，另著有《本朝一人一首》《日本書籍考》《鵞峰學士全集》《國史館日録》等。其與朝鮮使節的筆談唱酬資料被整理爲《韓客贈答》，收録在《鵞峰先生林學士詩集》卷七至八。

林讀耕齋（1624—1661），初名守勝，又名靖、春德，號讀耕齋、函三子、鐵哉亭、考槃邁等，又從父兄、堀杏庵、那波活所及金地院長老學習，博聞强記，廣讀家藏及水戶家典籍，善詩文。編纂有《豐臣秀吉譜》《中朝帝王譜》《琉球贈答》《辛卯韓客贈答》《韓客贈答別集》《享保己亥韓客贈答》等，博通東亞諸國史籍。著有《本朝遯史》，編選《本朝三十六詩仙》，樂於詩文，崇尚隱逸。林讀耕齋英年早逝，詩文集被編爲《讀耕先生全集》，寬文九年（1669）序刊本，詩集、文集、外集各二十卷，年譜一卷。其中，外集卷第七爲《癸未韓客贈答稿》，卷第八爲《乙未韓客贈答稿》。

二、史料解題：《韓客筆語》

林羅山與朝鮮通信使的筆談資料集《韓客筆語》見於《羅山林先生文集》卷六十·雜著五，此本刊行於日本寬文二年（1662），由林羅山之子林鵞峰編纂，包含《羅山林先生文集》七十五卷，《羅山林先生詩集》七十五卷，目録三卷，附録五卷。此本流布較多，僅日本國立公文書館就存有6種，分別爲紅葉山文庫（索書號：205-0127）、文部省（索書號：205-0128）、教部省（索書號：205-0129，54冊）、和學講談所（索書號：263-0056，22冊）、内務省（索書號：263-0057，31冊）、林家（索書號：263-0058，54冊）舊藏本。早稻田大學圖書館、日本國文學資料館、東洋文庫等數十家公私館藏機構均有收藏。另有日本平安考古學會1918年排印本（第二冊，第262—273頁）。

《韓客筆語》爲林羅山與朝鮮通信使筆談唱和資料，是江户時期存世最早、時間跨度最長的資料。是書收録"慶長十年乙巳二月京師蕃館與朝鮮使僧松雲筆語（松雲號四明山大師，諱惟政）""寬永十三年丙子臘月江府蕃館與朝鮮學士權伏筆語（伏號菊軒）""丙子臘月與朝鮮進士文弘績筆語（弘績號白眉）""寬永二十年七月與朝鮮進士朴安期筆語（安期號螺山）"等四件筆談資料。

"慶長十年乙巳二月京師蕃館與朝鮮使僧松雲筆語"收録1605年二月林羅山與朝鮮妙香山禪僧惟政（1544—1610）在京都本法寺的筆談。惟政俗名任應奎，字離幻，堂號泗溟堂，號松雲，萬曆朝鮮戰争（壬辰倭亂）時組織僧兵抗倭，文攻武略，享有盛譽，被稱爲松雲大師，著有《泗溟集》《奮忠紓難錄》。1604 年，惟政被任命爲"探賊使"赴日探查德川家康對朝外交意圖，1605 年十二月二十七日抵達京都，入駐蕃館本法寺。時年二十三歲的林羅山在其師藤原惺窩的引薦下赴本法寺拜會惟政。筆談收錄了惟政的"五問"與林羅山的"五答"，而無林羅山的提問，或因匯編成集時有所取捨。"五問"分別爲：（1）"天何言哉，我欲無言"是何意？（2）"孔子曰二三子以我爲隱乎？吾無隱乎爾？"是何意？（3）"善哉善哉"，既曰吾無隱者何在？（4）聖人所以樂者何事也？（5）古人以"不遠復"三字以成君子一生功業，不可以古之糟粕而已，君之朝夕用心處又如何？五個問題均取自《論語》，可見惟政有試探日本青年學子儒學基本修養的意圖，而林羅山一一作出答復，爲其贏得盛名，該年四月便得到德川家康的召見，開啓了一代官儒之路，也爲其今後執掌江户幕府對朝外交之文事奠定了基礎，可以説，這次筆談直接改變了林羅山的命運。

"寬永十三年丙子臘月江府蕃館與朝鮮學士權伩筆語"收錄 1636 年臘月林羅山在江户本誓寺與朝鮮詩學教授權伩的筆談，林羅山時年五十四歲，已成爲江户幕府尤爲倚重的名士大儒。筆談内容爲林羅山問、權伩答，共七問七答，涉及中朝官制之異同及其緣由，以及朝鮮三使（正使、副使、從事官）姓名字號、郡望出身、科舉經歷、履歷行實、是否爲國王近侍等。日本國立公文書館藏《羅山·春齋·讀耕三先生筆談》亦收錄林羅山與權伩的筆談，但只有第一回問答。

"丙子臘月與朝鮮進士文弘績筆語"收錄 1636 年臘月林羅山在江户本誓寺與朝鮮使臣文弘績的筆談，以林羅山問、文弘績答爲主。内容涉及朝鮮有無"除夕逐儺"之俗及"儺神邪鬼"之名，朝鮮李倧廢李琿事及紫陽大君名諱等，朝鮮毛巾、衣帽、深衣、雲板，"柳川一件"，申叔舟官職之事，釋奠之禮，我們、耍子、师、撒酒瘋、白硾紙、砂貼、木貼、馬蹄車食、七楪床飯、獖皮、亗、𣇵、羔、娕等名物及字詞音義。

林羅山與朝鮮通信使之間有關字詞的交流，很好地反映出日本江户初期的"唐話"學習浪潮。有關江户時期的唐話研究，中山久四郎、石崎又造[①]等學者多有建樹，其中提及最多的是以荻生徂徠（1666—1728）爲代表的蘐園學派圍繞唐話的研究及翻譯。其實，在荻生徂徠之前，林羅山已從事唐話俗語的研究。日本國立公文書館藏《語録解義》（延保六年寫本）便是林羅山的

---

① 石崎又造：《近代中國俗語文學史》，東京：弘文堂書店，1940 年。

著作，收録有《與汪德夏筆語》《與朝廷進士文弘績筆語》。

"寬永二十年七月與朝鮮進士朴安期筆語"收録1643年七月林羅山在江户本誓寺與朝鮮使臣朴安期的筆談，以林羅山問、朴安期答爲主，林羅山時年六十一歲。内容涉及朴安期參加科擧的試題、杜詩、朱子學與禪宗異同、《鷹鶻方論》、馬吃躑躅花中毒之救方、詩文酬唱、狩野探幽繪畫及畫贊事等。《羅山林先生文集》卷十四·外國書下收録林羅山贈予朴安期的書簡五篇（《寄朝鮮國朴進士五篇》）。林羅山與朴安期詩歌唱和較多，現存林羅山詩歌計十餘首，收録於《羅山林先生詩集》卷四十·外國贈答中。另外，日本國立公文書館藏《羅山·春齋·讀耕三先生筆談》所收林羅山與朴安期筆談文字和《羅山林先生文集》卷六十·雜著五所收《韓客筆語》有差異。該本"朴：先生作我真贊，書其上，又大幸也"之後有"朴：三人孰大鳴於貴國乎？羅山：探幽也。朴：奇品！或曰好"三句對談不見於《韓客筆語》。此外，有關《鷹鶻方論》、紫陽大君的部分，見於《羅山·春齋·讀耕三先生筆談》"（七月）十二日"條，其中間雜林春齋與朴安期的筆談。馬吃躑躅花中毒之救方之事見於《羅山·春齋·讀耕三先生筆談》"（七月）十四日加藤出羽守亭"條，其中間雜林春齋、林讀耕齋與朴安期的筆談，而《韓客筆語》未收朝鮮醫官借朴安期之手所録醫馬之方。狩野探幽繪畫及畫贊事見於《羅山·春齋·讀耕三先生筆談》"同（十四日）日岡濃州亭"條。由此可知，林春齋編輯《羅山林先生文集》時從此諸條中抽出了林羅山的部分，且有遺漏。這種編輯方法打亂了筆談文獻的原始順序，混淆了對談時間，破壞了文本的完整形態，幸而日本國立公文書館藏《羅山·春齋·讀耕三先生筆談》抄録了林羅山、林春齋、林讀耕齋與朝鮮使節的筆談，基本保留了原始順序，可補《韓客筆語》之不足。

《韓客筆語》所收筆談的時間自慶長十年（1605）至明曆元年（1655），無法按照朝鮮通信使的訪日批次歸類。又，林羅山往往携帶其子林春齋、林讀耕齋與朝鮮通信使筆談，以固定的空間、時間，固定人物之間的一次交流作爲一件筆談的話，亦不應將林春齋、林讀耕齋的筆談割裂出去。此外，《韓客筆語》《羅山·春齋·讀耕三先生筆談》只録筆談，而未收唱和詩。與朝鮮通信使的唱和詩分別見於三人的別集，亦當依照"筆談唱酬"之體例予以全面整理。故此，應將林羅山、林春齋、林讀耕齋與朝鮮通信使的筆談匯爲一編。

除上述資料外，還有一些相關史料可資參考，現羅列如下：

（一）《羅山林先生文集卷十二至十四·外國書》。《外國書上》收録《遺大明國》《遣福建道陳子貞》《答南蠻舶主》《論阿媽港》《寄阿媽港父老》《論阿媽港諸老》《呈呂宋國主》《呈占城國主》《答大明福建都督》《答暹羅國三篇》《復琉球國主二篇》，雖未涉及朝鮮通信使，但可爲全面認識林羅山外交活動與思想提供基礎材料。

《外國書中》收錄《復朝鮮國王教書（寬永十三年）》《執政答朝鮮國禮曹書二篇》《復朝鮮國王教書（寬永二十年）》《執政答朝鮮國禮曹書六篇》《代宗義成呈朝鮮國禮曹書五篇》《復朝鮮國王書教（明曆元年）》《執政答朝鮮國禮曹書六篇》，均爲林羅山爲江户幕府起草的與李氏朝鮮的外交文書，是研究日朝通信使外交的基礎性材料，價值極高。

《外國書下》收錄《寄朝鮮國副使姜弘重》《寄朝鮮國三官使》《贈朝鮮國狀》《寄朝鮮國朴進士五篇》《謝朝鮮國三官使》《謝朝鮮國信使申竹堂》《答朝鮮國副使趙龍洲》《答朝鮮國信使俞秋潭》，均爲林羅山與朝鮮通信使筆談書簡，筆談原件中應與筆語、唱酬詩混爲一編，林春齋編纂《羅山林先生文集》時析出爲一卷。

（二）《羅山林先生詩集卷四十七至四十九·外國贈答》，《外國贈答上》收錄林羅山與朝鮮通信使贈答詩 38 首，《外國贈答中》收錄林羅山與朝鮮通信使贈答詩 37 首，《外國贈答下》收錄林羅山與朝鮮通信使贈答詩 22 首，筆談原件中應與筆語混爲一編，林春齋編纂《羅山林先生文集》時析出爲三卷。

圖一　日本國立公文書館藏原紅葉山文庫藏本

（三）《讀耕齋先生文集卷第十七・羅山先生行狀》，爲林讀耕齋爲其父林羅山撰寫的行狀，是瞭解林羅山家世家系、生平事蹟、學術文章、交遊活動、外事外交的一手材料，也是總體把握林羅山外交思想形成軌跡的上佳材料。

以上四種材料基本囊括林羅山與朝鮮通信使的筆語、唱酬、書簡、外交文書及生平材料，應匯爲一編。

三、史料解題:《羅山・春齋・讀耕三先生筆談》

《羅山・春齋・讀耕三先生筆談》，抄本1册，不分卷。日本國立公文書館藏，收錄於《朝鮮通信總錄》第八册，索書號: 178-0566。香色書衣，左肩貼附題籤，墨書"朝鮮通信總錄 廿十"，中上部墨書"⼁羅山／春齋／讀耕⼁三先生筆談"，下方貼附藏書票三張，右下方墨書"共十／別書二號"。册首鈐有"闊齋圖書"長形朱印、"淺草文庫"長形朱印、"日本政府圖書"方形朱印、"林氏藏書"方形朱印、"大學校藏書之印"方形朱印。

是書匯編林羅山、林春齋、林讀耕齋父子與朝鮮使節的多次筆談。計有"慶長十年乙巳二月京師蕃館僧惟政筆語"（1—2a）、"寬永十三年丙子十二月江府蕃館學士權伏筆語"（2b）、"寬永十五年與汪德夏筆語"（3a—4a）、"丙子筆談"（4a—17b）、"七月十日宗對州亭"（17b—21）、"十二日"（22—24a）、"十四日加藤出羽守亭"（24—30）、"同日（十四日）岡濃州亭"（31—38a）、"十九日岡部濃州宿坊"（38）、"二十一日"（39—42a）、"同日加藤羽州宿坊"（42a—43a）、"八月四日岡濃州宿坊"（43a—46a）、"八月五日本誓寺堂内"（46a—47）、"五日之夜加羽州宿坊"（48—53a）、"九日與寫字官筆談"（53a—53b）、"十二日"（53b—58a）、"七月二十八日"（58）等17次筆談。

"慶長十年乙巳二月京師蕃館僧惟政筆語"收錄1605年二月林羅山（1583—1657）與朝鮮妙香山禪僧惟政（1544—1610）在京都本法寺的筆談，已見於《韓客筆語》，題中"惟政"《韓客筆語》作"松雲"。

"寬永十三年丙子十二月江府蕃館學士權伏筆語"收錄1636年林羅山和權伏關於朝鮮官制品階的一問一答。

"寬永十五年與汪德夏筆語"收錄1638年林羅山與汪德夏的筆談問答，林羅山問，汪德夏答。内容涉及崇禎帝名諱及秋風客、老棍、光棍、騙子、們、妯娌、活套、混元裘、陽城罐等字詞之義及名物等。

"七月十日宗對州亭"收録 1643 年七月十日林春齋、林讀耕齋在江户對州亭與朝鮮使節朴安期的筆談。内容涉及詩歌投贈，觀相，煙草，《東國通鑒》，崇禎帝夢"有"字占國運事，明朝流賊事，朝鮮圃隱、牧隱、陶隱、李滉人事等。

"十二日"收録 1643 年七月十二日林羅山、林春齋與朴安期的筆談。内容涉及朝鮮禮曹參判、禮曹參議，通訓大夫、通政大夫之位階高低，《聯珠詩格增注》作者，日本書法家小野道風、藤原佐理、藤原行成，《鷹鶻方論》，紫陽大君事，橘正通、藤親光故事，朴安期求《李白把酒問月圖》《杜子美携妻子避難圖》《竹鶴圖》，畫工狩野主馬等。

"十四日加藤出羽守亭"收録 1643 年七月十四日林羅山、林春齋、林讀耕齋在江户加藤出羽亭與朴安期的筆談。内容涉及陽村説檀君之是非，駕洛國之所在地，圃隱、退溪之優劣，馬吃躑躅花中毒之救方，父母忌禮，林讀耕齋問朝鮮南孝温著《鬼神録》事，林讀耕齋答日本程朱之學、陸象山集、官制、禪宗諸事，中朝曆法，《大明律講解》，倭字、彦文，武王耄耋多子之疑，扶桑、渤海、句驪、新羅、百濟、玄菟、樂浪現所在地，申叔舟《海東諸國紀》，富士山，宋濂《日東曲》等。

"同日（十四日）岡濃州亭"收録 1643 年七月十四日林氏父子三人在江户岡濃州亭與朴安期的筆談。内容涉及朴安期官職、岡濃州托朴安期手書《赤壁賦》册本與紙軸事，丙子諸信使近況及權伩詩章事，朴安期斥春齋"來朝""藩客"之辭，歸後酬唱尺牘往來事，朝鮮學制、科舉，姜沆近況及其與藤原惺窩事，朝鮮人謝天輅事，朝鮮鴻儒退陶、栗谷、牛溪、旅軒、狩野探幽繪畫及畫贊事，明朝程敏政，王守仁理學，李攀龍、王世貞文章之優劣，朝鮮三使之孔子、顏子、曾子畫贊等。

"十九日岡部濃州宿坊"收録 1643 年七月十九日夜林春齋、林讀耕齋在江户岡濃州亭與朴安期的筆談。内容涉及日本散樂，竹堂欲見春齋、讀耕齋事。

"二十一日"收録 1643 年七月二十一日林春齋、林讀耕齋與朴安期的筆談。内容涉及林羅山請竹堂書松竹梅畫贊事、日本人求朴安期和詩事、朝鮮王城周里及八道大小事、琉球與日本有無使節往來事、日本與海中交趾安南等諸國通交事等。

"同日（二十一）加藤羽州宿坊"收録 1643 年七月二十一日林春齋、林讀耕齋與朴安期的筆談。内容涉及與朝鮮三使唱和事、權伩入大明事等。

"八月四日岡濃州宿坊"收録 1643 年八月四日林春齋、林讀耕齋與朴安期的筆談，朴安期自日光歸。筆談内容爲春齋委託朴安期催促朝鮮三使和詩事、日本孔雀、朝鮮六曹階級、求朝鮮三使與朴安期往返日光所作詩章、問朝鮮三使詩章優劣、石鱗等，問權伬談兩善大夫之官及洪喜男、《職原抄》等事，朴安期未及回復。

"八月五日本誓寺堂内"收録 1643 年八月五日林讀耕齋在江户本誓寺與朴安期的筆談，主要談及離別在即，叙悵然苦悶之情，催促和詩。

"五日之夜加羽州宿坊"收録 1643 年八月五日夜林春齋、林讀耕齋與朴安期的筆談。内容涉及催促和詩，叙離別之情，書朝鮮人物、山川、草木、禽獸、佳節、冠婚、喪祭，朝鮮松雲大師及佛道，《東國通鑒》及高麗史，《職原抄》，問權伬談兩善大夫之官及洪喜男，王仁、齊明王與典籍傳日，朝鮮通語，圃隱與今川了俊，朝鮮人李植，朝鮮國王等事。

"九日與寫字官筆談"收録 1643 年八月九日林羅山與朝鮮通信使寫字官劉義立（號南澗）、朴崇賢（號蒼雪）、金義信（號雪峰）的筆談，僅有寫字官三人所列官職、名號。

"十二日"收録 1643 年八月十二日林氏父子與劉義立、朴崇賢、金義信、尹龍祥（號石泉）的筆談。内容涉及《六子全書》，朝鮮行政地理，姜沆、洪喜男、吳俊，朝鮮畫工金醉翁（蓮潭）等。

"七月二十八日"收録林春齋與劉義立的筆談一件，談及書畫事。

相關史料：

（一）《鵞峰先生林學士詩集卷第七・韓客贈答（寬永二十年）》，林春齋與朝鮮通信使的筆談酬唱活動多與林羅山、林讀耕齋結伴而行，筆談原稿也混爲一稿，林春齋的別集《鵞峰先生林學士全集》中只收録了其與朝鮮通信使的唱酬詩，而未收録筆語。其中《鵞峰先生林學士詩集卷第七・韓客贈答（寬永二十年）》收録林春齋與 1643 年朝鮮通信使的唱酬詩 32 首，可與《羅山・春齋・讀耕三先生筆談》中 1643 年的筆談部分形成呼應。

（二）《鵞峰先生林學士詩集卷第八・韓客贈答（明曆元年）》，收録林春齋與 1655 年朝鮮通信使的唱酬詩 16 首。

（三）《鵞峰先生林學士全集・自叙譜略》，爲林春齋自撰年譜，對於瞭解其學術文章、外交思想等具有重要參考價值。

此外，林讀耕齋別集所載其與朝鮮通信使筆語、唱酬、書簡等在《函三先生筆談》解題部分再進行介紹。

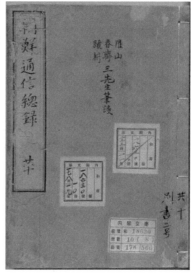

圖二　日本國立公文書館藏《羅山・春齋・讀耕三先生筆談》

四、史料解題：《韓使贈答日録前後集》

《韓使贈答日録前集》，抄本 1 冊，不分卷，索書號：ユ 1-32-2 N129。
祐德稻荷神社中川文庫藏，抄者及抄寫年代不詳。無界，半葉 11 行，行 21 字。

圖三　祐德稻荷神社中川文庫藏《韓使贈答日録前集》

收録林羅山、林春齋、林讀耕齋等與朝鮮通信使的筆談。册首載："寬永二十年七月七日朝鮮國正使通政大夫禮曹參議知製教尹順之（字樂天，號滄溟）、副使通訓大夫行弘文館典翰知製教兼經筵侍講官春秋館編修官趙絅（字日章，號龍洲）、從事官通訓大夫行吏曹正郎知製教申濡（字君澤，號竹堂）來聘，到江戶而館于本誓寺。進士朴安期（字真卿，號螺山，又號廣陵居士，十八歲登第，舉進士）從來，其餘從者凡四百人許也。岡部美濃守藤宣勝、加藤出羽守藤泰與爲之館伴（宗對馬守平義成同道而來）。"與《韓客筆語》《羅山・春齋・讀耕三先生筆談》相比，此書特點有二：一是收録的筆談唱酬集中於寬永二十年（1643）一年；二是不僅收録了筆談，還收録了唱酬詩及往來書簡，更加真實地反映了林羅山父子與朝鮮通信使的筆談原貌。

《韓使贈答日録後集》抄本1册，不分卷。索書號：ユ 1-32-2 N129。祐德稻荷神社中川文庫藏，抄者及抄寫年代不詳。無界，半葉10行，行21字。册首載："明曆元年十月二日，朝鮮國正使通政大夫吏曹參議知製教趙衍（五十歲，字君獻）、副使通訓大夫司僕寺正俞瑒（四十二歲）、從事官通訓大夫弘文館副校理知製教兼經筵侍讀官春秋館記注官南龍翼（二十八歲）來聘，到江戶而館於本誓寺，進士李石湖（三十五歲）從來，其餘從者凡四百人許也。宗對馬守平義成同道而來，禪衲九巖中達長老、茂源紹柏長老亦自對馬從三使同來江戶，岡部美濃守藤宣勝、加藤出羽守藤泰與任癸未之例再爲之館伴。"

圖四　祐德稻荷神社中川文庫藏《韓使贈答日録後集》

收録林羅山、林春齋、林讀耕齋、林春信（十三歲）、坂井伯元、人見友元等與明曆元年（1655）朝鮮通信使節的筆談及唱酬詩、往來書簡。此集收録的林羅山與明曆通信使的筆談唱酬不見於《韓客筆語》《羅山·春齋·讀耕三先生筆談》，故尤爲珍貴。

五、史料解題：《朝鮮副使道春贈答詩》

《朝鮮副使道春贈答詩》，抄本1册，不分卷。島原市立圖書館藏，原長崎縣肥前松平文庫舊藏。收録明曆元年（1655）十月朝鮮副使俞瑒與林羅山的唱和詩。俞瑒作《扶桑途中述懷兼叙壯遊一百五十韻，録示九巖、茂源兩老師，求和》，九巖指九巖中達，茂源指茂源紹柏，二人皆爲臨濟宗建仁寺的學問僧，但面對俞瑒的一百五十韻長詩，未能作出和詩。俞瑒詩末載："須以此作轉奉羅山，得其和韻投示，幸甚。此長篇二十九日之夕，自九巖傳達之。十一月朔日雨晴，韓客出本誓寺，向歸路。"林羅山收到俞瑒的五言一百五十韻長詩後頗爲感慨，在詩序中言道：

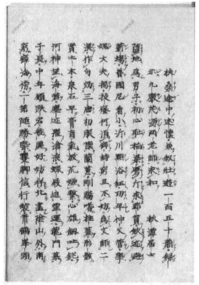

圖五　島原市立圖書館藏《朝鮮副使道春贈答詩》

秋潭公賦《扶桑壯遊》長篇，使九巖、茂源兩禪衲示余，求其和章，乃薰誦之，凡一百五十韻，且全篇不離格律，而每聯對偶精確。扶

桑之勝概,壯遊之高興,楨寫如畫,可謂宏贍之才華,豪縱之巨筆也,
固以感歎焉。原夫詩之長韻,倍恒者十餘韻、二十韻,其多者乃至
七八、九十韻也,其最多者百韻也。老杜、禹錫、元白等集中皆有
焉。就中,香山之《悟真寺》一百三十韻也。王黃州之一百五十韻
是其愈多者也,評詩者推爲古今之長篇。柳、蘇和仲之波瀾之才也,
過五百言者少矣。陸放翁之六十年間萬首詩也,韻之累疊者不多,
固是所少也。而今雅什差肩幹黃州,偉哉!美哉!入手朗吟僅一日,
征旆早出府,未遑賡載,既而依元韻,任來詩不厭重複,不避繁冗,
而駢對排比三百句,甫就乃録之,追呈於途中之旅檐,因告曰我國
先儒江大府卿詣宰府菅神祠詩二百韻載在《本朝續文粹》也,古詩《焦
仲卿妻》一篇之外,亘古亘今,無相及者。《城南聯句》百五十三韻也,
然韓孟之所爲,而非一手也。以中華文物之盛,猶如此乎,豈得謂
桑域無人乎?況於他方乎?願以此拙和之韻,技爲繞朝之策乎?若
夫寸有所長,尺有所短,所謂詩如美色,則宋玉東家之女可得而見乎。

此詩亦收録在《羅山林先生詩集卷四十九・外國贈答下》,將林羅山與俞
瑒的兩首長詩合爲一書意義非凡,實開江户日本與李氏朝鮮的文化争勝之風,
林羅山發出"豈得謂桑域無人乎"之言,正如接受了俞瑒的"文化挑戰"。

六、史料解題:《函三先生筆談》

《函三先生筆談》,抄本1册,不分卷。日本國立公文書館藏本,無界,
半葉9行,行19字。林讀耕齋與明曆元年通信使隨員李石湖的筆談。國立公
文書館藏《朝鮮通信總録》中將之與《柳川始末》《武器樂器圖》《甲申崔天
宗一件》合編在第十册《筆談》中。有"十月九日岡部美濃守之席""十月
二十五日夕赴岡濃州之坊筆談""十月晦日大雨午後赴本誓寺之本堂筆語"。

相關史料:

(一)《讀耕先生外集卷第七・癸未韓客贈答稿》

林讀耕齋與朝鮮通信使的交流與林羅山、林春齋同伴而行,筆語、唱酬
亦混雜於一稿,編纂《讀耕先生全集》時,析出林讀耕齋與1643年通信使的
唱酬詩及書簡、題跋爲一卷,而未録筆語。《讀耕先生外集卷第七・癸未韓客
贈答稿》可與筆語呼應互補。

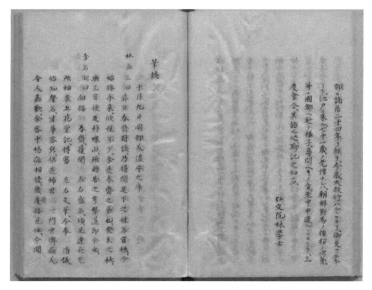

圖六　日本國立公文書館藏《函三先生筆談》

（二）《讀耕先生外集卷第八·乙未韓客贈答稿》，收錄林讀耕齋與 1655 年朝鮮通信使的唱酬詩、書簡及題跋。

（三）《讀耕先生全集·讀耕林子年譜》，是瞭解林讀耕齋生平事蹟、學術文章、外事外交等方面的一手材料，故附錄以資參考。

七、筆談文獻與使行録的互補互證：以《南壺谷扶桑録》爲例

2015 年出版的《朝鮮通信使文獻選編》[①]選取韓國所存朝鮮赴日通信使使行録十八種，録文標點，並冠以詳細的解題，是我國學者首次參與日朝外交史料的整理研究，具有重要意義，但是整理時没有與日本所存日朝筆談文獻互爲參校。現僅以第二册所收 1655 年朝鮮通信使從事官南龍翼《南壺谷扶桑録》的點校本爲例，展示一下二者互補互證的關係。

例一：

《南壺谷扶桑録》十月九日條記載了林讀耕齋的字號問題，校點本作"林靖函，三子稱號者"，又作注曰："林靖函，當作林靖，係林道春四子。"[②]整理者也意識到林羅山第四子當爲"林靖"，但未進一步查詢出林靖之號是"函

---

① 復旦大學文史研究院編：《朝鮮通信使文獻選編》，上海：復旦大學出版社，2015 年。

② 《朝鮮通信使文獻選編》第二册，第 317 頁。

三子"，故而出現斷句錯誤。《韓使贈答日録後集》中記載了林讀耕齋向朝鮮通信使隨員進士李石湖作自我介紹時的内容："余名靖，字彦復，前年號考槃邁，近歲號函三子。"江户時期的儒學者多以號稱，而且一人有多號的現象較普遍，前文已介紹過林靖字號，現多以林讀耕齋稱之。林讀耕齋與李石湖的見面時間爲明曆元年（1655）十月四日，在此之前多以考槃邁自稱。考槃邁對於朝鮮使節來講並不陌生，但 1655 年通信使訪日時，始以函三子自稱，故而再作介紹。

例二：

《南壺谷扶桑録》1655 年十月九日條收録了林讀耕齋詢問南壺谷清朝時事的情況："大明近歲之兵革如何？十五省迷入清國之手乎？年號順治至今猶存乎？皇明之宗脈不絶如綫乎？鄭芝龍、吳三桂存歿如何？陝西之李自成，四川之張獻忠，皆免摧滅乎？"^①其實，向通信使打聽清朝時事是個慣例，比如 1643 年七月十日林讀耕齋與朴安期筆談時，也詢問了類似問題：

> 讀耕：灰聞大明事云，十餘年前來，李回回嘯聚賊徒，跋色于陝西延安府，又有李將軍自陝西入山西，略河南，掠四川，信然乎？事聞于貴國否？
>
> 朴：此大明之所謂流賊者也。近來又有別報乎？
>
> 讀耕：大明帝嘗夢"有"字，占夢博士曰"有"字是大明半破之兆。其然乎？
>
> 朴：未之嘗聞。

以上問答體現了當時日本對明清鼎革時期中國局勢變動的持續關注，可作爲注釋。

例三：

《函三先生筆談》1655 年"十月九日岡部美濃守之席"條，也就是南壺谷與林讀耕齋筆談的同一天，僅收録了林讀耕齋與通信使隨員李石湖的筆談，卻未收録《南壺谷扶桑録》中南壺谷與林讀耕齋的筆談内容。或許筆談原稿被南壺谷帶回了朝鮮，日方未存。因此，《南壺谷扶桑録》亦可補足日方筆談資料的缺失。

---

① 《朝鮮通信使文獻選編》第二册，第 317 頁。

例四:

《南壺谷扶桑録》1655 年十月十四日條收録南壺谷與林羅山的次韻詩一組,末附林羅山贈答原詩。《羅山林先生文集》僅收録了林羅山詩,而沒有附上南壺谷次韻詩;《南壺谷扶桑録》雖然收録了林羅山原詩,但文字上則有較大缺漏,録文如下:

余聞海陸安□清道人郭早晚以大馬島太守爲先容而可□謁也,是所待也,今猥賦絶句,以表寸丹之慕。

朝鮮崔使駕官船,斥堠行過山又川。

花島三壺暘谷近,仰看日出海隅天。

《羅山林先生詩集》卷四十九收録林羅山《同日呈通訓大夫壺谷南公》詩如下:

余聞海陸安穩,清道入郭,然吾老而不壯,且荆釵久罹河魚之疾,與醫胥議,願其平復,故非公事則不至于他處。不圖紹介,来贈異産數種,感篆在兹,早晚以對馬太守爲先容而可執謁也,是所待也。今猥賦絶句,以表寸丹云爾。

朝鮮星使駕官船,亭堠行過山又川。

花島三壺暘谷近,仰看日出海隅天。乙未十月十二日

通過對校可知,《南壺谷扶桑録》所録林羅山詩歌有多處訛誤、缺字及異文,或是大段的脱簡,如果不加以參校,則很難讀通,而這些問題都可以通過《羅山林先生詩集》得以補全。此外,林羅山詩作於十月十二日,南壺谷次韻作於十月十四日,可以看出二者的詩歌唱和有兩天的時間差。

以上四個例子很好地説明了日本所存朝鮮通信使筆談文獻與韓國所藏使行録文獻的互補互證性。因此,不論是整理朝鮮通信使筆談文獻還是點校使行録史料,必須相互參校,才能大幅提升文獻整理的質量,更好地修復歷史原聲。

阮思僩 1868 年的使行

［越］丁克順

【摘　要】1868 年阮朝派遣由正使黎峻與兩名副使阮思僩及黃静領衘的使團出使燕京，這是一次完整而美好的旅程，也是越南阮朝與中國清朝兩國的關係在法國殖民主義者的干預下轉向西方前的一個重要里程碑。此行期間，使團成員特別是阮思僩，留下了許多關於越南使團在中國的日程和活動的具有高度歷史價值的中文著作。本文概述了 1868 年使行的特點，以及阮思僩在旅途中編撰的用中文寫作的作品，這些作品中與行程相關的信息以及使團在中國之具體活動。

【關鍵詞】越南　漢字燕行録　漢字文獻　阮思僩

一、關於 1868 年越南出使北京的使團

越南從十世紀起成爲獨立自主的國家。雖然已經稱帝，但要得到國内其他勢力的認可，越南皇帝需有中國的册封，求封之例由此出現。在歷史上，求封和朝貢是越南使臣出使中國的主要目的。越南歷代朝廷之所以朝貢和求封是爲了與中國保持友好關係。

十一至十二世紀，越南丁、前黎、李朝，使團出使中國並非朝貢，而是聘貢，主要是爲了謝恩、結交等。從李朝開始，逐漸定期派遣使者如宋，主要目的是通好和貢方物。當時貢期尚未形成定例，要報聘（收到册封後）或報戰事才派遣使團去中國。直到陳朝，陳太宗元豐八年（1258）："遣使通好于宋。遣黎輔陳、周博覽如元。時元使來索歲幣，增其職貢，紛紜不定，

【作者簡介】丁克順，越南河内國家大學陳仁宗院教授。

帝命輔陳往，以博覽副之，卒定三年一貢爲常例。"① 爲了求封和朝貢，越南封建王朝派遣使團出使中國。

到阮代（ 1802—1945），越南王朝頻繁派遣使節赴華求封、貢納。按照前例，阮代使者每三年向燕京進貢一次。然而，直到 1868 年，在 1852 年潘輝榮出使 16 年後，阮思僴的出使才重新開始。因爲當時中國國內變亂不止，去使之路不方便，出使總是受到威脅，就像李文馥的使團 "被敵人騷擾，道路受阻" 而不得不留在中國三年，從 1850 年至 1852 年，終於得以過境回國。另一方面，此時越南局勢受到法軍的襲擊，威脅要入侵全境，所以這一次嗣德帝仔細地囑咐，使者也非常小心。當使團回來時，必須非常具體及詳細地報告。而且，這段時間之後，阮朝不得不順應西方要求，於 1883 年正式與清朝斷絶了使節關係。

有關 1868 年出使的事件，阮代《大南實録正編》記載如下：

> 戊辰嗣德二十一年（1868）清同治七年六月
>
> 遣使如清。以署清化布政使黎峻（實授翰林院直學士）充正使，鴻臚寺少卿辦理戶部阮思僴（陞授鴻臚寺卿）充甲副使，兵部郎中黃並（以甫陞改授侍讀學士）充乙副使，先是，清國南太兩郡軍務未平，經展丁巳辛酉乙丑三次，使部至是遣使（次年己巳屆期），並將前三次貢品同遞。臨行賜詩勉之。（行隨等除甫陞外餘均準陞一秩。）②

在此使者之中，阮思僴是甲副使，但他是科舉出身，受到世人的推崇與尊重，真是優秀人才。阮思僴原名阮文富，字禧白，生於癸未年（1823），卒於庚寅年（1890），享年 67 歲。他是游林村著名藝術家阮案的孫子。由於出身於世世代代的學術世家，他在 1844 年已通過黃甲辰科，那時年齡僅 21 歲，從此能夠發揮自己的才能幫助國家。最初，他在丙申年（1846）被朝廷任命爲翰林院修編者，又任命爲甯順縣知府。1847 年再次被召回京城，授兵科級事中職務，當作皇帝之顧問。1868 年出使的主要任務是呈獻國書、進貢，同時應邀出席清朝同治帝的萬壽慶典。在使團中，阮思僴在起草信件、表奏及記録旅行計劃等方面發揮着重要作用。

---

① 潘輝注：《歷朝憲章類志》，漢文，號碼：A.1551/6; 越文，河內：社會科學出版社，1992 年，第 280 頁。

② 《大南實録正編》第四紀卷三十八，東京：慶應義塾大學言語文化研究所，1975 年，第 17 册，第 6516 頁。

使團從順化京城出發到河內，從那裏沿着黎朝使者的道路從升龍即河內到達北京。那年的行程很順利，來回時間共兩年。在此使程之間，阮思僩總共編撰了三部作品：《如清日記》《燕軺筆錄》和《燕軺詩文集》。①

二、1868 年出使的行程記録

1852 年越南遣使歲貢之後，中越兩國都受到西方侵略，國內又都變亂不止，清廷多次諭令越南緩期入貢，以致 1853 年至 1868 年中斷了朝貢往來。1868 年，越南派遣黎峻等入貢，此時的中、越兩國都發生巨大變化。越南於 1858 年遭到法國軍隊的襲擊，中國也飽受戰争威脅。阮思僩的這次出使更多的目的是瞭解中國人如何應對西方。實際上，這次旅行詳細而具體地記載於阮思僩所撰《燕軺筆錄》的《日程記》一節中。

《燕軺筆錄》現保存在越南漢喃研究院博物館，號碼 A.852，同時也收録於《越南漢文燕行文獻集成》第 19 册。

> 日程記
> 戊辰年六月二十四日，臣阮思僩臣、黄並率行隨人等，奉於勤政殿庭行望拜禮畢。內閣臣潘廷評奉宣敕頒給御製詩。臣等奉于東閣庭前拜領。二十七日臣黎峻拜命，恭領國書及國印，領紙各道。二十九日臣進等奉于文明殿庭陛辭，恭進謝表。②
> 起程回國：己巳年四月初十日出城，宿南門外永陛店，雇足車輛早發。③

有關使者行程，黎代即十七至十八世紀，由於黎朝的京都在升龍，所以使團從升龍經陸路到鎮南關（今友誼關）而進入中國。而阮朝京都在順化，所以使團要從順化出發到河內（升龍），然後到南關進入中國，跟黎朝出使的路綫一樣。只有一次走海路，因爲海路很長，很危險，所以主要是由陸路通過南關進入中國。副使阮思僩《日程記》非常具體地記録了阮代使團出發的時間、地點以及在此期間發生的事件。即行程安排、使團活動、接待使團及

---

① 漢喃研究院：《漢喃遺産書目提要》，河内：社會科學出版社，1998 年。

② 阮思僩：《燕軺筆錄·日程記》，載於中國復旦大學文史研究院、越南漢喃研究院合編：《越南漢文燕行文獻集成》，上海：復旦大學出版社，2010 年，第 19 册，第 58 頁。

③ 同上書，第 233 頁。

給使團安排交通等事件都記錄在《日程記》中:

> 戊辰年（1868）六月二十四日奉旨去使。七月初七日起程，
> 十九日到河內公館。二十五日起行……
>
> 過關。八月初一日五更初刻，臣等與侯命臣阮恕帶領護送之北（北
> 江）諒（諒山）二省員弁兵象，護遞國書公貨箱函進關佇侯，飭將
> 兵象械仗排列關之左右，並委通事具帖通問。護接之署理太平府知
> 府、奉議大夫徐征旭（進士，山東人），廣西新太協鎮武功軍將軍
> 祥瑛，護貢武委員之廣西撫標參將武翼都尉岳齡（蒙古正黃旗人），
> 欽加武翼都尉馗纛營昭武都尉張紹緒，署理竜州同知奉直大夫楊延
> 亦各齊就關上，具帖通問，卯牌啟鑰，臣等偕侯。

從時間上看，出程是從 1868 年到南關通關，次年到北京，其中，從南關
到寧明市需要兩天陸路時間。從洲城到寧明城再到梧州城需要三十天水路時
間。從南關到北京總共需要 181 天（沿途住宿 64 天，實際 117 天，水路 73 天，
陸路 44 天）。回程時間為 4 月 10 日自北京出發，11 月 13 日至南關。從北京
到南關總共 206 天。在北京逗留時間為 70 天。

此行期間，阮思僩完成了三份文件，其中一份由三位大使簽署，提交給
嗣德國王報告此行的結果。國王在位，非常高興。因此，三位使者都被國王
提升了一級，繼續在朝廷工作。

這是阮思僩所記載的資料。此資料也編成《如清日記》並進呈皇帝。《如
清日記》（藏漢喃研究院，編號 A.102）的頭幾頁如下:

> 嗣德貳拾貳年拾壹月貳拾捌日題.
>
> 臣黎峻記，臣阮思僩記，臣黃並記。
>
> 奉派如清使務臣等謹奉為使務臣黎峻，臣阮思僩、臣黃並等謹奏，
> 為奉聞事，嗣德貳拾壹年陸月日臣等奉充如清使務，所有途間返往
> 行走事宜，逐日登記，謹奉一併彙列清冊進呈謹奏。
>
> 計: 行程撮要
>
> 嗣德貳拾壹年（即清同治柒年）捌月初壹日開關。本年正月貳
> 拾拾玖日抵燕京。
>
> 由陸程自南關至寧明州城行貳日，由水程以下自寧明州城至梧州
> 府城津次共三拾日，行拾玖日，泊拾壹日。自梧州府城至廣西省城津

次共貳拾肆日，行拾捌日，泊六日。由改陸程自廣西省城至全州城共拾叁日，行肆日，住玖日。由水程以下自全州城至湖南省城津次共貳拾陸日，行貳拾日，泊陸日。自湖南省城至湖北省漢陽縣城共叁拾日，行拾貳日，泊拾捌日。自漢陽縣城至滎澤縣城共貳拾五日，行拾柒日，住捌日。自滎澤縣城至直隸省清宛縣共貳拾壹日，行拾玖日，住貳日。自直隸省清宛縣至燕京共拾日，行陸日，住肆日。合共自南關至燕京去程該壹百捌拾壹日，途間留住陸拾肆日，實行壹百零拾柒日。

本年肆月初拾日自燕京回程，至拾壹月拾三日抵南關……合共自燕京回程至南關該貳百陸日（內途間留住柒拾五日，內實行壹百三拾壹日），又留住燕京柒拾日。

此外，阮思僩還編撰了他的另外兩個作品。阮思僩沒有在地圖上畫畫和做筆記，而是一絲不苟地記錄了使團的日常活動，時間、去哪裏、做什麼、會見誰……特別的是那次出使完全由地方官員照料。一路上，有停靠站，向當地官員報到，跟士人參觀、交流。因此，越南阮朝使節出使的使行錄大多很少使用地圖，所以出使地圖不多。

除了漢喃研究院博物館的阮代兩本圖畫以外，還有另一幅圖畫爲阮克活於 1876 年出使所繪《燕使程圖》。《燕使程圖》現保留在河內市嘉林縣甯協社阮克氏祠堂。使程開始於嗣德二十八年（1876）7 月，從北城堡—河內到諒山，通過南關山口。抵達諒山城後，一行人駐足祭拜天地，次日前往中國，也就是洲城（太平府）。從這裏到廣西需要 52 天。此行程分爲幾個階段，途經太平府必須祭祀山神河伯。到達寧江，從諒山市流向中國，使團停止了陸路旅行，而是乘船走水路。船往來於同一山的兩側，河岸上每隔十至十五里就有一個崗哨。途中，遇到許多歷史遺跡，如名人蘇東發之墓（廣平府）、趙王城堡、漢光武石碑、蘇秦廟（趙州）……然後到達清朝京都。

《燕使程圖》這套文件主要是普通紙上的中國水墨畫和丹青。乍看之下，像是過剩，但仔細看，又像是一幅精緻的水彩畫，筆觸自由。這套圖共有 82 張，畫完後對折成一卷，包括大約 150 幅左右的畫作，是一套完整的從北城堡（河內市）到北京的旅程圖。回程不單獨畫，只畫了一部分。[1] 此圖畫跟漢喃研究院博物館裏的范文至所編 1882 年《如清圖》和裴文禩《燕邵萬里集》

① 《130 年前的程途圖版之發現》，《青年日報》，2004 年 8 月 25 日。

是一樣的。

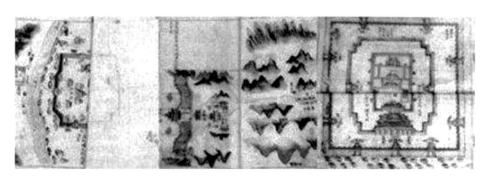

圖一　阮克活的《燕使程圖》　1876 年

　　此圖畫跟李文馥的《使程括要編》（1841 年，號碼 VHv.1732）和阮文貯的《如清圖》的圖畫（1882 年，　號碼 A.3113）差不多。然而此地圖實際上是根據前輩使者的地圖寫繪而成。其中畫圖跟黎代燕京路綫圖畫是一樣的。這證明，黎朝的地圖根本不是爲了做路綫圖而畫的，主要目的是把它編輯爲出使作品。阮輝瀅後代抄寫《皇華使程圖版》的時候這樣寫："我高祖阮相公，黎朝景興戊辰庭元探花。乙酉（1765）奉命北使，江山到處，題詠詩歌，曰《使程總歌》。刻本家傳，生下者皆得身見。間有取前部奉使程圖（甲辰戊辰），身取校正，輯續明白，並與歌本兩相考驗。"[1]

　　所以大部分越南燕行圖畫主要是爲了編入燕行作品，而不一定用來記録實際路程。因爲每一條路綫都是固定的，由當地官吏接待及安排使團的交通工具。事實上，這些地圖是從之前使團的地圖中因襲而來，然後在地圖繪製的路綫上標注了典型位置。黎朝出使地圖中的典型代表是阮輝瀅於 1765 年出使的《皇華使程圖版》。這是從實際行程描寫出來的作品。出使行程由作者全面繪製，從出發點（河內，升龍）到各關隘，到最後行程終點北京。各個驛站，條路，屯鎮，山水土地的名稱，物産等……均由作者記録在各畫圖旁邊，使之生動反映了十八世紀使程沿途中國各地的行政、地理環境等。

　　反過來，阮思僩沒有在出使的路上畫地圖，而是通過日程記和他的詩歌散文集詳細記録了這次出使的行程。與其他詩人和使者一樣，阮思僩留下了許多感人的詩篇，許多優美的句子，許多藝術成果和對祖國的深情。

　　此行期間，阮思僩認識到清朝在太平天國叛亂後的衰弱，以及上一任皇

---

[1]　《皇華使程圖版》的末頁（漢文）。

帝在位時因保守落後而導致在面對歐美列強時喪權辱國。

他也學到了很多新東西，所以回國後，他和裴援一起給嗣德國王寫了一封信，提出了一個復興和自力更生的計劃，比如擴大與西方國家的關係，派學生出國學習新技術。但當時的朝廷還比較保守，不瞭解外界情況。以他在出使中獲得的知識，他看到法國即將入侵越南，因此國家的革新是非常緊急的事情。

總之，阮思僩出使是在 1868 至 1869 年。儘管使團此行處於當時中國和越南都受到西方入侵威脅的背景下，不過在中國當地官員的幫助下，使團的行程得以順利、安全地進行。此行程期間，阮思僩留下了三部漢文作品，其中一套文集，一套詩集和一套旅行日記。根據使行的日程記，使臣們編成報告恭呈國王。阮思僩沒有使用地圖，而是一絲不苟地記錄了行程安排。這表明，出使行程完全是由地方當局按照事先規定好的路綫和交通方式進行安排。因此，這些地圖被層層因襲收入各自作品集，而非真實的使程記錄。

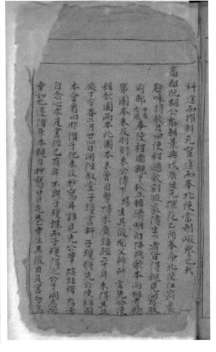

圖二　阮輝瑩的《皇華使程圖版》　1765 年

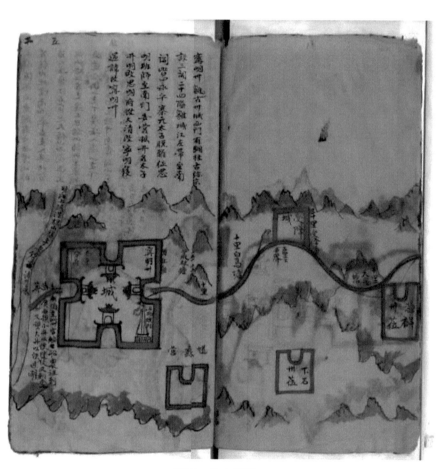

圖三　燕台圖版

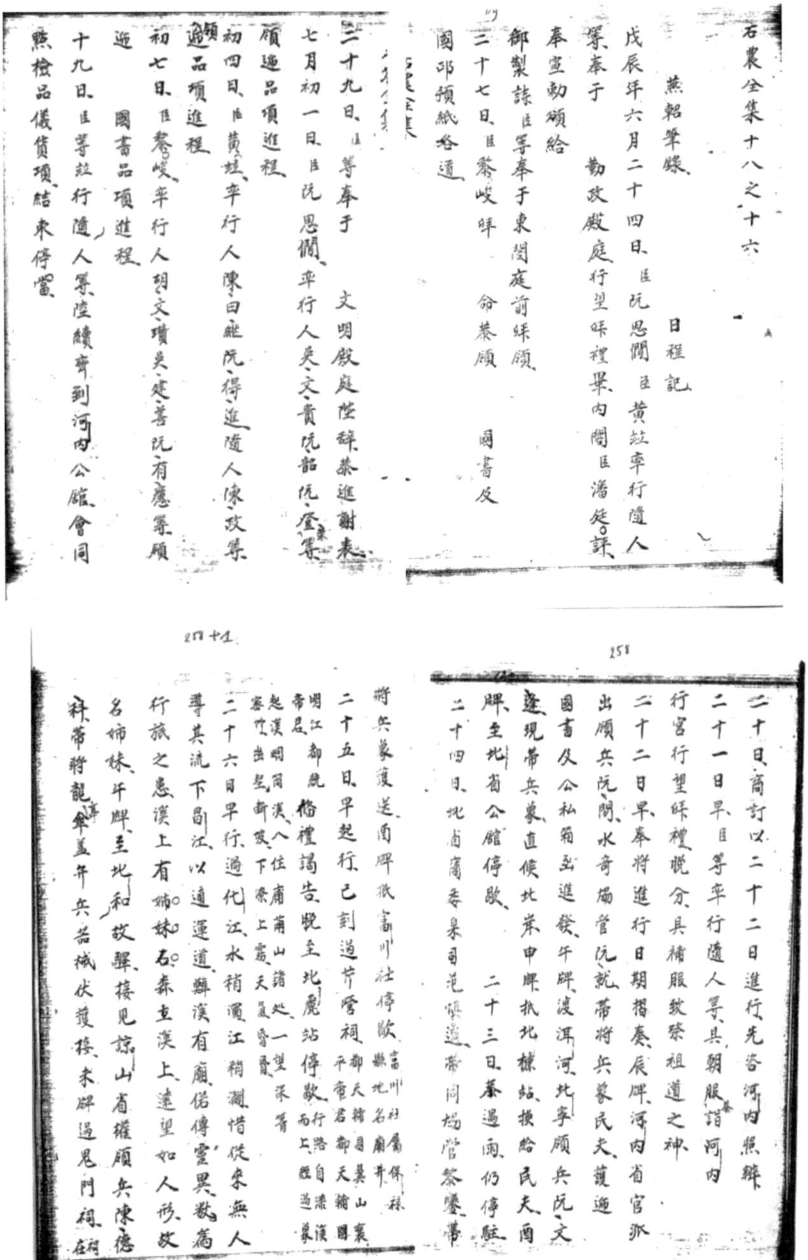

石農全集十八之十六

燕軺筆錄

日程記

戊辰年六月二十四日，臣阮思僴臣黃並宰行遣人等奉于

勤政殿庭行望畔禮畢內閣臣潘廷誅

奉宣勅頒給

御製諛誅臣等奉于東閣庭前誅顧

　　　　　　　　　　　國書及

二十七日，臣等峻畔　　　　　俞恭顧

國邱摃紙給道

二十九日，臣等奉于

　　　　　　　文明啟庭陛辭恭進謝表

顧通品項進程

初四日，臣黃並宰行遣人陳日庭阮得進隨人陳攷畀

顧品項進程

初七日，臣峻畔年行人胡文橫吳廷善阮有應隨顧

國書品項進程

十九日，臣等茲行遣人景陸續尋到河內公館會同

照檢品項優貨項結束停當

二十日，商訂以二十二日進行先容河內照辦

二十一日早目等平行遣人景其朝服諸河內

行宮行望畔禮晚分其補服致致祖道之神

二十二日早奉將進行日期揁辰畔進行河內省官派

出顧兵阮關水奇屬管阮就畔將兵蓋民夫蓋遞

國書及公私箱出進餞午畔渡洱河北李顧兵阮文

遂現帶兵紊直候北崇申畔扒北檁站換給民夫蓋

畔主地省公館停歇　　　　二十三日峻邊兩仍傳駐

二十四日地省府吾景司楊管答鑒畔

二十五日早起行己割道芹管祠御天捕國天捕圖

明江御跪備禮譛告歇至北麗站停歇而上畔過蓋畔

起漢明同漢人佳庸甫山諸處一望禾苗

察行出起新發于甫上諸天長府高

二十六日早行過代江稍江稍瀾惜從來無人

尊其流下罰江以道運道舞漢有廟偌傳靈異敷爲

行旅之愿漢上有姉妹石森立漢上達望如人形故

名姉妹牙畔至北和故驛接見諒山省權顧兵陳德

科蒂蔣龍牽蓋年兵茖城伏護接未畔過昆門祠在

將兵蓑護送甬畔徙富州社停歇　　　富州科屬保祿林縣地名廟平襄山襄國

圖四　《日程記》，號碼 A.825，漢喃研究院博物館藏

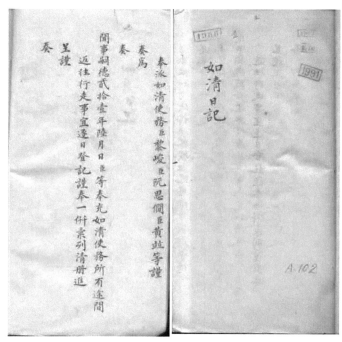

自榮澤縣城至直隸省清苑縣共貳拾壹日行拾玖日

住貳日

自直隸省清苑縣至燕京共拾陸日行陸日住肆日

合共自南關至燕京去程諸壹百捌拾壹日逐間留住陸

拾肆日蔥行壹百零拾柒日

本年肆月初拾日自燕京回程至拾壹月拾叄日抵南關

自新鄭縣城改路至樊城公館共拾陸日行拾貳日住肆日

自樊城至湖北省城津次共叄拾捌日行拾叄日泊貳拾五日

自湖北省城津次至湖南省城津次共拾壹日行陸日泊五日

自湖南省城津次至廣西省全州城津次共叄拾玖日行貳拾陸日泊拾叄日

圖五（1）—（3）　《如清日記》，號碼：A.120

"忠愛之情發於詩"

——簡談越南明鄉華人吳仁靜及其《拾英詩集》

［越］阮進立

【摘　要】吳仁靜爲越南阮朝官員、明鄉華人著名詩學家。其祖先爲浙江山陰縣人，明清之際因不甘爲清朝臣民而南投流寓安南嘉定。仁靜因博學多識而被朝廷舉用，歷任翰林院侍學、兵部右參知、乂安協鎮、工部尚書兼領嘉定協總鎮等職。其政治才幹和文學才華深受後世之推崇。身爲"嘉定三大詩人"之一，具有"八大奇文華兩國"的文學成就之吳仁靜，在其《拾英詩集》中充滿"忠君愛國之情""思鄉懷友之心"。此外，綜覽此集之內容，大部分均爲其出使清朝之際所寫的作品，因此"與中國文人之間的唱和"亦是該詩集之重要內容，值得吾人深入探討與分析。本文以越南阮朝《大南實錄》《大南列傳前編》《大南一統志》等史料爲依據，再以吳仁靜的《拾英詩集》爲核心，輔以鄭懷德《艮齋詩集》及其他相關資料，針對吳氏之生平事跡及其文學著作進行探討與分析，以見其人其詩之價值一斑。

【關鍵詞】吳仁靜　《拾英詩集》　明鄉華人　越南漢籍

一、前言

鄭天錫、吳仁靜、鄭懷德是 18 世紀末、19 世紀初期越南著名之華人作家。此三人在越南文學及史學上均有十分重要的地位，而且對當地之文學活動作

【作者簡介】阮進立，越南文郎大學外語學系教授。Nguyen Tien Lap, The Faculty of Foreign Languages, Van Lang University, Ho Chi Minh City, Vietnam. Email: lap.nt@vlu.edu.vn

出了巨大的貢獻。鄭、鄭二人之相關論題，前人已多所論及；^①但身爲"嘉定三大詩家"之一，具有"八大奇文華兩國"的文學成就之吳仁靜，卻少人研討。目前中國大陸、臺灣學界對吳氏之研究，尚無專門分析討論之學術著作，所能見到的僅有零散之記載，且其內容均屬於略傳性質之短文而已。^②

吳仁靜詩歌在其生前就頗受好評，如清代廣東文人陳濬遠爲他所寫的序中提到："集中雄健綺麗之句美不勝收。"^③"其詩之氣格渾成，琢金玉以成章，織經史而作錦。"^④又阮朝禮部左參知葵江侯阮迪吉論云："其集則天籟自鳴，意到筆到，不費推敲求索之勞而亦無椎鑿刻鏤之迹。"^⑤而阮朝乂安鎮督學裴楊瀝讚其詩爲："隨感隨發，筆與情到，而其一般宕佚之致，飄乎旁日月而挾宇宙，隱隱乎情之外，非一篇一句所可指摘。"^⑥而近人學者鄭幸亦說："就集

① 關於鄭天錫之相關研究，請參見拙作：《越南明鄉華人鄭天錫及其文學作品初探》，《康大學報》第四卷（2014），第1—19頁；而關於鄭懷德之相關研究，請參見阮：《鄭懷德》，《知新雜志》第7期（1941），第12—13頁；阮趙：《十八世紀末有功於越南國的明鄉名人：艮齋鄭懷德》，《越民》第37期（1956），第18—19、26頁；木村宗吉：《鄭懷德撰〈艮齋詩集〉》，《史學》第37卷，第4號（1965），第465—467頁；阮奎：《鄭懷德與〈艮齋詩集〉》，《靈火集刊》第2期（1975）；鄭瑞明《華僑鄭懷德對越南的貢獻》，《歷史學報》第4期（1976），第221—240頁；胡士協：《鄭懷德與嘉定、同奈的人、地關係》，《藝術文化》第9期（1983），第40—42、44頁；龔顯宗：《華裔越南漢學家、外交家鄭懷德》，《歷史月刊》第150期（2000），第107—112頁；黎光長：《鄭懷德使程詩初探》，《人文暨社會科學集刊》第42期（2008），第62—71頁；阮氏秋水：《鄭懷德的身事及其文學事業》，越南胡志明市人文暨社會科學大學文學與語言系碩士學位論文，2009年；龔顯宗：《從〈退食追編〉論鄭懷德學優則仕的歷程》，收入《文史雜俎》（臺北：文津出版社，2010年），第257—268頁等著作。

② 鄭瑞明：《清代越南的華僑》（臺北：嘉新水泥公司文化基金會，1976年），第66—68頁；徐善福：《十七 十九世紀的越南南方華僑》，《暨南大學學報（哲學社會科學版）》1981年第4期，第75頁；朱傑勤、黃邦和主編：《中外關係史辭典》（武漢：湖北人民出版社，1992年），第727頁；編輯委員會編：《東南亞歷史辭典》（上海：上海辭書出版社，1995年），第209頁；楊保筠主編：《華僑華人百科全書·人物卷》（北京：中國華僑出版社，2001年），第539頁；于在照：《越南文學史》（北京：軍事誼文出版社，2001年），第106頁；莊秋君：《十九世紀越南華裔使節對中國的書寫——以越南燕行錄爲主要考察對象》，《漢學研究集刊》第20期，2015年6月，第122—124頁。

③ 陳濬遠：《拾英堂詩集序》，收入吳仁靜：《拾英堂詩集》，中國復旦大學文史研究院、越南漢喃研究院合編：《越南漢文燕行文獻集成》，上海：復旦大學出版社，2010年，第9冊，第8頁。本文所引《拾英堂詩集》皆出於此版本，故後文不另作詳註，僅標書名及頁碼。

④ 陳濬遠：《拾英堂詩集序》，收入《拾英堂詩集》，第9頁。

⑤ 阮迪吉：《拾英堂詩序》，收入《拾英堂詩集》，第12頁。

⑥ 裴楊瀝：《拾英堂詩序》，收入《拾英堂詩集》，第14—15頁。

中詩作看來，吳仁静漢文素養較高，受中原文化影響亦頗深。"①可見，其詩作值得吾人深入研究。

本文先將吳仁静其人其事作一簡略介紹，再將《拾英詩集》之相關問題加以探討與論述，希望能對其生平事蹟及文學著作有更進一步和全面的瞭解，同時也爲明鄉華人之研究提供一些較有價值的參考資料。

二、吳仁静之生平事跡

吳仁静號汝山氏②，又號拾英，是越南阮朝官員、詩學家，封爵静遠侯。其先世浙江山陰縣人③，明末清初南投流寓安南嘉定。1760年，吳仁静就在此地出生。其文學該博，工於詩，好吟咏，年少時曾與鄭懷德、黎光定等人組成"平陽詩社"，後改爲"嘉定山會"。此三人爲世人所推重，稱爲"嘉定三家"，而其合著之詩集則名爲《嘉定三家詩集》。

吳仁静自幼喪父，家境貧寒，與慈母居住於安南嘉定府。年十餘歲，拜投名師門下，受業於武長纘先生，研究詩詞，遍讀經史子集。志學之年，常得與先輩們交遊，約以忘年之契，朝夕共同講論、唱和詩文。未幾，以詩名於當時，而其名"已傳於文人之口矣"。弱冠之時，因遭年荒，"遂從子貢讀《殖貨志》以治生"④，並焚膏油以繼晷，積年累月，努力不懈。亦在這段時間，與好友鄭懷德集合同好，組成"嘉定山會"詩社：

> 然亦時或著力，更費推敲，欲入古學之藩籬，終落時文之圈套，

① 鄭幸：《拾英堂詩集》，收入《拾英堂詩集》，第4頁。

② 歷來學者常誤認"汝山"爲吳仁静之表字，如鄭瑞明《清代越南的華僑》，第66頁；徐善福《十七十九世紀的越南南方華僑》，第75頁；鄭幸《拾英堂詩集》，收入吳仁静《拾英堂詩集》，第3頁，以上資料均認爲："吳仁静，字汝山。"但，按鄭懷德在《艮齋詩集》所言的："乃集諸同志，結爲詩社，以將相琢磨，名曰'嘉定山會'。余名安，號止山氏，吳名静，號汝山氏。凡會中詩率率以山字爲號，用志其詩學之宗風焉耳。"由此觀之，"汝山"爲吳仁静之號，絕非其字也。詳見拙作：《傳統的"字"、"號"與鄭懷德的情況》，越南胡志明市師範大學《科學雜志》第10期（2015），第158—170頁。

③ 越南阮朝史料《大南正編列傳初集·卷十一》稱吳仁静的祖先爲廣東人，但據吳仁静在《拾英堂詩集·客中雜感·其二》自云："微才酬盛世，孤影對殘缸。直以君王事，難來父母邦。（夾註：祖籍浙江山陰縣）寒鐘鳴古寺，遠客臥澄江。幾點梅花落，山城故鄉腔。"因此，筆者此篇論文採用吳氏的自言，稱其先世爲浙江山陰縣人。

④ ［阮］鄭懷德著，新亞研究所東南亞研究室編輯：《艮齋詩集》，香港：新亞研究所，1962年，第128頁。

不有剿襲陳腐，則鄙俗浮媚，雖筆下成篇，而味同嚼蠟，求其風雅神情三百篇之軌轍，終不能得，蓋以火侯日淺，俗染病深，未得法家三昧故也。乃知古云"十年做得一舉子，三十年做不得一詩翁"，真不誣矣。噫！詩教其難者有如此，夫乃集結諸同志結爲詩社，以將相琢磨，名曰"嘉定山會"。①

所謂"嘉定山會"，指的是會中詩友均以"山"字爲號，如：止山鄭懷德、汝山吳仁靜、奇山葉鳴鳳、晦山黃玉蘊、復山王繼生等。文中"欲入古學之藩籬，終落時文之圈套""雖筆下成篇，而味同嚼蠟"和"求其風雅神情三百篇之軌轍，終不能得"等都深深表露出該詩社的文人對《詩經》的仰慕與傳承之精神，以及其對詩歌的力爭上游之要求。

壬寅年（1782）廿二歲之吳仁靜，因避世亂而奔跑大清廣東一程，飽受顛沛流離之苦。其世弟鄭懷德爲之寫出《送吳汝山之廣東》一首，詩云：

> 惜別相酬酒慢斟，灞橋詩句不成吟。
> 家貧母病吾多累，國亂鄉離汝遠臨。
> 龍席差池飛燕羽，虎門窅寞暮雲心。
> 太平慶會知何日，淚滴悲絲動古今。②

詩中借用"灞橋"之典故，寫出"國亂鄉離""淚滴悲絲"等戰亂流離之景象，表現出彼此奔波的淒涼之情，令人動容悲傷。除《送吳汝山之廣東》外，在1782年鄭懷德至少還有《江月同吳汝山書懷》二首、《以武茶贈吳汝山》等詩作，都爲仁靜而寫，可知二人此時相交甚深，且在感情、志趣等方面均極爲相投。

戊申年（1788），吳仁靜因博學多識而被朝廷舉用，授翰林院侍學。同年，其同門友鄭懷德、黎光定等人亦應舉，授翰林院制誥。戊午年（1798）延慶留鎮阮文誠、鄧陳常等人建議遣人北使，表揚靜爲"操守端正，學問優長"者，實爲最佳人選。是年夏季，升爲兵部右參知，奉國書搭乘商船前往大清廣東探問黎昭統帝③之消息，既至聞之已殂，乃還。

---

① 《艮齋詩集》，第127—128頁。

② 同上書，第34頁。

③ 黎昭統，即黎愍帝（1765—1793），是越南後黎朝的最後一位君王。其即位後改年號爲昭統，因此又被後世稱爲黎昭統。1789年爲西山阮文惠所逐，出關投靠中國，1793年卒於大清燕京。

庚申年（1800），又奉命至大清兩粵爲"謝恩使"兼"請入貢事列"。鄭
懷德作《送兵部參知靜遠侯吳汝山奉使大清》三首並在題前作"序"云：

> 蓋以丙午年西山阮光平因安南國君弱臣强，鄭氏專政，人心思阮，
> 遂假御名兵清君側，掩襲黎京，昭統帝出奔大清。戊午年，靜遠侯
> 奉往廣東省間行問昭統帝起居，船到江門港，適值白蓮教唱亂于四川，
> 道問梗塞，以事返命。己未年，王師西征歸仁城，降之。後颶風暴發，
> 中水官兵漂到廣東瓊洲陵水縣，地方官給賜衣糧，送回本國。今年
> 復命吳侯往粵爲謝恩使，兼請入貢事例。時御兵自嘉定城進，解歸
> 仁之圍，留余守護糧儲，于平和鎮海港接見使船，自嘉定來示諸友
> 送詩，候掛使船，詣行在所拜命。余因和韻一首、別韻二首，用表
> 餞情。若以君子送人以言，則無一言而可，是序。[1]

既回，遂"從駕援歸仁，與阮奇計等分司兵餉，尋暫行富安公堂事，收支錢粟，
以給軍需"[2]。同年九月又奉命領遞"清茶""暹煙""乾魚""乾鰕"等物分
給諸將士。

嘉隆元年（1802），阮世祖與群臣議通使於大清：

> 諭曰："我邦雖舊，其命維新，復讎大義，清人尚未曉得。曩者，
> 水兵風難，清人厚賜遣還，我未有答復。今所獲僞西冊印，乃清錫封；
> 所俘海匪，乃清逋寇，可先遣人送還而以北伐之事告之。俟北河事定，
> 然後復尋邦交，故事則善矣，卿等其擇可使者。"群臣以鄭懷德、吳
> 仁靜、黃玉蘊等應之，帝可其奏。[3]

便封鄭懷德爲户部尚書兼正使，以兵部右參知吳仁靜爲甲副使、刑部右參知
黃玉蘊爲乙副使，一起赴清求封。三年（1804）完成任務，歸國，領職如故。
同年，清朝廣西布政使齊布森到安南册封嘉隆帝爲越南國王。懷德、仁靜二
人同任通譯工作：

---

① 參見《艮齋詩集》，第67—68頁。

② ［阮］阮朝國史館：《大南列傳前編·卷十一·諸臣八·吳仁靜傳》，東京都：慶應義塾大學
言語文化學研究所發行，昭和36—56（1962—1982）年，第1139頁。本文所引《大南列傳前編》及《大
南實錄》等皆出於此版本，故後文不另作詳註，僅標書名及頁碼。

③ 《大南實錄·正編第一紀·卷十七》，第571頁。

甲子元旦至昇隆城朝謁，復命停留奉侍，行受冊封大禮，上諭余與靜遠侯既熟北語官話，委余侍駕，靜遠侯陪冊封大使廣西布政齊布森，同爲通譯宴款問答之語，免他通事卑下衣服賤陋，觀瞻不雅。①

嘉隆六年（1807）奉命爲正使，偕副使陳公檀等前往羅壁板城（Lovek）賜封匡禎（Neak Chan）爲真臘國王：

真臘匡禎遣其臣屋牙位奔瀝來請封，帝許之，命兵部參知吳仁靜爲正使，永清記録陳公檀爲副使，齎勅印封禎爲高綿國王（原註：銀印鍍金駝鈕，宣封在羅壁板城，禮部撰宣封儀注，頒行之），定三年一貢，以是年爲始（原註：貢品雄象二匹、犀角二座、象牙二支、烏漆二十坯、荳蔻、砂仁、黃蠟、紫蟻、陳黃各五十斤。使部正、副各一，以四月抵嘉定，城臣委送來京，行隨人等，陸程十人，海程二十人。）②

當其經過廣義鎮茶曲江時遇到洪水，無法前進，即景興情，寫下了《丁卯年季秋欽命錫封高綿國王途經廣義茶曲江遇洪水駐節龍山頭》一首：

行旌遇雨駐龍頭，茶曲滔滔晝夜流。
治水昔時猶有道，濟川今日豈無舟？
靜觀雲色千山暮，閒聽風聲萬木秋。
欲速從來多不達，罪甘王命住淹留。③

八年（1809），阮朝置演鎗三場，令"侍中""神策"等諸軍演試，並以吳仁靜、陳光泰、裴公金等人爲侍中右場之監考。十年（1811）任領乂安協鎮，越南著名詩人阮攸寫下《送吳汝山公出鎮乂安》一詩贈之。詩云：

錦羅江上扣征鞍，拜會非難惜別難。
八大奇文華兩國，一車膏雨潤全驩。
人從淡泊斯爲政，天爲黔犁不放閒。
北望鴻山開德曜，天涯舉酒慶鄉關。④

---

① 《艮齋詩集》，第 133 頁。
② 《大南實録·正編第一紀·卷三十三》，第 749 頁。
③ 《拾英堂詩集》，第 83—84 頁。
④ ［阮］阮攸著，陳文耳譯：《阮攸漢文詩》，越南胡志明市：文藝出版社，2007 年，第 248 頁。

驩州乃爲乂安之舊名，亦爲阮攸之故鄉。阮、吳二人同爲阮朝官員，在朝廷中多次相遇，彼此相識相敬。得知吳氏擔任"乂安協鎮"一職，阮攸十分高興，便"舉酒慶鄉關"並爲自己的家鄉代言，稱讚吳氏爲"八大奇文華兩國，一車膏雨潤全驩"，期望其能以仁德爲政，爲民造福。

對於朝廷之重託、百姓之期待以及諸友之信任，吳仁靜非常感動，寫下《答諸友贈別原韻》一詩以答之，表達自己的政治理念：

> 滿城春色送征鞍，半句心頭欲話難。
> 未信臨民師子產，敢將市義效馮驩。
> 江山有意雲相净，天地無心物自閒。
> 此去已期梅月會，休將杯酒唱陽關。①

子產、馮驩均爲春秋戰國時期之著名人物。此二人之政治才幹深受後世之推崇。仁靜詩中"未信臨民師子產，敢將市義效馮驩"二語已説明了其期望能輔助爲政者，並學習古人關心百姓的生活。在任"乂安協鎮"時爲官清廉，體察民情，一見民間疾苦，則累次三番向阮朝代求請緩徵，甚至上疏請親自回京面陳，帝皆從之，曰："國家藏富於民，在民猶在官耳，何急焉。其待歲稔徵之。"②此外，其見乂安之土音特異，意不滿，便令督學裴楊璀撰寫《乂安風土記》一書，將乂安鎮之東城、瓊瑠、羅山、天禄、南塘、宜春、香山、清漳、真禄、興元、石河、奇葉等十二縣之風俗、物産、人物等全詳記於書内。其如此克盡厥職，體恤愛民，誠如越南史書所讚揚："居官清約，嚴斥蠹吏，民安之。"③

嘉隆十一年(1812)陞工部尚書，並於同年四月出任嘉定協總鎮。夏季七月，與户部參知黎曰義共同主持"檢查屬城諸鎮道錢粟産物税利"④。十二年(1813)四月與嘉定城總鎮黎文悦等率領一萬三千餘人再度護送真臘國王匿禎歸國。及還，因受人誣告貪汙受賄，嘉隆帝不悦，但仍以無狀置之。吳仁靜此後失寵，心中不自安，然終無以自明，嘗嘆曰："畫蛇添足，誰使我負不白之冤乎?"⑤短短半年間，因飽受極大之打擊，於是年冬愁悶病故，壽命五十有三。鄭懷

---

① 《拾英堂詩集》，第 84 頁。
② 《大南實録·正編第一紀·卷四十二》，第 834 頁。
③ 《大南列傳前編·卷十一·諸臣八·吳仁靜傳》，第 1139 頁。
④ 《大南實録·正編第一紀·卷四十五》，第 868 頁。
⑤ 《大南列傳前編·卷十一·諸臣八·吳仁靜傳》，第 1139 頁。

德爲之奏請追贈，帝不許，傷心而寫出《聞嘉定城協總鎮靜遠侯吳汝山工部尚書訃音哀作》一首。詩云：

> 指望安邊展宿懷，錦堂驚報汝山頹。
> 紆青有力生能博，不白之言死可哀。
> 半世雄心空復爾，二年大體謂何哉。
> 憐卿曠達翻成癖，埋怨莊生入夜臺。[①]

詩中"紆青有力生能博，不白之言死可哀""憐卿曠達翻成癖，埋怨莊生入夜臺"等語發抒了懷德對仁靜的身世和遭遇之哀痛，情感真摯而動人。

吳仁靜去世後之相關事情，越南史書記載較少，僅知後來被追封爲"金紫正治大夫""榮禄上卿""謚肅簡"。[②] 明命元年（1820）追給墓夫，嗣德五年（1852）十二月補祀"中興功臣廟"[③]。現今越南胡志明市第十一郡"覺林禪寺"前仍有其墓園，而胡志明市第五郡"明鄉會館"[④]內及越南同奈省邊和市"鎮邊文廟"中仍祀奉之。

三、文學著作及相關問題

吳仁靜的著作極多，今僅傳"千百之十弍"[⑤]而已。其中，最具代表性者

---

① 《艮齋詩集》，第 117 頁。

② 吳仁靜被追封之事，越南阮朝史料均無記載，但據阮趙在《吳仁靜》中所言，1936 年 10 月當時政府爲了建設新的西貢車站（Saigon Marchandises），將原先已安葬在嘉定鎮至和社的吳氏墓地遷葬到別處。開棺蓋時，見綾錦一張，上有如下文字："皇越贊治功臣，特進金紫正治大夫，榮禄上卿，欽差工部尚書協行嘉定總鎮事靜遠侯謚肅簡吳府君之柩。"參見阮趙：《吳仁靜》，《知新雜志》第 6 期（1941），第 135 頁。

③ 吳仁靜被祀於中興功臣廟內之時間，史載不一，《大南正編列傳初集·卷十一·諸臣八·吳仁靜傳》記爲嗣德五年，《大南一統志·卷一·京師群廟中興功臣廟條》則記爲嗣德三年。

④ 明鄉會館者，恭奉大明正朔之所也。蓋當日崇禎帝鼎湖仙去，福王、魯王、桂王淪夷，長平公主遁跡空門。其忠臣義士流亡在越者，心懷故國，於一七七八年特建明鄉社、立會館奉祀。正中題"龍飛"，右柜"祥麟"，左柜"瑞鳳"焉。厥後附祀陳國都督將軍勝才侯加封威敵昭勇顯靈陳公上等神（陳上川）、統率禮成侯護國庇民拓境威昭應阮公上等神（阮有鏡）於右；特進金紫榮禄大夫正治上卿工部尚書吳肅簡公（吳仁靜）、特進榮禄大夫右柱國少保勤政殿大學士鄭文恪公（鄭懷德）於左……詳見李文雄：《越南大觀》，越南西貢：提岸偉興印務局承印，1963 年，第 28 頁。

⑤ 參見《嘉定叁家詩序》，收入 [阮] 鄭懷德：《艮齋詩集》，越南河內漢喃研究院所藏，架藏號碼爲 A1392。

則爲《拾英詩集》一書。《拾英詩集》又稱《拾英堂詩集》^①，別名《汝山詩集》^②，是仁靜的心血結晶之文學作品。它不僅反映了其個人的思想、情感與願望，亦是瞭解越南阮朝的歷史、政治、外交、宗教、社會與民情等各方面之重要著作。目前由越南河內漢喃研究院所藏的《拾英詩集》一書，每半葉九行，行二十字，注雙行小字數同，四周雙邊，白口，黑魚尾。上記書名，下記葉數，刊印精良，但無封面頁及目錄等部分，集中各葉邊緣多處因潮濕而爛掉，且缺乏了詩作幾首。2010年經由中國復旦大學所重新編輯與出版的《拾英詩集》之版本，在其序言中雖已介紹了關於該詩集的相關問題如：存書狀況、詩作簡要內容等，但並未提及缺詩之狀況。

（一）《拾英詩集》之刊刻時間及其缺詩問題

筆者曾寫過《試校鄭懷德〈艮齋詩集〉版本》一文，詳細地介紹了關於《艮齋詩集》的各種現存之版本。^③其中，由越南河內漢喃研究院所藏，其館藏編號爲A1392之《艮齋詩集》是個較爲特殊之版本。此版本除了包括《艮齋詩集》全文外，還特別附加一些篇幅，如：《拾英詩集》之封面一頁、《嘉定三家詩》之封面一頁、《艮齋詩集》全編目錄一則、《華原詩草》目錄一則、《拾英堂詩集》目錄一則及《嘉定參家詩序》一則。^④

首先，《拾英詩集》之封面上方鎸刻"明命三年孟春鎸"，封面左下則鎸刻"艮齋藏板"；封面中間則爲"拾英詩集"等四大字；封面右下則僅見到一個"吳"字。

其次，《嘉定三家詩》之封面上方鎸刻"明命三年孟春吉日"，封面左下則鎸刻"艮齋藏板"；中間則刻"嘉定三家詩"等五大字；封面右下有"鄭、

---

① 越南河內漢喃研究院所藏刻本（架藏號碼爲A.779Bis），總題爲《拾英堂詩集》，但前半爲吳仁靜的《拾英堂詩集》，而後半爲黎光定的《華原詩草》。2010年，由中國復旦大學文史研究院及越南漢喃研究院合編之《越南漢文燕行文獻集成》總集共25冊，將吳仁靜的《拾英堂詩集》及黎光定的《華原詩草》收錄於第9冊。

② ［阮］國史館（編修），陳仲造（譯）：《大南一統志·嘉定六省》，第37a—37b頁；陳荊和：《艮齋鄭懷德》，收入《艮齋詩集》，第14頁。

③ 參見拙作：《試校鄭懷德〈艮齋詩集〉版本》，《興國學報》第15期（2014），第81—111頁。該文原名爲《鄭懷德〈艮齋詩集〉版本考》，首次收錄於屏東教育大學中國語文學系編：《聯藻於日月交彩於風雲——2012年近現代中國語文國際學術研討會論文集》（臺北：五南出版社，2013），第119—179頁。後來承蒙各方師友提供高見，再次經過修改及增補之後，另刊登於《興國學報》。

④ 見本文附錄二"吳仁靜及《拾英詩集》相關圖片及書影"。

黎、吳三家詩合鐫"等八字。

再者,《艮齋詩集》《華原詩草》及《拾英堂詩集》此三目録連續刻在一起,長達四頁。其中"艮齋詩集全編目録"包括:阮侯詩序一則、吳侯詩跋一則、高伯詩跋一則、《退食追編》詩127首、《觀光集》詩152首、《可以集》詩48首、自序一則等;"華原詩草目録"包括:黎伯序一則、詩草77首等;"拾英堂詩集目録"包括:陳序一則、阮序一則、裴序一則、詩集187首等。

最後,《嘉定三家詩序》則叙述鄭懷德與其亡友黎户部光定次子黎光瑶,吳工部仁静三子吳國珪見面。此二人各將其父詩集,分別爲《華原詩草》及《拾英堂詩集》呈請付梓。懷德因掛念當時他們三人一起唱酬,又一起登仕、出使入朝,認爲"今詩之刻應合而一之",逐綴鐫《華原》《拾英》二集於《艮齋詩集》之後,總顔曰:《嘉定三家詩》。

由上述所提到的這些篇幅,可確定《拾英詩集》刊刻之時間以及該詩集的目録:即最早版本刻於阮朝明命三年(1822),包括嘉隆五年(1806)大清國廣東人陳濬遠、六年(1807)阮朝禮部左參知葵江侯阮迪吉、十年(1811)阮朝乂安鎮督學裴楊瓛等三人序,加上詩作187首,凡五言律詩44首、七言絶句27首及七言律詩116首。

經對照及統計,現存《拾英詩集》一書僅剩下181首又一半,包括:五律41首,七絶27首和七律113首又一半,即少了五律3首和七律詩2首又一半。[1] 若按該詩集之順序,《澳門旅寓春和堂書懷·其三》一詩僅有"寂寞深宵酒乍醒,襟懷不盡百年情。岸頭楊柳留春……"等二十字,而翻閱下一頁則見《詩》《畫》五律二首。[2] 可見,《澳門旅寓春和堂書懷·其三》一詩顯然已少了一半(正確是少了二十八字)。那麼,《拾英詩集》到底已缺失了哪些詩作呢?

觀察吳仁静之《拾英詩集》的各種版本,目前國内外所通行者,均係越南河内漢喃研究院所藏,架藏號碼爲 A.779Bis 之版本,並均有缺乏上述那些詩之情形。然而,早在近30年前,越南學者高自清先生於《在嘉定的漢喃文學》一文中曾經摘引了吳仁静的一些詩句,而這些詩句剛好可幫助我們解決上述的疑問。例如,高氏曾引用"乾坤不老人臣念,南國山河入夢中"一

---

① 見本文附録一"越南漢喃研究院所藏的《拾英堂詩集》詩作統計表"。

② 《拾英詩集》,第25—26頁。

語並在詩下加上括號説明是出自於《澳門旅寓春和堂書懷·其五》①。此外，在該文另外地方，又引用了"鳴琴卿識趣，教我漫勞聲"一語，並説明是出自於《憶友得琴棋詩畫四詠·琴》②。由此看來，《澳門旅寓春和堂書懷》前後共有五首，其中第四首和第五首，再加上第三首的一半，剛好符合前文所述的"少了七律詩 2 首又一半"。而《憶友得琴棋詩畫四詠》至少有《琴》《棋》《詩》《畫》四首，其中《琴》《棋》就是"少了五律 3 首"的三分之二。可見，《拾英詩集》仍然缺乏了五律一首。依筆者推測，這一首極有可能是《憶友得琴棋詩畫四詠》了。爲什麼呢？因爲由高自清先生所提供的《憶友得琴棋詩畫四詠》詩名來看，這一首很有可能是《琴》《棋》《詩》《畫》四首的"點題"或"緒論"。綜觀吳仁静《拾英詩集》中之其他詩作，也有類似情形存在。例如在《對劍》《對棋》《對琴》《對酒》等四首前也有《詩成呈故人》一首，而這一首與上述四首在內容方面都有着息息相關的關聯性，全都是爲了"故人""知己"而寫的。不過，這僅是筆者個人冒昧的推測，一切需等找到《拾英詩集》的其他版本才能明確。

（二）自《拾英詩集》至《嘉定三家詩集》

歷來學者在介紹吳仁静的文學作品時，常誤以爲吳氏除《拾英詩集》或《汝山詩集》外，另有《嘉定三家詩集》傳於世。③但經考察可確定《拾英詩集》實爲《嘉定三家詩集》中的一部分。兩者其實別無二致，不可謂仁静所著之二部不同的詩集。其原因主要有二。其一，據鄭懷德在《嘉定三家詩集序》所言：

> 余於庚辰（1820）夏自嘉定城間來京拜臨國孝，仍奉留京復理部務。適亡友黎户部次子光瑶，吳工部三子國珪偕來參見，各將其父詩集呈請付梓。余宿與二友唱酬，稔知其篇什汗充。今僅覯千百之十一，甚惋訝而窮叩之，俱以散逸自前經先友筐緗揀存止此爲對。

① 高自清：《在嘉定的漢喃文學》，收入陳文富、陳白藤（主編）《胡志明市文化地志·第二集》（越南胡志明市：胡志明市出版社，1988 年），第 91 頁。

② 高自清：《在嘉定的漢喃文學》，第 101 頁。

③ 參見李木醇、余羅玉、程繼紅：《儒學在古代越南的傳播與發展》，《學術論壇》2005 年第 5 期，第 41 頁；徐善福：《十七 十九世紀的越南南方華僑》，《暨南大學學報（哲學社會科學版）》1981 年第 4 期，第 75 頁；編輯委員會編：《東南亞歷史辭典》，上海：上海辭書出版社，1995 年，第 209 頁。

余再四沈思曰："吾儕之事業心蹟，自有旂常簡策在，顧不假乎詩文以炫耀于世也。然文者心之華，其性情之正偏，士學之醇疵，須此以見其梗槩焉。況吾儕之知世者初以文，斯人萎而文不傳，恐將來翰藻品評無片言隻字之可徵，何以嗶他歧倖進嘵嘵之聲口者。欲謀爲分壽梨棗，各爲鎮家物，奈卷袠無多不莊几案。回念吾儕生平既攜手以遊，辛亦聯鑣而登仕，出使入朝，無往而不志同肩並，則今詩之刻應合而式之，庶終始克諧，存歿無間，於義爲得矣。"時《艮》三集業已梓行，逐綴鑴《華原》《拾英》二集于其次，總顔曰《嘉定三家詩》。板印既成，質諸識者，酒分給吾三家子各藏其本。籌吾儕之子若孫，設不能個個皆跨竈充閭，克繩步武，定世世中自不少一尋常承家讀書兒，知祖先之手澤可珍，爲世守愛護而圖存之，必不至於覆瓿糊窗之可虞，斯鼎足兔穴之長計耳。惟二友冥中之靈有以默佑啓沃二兒孫，余若何靳費憚勞而不即成全其美事耶？明命三年（1822）仲夏月穀旦，協辦大學士領吏部尚書兼領兵部尚書充國史館副總裁加二級紀録式次安全侯鄭懷德。①

文中"時《艮》三集業已梓行，逐綴鑴《華原》《拾英》二集于其次，總顔曰:《嘉定三家詩》"此段已説明了一切。所謂"《艮》三集"即鄭懷德的《艮齋退食追編》《艮齋觀光集》和《艮齋可以集》等之合集，而《華原》《拾英》即爲黎光定的《華原詩草》和吳仁静的《拾英堂詩集》。再者，誠如前文所述，《艮齋詩集》《華原詩草》及《拾英堂詩集》此三目録連續刻在一起，長達四頁，很有可能是《嘉定三家詩》的總目録。其中，《拾英堂詩集》的目録與現存的《拾英堂詩集》詩作之數量完全符合無異。由上文可見，《嘉定三家詩集》乃爲《艮齋詩集》《華原詩草》及《拾英詩集》之合著也。因此，吳仁静的代表著作僅剩《拾英詩集》一書而已。

（三）創作時間

鄭幸先生於《拾英堂詩集》中曰：

集中詩作，除卷末《丁卯年季秋欽命錫封高綿國王途經廣義茶

---

① 收於《艮齋詩集》，越南河内漢喃研究院藏版影印本，架藏號碼爲 A1392。

曲江遇洪水駐節龍山頭》等數首可明確判斷非燕行文獻外，其餘均
作於嘉隆元年（清嘉慶七年，一八○二）吳氏出使清朝之際。①

《拾英詩集》詩中除《壬戌年孟冬使行由廣東水程往廣西和鄭艮齋次笠翁
三十韻》（1802）、《買石硯》詩中"當銘壬戌初冬月，爲國酬恩到桂林"二
語（1802）、《乙丑年春日偶成》（1805）、《丁卯年季秋欽命錫封高綿國王途
經廣義茶曲江遇洪水駐節龍山頭》（1807）等數首可明確撰寫時間外，其餘則
較難看出創作時間。據大清文人陳瀋遠在《拾英堂詩集序》所言："予閱諸作，
其一則作於奉命訪黎之日，其一則作於縛盜入貢之年。"②所謂"奉命訪黎之
日"，前文曾提及，指的是1798年仁靜奉命前往廣東探問黎主的消息，而"縛
盜入貢之年"指的是1802年至1804年與鄭懷德、黎光定等人一起赴清求封
之事。可見，該詩集最早收集的是從1798至1804年之詩作。③此外，遍讀仁
靜《拾英詩集》後，可看出他在1804年之後還陸陸續續寫詩並將之收錄於集中。
卷末最後一首《答諸友送別原韻》是他準備離開京城去擔任乂安協鎮之職所
寫的（1811）。而自他回嘉定當協總鎮（1812）以及他奉命前往真臘國一程（1813）
此段時間則暫不見其詩作。由此斷定《拾英詩集》共詩187首，從1798年開
始撰寫，大約至1811年爲止，前後十餘載。

四、《拾英詩集》之内容與價值

關於《拾英詩集》的内容，鄭幸在《拾英堂詩集》中已有簡介。他説：

> 集中詩作内容以描繪沿途自然風光及抒寫旅程情思爲主，抒情
> 色彩濃厚。其他燕行文獻中常見的帶有紀實或介紹性質的文字，包
> 括沿途社會見聞、在京參謁過程等，此集均無一字提及。④

誠如鄭氏所言，《拾英詩集》大都以描繪沿途自然風光及抒寫旅程情思
爲主。不過，本文考察該詩集的詩作内容，發現身爲嘉定三大詩人之一、具

---

① 鄭幸：《拾英堂詩集》，收入《拾英堂詩集》，第3頁。
② 陳瀋遠：《拾英堂詩集序》，收入《拾英堂詩集》，第8頁。
③ 據筆者所觀察，吳仁靜"奉命訪黎之日"這段時間包括《僮城旅次》至《説情愛》等詩作；
而"縛盜入貢之年"則包括《壬戌年孟冬使行由廣東水程往廣西和鄭艮齋次笠翁三十韻》至《湖廣歸
舟途中作三十韻》等詩作爲止。
④ 鄭幸：《拾英堂詩集》，收入《拾英堂詩集》，第3頁。

有"八大奇文華兩國"的文學成就之吳仁静，在其《拾英詩集》中亦充滿"忠君愛國之情""思鄉懷友之心"。此外，綜覽此集之內容，大部分均爲其出使清朝之際所寫的作品（1798—1804），因此，"與中國文人之間的唱和"亦是該詩集之重要內容，值得吾人深入探討與分析。以下則簡略一一述介之。

（一）忠君愛國之情

鄭天錫、吳仁静、鄭懷德同爲越南明鄉華人，但此三人詩歌中卻顯示了許多不同之詩情。據越南史書所記載，鄭玖（1655—1735）、陳上川（1626—1715）等人算是明末清初移居越南的第一代明朝遺臣。到了鄭天錫（1706—1780）時已經是第二代①，而吳仁静（1760—1813）②及鄭懷德（1764—1825）已算是第三代。③閱覽鄭天錫之文學作品，仍可見到其對明朝國君及自己的故國之懷念，如"思美人兮渺何之，懷故國兮徒引領"④"風聲浪蹟應長據，濃淡山川異國懸"⑤"飄零自笑汪洋外，欲附魚龍却未能"⑥等皆可見之。到了吳仁静、鄭懷德的時代，其詩作思想已有極大之轉變，雖仍流露出那種濃厚深摯的情感，但詩的主體已從中國明朝轉變成了越南的阮朝。換言之，越南此地和越南阮朝才是他們所懷念和尊重的。

---

① 關於明鄉華人移入越南定居之事以及鄭天錫之相關問題，詳見拙作《越南明鄉華人鄭天錫及其文學作品初探》，《康大學報》第四卷（2014），第1—19頁。

② 對於吳仁静的生卒年，歷來學者説法不一，如于在照《越南文學史》認爲生年不詳，卒年爲1813年；楊保筠主編《華僑華人百科全書·人物卷》認爲生年不詳，卒年爲1815年；鄭幸《拾英堂詩集》認爲是1763—1813年；徐善福《十七 十九世紀的越南南方華僑》、編輯委員會編《東南亞歷史辭典》、朱傑勤等人主編《中外關係史辭典》認爲是1769—1816年。2012年，越南學者黎光長先生已針對吳氏的身世進行可靠的考證，證明吳仁静生於1760年，卒於1813年。因此，筆者此篇論文採用黎光長先生的説法。詳見黎光長：《南部漢喃文學發展中的嘉定三家詩》（越南胡志明市人文暨社會科學大學文學與語言系博士學位論文，2012），第35—36頁。

③ 《艮齋詩集》，第126頁。

④ ［舊阮］鄭天錫：《鱸溪閒釣賦》，收入范阮攸：《南行記得集·卷二》，越南河内漢喃研究院所藏，館藏編號爲A2939，第28b頁。

⑤ ［舊阮］鄭天錫：《安南河仙十咏·金嶼攔濤》，越南河内漢喃研究院所藏，館藏編號爲A441。

⑥ ［舊阮］鄭天錫：《安南河仙十咏·鱸溪漁泊》，越南河内漢喃研究院所藏，館藏編號爲A441。

　　吳仁靜忠君愛國之赤誠，發而成詩，誠如阮朝乂安督學裴楊瀝所言："忠愛之情發之於詩，隨感隨發，筆與情到，而其一般宕佚之致，飄乎旁日月而挾宇宙，隱隱乎情之外，非一篇一句所可指摘。"① 又如廣東文人陳濟遠之評論："集中雄健綺麗之句美不勝收，而吾閱至'身世無聊聖帝知'暨'義以君臣每自寬'等語，隱然尋繹其惓惓君國之□。"②

　　陳氏文中所提到之詩句，前者出自於《同陳俊、何平赤下舟中雜咏》五首組詩中：

> 精忠自古有何奇？話已投機更向誰。
> 世愛謙恭多見信，時遭恐懼每生疑。
> 江山有夢愚臣念，身事無聊聖主知。
> 早晚憑天施妙術，免教落魄久棲遲。（之四）③

而後者則出自於《壬戌年孟冬使行由廣東水程往廣西和鄭艮齋次笠翁三十韻》組詩：

> 義以君臣每自寬，身非木石朔風寒。
> 時來萬里干封易，歲到三冬獻曝難。
> 宦海波濤真苦況，侯門車馬有爭端。
> 高燒紅燭閒看爾，心未成灰夜未闌。（之十四）④

據陳濟遠在《拾英堂詩集序》中所言："吾思吳侯昔年來粵，與予盤桓累月，挹其言論丰采，搴搴氣概恒寓彬彬風雅中。"⑤ 可知吳氏曾滯留粵地數月，與當地文人如陳濟遠、陳俊、何平、劉照、張稔溪、黃奮南、符磻溪等結識，並與他們互相賞鑒文墨，唱和詩詞。就在這樣的詩歌酬答當中，吳氏寫下了此五首組詩，表露出自己的志向。這一組詩的題目雖命名爲《同陳俊、何平赤下舟中雜咏》，但在最後一首詩中才見吳氏及其諸友攜手下船暢遊碧峰、綠樹及龍山勝景之美：

---

① 裴楊瀝：《拾英堂詩序》，收入《拾英堂詩集》，第14—15頁。
② 陳濟遠：《拾英堂詩集序》，收入《拾英堂詩集》，第8頁。陳《序》中另外地方又見"惓惓君國之忱"一語，因此，所缺乏的應該亦是"忱"字。
③ 《拾英堂詩集》，第20頁。
④ 《拾英堂詩集》，第38頁。
⑤ 陳濟遠：《拾英堂詩集序》，收入《拾英堂詩集》，第8頁。

> 招携赤下汎舟遊，鐵巷間觀暫解憂。
> 引出至剛因地利，鑄成大器在人謀。
> 碧峰圍繞千重隔，綠樹蔭濃一色秋。
> 聞道龍山多勝景，共君登望莫淹留。（之五）①

而其餘四首中並没有提到乘船浮遊水上之事，反而詩中有着濃厚的忠君愛國之情，如："江山有夢愚臣念，身事無聊聖主知""撫劍未酬邦國恨""壯士自能酬國債，丈夫誰肯爲身謀"等。詩句字字真誠，語語忠愛。②

　　1802 年，吳仁静擔任如清甲副使，隨同正使鄭懷德、乙副使黄玉蘊等人入清。就在此趟出使清朝之際，仁静將沿途所見、所聞、所感的一切，筆之於詩，成爲其《拾英詩集》中最精彩的部分。《壬戌年孟冬使行由廣東水程往廣西和鄭艮齋次笠翁三十韻》便是其中較獨特而極有影響力的一組詩。該組詩巧妙地運用了李漁《笠翁對韻》中之"上平聲"和"下平聲"共三十韻，不僅將中國廣東地方色彩刻畫入微於詩中，且亦能表現出其"忠君愛國"之思想。試舉數例：

> 才微安敢説將兵，航海梯山答聖明。
> 月落寒江孤雁影，風迴古寺冷鐘聲。
> 豈無不洒相思淚，爲有多關受粲情。
> 憶别到今纔幾日，故鄉聞道樂昇平。（之廿三）③

中越山水雖相連，但自安南至燕京不但要經過千萬里之遥遠路途，更要忍受南北的差異以及心繫故國、縈思家鄉之痛苦。詩中"月落寒江孤雁影"中的"孤雁"恰似異鄉人消瘦的身影了。儘管如此，詩人仍然堅定向前行，繼續上山下海，經歷過險遠的旅程，將自己的才能立下功勞以報答明君。又如：

---

① 《拾英堂詩集》，第 20 頁。

② 《同陳俊、何平赤下舟中雜詠》第一至第三首的全詩如下：（一）事百年餘大義伸，行藏隨遇敢尤人。也知有命當微服，只爲求仁且屈身。撫劍未酬邦國恨，不才每惧友朋憐。盛衰容易留名節，自古無多理亂臣。（二）飄蓬斷梗共悠悠，空戴南冠萬里愁。壯士自能酬國債，丈夫誰肯爲身謀。片心未達門重鎖，一事無成淚暗流。踽踽前途天地窄，帝閣徒望抱奇猷。（三）經綸袖手恨年年，舉目關河每愴然。草木盡歸秋氣色，樓臺半掩夕陽天。養成若訥方稱辨，學到如愚始謂賢。聞道謝安多勝局，惟能棄子急争先。

③ 《拾英堂詩集》，第 41—42 頁。

> 滿天樹色半凋零，雲裏高城欲摘星。
>
> 買醉人歸閒酒店，酬恩船到鬧旗亭。
>
> 盤餐有客供山味，日食無魚遠海腥。
>
> 淡泊常甘邦外趣，寸誠願達九重聽。（之廿四）①

這一首表面上似乎是吳仁靜"詠物"之篇，但實際上卻是其"寓懷"之作。此詩起首先點出時間和空間：樹葉凋謝零落，表示天已逐漸入冬；而"雲裏高城"便是中國特有的建築形式，使船所經過的地方必定是個繁華都會。第三至七句描述城內的光景以及使團日常的簡易生活。末一句則以謙卑的語氣和深切的話語將其自己的忠心誠摯清楚地告訴皇帝。又如：

> 茫茫海內氣含弘，一望山河感慨增。
>
> 肯效甘心吞啞炭，直將熱血禦寒冰。
>
> 情關父子愁難禁，道重君臣罷不能。
>
> 天外夜闌眠未穩，一杯濁酒五更燈。（之廿五）②

此詩起首和末尾先後發出作者心中的感慨，而中間四句則表示出吳氏對越南阮朝皇帝之忠誠。詩中"肯效甘心吞啞炭"一句令人想起戰國時期的豫讓，流露出吳氏想效法古人之作法，不惜犧牲性命以報答主恩。而"情關父子愁難禁，道重君臣罷不能"二語，足以説明仁靜心中懷有了中國儒家的傳統思想，並深受"君君臣臣，父父子子"道德觀念之影響。又如：

> 綺窗夜掩朔風嚴，天外寒雲細雨添。
>
> 滾滾江流千里遠，蕭蕭木落萬情兼。
>
> 幾回夢裏鄉關近，依舊舟中日月淹。
>
> 喜得天涯知己共，盡心酬答聖恩霑。（之廿九）③

這首詩前半部先點出時空背景，並以之作爲全詩後半部論述的鋪墊。值得一提的是：吳仁靜在《湖廣歸舟途中作三十韻》一組詩中亦曾有如後二句："豈獨在朝能愛國，天涯海角亦人臣。"④此二句的意義與上述詩作末尾的内容顯

---

① 《拾英堂詩集》，第 42 頁。

② 《拾英堂詩集》，第 42 頁。

③ 《拾英堂詩集》，第 43—44 頁。

④ 《拾英堂詩集》，第 68 頁。

然大致相同，益發表現出其"忠君愛國"之堅定信念。可見，吳仁靜時時處處，始終向阮朝皇帝展露自己應有的責任和義務。

以上二組詩作之所以得到陳濟遠稱美，全是因爲道出了吳仁靜"惓惓君國之忱"的心態，亦是陳氏願與仁靜結識之理由："大凡忠君者必信友。此吾之所以樂與吳侯定交者職是故也。"①

吳仁靜忠君愛國之風骨與氣節，此類例子在《拾英詩集》中仍有很多。例如，在出使清朝期間，吳仁靜常與鄭懷德、黃玉蘊二人酌酒吟詠。詩中大都以山、水、煙、花、雪、月、風作爲題材，但詩人心中若不是在乎"南邦""南山""故國""故鄉""故園""鄉關"等，就是不斷重複"聖明""聖主""聖恩""九重""君臣"等語。可見，吳仁靜詩中的言語，句句均發自其肺腑，字字誠摯而動人。

在《留別仙城諸友》詩中，深切道出作者滿懷報國熱忱：

> 滿天霜落雁悲鳴，北去南來笑此生。
> 半夜孤舟千里客，五洋益友百年情。
> 未能慷慨酬邦國，安敢躊躇戀弟兄。
> 每憶芝英清氣味，幾回香夢遶仙城。②

吳氏深更半夜在"孤舟"中感覺到"霜落"之冷，又親耳聽見"雁悲鳴"之啼聲，且在"北去南來"艱苦奔波的路上勉强做個漂泊千里的游子。在此情況下，詩人感到自己處境孤危，所以寂寞之情自然而生。然而，正因爲身負重任，"未能慷慨酬邦國"，因此還是再度向前行，而"安敢躊躇戀弟兄"，繼續爲了國事奔忙。

在《客中雜感》十二首組詩中，作者自言離家出使已一年，時光飛逝，雖已盡其所能，但仍然未能完成皇帝所託付的任務。全詩表露出其對國家、君王的情愫。試舉數首以觀之：

> 微才酬盛世，孤影對殘缸。直以君王事，難來父母邦。
> 寒鐘鳴古寺，遠客臥滄江。幾點梅花落，山城故國腔。（之二）③

詩中"孤影"一詞與前文曾提及的"孤懷""孤雁""孤舟"，以及集中其他

---

① 陳濟遠：《拾英堂詩集序》，收入《拾英堂詩集》，第 9 頁。
② 《拾英堂詩集》，第 28 頁。
③ 《拾英堂詩集》，第 45 頁。

詞語如"孤鳥""孤村""孤草""孤蓬""孤眠"等等，在《拾英詩集》中總會一直不斷重複出現，凸顯了吳仁静居所的孤寂。而"寒鐘鳴古寺，遠客卧滄江"二語不禁令人想起唐代張繼《風橋夜泊》的那首名詩。值得注意的是：身爲明鄉華人之後裔，吳仁静此次出使清朝，亦是其回去探望祖先、父母家鄉之好機會。然而，由於"直以君王事"，所以"難來父母邦"，始終都是以國家大局爲重，而不敢輕率亂闖。儘管如此，作者心中仍然寢食不安，自己責備自己，認爲這一切都是其個人的錯誤：

> 去路無三月，離家已一年。君恩多寵錫，臣罪在流連。
> 百憂何處結，五夜未成眠。素履幸平地，需于酒食天。（之七）①

年復一年，使命仍然未能達成，所以每次想起國君的恩惠德澤，心裏又覺得憂傷，孤愁無法排除，難以成眠，只好借酒消愁。除此之外，在這組詩中，時時處處均可見其憂國憂民之心思，以及其忠君報國之志向：

> 生平何所樂，飲酒讀離騷。楚地風波險，巫山夢寐勞。
> 萬里江湖遠，君臣一念高。去國憂天問，謀身愧啜糟。（之十）②

《離騷》爲戰國時期楚國詩人屈原所作的著名作品。屈原仕楚懷王，因讒言被疏，憂愁幽思而作了《離騷》，以表明其愛國之心志。千年之後的吳仁静，再次借用屈原的思想，以表達其忠君愛國之心思。值得注意的是：在《拾英詩集》中，吳仁静不只一次提到《離騷》，如同其《説情愛》組詩中的一首：

> 愛讀離騷酒獨醒，憂君憂國百年情。
> 湘江今日長流恨，天地應無負屈平。（之五）③

上述二首詩中的"萬里江湖遠，君臣一念高。去國憂天問，謀身愧啜糟"以及"憂君憂國百年情"等語皆可見其志向。而"生平何所樂，飲酒讀離騷"以及"愛讀離騷酒獨醒"等語足以道出吳仁静忠君愛國思想之緣起。

在《對鏡》詩中，其忠君報國之志、思鄉懷國之精神，表現得更爲明顯：

> 自愧塵中客，堪憐鏡裏人。眼前亡物我，分内鑒君臣。

---

① 《拾英堂詩集》，第 47 頁。
② 《拾英堂詩集》，第 48 頁。
③ 《拾英堂詩集》，第 32 頁。

報國丹心盡，思鄉白髮新。妍媸隨過化，似爾覺存神。①

詩中效法南宋文天祥《過零丁洋》中"人生自古誰無死，留取丹心照汗青"的詩風，表明其忠於安南阮朝的心志。"思鄉白髮新"一語則彷彿明代劉崧《過峽江》中"白髮思鄉里，青燈憶弟兄"的詩意，將自己對故鄉的懷念含蓄而蘊藉地表達出來，令人有悠然不盡的情致。

除此之外，吳仁静在《湖廣歸舟途中作三十韻》一組詩中，亦深深地表露出其忠君愛國之精誠。試舉數首以見之：

萬全難買舊時春，湖海風塵未了因。
乍憶相思千里樹，漫燒煩惱一輿薪。
水無凝滯長懷智，山不遷移静養仁。
豈獨在朝能愛國，天涯海角亦人臣。（之十一）②

吳仁静的愛國忠誠之心，在其詩作中時時處處都自然流露出來。他不但要求自己不停地"懷智""養仁"，更要成爲一位忠於國君、熱愛國家的臣子。對他來講，無論在皇帝身旁還是在遥遠的天涯海角之外，人人都是天朝臣僕和子民，人人對國家和君王的義務都是平等一致的。又如：

局罷征誅勝負分，乘槎萬里答明君。
還憐戈甲丁年苦，更憶衣冠乙夜勤。
去日恐多離窟兔，歸時喜盡負山蚊。
莫嫌艇小難容膝，河岳高深異所聞。（之十二）③

詩中呈現出詩人昔年所經歷的戰亂之苦。奉命入清時，由於安南境内仍然兵戈擾攘，動盪不安，再加上朝廷所託付的重任未能完成，所以其心理難免有一些驚慌。今日既已順利完成任務，而安南全境亦已和平統一，又不必再顧慮戰爭之事，在萬里之外憶起了當時國君對他所賞賜的恩惠，所以很高興地向天子稟報喜訊。又如：

朝朝飛去暮飛還，語語雙雙雲水間。
却笑塵中人役役，不如洲上鳥關關。

① 《拾英堂詩集》，第50—51頁。
② 《拾英堂詩集》，第68頁。
③ 《拾英堂詩集》，第68頁。

欲酬雨露恩銘骨，安得神仙藥駐顏。

莫把歸期燈下數，且看山外更重山。（之十五）①

日夕是生命需要止泊和安頓的時刻，而此詩的前半部卻描寫向晚歸巢的飛鳥之景象，深深流露出詩人渴望脫離塵世網羅而追求高遠理想的情懷。吳仁静歸田思想之表現，在《拾英詩集》集中可説是常見的，如"時已清平年欲暮，功成之後早回頭"②"幽人應笑我，笑我未回頭"③"夢有丈人來問我，如何爾不息心機？"④等皆可證之。然而，作爲一位忠心耿耿的人臣，吳仁静終於仍不輕易放下其"忠君愛國"之思想，繼續爲國事奔忙，並不斷盡忠於阮朝皇帝，以期望報答其"雨露之恩"。

（二）思鄉懷友之心

在古典詩歌中，"思親懷友"可説是相當常見的題材。而吳仁静因從年少時長期維持和培養閲讀及背誦唐詩之習慣⑤，因此"思懷"這類情感亦很自然地流露於其詩句間。誠如前文所述，《拾英詩集》集中所收録的詩作大都爲吳氏出使清朝之際所寫的作品（1798—1804）。這些詩作中除了充滿"忠君愛國"的精神之外，同時也反映出其"思鄉懷友"的真情。如果説"忠愛"是吳氏一生所追求的堅定信念，那麽"思懷"便是其詩中獨特之感觸。而這些感觸顯然與其出使中國期間的生活歷程有着息息相關的連結。今試選録數詩以觀。

在《元旦偶成》一詩中，詩人先以"客地幽懷"爲鋪墊，描述了其流寓在外之心情，後用"故鄉喜信"作轉折，流露出其對安南的懷念：

客地幽懷隨臘去，故鄉喜信共春來。

---

① 《拾英堂詩集》，第69頁。

② 《壬戌年孟冬使行由廣東水程往廣西和鄭艮齋次笠翁三十韻·其廿六》，收入《拾英堂詩集》，第43頁。

③ 《客中雜感·其六》，收入《拾英堂詩集》，第47頁。

④ 《湖廣歸舟途中作三十韻·其五》，收入《拾英堂詩集》，第66頁。

⑤ 據鄭懷德在《艮齋詩集》中所言，"嘉定山會"詩友們"購三唐名集，諸家法語，相與鑽仰沈研，究其氣格體裁，闡窔底蘊之所在，寝食其間，繹意翻題，效顰學步。久後慣熟，觸景生情，放筆肆吟，終不違乎杼柚之體裁，而唐家樽俎始得知其臭味也"。由此看來，這些"三唐名集"實已幫助他們在培養古典文化修養方面打下良好的基礎，進而能揮筆成詩，並深受他人仰慕。詳見《艮齋詩集》，第127頁。

間關萬里逢元日，遙望南山獻壽杯。①

值得注意的是：吳仁靜雖爲明鄉華人的後代，其華裔的身份是確定無疑的。但在出使清朝期間，踏上孕育其祖先根源之地時，他卻多次以"客"自稱，深深表示出其對"原鄉"及"寄鄉"之間的感想與情懷。

吳仁靜"思鄉懷友"的真摯之情，在《壬戌年孟冬使行由廣東水程往廣西和鄭艮齋次笠翁三十韻》一組詩中顯示得更爲精彩動人，如：

九轉迴腸似曲江，關山迢遞別南邦。
恨誰輕薄花流水，憐我清寒月到窗。
數著爭先棋局勝，五更殺退睡魔降。
忽聞霜裏梅花曲，想是山城故國腔。（之三）②

詩中或襲取司馬遷《報任少卿書》中"是以腸一日而九迴，居則忽忽若有所亡，出則不知其所往"一文；或沿用唐代崔櫓《春日長安即事》一詩："玉樓春暖笙歌夜，肯信愁腸日九回。"無論如何，同樣表達詩人離開安南故鄉，悲愁頻頻在腹中縈繞，難於排遣之感。又如：

江中極目翠微低，山外青山望轉迷。
心在南邦身在北，水歸東海月歸西。
人臨大事行無事，詩到無題是大題。
靜坐常思先得策，何須起舞待聞雞。（之八）③

首二句描繪了山水青翠之迷人景色，仿佛因襲唐代詩人韓翃《宿石邑山中》"山靄蒼蒼望轉迷"、南宋林升《題臨安邸》"山外青山樓外樓"以及元代凌雲翰《秋江圖》"極目滄浪映翠微"等語，接着借畫景生情，寫出其思鄉懷國之熱切："心在南邦身在北，水歸東海月歸西。"又如：

終朝寂寂我何堪，酌酒呼朋共笑談。
江上已無離恨柳，村中惟有合歡柑。
數間茅舍寒煙鎖，一片蓬窗夕影含。

---

① 《拾英堂詩集》，第 52 頁。
② 《拾英堂詩集》，第 34—35 頁。
③ 《拾英堂詩集》，第 36 頁。

遙望故園千萬里，最關情處是山南。（之廿八）①

此詩前六句寫出了詩人終日感到安靜無聲之心情，和河川傍晚之景物氣氛。末二句則點出其對安南家鄉的思念，詩情實在是真摯而濃烈的。

在《客中雜感》十二首組詩中，亦多見其思鄉懷友之心情，例如：

地多離別樹，人重斷腸詩。蠟燭流愁淚，春蠶吐恨絲。

橫空迷所望，遠水寄相思。不盡傷心處，桂林日暮時。（之三）②

詩中"離別樹""斷腸詩""流愁淚""吐恨絲""傷心處"等等的一切足以說明詩人心中的傷感和種種憂愁。"蠟燭流愁淚，春蠶吐恨絲"二語雖襲取李義山"春蠶到死絲方盡，蠟炬成灰淚始乾"的詩意，但由於詩人多增"愁""恨"二字，所以其愁緒更加紛亂，而其心情亦因此而更為悲傷。詩人思鄉懷國，其愁緒毫無邊際，真的不知如何是好，只能"橫空迷所望，遠水寄相思"，將自己的心思寄放於天空和遠水。又如：

北望衡陽鴈，南來待月樓。水長親友念，山重故鄉愁。

落落風塵日，蕭蕭草木秋。幽人應笑我，笑我未回頭。（之六）③

"衡陽"是湖南省東南部的縣市。宋時，范仲淹鎮守西北邊疆期間，曾寫了好幾首《漁家傲》詞。其中"塞下秋來風景異，衡陽雁去無留意"二語便是描述邊鎮勞苦的景象。此外，湖南衡陽有回雁峰，傳說雁至此峰，不過，遇春而回。故以衡陽雁去比喻音信渺茫。吳仁靜出使清朝，因路途遼遠而不易見，由於思鄉懷友，因而即景生情，寫下此詩以表明其心跡。

"思相懷友"的此類作品在《拾英詩集》仍有許多，但由於篇幅的關係，恕不詳論，現再舉吳仁靜《請封使船至未得相見集古作》一首以作為此節之結尾，而其他相關詩作，則期望日後能另撰他文加以分析，以彌補這些遺漏。《請封使船至未得相見集古作》的全文如下：

別時容易見時難，青鳥慇懃為探看。

銀鎖重關聽未闢，月移花影上欄杆。④

---

① 《拾英堂詩集》，第43頁。
② 《拾英堂詩集》，第46頁。
③ 《拾英堂詩集》，第47頁。
④ 《拾英堂詩集》，第52頁。

關於《請封使船至未得相見集古作》的創作背景，可由鄭懷德、吳仁静奉命出使清朝一事談起。鄭氏在《艮齋詩集·自序》中曰：

> 同甲乙副使兵部參知静遠侯吳仁静、刑部參知蘊才侯黄玉蘊乘"白燕""玄鶴"二戰艦，六月十二日自順安海門駕海，十九日屆粤洋分三州塘，颶風大發，倒海翻山，飆風湧濤，船似舟滚湯中磨折，顛危性命，機幾不可保。余"白燕"艦先在上川沙堤灣泊，二副使"玄鶴"艦海外難支，風急椗斷，漂來粤轄大澳。七月初一日，同到粤東虎門關，呈天朝太子太保協辦大學士兵部尚書總督學羅吉慶招奏。十月天朝旨准使部由廣西省取路進京朝謁。接報王師收獲安南全境，繼命兵部尚書敏政侯黎光定，甲乙副使勤政殿學士蔡江侯阮迪吉、禮部僉事炯鑒侯黎正路爲請封使。奉兩粤督撫札下留余桂省等待齊到一同進行。但彼以請封表内所請爲"南越國"一語，頗與兩粤古號相同爲關礙，經奉天朝軍機大臣詰責。廣西巡撫孫玉庭督令繳回原表務使改請封從"安南國"舊號。本國復文，以安南經爲偽號，不肯從命。爲此，巡撫孫、布政公羢、按察清安泰、勤請使部輪流辨難，誘使具表文附技回奏，求速遵改，禀以議自上裁非出疆專命之事。孫撫臺甚加憂懼，忙赴太平府近關，修書往復，關頭俟命，羽檄交馳，加以兩國之兵因寇亂初平，於關上地頭，未免各張聲勢，與迎送使事，接遞公文，兵升守候，並嚴整飾，而國號一事，彼欲固要，我國不肯聽從。復往文書，辨論未定，以故外間訛傳，二使部已屬内地拘禁，於是北城總鎮公經委間行往桂探候。四月，因後表所叙，我國先有"越裳"，後有"安南"之語。事經天朝廷議准許使部程進京（原注：以此遂封爲"越南國"，蓋以善加調度彼此兩全，甚得事體）。五月自桂省起程，八月歷燕京。[①]

由此看來，1802年奉命前往清朝的安南使團共有兩個。一團由鄭懷德爲首，七月先通過水路抵達粤東虎門關；另一團則由黎光定爲首，從安南陸路出發，十月過後才與鄭懷德使團會合，一同進京請封。而吳仁静等待黎光定使團到來時，巧妙地集結李煜《浪濤沙》、李商隱《無題》、徐安貞《聞鄰家理箏》、王安石《春夜》諸詩人之詩句，而成爲《請封使船至未得相見集古作》一首。

---

① 《艮齋詩集》，第131—132頁。

此詩一方面道出了吳氏的心態，盼望能早日與另一使團會合，以可了解當時安南境內的狀況；另一方面則顯示出吳氏在詩歌方面深受中華文化的熏陶和影響。這誠如鄭幸在《拾英堂詩集》中所言："就集中詩作看來，吳仁靜漢文素養較高，受中原文化影響亦頗深。集中《説情愛》組詩依次提及《莊子》、《黃庭經》、《離騷》、《周易》等諸多典籍。"① 除此之外，經由上述所有詩作之解讀，我們亦能見到吳仁靜詩歌中處處用典，字字見雅，實在受人敬佩。

（三）與中國文人之間的唱和

吳仁靜《拾英詩集》中，除了"忠君愛國""思鄉懷友"的精神之外，還保留着一些與清朝官員、文人交往狀況的重要材料。鄭幸在介紹《拾英堂詩集》時曾説：

> 儘管此集並不側重於紀實，卻仍然保存了一些有價值的材料。其中最值得一提的是吳仁靜與廣東文人深入接觸一事。②

關於"吳仁靜與廣東文人深入接觸一事"，前文曾經提及，自 1798 年至 1804 年期間，吳氏三番五次奉命至大清兩粵，就在這幾次拜訪中，吳氏曾與當地文人如陳瀋遠、劉照、張稔溪、何平、黃奮南、符磻溪等人多次接觸，所以交情頗深。而在這群文人詩友中，吳氏和陳瀋遠之間的友情更顯得特別一些。兩人因性格相投，興趣相同，所以比起其他朋友更爲默契，更爲深厚。吳氏出使中國廣東時，曾與陳瀋遠"盤桓累月"；而後來，陳氏來到越南時，亦是住在吳仁靜的家，並且還爲其《拾英詩集》作序。序中描繪仁靜的個性、爲人以及其詩作等等，無不栩栩如生：

> 吾思吳侯昔年來粵，與予盤桓累月，抱其言論丰采，寨寨氣概恒寓彬彬風雅中。集中雄健綺麗之句美不勝收，而吾閲至"身世無聊聖帝知"暨"義以君臣每自寬"等語，隱然尋繹其惓惓君國之□，未嘗不執卷流連而三復之不置也。大凡忠君者必信友，此吾之所以樂與吳侯定交者職是故也。③

誠如陳氏所言，吳仁靜是一位個性耿介忠正的人，所以有不少文人儒士願與

---

① 鄭幸：《拾英堂詩集》，收入《拾英堂詩集》，第 4 頁。

② 同上。

③ 陳瀋遠：《拾英堂詩集序》，收入《拾英堂詩集》，第 8—9 頁。

之結交，樂與之爲友，而陳氏亦無例外。文中“大凡忠君者必信友，此吾之所以樂與吳侯定交者職是故也”一句便可見之。由上述文中，可見吳、陳二人交情不淺，其惺惺相惜之情，常常溢於言表。仁靜曾爲陳氏寫下《留別陳濬遠》一首。詩云：

> 仁願學顏子，心三月不違。如愚方樂道，若訥豈亡機。
> 一遇留青眼，幾回憶白衣。臨岐無限淚，天外雨霏霏。[①]

詩中首句顯然出自《論語·雍也》篇：“子曰：‘回也，其心三月不違仁，其餘則日月至焉而已矣。’”“回”就是顏淵的名字，是孔門諸弟子中最好學的一位。也唯有他一人被孔子認爲能成仁，所以才讚揚他説：只有顏回這個人，才能做到心中有仁之事，雖經過三個月的漫長時間，仍不間斷地維持“不違仁”。通過仁靜的這一簡短詩句，陳濬遠的形象顯現出來，是一位非常好學仁慈的人。由此看來，一位“操守端正”的吳仁靜，和一位“宅心仁慈”的陳濬遠結交，彼此心投意和，投桃報李本是應該的。而僅有這樣，吳、陳二人才能“一遇留青眼”，且很快就聚集在一起而成爲了好友。詩中最後一句能把離朋別友的景象刻劃得如此生動而真摯。雨水霏霏還是詩人及其好友的眼淚霏霏呢？實在很難分清。

　　悲泗淋漓、雨水霏霏等那些令人傷心的言語在吳仁靜詩中總是常見的，並不是僅出現一兩次而已。在《和符磻溪〈留別〉原韻》一詩中亦能見類似之情景：

> 交情別恨話皆難，天外霏霏雨雪漫。
> 鴻鴈未歸沙浦遠，梅花先動朔風寒。
> 積懷余輩詩難和，恐隔吾人酒强歡。
> 早晚得酬身事了，全憑學海保平安。（之二）[②]

前文曾提及，吳氏分別於 1798 年、1800 年及 1802 年前後共三次奉命前往大清兩粵行事。其中，前二次吳氏在名義上雖是阮主政權的官員，但卻像一般百姓似的得要“搭乘商船”而去。再加上當時清朝正實行海禁政策，所以仁靜在中國境内的走動，總是很不方便。若非被迫派使兩粵，也許他連想都不

---

① 《拾英堂詩集》，第 27 頁。

② 《拾英堂詩集》，第 30 頁。

想踏上中國這片土地。幸虧在兩粵時，吳氏遇到知音知己的陳濟遠，並通過其推介，又得以認識並結交當地其他文人儒士。正因爲有這群如此難得的朋友陪同，不但和他共同唱和詩文，分享快樂，且多少亦能分擔其寂寞，這實在是吳氏心中之喜悅。怪不得吳氏與諸友揮淚而別時，總是話難出口詩難和，雨雪霏霏人脆弱。仁靜與其好友之間的這份情誼，實在令人動容難忘。

如同上文所述，在路途中艱苦奔波之吳仁靜，能在異鄉受到這群朋友的真心對待，所以其心中極爲感動。在《留贈劉三哥》中，更明顯地看得出來其歷盡艱難困苦，同時亦能看出兩粵人士對吳氏的一片真情：

> 廣交天下士，令德海應同。不道人情短，惟憐客路窮。
> 平明臨夜月，和淡仰春風。何日酬知遇，羞余一別中。①

詩中"客路窮"一詞足以形容仁靜當時的遭遇。讀到這裏，也許有人會質疑，身爲出使兩粵的吳仁靜，怎麼如此悲傷？怎麼如此淒慘？但這確實是他所面臨的事實。回頭觀看《拾英詩集》這部詩集，一剛開頭即能引人注目，並反映出仁靜那時的心態：

> 半盞孤燈客夢殘，百年心事話尤難。
> 老天不與人方便，漠漠溟溟一太寬。（之一）

以及：

> 悲歡離合向誰陳，落落風塵萬里身。
> 未卜明年何去住，飲冰惟對鏡中人。（之二）②

詩人心中雖有"百年心事"，但卻不知"向誰陳"；而其身雖"落落風塵"，仍未明確"何去住"。詩中所反映出其"孤獨""失望""寂寞""飄泊"等等的一切，足以看出吳氏當時所遇到的困境。因此，吳仁靜在詩集中因感慨而用"客路窮"一詞來形容自己，這也是很正常的。

相識離別，合合歡歡，皆是人之常情。但在《拾英詩集》中，每當提到廣東文人好友，吳仁靜都珍重並特意列出這些人的姓名，甚至與他們道別時，吳氏的"淚水""感情"確實非常之多。集中的《和劉照〈半邊菊〉原韻》《和

---

① 《拾英堂詩集》，第29頁。
② 以上《僊城旅次》二首，收入《拾英堂詩集》，第18頁。

張稔溪〈弔闌〉原韻》《同何平題懷施世禄》《留贈黄奮南》《留贈張稔溪》等詩皆可見之。

　　除與廣東文人諸友結識、唱和之外，吳仁靜還"不止一次參與當地香山詩社的活動"。對於吳仁靜與"香山詩社"之間的酬唱，鄭幸先生認爲"這種社團性質的交遊，較簡單的詩歌酬答顯然更爲深入，在越南使臣中也顯得較爲少見"。①《拾英詩集》集中的《冬日偕香山詩社諸子過普濟院尋梅》《和香山詩社〈雪聲〉原韻》《和香山詩社〈對梅〉原韻》等詩作均可見到他們彼此之間的酬唱。值得一提的是，近閲清人黄紹昌、劉熽芬編纂的《香山詩略》，發現香山詩社成員李遐齡（1768—1832）曾有《安南使》一篇②，詳述關於"安南使，來獻俘"一事。篇中雖未明確提出使團成員的具體姓名，但據李氏的生卒年，加上篇中曾提到"云是南越之王阮福映"一句，初步斷定李氏所提到的安南使團很有可能是鄭懷德、吳仁靜等人了。如果能朝着此方向探索，也許能找到更多關於安南使團與香山詩社之間的交流之資料，進而展開相關的研究議題，因此特列出以供學界研究參考。

五、結語

　　誠如本文前端所言，漢文研究學界對於吳仁靜及其《拾英詩集》的研究成果相當少見。因此，關於吳仁靜的生平事跡、姓名字號、生卒年以及詩歌的具體内容及價值等，目前都僅有簡略且不一的記載。筆者本篇論文初步針對上述諸問題，儘量依據及採取可靠的相關文獻，並加以論述與討論，期望能呈現出更爲完整、精確的論述與評價。通過本文上述的内容，希望可以釐清一些問題，並全面地就吳仁靜及其《拾英詩集》做一説解；另一方面則期望能藉由本文之論述，可爲越南明鄉華人之研究工作多提供一些較有價值的參考資料。

附録一：越南漢喃研究院所藏的《拾英堂詩集》詩作統計表

序號	篇名	數量	體裁
1	《僬城旅次》	2 首	七言絶句

① 鄭幸：《拾英堂詩集》，收入《拾英堂詩集》，第 4 頁。

② （清）黄紹昌、劉熽芬纂輯，何文廣校勘，李浩音釋：《香山詩略·中册》，中山詩社，1987年重刊，第 149 頁。

序號	篇名	數量	體裁
2	《遊海幢寺》	1 首	七言絶句
3	《同陳俊、何平赤下船中雜咏》	5 首	七言律詩
4	《至水辨村》	1 首	五言律詩
5	《旅寓龍山黄氏祠堂》	1 首	五言律詩
6	《到澳門倩陳濬遠達余來意與劉照、張稔溪知之》	1 首	五言律詩
7	《和劉照〈半邊菊〉原韻》	1 首	七言律詩
8	《和張稔溪〈弔蘭〉原韻》	1 首	七言律詩
9	《和香山詩社〈雪聲〉原韻》	1 首	五言律詩
10	《和香山詩社〈對梅〉原韻》	3 首	五言律詩
11	《和〈古對梅〉原韻》	1 首	五言律詩
12	《冬日偕香山詩社諸子過普濟院尋梅》	1 首	七言律詩
13	《澳門旅寓春和堂書懷》	2 首又一半	七言律詩
14	《詩》	1 首	五言律詩
15	《畫》	1 首	五言律詩
16	《同何平題懷施世禄》	1 首	七言律詩
17	《同何平題懷程克家客潮陽》	1 首	七言律詩
18	《留別陳濬遠》	1 首	五言律詩
19	《留別仙城諸友》	2 首	七言律詩
20	《留贈黄奮南》	1 首	五言律詩
21	《留贈張稔溪》	1 首	五言律詩
22	《留贈劉三哥》	1 首	五言律詩
23	《和符磻溪〈留別〉原韻》	2 首	七言律詩
24	《和劉三哥〈留別〉原韻》	2 首	七言律詩
25	《和張稔溪〈留別〉原韻》	1 首	七言律詩
26	《説情愛》	10 首	七言絶句

序號	篇名	數量	體裁
27	《壬戌年孟冬使行由廣東水程往廣西和鄭艮齋〈次笠翁〉三十韻》	30 首	七言律詩
28	《買石硯》	1 首	七言律詩
29	《客中雜感》	12 首	五言律詩
30	《紅梅》	1 首	五言律詩
31	《聽雨》	1 首	五言律詩
32	《夜坐》	1 首	五言律詩
33	《夜起》	1 首	五言律詩
34	《對鏡》	1 首	五言律詩
35	《嫦娥説》	1 首	五言律詩
36	《咏梅呈客至》	1 首	七言絶句
37	《有所懷》	1 首	七言絶句
38	《請封使船至未得相見集古作》	1 首	七言絶句
39	《元日偶成》	1 首	七言絶句
40	《鏡中美人》	1 首	七言律詩
41	《步艮齋〈並頭〉菊原韻》	1 首	七言律詩
42	《睡起》	1 首	七言律詩
43	《步艮齋〈望晉齋〉原韻》	1 首	七言律詩
44	《沛中》	1 首	七言律詩
45	《韓信》	1 首	七言律詩
46	《風月唫》	1 首	七言律詩
47	《贈河南督學政吳雲樵惠送詩集》	1 首	五言律詩
48	《過黃河》	1 首	五言律詩
49	《謁呂仙祠》	1 首	七言律詩
50	《客中夜雨》	1 首	七言律詩
51	《過豫讓橋》	1 首	七言律詩

序號	篇名	數量	體裁
52	《客途轎中眠》	1 首	七言律詩
53	《過滹沱河》	1 首	七言律詩
54	《宿興隆寺》	1 首	七言律詩
55	《客中七夕》	1 首	七言律詩
56	《河北道中書懷》	1 首	七言律詩
57	《河北道中曉行》	1 首	七言律詩
58	《河北道中晚行》	1 首	七言律詩
59	《河北道中夜宿》	1 首	七言律詩
60	《直隸道中偶入慈航寺》	1 首	七言律詩
61	《直隸道中車中咏》	1 首	七言律詩
62	《直隸道中塵》	1 首	五言律詩
63	《墜車入京館養病》	1 首	七言律詩
64	《步韻贈森圃惠詩集》	2 首	七言絕句
65	《登岳陽樓望洞庭湖》	1 首	七言律詩
66	《湖廣歸舟途中作三十韻》	30 首	七言律詩
67	《咏黎長派侯髮》	1 首	七言律詩
68	《咏武後軍火》	1 首	七言律詩
69	《咏吳禮部酒》	1 首	七言律詩
70	《客中偶成》	1 首	五言律詩
71	《詩成呈故人》	1 首	五言律詩
72	《對劍》	1 首	五言律詩
73	《對棋》	1 首	五言律詩
74	《對琴》	1 首	五言律詩
75	《對酒》	1 首	五言律詩
76	《無題》	4 首	七言律詩

續　表

序號	篇名	數量	體裁
77	《戲述》	4 首	七言絕句
78	《答戲述》	4 首	七言絕句
79	《乙丑年春日偶成》	1 首	七言律詩
80	《留別》	1 首	七言律詩
81	《丁卯年季秋欽命錫封高綿國王途經廣義茶曲江遇洪水駐節龍山頭》	1 首	七言律詩
82	《答諸友贈別原韻》	1 首	七言律詩
總計		181 首又一半	

附錄二：吳仁静及《拾英詩集》相關圖片及書影

圖 1　吳仁静像（筆者攝）

圖 2　吳仁静墓碑（筆者攝）

圖 3　吴仁静墓園（筆者攝）

圖 4　《艮齋詩集》（編號：A1392）
中所見《拾英詩集》之封面

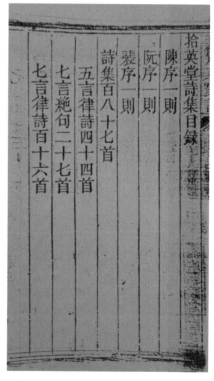

圖 5　《艮齋詩集》（編號：A1392）
中所見《拾英堂詩集目録》

圖6　《艮齋詩集》（編號：A1392）
中所見《嘉定三家詩》之封面

圖7　《艮齋詩集》（編號：A1392）
中所見《嘉定三家詩序》書影

關於越南燕行使阮輝僅漢詩
《餞日本使回程》的釋讀

［日］陳 捷

　　2016 年我在揚州雕版印刷博物館舉辦的研討會上與阮輝美先生相識，承
蒙他賜贈其先祖阮輝僅所撰《奉使燕臺總歌並日記》的影印本和越南文翻譯。
阮輝美先生的祖先阮輝僅（Nguyễn Huy Oánh　1713—1789）號碩亭，越南乂安
處德光府羅山縣萊石社（今河靜省干禄縣雙禄社）人，後黎朝末期名臣。景
興九年（1748）會試合格，又在廷試考得探花。景興二十二年（1761）後黎
朝黎懿宗死後，清朝派使節到越南冊封黎顯宗，當時阮輝僅擔任了接待工作。
景興二十六年（1765），他擔任如清正使前往清朝朝貢，翌年（1766）歸國，
以後歷任僉都御史、工部右侍郎、吏部右侍郎、户部尚書等，於西山光中二
年（1789）卒，年七十七歲。著作現存者有《北輿輯覽》《初學指南》《奉使
燕京總歌並日記》《皇華使程圖》《國史纂要》《訓女子歌》《碩亭遺稿》等，
其中前往清朝朝貢時的圖卷《皇華使程圖》2018 年被認定爲世界記憶記錄。
當我得到阮輝美先生惠賜的《奉使燕京總歌並日記》時，雖然意識到這是中
越文化交流史上的重要資料，但由於自己不懂越語，難以深入研究，故拜讀
之後便擱置下來。2019 年 3 月，阮輝美先生又以電郵寄給我阮輝僅的一首漢
詩約我解讀，並且邀我前往越南河靜省參加"河靜省干禄縣阮輝家族 17—20
世紀漢喃遺産價值研究"國際研討會。我有感於阮輝美先生的熱誠，對他寄
來的這首漢詩做了一些調查和釋讀，並在該研討會上發表，本文就是根據這
次會議上的講稿修改而成的。我對十八世紀中越關係史和這首漢詩所涉及的

【作者簡介】陳捷，日本東京大學大學院人文社會系研究科教授。

越日關係史都是外行，對越南學者的研究也孤陋寡聞，如有錯訛紕漏之處，懇請專家批評賜教。

一、阮輝瑩《餞日本使回程》中的難解詞彙

首先，我先把阮輝美先生寄給我的這首詩抄録於下：

餞日本使回程

朽岡虛路各天涯，多俟欣逢大米家。

日送浮泥寧活計，手斟鮮素共金羅。

傑奴羊賣西孫步，採落明東阿將梭。

華蓋力哥非敢擬，漫將粉地寓情多。

我想讀者初讀此詩，都會感到其用詞奇特。因爲詩中"朽岡""傑奴""羊賣""西孫步"等雖然用漢字書寫，但在漢語中並無如此組合的詞彙，而"大米""華蓋"等雖然是常見的漢語詞彙，可是在此詩語境中卻令人不知所云。

我收到阮輝美先生的郵件之後琢磨了幾天，從詩題《餞日本使回程》想到，此詩既然是送別日本使者之作，也許應該從與日本相關的信息尋找解讀綫索。那麽這些詞彙有沒有可能是用漢字標註的日語發音呢？我聯想到《紅樓夢》作者曹雪芹的祖父曹寅曾經在他撰寫的戲曲《太平樂事》中專寫了一齣《日本燈詞》，安排演員扮演日本國王和日本人登臺爲康熙皇帝獻歌獻舞，其中採用了不少用漢字標註日本發音的臺詞和曲詞，用以營造一種特殊的異國情調。讀者閱讀其文字而不知其意，估計觀衆觀看演出時也只能猜想演員是在説日語。曹寅好友、清代著名戲曲家洪昇在爲《日本燈詞》所撰序言中云："至于《日本燈詞》，譜入蠻語，怪怪奇奇，古所未有。即以之紹樂府餘音，良不虛矣。"説的就是這種通過摻雜外語詞彙令讀者和觀衆感到奇異、詼諧和新鮮的特殊效果。① 於是我查找關於《太平樂事》中《日本燈詞》的記載，發現一開始日本國王上場的場面就是這樣寫的（圖一）：

---

① 關於曹寅《太平樂事》及其中《日本燈詞》的研究，可參看顧平旦《曹寅〈太平樂事〉雜劇初探》（《紅樓夢學刊》1986 年第 4 期）、馮佐哲《從〈日本燈詞〉看清初的中日文化交流》（《日本的中國移民》，北京：生活·讀書·新知三聯書店，1987 年）和《曹寅與日本》（《中國史研究》1990 年第 3 期）、唐權《倭語之戲：曹寅〈日本燈詞〉研究》（《清華大學學報〔哲學社會科學版〕》2013 年第 2 期第 28 卷）等。

【金字經】（雜扮國王上）這壁廂山靠着海，那壁廂海靠着山。<u>虛露</u>
<u>熏加</u>生這邊，生這邊。一<u>董大利天</u>，<u>浮泥貢</u>，<u>密路榻榻</u>的眠。

顯然，"虛露"和"浮泥"與阮輝僙漢詩中的"虛路""浮泥"應該是同樣的詞彙，
此外，"熏加""一董""大利天""密路""榻榻"也是同類用漢字記音的日語詞。
我又翻檢《越南漢喃文獻目錄提要》[①]，得知越南漢喃研究院收藏有阮輝僙詩
文集《碩亭遺稿》寫本（Thạc Đình di cảo，A 3135；II，6，894），便詢問阮
先生是否有該書的影印件。很快阮輝美先生就寄來了越南漢喃研究院藏《碩
亭遺稿》寫本的照片，原來這首詩作正見於《碩亭遺稿》卷一《皇華贈答附錄》，
作者在難解詞彙下面用小字註明了意思（圖二），其文字如下所示。

餞日本使回程_{用伊周之語}

朽岡_雲虛路日_各天涯，多俟欣逢大米_{官家}。

日送浮泥_船寧活計，手斟鮮素茶共金羅_尖。

傑奴昨日羊賣山西孫_{斿步}，採落_夜明東水阿將_{坐梭}。

華蓋_{少年}力哥_{聰明}非敢擬，漫將粉地_筆寓情多。

圖一　曹寅《太平樂事》第八齣《日
本燈詞》（復旦大學圖書館藏）　　　

　　　圖二　《碩亭遺稿》卷一《餞日
本使回程》（越南漢喃研究院藏）

---

①　王小盾、劉春銀、陳義：《越南漢喃文獻目錄提要》，圖書文獻專刊 7，臺北："中央研究院"
中國文哲研究所，2002 年。

從小字註釋的語義看，這些詞彙的現代日語發音確實有不少與詩句中難解詞彙的發音相近，如"船"日語讀音爲"ふね"（fu-ne），與"浮泥"音近，"昨日"日語讀音爲"きのう"（ki-nou），與"傑奴"音近，"山"日語讀音爲"やま"（ya-ma），與"羊賣"音近，"聰明"日語讀音爲"りこう"（ri-kou）與"力哥"音近，"筆"日語讀音爲"ふで"（fu-de），與"粉地"音近。詩題下所註"用伊周之語"五字，其中"伊周之語"文意不通。考慮到"周"與"國"字形相近，很有可能是傳抄時將"國"字誤抄爲"周"字，而"用伊周之語"應當是"用伊國之語"，即"利用其國語彙"的意思。也就是説，這些詞彙之所以難解是因爲它們並非漢語詞而是用漢字標註日語發音的日語詞。歸納這首漢詩中用小字標明漢語意思的日語詞，一共有以下十五個：

朽岡：雲　虛路：日　大米：官　浮泥：船　鮮素：茶　金羅：尖
傑奴：昨日　羊賣：山　西孫步：斿　採落：夜　明東：水　阿將梭：
坐　華蓋：少年　力哥：聰明　粉地：筆

《日本燈詞》末尾有曹寅題識云："此曲調寄中吕，依吳昌齡《北西遊·滅火詞》而作。倭語出《萬里海防》及《日本圖纂》《四譯館譯語》填合而成。（中略）前年得曝書亭所藏《吾妻鏡》，考之無異。《吾妻鏡》，華言《東鑑》，明弘正間其國所刊書也。"由此可知，曹寅撰寫《日本燈詞》時看到過《萬里海防》《日本圖纂》《四譯館譯語》等書中記載的日語詞彙，後來又參考了《吾妻鏡》。但是，以前面引文所用日語詞彙與阮輝瑩《餞日本使回程》比對，字詞用字並不完全相同。那麼，阮輝瑩《餞日本使回程》中用漢字標注發音的日語詞彙又來自何處呢？

二、記載日語詞彙及其漢字對音的中國古籍

其實，很早以前的中國古籍中就有用漢字標記日語詞彙發音的記錄。比較著名的如十二世紀南宋羅大經《鶴林玉露》丙編卷四《日本國僧》一條中用漢字字音記錄了日本僧人安覺所傳授的 17 組日語單詞。十四世紀元陶宗儀《書史會要》卷八《外域》中記錄了日本僧人克用大全所傳授的"いろは假名圖"，其中有 47 个音符，没有撥音"ん"，各個假名之下用漢字作爲"真名音符"標註讀音，如"い、ろ、は"分別標註漢字"以、羅、法"。明代以後，隨着中日兩國往來增多，有更多日本信息傳入中國，出現了爲培養日語翻譯而編

撰的日語詞彙集《日本館譯語》。特別是東南沿海地區倭寇盛行之後，出現了更多記錄日語字詞的文獻。其中比較重要的如明浙江定海人薛俊《日本國考略‧寄語略》、曾於嘉靖三十五年（1556）到過日本的明鄭舜功《日本一鑑‧窮河話海》卷五《寄語》、爲防範倭寇撰著的《全浙兵制考》所附《日本風土記》卷四所收寄語等。① 此外，明清時代琉球册封使節編寫的報告書和出使記錄往往收錄關於琉球文字詞彙的説明和詞彙集，其中也包括一些日語詞彙，最具代表性的有明陳侃撰《使琉球錄》中的《夷語附》《夷字附》和徐葆光《中山傳信錄》。

爲了確認阮輝僅《餞日本使回程》中使用的以漢字標記日本詞彙讀音的來源，我翻檢了一些成書於阮輝僅卒年 1789 年（即乾隆五十四年）之前的明清時期以漢字標註日語詞彙讀音的文獻，想看看其中是否收錄阮輝僅詩作中選用的十五個日語詞彙以及標記這些日語詞彙讀音時採用哪些對音漢字。以下根據調查結果選擇值得比較的相關文獻加以簡介，並分別列出上述十五個日語詞彙的收錄情況及標註的漢字。關於琉球的文獻中雖然也有日語詞彙的對音資料，但是考慮到阮輝僅選擇這些詞彙時參考的應爲有關日本而非琉球的文獻，所以調查結果中除去了《使琉球錄》等與琉球相關的文獻。

1.《日本館譯語》

《日本館譯語》是明朝政府爲培養外交翻譯編撰的外語教本《華夷譯語》丙種本中的一部分，大約成書於明弘治年間（1488—1505）②。據日本學者福島邦道、大友信一等研究，《華夷譯語》共有甲、乙、丙三種，丙種本有數種寫本傳世，其中最多的收錄十三種各國譯語集，《日本館譯語》即其中一種，收錄天文、地理、時令、花木、鳥獸、宮室、器用、人物、人事、身體、衣服、飲食、珍寶、文史、聲色、數目、方隅、通用等十八門五百六十餘條日語詞彙③。日本京都大學文學部國語學國文學研究室編《纂輯日本譯語》（1968）收錄英

---

① "寄語"的意思是東南域外各國語言的譯詞，《重刊日本考略‧寄語略》題下雙行小字註曰："寄即譯也，西北曰譯，東南曰寄。"這一用法出自《周禮‧王制》："五方之民，言語不通，嗜欲不同。達其志，通其欲，東方曰寄，南方曰象，西方曰狄鞮，北方曰譯。"

② 此處採用丁鋒《日漢琉漢對音與明清官話音研究》之説，北京：中華書局，2008 年。

③ 福島邦道：《纂輯日本譯語‧解題》（京都：京都大學國文學會，1968 年）及《日本館譯語考》（東京：笠間書院，1993 年）、大友信一：《室町時代の国語音声の研究—中国資料による—》（東京：至文堂，1963 年）。

國倫敦大學藏本、日本阿波國文庫本、稻葉君山舊藏本、靜嘉堂文庫藏本共四種寫本的影印本，坂井健一編《明代日本語資料集成 語彙篇》（1971）也收錄靜嘉堂文庫本相關部分的影印本，此外還有鄭振鐸編《玄覽堂叢書續集》據舊鈔本影印明慎懋賞撰《四夷廣記》所收《日本寄語》。丁鋒《日漢琉漢對音與明清官話音研究》校勘了現存諸本並對其中日語音義加以釋讀。現根據《纂輯日本譯語》影印倫敦大學藏本並參校其他諸本（十三個詞彙中只有"夜"及"少人"兩處有異文），將其中所收阮輝僊《餞日本使回程》選用的十五個日本詞彙的情況及漢字標音列舉如下（未收錄者標註以 ×，"官""少年"等雖無完全一致條目，但有同義詞"官人""少人"，在括號中錄出以備參考。下同）。

雲枯木　日非禄　山牙馬　官 ×（官人都那巴喇）　船福轟　茶扎　尖 ×
昨日急牛　游 ×

夜約禄（靜嘉堂文庫本誤作納禄）　水民足　坐吾里唆　少年 ×（少人阿蓋非多，臺灣本、靜嘉堂文庫本、廣記本"多"作"都"。）　聰明 ×　筆分貼

2. A《日本國考略·寄語略》

　　《日本國考略》又名《日本考略》，明浙江定海人薛俊所撰。全書共分十七略，其中《寄語略》收錄天文、時令、地理、方向、珍寶、人物、人事、身體、器用、衣服、飲食、花木、鳥獸、數目、通用類等共十五類三百六十三條寄語。本書於嘉靖二年（1523）由鄭餘慶初刻，現存最早刻本爲冠有明嘉靖九年（1530）定海知縣王文光序文的據初刻本增補重刊本，此外還有明鈔本《國朝典故》所收本和根據翻刻嘉靖九年重刻本的嘉靖四十四年（1565）朝鮮鈴平府院君尹漑刻本抄寫的數種日本寫本、清長白人榮譽子道光十一年（1831）刊刻《得月簃叢書》本（書名題《日本考略》）以及只收錄其中《寄語略》的《續說郛》本（1647，見下文）、《古今圖書集成·邊裔典·日本部彙考》本。[①]該書曾爲明鄭舜功《日本一鑑·窮河話海》、明鄭若曾《日本圖纂》《籌海圖編》等書引用，可見其對後世日本知識形成之影響。本文根據日本東洋文庫藏明嘉靖九年（1530）王文

[①]　關於本書內容及版本情況，可參看京都大學文學部國語學國文學研究室編《日本寄語の研究》所收福島邦道《日本考略·日本圖纂解題》，（京都：京都大學國文學會發行，1965年）、馬之濤《〈日本國考略〉所見室町時期日語語音》（武漢：武漢大學出版社，2023年）。

光增補重刻本。關於將《寄語略》抽出以《日本寄語》之名編入叢書的《續說郛》本，在本項之後另爲列出，以便比對。

雲扔岡　日虛路　官大米鳥野難　船浮泥　茶鮮素　尖×　昨日傑奴　山羊賣/

耶賣　遊四孫步　夜搖落　水明東　坐移路/阿将拨　年少華蓋　聰明力哥　筆

粉地

２.Ｂ《續說郛》本《日本寄語》

本書收入明陶珽爲增補陶宗儀《說郛》而編輯的《續說郛》弓十（1647），卷首題《日本寄語》，撰者題爲"定州薛俊"，實即從前列明浙江定海人薛俊所撰《日本國考略》中抽出的《寄語略》部分。

雲朽岡　日虛路　官大米鳥野難　船浮泥　茶鮮素　尖×　昨日傑奴　山羊

賣/耶賣　遊西孫步　夜搖落　水明東　坐移路/阿將捘　年少華蓋　聰明力哥

筆粉地

3.《日本一鑑·窮河話海》卷五《寄語》

《日本一鑑》十六卷，明鄭舜功編撰。鄭舜功嘉靖三十五年（1556）奉命渡海到日本豐後探查倭情，曾謁見豐後守源義鎮，歸國後獲罪，與日本臨濟宗大德寺和尚清授一起被謫放到四川茂州治平寺，謫居期間在清授幫助下編撰該書。該書以寫本傳世，其中《窮河話海》卷五《寄語》按照天文、地理、時令、人物、宮室、器用、鳥獸、花木、身體、衣服、珍寶、飲食、文史、聲色、干支、卦名、數目、通用等共十八類，收錄寄語三千四百餘條。與以上諸種文獻不同，本書採用的標音方式是在漢字詞下以小字標註該漢字字義的日語讀音對音。本文所據爲民國二十八年（1939）據舊抄本影印本。

雲固目　日弟/易爲　官茲佳腮　船×（舶付業）　茶×　尖自怒大奈利

昨氣欲　山耀邁　游阿欲固　遊押付　夜欲路　水密茲　坐易路　少年×　聰

明×　筆付迻

4.《日本圖纂·寄語類編》

《日本圖纂》乃明人鄭若曾撰，初刻於嘉靖四十年（1561），康熙三十年

（1691）由其五世孫鄭起泓和六世孫鄭定遠校訂重刻爲《重鐫日本圖纂》，並收入其著作集《鄭開陽雜著》。鄭若曾在該書初刻的次年嘉靖四十一年（1562）又編成《籌海圖編》十三卷，不過此書距前著刊刻時間較近，兩書内容頗有重合，寄語亦大致相同。《日本圖纂》與《籌海圖編》對薛俊《日本國考略》等著作的信息加以吸收訂正，並廣集各方資料，包括“詢諸使臣、降倭、通事、火長之屬”而得到的情報，内容比以往的日本研究著作更爲豐富。在記録寄語方面，《日本圖纂》的《日本紀略》中採録日本地名寄語一百四十多個，《寄語島名》中採録日本地名、島名寄語八十多個，均爲以往文獻所未見。不過，記録地名之外一般詞彙的《寄語雜類》主要承襲薛俊《日本國考略·寄語略》，只是排列順序及漢字用字略有不同。本稿根據康熙三十年（1691）刊刻《重鐫日本圖纂》本。

雲因木　日虛露　官大米鳥野難　船浮泥　茶鮮素　尖×　昨日傑倣　山羊貴
耶貴　遊四孫步　夜摇落　水明東　坐移路阿將梭　年少華蓋　聰明力哥　筆
粉地

5.《籌海圖編·寄語雜類》

如前所述，此書爲鄭若曾在《日本圖纂》初刻問世後不久編成，於明嘉靖四十一年（1562）春正月由胡宗憲主持在杭州刊刻。初刻雕版精美，但文字脱誤較多。明隆慶六年（1572）在杭州翻刻，基本承襲嘉靖本，且存世者較少。明天啓四年（1624）胡宗憲曾孫胡維極重新校勘刊刻，並將鄭若曾姓名從撰者項删去，此外還删去卷前凡例十七條。清康熙三十二年（1693），鄭若曾五世孫鄭起泓和六世孫鄭定遠重刻此書，將撰者恢復爲鄭若曾，内容也比三種明版較爲完備。① 與《日本圖纂》相比，《籌海圖編·寄語雜類》分爲天文、時令、地理、方向、珍寶、人物、人事、身體、器用、衣服、飲食、花木、鳥獸、數目、通用等十五類，更爲接近《日本國考略·寄語略》。本文根據康熙三十二年（1693）刻本，所考察的十五個詞彙，與《重鐫日本圖纂》完全相同。

雲因木　日虛露　官大米鳥野難　船浮泥　茶解素　尖×　昨日傑倣　山羊貴／

① 關於《籌海圖編》版本情況，請參看李致忠整理本《籌海圖編》卷前《點校説明》（北京：中華書局，2007年）。

耶賣　游西孫步　夜揺落　水明東　坐移路阿將校　年少華蓋　聰明力哥　筆粉地

6.《全浙兵制考》附《日本風土記》卷四所收寄語

《全浙兵制考》三卷附《日本風土記》五卷，舊題明侯繼高撰，成書於萬曆二十年（1592）。附録《日本風土記》五卷不知撰者，其中卷四收録日本寄語一千一百餘條，分爲天文、時令、寒温、曉夜、月分、日數、今明、五行、十干、十二支、六十甲子、地里、火炭、宮室、城市、國部、方向、人物、君臣、吏從、軍民、工藝、流賤、篤廢、親屬、稱答、身體、衣服、鋪蓋、段布、顔色、五穀、飲食、調和、炊煮、數目、算法、器用、内器、匠器、農具、舩具、馬具、文器、武具、響器、香料、醫用、珍寶、花木、菓子、菜蔬、野草、鳥獸、人事等五十六類。本稿據日本國立公文書館藏明刻本，"日"在天文類中註音爲"和虛"，時令類中註音爲"逆之"，曉夜類中又有"日午"，註音爲"虛路"。"水"分別出現於五行與地里兩類，前者註音爲"密"，後者註音爲"密辭"。

雲枯木　日和虛（日逆之・日午虛路）　官鳥耶奇　舩浮尼音/福業　茶差又/解素　尖×　昨日吉那　山陽脉　遊西孫步　夜揺落　水密・密辭　坐移路阿將梭　少年人華蓋首　聰明人立空乃許多　筆粉地

7.《登壇必究》卷二十二東倭卷二《寄語雜類》

《登壇必究》四十卷，明王鳴鶴編撰的軍事著作，成書於明萬曆年間，初刻於萬曆二十九年（1599）。卷二十二東倭卷二有《寄語雜類》，分天文、時令、地理、方向、珍寶、人物、人事、身體、器用、衣服、飲食、花木、鳥獸、數目、通用、島名共十六類，内容基本承襲《籌海圖編・寄語雜類》。所收寄語中無"尖"，"雲"字下無對音漢字。

雲　日虛露　官大米鳥野難　船浮泥　茶解素　尖×　昨日傑奴　山羊賣/爺賣　遊西孫步　夜揺落　水明東　坐移路阿將校　年少華蓋　聰明力哥　筆粉地

8.《武備志》卷二三一《譯語》

《武備志》二百四十卷，明茅元儀撰，有天啓元年（1621）李維楨、顧起元序。其中卷二三一《譯語》分爲天文、時令、地理、島名、方向、珍寶、人物、人事、身體、器用、衣服、飲食、花木、鳥獸、數目、通用共十六類，除《島名》部分略有補充之外，内容基本承襲《籌海圖編》中《寄語島名》《寄語雜類》的條目。本稿根據日本國立公文書館藏明天啓元年序刊本，詞彙中無"尖"，"雲"字下無對音漢字。

> 雲　日_{虛露}　官_{大米鳥野難}　船_{浮泥}　茶_{解素}　尖 ×　昨日_{傑奴}　山_{羊賣／爺賣}
>
> 遊_{西孫步}　夜_{搖落}　水_{明東}　坐_{移路阿將梭}　年少_{華蓋}　聰明_{力哥}　筆_{粉地}

爲更便於讀者比較，我們將以上文獻對十五個日語詞的著録情況整理爲下表（表一）。由此表可以清楚地看出，在以上各種文獻中，與《日本館譯語》《日本一鑑》和《全浙兵制考》附《日本風土記》相比，《日本國考略》、《續説郛》本《日本寄語》、《日本圖纂》、《籌海圖編》、《登壇必究》和《武備志》的註音漢字和阮詩所引較爲接近。下文我們參考日語研究學者對寄語資料的研究，對後一組文獻與阮詩日語詞彙的關係作進一步説明。

　　先看阮詩日語詞彙用字與這組文獻對音漢字基本一致的例子。表示"雲"的日語詞"朽岡"，《續説郛》本《日本寄語》作"朽岡"，東洋文庫藏明刻本《日本國考略》"扚岡"，日本國立公文書館藏根據朝鮮尹漑嘉靖四十四年（1565）據嘉靖九年重刻本翻刻的朝鮮本抄寫的日本寫本《日本國考略》作"扚罔"，濱田敦《日本寄語解讀試案》根據松下見林撰《異稱日本傳》引文將"岡"改寫爲"罔"，認爲即是日語"クモ ku-mo"發音。[①]表示"日"的"虛路"在這組文獻中作"虛路"或"虛露"，是日語"ヒル hi-ru"的對音字。表示"官"的"大米"在這組文獻中作"大米鳥野難"，即日語"大名"（ダイミャウ dai-myau 或ダイメイ dai-mei，《日葡辭書》"諸大名"作ショタイメイ xotaimei）或"公"（オオヤケ oo-ya-ke，意思爲官家）的對音字。表示"山"的"羊賣"在這些文獻中作"羊賣""耶賣"或"爺賣"，都是日語"ヤマ"（ya-ma）的對音。表示"昨日"的"傑奴"是日語"キノウ"（ki-nou）的對音，《日本圖纂》作"傑伮"，與"傑奴"讀音相同，《日本國考略》國學典故本、得月簃叢書本"奴"字作"妙"，乃形近之誤。表示"船"的"浮泥"即日語"フネ"（fu-ne）的對音，表示"水"的"明東"即日語"ミヅ"（mi-zu）的對音。"少年"在這組文獻中作"年少"，漢字對音"華蓋"即日語的"ワカイ"（wa-ka-i）。

---

① 濱田敦：《日本寄語解讀試案》，京都大學文學部國語學國文學研究室編：《日本寄語の研究》，第 82 頁。

表示 "聰明" 的 "力哥" 即日語 "リコウ" (ri-kou) 的對音, 表示 "筆" 的 "粉地" 即日語 "フデ" (fu-de) 的對音。表示 "茶" 的 "鮮素" 在這組文獻中作 "鮮素" 或 "解素", 濱田敦認爲應從 "解素", 乃日語 "カス" (ka-su) 即 "茶滓" 之意。① 但 "素" 字也有可能是 "索" 之形誤, 即日語 "センサ" (sen-sa) 即 "煎茶" 之意。② 表示 "坐" 的 "阿將梭" 在這組文獻中作 "移路 / 阿將梭", "將" 或作 "挦", "梭" 或作 "揍", 濱田敦認爲即日語 "居る" (イル, i-ru) 和 "お座り候え" (オチャソ, o-cha-so, チャ是 "座り" 的粗俗的説法, 意思爲 "坐吧")③。馬之濤則認爲當作 "阿挦梭", 是 "居り候" (オリソウ, o-ri-so), 即 "在" 的意思。④

下面再看阮詩日語詞彙用字與這組文獻對音漢字略有不同的例子。阮詩日語詞彙 "西孫步" 下註比較生僻的 "斿" 字, 在這些文獻中寫作 "遊" 或 "游", 漢字對音寫作 "西孫步" 或 "四孫步", 日本國立公文書館藏據朝鮮本抄寫的日本寫本《日本國考略》作 "亞孫步"。濱田敦參考日本學者今西春秋的意見, 認爲 "西" "四" 乃是 "亞" 字之誤, 即日語 "遊ぶ" (アソブ, a-so-bu) 的漢字對音。⑤ 阮詩中表示 "夜" 的 "採落" 一詞在這組文獻中均作 "搖落", 乃日語 "夜" (ヨル, yo-ru) 的漢字對音, "採" 字亦當爲誤字。

阮詩使用的十五個日語詞彙中只有自註爲 "尖" 的 "金羅" 一詞不見於我們考察的所有文獻,《日本一鑑》中雖有 "尖", 但其對音字爲 "自怒大奈利", 顯然與阮詩中 "金羅" 無關。筆者在反復分析後一組文獻收録的詞彙後發現,《日本國考略》、《續説郛》本《日本寄語》人事類中 "咲" (即 "笑") 的對音字爲 "歪羅", 即日語 "笑う" (或寫作 "咲う", ワラウ, wa-ra-u), "咲" 或 "笑" 與 "尖" 字形相近, 阮詩中的 "尖" 字是 "咲" 或 "笑" 之形誤, "金羅" 的 "金" 字則爲 "歪" 的形近之誤。從阮詩詩意來看, 作者想表達的顯然不是 "尖" 而是 "笑" 的意思。"羅" 字在《日本圖纂》、《籌海圖編》、

---

① 濱田敦:《日本寄語解讀試案》, 前引京都大學文學部國語學國文學研究室編:《日本寄語の研究》, 第 130 頁。

② "煎茶" 讀作 "センサ" 之例見於文明本《節用集》等。按此説見馬之濤《〈日本國考略〉所見室町時期日語語音》。

③ 濱田敦:《日本寄語解讀試案》, 前引《日本寄語の研究》, 第 130、107 頁。

④ 參見馬之濤:《〈日本國考略〉所見室町時期日語語音》。

⑤ 濱田敦:《日本寄語解讀試案》, 前引《日本寄語の研究》, 第 115 頁; 今西春秋:《日本圖纂中の日本寄語》,《東洋史研究》第 1 卷第 6 號—第 3 卷第 4 號, 1936 年 8 月—1938 年 4 月。

《全浙兵制考》附《日本風土記》、《登壇必究》、《武備志》中作“罷”，也是因字形相近而誤（表二）。因爲寫樣上板或傳抄者不明日語讀音，在翻刻、傳抄過程中本來容易産生形近之誤。除了表示“夜”的“採落”和表示“笑”的“金羅”之外，上文指出的各種誤字在阮氏引用的文獻中既已存在，所以不是阮輝僅寫詩時的引用錯誤。詩中用“尖”字文意不通，所以將“笑”誤寫爲“尖”的應該也不是作者阮輝僅而是後世抄寫《碩亭遺稿》的人。至於將“搖落”誤作“採落”、將“歪羅”誤作“金羅”的，則既有可能是作者引用時筆誤，也有可能是傳錄者抄錯，因爲沒有更多資料，現在已經很難分辨了。

通過表一和上述分析我們還可以看到，在與阮詩引用日語詞彙用字較爲接近的這組文獻之中，除了形近之誤的“採落”和“歪羅”這兩個詞之外，《續説郛》本《日本寄語》只有表示“坐”的“阿將梭”寫作“阿將捘”，其餘均與阮詩日語詞彙用字基本相同。《日本國考略》“阿將梭”寫作“阿捋捘”，表示“遊”或“游”的對音字寫作“四孫步”而不是阮詩所用的“西孫步”，其餘也均與阮詩日語詞彙用字基本相同。而其他幾種文獻都有更多與阮詩日語詞彙用字不同之處。阮輝僅不懂日語發音，如果他參考的文獻是將“雲”標註爲“因木”的《日本圖纂》以及“雲”字下沒有註音字的《登壇必究》《武備志》，他是沒有能力寫出“雲”的對音字“朽岡”的。所以筆者認爲，阮輝僅所參考的文獻很可能是與其引用日語詞彙用字最接近的《續説郛》本《日本寄語》。當然，因爲“將”與“捋”、“四”與“西”字形相近，很容易誤寫，所以也不排除他見到的是《日本國考略》或上述文獻之外的、内容與《日本國考略》或《續説郛》本《日本寄語》相同的文獻的可能性。

最後還有兩個難解詞是詩中“多俟欣逢大米家”的“多俟”和“日送浮泥寧活計”中的“活計”。這兩個詞下面沒有小字注釋，漢語中雖有“活計”一詞，但用在此處很難解釋，“多俟”雖然可以解釋爲“長時間等候”，但畢竟有些牽強。而從日語詞彙漢字對音字的角度考慮，《日本國考略》和《續説郛》本《日本寄語》“通用類”中“遠”的日語對音漢字正是“多俟”，而“人事類”中“相擾”一詞的日語漢字對音爲“括計／括盆”，“括”與“活”字形相近，“活計”有可能是“括計”的誤寫。關於“多俟”，濱田敦認爲即日語的“遠い”（トオイ，to-o-i），馬之濤則讀爲（トオシ，to-o-si）。① 關於“括計／括盆”，濱田敦認爲：“難解，但‘括計’發音クワ

----

① 濱田敦：《日本寄語解讀試案》，前引《日本寄語の研究》，第 140 頁。馬氏説見前引馬氏論文第 91 頁。

表一　阮詩引用日語詞彙與相關文獻收錄日語詞彙對音漢字對照表

阮詩用日語詞	《日本館譯語》	《日本國考略》	《續說郛》本《日本寄語》	《日本一鑑》	《日本圖纂》	《籌海圖編》	《全浙兵制考》附《日本風土記》	《登壇必究》	《武備志》
杓岡：雲	枯木	杓岡	杓岡	固目	因木	×	枯木	無註音字	無註音字
虛路：日	非祿	虛路	虛路	涕／易焉	虛露	虛露	和虛・逆之・虛路	虛露	虛露
大米：官	都那巴喇（官人）	大米烏野雞	大米烏野雞	兹佳腮	大米烏野雞	大米烏野雞	烏耶奇	大米烏野雞	大米烏野雞
浮泥：船	福羼	浮泥	浮泥	付業（舶）	浮泥	浮泥	浮泥音福業・浮泥	浮泥	浮泥
鮮素：茶	扎	鮮素	鮮素	×	鮮素	解素	差／解素	解素	解素
金羅：尖	×	×	×	自怒大奈利	×	×	×	×	×
傑奴：昨日	急牛	傑奴	傑奴	昨：氣欲	傑伨	傑奴	吉那	傑奴	傑奴
羊貴：山	牙馬	羊貴／耶貴	羊貴／耶貴	耀過	羊貴／耶貴	羊貴／耶貴	陽脉	羊貴／爺貴	羊貴／爺貴
西搽步：序（遊・遊）	×	四搽步	西搽步	游：阿欲固 遊：押付	四搽步	游：西搽步	西搽步	西搽步	西搽步
搖落：夜	約祿（靜嘉堂本作納祿）	搖落	搖落	欲路	搖落	搖落	搖落	搖落	搖落

續　表

阮詩用日語詞	《日本館譯語》	《日本國考略》	《續說郛》本《日本寄語》	《日本一鑑》	《日本圖纂》	《籌海圖編》	《全浙兵制考》附《日本風土記》	《登壇必究》	《武備志》
明東：水	民足	明東	明東	密兹	明東	明東	密辭	明東	明東
阿將椗：坐	吾里咬	移路/阿將椗	移路/阿將椗	易路	移路阿將椗	移路阿將椗	移路阿將椗	移路阿將椗	移路阿將椗
華蓋：少年	阿蓋非多（少）〔阿人，一作阿蓋非都〕	華蓋（年少）	華蓋（年少）	×	華蓋（年少）	華蓋（年少）	華蓋首（少年人）	華蓋（年少）	華蓋（年少）
力哥：聰明	×	力哥	力哥	×	力哥	力哥	立空乃許多（聰明人）	力哥	力哥
粉地：筆	分貼	粉地	粉地	付送	粉地	粉地	粉地	粉地	粉地

表二　相關文獻收錄日語詞彙 "笑う"（咲う）的對音漢字對照表

	《日本館譯語》	《日本國考略》	《續說郛》本《日本寄語》	《日本一鑑》	《日本圖纂》	《籌海圖編》	《全浙兵制考》附《日本風土記》	《登壇必究》	《武備志》
笑/咲 ワラウ wa-ra-u	×	歪羅（咲）	歪羅（咲）	歪剌烏（咲）	歪罷	歪罷	歪罷	歪罷	歪罷

ッケイ，也許即是中世一般寫作'活計'的詞。"①果真如此，則"活計"不是"括計"之誤，反而"括計"是"活計"之誤了。不過中世日語寫作"活計"的用例並無相擾之義，而且這裏的"括計／括盆"是日語發音的漢字對音而不是其在日語中所用的漢字，加之《日本圖纂》、《全浙兵制考》附《日本風土記》、《登壇必究》、《武備志》亦均作"相擾：括計括盆"②，所以我們認爲阮詩中的"活計"應當是"括計"的誤寫，即"相擾"之意。

下面，我們按照以上的考證和分析，試將阮輝僙《餞日本使回程》一詩語譯如下：

> 朽岡（＝雲）虛路（＝日）各天涯，多俟（＝遠）欣逢大米（＝官）家。
> 日送浮泥（＝船）寧活計（＝相擾），手斟鮮素（＝茶）共金羅（＝笑）。
> 傑奴（＝昨日）羊売（＝山）西孫步（＝遊），採落（＝夜）明東（＝水）阿將梭（＝坐）。
> 華蓋（＝年少）力哥（＝聰明）非敢擬，漫將粉地（＝筆）寫情多。

在白雲悠悠的日子裏我們來自海角天涯，經過遙遠的旅途與您在官家歡聚。

每天送別遠行的船隻我並不感到煩擾，親手斟一杯清茶伴隨着歡聲笑語。

昨日我們到山上漫遊，夜晚一起坐在水邊。

您的年少聰明無人可比，就讓這支筆寫下我們深厚的情義。

三、關於"日本使"的問題

關於這首詩的另一個問題是，詩題中的"日本使"究竟是誰？

如上文所述，《餞日本使回程》一詩見於《碩亭遺稿》卷一《皇華贈答附録》。《碩亭遺稿》各卷正文之前均有該卷目録，現根據卷一目録

---

① 濱田敦：《日本寄語解讀試案》，前引《日本寄語の研究》，第140頁。另外，馬之驌也認爲其讀音難解而未加解釋，見前引馬氏論文第62頁。

② 《日本館譯語》《日本一鑑》未收此詞。

將《皇華贈答附録》以下二十首詩的詩題抄録如下（〔　〕内文字據卷内正文補）：

> 皇華贈答附録
> 贈伴送李廷光　贈太平府正堂查克宣
> 贈江道臺李天培　賜義學謝
> 送桂平縣正堂吳志館　送梧州教授
> 送昭平縣正堂趙傳紀
> 謝江南總督高晉惠榴齋榜
> 謝巡撫宋邦綏　謝布政使淑寶
> 謝按察使袁守侗　謝鹽道周升恒
> 贈靈川縣正堂楊德麟
> 贈岳麓教主王文清　贈蘄州正堂劉煜
> 謝長沙巡撫常鈞　贈提督海晏
> 謝大閣老傅恒惠對聯
> 上程〔送〕欽差郎中良格　餞日本使回程用伊國語　以上皇華贈答

《餞日本使回程》詩題後有小字註"以上皇華贈答"，由此可知《餞日本使回程》是《皇華贈答附録》的最後一首詩。從詩題及詩作内容看，《餞日本使回程》前的十九首詩爲阮輝僜作爲如清正使到清朝朝貢期間沿途或在北京與接待他的清人的贈答之作，那麼《餞日本使回程》是不是他在中國期間遇到日本使臣時所作呢？

阮輝僜《奉使燕臺總歌》詳細記載了他率領使團於後黎朝景興二十七年（清乾隆三十一年，1766）正月二十九日從鎮南關進入中國直到景興二十八年（1767）十月二十六日回到越南的行程與沿途見聞，其中記録了他們見到回回國使臣和與朝鮮使臣一起入宮參加典禮的情形。關於見到回回國使臣的情況是這樣記載的：

> 良鄉恰遇回回，與他一路同來外城。回回國光頭麤足，革帽皮衣，人甚雄壯，包袱一如中國。從陝西來，到此合路。早經七層塔，三十五里到長新店，又五里至盧溝橋。（中略）此是外城，自此入京，

> 路皆砌石。亥刻到章儀門外萬興店邢士貴家駐。[①]

這段引文的意思是説，在良鄉恰好遇到回回國使臣，並和他們一起走到京城的外城。回回國人光着頭，穿着粗糙的鞋子，戴着皮帽，穿着皮製的衣服，人長得高大粗壯，包袱的樣子和中國相同。他們從陝西方向前來北京，到良鄉（與安南使臣）匯合爲一路。早上經過七層塔，行走三十五里到長新店。又行走五里，到達盧溝橋。（中略）這裏是北京的外城，從這裏進入北京，路面都用石頭鋪砌。亥刻到達章儀門（即北京外城西垣正中偏北的廣安門）外萬興店邢士貴家住下。由此可知，使團一行到達河北良鄉時遇到回回國使臣，並一起經長辛店、盧溝橋進入北京外城。顯然，回回國使臣的相貌和穿着打扮給阮輝㴕留下很深的印象。

十二月二十一日，阮輝㴕一行進入北京，在清朝政府安排的公館入住。二十九日，阮輝㴕到鴻臚寺演習觀見皇帝的禮儀，並提出願意與朝鮮使臣採用同樣禮儀。乾隆三十二年（1767）正月初一進宮參加典禮，阮輝㴕和朝鮮使節被安排在一起拜候並在丹墀一起行三次九跪九叩之禮。[②]《奉使燕臺總歌》中雖然没有具體描述阮輝㴕與朝鮮使節的交往情況，但是據此可知阮輝㴕在北京見到了朝鮮使節。《碩亭遺稿》卷一收載了一首五言詩《贈高麗使》，當爲此時贈與朝鮮使臣的作品[③]。

> 宇宙同包括，機心自幅員。
> 成湯君遠祖，炎帝我家先。

---

① 阮輝㴕《奉使燕臺總歌》乾隆三十一年十二月十九日，越南社會科學院圖書館藏碩亭藏板阮探花正本《奉使燕臺總歌》，越南社會科學出版社影印本，2014 年，第 396—397 頁。按越南漢喃研究院尚藏有一種與《奉使燕臺總歌》刻本編次順序不同的舊鈔本，六八體長歌《奉使燕臺總歌》在前，日記部分在後，書名題爲《奉使燕京総歌並日記》（漢喃研究院編號 A373），日本琉球大學教授上里賢一編 2004—2006 年度科學研究費補助金報告書《東アジア漢字文化圈の中における琉球漢詩文の位置》（2007 年 3 月）曾影印收録，復旦大學文史研究院與越南漢喃研究院合編《越南漢文燕行文獻集成》（上海：復旦大學出版社，2010 年，第 5 册，第 1—162 頁）所收亦爲此本。

② 《奉使燕臺總歌》乾隆三十一年十二月二十九日，前引越南社會科學出版社影印本，第 398—400 頁。

③ 日本學者清水太郎《北京におけるベトナム使節と朝鮮使節の交流—15 世紀から 18 世紀を中心に—》（《東南アジア研究》48 卷 3 號，2010 年 12 月，第 334—363 頁）根據《奉使燕京総歌並日記》提到阮輝㴕要求與朝鮮使臣採用同樣禮儀及與朝鮮使臣一起參加正月初一宮内大典之事，但是他没有見到《碩亭遺稿》，所以似乎不知道兩國使者之間有這篇贈答作品傳世。

島嶼分諸國，星河共一天。

欲通消息問，須仗譯音傳。

問道前來使，咸稱貴介賢。

文章多警拔，義理更精玄。

有幸相逢住，殷勤贈一篇。

根據《同文彙考補編》卷七《使行錄》，此時在北京與阮輝儆一起入宮覲見皇帝的應該是前一年十月二十二日出發的咸溪君李燻爲正使、尹得養爲副使、李亨逵爲書狀官的三節年貢兼謝恩使使團，可惜此次朝鮮方面的燕行記錄未能傳世，無法與阮輝儆的記錄相印證。

以上介紹了《奉使燕臺總歌》關於外國使臣的記載，但是該書並未提到在旅行途中或北京見到過日本使節。筆者查閱了漢喃研究院所藏阮輝儆記錄此次前往中國行程的另外一部著作《燕軺日程》，其中也完全没有關於日本使節的記載。①

從當時歷史背景看，德川幕府於日本寬永十年（1633）對原來的朱印船制度加以限制，下令必須同時持有幕府將軍頒發的朱印狀和老中頒發的奉書的船隻纔可以前往海外從事貿易，並規定在海外居留五年以上的日本人不許回國。兩年後的寬永十二年（1635）又進一步宣布禁止日本人前往東南亞以及不許已經在海外的日本人回國。以後，幕府嚴格禁止日本人前往海外，並逐漸將對外貿易限定在長崎、薩摩藩（對琉球）、對馬藩（對朝鮮）以及松前藩（北方貿易），只有一定數量的荷蘭和清人商船被允許進入最主要的外貿港口長崎。在這一背景之下，在阮輝儆在世的十八世紀，日本與中國、越南之間的貿易及其他往來主要以中國商人爲媒介，並没有日本使者前往中國或越南的記錄。因此，阮輝儆前往中國期間雖然見到回回國和朝鮮等國使節，但是不可能見到日本使節。而且也没有文獻記載其在世期間曾有日本使者前往越南。

在日本長期禁止本國人前往海外的時期，有少數日本人因爲遭遇海難漂流到外國，得到救助後回到祖國，算是當時能夠親眼見到日本以外世界的極爲罕見的經歷。那麼阮輝儆是否有可能在越南遇到漂流到那裏的日本漂流民呢？

---

① 《燕軺日程》，越南漢喃研究院藏，A2381，復旦大學文史研究院與越南漢喃研究院合編《越南漢文燕行文獻集成》第 24 冊收録，第 1—169 頁。

經過調查，十八世紀日本與越南之間確實曾有過數次漂流、漂着事件，其中日本史料記載的日本人遭遇海難漂流到越南後被送還的有下列三件①：

1. 陸奧小名濱（Mutsu Onahama）的住吉丸（Sumiyoshi-maru）6 人：日本明和二年（越南後黎朝景興二十六年，清乾隆三十年，1765）十一月三日出航後遇難漂流，其中三人在船中因缺乏淡水渴死。翌年正月二十五日漂到安南，後被送到惠安。關於此次漂流，日本有《奧人安南國漂流記》記錄其事。

2. 常陸磯原（Hitachi Isohara）的姬宮丸（Himemiya-maru）6 人：日本明和二年（越南後黎朝景興二十六年，清乾隆三十年，1765）十一月五日遇難漂流，十二月十七日漂到安南，翌年三月被帶到惠安，遇到了陸奧小名濱的漂流民，將近一年之後的日本明和四年二月（越南後黎朝景興二十八年，清乾隆三十二年，1767）見到會說日語的中國南京船船頭，七月十六日從安南直接回到日本。關於此次漂流，日本有《安南國漂流物語》記錄其事。

3. 陸奧仙臺（Mutsu Sendai）的大乘丸（Daijo-maru）16 人：日本寬政六年（越南西山朝景盛二年，清乾隆五十九年，1794）九月二十七日出航遇難，被安南漁船救助後由澳門船送到廣州，又由廣州到達乍浦，最後有 9 人於翌年分兩船被送還。

在這三件漂流民事件之中，第 1、2 兩件是阮輝僜在世期間，但是從時間上看，正好是阮輝僜前往中國尚未回到越南期間，因此他不可能與這些日本漂流民見面。

以上我們考察了阮輝僜《碩亭遺稿》所收漢詩《餞日本使回程》中所引日本詞彙的來源，認爲這些日本詞彙並非阮輝僜聽到日本語發音的記錄，而是參考了明清時期文獻中的日本寄語也就是日語的漢字對音資料，並通過對比分析，指出他參考的很可能是《續説郛》本《日本寄語》或者《日本國考略》以及與這兩種文獻內容相同的其他文獻。文章最後考察阮輝僜《奉使燕臺總歌》及《燕軺日程》等著作以及阮氏所處時代的歷史背景，指出當時日本並未向清朝或越南派遣使者，因此，關於《餞日本使回程》中的"日本使"究竟是誰，現在還是一個未解之謎。

【謝辭】本文應阮輝美先生之邀撰寫，2019 年 5 月在越南漢喃研究院查

---

① 池内敏：《大君外交と"武威"——近世日本の国際秩序と朝鮮観》，補論 4《近世日本人のベトナム認識》，名古屋：名古屋大學出版會，2006 年 2 月。

閱相關資料時得到丁克順教授和杜氏碧選女士的熱誠幫助，日文稿《ベトナム使節阮輝僅の漢詩 "餞日本使回程" の釈読について》曾於 2022 年 3 月刊載於《東洋文化研究所紀要》第 181 冊（東京大學東洋文化研究所，2021 年度第 2 期），發表前承早稻田大學名譽教授古屋昭弘先生惠賜寶貴意見。在此深表謝忱。

後黎朝燕行使者與詩文目録初探

［越］潘青皇

【摘　要】朝貢的選擇，或許來自政治考量，但最重要的，還是因爲經濟與文化的影響。黎朝是越南社會變動最大的時代，同時也是制度規範的重要時期。後黎朝的興起與滅亡正好橫跨中國的明清兩代，不同類型的朝貢使者身份體現出越南在朝貢或者是外交關係上的主要目的。黎朝科舉制度的規範，形成了"進士人才"的現象。這"進士人才"的功能也同時得到規範。進士是越中文化交流的橋梁。越中朝貢關係、使者身份不僅反映出越南與中國在歷史、文化之間的關聯，從出使的次數、出使人的身份也可以更進一步了解越南對於明、清兩代的態度。越南潘輝注之《歷朝憲章類志·文籍志》是史志目録的代表著作。該書共著録兩百一十三種越南書目，記載從越南李朝到後黎朝的文獻。其中，使臣出使燕行詩文有 19 部。本文藉由潘輝注之《歷朝憲章類志·文籍志》，輔以復旦大學文史研究院與越南漢喃研究院《越南漢文燕行文獻集成（越南所藏編）》，對越南黎朝及之前使臣燕行詩書籍進行編目，希望能够耙梳一些資料，進一步厘清越南學術"廬山真面目"。

【關鍵詞】越南　黎朝　詩文　燕行詩文

前　言

後黎朝建立於明宣宗宣德三年（1428），至清乾隆五十四年（1789）滅亡。

【作者簡介】潘青皇，越南河内國家大學下屬陳仁宗院研究員。

後黎朝可分爲黎初（1428 年至 1527 年）和黎中興（1533 年至 1789 年）兩個時期。黎中興時還有一個僞朝——莫朝。莫朝（1527—1592）僅擁有越南北部地區，黎中興從 1533 年到 1592 年主要據守越南南部（清化以南）。中國恰好也是明清兩代交替的時間。黎朝與中國的宗藩關係，也可以説是一種"内帝外臣"[①]的特殊邦交關係。筆者通過大量資料的整理，進一步厘清黎朝與明清的朝貢關係如何，黎朝燕行使者出使中國扮演什麽角色，黎初、莫朝、黎中興時期的使者是否一樣，進士與使者的關係又是如何等問題。

一、後黎朝出使中國的狀況

越南與中國各方面交流有着歷史性和本體性兩種共同存在的關係。因此研究越南過程中，不僅要知其然，更重要的是知其所以然。因此筆者以正史的記載來統計黎朝的朝貢狀況，至少讓我們了解黎朝與明清兩代的朝貢關係。其統計如表一：

表一

次序	年代	北使目的	内容
1	太祖順天四年（1431），明宣德六年	求封歲貢	春正月初一日，帝遣正使黎汝覽，副使吏部尚書何栗、黎柄等如明求封，並陳情及解諭求戰器及陳氏子孫事。其辭略云："大集國人，徧求陳氏子孫，的無見存。竊惟本國地方不可無管攝，而常未奉朝命，此所以歉陳而不已也。"明帝納之。五日，以正使右侍郎章敞、通政司右通政徐琦等捧齎印章來，命帝權署安南國事，賜何栗等鈔幣，遣隨敞等歸。按《皇朝通紀》，明帝遣使封帝爲安南國王，自是朝貢不絶。第 563 頁（十一月）二十日，敞、琦等還，帝遣審刑院副使阮絢、御史中丞阮宗贊隨敞等如明謝恩，並解歲貢金五萬兩，乞依洪武三年貢例，自後常貢不絶。明帝賜文絢等鈔幣遣還。《校合本大越史記全書》，第 563—564 頁

① 潘輝注：《歷朝憲章類志》（越南漢喃研究院藏手抄本編號 A.1551/1–8）卷四十六《邦交志》"我越奄有南土，通好中華，雖君民建國，自别規模，而内帝外臣，常膺封號，揆諸理勢，誠所宜然。"

次序	年代	北使目的	内容
2	太祖順天六年（1433），明宣德八年	歲貢告哀	夏四月八日，遣陪臣陳舜俞、阮可之、裴擒虎往明國進貢，御前三分，皇太后、皇太子各一分，並解歲金事。《校合本大越史記全書》，第 564 頁 十二月初二日，遣陪臣黎偉、程真等如明告哀。《校合本大越史記全書》，第 566 頁
3	太宗紹平元年（1434），明宣德九年	求封	（正月）四日，命門下司右侍郎阮富（後改傅）、右刑院郎中范時中與北使徐琦、郭濟等如明。先是，明遣徐琦等齎勅來問所拘留之人，及土貢之金，故帝遣富等往解之。六日，議遣宣撫使阮宗肯、中書黃門侍郎蔡君實、耆人戴良弼等齎表文及方物往來封於明。《校合本大越史記全書》，第 569 頁
4	太宗紹平三年（1436），明英宗正統元年年	求封	春正月，議遣審刑院使兼禮部尚書陶公僎、内密院副使阮叔惠如明求封。《校合本大越史記全書》，第 592 頁
5	太宗紹平五年（1438），明正統二年	歲貢	冬十月十三日，遣審刑院副使阮廷歷、僉知内密院事程顥、侍御史阮天錫如明歲貢。《校合本大越史記全書》，第 603 頁
6	太宗大寶二年（1441），明正統六年	歲貢求冠服	冬十月，遣使如明，内密院副使阮日、僉知内密院副使阮有光、僉知密刑院陶孟珙歲貢。黎齊古慎字求冠服。《校合本大越史記全書》，第 606 頁
7	太宗大寶三年（1442），明正統七年	告哀求封	冬十月，遣使如明，海西道同知阮叔惠、審刑院僉知杜時曄謝賜冠服，侍御史趙泰奏欽州地方事，參知阮廷歷、范瑜等告哀。參知黎傳、都事阮文傑、御前學生局長阮有孚求封。《校合本大越史記全書》，第 607 頁
8	仁宗太和元年（1443），明正統八年	謝勅封	（冬十月）二十六日，遣參知簿籍程昱、内密院正掌程清、翰林院直學士阮克孝如明謝勅封。《校合本大越史記全書》，第 609 頁 （六月）十六日，遣御史中丞何甫、翰林院知制誥阮如堵、御前學生局長梁如鵠等如明謝致祭。第 609 頁

次序	年代	北使目的	內容
9	仁宗太和二年（1444），明正統九年	歲貢	十一月，遣使如明。左侍郎陶公僎、御前震雷軍旨揮黎造歲貢。東道參知阮蘭奏欽州地方事。《校合本大越史記全書》，第 610 頁
10	仁宗太和四年（1446），明正統十一年	奏地方事	二月八日，遣使如明，海西道參知簿籍阮叔惠奏龍州地方事。同知審刑院事程真、清威縣轉運使阮廷美奏占城事。《校合本大越史記全書》，第 611 頁
11	仁宗大和五年（1447），明正統十二年	歲貢	九月二十九日，遣使如明。御史中丞何甫爲正使，密刑院同知丁蘭副之，歲貢及奏欽州地方事。殿中侍御史程馭爲副使，奏竜州地方事。《校合本大越史記全書》，第 612 頁
12	仁宗太和八年（1450），明恭宗景泰元年	歲貢	冬十月，遣西道參知何栗爲正使，翰林院直學士阮如堵、國子監助教同亨發爲副使，如明歲貢。《校合本大越史記全書》，第 628 頁
13	仁宗大和九年（1451），明景泰二年	賀即位	十八日，遣同知東道程真、中書黃門侍郎阮廷美、審刑院同知馮文達如明賀即位。《校合本大越史記全書》，第 628 頁
14	仁宗大和十年（1452），明景泰三年	賀立皇太子　謝賜彩幣	（冬十月），二十三日，遣使如明。正使審刑院范瑜、副使翰林院直學士阮伯驥、禮部員外郎朱車賀立皇太子。正使震雷軍指揮黎尚、副使侍御史黎專謝賜彩幣。《校合本大越史記全書》，第 629 頁
15	仁宗太和十一年（1453），明景泰四年	歲貢	冬十一月，帝遣陪臣阮原橋、阮旦、陳允徽等如明歲貢。《校合本大越史記全書》，第 629 頁
16	仁宗延寧三年（1456），明景泰七年	歲貢	冬十月二十五日，遣陪臣黎文老、阮建美、阮居道、鄧惠一作連如明歲貢，並謝賜袞冕。《校合本大越史記全書》，第 633 頁
17	仁宗延寧四年（1457），明天順元年	賀即位	冬十月十四日，帝遣正使南道行遣左納言知軍民簿籍黎希葛、副使翰林院侍講鄭鐵長、中書起居舍人阮天錫、監察御史陳鷟等往明國賀即位，並立皇太子及謝賜彩幣。黎希葛，梁江藍山人。《校合本大越史記全書》，第 633—634 頁

次序	年代	北使目的	內容
18	仁宗延寧六年（1459），明天順三年	歲貢	是月（十月）宜民遣黎景徽、阮如堵、黃清、阮堯咨等如明歲貢，並解余珠事。 二十日，又遣陳封、梁如鵠、陳伯齡等往明國求封。《校合本大越史記全書》，第 635 頁
19	聖宗光順元年（六月以前宜民僭稱天興二年）（1460），明天順四年	求封	九月二十一日，遣陪臣丁蘭、阮復、阮德輶等如明奏事。 冬，十月初一日，遣陪臣阮日升、潘維禎、阮似等如明求封。《校合本大越史記全書》，第 641 頁
20	聖宗光順三年（1462），明天順六年	謝冊封 歲貢	十二月，遣使如明，黎公路謝致祭，陳盤奏事，裴佑謝冊封。 十二月，遣陪臣黎文顯、黃文午、謝子顛等如明歲貢，並求賜冠服。《校合本大越史記全書》，第 647 頁
21	聖宗光順五年（1464），明天順八年	謝賜彩幣	十一月，遣使如明，范伯珪進香，黎友直、楊宗海、范慶庸賀即位，黎宗榮、范琚、陳文真謝賜彩幣。《校合本大越史記全書》，第 650 頁
22	聖宗光順六年（1465），明憲宗見濡成化元年	歲貢	（十月）帝遣使如明，陶雋、陶正巳、黎的歲貢。阮士興奏保樂州被擄掠事。《校合本大越史記全書》，第 654 頁
23	聖宗光順九年（1468），明成化四年	歲貢	十一月，遣使如明，楊文旦、范鑒、黃仁本等歲貢。《校合本大越史記全書》，第 675 頁
24	聖宗洪德元年（1470），明成化六年	奏地方事	冬十月，遣使如明。阮廷美奏占城騷擾邊事、郭廷寶奏偷余珍珠及地方侵掠事。《校合本大越史記全書》，第 679 頁
25	聖宗洪德二年（1471），明成化七年	歲貢 奏占城襲邊事	（九月）二十一日，遣使如明，裴曰良、阮覽、黎仁等歲貢。 阮德貞、范穆等奏占城襲邊事。《校合本大越史記全書》，第 687 頁
26	聖宗洪德五年（1474），明成化十年	歲貢	冬，十月，遣使如明。黎弘毓、阮敦復、吳雷等歲貢。汧仁壽、阮廷美等奏占城潰亂擾邊事。《校合本大越史記全書》，第 698 頁

次序	年代	北使目的	内容
27	聖宗洪德七年（1476），明成化十二年	賀立皇太子	冬，十月，十五日，遣使如明。裴山、王克述、褚豐，賀立皇太子。黎進、翁義達，謝賜彩弊。阮濟奏占城地方事。《校合本大越史記全書》，第701頁
28	聖宗洪德八年（1477），明成化十三年	歲貢	十一月，二十日，帝遣兵部左侍郎陳中立、翰林院校討黎彥俊、潘貴等，如明歲貢，並飛報憑祥縣官李廣寧、龍州知州趙原等，即應付接迎貢物使臣，以免阻留貢事。《校合本大越史記全書》，第703頁
29	聖宗洪德十一年（1480），明成化十六年	歲貢	冬，十一月，十八日，遣陪臣阮文質、尹宏浚、武維教，歲貢於明，並奏占城事。《校合本大越史記全書》，第713頁
30	聖宗洪德十四年（1483），明成化十九年	歲貢	冬，十一月十一日，遣黎德慶、阮忠、杜覭歲貢於明。《校合本大越史記全書》，第718頁
31	聖宗洪德十七年（1486），明成化二十二年	歲貢	（十月）二十六日，遣禮部尚書黎能讓、范福昭、郭瓚等往歲貢於明。《校合本大越史記全書》，第730頁
32	聖宗洪德十九年（1488），明孝宗弘治元年	賀即位	十二月十一日，遣使如明，覃文禮、王克述、范勉麟賀即位，黃伯陽奏占城地方并綏阜地方，宋福林進香，黃德良謝賜彩幣。《校合本大越史記全書》，第733頁
33	聖宗洪德二十年（1489），明弘治二年	歲貢	冬，十月十九日，遣陪臣阮克恭、裴昌澤、阮漢廷等往歲貢於明。《校合本大越史記全書》，第735頁
34	聖宗洪德二十三年（1492），明弘治五年	歲貢	（十一月）六日，遣陪臣黎俞、裴崇道、阮彥克、鄭葵等往歲貢於明，并孔愚悊奏探民人逾越地方，交通販賣等事。《校合本大越史記全書》，第739頁
35	聖宗洪德二十四年，（1493），明弘治六年	賀立皇太子	春，正月八日，遣使如明，陪臣阮弘碩、黎嵩賀立皇太子，行人范贊謝賜彩帛。《校合本大越史記全書》，第740頁

次序	年代	北使目的	内容
36	聖宗洪德二十六年（1495），明弘治八年	歲貢	冬，十一月，遣使如明。工部右侍郎黎漢廷、翰林院侍書武暘等歲貢，東閣校書黎俊彦、監察御史阮敲奏驛路。《校合本大越史記全書》，第 741 頁
37	聖宗洪德二十八年（1497），明弘治十年	求封	十一月，遣使如明。户科都給事中范興文、翰林院校理阮德順告哀，翰林院校理潘綜、范克慎、阮延俊求封。《校合本大越史記全書》，第 751 頁
38	憲宗景統元年（1498），明弘治十一年	歲貢	十一月初八日，帝遣陪臣阮觀賢、范盛、黎俊茂等如明歲貢。《校合本大越史記全書》，第 758 頁
39	憲宗景統三年（1500）。明弘治十三年	謝册封	春，正月二十五日，帝遣使如明。刑部左侍郎阮維貞、禮科都給事中黎蘭馨、尚寶少卿阮儒宗等謝致祭，東閣學士劉興孝、翰林院侍書兼秀林局司訓杜絪、通事司丞裴端教謝册封，并求冠服。《校合本大越史記全書》，第 767 頁
40	憲宗景統四年（1501），明弘治十四年	歲貢	冬，十一月十六日，帝遣吏部左侍郎阮郁，東閣校書丁勳，翰林院侍書兼秀林局司訓鄧鳴謙如明歲貢。《校合本大越史記全書》，第 771 頁
41	憲宗景統五年（1502），明弘治十五年	謝恩	（十二月）八日，遣太常寺郭有嚴、監察御史阮秉和、給事中陳茂材如明謝賜冠服。時明國皇后見我國使至，差官收取函箱，領入内殿，討取異香。第 774 頁
42	肅宗欽皇帝（1504），明弘治十七年	歲貢告哀求封	（十一月）遣使如明。吏部左侍郎鄧讚、檢討屈瓊玖、户科都給事中劉光輔等歲貢；兵部右侍郎阮鄰、監察御史阮敬嚴等告哀；禮部右侍郎阮寶珪、東閣校書陳曰良、校理武珠等求封。第 778 頁
43	端慶三年（1507），明正德二年	歲貢	冬，十一月，遣使如明，户部左侍郎楊直源、東閣校書宗文、翰林院檢討丁順等賀武宗即位。梁侃謝賜綵幣，鴻臚寺少卿阮銓進香，工部右侍郎阮瓌、翰林院檢討尹茂魁、户科給事中黎挺之等謝致祭，清華承宣使黎嵩、翰林院檢討丁貟、監察御史黎孝忠等謝册封，乂安參議黎淵、翰林院校理吳綏、監察御史黄岳等歲貢。《校合本大越史記全書》，第 783—784 頁

次序	年代	北使目的	内容
44	黎襄翼洪順二年（1510）明正德五年	歲貢	二月，帝遣使如明，刑部尚書譚慎徽，東閣校書阮文泰，兵科都給事中黎承休，通事阮鋒，行人三名，從人八名奏事；禮部左侍郎阮絅，侍書武幹，提刑院允文，通事阮好，行人三名，從人九名求封。時承休往至界首，有疾，乃遣兵科都給事中阮文俊代行。《校合本大越史記全書》，第 794 頁 十一月，帝遣御史臺副都御史杜履謙、翰林院侍讀兼史官阮秉和，超類永世人，初名文獻。提刑監察御史阮德光，通事阮明，行人八名，從人二十五名如明歲貢。《校合本大越史記全書》，第 796 頁
45	黎襄翼洪順五年（1513）明正德八年	謝冊封	二月二十七日，帝遣禮部右侍郎阮莊，翰林院檢討阮瑯，即阮師傅也。禮科給事中張孚説如明謝冊封，並謝賜冠服。《校合本大越史記全書》，第 804 頁
46	莫明德二年（1528），明嘉靖七年	奉告	（二月）登庸使人往燕京，告於明人，謂黎氏子孫，無人承嗣，囑使大臣莫氏，權管國事，統撫民衆。明人不信，密使人往探訪國内消息，詰問因由，陰求黎氏子孫以立之，莫人每以文詞華飾對答，又多以金銀賄賂，及使回密告，謂黎氏子孫既絕，弗能嗣政，委托於莫，國人尊服歸之，乞少恕罪，明帝罵不許。登庸恐明人問罪，乃謀割地納歸順二州人民，及金銀二軀并寶珍奇貢異物，明帝納之，自此南北復通使往來。《校合本大越史記全書》，第 837 頁
47	莊宗元和元年（1533），莫大正四年，明嘉靖十二年	奉告	帝遣鄭惟憭如明，奏稱，莫登庸僭亂。竊據國城，阻絕道路，以致久廢職員。《校合本大越史記全書》，第 845 頁
48	莊宗元和四年（1536），莫大正七年，明嘉靖十五年	奉告	帝遣鄭垣如明，備陳莫氏篡位，及帝播遷於清華事由。《校合本大越史記全書》，第 846 頁
49	莫大正九年（1538），莊宗元和六年，明嘉靖十七年	奉告	莫遣阮文泰如明，齎表乞降，並祈處分。《校合本大越史記全書》，第 846 頁

次序	年代	北使目的	内容
50	莫廣和二年（1542），莊宗元和十年，明嘉靖二十一年	謝恩歲貢	八月初三日，莫遣阮典敬、阮公儀、梁間等，如明謝恩。阮照訓、武恂、謝定光，如明歲貢。《校合本大越史記全書》，第848頁
51	莫廣和五年（1545），莊宗元和十三年，明嘉靖二十四年	貢方物	安南都統使莫福海差宣撫阮詮等奉表貢方物，宴賞如例。《明實錄》，第5736頁
52	莫改永定爲景曆元年（1548），莊宗元和十六年，明嘉靖二十七年	歲貢	莫遣黎光賁等，如明歲貢。《校合本大越史記全書》，第851頁
53	莫崇康十年（1575），世宗嘉泰三年，明萬曆三年	歲貢	安南都統使莫茂洽差宣撫同知等官補修四貢。上嘉其恭順，着於常例外加彩段四表裏錦二段以示優嘉。《明實錄》，第1019頁
54	莫崇康十一年（1576），世宗嘉泰四年，明萬曆四年	歲貢	安南都統使莫茂洽差宣撫同知黎如虎等正從七十三員名入貢。上遣官宴待賜賚如常。《明實錄》，第1025頁
55	莫延成四年（1581），世宗光興四年，明萬曆九年	歲貢	安南都統使莫茂洽差宣撫司同知梁逢辰等齎捧表文補貢嘉靖三十六三十九年分，正貢萬曆三年六年分，方物部覆茂洽並進四貢忠順可嘉，詔賜宴賞，仍給勑褒之。《明實錄》，第2157頁
56	莫延成七年（1584），世宗光興七年，明萬曆十二年	歲貢	莫使阮允欽、阮永祈、鄧顯、阮能潤、武師錫、阮灃等如明歲貢。《校合本大越史記全書》，第881頁

次序	年代	北使目的	内容
57	莫興治當年（1590），世宗光興十三年，萬曆十八年	歲貢	安南都統使莫茂洽差宣撫副使賴敏等進貢，宴賞如例。《明實録》，第4202頁
58	世宗光興二十年（1597），明萬曆二十五年	歲貢	是月，明人又使委官王建立就我國催貢會勘，牒於京師，大議起行。二十八日，帝親督右相黄廷愛，太尉阮潢、阮有僚，太傅鄭杜及左右都督七八員，兵象五萬，帶明委官王建立同行，至諒山鎮南交關。四月初十日，帝整飭兵象，過鎮南交關，與明左江巡道按察副使陳惇臨，及廣西思明、太平府，龍州、憑祥等州官大行會勘交接禮，各相喜賀。自此南北兩國復通，命工部左侍郎馮克寬爲正使，太常寺卿阮仁瞻爲副使，如明歲貢，并求封。《校合本大越史記全書》，第909頁
59	敬宗弘定七年（1606），明萬曆三十四年	恩禮歲貢	遣正使黎弼四、副使阮用、阮克寬等如明，進謝恩禮。又遣正使吳致和、阮實，副使范鴻儒、阮名世、阮郁、阮惟時等二部，如明歲貢。《校合本大越史記全書》，第927頁
60	敬宗弘定十四年（1613），明萬曆四十一年	歲貢	夏，四月，遣正使劉廷質、阮登，副使阮德澤、黄琦、阮政、阮師卿等二部如明歲貢。《校合本大越史記全書》，第929頁
61	神宗永祚二年（1620），明萬曆四十八年	歲貢	遣正使阮世標、阮珙，副使裴文彪、吳仁澈、阮奎、阮俊等二部如明歲貢。《校合本大越史記全書》，第936頁
62	神宗永祚八年（1626），明天啓六年	歲貢	遣正使阮進用、陳瑋，副使杜克敬、阮自彊、裴必勝、阮瀨等二部如明歲貢。《校合本大越史記全書》，第938頁
63	神宗德隆二年（1630）明崇禎三年	歲貢	冬，十一月，遣正使陳有禮、楊致澤，副使阮經濟、裴秉鈞、阮宜、黄公輔等二部如明歲貢。《校合本大越史記全書》，第942頁

續　表

次序	年代	北使目的	内容
64	神宗陽和三年（1637），明崇禎十年	歲貢	十二月，遣正使阮惟曉、江文明，副使阮光明、陳沂、阮評、申珪等二部如明歲貢。《校合本大越史記全書》，第947頁
65	真宗福泰四年（1646），清順治三年	求封	二月……差正使阮仁政、副使范永綿、陳㮨、阮滾滾等同天朝使都督林參駕海往福州，求封於明。《校合本大越史記全書》，第950—951頁
66	真宗永壽三年（1660），清順治十七年	貢方物	安南國王黎維祺奉表投誠，附貢方物。《世祖實錄》卷140
67	玄宗景治元年（1663），清康熙二年	歲貢	（景治元年）六月初，遣使如清。……明既亡，清入帝燕京，黎未嘗通使，去年清以敕諭並餽銀幣，於是始遣正使黎敤、副使楊澔、同存澤如清歲貢、謝恩及告神宗哀。《欽定越史通鑑綱目》，第3005—3006頁
68	玄宗景治四年（1666），清康熙五年	進貢	（二月己卯）今歲安南國黎維禧例當進貢。《聖祖實錄》卷18
69	玄宗景治五年（1667），清康熙五年	歲貢謝恩	景治丁未五年（清康熙六年）秋七月遣使如清。正使阮潤、副使鄭濟、黎榮等，如清歲貢。又遣正使阮國楨、副使阮公壁充謝恩使。《欽定越史通鑑綱目》，第3044—3045頁
70	嘉宗陽德二年（1673），清康熙十二年	歲貢	春三月，遣使如清。……正使阮茂材、胡士揚；副使陶公正、武公道、武惟諧二部如清歲貢，兼告玄宗哀。《欽定越史通鑑綱目》，第3072頁
71	熙宗永治四年（1679），清康熙十八年	歲貢	（十一月壬子）……尋議復："該國王不忘皇恩，竭盡忠誠，不肯從逆，今又慶賀進貢，應交與禮部，照安南國王進貢舊例遵行……。"從之。《聖祖實錄》卷86
72	熙宗正和三年（1682），清康熙二十一年	求封歲貢	春正月遣使如清。……遣申璿、鄧公瓚等如清歲貢，並告玄宗哀及求封。《欽定越史通鑑綱目》，第3104頁 安南國王嗣黎維正遣陪臣申全等表賀蕩平，並進歲貢方物。宴賚如例。《聖祖實錄》卷104

次序	年代	北使目的	内容
73	熙宗正和六年（1685），清康熙二十四年	歲貢	遣正使阮延滾、黄公寔，副使阮進材、陳世榮，如清歲貢。《歷朝憲章類志·邦交志》
74	熙宗正和七年（1686），清康熙二十五年	謝册封	（七月辛丑）安南國王黎維禎遣使奉表謝册封賜恤恩，並進方物。下所司知之。《聖祖實録》卷 127
75	熙宗正和十一年（1690），清康熙二十九年	歲貢	遣正使阮名儒、阮貴德，副使阮延策、陳璿，如清歲貢。《歷朝憲章類志·邦交志》
76	熙宗正和十八年（1697），清康熙三十六年	歲貢	春正月遣使如清。……正使阮登道、阮世播，副使鄧延相、汝延賢等充歲貢並附奏宣興邊事。《欽定越史通鑒綱目》，第 3163 頁
77	熙宗正和二十三年（1702），清康熙四十一年	歲貢	閏七月，遣正使何宗穆、阮衍、阮公董、阮當褒，如清歲貢。《校合本大越史記全書》，第 1029 頁
78	裕宗永盛五年（1709），清康熙四十八年	歲貢	春正月，遣陳廷諫、黎珂宗、陶國顯、阮文譽，如清歲貢。《校合本大越史記全書》，第 1037 頁
79	裕宗永盛十一年（1715），清康熙五十四年	歲貢	春正月遣使如清。……正使户部左侍郎阮公基、太僕寺卿黎英俊、副使尚寶寺卿丁儒完、吏科給事中阮茂盎，如清歲貢。《欽定越史通鑒綱目》，第 3220—3221 頁
80	裕宗永盛十四年（1718），清康熙五十七年	求封	夏四月遣使如清。……是年帝始求封於清，正使兵部右侍郎阮公沆；副使奉天府尹阮伯尊，如清告熙宗哀兼求封，及還，清帝准定六年兩貢，如例，使臣三、行人二十，永爲定制。《欽定越史通鑒綱目》，第 3230—3231 頁

次序	年代	北使目的	内容
81	裕宗保泰二年（1721），清康熙六十年	歲貢	三月，命使胡丕績，副使蘇世輝、杜令名等，如清歲貢。《校合本大越史記全書》，第1049頁 （十月己卯）安南國王黎維裪遣陪臣胡丕績等表謝册封諭祭恩，並貢方物。宴賚如例。《聖祖實錄》卷295
82	裕宗保泰四年（1723），清雍正元年	歲貢	冬十月……遣使如清。……正使范謙益賀即位，副使阮輝潤、范廷鏡等歲貢兼謝恩、謝前部加賜彩緞。《校合本大越史記全書》，第1056頁
83	昏德公永慶元年（1729），清雍正七年	歲貢	十一月……遣使如清。正使丁輔益，副使段伯容、管名洋等歲貢兼謝賜御書與歸聚龍廠附奏准定受詔册儀文書，往復體式。《欽定越史通鑑綱目》，第3361頁
84	昏德公永慶四年（1732），清雍正十年	哀拜求封	夏四月遣使如清。正使范公容、副使吳廷碩告裕宗哀拜求封。《欽定越史通鑑綱目》，第3386頁 （十一月乙未）安南國王嗣黎維祜遣陪臣范公容等訃告故王黎維裪喪，並請襲封，表貢方物。《世宗實錄》卷137
85	懿宗永佑三年（1737），清乾隆二年	歲貢	（二月丙寅）安南國王黎維祜故，嗣子黎維禕遣陪臣阮仲常、武暉、武惟宰等進本告哀，附貢方物。下部知之。《高宗實錄》卷36 （二月丁丑）安南國王嗣子黎維禕遣陪臣阮仲常、武暉、武維宰等進表雍正十年、十三年歲貢方物。賞賚如例，停止筵宴。《高宗實錄》卷37
86	懿宗永佑四年（1738），清乾隆三年	賀皇上登極	（九月甲子）安南國王黎維禕遣陪臣阮令儀等表賀皇上登極，附貢方物。《高宗實錄》卷76 （九月戊寅）頒賜安南國王黎維禕緞匹及使臣黎有鐈等賞賚有差。筵宴二次。《高宗實錄》卷77
87	顯宗景興二年（1741），清乾隆六年	歲貢	十一月……遣正使阮翹，副使阮宗寶、鄧茂，如清歲貢。《校合本大越史記全書》，第1109頁
88	顯宗景興八年（1747），清乾隆十二年	歲貢	遣正使阮宗寶，副使阮世立、陳文煥等，如清歲貢。《校合本大越史記全書》，第1125頁

續　表

次序	年代	北使目的	內容
89	顯宗景興十四年（1753），清乾隆十八年	歲貢	遣正使武欽鄰、副使陶春蘭如清歲貢。《校合本大越史記全書》，第 1138 頁
90	顯宗景興二十年（1759），清乾隆二十四年	歲貢	遣正使陳輝淧、黎貴惇、鄭春澍，如清歲貢，附告懿宗哀。《校合本大越史記全書》，第 1148 頁
91	顯宗景興二十六年（1765），清乾隆三十年	歲貢	遣正使阮輝儌，副使黎允伸、阮賞，如清歲貢。《校合本大越史記全書》，第 1160 頁
92	顯宗景興三十二年（1772），清乾隆三十七年	歲貢	十二月遣正使段阮俶，副使武輝珽、阮晼，如清歲貢、兼奏事。《校合本大越史記全書》，第 1175 頁
93	顯宗景興四十二年（1781），清乾隆四十六年	歲貢	（五月己卯）本年安南國貢使到京，著派禮部堂官一人帶往熱河瞻觀後，遣回國。《高宗實錄》卷 1130
94	顯宗景興四十三年（1782），清乾隆四十七年	歲貢	遣正使黃平政，副使黎有容、阮瑝，如清歲貢。《歷朝憲章類志·邦交志》卷 47
95	顯宗景興四十六年（1785），清乾隆五十年	歲貢	（四月丙午）接准安南國王黎維禭咨稱："乾隆四十八、九年遣使賫表進貢，蒙賜詩章、匾額等項……。"《高宗實錄》卷 1229

數據源：

陳荊和編校：《校合本大越史記全書》，東京：東京大學東洋文化研究所附屬東洋學文獻センター刊行委員會，1984—1986 年。

潘清簡等編：《欽定越史通鑑綱目》，臺北："中央"圖書館，1969 年。

"中央研究院"歷史語言研究所校勘：《明實錄》，臺北："中央研究院"歷史語言研究所，1966 年。

雲南省歷史研究所編:《〈清實錄〉越南緬甸泰國老撾史料摘抄》,昆明:雲南人民出版社,1986年。

耿慧玲、徐筱妍:《後黎朝對明清兩代的歲貢初探》,載於故宮博物院、故宮學研究所《故宮博物院90年暨萬壽盛典學術研討會》論文集,2015年10月。

耿慧玲、潘青皇:《從不規範到規範——越南黎朝科舉制度之特色》,《廈門大學學報(哲學社會科學版)》2016年第4期。

Nguyễn Thị Kiều Trang, Về quan hệ sắc phong triều cống Minh-Đại Việt, NXB Chính Trị Quốc Gia Sự Thật, 2016.

黎初於1428年建立,但直到1431年,黎利表明遍尋不着陳朝宗室後裔之後,明朝妥協,封黎利爲安南國王。[1]因此,黎朝與明代的正式朝貢關系,應是順天四年開始。從1431年到1513年的82年之間,黎初有29個使團來歲貢,44個使團來謝封、告哀、奏地方事等諸事,總共73個使團,45次北使(以年計算),[2]平均不到兩年就有一個使團來貢。由此可見,黎初使臣到中國非常頻繁。

黎初後期非常混亂,經過一連串政治鬥争,莫登庸於1527篡位,成立莫朝,改元明德。莫僭明德二年(1527)兩國情勢開始緩和。[3]1540年,莫福海守國(此時莫登瀛已逝世,子莫福海繼位),與侄莫文明與大臣武如桂、杜世卿等四十餘人自縛,越過鎮南關往汪文盛軍中投降認罪,並獻呈地圖與方物,請求内屬明朝欽州。同時歸還高平一帶的安廣、永安州、淅浮、金勒、古森、了葛、安良、羅浮諸峒。1542年之前,莫朝有兩次來貢,但這兩次都不算正式朝貢。直到1542年,莫朝開始第一次歲貢。自嘉靖二十一年(1542)至萬曆十八年(1590)向中國朝貢的仍爲莫朝。從1542年到1590年,48年之間,共16個貢期,莫朝共有8個使團來朝貢,完全依照三年一貢慣例執行。[4]

---

① 陳荆和編校:《校合本大越史記全書》,東京:東京大學東洋文化研究所附屬東洋學文獻センター一刊行委員會,1984—1986年,第563頁。

② 參考Nguyễn Thị Kiều Trang(阮氏翹莊),Về quan hệ sắc phong triều cống Minh-Đại Việt,NXB Chính Trị Quốc Gia Sự Thật,第220—221頁。阮氏統計越南使團有65個。

③ "登庸使人往燕京,告於明人,謂黎氏子孫,無人承嗣,囑使大臣莫氏,權管國事,統撫民衆。明人不信,密使人往探訪國内消息,詰問因由,陰求黎氏子孫以立之,莫人每以文詞華飾對答,又多以金銀賄賂,及使回密告,謂黎氏子孫既絕,弗能嗣政,委托於莫,國人尊服擁之,乞少恕罪,明帝罵不許。登庸恐明人問罪,乃謀割地納歸順二州人民,及金銀二軀并寶珍奇貴異物,明帝納之,自此南北復通使往來。"《校合本大越史記全書》,第837頁。

④ 參考Nguyễn Thị Kiều Trang,Về quan hệ sắc phong triều cống Minh-Đại Việt,第292—293頁。

黎中興時，1597 年開始第一次向明朝歲貢，[①]越南最終再次成爲明朝三歲一朝的藩屬國，這樣的關係一直維持到明萬曆年間，安南的進貢改爲六歲二貢並進。[②]從明萬曆以後，又一直維繫到明亡爲止。直到明朝結束共有 8 次北使。順治十七年（1660）清朝皇帝接受黎神宗黎維祺（Lê Duy Kỳ）的奉表投誠；[③]康熙元年（黎神宗萬慶元年，1662）黎神宗九月去世，嗣帝於十一月領受北朝頒賞銀幣等物。[④]玄宗景治七年（1669），清康熙八年，清朝復定六年二貢。[⑤]從 1660 年到 1785 年，黎中興總共朝貢 35 次。這 35 次朝貢主要是以歲貢爲主。

從大量資料整理來看，黎初與明朝實施三年一貢，但除了歲貢使團之外，還有其他使團來求封、告哀、賀壽、賀即位、奏邊界事情等。黎初與明朝的朝貢關係相當好。

莫朝，史稱僞朝，仍保持三年一貢的慣例。

黎中興前期與明朝保持三年一貢的慣例，之後中國有着朝代更換。黎中興與清朝變成六年二貢，而大部分朝貢類型都是歲貢，很少有其他朝貢類型。這是值得注意的點，也許可以説明黎朝與明代和清代的關係有所變化。與清朝相比，黎朝與明朝比較親近。這是否表明越南對清朝的態度？此問題需有另文進一步討論。

二、燕行使者身份

朝貢之事，脱離不了使臣。黎朝派往中國的使臣身份如何？筆者依據上表的統計，進一步整理後黎朝出使中國的使者身份。有符號（）者皆爲進士，

---

① 是月，明人又使委官王建立就我國催貢會勘，牒於京師，大議起行。二十八日，帝親督右相黃廷愛，太尉阮潢、阮有僚，太傅鄭杜及左右都督七八員，兵象五萬，帶同委官王建立同行，至諒山鎮南交關。四月初十日，帝整飭兵象，過鎮南交關，與明左江巡道按察副使陳惇臨，及廣西思明、太平等府，龍州、憑祥等州官大行會勘交接禮，各相喜賀。自此南北兩國復通，命工部右侍郎馮克寬爲正使，太常寺卿阮仁瞻爲副使，如明歲貢，并求封。《校合本大越史記全書》，第 909 頁。
② 潘輝注：《歷朝憲章類志》卷 47，《邦交志》，書籍編號 A1358。
③ 《世祖實錄》，收錄於雲南省歷史研究所：《〈清實錄〉越南緬甸泰國老撾史料摘抄》卷一百四十：“安南國王黎維祺奉表投誠，附貢方物。”第 1 頁。
④ 校合本《大越史記全書·本紀》卷十八：“（萬慶元年）命胡士揚、阮明實與戶科給事中嘉（喜）壽男阮廷正等往關上接使，領受北朝頒賞銀幣等物，並敕諭文。”第 970 頁。
⑤ “二月使臣阮國楨等還自清，復定六年兩貢並進之例。”《欽定越史通鑒綱目》，第 3053—3054 頁。

其結果如表二:

表二

次序	年代	使者	是否是進士
1	太祖順天四年（1431），明宣德六年	黎汝覽、何栗、黎柄，阮絢，阮宗贄	否
2	太祖順天六年（1433），明宣德八年	陳舜俞、阮可之、裴擒虎，黎偉、程真	否
3	太宗紹平元年（1434），明宣德九年	阮富、范時中、阮宗冑、蔡君實、戴良弼	否
4	太宗紹平三年（1436），明英宗正統元年年	（陶公譔）、阮叔惠、阮公據	是
5	太宗紹平五年（1438），明正統二年	阮廷歷、程顯、（阮天錫）	是
6	太宗大寶二年（1441），明正統六年	阮日、阮有光、陶孟琪、黎齊	否
7	太宗大寶三年（1442），明正統七年	阮叔惠、杜時曄，趙泰，阮廷歷、範瑜。黎傳、阮文傑、（阮有孚）	是
8	仁宗太和元年（1443），明正統八年	程昱、程清、阮克孝、何甫、（阮如堵），（梁如鵠）	是
9	仁宗太和二年（1444），明正統九年	（陶公譔）、黎造、阮蘭	是
10	仁宗太和四年（1446），明正統十一年	阮叔惠、程真、阮廷美	否
11	仁宗大和五年（1447），明正統十二年	何甫、丁蘭、程馭	否
12	仁宗太和八年（1450），明恭宗景泰元年	何栗、（阮如堵）、同亨發	是
13	仁宗大和九年（1451），明景泰二年	程真、阮廷美、馮文達	否
14	仁宗大和十年（1452），明景泰三年	范瑜，阮伯驥、朱車，黎尚、黎專	否

次序	年代	使者	是否是進士
15	仁宗太和十一年（1453），明景泰四年	阮原橋、阮旦、（陳允徽）	是
16	仁宗延寧三年（1456），明景泰七年	黎文老、阮建美、（阮居道）、鄧惠	是
17	仁宗延寧四年（1457），明天順元年	黎希葛、（鄭鐵長）、（阮天錫）、陳鷟	是
18	仁宗延寧六年（1459），明天順三年	黎景徽、（阮如堵）、黄清、（阮堯咨）、陳封、（梁如鵠）、（陳伯齡）	是
19	聖宗光順元年（六月以前宜民僭稱天興二年）（1460），明天順四年	丁蘭、阮復、阮德輈、阮日升、潘維禎、阮似	否
20	聖宗光順三年（1462），明天順六年	黎公路，（陳盤）、（裴佑）、黎文顯、黄文午、（謝子顛）	是
21	聖宗光順五年（1464），明天順八年	范伯珪，黎友直、楊宗海、范慶庸，黎宗榮、（范琚）、（陳文真）	是
22	聖宗光順六年（1465），明憲宗見濡成化元年	（陶雋）、（陶正巳）、黎的、阮士興	是
23	聖宗光順九年（1468），明成化四年	（楊文旦）、范鑒、（黄仁本）	是
24	聖宗洪德元年（1470），明成化六年	阮廷美、（郭廷寶）	是
25	聖宗洪德二年（1471），明成化七年	（裴曰良）、（阮覽）、黎仁等、阮德貞、范穆	是
26	聖宗洪德五年（1474），明成化十年	（黎弘毓）、（阮敦復）、（吴雷）、汧仁壽、阮廷美	是
27	聖宗洪德七年（1476），明成化十二年	裴山、（王克述）、褚豐、黎進、（翁義達），阮濟	是
28	聖宗洪德八年（1477），明成化十三年	陳中立、（黎彦俊）、（潘貴）	是

續　表

次序	年代	使者	是否是進士
29	聖宗洪德十一年（1480），明成化十六年	（阮文質）、（尹宏浚）、武維教	是
30	聖宗洪德十四年（1483），明成化十九年	黎德慶，（阮忠），（杜覬）	是
31	聖宗洪德十七年（1486），明成化二十二年	（黎能讓），（范福昭），（郭瓚）	是
32	聖宗洪德十九年（1488），明孝宗弘治元年	（覃文禮），（王克述），（范勉麟），（黃伯陽），（宋福林），（黃德良）	是
33	聖宗洪德二十年（1489），明弘治二年	（阮克恭），（裴昌澤），（阮漢廷）	是
34	聖宗洪德二十三年（1492），明弘治五年	黎俞，裴崇道，阮彥克，（鄭葵），孔愚	是
35	聖宗洪德二十四年，（1493），明弘治六年	阮弘碩，（黎嵩）、范贊	是
36	聖宗洪德二十六年（1495），明弘治八年	黎漢廷，武暘，（黎俊彥），阮敲	是
37	聖宗洪德二十八年（1497），明弘治十年	（范興文），阮德順，潘綜，（范克慎），（阮延俊）	是
38	憲宗景統元年（1498），明弘治十一年	阮觀賢，范盛，（黎俊茂）	是
39	憲宗景統三年（1500）。明弘治十三年	阮維貞，黎蘭馨，（阮儒宗）、劉興孝，杜絪，（裴端教）	是
40	憲宗景統四年（1501），明弘治十四年	阮郁，丁勖，（鄧鳴謙）	是
41	憲宗景統五年（1502），明弘治十五年	（郭有嚴），（阮秉和），陳茂材	是
42	肅宗欽皇帝（1504），明弘治十七年	（鄧讚），（屈瓊玖），劉光輔；阮鄴，阮敬嚴；（阮寶珪），（陳伯良），（武珠）	是

續　表

次序	年代	使者	是否是進士
43	端慶三年（1507），明正德二年	（楊直源），宗文，（丁順）、梁侃、阮銓，阮瓛，尹茂魁、黎挺之、黎嵩，丁貞、黎孝忠、黎淵，吳綏，（黃岳）	是
44	黎襄翼洪順二年（1510）明正德五年	（譚慎徽），（阮文泰），（黎承休），阮鋒，阮綱，武幹，阮允文，阮好，阮文俊、（杜履謙）、（阮秉和），阮德光	是
45	黎襄翼洪順五年（1513）明正德八年	（阮莊），（阮瑯），（張孚説）	是
46	莫明德二年（1528），明嘉靖七年	不詳	不詳
47	莊宗元和元年（1533），莫大正四年，明嘉靖十二年	鄭惟憭	否
48	莊宗元和四年（1536），莫大正七年，明嘉靖十五年	鄭垣	否
49	莫大正九年（1538），莊宗元和六年，明嘉靖十七年	（阮文泰）	是
50	莫廣和二年（1542），莊宗元和十年，明嘉靖二十一年	阮典敬，（阮公儀），（梁倜）、（阮照訓），武恂，（謝廷光）	是
51	莫廣和五年（1545），莊宗元和十三年，明嘉靖二十四年	（阮詮）	是
52	莫改永定爲景曆元年（1548），莊宗元和十六年，明嘉靖二十七年	（黎光賁）	是
53	莫崇康十年（1575），世宗嘉泰三年，明萬曆三年		不詳
54	莫崇康十一年（1576），世宗嘉泰四年，明萬曆四年	（黎如虎）	是
55	莫延成四年（1581），世宗光興四年，明萬曆九年	（梁逢辰）	是

次序	年代	使者	是否是進士
56	莫延成七年（1584），世宗光興七年，明萬曆十二年	（阮允欽），阮永祈，（鄧顯），阮能潤，武師錫，（阮澧）	是
57	莫興治當年（1590），世宗光興十三年，萬曆十八年	（賴敏）	是
58	世宗光興二十年（1597），明萬曆二十五年	（馮克寬），（阮仁瞻）	是
59	敬宗弘定七年（1606），明萬曆三十四年	（黎弼四），（阮用），（阮克寬）、（吳致和）、阮實、（范鴻儒），阮名世，阮郁，阮惟時	是
60	敬宗弘定十四年（1613），明萬曆四十一年	（劉廷質）、（阮登）、（阮德澤）、黃琦、（阮政）、（阮師卿）	是
61	神宗永祚二年（1620），明萬曆四十八年	（阮世標）、（阮珙）、（裴文彪）、（吳仁澈）、（阮奎）、（阮俊）	是
62	神宗永祚八年（1626），明天啓六年	（阮進用）、陳瑋，（杜克敬）、（阮自疆）、（裴必勝）、阮瀨	是
63	神宗德隆二年（1630）明崇禎三年	（陳有禮）、（楊致澤）、（阮經濟）、（裴秉鈞）、（阮宜）、（黃公輔）	是
64	神宗陽和三年（1637），明崇禎十年	（阮惟曉）、（江文明）、（阮光明）、陳沂、（阮評）、（申珪）	是
65	真宗福泰四年（1646），清順治三年	（阮仁政）、（范永綿）、（陳槩）、（阮滾）	是
66	真宗永壽三年（1660），清順治十七年	不詳	不詳
67	玄宗景治元年（1663），清康熙二年	（黎敦）、（楊澔）、（同存澤）	是
68	玄宗景治四年（1666），清康熙五年	不詳	不詳
69	玄宗景治五年（1667），清康熙五年	（阮潤）、鄭濟、（黎榮）、（阮國楨）、阮公璧	是

次序	年代	使者	是否是進士
70	嘉宗陽德二年（1673），清康熙十二年	（阮茂材）、（胡士揚）；（陶公正）、（武公道）、武惟諧	是
71	熙宗永治四年（1679），清康熙十八年	不詳	不詳
72	熙宗正和三年（1682），清康熙二十一年	（申璠）、（鄧公瓚）	是
73	熙宗正和六年（1685），清康熙二十四年	（阮延滾）、黄公寔、（阮進材）、（陳世榮）	是
74	熙宗正和七年（1686），清康熙二十五年	不詳	不詳
75	熙宗正和十一年（1690），清康熙二十九年	（阮名儒）、（阮貴德）、阮延策、陳璹	是
76	熙宗正和十八年（1697），清康熙三十六年	（阮登道）、阮世播、（鄧延相）、（汝延賢）	是
77	熙宗正和二十三年（1702），清康熙四十一年	（何宗穆）、（阮衍）、（阮公董）、（阮當襃）	是
78	裕宗永盛五年（1709），清康熙四十八年	（陳廷諫）、（黎珂宗）、陶國顯）、（阮文譽）	是
79	裕宗永盛十一年（1715），清康熙五十四年	（阮公基）、（黎英俊）、（丁儒完）、（阮茂益）	是
80	裕宗永盛十四年（1718），清康熙五十七年	（阮公沆）；（阮伯尊）	是
81	裕宗保泰二年（1721），清康熙六十年	（胡丕績）、（蘇世輝）、（杜令名）	是
82	裕宗保泰四年（1723），清雍正元年	（范謙益）、（阮輝潤）、范廷鏡	是
83	昏德公永慶元年（1729），清雍正七年	（丁輔益）、（段伯容）、（管名洋）	是

續　表

次序	年代	使者	是否是進士
84	昏德公永慶四年（1732），清雍正十年	范公容、（吳廷碩）	是
85	懿宗永佑三年（1737），清乾隆二年	（阮仲常）、（武暉）、（武惟宰）	是
86	懿宗永佑四年（1738），清乾隆三年	（阮令儀）、（黎有橋）	是
87	顯宗景興二年（1741），清乾隆六年	（阮翹）、（阮宗窐）、鄧茂	是
88	顯宗景興八年（1747），清乾隆十二年	（阮宗窐）、（阮世立）、（陳文煥）	是
89	顯宗景興十四年（1753），清乾隆十八年	（武欽鄰）、（陶春蘭）	是
90	顯宗景興二十年（1759），清乾隆二十四年	（陳輝泌）、（黎貴惇）、（鄭春澍）	是
91	顯宗景興二十六年（1765），清乾隆三十年	（阮輝𤐠）、（黎允伸）、（阮賞）	是
92	顯宗景興三十二年（1772），清乾隆三十七年	（段阮俶）、（武輝珽）、（阮晙）	是
93	顯宗景興四十二年（1781），清乾隆四十六年	不詳	不詳
94	顯宗景興四十三年（1782），清乾隆四十七年	（黃平政）、（黎有容）、（阮瑝）	是
95	顯宗景興四十六年（1785），清乾隆五十年	不詳	不詳

　　本文所探討的是越南使者的身份，在這些資料裏，有一點值得注意，95次出使中，有76次有進士出使，占總比例80%；沒有進士的有11次，占總比例11.6%；不詳有8次，占總比例8.4%。若只算有進士和沒有進士，比例

爲 87.4% 和 12.6%。

黎初出使 47 次，有進士有 36 次，没有進士是 11 次。比例是 77% 和 23%。

莫朝出使 10 次，除了尚未得到册封的兩次不是進士，其他 8 次出使都有進士。

黎中興出使 38 次，有進士是 32 次，占比例 84.2%，其餘 6 次不詳。

越南自李仁宗太寧四年（1075）開科，至阮朝啓定四年（1919）終止，科舉制度持續了八百多年的時間。儒家文化傳到越南之後，影響了越南社會的價值體系，越南儒學與科舉是中國儒學與越南本土文化的結合體。八百多年的越南科舉制度選拔出大量的進士，根據吴德壽與陳文的研究統計，自李朝 1075 年開科取士至 1919 年科舉廢除，越南共舉行 184 科進士科考試，其中李、陳、胡三朝開科 18 科，取有姓名可查的太學生或進士 75 名。黎朝前期（1428—1527）開科 31 科，取士 1007 名；莫朝（1527—1592）開科 22 科，取士 484 名；黎中興及鄭氏政權（1592—1788）開科 73 科，取士 774 名。阮朝（1802—1945）開科 39 科取士 558 名。①

越南跟中國關係極爲錯綜複雜，不可單一分析，需要全面性切入才可以厘清問題。黎朝科舉制度不管是開科次數還是進士數量都是排名第一。黎朝已經把科舉制度規範化，並且培養出大量的進士人才。從此進士在社會中形成一個特殊的階級。由此可見，當時科舉已經成爲選舉人才的規範渠道。②

自科舉的規範化到進士出身來看，自黎聖宗開始，黎朝的制度幾乎已經走向正軌。進士人才是越南與中國文化交流的重要橋梁。③

---

① Ngô Đức Thọ chủ biên, *Các Nhà Khoa Bảng Việt Nam*（1075—1919），nhà xuất bản Văn Học, 2006, trang 825—831.（吴德壽主編:《越南歷朝科榜（1075—1919 年）》，河内: 河内文學出版社，2006 年，第 825—831 頁）陳文:《越南科舉制度研究》，北京: 商務印書館，2015 年，第 94、314 頁。

② 拙文《從不規範到規範——越南黎朝科舉制度之特色》對黎朝科舉的規範性歸納爲三方面: 其一，制度的規範: 黎朝科舉的固定化；其二，進士階級象征的規範: 黎朝進士題名碑；其三，使者的規範: 黎朝進士多以出使北國爲任。參考耿慧玲、潘青皇:《從不規範到規範——越南黎朝科舉制度之特色》，《厦門大學學報（哲學社會科學版）》2016 年第 4 期。

③ 陳文在《越南科舉制度研究》一書也有同樣的認定。參考陳文:《越南科舉制度研究》，第 479—488 頁。本文大量整理越南使臣朝貢的身份，欲通過黎朝派遣使臣的身份來探討黎朝進士與朝貢的關係，即便其結果與前人相若，亦可從另一個資料來源來證明前人之成果。

另從資料整理分析，進士出使中國幾乎以歲貢爲主，而沒有進士的出使狀況，或許是國家政權剛獨立，如太祖順天四年（1431）、太祖順天六年（1433）、太宗紹平元年（1434）、太宗大寶二年（1441）；或國內有變動，如莊宗元和元年（1533）莫大正四年，莊宗元和四年（1536）莫大正七年，或是奏地方諸事。

三、《歷朝憲章類志》所收集的越南燕行使臣詩文作品概況

近年來，復旦大學文史研究院與越南漢喃研究院合作，將越南陳朝到阮朝出使北國的資料編輯成《越南漢文燕行文獻集成（越南所藏編）》影印出版，大量而基本完整的資料匯編，爲北使的研究提供了方便的途徑。《越南漢文燕行文獻集成（越南所藏編）》所收越南黎朝及之前越南燕行使臣詩文共 19 部。本文試圖對潘輝注《歷朝憲章類志》文籍志所搜集的書籍進行編目，以釐清黎朝及之前越南燕行使臣詩文書目的面目。

潘輝注（Phan Huy Chú，1782—1840），字霖卿，號梅峰，乂安收穫社人。原名潘輝浩，因避慈裕皇太后范氏姮（另外一個名稱是浩）諱而改成注[①]，越南阮朝著名學者和官員。潘輝注是潘輝益[②]的第三子，自幼好學，以文名，知識淵博。

《大南實錄》潘輝注列傳條云：

> 輝注少讀書有文名。明命初，召補翰林院編修，累遷承天府丞。十年授廣南協鎮，兩充如燕使部，尋被譴如西效力，起復司務。以疾乞休，卒年五十有九。

> 輝注以家世習掌故，所著《歷朝憲章類志》考據該博。書成上之，命藏秘閣，及後欽修越史，多資質究。又著有《皇越地輿志》二卷、《華軺吟録》《華軺續吟》《洋程記見》等集。[③]

---

① 參考 Ngô Đức Thọ，Nghiên cứu chữ huý Việt Nam qua các triều đại，Hà Nội：NXB Văn hoá，1997（吳德壽：《越南歷代避諱字研究》，河內：文化出版社，1997 年），第 153—154 頁。

② 阮倪校正，武綿、潘仲藩、汪士朗編輯：《鼎鍥大越歷朝登科録》，法國遠東學院圖書館，微卷編號 MF II.9（A.2752）："潘輝益，天禄收穫人。四仲。二十六中景興三十六年乙未科進士。會元。應制第一。"

③ 越南阮朝國史館張登桂等編：《大南實録正編》列傳二集，卷十八，日本慶應義塾大學刊本，1981 年，第二十下、二十一上頁。

《歷朝憲章類志》一書共十志，四十九卷，是記錄雄王至黎末社會政治情況的大型政書。內容依次爲：

1. 輿地志（卷一至卷五），共 5 卷，記載：歷代疆界之殊（卷一），諸道風土之別（卷二、四、五）。

2. 人物志（卷六至卷十二），共 7 卷，記載：帝王之統（卷六），勳賢之輔（卷七、八），名良之將（卷九、十），德業之儒（卷十一），節義之臣（卷十二）。

3. 官職志（卷十三至卷十九），共 7 卷，記載：歷代分設之綱（卷十三），官名沿革之別（卷十四），庶司職掌之殊（卷十五、十六），爵廕司徒之別（卷十七），仕例恩恤之典（卷十八），選舉考課之制（卷十九）。

4. 禮儀志（卷二十至卷二十五），共 6 卷，記載：帝王冕服之制、百官章服之制、帝王輿衛之儀、百官輿衛之儀（卷二十）；郊祀天地之禮、宗廟奉事之禮（卷二十一）；朝廷慶賀之禮（卷二十二）；國恤喪事之禮（卷二十三）；進尊冊封之禮（卷二十四、二十五）。

5. 科目志（卷二十六至卷二十八），共 3 卷，記載：歷代試法之綱（卷二十六）；鄉會考試之例、殿試宴榮之例（卷二十七）；歷代登中之數（卷二十八）。

6. 國用志（卷二十九至卷三十二），共 4 卷，記載：丁口之籍、賦斂之法（卷二十九）；錢幣之用、田土之制（卷三十）；徵榷之課、巡渡之稅（卷三十一）；徵收之例、經用之費（卷三十二）。

7. 刑律志（卷三十三至卷三十八）共 6 卷，記載：歷代刪定之綱（卷三十三）；刑法名例之別（卷三十四）；禁衛軍政之律、戶婚田產之律（卷三十五）；盜賊姦淫之律、鬥訟詐僞之律（卷三十六）違制雜犯之律、捕亡斷獄之律（卷三十七）勘訟事列之條（卷三十八）。

8. 兵制志（卷三十九至卷四十一）共 3 卷，記載：設置之額、選練之法（卷三十九）；恤養之典、調習之具、禁戒之條（卷四十）；考試之法、奉侍之例（卷四十一）。

9. 文籍志（卷四十二至卷四十五）共 4 卷，記載：憲章類、經史類（卷四十二）；詩文類（卷四十三、四十四）；傳記之書（卷四十五）。

10. 邦交志（卷四十六至卷四十九）共4卷，記載：冊封之典（卷四十六）、貢聘之禮（卷四十七）、欽接之儀（卷四十八）、邊疆之事（卷四十九）。

越南古典目錄有三類：史志目錄、政府藏書目錄、私人目錄。史志目錄（如《黎朝通史・藝文志》《歷朝憲章類志・文籍志》）代表史家對於當時學術著錄的一種分類與看法，尤其在史學範圍的認知方面，應是重要指標。政府藏書（如《聚奎書院總目冊》《新書院守冊》《史館目錄》等）代表的是當代官方以國家力量所匯集保存當代書籍的總目錄，它代表國家對書籍的匯藏力，是史志目錄的底本。私人目錄（如《大南書目》《北書南印板書目》《南書目錄》）代表一般學者對於書籍的使用狀況及態度。① 越南古典書目"大致上反映了越南古籍的歷史面貌和越南古代知識的結構"②。史志目錄、政府藏書目錄，代表了越南古典目錄書的兩種結構類型。其一是中國傳統的經史子集四部類型，其二是具有越南本土特色的史書目錄類型。③

歷代的戰亂當然造成越南書籍的散佚。潘氏云：

> 李陳以前，舊典脫亡，大略惟見於史。黎朝創業中興條章猶在，然其散見遺編，殊無統紀。自非作著意搜求，分別區類，未易以稽考也。④

又：

> 間有名在而實亡，亦悉備標而詳載。其諸存者必具品評，使覽者知其人著述之綱。見群書得失之榘，庶資博覽，或取聞多。其門類各略敘於端以易曉云。⑤

---

① 參考耿師慧玲：《金石學歷史析論》，中國文化大學史學研究所博士學位論文，1997年，第13，34，89頁；劉玉珺：《越南漢喃古籍的文獻學研究》，北京：中華書局，2007年，第169頁。

② 劉春銀、王小盾、陳義主編：《越南漢喃文獻目錄提要》，《王序》，臺北："中研院"文哲所，2002年，第10頁。

③ 劉春銀、王小盾、陳義主編：《越南漢喃文獻目錄提要》，《王序》，第11頁。

④ 潘輝注：《歷朝憲章類志》序言，漢喃研究院藏本，編號A2061/1。

⑤ 潘輝注：《歷朝憲章類志・文籍志》，漢喃研究院藏本，編號VHv1502/14。

　　書目之分類是學術研究不可缺少的步驟。而中國目録學"可以確實反應一個時代的學術動態，掌握學術著録的脈動，目録學的著作便自然成爲學者對於既有文獻資料運用的基本進階"①。史志目録而言，黎貴惇《黎朝通史·藝文志》是越南史志目録最早的目録書。黎貴惇收録了 115 種書籍，分爲四類：憲章類、詩文類、傳記類、方技類。潘輝注的《歷朝憲章類志·文籍志》的編撰方式，基本上吸收中國的傳統目録學的編撰方法，同時繼承黎貴惇的編撰分類，進一步對越南書籍進行整理。潘氏每類之下有小序，每書之下有解題②，其目的在"論其指歸，辨其訛謬"，"載而類別之，志其書目大略，以明作者之心術也"。③潘輝注對於越南文獻使用了四部分法，但不是中國傳統經、史、子、集的分類法，而是進一步根據書籍內容來分類。四類爲：

　　（1）憲章類：凡譜牒、典禮、官制及版圖、邦交諸集事關於國家者並列爲憲章類，得書目二十六部。（2）經史類：凡歷代儒林著述、或發明經籍義理、或纂述南北諸史，並依世次先後列爲經史類，得書目二十七類。（3）詩文類，凡歷朝御製各集及諸名卿臣公文人才士所著並諸家撰録各部並列爲詩文類，得書目一百六部。（4）傳記類，凡歷朝實録及記載群書見聞雜志下至方技諸録者並列爲傳記類，得書目五十四部。④

　　由此可見各類目數量比率參差不齊。憲章 26 部，經史 27 部，詩文 106 部，傳記 54 部。憲章 26 部⑤，占總比例 12.2%；經史 27 部⑥， 占總比例 12.7%；

---

①　耿師慧玲：《金石學歷史析論》，第 11 頁。

②　余嘉錫在《目録學發微》中將目録書分爲三類："一曰部類之後有小序，書名之下有解題者。二曰有小序而無解題者；三曰小序解題並無，只著書名者。……屬於第一類者，在論其指歸，辨其訛謬；屬於第二類者，在窮源至委，竟其流別，以辨章學術，考鏡源流；屬於第三類者，在類例分明，使百家九流，各有條理，並究其本末，以見學術之源流沿襲。以此三者互相比較，立論之宗旨，無不吻合，體制雖異，功用則同。蓋吾國從來之目録學，其意義皆在'辨章學術，考鏡源流'，所由與藏書之簿籍、自名賞鑒、圖書館之編目僅便檢查者異也。"成都：巴蜀書社，1991 年，第 2—12 頁。

③　潘輝注：《歷朝憲章類志》次序條，漢喃研究院藏本，編號 A2061/1。

④　潘輝注：《歷朝憲章類志·文籍志》，漢喃研究院藏本，編號 VHv1502/14。

⑤　筆者統計憲章類有 28 部。

⑥　筆者統計經史類有 24 部。

詩文 106 部[①]，占總比例 49.8%；傳記 54 部，占總比例 25.4%。詩文與傳記比例最高，兩者占全部書目 75.1%。

本文主要對《歷朝憲章類志·文籍志》所收集的越南燕行使臣詩文作品進行編目。

1.《介軒詩集》一卷

阮忠彦撰。原集脱逸，其詩散見於諸家詩選。僕先叔止庵公常總集而匯叙之，得八十餘首。[②]

阮忠彦，原名鶻，後改爲忠彦，字邦直，號介軒。越南陳朝快州天施縣土黄人，少以文章名世，英宗興隆十二年（1304）十六歲即廷試爲第二甲第一名，陳明宗大慶元年（元元祐元年，1314）奉命與范邁赴燕京報聘。[③]

收録在《越南漢文燕行文獻集成（越南所藏編）》第一册的《介軒詩集》便是阮忠彦在出使燕京的過程中所撰寫的詩集。根據《越南漢文燕行文獻集成（越南所藏編）》的編者所作的提要，《介軒詩集》抄本現藏越南漢喃研究院，一册，不分卷，編號 A601。共收録阮忠彦八十一首詩，由於本書乃潘輝注集之於全稿脱逸之後，攟拾其所散見於《越音百選》《精選諸家詩律》及《摘豔集》等越南詩歌總集的詩歌編輯而成，故僅收得八十一首詩，潘輝注並在全書前的序文中説明此書"魚魯陶陰，多不可辨，其作之次第，亦無從考質"。其之所以被視爲燕行文獻，因爲各詩作，有題爲"初渡瀘水""題嶽麓寺""黄鶴樓""采石渡"等等與北使路綫相關之中國地區的篇目。[④] 同時，潘輝注在題首下有"北程諸作 公年二十六奉往北使"的説明，可見此詩集應該與阮忠彦北使有密切關係。

2.《峽石集》一卷

范師孟撰。詩情超邁豪暢，爲晚陳名家。[⑤]

---

① 筆者統計詩文類有 107 部。

② 潘輝注：《歷朝憲章類志·文籍志》，漢喃研究院藏本，編號 VHv1502/14。

③ 阮俒校正，武綿、潘仲藩、汪士朗編輯：《鼎鍥大越歷朝登科録》，法國遠東學院圖書館，微卷編號 MF II.9（A.2752）。

④ 《越南漢文燕行文獻集成·介軒詩集提要》，中國復旦大學文史研究院、越南漢喃研究院合編：《越南漢文燕行文獻集成（越南所藏編）》，上海：復旦大學出版社，2010 年，第 1 册，第 3 頁。

⑤ 潘輝注：《歷朝憲章類志·文籍志》，漢喃研究院藏本，編號 VHv1502/14。

范師孟，字義夫，號尉齋。越南陳朝海陽省峽山縣峽山村人，陳明宗時期考中太學生，紹豐五年（元順帝至正五年，1345）奉使如元。著有《峽石集》《陽巖摩崖》《靈磊崇嚴寺大悲銘》《浴翠山留題》《錦川鐘》等作品。①

《歷朝憲章類志·文籍志》所錄有《北使過洋湘》②《登黃鶴樓走筆示元人》③《登浴翠山留題》④《和明使題珥河》⑤《應制》⑥《登天奇山留題》⑦等六首詩。

3.《星軺記行》二卷

武瑾撰，記奉使過各驛站所作詩。

武瑾，良才縣梁舍社人。三十歲中光寶二年丙辰科（1556）進士。仕至尚書、春江侯。⑧

《歷朝憲章類志》只記錄書名卷數，其無可考。

4.《義川觀集》一卷

陶儼撰，奉使諸題詠。⑨

陶儼，字義川。越南後黎朝仙侶縣善片社人。二十八歲中統元二年癸未科（1523）進士。奉使如明，明確時間未詳。仕至兵部右侍郎，著有《義川觀集》。

《歷朝憲章類志·文籍志》只記錄書名卷數，其無可考。

---

① 阮偘校正，武綿、潘仲藩、汪士朗編輯：《鼎鍥大越歷朝登科錄》，法國遠東學院圖書館，微卷編號 MF II.9（A.2752）。

② "湘水北連青草湖，年年風葉映孤蒲。帝妃一去宮門鎖，紅日下山啼鷓鴣。"

③ "青山疊疊圍彭城，侵雲插漢青玉屏。黃河滔滔浸坤軸，跳波濺沐東南傾。黃樓起出半天裏，憑高一望三千里。項王臺前落日紅，冠郡墓上悲風起。天荒地老古戰場，千載英雄今已矣。我家遠在交南頭，手持玉節登黃樓。筆摩石刻坡公字，如今不負平生遊。"

④ "鯨波天上下，鼇背海東南。"

⑤ "玉珥寒光侵黃野，傘園霄色照陞龍。"

⑥ "宸心二帝三王古，文體先秦兩漢奇。"

⑦ "風軒水檻蒼苔古，竹輕花溪錦石班。曾是先皇遊覽處，春來愁思最相關。"

⑧ 阮偘校正，武綿、潘仲藩、汪士朗編輯：《鼎鍥大越歷朝登科錄》，法國遠東學院圖書館，微卷編號 MF II.9（A.2752）。

⑨ 潘輝注：《歷朝憲章類志·文籍志》，漢喃研究院藏本，編號 VHv1502/14。

5.《使北國語詩集》一卷、《使程曲》一卷

黃仕愷撰。①

黃士愷，越南後黎朝良才縣萊舍社人。廣和四年甲辰科（1544）進士。奉使如明。仕至尚書、詠橋侯，致仕。善國語文，著有《使北國語詩集》《使程曲》《四時曲詠》《小讀樂賦》等。②

《歷朝憲章類志·文籍志》只記錄書名卷數，其無可考。

6.《金陵記》一卷

杜覲撰，全用國語記北朝南京凡俗景物。③

杜覲，字有恪，號善山，初名遠，御筆改名覲。越南後黎朝普安縣統上社人。黎聖宗洪德九年戊戌科（1478）進士，洪德十四年（明憲宗成化十九年，1483）奉使如明，作《金陵記》。仕至尚書。④

《歷朝憲章類志》只記錄書名卷數，其無可考。

7.《馮公詩集》二卷

馮克寬撰，是集編次自十六時所作至奉使日獻壽詩，凡一百六十首。大抵辭語清裕、氣格雄雅。其獻壽詩爲明主歎獎，有朝鮮使李睟光序。⑤

馮克寬，字弘夫。越南後黎朝石室縣馮舍社人。五十三歲中光順三年科（1580）進士。世宗光興二十年（明萬曆二十五年，1597）、敬宗弘定七年（明萬曆三十四年，1606）兩奉北使。仕至户部尚書兼國子監祭酒、梅郡公，贈太宰，封福神。⑥

收錄在《越南漢文燕行文獻集成（越南所藏編）》第一册的《使華手澤詩集》

---

① 潘輝注：《歷朝憲章類志·文籍志》，漢喃研究院藏本，編號 VHv1502/14。
② 阮偘校正，武綿、潘仲藩、汪士朗編輯：《鼎鍥大越歷朝登科錄》，法國遠東學院圖書館，微卷編號 MF II.9（A.2752）。
③ 潘輝注：《歷朝憲章類志·文籍志》，漢喃研究院藏本，編號 VHv1502/14。
④ 阮偘校正，武綿、潘仲藩、汪士朗編輯：《鼎鍥大越歷朝登科錄》，法國遠東學院圖書館，微卷編號 MF II.9（A.2752）。
⑤ 潘輝注：《歷朝憲章類志·文籍志》，漢喃研究院藏本，編號 VHv1502/14。
⑥ 阮偘校正，武綿、潘仲藩、汪士朗編輯：《鼎鍥大越歷朝登科錄》，法國遠東學院圖書館，微卷編號 MF II.9（A.2752）。

《梅嶺使華手澤詩集》《旅行吟集》便是馮克寬光興二十年（明萬曆二十五年，1597）在出使燕京的過程中所撰寫的詩集。

8.《祝翁奉使集》一卷

鄧廷相撰。廷相自號祝翁。該書今已遺失。

鄧廷相，越南後黎朝彰德縣良舍人社。省元，二十二中景治八年庚戌科（1670）進士。正和四年（清康熙二十二年，1683）奉使如清。仕至吏部左侍郎，男爵，改除左都督歷陞佐理功臣，前和軍營，太傅，參預朝政，國老。致仕。郡公爵。起復管中匡軍營，陞大司馬掌府事。再仕加大司徒。追封福神。①

《歷朝憲章類志·文籍志》只記録書名卷數，其無可考。

9.《阮狀元奉使集》一卷

阮登道撰。②

阮登道，仙遊縣懷抱社人，士望。三十三中正和四年癸亥科（1683）進士。應制合格。後改登璉。熙宗正和十八年（清康熙三十六年，1697）奉使如清。仕至參從、禮部尚書、伯爵兼東閣學士。壽六十九，贈吏部尚書、郡公。③

《歷朝憲章類志·文籍志》只記録書名卷數，其無可考。

10.《星槎詩集》一卷

阮公沆撰，北使時作詩，亦通暢可誦。④

阮公沆，字大清，號靜齋，東岸縣扶軫社人。二十一中正和二十一年庚辰科（1700）進士。裕宗永盛十四年（清康熙五十七年，1718）奉使如清。仕至參從吏部尚書、郡公。被貶宣光承使。

---

① 阮俒校正，武綿、潘仲藩、汪士朗編輯：《鼎鍥大越歷朝登科録》，法國遠東學院圖書館，微卷編號 MF II.9（A.2752）。

② 潘輝注：《歷朝憲章類志·文籍志》，漢喃研究院藏本，編號 VHv1502/14。

③ 阮俒校正，武綿、潘仲藩、汪士朗編輯：《鼎鍥大越歷朝登科録》，法國遠東學院圖書館，微卷編號 MF II.9（A.2752）。

④ 潘輝注：《歷朝憲章類志·文籍志》，漢喃研究院藏本，編號 VHv1502/14。

《歷朝憲章類志·文籍志》中錄有《題岳武穆廟》①《題飛來石》②《挽楊應山》③等三首詩。

11.《敬齋使集》一卷

范謙益撰。④

范謙益,越南後黎朝嘉定寶篆人,貫嘉林金山。三十二歲中永盛六年庚寅科進士。裕宗保泰四年(清雍正元年,1723)奉使如清。仕至吏部尚書兼東閣大學士、太宰、述郡公、榮封功臣。出鎮統領,贈大司空。⑤

12.《浴軒詩集》一卷

阮翹傳,奉使時作。⑥

阮翹,慈廉當社人。二十一中永盛十一年乙未科進士。顯宗景興二年(清乾隆六年,1741)奉使如清。仕至左侍郎。⑦

收錄在《越南漢文燕行文獻集成(越南所藏編)》第二冊的《乾隆甲子使華叢詠》是後黎朝阮翹、阮宗窐在出使燕京的過程中所撰寫的詩集。

13.《北使效顰詩》一卷

黎有喬傳,永佑中奉使時作。⑧

黎有喬,號遯齋。越南後黎朝唐豪遼舍人,二十八中永盛十四年戊戌科(1718)進士。懿宗永佑三年(清乾隆二年,1737)當任副使如清歲貢。仕至吏部尚書、參從、侯爵,致仕。贈少保、郡公,壽七十歲。⑨

---

① "南渡昏君忘至計,東廂賊婦售奸謀。"

② "勳詡將軍能飲羽,忽疑織女落支機。"

③ "計存累卵擻誠悃,罪指權璫觸逆鱗。暗主休論崇愛豎,天公何事毒忠臣。"

④ 潘輝注:《歷朝憲章類志·文籍志》,漢喃研究院藏本,編號VHv1502/14。

⑤ 阮侁校正,武綿、潘仲藩、汪士朗編輯:《鼎鍥大越歷朝登科錄》,法國遠東學院圖書館,微卷編號MF II.9(A.2752)。

⑥ 潘輝注:《歷朝憲章類志·文籍志》,漢喃研究院藏本,編號VHv1502/14。

⑦ 阮侁校正,武綿、潘仲藩、汪士朗編輯:《鼎鍥大越歷朝登科錄》,法國遠東學院圖書館,微卷編號MF II.9(A.2752)。

⑧ 潘輝注:《歷朝憲章類志·文籍志》,漢喃研究院藏本,編號VHv1502/14。

⑨ 阮侁校正,武綿、潘仲藩、汪士朗編輯:《鼎鍥大越歷朝登科錄》,法國遠東學院圖書館,微卷編號MF II.9(A.2752)。

14.《使華叢詠》二卷

阮宗窒撰。①

阮宗窒，越南後黎朝御天縣福溪社人。二十九中保泰二年辛丑科（1721）進士。兩奉北使。仕至户部左侍郎，侯爵，被貶侍講。著有《使華叢詠詩集》傳於世。壽七十五。著有《使華松詠》《使程新傳》《詠使詩卷》《五倫序》等作品。收録在《越南漢文燕行文獻集成（越南所藏編）》第二册的《使華叢詠集》《使程詩集》是阮宗窒在出使燕京的過程中所撰寫的詩集。

15.《使華發步詩集》一卷

鄧春澍撰。②

鄧春澍，東岸名林人。顯宗景興二十年（清乾隆二十四年，1759）奉使如清。③

《歷朝憲章類志・文籍志》只記録書名卷數，其無可考。

16.阮探花集一卷

阮輝僙撰，載奉使時諸作。④

阮輝僙，諱春（一云昶），號榴齋，字敬華，乂安省羅山縣萊石社長留村人，今天的河静省甘禄縣長禄社。從 1758 年，阮輝僙已經受命爲 1760 年如清的副使，到 1764 年阮氏又獲選爲 1766—1767 年北使的正使。北使的著作，目前找到 4 種：《奉使燕臺總歌》《碩亭遺稿》《北輿輯覽》《燕軺日程》。

收録在《越南漢文燕行文獻集成（越南所藏編）》第五册的《奉使燕京總歌並日記》《北輿輯覽》便是阮輝僙在出使燕京的過程中所撰寫的詩集。

17.《聯珠詩集》四卷

黎貴惇撰。公奉使時，與正使陳輝泌、副使鄭春澍二公聯吟更唱迭和，

---

① 潘輝注：《歷朝憲章類志・文籍志》，漢喃研究院藏本，編號 VHv1502/14。

② 潘輝注：《歷朝憲章類志・文籍志》，漢喃研究院藏本，編號 VHv1502/14。

③ 阮俒校正，武綿、潘仲藩、汪士朗編輯：《鼎鍥大越歷朝登科録》，法國遠東學院圖書館，微卷編號 MF II.9（A.2752）。

④ 潘輝注：《歷朝憲章類志・文籍志》，漢喃研究院藏本，編號 VHv1502/14。

共得四百首。中有與北國伴送諸官及朝鮮使部賡酬，其詩亦附載集内洋湘百詠卷，有朝鮮正使狀元浩啓栝序。文格高古，評論二公詩尤爲確當。①

黎貴惇，字厚允，號桂堂，越南後黎朝延河人。二十七中景興十三年壬申科（1752）進士。奉使如清。著有《北使通錄》《黎朝通史》《芸臺類語》《群書考辨》《聖謨賢範》《見聞小錄》《陰騭文注》《書經衍義》《四書約解》《全越詩錄》《桂堂詩集》等作品。②

收錄在《越南漢文燕行文獻集成（越南所藏編）》第三册的《桂堂詩匯選》與第四册的《北使通錄》便是黎貴惇在出使燕京的過程中所撰寫的詩集。

18.《段黄甲奉使集》一卷

海安段阮俶撰。③

段阮俶，顯宗景興三十二年（清乾隆三十六年，1771）奉使如清。《歷朝憲章類志・文籍志》收錄《南關晚渡》④《過洞庭湖》⑤《赤壁懷古》⑥《濟黄河》⑦等四首詩文。

19.《瑶亭使集》一卷

瓊瑠黄甲胡士棟撰。⑧

胡士棟，越南後黎朝瓊瑠縣完厚社人。三十四中景興三十三年壬辰科（1772）進士。景興三十八年（1777）當任副使如清歲貢。⑨《歷朝憲章類志・文

---

① 潘輝注：《歷朝憲章類志・文籍志》，漢喃研究院藏本，編號 VHv1502/14。

② 阮侃校正，武綿、潘仲藩、汪士朗編輯：《鼎鍥大越歷朝登科錄》，法國遠東學院圖書館，微卷編號 MF II.9（A.2752）。

③ 潘輝注：《歷朝憲章類志・文籍志》，漢喃研究院藏本，編號 VHv1502/14。

④ "駕駱客從天上去，歌驪人望日邊回。遠山高鳥迎塵起，故國清風越嶺來。"

⑤ "荊南樓梗清溟外，嶺北帆檣杳靄中。白葦黄茅何處遠，飛過誰是郎吟翁？"

⑥ "菰蒲排嶺水漫空，三國爭衡此地中。流蘸曹公吟後月，岸飄諸葛祭餘風。鼎圖一瞬成吹劍，江景千年付倚蓬。魚留半腔秋色暮，興遊長想扣舷翁。"

⑦ "馬牛涯畔生煙霧，鯨鱷潭中出怪神。"

⑧ 潘輝注：《歷朝憲章類志・文籍志》，漢喃研究院藏本，編號 VHv1502/14。

⑨ 阮侃校正，武綿、潘仲藩、汪士朗編輯：《鼎鍥大越歷朝登科錄》，法國遠東學院圖書館，微卷編號 MF II.9（A.2752）。

籍志》中録有《登岳陽樓》①《登黄鶴樓》②等兩首詩。其與《越南漢文燕行文獻集成(越南所藏編)》第六册所收《花程遣興》中的《登岳陽樓》《登黄鶴樓》相同。

從以上資料來看，《歷朝憲章類志・文籍志》的 106 部詩文作品裏，燕行詩文有 19 部。除了《歷朝憲章類志・文籍志》所記載的 19 部燕行詩文之外，《越南漢文燕行文獻集成（越南所藏編）》收集陶公正等撰《北使詩集》、阮公基撰《使程日録》、丁儒完撰《默翁使集》、武輝珽撰《華程詩》、黎侗撰《北行叢記》、黎惟亶撰《使軺行狀》等亦爲黎朝燕行作品。

根據《歷朝憲章類志》的記録與《越南漢文燕行文獻集成（越南所藏編）》所收集的作品來看，黎朝及之前燕行詩文書目如下：

1.《介軒詩集》，陳朝・阮忠彦 撰

2.《峽石集》一卷，陳朝・范師孟撰

3.《星軺記行》二卷，後黎朝・武瑾撰

4.《義川觀集》一卷，後黎朝・陶儼撰

5.《使北國語詩集》一卷、《使程曲》一卷，後黎朝・黄仕愷撰

6.《金陵記》一卷，後黎朝・杜覲撰

7.《使華手澤詩集》，後黎朝・馮克寬撰

8.《梅嶺使華手澤詩集》，後黎朝・馮克寬撰

9.《旅行吟集》，後黎朝・馮克寬撰

10.《祝翁奉使集》一卷），後黎朝・鄧廷相撰

11.《阮狀元奉使集》一卷），後黎朝・阮登道撰

12.《北使詩集》，後黎朝・陶公正等撰

13.《使程日録》，後黎朝・阮公基撰

14.《默翁使集》，後黎朝・丁儒完撰

15.《往北使詩》，後黎朝・阮公沆撰

16.《星槎詩集》一卷，後黎朝・阮公沆撰

17.《敬齋使集》一卷，後黎朝・范謙益撰

---

① "百尺危臺聳漢孤，背撐巴嶽面重湖。宋儒文在光千丈，仙跡梅留畫一株。俯混亭臺塵外境，遐觀雲水眼中圖。吕翁最後誰飛渡，遠浦紛紛泛舳船。"

② "臨流一簇俯波光，波影涵秋送晚涼。名勝祇今多在楚，品題自古共推唐。滄茫遠水浮鸚鵡，浩蕩晴雲擁鳳凰。鶴駕乘風仙留杳，江城極目半斜陽。"

18. 《乾隆甲子使華叢詠》，後黎朝・阮翹、阮宗窒撰

19. 《北使效顰詩》一卷，後黎朝・黎有喬撰

20. 《使華叢詠集》，後黎朝・阮宗窒撰

21. 《使程詩集》，後黎朝・阮宗窒撰

22. 《使華發步詩集》一卷，後黎朝・鄧春澍撰

23. 《桂堂詩匯選》，後黎朝・黎貴惇撰

24. 《北使通錄》，後黎朝・黎貴惇撰

25. 《奉使燕京總歌並日記》，後黎朝・阮輝瑩撰

26. 《北輿輯覽》，後黎朝・阮輝瑩輯

27. 《華程詩》，後黎朝・武輝珽撰

28. 《段黃甲奉使集》一卷，後黎朝・段阮俶撰

29. 《花程遣興》，後黎朝・胡士棟撰

30. 《北行叢記》，後黎朝・黎侗撰

31. 《使軺行狀》，後黎朝・黎惟亶撰

結　論

朝貢的選擇，或許來自政治設計，但對其來說，最重要的影響還是經濟與文化。黎朝是越南社會變動最大的時代，同時也是規範制度的重要時期。後黎朝興起與滅亡正好橫跨中國的明清兩代。不同類型朝貢的使者身份體現出越南在朝貢或者外交關係上的主要目的。黎朝科舉制度的規範，形成了“進士人才”的現象。這“進士人才”的功能也同時得到規範。進士是越中文化交流的橋梁。

黎初與明朝的關係非常密切，從朝貢方式來看，除了歲貢外，還有求封、告哀、賀即位等。歲貢的使臣大部分也是進士，奏地方事或國內變動等情況例外。

關於莫朝與明代的關係。莫朝史稱偽朝，莫朝出使明代的主要類型是歲貢。國內事情很少匯報明朝。而從出使的使臣身份來看，大部分還是由進士擔任。

黎中興與清朝的關係，幾乎是歲貢為主，很少有其他朝貢類型，同時貢使大部分都由進士擔任。

越中朝貢關係、使者身份不僅反映出越南與中國在歷史、文化之間的關聯，

而且從出使的次數、出使人的身份可以更進一步了解越南對於明、清兩代的態度。

越南長期戰亂當然造成越南書籍的散佚，“非經劫火以煨殘，必自汗牛而充棟也”。但越南研究的問題不在於書籍太少，而是書籍本身的版本整理和具有學術性的整理與資料統合仍處於開發階段。

越南後黎朝與中國朝廷維持一種緊密的關係。使臣是科舉出身，熟讀儒家經典，了解漢文化，因此可以在各方面與中國君臣溝通。越南使者出使中國留下了許多詩文、日記、筆記等記録。這些燕行詩文是越中兩國外交關係、文化交流的重要文獻。本論文希望通過對潘輝注之《歷朝憲章類志·文籍志》詩文類中所著録的燕行使者詩文進行整理以明當時的書目狀況以及越南學術“廬山真面目”。

［説明］本文由兩篇文章整合而成，《科舉與朝貢——後黎朝燕行使者身份初探》發表於《科舉學論叢》2023 年第二輯；《潘輝注〈歷朝憲章類志·文籍志〉的燕行詩文書目初探》一文則發表於第三屆“燕行使進紫禁城”國際學術研討會（故宮博物院故宮學研究所、復旦大學古籍整理研究所主辦，2019 年 11 月 30 日—2019 年 12 月 1 日）。

朝鮮燕行使與蘇東坡畫像的範式與流傳

［新加坡］衣若芬

【摘　要】本文探析韓國朝鮮時代的蘇東坡畫像類型，肖像畫式的作品上，東坡的右邊顴骨有痣；故事畫的《東坡笠屐圖》多是無執杖，左手撫鬚，右手提衣。這些蘇東坡畫像和朝鮮燕行使與翁方綱的交往有關，"顴右痣"東坡像源於翁方綱對蘇東坡長相的認定，傳入朝鮮之後，成爲朝鮮畫家的範本。《東坡笠屐圖》的構圖模式則來自畫家王霖，也是因翁方綱收藏王霖畫作而將摹本贈送金正喜，金正喜及其弟子許維、往來的寺廟僧人中峰慧皓、金正喜弟子李尚迪之子李用霖都有類似的作品存世。

【關鍵詞】蘇東坡　朝鮮燕行使　翁方綱　東坡笠屐圖　金正喜

一、前言

歷來的畫像中的蘇東坡（1037—1101）主要有兩種類型，一是肖像畫；二是故事畫。前者或半身、或全身；後者包括詩意圖式，畫東坡前後《赤壁賦》的《赤壁圖》、畫傳説文人聚會的《西園雅集圖》，以及畫東坡在海南島故事的《東坡笠屐圖》等。①

清代宋犖（1634—1714）爲蘇東坡生日舉行壽蘇會紀念儀式，張掛《東坡笠屐圖》祭拜，後繼者有翁方綱（1733—1818）、畢沅（1730—1797）等人，《東坡笠屐圖》遂成爲壽蘇會不可或缺的事物，翁方綱和朝鮮燕行使的交往，影

【作者簡介】衣若芬，新加坡南洋理工大學人文學院長聘副教授。

① 救仁鄉秀明：《日本における蘇軾像（二）—中世における畫題展開》，《Museum（東京國立博物館美術志）》545（1996），第3—27頁。

響朝鮮時代的壽蘇會形式。20世紀初，以曾經在上海商務印書館工作過的長尾雨山（1864—1942）爲核心，日本的壽蘇會上陳洪綬（1599—1652）《東坡笠屐圖》或許和畢沅舉行的壽蘇會陳列的同名畫家作品有關。以上情形，筆者已經有專文論述。① 本文擬探討兩種東坡畫像，一是右邊顴骨上有痣的東坡肖像；二是左手撫鬚，右手提衣的《東坡笠屐圖》，這兩種畫像主要見於韓國，而且《東坡笠屐圖》的範式有承繼關係，畫家有金正喜（1786—1856）、許維（1809—1892）、中峰慧皓、李用霖（1839—?）。近日南京大學金程宇教授見示收藏之德富蘇峰（1863—1957）舊藏《東坡笠屐圖》，也屬同一系譜。本文之分析或有助於認識圖像的功能、典型之建立以及流傳的脈絡。

二、"顴右痣" 蘇東坡畫像

蘇東坡長得怎樣？ 從他的詩文可見端倪，總結來看，他的個子高，顴骨聳然，鬍鬚不濃密也不稀疏。中年時體格稍胖，老年在嶺南和海南生活不易，霜髯骨瘦。② 一般而言，臉上有痣，而且不只一顆，很容易被人注意到，也容易被當成個人面貌特徵，可是蘇東坡自己和周邊的人都隻字不提，直到翁方綱才把"右邊顴骨有痣"作爲蘇東坡的"真容"。

翁方綱收藏過兩幅明代狀元朱之蕃（1557—1626）③ 作於萬曆四十七年（1619），摹寫李公麟畫的《東坡笠屐圖》，現在分別收藏於廣東省博物館（以下簡稱"廣東本"）（圖一）和北京故宮博物院（以下簡稱"故宮本"）（圖二）。④ 在"廣東本"上，翁方綱兩度提及蘇軾的長相特徵是右頰有黑痣（圖三）。他比對了四個版本的蘇軾畫像，即明代尤質（字叔野，茂先）藏的趙孟頫白描本、明代朱完（1558—1617）畫的《小金山像》、李榗所藏趙孟頫畫

---

① 見衣若芬：《書藝東坡》，上海：上海古籍出版社，2019年。

② 衣若芬：《東坡長得怎樣》，《陪你去看蘇東坡》，北京：商務印書館，2021年，第14—18頁。

③ 朱之蕃生年根據徐英章：《中朝二位狀元的唱和詩》，《遼海文物學刊》1995年第1期，第172—176+269頁。詹杭倫：《明朝狀元朱之蕃出使朝鮮考述》作生於1561年，見《亞洲學術（2006）》北京：人民出版社，2006年，第101—122頁。정생화：《朱之蕃의 문학활동과 한중 문화 교류》（朱之蕃的文學活動與韓中文化交流）（서울：서울대학교 대학원 국어국문학과 석사학위논문，2010年）作生於1558年，卒於1624年。

④ 衣若芬：《翁方綱藏兩幅朱之蕃〈東坡笠屐圖〉及其東亞影響》，《香港大學中文學報》第1卷第2期（2023年9月），第57—88頁。

蘇軾像，以及"廣東本"，總結出蘇軾的面容是：眉毛清疏，眼睛圓長，顴骨高聳，鬚髯不濃密，右頰有痣，並在郝經（1223—1275）《陵川集》裏找到文獻依據。"故宮本"並無畫臉頰黑痣，翁方綱批評説是朱之蕃輕忽此細節。[①]翁方綱認定的標準本，是前一年即 1801 年陸恭（字孟莊，號謹庭、松下叟，1741—1818）送給他的宋本蘇文忠公真像。[②]

圖一　朱之蕃《東坡笠屐圖》，廣東省
博物館藏）（朱萬章先生提供）

圖二　朱之蕃《東坡笠屐圖》，北京故
宮博物院藏（任哨奇先生提供）

---

①　翁氏識語：吳門尤叔野茂先藏松雪白描坡公像，後有陸五湖師道題云："合於伯時所作按藤杖坐磐石意態也。"又南海朱完所作小金山像，及長洲李樞所藏松雪畫像，皆與宋真本相合。蓋疏眉鳳眼，秀撮江山，兩顴清峻，而髯不甚多，右頰近上處黑子數點，是爲宋李伯時之真本，趙松雪、朱蘭嵎所臨，皆足證也。壬戌二月廿二日，以此數本合對得真，敬識於此。蘇齋學人翁方綱。

陵川集云公像面有黑痣，觀此所臨，是龍眠真筆可證也。予齋初收蘭嵎臨此像一軸，是（即此）菊秋六日爲張鍾山臨者，乃竟省去其痣不臨，此亦明代諸賢不留意攷證之一端耳。因對影宋真本題此。方綱又書。

②　1784 年翁方綱曾爲陸恭作《題陸謹庭所藏"海嶽庵圖"》《陸謹庭"松下清齋圖"二首》。

圖三　朱之蕃《東坡笠屐圖》（本文圖一局部），廣東省博物館藏

翁方綱題此宋本真像云：

> 我齋奉公像，百摹不一真。漫堂鏤施注，元蹟云傳神。又見梅
> 谿本，松雪下筆親。肥瘦迴不同，笠屐名則均。世稱仙日耆，每儗
> 於思倫。豈知耆逸氣，超絕凡笑嚬。兩顴清不肥，修眉秀峨岷。神
> 在目炯光，下上照千春。軸有聲衲偈，傳自吳閶闉。松下叟得之，
> 以供吾几陳。憬然始下拜，往者空牆循。此中浩然氣，蟠塞上青旻。
> 自有詞翰來，幾得並斯人。竊叨弄公集，篋公墨稿新。卅秋積疑處，
> 一旦獲快伸。（予齋藏先生書嵩陽帖，今始得定爲真蹟）。故合千載緣，憐我四
> 壁貧。鏘然響雲軿，碧空驂鳳麟。顧我書齋桀，含意粹以醇。公詩
> 非放筆，中有遺火薪。庶幾仰窺之，破牖懸星辰。渴懷夢耿耿，遠
> 自粵海濱。番禺朱季美，德雲參嶙峋。金山龍眠筆，江水所問津。
> 匡廬本來面，悟此清净身。橫嶺與側峰，分合誰主賓。異哉漫堂補，
> 肯共邵耆論。松雪蓋臨此，蘭亭帖未湮。所以郝陵川，題爲王安仁。
> 面右多黑子，江月凌霜晨。蘇齋澹風雪，今覿貞松筠。跌坐思無邪，
> 研銘德有鄰。又到笱脯筵，峻岳崧生申。[①]

檢點所藏的蘇軾畫像，翁方綱注意到宋犖（漫堂）和王十朋（梅溪，
1112—1171）集注的東坡詩集裏趙孟頫（松雪）蘇軾像與之有出入。這幅陸
謹庭贈送的蘇軾像傳自蘇州，從另一則題跋得知，畫上的"聲衲偈"即元末
明初東皋妙聲（1308—1384？）的贊詞。和朱完（季美）的《小金山像》同觀，

---

① 《坡公真像吳門陸謹庭寄贈》，《復初齋詩集》，卷56，《續修四庫全書》，上海：上海古籍出版社，
1994—2002 年，第 1455 冊，第 184 頁。

就如蘇軾詩《題西林壁》，難識蘇軾唯一的廬山真面目。翁方綱認爲郝經題王安仁藏的蘇軾畫像和此宋本真像都呈現蘇軾右頰有黑痣，最爲可信。正好不久前翁方綱獲得伊秉綬（1754—1815）從廣東惠州贈予的研背拓本①，便以上面的"德有鄰堂"印爲題，自署"有鄰研齋"，以比美蘇軾惠州的"思無邪齋"。又快到舉行蘇會的日子，翁方綱將蘇軾比喻爲周宣王的舅父申伯，是朝廷重臣②，德行如松竹高潔，是後世楷模。

翁方綱曾經抄録東皋妙聲題蘇軾畫像贊：

> 岷山峨峨，江水所出。鍾爲異人，生此王國。秉帝杼機，黼黻萬物。其文如粟帛之有用，其言猶河漢之無極。若夫紫微玉堂，瓊崖赤壁，閲富貴於春夢，等榮名於戲劇。忠君之志，雖困愈堅；浩然之氣，之死不屈。至其臨絶答維琳之語，此尤非數子之所能及也。③

此贊詞見於《東皋録》卷下，又見於蘇軾《治平帖》（北京故宮博物院藏）前，配有蘇軾畫像（圖四），面上無痣。今蘇州定慧寺有石刻，畫上蘇軾像右頰有痣，釋妙聲和翁方綱的多則題跋則布於蘇軾像周圍。④

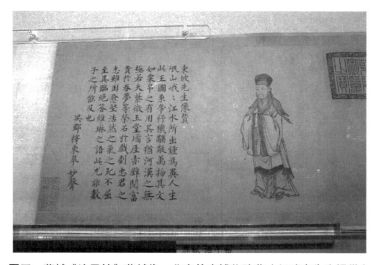

圖四　蘇軾《治平帖》蘇軾像，北京故宮博物院藏（任哨奇先生提供）

---

① 《惠州守伊墨卿茸白鶴峰東坡故居，掘地得研，背有先生書名并"德有鄰堂"小印，拓以寄予，因仿琢焉，并以名齋》，《復初齋詩集》，卷56，《續修四庫全書》，第1455冊，第184頁。

② 《詩經・大雅・崧高》："崧高維岳，駿極於天，維岳降神，生甫及申。"

③ 沈津輯：《翁方綱題跋手札集録》，桂林：廣西師範大學出版社，2002年，第445頁。

④ https：//wemp.app/posts/4d7566d7-bddb-43a2-92cf-ac1e19581c2b　2022年2月26日。

肯定蘇軾真容爲右頰有痣，1804 年翁方綱多次題寫蘇軾畫像，如：

> 三年闕拜像，公乎不我嗔。今日臘雪筵，惠此真精神。昔也蘭
> 嵎生，今之朱野雲。肖彼顴右志〔痣〕，會此眉後紋。雙瞳翦岷江，
> 碧宇下星辰。大海迴紫瀾，浩蕩誰知津。萬古一元氣，偶露於斯文。
> 敢謂十笏齋，片紙留公真。
>
> 是日墨卿子，自前惠守至。爲寫白鶴峰，軒然墮空翠。商畧龍眠稾，
> 參諸況潁義。湖濱前夢在，尚想騎鯨氣。夢中同笑者，野雲記旁睨。
> 定影即吾齋，松風蕩虛吹。涉川莽無涯，喻葦得根蔕。印須招我友，
> 尋源託攸濟。
>
> 昔聞山谷翁，快覩龍眠軸。揩藤據于磐，醉態憶之熟。謂當諸友集，
> 筵間挂一幅。想約秦晁張，共此窗燈燭。吾齋渺何有，遺字照猶綠。
> 蘇齋偶無二，蘇門客儻卜。三山叩蓬萊，一峰携天竺。試問垂慈老，
> 菖蒲連石竹。[①]

由題詩得知，翁方綱請朱鶴年畫蘇軾像，此蘇軾像右頰有痣，是爲“定影”。
在翁方綱所藏的《天際烏雲帖》，可見結合李公麟曾經畫的“按藤杖坐磐石”
蘇軾像，右頰有痣。翁方綱題詩：

> 從茲始覯坡公面，醉後携筇態宛然。紅日烏雲離夢幻，粉箋昏
> 墨合參禪。顴間右志元非相，石上三生信昔緣。莫認濰州題驛壁，
> 落花如雪點茶煙。[②]

和翁方綱交往的朝鮮燕行使獲贈蘇軾畫像摹本，“顴右有痣”因而成爲朝
鮮文人對蘇軾畫像的基本認識。

1810 年，以子弟軍官身份隨朝鮮燕行使入京師的金正喜即獲朱鶴年所贈
蘇軾畫像，翁方綱作詩送別：

> 磐石筇枝醉態真，誰從燈影見精神。匡廬八萬四千偈，正要吾
> 齋舉似人。（坡公云：吾嘗燈下顧見顴頰，使人就壁畫之，不作眉目，見者皆一笑，

---

① 《十二月十九日蘇齋拜先生真像三首》，《復初齋詩集》，卷 58，《續修四庫全書》，第 1455 冊，
第 208 頁。

② 《又題嵩陽帖後》，《復初齋詩集》，卷 58，《續修四庫全書》，第 1455 冊，第 208 頁。

知爲余也。據此知外間所摹像皆非真耳）。①

此畫有金正喜之子金商佑（1817—1884）的重摹本（韓國澗松美術館藏），上録原翁方綱題詩，金正喜補充：

> 此爲吳下所傳真本，野雲摹，覃溪題于上如此，以贈余者也。兒佑又重摹於海上，作坡公生日，試眼題。
> 坡像有趙子固笠展圖、浮粟泉石刻像、朱蘭嵎臨李龍眠笠展像、新羅山人寫蘇米像、宋石門畫，皆奉於蘇齋。此本出於陸謹庭，爲最真。②

不過金商佑的摹本蘇軾像並没有畫右頰有痣，倒是金正喜的摹本蘇軾像（圖五，韓國澗松美術館藏）畫了右頰的痣，上有翁方綱1812年的題寫：

> 秋史進士得予舊作拜坡公生日詩艸藁，裝册，寫坡像於後，屬題。便作龍眠小軸觀，藤枝磐石氣蒼寒。蘇齋一榻嵩陽夢，星斗光芒大海瀾。嘉慶壬申冬十月朔方綱。

圖五　金正喜摹蘇軾像，韓國澗松美術館藏③

---

① 《野雲摹坡公真像以贈金進士題此即以送别》，《復初齋詩集》，卷63，《續修四庫全書》，第1455册，第260頁。

② 崔完秀編：《澗松文華》48輯，首爾：韓國民族美術研究所，1995年，第7頁。

③ 崔完秀、鄭炳三、白仁山編《秋史를 통해 본 韓中墨緣》（通過秋史看韓中墨緣），首爾：韓國民族美術研究所，1995年，第11頁。

　　這件蘇軾畫像可能是託 1812 年出使中國的申緯帶去燕京請翁方綱題寫。申緯啟程前金正喜贈詩還特別提到翁方綱收藏的蘇軾畫像：

　　　　百摹雨雪摁塵塵（坡像雨雪詩本舊摹供蘇齋），又一九霞洞裏春（坡像策杖一本，先生嘗題云：九霞洞開，策杖聲來）。顴右志〔按當作痣〕傳松下供（陸謙〔按當爲謹〕庭有顴右志〔痣〕本，先生定爲眞影），何如子固研圖人。①

　　申緯受翁方綱影響，也熱衷收集蘇軾相關文物，例如翁方綱之子翁樹崑贈送的“坡像研背本”、趙孟頫畫蘇軾像、傳摹元人《笠屐圖》，以及上官周“晚笑堂本”蘇軾像。1837 年申緯欣賞一件趙孟頫寫的蘇軾《赤壁賦》，畫有右顴有痣的蘇軾像，作詩：

　　　　又一漚波顴志〔痣〕本，百坡一一自天人。想公不比秋來瘦，定惠海棠清淑眞。（月下無人更清淑。海棠詩原句子也。）

　　　　壬戌之秋赤壁磯，野雲神筆又傳之。顴間右志〔痣〕元非相，幻脫蘇齋拜像詩。（甲子十二月十九日，蘇齋題萬陽帖後詩有此七字，則公之眞像，不在顴志〔痣〕之有無也。是日拜眞像詩，又有“昔也蘭嵎生，今之朱野雲”之句。則蘇齋拜像之本，乃是野雲之筆，而亦出於趙本也，可以審矣。）②

　　雖說是否有痣不能作爲判斷蘇軾畫像的絕對標準，然而翁方綱對朝鮮文人的權威地位，無可否認。李裕元（1814—1888）抄錄申緯上述詩題之後，記云“尾有甲子十二月十九日蘇齋題”，則此作品 1804 年爲翁方綱所藏。李裕元見過洪鍾應（1783—1866）收藏翁方綱《東坡笠屐圖》，他自己收藏的是該畫的摹本：

　　　　覃溪摸〔模〕東坡笠屐圖，臘十九東坡生朝，以恠石供紫霞。又移摸〔模〕在余書樓，原本流落東國，余一見於洪芍玉書齋，今

────────────

①　金正喜：《送紫霞入燕十首並序》，《阮堂先生全集》卷 10，《韓國文集叢刊》，第 301 册，首爾：民族文化推進會，2003 年，第 182 頁。

②　申緯：《趙文敏小楷赤壁賦字，僅如蠅頭，系以長公小像，右顴有志〔痣〕，與公詩集中所傳摹松雪本又異也。舊吳彭年言兩見文敏作東坡像，一書定惠院海棠詩於上云，則此又在赤壁本之外矣，甚覺馳神，題此二詩》，《警修堂全藁》二十四，《韓國文集叢刊》，第 291 册，首爾：民族文化推進會，2002 年，第 544 頁。

不知下落。①

如果像"廣東本"《東坡笠屐圖》和金商佑摹寫的蘇軾像，蘇軾臉上的痣十分明顯，可是在元代郝經之前，幾乎没有人提過。郝經《東坡先生畫像》註"曹州教授王安仁所藏己未六月一日敬題"，詩末云：

> 昔嘗讀公文，今乃拜公像。至神無滯形，丹青莫能狀。畫工豈有浩然氣，漫著南箕翕舌空點痣。不如夜寂對江月，皢皢見公真顏色。
>
> （面間多黑子故云）

"南箕翕舌"出於《詩經·小雅·大東》："維南有箕，不可以簸揚。維北有斗，不可以挹酒漿。維南有箕，載翕其舌。維北有斗，西柄之揭。"用天上箕星形狀像舌頭，比喻人間的言語毁謗。畫家刻意畫了幾顆黑痣，暗指蘇軾被小人的口舌汙衊，因此是"空點痣"，表示没有依據，其實蘇軾的"真顏色"如月明亮皎潔。②

郝經註畫像"面間多黑子"，並没有指明黑子的位置，翁方綱從陸恭贈送的"宋本真像"擴展理解，成爲實相，於是右顴有痣的蘇軾畫像，加上"南箕翕舌"的形容，黑痣如星斗的蘇軾面容便隨之傳布到朝鮮。

若依據何薳（1077—1145）《春渚紀聞》，蘇軾"若星斗狀"的黑痣不在臉頰，而是在背部：

> 錢塘西湖壽星寺老僧則廉言，先生作郡倅日，始與參寥子同登方丈，即顧謂參寥曰："某生平未嘗至此，而眼界所視，皆若素所經歷者。自此上至懺堂，當有九十二級。"遣人數之，果如其言。即謂參寥子曰："某前身山中僧也，今日寺僧皆吾法屬耳。"後每至寺，即解衣盤礴，久而始去。則廉時爲僧雛侍仄，每暑月袒露竹陰間，細視公背，有黑子若星斗狀，世人不得見也，即北山君謂顔魯公曰"志

① 李裕元：《玉磬觚賸記》，《嘉梧藁略》，《韓國文集叢刊》，第315—316 册，首爾：民族文化推進會，2003 年，第555—556 頁。
② 郝經：《陵川集》，卷10，《文淵閣四庫全書》，臺北：臺灣商務印書館，1982—1986 年，第1192 册，第104 頁。張進德、田同旭編年校箋：《東坡先生畫像》，《郝經集編年校箋》，北京：人民文學出版社，2016 年，第226 頁。

金骨，記名仙籍"是也。^①

這則筆記裏感知前世的神秘色彩比"預知夢"還傳奇，似乎蘇軾這樣受人愛戴的才子，就應該有些超凡脱俗、靈驗異常的奇聞佚事。蘇軾欣賞顔真卿（709—785），北山君讓顔真卿吞金丹救命，説顔真卿骨相奇絶，可位列仙班的故事也合適複製在蘇軾身上。一般人看不到的背部，如星斗排列的黑痣，便讓蘇軾隱藏的仙氣透過老僧則廉的回憶，悄悄散發。^②

三、朝鮮《東坡笠屐圖》的基本構圖模式

《東坡笠屐圖》及其故事在南宋興起，傳播東亞。^③日本約在 15 世紀即有《東坡笠屐圖》；韓國則晚至 18 世紀，經由朝鮮燕行使結識翁方綱而習得。《東坡笠屐圖》^④的圖像模式主要有執杖和無執杖兩種，無執杖牽衣前行的《東坡笠屐圖》在韓國較常見，概有以下畫家數件：

（一）金正喜

金正喜繪《東坡笠屐圖》爲個人收藏，紙本墨畫，85×22cm。^⑤（圖六）詩塘有金正喜題寫：

---

① 何薳：《寺認法屬黑子如星》，《春渚紀聞》，張明華點校，北京：中華書局，1983 年，卷 6，第 93—94 頁。

② "顴右痣"的蘇東坡畫像在朝鮮時代流傳還有一個值得注意的側面，即朱熹畫像和蘇東坡畫像的相近現象。韓國所藏的朱熹像，例如嶺南大學博物館藏《武夷九曲圖》前，有"顴右痣"的朱熹像。另一位明顯記録"顴右痣"特徵的是陳白沙，可以推想，"顴右痣"，而且如七星布陣，已經成爲吉人奇相的特點了。

③ 衣若芬：《〈東坡笠屐圖〉故事及其解讀》，《中山大學學報（社會科學版）》2023 年第 5 期，第 36—46 頁。

④ 關於《東坡笠屐圖》的研究，可參看朴載碩的博士論文，Jae-Suk Park, "Dongpo in a Humble Hat and Clogs: 'Rustic' Images of Su Shi and the Cult of the Exiled Immortal"（PhD. diss., University of Wisconsin-Madison, 2008）。朴載碩：《宋元時期的蘇軾野服形象》，石守謙、廖肇亨主編：《東亞文化意象之形塑》，臺北：允晨文化實業股份有限公司，2011 年，第 464 頁。陳琳琳：《李公麟寫蘇軾像考論》，《美術》2021 年 2 月號，第 113—119 頁。朱萬章：《明清文人爲何鍾情〈東坡笠屐圖〉》，《讀書》2020 年 1 期，第 100—108 頁。傅元瓊：《翁方綱對蘇軾畫像的題跋及東坡笠屐圖情結》，《文學與圖像（第 1 卷）》，南京：江蘇教育出版社，2012 年，第 76—88 頁。

⑤ http://m.blog.daum.net/mt0047/935?tp_nil_a=2（2019 年 8 月 15 日檢索）

圖六　金正喜《東坡笠
屐圖》(個人收藏)

嘉慶戊午計得坡公《嵩陽帖》三十春，王生
自謂笠下傳神，豈即所謂青眼看人者邪〔人〕①。
此是王春波所摹本，蘇齋原題也。春波非從真像
摹取，以意想象而爲之，故蘇齋所題如是耳，老
蓮書。

　　"老蓮"乃金正喜別號，此畫題語下鈐"秋史翰墨"
印。由題語可知：這件《東坡笠屐圖》的原畫者爲王
霖（春波）②，金正喜摹寫王霖的畫作，並抄録了翁方
綱爲王霖畫寫的跋語。

　　王霖曾經贈送翁方綱《東坡笠屐圖》，見於翁方
綱爲陳廣寧（字靖候，號默齋，又號雪樵，山陰人，？—
1814）所作《雪樵拓得風水洞蘇公題名見寄》："連
晨風墮仙翁影，笠下神來光耿耿。"句下翁方綱自註：
"王春波、賈素齋③皆以坡公笠屐圖見惠。"事在嘉慶
三年（1798）④，即題語中所云"嘉慶戊午"。"坡公
《嵩陽帖》"即《天際烏雲帖》，翁方綱於乾隆三十三
年（1768）10月8日在廣州購得⑤，至嘉慶三年正好
三十年。

　　趙冕鎬（1804—1887）是金正喜"秋史學派"一
員，善於書藝，他舉行的壽蘇會也有笠屐圖。⑥1840年，
金正喜被任命爲冬至副使，期待二度赴燕京，不料卷
入朝廷政治鬥爭，被貶濟州島九年。1849年金正喜返

①　若芬按："人"字可能重出。

②　王霖爲江寧人，金正喜記其"以畫佛像法寫士女，倍覺莊静"。《畫林抄存》，《阮堂尺牘》，
第366頁。

③　賈崧，字素齋，無錫監生。

④　《復初齋詩集》，卷51，《續修四庫全書》，第1455冊，第142頁。

⑤　翁方綱：《蘇文忠天際烏雲帖歌》，《復初齋詩集》，卷5，《續修四庫全書》，第1455冊，第404頁。
衣若芬：《樓前紅日夢裏明：翁方綱藏〈天際烏雲帖〉與朝鮮王朝"東坡熱"》，《書藝東坡》，第145—
176頁。

⑥　趙冕鎬：《坡公生日，夜燒香于笠屐像前。曉月在窗，有懷同人》，《玉垂集》卷8，《韓國
文集叢刊續》，第125冊，首爾：韓國古典翻譯院，2011年，第256頁。

回首都，1851 年 7 月又被流放到咸鏡南道北青郡一年，趙冕鎬觀看金正喜收藏的兩件東坡畫像，當時金正喜在北青，趙冕鎬睹畫思人：

> 一是朱野雲摹，吳下真本，覃公有題。一是重摹，王春波笠屐本，阮翁倣覃題者也，悉琅嬛舊藏。阮翁今吟鵬青城，不可以合并。

> 春波笠屐野雲冠，想見覃公下筆難。自具辦香緣一宿，青城書去報平安。①

所謂 "朱野雲摹，吳下真本"，即朱鶴年摹《顴右痣本東坡像》，畫上有翁方綱題語，此畫金正喜之子金商佑曾經摹寫，現藏韓國澗松美術館。重摹的 "王春波笠屐本" 可能即本幅，如趙冕鎬所述，上有金正喜倣翁方綱的題語，這兩件皆翁方綱舊藏。

前述金正喜收藏四件東坡畫像，其中並無王春波本，未詳何時取得。金氏門人李尚迪（藕船，1803—1865）爲譯官，曾經 12 次出使清朝，與中國文人多有交遊。咸豐二年（1852）李尚迪爲中國畫家程庭鷺（字序伯，1769—1858）畫的《蘇文忠公笠屐圖》中，提及 "余嘗見覃溪舊藏王春波摹笠屐圖，乃豐碩而多髯"②。本幅金正喜摹《東坡笠屐圖》的東坡正是 "豐碩而多髯"。畫中的東坡頭戴竹笠，足登木屐，右手牽提衣擺，左手撫着彷彿被風吹拂的長鬚，圓潤的面龐側向左方，隱約含笑。這樣從容自得的姿態，與朱之蕃摹本畫東坡雙手攝衣，小心翼翼宛如涉水前行的狼狽模樣迥異其趣。

（二）許維

許維（小痴，後改名許鍊，1809—1892）因金正喜友人權敦仁（字景羲，號彝齋，1783—1859）③介紹，追隨金正喜學習。金正喜見許維好畫山水，緣元代畫家黃公望（大痴）之號，爲許維取號 "小痴"。許維事師甚堅，三度前往濟州島探視金正喜。④許維善山水及人物畫，接續中國南宗繪畫傳統，爲朝鮮時代卓然名家，著有《小痴實紀》《夢緣錄》。

許維的《東坡笠屐圖》有多本存世，本文談的是韓國澗松美術館的藏品，

---

① 趙冕鎬：《揭坡像二幀 小解》，《玉垂集》卷 4，《韓國文集叢刊續》，第 125 冊，第 126 頁。

② 李尚迪：《題蘇文忠公笠屐圖》，《恩誦堂集》，《續集·文》卷 2，《韓國文集叢刊》，第 312 冊，首爾：民族文化推進會，2003 年，第 241 頁。

③ 權敦仁兩度出使清朝，1813 年爲書狀官，1836 年爲進賀謝恩正使。

④ 《小痴實紀》，首爾：首爾大學校奎章閣韓國學研究院，2006 年，第 16 頁。

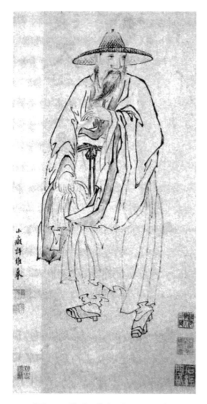

圖七　許維《東坡笠屐圖》
（韓國澗松美術館藏）

紙本淡彩畫，100cm×22cm（圖七）。本幅的造型極似前述金正喜作品，相異點主要在於筆法、人物體態和面部表情。許維本較金正喜本綫條柔和少波折，體態較清秀，眼睛較圓而大，眼下有明顯的臥蠶，臉龐斯文，表情堅定，整體帶有書卷氣質。

金正喜在濟州島給權敦仁的書信中，提起許維畫的《東坡笠屐圖》：

中秋之夕，伏承七月既望出下書，纔是一月近信，欣躍過望。笠屐圖，神采光焰，又於顴痣硯背之外，別傳一副真相。水月分影，百億變現，廬山八萬偈，有此無盡藏。況上面勻定題品，宛是蘇齋神髓。此紙妙天下者，非獨一龍眠盤石藤枝也。痴之筆力，雖非自出機杼，下真跡一等，不減唐摹晉帖。懸之座隅，日侍其旁，如西陵故事。坎窞之得此清淨法緣，非勻注所及，何以辦有也。[1]

金正喜將許維的畫和自己收藏的朱鶴年摹《顴右痣本東坡像》和趙孟堅《東坡研背笠屐像》相提並論，認爲可與前二作鼎足。"宛是蘇齋神髓""痴之筆力，雖非自出機杼，下真跡一等"諸句，意謂許維此畫乃摹翁方綱藏本，唯妙唯肖。金正喜説的這件在他人生坎坷之際，學宋犖（西陂）懸掛東坡畫像以圖清淨超脱的作品，未詳是否即澗松美術館藏本。筆者推測，即使並非同一件作品，形製可能差別不大，因存世幾件題爲許維畫的《東坡笠屐圖》造型都很接近，其中一本還註明"王春波摹本"。此外，許維用《東坡笠屐圖》爲模範，爲金正喜繪《阮堂先生海天一笠像》。畫中人即金正喜，穿屐戴笠，鬚髯較澗松美術館本許維《東坡笠屐圖》濃密，面容較清瘦，眼睛細長，姿態差異在於《阮

---

[1]　金正喜：《與權彝齋敦仁［二十四］》，《阮堂先生全集》卷3，《韓國文集叢刊》，第301册，第63頁。

堂先生海天一笠像》人物的右手並未牽起衣擺，而是撫着腰帶下方。没有東坡故事遇雨借笠屐的背景，《阮堂先生海天一笠像》的金正喜更爲從容自適。

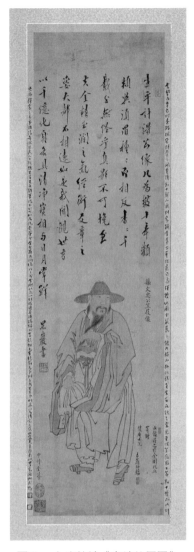

圖八　中峰慧皓《東坡笠屐圖》
（韓國中央博物館藏）

澗松美術館本許維《東坡笠屐圖》上有趙熙龍（字致雲，號壼山、丹老，1789—1866）的題語：

> 生平計得公像不下數十本，顴頰與鬚眉，種種即相反，無怪乎千載之下真影不可挽。至夫金精玉潤之氣，文章經術之姿，大都不相遠。如是我聞，觀世音以千億化身，各俱清净寶相，與日月常鮮，使人起此願惆。丹老恭題

趙熙龍書畫學習金正喜，觀本幅書蹟，即爲"秋史體"。他曾經於 1852 作壽蘇會，懸掛笠屐圖，[①] 未詳是否與本幅有關。本幅題語，中峰慧皓的《東坡笠屐圖》上也有類似的題記，後文再叙。

（三）中峰慧皓

首爾奉恩寺畫僧中峰慧皓描繪的《東坡笠屐圖》現藏韓國中央博物館[②]，紙本淡彩，106.5×31.4cm（圖八）。奉恩寺和金正喜頗有因緣，他爲奉恩寺書寫的板殿至今仍懸掛寺中，爲首爾市第 83 號有形文化財。中峰慧皓摹本《東坡笠屐圖》的人物造型和金正

---

① 《畫鷗盦大雪中懸坡公笠屐像，焚香置茶，與洪朱兩生，作坡公生日。壬子十二月十九日也》，《又海岳庵稿》，실시학사 고전문학연구회（實是學舍古典文學研究會）：《趙熙龍全集》（首爾：한길아트，1999 年），第 4 册，第 154 —156 頁。

② https://www.museum.go.kr/site/main/relic/recommend/view?relicRecommendId=165924 （2019 年 8 月 23 日檢索）

喜、許維的摹本類似，都是所謂"王春波摹本"，東坡左手撫長鬚，右手牽起衣擺，面容和藹，鼻子高挺，嘴角微笑，眼睛如眯，顯得慈祥雍容。畫上有"蘇文忠公笠屐像""中峰堂摹"等字，應出一人之手。"中峰堂摹"下，鈐"一樹梅下屋""石不能言最可人"印。

畫面詩塘部分有題記：

> 生平計得公像，凡爲數十本。顴頰與鬚眉，種種即相反。杳杳千載上，無怪乎真影不可挽。至夫金精玉潤之氣，經術文章之姿，大都不相遠。如是我聞，觀世音以千億化身，各具清净寶相，與日月常鮮。果巖畫（下鈐"洪晉裕印"）。

洪晉裕（果巖，1853—1884 以後）的行書也是秋史體。對照前文趙熙龍的題記，可知所謂"果巖'畫'"的意思是前有所承，依樣而寫。如果趙熙龍的題記是其原創，則洪晉裕的文字即是內容和形式皆仿照趙熙龍。兩篇題記的最大差異在於洪晉裕沒有趙熙龍的最末句"使人起此願恫"，或許畫幅空間不夠，僅至"與日月常鮮"句。

兩篇題記顯示幾點重要的訊息：

第一，19 世紀中葉以後，流傳在朝鮮半島的東坡畫像已經有數十本，相較於 19 世紀初金正喜和申緯等人出使燕京時，對於東坡畫像的稀貴心情，不可同日而語。

第二，"顴頰與鬚眉，種種即相反"句，承襲翁方綱、金正喜對於東坡畫像是否符合東坡長相的研究討論，至此稍歇。從考證東坡樣貌和析論畫作構成，轉向重視畫中人物的意象氣質——"金精玉潤之氣，經術文章之姿"。

第三，《妙法蓮華經·普門品》云："佛告無盡意菩薩，善男子，若有無量百千萬億衆生，受諸苦惱，聞是觀世音菩薩，一心稱名，觀世音菩薩即時觀其音聲，皆得解脫。"既然不執着於何種相貌才是東坡的真容，如同"觀世音以千億化身，各具清净寶相"，即使東坡不像觀世音"千處祈求千處應，苦海常作渡人舟"，其畫像依然能够"與日月常鮮"。這種將東坡神格化的比喻，合於中峰慧皓的僧人身份，洪晉裕適當取材；而在洪晉裕之前，趙熙龍便有將東坡"化爲百東坡"的文句延伸到觀世音菩薩化身千億的説法，頗具巧思。

這件作品右下還有金玉均（字伯蘊，號古遇，1851—1894）的題記："此像得之於金剛比丘 寄贈静菴大兄 古愚伯蘊"，下鈐"墨緣""愚"印。金玉均是朝鮮時代主張親日反清朝的"開化黨"領袖，曾經於 1884 年發動甲申政變，挾持朝鮮高宗，殺害朝廷權貴，事敗後亡命日本，1894 年在上海被朝鮮刺客殺死。因此，金玉均贈送權静菴[①]的時間在 1884 年之前，可能"金剛比丘"即奉恩寺僧人中峰慧皓或其傳人。

（四）李用霖

李用霖（字景傳，號雨蒼，1839—？）摹本《東坡笠屐圖》現藏韓國中央博物館[②]，紙本淡彩，72.5cm×30.5cm（圖九）。李用霖是金正喜弟子，朝鮮燕行使譯官李尚迪之子，善畫山水人物。[③]和上述三件作品相比，李用霖的摹本仍屬於"王春波摹本"一系，還是東坡左手拂着飄動的長鬚，鬚髯較爲濃密，右手牽起衣擺。東坡的面容較顯老態，鼻頭較長，眼窩浮腫，眼下皺紋和嘴角法令紋較深，左眼的眼珠位置稍偏，眼神疲憊，整體看來帶有滄桑感，顯示畫家對於東坡在海南島的體認及同情。

李尚迪也舉行過壽蘇會，1846 年的壽蘇會題寫過《東坡笠屐圖》：

> 維月建丑日十九，是日立春亦非偶。今去公生八百年，人間幾度酹春酒。酹酒三蕉香一爐，仿佛靈風來畫圖。笠影婆娑煙雨裏，半生春夢滿江湖。瓊樓玉宇不歸去，泥中扶醉胡爲乎。詩案百篇讒不死，黨碑千尺名俱峙。眼高四海空無人，用坡公贊李白句。謫仙風流略相似。清游苦愛赤壁磯，江山風月無是非。下界何來紫裘客，笛聲吹送鶴南飛。

圖九　李用霖摹本《東坡笠屐圖》
（韓國中央博物館藏）

① 根據畫幅周圍朝鮮理學家李退溪後代李家源（淵民，1917—2000）在 1981 年（辛酉）的題記。

② https：//www.museum.go.kr/site/main/relic/recommend/view?relicRecommendId=165924 （2019 年 8 月 23 日檢索）

③ 吳世昌：《槿域書畫徵》，漢城：啓明俱樂部，1928 年，第 257 頁。

復有劉郎壽松鶴，多情不僅慰天涯。公神如水隨處得，何况東海袖
中碧。紙窻竹屋思依然，辛盤蒿韭更生色。借問老簪花勝日，曾否
有此讌孤席。（文昌襍録，東坡立春日簪幡勝，子倅筆笑指云："老人亦簪花勝耶。"）①

詩中提到東坡元祐七年（1092）57 歲時，友人劉季孫（字景文，1033—
1092）贈送的古畫《松鶴圖》，東坡有詩《生日蒙劉景文以古畫松鶴爲壽且
覬嘉篇次韻爲謝》記之。李尚迪詩除了"笠影婆娑煙雨裹"説明笠屐圖的主
題，没有描述畫面和形製，未詳是否即李用霖圖繪之所據。假若如趙熙龍所
云當時有數十本東坡畫係流通，其中必然包括笠屐主題圖，以"王春波摹本"
的影響最大，有如朝鮮《東坡笠屐圖》的基本範式。

四、結語

《東坡笠屐圖》的造型，可概分爲兩種，一是有執杖，以宋代趙孟堅《東
坡研背笠屐像》爲代表；二是無執杖，以明代朱之蕃《東坡笠屐圖》爲代表。
今所見朝鮮時代的《東坡笠屐圖》，有别於上述二者，如金正喜、金正喜的弟
子許維、畫僧中峰慧皓，以及金正喜弟子李尚迪的兒子李用霖的作品，畫東
坡穿屐戴笠，左手撫長鬚，右手牽衣擺，圖像相近，題跋或有承襲，是清代
畫家王春波的摹本。

三百年前，古人用畫像爲依憑，紀念蘇東坡；如今進入文圖時代，二維
平面的畫像可以經由人工智能和大數據演算法、電腦圖形學、語音合成技術、
深度學習等繪製和建模，開發出應用於元宇宙虛擬世界的蘇東坡數字人 Digi-
tal Human。2021 年"大谷 Spitzer"在微博和 B 站上發布了用人工智能"還原"
三張蘇東坡相貌的視頻。他採用的是清代葉衍蘭《歷代文苑像傳》裏的蘇東
坡畫像、元代趙孟頫《蘇東坡小像》，以及翁方綱收藏過的《天際烏雲帖》卷
首朱鶴年摹李公麟《按藤杖坐磐石圖》，這幅畫像的東坡右邊顴骨上就有痣。
今年筆者也有幸受中華書局邀請，參加設製"蘇東坡 3D 寫實數字人"的研討
會，提出淺見。② 日前得知"蘇東坡 3D 寫實數字人"已經公開亮相，期待更
多的實用場景助益大家認識蘇東坡，感受經典之美，文化之情。

---

① 李尚迪：《立春日，邀同人讌東坡生辰，賦長句題笠屐像後》，《恩誦堂集》卷 9，《韓國文集叢
刊》，第 312 册，第 201 頁。

② 詳參《蘇東坡 3D 寫實數字人》，2022 年 11 月 5 日，新加坡《聯合早報》"上善若水"專欄。

互文與張力：中朝文人題畫詩文的跨文本價值
——以黃雲鵠所輯《完貞伏虎圖集》爲中心

金柄珉

【摘　要】晚清著名的經學家、文學家、書畫家黃雲鵠所輯《完貞伏虎圖集》是19世紀中朝文人的題畫詩文專集。本論文以互文性理論和比較文學方法論，通過分析孺人的形象内涵和虎之形象的象徵意蕴以及尋根家族的孝文化意識，揭示了中朝文人對傳統文化的共同認知和對現實的批判精神，同時，通過分析中朝題畫詩文對黃雲鵠之原文本的改寫與轉化過程，指出在互文性關係中的文本指向性和跨文本的創新性價值。

【關鍵詞】黃雲鵠　《完貞伏虎圖集》　孺人　中朝文人　互文性

引　　言

在中朝文學交流史上，題畫詩文是一個重要的交流形式，其對於把握中國文化對朝鮮的傳播與影響，理解中朝文人共同的文化認知與藝術雅趣等方面都具有重要的價值和意義。晚清著名學人、詩人葉名澧曾高度讚揚中朝題畫詩文交流：“中朝蔚楨幹，大雅多通材。班荆代圖畫，分手心孔悲。馬首鬱

【作者簡介】金柄珉，延邊大學外國語學院教授。

【基金項目】國家社會科學基金重大項目“中韓近現代文學交流史文獻整理與研究”（項目編號：16ZA189）的階段性成果。

遙望，楊柳春方回。"①自古以來，題畫詩文就是中朝文人進行交流的主要形式之一，主要作品有《虎嘯三溪圖》《歸去來圖》《鬼取圖》等。到了近代，題畫詩文依舊是中朝文人交流中的大宗，朝鮮文人金正喜的《歲寒圖》、李尚迪的《春明話雨圖》、朴珪壽的《懷人圖》等和中國文人吳蔦良的《紀遊十六圖》、黃雲鵠的《完貞伏虎圖集》等可謂個中代表。追溯起來，在中朝兩國的文學與文化史上，有關伏虎故事的圖畫並不少見，比如唐代的《行僧取經伏虎圖》、明代的《伏虎尊者圖》（丁雲鵬）、清代的《雍正洋裝伏虎圖》等，這些圖畫描繪了或是佛僧伏虎，或是皇帝伏虎的故事，取材基本不涉人間煙火。相比之下，《完貞伏虎圖集》則是唯一的比較完整的孺人伏虎圖及題畫詩文集。《完貞伏虎圖集》係由晚清文人黃雲鵠收集咸豐、同治年間共計 18 位中朝文人爲其所畫《完貞伏虎圖》所題的詩文集，其中還包括黃雲鵠本人的 4 篇詩文。中朝文人通過黃氏太高祖之母談太孺人（上六代祖先）的伏虎意象，讚美傳統婦女的貞潔美德，弘揚孝悌文化的重要價值，批判 "惡人惡于虎" 的社會現實，可謂一個不可多得的跨文化研究思想標本。

本文擬通過對《完貞伏虎圖集》的中朝題畫詩文的共同的文化認知體系和文本生產過程的考察，探討中朝題畫詩文的互文性關係中的文本指向性與跨文本創新性，闡述其在 19 世紀中朝文學交流史中的價值與意義。

一、爲中朝士林所重：《完貞伏虎圖集》的編纂與刊行

黃雲鵠（1819—1898），字祥人，號縝雲，湖北蘄州（今蘄春縣）人，晚清著名的經學家、書畫家和文學家，是近代著名學者黃侃②之父，歷任兵部郎中、四川按察使，執法嚴明，有 "黃青天" 之美譽。晚年在鍾山、江漢書院做主講，著有《實其文齋文鈔》（1872）、《實其文齋全集》（1888）等。19世紀中期，黃雲鵠在京師常與文人一起進行詩文交流，其中與董文渙③過從甚

---

① 葉名灃：《朝鮮吳亦梅言所居庭前忽生天竹一叢因顏曰天竹齋太倉程稚蔄祖慶爲寫圖索詩》，董文渙編著：《韓客詩存》，李豫、［韓］崔永禧輯校，北京：書目文獻出版社，1996 年，第 105 頁。

② 黃侃（1886—1935），近代著名語言文字學家、音韻訓詁學家、國學大師，曾任北京大學、中央大學、金陵大學、山西大學教授。

③ 董文渙（1833—1877），字堯章，號研秋、研樵，洪洞人。著有《硯樵山房詩集》《藐姑射山房詩集》《硯樵山房日記》，曾編有《韓客詩錄》，是一本收錄歷代朝鮮詩人詩集的刻本。1862—1866年期間，董文渙與黃雲鵠、許宗衡、馮志沂在京經常會晤，並同朝鮮使臣進行交流。在董文渙府邸，黃雲鵠與朴珪壽、金益文、趙性教、徐相雨、余杞山等也多次進行詩文交流。

密，並以董文焕爲中介，與抵京的朝鮮使臣也多有詩文往復。黄雲鵠的《完貞伏虎圖述略》（以下簡稱“述略”）從紀年來看是在咸豐三年（1853）七月完成的，而編纂《完貞伏虎圖集》則是在同治十一年（1872）秋八月。事情的起因是黄雲鵠在 1853 年孟秋之望，“謹述”“述略”，旋即由朝鮮使臣趙徽林“敬書”，流布士林。隨後，黄雲鵠的談太孺人伏虎的故事引起了很多朝鮮使臣乃至文人的關注，其中不乏有感而發並題畫爲文者，這些文本經由黄雲鵠的編輯，再次與中國文人的同類作品合璧，呈現了兩國文人運用題畫詩文的形式對這個話題所進行的交流。

考究起來，《完貞伏虎圖集》的形成與刊行有以下主要原因：

首先，這是繼承中朝兩國的文化交流傳統的産物。自古以來，中國與朝鮮脣齒相依、一衣帶水，無論是密切的官方交往還是頻繁的民間往來，在三千多年的文化雙向交流的背景中，隨着中國優秀的文獻典籍和大量作家作品的輸入朝鮮，特別是隨着唐代與新羅關係的全面發展，中國文化對朝鮮半島産生了深刻的影響。到了清代，兩國之間的政治、文化關係已日益親密，在思想觀念、倫理道德、典章制度、禮俗文化、文學藝術等方面的交流已達到了空前的程度，這就使得兩國學人在文化傳承、交流中，往往能形成相似的興趣與看法。而兩國文人通過某個話題，交流各自的看法，已成爲兩國文人交往中的一種時尚行爲，其中圍繞同一文本所作的題畫詩正是中朝文學交流的主要形式之一。據不完全統計，僅在 19 世紀，中朝兩國文人所作的各種題畫詩就多達 400 餘篇。因而，當黄雲鵠的《完貞伏虎圖集》，特別是其中的“述略”被朝鮮文人關注後，自然就有可能成爲大家都感興趣的討論話題。

其次，黄雲鵠完成《完貞伏虎圖集》的目的性非常明確。作爲咸豐三年進士出身的他，歷官刑部主事、兵部郎中等高職，學問精深，是著名的經學家、詩人，又是書畫家。他是位有文化、有見識的學者，洞察力強，具有高尚的審美情趣，做事井井有條，善於策劃。正因爲感動于太高祖之母談太孺人的非凡事蹟，於是要“彰先世遺德”，“使世世子孫知貞德爲海内外所重。如此，益苦身勵行，祈有樹立，則所以報太孺人無窮矣！”① 可見他想完成《完貞伏虎圖集》的目的非常明確，而得到朝鮮這一“東方君子之國”的文人的支持，自然是對談孺人的德行乃至中華禮樂文化最好的宣揚。

---

① 《〈完貞伏虎圖集〉叙》，《完貞伏虎圖集》，黄雲鵠：《實其文齋文鈔》，卷二，清同治十一年（1872）刻本，成都：四川大學圖書館。

第三，黄雲鵠熟諳兩國文人的愛好，讓他預判此事必能成功。他在"《完貞伏虎圖集》叙"中説，他在京爲官時，想通過此圖乞海内君子題詠以彰先世遺德。他有先見之明，知道"積久卷軸盈數篋，蓋好德人有同情非獨不棄雲鵠已也。全集俟續，乞者匯齊再付梓"①。另外，由於爲官的關係，他在京城有機會結緣朝鮮使者，他知道"朝鮮雖在海東，朝正授朔，歲使再至，比内藩覲見尤密，俗重文學節義"的特點，朝鮮使至，必定會尋覓"數學人言詠，歸以爲重"。所以他"謹先刊已歸道山諸友及朝鮮使者諸作"。②正因爲黄雲鵠的目的明確，瞭解朝鮮使者的秉性和愛好，所以"述略"能成爲中朝文人共同探討的話題。

那麽，我們不禁要問，爲什麽黄雲鵠不先把詳細的"記談太孺人軼事"抛出來，而是先把"述略"講給趙徽林聽？其實這正是他的巧妙構思。對於文學創作來説，材料的虚與實在創作中得到的效果是不一樣的。對於文人創作來説，詳實的材料正因充實、完美，就會缺乏張力，反之，述略的材料從創作的角度來説，它就比較有張力，能極大地發揮兩國參與《完貞伏虎圖集》題文、題詩作者的想象和聯想能力，能更好地發揮參與者的創造力。我們不能排除黄雲鵠在開始策劃《完貞伏虎圖集》時就有這樣的精心安排。或許正因他先抛出"述略"，才有後面中朝兩國文人據此而完成的創作，都獨具匠心、超乎象外、異彩紛呈，探驪得珠。文集中朝鮮文人創作題畫詩文的時間，除李基鎬外都有明確記録，即趙徽林③（1853）—朴珪壽④（1861）—申轍求（1861）—鄭顯德⑤（1862）—許傳⑥（1862）—金尚鉉（1863）—徐相雨⑦

---

① 《〈完貞伏虎圖集〉叙》，《完貞伏虎圖集》，黄雲鵠：《實其文齋文鈔》，卷二。
② 《〈完貞伏虎圖集〉叙》，《完貞伏虎圖集》，黄雲鵠：《實其文齋文鈔》，卷二。
③ 趙徽林（1808—?），字漢卿，歷任成均館大司成、刑曹判書。1861年正月以熱河問安使正使身份使清。
④ 朴珪壽（1807—1877），字桓慶，號瓛齋，著名的思想家、文學家朴趾源之孫。18世紀後期朝鮮開化派代表人物，著名的思想家、文人，歷任右議政、禮曹參判等，著有《瓛齋集》。1861年，他以問安使副使身份使清，得以與黄雲鵠會晤。在此期間，董文涣、黄雲鵠等交流甚密。1872年他又以進賀使正使身份赴清。
⑤ 鄭顯德（1810—1883），歷任東萊副使、刑曹參判。1884年從謝恩正使徐亨淳以書狀官身份赴清。
⑥ 許傳（1797—1886），曾任承政院承旨兼經筵參贊官，著有《性齋先生文集》32卷。
⑦ 徐相雨（1831—1903），字殷卿，號圭廷，歷任大司憲、刑曹判書，内務大臣。1883年11月以冬至朝政使書狀官身份赴清。

（1863）—金益文^①（1868）—趙性教^②（1868）。其中趙徽林、朴珪壽、申轍求、金益文、趙性教等赴清在京與黃雲鵠有過交往，且應黃之要求撰寫題畫詩文。不過，在完成《完貞伏虎圖集》的過程中，除黃雲鵠的詩文創作標有明確的時間外，其他的 7 位中國文人的題畫詩文沒有具體創作時間的記録。他們都是黃雲鵠的文學同仁，詩文唱和本就是他們之間的交往常態，標注文本創作時間並非重要的事項，從中亦可窺見中朝文人的主客身份之分，以及朝鮮文人對此事的重視程度。值得注意的是，朝鮮使臣與中國文人顯然都對"完貞伏虎圖"有着强烈的興趣，他們分別用短文或詩歌形式對題畫作了自己的理解和闡釋。

《完貞伏虎圖集》（四川大學收藏）收有黃雲鵠之《完貞伏虎圖》和朴珪壽之《完貞伏虎圖》題字以及朴珪壽等九位朝鮮文人和黃雲鵠等八位中國文人的題畫詩文。有關本集中所録文本及其作者的具體信息，可見下表（表一）：

表一　《完貞伏虎圖集》題畫詩文概況表（原文本目録順序）

序號	姓名	國籍	題畫詩文名稱	作品形式	篇幅長短	題畫詩文時間
1	黃雲鵠	中國	《完貞伏虎圖》叙	文	220 字左右	同治十一年（1872）八月
2	黃雲鵠	中國	《完貞伏虎圖》述略	趙徽林敬書	450 字左右	咸豐三年（1853）孟秋黃雲鵠述
3	朴珪壽	朝鮮	題《完貞伏虎圖》	文詩歌	文 380 餘字七言十六韻	咸豐十一年（1861）四月
4	李基鎬	朝鮮	題《完貞伏虎圖》	詩歌	五古 29 韻	時間不詳
5	許傳	朝鮮	《完貞伏虎圖》贊有序	文	400 餘字	同治元年（1862）十月上旬
6	徐相雨	朝鮮	題《完貞伏虎圖》	文詩歌	文 260 餘字七絶一首	同治二年（1863）十月
7	趙性教	朝鮮	題《完貞伏虎圖》	詩歌	七韻五言古詩	同治七年（1868）正月

---

① 金益文（1806—?），字公晦，號翠董，歷任工曹判書。1867 年以冬至朝政正使身份赴清，與黃雲鵠有 3 次會晤。

② 趙性教，字韶亭，歷任尚書，於 1868 年正月以副使身份使清，在燕京與黃雲鵠等清文人多次交流，並向黃雲鵠贈送詩册等。黃雲鵠爲趙寫有《戲答朝鮮趙韶亭》《答朝鮮趙韶亭》等（參見黃雲鵠：《實其文齋全集》，卷二，太原：山西大學圖書館，刻本，1888）。

序號	姓名	國籍	題畫詩文名稱	作品形式	篇幅長短	題畫詩文時間
8	金益文	朝鮮	題《完貞伏虎圖》	題文	300 餘字	同治七年（1868）二月上旬
9	申轍求	朝鮮	書《完貞伏虎圖》後	文	400 餘字	咸豐十一年（1861）四月下旬
10	趙徽林	朝鮮	題《完貞伏虎圖》	詩歌	七律	咸豐十一年（1861）四月
11	鄭顯德	朝鮮	題《完貞伏虎圖》有序	文 詩歌	文 200 餘字 七絶一首	同治元年（1862）十月十五日
12	謝元淮	中國	題《完貞伏虎圖》	詩歌	雜言十四解	時間不詳
13	許宗衡	中國	題《完貞伏虎圖》	詩歌	雜言十三解	時間不詳
14	楊傳第	中國	題《完貞伏虎圖》	詩歌	五言古詩	時間不詳
15	馮志沂	中國	題《完貞伏虎圖》	詩歌	五排十二韻	時間不詳
16	象賢	中國	題《完貞伏虎圖》	文	380 餘字	時間不詳
17	樊彬	中國	題《完貞伏虎圖》	詩歌	五古二十韻	時間不詳
18	易紹琦	中國	題《完貞伏虎圖》	詩歌	雜言二十六句	時間不詳

　　另外，1888 年刊行的黃雲鵠所著《實其文齋全集》也收録《完貞伏虎圖集》，此集除了收録四川大學收藏《完貞伏虎圖集》詩文外，還收入黃雲鵠的"記談太孺人軼事"（文，920 餘字，同治十一年二月上旬）"答朝鮮趙韶亭尚書題《伏虎圖》原韻"（詩歌，七韻五言古詩，同治七年正月）以及朝鮮金尚鉉的"過先祖妣許氏居正里遺墟碑詩録呈黃緗雲先生"（文，600 餘字，詩歌，七言古詩，同治二年十月）等三篇（參見山西大學圖書館收藏《實其文齋全集》，1888 年刊行）。總之，中朝完貞伏虎圖題畫詩文共 23 篇，其中有朝鮮文人的 8 首題畫詩歌、5 篇題文和中國文人的 7 首題畫詩歌、3 篇題文。

　　綜上所述，《完貞伏虎圖集》編纂與刊行的過程體現了 19 世紀中後期中朝文人在朝貢體制框架下，經由共同價值觀念的驅動而開展文學交流的基本特徵，而這種中朝文人圍繞談太孺人伏虎故事而進行的雙向交流與平等對話，無疑是對歷史悠久的中朝文化交流傳統的繼承和發揚。

二、主體間性：中朝文人題畫詩文的文化認知

顯然，《完貞伏虎圖集》所錄的中朝文人題畫詩文無不與黃雲鵠的伏虎圖及"述略"構成互文性關係，與之相比，我們更應該關注的是隱含在上述文本背後的中朝兩國文學傳統的互文性關係。黃雲鵠在"述略"一文中所寫孺人伏虎故事大致分三個方面的內容，即：一是丈夫國珍公卒後，孺人携孤離開建昌的過程。二是逃難的艱辛與山中伏虎的場面。三是書寫經過孺人的艱苦努力和言傳身教，後人終於光耀家世。如所周知，"一切文本都是互文性與獨創性的統一體"①，"文本只是在與其他文本（語境）的相互關聯中才有生命"②，而中朝題畫詩文的創作過程正體現着作爲互文性關係中的多元主體間性，即對象主體與跨文化主體的主體間性。通過對於中朝文人的題畫詩文的主體間性的分析，我們不僅能夠看到中韓題畫詩文共同具有的文化認知特徵，而且還能發現在文本網絡系統中各自的指向性文本與建構跨文本的差異性。

1."哲媛賢母"：孺人的形象

在《完貞伏虎圖集》題畫詩文中，孺人是主要的藝術形象，中朝文人的主體間性主要表現在對孺人的共同的文化認知方面。朝鮮文人朴珪壽在其《題〈完貞伏虎圖〉》中寫道："余見世家巨族，溯求其先德，莫不有哲媛賢母爲之基焉。今夫黃氏家族益茂，有方興未艾之象，悉談孺人賜也。"此句所述揭示了作者書寫孺人形象的主要原因，可謂代表中朝題畫詩文之"引述"部分③的核心內容。中朝文人主要以"述略"爲素材展開文學想象，通過塑造"哲媛賢母"——孺人的藝術形象，讚美傳統婦女所特有的端正、堅强、真摯、勤勉的美德。朝鮮文人朴珪壽在《題〈完貞伏虎圖〉》中選取孺人故事中一個片段，即通過描述孺人携孤漂泊中的苦難，刻畫主人公堅强的意志和真摯的母愛。詩人寫到："亂山合遝人跡絶，林間草屋依積雪。小兒在背覓梨栗，大

---

① 李玉平：《互文性：文學理論研究的新視野》，北京：商務印書館，2014 年，第 116 頁。

② 巴赫金：《人文科學方法論》，《巴赫金全集》第四卷，白春仁等譯，石家莊：河北教育出版社，1998 年，第 380 頁。

③ 互文性意義上的"引述"（尤其在文學中），大都不是逐字逐句的複製，而是經過變形和改造。參見李玉平《互文性：文學理論研究的新視野》，第 48 頁。

兒在手求提挈。更有嬰兒繦褓中，且乳且啼聲嗚吟。誰家阿母罹百凶，漂泊異鄉那堪説。"①詩人通過文學想象把孺人携孤漂泊中的苦難與艱辛表現得極其生動，孺人既有迎難而進的堅定意志，又有對孩兒的溫暖的母愛。朝鮮詩人李基鎬在《題完貞伏虎圖》一詩中也將孺人的母愛表現得淋漓盡致："兒饑誰爲哺，兒寒誰爲衣"，"寧吾躬辛辣，未忍棄諸孤"，"無母兒不全，無兒黄氏絶"，"忍痛心如割，中夜淚湥湥"。詩人通過對於孺人携孤逃難時的心理描寫，讚美了孺人勇於自我犧牲的精神和無私的母愛。

在孺人形象塑造方面，中國文人題畫詩文的主旨與朝鮮文人基本一致，但前者通過抒情、叙事、議論的有機結合，人物性格塑造得更加鮮明和生動。如，謝元淮在其《題〈完貞伏虎圖〉》詩文中，通過營造孺人携孤逃遁的場景，歌頌了孺人的堅忍不拔和忠貞不渝。談孺人守寡後，親屬中的惡人爲了錢財，逼迫其改嫁，對此，孺人堅決反抗。"要當挺險，出奇一身殉。破帷一躍立水中，惡黨張惶無敢近。"從題文中可見，詩人通過談孺人採取投水自殺行爲來刻畫其頑强的意志和膽識，且把孺人携孤逃遁時叫醒孩子悄悄離開、還帶着家譜到丈夫墓地告別的情景寫得極其生動："孀孺母子孤孑孓，焉能虎口住，含凄潛往辭負墓。墓草青黄血淚枯，厚土無聞聞啼鳥，吾欲從君地下，誰爲撫諸孤。""是夕夜未半，衆雛甜睡方爛漫，呼兒令起驚想看，問母何所之，手掩兒口勿高唤，懷抱乳嬰，背負幼兒，手挈長子同逃竄。錢帛本無多，家乘一卷恐零亂，倉卒納行囊，他日兒曹知祖貫。"②又如，許宗衡在《題〈完貞伏虎圖〉》中也將孺人守寡後的艱難處境和悲傷心理寫得相當真實："鴛鴦殉其匹，涎涎之燕哺其雛，有雛當哺燕心苦，鴛鴦之心誰鑒諸。飄風不終日，妾心愁如山兀兀。……鴛鴦不能殉其匹，可憐四望空傷悲。勸妾勿悲是何語，空山無人非樂土。無人或可全妾身，但恐諸孤幼無主。妾身雖全奈何許，結茅從可蔽風雨，空山無人又有虎。"③詩人通過鴛鴦、孤燕與豺狼、老虎的對比和空山、風雨等景物的襯托，很好地渲染出孺人的心理和性格。

另外，中朝詩人均通過孺人伏虎的場面來表現孺人的果敢和剛毅。"阿母毅然啓户出，詔户一語何烈烈。虎乃側耳若有聽，逡巡掉尾歸巢穴"（朴珪壽）；"命卒非吾怖，只恐驚稚子，側耳若有會，寂然遂遁跡"（李基鎬）；"君

---

① 朴珪壽：《題〈完貞伏虎圖〉》，黄雲鵠：《實其文齋文鈔》，卷二。

② 謝元淮：《題〈完貞伏虎圖〉》，黄雲鵠：《實其文齋文鈔》，卷二。

③ 許宗衡：《題〈完貞伏虎圖〉》，黄雲鵠：《實其文齋文鈔》，卷二。

不見，黃氏節母被人逼迫逃山林，猛虎避之不敢侵"（謝元淮）；"誰知妾不死，虎來虎來，數語可以彌其耳"（許宗衡），中朝文人通過孀人遇虎的場景及其與虎對話時的沉静，突顯了孀人不怕虎、不怕死的母性精神，以及內柔外剛的性格特質。

綜上，中朝文人通過孀人守寡後的生活困境、携孤逃難以及山中生活與伏虎場面，刻畫出一位有膽識、有智慧、有母愛、有意志的孀人形象。"形象大於主觀"，從孀人的形象我們能够看到 19 世紀中後期中朝知識分子心目中的理想母親的輪廓，而這位中國母親儘管仍然依附于封建儒家道德倫理的框架，但其抗爭、剛毅、摯愛和奮鬥的精神則體現了人性的光輝以及一種更具普遍性的東亞女性的倫理道德。

2. "惡人惡于虎"：虎之象徵意蘊

孀人伏虎情節在中朝題畫詩文中無疑最具象徵意蘊，而對虎之象徵意義的建構，則不僅體現了作者主體之間的直接與潛在對話，更體現着原文本、再生文本的指向性與跨文本變異性，可謂我們分析這一中朝文人集體行動及其互文性關係時必須抓住的重中之重。

自古以來，中朝文人對虎的認知大致上有以下幾個方面：首先，把作爲百獸之王的老虎視爲威嚴權力的象徵，神秘而不可侵犯。人們談虎色變，十分敬畏。其次，將老虎當作勇敢、堅强和正義的象徵，威風凜凜，所向披靡，所以對於將士大臣的美譽就是虎將、虎臣、虎士等。再次，就是將老虎視爲祈福辟邪的吉祥物，這在中朝民俗中均有充分的體現。而"完貞伏虎圖"中朝題畫詩文中的老虎形象則具有獨特的象徵意蘊，它不僅是勇敢、堅强和正義的象徵，也意味着人性的美善：知天意、有仁義，這樣的象徵意蘊既呼應了孀人伏虎題畫詩文的主題，也體現出孀人伏虎與佛主伏虎、帝王伏虎的本質區别。進而言之，中朝文人通過虎之形象既批判了"惡人惡于虎"的社會現實，又表達了人的本質力量的對象化。

朝鮮文人李基鎬在其《題〈完貞伏虎圖〉》中首先鋪叙談孀人携孤逃難和在山中生活的艱辛，隨後通過描寫談孀人的伏虎過程，深刻地揭示虎的象徵意蘊。詩人寫道："蓬轉無定向，塊獨窮山處。山中有大蟲，咆哮眼如炬。子母相抱哭，哭罷還復語。百獸稱汝孝，孝慈原一理。命卒非吾怖，祇恐驚稚子。側耳若有會，寂然遂遁跡。誰謂獰且頑，誠無不能格。"在這裏需要關注孀人與虎的對話，詩人通過叙事視角轉換的方式，從談太孀人的視覺評價虎的孝與慈，即"百獸稱汝孝，孝慈原一理"，由此批判"惡人惡于虎"的社會現實。

中國文人的題畫詩對老虎形象的塑造和對社會現實的批判比起朝鮮文人的題畫詩更加深刻。許宗衡、樊彬、馮志沂、易紹琦等在其題畫詩文中都強調虎的仁性和批判"人心猛於虎"社會現實。許宗衡對現實的批判最爲激烈和深刻。詩人在其《題〈完貞伏虎圖〉》一詩中寫道："嗚呼！虎咥人，比似豺狼尤莫當。夜深草木驚雨霜，篝燈四照天茫茫。妾雖孱弱，不敢復畏虎，妾即畏虎，不能歸故鄉。故鄉非無人，故鄉有人如豺狼。"在這裏詩人特別強調"故鄉非無人，故鄉有人如豺狼"，而"山中有虎，虎且仁"，以此來對比和解釋孀人無奈之下的抉擇。從以上的題畫詩來看，中朝文人對虎的形象具有共同的文化認知，具體說來都認爲老虎有"仁性"，並且借着老虎的形象批判"惡人惡于虎"的社會現實。

在對於虎的文化認知方面，朝鮮文人的部分題畫詩文也體現出鮮明的民族個性。朝鮮文人徐相雨、金尚鉉、朴珪壽等在其題畫詩文中"借題發揮"，轉而書寫自家先祖孀人伏虎故事，由此題畫詩文呈現中朝文化的互通性對話與差異性認知。徐相雨在其《題〈完貞伏虎圖〉》中寫到高麗末年許氏和劉氏亡夫後，携孤逃難中的伏虎情節。詩人寫道："有二虎哮而擋路，二人曰：'吾無懼焉，幸毋殺我孤兒。'虎搖首，二人曰：'欲爲指道乎？'虎若首肯者，乃行，虎導而前。二人晝伏夜行十餘日，至連山懷德之歧，虎復止而哮，二人曰：'吾其死於此乎？'虎又搖首，於是，二人知其將分路，遂相持大慟而別，虎又爲之分導。"① 由文中所見，虎的形象既有與中國的老虎相同的一面，又有不同的一面。朝鮮文人筆下的老虎不僅同情孀人、不害母子，而且還主動爲其提供保護與幫助，直接爲母子引路。出現如此差異是與中朝兩國文化中對虎的認知不同有關，自古以來朝鮮民族把虎作爲圖騰②，所以老虎成了正義、勇敢、仁義的象徵，虎往往是人的本質力量的對象化，當然也是威嚴和尊嚴的象徵。而朝鮮文人筆下的山中之虎能爲母女引路，直至到達目的地，可見其不再是不可靠近、特別敬畏的對象。

金尚鉉在"過先祖姚許氏居正里遺墟碑詩録呈黃緗雲先生"題畫詩中，對許氏的守節忠貞、教養後代、光耀家族給予高度讚揚，並在詩歌後半部中

---

① 徐相雨：《題〈完貞伏虎圖〉》，黃雲鵠：《實其文齋文鈔》，卷二。

② 金柄珉：《論朴趾源小說〈虎叱〉的原型意蘊——以老虎的形象分析爲中心》，《東疆學刊》2002年第1期，第58頁。

將中朝兩國的孺人伏虎故事一併寫出，表現出中朝共同的文化認知與差異。"縛
負遺孤出都門，有虎當前眼如炬。望望連山青一髻，母才踰嶺虎乃逝。"此爲
朝鮮許氏伏虎的場景，接着作者筆鋒一轉，如此描寫中國完貞孺人伏虎的場面：
"懿彼祖母談孺人，守寡空山白屋貧。虎來不敢驚稚子，孺人驚責恭側耳。"①
由此可見，朝鮮的老虎是把許氏主動引導和護送到目的地後才回去，而中國
的老虎則是在聽到孺人的"驚責"後才被迫離開。從中不難發現，朝鮮文人
一方面認同"完貞伏虎圖"中的老虎之形象，同時也明確指出朝鮮的老虎具
有特別的"仁性"。詩人最後還寫道："古今此理同此心，四海聲氣淚滿襟。"
總的來說，作者肯定中朝文化認知的趨同性，但也指出差異性。由於有了這
種個性化的文本指向性與差異性，使得《完貞伏虎圖集》更能體現跨界互文
性的"自我主體與對象主體間的自由交往，和諧共存"②。

　　此外，我們有必要進一步關注的是虎之原型本質與象徵意蘊。文本中的
老虎確確實實是擬人化的象徵性形象，但追尋它的原型本質具有深刻的歷史
的、時代的象徵意蘊。"每個時代，宗教和藝術難以勝數的動物象徵，不只
強調了象徵的重要性，而且它還表示把象徵的心靈內容——本能融合到人類
的生活裏是多麼的重要。"③中朝題畫詩文中的虎形象是一種強烈嚮往人類社
會自然性的象徵物，它成爲人與自然對話的中介，也是人的自然化和自然的
人化。由此也可以說，題畫詩文中的虎之形象是 19 世紀中朝士人所塑造
的人的自然性的象徵性形象。在文本中的虎實際上以作者的代言人的角色出
現，其意義在於表現進步的士人階層權利話語的象徵性意蘊。通過虎的形象
能夠看出中朝進步文人對社會的強烈不滿和批判精神，而這種批判精神是
與 19 世紀後期中朝文人的共同的文化自覺與民族意識的增強有着內在的
聯繫。

3."追遠之孝"：家族尋根與孝文化

　　黃雲鵠刊行《完貞伏虎圖集》的目的，主要是不忘其賢媛之志，尋根家史，
光耀家族。黃雲鵠在《述略》一文中寫道："雲鵠其雲孫也。念孺人遺完節身，

---

①　金尚鉉：《過先祖姓許氏居正里遺墟碑詩錄呈黃緗雲先生》，黃雲鵠：《實其文齋全集》，卷二。

②　楊春時：《文學理論：從主體性到主體間性》，《廈門大學學報（哲學社會科學版）》2002 年第 1 期，
第 21 頁。

③　阿·扎菲：《視覺藝術中的象徵主義》，《人類及其象徵》，榮格等著，張舉文、榮文庫譯，瀋陽：
遼寧教育出版社，1988 年，第 218 頁。

受無窮之苦，而後人坐食其報，輒用潸然。孺人守節時，年實逾三十，例不獲請旌，恐遂淹没，繪成此圖，伏求子錫之題詠，俾得附大集以幽光，子子孫孫銜戴無極。"① 孺人克服種種困難，終於把孩子養大，家族得以延續。正如《述略》中寫道："孺人督諸子力作，家稍稍起，至孫曾益茂，登庠序者多人，膺鄉薦者五。"② 黄雲鵠不忘先祖，繼承遺志是中國文化的優秀傳統，而且這是一種文化尋根，對此朝鮮文人通過題畫詩文表示高度的認同。朴珪壽在題畫詩中寫道："代有文人食其報，涪翁世家搖瓜瓞。黄君感激爲此圖，追慕辛勤腸欲折。何人更抽中壘筆，鋪述此事賢媛列。還君書卷三歎息，新詩寫取歸清列。"③ 詩人認爲黄氏家族能够代代繁榮，全靠孺人的功勞，孺人不愧爲賢媛，所以寫詩奉爲高貴的位置，以此表達對黄氏之尋根家族文化的高度認同。朝鮮文人許傳在《〈完貞伏虎圖〉贊有序》中寫道："孺人，珍公之繼室也。珍公，南康建昌縣人，其先瞻公，文節皆聞人也。鼻祖以文章稱於天下後世者，山谷黄氏④。今其裔雲鵠爲述孺人《完貞伏虎圖》，求所以闡揚光烈，俾左海之人，亦知談孺人卓絶之行有如此者，追遠之孝，可敬也。"對黄雲鵠之《完貞伏虎圖集》的價值給予高度評價，讚美孺人的高貴品德和個性，也强調"追遠之孝"的意義。

中國文人也高度肯定《述略》中所表現的"追遠之孝"。象賢在其《書〈完貞伏虎圖〉後》中寫道："至其雲孫，今進士兵部郎中緗雲始繪圖以傳，題詠徧海内知名人士。於是，皆知孺人之貞且勇。緗雲此舉，象賢何慚，然則負瑰偉奇傑之才，能以文雄視一世者，其在緗雲乎，其在緗雲乎！吾故曰：'此虎所以志也。'"⑤ 在題文中高度評價《完貞伏虎圖集》的文化價值以及黄雲鵠所做的重大貢獻。樊彬在《題〈完貞伏虎圖〉》中也寫道："芝醴根源長，聞者應起舞。雲孫今叔度，世遠能述祖。作詩表幽潛，鴻篇愧燕許。三復黄鵠歌，傷心漆室女。觸我風木悲，批圖淚如雨。"⑥ 高度評價黄雲鵠的"追遠之孝"，並指出黄之家族如此輝煌當然離不開那種對祖先的孝之心永在。

---

① 黄雲鵠：《完貞伏虎圖述略》，黄雲鵠：《實其文齋文鈔》，卷二。
② 黄雲鵠：《完貞伏虎圖述略》，黄雲鵠：《實其文齋文鈔》，卷二。
③ 朴珪壽：《題〈完貞伏虎圖〉》，黄雲鵠：《實其文齋文鈔》，卷二。
④ 許傳：《〈完貞伏虎圖〉贊有序》，黄雲鵠：《實其文齋文鈔》，卷二，該文中黄氏指宋代大詩人黄庭堅，黄雲鵠係黄庭堅 16 代孫。
⑤ 象賢：《書〈完貞伏虎圖〉後》，黄雲鵠：《實其文齋文鈔》，卷二。
⑥ 樊彬：《題〈完貞伏虎圖〉》，黄雲鵠：《實其文齋文鈔》，卷二。

中朝文人對孝文化的相互認知與共同話語在朝鮮使臣趙性教與黃雲鵠的和唱詩歌進一步得到印證。趙性教於 1868 年使清，在燕京與黃雲鵠有過直接交流。趙性教《題完貞伏虎圖》是讚美談太孺人的完貞和黃雲鵠的仁孝，說這樣的節操仁孝能蔭庇後世。詩人熱情寫道："女史闕不書，百世焉知方。偉哉君子孝，描畫發潛光。"① 黃雲鵠對趙性教的題畫詩做了和韻詩，在《答朝鮮趙韶亭尚書題〈伏虎圖〉原韻》中說自己做這件事是出於忠孝的感悟，旨在表達對祖先的忠貞節操蔭庇後代的感激之情。他寫道："輔仁奚取資，合志無殊方。慚予負先德，感君發幽光。"② 孝文化是中國傳統文化的重要組成部分，《爾雅》有云："善父母爲孝。"《孝經》則曰："夫孝，天之經也，地之義也，民之行也。"中國的孝文化對朝鮮影響很大，朝鮮的孝文化本質上是和中國的孝文化一樣的，比如，"父母亡故，守孝三年"等，但在具體細節方面具有自身的民族特色。中世紀的孝文化儘管有一定的局限性，但是孝作爲文化精神對家族的繁榮、社會的發展起到一定的作用，通過中朝文人的題畫詩文不難發現兩國文人對孝文化的相互認同與共同話語的建構。

綜上所述，中朝文人圍繞完貞伏虎圖的題畫詩能够產生如此共同的文化認知具有歷史文化的原因。首先是長期以來儒家文化對朝鮮的影響。中朝文化交流有着三千年的歷史，在這漫長的歷史中儒家思想始終是中朝兩國的核心價值觀，所以對孺人的忠貞不渝、純正摯愛、勤勉持家等都是中朝文人共同的價值追求。其次是 19 世紀後期中朝文化交流的歷史場域與時代語境。到了 19 世紀中朝兩國資本主義因素的萌生加速封建社會崩潰，中朝文人開始有了社會的反思和人自身的自省③，中朝文人通過孺人伏虎情節對社會進行嚴厲批判與當時的社會語境和歷史場域有着一定的關聯。

三、改寫與轉化：中朝題畫詩文的互文性張力

從互文性的意義上講，作者首先是讀者，在閱讀前文本的基礎上進行改寫與轉化。"現象文本是文本呈現在具體語句結構中的文字現象，是文本的主題層面，它展現的是可闡釋的結構，傳達的是獨白的統一的主體的聲音；生

---

① 趙性教：《題完貞伏虎圖》，黃雲鵠：《實其文齋文鈔》，卷二。

② 黃雲鵠：《答朝鮮趙韶亭尚書題〈伏虎圖〉原韻》，黃雲鵠：《實其文齋全集》，卷二。

③ 朴珪壽、徐相雨等朝鮮開化派主要人物，具有一定的近代意識和實踐，晚清文人非常認同朴珪壽等的進步思想。

成文本植根於與主體潛意識密切相聯的'內驅能量',它在現象文本裏通過'音位設置'——節奏、語調、音韻、反復詠歎甚至敘事安排的種類——依稀可見的。"①中朝題畫詩文對於黃雲鵠提供的"述略",各自馳騁聯想和想象,對原文本或刪減、或補充、或改造、或置換,呈現出在詩體、結構、構思、語言、風格等方面的諸多異同。下面將對朝鮮文人朴珪壽、金尚鉉與中國詩人謝元淮、許宗衡的同題寫作進行比較,以期進一步探討中朝題畫詩文互文性的張力。

朝鮮文人朴珪壽、金尚鉉與中國詩人謝元淮、許宗衡的《題完貞伏虎圖》在詩體的選用上都選用了以七言古詩爲主的詩體形式,因爲他們都深諳七言古詩的特點——形式最爲活潑,句法和韻脚的處理最爲自由,表達不受形式束縛,容量可大可小,而且敘事、抒情、議論容易融匯一體,最富有表現力。中朝四位文人的《題完貞伏虎圖》詩的構思受到原文本——黃雲鵠的《述略》的影響,因而在情節上均與《述略》有類似之處,值得注意的是,在相近的伏虎情節模式之下,中朝兩國文人的寫作卻又有着各自的特色。

朝鮮文人朴珪壽在《題完貞伏虎圖》題畫詩文中也書寫了先祖洪氏夫人亡夫後携孤逃難、教子成就的故事,並認爲"以此知緗雲感激先故,有與余同者,而不敢以詞拙爲辭云爾"。由此看來,詩人通過講述先祖洪氏夫人的故事旨在呼應原文本的主題。但是朴珪壽在其題畫詩的開篇並沒有寫談太孺人喪夫後被惡人逼婚的處境以及她爲亡夫守節的決心,而是省略這一塊內容,開門見山地直接描寫其携兒逃難,結廬深山的艱難生活。然後用八句詩描寫談太孺人"伏虎"的情節。他先是指出,談太孺人是在"月落風高天深黑"和"有虎雷吼山石裂,夜夜稚幼眠不得"的險惡情況下,毅然而出,勇敢"伏虎"。接着是抒情議論,"程嬰存孤心最苦,楊香搤獸情更切。精誠格天天應泣,於菟何敢來噬齧。卻怪惡人惡于獸,冥悍欲將天理滅。誰謂猛虎不可馴,天爲貞婦完奇節"。朴珪壽集中筆墨描寫談太孺人伏虎的細節,直接將敘述引向高潮,在突出體現談太孺人的大勇與大愛的同時,也有力地抨擊了"卻怪惡人惡于獸,冥悍欲將天理滅"的社會醜惡。至於在原文本中佔有重要篇幅的孺人逃難前的種種情形,朴珪壽則將其付諸讀者的想象。

反觀中國詩人謝元淮、許宗衡的《題完貞伏虎圖》的構思,顯示出對於黃雲鵠提供的《述略》的理解比較深刻,想象和聯想很豐富。這體現在詩歌

① 李玉平:《互文性:文學理論研究的新視野》,第16頁。

的構思上明顯不同於兩位朝鮮文人的構思。他們在詩歌中都採用了"解"的構思方法。所謂"解"，即對詩的本意進一步引申，表示分割、分裂的意思。這就説明，兩位詩人通過對談太孺人事蹟的分解描寫、抒情、議論，更進一步地豐富了《題完貞伏虎圖》的意義。兩位詩人構思的精妙、嚴謹，使得詩的表達效果更加氣勢磅礴。

　　許宗衡題《完貞伏虎圖》的解一四句詩，是全文的引。作者運用比興手法，緊扣鴛鴦殉匹、有雛燕心兩物象的特徵來作爲全詩的引導："鴛鴦殉其匹，涎涎之燕哺其雛，有雛當哺燕心苦，鴛鴦之心誰鑒諸。"從全詩看，這四句中的鴛鴦殉匹、哺燕心苦是全詩的叙述綫索，始終貫穿全詩，可見許宗衡詩的構思之妙。從解二到解六，作者緩緩而叙，恰也體現了歌行體中行的特色，體現了構思的綿密，表現了舒緩的特色。從解七到解八，叙描了談太孺人爲避豺狼而逃亡到蘄春山中的過程。即使是寫逃亡，孤燕、鴛鴦的藝術形象仍在其中。從解九到解十二，轉入正題，叙描了完貞伏虎的過程。這幾解的伏虎過程的叙描，同樣體現了歌行體"行"的舒緩特色。解十三是全詩的結尾，燕、鴛鴦的形象始終緊扣，卒章顯志，仍以談太孺人感悟的口吻突出了"妾心雖如淵，妾節如山何嶙峋，日日哺其雛，燕翼無失群，鴛鴦不能殉其匹，福禄可以遺子孫，彼豺與狼如飛塵，使我太息虎且仁"的主題。從全詩的寫作情況來看，全文從頭到尾，鴛鴦、哺燕的形象都貫穿詩中，體現了談太孺人的心理矛盾、鬥争的悲苦歷程，借用歌行這種形式表達談太孺人心中的感受。

　　由此可見，即使同樣使用黄雲鵠提供的《述略》材料，朝鮮詩人和中國詩人在詩的構思上體現了較大的差異，各人的情節構思安排是截然不同的。誠如朝鮮朝後期著名作家朴趾源所説："切近情理，摹寫真境。"[1] 朝鮮文人們在構思上更具"徵實"的傾向。而中國詩人謝元淮和許宗衡在用詩的形式來表達談太孺人的傳奇經歷時，藝術構思的色彩更加濃烈，更能從生動形象的角度來對這段傳奇故事竭力鋪陳、精雕細刻，想象聯想、統攝諸象、融爲一體，使得詩更融情入景，情景交融。中國的古典詩歌有幾千年的文化積累，互文性就非常明顯。就詩歌創作而言，"前文性（互文性）越來越多，對現實材料的依賴逐漸減少"[2]，"文化積澱越豐富，其互文性就越明顯"[3]。中國詩人

---

① 朴趾源：《炯庵行狀》，《燕岩集》卷之三，京畿：景仁文化社，1932 年，第 36 頁。

② 趙毅衡：《禮教下延之後：中國文化批判諸問題》，上海：上海文藝出版社，2001 年，第 112 頁。

③ 李玉平：《互文性：文學理論研究的新視野》，第 122 頁。

的題畫詩呈現了詩人深厚的文化積澱和豐富的文學想象，從而實現了跨文本的獨創性、對話性、超越性。與此同時，中朝題畫詩儘管在構思方面有較大不同，但都體現了中朝士人通過對"原文本"的"刪減""添加"以及"置換"，實現了對於原文本的"創造性的叛逆"，從而匠心獨運地建構了原文本與跨文本、他文本與跨文本的多重對話關係。

對於朝鮮詩人而言，運用非母語的漢語來寫作"命題"式的詩歌已經實屬不易。他們通過語言的組合，已能很好地表現"伏虎"的傳奇故事，並對孺人的忠貞守節、辛勤培育子孫，使得瓜瓞綿長、光宗耀祖的功績予以評價。試以朴珪壽的詩爲例，他在語言運用上，有如下幾個特點：一是注重語言的提煉，把每一場景壓縮在一句或兩句七言詩中，比如開頭兩句"亂山合遝人跡絕，林間草屋依積雪"，通過這短短 14 個字，很好地表現了談太孺人逃入深山後的居住環境。二是講究語言的形象性，如其描寫"伏虎"的場景："虎乃側耳若有聽，逡巡掉尾歸巢穴。"將老虎的形象描寫得非常生動。三是能熟練地運用典故來表達人物的心情，如在"程嬰存孤心最苦，楊香搤獸情更切"一句中連用兩個典故，前一句出自《史記·趙世家第十三》，後一句出自中國的二十四孝的故事，表達了談太孺人逃入深山，爲使諸兒能生存下去，而甘願自己舍生爲子的精神。四是象聲詞的運用，如"啼聲嗚咽""虎雷吼山"等。五是在詩韻的選用上，採用了押入聲韻。全用入聲韻，能很好地渲染詩境中沉鬱悲涼的氣氛，表現悲憤壓抑的情感。

中國詩人謝元淮的詩中的語言運用上則有以下幾個特點：一是善用形象性的語言來鋪敘詩中的情景。在每一解中，運用形象性的語言來鋪敘的特點非常明顯，如談太孺人夫亡後的孤獨無依的情狀：他採用"上無姑嫜，中鮮兄弟，下有黃口兒"來鋪排。夫亡後，在表達親屬强逼她改嫁時是這樣鋪敘的："親屬中有亡賴賊，心利資財逼改適，誘説不從劫以力。强納輿中蜂擁去，兒號索母天地慘無色。"二是善用情感性强的詞語渲染氣氛。如表現夫亡時的情景通過鳥的啼鳴來表達渲染："鶺鴒夜啼，寡鵠聲悲。"表現談太孺人被逼搶的場面："强納輿中蜂擁去，兒號索母天地慘無色。飛鳥罹網羅，欲出何能得。"既表現了親黨們强逼改嫁的場面和聲勢，又通過兒子的呼號索母使得天地昏慘，把强搶逼婚的場面栩栩如生地表現出來。三是語言描寫時善用形象性的語言來表現人物連貫性的動作：在描寫談太孺人趁夜逃亡時先描寫將諸兒喚醒的情節："是夕夜未半，衆雛酣睡方爛漫，呼兒令起驚相看，問母何所之。"然後是一系列連貫性動作："手掩兒口勿高喚，懷抱乳嬰，背負幼兒，手挈長子同逃竄。"這"手掩""懷抱""背負""手挈"
既形象、生動又連貫，體現了逃亡過程中談太孺人行色匆匆，又麻利能幹的
形象。四是詩人善於將自我情感的表達和評價隱於語言之中。如"四座切
勿喧，聽我歌詞爲重陳"，"母在輿中，既悲且忿。豺狼無親，安可理論"。
中國詩人通過語言符號表現出對原符號的暗合的同時，傳達詩人個性化的情
感世界。

結　論

我們知道，互文性的研究價值在於發現"同中有異"。原文本與新文本
有着互文關係，而新文本的價值取決於有無新意。這種新意一方面是通過文
本之間的主體間性和生產性對話來實現，另一方面則通過藝術上的聯想與想
象——改寫與轉化來實現的。通過上述中朝兩國詩人的"題完貞伏虎圖"題
畫詩文的形成過程、文化認知與藝術形式的比較，我們可以看到中韓詩人的
跨文本的藝術創新。題畫詩文不僅體現了中韓詩人對原文本的超越與創新，
而且繼承了漢詩富於互文性的文學傳統，各自表現出同中有異的本體特徵。
概略而言，中國詩人的題畫詩文更能表現出中心文化的原創性和輻射性，而
朝鮮詩人的題畫詩文表現出邊緣文化的吸納性和交叉性。

通過中朝兩國詩人的《題完貞伏虎圖》題畫詩文的考察，我們可以看到，
即使是人們處於不同的國度，但對同一話題即用詩歌對《述略》來表現時，
詩人們還是可以從自己對於《述略》的不同理解出發，動用自己的審美情趣、
價值取向，通過不同的構思和表現來抒發自己的感受和評價。《完貞伏虎圖集》
詩文非常符合當時的社會潮流，幾乎與這幾位詩人同時代的清代文學批評家
林昌彝在《射鷹樓詩話》中說："詩歌足以感激人心者，無過於忠孝節烈之
事。"[①] 在《完貞伏虎圖集》題畫詩文中，詩人們都注重於對忠孝節烈的表達，
可見具有鮮明的時代色彩。另外，他們的詩歌創作也集中體現了清代以來錢
謙益在杜箋注中所倡"以詩證史"的考證學精神的實踐。他們在題畫詩文中
既保存了黃氏家族歷史的寶貴資料，又保存了中朝兩國對虎文化的認知異同，
可謂珍稀的文學和思想史料。最後，這些題畫詩文以文學的方式重塑談太孺
人的傳奇人生及其性格，更好地宣傳了中國傳統婦女勇敢、頑強、無私的精神，

---

① 林昌彝：《射鷹樓詩話》，王鎮遠、林虞生標點，上海：上海古籍出版社，1988 年，第 539 頁。

以虎的象徵意蘊批判了現實的黑暗，進一步弘揚了孝文化。社會發展到今天，傳統的孝文化的合理因素應該得到繼承和發展，因爲這是傳統文化中的寶貴財富，對於克服極端個人主義的弊端，促進社會的和諧與協作無疑具有借鑒的意義。

法藏《天下諸國圖》與奎章閣《輿地圖》比較研究

李花子

【摘　要】法蘭西學院收藏的《天下諸國圖》與韓國奎章閣收藏的《輿地圖》，在圖的構成及內容上很相似，特別是包含了康熙五十一年（1712）穆克登定界地圖的摹本，但一直未能准確考證出其製圖年代。結合地圖上的地名變更，再參考後記中出現的朝鮮國王的廟號，可以斷定法蘭西學院收藏的《天下諸國圖》製作於 1767—1776 年（英祖四十三年至英祖五十二年），而奎章閣《輿地圖》製作於 1834—1849 年（憲宗在位）。兩個圖集包含的兩幅"穆胡定界時所模圖"，是清朝畫員繪製的長白山圖的摹本，爲研究穆克登定界提供了珍貴的圖像資料。

【關鍵詞】《天下諸國圖》；《輿地圖》；"穆胡定界時所模圖"；長白山圖

前　言

2010 年，韓國國立中央圖書館在巴黎進行"國外韓國古文獻調查"過程中，在法蘭西學院發現了法國東方學家莫里斯·古朗在朝期間（1890—1892 年）收集的資料，其中包括《天下諸國圖》。2013 年，韓國學者鄭大榮根據這一綫索前往法蘭西學院調查，他發現《天下諸國圖》與韓國首爾大學奎章閣收藏的《輿地圖》（收藏號：古 4709-1）很相似，於是他撰寫論文介紹了《天下諸國圖》，以及對比分析了這兩個圖集。他在論文中指出，法藏《天下諸國圖》

【作者簡介】李花子，中國社會科學院古代史研究所研究員。

與奎章閣《輿地圖》有四個不同：一是地圖的排列順序不同；二是製作年代不同，即認爲奎章閣《輿地圖》製作於 1735—1767 年，而法藏《天下諸國圖》製作於 1767—1795 年；三是"朝鮮八道圖"後面的郡縣順序不同；四是《天下諸國圖》中有新增加的内容等。① 基於此，他判斷奎章閣《輿地圖》製作在先，而法藏《天下諸國圖》製作在後，或者二者有一個共同的母本。②

在以往的研究中，學者們注意到了奎章閣《輿地圖》中的"穆胡克登定界時所模"圖，③ 認爲這是清朝畫員繪製的長白山圖的摹本。其依據，除了題記標有康熙五十一年穆克登界時"所模"以外，圖上標注的兩條行進路綫，與朝鮮隨行譯官金指南寫的《北征録》及朝鮮接伴使朴權寫的《北征日記》等能够相吻合。④ 但是，一直未能准確考證出該圖集《輿地圖》的製作年代。鄭先生的研究無疑是開山之作，頗具啟發意義。

不過，筆者對於鄭先生提出的製圖年代不敢苟同，因爲發現他利用地名變化及干支年份來判斷製圖年代時出現了差錯，尤其是對奎章閣《輿地圖》製作年代的判斷與實際相差較多。比如，他根據《輿地圖》附録（職官）部分出現的年份"英宗乙卯"，來判斷製作上限是 1735 年（英祖十一年），這顯然是錯誤的，因爲圖集出現"英宗"廟號本身説明並非英祖時期的作品，而是英祖以後的作品，因爲國王的廟號不可能出現在生前。

針對以上問題，本文試對法藏《天下諸國圖》和奎章閣《輿地圖》的製作年代，進行考證，同時對兩個圖集裹的"穆胡定界時所模圖"進行對比分析，再結合中韓兩國文獻資料，分析其與清朝畫員繪製的長白山圖之間的關係，以闡明其對穆克登定界研究的史料價值。

---

① 鄭大榮：《法蘭西學院收藏〈天下諸國圖〉研究》，《韓國古地圖研究》第 5 卷第 2 號，2013 年；鄭大榮：《尋找法蘭西學院的古地圖》，《文獻與解釋》（首爾，文獻與解釋社，2015 年），第 151—162 頁。

② 鄭大榮：《法蘭西學院收藏〈天下諸國圖〉研究》），第 65 頁。

③ 有的學者將奎章閣《輿地圖》中的"壬辰穆胡克登定界時所模"圖，稱之爲"白山圖"。

④ 李相泰等：《朝鮮時代士人的白頭山踏查記》（首爾：慧眼，1998 年，第 92—93 頁）；姜錫和：《朝鮮後期咸鏡道與北方領土意識》（首爾：經世苑，2000 年，第 63—73 頁）；李花子：《黑石溝土石堆考》，《清史研究》2014 年第 1 期，第 38—41 頁。

一、法藏《天下諸國圖》與奎章閣《輿地圖》的異同及製作年代

　　法蘭西學院收藏的《天下諸國圖》與奎章閣《輿地圖》是兩個很相似的圖集，裏邊包含的地圖的構成及内容都很相似，只是圖的排列順序稍有不同，主要包括"天下諸國圖"、"中國圖"（明兩京十三省圖）、"琉球圖"、"日本圖"、"東國八道大總圖"、"朝鮮八道圖"、"盛京輿地全圖"（康熙二十三年《盛京通志》的插圖）及"穆胡定界時所模圖"等。其中，除了"盛京輿地全圖"和"穆胡定界時所模圖"以外，其他地圖在朝鮮王朝 13 幅"天下輿地圖類八道圖"中常見，①比如，韓國國立中央圖書館就收藏了多套類似的 13 幅《輿地圖》。這説明，法藏《天下諸國圖》與奎章閣《輿地圖》的獨特之處在於包含了盛京圖和穆克登定界圖。

　　如前述，鄭先生論文提出了兩個圖集的四個不同，除此以外，兩個圖集的名稱也是不同的。如法藏圖實際上並没有總圖集的名稱，分爲上、下兩册，上册叫"天下諸國圖"（其中一幅圖也叫"天下諸國圖"），下册叫"咸鏡黄平兩西圖——京内各司職品列録附"。實際上，鄭先生用上册圖的名稱代替了總圖集的名稱，此即《天下諸國圖》。②與之相比，奎章閣圖有總圖集的名稱，叫作"輿地圖"，不分册，將全部圖和文都粘連在了一起，形成一個總圖册，此即《輿地圖》。③這兩個圖集都是彩色筆寫本，規格稍有不同，法藏圖爲 30 cm × 17.5 cm，奎圖爲 31.8 cm × 21.2 cm。

　　另外，鄭先生在論文中，還指出奎圖製作於 1735—1767 年，即英祖 11—英祖 43 年。但是這裏發現一個大問題：法藏圖裏的文字信息"今上乙卯"，到了奎圖那裏變爲"英宗乙卯"，這恰恰説明奎圖並非英祖時期的作品，因爲國王的廟號不可能出現在生前。另外，兩個圖集裏的職官"各陵殿參奉"條中，羅列了從太祖到當朝國王及王后的陵號、陵址及祭日，其中，法藏圖只列舉到景宗及其王后爲止，而奎圖補充了景宗以後的國王及王后的陵號，包

---

①　鄭大榮：《法蘭西學院收藏〈天下諸國圖〉研究》，第 57 頁。

②　《天下諸國圖》爲折帖式地圖，上、下兩册全部粘連在一起，形成一册，共有 46 張圖，每一張前後都有圖或文。

③　奎章閣《輿地圖》爲折帖式地圖，共有 39 張圖，每一張前後都有圖或文。

括英宗、正宗、純宗、翼宗等國王。對於這些文字信息,鄭先生根本没注意到,他只利用地圖上的地名變化來考察製作年代,因而出現了差錯。顯然,奎圖的製作年代不可能是 18 世紀的英祖時期,而是 19 世紀的憲宗時期,具體而言,製作於憲宗在位的 1834—1849 年。

再看一下法藏圖的製作年代,鄭先生認爲是 1767—1795 年,即英祖 43 年—正祖 19 年。[①] 但筆者認爲下限不可能到正祖時期。除了該圖集的"今上乙卯"指英祖 11 年(1735)以外,還有其他英祖時期的標志,如功臣號寫作"當朝奮武",指的是英祖 4 年(1728)平定"李仁佐之亂"時授給吳命恒等人的"奮武"功臣號,這是英祖時期獨有的功臣號;又如記載"萬寧殿:當宁影幀",指的是保存英祖國王肖像畫的殿名,這些均將法藏圖的製作年代指向英祖時期。另一方面,全圖集裏並没有出現英祖及其以後國王的廟號,只是到景宗國王(英祖之前)爲止,這説明法藏圖應該是英祖時期的作品。

再看一下法藏圖的地名變更,如前述,慶尚道的"安陰""山陰",於1767 年變爲"安義""山清",該圖集反映了這一變化,標爲"安義""山清",説明是 1767 年以後的作品,這是製作上限。另外,1777 年平安道的"理山"改爲"楚山",但該圖仍標爲"理山",説明是 1777 年以前的作品,如果考慮英祖在位截止到 1776 年,那麼製作下限應爲 1776 年。換言之,法藏圖的製作年代應爲 1767—1776 年(英祖 43—英祖 52 年)。

總之,法藏《天下諸國圖》與奎章閣《輿地圖》在圖的構成及内容上很相似,但總圖的名稱、圖的排列順序、朝鮮八道郡縣順序,以及製作年代等不同。法藏圖製作於 1767—1776 年,而奎圖製作於 1834—1849 年,並不是法藏圖抄奎圖,而可能是奎圖在法藏圖的基礎上重新編纂,或者另有一套類似的早期母本存在,奎圖在此母本基礎上編纂。

二、《天下諸國圖》及《輿地圖》中的
"穆胡定界時所模圖"

法藏《天下諸國圖》和奎章閣《輿地圖》中,都收録了"穆胡定界時所模圖",這可以説是一個重要的新發現,以往學者們只知道奎章閣《輿地圖》裏包含了穆克登定界圖。考察這兩幅"定界模圖",所表現的地理範圍、山水

---

① 鄭大榮:《法蘭西學院收藏〈天下諸國圖〉研究》,第 65 頁。

形勢，以及地名標識等很相似，肯定摹自同一幅地圖。儘管如此，仍可發現兩圖有一些細微差別，如題記稍有不同，長白山即朝鮮所稱白頭山的畫法不同，以及地名標識略有不同。以下試對比分析這兩幅"定界模圖"的異同，對從前釋讀錯誤的部分地名予以更正。

這兩幅"定界模圖"都表現了長白山以南的地理形勢（見圖一、圖二），主要包括鴨綠江上遊和圖們江上遊地區，即從西邊的惠山到東邊的茂山爲止，以及從北邊的"白頭山"（中國稱長白山）到南邊的"長白山"（指朝鮮冠帽峰）爲止。北邊的松花江水系則作了簡化處理，只畫出了源頭和東邊的幾條支流。

這兩幅圖最明顯的特徵是畫出了康熙五十一年穆克登定界時的考察路綫，共有兩條路綫，其中一條是清朝二等侍衛布蘇倫和朝鮮年老的接伴使朴權、咸鏡道觀察使李善溥及譯官金指南等，從惠山出發，經三池淵前往茂山的路綫；另一條是清朝烏喇總管穆克登帶領朝鮮年輕的差官、軍官及譯官等，從南坡登上長白山天池，順圖們江而下，前往茂山的路綫。在這兩條路綫上分別用小圓圈和三角形標注了兩撥人馬的住宿處，這些內容與金指南的《北征録》和朴權的《北征日記》相吻合，表明法藏、奎藏"定界模圖"反映了穆克登定界結果，具有較高的史料價值。

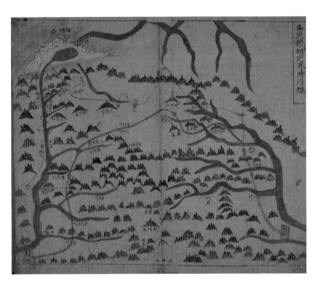

圖一　"穆胡定界時所模圖"，引自法蘭西學院藏《天下諸國圖》

首爾：國立中央圖書館網上資料

圖二　"白山圖"，引自奎章閣收藏《輿地圖》（收藏號：古 4709–1）

然而對比這兩幅"定界模圖"，仍發現有細微差距，主要表現在以下幾點。

其一，題記內容稍有不同。法藏"定界模圖"標爲"壬辰穆克登胡定界時所模"，而奎圖標爲"康熙五十一年我蕭宗三十八年，壬辰穆胡克登定界時所模，朴權定界使"。可見兩圖均爲康熙五十一年穆克登定界圖的摹本。另據記載，穆克登定界時，清朝畫員繪製了兩幅長白山圖，其中一幅轉交給朝鮮國王，另一幅上奏康熙帝。①那麽，法藏、奎藏"定界模圖"，很可能就是穆克登送給朝鮮的長白山圖的摹本。

其二，兩圖的地名標識略有不同。如圖一、圖二所示，法藏圖在碑的右側標注了"玉關"二字，而奎圖標注了"玉門"二字。在以往的研究中，學者們未能准確釋讀出奎圖的"玉門"，誤以爲是"土門"，在此應予以更正。如果只參考奎圖，那麽定界碑旁邊的"玉門"二字不太好辨認，由於碑正好位於土門江伏流處，所以誤以爲是"土門"。但是如果聯繫法藏圖的"玉關"二字，那麽奎圖上的"玉門"應該是正確的，"土門"是錯誤的。總之，法藏圖、奎圖將立碑處視作玉門關，這體現了製圖者對立碑處的重視，顯然將這裏比作漢代西部重要關隘玉門關。

此外，法藏圖還在碑下標注了"江源碑"三個字，這是正確的，而奎圖

---

① 參見金指南：《北征録》（1712 年）五月二十一日、二十三日、二十四日條，［韓］東北亞歷史財團編：《白頭山定界碑資料集》6，第 96—102 頁；朴權：《北征日記》（1712 年）五月二十四日條，東北亞歷史財團編：《白頭山定界碑資料集》6，第 122 頁。

標爲"江原碑"是錯誤的。另一處地名也略有不同，法藏圖在"緩項嶺"以北標注了"輦岩"，而奎圖標爲"輦峰"，如果對照韓國文獻，會發現"輦岩"是正確的。如 1766 年徐命膺的《遊白頭山記》記載："東南見輦岩，東見寶多山（指甫多會山），東北見枕峰，北見小白山。"①又如他的《白頭山詩》記載："岩岩彼寶多，實爲此山胄，群巒列在傍，仙女珮容臭，東南依輦岩，象以屬車副。"②在兩圖還發現有兩個相同的錯誤，如"水盧隱東山"中的"水"字係衍文，應指"盧隱東山"；鴨緑江上遊支流"申大信大"，應爲"申大信水"之誤，③這表明兩圖共同沿襲了同一個母圖的錯誤。

其三，白頭山即中國所稱長白山的畫法不同。法藏圖將白頭山及其南邊的第二高峰"長白山"（朝鮮冠帽峰）均塗成了白色。這是因爲兩座山海拔較高，夏季很短，幾乎四時披雪，所以稱之爲"白頭山"和"長白山"。而奎圖則將"白頭山"和"長白山"都塗成了緑色。

兩圖上長白山附近水系的畫法也略有不同。衆所周知，長白山三大水系是鴨緑江、圖們江及松花江，只有北流的松花江源與天池水相連（從瀑布落下形成二道白河），其他兩個水系都不與天池水相連。但奇怪的是，兩圖均將鴨緑江西源和天池水連在了一起，此外，奎圖還多連了一個松花江源，這是爲什麼？奎圖作爲稍晚時期的作品，可能認識到松花江從天池發源，所以將二者連在一起，但兩圖爲何將鴨緑江西源和天池水連在一起？這恐怕與朝鮮隨行譯官、軍官及差使官等力爭以鴨緑江西源爲界，以及天池以南屬於朝鮮有關，④這部分内容將在後面詳述。

其四，兩圖的保存效果不同。法藏圖雖然製作時間早，但是其保存效果優於奎圖。奎圖由於蟲蛀厲害，有些字跡難以辨認，但法藏圖都很清晰。如法藏圖裏圖們江湧出處的"甘土山"，在奎圖裏只能辨認"甘"字，其他兩個字都被蛀掉了。又如，法藏圖裏甘土山上的"水出"二字很清晰，但奎圖卻很模糊。以上兩圖有關圖們江伏流之水在甘土山湧出的信息，與《朝鮮肅宗實録》的記載相吻合，如記載："甘土峰下一息許，始自土穴中湧出，凡三派，

---

① 徐命膺：《遊白頭山記》，《保晚齋集》卷 8，第 23 頁，民族文化推進會編：《（影印標點）韓國文集叢刊》，第 233 册，首爾：民族文化推進會，1999 年，第 223 頁。

② 徐命膺：《白頭山詩》，《保晚齋集》卷 1，第 24 頁，民族文化推進會編：《（影印標點）韓國文集叢刊》，第 233 册，第 82 頁。

③ 參見朴權：《北征日記》（1712 年）五月七日條，第 119 頁。

④ 參見金指南：《北征録》（1712 年）五月二十四日、二十五日、二十六日條，第 101、102 頁。

而爲豆滿江云。"①這裏的"一息"相當於30韓里（12.6公里）②，那麼圖們江湧出處即真正的源頭，位於甘土山以東約30韓里處。

總之，法藏、奎藏"定界模圖"，除了少數地名和長白山畫法略有不同以外，其他內容都很相似，肯定摹自同一個母本，表現的是長白山以南的鴨綠江、圖們江上遊的地理形勢，最突出的特點是標注了穆克登定界時兩條不同的行進路綫，是了解穆克登定界的不可多得的珍貴圖像資料。

三、法藏、奎藏"穆胡定界時所模圖"與清朝畫員繪製的長白山圖的關係

據史料記載，在穆克登定界時，清朝畫員一路繪製山水形勢，特別是受朝鮮譯官金指南的要求，穆克登曾將清朝畫員繪製的長白山圖交給朝方。這個長白山圖一共繪製了兩幅，其中一幅交給朝鮮國王，另一幅上奏康熙帝。但中方的長白山圖至今沒有下落。

通過爬梳文獻資料，可以了解清朝畫員繪製的長白山圖的特徵，主要表現爲以下四個方面。

其一，長白山圖所表現的地理範圍是長白山以南的朝鮮地方。如穆克登曾在茂山對金指南說："此是白山以南朝鮮地方圖本也。畫出二本，一則歸奏皇上，一則當送國王。而繕寫未完，完後出給。你告重臣，歸達國王前可也。"③穆克登的這一番話與朴權的《北征日記》也是相吻合的，如記載："自吾時川至魚潤江，長白山（今朝鮮冠帽峰）以北、白頭山以南，周圍千餘里之地，本是我國之土。而以《輿地勝覽》及《北關志》中，皆以'彼地'懸錄之，故我國人之采獵者，恐犯潛越之禁，不敢任意往來是白如乎。今則界限既定，沿邊之人，皆知此之明爲我境。其間西水羅德、虛項嶺、緩項嶺等地，及甫

① 《朝鮮肅宗實錄》卷51，肅宗三十八年五月丁西(首爾: 國史編纂委員會，1957年影印，第40冊，第439頁。)

② 朝鮮王朝（1392—1910年）使用的尺，主要有黃鐘尺、營造尺、布帛尺、周尺、造禮器尺等。其中，周尺主要用於測量里程、距離等。據學者考證，朝鮮王朝1周尺約等於20釐米，1步=6尺，1里=350步，那麼，1里約等於420米。參見韓國學中央研究院編:《韓國民族文化大百科》，"度量衡"，1988—1991年，因特網"NAVER·知識百科"及李宗峰:《朝鮮後期度量衡制研究》，《歷史與境界》53，2004年。

③ 金指南:《北征錄》（1712年）五月二十三日條，第100頁。

多會山左右前後，皆是參田是白遣，貂鼠則在在産出是白乎旀。白頭山下，所謂天坪、長坡等地，樺木簇立，一望無際。三甲（三水、甲山）、茂山三邑之民，若許采於此中，則衣食自可饒足是白在果。"①即從東邊的鴨綠江上遊吾時川，到西邊的圖們江上遊魚潤江，以及從南邊的冠帽峰（朝鮮長白山），到北邊的今長白山爲止，都屬於朝鮮領域。朴權所説的這個範圍與法藏、奎藏圖所表現的地理範圍相吻合（見圖一、圖二）。

其二，在清朝畫員繪製的長白山圖上，既有圖們江伏流之水，也有圖們江水源。比如，在茂山穆克登與朴權争論哪一條水是"真豆江"（圖們江源）時，"穆克登即出山圖——指示，曰：'我與鮮人在山時詳察形勢，下山後遍尋水源，此水之外實無他水。'"②這裏穆克登指的"真豆江"應指紅土水，而朴權争的是在臨江臺附近匯入圖們江的今紅旗河。此外，在討論設柵問題時，穆克登也拿出了長白山圖，如記載："總管（指穆克登）即出山圖，令二使（朴權、李善溥）離席近前，親手一一指示，其間道里遠近，斷流與否，縷縷言説，不啻千百。"以上穆、朴二人對話是在圖們江斷流處設標之前，圖上肯定没有土石堆、木栅等人工標識，長白山圖的這一特徵與法藏、奎藏"定界模圖"相同，後者只畫了斷流之水和水出處（見圖一、圖二），而没有畫出後世朝鮮地圖普遍存在的土石堆、木栅等人工標識。

其三，清朝畫員繪製的長白山圖的東邊範圍到茂山爲止。如果繼續往下畫的話，穆克登不會剛過茂山（在豐山）就將長白山圖交給朝方。③這一點對照法藏、奎藏圖也是相吻合的，其東部範圍到茂山爲止。那麽，長白山圖的西邊是否截止到惠山爲止呢？史料對此無明確記載，但是考慮到穆克登在送給朝鮮二使（朴權和李善溥）的咨文中强調，"於茂山、惠山相近此無水之地"，"如何設立堅守，使衆人知有邊界，不敢越境生事"。④由此可以看出，兩國邊界模糊處正是長白山以南的惠山、茂山之間，那麽長白山圖所表現的就是這一段地理形勢，亦即表現了穆克登定界的結果，以防止後世空口無憑，還可以防止朝方隨意移動碑址或移設堆栅。

---

① 朴權：《北征日記》（1712年）六月十三日條，第130頁。

② 金指南：《北征録》（1712年）五月二十一日條，第96—98頁。

③ 金指南：《北征録》（1712年）五月二十四日條，第101—102頁；朴權：《北征日記》（1712年）五月二十四日條，第122頁。

④ 《同文彙考》原編卷48，"疆界"（首爾：國史編纂委員會，1978年影印，第1冊，第907頁）；金指南的《北征録》（1712年）五月二十八日條也有相同内容的穆克登咨文。

其四，清朝畫員繪製的長白山圖標有兩個鴨緑江源，一個是東源，另一個是西源。據《北征録》記載，最初長白山圖上只有一個鴨緑江源，此即東源。後來穆克登將長白山圖交給朝方以後，接伴使朴權發現了破綻。從圖上看，靠近天池的鴨緑江有二源，但圖上只在東源標注了"鴨緑江源"四個字，西源並沒有標注，他認爲這對朝鮮不利，可能會使朝鮮疆土減縮，於是他派譯官金指南與穆克登周旋。在金指南的再三請求下，特别是他提到回國後無法向國王交代時，穆克登百般無奈，只好在送給朝鮮國王的長白山圖上"西源"處標了"鴨緑江源"四個字。這個西源是穆克登還在山上時，朝鮮軍官、譯官要求和東源"一體立碑"而遭到拒絶的水源。① 如果通過法藏、奎藏圖查看（圖一、圖二），鴨緑江西源和天池水連在一起，恰好與圖們江伏流之水（黑石溝）形成"人"字形分水形勢，碑文所謂"西爲鴨緑，東爲土門"應指此。在送走金指南以後，穆克登考慮到只在送給朝鮮的本子上"西源"處標注"鴨緑江源"，而呈送給皇帝的奏本上没有標注有欠誠實，於是他拿出奏本在"西源"處同樣標注了"鴨緑江源"四個字。② 這説明在朝鮮、清朝兩個長白山圖上，都有兩個鴨緑江源：一個是東源，從長白山南邊發源；另一個是西源，從其西北邊發源。③

總之，通過爬梳文獻資料可以了解長白山圖的大致輪廓：圖上畫有鴨緑江東、西二源，圖們江源有斷流之水，圖們江上遊到茂山爲止，鴨緑江上遊到惠山爲止，整幅圖表現的是長白山以南的朝鮮地理形勢。以上這些特點與法藏、奎藏圖相吻合，可以説，清朝畫員繪製的長白山圖就是法藏、奎藏圖的母本或底圖，更何況後者題記標注"壬辰穆克登胡定界時所模"。今天雖然無法看到長白山圖的原貌，但此圖通過重新摹繪收入法藏《天下諸國圖》及奎章閣《輿地圖》中，從而保存了穆克登定界的珍貴圖像資料。

結　語

法藏《天下諸國圖》與奎章閣《輿地圖》，是在朝鮮 13 幅 "天下輿地圖類八道圖" 的基礎上，增加了康熙二十三年編纂的《盛京通志》的 "盛京輿地全圖" 和 "穆胡定界時所模圖"，這表明了製圖者對中國東北地區及朝鮮北

---

① 金指南：《北征録》（1712 年）五月二十四日條，第 101—102 頁。
② 金指南：《北征録》（1712 年）五月二十五日條，第 102 頁。
③ 金指南：《北征録》（1712 年）五月二十四日條，第 101 頁。

部疆界的重視，這與朝鮮英祖時期强調"寧古塔敗歸説"及加强對清防備的政治氛圍有關。綜合地圖上的地名變更，以及法藏圖只標注英祖以前的國王廟號，而奎圖除了英祖（英宗）廟號以外，還標有其後正宗、純宗及翼宗等國王廟號，可以判斷法藏圖是英祖時期的作品，製作於 1767—1776 年，而奎圖製作於其後憲宗在位的 1834—1849 年。

法藏、奎藏圖裏的"穆胡定界時所模圖"，其底圖或者説母本是穆克登定界時清朝畫員繪製的長白山圖。兩幅"穆胡定界時所模圖"雖摹自同一個長白山圖，但仍有細微差別，如立碑處一個標有"玉關"，另一個標有"玉門"，以往將其看作"土門"是錯誤的。另外，兩幅摹本對長白山及其南邊的第二高峰（今冠帽峰）的畫法也稍有不同，一個塗成白色，另一個塗成綠色；還有一處山脈，一個標"輦岩"，另一個標"輦峰"；圖們江湧出處一個標"甘土山"，但另一個由於蟲蛀厲害，不清楚標的是"甘土山"還是史料中的"甘土峰"。此外，兩幅摹本中的"水盧隱東山"中的"水"字係衍文，"申大信大"爲"申大信水"之誤，看得出兩圖共同沿襲了同一個母本的錯誤，此即清朝畫員繪製的長白山圖。

總之，法藏、奎藏"穆胡定界時所模圖"，是根據穆克登定界時送給朝鮮的長白山圖摹畫的，題記標注"壬辰穆克登胡定界時所模"最能説明問題。兩幅圖的製作時間雖有不同，但可以確定摹自同一個長白山圖。兩圖互爲補充，用最直觀的形式再現了穆克登定界的歷史原貌，特別是設柵以前的原貌，彌補了文獻記載的不足，具有較高的史料價值。

清代中國與朝鮮的地圖學交流

——以《燕行録全集》所收《熱河圖》與《天下地圖》爲中心

李　佳

【摘　要】明清時期，中朝地圖學的交流依附於朝貢關係，通過雙方使團進行。朝貢人員是朝鮮王朝獲得國外情報的主要途徑，朝鮮使臣熱衷於求購書籍，搜集中國地圖，大量地圖由此流入朝鮮，並經改繪後産生衍生地圖。《燕行録全集》所收録《熱河圖》便是其中之一。地圖學的交流是雙向的，明時便有部分朝鮮地圖傳入中國，並對中國地圖集中的"朝鮮圖"産生影響。《天下地圖》作爲 17 至 19 世紀朝鮮最常見的地圖集，很大可能也曾傳入中國。總體而言，朝鮮主動接受中國地圖的影響是這一交流的"主泓"。

【關鍵詞】燕行録　康熙《皇輿全覽圖》　朝鮮地圖集

　　《燕行録全集》及《續編》收録了多幅地圖，大致可分爲三類：燕行路程圖、朝鮮輿地圖和中國分省、地區圖。燕行路程圖數量最多，分陸路、海路圖兩種，多爲山水畫形式，部分圖面上記載了歷程、州縣、名勝、風俗等信息。朝鮮輿地圖的形式極其統一，是 17 至 19 世紀流行於朝鮮的朝鮮地圖集，《燕行録全集》收録的《天下地圖》和《東覽寶帖》中的地圖均屬此類。中國分省、地區圖數量較少，有如《熱河圖》《山海關圖》。本文以《燕行録全集》中《熱河圖》與《天下地圖》爲中心，探討清代中國與朝鮮的地圖學交流。

【作者簡介】李佳，陝西師範大學西北歷史環境與經濟社會發展研究院助理研究員。

一、《熱河圖》探源

　　《熱河圖》收録於《燕行録全集》第 100 册，共 5 幅，1 張總圖，4 張分圖，圖面左上角標注“熱河圖”，邊框有經緯度，N41°—45°，W2°—E8°。圖面繪製要素有山脈、河流、湖泊、長城、柳條邊，全部使用漢文標注（見圖一）。不同於傳統的山水畫式地圖，此圖采用了西方經緯度製圖法，且相對準確地表示了地物之間的實際位置關係，這必然是在實際測量基礎上繪製的。中國歷史上首次經實際測量並采用經緯度表達地理要素所繪製的地圖是康熙《皇輿全覽圖》，爲康熙四十七年（1708）至五十六年間，在康熙皇帝的要求下，主要由法國傳教士主持，對中國及毗鄰地區進行測繪編製的地圖。[1] 目前國内最易得見的版本是 1943 年德國人福克斯在輔仁大學出版的影印本，底本爲康熙六十年木刻本。將《燕行録全集》中的《熱河圖》與福克斯本（見圖二）對照，兩圖高度相似，可確定《燕行録全集》本《熱河圖》與康熙《皇輿全覽圖》關係密切。

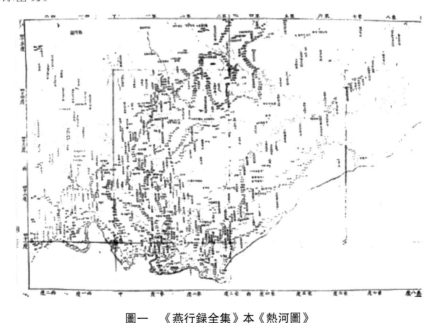

圖一　《燕行録全集》本《熱河圖》

（資料來源：林基中編：《燕行録全集》，首爾：東國大學校出版部，2001 年，第 100 册，第 81 頁）

---

[1]　韓昭慶：《康熙〈皇輿全覽圖〉與西方對中國歷史疆域認知的成見》，《清華大學學報（哲學社會科學版）》第三十卷（2015 年 12 月），第 124 頁。

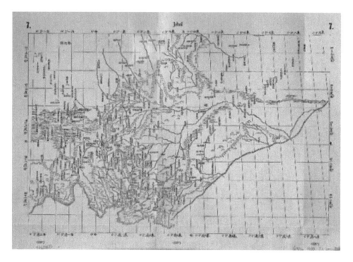

圖二　福克斯本《皇輿全覽圖·熱河圖》

（資料來源：美國國會圖書館藏《皇輿全覽圖》，G7820　S000.R4）

　　仔細比較圖面内容，可發現兩者仍有一些差別：其一，《燕行録全集》本《熱河圖》無經緯綫，圖面上數條交叉的直綫應爲折痕。其二，兩圖在繪製細節上有多處不同，如"度""東"兩字的字體不同，部分長城的走向、山脈的疏密有差異等，福克斯本圖框漢文經緯度前雖有西文標注，頂部有德文圖題，但係 1943 年出版時福克斯自行增繪。①

　　梳理康熙《皇輿全覽圖》的版本源流，對比諸版本在《熱河圖》上可能存在的不同之處，或能分辨出此圖的底本，並解釋其没有經緯綫這一特徵。總體而言，清廷繪製有三大實測地圖，除康熙《皇輿全覽圖》外，還有在其基礎上增加新疆、西藏等地測繪成果，吸收國外地圖，擴大範圍，重新編繪的《雍正十排圖》和《乾隆十三排圖》。在《熱河圖》這一分圖上，後兩者基本繼承自《皇輿全覽圖》，故也有可能是《燕行録全集》本《熱河圖》的底本，仍需比較三圖的異同，方能分辨源流。首先，清廷所繪製的地圖的注記文字，往往有滿漢文之別，清代熱河屬長城外蒙古部，《雍正十排圖》中以滿漢文分注關内外，長城内側、山海關以西、嘉峪關以東及關内各地，以漢字注記地名，關外東北、西北及西南邊遠地方均以滿文注記地名。②此圖皆以漢文注記，不符。其次，熱河與北京處同一經綫上，在《皇輿全覽圖》與《十排圖》中

---

① 白鴻葉、李孝聰：《康熙朝〈皇輿全覽圖〉》，北京：國家圖書館出版社，2014 年，第 93 頁。

② 馮寶琳：《記幾種不同版本的雍正〈皇輿十排全圖〉》，《故宮博物院院刊》1986 年第 4 期，第 73 頁。

這條經綫爲"中經綫"，即零度經綫，但《乾隆十三排圖》去掉了中經綫，直接作爲"東一"與"西一"經綫①，則此圖也非《乾隆十三排圖》。如此，《燕行録全集》本《熱河圖》底本確爲康熙《皇輿全覽圖》中《熱河圖》。

但康熙《皇輿全覽圖》版本衆多，有測繪分幅圖稿、謄繪分幅圖本、謄繪拼幅總圖本、木刻印本、色繪附圖説本、銅版印本和小葉本。測繪分幅圖稿由傳教士直接繪製，經緯度全部用阿拉伯數字表示，②而且作爲稿本，其流傳極其有限，朝鮮使臣應難以獲得。色繪附圖説本每幅圖上都有以墨筆書寫的文字，這是與其他版本最重要的區別。③北京大學圖書館藏有一幅彩繪摹本《熱河圖》（見圖三），對比可發現，彩繪本長城以單綫表示，而此圖爲雙綫，符合木刻本的特徵。馬國賢所製作的銅版印本也以滿漢文分注關外内，且山嶺爲三個上下重叠的三角符號，此《熱河圖》爲三個或兩個略平行的三角符號，符合木刻本山脈繪法。④木刻本類除木刻印本外，又有爲了方便閱讀刊刻的小葉本，如《古今圖書集成》《内府輿地圖》《大清輿地圖》等，此類地圖中未繪製經緯綫，也不標注經緯度，不符。

圖三　《皇輿全覽圖》彩繪本《熱河圖》⑤

①　韓昭慶、李樂樂：《康熙〈皇輿全覽圖〉與〈乾隆十三排圖〉中廣西地區測繪内容的比較研究》，《復旦學報（社會科學版）》2019年第4期，第3—4頁。

②　白鴻葉、李孝聰：《康熙朝〈皇輿全覽圖〉》，第84頁。

③　白鴻葉、李孝聰：《康熙朝〈皇輿全覽圖〉》，第94頁。

④　白鴻葉、李孝聰：《康熙朝〈皇輿全覽圖〉》，第100—101頁。

⑤　北京大學圖書館編：《皇輿遐覽——北京大學圖書館藏清代彩繪地圖》，北京：中國人民大學出版社，2008年，第8頁。

綜上,《燕行錄全集》本《熱河圖》的底本應爲木刻本,對於朝鮮使團來説,也是最容易獲得的版本。康熙五十七年全圖繪製完成,次年二月,康熙詔將全圖分發與諸大臣,"倘有不合之處,九卿有知者,即便指出"①。木刻本有康熙五十七年初印本、五十八年覆刻本和六十年重刻本,但最關鍵的問題是,木刻本皆有經緯綫,而此《熱河圖》没有。筆者推測此圖很有可能是朝鮮使團中的畫師根據木刻本臨摹出的摹本。朝鮮使團在出使時廣泛搜羅中國的地圖,尤其是軍事地圖,但此類地圖多是禁物,所以常由隨行畫師摹寫後帶回朝鮮。朝鮮中宗三十一年(1536),政院聽聞禮部主事張鰲繪有地圖,"欲令善書者摸之"②。朝鮮肅宗三十一年(1705),作爲三節年貢正使的李頤命在北京搜集到一幅山東海防地圖後,"係是禁物,不敢買取,令行中畫師,移寫於紙"③。此《熱河圖》與木刻本的一些細節差異可能就是在摹寫中形成的,至於爲何没有經緯綫,這是因爲雖然傳教士繪圖中使用了經緯綫,然而當時中國社會並没有接受經緯綫及經緯度這種科學知識的背景,所以《十排圖》中的經緯綫就被改成了垂直交叉,喪失其意義,小葉本直接去掉經緯綫。對於朝鮮畫師來説,經緯綫不僅多餘而且難以繪製,便捨去不繪。

由《燕行錄全集》所收錄的《熱河圖》可知,《皇輿全覽圖》經由朝鮮使團傳入了朝鮮,這並非孤例。韓國奎章閣藏有一幅《海東三國圖》,收藏號爲奎15506,爲朝鮮、日本、琉球三國地圖,兼及中國東北部,學者推定此圖爲1776—1789年鄭厚祚所繪④。日本學者川村博忠認爲此圖上的中國部分(見圖四)與銅版《皇輿全覽圖》基本一致⑤,筆者認爲其與木刻本更爲相似。且圖面左上角載有中國境內23個地點的經緯度,如"登州古隅夷斟韓氏之都,北極出地三十七度四分度之三,北京偏東四度半",與《皇輿全覽圖》的數據"東四度二十二分"極其相近⑥,由此也可確定《海東三國圖》中的中國部分應以

① 《清聖祖實錄》卷二八三,康熙五十八年二月乙卯,北京:中華書局,2008年,第6冊,第765頁上。

② 《朝鮮中宗實錄》卷八一,中宗三十一年五月甲子,太白山史庫本,第41冊,第53頁A面。

③ 《朝鮮肅宗實錄》卷四一,肅宗三十一年四月癸酉,太白山史庫本,第48冊,第38頁B面。

④ 川村博忠:《ソウル大学奎章閣所藏の朝鮮製〈海東三国図〉について》,《歷史地理學》第53卷5號(2011年12月),第3頁。

⑤ 川村博忠:《ソウル大学奎章閣所藏の朝鮮製〈海東三国図〉について》,第6頁。

⑥ 汪前進:《乾隆十三排圖定量分析》,見於曹婉如等編:《中國古代地圖集(清代)》,北京:文物出版社,1997年,第122頁。

康熙《皇輿全覽圖》爲底本繪製而成。奎章閣藏另一彩繪本地圖集《輿地圖》，收藏號古 4709-78-v.1-3，其中有一幅《義州北京使行路圖》（圖五），圖面輪廓與《皇輿全覽圖》基本一致，李燦推斷應繪製於 18 世紀中後期[①]。此外，李花子指出《皇輿全覽圖》小葉本也傳入了朝鮮，並成爲朝鮮地圖《西北界圖》的底圖之一。[②]可推斷在 18 世紀末以前，全幅《皇輿全覽圖》已經由朝鮮使團流入朝鮮，並經改繪産生了各種衍生地圖。

圖四　《海東三國圖》中國部分
（資料來源：韓國奎章閣韓國學研究院藏，奎 15506）

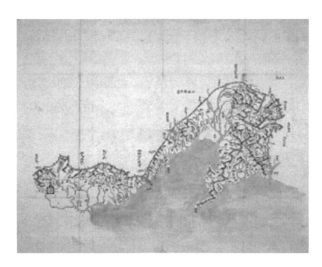

圖五　《義州北京使行路圖》
（資料來源：韓國奎章閣韓國學研究院藏，古 4709-78-v.1-3）

①　參見沈玉慧：《朝鮮王朝海外知識的形成與累積——以〈輿地圖·朝鮮日本琉球國圖〉爲例》，《故宮學術季刊》2016 年第 2 期，第 114 頁。

②　李花子：《朝鮮王朝〈西北界圖〉考——兼論與清朝輿圖、志書的關係》，《清華大學學報》2022 年第 4 期，第 154 頁。

除《皇輿全覽圖》外，完成於乾隆二十六年（1761）的《乾隆十三排圖》也傳入了朝鮮。《奎章總目》是朝鮮後期王室圖書館奎章閣的藏書目錄，其史部地理類下記有"輿地圖十三本"，詳述："清乾隆庚辰製，康熙時遺（疑當作遺）人詣各部詳詢，精繪鑴之銅板。乾隆乙亥平準噶爾迄西諸部，遣都御史何國宗率西洋人分道按歷測量星度占候節氣，繪成全圖，己卯平諸回部，復遣明安國等厘定，分爲十三幅，合成全本。"① 對照清內務府造辦處輿圖房所編《輿圖房書目》，可發現這段文字實爲《乾隆十三排圖》卷首御製詩之夾注。《輿圖房書目》第一條爲"皇輿全圖十卷"，下載《御製題輿地圖詩》，詩中夾注爲：

> 輿地圖自康熙年間，皇祖命人乘傳詣各部詳詢精繪而後定，或有不能身履其地者，必周諮博訪而載之，既成，鑴以銅板垂諸永久。上年平定準噶爾，迤西諸部悉入版章，因命都御史何國宗率西洋人由西北兩路至各鄂拓克，測量星度占候節氣，詳詢其山川險易道路遠近，繪圖一如舊制。乾隆乙亥平定準噶爾各部，既命何宗國等分道測量載入輿圖，己卯諸回部悉隸版籍，復遣明安國等前往按地以次釐定，上占辰朔，下列職方，備繪前圖永垂徵信。②

北京大學圖書館藏乾隆《十三排圖》卷首同樣有此御製詩，唯略去"因命都御史何國宗率西洋人由西北兩路"與"乾隆丙子夏六月御題"兩句。則當時《十三排圖》前應都附有乾隆御製詩，此圖流入朝鮮後，朝鮮根據卷首乾隆詩撰寫了此提要。《奎章總目》所載爲朝鮮正祖至純祖五年（1805）時期收藏的外國圖書③，也就是說在純祖五年之前，《乾隆十三排圖》也已傳入朝鮮。《燕行錄全集》所收錄之《熱河圖》所體現的，便是清朝實測地圖經由朝鮮使團傳入朝鮮這一現象。

二、《天下地圖》類朝鮮地圖集

《燕行錄》全集第 100 册中收有《天下地圖》和《東覽寶帖》兩種朝鮮地圖集。兩圖集形式基本一致，均爲木刻本，包含 13 幅地圖，分別爲天下圖、

---

① 《奎章總目》，韓國奎章閣韓國學研究院藏書編號奎 4461-v.1-3，無頁碼。

② 《國朝宮史續編》卷九九《書籍》二五，海口：海南出版社，2000 年，第 412 頁。

③ 金鑴：《18 世紀後期朝鮮朝廷的中國圖書收集及其學術風尚——以〈奎章總目〉爲討論的範圍》，《中國典籍與文化》2016 年第 1 期，第 119 頁。

中國圖、日本圖、琉球圖，朝鮮八道總圖及各道分圖，屬 17 世紀中至 19 世紀末流行於朝鮮的朝鮮地圖集，多題爲 "天下地圖" "輿地圖" "東國輿地圖"。此類地圖集現存版本衆多，韓國奎章閣、美國國會圖書館、哈佛大學圖書館等都有收藏，其中多數爲彩繪筆寫本，木刻本較少。中村拓認爲，筆寫本多摹繪自木刻本，可信度並不如木刻本高。①

在地圖史上，"幾乎所有的地圖都參考了此前已有的地圖製作的成果，因而總能在新地圖上找到舊有地圖的痕跡"，海野一隆將其稱之爲 "舊態隱存" 現象，② 地圖集更是對已存地圖的翻刻改繪。關於此朝鮮地圖集中各圖的源流，海野一隆已有考證。中國圖是以 1666 年金壽弘《天下古今大總便覽圖》爲基礎改繪；八道總圖與分圖采用 1531 年《新增東國輿地勝覽》所載之圖，每次刊行時根據當時州縣廢置修訂地名；日本國圖與琉球國圖使用 1471 年申叔舟《海東諸國紀》所載之圖。③ 天下圖的源流仍争議頗多，最早系統討論此圖的中村拓認爲屬於佛教 "五印度圖" 派系 ④；海野一隆認爲，應是在佛教系《四海華夷總圖》與利瑪竇地圖的觸發下，産生的道教的或是神仙的世界地圖 ⑤；黄時鑒認爲繪世界爲圓形表達了渾天説的觀念 ⑥；韓國學者多認爲是利瑪竇世界地圖的影響 ⑦。

對比《燕行録全集》中收録的兩個地圖集，可發現《天下地圖》刊刻粗疏，綫條生硬不流暢，河流綫條粗細無變化，字體鬆散，陰刻、陽刻混雜，甚至出現半陰刻、半陽刻的狀況。而且諸圖版式不統一，"琉球國圖" 上有 "風俗"，而 "日本國圖" 無。雖有諸多問題，但地圖集的整體風格又極爲統一，不似由多本地圖集拼凑而成。相較而言，《東覽寶帖》所收地圖整體刻繪更爲精細，海洋使用波浪紋，綫條流暢。

---

① 中村拓：《朝鮮に伝わる古きシナ世界地図》，《朝鮮学報》第 39、40 合并號（1966 年），第 512 頁。

② 海野一隆著，王妙發譯：《地圖的文化史》，北京：新星出版社，2005 年，第 5 頁。

③ 海野一隆：《朝鮮李朝時代に流行した地図帳——天理図書館所藏本を中心として》，《東洋地理学史研究（大陸篇）》，大阪：清文堂，2004 年，第 258—261 頁。

④ 中村拓：《朝鮮に伝わる古きシナ世界地図》，第 475 頁。

⑤ 海野一隆：《李朝朝鮮における地図と道教》，《東洋地理学史研究（大陸篇）》，第 281—283 頁。

⑥ 黄時鑒：《從地圖看歷史上中韓日 "世界" 觀念的差異——以朝鮮的天下圖和日本的南瞻部洲圖爲主》，《復旦學報（社會科學版）》2008 年第 3 期，第 33 頁。

⑦ 安沐英：《朝鮮後期西方世界地圖的傳入與影響》，《世界歷史評論》2021 年第 4 期，第 162 頁。

　　兩圖集並没有明確的關於刊刻時間的標識，且此類地圖集的木刻本中，天下圖、中國圖、日本圖與琉球圖所反映的地理知識高度相似，要判斷其刊刻年代，只能從八道分圖與八道總圖入手。以往對八道分圖的研究中，主要用以下幾個地名的置廢來判定刊刻時間：孝宗三年（1652）黄海道江陰縣改名金川縣；英祖四十三年（1767）慶尚道山陰縣改名山清縣，安陰縣改名安義縣；正祖初年（1777），忠清道尼城縣改名魯城縣。①兩圖中均可見金川、山陰、安陰、尼城，反映1652—1767年間朝鮮的行政區劃，刊刻時間應在此之間。另外，如前所述，海野一隆指出八道總圖源自《新增東國輿地勝覽》所載之圖（圖六），將三圖對比可發現，《東覽寶帖》與《新增東國輿地勝覽》完全相同（圖七），《天下地圖》則有所改繪（圖八）。包括更改部分山嶽名稱，"竹嶺"爲"太白山"，"牛耳山"爲"九月山"，"雉岳山"爲"金剛山"；增加圖面内容，增繪"妙香山""嗚呼島"，擴充濟州島内部；增加圖面標注形式，八道名以方框圈注，旁注官數，内陸河流不再標注，圖面左右增説明文字。此類木刻本地圖集中絶大多數與後者相似，爲改繪後的八道總圖。由此可判斷，《東覽寶帖》刊刻時間應早於《天下地圖》，爲此類地圖集於17世紀中初現時的版本。18世紀中後期爆發式出現的大量刻本、繪本，圖面内容變化較小②，《天下地圖》應刊刻於此時。

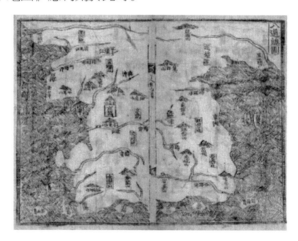

圖六　　《新增東國輿地勝覽·八道總圖》

（資料來源：韓國奎章閣韓國學研究院藏，奎貴1932-v.1-25）

---

　　①　《增補文獻備考》卷一六，轉引自海野一隆：《朝鮮李朝時代に流行した地図帳——天理図書館所藏本を中心として》，第253頁。

　　②　海野一隆：《朝鮮李朝時代に流行した地図帳——天理図書館所藏本を中心として》，第254頁。

图七　《東覽寶帖·八道總圖》

（資料來源：林基中編：《燕行録全集》，第 100 册，第 120—121 頁）

图八　《天下地圖·八道總圖》

（資料來源：林基中編：《燕行録全集》，第 100 册，第 88—89 頁）

但相較於同時期刊刻的其他地圖集，《天下地圖》之八道總圖有一顯著差異，即將"白頭山"記爲"長白山"。"白頭山"是朝鮮對長白山的稱呼，朝鮮人所稱之"長白山"實在咸鏡道。世祖二年（1456），梁誠之上言重定岳鎮海瀆，言及"長白山，在先春嶺之南甲山之北，實爲國之北岳"①。又仁祖二年（1624）咸鏡道觀察使李昌庭報告："審視關防形勢，則白頭、長白兩山，皆在眼前。問於父老，則白頭去我境僅四五日程，長白則尤近。"②則朝鮮人對於兩山分別清楚，不存在混淆的情況，此圖中之"長白山"應爲咸鏡道之長白山。另外，美國國會圖書館藏有兩幅與此圖版式風格、內容極爲相似的地圖集，分別爲《天下地圖》（G2330.C46 18）（圖九），和《輿地圖》（G2330.Y651 176）（圖十），其八道總圖中在"長白山"東北部增繪了"先春嶺"，與梁誠之所言一致。

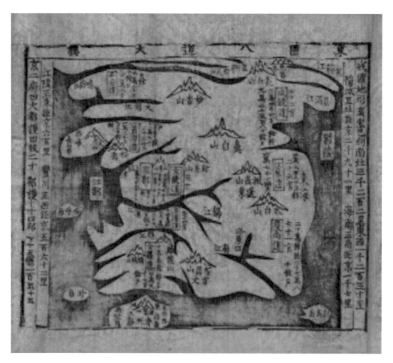

圖九　美國國會圖書館藏《天下地圖·八道總圖》
（資料來源：美國國會圖書館藏，G2330.C46 18）

　　對比此三種地圖集的版面內容可判斷其譜系與先後脈絡。首先，三圖的風格極爲相似，山脈、河流、海洋等繪法基本一致；其次，有僅可見於此三種地圖集的要素，如改繪"白頭山"爲"長白山"，"日本國"中標注"顏師

---

① 《朝鮮世祖實錄》卷三，世祖二年三月丁酉，太白山史庫本，第 3 冊，第 24 頁 B 面。
② 《朝鮮仁祖實錄》卷七，仁祖二年九月己卯，太白山史庫本，第 7 冊，第 12 頁 B 面。

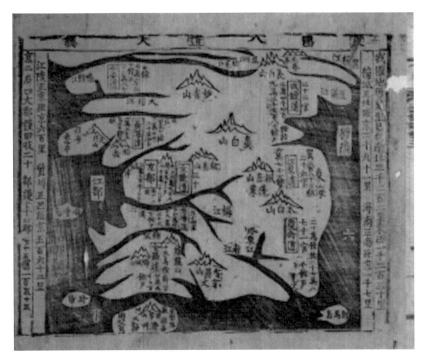

圖十　美國國會圖書館藏《輿地圖‧八道總圖》

（資料來源：美國國會圖書館藏，G2330.Y651 176）

古不載日本於華夷圖"，天下圖中標有"北子極""南午極"；最後，從地名來看，美國國會圖書館所藏兩種皆爲1777年之後的刻本，且《輿地圖》之天下圖中加上了經緯綫，Gari Ledyard認爲這是"退化的晚期天下圖"[①]，刊刻時間應在19世紀。則此三種地圖集應屬同一系列，是此類朝鮮地圖集中較爲特殊的一個譜系，《天下地圖》版本較早，美圖所藏兩本刊刻時間晚至19世紀，期間伴隨着朝鮮民衆獲得新的地理知識，不斷改繪。

但這種地圖集所體現出的地理價值並不高。就天下圖而言，中村拓考證圖中143個地名，110個出自《山海經》，16個見於《漢書》《隋書》《通典》和新舊《唐書》，[②]海野一隆補充其中數個山名出自杜光庭《洞天福地岳瀆名山記》，大多數非真實地名。[③]八道總圖的北部邊界繪製得極其平直，朝鮮半

---

①　Gari Ledyard，"Cartography in Korea，"*The History of Cartography*，Volume 2，Book 2：Cartography in the Traditional East and Southeast Asian Societies，University of Chicago Press，1995，p.258.

②　中村拓：《朝鮮に伝わる古きシナ世界地図》，第497—498頁。

③　海野一隆：《李朝朝鮮における地図と道教》，第276頁。

島的形狀扁平壓縮，與實際狀況大相徑庭。相較於此前繪製的《混一疆理歷代國都之圖》（1402）明顯退化。同時段也有精度更高的地圖，如日本國立公文書館所藏《朝鮮國圖》（1513—1539），鹿兒島縣立圖書館藏《朝鮮古圖》（1513—1592）。[①] 此地圖集流行的兩個多世紀中，僅有部分州縣廢置在八道分圖中有改繪。綜上，此類地圖集應爲普通民衆閱讀相關書籍時用以對照查看的地圖，繪製時不追求準確度，也不可能應用於實際，Gari Ledyard 稱之爲"勝覽類地圖"[②]。如此便可解釋，爲何其版本衆多而内容高度相似，多數刊刻不精，且即使後來出現更爲精細的地圖，如在實測基礎上繪製的鄭尚驥《東國地圖》和金正浩《大東輿地圖》，此類地圖集也能暢銷兩個世紀而不被取代，直至 19 世紀末被西方"科學"地圖所淘汰。

三、中朝地圖學交流途徑與特點

明清時期，朝貢人員是朝鮮王朝獲得國外情報的主要途徑[③]，朝鮮使臣不僅熱衷於求購中國書籍，還廣泛搜集地圖，尤其是軍事地圖。其收集地圖是有目標、有計劃的，朝鮮中宗三十一年，政院聽聞禮部主事張鏊繪有一地圖，"如我國道路遠近，並皆探問，而爲圖詳盡"，便命使臣，"幸間閭間，如有此圖，則可以貿來矣"。[④]

明朝對地圖的流出管控較鬆，朝鮮人謂"先朝以不爲搜檢"[⑤]。朝鮮使團帶回的地圖中，有如《三才圖會》[⑥]《大明輿地圖》[⑦]《京城圖志》[⑧] 這種傳統地圖，也有大量傳教士所繪製的地圖。明萬曆三十一年（1603），李光庭等人從北京帶回利瑪竇於前一年秋繪製的《坤輿萬國全圖》，1620 年黄中允帶

---

① 河村克典：《鹿児島県立図書館藏〈朝鮮古図〉の記載内容と作成年代》，《新地理》第 47 卷第 2 號（1999），第 45—47 頁。

② Gari Ledyard，"Cartography in Korea，"p.291.

③ 沈玉慧：《朝鮮王朝海外知識的形成與累積——以〈輿地圖‧朝鮮日本琉球國圖〉爲例》，第 108 頁。

④ 《朝鮮中宗實錄》卷八一，中宗三十一年五月甲子，太白山史庫本，第 41 册，第 53 頁 A 面。

⑤ 《朝鮮肅宗實錄》卷六，肅宗三年八月辛未，太白山史庫本，第 5 册，第 47 頁 B 面。

⑥ 沈玉慧：《朝鮮王朝海外知識的形成與累積——以〈輿地圖‧朝鮮日本琉球國圖〉爲例》，第 124 頁。

⑦ 《朝鮮中宗實錄》卷三六，中宗十四年九月庚申，太白山史庫本，第 18 册，第 75 頁 B 面。

⑧ 《朝鮮中宗實錄》卷九五，中宗三十六年六月壬申，太白山史庫本，第 48 册，第 48 頁 B 面。

回《兩儀玄覽圖》。① 朝鮮仁祖九年，鄭斗源帶回《天文圖南北極》②。《奎章總目》中載南懷仁《坤輿圖説》③，不詳何人帶回。

清朝對書籍、地圖的出口管控趨嚴，“山海關搜驗時，極爲嚴苛，至於脫衣卸笠，並搜使臣駕轎衣籠，故買來通報册，至於投火”④。康熙十六年，朝鮮冬至正使吳挺緯、副使金禹錫、書狀官俞夏謙一行過山海關時，章京搜驗在伙内慎行建身上發現了《天下地圖》⑤。《通文館志》記爲“各省地圖”⑥，則應爲中國各省地圖總集。五月初清廷“令查奏其買賣事情”⑦，慎行建供稱：“天下地圖，自古流傳，或爲屏簇帖册。故欲知走路遠近，帶行其摹寫紙樣可驗爲我國物等。”⑧ 清廷回咨：“慎行建雖稱出伊國人之手，如將朝鮮紙帶來，盜書狀樣，亦何不可。……在伊國屏障帖州，該國俱行查毁。”⑨ 八月，此事畫上句號，使團回還，吳挺緯以下三使臣革職，慎行建論以邊地充軍。⑩ 即便如此，仍有部分機要地圖流入朝鮮，如朝鮮肅宗三十一年，三節年貢正使李頤命帶回山東海防地圖。又奎章閣收藏《黃運兩河全圖》，此圖反映了康熙中期河道總督董安國治河情形，突出表現了江南黃河尾閭河段與裏下河段運河的水利工程，席會東認爲乾隆三十年之前此圖被帶入朝鮮。⑪

如前文所述，摹繪地圖並帶回應是朝鮮使團常用之法，《熱河圖》與山東海防地圖皆是如此。地圖流入後，朝鮮王廷會選擇對其有用的地圖，拼凑繪製成新圖，産生一系列衍生地圖。現存最早的世界地圖《混一疆理歷代國都之圖》即是如此，明建文元年（1399），金士衡作爲賀使出使，帶回李澤民《聲教廣被圖》和清濬《混一疆理圖》，後由朝鮮人李薈融合兩圖，加入朝鮮和日

---

① 黃時鑒、龔纓晏：《利瑪竇世界地圖研究》，上海：上海古籍出版社，2004 年，第 118—119 頁；楊雨蕾：《韓國所見〈兩儀玄覽圖〉》，《文獻》2002 年第 4 期，第 275 頁。

② 汪前進：《歷史上中朝兩國地圖學交流》，《中國科技史料》1994 年第 1 期，第 12 頁。

③ 《奎章總目》史部地理類，無頁碼。

④ 《朝鮮肅宗實録》卷六，肅宗三年三月甲午，太白山史庫本，第 5 册，第 19 頁 A 面。

⑤ 同上。

⑥ 《通文館志》卷八《紀年》，肅宗三年丁巳，台灣” 中央圖書館 “藏朝鮮活字本，第 34 頁 B 面。

⑦ 《朝鮮肅宗實録》卷六，肅宗三年五月壬午，太白山史庫本，第 5 册，第 27 頁 A 面。

⑧ 《通文館志》卷八《紀年》，肅宗三年丁巳，台灣” 中央圖書館 “藏朝鮮活字本，第 34 頁 B 面。

⑨ 《通文館志》卷八《紀年》，肅宗三年丁巳，台灣” 中央圖書館 “藏朝鮮活字本，第 35 頁 A 面。

⑩ 《朝鮮肅宗實録》卷六，肅宗三年八月辛未，太白山史庫本，第 5 册，第 47 頁 B 面；肅宗三年九月庚寅，太白山史庫本，第 5 册，第 49 頁 B 面。

⑪ 席會東：《海外藏康熙〈黃運兩河全圖〉研究》，《中國國家博物館館刊》2013 年第 10 期，第 85 頁。

本，繪成此圖。①李頤命帶回山東海防地圖，次年，便以此爲底本，"又取清人所編《盛京志》所載烏喇地方圖，及我國前日航海貢路，與西北江海邊界，合成一圖"②，即《遼薊關防圖》，現藏韓國首爾國立大學（古 1790-91）。朝鮮中宗三十一年，弘文館進《天下輿地圖》，中宗言："此必貿於中原矣，後有增減之理。"③康熙《皇輿全覽圖》傳入後，朝鮮據此拼湊朝鮮、日本圖，繪成《海東三國圖》，《皇輿全覽圖》中雖繪有朝鮮圖，但朝鮮人仍以本國原有地圖爲底本，不予采用。部分燕行路程圖，也係以《皇輿全覽圖》爲底本繪製而成，如前述《義州北京使行路圖》。

不同於朝鮮使臣隱秘搜集，明、清朝廷作爲宗主國往往是直接索要朝鮮地圖。朝鮮中宗三年，"副天使請八道地圖"④。詔使曰："俺亦欲見志書，若不得志書，則願見貴國地圖。"⑤肅宗三十九年，穆克登定界後的第二年，爲繪製《皇輿全覽圖》，康熙派遣使臣前往朝鮮，索要關於長白山南麓的地圖，"白頭山水派山脈之南下者，未能詳，欲見貴國地圖。此帝命也"⑥。但朝鮮對地圖管控十分嚴格，成宗十三年（1482），南原君梁誠之上言，"臣竊惟地圖，不可不藏於官府，又不可散在於民間也……右緊關者，並收於官，藏弘文館，其餘一皆官收，藏議政府，軍國幸甚"⑦。且朝鮮對清朝的警惕心較重，肅宗五年，"北兵使柳斐然初以清差指問白頭、長白兩山時，設地圖"，"我國山川險夷無一註誤，……甚可怪也"⑧。因此即便迫於宗主國的威勢，不能拒絕，但朝鮮也不會唯命是從。或"略模寫幅員以與之"⑨，或言"荒絶之地，曾無圖置之事"⑩，在清使態度强硬之時，便找一無關緊要之圖上呈。肅宗三十九年，因副敕執意要見地圖，領議政李濡上言："備局地圖太詳，不可出示。

---

① 張保雄：《李朝初期，15 世紀において製作された地図に關する研究》，《地理科學》1972 年第 2 期，第 1—2 頁。

② 《朝鮮肅宗實錄》卷四三，肅宗三十二年正月辛未，太白山史庫本，第 50 册，第 3 頁 A 面。

③ 《朝鮮中宗實錄》卷八一，中宗三十一年五月甲子，太白山史庫本，第 41 册，第 51 頁 B 面。

④ 《朝鮮中宗實錄》卷六，中宗三年七月甲寅，太白山史庫本，第 3 册，第 37 頁 A 面。

⑤ 《光海君日記》卷六，光海君元年四月己卯，太白山史庫本，第 4 册，第 35 頁 A 面。

⑥ 《朝鮮肅宗實錄》卷五四，肅宗三十九年五月癸酉，太白山史庫本，第 62 册，第 4 頁 B 面。

⑦ 《朝鮮成宗實錄》卷一三八，成宗十三年二月壬子，太白山史庫本，第 20 册，第 9 頁 A 面、10 頁 B 面。

⑧ 《朝鮮肅宗實錄》卷八，肅宗五年十二月癸酉，太白山史庫本，第 7 册，第 56 頁 A 面。

⑨ 《朝鮮中宗實錄》卷六，中宗三年七月甲寅，太白山史庫本，第 3 册，第 37 頁 A 面。

⑩ 《朝鮮肅宗實錄》卷五四，肅宗三十九年五月癸酉，太白山史庫本，第 62 册，第 4 頁 B 面。

近得一件圖，不詳不略，而白山水派則多誤矣，宜令出示此圖。”① 於是便將這幅帶有誤導性質的地圖連同穆克登定界時清廷繪製的地圖一同交予副敕。

所以，即便朝鮮國內有準確度較高、有實測基礎的地圖，但絕不可能由使臣隨意携帶流入中國。唯有在民間普遍流行的“勝覽類”地圖集，不僅不會透露朝鮮的軍政機密，還會産生誤導，所以朝鮮不加以管控，流入中國的可能性較大。此類地圖集内的中國圖反映明朝的行政建制，因此限於中朝民間流通，並非官方進獻。查閱《清内務府造辦處輿圖房目録》，與朝鮮相關地圖僅有“朝鮮全圖一幅”和“朝鮮圖十一幅”，後者應爲墨印紙本地圖集形式②，不得見，不知詳情。

清代中國與朝鮮的地圖學交流主要通過朝鮮使團進行。以《皇輿全覽圖》爲代表的中國地圖傳入朝鮮，朝鮮主動提取其中信息，與本國地圖融會，産生一系列衍生地圖。同時在朝鮮流行的“勝覽類”地圖集也很有可能在此交流過程中傳入中國。文中較爲詳細地討論了《燕行録全集》所收録的兩種地圖的源流及其性質，但關於“燕行録”收録此種朝鮮地圖集的原因與標準還有待討論。

---

① 《朝鮮肅宗實録》卷五四，肅宗三十九年六月丁丑，太白山史庫本，第 62 册，第 5 頁 A 面。

② 《清内務府造辦處輿圖房圖目》，汪前進編選：《中國地圖學史研究文獻集成》第 5 輯，西安：西安地圖出版社，2007 年，第 1693 頁。

"使行録"與東亞學術文化交流研討會綜述

薛林浩　王鈺琳　周桂榕

　　"使行録"是朝鮮半島在高麗、朝鮮王朝時期出使中國的使臣所撰寫的紀行録①，是研究中韓兩國古代交往史與東北亞歷史的重要文獻。②然而，在過去的數個世紀，這些材料往往分散存藏，未得到很好的整理，因此也未引起研究者的足够重視。二十一世紀以來，以韓國東國大學林基中教授所編《燕行録全集》的出版爲起點，一大批以"使行録"爲主題的文獻材料得以重見天日。此後，《燕行録全集日本所藏編》《燕行録續集》《燕行録叢刊》《燕行録全編》《韓國漢文燕行文獻選編》等叢書陸續面世，爲"使行録"研究提供了豐富的最基礎的資料。"使行録"文獻以其巨大的體量、豐富的內容與獨特的視角，吸引了來自各方的關注。經過數年積累，中、韓、日等國涌現出一大批從事"使行録"研究的學者，並產出了一批高質量的成果，圍繞"使行録"所展開的研究，已成爲人文學研究中新的學術增長點和重要的學術面向。

　　進入二十一世紀的第三個十年，系統構建"使行録學"的時機已臻於成熟，在這一背景下，2022 年 11 月 5 日至 6 日，由北京大學中國語言文學系主辦，北京大學歷史學系、外國語學院協辦的"'使行録'與東亞學術文化交流研討會"以綫上的方式召開。來自中國大陸與臺灣、香港地區和韓國、越南、美國、

【作者簡介】薛林浩，北京大學中文系古典文獻專業 2022 級博士研究生；王鈺琳，北京大學黨委宣傳部；周桂榕，北京大學外國語學院朝鮮（韓國）語言文化系 2021 級碩士研究生。

① 又稱"燕行録"。關於"燕行録"與"使行録"的概念，此處不作詳細區分。下文涉及到相關概念時，以此次會議主題所採用的"使行録"稱呼爲主，兼採"燕行録"的稱呼。

② 漆永祥:《"燕行録學"芻議》，《東疆學刊》2019 年第 3 期。

日本、新加坡、加拿大等國家的 50 多位專家學者，圍繞“使行録學”理論與方法、使行録及相關文獻整理、使行録與東亞學術文化交流、使行録與東亞諸國關係史、使行録語言學問題與翻譯等相關議題展開了精彩的學術討論。會議取得圓滿成功，並在學界引起了相當的關注。

　　本次會議以“使行録”爲主要議題，同時兼顧了東亞學術文化研究，實現了世界範圍内“使行録”研究專家的首次交流，呈現出國際性、跨文化、多學科的特點。會議共收到 51 篇論文，兹就各文綜述如下。

一、“使行録學”理論與方法研究

　　内蒙古師範大學的邱瑞中教授是國内較早進行燕行録研究的學者，早在 2005 年，邱教授便呼籲構建“燕行録學”，並指出，“燕行録學應該成爲二十一世紀世界歷史學的新標志①。本次會議，邱教授以《怎樣研究〈燕行録〉》爲題，爲國内的燕行録研究作出全局性的謀劃，他指出，當前的“燕行録”研究隊伍需要兩類力量，既需要已有研究能力和一定研究成果的專家學者集中精力投入其中，成爲該領域的領軍人物，也需要較早把“燕行録”研究確定爲一生奮鬥方向的青年學子跟隨師長潛心研究，厚積薄發，共同長期努力推進“燕行録”學的研究。

　　北京大學王邦維教授以卞之琳的《斷章》一詩爲引子，提出了域外文獻研究中“橋上人”與“樓上人”的問題，歷史上的中國與周邊國家，始終處於互相“觀看”、互相“書寫”與互相“裝飾”中。“明月一輪，風景各異”，通過這一視角，王教授試圖説明對於擴展研究視野、挖掘各國文獻的思考，給人以啓發。中外人士的互相書寫，是歷史進程中一個永恒的話題，也是“使行録”研究中的重要面向，本次會議即有數篇文章，圍繞這一主題進行了討論，這些文章均試圖在一定程度上回答“我們怎麽互相書寫”的問題。

　　對於“使行録”研究的方法，南京大學張伯偉教授進行了深層的分析與探索。張教授的《從胡適“三術”談“使行録”研究》一文，以胡適提出的“三術”爲引，用“文獻”“歷史”“比較”三個關鍵詞，闡述了“使行録”研究的學術視野與理論方法。他談到從“文獻”來看，目前有關使行録的文獻整理已經形成規模，以《燕行録千種解題》爲代表的系統性考辨著作也相繼問世；從“歷史”來看，當下的使行録研究需要思考和借鑒“長時段”的史學立場；

---

① 邱瑞中：《燕行録學引論》，《燕行録研究》，桂林：廣西師範大學出版社，2010 年。

從"比較"來看,使行録研究可以將各類文獻進行不同層次的比較,得到新見。因此,他提出當下應以歷史的眼光、比較的研究、多元的觀念作爲使行録研究的"新三術"。

二、使行録及相關文獻整理研究

"使行録"是"域外漢籍"的重要組成部分。近些年來,"域外漢籍"逐漸受到研究者越來越多的重視,中國國家圖書館張燕嬰編審從《文獻》雜志的域外文獻研究選題出發,梳理了漢字文化圈和非漢字文化圈的"書籍之路",指出應當"把書籍理解爲歷史中的一股力量",一方面依託傳統文獻學研究的成果來重現"書籍之路",另一方面則需要予以一種更具整體性、綜合性、比較性特點的文化審視接軌"文化之路"。

作爲域外漢籍的重要組成部分,"使行録"文獻數量龐大,體裁繁多,内容豐富。從數量上看,《燕行録千種解題》曾對存世的燕行録進行全面的收集與考訂,共收録 1168 種書目與篇卷;從體裁上看,詩歌、日記、遊記、札記、別曲、奏疏、咨文、別單、狀啓、聞見事件、路程記與地圖等文體皆備;從内容上看,舉凡政治、經濟、軍事、文學、歷史、文化、教育、戲曲、旅遊、宗教、文物、建築、繪畫、地理、交通、民俗、服飾、飲食等,無不一一收入其中。①若要充分利用這一座學術富礦,首先應對這些文獻進行整理、考辨,並在此基礎上進行内容分析。因此,使行録文獻的整理與研究,是"使行録學"的重要内容。本次會議,有數十篇文章,對"使行録"及相關文獻進行了考察,這些文章可被分爲兩類,第一類爲"使行録"及相關文獻的整理和考辨,第二類爲使行録語言學與翻譯學問題。具體來看:

(一)"使行録"及相關文獻的整理和考辨

文獻的收集與整理,是進行學術研究的前提。延邊大學講座教授趙季目前正組織編纂國家社科基金重大項目(項目名稱:中朝三千年詩歌交流繫年;項目號:14ZDB069)的成果《中朝三千年詩歌交流繫年》,本次會議,趙教授以《〈中朝三千年詩歌交流繫年〉概述》爲題,對該成果進行了簡要概述,介紹了《繫年》一書的命名緣起及時間斷限、收録的十類文獻及具體内容與編撰體例。同樣是文獻整理,浙江大學文學院陶然教授則從校勘的角度,以

---

① 漆永祥:《"燕行録學"芻議》,《東疆學刊》2019 年第 3 期。

高麗朝鮮詞的校勘爲切入點，分享了他在校勘朝鮮高麗詞時所發現的相關問題，並對這些問題的類型和解決方法進行了通例式的總結。

對"使行録"及相關文獻進行考辨，是"使行録學"文獻研究的另一重要課題。本次會議中，共有三篇文章，對某種具體的"使行録"進行了文獻考辨。韓國成均館大學金榮鎭教授從李廷龜的對明使行及其所著《月沙别集·朝天紀行録》出發，分析了《朝天紀行録》在華的刊刻及其對兩國文人交流和出版的意義。韓國東國大學教育大學院講師劉婧《湛軒洪大容〈乙丙燕行録〉的編撰及文本構成》一文，對學界爭議較大的《乙丙燕行録》的編撰問題進行了探討，通過將韓文本與漢文燕行筆談及《燕紀》文本進行對比，釐清了韓文本與漢文燕行記録文本之間的關係。南昌大學韓東教授以《朴趾源〈熱河日記〉創作諸問題》爲題，指出朴趾源《熱河日記》的創作存在"小説化"虛構、"場景化"敘事、"戲謔化"敘述的三個特點。

還有數篇文章，對"使行録"之外的朝鮮文獻進行了考察。美國特拉華大學王元崇教授以《清代時期朝鮮的燕行記録與使臣别單》爲題，分析了燕行録的兩種記録，即作爲公開性文學作品的途程見聞記録，與屬於情報偵察、作爲宫中密檔的使臣别單。王教授認爲，使臣别單是一種非常重要的燕行記録，在燕行録研究中應充分吸納，並對之進行多方面的分析。中國社會科學院李花子研究員關注到法藏《天下諸國圖》與奎章閣藏《輿地圖》中所收録的"穆胡定界時所模圖"，對兩者進行了重新考證比較，並由此指出，兩幅圖均爲清朝畫員繪製的長白山圖的摹本，能夠對穆克登定界的歷史原貌研究提供珍貴的圖像資料。復旦大學查屏球教授的《高麗唐詩選本〈十抄詩〉與〈夾註名賢十抄詩〉成書時間及文獻價值》一文，從詩人的生平記録、詩作中的時間細節、地域聯繫等方面提取證據，介紹了對於《十抄詩》成書時間的推斷，評價了其文獻價值。韓國順天鄉大學朴現圭教授考察了清代親朝派人物葉志詵，朴教授發現葉氏同來京的許多朝鮮友人有着直接的交遊關係，葉氏《子午泉詩帖》《高麗碑全文》《日本殘碑雙鉤本》的成書，均與朝鮮友人的支持幫助有關。延邊大學朴銀姬教授對藏於日本天理大學附屬天理圖書館的孤本金永爵《燕臺瓊瓜録》進行了較爲全面的介紹，並指出，此文集是反映 19 世紀中後期朝鮮使臣與清文人來往信息的重要文獻，亦爲考察金永爵和晚清文人交游關係的重要資料。華東師範大學丁小明研究員《〈譚屑〉成書始末考——〈大陣尺牘〉中的東亞書籍史文獻鉤沉》一文，在系統梳理《大陣尺牘》中所保存的金昌熙刊刻《譚屑》一書的各類文獻的基礎上，鉤沉清朝使臣致金昌熙尺牘中的相關信息，探究了“壬午軍變”時期朝鮮迎接官金昌熙《譚屑》一書的生成過程及其在東亞書籍史上的特殊意義。北京大學教授程蘇東以朝鮮學者申綽所著《詩次故》爲研究對象，全面梳理了該書的撰述過程、内容結構和學術特色，在此基礎上，探討了申綽“樸學”的學術來源。

　　朝鮮之外，分布在越南、日本等東亞各國的文獻，也得到了參會學者的重視。其中，越南文郎大學院進立教授利用越南阮朝《大南實録》、鄭懷德《艮齋詩集》等文獻，對越南阮朝官員、明鄉華人吳仁静的生平事蹟及其所著《拾英詩集》作了詳細考述。越南河内國家大學屬下陳仁宗院潘青皇研究員將越南使者阮輝僜所留下的出使資料《皇華使程圖》，與《奉使燕台總歌》和《燕軺日程》進行校勘，釐清了《皇華使程圖》中的可疑之處，從而指出，《皇華使程圖》不是正式出使的使臣圖，而是出使之前的工作本，在此基礎上，進一步討論了越南使者出使前後的工作本的問題。對於日本所藏使行相關文獻，亦有學者關注。鄭州大學副研究員王連旺梳理了日本學者林羅山及其子林春齋、林讀耕齋與朝鮮通信使的筆談交流文獻，並提出，將朝鮮通信使筆談文獻與韓國所存朝鮮赴日通信使的使行録文獻進行互補互證，能够最大程度上還原近世日朝交流的歷史現場，推進近世東亞外交研究的發展。

（二）使行録語言學與翻譯學問題

　　作爲域外漢籍，“使行録”不可避免地存在以外文書寫的情況，因此，其中所關涉到的語言學及翻譯學問題，自然值得重視。本次會議共有三篇文章圍繞這一主題進行了討論。其中，香港教育大學助理教授羅樂然以《朝鮮使節對寧遠的明亡記憶書寫——譯官的角色》爲題，借鑒法國史學者 Pierre Nora 所提出的“記憶所繫之處”的思維模式，通過梳理 18—19 世紀朝鮮燕行使途經寧遠的經歷，説明使行録中的寧遠記憶如何通過譯官形成、想象與建構。這一研究，爲中朝關係史、歷史記憶的論述以及明清史研究提供了新的考察方向。日本東京大學陳捷教授對越南使臣阮輝僜所作漢詩《餞日本使回程》的漢字標音、日語詞的讀音和語義進行釋讀，並考察了該詩所引日本詞彙的來源。陳教授指出，這些日本詞彙“並非阮輝僜聽到日本語發音的記録，而是參考了明清時期文獻中的日本寄語也就是日語的漢字對音資料”。昆明學院謝士華副教授在《從朝鮮漢文〈燕行録〉看詞的誤解誤用義》一文中，認爲朝鮮半島創作的漢文作品中，存在不少未見於中國古籍的詞語或詞義，這是朝鮮半島對漢語進行改造的體現，而新詞義的産生，是採用多種改造方式所造成的結果，有將詞的修辭義還原爲字面義，也有對典籍用語、漢語口語詞及滿語詞的誤解誤用，因誤解誤用或新解新用而産生的新詞新義，又比中國本土文獻的類似情況更複雜，據此指出，該類語言現象值得逐一爬梳，以釐清詞義演變所經歷的過程。

三、使行録與東亞學術文化交流研究

往來於中、朝及東亞各國的使臣，通過彼此之間的相互接觸、相互理解，極大地推動了東亞地區的學術交流與文化互通，書寫了人類文明史上璀璨而壯麗的篇章。本次會議，以東亞學術文化交流爲主題的文章，大致可分爲三類，即東亞學術交流、東亞文人的私人交遊與中外文人的相互書寫。

（一）東亞學術交流

在分組討論階段，臺灣大學博士候選人吳政緯考察了明清時期的東亞書籍環流情況，提出官方管制在環流過程中的重要作用，通過分析明清官方管制書籍輸出朝鮮、清廷管制書籍輸出日本的情形，指出了明清官方存在長期一致的書籍管制原則。傳統中國書籍、知識與文化在東亞的影響力，可見一斑。從另一個意義上看，書籍在東亞各國之間環流的過程，亦即各國文人進行學術交流的過程，這些交流，推動了東亞文化的發展與進步。

本次會議，有三篇文章考察了中朝文人之間的學術交流。延邊大學金柄珉教授以黃雲鵠所輯《完貞伏虎圖集》爲對象，分析了中朝文人運用題畫詩文進行交流的現象，以及題畫詩中呈現出的各自文化特色，通過分析中朝題畫詩文對黃雲鵠原文本的改寫與轉化過程，指出在互文性關係中的文本指向性和跨文本的創新性價值。廣東外語外貿大學副教授朴香蘭以19世紀中朝文學交流過程中的重要人物金永爵爲研究對象，通過介紹金永爵與清代文士的交遊概況，分析了金氏的跨界交流所帶來的學術傾向和文風的轉變。北京大學博士生葉天成考察了朝鮮士人趙憲的《朝天日記》與《東還封事》，通過追蹤文獻來源，發現兩書中的部分内容與其在使行途中閱讀的《皇明通紀》《孤樹裒談》以及邸報有關。北京大學博士生李佳則以《清代中國與朝鮮的地圖學交流——以〈燕行録全集〉所收〈熱河圖〉與〈天下地圖〉爲中心》爲題，分析了清代中國與朝鮮在地圖學上的雙向交流。

朝鮮之外的日本、越南等地，文人之間的學術交流也從未停止。廈門大學特聘教授李無未以新井白石語源學著作《東雅》爲依據，介紹了新井白石"溯源探本"之例、與朝鮮聘使趙泰億交流的過程及其對朝鮮的認知。作爲"文人"的君主，也成爲學術交流中的重要一環。清華大學講師高策比較了清高宗與越南阮朝明命帝的詩歌創作情況，認爲明命帝雖然對清高宗的詩歌水準多加貶斥，但在創作理念、編刊方式、內容題材和藝術特色方面深受清高宗的影響，展現了清越兩國圍繞漢文詩創作進行的文化較量。

（二）東亞文人的私人交遊

與學術交流相比，文人之間的私人交遊，顯得更加親近而生動，呈現出溫情脈脈的底色，充滿濃厚的人文氣息。浙江大學楊雨蕾教授《19 世紀中葉浙江文人沈秉成和朝鮮使臣交遊考》一文，介紹了晚清沈秉成在北京期間和朝鮮使臣申錫愚、朴珪壽等人結識交遊的過程，指出"情"是十八世紀以來東亞文人交流的重要特質。深圳大學左江教授考察了朝鮮使臣崔有海《東槎錄》一書，釐清了崔有海與明人的交往始末，再現出那個時代中朝文人文學交遊的片段。廣州美術學院王碧鳳講師以《海內知己：安東金氏家族的燕行經歷與書畫翰墨緣》爲題，考察了朝鮮安東金氏家族與清文人之間的書畫藝術交遊，並對雙方交遊的特點與緣由進行總結，展示出燕行使臣與清朝文人的志趣相投。

（三）中外人士的互相書寫

在朝鮮使臣的筆下，中國的人物，往往是鮮活而生動的。延邊大學金美蘭副教授分析了朝鮮漢籍中吳三桂形象的變化，在朝鮮人的記載中，吳三桂的形象分別在獻關降清前後、反清起兵時期以及兵敗之後三個階段發生過三次變化，與此相呼應，朝鮮士人對於吳三桂的情感認知，也從惋惜、尊崇轉而到唾棄。韓國高麗大學趙冬梅教授、盧佳藝博士介紹了洪翼漢《花浦先生朝天航海錄》中塑造的坦直友善、明曉利弊、貪餉邀功的毛文龍形象，認爲該形象對陸人龍《遼海丹忠錄》中呈現的毛文龍形象提供了佐證。新加坡南洋理工大學衣若芬教授討論了朝鮮時代的兩種東坡畫像：一是"顴右痣"的東坡肖像畫；二是左手撫鬚，右手提衣的《東坡笠屐圖》故事畫，又進一步指出，兩種圖像模式都與朝鮮燕行使和翁方綱的交往有關。

不僅是對人物的描寫，在使臣眼中，中國的各類事物，也都是他們所記錄的對象，這些記錄，在今天看來，無疑具有獨特的價值。故宮出版有限公司章宏偉董事長通過分析朴趾源《熱河日記》、徐浩修《燕行記》中乾隆萬壽節宮廷演戲的相關記載，指出“燕行録”中的資料對於研究乾隆朝宮廷戲曲活動、清代宮廷戲曲史、清代戲曲史乃至中國古代戲曲史的重要意義。山東師範大學劉涵涵講師、天津師範大學申先玉副教授以《〈朝天航海録〉中的山東省内路綫及山嶽文化研究》爲題，介紹了燕行使洪翼漢的《航海朝天録》中對於山東省内路綫的記載，兼及其中所涉山嶽文化的意義。

燕行使所描繪出的中國社會，也爲我們提供了一面“從周邊看中國”的鏡子。北京外國語大學韓梅教授以《域外儒家理想主義者筆下的‘非理想’中國——16世紀朝鮮文人許篈〈朝天記〉中的明王朝形象》爲題，分析了《朝天記》中明朝形象偏於負面的現象，除卻“邪説盛行”“韃子横掠”的客觀原因，韓教授認爲，這種負面形象的描繪，本質上出於作者對中國文化的高度認同。北京第二外國語學院陳冰冰教授則以《〈熱河日記〉與清代的“滿蒙一體”》爲題，通過分析《熱河日記》中的記載，探究了18世紀清代的滿蒙關係以及各民族間的交往、交流與交融。

朝鮮使臣筆下的中國，與中國人筆下的中國，存在着明顯區别。如何較爲清晰地認識這種區别？兩相對比，無疑是一條有效的路徑。韓國東國大學教授朴永焕通過分析16世紀的朝鮮士人魯認所著《錦溪日記》與19世紀的朝鮮士人崔斗燦所著《江海乘槎録》等紀行文獻，討論了在相距三百餘年的兩個歷史階段中，朝鮮士人“中國觀”的發展趨勢與明清士人“朝鮮觀”發生的變化。中國社會科學院楊海英研究員以《中朝歷史中的兩個康世爵及敍事推考》爲題，討論了朝鮮史料和明朝史料中兩個康世爵的關係及朝鮮康氏家族的近源，並指出，朝鮮康世爵家族與遼東女真同源的可能性很大，而朝鮮當時的歷史環境是促使朝鮮士大夫挖掘、塑造康世爵形象的内在動力。山東大學牛林傑教授、博士生王麗媛以同一年中（1866年）朝鮮使臣洪淳學的《丙寅燕行歌》和清朝使臣魁齡的《東使紀事詩略》中對東北的記載爲對象，分析了兩種使行文本的共時性和互文性特徵。中國農業博物館助理研究員趙瑶瑶則分析了明清以來燕行使對“燕京八景”的遊觀記載，並將其與中國士人創作的《燕京八景詩》進行了對比研究。

四、使行録與東亞諸國關係史研究

明清時期，中國同周邊國家形成了較爲穩定的朝貢體系，作爲宗主國的中國，與作爲藩屬國的周邊國家，以册封禮爲媒介，維繫着彼此之間的交流與聯繫。這種特殊的國際關係，歷來受到研究者的重視，本次會議，亦有多篇文章圍繞這一主題進行討論。

對於宗主國來説，維持藩屬國的秩序，使其不受外力侵擾，是朝貢體系的題中應有之義，發生在萬曆中期的壬辰倭亂，便是中朝宗藩關係的典型例證。南開大學孫衛國教授《萬曆抗倭援朝戰争中的明朝商人》一文指出，在萬曆抗倭戰争中，明朝商人在戰前設法傳遞消息，並在戰争中受政府徵召，爲明朝軍隊提供糧餉和生活物資，體現了明朝商人在萬曆年間較高的社會地位。同時，明朝行商的到來，也刺激了朝鮮白銀禁令的解除和商業的發展。加拿大不列顛哥倫比亞大學許南麟教授挖掘出"使行録"等文獻所載壬辰戰争的相關史料，通過鄭昆壽《赴京日録》、柳思瑗《文興君控于録》、權挾《石塘公燕行録》三個例子，描繪出壬辰戰争期間朝鮮請兵明朝的過程。

另一個值得註意的問題是，明清易代對中朝關係所産生的影響。北京大學漆永祥教授《"胡無百年運"抑或"運氣方隆盛"的迷思臆解——朝鮮燕行使對清朝矛盾糾結的異類觀察與兩極判斷》認爲，"胡無百年運"之説的根源是自漢魏以來對少數民族政權詛咒的巫讖之詞，但朝鮮王朝君臣視如信史、寄予熱望，在"尊明仇清"思想的指引下，燕行使所記所思只能是充滿偏見而矛盾糾結的"霧裏花"而已。甲午戰争後，仇清傳統彌漫至民間，這既是清廷自大自負的惡果，更像是來世今生的現報。

在朝貢體系的影響下，東亞各國之間的國際關係，也在不斷的衝突中尋找一種新的平衡。北京大學王元周教授通過討論使行往來與朝鮮"辛壬士禍"的關係，分析燕行文獻中呈現出的賄銀問題，探討了清朝吏治、屬國控制和藩屬國之間的政局關係。美國哥倫比亞大學博士候選人李孟衡以《閲讀〈燕行録〉的另一種視角：1801 年的冬至兼討邪陳奏使行與朝鮮後期的天主教會》爲題，以朝鮮王朝歷史上"辛酉迫害"的視角重新檢視 1801 年的冬至兼陳奏使行，並由使行中朝鮮使臣與清人的對話、對皇帝上諭的解讀以及嘉慶帝的補述等，反思燕行與朝鮮天主教會史相關問題的關係，包括朝鮮天主教會的起源論争、朝鮮官方與教徒對清代禁教政策的誤解及其造成的影響。越南漢喃研究院教授丁克順從越南阮朝於 1868 年出使北京的使者阮思僩留下的幾份文獻資料出發，從中梳理出使團在中國的行程事件及活動，以及之後越南阮朝在其時國際形勢下對世界關係的認知變化。

與此同時，朝貢體係下的特殊國際關係，使得東亞世界形成了獨特的思想與話語體系，這種體系又反過來影響到東亞各國對於國家的治理現實。魯東大學黃修志教授以《家國再造與權力博弈：朝鮮王朝前期"小中華"思想與國家治理》為題，指出朝鮮王朝"小中華"思想所經歷的"神聖化"的過程，並逐漸成為朝鮮支撐其國家治理的一套核心話語體系和思維邏輯裝置，"小中華"思想具備君臣大義、以小事大、華夷之辨三個層面的政治倫理，内涵上則按照家、國、天下的順序具備慕華尊儒、事大尊周、交鄰備邊三個圈層，由此構成國家治理的三個維度，也決定了朝鮮王朝始終存在"四權紛争，三權環伺"的政治生態。浙江大學王勇教授基於對《使琉球記》《琉館筆談》《燕臺再遊録》等使行録文獻的具體分析，探討了 19 世紀初東亞話語體系的形成和發展，並指出東亞漢文化圈内漢字的持久輻射力與國際影響力。

閉幕式上，北京大學王丹教授、王元周教授、漆永祥教授作為主辦方代表，對此次會議進行了總結發言。

王丹教授向各位學者在此次研討會上的精彩發言和熱烈討論表示誠摯感謝，並指出，此次會議為各位學者把握"使行録"研究的學術熱點前沿、探究學術發展方向提供了交流平臺。王元周教授認為，此次研討會的熱烈盛況充分説明，"使行録"研究大有可為，號召學界同仁共同為"使行録學"的發展貢獻力量。

漆永祥教授表示，此次會議是國内外"使行録"研究相關成果的一次充分展示和交流，主題發言為"使行録"學術視野和理論方法指明了方向。報告論文則新見迭出、内容全面、重點突出，整體討論具有啓發性，會議聯絡團結了"使行録"相關研究的學術力量。漆教授期待未來各方研究力量能協調共進，共同推動"使行録學"走向規範與深入，期待"使行録學"為增進文化自信，推進東亞文明理解與互鑒作出更堅實的學術貢獻。

我們有理由相信，在這樣一批高水平學者的帶領下，相關各方持續發力、久久為功，"使行録"的研究必將迎來一個生機盎然的春天。

北京大學新聞網、《中華讀書報》《中國社會科學報》等網絡媒體與報刊，以及參加會議的部分專家所在高校與科研機構，均對本次會議進行了報導，認為會議交流熱烈，非常成功，並產生了積極而深遠的影響。

附：參會專家名錄

(一) 北京大學 (10 人)

北京大學中國語言文學系杜曉勤教授、系主任
北京大學中國語言文學系程蘇東教授
北京大學中國語言文學系漆永祥教授
北京大學中國語言文學系博士研究生葉天成
北京大學歷史學系王元周教授
北京大學歷史學系黃春高教授
北京大學東方文學研究中心、外國語學院王邦維教授
北京大學外國語學院陳明教授、院長
北京大學外國語學院王丹教授、副院長
北京大學外國語學院琴知雅長聘制副教授

(二) 北京其他高校與科研單位 (10 人)

清華大學人文學院、寫作與溝通教學中心高策講師
中國社會科學院古代史研究所李花子研究員
中國社會科學院古代史研究所楊海英研究員
故宮出版有限公司章宏偉董事長、研究館員
中國國家圖書館《文獻》雜志編輯部張燕嬰編審
北京外國語大學亞洲學院韓梅教授
北京第二外國語學院亞洲學院陳冰冰教授
中國農業博物館趙瑤瑤助理研究員
中國藝術研究院《中國文化》編輯部彭志主任

《中華讀書報》王洪波編審

(三) 大陸其他地區與港臺各高校與科研單位 (26 人)

南京大學文學院張伯偉教授

復旦大學中文系、中國古代文學研究中心查屏球教授

浙江大學亞洲文明研究院王勇教授

浙江大學文學院陶然教授

浙江大學歷史學院楊雨蕾教授

南開大學歷史學院孫衛國教授

山東大學外國語學院牛林傑教授

山東大學外國語學院博士研究生王麗媛

山東師範大學外國語學院劉涵涵講師

天津師範大學外國語學院申先玉副教授

魯東大學人文學院黃修志教授

原内蒙古師範大學圖書館邱瑞中教授

延邊大學趙季教授

延邊大學外國語學院金柄珉教授

延邊大學朝漢文學院朴銀姬教授

延邊大學朝漢文學院金美蘭副教授

鄭州大學王連旺學科特聘教授

華東師範大學古籍研究所丁小明研究員

陝西師範大學西北歷史環境與經濟社會發展研究院李佳助理研究員

南昌大學人文學院韓東教授

廈門大學中國語言文學系李無未教授

深圳大學人文學院左江教授

廣州美術學院王碧鳳講師

廣東外語外貿大學亞非語言文化學院朴香蘭副教授

昆明學院人文學院謝士華副教授

香港教育大學中國語言學系羅樂然助理教授

(四) 國外高校與科研單位 (15 人)

日本東京大學大學院人文社會系研究科陳捷教授

日本東京大學史料編纂所外國人研究員吳政緯
韓國高麗大學校中文系趙冬梅教授
韓國高麗大學校中文系盧佳藝博士生
韓國東國大學校中文系朴永焕教授
韓國順天鄉大學校中國學科朴現圭教授
韓國成均館大學校中文系金榮鎮教授
韓國東國大學教育大學院劉婧講師
越南河內國家大學陳仁宗院丁克順教授
越南文郎大學外語學系阮進立教授
越南河內國家大學下屬陳仁宗院潘青皇研究員
美國特拉華大學歷史系王元崇副教授
美國哥倫比亞大學東亞系博士候選人李孟衡
加拿大不列顛哥倫比亞大學亞洲研究系許南麟教授
新加坡南洋理工大學人文學院衣若芬長聘副教授